《中国考古学年鉴》编辑委员会

主　　任　王　巍
副 主 任　赵　辉　陈星灿　顾玉才
编　　委　（按姓氏笔划排序）
　　　　　王光尧　王　巍　白云翔　朱　泓　朱岩石　刘　斌
　　　　　闫亚林　孙庆伟　孙英民　李水城　宋建忠　张　弛
　　　　　陈星灿　赵　辉　赵志军　顾玉才　柴晓明　高　星
　　　　　高大伦　郭伟民　焦南峰　戴向明

主　　编　王　巍
副 主 编　陈星灿
执行主编　庞小霞

ALMANAC OF
ARCHAEOLOGY
IN CHINA

中国考古学会 编

中国考古学年鉴

2023

中国社会科学出版社

图书在版编目（CIP）数据

中国考古学年鉴 . 2023 / 中国考古学会编 . -- 北京：中国社会科学出版社，2024. 7. -- ISBN 978-7-5227-4088-1

I. K87-54

中国国家版本馆 CIP 数据核字第 2024TM6671 号

出 版 人	赵剑英
责任编辑	张昊鹏
责任校对	韩海超
责任印制	张雪娇

出　　版	中国社会科学出版社
社　　址	北京鼓楼西大街甲 158 号
邮　　编	100720
网　　址	http：//www.csspw.cn
发 行 部	010 - 84083685
门 市 部	010 - 84029450
经　　销	新华书店及其他书店
印刷装订	三河市东方印刷有限公司
版　　次	2024 年 7 月第 1 版
印　　次	2024 年 7 月第 1 次印刷
开　　本	787×1092　1/16
印　　张	59.75
插　　页	13
字　　数	1490 千字
定　　价	518.00 元

凡购买中国社会科学出版社图书，如有质量问题请与本社营销中心联系调换
电话：010 - 84083683
版权所有　侵权必究

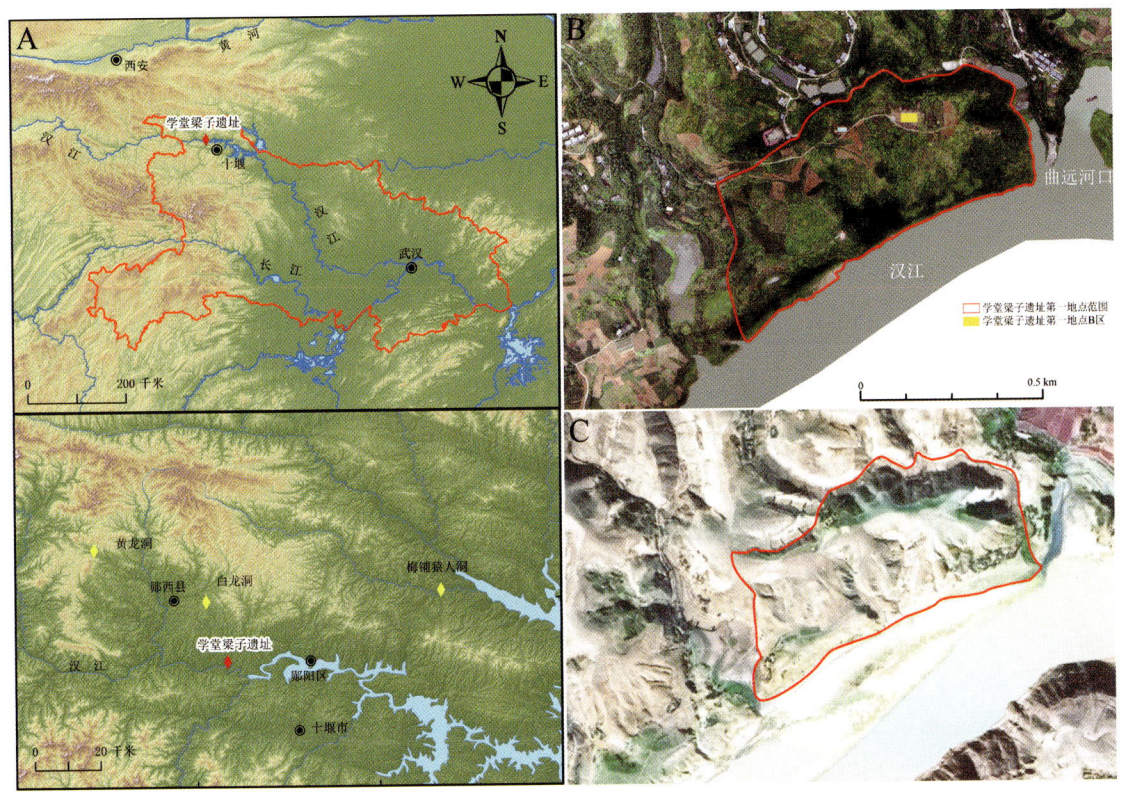

湖北十堰学堂梁子遗址——遗址位置及地貌

湖北十堰学堂梁子遗址——B区出土遗存现场

湖北十堰学堂梁子遗址——T4下文化层石核（B区出土）

湖北十堰学堂梁子遗址——T3出土较晚阶段石制品(E区)-1石片；2、3石核；4刮削器；5手镐；6手斧

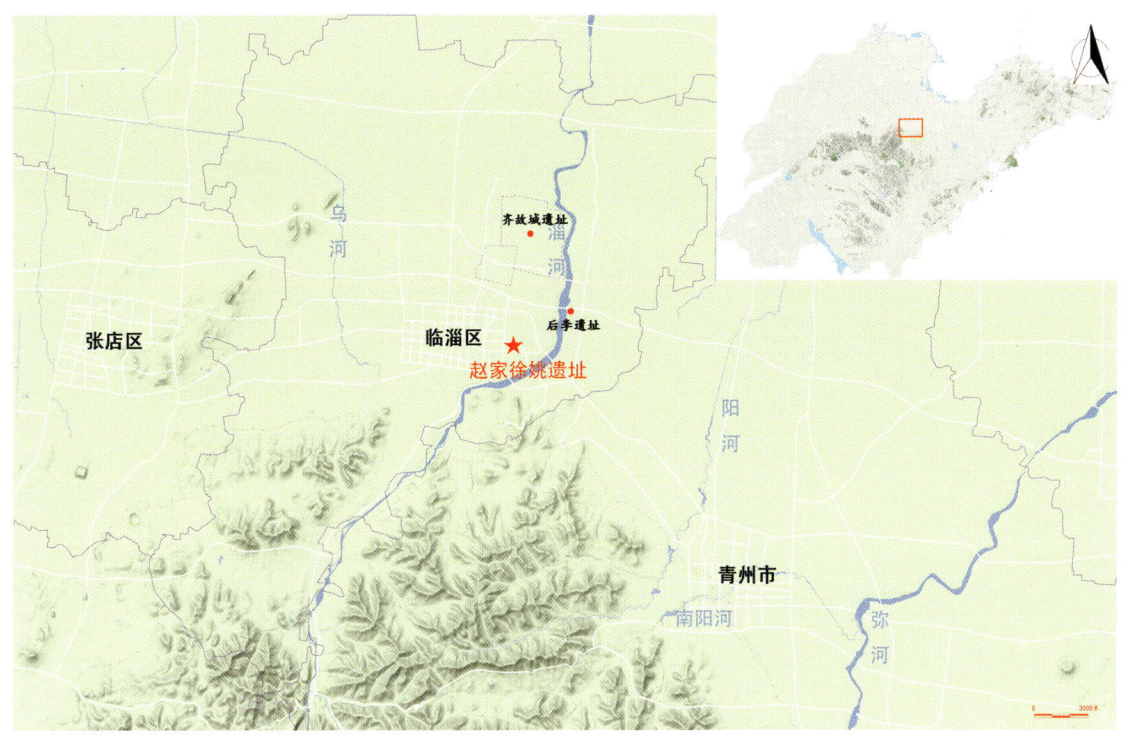

山东临淄赵家徐姚遗址——临淄赵家徐姚遗址位置图

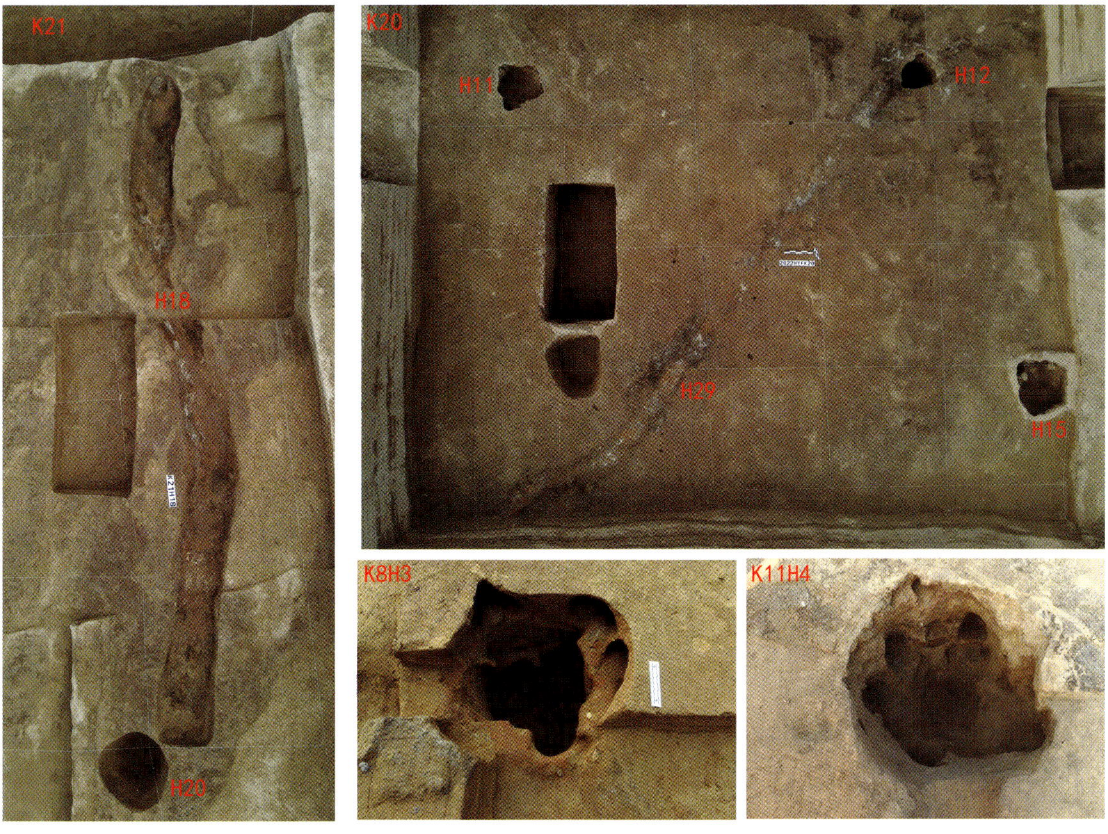

山东临淄赵家徐姚遗址——发掘区其他层位发掘燃烧树桩坑及树干堆积

山东临淄赵家徐姚遗址——赵家徐姚遗址出土穿孔陶片及花边口沿

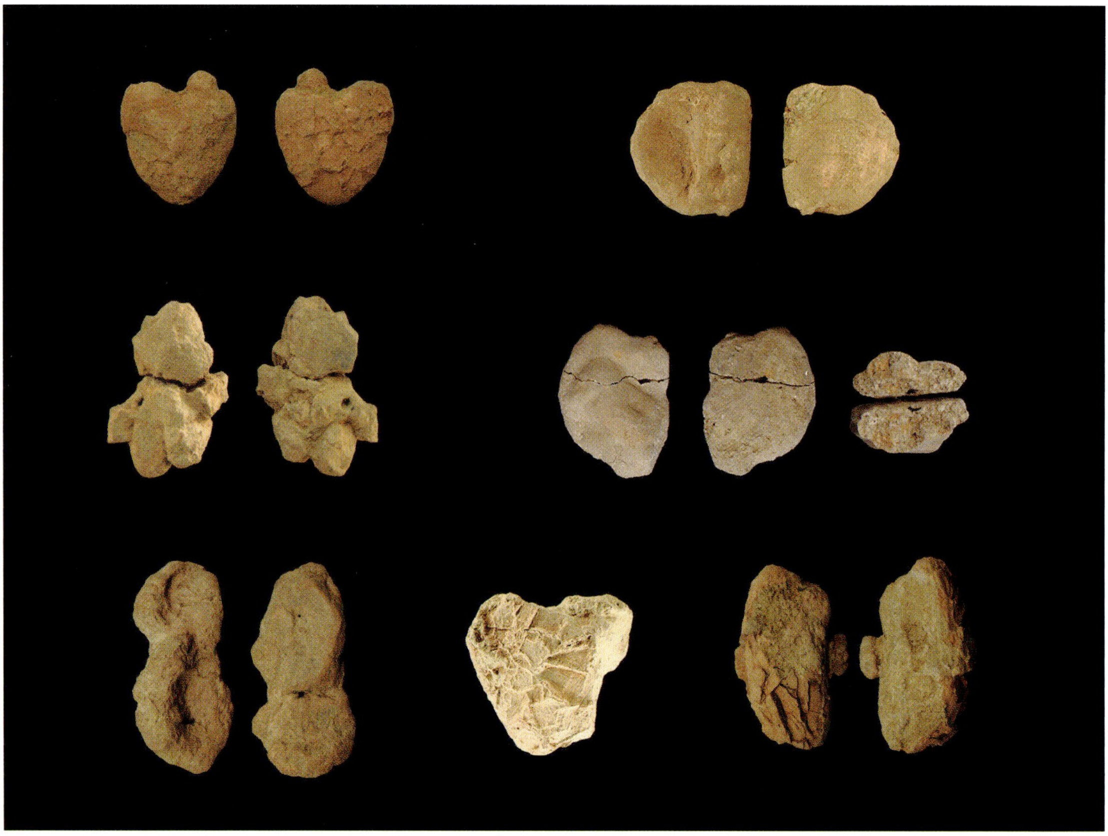

山东临淄赵家徐姚遗址——遗址出土部分陶塑

山西兴县碧村遗址——碧村遗址全景（东—西）

山西兴县碧村遗址——东门址

山西兴县碧村遗址——核心建筑－小玉梁地点

山西兴县碧村遗址——瓮城墙角的条石及周边器物组合

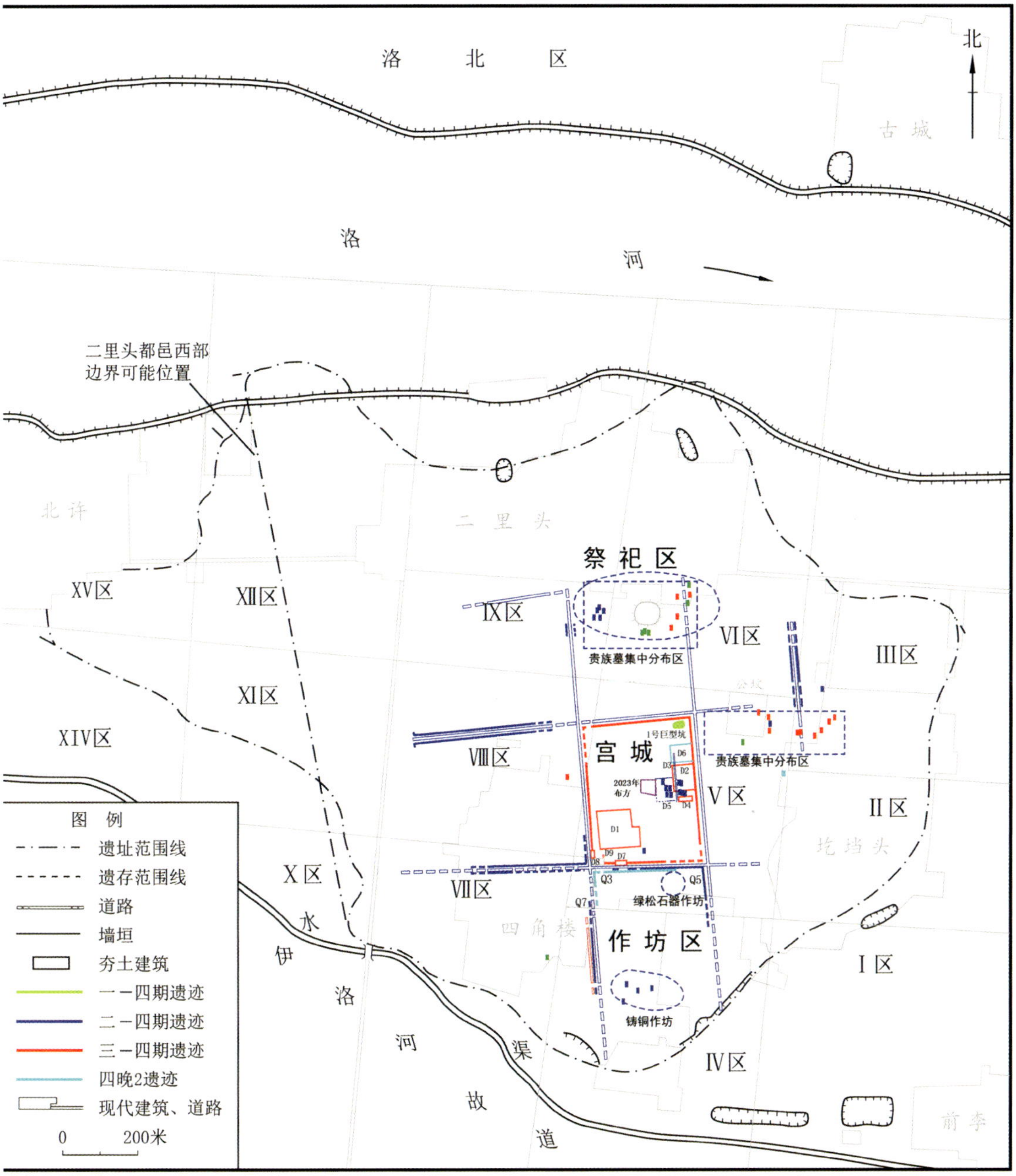

河南偃师二里头都邑多网格式布局——二里头都城平面示意图

河南偃师二里头都邑多网格式布局——二里头都城向西延伸的宫南路及其两侧墙垣

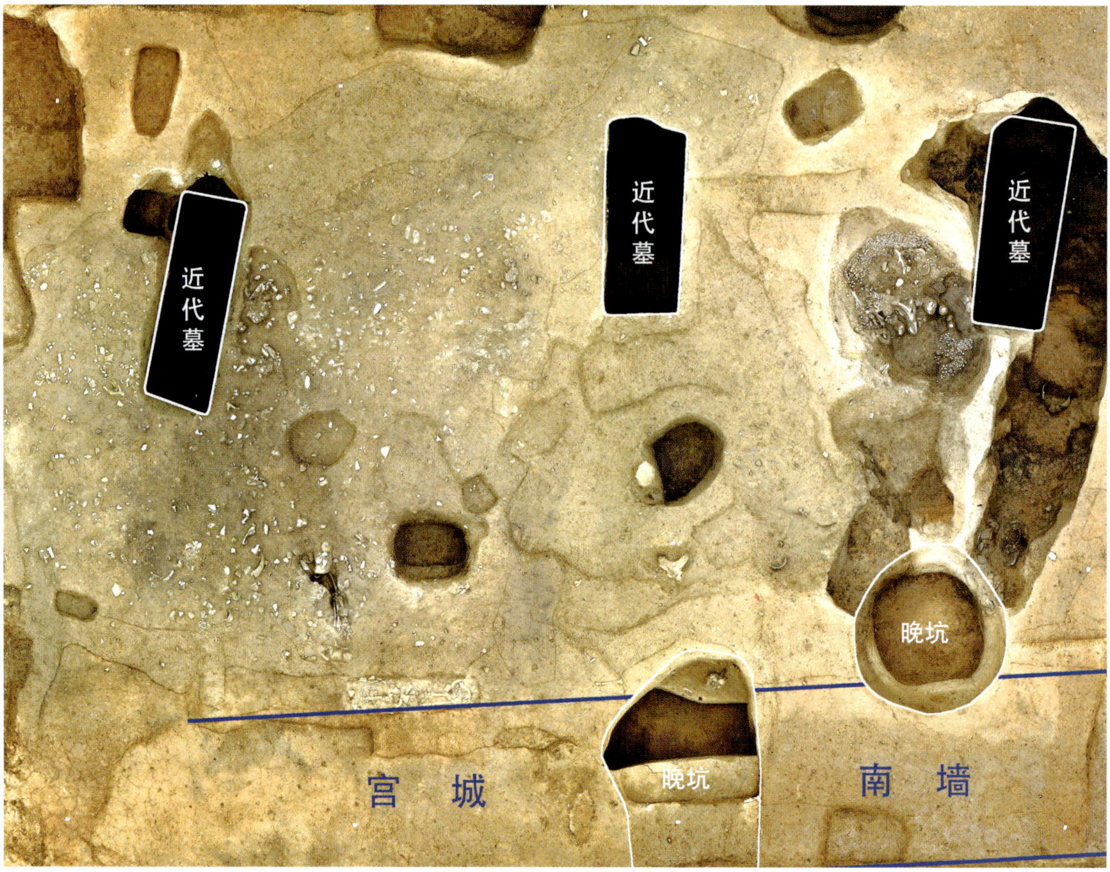

河南偃师二里头都邑多网格式布局——二里头都城骨角器加工作坊整体平面

河南偃师二里头都邑多网格式布局——二里头都城西北部出土的带漆陶片

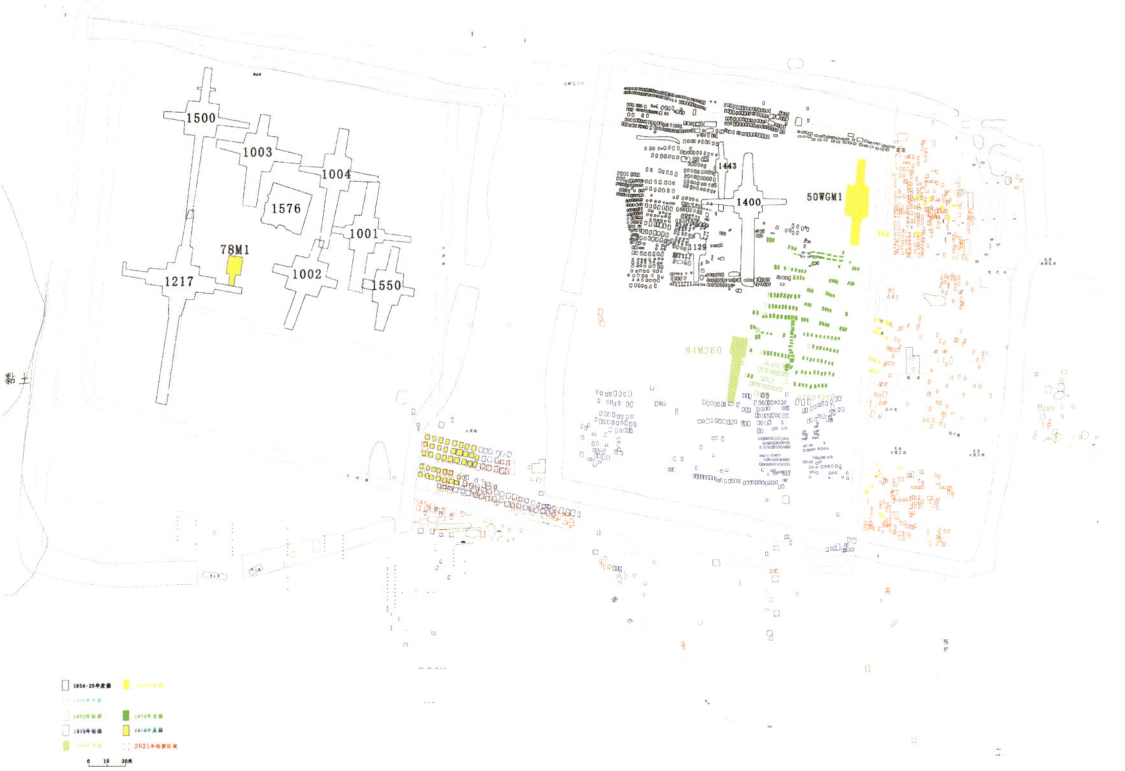

河南安阳殷墟商王陵及周边遗存——殷墟王陵区总图

河南安阳殷墟商王陵及周边遗存——西围沟G2南段第一地点探方内G2与西周早期F1、M1的打破关系

铜觚 K23：5　　　铜觚 K23：14　　　铜爵 K23：4　　　铜爵 K23：6

玉戈 K23：9　　　玉虎 K23：11

铜尊 K23：12　　　铜觯 K23：13　　　玉螳螂 K23：3　　　玉管 K23：10

河南安阳殷墟商王陵及周边遗存——祭祀坑 K23 出土文物

河南安阳殷墟商王陵及周边遗存——打破西围沟 G2 南段的西周早期土坑竖穴墓 M1

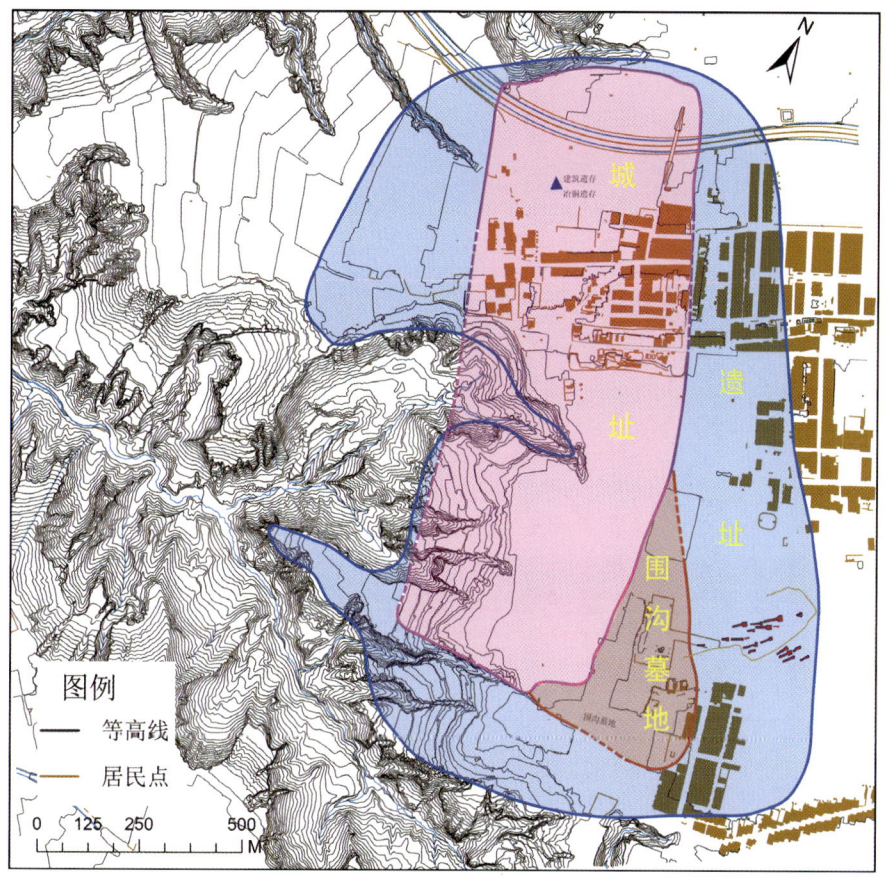

陕西旬邑西头遗址——西周城址分布范围图

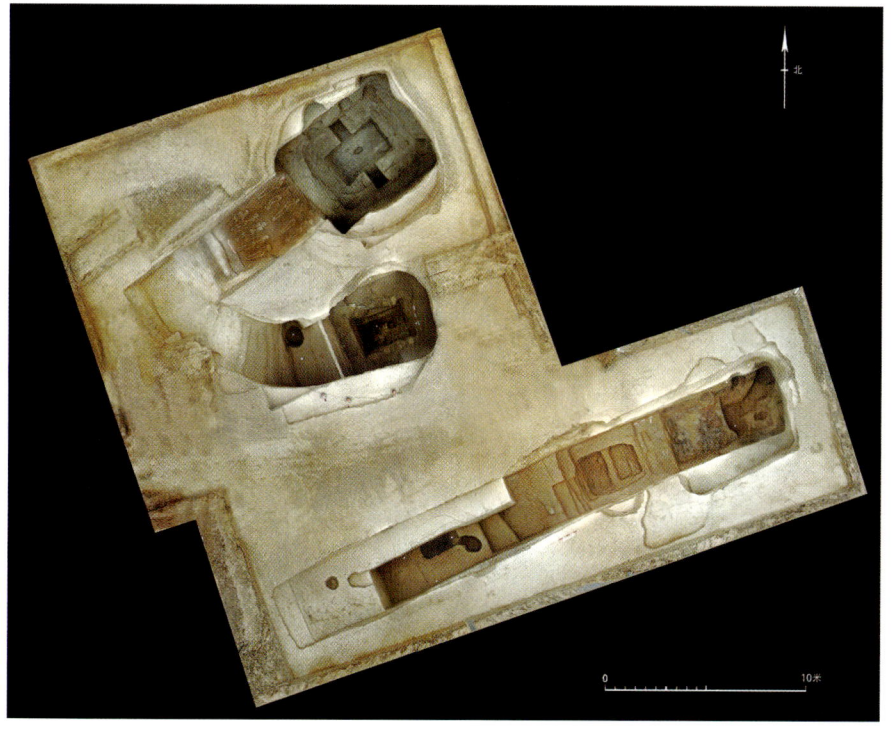

陕西旬邑西头遗址——M90、M98、M99三座带墓道大墓三维正射照

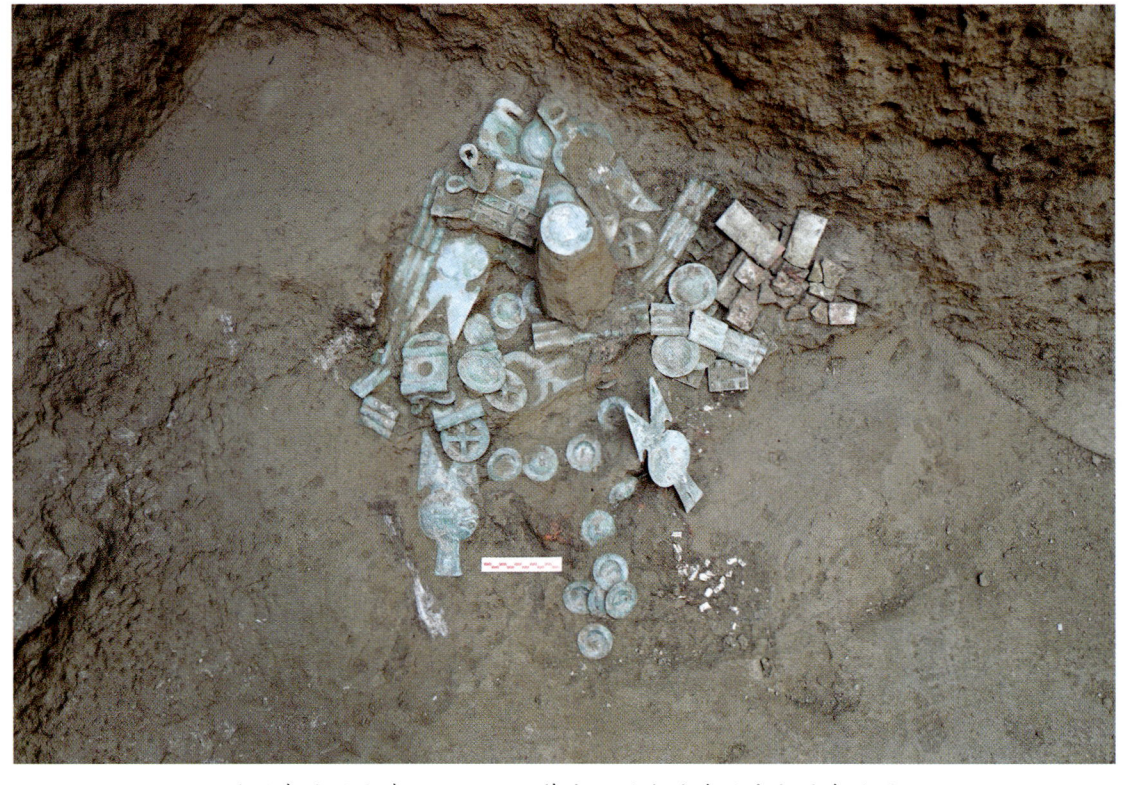

陕西旬邑西头遗址——M98 墓室二层台被盗后残留的车马器

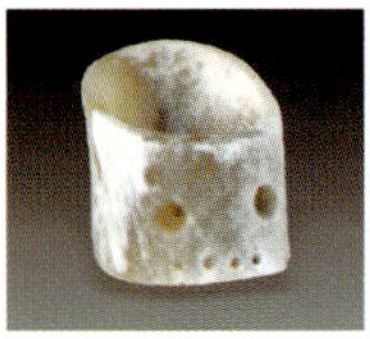

玉鞢

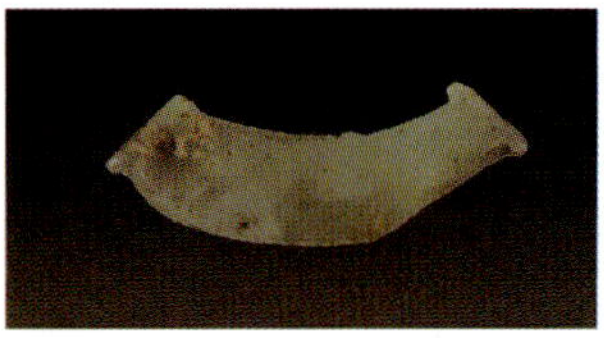

玉鱼

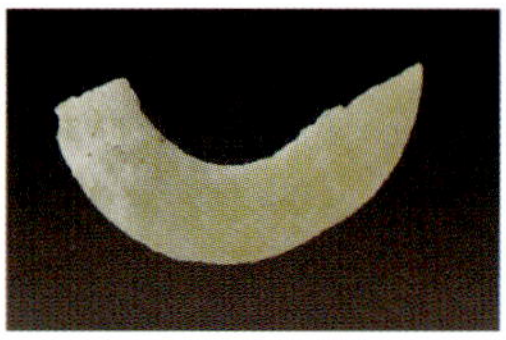

玉鱼

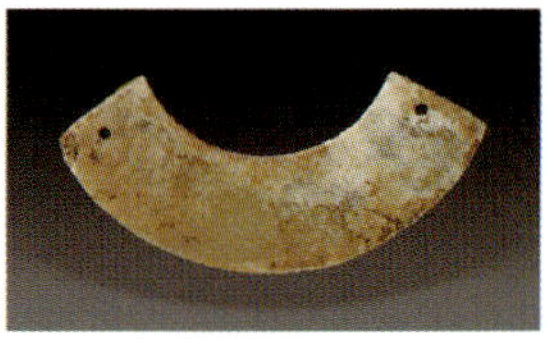

玉璜

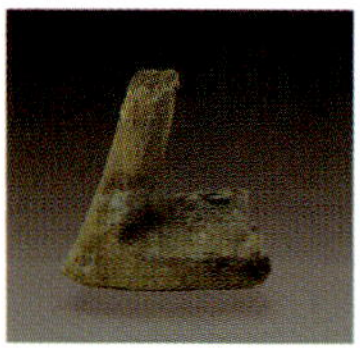

弓形器残件

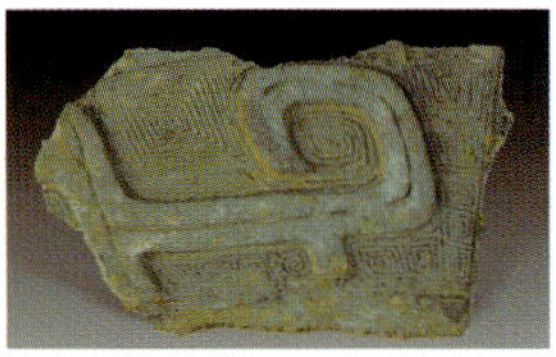

铜器腹片

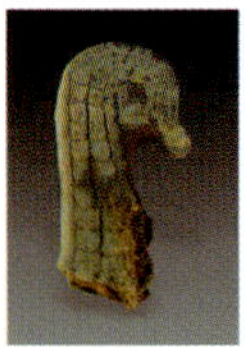

象鼻状铜器残件

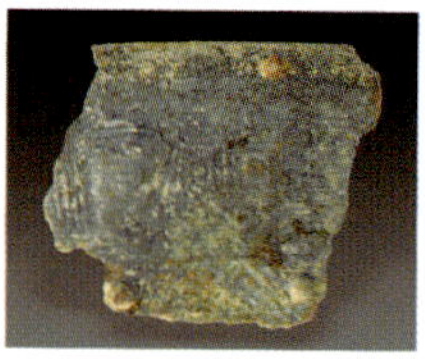

铜器腹片

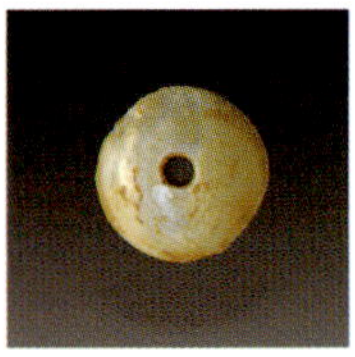

蚌泡

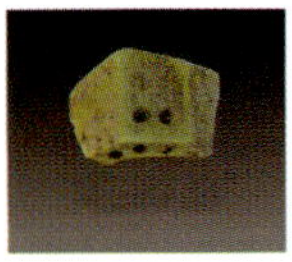

骨鞢残件

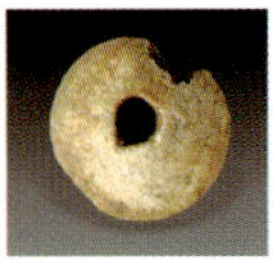

骨泡

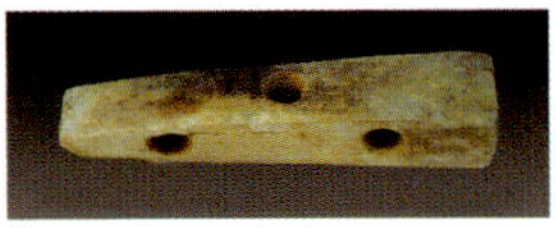

穿孔器

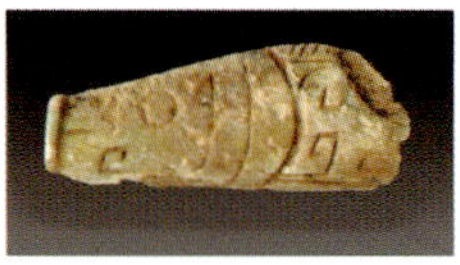

骨器残件

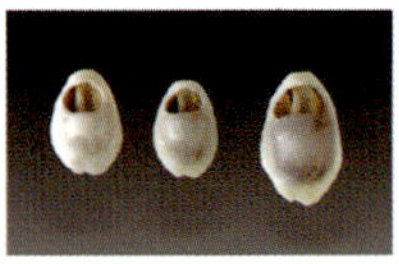

海贝

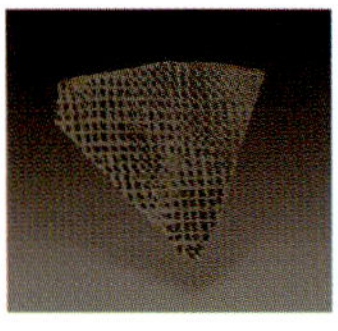

印纹硬陶片

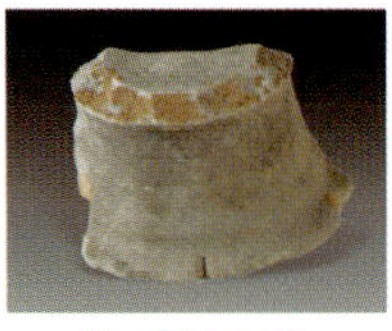

陶器圈足

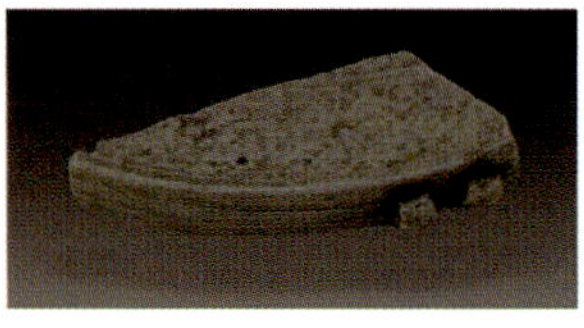

原始瓷豆残片

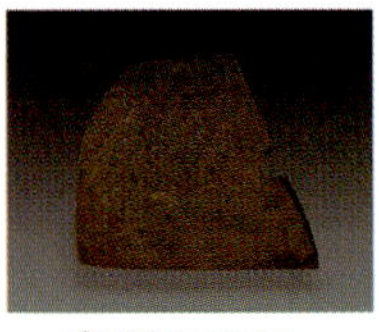

穿孔石刀

陕西旬邑西头遗址——M90 盗扰后墓室残留的部分遗物

贵州贵安新区大松山墓群——坟坝顶区域航拍图

两晋南朝

唐

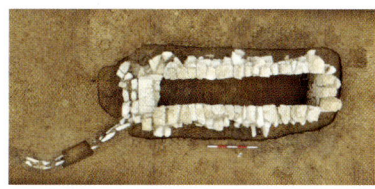
唐

宋

明

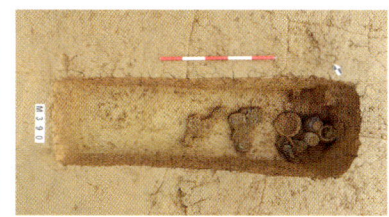
明

贵州贵安新区大松山墓群——各时期墓葬形制

贵州贵安新区大松山墓群——铜带饰（明）

贵州贵安新区大松山墓群——珠饰（南朝）

贵州贵安新区大松山墓群——铜项饰（明）

贵州贵安新区大松山墓群——坟坝顶墓群出土印章（明）

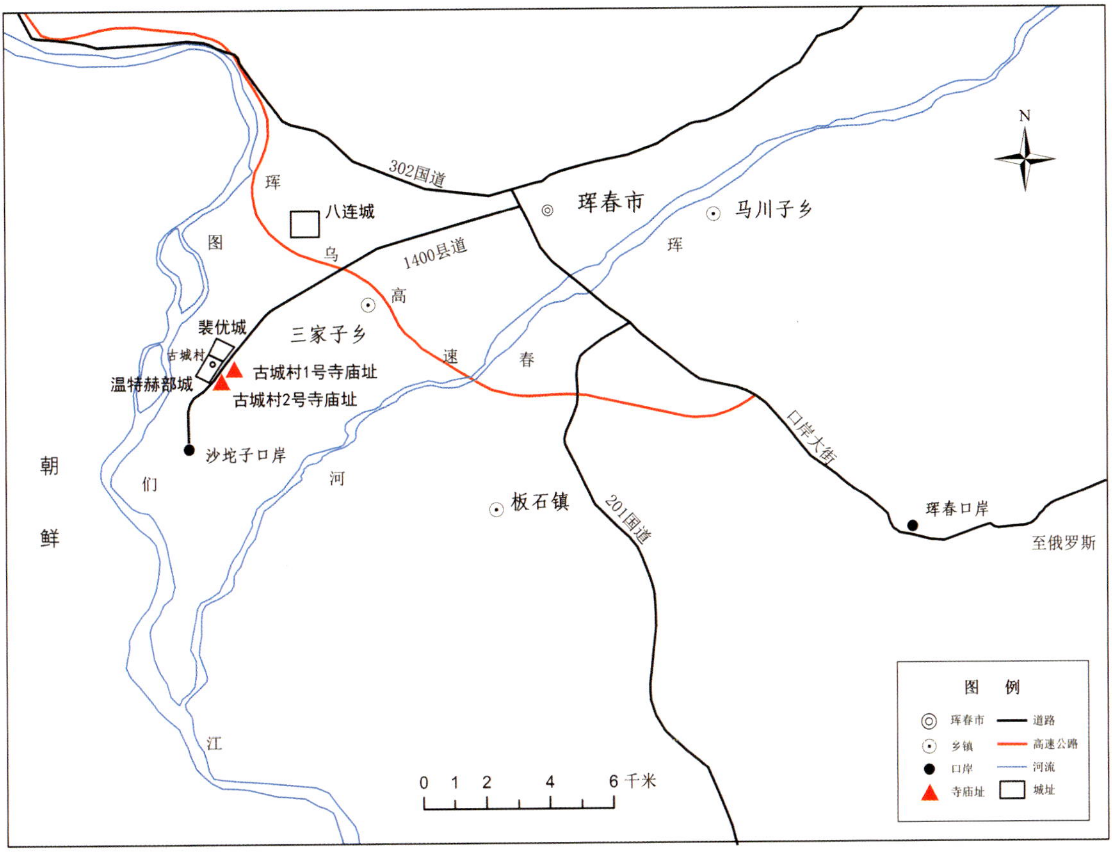

吉林珲春古城村寺庙址——古城村寺庙址地理位置示意图

吉林珲春古城村寺庙址——古城村1号寺庙址出土"壬子年六月作"铭瓦当、倒心形莲纹瓦当

吉林珲春古城村寺庙址——古城村2号寺庙址出土绿釉建筑构件

吉林珲春古城村寺庙址——古城村2号寺庙址出土舍利函

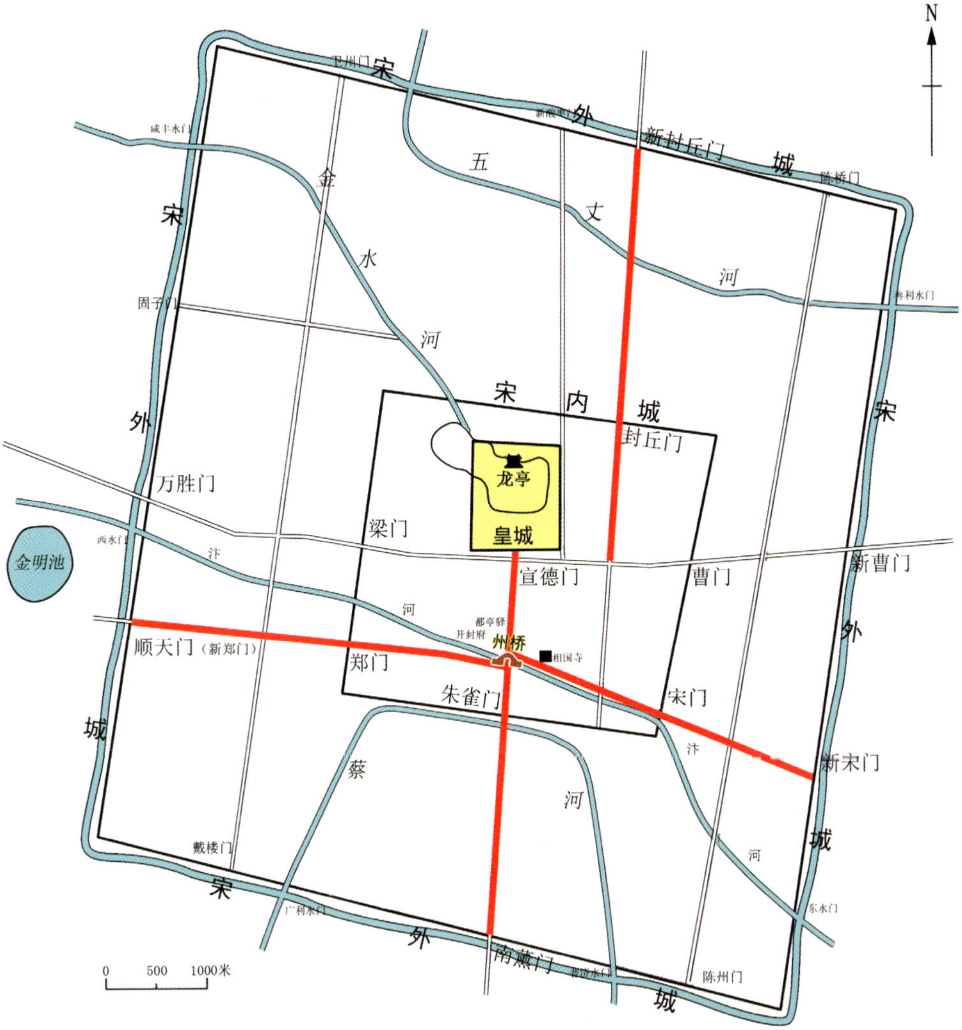

河南开封州桥及附近汴河遗址——州桥在北宋东京城的位置

河南开封州桥及附近汴河遗址——州桥东侧汴河南岸石壁上的文字"洪廿八"

河南开封州桥及附近汴河遗址——州桥东侧汴河北岸石壁

河南开封州桥及附近汴河遗址——元代白地黑花瓷枕

河南开封州桥及附近汴河遗址——明晚期
景德镇窑青花花卉纹罐

河南开封州桥及附近汴河遗址——北宋
景德镇窑青白瓷熏炉

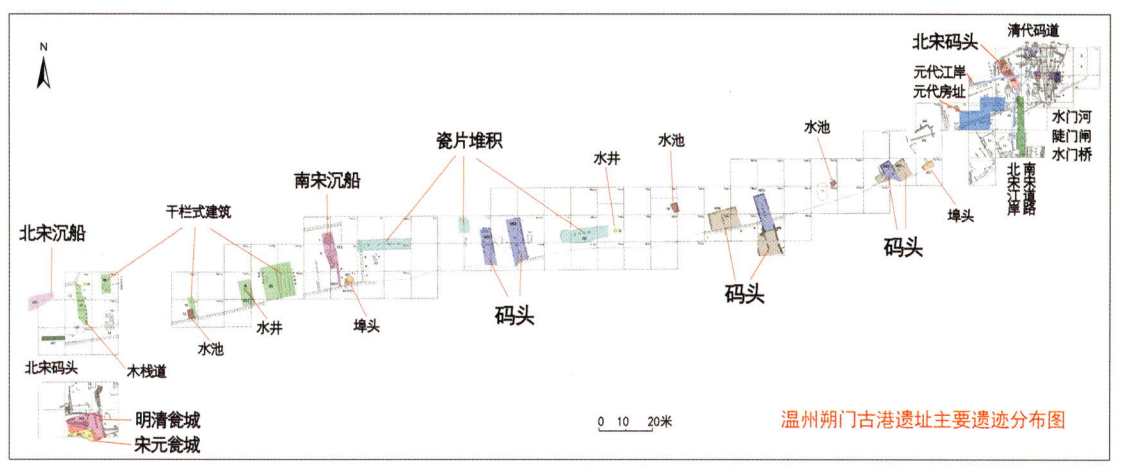

浙江温州朔门古港遗址——温州朔门古港遗址主要遗迹分布图

浙江温州朔门古港遗址——温州朔门古港遗址发掘区航拍

浙江温州朔门古港遗址——干栏式建筑F9

浙江温州朔门古港遗址——元代瓷片堆积

浙江温州朔门古港遗址——南宋沉船鸟瞰

浙江温州朔门古港遗址——出土文物

编辑说明

《中国考古学年鉴》创办于1984年，连续出版，本卷是第40卷。《中国考古学年鉴》由中国考古学会主办。《中国考古学年鉴》办刊宗旨是：集学术性、前沿性和资料性于一体，集中反映中国考古学界过去一年的重要考古新发现，客观评述学科研究新成果和新进展，如实反映学界科研、教学、行业工作等的基本情况，全面汇总中国考古学过去一年的研究文献。秉承严谨、认真的编辑作风，创办40年来，《中国考古学年鉴》始终是本领域集学术性、资料性、信息性于一体的重要工具书，是进行学术史研究的基本参考书，是海内外学界了解中国考古学的重要窗口。

《中国考古学年鉴2023》共计七个部分，第一部分是学科综述。《中国考古学年鉴》自创办之日起即立足高起点做学术年鉴，各时段学科综述均由该领域内学科带头人、知名学者撰稿。第二、三部分是考古文物新发现及赴外考古（十大发现单列并有彩插）。本部分主要发布2022年中国考古学者在国内外所做考古发掘与调查新资料，简明扼要让学术界了解最新考古材料。第四、五、六部分是学术会议、考古教学及逝世考古学家，主要为学术界提供各类学术资讯。第七部分是考古学文献资料目录，全面收集2022年出版的考古学图书和期刊论文，包括发表于各种内部期刊及港澳台期刊上的论文。

《中国考古学年鉴》的约稿组稿及编辑审稿多年来均有一套严格的流程和规则。从1984年第一本年鉴出版，《中国考古学年鉴》一直设有专门的编委会，并设有专职编辑。编委会主任、副主任以及年鉴的主编、副主编则由中国考古学会历任理事长和副理事长（或秘书长）担任。编委会成员则由中国考古学会历任常务理事担任。年鉴日常工作最初由考古学会秘书处负责，后由年鉴编辑部承担。年鉴执行主编则多由资深专家学者担任。目前中国考古学年鉴编辑部隶属考古杂志社。编辑部现有专职人员3人。

年鉴的主要稿件是年鉴编辑部每年年末向全国共计约120家考古发掘和教学单位组稿得来，书目和出土铭刻栏目则由中国历史研究院和中国社会科学院考古研究所固定供稿人员负责提供。没有全国各个考古文博兄弟单位的大力支持，《中国考古学年鉴》无法编撰成书。

相信在全国考古文博单位的大力支持下，通过与中国社会科学出版社的通力合作，《中国考古学年鉴》会越办越好，并为我国从世界考古大国向世界考古强国的跨越发展做出自己独特的贡献！

目　录

中国考古学研究综述

旧石器时代考古与古人类学	王春雪　张雪微	（3）
新石器时代考古	段天璟　徐子莹	（21）
夏商时期考古	赵东升　王伯强	（55）
两周时期考古	牛世山　王梦恒	（74）
秦汉时期考古	韩国河　陈　康	（97）
三国至隋唐五代时期考古	陈思源　倪润安	（139）
宋辽金元明清时期考古	丁　雨　魏艳如　刘惠昀	（170）
甲骨文和金文研究综述	孙亚冰	（193）

考古文物新发现

2022年全国十大考古发现 （215）
　湖北十堰学堂梁子遗址 （215）
　山东临淄赵家徐姚遗址 （216）
　山西兴县碧村遗址 （217）
　河南偃师二里头都城多网格式布局 （219）
　河南安阳殷墟商王陵区及周边遗存 （220）
　陕西旬邑县西头遗址 （221）
　贵州贵安新区大松山墓群 （223）
　吉林珲春古城村寺庙址 （224）
　河南开封州桥及附近汴河遗址 （225）
　浙江温州朔门古港遗址 （227）

北京市 （229）
　丰台区新宫青铜时代遗址 （229）
　房山区琉璃河西周遗址 （230）

通州区路县故城城郊遗址区汉代遗存……………………………………………………（230）
海淀区双新村唐代及明清时期墓葬……………………………………………………（231）
西城区金中都大觉寺遗址………………………………………………………………（232）
昌平南口城及上关城墩台遗址…………………………………………………………（233）
延庆大庄科明长城208—210号敌台及边墙遗址……………………………………（233）
怀柔箭扣明长城141—145号敌台及边墙遗址………………………………………（234）
平谷区长城段36号敌台及边墙遗址…………………………………………………（234）
故宫造办处明清建筑遗址………………………………………………………………（235）
早期北京探源考古专项调查……………………………………………………………（235）

天津市……………………………………………………………………………………（237）
蓟州区白马泉村北汉至明清时期墓地…………………………………………………（237）
蓟州区三岗子村北东汉唐及明清时期墓地……………………………………………（237）
蓟州区东后子峪村唐辽时期窑址………………………………………………………（238）
武清区十四仓元代遗址调查……………………………………………………………（239）
武清区包楼明代窑址勘探………………………………………………………………（239）
西青区大运河国家文化公园明清至民国时期遗址……………………………………（240）

河北省……………………………………………………………………………………（242）
阳原县泥河湾盆地新庙庄旧石器时代遗址……………………………………………（242）
康保县兴隆新石器时代遗址……………………………………………………………（243）
尚义县四台新石器时代遗址……………………………………………………………（243）
武安赵窑新石器时代及商周时期遗址…………………………………………………（244）
平泉市东山头红山文化遗址……………………………………………………………（245）
容城东牛新石器时代遗址………………………………………………………………（246）
容城午方新石器唐代及明清时期遗址…………………………………………………（246）
崇礼区邓槽沟梁新石器时代遗址………………………………………………………（247）
雄安新区容城白龙先商时期遗址………………………………………………………（247）
容城午方西庄西北商代遗址……………………………………………………………（248）
容城县城子战国两汉至唐宋时期遗址…………………………………………………（249）
蔚县李家庄—古家疃战国墓葬…………………………………………………………（249）
雄安新区南阳战国及汉代遗址…………………………………………………………（250）
隆尧县柏人城遗址………………………………………………………………………（251）
临漳县邺城遗址东魏北齐宫城区………………………………………………………（252）
临漳县邺城遗址核桃园北齐佛寺………………………………………………………（252）
雄县古州城唐代建筑遗址………………………………………………………………（253）
邯郸市南上宋北宋时期遗址……………………………………………………………（254）
张北县元中都遗址宫城区………………………………………………………………（254）
冀西北地区新石器时代遗址考古调查…………………………………………………（255）

河北省早期长城勘察 ……………………………………………………………（256）

山西省 …………………………………………………………………………（257）

夏县师村新石器时代遗址 ………………………………………………………（257）
永济市晓朝村新石器时代和东周遗址 …………………………………………（258）
吕梁市离石区吉家村仰韶文化遗址 ……………………………………………（258）
汾阳市李家街仰韶文化遗址 ……………………………………………………（259）
吉家庄新石器时代遗址东部区域 ………………………………………………（259）
大同吉家庄新石器时代遗址中部区域 …………………………………………（260）
芮城坡头新石器时代遗址 ………………………………………………………（261）
忻州南关龙山时期遗址 …………………………………………………………（262）
沁水八里坪龙山时期遗址 ………………………………………………………（263）
稷山县东渠村二里头文化遗址 …………………………………………………（263）
夏县东下冯夏商时期遗址 ………………………………………………………（264）
绛县西吴壁夏商时期遗址 ………………………………………………………（265）
忻州尹村商代遗址 ………………………………………………………………（266）
垣曲北白鹅周代墓地 ……………………………………………………………（266）
闻喜县上郭—邱家庄东周遗址 …………………………………………………（267）
长治市新方舱医院春秋墓 ………………………………………………………（268）
吕梁市离石区战国墓葬 …………………………………………………………（268）
运城市西里庄村北魏至明清墓群 ………………………………………………（269）
晋中市榆次区隋至明清墓葬 ……………………………………………………（269）
永济市蒲津渡与蒲州故城遗址 …………………………………………………（270）
沁县罗卜港村宋金时期墓葬 ……………………………………………………（271）
原平市南头村宋金时期墓葬 ……………………………………………………（271）
朔州市朔城区薛家店村辽金时期遗址 …………………………………………（272）
闻喜县桐城镇金代僧侣墓 ………………………………………………………（272）
垣曲县李家窑村金代壁画墓 ……………………………………………………（273）
霍州陈村瓷窑址 …………………………………………………………………（274）
岚县李家湾金元壁画墓 …………………………………………………………（275）
晋中榆次区金元壁画墓 …………………………………………………………（275）
古县西圪垛村金明僧人墓 ………………………………………………………（276）
汾西县古郡村金元至明清墓葬 …………………………………………………（276）
阳泉市南杨家庄村元明时期墓地 ………………………………………………（277）
临汾市李堡村元至民国墓葬 ……………………………………………………（278）

内蒙古自治区 …………………………………………………………………（280）

乌审旗萨拉乌苏旧石器时代遗址 ………………………………………………（280）
东乌珠穆沁旗金斯太旧石器时代至青铜时代遗址 ……………………………（280）

3

赤峰市彩陶坡红山文化遗址 ……………………………………………………（281）
　　准格尔旗赵二成渠新石器时代遗址 ……………………………………………（282）
　　清水河县后城咀龙山时代石城 …………………………………………………（282）
　　巴林右旗塔布敖包夏家店上层文化遗址 ………………………………………（283）
　　准格尔旗纳日松镇林场西汉墓地 ………………………………………………（284）
　　苏尼特右旗吉呼郎图匈奴墓群 …………………………………………………（285）
　　开鲁县恒源牧场辽墓 ……………………………………………………………（285）
　　巴林左旗辽上京城址 ……………………………………………………………（286）
　　鄂尔多斯市阿尔寨石窟寺元代建筑遗址 ………………………………………（287）
　　准格尔旗念壕梁明代遗址 ………………………………………………………（288）
辽宁省 …………………………………………………………………………………（290）
　　建平县马鞍桥山红山文化遗址 …………………………………………………（290）
　　喀喇沁左翼蒙古族自治县二布尺南遗址 ………………………………………（291）
　　沈阳市铁西区马贝青铜时代遗址 ………………………………………………（292）
　　盖州市青石岭山城 ………………………………………………………………（292）
　　岫岩满族自治县卧龙山山城遗址 ………………………………………………（293）
　　西丰县城子山山城遗址 …………………………………………………………（293）
　　彰武县那力村辽代墓葬 …………………………………………………………（294）
　　沈阳市沈北新区大辛屯南辽代遗址 ……………………………………………（295）
　　沈阳市沈北新区乐业街西辽代遗址 ……………………………………………（295）
　　沈阳市沈河区清代盛京城城址 …………………………………………………（296）
　　大凌河中游（朝阳）地区红山文化考古调查 …………………………………（296）
吉林省 …………………………………………………………………………………（298）
　　和龙大洞旧石器时代遗址 ………………………………………………………（298）
　　农安县围子里青铜至早期铁器时代遗址 ………………………………………（298）
　　集安市北屯青铜时代及高句丽时期遗址 ………………………………………（299）
　　长春市九台区北岭青铜时代及清代遗址 ………………………………………（300）
　　图们东兴遗址 ……………………………………………………………………（300）
　　集安市报马高句丽时期墓群 ……………………………………………………（301）
　　和龙市獐项古城 …………………………………………………………………（302）
　　图们市磨盘村山城遗址 …………………………………………………………（302）
　　四平市明代叶赫部城址 …………………………………………………………（303）
　　磐石市红石砬子抗日游击根据地遗址 …………………………………………（304）
黑龙江省 ………………………………………………………………………………（305）
　　大庆市大同区九间辽金时期遗址 ………………………………………………（305）
　　方正县望江楼屯东北辽金时期遗址 ……………………………………………（305）
　　哈尔滨市阿城区金上京遗址 ……………………………………………………（306）

上海市 (308)

　　青浦区福泉山新石器时代遗址 (308)
　　青浦区青龙镇遗址 (308)
　　崇明区长江口二号沉船遗址 (309)

江苏省 (311)

　　苏州市吴江区广福西新石器时代遗址 (311)
　　新沂花厅新石器时代遗址 (311)
　　建湖县大同铺东周至明清时期遗址 (312)
　　溧阳市刘庄村春秋时期土墩墓群 (312)
　　溧阳市古县西侧春秋至明清时期遗址 (313)
　　徐州云龙山汉代采石场遗址 (313)
　　徐州驮篮山汉代遗址 (314)
　　连云港海州饮马池汉代墓地 (315)
　　睢宁县下邳故城汉代遗址 (316)
　　溧阳市古县六朝时期遗址 (316)
　　南京市鼓楼区五佰村六朝至明清墓葬 (317)
　　新安市城南村六朝至明清墓葬群 (318)
　　南京市评事街萧梁时期建筑遗址 (318)
　　如皋市徐家桥唐宋时期遗址 (319)
　　扬州市桑树脚唐宋建筑基址群 (320)
　　东台市缪杭唐宋至明清遗址 (321)
　　南京市秦淮区科举博物馆宋代建筑基址 (321)
　　淮安府城庆成门遗址 (322)
　　苏州市相城区陆慕元和塘窑址 (322)
　　淮安市清代板闸镇聚落遗址 (323)
　　苏州市姑苏区金狮河沿窖藏 (323)
　　溧阳市胥河新石器时代至商周时期遗址考古调查勘探 (324)
　　宜兴市宜溧山地新石器时代至春秋时期遗址考古调查勘探 (325)
　　宝应县"九里一千墩"汉墓群及射阳故城考古调查勘探 (325)

浙江省 (327)

　　安吉县上白塘旧石器时代遗址 (327)
　　长兴县太傅庙旧石器时代遗址 (327)
　　仙居县下汤新石器时代遗址 (328)
　　兰溪市皂洞口新石器时代遗址 (329)
　　义乌市桥头上山文化遗址 (329)
　　天台县百亩塘新石器时代遗址 (330)
　　余姚市井头山新石器时代海岸贝丘遗址 (330)

5

余姚市江桥头河姆渡文化遗址……（331）
宁波市顾家庄新石器时代至宋元时期遗址……（332）
杭州市余杭区良渚古城及外围水利系统遗址……（333）
杭州市余杭区南王庙良渚文化遗址……（334）
杭州市余杭区凤凰山良渚文化遗址……（334）
杭州市萧山区祝家桥良渚文化遗址……（335）
德清县中初鸣新石器时代制玉作坊遗址群……（335）
海宁市朱福浜良渚文化遗址……（336）
湖州市毘山新石器时代遗址……（337）
湖州市将军山新石器时代至明清时期遗址……（338）
衢州市黄甲山—石角山新石器时代至西周时期古城遗址……（338）
湖州市外溪村新石器至明清时期遗址……（339）
杭州市余杭区小古城商周时期遗址……（340）
杭州市余杭故城遗址……（340）
绍兴市南山头东周时期遗址……（341）
杭州市富阳区罗山东周至明清时期遗址……（341）
绍兴市越城区大湖头东周时期遗址……（342）
安吉县安吉古城遗址……（343）
安吉县周家潭汉晋时期墓地……（343）
宁波市孟夹岙汉六朝至明清时期墓地……（344）
台州市章安故城六朝至唐宋时期遗址……（345）
杭州临安区小塘湾西晋至晚唐五代墓地……（345）
杭州市富阳区新登古城遗址……（346）
杭州市西湖区净慈寺遗址……（347）
金华市新安宋代遗址……（348）
台州市竹家岭宋代窑址……（349）
德清县慈相寺宋至明清时期遗址……（349）
临海市延恩寺南宋杨栋墓……（350）
龙泉市亭后宋元时期窑址……（351）
绍兴市宋六陵三、四号陵园遗址……（351）
泰顺县双革元代龙泉窑遗址……（352）
德清县明清时期古城墙遗址……（353）
杭州市富阳区大贝村明清墓地……（354）
龙游县杨源山明清墓地……（354）
宁波市青莲寺遗址……（355）
台州市飞龙湖明清时期墓地……（356）
岱山县新石器时代遗址考古调查……（356）

余姚市姚江河谷河姆渡文化核心区考古调查 …………………………………（357）
长兴县—吴兴区先秦遗址考古调查 ……………………………………………（357）
台州地区瓷窑遗址考古调查 ……………………………………………………（358）
绍兴市南山东周时期聚落遗址 …………………………………………………（359）

安徽省 …………………………………………………………………………………（360）
 含山县凌家滩新石器时代遗址 …………………………………………………（360）
 固镇县垓下新石器时代与汉代遗址 ……………………………………………（361）
 定远县万陈新石器时代及商周时期遗址 ………………………………………（361）
 马鞍山市申东西周至春秋时期遗址 ……………………………………………（362）
 芜湖市凤鸣湖西周至春秋时期遗址 ……………………………………………（363）
 淮北市相山区战国至东汉墓群 …………………………………………………（364）
 淮北市邓山汉代墓群 ……………………………………………………………（364）
 肥西县合龙村北宋及清代墓葬 …………………………………………………（365）
 凤阳县明中都遗址 ………………………………………………………………（365）

福建省 …………………………………………………………………………………（367）
 平潭西营新石器时代遗址 ………………………………………………………（367）
 浦城马道坪新石器时代至商周时期遗址 ………………………………………（368）
 安溪青洋下草埔遗址 ……………………………………………………………（368）
 武夷山市屏山书院南宋至清代遗址 ……………………………………………（369）
 顺昌县谢厝后门山清代窑址 ……………………………………………………（369）
 泉州地区古窑址调查 ……………………………………………………………（370）

江西省 …………………………………………………………………………………（371）
 靖安县老虎墩新石器时代周代汉晋及明代遗址 ………………………………（371）
 安义县石鼻垴上史前至西周时期遗址 …………………………………………（371）
 九江市荞麦岭遗址群岭头上遗址 ………………………………………………（372）
 安义县城岸山商周时期遗址 ……………………………………………………（372）
 安义县长龙西周时期遗址 ………………………………………………………（373）
 樟树市筑卫城遗址国字山战国墓 ………………………………………………（374）
 瑞昌市白杨镇西晋墓 ……………………………………………………………（374）
 永修县星火化工厂东晋墓 ………………………………………………………（375）
 南昌市江电路南朝及唐朝墓葬群 ………………………………………………（376）
 宜春袁州古城墙遗址 ……………………………………………………………（377）
 宜春市梁家里村古钱币遗存 ……………………………………………………（378）
 都昌黄金山元代沉船遗址 ………………………………………………………（378）
 安福县起凤山明代墓葬 …………………………………………………………（379）
 湖口县明清古城墙遗址 …………………………………………………………（380）
 上高县西门巷明清城墙遗址 ……………………………………………………（380）

山东省 （382）
- 沂水跋山旧石器时代遗址 （382）
- 章丘焦家新石器时代遗址 （383）
- 滕州岗上新石器时代遗址 （383）
- 高密前冢子头新石器时代至汉代遗址 （384）
- 泗水西涧沟龙山文化遗址 （385）
- 兖州张刘东南龙山文化遗址 （386）
- 济南市章丘区城子崖遗址 （387）
- 莒南县墩后新石器时代至商代遗址 （388）
- 临淄徐家庄周代遗址 （389）
- 临淄齐国故城小城西门外建筑基址 （389）
- 平度市大小河子东周遗址 （390）
- 邹城邾国故城遗址 （391）
- 临淄南马坊战国大墓和车马坑 （391）
- 泰安范家灌庄战国遗址 （392）
- 郯国故城遗址 （393）
- 临淄徐姚战国及汉代墓地 （393）
- 陈家徐姚北战国及汉代墓地 （394）
- 临淄相家南战国及汉代墓地 （395）
- 临淄青蓝府战国及汉代墓地 （395）
- 临淄埕付北战国至汉代墓地 （396）
- 青岛市琅琊台遗址 （396）
- 淄博市张店区科创园汉代墓地 （397）
- 滕州望河村二山汉墓 （398）
- 定陶王墓地 M2 （398）
- 东阿县王凤轩唐代墓葬 （399）
- 滨州市北赵元代墓地 （399）
- 巨野县金府大院元代墓地 （400）
- 聊城市焦庄宋元明清墓地 （400）
- 平原县宋氏明清墓地 （401）
- 诸城扶淇河流域系统考古调查 （402）
- 滨州惠民大郭遗址考古勘探 （402）
- 邹平市於陵故城遗址考古勘探 （403）
- 董梁高速沈海高速至新泰段调查勘探 （403）
- 青州程家沟古墓勘探 （404）

河南省 （405）
- 汝州温泉旧石器时代遗址 （405）

宜阳苏羊新石器时代遗址 （405）
灵宝北阳平仰韶文化遗址 （406）
荥阳楚湾仰韶文化遗址 （407）
新郑高辛庄新石器时代至东周遗址 （408）
叶县张庄新石器时代遗址 （408）
叶县余庄龙山文化遗址 （409）
禹州瓦店新石器时代遗址 （410）
淮阳朱丘寺龙山时期遗址 （411）
偃师古城村二里头文化遗址 （411）
荥阳南城二里头文化及东周至秦汉时期遗址 （412）
许昌市凉亭夏商至东汉时期遗址 （412）
郑州商城遗址塔湾古街商代及唐代遗存 （413）
郑州商城遗址创新街小学商代遗存 （415）
郑州商城遗址东大街商代及唐代遗存 （415）
鹤壁辛村周代遗址 （416）
巩义小沟东周遗址 （416）
伊川徐阳东周墓地 （417）
洛阳市瀍河区巨龙小学汉唐宋墓群 （418）
洛阳市瀍河区帽郭村汉唐墓群 （418）
洛阳白草坡东汉陵园遗址 （419）
孟津县朱仓北朝墓 （420）
洛阳市汉魏故城千秋门魏晋水道遗存 （420）
沈丘小刘营汉唐及金元时期遗址 （422）
淇县墨香里小区金元时期家族墓地 （422）
郑州商城遗址夕阳楼清代遗存 （423）
灵宝铸鼎原仰韶文化遗址群中小型遗址考古调查和勘探 （423）
渑池不召寨遗址考古调查和勘探 （424）
漯河市2021—2022年史前考古调查 （424）
宝丰县父城遗址考古调查与勘探 （425）

湖北省 （426）
当阳九里岗旧石器时代遗址 （426）
竹山县鱼岭旧石器地点 （426）
天门市吴家坟头新石器时代遗址 （427）
天门市段家湾新石器时代遗址 （428）
天门市唐马台新石器时代遗址 （429）
天门市梅家大湾新石器时代及明代遗址 （430）
荆门屈家岭新石器时代遗址 （430）

保康穆林头屈家岭文化遗址 （431）
襄阳市凤凰咀新石器时代遗址 （432）
天门市石家河新石器时代遗址 （433）
武汉市盘龙城商代遗址 （433）
赤壁大湖咀两周时期遗址 （435）
当阳北木岗东周墓地 （435）
京山苏家垄东周遗址 （436）
荆门双河桥东周遗址 （437）
钟祥陈家畈东周遗址 （438）
当阳王家洲东汉墓地 （439）
武当山五龙宫遗址 （439）
潜江代滩明代李氏家族墓地 （440）
大悟县吕王城遗址调查与勘探 （441）
湖北省三国文物专项调查 （442）

湖南省 （444）

长沙市天心区竹山湾新石器时代遗址 （444）
澧县鸡叫城新石器时代遗址 （444）
华容县七星墩新石器时代遗址 （445）
澧县孙家岗新石器时代遗址 （445）
汨罗市黑鱼岭商代墓地 （446）
湘潭县颜长春商周遗址 （447）
株洲市茶陵县笞箕窝周代遗址 （447）
常德市鼎城区黄土山战国墓群 （448）
益阳黄泥湖战国至秦代墓群 （449）
汉寿县陈家坟山战国墓群 （449）
湘乡市马山湾战国至东汉墓群 （450）
益阳新塘坡战国至六朝墓群 （450）
蓝山县五里坪战国至唐代墓群 （451）
保靖县魏家寨遗址清水坪秦汉墓葬 （451）
耒阳市禁山东汉至唐代墓群 （452）
株洲市茶陵县猪垅背东汉至宋代墓葬 （453）
安仁县苗竹山东汉至明代墓群 （453）
桑植县官田汉晋铸铁作坊遗址 （454）
临武县渡头古城遗址 （455）
长沙市天心区朝阳巷宋至明清时期遗址 （455）
东安县后背山清代墓葬 （456）
宁乡市向家洲东周遗址考古调查 （456）

广东省 (458)
- 广州市从化区狮象新石器时代遗址 (458)
- 广州市南沙区合成商周时期遗址 (459)
- 广州市黄埔区竹园岭商时期遗址 (459)
- 广州市海珠区松岗商时期及宋代遗址 (460)
- 广州市第一人民医院西汉南朝墓葬与汉至明清遗址 (460)
- 广州市增城区老虎岭东汉墓葬 (461)
- 潮州市笔架山宋代窑址 (462)
- 深圳市光明区明代遗址和清代墓葬 (463)
- 深圳市深汕特别合作区考古调查 (463)
- 东江流域（河源蓝口段）区域系统调查 (464)
- 阳春市石望铸钱遗址调查 (465)
- 惠东县明代三官坑窑址 (465)

广西壮族自治区 (467)
- 灌阳至平乐高速公路项目汉至清代墓地 (467)
- 西林县从勒墓地 (467)
- 合浦县望牛岭汉晋墓 (468)
- 贺州市铺门镇西晋及晚清墓葬 (469)
- 浦北县越州故城遗址 (470)
- 北海市大树根隋唐墓群 (471)
- 永福县马路宋代遗址 (472)
- 广西茶江流域秦汉聚落遗址田野考古调查 (472)

海南省 (474)
- 海口市琼山区珠崖岭城址 (474)

重庆市 (475)
- 合川区龙塘溪口新石器时代及汉代遗址 (475)
- 合川区三湖台子土新石器时代遗址 (475)
- 合川区张家院子新石器至清代遗址 (476)
- 江津区梧桐土新石器及商周时期遗址 (477)
- 涪陵区小田溪墓群 (478)
- 合川区牛黄坝商周及宋至明清遗址 (478)
- 合川区邱家河坝东汉至六朝时期崖墓群 (479)
- 合川区钓鱼城遗址 (479)
- 合川二佛寺摩崖造像及寺院建筑基址 (480)
- 梁平区赤牛城宋至清代遗址 (480)
- 渝中区老鼓楼宋至清代遗址 (481)
- 璧山区黄家院子明代墓群 (482)

涪陵区大屋基明代墓群 ………………………………………………………………（483）
　　合川区长土明清遗址 ……………………………………………………………………（483）
四川省 ………………………………………………………………………………………（485）
　　稻城皮洛旧石器时代遗址 ………………………………………………………………（485）
　　成都双流区王家堰旧石器时代遗址 ……………………………………………………（485）
　　成都市青羊区百仁社区新石器至唐宋时期遗址 ………………………………………（486）
　　成都市高新西区西华村新石器时代至商周遗址 ………………………………………（486）
　　会理市东咀新石器时代遗址 ……………………………………………………………（487）
　　昭觉县火博新石器时代至汉代遗址 ……………………………………………………（488）
　　广汉三星堆遗址 …………………………………………………………………………（489）
　　彭州竹瓦街遗址 …………………………………………………………………………（489）
　　盐源县老龙头商代至西汉墓地 …………………………………………………………（489）
　　汉源县桃坪商周及西汉时期遗址 ………………………………………………………（490）
　　西昌市羊耳坡遗址 ………………………………………………………………………（491）
　　宣汉县罗家坝遗址 ………………………………………………………………………（492）
　　渠县城坝汉晋时期遗址 …………………………………………………………………（492）
　　蓬溪县蛮洞山东汉崖墓群 ………………………………………………………………（493）
　　安岳县学堂湾宋明时期墓群 ……………………………………………………………（494）
　　武胜县吴家坝宋至明清时期遗址 ………………………………………………………（494）
　　自贡梁家坝明代墓葬群 …………………………………………………………………（494）
　　南充市临江寺水下遗址 …………………………………………………………………（495）
　　成都双流牧马山区域旧石器时代遗存调查 ……………………………………………（495）
　　会东县陆家地梁子新石器时代遗址调查 ………………………………………………（496）
　　会理市大队房子新石器时代遗址调查 …………………………………………………（497）
　　会理市龙地坎新石器时代遗址调查 ……………………………………………………（497）
　　会理市张狗地新石器时代石棺墓地调查 ………………………………………………（498）
　　会理市马老奶地土坑青铜时代墓地调查 ………………………………………………（498）
　　甘孜藏族自治州力丘河下游考古调查 …………………………………………………（499）
　　广安市大良城遗址考古调查 ……………………………………………………………（499）
　　神臂城及合江地区宋元山城考古勘探调查 ……………………………………………（500）
贵州省 ………………………………………………………………………………………（501）
　　普定县穿洞旧石器时代遗址 ……………………………………………………………（501）
　　赫章县辅处墓地 …………………………………………………………………………（501）
云南省 ………………………………………………………………………………………（503）
　　宣威高桥新石器时代两汉及明清时期遗址 ……………………………………………（503）
　　维西吉岔青铜至铁器时代遗址 …………………………………………………………（504）
　　晋宁区古城村商周遗址 …………………………………………………………………（505）

晋宁河泊所遗址两汉时期遗存 …………………………………………………………（506）
昭通朱提故城遗址 ………………………………………………………………………（507）
昭通曹家松林墓地 ………………………………………………………………………（508）
罗平县圭山东汉墓群 ……………………………………………………………………（509）
大理太和城遗址 …………………………………………………………………………（510）
丽江市龙泉明清时期墓地 ………………………………………………………………（510）
滇西北地区旧石器考古专项调查 ………………………………………………………（511）
沧源崖画遗址调查、勘探和试掘 ………………………………………………………（512）
剑川古城址调查 …………………………………………………………………………（513）
江川县李家山大遗址调查勘探 …………………………………………………………（514）

西藏自治区 …………………………………………………………………………（515）

班戈县各听旧石器时代遗址 ……………………………………………………………（515）
康马县玛不措新石器时代遗址 …………………………………………………………（515）
日土县夏达措遗址 ………………………………………………………………………（516）
革吉县梅龙达普史前洞穴遗址 …………………………………………………………（517）
山南市乃东区结桑史前墓地 ……………………………………………………………（518）
曲水县温江多遗址 ………………………………………………………………………（518）
阿里龙门卡古代游牧文化遗存考古调查 ………………………………………………（519）

陕西省 ………………………………………………………………………………（521）

洛南赵湾旧石器时代遗址 ………………………………………………………………（521）
富平灰坡岭新石器时代遗址 ……………………………………………………………（521）
韩城西少梁新石器时代遗址 ……………………………………………………………（522）
泾阳蒋刘新石器时代遗址 ………………………………………………………………（523）
西安市高新区东甘河新石器时代及商代遗址 …………………………………………（524）
神木县石峁新石器时代遗址 ……………………………………………………………（524）
西安市西咸新区太平新石器时代遗址 …………………………………………………（525）
黄陵县尧坡新石器时代遗址 ……………………………………………………………（526）
府谷苍贺峁朱开沟文化遗址 ……………………………………………………………（527）
周至县郑家滩商代遗址 …………………………………………………………………（527）
清涧县寨沟商代遗址 ……………………………………………………………………（528）
周原遗址 …………………………………………………………………………………（529）
丰镐遗址 …………………………………………………………………………………（529）
西安下北良西周及汉晋十六国墓地 ……………………………………………………（530）
韩城市陶渠周代遗址 ……………………………………………………………………（530）
富平县长春西周墓地 ……………………………………………………………………（531）
澄城县刘家洼东周遗址 …………………………………………………………………（531）
宝鸡魏家崖东周遗址 ……………………………………………………………………（532）

宝鸡市陈仓区下站祭祀遗址……………………………………………………………………（533）
秦雍城遗址………………………………………………………………………………………（534）
秦咸阳城遗址……………………………………………………………………………………（535）
西安市秦汉新城贺家战国至汉代墓地…………………………………………………………（535）
高陵榆楚战国至汉代墓地………………………………………………………………………（536）
西安雁塔区翟家堡战国至汉代墓地……………………………………………………………（537）
商洛市刘塬战国至西汉秦墓……………………………………………………………………（537）
秦始皇帝陵兵马俑一号坑………………………………………………………………………（538）
秦始皇帝陵Ｃ区１号墓…………………………………………………………………………（539）
秦始皇帝陵园内外城东门之间附属建筑………………………………………………………（539）
西安市雁塔区杜城秦汉遗址……………………………………………………………………（540）
西安市西咸新区西坡秦汉遗址…………………………………………………………………（540）
西安三殿汉代古桥遗址…………………………………………………………………………（541）
西汉霸陵遗址……………………………………………………………………………………（541）
蓝田县青羊庄汉墓………………………………………………………………………………（542）
西安市灞桥区水沟汉唐墓地……………………………………………………………………（542）
西安市未央区新光汉代墓地……………………………………………………………………（543）
西安市浐灞生态区白杨寨汉唐时期墓地………………………………………………………（544）
西安市长安区贾里汉唐及宋代墓地……………………………………………………………（545）
西安市莲湖区三民西晋至隋唐墓地……………………………………………………………（545）
西安市长安区等驾坡魏晋十六国时期墓地……………………………………………………（546）
咸阳洪渎塬十六国大墓…………………………………………………………………………（546）
咸阳北周宇文觉墓………………………………………………………………………………（547）
咸阳龙枣村北周大墓……………………………………………………………………………（548）
铜川华原北朝至隋代壁画墓……………………………………………………………………（548）
西安市西咸新区北城村北朝至隋唐墓葬群……………………………………………………（548）
西安航天基地国家授时中心北魏至清代墓葬…………………………………………………（549）
咸阳陶家隋段文振家族墓地……………………………………………………………………（550）
西安市高新区东祝隋唐墓地……………………………………………………………………（551）
西安西咸新区贺家村隋唐墓地…………………………………………………………………（551）
西安市隋唐长安城朱雀大街五桥并列遗址……………………………………………………（552）
西安肖里唐代墓地………………………………………………………………………………（553）
神木杨家城唐宋时期城址………………………………………………………………………（553）
西安市长安区高阳塬北宋范氏家族墓地………………………………………………………（554）
靖边县清平堡明代遗址…………………………………………………………………………（555）
神木市神木营明清时期遗址……………………………………………………………………（555）
富平石川河流域旧石器时代遗址调查…………………………………………………………（556）

安康旬阳先秦两汉时期朱砂（汞）矿冶遗存考古调查 (557)
西安航天基地空天小镇隋代至清代墓葬 (557)

甘肃省 (559)
张家川回族自治县圪垯川仰韶文化遗址 (559)
庆阳市南佐新石器时代遗址 (559)
临洮县寺洼新石器时代至青铜时代遗址 (560)
兰州市七里河区牟家坪新石器时代遗址 (561)
灵台县桥村新石器时代遗址 (562)
永登县大沙沟新石器时代及汉代遗址 (562)
灵台县西坪山遗址 (563)
宁县石家及遇村遗址 (563)
金昌市八冶农场墓地 (564)
礼县四角坪秦代遗址 (565)
成县北大街汉代遗址 (566)
酒泉市肃州区东关外汉代墓群 (566)
武威凉州区牌楼村汉晋墓 (567)
莫高窟南区北端崖顶天王堂遗址 (567)
瓜州锁阳城遗址 (568)
武威市喇嘛湾唐代吐谷浑墓葬群 (568)
兰州市高新区宋金砖室墓 (569)
清水县金代砖室壁画墓 (570)

青海省 (571)
共和县江西沟旧石器时代遗址 (571)
兴海县东果滩新石器时代及青铜时代遗址 (571)
同德县宗日新石器时代遗址 (572)
兴海县南坎沿宗日文化遗址 (573)
兴海县香让沟北宗日文化及卡约文化遗址 (574)
兴海县羊曲十八档宗日文化及卡约文化遗址 (574)
兴海县香让沟南宗日文化及卡约文化遗址 (575)
兴海县二台卡约文化遗址 (576)
兴海县羊曲东卡约文化遗址 (576)
都兰县夏尔雅玛可布诺木洪文化居址和墓葬 (577)
大通县杨家寨汉晋时期墓地 (578)
兴海县清代羊曲城址 (578)

宁夏回族自治区 (580)
石嘴山市雁窝池汉代墓地 (580)

新疆维吾尔自治区 (581)

沙湾市红山水库墓地 (581)
尼勒克县阿夏勒墓地 (581)
疏附县阿克塔拉遗址 (582)
尼勒克县吉仁台沟口遗址高台遗存 (583)
富蕴县达尔肯墓群及阿克沃巴墓群 (583)
阿勒泰市塔尔浪—冲乎尔墓群 (584)
青河县强坎河墓群 (585)
和静县国道G218那巴公路沿线墓地 (586)
疏附县吐格曼贝希墓葬 (587)
伊吾尖甲坡墓群 (588)
霍城县切德克苏水库墓地 (589)
喀什市莫尔寺遗址 (589)
库车县乌什吐尔遗址 (590)
奇台县唐朝墩古城遗址 (591)
哈密市拉甫却克古城 (592)
吐鲁番市巴达木东墓群 (592)
巴里坤县大河古城城址 (593)
新疆东部天山地区石器调查 (594)

赴外考古

吴哥古迹王宫遗址 (599)
缅甸蒲甘他冰瑜寺考古调查 (600)

学术会议

中国社会科学院考古研究所2021年度田野考古汇报会在北京召开 (603)
第二届山西考古新发现论坛在山西省太原市召开 (603)
根与魂：考古学视野下不断裂中华文明学术研讨会在河南省郑州市举办 (603)
中国社会科学院考古学论坛·2021年中国考古新发现在北京举办 (603)
唐宋时期的中国制瓷业学术研讨会在浙江省慈溪市举办 (604)
2021年度全国考古十大新发现终评会在北京举行 (604)
秦俑学及秦代文明学术研讨会在陕西省西安市召开 (604)
2022夏文化论坛在河南省禹州市召开 (604)
青铜器与文明交流——第三届中国古代青铜器研究论坛在北京举办 (605)
手工业考古·山东大学青岛国际论坛——以史前至商周玉器和石器手工业考古为中心学术会议在山东省青岛市召开 (605)

激扬学术　共话文明——考古学视野下的中华文明形成与早期发展学术论坛在北京举办…（605）
经天纬地　照临四方——中国文明起源的陶寺模式十人谈在山西省太原市召开………（605）
科技赋能·交叉融合——文物科技保护学术论坛在北京召开……………………………（606）
理论·方法·前景——敦煌十六国北朝石窟研究论坛在甘肃省敦煌市召开……………（606）
纪念云南李家山古墓群考古发现50周年学术研讨会在云南省玉溪市举办……………（606）
新时代考古发现与研究论坛在广东省广州市召开………………………………………（606）
第三届江苏青年考古论坛在江苏省连云港市举办………………………………………（607）
首届岭南青年考古论坛在广东省广州市召开……………………………………………（607）
曲成天籁　沃灌华章　曲村—天马遗址发现60周年暨晋侯墓地发掘30周年
系列纪念活动在山西省曲沃县召开……………………………………………………（607）
中国东北边疆古代渔猎文化与社会学术研讨会在吉林省长春市召开…………………（607）
当代考古学与中国南方古代民族文化研究·百越民族史研究会第二十次年会
在福建省厦门市举办……………………………………………………………………（608）
考古学视野下的海洋文明探索——暨漳州圣杯屿元代沉船发现十周年学术研讨会
在福建省漳州市举办……………………………………………………………………（608）
长三角科技考古科研交流会在江苏省南京市召开………………………………………（608）
"中山大学考古专业创建五十周年暨学科建设研讨会：华南田野考古"在广东省英德市举行…（608）
第四届古代玉器青年学术论坛在江苏省南京市召开……………………………………（609）
2022丝绸之路传统文化保护开发利用国际产学研用合作研讨会在陕西省西安市召开…（609）
首届考古现场文物保护科技论坛在陕西省举办…………………………………………（609）
北京论坛分论坛　万年以前的全球化——早期现代人的扩散、交流和适应在线上召开…（609）
元大都与草原都城考古国际学术研讨会在线上举办……………………………………（609）
沙埠窑学术研讨会暨宋瓷论坛在浙江省杭州市召开……………………………………（610）
第二届中国古代都城及城市考古新发现交流研讨会在江苏省南京市举行……………（610）

考古教学

2022年毕业本科生人数……………………………………………………………………（613）
2022年毕业的硕士研究生…………………………………………………………………（615）
2022年毕业的博士研究生及出站博士后…………………………………………………（673）

逝世考古学家

石兴邦…………………………………………………………………………………………（689）
谢端琚…………………………………………………………………………………………（693）
邹厚本…………………………………………………………………………………………（696）
陈旭……………………………………………………………………………………………（699）

考古学文献资料目录

考古学书目 ……………………………………………………………………（705）
  壹 总类 …………………………………………………………………（705）
      一 考古学通论 ……………………………………………………（705）
      二 各地考古综述 …………………………………………………（706）
      三 论文集 …………………………………………………………（706）
      四 博物馆藏品、陈列和展览图录 ………………………………（709）
      五 田野考古方法 …………………………………………………（710）
      六 科技考古 ………………………………………………………（710）
      七 公共考古 ………………………………………………………（711）
      八 工具书 …………………………………………………………（711）
  贰 田野考古资料 ……………………………………………………（712）
      一 调查发掘报告 …………………………………………………（712）
      二 出土文物图录 …………………………………………………（716）
  叁 考古学分论 ………………………………………………………（717）
      一 人类起源与旧石器时代 ………………………………………（717）
      二 新石器时代 ……………………………………………………（718）
      三 夏商周时代 ……………………………………………………（719）
      四 秦汉及汉以后各代 ……………………………………………（721）
  肆 考古学专论 ………………………………………………………（723）
      一 甲骨卜辞 附：古文字研究 ………………………………（723）
      二 青铜器及铭文 …………………………………………………（724）
      三 简牍、帛书、文书写本 ………………………………………（726）
      四 古代碑刻、墓志 ………………………………………………（727）
      五 古代玉器 ………………………………………………………（728）
      六 古代钱币 ………………………………………………………（728）
      七 铜镜 ……………………………………………………………（729）
      八 玺印、封泥 ……………………………………………………（729）
      九 明器 ……………………………………………………………（729）
  伍 美术考古 …………………………………………………………（730）
      一 通论 ……………………………………………………………（730）
      二 古代雕塑 附：汉画像石 …………………………………（730）
      三 石窟寺 …………………………………………………………（731）
      四 古代建筑 ………………………………………………………（732）
      五 陶瓷与窑址 ……………………………………………………（733）

六　古代绘画 ………………………………………………………（734）
　　七　古代书法 ………………………………………………………（734）
　　八　古代工艺美术 …………………………………………………（734）
陆　古代科学技术与手工业 ………………………………………………（735）
柒　古代文化生活 …………………………………………………………（735）
捌　民族考古和边疆地区考古 ……………………………………………（736）
玖　宗教遗迹与遗物 ………………………………………………………（737）
拾　文物保护单位、文物志与历史地理 …………………………………（737）
拾壹　中外关系与中外文化交流 …………………………………………（738）
拾贰　文物保护、大遗址和文化遗产保护 ………………………………（738）
　　一　文物保护工作 …………………………………………………（738）
　　二　文物保护技术与文物修复 ……………………………………（739）
　　三　文物保护工程 …………………………………………………（740）
　　四　遗址保护 ………………………………………………………（740）
拾叁　水下考古 ……………………………………………………………（741）
拾肆　世界古代文明与考古 ………………………………………………（741）
拾伍　金石学 ………………………………………………………………（742）

考古学论文资料索引 ……………………………………………………（744）

壹　总论 …………………………………………………………………（744）
　　一　综述 ……………………………………………………………（744）
　　二　考古学史和考古学家传记 ……………………………………（747）

贰　考古学分论 …………………………………………………………（750）
　　一　综述 ……………………………………………………………（750）
　　二　人类起源及旧石器时代 ………………………………………（751）
　　三　新石器时代 ……………………………………………………（752）
　　四　夏文化探索 ……………………………………………………（760）
　　五　商代 ……………………………………………………………（761）
　　六　西周 ……………………………………………………………（762）
　　七　东周 ……………………………………………………………（763）
　　八　夏商周时期周边地区青铜文化 ………………………………（764）
　　九　秦代 ……………………………………………………………（766）
　　一〇　汉代 …………………………………………………………（767）
　　一一　三国两晋南北朝 ……………………………………………（770）
　　一二　隋唐五代 ……………………………………………………（771）
　　一三　宋至明清 ……………………………………………………（773）

叁　考古学专论 …………………………………………………………（776）
　　一　甲骨文 …………………………………………………………（776）

19

二	青铜器与铭文研究		（779）
三	简牍、帛书、文书、写本		（788）
四	碑刻、墓志与地券		（797）
五	玉器		（803）
六	货币		（806）
七	玺印与封泥		（808）
八	漆器		（808）
九	金银器		（809）
一〇	瓷器		（810）
一一	其他		（813）
肆	田野考古		（814）
一	北京市		（814）
二	天津市		（814）
三	河北省		（815）
四	山西省		（815）
五	内蒙古自治区		（817）
六	辽宁省		（818）
七	吉林省		（818）
八	黑龙江省		（819）
九	江苏省		（819）
一〇	浙江省		（820）
一一	安徽省		（822）
一二	福建省		（822）
一三	江西省		（823）
一四	山东省		（823）
一五	河南省		（824）
一六	湖北省		（827）
一七	湖南省		（828）
一八	广东省		（828）
一九	广西壮族自治区		（828）
二〇	海南省		（828）
二一	重庆市		（829）
二二	四川省		（829）
二三	贵州省		（830）
二四	西藏自治区		（830）
二五	陕西省		（831）
二六	甘肃省		（833）

	二七　青海省	（833）
	二八　宁夏回族自治区	（833）
	二九　新疆维吾尔自治区	（834）
伍	**科技考古**	（834）
陆	**美术考古**	（848）
	一　雕塑	（848）
	二　造像总论	（848）
	三　石窟寺	（851）
	四　古代建筑	（853）
	五　绘画	（854）
柒	**中外交流与世界考古**	（857）
捌	**文化遗产保护**	（862）
玖	**盐业考古**	（874）
拾	**水下考古**	（875）
拾壹	**交通考古与古迹**	（875）
拾贰	**学术简讯**	（876）
拾叁	**书刊评介**	（880）
新发表古代铭刻资料简目		（884）
一　甲骨文		（884）
二　金文		（884）
	春秋	（888）
	战国	（888）
	汉	（889）
	明	（889）
	秦或宋	（889）
	清	（889）
	附：金银器铭	（890）
三　玺印		（890）
	秦	（890）
	汉	（893）
	宋	（894）
	明	（894）
	清	（894）
四　墓志		（894）
	北魏	（894）
	隋唐	（895）
	宋	（897）

　　　　金 ……………………………………………………………………………………（898）
　　　　元 ……………………………………………………………………………………（898）
　　　　明 ……………………………………………………………………………………（898）
　　　　附：买地券 …………………………………………………………………………（899）
　五　碑刻 …………………………………………………………………………………（900）
　　　　北魏 …………………………………………………………………………………（900）
　　　　宋 ……………………………………………………………………………………（902）
　　　　明 ……………………………………………………………………………………（903）
　　　　清 ……………………………………………………………………………………（903）
　　　　附一：摩崖刻石 ……………………………………………………………………（904）
　　　　附二：墓室题刻 ……………………………………………………………………（910）
　　　　附三：经幢题刻 ……………………………………………………………………（912）
　　　　附四：建筑题记 ……………………………………………………………………（912）
　六　有铭砖 ………………………………………………………………………………（915）
　七　陶文 …………………………………………………………………………………（918）
　　　　商 ……………………………………………………………………………………（918）
　　　　战国 …………………………………………………………………………………（918）
　　　　汉 ……………………………………………………………………………………（920）
　　　　唐 ……………………………………………………………………………………（922）
　　　　宋 ……………………………………………………………………………………（924）
　　　　明 ……………………………………………………………………………………（924）
　　　　附一：瓷器文字 ……………………………………………………………………（924）
　　　　附二：简牍 …………………………………………………………………………（929）
　　　　附三：杂器铭 ………………………………………………………………………（930）

中国考古学研究综述

旧石器时代考古与古人类学

王春雪 张雪微

旧石器时代作为人类历史的第一篇章，其研究不仅包括石制品的类型、形态和功能的研究，也包括古人类生存行为、社会关系和人类起源—演化的研究。2022年，中国旧石器时代考古与古人类研究成果丰硕，研究方法多样，研究广度和深度得到扩展。本年度发表于国内期刊的学术论文近百篇，经发现的旧石器遗址（地点）百余处，这些发现有利于我国旧石器时代文化序列的构建，为我国旧石器时代的研究增添了新的材料。

2022年度，受新冠疫情影响，学术交流活动多采用线上线下结合的方式进行，以尽可能地增进旧石器考古学者之间的交流，促进旧石器考古研究的进一步发展。

一、考古发现与进展

（一）考古发掘

2022年我国旧石器时代和古人类新发现层出迭现，新研究精彩不断。本文以秦岭淮河为界，淮河以北为北方地区、以南为南方地区，此外还有青藏高原地区。总体而言北方地区发现的旧石器遗址数量多于南方地区，其他区域次之。

1. 北方地区

泥河湾盆地广义上包括蔚县盆地、涿鹿盆地、怀来盆地及山西的大同盆地。该区域一直以来是北方地区旧石器考古的核心区域之一。2022年，泥河湾盆地报道了多处旧石器时代遗址的新发现，包括东亚地区最早的史前人类颜料加工遗存、保存完好的草原猛犸象脚印以及古人类用火遗迹等。这些新发现为我们构建了一幅精彩绝伦的泥河湾盆地古人类生活画卷。

下马碑遗址位于河北省蔚县三关村，处于泥河湾盆地东南缘，地层堆积厚度约290厘米。在第6层堆积中，发现了赤铁矿残迹、火塘及其周边散落的石器、骨器及动物化石碎片等。根据拉曼光谱、X射线荧光光谱等技术分析，确认了遗址内存在一处富集赤铁矿的染色区。此外，部分赤铁矿石表面发现了摩擦痕迹，推测为颜料加工遗存。遗址内出土的石器以砸击而成的细长形小型石器为主，部分细小石器表面发现骨柄残留和线性排布的植物纤维残留，推测是古人类通过装柄、镶嵌制作的复合工具，被用来钻孔、加工皮毛、切割植物及动物软组织等。沉积学、孢粉分析及动物考古的综合研究表明，下马碑古人类生活于壶流河阶地上，植被以草原景观为主。下马碑遗址地层测年数据显示，年代距今4.1万—3.9万年，属于旧石器时代晚期遗存（《中国文物报》3月8日）。

马圈沟遗址群确认了距今176万—126万年17个不同阶段古人类的文化层，第Ⅱ文化层发现了保存完好的草原猛犸象脚印，第Ⅲ文化层揭露了一处古人类狩猎、肢解草原猛犸象活动的场景；石沟遗址第Ⅳ文化层揭露出了清晰的泥河湾古湖滨冲沟，冲沟内出土动物化石、石制品2000余件。其中动物种属达十几种，部分骨骼保存切割、砍砸以及食肉类动物啃咬痕迹；发现多组能够连续拼合的石制品。该遗址的发现有助于我们复原150万年前古人类在泥河湾古湖滨周边制作石器、肢解动物就餐的场景。马梁—后沟遗址群保存了距今80万—35万年的文化层。该遗址群的考古发现填补了泥河湾盆地中更新世古人类文化遗存的空白，有助于研究人员构建中更新世古人类演化的文化序列。侯家窑遗址揭示了完整地层剖面，确认文化遗物和人类化石的埋藏地层并非以往认识的泥河湾层。结合最新的光释光测年结果，确认许家窑人生存年代为距今20万—16万年。这一发现解决了许家窑人生存时代的问题，为研究中国北方早期现代人的起源和演化、古老型智人行为能力等提供了重要数据。板井子遗址内出土了距今10万—8.6万年经预制修理的石核。西白马营遗址发现了距今4.5万年的用火遗迹和肢解、处理动物资源的场所，为探寻泥河湾盆地乃至东亚地区晚更新世晚期人类生存模式提供了重要资料。油房等遗址发现了距今2.9万—2.7万年的石叶技术遗存，为探索华北地区石叶、细石叶技术的产生与扩散、东西方文化交流提供了重要的线索。虎头梁遗址群发现的距今2万—1万年的火塘、细石叶、装饰品以及陶片等，为探讨旧石器时代晚期向新石器时代早期的过渡提供了科学可靠的地层和文化依据。此外，在小长梁—东谷坨区域发现距今136万—100万年的7个文化层。东谷坨遗址获取了系统的年代、环境、沉积(《中国文物报》3月8日)。

怀来盆地地处广义泥河湾盆地的东部，是冀北中山内部北东向断裂控制下的新生代断陷盆地。珠窝堡遗址位于河北省张家口市怀来县官厅镇珠窝堡村东北约1.5千米，遗址发现于2014年8月，同年进行试掘，试掘面积23平方米，出土石制品共262件，动物化石284件。石制品原料以玄武岩、硅质灰岩和安山岩为主；石制品类型包括石锤、石核、废片类、工具。总体以小型为主，其次是中型和微型。石核多数是打击台面的锤击石核，剥片方式为硬锤锤击。工具类型多为刮削器，毛坯为片状毛坯，刃缘的修理采用锤击法，修理部位多位于片状毛坯两侧。该遗址的石器技术总体上符合中国北方常见的石片石器技术体系。电子自旋共振(ESR)测年显示该遗址文化层的年代为距今504±76ka，属于旧石器时代早期遗存(《考古》第3期)。

河南淅川梁家岗2号地点和东岗地点位于丹江下游左岸Ⅲ阶地上。2009年对两地点进行了发掘，揭露面积1425平方米，出土和采集石制品共193件。石制品类型包括石核、石片、石器、断块和残片。石器包括刮削器、尖状器、砍砸器和手斧等，毛坯类型多为石片，也有一定数量的断块和石核毛坯，个别为砾石毛坯。原料类型包括脉石英、少量硅质岩，均来自遗址附近的河漫滩。剥片方法以锤击法为主，偶见砸击法。该遗址的年代处于中更新世晚期至晚更新世(《人类学学报》第1期)。

河南南召太山庙南坡根遗址位于南召县东南部45千米、鸭河口水库上游的Ⅱ级阶地上。该遗址地表采集石器43件，包括石核、石片、断块和工具。石核剥片较简单，工具类型有刮削器、尖刃器、砍砸器、凹缺器、端刮器、锯齿刃器和手斧。石制品的尺寸多为中型和小型。石制品的原料为石英。根据地貌特征、地层情况，石器工业技术特点，推测年代为旧石器时代晚期(《北方民族考古》第13辑)。

马岭2号地点位于河南省淅川县盛湾乡贾湾村马岭，遗物埋藏于丹江右岸第三纪基座阶地的黏土层中。2011年4—5月和2012年3—4月，中国人民大学历史学院等单位对该地点进行了抢救性发掘，发掘面积1700平方米，出土石制品770件。石制品类型包括石核、石片、石锤、两面器、石核砍砸器、石核刮削器等。原料以石英岩为主，多来自遗址附近的河流砾石。剥片和修理技术为硬锤直接锤击法，两面器有相对稳定的生产体系。石器面貌与阿舍利技术相似。通过与周边遗址比较，其年代应处于中更新世晚期（《江汉考古》第6期）。

山东沂水跋山遗址是目前山东境内发现的堆积最厚、年代跨度大的遗址。遗址包含多个连续的文化层位，出土了丰富的古人类遗物遗迹，其中出土的石制品多为石英质地，动物化石包括赤鹿、原始牛和象等。该遗址的发现对于构建我国东部旧石器时代中期文化序列，论证中国－东亚人类的连续演化以及研究当时古人类的技术特点、生产生活方式和生存环境背景具有重大的价值与意义（《大众考古》第11期）。

2022年3月初至6月下旬，山东省文物考古研究院联合沂水县文化和旅游局组成联合调查队，在沂水县西部展开为期4个月的旧石器时代专项调查工作，共发现旧石器、细石器遗存5处。除水泉峪、东疙瘩山遗址外，在西距水泉峪遗址约2.3千米、3.8千米处，同属于清源河南岸二级阶地面及坡前地表均发现有石制品。前者采集以脉石英为主要原料的石制品11件，坡面散布大量脉石英石料，地层堆积十分稀薄，大多裸露基岩。后者发现地点2处，相距甚近，均位于吕公峪村北约600米，共采集到脉石英及燧石制品数十件，暂定为吕公峪S1和S2。其中S1土层稀薄，无法深入工作；S2堆积厚度3—4米，可望搜寻到石制品的原生层位。通过调查工作已知，5处旧石器遗存发现位置极为一致，均位于沂河支流和次级支流交汇处南部靠近山前的堆积，亦即清源河二级阶地后缘，埋藏环境相同，只是文化堆积保存状况差异很大。以水泉峪遗址、东疙瘩山遗址及吕公峪S2地点地层保存相对完好，其余2处不见地层或地层太薄。5处遗存不论从所处环境还是石制品类型来看，均极为接近，应系相近地质时期的活动遗留（《中国文物报》11月25日）。

水泉峪遗址也是沂河上游区域首次发现的具有原地埋藏性质的细石器遗存。水泉峪遗址位于沂水县崔家峪镇水泉子峪自然村北部。文化遗物出自沂河支流清源河与次级支流交汇处南部的山前阶地中。清源河南北两岸分布有一、二级河流阶地，其中342国道及其北邻镇政府与民居所在台地为一级阶地。二级阶地主要分布于清源河以南，除水泉峪遗址所在部分保留面积较大外，受河流侵蚀及20世纪70年代取土造田影响，其他区域则较少保留。水泉峪遗址所在二级阶地顶部海拔约180米，与清源河河面高差约30米，阶地表现出堆积清晰的二元结构，底砾层之下即为基岩，为典型的基座阶地。因遗址所在区域系民居及院落，开辟有羊圈、牛圈等设施，对地面改造颇大，因此阶地面高低错落。同时，遗址南部可见依地势零散建造的民房，其间种植蔷薇科果树。经勘查，在地表及清理断坎剖面均发现石制品。石料以石英为主，采自西部杏山岩脉之中。偶见灰白、黄褐、深红色等燧石制品，石料或来源于北部以花岗岩为主的山岭之中。该遗址面积较大，东西长约200米，南北长约100米。东部为较厚的土状堆积，西部石制品散布于杏山东坡，地层堆积极薄，大量石制品即采自基岩之上。结合地层堆积及采集、清理剖面出土的石制品情形来看，水泉峪遗址文化遗物出自二级阶地上部，厚度近4米。可见部分可划分为5个层位。目前来看，水泉峪遗址第②层以下文化层暂未见细石器，仅发现以当地砂岩山体裂隙发育的脉石英为石料的石制品，推测年代应为早于本区细石器技术出现的阶段。因未见明显沉积间断，时代或存在连续关系（《中国文物报》11月25日）。

楼房子遗址位于甘肃省庆阳市环县曲子镇楼房子村柏林沟内1千米处。2018年，楼房子遗址下文化层下部（第14、15层）发掘面积为16平方米，出土了大量石制品、动物化石。石制品类型包括石核、石片、石器、断块、断片和备料等。原料类型以石英砂岩和硅质灰岩为主。石核剥片和石器修理都采用硬锤锤击法。石制品类型和技术总体上属于北方小石器传统。结合地层堆积及相关孢粉分析认定该遗址下文化层年代与MIS5阶段相当，整体属于旧石器时代中期（《人类学学报》第1期）。

新疆塔什库尔干县库孜滚遗址位于新疆维吾尔自治区喀什地区。该遗址地势西高东低，属于帕米尔高原东部，局部地貌为冰山前缘的洪积台地。2018年因遗址南部的塔什库尔干机场建设需要，新疆文物考古研究所和北京大学考古文博学院组成联合考古队，对该遗址进行了调查和抢救性发掘，遗址的文化层仅有1层，厚度不大，未见遗迹现象，遗物仅有石制品，未见动物化石等。石制品以石核、石片和石叶等初级剥片产品为主，工具较少，加工简单，几乎不见修理刃缘产生的小石片。这些石制品整体呈现石器加工场遗物的典型特征。该遗址2层光释光测年年代为距今8000多年。从石器的技术与类型观察，库孜滚遗址发现的石叶类遗存与同属高海拔地区的青藏高原腹地的尼阿底遗址有相似之处。库孜滚遗址的发现将人类在帕米尔高原东侧大规模活动的时间提前至全新世早期，显示了在该地区探索史前人群迁徙与文化交流的巨大潜力。该遗址大面积分布单一石制品组合的现象表明，人类对该区域的片岩原料进行了反复、高强度利用，反映了人类在此区域长时段的生活历程，为我们认识这一时期人群的流动方式、对高海拔环境的适应，以及东西方文化交流提供了重要材料（《考古》第9期）。

2021年，吉林省文物考古研究所继续对和龙大洞遗址进行考古发掘，发掘面积50平方米。通过发掘，确认旧石器时代文化层3个，发掘出土各类石制品8000余件。上文化层和中文化层以细石叶技术为主要特点，下文化层以石叶技术为主要特点，测年结果表明遗址年代跨度近4万年。2022年，吉林省文物考古研究所联合浙江大学城市学院考古学系继续对大洞遗址进行了主动性考古发掘，发掘面积20平方米。截至2022年8月底，已发现自然层位5个，累计发现编号石制品3000余件，未发现火塘等遗迹现象（《中国文物报》10月14日）。

桃源遗址位于吉林省延边朝鲜族自治州龙井市老头沟乡桃源村以西约2千米布尔哈通河北岸一处向南凸出的Ⅱ级阶地上。2020年8月，为配合国道302改扩建工程，吉林省文物考古研究所对该遗址进行了发掘，发掘面积104.5平方米。出土石制品451件、残陶片3件。石制品类型包括细石叶石核、普通石核、普通石片、石叶、细石叶、端刮器、雕刻器和尖状器等，残陶片为夹砂红褐陶，除1件器耳外，其他器形不可辨。石制品原料以黑曜岩为主，尺寸普遍偏小，形态以宽薄型和窄薄型为主，主要表现出细石叶工业的特征。根据雕刻器、细石叶石核等石器组合判断应为旧石器时代晚期末段遗存。所见残陶片中的乳丁耳为柳庭洞文化遗物，属青铜时代（《北方文物》第6期）。

2. 南方地区

丹江口水库区位于湖北、河南和陕西三省交界处，处在我国第二级阶梯的东缘，是汉水上游到中游的过渡地带,汉水由西向东、丹江由北向南在此汇合而成。该地区西南、西北和东北分别环绕武当山、秦岭和伏牛山,东南与江汉平原相接。该区地形复杂,属于暖温带—亚热带气候类型,降水量充沛,发育汉水的多条支流。在较适宜的暖湿气候条件下植被旺盛,动物资源丰富,适合古人类的生存繁衍,是南北方古人类迁徙和文化交流的关键地带,也属中国旧石器时代南北方主工业类型的过渡地带。

2009年4月,中国科学院古脊椎动物与古人类研究所对丹江口水库区的王庄2号地点、吴家外地点和岳沟1号地点进行了抢救性考古发掘,每个地点发掘面积100平方米,获得石制品数量分别为13件、33件、13件,包括石核、石片、断块、工具等多种类型。三处地点的原料均属于就地取材,与各自所在区域的砾石原料构成有关,从原料选择上能看出古人类的有针对性选择。石器分析显示,三处地点的剥片技术均为硬锤直接锤击法。王庄2号地点和吴家外地点的石器大小、质量,石器面貌与南方砾石工业更接近,而岳沟1号地点则与北方石片石器技术面貌相似,表现出中国南北方主工业类型过渡的特点,为研究晚更新世古人类在汉水流域的适应生存、开发过程提供了一批资料(《人类学学报》第6期)。

洋县范坝旧石器地点位于秦陵南麓汉江上游的汉中盆地汉江左岸支流溢水河右岸第二级阶地上。为配合西安—成都高铁项目建设,2016年对该地点进行发掘,发掘面积171平方米,出土石制品784件。石制品类型包括石锤、石核、石片、石器和断块等,其中石器组合中既存在尺寸较小的轻型刮削器,也有石球和重型刮削器等大型器物。加工石制品的原料为遗址附近河流及河漫滩中的石英、石英岩、细砂岩、火成岩和燧石等砾石原料。该遗址地层初步光释光测年表明,汉江及其北部支流——溢水河第Ⅱ阶地上覆的堆积物形成时间为距今22万—2.5万年,旧石器遗存的埋藏年代为距今18万—2.5万年的中更新世晚期至晚更新世阶段(《人类学学报》第3期)。

六林岭旧石器遗址位于百色盆地东南部田东县祥周镇百渡村,埋藏于右江南岸的Ⅳ级阶地上。2018年11—12月,试掘面积28平方米,共发现石制品182件,其中地层出土40件,采集142件。石制品分布于两个文化层,但是属于同一技术传统。石制品类型包括备料、石锤、石核、石片、断块、砍砸器、手镐、刮削器。原料包括粉砂岩、石英砂岩、石英、砾岩、砂岩和火山岩,其中以粉砂岩和石英砂岩为主。石制品剥片以锤击法为主;工具组合中砍砸器占绝对优势,其次是刮削器和手镐,加工方法多为锤击法,毛坯类型包括砾石、石片和石块。与第一文化层石制品伴生出土的玻璃陨石碎片,初步推测年代为803 ka BP,不排除二次堆积的可能。根据土质土色和石制品面貌推测,第一文化层的年代属于晚更新世,第二文化层年代早于第一文化层(《人类学学报》第1期)。

安友庄遗址位于安徽省宁国市西南约5千米的安友庄附近,地处中津河西岸、距中津河100米的一个岗地,水阳江上游发育的Ⅱ级阶地上。该遗址发现于2003—2004年的广宁公路扩建工程建设工程,安徽省文物考古研究所与宁国市文物管理所在沿线开展文物调查工作,并在施工沿线的网纹红土层内采集到少量石制品。2004年,对该遗址进行了抢救性发掘,发掘面积250平方米,出土石制品49件。石制品原料为石英岩,均来自遗址附近的河漫滩。石制品类型包括石核、石片和石器。石器类型进一步可分为大型切割石器(手斧、大型石刀和手镐)、砍砸器和刮削器三类。石制品以中型和大型为主,小型相对较少。剥片方法为硬锤直接剥片。根据地质地貌状况，安友庄遗址古人类生存与活动的年代延续中更新世中、晚期（《人类学学报》第2期）。

在莆田木兰溪流域考古调查中，发现了山边旧石器时代晚期遗址，把莆田地区有人类生存活动的历史至少提早到距今2万年。福建莆田木兰溪流域考古调查队开展的此次考古调查工作持续一年左右，新发现史前遗址26处，包括旧石器时代遗址1处，新石器时代遗址7处，青铜时代遗址18处，出土了采集标本数百件，完整或可复原器物近百件。这些遗迹、遗物的发现，填补了本区域考古的多项空白，为初步建立木兰溪流域先秦时期考古学文化年代序列和文化谱系提供了丰富坚实的基础材料（《中国文物报》12月23日）。

3. 青藏高原地区

川西高原地处我国地势第一、二级阶地的过渡地带，是青藏高原与中原腹地联系的重要通道。作为中国西北部和西南部的枢纽地带，川西高原向南经云贵高原连接东南亚与南亚次大陆，向北经半月形地带可与丝绸之路互通，是人类迁徙南北线交汇的关键十字路口。

皮洛遗址位于四川省甘孜藏族自治州稻城县金珠镇皮洛村，东距稻城县城约2千米，地处金沙江二级支流傍河和傍河小支流皮作河交汇处的宽谷区，地貌部位属傍河及支流的Ⅲ级阶地。遗址总面积100万平方米，2021年遗址发掘面积200平方米。本次发掘获得石制品7191件，类型包括石核、石片、工具、断块、残片、使用砾石以及没有明确人工打制痕迹的砾石。工具多以大石片为毛坯，直接用砾石生产的砍砸器和手镐占有一定比例，边刮器数量最多，其次是凹缺器和锯齿刃器，也有少量的尖状器、锥钻、鸟喙状器等有尖工具。该遗址可分为三期，第一期包括第4—8层堆积，石制品原料多为砂岩，石核剥片较为简单；第二期为第3层堆积，原料依旧以砂岩为主，石英和板岩的比例增多，第3层光释光测年结果不晚于距今13万年，该层发现了以板岩为原料的手斧；第三期包括第2层堆积，原料砂岩比例降低，板岩和石英比例增多，新出现加工更为复杂的小型石英石制品。此外，皮洛遗址还发现了古人类用火的痕迹。皮洛遗址揭露了七个连续的文化层，完整保留了"简单石核石片组合—阿舍利技术体系—小石片石器与小型两面器组合"的旧石器时代文化发展过程；遗址发现的手斧、薄刃斧等遗物是目前所见世界上海拔最高的阿舍利技术遗存，也是目前东亚地区形态最典型、制作最精美、技术最成熟、组合最完备的阿舍利组合，初步解决了长达半个多世纪的"莫维斯线"的争论（《考古》第7期）。

（二）考古调查

近年来我国境内进行了多项旧石器考古专项调查，成果颇丰。2022年也有诸多新的发现。

1. 北方地区

蔚县盆地作为广义泥河湾盆地的重要组成部分，曾是更新世期间古人类生存活动的重要地区。2019—2020年在蔚县盆地开展了新一轮的旧石器考古调查工作，发现并确认18处旧石器和动物化石地点，获得35件石制品以及少量动物化石。从文化遗存的出露层位来看，泥河湾河湖相地层和黄土堆积是遗物埋藏的主要地貌部位。石制品类型包括石锤、石核（含细石核）、废片和工具。原料以火山岩、燧石和石英岩为主。石核剥片和工具修理均主要采用锤击法。技术类型总体上包含了简单石核石片技术和细石叶技术两套组合。结合相关地貌、地层对比资料以及石制品的类型特征，初步推测新地点的时代分别为中更新世和晚更新世，其中含细石叶技术制品地点的年代应为晚更新世晚期（《人类学学报》第 5 期）。

东秦岭卢氏盆地在 2019 年新发现旧石器地点 27 处，这些地点多位于南洛河不同阶地上的黄土堆积地层中。调查采集石制品 123 件，部分石制品采自于阶地顶部暴露的黄土地层剖面上。石制品包括石核、石片、断块、碎屑和石器等。整体属于简单石核－石片工业，石核可分为简单的单台面石核和转向剥片石核。石器组合中有手镐、砍砸器等大型工具和以石片为毛坯的中小型刮削器。根据黄土－古土壤地层序列判断，多数地点的石制品出自黄土 L1—S2 地层堆积，年代范围涵盖中更新世晚期至晚更新世，其中西庄村南和九寨山两个地点的 2 件石制品出自更早的 S9 和 S13 古土壤地层堆积中（《人类学学报》第 3 期）。

天津蓟州丈烟台东山旧石器地点位于天津蓟州区东北部，地处沟河北岸的 II 级阶地上。该遗址采集石制品 20 件，类型包括石片、断块和工具，工具均是刮削器。石制品以中小型为主，原料都是石英砂岩。丈烟台东山旧石器地点的石制品特征显示其属于大石器工业面貌，年代应为旧石器时代晚期（《科学技术与文物保护技术》第 13 辑）。

河南南阳第二污水处理场地点位于河南省南阳市西峡县五里桥镇第二污水处理场，坐落于老灌河西岸的 II 级基座阶地上。该地点发现石制品 28 件，包括石核、石片、断块和工具。石核有锤击石核和砸击石核。工具类型有刮削器、钻器和雕刻器。原料包括石英和砂岩。石器以小型为主。根据地层堆积和石制品工业特征推测，该地点属于旧石器时代早期（《科学技术与文物保护技术》第 13 辑）。

河南南召余坪地点位于河南省南召县汉水中游支流松河南岸第 II 级阶地前缘，该地表采集石制品 38 件，类型包括石核、石片、断块、使用石片和石器，个体多为小型与中型，原料以石英为主。石核剥片采用硬锤锤击，偶见砸击法。根据地貌与石制品特征，时代应属旧石器时代晚期，文化属性为石片石器技术系统（《人类学学报》第 5 期）。

黄河中游晋陕峡谷陕西侧龙门至壶口段于 2019—2020 年新发现旷野旧石器地点 9 处，采集石制品 139 件，部分石制品直接采自地层剖面上。其中康家岭地点石制品的埋藏地层为马兰黄土底部的洪积碎屑层，时代为晚更新世早期；苏家岭地点有 1 件石制品出自 MIS3 阶段弱古土壤层之下的洪积碎屑层，光释光年代为距今 7.2 万 ± 0.7 万年。大部分石制品的埋藏地层为马兰黄土层，时代为晚更新世中、晚期，其中凉泉沟地点埋藏的黄土地层光释光年龄大约距今 5 万年。本次调查发现的旧石器地点石制品原料多为砾石，岩性以石英岩为主，其次为石英，此外还有少量燧石、细砂岩和硅质岩。石制品类型包括石核、石片、石器和断块等。石制品尺寸以中小型为主，剥片方法多采用硬锤锤击直接法，个别使用砸技法。石器类型有中小型的刮削器、凹缺器和大型的砍砸器。石核剥片技术均属于简单石核－石片技术体系（《人类学学报》第 3 期）。

宁夏海原县南华山旧石器考古调查共发现旧石器地点 27 处，其中有明确地层的有 14 处。从地层上看可大致分为距今 1.8 万年以后的马兰黄土堆积和距今 2.4 万—1.8 万年的马兰黄土下部河漫滩堆积两期，分别以石叶－细石叶工业和小石片石器工业为代表。其中油坊院第 1 地点和刘湾遗址断面发现了较厚的灰烬堆积，前者还发现有 1 处明显的火塘遗迹。这两处遗址的测年分别为距今 2.2 万年和距今 1.1 万年（《人类学学报》第 3 期）。

东宁太平沟东山地点位于黑龙江省牡丹江市东宁市老黑山镇太平沟村，发现于2017年4月。发现采集石器92件，石器原料以流纹岩为主，其次为流纹斑岩和砂岩。石器类型包括石核、石片、工具和断块。该地点工具数量较多，器形丰富多样，包括一类、二类和三类工具。一类工具为石锤，二类工具包括刮削器和砍砸器，三类工具包括刮削器和砍砸器，且均采用锤击法修理。该地点石器工业类型属于石叶工业，年代为旧石器时代晚期（《北方文物》第6期）。

密东遗址是黑龙江省海浪河流域2018年春季旧石器专项调查工作中新发现的一处遗存丰富的旧石器遗址。石器工业原料以玄武岩、凝灰岩与流纹岩为主体，另有安山岩、砂岩、黑曜岩与石英等。石核剥片技术以两面体石核技术最为显著，另有石叶和细石叶技术。工具组合包括刮削器、两面尖状器和网坠。密东遗址的石器原料、石核类型、工具类型均体现出相当程度的多样化特点，显示遗址的复杂性与功能多样性。密东遗址的年代可能处于末次冰盛期结束之后的温暖湿润冰消期，不晚于新仙女木冰期（《北方文物》第4期）。

八五九农场南山遗址位于黑龙江省饶河县八五九农场内，发现于2019年。共采集石制品142件，类型包括石核、石片和两面尖状器等。该遗址石制品密度极大，原料单一，器形较大，加工程度低，存在显著的两面打击技术，具有原料产地石器制造场的典型特征。该遗址的发现改变了乌苏里江地区旧石器时代遗存薄弱的状态，为黑龙江地区更新世末期石器工业的原料开采和利用过程研究增添了重要材料（《北方文物》第3期）。

黑龙江穆棱河流域旧石器调查新发现的霍家窝棚北山、西岗村和八家子村三处地点分别采集石器39件、7件和4件，石器类型包括石核、石片、石叶、工具和断块。通过整理和研究，这批石器皆属于东北地区以小型石器为主的石器工业类型。经对比分析，这批石器应属于旧石器时代晚期（《北方文物》第5期）。

黑龙江查哈阳太平湖第八作业东北地点位于查哈农场的东南处，太平湖水库的东北方向，距离水库约7400米。调查发现的石制品类型包括石叶石核、细石叶石核、石片、边刮器、端刮器和凹缺器等。石制品均以碧玉为原料，且遗址周边分布碧玉产地。石叶和细石叶剥片构成该遗址主要的剥坯序列。遗址主要承担了毛坯预制、剥片和工具加工的工作。发现的产品多是一些断块和预制阶段的产品，初步认定该遗址属于石器的初加工场所（《边疆考古研究》第32辑）。

吉林省的人类演化历史最早可以追溯到距今16万年，以长白山西麓丘陵地带的桦甸市寿山仙人洞遗址为代表，年代跨度超过10万年。自20世纪90年代以来，在吉林东部长白山地区陆续发现了众多旧石器时代晚期遗址，主要以黑曜岩为石器原料，常见石叶和细石叶，极具地域特点的同时又与我国华北地区细石叶技术的大规模涌现时间大体相同。为了弄清这些遗址与中国北方传统石器工业的关系以及细石叶技术的传播与扩散机制，吉林省文物考古研究所聚焦东北亚旧石器与古人类文化迁徙交流重大选题，与国内外十余家高校和科研院所合作，选择吉林东部长白山地展开多学科、多角度、全方位的联合攻关，取得了多项重要成果。考古调查进一步确认了"长白山旧石器时代遗址群"时空范围。截至2021年，全部完成了长白山核心区11个县市旧石器遗址的描底调查工作。吉林省文物考古研究所负责的和龙、安图、抚松、王清、延吉等地累计发现打制石器遗址点445处，其中初步确认为旧石器时代遗址的超过100处（《中国文物报》10月14日）。

吉林农安后金家沟北山旧石器地点位于吉林省长春市农安县青山口乡后金家沟屯北的松花江南岸，隶属于农安县黄鱼圈八里营子村。遗址分布面积约11000平方米，调查采集石器36件，类型包括石核、石片、工具，工具类型包括刮削器、尖刃器、凹缺器和舌形器。石器原料类型多样，包括石英岩、燧石、硅质灰岩、流纹岩、玛瑙、玄武岩、石英和角页岩。原料来自遗址附近的河漫滩。石器以中型为主，其次是小型。剥片方法以锤击法为主，少见砸技法。遗址埋藏年代早于晚更新世早期，文化年代为旧石器时代晚期（《边疆考古研究》第31辑）。

吉林农安巴吉垒敖包吐下坎旧石器地点位于吉林省农安县巴吉垒镇敖包图泡西侧的Ⅱ级阶地上。该地点于2020年开展农安地区旧石器专项调查时被发现，共采集石制品36件。类型包括锤击石核、石片、石锤、刮削器、尖状器、凹缺器、石镞和砍砸器。石制品原料以石英岩为主，其次是燧石和硅质灰岩，也有少量玛瑙、灰岩和玄武岩等。剥片方法包括锤击法、软锤锤击法以及间接打击法。根据地层堆积和石器工业特征推测，该地点属于旧石器时代晚期（《科技考古与文物保护技术》第13辑）。

牛家沟东山和牛家沟南山地点发现于2018年4月。地表共采集石制品29件，包括石核、石片、工具和断块。牛家沟东山地点发现石制品15件，原料种类有砂岩、流纹岩、石英岩、玄武岩、角岩、安山岩、板岩和花岗细晶岩等；牛家沟南山地点发现石制品14件，原料种类有玄武岩、流纹岩、石英岩和板岩等。两个地点的石制品均以工具为主，三类工具均采用锤击法修理或截断修理。两个地点工业类型均属石片工业，年代推测应为旧石器时代晚期（《北方文物》第5期）。

辽宁朝阳马营子村西北山旧石器地点位于喀左县境内，地处辽宁省西南部大凌河上游。2021年4月，吉林大学考古学院与辽宁省文物考古研究院在辽宁省朝阳市境内开展旧石器考古专项调查工作时发现该遗址，地表采集石制品59件。石制品类型包括石核、石片、工具和断块。工具种类以刮削器为主，也有凹缺器、尖刃器、钻器、雕刻器，少量砍砸器。原料种类包括石英岩、角页岩、燧石和安山岩等。根据地质地貌和文化面貌，推测马营子村西北山旧石器地点的年代属于旧石器时代晚期（《北方民族考古》第13辑）。

辽宁省朝阳市十家子村西山旧石器地点位于辽宁省朝阳市，隶属于北票市男架子乡十家子村。调查采集石制品28件，包括石核、石片和工具，原料以石英岩为主。该遗址工业类型属于小石器工业类型，文化年代属于旧石器时代晚期（《中原文物》第1期）。

辽宁朝阳木头城子车杖子南山旧石器地点隶属于辽宁省朝阳市朝阳县木头城子镇车杖子村南山，位于大凌河西侧的Ⅱ级阶地上。该遗址在2020年4月由吉林大学考古学院与辽宁省文物考古院在辽西地区开展旧石器考古专项调查中发现，共收集石制品90件。遗址内的石制品以小型为主，中型次之。石制品类型包括石核、石片、工具和断块，其中工具的数量最多，工具多为刮削器和尖状器。原料以石英砂岩为主，其次是流纹岩和角岩。剥片方法多是锤击法。遗址年代大致处于旧石器时代晚期（《科技考古与文物保护技术》第13辑）。

2. 南方地区

安徽省文物考古研究所于2019年10月在巢湖地区开展旧石器考古野外调查时，新发现旧石器地点16处、动物化石地点1处，并对20世纪80年代发现的望城岗地点群进行复查，共获得石制品939件，动物化石4件。石制品原料以石英岩砾石为主，类型可划分为剥片类、废片类、修理类和砸击品。石核开发利用程度较高，周身自然砾石面占比较低。修理类多为以石片为毛坯，类型以刮削器为主，同时存在少量大型切割工具。根据对张家湾地点光释光年代学测试结果推测，巢湖地区发现旧石器地点的绝对年代不晚于距今12.5万年。这些地点石器技术的典型特点是早期人类从大型石核上剥取大石片，并以之为毛坯加工重型工具。本次发现对进一步讨论中更新世人类在长江下游地区的石器技术多样性及该地区阿舍利技术大石片存在状况等具有重要学术意义（《人类学学报》第5期）。

秦岭汉江流域旧石器时代文化遗存丰富，南方砾石石器工业和北方小石片石器工业类型的遗存并存，对研究中国南北旧石器文化交流和发展演化具有重要意义。2016—2018年夏天，郭小奇、孙雪峰等对汉江流域进行野外调查，发现了10余个更新世晚期的旧石器地点，并利用热转移光释光（TT-OST）方法对各遗址的地层进行测年。测年结果显示，这几处旧石器地点人类活动处于距今20万—5万年，涵盖了L2、S1和L1三个阶段，与之前汉江流域第二阶地发现的旧石器地点年代基本一致（《人类学学报》第2期）。

3. 青藏高原地区

革吉县位于西藏自治区西部的阿里地区，陕西省考古研究院于2004年在该地区进行考古调查，发现多处石器地点，集中分布在革吉县的革吉镇和雄巴乡，均位于革吉县城东南方向，其中革吉镇2处，雄巴乡4处，分别是革吉镇公前村多仁列石地点、革吉镇公前村路希堆岩画地点、雄巴乡一村一组岩画地点、雄巴乡日色脚波列石地点、雄巴乡香鲁康列石地点和雄巴乡阿果岩画地点。调查共收集石制品179件，类型包括石核及毛坯、石片、石叶、细石叶及各类加工精致的工具。工具包括边刮器、小型端刮器、尖状器、雕刻器和石镞等，均可归于细石器遗存范畴。原料多为硅质岩，少量有燧石、石英岩和黑曜岩等（《西部考古》第23辑）。

二、旧石器研究进展

（一）基础材料研究

细石叶技术的发展和传播是更新世末期到全新世初期文化传播、人群迁徙和生态适应研究领域探讨的重要课题。

广东西樵山遗址的研究涉及这项技术。杨石霞等选取收藏于中山大学人类学博物馆的343件细石叶石核，通过对石料、毛坯类型、台面类型和数量、剥片面等多方位观察以及对相关技术数值的测量统计，建构了西樵山细石叶石核开发策略的模式。西樵山遗址的细石叶石核多利用石片为毛坯，加工成形制规整的楔形石核；多台面的开发是西樵山遗址细石叶石核的一大特征，这种特征在我国的东北、华北、西北和青藏高原地区并不多见。与东北地区和华北地区典型的楔形细石叶石核相比较，西樵山的细石叶石核缺乏对楔状缘的修整以及类似于河套（涌别）、阳原（峙下）和虎头梁（福井）等北方系细石核技法的复杂预制过程。就核体尺寸而言，其高度和宽度与东北地区和华北地区的细石叶石核类似，但厚度却存在较大差异，西樵山遗址的细石叶石核厚度较大，缺乏对核体的去薄。在河南灵井、青海拉乙亥和四川中子铺均可见这种预制和修整稍简的细石核；多台面的细石叶在下川遗址中也曾发现。西樵山遗址发现的细石叶石核与其他区域的细石叶技术进行对比，可帮助研究者理解细石叶技术在亚热带地区出现的作用，也为进一步探讨这项技术的源流以及人口迁徙与文化传播奠定了基础（《人类学学报》第5期）。

胡晓纯等对马鞍山遗址1986年出土的石制品进行分析。该遗址发掘区的地层分为9层，根据沉积间断可划归为上下两大文化层。上文化层包含第2—6层，堆积年代距今1.5万—3.6万年；下文化层包含第7—8层，堆积年代约为距今5.3万年。共发掘出土石制品1292件。遗址上下文化层在主体原料、石制品大小、石核剥片技术和石器修理技术上存在一定差异，但整体上仍属同一文化系统。下文化层以硅质灰岩砾石为主要原料，石制品以小型和中型为主，采用锤击法剥片，石器主要以石片为毛坯。上文化层则以燧石结核、岩块为主要原料，石制品以微型和小型为主，主要采用锤击法，存在少量垂直砸击法和锐棱砸击法制品；石器毛坯以断块为主，修理主要采用硬锤锤击修理，可能存在压制修理技术。该遗址对于探讨晚更新世晚期贵州古人类的石制品技术特点及其在云贵高原的多样化适应方式等具有重要意义（《人类学学报》第5期）。

张雪微等对嫩江流域查哈阳农场太平湖管理区的一处地点的试掘材料进行了介绍，通过技术学的研究确定该地点存在两种剥片技术体系：一是简单剥片技术体系，该技术不存在剥片前对核体的预制过程，以片状石核、大量不规则的石片以及修理程度较低的石器为代表；二是系统剥片技术体系，该技术以剥离石叶（长石片）为最终目的，存在剥片前对核体"几何组织结构"的修型、预制现象，同时伴随台面的预制修理。该地点石制品的技术分析，可为嫩江流域旧石器时代晚期石器工业面貌的揭示和技术变化的探讨提供新的材料与线索（《人类学学报》第6期）。

学堂梁子—郧县人遗址位于湖北省十堰市郧阳去青曲镇弥陀寺村一组学堂梁子。1989年在该遗址发现一具古人类头骨化石，大量加工的砾石、手斧、斧状器、雕刻器、尖刃器、手镐以及大量天然或加工的石片。石制品多发现于淤砂或淤泥中，被更新世早期晚段的河流阶地堆积物覆盖。此外，还发现了大型哺乳动物化石。石制品的岩性多为脉石英，也有硅质岩、石英岩、泥质岩和花岗斑岩等。剥片方法为硬锤直接锤击法，年代距今98万—78万年，属于旧石器时代早期遗存［《学堂梁子—郧县人遗址考古发掘报告石制品研究（1989—1995年）》，中国社会科学出版社2022年版］。

新疆哈密七角井遗址位于新疆哈密市七角井镇附近，该遗址共发现石制品84件。石制品类型包括细石核、细石叶、石叶、石片、边刮器、端刮器、凹缺器和石锤等，属典型细石器遗存。结合类型学、古地理学研究成果推断，七角井遗址处于新疆细石器发展的早期阶段，时代相当于全新世早期（《西域研究》第3期）。

（二）技术研究

石制品技术研究作为一项拥有六十多年历史的研究手段，已经形成了完善的理论体系和操作程式，可以反映古人类的行为特征、认知能力等多方面的信息。技术阅读是石制品技术分析过程中最重要的研究手段之一。

张钰哲等以采自宁夏水洞沟遗址附近的白云岩、石英岩等为原料，参照微痕分析的盲测手段，通过石制品打制实验、初步技术阅读（"盲测"）、拼合分析校正、重复交叉技术阅读等方式，揭示了影响技术阅读准确性的相关因素，提出了提高技术阅读准确性的方法，并对"盲测"实验在石制品技术阅读中的重要性进行了简要探讨（《人类学学报》第 6 期）。

（三）专题研究

陈宥成等尝试从华北地区旧石器时代晚期的细石核入手，探讨其类型、组合以及分期等问题，将细石核工艺分为三段。一段以山西柿子滩 S29 地点第 7 文化层，陕西龙王灿第 5、6 层和河南西施遗址为代表，年代距今 2.9 万—2.4 万年。细石核组合以（半）锥形、（半）柱形和楔形细石核为主，各类型细石核均体态高长，在技术和形态上均显示出与石叶石核的密切关联。二段以山西柿子滩 S29 地点第 6—2 文化层、柿子滩 S14 地点第 4—2 文化层和柿子滩 S5 地点第 4—2 文化层为代表，年代距今 2.3 万—1.8 万年。三段以甘肃石峡口遗址、河南灵井遗址第 5 层和河南新密李家沟遗址南区第 6 层等为代表，年代距今 1.8 万—1 万年，该段细石核呈现出显著的多样化特点，楔形、船-楔形、船形、柱形、锥形等细石核均占据一定比例。目前来看，细石核的分期方案适用于华北的北部和南部。此外，陈宥成等的文中指出，（半）柱形、（半）锥形、楔形与船形细石核之间的区分不是绝对的，从操作链角度看它们之间存在一定的亲缘关系（《考古》第 1 期）。

细石叶技术特指利用压制或间接打击技术，从预制石核上剥取规整细石叶的石器生产工艺，其所生产的细石叶尺寸微小，往往被有意截断并镶嵌在骨、角材料的开槽中，用作各种复合工具（如标枪、箭镞、骨柄刀等）的刃口。赵潮等将华北地区早于距今 1.8 万年的细石叶工艺遗存分为三期，对应技术的雏形发展期、标准化发展期和进一步微小发展期。脉络性的发展表明华北地区是细石叶技术的重要起源地之一，也反映出华北先民能够不断调整技术形态来适应新的需求。雏形阶段的细石叶与石叶遗存共存，技术关系密切。操作链分析显示，华北细石叶技术并不是由本土的石片石器技术发展演变的，而是立足于北部传入的石叶技术，通过本土化改造而成。标准化阶段的特点是各种定型的细石核普遍出现相关产品的增多。技术微小化则表现为船形石核的流行和细石叶尺寸的缩小（《考古》第 8 期）。

盘状石核以两面交互打击、向心剥片为主要特征，在中国旧石器文化发展中具有重要地位。针对华北地区石片石器中盘状石核与非定型石核长期共存的文化现象，李文成展开剥片实验，分析了这两种石核剥片所产生石片之间的差异。研究发现，石片的台面类型、背面石片疤方向、保留石核台面边缘特征石片比例这三个指标可以有效区分这两种剥片策略。盘状石核生产的石片有一部分会保留石核台面边缘的特征，这类石片在非定型石核中极少出现（《人类学学报》第 3 期）。

对石制品等文化遗存的分类与类型学分析是旧石器时代考古的基础工作之一。旧石器考古类型学发端于法国，由博尔德奠定基础框架，其后多位学者针对不同地区和时段的材料提出有所区别的类型学方案。中国旧石器考古类型学融合了西方学术体系的一些元素，并进行了本土化实践，发展出一定的区域特色。高星指出在操作链理念的指导和数字技术的支撑下，以技术解读、特征分析为目标与导向的技术类型学研究，应是解决旧石器时代考古中分类与类型学研究所遭遇的困难与问题的思路和方向（《人类学学报》第 4 期）。

赭石的利用最早可追溯到更新世中期，其广泛分布与晚更新世现代人的广泛扩散直接相关。杨石霞等结合国内发现距今4万年的赭石加工证据（下马碑遗址），回顾和梳理了全球背景下赭石利用的起源、发展及其与人类演化史的关系。其认为现代人广泛分布于全球后赭石利用行为更加丰富和多样化的出现在各地的时期，现有考古学证据表明该行为并不是解剖学意义上现代人突变性的发明。赭石利用不能被单纯地定义为现代人行为，而应是有着长久演化积累的现代性行为之一。在长期传播与演化过程中，赭石的功能从意识形态、艺术表达等逐渐扩展到作为矿物成分被用于实际生产生活。赭石的利用对理解现代人的意识形态、社会组织方式以及艺术表达、精神文化发展都具有重要意义。下马碑遗址正处于现代人在全球广发扩散的窗口期，并伴有进步的细小石器镶嵌使用的证据，成为认识东亚现代人行为的关键性考古证据（《人类学学报》第4期）。

石制品原料研究一直是旧石器考古研究的重要内容之一，原料分析也是了解史前觅食者的资源开发策略、流动模式、文化互动和交流网络的关键。候哲等以原料产地距离衰减效应为视角，根据目前中国东北地区和韩国旧石器时代晚期黑曜岩石制品的发现情况以及黑曜岩产源地研究成果，结合狩猎采集人群社交网络模型、民族学、考古学资料，对以长白山为核心的黑曜岩原产地对中韩两地的辐射影响作出了直接供应区（天池火山口为圆心辐射半径150千米—200千米）和接触区（距离天池火山口200千米以上）的划分。在此基础上，对比研究两地的黑曜岩石制品，发现由于距离源头产地较远，韩国黑曜岩石制品的数量以及类型丰度均低于中国东北地区。而又由于原料的长距离损耗以及对于原料更加经济的开发利用，导致韩国典型遗址中黑曜岩细石核与完整石片的体积更小，原料缩减更甚（《人类学学报》第6期）。

旧－新石器时代过渡长期以来备受国内外学者的广泛关注。21世纪以来，得益于相关考古遗存的大量发现与研究的系统开展，我国华南、华北和东北南部等地旧－新石器过渡及相关问题的认识逐渐深化，取得了一系列进展。岳建平等在简要梳理我国东北北部新发现的更新世末期至全新世初期（距今2万—0.9万年）考古遗存基础上，基于可靠的绝对年代框架探讨区域内更新世末期至全新世初技术、生计、栖居方式等转变；结合气候环境、人口规模等背景信息解答了这一地区旧－新石器过渡产生的原因与机制，构建其文化适应的动态过程。研究结果显示，东北北部地区旧－新石器时代的过渡具有明显的连续性、阶段性和联动性，并非偶然的突变性事件。在这一过程中，史前人类的技术、生计、居住方式、社会组织和思想等发生了重要转变，并与更新世末期至全新世初期气候环境变化相关。该地区的史前人类最终在全新世初期进入了有一定社会复杂性、以定居和渔猎采集经济为特色的新石器时代。而以粟、黍为主的农业生业模式直到全新世中晚期才扩散到东北北部的部分地区（《考古》第3期）。

锐棱砸击技术发现于20世纪70年代，有关其生产过程一直存在争议。湖北松滋关洲遗址的发现为解决该问题提供了契机。陈胜前等结合考古材料与实验考古的手段，清楚地重建该技术的生产过程，认为这是一种男女皆宜、简单易行的石片生产技术。考古材料的背景关联信息与民族志材料的研究进一步表明，锐棱砸击技术是长江上中游过渡地带旧－新石器时代过渡时期具有标志意义的文化特征，是当时强化利用资源的一种表现形式（《江汉考古》第3期）。

（四）综述研究

2022年出版的《拼合的石器——高星考古论文集》集中收入了高星先生对人类起源与演

化、旧石器时代人类行为模式、中国民族远古根系等问题的宏观思考；对旧石器时代人类用火研究、年代分析、技术-类型学研究和微痕分析等方法的讨论；同时还有对周口店、水洞沟、泥河湾等区域重要旧石器时代遗址的案例分析（《拼合的石器——高星考古论文集》，科学出版社2022年版）。

从考古学诞生之初，对抽象数据的解读与分析就一直是重要的研究方法。对旧石器考古学而言，"人工制品"成为传达史前物质文化信息的载体，对人工制品中所提取的数据进行科学解读，成为复原古代人类历史的关键步骤。关莹、周振宇将数据科学引用到旧石器考古学研究中，就数据科学的概念、技术路线以及对其在旧石器考古学中的应用历史与发展前景做了详细介绍，希望通过系统性的梳理，使更多读者熟悉相关的研究手段与具体技术，并让更多的考古学者对数据科学产生兴趣，从而应用于相关项目研究中（《人类学学报》第1期）。

流动采食是狩猎采集者适应环境、获取生存资源的重要策略。对不同时空范围狩猎采集群体流动性具体特征的探讨，有助于我们更为深刻地理解史前狩猎采集者的人地互动模式、文化演进、社会转型等问题。赵潮以石制品技术组织理论为视角，结合相关研究案例，探讨如何通过分析考古出土的石制品特征，推断史前狩猎采集者不同形态特征的流动性策略，并讨论了以石制品视角推断流动特征的局限性及所需注意的事项（《人类学学报》第2期）。

有关手斧的研究近年来在国内取得了一系列新的进展，但更深层次的关于人群社会行为研究方面的研究工作相对薄弱。李浩、雷蕾等以肯尼亚Olorgesailie遗址、以色列GesherBenotYa'aqov遗址和英国Boxgrove遗址等为例，对国内外不同地区、不同阶段阿舍利遗址中有关古人类社会行为的研究案例进行了介绍和评述（《人类学学报》第2期）。

光释光测年技术已成为研究旧石器和古人类遗址，尤其是研究现代人类遗址、建立年代框架的重要工具之一。这一项技术提供了现代人类出现在非洲、亚洲和澳大利亚的最早年代证据。张家富介绍了释光测年的基本原理，对释光的可靠性和上限及所受的影响因素进行了综述。光释光测年的精度（相对标准误差 σ）一般为5%—10%，在理想条件下 $\sigma < 5\%$，但是 $\sigma > 10\%$ 的情况也不少见。与大量其他测年方法所获结果的一致性表明，光释光测年技术是可靠的。光释光测年的上限与样品的释光性质及环境剂量率有关，释光可靠年龄最大可达100万年，对大多数遗址50万年的测年上限是可行的，这个年代范围涵盖了所有的现代人遗址。不同样品或颗粒间的释光性质差异很大，因而它们有不同的测年上限。同一样品中钾长石比石英有更高的测年上限，同一矿物中不同的释光信号对应的测年上限也不同（《人类学学报》第4期）。

2020年是中国旧石器考古史一百周年。刘扬回顾了中国旧石器考古的发展历程，指出有三个学术事件意义重大：法国学者在中国的早期旧石器考古活动标志着中国旧石器考古的开端；周口店遗址的发掘标志着中国学者开始主导中国旧石器考古的发展方向；泥河湾盆地中外联合考古发掘与研究标志着中国旧石器考古更加开放、科学。中国旧石器考古学正是通过这三个事件逐步走向自主化、国际化、科学化和规范化（《北方文物》第3期）。

石制品微痕是指石制品在使用时，使用部位因力学作用产生不可逆的物理变化，这些物理变化会在石制品表面和刃缘处留下不同程度的破损、磨耗和光泽等痕迹。微痕研究主要通过显微镜观察石制品上肉眼不易辨别或无法辨别的痕迹，是石制品功能研究的一种方法。安睿等对国内外石制品微痕研究的发展进行了简要梳理，针对研究现状提出开展微痕研究时应提高量化和标准化水平，确保模拟实验的合理性，加强多阶段成形轨迹和装柄痕迹的研究以及推进交叉学科的运用（《北方民族考古》第 13 辑）。

三、古人类及哺乳动物化石的发现与研究

（一）古人类的发现与研究

雷帅等从生物考古学视野出发，对人类的牙齿与饮食进行研究。在回顾考古遗址中出土人类牙齿的重要性及研究方法的多样性基础上，结合牙齿的生长发育特征，绘制了不同牙位各生长序列所匹配的人类年龄图谱，并参照图谱，提出了全新的牙本质连续切片取样方法。从体质人类学与碳、氮等稳定同位素分析的角度出发，以牙本质的连续切片、肢骨及肋骨等人体组织为关联式的研究材料，既可以复原古代儿童喂养模式及断奶行为，又可以探索老年个体生命末期的饮食结构，在探索古人类个体生命史的基础上展望"代际考古"（《人类学学报》第 3 期）。

刘武和吴秀杰回顾了中更新世晚期中国古人类化石的形态多样性及其演化意义。基于对相关中国人类化石形态的分析，提出了这一时期中国人类化石形态表现为四种类型：（1）以中更新世晚期人类共有特征为主；（2）以原始特征为主；（3）以现代特征为主；（4）独特形态组合。多种化石形态表现为前三种类型，但许昌和许家窑这种以硕大头骨和巨大颅容量构成的独特形态组合在其他同时期化石还没发现。化石形态的多样性提示，不同类型的中更新世晚期中国古人类对现代人的形成贡献不同。作者认为在该时期的人类化石形态多样性规律还未阐明的情况下，将具有混合或镶嵌特征的相关人类化石归入分类地位不确定的人群较为合适（《人类学学报》第 4 期）。

倪喜军认为多次多向的穿梭扩散是统计学上符合现代人起源的系统关系模型。解剖结构上的现代人是指具有圆球形头骨、短而平的面颅、纤细的骨骼等特征的区别于其他古老人类化石和现今人群。支持多地区演化模型和支持近期非洲起源模型的学者，在"解剖结构上的现代人"的应用范围是不同的，前者以连续进化为基本思想，认为这一名词只包括智人中较进步的类群；分子古生物学研究显示，尼人、丹人和智人在遗传学水平上属于不同的人种。新近的以标本-种群为单位的系统分析，不以属、种等分类学阶元进行，其与分类学的阶元划分无关。该系统分析的结果显示智人属于单系类群，哈尔滨人、大荔人等组成姊妹群。尼人与智人的分异早于 100 万年，这与基因组水平的谱系分析相符合（《人类学学报》第 4 期）。

安徽东至华龙洞遗址是一处坍塌的洞穴，其发育经历了发育初期—稳定发育期—坍塌埋藏期等三个阶段，岩溶发育和洞外溪谷的侵蚀导致原始洞穴和堆积物一起在重力作用下坍塌。古人类在遗址的活动时间处在距今 30 万年前的稳定发育期，石制品和骨骼表面痕迹证据证明，华龙洞古人类可依据原料的不同采取砸击法与锤击法并用的技术策略；石片边缘的使用痕迹和动物骨骼表面痕迹显示，古人类在遗址内可能进行过肢解动物的行为（《人类学学报》第 4 期）。

20 世纪 40 年代魏敦瑞提出北京猿人（周口店直立人）可能存在"暴力争斗"和"同类残

食"的观点后，引发了一些学者和科普大众对北京猿人是否为"食人族"的争论。吴秀杰以周口店直立人头骨原始模型和素描图为研究材料，对魏敦瑞提出的具有创伤和人工切割痕迹的5件标本进行辨析。结果显示，三件标本头盖部残片有七处可以确定为生前遭受非致死性撞击导致的局部创伤；其中ZKDV I头盖骨残片周边及中央区域的断痕是个体生前遭受致死性的暴力打击导致；ZKD II和ZKDV I顶骨位置疑似人工切割痕迹的沟槽实际上是动物啃咬或自然因素导致的，北京猿人"同类残食"的观点未得到证实。北京猿人头骨的创伤痕迹都位于头盖部，以顶骨居多，其次是额骨，符合人群之间暴力冲突产生创伤的位置（《人类学学报》第4期）。

李浩从扩散时间、扩散路径、主要争论以及考古学证据等方面出发，对早期现代人南方扩散路线的研究现状进行梳理，对相关问题进行了探究。证据显示，使用旧石器中期石器技术的早期现代人在晚更新世早期（MIS5阶段）已经开始沿南方路线扩散，但关于此次扩散的范围和影响程度仍存在争议。在距今5万年以后，南方扩散路线上的早期现代人出现了使用赭石、制作串珠和骨质工具、创作岩画等艺术行为，同时发展出了区域适应行为。石器研究显示，南亚在距今5万—3万年前逐渐出现了细石器技术及相关产品，东南亚和大洋洲地区表现出以生产细小石片为主的权宜性石器技术体系，一些细小石片曾被用来加工有机质工具或作为复合型工具使用。中国南方地区紧邻东南亚和印度半岛，也可被纳入南方扩散路线范围。李浩建议从旧石器中期石制品组合和旧石器晚期细小石制品组合两方面入手开展跨区域比较研究，为探索中国南方地区早期现代人的出现和演化提供重要考古学证据（《人类学学报》第4期）。

灵长类近节指趾骨的弯曲程度被认为是树栖性和悬垂位移行为的一个重要指标，其可以很好地反映位移行为方式。关于指趾骨弯曲程度的定量化指标是通过几何形态测量学—多项式曲线拟合法（GM-PCF）提供的，以剔除指骨大小因素之后的标准化曲线高度（NPCH）为弯曲程度的指标，配合指趾骨的曲线长度，能够更加全面地定量分析灵长类指趾骨弯曲程度与位移行为的对应关系。张颖奇对发现有完整第 II—V 近节指趾骨化石材料的人猿超科成员的颅后骨骼形态适应及位移行为进行了总结，还运用 CM-PCF 对这些指趾骨化石的弯曲程度进行了对比分析。结果显示，人猿超科位移行为方式大致经历了基干成员的普适化树栖四足行走阶段、早期人科成员的树栖悬垂位移行为方式阶段、开始两足行走并可能保留了悬垂能力的早期人族成员和南方古猿阶段，以及两足行走的人属成员阶段。但是，攀爬和悬垂适应并不是简单的线性演化，而是以镶嵌方式发展，并在人猿超科成员的不同谱系中通过不同途径甚至多次发生或者保留直至消失。Homonaledi 也显示出异常弯曲的指骨。然而，位移行为需要生物个体全身的协作，因此来自指趾骨的形态学证据只是其中一个方面。在重建化石类群的位移行为时，不仅需要综合考虑全身的功能形态学特征，还要考虑古生态的相关数据。在人猿超科成员中，四足行走者近节指骨和近节趾骨曲线长度比率通常接近于1.00；猩猩是个例外，因为虽然其采用悬垂行为方式，但该比率为1.03；可以自发性或偶发性两足行走的长臂猿以及除猩猩之外的大猿的该比率均大于1.30。如果该比率的指示意义成立，那么，早期人族成员 Ardipithecusramidus、南方古猿类 Australopithecusafarensis 和 A.africanus，以及人属中的 H.floresiensis 也都是某种形式的两足行走者（《人类学学报》第4期）。

邢松梳理了近年来现代人出现和演化路径的主要化石证据和研究成果。化石证据显示，非洲准现代人出现的最早时间可到MIS9阶段，非洲现代人在中更新世晚期到晚更新世化石证据是连续的；欧亚大陆现代人的出现时间可追溯到MIS6阶段，在MIS5a—MIS4阶段经历了瓶颈期，MIS3阶段开始广泛分布。从已有证据看，MIS3和MIS2阶段，欧亚大陆不同区域的现代人演化链并非单一线性，而是呈现有断点的"网状"演化模式（《人类学学报》第6期）。

人骨颅面复原技术是通过测量头骨和一定的艺术手法来复原古人面部的一项技术。体质人类学对颅骨进行观察和测量，形成多组数据，通过数据的对比，得到不同人种的差异。在法医人类学中这项技术被称为人骨颅面复原，根据人体颅骨特征与面部特征之间的关系，用可塑性物质在颅骨表面雕塑，或用其他科技方法（计算机颅面三维扫描）来重建生前面貌形象。目前这项技术在考古学中被应用，以头骨为研究材料，复原古代社会人群容貌（《大众考古》第9期）。

（二）哺乳动物化石的发现与研究

泥河湾盆地板井子遗址（约90kaBP）是泥河湾盆地东部的一处旷野遗址，距离阳原县化稍营镇板井子村北约300米。1984—1991年，该遗址先后历经5次发掘。2015年，对该遗址进行了新的发掘，发掘面积约36平方米。遗址的堆积厚度达5.9米，出土了大量动物化石。可鉴定种类包括鸟类和哺乳动物两大类。通过骨骼表面痕迹分析、骨骼单元出现频率研究，以及对长骨破碎方式的统计，辨别自然作用与人类行为对动物骨骼造成的不同影响，结果显示：遗址出土的动物遗存为古人类活动遗留，自然营力对动物骨骼有改造作用，但不影响对古人类行为的辨别；古人类在捕获马科动物之后，将其完整地带回了遗址并肢解；处理猎物遗骸时，肌肉和骨骼富集的部位是古人类利用的重点。结合河南许昌灵井遗址的动物遗存，研究者认为在MIS5阶段前后，中国北方已经出现了可以高效利用动物资源的人类群体，稳定、充沛的能量来源，或是他们应对北半球中高纬度干旱草原环境气候波动的重要生存策略（《人类学学报》第6期）。

真猛犸象（Mammuthusprimigenius）和披毛犀（Coelodontaantiquitatis）是北半球高纬度地区晚更新世动物群的主要成员，其消亡的年代和原因一直是国际学术界关注的热点科学问题。赵克良等对黑龙江青冈县英贤村最新出土的5个真猛犸象和5个披毛犀化石进行了AMS碳十四年代测定，结果均大于4万年，部分化石可能已经超出了目前碳十四的测定范围。埋藏地层与最新的AMS碳十四测年数据显示，我国真猛犸象化石年代主要集中于MIS3阶段；披毛犀在我国的消亡时间可能晚于真猛犸象，至少延续到末次冰消期（《人类学学报》第3期）。

古蛋白质分析近年来成为古生物演化领域的又一个前沿和热点方向，取得了一系列重要突破。较之古DNA，古蛋白质的保存优势使其可以在时间上和地域上突破古DNA的限制，在古人类演化领域大有可为。东亚古人类化石丰富且时段大致连续，但更新世或更早时期的分子证据非常缺乏。饶慧云从古蛋白质分析的发展史、研究潜力、难点与挑战以及思考与展望等几方面，对古蛋白质分析在东亚古人类演化研究中的应用前景进行了梳理与思考。相信随着更多分子证据的积累，古蛋白质分析可为东亚古人类的演化脉络提供更多关键性的线索，从而极大地促进人类演化研究（《人类学学报》第6期）。

动物埋藏研究在阐释遗址形成过程及其背后的影响因素方面发挥着重要作用。杜雨薇等对保存有动物遗存的古人类活动遗址进行动物埋藏研究的主要方法和思路进行梳理，并融合部分动物埋藏的典型模型与经典案例，对动物埋藏研究中存在的缺陷与可能的解决方式进行探讨。此外，还对动物埋藏研究的方法演进进行了回顾，为解决遗址中出现的多个埋藏因素相互影响而导致的混乱及重叠现象提供了可供参考的研究思路（《人类学学报》第3期）。

锶同位素在人类和动物迁徙研究中应用的本质是针对骨骼材料的"示踪"研究。吴晓桐对锶同位素在考古研究中涉及的重要理论方法问题进行了探讨。首先，对岩石、土壤和河流的锶同位素组成以及生物锶的来源问题进行了概括。其次，确认锶同位素的方法存在四点局限性：（1）骨骼和牙本质样本的成岩污染问题；（2）不同地区的锶同位素重叠现象；（3）牙齿和骨骼的锶同位素混合效应；（4）不同识别移民后代的问题。再次，对锶同位素在人类迁徙研究中的重难点进行了探讨，即如何分辨出一个遗址或墓地中的外来人口和如何找到外来人口的来源地。研究表明，判断外来人口需要结合遗址地处的地质背景、生物性样本的锶同位素比值、人类锶同位素比值分布状态和变化范围，以及与氧、氮和铅等同位素相结合的方法（《人类学学报》第3期）。

四、古环境与年代学研究

周期性气候变化对人类社会的变革和发展有着深刻影响，这种影响贯穿从旧石器时代人类起源迁移、新石器时代文化文明演变、历史时期王朝兴衰更替，到工业化以来社会经济发展动荡的各个阶段。吕厚远依据近年来古气候、古人类、环境考古等证据，从周期性气候变化的角度审视人类和各个发展阶段、关键节点的气候特征。通过典型案例介绍，分析旧石器、新石器、历史时期不同时空尺度，周期性气候变化和人类活动之间的相互作用关系（《人类学学报》第4期）。

青藏高原处于欧亚文明交汇区，拥有古丝绸之路的高原支线，其严酷的环境对人类生存形成巨大挑战，研究高原自然环境与过去人类活动之间的关系，对认识和理解人类应对极端环境的适应模式与机制具有重要价值。金孙梅等选用海拔、地形起伏度、地被指数、水网密度指数、温湿指数、风寒指数、人体舒适度及绝对含氧量自然因子指标，采用地理加权回归模型，构建以1千米×1千米栅格为研究单元的青藏高原极端环境指数（EEI）分区，探讨末次冰消期以来人类活动时空演化及原因。结果表明：高原EEI变化趋势由东南向西北递减，根据EEI数值高低将评价结果依次分为低极端区、较低极端区、中极端区、较高极端区和高极端区。其中高极端区分布在高原腹地和西部少量高大山脉，较高极端区面积广大且高山横亘，中极端区包括柴达木盆地、川西高原、青海南部及藏南谷地等地区，较低极端区以高原边缘河谷和横断山区为主体，低极端区为面积占比最小的藏东南地区。末次冰消期以来气候条件的转变、东西方文化交流引起的生存技术革新和生业模式的转变，使人类活动分布重心先后经历了较高极端区均衡散布型（旧—中石器时代）、较低极端区丛簇集聚型（新石器时代）、较低极端区连片集聚型（青铜时代）、中极端区边缘集聚–腹地均衡型（汉—元代）、较低极端区边缘集聚型（明清时期）的空间调整（《第四纪研究》第1期）。

（作者单位：吉林大学考古学院）

新石器时代考古

段天璟　徐子莹

2022年，是中国考古学新百年的第一个年头。肩负探索我国"上万年的文化史、五千多年的文明史"使命的中国新石器时代考古，在考古工作中取得了大量重要资料。学者们持续开展各项研究，研究成果精彩纷呈。

据统计，2022年共出版涉及新石器时代考古遗存的考古报告14部，发掘简报48篇。出版新石器时代考古研究专著27部，论文集7部，各类论文172篇。2022年度提交并通过答辩的新石器时代考古方向的博士学位论文10余篇，硕士学位论文40余篇。

学术会议有，根与魂：考古学视野下不断裂中华文明学术研讨会（3月，郑州）、安阳小八里庄遗址考古新发现学术研讨会（5月，安阳）、比较视野下的红山文化与中华文明起源探索——2022年度红山文化高峰论坛（7月，赤峰）、"从黄河到黑海：比较视野下的彩陶文明与早期文化互动"国际学术研讨会（9月，敦煌）、深化仰韶文化研究　探索中华文明起源——首届仰韶论坛（11月，三门峡）、第四届中国边疆考古论坛（12月，线上）等。

从刊发成果的刊物类别来看，涉及新石器时代考古遗存的简报和研究性文章集中发表在考古学期刊和辑刊上，少量见于报纸；在综合类与其他学科人文社科期刊和自然科学期刊上发表的成果占比低（见图一）。

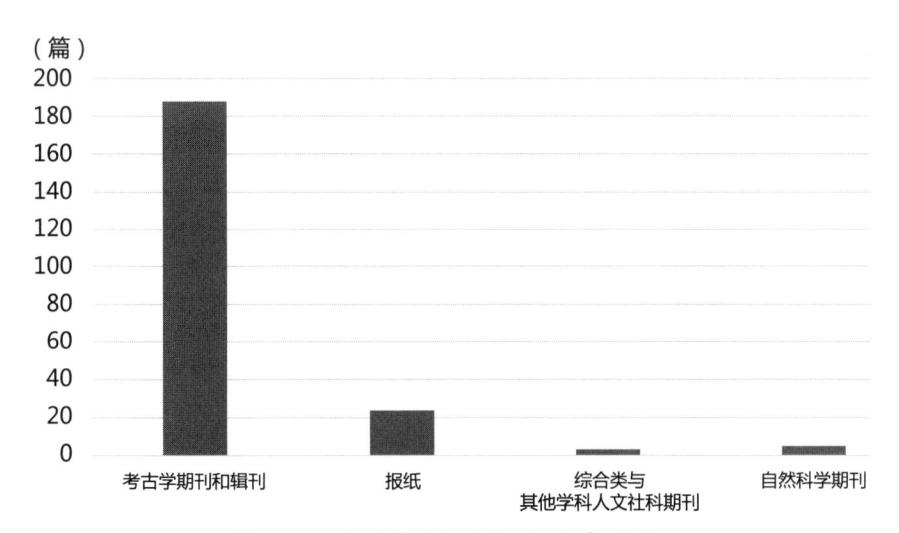

图一：不同类型刊物的刊载数量

从刊物发表的成果内容来看，田野考古发现占比最高；各项专题研究中，生业研究为发文较多的方向，其次为社会研究、专门研究。运用类型学方法研究考古学文化的性质、谱系、互动等问题仍受到学界重视，一些学者尝试引入其他学科的概念和理论来阐释文明起源与发展的历程。精神文化方面的研究较少，多数为释读刻画符号。部分学者结合历史地理学和科技手段，研究环境变迁对经济结构产生的影响和史前人地关系。学术史研究的文章数量不多，侧重于回顾个人学术思想的探索或某遗址、区域的考古工作历程，为相关问题的研究和未来工作的开展提供了启示（见图二）。

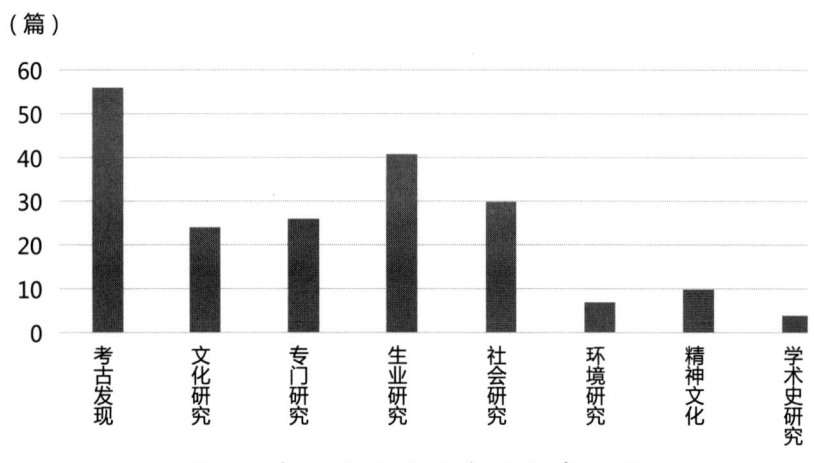

图二：各研究方向发表的文章数量

从各地区发表的田野考古报告和简报的数量来看，中原地区、甘青地区、环太湖区、西南地区较多，东北地区和北方地区次之，江汉地区、海岱地区、岭南地区较少（见图三）。

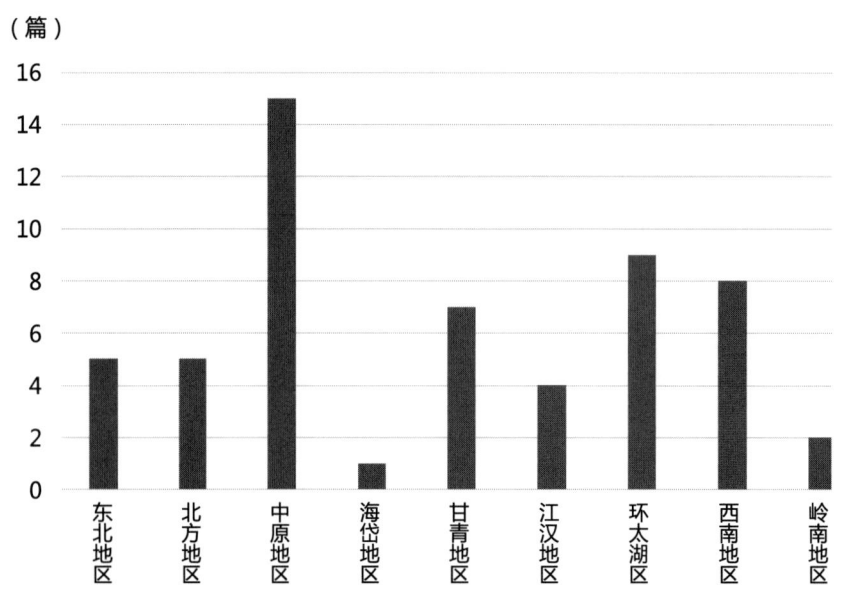

图三：各地区发表的田野考古报告和简报数量

一 田野考古

（一）东北地区

大山前遗址位于内蒙古自治区赤峰市喀喇沁旗大山前村，地处清水河与半支箭河交汇处的山岗东南麓。经调查确认该遗址有 7 个地点。2022 年，赤峰考古队发表了于 1996 年至 1998 年在大山前第Ⅰ、Ⅱ、Ⅳ、Ⅶ地点发掘所获的资料，其中在第Ⅰ地点发现零星小河沿文化遗存，包括一处灰坑及少量罐、彩绘陶碗等器物的残片（国家文物局合组〈中国社会科学院考古研究所、内蒙古自治区文物考古研究所、吉林大学边疆考古研究中心〉赤峰考古队编：《赤峰考古队田野工作报告之二：大山前第Ⅰ、Ⅱ地点发掘报告》，故宫出版社）。

2021 年，内蒙古自治区文物考古研究院对巴林右旗乌兰图嘎遗址进行了考古发掘，发掘面积 4000 余平方米，揭露房址 70 余座、灰坑 40 余座、墓葬 1 座，出土各类遗物 1800 余件，其中大部分为细石器。遗址内包含兴隆洼文化、赵宝沟文化、红山文化三个时期的遗存（《大众考古》第 2 期）。

2015 年 8—10 月，内蒙古自治区文物考古研究院等分别对通辽市腰伯吐遗址Ⅰ区、Ⅱ区进行了抢救性考古发掘，并公布了Ⅰ区的发掘收获。清理房址 12 座、灰坑 3 个，出土筒形罐、壶、钵、盘、杯等陶器和锛、镞、石球、磨盘、磨棒、磨石等石器，以及大量骨角蚌器。发掘者认为，Ⅰ区属哈民忙哈文化遗存，也见有少量红山文化因素（《草原文物》第 1 期）。

2022 年，内蒙古自治区文物考古研究院等单位刊发了 1986 年、1989 年对鄂尔多斯市伊金霍洛旗白敖包遗址清理、发掘所获资料。遗存可分为两大阶段，其中，第一阶段遗存相当于龙山文化中期至夏代早期，测得年代为公元前 2300 年至公元前 1800 年；第一阶段发现房屋、灰坑、灰沟和墓葬等遗迹。房屋为半地穴"凸"字形。墓葬可分为竖穴墓、土洞墓、二层台墓和壁龛墓四类，多有随葬品，少数有殉牲。遗物以陶器为主，亦有少量石、骨器及绿松石饰品和卜骨。出土陶器以单耳罐，双耳罐，折肩罐，单把鬲、豆、甗、尊等为基本组合。白敖包遗址第一阶段遗存与朱开沟遗址乙类遗存性质相同，发掘者将其命名为白敖包文化（内蒙古自治区文物考古研究院、内蒙古博物院编：《白敖包遗址发掘报告》，文物出版社）。

2017 年 3 月—2020 年 4 月，辽宁省文物考古研究所对大凌河上游地区开展了红山文化遗存考古调查，发现红山文化遗址和墓地（积石冢）共 221 处，其中 142 处为本次调查新发现。文章详细介绍了下河杖子西坡遗址、南店西南遗址、庙后北遗址、神仙沟村东南遗址等 17 处遗址和墓地采集到的陶片与石器，为进一步认识该地区红山文化的内涵、分布规律以及寻找与牛河梁遗址相关人群的研究补充了材料（《边疆考古研究》第 31 辑，科学出版社）。

（二）北方地区

2018 年 4 月和 7 月，张家口市文物考古研究所等单位组成调查队对赤城县上西沟窑遗址、七里河遗址进行考古调查，主要获得了仰韶时代晚期的考古学资料。七里河遗址坡地南侧发现陶窑 1 座，北侧发现积石墓 1 座，均出土较多陶器残片。上西沟窑遗址采集到较多新石器时代陶片及石斧 1 件。此次调查获得的实物资料填补了冀北山地白河上游一带新石器时代考古的空白，对于深入认识冀北燕山山地新石器时代文化内涵、燕山南北及北方长城地带仰韶时代的文化联系、庙底沟文化向燕山一带的文化传播及其与周边文化的关系等都具有一定价值（《北方文物》第1期）。

河北省文物研究所于1995年、1998年对张家口市阳原县姜家梁遗址进行了两次发掘，2022年发表了Ⅱ区发掘获得的部分材料。Ⅱ区发掘面积共1000平方米，Ⅱ区与Ⅰ区遗迹的形制基本相同，共揭露房址5座、灰坑3个、墓葬29座。房址均为方形半地穴式，出土遗物主要有石器、多种质地的饰品、动物骨骼和少量陶片，墓葬以长方形土坑竖穴墓为主，多为仰身屈肢葬，有单人葬和多人合葬，多人合葬多见上下叠压的屈肢葬。随葬有陶器和饰品，陶器包括豆与纺轮。Ⅱ区墓葬的整体风格与Ⅰ区墓葬一致，墓葬区的形成可能经过规划，发掘者推测Ⅱ区墓葬的年代应与Ⅰ区墓葬相近，属于小河沿文化时期，约为距今4828—4445（±30）年。该遗址处于冀北、晋北、河曲地区的交界地带，对研究新石器时代晚期"三岔口"地带的文化交流有重要作用（《考古》第3期）。

内蒙古清水河县后城咀龙山时代石城是迄今为止内蒙古中南部地区发现的等级最高、规模最大的史前时期石城址。2019—2020年，内蒙古自治区文物考古研究院对石城瓮城部分进行整体揭露，累计揭露城垣、马面、壕沟、台基、墩台、城门等主要遗迹20余处，基本掌握了后城咀石城规划布局、年代、建筑技术、结构布局、营建顺序等相关信息。出土少量陶器、玉石器、骨器，陶器，可辨器形有鬲、瓮、斝、盉、罐等。发掘者认为，后城咀石城是石峁石城的次一级核心聚落，为深入探讨河套地区龙山时代石城相关问题提供了新材料（《考古与文物》第2期）。

陕西省府谷县寨山遗址庙墕地点为寨山石城北部一处较独立的圆形山峁，先后承担了居址与墓地两种聚落功能。2020年，陕西省考古研究院等单位对庙墕地点西南坡进行发掘，共清理石峁文化墓葬24座，其中竖穴土坑墓21座、瓮棺葬2座、石棺葬1座。发掘者将竖穴土坑墓分为四类，体现出明显的等级之分，其中2016M5等一类墓规格高、随葬品丰富。庙墕墓地是首次全面完整揭露的石峁文化大型墓地，也是河套地区首次发掘的等级区分明显的龙山时代墓地，为研究早期国家起源和发展模式等问题提供了重要的墓葬资料（《考古与文物》第2期）。

山西省吕梁市兴县高家村镇碧村遗址是一处龙山时期的大型石城聚落。2017—2018年，山西省考古研究院联合山西大学历史文化学院考古系、兴县文化和旅游局对小玉梁台地西北部遗存进行了清理，揭露面积620平方米，发现龙山时期的3处石块堆积和3座半地穴式白灰面房址，出土陶器、石器、骨器、铜器等遗物。发掘者将遗存分为两期，认为以半地穴式白灰面房址为代表的遗迹年代约相当于龙山中期，褐土层和石砌遗迹属于龙山晚期。本次发掘为进一步了解小玉梁台地龙山时期的聚落变迁提供了可靠的资料（《考古与文物》第2期）。

（三）中原地区

1998年10月—2000年6月，河南省文物考古研究所对渑池县关家遗址进行了抢救性发掘，发掘面积共1.2万平方米，发现裴李岗文化、仰韶文化、龙山文化、二里头文化等时期的文化遗存，2022年发表了裴李岗文化遗存的部分资料。共清理裴李岗文化灰坑87个，出土遗物有陶器、石器、骨器等，陶器器形常见角把罐、侈口罐、三足钵、平底钵、杯等。这些发现对探索裴李岗文化晚期的分布态势、文化面貌及发展演变等具有重要的学术价值（《考古》第2期）。

2017—2019年，洛阳市文物考古研究院对伊川土门遗址进行了考古发掘，发掘面积1350平方米，发现大量仰韶中晚期至龙山早期遗存。发掘遗迹主要有墓葬、灰坑、房址、灰沟、兽骨坑、烧灶等，出土陶器和少量石器、蚌器，陶器器形主要有罐、钵、缸、盆、豆、杯、鼎等（《中原文物》第2期）。

2018年9—12月，郑州大学历史学院考古系等单位对鹤壁浚县鹿台遗址进行了考古勘探与发掘工作，刊布了部分新石器文化遗存。发现大量仰韶、龙山时代遗存，发掘遗迹包括灰坑、灰沟、墓葬等，出土遗物包括陶器、石器、骨角牙器等。发掘者认为，鹿台遗址仰韶时代遗存的器物特征与后冈一期晚段接近，龙山文化遗存的时代与后冈二期晚段大致相当。这些发现为探讨后冈一期文化、后冈二期文化的文化面貌及其社会发展阶段与演变情况提供了重要材料（《考古学报》第4期）。

2020年11月—2021年1月，郑州大学历史学院考古系等单位对焦作孟州义井遗址进行了详细调查勘探。系统勘探表明，该遗址是一处以王湾三期文化为主体的大型环壕聚落，发现了东西并列的两座环壕及出入口、房址、陶窑、灰坑及水池等遗迹，采集到陶器、石器、骨器等遗物，陶器可辨器形有鼎、罐、瓮、盆、盘、豆、碗、壶、器盖等。另有少量二里头文化与东周时期遗物。本次勘探对聚落的范围、布局及功能分区等有了较为清晰的认识（《华夏考古》第3期）。

2019年和2020年，河南大学等单位对辉县凤头岗遗址及其周围区域进行调查，发现在遗址西南部台地上发现有大面积夯土基址，台地南侧和西侧有壕沟，并确定了遗址的边界。采集到少量仰韶时代陶片和较多龙山文化遗物，可辨器形有瓮、罐、盆、鼎等，另有辉卫文化、商文化、春秋和战国时期的遗物。根据文化层及包含物可推测遗址台地夯筑年代为龙山时期（《江汉考古》第5期）。

2020年8—12月，河南省文物考古研究所等单位对平顶山市叶县余庄遗址进行发掘，发掘面积1000余平方米，清理出墓葬、房基、灰坑、窖穴及壕沟等各类遗迹70余处，出土陶器、石器、玉器和骨器等200余件，其中M10规模大、等级高，随葬器物丰富，陶器器形有鼎、高柄杯、豆、觚、杯、壶、尊、罐，为研究龙山时代中原地区的礼制、社会复杂化提供了重要的实物资料（《华夏考古》第4期）。

2016年和2019年，北京大学考古文博学院等单位对淮阳平粮台遗址城内东南部进行了大规模发掘，揭露面积共2875平方米，发现龙山文化时期、商周时期以及战国至东汉时期遗存。龙山文化时期遗迹包括房址、灰坑、墓葬、陶窑、排水沟、排水管和道路，部分房址的室内及室外活动面上有原地放置的日常生活用器物，垃圾坑和室外堆积也可见大量残破器物，典型陶器有罐、刻槽盆、碗、刻纹钵、壶等。本次发掘为深入了解平粮台城址的规划设计、土坯建筑和早期城市排水系统的使用与维护等提供了丰富的信息（《考古》第1期）。

2018年3—5月，北京大学考古文博学院等单位对漯河郾城区土城王遗址进行发掘，共清理2座房址，3座墓葬，1座窖穴或水井，42座灰坑，4座小坑和8条沟。除2座墓葬属于商末周初之外，其余遗迹均属于新石器时代。陶器有鼎、盆、钵、瓮、罐、豆、器盖、杯、甑等，另有少量石器、骨角蚌器。发掘者将土城王遗址的陶器分为三期，并进行文化因素分析，认为其核心是仰韶时代中晚期与大汶口文化晚期遗存，为完善沙颍河平原的考古学文化序列提供了新材料（《华夏考古》第3期）。

2018年4—10月，河南省文物考古研究所等单位对驻马店薛庄遗址进行了抢救性发掘，共揭露面积4600平方米，包含新石器时代、二里头、西周及汉代等不同时期的文化遗存，出土大量石器、陶器等遗物。发掘者将新石器时代遗存分为四期，分别属仰韶时期、屈家岭文化、石家河文化、王湾三期文化，时间跨度长且连续不断，在豫南地区罕见。其中仰韶文化早、中期遗存是豫南地区的首次发现（《江汉考古》第3期）。

西金城遗址属河南省焦作市博爱县金城乡，地处运粮河、勒马河相夹的山前平原地带。2022年，山东大学考古系刊布其于2006年6月—2008年1月在该遗址进行大规模勘探与发掘所得资料。遗址中部偏东发现龙山文化城址1座，城址绝大部分被压在现代村舍之下，平面形状近圆角长方形，西南角略向内斜收，城内面积25.8万平方米。城墙主体为拍筑，局部堆筑或夯筑，西、南墙中部或有城门，北、东、南三面城墙外有小河或壕沟。城外东、西两侧各有1座土岗，东侧土岗发现龙山文化灰坑、水井等遗迹，推测为不同季节从事经济生产的临时住地。出土陶器种类有罐、瓮、器盖、豆、折腹盆、刻槽盆等，另发现铲、镰、刀、钺、镞等石器及少量蚌器和骨器（山东大学考古系编：《博爱西金城》，科学出版社）。

1992—1993年，陕西省考古研究院对位于陕西省千阳县境内的丰头遗址进行了发掘，发掘面积总计1650平方米，并于2020年5月再次对该遗址进行了考古调查，确定了遗址范围和面积。2022年，刊布了发掘成果，发现了仰韶时代房址、灰坑、陶窑、墓葬、灰沟等遗迹，出土大量陶器、石器、骨器、蚌器。发掘者将遗存分为三期，认为其文化性质分别为半坡文化史家类型、庙底沟文化、半坡四期文化（《考古与文物》第4期）。

2020年4—5月，西北大学文化遗产学院对陕西省永寿县境内的先秦时期遗址进行了考古调查。调查发现该地区诸遗址的文化内涵较为丰富，包含仰韶、龙山、商周时期遗存。此次调查为探索泾河及邻近地区考古学文化的演进特征提供了重要的实物资料，对研究诸遗存间的文化关系具有重要意义（《西部考古》第1期）。

2020年11月，山西省考古研究院等单位对山西沁水八里坪遗址的4座墓葬进行发掘，其中M3、M4属于新石器时代。二者形制均为长方形竖穴土坑，无随葬器物。M3未发现葬具，葬式为仰身直肢，墓主为男性。M4葬具为陶瓮，瓮棺内有人骨。发掘者依据M4出土陶瓮判断，该墓葬年代应为庙底沟二期文化晚期（《文物》第11期）。

2022年，山西省考古研究院等单位刊布了临汾下靳村史前墓地1998年的发掘资料。下靳墓地发掘墓葬533座，主体遗存属庙底沟二期文化，多为中小型土坑竖穴墓，可分为两大类，二者在头向、葬制、随葬品方面差别明显。出土陶器均为陶瓶，另见有玉石器、骨角器等。相对陶寺墓地所见的大型墓葬，下靳墓地的发掘完善了当时的社会结构方面的研究（山西省考古研究院、山西博物院编：《下靳史前墓地》，上海古籍出版社）。

2020年7月，中国国家博物馆等单位对山西绛县乔野寨遗址进行考古调查，在乔野寨村北部大冲沟南侧的光伏发电工地发现了庙底沟二期、龙山、晚商等多个时期的考古学文化遗存，并于该年12月对其进行了复查，清理了几座庙底沟二期文化时期的遗迹单位，采集到丰富的陶、石、骨器等，还发现有龙山、东周时期的灰坑、墓葬等，采集了龙山、晚商及东周时期遗物（《中国国家博物馆馆刊》第8期）。

（四）海岱地区

日照市苏家村遗址是一处新石器时代晚期环壕聚落。2019年3—7月，山东大学考古学与博物馆学系和山东省文物考古研究院对遗址的东南部进行发掘，发掘面积约600平方米。主体遗存年代以大汶口文化末期至龙山文化早期为主，部分可以延续至龙山文化中期。获取了包括壕沟、房址、灰坑、墓葬、灰沟、窑址、水井在内的系统材料，出土一批制作精美、工艺水平极高的陶薄胎高柄杯、壶形杯和鬶等遗物。发掘者认为，苏家村遗址的年代跨度为大汶口文化末期到龙山文化中期，衔接紧密，对深入探讨龙山文化时期中小型聚落的社会内部结构有重要意义（《考古》第8期）。

（五）甘青地区

2017—2021年，宁夏回族自治区文物考古研究所对隆德县神林乡双村周家嘴头遗址进行了发掘，发掘清理的新石器时代遗存主要包含仰韶早、中、晚期及龙山晚期四个阶段，发现大规模仰韶晚期陶窑，分为横穴式和地面式，发掘者认为，该遗址是一处制陶业特征显著的新石器时代聚落，对研究该时期陶器专业化的生产及当时社会经济状况具有十分重要的意义（《中原文物》第3期）。

2017年，宁夏回族自治区文物考古研究所对固原市隆德县神林乡双村周家嘴头遗址进行发掘，清理了一批仰韶时期、齐家文化、刘家文化、汉等时期的文化遗存，随后刊布仰韶时期的发掘成果。共清理房址12座、灰坑27座、陶窑9座，出土遗物以陶器为主，出土石器、骨器和蚌器较少。陶器主要器形有罐、钵、盆、尖底瓶、缸、瓮等，还有少量的平地瓶、壶、盘、器盖等，石器可辨器形有石斧和石笄，还有少量骨锥和蚌饰出土。发掘者认为，周家嘴头遗址仰韶时期遗存整体器物组合接近大地湾四期，属于仰韶晚期遗存。遗址内发现的陶窑均分布在房址附近，应是一种以家庭为单位的专门化陶器生产（《考古与文物》第2期）。

2020年4—7月，为全面了解南华山地区史前遗存分布状况及文化面貌，宁夏回族自治区文物考古研究所等单位对宁夏海原县境内南华山地区开展了系统的考古调查工作，并于2022年刊布了考古调查资料。调查发现旧石器地点27处，新石器遗址89处。其中新石器时代遗址均属菜园文化遗存，采集所得遗物以陶器为主，种类包括圆腹罐、单耳罐、双耳罐、高领罐、花边罐、刻槽盆、敛口盆等。南华山地区新石器时代资料的发现对于研究菜园文化的源流及性质具有重要意义（宁夏回族自治区文物考古研究所、海原县文物管理所编：《宁夏海原南华山地区史前遗存考古调查报告》，文物出版社）。

2022年，青海省文物考古研究所刊布了1992—1993年西宁市城北区沈那遗址的第二次发掘材料。发掘面积900余平方米，发现大量齐家文化遗存。共发掘灰坑130个、房址17座、墓葬14座和小型灰沟4条。出土陶器器形主要有罐、盆、碗、甑、尊、豆、杯、鬲等，石器有斧、刀、锛、凿、杵、磨棒、砺石、纺轮、镞、矛、绿松石珠等，还有大量骨、角、牙器。

H74出土一件铜矛，是齐家文化的又一重要陶器发现，为研究当时的经济形态和社会属性提供了重要资料（《考古》第5期）。

2018—2021年，甘肃省文物考古研究所等单位对灵台桥村遗址进行连续性发掘，于2022年刊布了Ⅰ区的部分材料。发掘面积500平方米，遗迹主要有方坑、灰坑、房址、墓葬和沟等，出土遗物以陶器为大宗，主要有双大耳罐、双耳罐、高领罐、花边口沿罐、盘、缸、罘、鬲、甗和器盖等，还出土有筒瓦和板瓦，石器包括石璧、刀、铲、纺轮和锛等，玉器包括玉刀、璜，骨器有骨锥、镞、针、铲、笄和卜骨等。发掘者认为，桥村遗址出土陶器与双庵类型接近，属于龙山时代晚期。桥村遗址是目前所知出土陶瓦数量最多、类型最丰富的史前遗址，可能存在大型"覆瓦类"建筑（《考古与文物》第2期）。

2020年7—9月，青海省文物考古研究所等单位对青海同德县宗日遗址进行发掘，发掘面积800平方米，2022年，刊发了墓葬区部分材料。共清理宗日文化墓葬14座、青铜时代墓葬1座，出土陶器53件、装饰品62件。此次发掘的宗日文化墓葬，墓向基本一致，说明墓地事先经过规划，已形成一定的埋葬习俗。这批材料为进一步明确宗日文化的绝对年代提供了科学依据，同时对深化认识宗日文化与马家窑文化、齐家文化之间的关系有重要研究价值（《四川文物》第5期）。

2022年，甘肃省文物考古研究所等单位刊发了2005年、2008年及2016—2017年在清水县、张家川县及天水市秦州区、麦积区、甘谷县和武山县开展考古调查所获的资料。经调查并采集有遗物的遗址142个，基本涵盖天水地区史前及青铜时代的大部分重要遗址。调查报告首次全方位介绍了大部分遗址包括地理位置、地形、面积、遗迹、标本等在内的相关信息，梳理、整合了一些重要遗址的发现、调查过程及新、旧资料，并通过聚落考古学及植物考古学方法，对天水地区新石器时代和周秦汉的聚落分布、农业发展等问题进行初步研究。为研究周文化、"董家台类型"、寺洼文化、战国西戎文化的分布以及史前至汉代的古环境等问题提供了重要资料（甘肃省文物考古研究所、天水市文物保护和考古研究中心编：《渭河上游天水段考古调查报告》，文物出版社）。

（六）江汉地区

2018年5月—2022年1月，河南省文物考古研究院等对南阳黄山遗址进行了考古发掘，发掘面积2400平方米，并对遗址周围进行了调查与勘探，确定了黄山遗址面积为30万平方米，是一处玉石器制作特征鲜明的中心聚落遗址。探明黄山遗址与独山之间长4千米多的自然古河道和独山的两处玉料开采古矿地点，并发现了西北蒲山之间自然古河道的一部分，厘清了遗址与独山、蒲山玉石资源供给体系，发现了人工运河与码头遗迹。遗存年代跨度大，包括仰韶时代、屈家岭文化、石家河文化遗存，出土大量陶器、石器、玉器。黄山遗址填补了中原和长江中游地区新石器时代玉石器手工业体系的空白，在中原地区首次发现了史前码头遗迹，仰韶时代坊居式建筑保存良好，高等级墓葬区社会成员等级分明，为探讨长江中游地区社会复杂化和文明化进程提供了关键材料（《考古》第10期）。

河南省文物考古研究院于2013年3—6月对淅川金营遗址进行了考古发掘，新石器时代遗存可分为仰韶晚期、屈家岭文化早期、石家河文化早中期和王湾三期文化晚期，主要有灰坑、灰沟等遗迹，出土大量陶器，主要有鼎、罐、钵、瓮、豆、盆等。金营遗址新石器时代遗存文化内涵丰富，时间跨度长，且连续不间断，是豫西南地区不可多得的宝贵材料（《中原文物》第1期）。

2016年11月—2017年3月，湖北省文物考古研究所等单位对襄阳宜城袁家湾遗址进行了发掘，发现新石器时代房址4座、灰坑4个，出土盆形鼎、仰折凹沿罐、敛口深腹瓮等陶器，发掘者认为其年代应为仰韶时代的朱家台文化晚期（《中国国家博物馆馆刊》第1期）。

2017年8月—2018年1月，湖北省文物考古研究所等单位对襄阳保康穆林头遗址进行了发掘工作，发掘面积约240平方米，发现屈家岭文化时期房址3座、灰坑11个、灰沟1条、墓葬22座。出土陶器有杯、器盖、折沿罐、高领罐、豆、钵、盆、瓮、缸、鼎、簋等，石器有锛、斧、凿、钻、网坠、纺轮等。这次考古发掘首次揭露了荆山区域的屈家岭文化遗存，为屈家岭文化的地域类型研究提供了参考材料（《江汉考古》第2期）。

（七）环太湖地区

2005年、2009年和2010年，南京博物院对花厅遗址进行了第五次至第七次考古发掘，揭露了一批大汶口文化的墓葬、房址、灰坑和壕沟，出土陶器、骨器、玉器等遗物。陶器器形有鬶、罐、壶、豆、鼎等。发掘者依据陶器形态判断墓葬年代大致为大汶口文化中期至晚期早段。花厅遗址第五次至第七次的发掘为探索花厅遗址居住形态、聚落布局和功能分区积累了素材，也为了解大汶口文化的文化面貌提供了科学的资料（《东南文化》第5期）。

寺墩遗址在20世纪70—90年代屡有重要发现。2019年3月，南京博物院等单位对寺墩遗址展开第六次考古发掘，主要工作内容为对墩东贵族墓葬区西北部进行揭露，发现新石器时代墓葬、灰坑、灰沟、水井等遗迹，出土了陶器、石器、玉器等遗物。发掘者将遗存分为早晚两期，早期遗存体现出的崧泽文化风格比较明显，晚期遗存属良渚文化。寺墩遗址第六次发掘的收获深化了对于墩东贵族墓葬区的布局结构和分期年代等问题的认识（《东南文化》第5期）。

2020年4月—2021年1月，苏州市考古研究所对辉映遗址进行了调查、勘探和考古发掘工作，发现良渚文化时期的水井4个、灰坑6座。出土陶器器形有双鼻壶、罐、豆柄、鼎足、陶土块等，出土石器主要有破土器、砺石、"V"形石刀、石镞。在一件黑陶罐底部发现"十"字形刻画符号。辉映遗址的发掘为研究太湖流域新石器时代聚落考古提供了新的信息（《东南文化》第1期）。

象墩遗址是常州地区近年新发现的一处以良渚文化为主体内涵的古遗址，是太湖北部以寺墩遗址为中心的"寺墩遗址群"的重要组成部分。2019年9月—2021年1月，南京博物院等单位对该遗址进行两次考古发掘，发掘面积1000平方米，在良渚文化时期人工土台及周围清理出环壕、大型建筑台基、连排房址、道路、排水沟及相关附属设施。发掘者认为，象墩遗址并非一般居址类遗址，似为举行重要礼仪祭祀活动的场所。这为研究良渚文化聚落群的内部结构与功能区划分提供了新视角（《东南文化》第5期）。

2011年10月—2012年10月、2015年12月—2016年4月，南京博物院先后两次对兴化蒋庄遗址进行考古发掘，完整揭露良渚文化墓地一处，共清理墓葬284座。其中10座墓葬随葬玉质礼器，为高等级墓葬，集中分布在墓地南部，出土大量陶器、石器、玉器、骨器等。陶器有鼎、壶、罐、盆、缸等，石器有钺、锛、凿、刀等，玉器有琮、璧、珠、锥形器、镯等，骨器仅1件骨镞。发掘者认为，蒋庄遗址高等级墓葬年代相当于良渚文化中晚期，对于研究江淮东部地区良渚文化的社会组织结构、丧葬习俗、精神信仰，及其与良渚文化核心区之间的互动关系等问题均具有重要价值（《东南文化》第5期）。

南京大学历史学院考古文物系等单位于2017年3—9月和2019年2—7月分别对宁波市何家遗址进行了两次发掘。2022年，刊发了遗址第Ⅴ区的部分材料。发掘面积共729平方米，共清理遗迹31处，包括房址3座、灰坑19个、水井9座。发掘者将遗存分为三期，认为第一期年代大致相当于河姆渡文化第三期，第二期年代为河姆渡文化第四期至良渚文化早期，第三期处于良渚文化早期偏晚阶段。何家遗址的发掘为认识河姆渡文化的地域变迁以及与马家浜文化、崧泽文化、良渚文化的关系等问题提供了新的资料（《考古》第10期）。

曹湾山遗址位于温州市鹿城区藤桥镇渡头村，是一处新石器时代晚期的聚落遗址。2002年11月—2003年4月，浙江省文物考古研究所等单位对曹湾山遗址进行发掘，发掘面积558.25平方米，发现好川文化连片的石构建筑遗迹，清理好川文化墓葬35座，获得石器、陶器、玉器、骨器等各类文物1000多件以及大量陶片标本。遗址确认了好川文化在瓯江下游地区的分布，对于构建浙南早期考古学文化谱系序列具有重要的意义（浙江省文物考古研究所、温州市文物考古研究所、温州博物馆编：《曹湾山》，文物出版社）。

2008年12月—2013年12月，安徽省文物考古研究所对凌家滩及裕溪河中上游区域进行了8次区域系统调查，共发现汉代及之前的遗址95处，其中有新石器时代遗址37处。调查者将调查遗物分为八期，初步研究发现，区域内各期遗址数量呈波浪式起伏状态，崧泽文化和西周时期是该区域聚落发展的高峰期，在崧泽文化晚期出现了以凌家滩为核心的较为明显的聚落集中化现象（《中原文物》第1期）。

2019年春，安徽省文物考古研究所等单位对桐城魏庄遗址进行了发掘，发表了新石器时代8座墓葬的材料。墓葬形制为长方形竖穴浅坑，未发现葬具和人骨，随葬器物有陶、玉石器等，据墓葬规模及随葬器物推测为单人葬。发掘者认为，魏庄遗址出土陶器与薛家岗文化具有一定相似性，又显示出明显的地方特色，为全面认识皖西南与淮河中游、宁镇等区域诸文化之间的关系提供了重要资料（《文物》第4期）。

（八）西南地区

2012年5—8月，四川省文物考古研究院等单位对金川县刘家寨遗址进行了第二次考古发掘，发掘面积共2500平方米，发现大量仰韶时代晚期遗存，清理房址、灰坑、陶窑、墓葬、灰沟、石墙等185处遗迹，出土了丰富的陶器、石器、骨器及动物骨骼、炭化植物种子等。此次发掘丰富了川西北高原地区仰韶时代晚期遗存，有助于学界对刘家寨遗址的分期、聚落形态、生业模式、遗址性质等进行更加深入的研究和探讨（《考古》第4期）。

2018年8月—2019年10月，四川省文物考古研究院等单位对会理县心安傣族乡马鞍桥村的大坪遗址进行了发掘。遗址Ⅲ区发掘面积7700平方米，清理了窑址群、灰坑等遗迹，出土大量陶器，主要器形有侈口罐、折腹罐、矮领小罐、高领罐等，另有少量石器出土。发掘者认为，大坪墓地新石器时代遗存的文化面貌与大墩子、菜园子和皈家堡接近。该遗址6座新石器时代陶窑集中分布的现象在金沙江中下游地区极少发现，为研究该区域新石器时代晚期考古学文化和陶窑工艺提供了不可多得的实物资料（《四川文物》第1期）。

灵山遗址属四川省阆中市梁山村，位于嘉陵江北岸与东河交汇处灵山山顶与山腰平地上。2022年，四川省文物考古研究院等单位出版了《阆中灵山》，该著刊发了2016年9月—2017年5月对该遗址开展调查、发掘及整理工作所得成果。灵山遗址新石器时代遗存有包括灰坑、柱洞、灶、燎祭遗迹等在内的各类遗迹及陶器、石器等遗物，年代属新石器时代晚期。其中位于山顶的燎祭遗迹为此类新石器时代遗存在四川的首次发现。灵山遗址是目前嘉陵江干流中游首次发现的新石器时代晚期遗址，也是嘉陵江干流地层最丰富、出土遗迹和遗物最多的遗址，填补了该地区新石器时代考古学文化研究的空白（文物出版社）。

重庆市文物考古研究院等单位编著的《渝西长江流域考古报告集》是对重庆西南部长江干流及其部分支流考古调查及发掘成果的汇编，在空间范围上包含以地处长江干流的江津区、永川区为主，兼顾璧山河沿岸的璧山区、濑溪河沿岸的荣昌区等区域，年代上迄新石器时代，下至明清，涵盖古遗址、古墓葬、石窟寺等类型多样的遗存。该书有效填补了长江上游宜宾至重庆主城段古代文化遗存发现的相关空白，对研究成都平原与峡江地区两大文化圈交流融合的历史进程具有重要参考价值（科学出版社）。

2022年，湖南省文物考古研究所出版了《洪江高庙》。该报告刊布了1991年、2004年、2005年对洪江市高庙遗址三次发掘所获材料。高庙遗址主要包含高庙下层遗存和高庙上层遗存，另残存有少量东周、明清时期遗存。高庙下层遗存的文化内涵极为丰富、特征鲜明，被命名为高庙文化。已清理出大型祭坛、房址、窖穴和墓葬等遗迹，出土了丰富的白陶制品等遗物。高庙上层遗存包含大溪文化和屈家岭文化早期遗存。该书的出版对构建湘西沅水流域新石器时代文化发展谱系具有关键性的意义（科学出版社）。

2022年，湖南省文物考古研究院等单位刊发了2011—2012年在桂阳县千家坪遗址发掘获得的材料。其中，新石器时代遗存有壕沟、房址、灰坑、墓葬等。房屋为平面形状近圆形的浅坑式建筑。墓葬为长方形土坑竖穴墓，分布有一定规律，随葬品较少或无随葬品。出土遗物以陶器为主，常见器物造型复杂、工艺繁缛者，器表往往刻划精美纹饰或图案，主要种类包括釜、双耳罐、盘口罐、盘等，此外见有较为丰富的白陶器，种类有罐、盘、簋、碗、杯等。发掘者认为可将千家坪遗址新石器时代遗存视为高庙文化的地方类型，称为高庙文化千家坪类型（湖南省文物考古研究院、科技考古与文物保护利用湖南省重点实验室编：《桂阳千家坪》，科学出版社）。

2018—2020年，湖南省文物考古研究所等单位对华容县七星墩遗址连续开展了三个年度的考古工作，2019—2020年发掘了外城城垣及相邻的城内堆积，发掘面积合计1009平方米，发现了较丰富的屈家岭文化和石家河文化时期遗存，以及少量宋元明清时期遗存。揭露遗迹主要有城垣1处、池塘1处、窑址1座、房址3座、瓮棺葬3座、灰坑85个、灰沟9条、灰土堆积4层和柱洞若干。出土遗物有陶器、石器、木器和漆木器。发掘者将遗存分为四期，对七星墩古城的历时性演变、聚落内部结构、聚落之间的宏观关系等形成了初步认识。七星墩遗址是长江中游文明进程研究的重要个案（《考古》第6期）。

2015年7—8月，西藏自治区文物保护研究所等单位对山南琼结县邦嘎遗址进行发掘，共发现5个遗迹，包括灰坑、柱洞、垫面、建筑遗迹，出土较多陶片与石制品，陶器可辨器形有罐、钵，石制品种类包括石核、石片、重石、磨盘、磨石、石球等。此次发掘出土遗存所表现出的文化面貌与曲贡文化存在较大差别，发掘者认为，邦嘎遗址主体堆积的年代应当在曲贡晚期遗存之后，对以往学界关于该遗址的看法进行了补充和纠正（《西藏文物考古研究》第4辑，科学出版社）。

（九）岭南地区

2017年3—5月，广东省文物考古研究院对鸡龙山遗址进行了抢救性发掘，发掘面积约315平方米，发现并清理了新石器末期的文化遗存，揭露遗迹有墓葬1座、灰沟1条、灰坑8个、灶1处。出土遗物有陶器、石器，陶器器形主要有罐、釜、豆、尊、器盖、支脚、纺轮等，石器有锛、镞、矛、玦、环、球、梭形器、砺石等。发掘者将遗存分为两期，认为第一期文化面貌与福建东山大帽山贝丘遗址接近，第二期文化面貌表现出向后山文化的较早阶段过渡的特征（《江汉考古》第5期）。

2018年6—8月，广州市文物考古研究院对广州市增城区松丁山遗址进行了抢救性发掘。该遗址遗存主要为先秦时期，包括墓葬、灰坑、柱洞以及陶器、石器等遗物。发掘者将遗存分为三期，其中第一期遗存内涵较为丰富，主要器形包括高领矮圈足罐、无领罐、鼎、豆等，年代相当于石峡文化晚期至夏商之际（《四川文物》第1期）。

二 研究简述

（一）综论

1. 专著

国家文物局主编的《考古中国重大项目成果（2021）》将2021年向社会发布过的考古成果汇集成册。该著收录的考古项目年代跨度大，地域广泛，主题丰富，涉及新石器时代的考古项目及成果，包括围绕仰韶文化开展的中原地区文明化进程研究，以及对浙江省余姚市施岙遗址古稻田、河北省张家口邓槽沟梁遗址、甘肃省张家川县圪垯川遗址、甘肃省庆阳市南佐遗址、广东省英德市岩山寨遗址的发掘与研究（文物出版社）。

为了缅怀和纪念张忠培先生为吉林大学考古学科和中国考古事业做出的贡献，吉林大学考古学院与吉林大学出版社联合出版了张忠培先生在吉林大学任教期间的授课讲稿——《张忠培考古学讲义》（吉林大学出版社）。该书系统整理了张忠培先生在吉林大学任教期间为学生授课的讲义内容，包括考古学方法论、田野考古学、中国新石器时代考古三部分。该书涉及考古学的基本方法、基本理论、田野考古学和中国考古学文化、谱系等问题，对深入理解中国考古学、考古学史和中国考古学高等教育具有重要史料意义和参考价值。

严文明、李水城主编《先秦考古：中国考古学（上）》是北京大学考古专业"中国考古学通论"讲义的先秦部分，全书共25万字，约120幅插图，分为五章，包括绪论、旧石器时代、新石器时代、夏商考古、西周与东周。该著经过多次修订，资料翔实，图文并茂（文物出版社）。

严文明著《中国史前艺术》整理了中国境内从新石器时代中期至铜石并用时代的史前艺术，以此为基础系统介绍和研究了其中的人物、动物图案。认为中国史前人体和动物形象的发展具有明显的阶段性，大致可以区分为四个时期：萌芽期、发展期、繁荣期、转型期。中国史前艺术中的人物形象按照其在各地不同的风格，可大致区分为红山文化分布区、仰韶文化分布区、石家河—肖家屋脊文化区三大系统，并且各自形成长久的传统，这三个系统也明显与罐文化、鬲文化和鼎文化三个系统密切相关。中国史前艺术中的动物形象多种多样，有时与人物形象的艺术相互配合，相得益彰（文物出版社）。

王仁湘著《中国彩陶：庙底沟文化图谱》整理、展示了以往关于庙底沟文化彩陶的发现。全书分为两大部分，第一章"彩陶的发现"分区讲述了庙底沟彩陶的分布范围、主要特征与代表性纹饰，展现了庙底沟文化彩陶从中心到周边的传播范围和影响程度；第二章"彩陶艺术特征"详细分析了庙底沟文化彩陶的一般特征与艺术特征，并举例阐释史前彩陶纹饰的绘制方法（巴蜀书社）。

李峰编著、刘晓霞译《早期中国：社会与文化史》以"早期中国"的视角，尝试描述和解释从文明起源至公元220年东汉灭亡的历史，并将此段历史放在一个比较的脉络中，思考国家形成、书写的起源、官僚组织、法律和政体、诸子百家、战争性质的演变、帝国的缔造等中国社会史和文化史上的重要问题（生活·读书·新知三联书店）。

郭明著《红山：中国文化的直根系》依据现有资料，将红山文化遗存划分为两大类，分别为与礼仪活动相关的遗存和反映世俗生活的遗存。该著由两类遗存所展现的差异入手，简要讨论红山文化兴起、繁盛至衰落的发展过程，认为红山文化社会以玉器及社会公共礼仪设施所反映的礼制规范为构建社会等级秩序的基础，并在此基础上建立了以"神权"为中心的社会发展体系。同时比较分析红山文化与良渚文化的生业方式、文化现象，探讨"神权社会"的兴衰（上海古籍出版社）。

蔡金英著《裴李岗文化：中国文明的奠基》系统梳理了裴李岗文化诸遗址，建立了裴李岗文化的时空框架，并在此基础上对裴李岗文化的谱系进行探讨，认为裴李岗文化的对外影响是中原地区文化的第一次大规模、大范围的膨胀过程，为中原地区文化的强盛奠定了基础（科学出版社）。

王涛、秦存誉、徐小亚译《河南史前遗址》为1947年在瑞典出版的原远东古物博物馆馆刊第19号，是安特生在河南仰韶村、不招寨等地开展考古调查与发掘后撰的考古报告。该著较为详细地记录了安特生在河南仰韶村、不招寨和河阴县等地的考古发掘与调查收获，其中既有工作方法介绍，亦有大量的地层和遗迹、遗物描述，以及遗址地貌环境背景记述与分析（文物出版社）。

何驽著《陶寺：中国文明核心形成的起点》介绍陶寺文明形成的历史背景、都城选址因素及早中期都城基本状况、晚期殖民地社会状况，在此基础上结合考古、文献、人类学材料，拧合成证据链绳以论证陶寺都城"尧舜并都"的观点，总结陶寺邦国的文明成就及其在中国文明中的地位与贡献。作者认为，中国文明是指"中国"概念诞生之后、中华文明的核心形成之后的文明，陶寺是中国文明核心形成的起点，而非中华文明的起点（上海古籍出版社）。

《陶寺物华——陶寺遗址出土文物类全概览》由中国社会科学院考古研究所编著。其依托襄汾陶寺遗址出土可移动文物数据库资料，在陶寺文化早、中、晚三期的分期框架下，将陶寺遗址出土文物分为陶器、玉石铜器、骨角蚌漆木器三大类，对精选出的293件（组）标本进行编排，力图反映陶寺遗址早、中、晚三期社会生产生活各方面的发展与变化。同时，对重要的器物，力求在附加的说明中，展示最新的研究成果与新认识（科学出版社）。

山西省文物局、中国社会科学院考古研究所合作编著的《中国文明起源陶寺模式十人谈》收录了10位专家学者的研究成果，从考古、历史、天文、哲学、建筑等领域出发，讨论中国文明起源中陶寺模式所发挥的重要作用。该著力图以山西襄汾陶寺遗址为抓手，聚焦时空要素在早期文明中的作用，阐释"掌控时空，天下之中；照临四方，协和万邦"的陶寺文明，进一步探索中国文明起源陶寺模式（科学出版社）。

宋艳波著《海岱地区新石器时代动物考古研究》以山东大学动物考古实验室十余年来鉴定、整理的海岱地区诸遗址出土新石器时代动物遗存研究为基础，结合该地区其他新石器时代遗址出土动物遗存的相关资料，系统探讨海岱地区新石器时代先民对家养动物的驯化和饲养、对野生动物资源的开发与利用情况等；并从聚落考古研究的视角出发，尝试探讨不同文化、不同区域、不同等级聚落先民动物资源利用方式的关系（上海古籍出版社）。

李水城著《半山与马厂彩陶研究》以新石器时代晚期中国西北地区半山–马厂文化的彩陶为研究对象，通过大量的实际案例，从陶器形态和花纹装饰两个层面进行了系统的考古类型学研究。该著以新的视角探讨了陶器与花纹的演化速率及时空关系，提出了彩陶产生于黄土地带并与旱地农业有千丝万缕的关系，彩陶花纹的演变具有共时与多元的规律性现象（商务印书馆）。

庄会秀著《半山马厂彩陶蛙人纹研究》在对目前已发表的半山马厂彩陶蛙人纹图像及相关研究成果进行梳理的基础上，重点探讨其所体现的史前美术的相关特征，围绕所收集的资料分析半山马厂彩陶蛙人纹图像的构成方式、组合方式、文化内涵、艺术源流，探究其艺术特征（中国社会科学出版社）。

单思伟著《传说时代的南土文明：屈家岭文化》致力于构建屈家岭文化的时空框架和谱系结构，将屈家岭文化分为两期四段七个地区类型，在广域文化背景下，以文化分期的尺度来揭示屈家岭文化的形成、发展、转化或瓦解的动态变迁过程，并将区域文化互动关系与模式融入文化变迁动因解释中，是对谱系研究内涵的有益延伸（科学出版社）。

许鹏飞著《环太湖地区新石器时代考古学文化研究》对马家浜文化、崧泽文化、良渚文化、钱山漾文化、广富林文化的分期及类型、社会发展阶段、文化交流等方面进行探讨，重点对良渚文化的衰亡问题和去向进行了分析探讨，指出环太湖地区的新石器时代考古学文化属于"系列考古文化区"。该著通过总结现有观点，综合考古成果，对世界公认的几大早期文明的特征进行归纳，就良渚文化是否为文明、环太湖文明化的进程等进行探讨，并从聚落关系的变迁角度对良渚文化衰败原因进行了讨论（文物出版社）。

蒋乐平等在系统整理浙江省新石器时代考古材料的基础上出版《浙江新石器时代考古》一书。全书分为六章，第一章介绍浙江省包括地理分区、旧石器基础在内的区域概况。第二章至第五章将浙江省新石器时代考古学文化发展过程划分为"农业初始""聚落发展""文明形成""区域转型"四个阶段，从文化谱系角度依次梳理、分析相关考古学文化。第六章综合论述以太湖为中心的东南部地区的新石器时代考古学文化发展态势，突破以往钱塘江南北两元体系，提出浙江新石器时代文化新谱系（浙江人民出版社）。

刘斌著《寻找失落的文明：良渚古城考古记》细致介绍了以玉琮、反山墓地、良渚古城遗址、水利系统遗址等为代表的良渚文化遗存的发现及相关研究，同时结合数十年的考古经历，记叙考古工作者在良渚古城发现与发掘过程中的思考与情怀（浙江古籍出版社）。

方向明著《良渚墓葬》基于1949—2019年发表的墓葬材料，结合最新的考古研究成果，从墓地规划和营建、葬具、葬式、葬仪、随葬品等方面对良渚文化墓葬加以系统论述，并在此基础上进一步探讨良渚文化的礼制与信仰、权力与空间等问题（浙江古籍出版社）。

方向明著《王陵和祭坛：瑶山遗址》全面介绍了瑶山遗址的基本情况，从祭祀与墓葬建筑的营建及其关系、葬俗与葬仪、随葬品等方面对瑶山遗址的祭坛与墓葬进行梳理、分析，并在此基础上就瑶山遗址墓地布局体现的良渚文化早期社会组织结构、太湖流域中心聚落和周边区域中心之间的关系等问题展开探讨（浙江大学出版社）。

吴卫红、刘越著《凌家滩：中华文明的先锋》基于对凌家滩历年发掘及相关调查材料的系统梳理，从聚落演变、饮食器用、玉石器制作、丧葬建筑与礼仪等方面详细解读凌家滩文化的内涵。该著首次全面、系统地研究了凌家滩的玉石器制作工艺，分析凌家滩文化的产生、发展、变迁及与其他文化的关系，探讨凌家滩文化在中华文明形成过程中的地位与作用（上海古籍出版社）。

西曹墩遗址位于浙江省嘉兴市余新镇金星村东南部，是一处与石器加工相关的良渚文化遗址，出土陶器、石器等各类文物827件（组），其中包含带有刻画符号的标本150件。浙江省文物考古研究所等单位编著了关于西曹墩遗址考古成果的文物图集《石坊撷珍——嘉兴西曹墩遗址出土文物集粹》，其收录的考古资料为浙北地区良渚文化石器加工产业研究提供了重要线索，也为良渚时期文字起源研究提供了更多的实物资料（科学出版社）。

《濑水汤汤——溧阳考古成果集》由南京博物院、溧阳市文体广电和旅游局、溧阳市博物馆合作编著，对整体掌握和深入研究溧阳境内新石器时代至唐宋时期的考古学文化内涵、重要文物资源分布以及城市历史文化底蕴等提供了坚实的资料支撑。在新石器时代考古部分详细介绍了神墩遗址、秦堂山遗址（2013—2017年度）、东滩头遗址（2018—2020年度）的考古发掘成果（上海古籍出版社）。

郭伟民著《吾道南来：中华民族共同体中的史前湖南》基于湖南史前考古出土材料，阐述了湖南史前社会发展进程，论证史前湖南在中华文明起源中的重要地位和作用。其中新石器时代部分对玉蟾岩遗址、彭头山文化、高庙文化、城头山城址、大溪文化等湖南地区新石器时代遗址与考古学文化做了较为详细的介绍与分析（科学出版社）。

罗伊著《云南地区新石器时代考古学文化研究》为对云南地区新石器时代考古学文化的基础研究。该书依考古学文化面貌的区域性差异，以点苍山—哀牢山一线为界，将云南地区分为东、西两个大区，大区内细分出若干小区，在此基础上细致分析、梳理区域内诸考古学文化的面貌及相互关系（文物出版社）。

广东省文物局、广东省文物考古研究所合作编著的《溯本求源——广东重要考古发现概览》对广东省70余年文物考古工作成果进行了概括总结。该著从1949年以来广东省内的重大考古发现项目中遴选出近百项，时代从旧石器至明清，介绍了英德青塘、阳春独石仔等41个新石器时代遗址的考古成果。该著对于研究广东及周边地区的新旧石器过渡、新石器时代考古学文化面貌及序列等问题具有重要的参考价值（科学出版社）。

饶崛、程隆棣著《中国新石器时代纺轮再研究》以新石器时代考古发掘的纺轮形制数据及图片信息为基础，通过数据统计分析、实验验证及对比分析，分别对纺纱工艺的诞生和发展，中国原始纺轮的诞生、发展和纺纱特点及纺轮在现代纺纱系统中的演变进行系统的学术研究，对纺轮发展规律、演变动因、原始纺纱技术进行数据与理论分析（中国纺织出版社）。

2. 论文集

赵汀阳、王星编《满天星斗：苏秉琦论远古中国》选录了苏秉琦论文19篇，涵盖了作者创立的治中国考古学的基本理论、考古学文化的区系类型说、中国古代文明起源与形成的多中心或多元说以及政权统一、文化多元说及其形成的方法论基础，是对作者学术思想与成就的高度概括（生活·读书·新知三联书店）。

张忠培著《中国考古学：走近历史真实之道（增订版）》的初版收录24篇文章，包括作者1994年至1999年所写的《国人考古发掘工作的开端》等9篇文章，以及曾收在《中国考古学：实践·理论·方法》（中州古籍出版社1994年版）一书中的15篇文章。此次再版仅更改别字，对原书结构和文章顺序未作改动，另增加了2篇文章——《漫议考古报告》《鱼和熊掌如何兼得》附于最后（文物出版社）。

《史前文化与社会的探索》收录了赵辉论文24篇，分为考古学文化研究、古代社会复原研究、考古学方法与理论的思考三部分。每个部分中的文章按发表年代编排，既是作者学术人生的缩影，也是中国史前考古尤其是新石器时代考古学术史发展的侧面反映（上海古籍出版社）。

《史前区域经济与文化》收录了张弛对中国史前尤其是新石器时代的研究论文18篇，内容涉及手工业技术与贸易、农业起源与区域经济以及区域文化等方面。主体内容分析了中国史前居民的生业经济结构，在此基础上关注中国新石器时代不同区域经济的特征及其与文化的联系，具有方法论的意义（上海古籍出版社）。

《黄河流域史前时代》收录戴向明论文21篇。研究内容集中于黄河流域新石器时代及夏商时期考古学文化，涵盖文化、聚落、社会复杂化、理论等主题（科学出版社）。

"哈民忙哈—科尔沁沙地新石器时代遗址发掘与综合研究"项目组编著的《哈民忙哈——新石器时代遗址综合研究》收录研究报告及论文24篇，涵盖"古环境研究""人类学研究""动物考古学研究""技术与工艺研究""经济形态与社会文化""聚落形态及史前灾难考察""哈民忙哈文化研究"七个专题。主要内容包括对哈民忙哈遗址各类出土遗存的研究、生产生活模式的复原、聚落形态及史前灾难的情境分析、考古学文化研究（科学出版社）。

2022年3月12—13日，郑州大学历史学院、郑州大学中原历史与文化研究院、郑州大学历史文化遗产保护研究中心在郑州举办了"根与魂：考古学视野下不断裂中华文明"学术研讨会，旨在长时段、深层次、多角度审视中国古代文明起源、发展的特质与内涵。与会学者提交论文的结集由韩国河主编为《根与魂：考古学视野下不断裂中华文明研究》。文集包含34篇论文，分为"考古理论研究""文化变迁研究""物质文明研究"三部分，涉及新石器时代考古的论文主题涵盖聚落、新旧石器过渡、区域文化发展、环境、城市、手工业等多个方面，既有对个案研究的深入探讨，也有对古代文明长时段、跨区域的宏观研究，还有对中国考古学理论与方法的广泛讨论（科学出版社）。

（二）文化研究

1. 文化性质

新乐遗址曾多次进行发掘和勘探，陆续发表简报 5 篇，于 2018 年出版发掘报告。张星德等人依据报告公布的新材料，对新乐下层文化的聚落结构及来源、文化交流等问题展开探讨，认为新乐下层文化形成于兴隆洼文化晚期，是后者向下辽河流域扩张的结果，其与西梁文化互有影响（《沈阳考古文集》第 8 集）。

李志伟等对新乐文化的分期提出不同意见。作者对以往学界对新乐文化的分期观点进行述评；参照周边地区考古学文化的器形演变，将新乐文化分为三期四段，认为第一期以王全遗址为代表，第二期以新乐遗址为代表，第三期以阿仁艾勒遗址为代表，前两期文化面貌较为接近，第三期文化面貌发生了较大变化。依据测年数据，作者将新乐文化的绝对年代暂定为距今 7300—6500 年（《四川文物》第 4 期）。

孙金松等梳理了 21 世纪以来内蒙古东南部地区红山文化遗址的考古发现，指出红山文化在分期、分区、房址建筑形制、聚落、祭祀性遗址、后红山文化时代玉器方面存在新的研究契机与切入点（《沈阳考古文集》第 8 集）。

田鑫等通过对查海遗址报告中陶器纹饰分类的研读，构建起陶器纹饰分类层级关系，分层依次为功能、手法、方式、类型、纹类，为对陶器纹饰进行有效的分类提供了有益参考（《沈阳考古文集》第 8 集）。

段宏振对磁山遗址发掘以来的探索历程作回顾和反思，指出几点待解决的问题，例如全面搞清磁山文化在冀南地区的具体分布、地层分期与年代的细化、裴李岗文化北拓兼并磁山文化的细节、储粮窖穴的构造与使用细节等（《南方文物》第 3 期）。

秦存誉等总结科技考古手段在裴李岗文化研究中的应用现状以及相关问题，从年代学研究、环境考古研究、植物考古研究、动物考古研究、人骨考古研究、技术工艺研究等方面入手，肯定了科技考古对裴李岗文化研究的推动作用，并指出各领域的具体工作中目前仍存在一些尚未解决的问题，需要科技手段进一步介入（《江汉考古》第 1 期）。

许永杰注意到庙底沟文化中有一类以爬行动物鼋、龟、蛙为母题的动物图案，同类图案还见于半坡文化和马家窑文化遗存中。商周时期，鼋类图像作为图形文字出现，被学者们释作"天鼋"。作者认为，两者间有传承关系，庙底沟文化龟、蛙类图案的母题即是鼋，"天鼋"即"轩辕"，佐证了庙底沟文化为黄帝部族的物质遗存（《华夏考古》第 2 期）。

贺传凯梳理班村类型的文化面貌并对其典型器物进行分析，认为班村类型的时代为裴李岗文化中晚期，其文化面貌的形成受到豫中裴李岗类型、豫中南贾湖类型的影响，且以贾湖类型的影响为主。与此同时，随着裴李岗文化的西进，西部的白家文化也对班村类型产生了一定影响（《文物春秋》第 4 期）。

何德亮对北辛文化的考古发现、认识过程、地方类型、分期与年代、文化源流、相互关系以及社会经济形态等学术问题进行了简述，指出北辛文化的房址、墓葬等遗迹的出土数量和规模均不足，制约了对聚落形态及社会组织结构、经济形态发展水平等问题的深入了解（《文物春秋》第6期）。

卢瑞宇以小荆山、西河、月庄、后李、前埠下等遗址包含的后李文化遗存的分组结果为基础，将后李文化整合为三期四段，依据碳十四测年数据判断后李文化的绝对年代，指出其属于中国新石器时代发展阶段上的"查海时代"。作者总结后李文化典型陶器演变规律，将后李文化分为三个地方类型，并探讨三个类型之间的差异（《东南文化》第1期）。

蒋辉、钟毅立足于齐家文化的学术史，以安特生、夏鼐发现的齐家文化陶器为基础，对"最初的"齐家文化器物群进行界定，剖析对齐家文化内涵及研究起到关键作用的事件，揭示出齐家文化内涵变迁的过程；对与齐家文化关系密切但不属于齐家文化的几类遗存进行辨析，厘清齐家文化的内涵，探讨齐家文化内涵扩大化的原因（《北方文物》第3期）。

任瑞波简述了喇家遗址发现的"后齐家期"遗存，将随葬陶器和居址类陶器进行对比，指出二者存在明显差异，认为该现象的成因可能是两类遗存的文化性质不同，前者属于卡约文化，后者属于辛店文化山家头期。作者建议将"辛店文化山家头期"改称"山家头文化"，并探讨其与卡约文化的关系（《边疆考古研究》第31辑，科学出版社）。

学界对川西北地区仰韶时代晚期遗存内涵和性质的看法分歧较大。任瑞波分析刘家寨遗址出土的新材料，与哈休遗址、姜维城遗址、营盘山遗址进行对比，将川西北高原仰韶时代晚期遗存分为三期，并对其文化面貌进行归纳。作者认为，川西北地区仰韶晚期遗存地方特征明显，与马家窑文化和大地湾四期文化虽联系密切，但文化面貌有别、性质相异，建议命名为"姜维城文化"（《考古》第8期）。

2. 文化谱系

枣园文化遗存很早即引起了学界的关注。田建文以枣园、零口、南交口三个遗址的发掘材料为基础，以尖底瓶的产生和发展为主要脉络，勾勒枣园文化与半坡文化的势力消长，探讨半坡文化和西阴文化的形成和二者之间的关系，描绘仰韶时代早期陕晋豫交汇处考古学文化的格局（《边疆考古研究》第31辑，科学出版社）。

葛衍泽等将千阳丰头遗址仰韶时代遗存分为三期六段，概括各期陶器特征，认为其相对年代从半坡文化史家类型延续至半坡四期文化，指出丰头遗址作为关中西部地区一处文化面貌清晰、发展序列较为连贯的仰韶时代遗存，是关中地区与甘青地区相互沟通、实现文化交往的重要枢纽（《考古与文物》第3期）。

韩永莲等梳理桑干河流域新石器时代遗存，发现有查海时代至龙山时代的不同时期的遗存，并探讨该地区的考古学文化序列，认为其考古学文化面貌经历了由统一更替到分裂互动再回归统一的演变过程，呈现出谱系多元、统分反复、分化重组的态势，反映出本地区人群共同体高度的流动性和融合性（《文物春秋》第6期）。

任瑞波以大地湾、高寺头、师赵村和阳洼坡四处遗址出土的庙底沟文化遗存为重点分析对象，将陇山以西的庙底沟文化遗存分为两期三段，认为其主体源自本地的半坡文化，在以天水为中心的渭水上游发展成为石岭下类型。作者指出陇山以西地区重唇小口尖底瓶很可能由豫西晋南地区传入（《华夏考古》第4期）。

单思伟等依据器形和器物组合的不同，将阳新大路铺遗址新石器时代遗存分为三类，认为三类遗存分别属薛家岗文化、屈家岭文化早期、"后石家河文化"或煤山文化南方地区类型。以大路铺遗址为代表，作者归纳了长江以南的鄂东南地区新石器时代的文化变迁历程（《华夏考古》第1期）。

彭小军注意到屈家岭文化扣碗和扣豆这两类特殊遗存，认为其源于油子岭文化，兴盛于屈家岭文化，传续给石家河文化。屈家岭文化扣碗和扣豆一直在相关仪式性活动中承担着"祭器"的功能，使用情境较为多样，见于大型祭祀场所、房屋奠基、土地平整等活动，而且不同聚落甚至地域拥有不同的用器组合特征。分析显示，从屈家岭文化到石家河文化时期，扣豆和扣碗遗存展示出从多元并立到单一垄断的信仰控制趋势，反映了以石家河聚落为代表的"汉东理念"的强势扩张（《中原文物》第2期）。

3. 文化互动

秦存誉、王涛在对黄河中游史前陶斝做分型研究的基础上，指出陶斝最早产生于豫西晋南地区，是庙底沟二期文化居民在大汶口文化陶鬶的启发下创制而成的，具有"一地起源、多地创制"的特点，反映了中原与海岱地区考古学文化的交流与融合。作者勾勒出龙山时期陶斝在黄河中游地区持续传播，形成釜形斝、罐-盆形斝两大传统的图景；关注了不同时期陶斝的出土位置与陶质，认识到陶斝的功能变化（《北方文物》第5期）。

胡亚毅对山西省芮城桃花涧遗址进行分期研究，通过小口瓶、盆、罐等典型器物演变规律，将该遗址分为三期，并与周边南交口遗址、泉护村遗址、大河村遗址进行对比，认为桃花涧遗址与泉护村遗址具有更多的相似性，与南交口遗址、大河村遗址的文化面貌有较大差异。作者还探讨了豫西、晋南、关中地区仰韶时代中晚期各考古学文化的相对年代关系（《考古与文物》第5期）。

滏口陉道作为太行山中段的一条重要孔道，是豫北冀南地区与晋东南地区文化互动的主干道。赵江运等通过对太行山东、西两麓考古学文化互动关系的分析，并结合各个时期相关遗址的分布特点，认为滏口陉道大致在仰韶时期即已开通，在晋、冀两地人群往来中一直发挥着重要作用。该通道在早期主要供人们日常通行所用，在龙山及其以后的先秦时期逐渐表现出较强的政治、军事色彩（《华夏考古》第1期）。

环太湖地区新石器时代晚期出现了一种侧装扁足陶鼎。李娜等对崧泽文化和良渚文化出土的侧扁足鼎进行梳理，勾勒侧扁足鼎从出现到式微再到流行的过程，并探讨其背后的原因。作者分析了侧扁足鼎取代T形足鼎的现象，认为钱山漾文化的兴起直接导致了良渚文化的消亡（《东南文化》第3期）。

张爱冰梳理了安徽地区史前考古学文化中的彩陶遗存，将安徽地区彩陶的发展划分为四个阶段并总结各阶段特点，进而勾勒安徽地区彩陶在空间上的发展轨迹。作者对安徽地区彩陶的来源进行探讨，认为庙底沟文化、大汶口文化和周边的青莲岗、崧泽、屈家岭等诸文化的彩陶对其影响有限，跨湖桥文化则与其有密切联系（《考古》第4期）。

（三）专门研究

1. 塑像与雕像研究

李敖、张星德以红山文化女性塑像为研究对象，按体量大小将其分为小型、大型两类，认为小型者为延续本地亘古以来文化传统的丰产巫术道具，大型者是西阴文化势力扩张背景下辽西地区文化融合的产物，与宗教祭祀场地相关联。作者指出这种女神崇拜现象反映了地缘上的和行政上的社会组织的形成（《北方文物》第1期）。

张弛将燕辽地区兴隆洼文化到红山文化时期的雕塑分为三类，分别为居室中的人像、墓地上的人像、随身佩戴的雕像，进而发现兴隆洼文化、赵宝沟文化、红山文化三个时期的信仰体系中，人物造型一直都是十分常见的主题，不论是材质还是人物形象都有多种样式。作者注意到，有一类盘膝正坐人像在仪式展演地点有自己独立的空间，应是当时信仰中的"主神"（《文物》第7期）。

王苹介绍了那斯台遗址调查所获的跪坐石雕人像的造型特征与相关背景，探讨其寓意及使用功能，认为其代表正在祝祷的巫师形象，是红山文化天人合一崇拜观念及祭祀礼仪行为的直接反映，同时影响到江淮地区的凌家滩文化、长江中下游地区的良渚文化，并对中原夏、商王朝及西南地区的三星堆文化、金沙文化产生了深远影响（《南方文物》第6期）。

陈小三对石峁遗址发现的石雕进行了讨论，辨析了石峁石雕上的几例虎纹，探讨了虎食人图案及其与商周时期同类纹饰的内涵。作者认为，石峁石雕上纹样的幅面巨大，是具有公众性的一类纹饰，与龙山—二里头文化时期小型私人化的玉雕内涵不同，指出石雕上的纹样与青铜器上所见的兽面纹有直接的发展关系，是铜器兽面纹的直接来源（《考古与文物》第2期）。

王爱民介绍了淮河中下游地区史前遗址出土动物陶塑的发现概况，对动物陶塑进行分类，认为其在一定程度上复原了该地区史前人类的生活环境和生业模式。作者认为，猪形陶塑比重不断加大，表明猪在史前人类生活中的地位日渐重要（《文物春秋》第2期）。

2. 陶器用途与产地

郑志强对三门峡庙底沟遗址出土的庙底沟文化时期大口深腹罐和器座等器物进行分析研究，判断这类器物为陶鼓，结合其出土环境，推测陶鼓的用途应和祭祀或会盟典礼中的原始音乐活动有关（《华夏考古》第4期）。

贺娅辉等对石峁遗址皇城台出土的16件陶器进行分析，在器物内壁残留物中发现了酒类遗存。检验残留物的成分，判断酿酒方法可能包括利用谷物发芽和制曲两种技术，并指出原料配方。作者认为，陶瓮可能用于酿酒，鬲、盉为盛酒器和温酒器，杯用于饮酒。这一结果首次揭示了新石器时代晚期黄土高原酒的生产和消费情况，也显示了在早期城市化进程中，宴饮在社会分化和区域互动等方面扮演的重要角色（《考古与文物》第2期）。

刘娜妮等对石峁遗址皇城台东护墙北段出土陶器进行了成分和岩相分析。结果显示，陶器原料主要为低铝易熔黏土，钙含量较低者可能使用古土壤制成，少量钙含量较高者则使用第三纪红黏土。个别样品黏土中粉砂含量很低，可能与河流冲积土或原料反复淘洗有关。罐和豆多为泥质陶，鬲和盆则多夹砂，羼合料类型包括砂质、沉积岩、铁镁质岩屑和熟料等。此次分析样品出土地点相对集中，但其羼合料和黏土种类均较为多样，可能来源于多个制陶作坊（《考古与文物》第2期）。

觚形杯是大汶口文化早中期常见的一类器物，存在较为明确的发展轨迹。张超华运用类型学分析和情境分析方法对大汶口文化觚形杯进行研究，从墓葬性别、陶器组合的角度出发，指出随葬觚形杯无明显的性别指征，常与陶鼎共出，存在较为固定的器物组合，认为其来源为大汶口先民受竹筒影响而创造的一种饮器，主要作为实用器使用（《北方文物》第3期）。

3. 玉器研究

史梦可、崔剑锋运用拉曼光谱研究方法，对吉林省通化市通化县英戈布窑上遗址、聚宝山遗址、双塔遗址出土的六件玉器进行检测，确定其宝石学名称，结合出土地周围已发现的矿产资源，推测其制作原料取材于本地（《北方文物》第5期）。

张得水简述了河南地区新石器时代玉器的出土情况，梳理其起源和发展脉络，并对河南史前玉器的用途进行分类探讨，认为中原地区的史前玉文化既有自身文化的传承，又吸收了来自周边地区的玉文化因素，独具地方特色（《河南博物院院刊》第1期）。

周婀娜对山东境内出土的几件玉器进行研究，从纹饰、造型的角度探讨其内涵和用途（《河南博物院院刊》第1期）。

邓淑苹梳理了黄河中上游地区龙山时期诸考古学文化的玉器材料，认为该地区"天体崇拜"信仰的发展轨迹清晰可循，齐家文化承袭了可能萌芽于庙底沟文化时期的"璧琮礼制"，圆璧方琮组配掩埋的现象持续出现（《中原文物》第1期）。

曹芳芳将甘青地区史前用玉进程划分为前后基本相续的三个阶段，即仰韶时期、马家窑时期和齐家时期，并对各时期用玉特征分别做出总结，认为从前仰韶时期至马家窑时期用玉较少，大规模和较成体系用玉文化的兴起应始于齐家文化，多用于祭祀。作者指出，甘青地区用玉文化并非独立起源，而是从东部和中原引进和兴起，同时促进了甘青地区玉矿的开发与利用（《四川文物》第1期）。

李默然对良渚文化玉琮进行研究，认为其独特的造型蕴含了萨满式的宇宙知识，是一种仪式中的"通道"，承载着一段通往不同界域的转变之旅。玉琮上面雕刻的兽面等主体纹饰是良渚文化居民在玉器上反复刻画的人、兽、鸟的结合与转化，这种转变恰如蚕之蜕变，并以弦纹的形式标示出来，显示出良渚上层在宗教体验中对于动物的重视和依赖（《东南文化》第5期）。

罗涵等通过X射线荧光能谱、拉曼光谱、红外光谱及X射线衍射方法，对故宫博物院藏良渚风格玉器的材质进行了无损检测，确定了56件玉器的矿物种属，其中54件为透闪石－阳起石玉，2件为蛇纹石玉。特征为黄绿色－青绿色，结构细腻的玉料具有典型的"华东玉料"特征，很可能来自东北地区，而琢刻御题诗玉器的玉料和沁色特征则指向不同的埋藏环境，说明乾隆时期多地及不同时期的良渚文化风格玉器已经进入宫廷（《故宫博物院院刊》第10期）。

徐琳通过对故宫博物院藏传世良渚文化玉器的观察，将良渚玉器使用的闪石玉料分为两类，第一类为不带斑杂结构的玉料，第二类为带有斑杂结构的玉料，并分别分析两类玉料的来源，认为第二类玉料在良渚文化早中期开始使用，后在晚期第一类玉料大量减少的情况下成为良渚治玉的主要来源（《故宫博物院院刊》第10期）。

王晓琨等对安徽桐城魏庄遗址出土的新石器时代玉石器进行研究，从切割、钻孔、镂空、研磨、破裂与改制几个方面探讨玉器的技术特征，分析石锛、石钺的制作工艺，认为魏庄遗址出土玉石器均存在明显的使用痕迹，并且存在器物破裂或缺损后修整以继续使用的现象，这表明墓葬出土玉石器均为墓主人生前使用的器物，器物修整均在当地进行（《文物》第4期）。

4. 铜器研究

王璐将黄河流域早期铜器的演进分为早期用铜的萌芽、发展初期及区域化特征形成三个阶段，解析铜制品从出现到规模化使用的过程，认为人群流动、定居农业、手工业生产、城市与权力的集中是影响黄河流域早期铜器演进模式的重要因素。作者指出，大体在公元前2300年至前1400年的文明进程中，黄河上游铜器的制作与使用具有相似风格及开放共融的特征，而黄河中下游地区防御性城市与权力的发展，推动了铜器技术与社会功用的本土化转变（《中原文物》第1期）。

王璐等对磨沟墓地出土的部分铜器进行取样分析，利用金相组织观察、成分分析等科技手段，分析了磨沟齐家文化铜器的技术特征、发展变化及技术演进，认为齐家文化与四坝文化、二里头文化乃至欧亚草原地区的青铜文化存在技术交流（《考古》第7期）。

5. 建筑研究

张弛结合考古材料，论述了以窑洞作为建筑主体的聚落形式在聚落景观上的布局、特点与演进，勾勒了窑洞这种建筑形式从开始出现到逐渐扩散的过程，认为窑洞最初出现于半坡四期的关中、陇东、陇中和晋中地区，在泉护二期时成为黄土高原上聚落的主体建筑形式，并逐渐向陕北、河套、晋南、豫西和甘青地区扩展，到龙山文化时期彻底占据了整个黄土高原。作者还对窑洞式建筑聚落在史前时期出现和发展的原因进行了探讨（《考古与文物》第2期）。

半地穴房屋"长门道"多见于黄河流域仰韶文化早、中期房址，其中一些房址中与火塘相连的长门道相当狭窄，主要分布于内蒙古、陕西及甘肃等地。马晓结合考古材料与民族学材料，复原半地穴房屋内火塘排烟、通风系统，对这种"窄长门道"的功能进行分析，认为其作用是通风，而非排烟道或门道（《考古》第10期）。

于有光以史前到夏商时期的瓮城遗迹为研究对象，对早期瓮城的结构组成进行了分析，认为早期瓮城的组成结构包括墙体、门道、道路、门房、门楼、墩台和广场七种设施，不同设施的起源时间有先后之分，瓮城结构发展的总体趋势是随着时代的发展越来越复杂、完善（《西部考古》第2期）。

陶瓦是龙山时代分布于黄土高原地区的特殊建筑材料。宋江宁等将龙山时代陶瓦分为槽型板瓦、弧形板瓦和筒瓦三种类型，发现其分布地域为陇东、关中西部和陕北地区。分析陶瓦的制作工艺、应用场景和功能，指出大型陶瓦见于陕北地区的高等级地面式建筑，中小型陶瓦则见于陇东和关中西部地区的地穴式或窑洞式建筑，不同位置的陶瓦具有不同的形制和组合，不同形制的陶瓦也具有不同的制作工艺（《考古与文物》第2期）。

陈醉将哈民忙哈遗址2010—2014年发掘的44座房址的废弃情境分为三种类型，分别对应灾难性、不预期返回和预期返回三种废弃模式，并结合生态环境进行了阐释，认为哈民忙哈遗址所在区域的特殊生态环境促使人们提高居住的流动性，依赖多元化的生计方式，以维持暂时的人地关系平衡，任何一个环节出现问题都将造成运行系统的断裂（《人类学学报》

第 2 期)。

贺黎民等采用考古学与地质学等多学科交叉分析的方法，对石峁遗址城墙石材的地质特征与遗址范围及周边区域的岩石地层进行分析对比，通过其在岩性特征、结构特征、微量组分与沉积环境、地层时代等要素的一致性或相似性，认为石峁城墙建筑石料均系就地取材而得，从而为石峁遗址城墙建筑石料的来源判定提供了科学依据（《考古与文物》第 2 期）。

（四）生业研究

1. 生产工具

任文勋根据横剖面形态的差异将郑州地区仰韶时期石纺轮分为两个类型，通过数理统计和微痕分析，发现该地区石纺轮制作和纺织品生产中有较高的专业化水平，存在两种不同类型的石纺轮，分别对应管钻和打制－实心钻两种技术体系，这两种技术体系在郑州地区仰韶时期各遗址内均有发现，不同遗址间的石纺轮加工技术水平并无明显差异（《人类学学报》第 6 期）。

2. 陶业研究

李新伟就中国史前陶器专业化生产提出，要真正超越对制陶技术的复原，达到透物见人、透物见社会发展的目的，需要更多自然科学技术手段的应用，需要更深思熟虑的田野工作，也需要更加"以人为本"、关注工匠个体特征的民族考古调查和实验考古实践（《中原文物》第 3 期）。

蒋辉将泥片贴筑法分为两个类型，A 型系单纯以泥片贴筑法制成，B 型系先分筑器身各部位，再套接成器，有的可能还使用了模具。新石器时代早中期为泥片贴筑法的鼎盛期，早期流行 A 型泥片贴筑法，中期 B 型增多并逐渐成为主流，晚期泥片贴筑法开始衰落。作者认为，泥片贴筑法的逐步衰落与其制法上的落后有关（《中国国家博物馆馆刊》第 11 期）。

王晓娟以中条山为界，将晋南地区划分为南、北两个区域，发现在庙底沟二期文化时期，两个区域就显现出了陶器制作技术的差异。在新石器时代末期，北区的陶寺文化和南区的龙山文化在制陶成型技术和装饰风格方面有巨大反差：北区始终以泥条筑成法的手制技术为主，南区则轮制技术占据主导地位；北区以绳纹为主，而南区以篮纹为主（《中原文物》第 3 期）。

吉家庄遗址发现的大量陶制品和陶窑为实验考古工作的开展提供了基础条件。唐邦城等人在吉家庄遗址开展陶器制作工艺重建和陶窑技术重建的实验考古工作，揭示出新石器时代吉家庄先民多样的烧窑制陶工艺（《大众考古》第 4 期）。

宁夏隆德周家嘴头遗址发现了大规模仰韶晚期陶窑，出土大量陶器标本，杨剑等人基于此进行了陶器制作与烧制实验，认为周家嘴头遗址陶器制作已经形成了初步的"选料—成型—修整—装饰—烧制"生产流程，操作链中每一环节都建立在前一环节的基础之上，依据器物的功能形成了针对不同陶质、不同器形的制作流程（《中原文物》第 3 期）。

肖芮等通过显微观察、成分分析、扫描电镜能谱等科技手段对屈家岭遗址出土的黑釉蛋壳陶进行研究，发现其黑彩工艺与普通黑彩陶工艺不同，其表面黑彩已烧成黑色玻璃，类似后世的高温黑釉。通过对比发现，这类彩陶在外观特征、成分组成、烧制工艺等方面与希腊黑绘陶工艺十分接近，这表明屈家岭文化先民已经掌握了相当高超的陶器烧成技术（《江汉考古》第2期）。

3. 动、植物遗存研究

程至杰等以舞阳湖南郭遗址和阿岗寺遗址出土的炭化植物遗存为切入点，探讨淮河上游南部地区仰韶时代中、晚期的农业状况。对浮选结果的量化分析表明，最迟从仰韶时代中期开始，农业已成为淮河上游南部地区生业经济的主体，稻粟兼作、以粟作农业为主是显著特点。从仰韶时代中期到晚期，稻作农业的比重下降，粟作农业的比重上升。作者指出，淮河上游仰韶时代中、晚期的农作物结构趋于一致，区域内部的南北差异不明显（《华夏考古》第4期）。

郭荣臻梳理了郑州地区史前完整动物骨架遗存，发现以猪骨为主，牛、羊、狗为数偏少；对其所在遗迹的功用进行推断，可能为祭祀、奠基、圈养或墓葬附属设施。作者认为这种现象在一定程度上反映了郑州地区农业复杂化过程中的家畜养殖行为及食物资源剩余现象（《洛阳考古》第1期）。

王华观察瓦窑沟遗址、泉护村遗址、八里岗遗址中出土仰韶时期家猪牙齿的萌出和磨损状况以及线形釉质发育情况，结果表明，仰韶时期家猪的出生季节主要集中在春季四五月间，一年一生，而死亡的季节主要集中在资源相对匮乏的冬季（《东方考古》第19集，科学出版社）。

高范翔等以环嵩山地区的浮选材料为切入点，探讨河南龙山文化至二里头文化时期稻米生产消费与社会权力的关系。作者认为，为满足高等级聚落稻米的供应，在河南龙山文化至二里头文化时期很可能已经存在稻米生产的贡奉（《南方文物》第2期）。

郭荣臻等按时间顺序梳理登封地区史前时期动植物遗存和工具遗存，探讨该地区史前生业模式的演变，认为该地区在裴李岗时代可能已存在农业生产行为；仰韶时代，作物种植、家畜养殖已发展为生业的稳定要素，可能属于野生的动植物资源是先民动物性和植物性食物资源的重要组成部分；龙山时代，生业经济仍包括生产性经济与攫取性经济两方面内容，唯生产性经济重要性提升，作物与家畜种类增多（《文物春秋》第3期）。

杨凡等对郑州汪沟遗址2014—2016年三个季度的植硅体土样进行分析，发现水稻和粟黍都是汪沟先民日常食用的作物，都是汪沟先民植物性食物的重要组成部分。该遗址大规模的谷物收割和在特定场所集中进行的脱粒加工活动说明，汪沟聚落有着较强的劳动组织能力，有较大型社会生产组织的存在，大家庭或家族公社是聚落生产与生活中的基本组成单位（《人类学学报》第3期）。

白倩等对荥阳市青台遗址家猪的牙齿萌出与磨蚀等级进行研究，结果表明，该遗址猪大部分在2岁以前被宰杀，家猪可能每年4—5月产仔一次，集中在冬季屠宰，可能与冬季仪式性宴飨活动有关（《南方文物》第4期）。

陶大卫等对河南鹿台遗址炭化植物遗存进行了绝对数量、数量百分比、出土概率和标准密度的量化分析，认为豫北地区仰韶时期仍是单一的种植小米的旱作农业经济，稻作农业并未影响到这一区域，龙山时期水稻、大豆和小麦等新农作物开始出现，农业多样化逐渐显现。与此同时，豫北地区龙山时期不同遗址在农作物种植结构方面存在些许差异，这一差异很可能与遗址微观地貌、聚落和特定人群的主观选择有关（《人类学学报》第1期）。

程至杰等对项城市贾庄和后高老家遗址进行浮选，获取了仰韶时代中期的炭化植物遗存。量化结果显示，两处遗址仰韶时代中期的农作物结构以粟、黍为主，水稻的比重很低，具备黄淮地区稻粟兼作农业的地域性和时代特征。各类植物遗存的绝对数量和出土概率表明，农业在生业经济中占据主体地位，采集野生植物仍然是先民获取植物性食物资源的重要方式（《人类学学报》第1期）。

夏秀敏等通过对南阳盆地的文坎沟东地点的植物遗存分析认为，龙山时代晚期，文坎先民以粟、黍为主的旱作农业为生，兼种少量水稻和小麦，小麦和水稻在先民生活中的作用比较微弱；西周时期，延续了旱作农业为主的生产模式，种植规模略有扩大，植硅体分析显示仍有水稻种植的现象。作者认为，小麦种植规模扩大与受中原宗周势力的影响和版图扩张的需求有关《人类学学报》第5期）。

侯彦峰等对淅川沟湾遗址的动物骨骼进行统计，结果表明，仰韶文化一期至三期含喜温动物，四期中无喜温动物，判断该地区仰韶文化一期至三期气候温暖湿润，四期相对干冷。仰韶文化一、二期狩猎动物的数量稍多于或等于家养动物，表明该时期"狩猎采集"比"饲养家畜"的活动多或并重；三、四期时家猪骨骼占比很高，饲养家畜上升为一项主要的生业方式，狩猎和捕捞仅起辅助作用（《人类学学报》第5期）。

夏宏茹等简述了陶寺墓地随葬猪下颌骨的现象，认为在陶寺墓地早期墓葬中，随葬猪下颌骨者一般都具有较高的社会地位与等级，在基本的肉食或财富基础上增加了表达血缘关系与家族世系的内涵。随着历时的变化，陶寺社会晚期底层人也随葬猪下颌骨，此时更多表达的是辟邪护身（《中原文物》第5期）。

刘莉等对石峁遗址的东门和韩家圪旦居住区的19件陶、石工具进行了微痕和残留物分析，结果显示，石峁遗址东门的石刀和石杵具有厨房用具的特征，包括制作发酵酒一类的食物，可能与宴饮有关。韩家圪旦的多种类型陶、石工具显示出比较复杂的使用功能。这些发现有助于进一步探索城市发展初期城内不同区域的社会生产分工问题（《中原文物》第5期）。

杨苗苗等对神木木柱柱梁龙山晚期遗址出土的大量动物遗存进行了分类、测量和鉴定，共鉴定出27个脊椎动物种属。动物骨骼的分析结果表明，遗址周围的自然景观以草原为主，不远处有一定面积的森林、疏林、灌丛及沙漠的自然景观，对动物资源的利用以羊为主，可见当时先民以畜牧业经济为主，同时从事农业和狩猎采集（《人类学学报》第3期）。

郑晓蕖等系统梳理了海岱地区龙山文化的生业考古资料，将这一地区划分为鲁东南—苏北沿海、胶东—辽东半岛、鲁中—鲁西北、鲁中南—苏北和皖北五个小区，分别对其农作物格局、动植物资源利用、稻作农业传播及聚落生业进行了系统分析和对比研究，发现既有以农业为主生业模式的共性，也存在因地理环境、资源、外来影响、聚落等级、人口密度等原因而形成的差异。家畜饲养都以家猪为主，并常见狗和牛，但野生动物资源的利用则显示出因地制宜的多样性。作者认为，聚落的结构、等级差异对生业模式的影响尤为重要，农作物和家畜的集中发现说明中心聚落已经能够通过管理手段或者贸易调控资源（《南方文物》第1期）。

葛利花等对城子崖遗址龙山时期不同遗迹单位的15份土样进行了植硅体分析，得出龙山文化时期城子崖遗址已经形成了以旱作农业为主的较完整的农业结构，具备精细化管理和脱壳、扬场等作物加工步骤。城子崖聚落内部应存在一定的功能区划和活动管理，在农作物加工区域有着明显对用火行为的限制（《人类学学报》第5期）。

郭荣臻等对山东青岛三官庙遗址浮选结果的鉴定分析显示，三官庙聚落先民的生业系统包括作为生产性经济的食物生产和作为攫取性经济的采集行为，基于食物生产的作物组合为粟、黍、小麦、大麦，部分野生植物在先民生计中也发挥着重要作用（《农业考古》第1期）。

张家川圪垯川遗址发现了我国年代最早的大型粮仓，出土了大量窖藏粟、黍遗存。徐锦博等梳理圪垯川遗址与大地湾遗址之间的关系，认为圪垯川遗址出土的粟、黍是对后者的继承。作者指出，圪垯川遗址是继大地湾一期文化发现黍之后的又一次重大发现，为进一步探究渭水上游在国内旱作农业起源问题提供了新材料（《农业考古》第3期）。

齐乌云对青海喇家遗址进行孢粉分析，探讨古环境对生业方式的可能影响，认为气候、地貌、水文、植被等自然因素是喇家先民经济形态转变的主要原因之一，喇家遗址齐家文化居民选择的农牧混合模式是环境变迁和文化交流共同作用的产物（《农业考古》第3期）。

赵欣等运用古DNA技术对青海省民和县喇家遗址出土11例黄牛遗存进行DNA提取和线粒体DNA控制区分析，其中属于齐家文化时期的有10例，汉代1例，都属于家养普通牛。作者认为，喇家遗址齐家文化时期家养普通牛的母系遗传结构与同时期甘青地区其他考古遗址出土家养普通牛非常相似，可能具有很近的母系来源（《南方文物》第6期）。

郭林等对史前时期汉水流域区域间农作物结构的异同进行量化分析，发现史前时期汉水流域上游地区以旱作农业为主，粟、黍占据着绝对优势地位，中游地区具有最高的农作物多样性，存在山地农业和平原农业等两种模式；下游地区为典型稻作农业模式，水稻占比极高，辅以极小比例粟、黍（《农业考古》第4期）。

马晓娇等人对巫山大水田遗址进行采样和浮选工作，鉴定出黍、粟、水稻3种农作物，以及藜、南酸枣、猕猴桃、葡萄属、柿等24个种属的植物种子。分析显示，大溪文化时期，三峡地区野生动植物资源丰富，先民以渔猎采集经济为主。同时，农业已经在三峡地区发展起来，但是并未占据主导地位，大溪先民以种植黍为主，粟为辅，水稻可能也有小面积的种植（《南方文物》第2期）。

沈冬梅通过对跨湖桥遗址、河姆渡遗址、田螺山遗址的生业模式和茶树种植与利用情况进行分析，认为古人在面对族群繁衍与扩张产生的环境问题时，在寻找药材的过程中开始发现和利用茶叶，并有意识地在聚落房屋边种植茶树（《农业考古》第2期）。

董宁宁等对宁波鱼山、乌龟山遗址的动物遗存进行研究，结果显示，鹿、水牛、猪等周围环境中的野生资源被广泛利用，附近水体中的鱼类、鸟类、龟鳖等水生资源也为先民所用，还存在少量的家畜饲养活动，当地的生计方式呈现出"渔猎为主、饲养为辅"的特征。两处遗址的动物资源利用同时体现出了对淡水湿地环境的依赖以及对滨海资源的尝试性开发，是浙东沿海地区先民因地制宜发展生业的结果（《南方文物》第6期）。

吴卫等人基于昙石山遗址土壤样本的植硅体证据，讨论了昙石山文化时期旱作农业的分布、种植农业的来源及传播路线，以及种植农业的发展对昙石山文化走向的影响，认为稻旱混作在昙石山文化时期的闽江下游流域已得到一定规模的发展，该时期种植农业的发展水平要高于以往的估计（《农业考古》第4期）。

索朗曲珍对卡若遗址的自然环境、出土生产工具和动物骨骼进行研究，对以往学界认为的卡若原始先民存在"食鱼禁忌"提出不同看法，认为卡若文化早期未发现捕捞工具和鱼骨，并不代表卡若文化存在不食鱼习俗（《西藏文物考古研究》第 4 辑，科学出版社）。

张正为等依据对西藏昌都小恩达遗址 2012 年出土的动物遗存的整理结果，结合青藏高原及周边区域已发表的动物考古数据与民族志记录，对新石器时代青藏高原东部先民的狩猎生业策略进行探讨。研究结果表明，距今 5000—4000 年前，青藏高原东部先民依赖本地野生动物资源作为重要生业模式，与包括谷物种植在内的植物资源互为补充（《西藏文物考古研究》第 4 辑，科学出版社）。

4. 技术研究

陈辅泰等对新石器时代遗址中出土的泥抹子遗存进行梳理，并进行类型学研究，将其分为木质、陶质、石质；对部分石抹子上存留的使用痕迹进行分析，认为在仰韶时代晚期至龙山时代，人们广泛使用泥抹子对建筑物居住面和墙面进行修饰（《大众考古》第 3 期）。

崔天兴等以陶寺遗址出土的十字架底座筒形器为研究对象，介绍其出土情况，并运用几何原理对相关文献资料及其用途进行分析和论证，认为这类器物是适应早期大型建筑发展而形成的最早水准仪的物质证据，也是平行平面原理应用的最早证据，为认识先秦时期建筑科技发展提供了新资料（《华夏考古》第 3 期）。

5. 食谱研究

冉智宇系统收集中国新石器时代龋齿研究资料，发现采集狩猎人群龋齿率整体低于农业人群，且南方明显高于北方。农业人群中，旱作农业人群龋齿率高于稻作农业人群。另外，新石器时代晚期存在部分遗址龋齿率显著偏高的分化现象。将这一现象置于新石器时代生业经济与食谱演变的背景中考察，认为其成因与生业经济、地理资源、时代背景有密切关联（《考古》第 10 期）。

原海兵等对郑州青台遗址新石器时代中晚期 91 例个体、1913 枚牙齿罹患龋齿进行了统计与分析，发现遗址中上颌龋齿率高于下颌，臼齿及咬合面为龋齿易患齿类及部位。女性龋齿率高于男性，推测与女性孕期生理变化、食物选择及性别分工等有关。青台人群较高的龋齿罹患率暗示该人群饮食中应包含较多的碳水化合物类食物，可能与新石器时代中晚期黄河中游发达的旱作农业有关（《人类学学报》第 2 期）。

张全超等对哈民忙哈遗址 87 例人骨与 18 例动物骨骼进行了 C、N 稳定同位素分析，重建了该遗址人和动物的食物结构，并进一步研究了先民的生业经济模式，在既有的相关研究基础上明确了各种经济行为的主次，确定了家畜饲养的存在。该遗址先民的食物结构主要由 C_4 类农作物（粟、黍）和以 C_4 食物饲喂的家畜（犬科动物）构成，男性和女性之间存在着显著的食物结构差异（《人类学学报》第 2 期）。

施崇阳等利用同位素传递信号重建食谱模型，以田螺山遗址与梁王城遗址已发表的先民和动植物稳定同位素数据为例，对先民食物结构中的多种食物资源比重进行分析，认为梁王城遗址与田螺山遗址作为类似环境下农业生产水平不同的两个遗址，其在渔业利用上有一定的相似性，渔业资源是食谱中的组成部分，但不是主要部分，是肉食资源的补充（《人类学学报》第 2 期）。

赵东月等对云南省文山州广南县大阴洞遗址出土的17例人骨标本进行C、N稳定同位素分析，结果显示，大阴洞遗址居民摄取的食物所处的营养级别较高，两性之间存在食谱差异。大阴洞遗址居民可能主要经营稻作农业，兼营狩猎，对动物资源的利用可能具有多样性，并通过采集、渔猎及家畜饲养补充食物来源（《人类学学报》第2期）。

（五）社会研究

1. 聚落研究

李彬森运用废弃过程理论方法考察磁山遗址内房址、灰坑等相关遗存，发现遗址中存在较多集中预置物品的现象，并辅以同时期其他考古学文化材料与民族学材料进行佐证，对磁山遗址的废弃原因做出分析，认为磁山文化处于从狩猎采集到农业生产转变的关键时期，由于无法实现稳定定居，只能靠迁居来获得周期性食物来源，指出磁山遗址并非祭祀性质的遗存，更可能是兼有流动性与定居性的周期性居所（《江汉考古》第2期）。

韩建业将中国黄河流域和西亚等地史前彩陶分为直笔和弧笔两种前后相继的风格类型，史前聚落分为同质和异质两种形态。作者注意到，无论东西方，都是直笔彩陶大致对应同质聚落，弧笔彩陶大致对应异质聚落；运用结构主义考古学阐释这种对应关系，认为根本原因在于经济社会的变革（《江汉考古》第5期）。

韩建业梳理了北方长城沿线地区的史前石城材料，认为最早的一批石城应修建于庙底沟二期文化之初。作者分析了石城大量涌现之时的文化背景，认为这一系列现象应当是以黄土高原人群为胜利方的大规模战争事件的结果，很可能与文献记载中的涿鹿之战有关（《考古与文物》第2期）。

对于瓮城起源的时间、地域学界众说纷纭。张瑞强通过对北方地区早期石城发展历程的研究，认为最早的瓮城是作为石城城墙的附属设施出现于龙山时代。作者探讨了草原地区相关部族和石城所属部族的生业模式，并以此为视角，指出处于农猎交错地带的瓮城兴起的多重原因（《北方文物》第2期）。

饶宗岳等综合运用土壤微形态、粒度分析、植硅体研究等方法，重建了焦家遗址大汶口文化中晚期城墙与壕沟"兴建—使用—废弃"的完整过程。结果表明，焦家壕沟开挖于河漫滩相粉砂质沉积物上，先民使用开挖壕沟所得的沉积物修筑了第一期城墙。人类在壕沟附近的活动较为频繁，并利用清淤所得的沉积物修筑第二期城墙。最终，随着壕沟内侧聚落功能变化，先民逐步放松了对壕沟的管理，城墙壕沟先后废弃。在其主要使用阶段，城墙、壕沟客观上发挥着阻挡来水、聚落防御的功能（《南方文物》第1期）。

李丽娜对中原地区龙山时代城址的分期和年代进行探讨，认为"城堡林立"的态势并非存在于整个龙山时代，确切来说应存在于其晚期第四、五、六段，即大致公元前2100—前1900年。第五、六段时城址遭到阶段性大规模毁弃，代之而起的仅有新砦期城址。作者认为，该地区龙山时代晚期的早中期城址的毁弃可能与人地关系紧张引起的冲突或战争有关，其晚期城址阶段性大规模毁弃，可能与发生于公元前2000—前1800年的大洪水有关（《南方文物》第2期）。

彭小军对屈家岭文化城址进行分类，并分析不同类型城址的人口增长方式，认为在早期聚落基础上发展而成的城址，人口的自然增长和迁徙增多都有出现，人口压力引起的社众生计问题是推动城壕修建的主要动力（《南方文物》第6期）。

单思伟等简述了走马岭史前城址的结构，认为其修建于屈家岭下层文化时期，正是汉东文化系统大规模进入汉西文化系统分布区的重要阶段。该城址又位于从江汉平原进入澧阳平原的通道处，其主要功能很可能与军事有关，应该是汉东文化系统向西南方向扩张进入澧阳平原和进行军事控制的城堡（《南方文物》第6期）。

汪芳等以石家河聚落为例，通过聚落群、聚落、建筑等多尺度的视角，对石家河聚落群的营建技术及其与环境的互动关系进行系统梳理，并分析环境变化和区域文化交流对遗址群营建的影响，认为石家河遗址群聚落营建的地方适应表现为在气候变化下对区域地貌环境的选择与改造，其兴衰演化受到黄河中游等周边区域文明的重要影响（《江汉考古》第6期）。

刘辉简述了谭家岭古城和石家河古城的兴建及废弃过程，认为长江中游以石家河为中心的文化整合和对外大规模的文化扩张，恰好始于谭家岭城废弃和石家河城兴起之间的过渡期，这种现象反映了长江中游以城头山城为代表的南方模式和以石家河城为代表的北方模式之间长期的冲突、融合，并深刻影响了长江中游新石器时代晚期的文化空间分布格局（《南方文物》第6期）。

王良智等通过实验考古的方法验证七星墩古城垣的建筑方式，认为其主体采用夯筑方式建造，夯筑方法为单人木夯和多人石夯，仅城垣主体两侧或增筑部分采用堆筑的方式建成。七星墩遗址内外城垣的形制结构、建筑方式一致，均始建于公元前3000年左右的屈家岭文化早期早段，外城垣在屈家岭文化早期晚段、屈家岭文化晚期至石家河文化早期之间有两次增筑行为（《南方文物》第6期）。

吴传仁等从长江中游史前城址的人地互动关系、动植物资源的利用和近几年来的考古新发现入手，结合Z值模型，探讨在生业经济风险管理中存在的多样化缓冲机制，认为空间利用多样化和农作物多样化是相辅相成的两种缓冲机制（《南方文物》第6期）。

曹峻等结合已有生产模式的理论成果，根据生产者依附关系、产品性质、生产集中程度、规模和强度等方面的不同表现，对良渚文化中与玉石制作有关的遗址进行分类分析，将目前观察到的玉石生产分为"家庭生产"、"家庭副业式作坊"、"群聚作坊"以及"依附式核心作坊"四种方式，认为这些不同的生产方式满足了社会中从上到下、从实用生产到礼仪装饰等不同层面的需求，从而共同构成良渚社会庞大的、多维度的玉石手工业生产体系（《东南文化》第3期）。

2. 墓葬研究

陶寺墓地和清凉寺墓地是晋南地区新石器晚期的两个重要墓地，也是晋南地区新石器时代玉器的主要出土地。翟少冬对这两处墓地出土的玉石器的形制、使用方式、流行年代、出土墓葬形制进行分析与比较，发现两处墓地虽都出土较多的钺和璧环类玉石器，但在以上各方面存在诸多不同。结合考古学文化背景，作者认为这种差异可能是庙底沟二期以来晋南和晋西南地区考古学文化逐渐分化的反映，两地区间的相互交流使两遗址互相影响，但又各自保持独立和自身特色（《考古学报》第4期）。

逄群简述了出现于焦家遗址、陶寺遗址、清凉寺墓地中的毁墓现象，从社会等级分化的角度分析了毁墓现象出现的原因（《大众考古》第 2 期）。

裴学松依据葬具、壁龛、殉人情况，将石峁文化的竖穴土坑墓分为四类，对石峁文化的葬俗进行探讨，认为石峁文化墓葬具有等级区分明显、殉葬女性、随葬猪下颌骨、重贵轻富等特征。从四类墓葬金字塔形的结构可以看出，当时的社会阶级已出现了严重的分化，社会结构复杂化进程非常明显，社会已处于文明起源的重要阶段（《考古与文物》第 2 期）。

郭林等采用简单统计与多元统计方法相结合的方式，对野店墓地各期随葬陶鼎出现率、墓葬要素间相关性进行了分析，认为社会文化因素影响了各期陶鼎的出现率，墓坑大小是人为主动规划的结果，陶器总数与墓葬规模关系密切，而骨角器数量与墓葬规模关系较小，陶器随葬品与骨角牙器随葬品可能代表了两种不同的身份标识（《洛阳考古》第 2 期）。

董豫等考察了梁王城遗址先民社会身份物化的考古学和生物地球化学证据，结果表明，大汶口文化晚期的年长女性享有特殊丧葬待遇，其形式是随葬稀有的红色颜料和可能为通过交换而获得的随葬品，部分女性还食用了当时"更受欢迎"的食物，这对以往学界认为大汶口文化晚期男性就已获得高于女性的社会地位的观点进行了更正（《东方考古》第 19 集，科学出版社）。

杨月光等运用多种统计学检验方法，对柳湾墓地马厂类型单人墓墓葬形制，墓主人性别、年龄等与随葬品数量之间的关系进行了研究。结果表明，和同时期中原地区相比，马家窑文化晚期的社会发展明显滞后，分化程度较低。具体表现在男、女性别比例基本相当；随葬财富与年龄而非性别有关；人们在社会中的威望随着年龄的增长而提高；社会分工出现，但发展很不充分（《考古与文物》第 3 期）。

单思伟依据陶器器形演变将南河浜遗址崧泽文化晚期墓地分为早晚两段，按照墓葬在空间上的聚集趋势将墓地分为三个墓区，发现同一时期不同墓区之间的墓葬各自相对集中分布，同一墓区内部不同时期墓葬按特定规律集中排列，应是人为设计。作者探讨墓地所在台地上的房址 F1 的性质，判断 F1 是举办祭祀活动的公共场所，三个墓区的墓葬以 F1 为中心或源头随时间早晚向外扩散排列。作者认为，该墓地反映的社会结构存在明显的分化，但没有严格的尊卑之分；该族群处于神权和军权分离的状态，神权高于军权（《江汉考古》第 5 期）。

甘创业从葬具、随葬品的角度出发，运用情境分析法对凌家滩墓地高等级墓葬 07M23 的葬仪进行复原，认为 07M23 使用棺类葬具以分内外，玉器用于"礼葬"、助葬，基本放置棺内，石器摆放分组、对称，置于棺的内外，陶器注重组合，一般置于棺外。作者认为该墓存在器物特殊使用，以彰显其所独有的社会权力的现象（《东南文化》第 3 期）。

黄海波等在对川西南地区大劈山墓地和猴子洞墓地的研究中注意到了石棺墓存在"割肢"的特殊葬俗，介绍了这种多块挡板分隔墓室的现象，辨析学界以往定义的"割肢"葬俗，认为"割肢"是生者出于某种目的对亡者所做的一种主动性行为。作者参考民族学材料，对"割肢"葬俗的形成原因进行了分析（《边疆考古研究》第 31 辑，科学出版社）。

3. 居民特征

王明辉研究牛河梁遗址和田家沟墓地的红山文化人骨资料，发现其颅面特征主要属于古东北类型，由于人为的枕骨变形，导致其存在不同程度的阔颅和面部扁平度大等特征，与古蒙古高原类型居民存在一定相似性。作者还对中国古代变形颅现象的分布、分类、起源、目的进行了探讨（《北方文物》第 6 期）。

何嘉宁等通过分析河南邓州八里岗遗址出土的仰韶时期人骨体质状况，发现八里岗仰韶文化在其延续千年的时间内，居民体质状况与古病理指征展现出诸多变化，这些体质状况的变迁，与八里岗仰韶文化发展过程中日趋定居的生活方式、农业经济渐趋成熟以及食物加工技术的进步有关。与此同时，女性的社会地位开始呈现下降的趋势（《人类学学报》第 4 期）。

赵永生等发现在海岱地区古代居民中，北辛文化居民最早出现拔牙现象，凿、敲或打应该是该地区史前居民去除牙齿的主要方式，人们对去除后的牙齿进行了相对随意或特意的处理，原牙位空间没有进行其他填充。这种拔牙现象的消逝可能始于大汶口文化晚期，进入龙山文化时期后，海岱地区的拔牙现象出现了整体性的衰落（《人类学学报》第 5 期）。

4. 社会形态

文明起源是历史研究领域最重大的课题之一。赵辉从考古材料出发，勾勒了农业发展—社会复杂化—中心聚落的出现—古国的诞生这一文明起源的历程。将古国时代划分为三个阶段，第一阶段特征为"天下万国"，仍需进一步厘清其间的演进变化；第二阶段以良渚文化为代表，一些地方社会已率先发展出国家政体；第三阶段为龙山时期，社会文明化的格局和内容均发生了较大变化。中原龙山社会在剧烈动荡中完成了一系列重组整合，诞生了二里头文化，进入了王朝时代（《江汉考古》第 5 期）。

姜仕炜从家户考古学视角考察红山社会的变迁，对红山文化不同阶段的家户规模以及家户内器物组合等方面进行分析，认为晚期阶段家户间经济不平等程度加深，反映出红山社会复杂化进程的质变，宗教仪式的独占性也促进了社会分化（《北方民族考古》第 13 辑，科学出版社）。

钟雪以墓葬出土玉器为着眼点，归纳出大汶口文化早期和中、晚期的玉器特征，认为在大汶口文化早期时随葬玉器的器用传统尚未形成，中、晚期时才逐渐出现以墓葬等级规范用玉的器用传统。作者认为，通过对中、晚期墓葬出土的玉器种类、位置和随葬率的分析，可以证明此时社会已经发展到人群分化和阶级分层的阶段。在不同等级的聚落中，出土玉器的社会含义也有所不同（《北方民族考古》第 13 辑，科学出版社）。

苏海洋在对大地湾一期文化的经济结构进行研究的基础上，讨论其社会结构特点和形成机制，认为大地湾一期文化的社会结构处于原始游团和部落社会的过渡阶段，是一个以资源利用和婚姻关系为纽带的由不同血缘群体组成的最原始的村落社会，既具备了部落社会的某些特征，也具有原始游群社会的某些特征（《农业考古》第 3 期）。

郑铎结合自然环境和社会发展背景，对张家港东山村遗址获得和维持社会权力的方式进行探讨，认为东山村遗址通过祖先崇拜将人群凝聚和整合在一起，以主要是对外的军事行为巩固社会共同体，在社会活动中聚敛财富，并以礼制的形式实现了社会等级的固化，成为区域性的权力中心（《考古》第 5 期）。

（六）环境研究

王爱民等简述了黄河三角洲地区的史前遗存，对该地区各考古学文化时期人类生业模式进行探讨，认为该地区至晚在距今七八千年前已经出现原始农业经济并不断发展，为了尽可能扩大生活来源，渔猎、狩猎和采集经济在黄河三角洲古人类生活中也占有相当的比重（《农业考古》第1期）。

郭林等从人口转变的表现与原因、人口转变对社会组织、人群健康的影响等方面入手，阐述了新石器时代农业起源与人口的关系。作者认为，人口转变是一个缓慢的过程，人口压力不是农业出现的直接原因。人口定居以及相对较大的居住密度带来了一系列健康问题（《东方考古》第19集，科学出版社）。

张瑞强对塔子寨、阿善、老虎山、永兴店、朱开沟等遗址出土的生产工具进行统计，分析新石器时代晚期内蒙古中南部各考古学文化的生业模式，指出该地区形成了以农业为基础的混合经济，到了龙山晚期以后，畜牧经济逐渐从混合经济中产生；认为环境趋冷推动了经济形态的蜕变（《农业考古》第1期）。

芦永秀等通过总结分析西北地区新石器时代至青铜时代遗址碳十四测年、动植物遗存以及人骨碳同位素数据，梳理了不同降水量区域人与环境相互作用的时空特征和变化过程，以及可能的影响因素。作者认为史前时期人类适应干旱环境能力不断增强，为青铜时代人类在绿洲通道中部地区生存发展奠定了基础，也对汉代丝绸之路的贯通起到了促进作用（《人类学学报》第4期）。

柏哲人等对大汶口遗址大汶河两岸地区进行了环境考古调查，根据对剖面采集样品的土壤微形态观察结合调查收获，认为，大汶口文化时期聚落在雨季容易受洪水威胁，大汶口先民曾开发过大汶口遗址公园西侧的剖面所在区域，大汶口文化时期食物生产与觅食行为并存的生计方式是人类适应聚落周围环境的结果（《东方考古》第19集，科学出版社）。

刘建国结合田野考古调查、发掘资料和区域数字高程模型等数据，分析江汉平原及其周边地区重要史前聚落遗址的高分辨率数字表面模型，探讨史前聚落遗址的微地貌特征及其形成过程，提出该区域史前先民认识与改造自然环境的方式和人地关系模式（《南方文物》第6期）。

吴卫介绍了闽江下游地区的地理环境特点和史前考古学文化的时空分布，通过近年在闽江下游流域开展的史前遗址考古调查与研究的最新进展，并结合本区域距今6500—2700年气候波动及海陆变迁等古环境演变的相关研究成果，分别从各时期史前遗址的时空分布、经济模式以及古文化的兴衰交替等方面对本区域史前文化对古环境变迁的响应进行了探讨（《华夏考古》第4期）。

（七）精神文化

1. 图腾宗教

刘礼堂等在梳理长江中游地区新石器时代主要考古学文化相关遗存的基础上，指出该地区的原始宗教具有较为完整的发展谱系。将长江中游新石器时代原始宗教的发展分为三个时期，分别为萌芽期、发展期、成熟期，认为其呈现出宗教活动规模逐渐扩大、地域范围逐渐拓展、宗教信仰逐渐深化的发展趋势（《江汉考古》第1期）。

叶庆兵对出土图像中的动物图腾进行研究，指出渔猎和畜牧活动对上古神话产生了深刻影响。作者认为人类生产生活的进步，导致了图腾崇拜由野生动物向家养动物演进，但畜牧活动发展的同时，渔猎所得仍是先民重要的生活来源，因此野生动物图腾和家养动物图腾亦非断层式的变革，而是长期共存（《农业考古》第4期）。

鞠荣坤将新石器时代表现动物崇拜的玉雕分为三个发展阶段，分别为人与动物关系彼此独立，人驾驭动物、地位却低于动物，人化用动物的力量并出现形态变化。作者认为，在先民的思维中，人与动物的联结愈加紧密，投射到艺术品的形象塑造上，即是与动物形体的融合和转化逐渐明显。在这个过程中，图像中的"眼睛""獠牙和羽翼"以及"冠冕"是三个最重要的特征，体现了人对动物自然力量的汲取和遵奉（《中原文物》第4期）。

2. 刻画符号

蔡运章从古文献学、古文字学和考古学三个角度出发，对先民刻画"物象文字"的习俗进行佐证。作者举例仰韶文化、石家河文化、马家窑文化、良渚文化等发现的刻画符号与图形符号，认为它们的含义应与其载体的名义和用途相符合，史前器物上的刻画符号大都在祭祀礼器上，具有浓厚的宗教色彩（《洛阳考古》第1期）。

哈佛大学沙可乐博物馆收藏了一件良渚文化陶壶，刻有九字。蔡运章等回顾了以往学者对陶壶铭文的释读与探索，结合训诂学相关成果，认为这则壶铭是良渚先民的一位贵族在乔迁新居祭典时对其父亲亡灵表露心思的真实记录，将铭文大意解释为"儿子祈福迁入平地上的高台大屋后，仍要秉持谦敛节傲的品德之义"。作者认为，陶壶上的铭文反映了良渚文化已进入有文字记录的信息时代（《洛阳考古》第1期）。

蔡运章对良渚文化陶壶和陶杯上的两则刻画符号做出解读，认为陶杯底部所刻的"田茂"二字大意是猎取禽兽、祭品丰盛，陶壶腹部所刻"菁戋五矢"四字大意为燔柴祭天，砍伐木柴，开始生火，陈放牲体（《洛阳考古》第1期）。

河南汝州洪山庙仰韶文化墓地的大批瓮棺上发现有刻画符号和图案。蔡运章对这些瓮棺上的"蜥蜴"、"不"字、梳形图案、"手""耜"图案、"羊"图案、"日"形图案和"图画文字"等进行了解读，认为其构形多与商周甲骨文、金文相同或与商周器具实物相似（《洛阳考古》第1期）。

蔡运章对陶寺遗址出土骨耜上的"辰"字和扁壶残片上的"文尧"二字进行释读，认为其证明了我国尧舜时期已进入了有文字记录的信史时代，后者可视为陶寺尧都的文字自证（《洛阳考古》第1期）。

小河沿文化的一件陶罐上刻有一组原始图画，蔡运章对这则"图画文字"进行解读，认为其大意为试图通过祭祀雷神以达到风调雨顺、五谷丰登的目的。这一成果对研究小河沿文化先民的生活状况、宗教信仰以及中国文字的起源等问题具有重要意义（《洛阳考古》第1期）。

3. 思想认知

曹兵武梳理了华夏族群与华夏传统的形成过程，认为在庙底沟文化时期，农业作为主要经济基础的确立造成大规模人口增长，彩陶、独具特色的器物群与其他具有高度一致性的物质文化以中原为中心向黄河中上游及其以外地区大肆扩张，结合近年基因、语言等多学科研究成果，可以确认庙底沟文化就是今天人口众多、分布地域广阔的汉藏语系形成的考古学基础，对华夏传统的形成具有族群、语言与文化上的奠基性意义（《南方文物》第2期）。

（八）学术史研究

马龙梳理了仰韶文化一百年来的研究历程，将仰韶文化学术史分为四个阶段，分析了每个阶段的核心课题、探路人和学术特点，并在此基础上提出了仰韶文化学术史的百年发展对仰韶文化研究、中国考古学研究以及学术史研究的几点启示（《华夏考古》第3期）。

袁博从安特生对仰韶文化认识的局限性出发，梳理夏鼐探索仰韶文化的脉络，分析其所做的贡献。这对于我们了解当时的学术背景、明晰仰韶文化研究史以及继承前辈优良作风等有着重要意义（《西部考古》第1期）。

中国西北地区史前考古工作距今已有百年的历程，但取得突破则是在"区系类型理论"的指导下完成的。任瑞波回顾了苏秉琦以"两问"和"一会"为代表的对西北地区史前考古的探索历程，发现苏秉琦针对西北地区史前文化所提出的观点，或是被新的考古材料不断证实，或是被后续的研究者继续深化，还有一些他提出的问题至今依然是当前西北地区史前考古研究的重点、热点和难点。由此可见苏先生的学术风范和深远影响（《北方文物》第4期）。

段振宏回顾了后冈遗址的九次考古发掘历程，以后冈遗址命名的后冈一期文化和后冈二期文化，分别成为仰韶时代和龙山时代典型的地域性文化，后冈殷代墓地也在殷墟中占有重要位置。作者指出，后冈遗址九十年的考古史构成了中国考古学探索进程中许多显要而关键的章节（《北方文物》第5期）。

（作者单位：吉林大学考古学院）

夏商时期考古

赵东升　王伯强

2022 年度，夏商考古取得一系列重大收获，偃师二里头遗址、安阳殷墟遗址、绛县西吴壁遗址、郑州商城书院街墓地、广汉三星堆遗址等重要的考古发现，刷新了学术界对夏商社会的认识，激起了学术界更为广泛地探讨夏商时期文化演进、都邑文明、社会礼俗、手工业与生业经济等问题。据不完全统计，本年度共发表相关考古简报及论文200余篇，出版考古发掘报告及著作50余部，召开了"激扬学术　共话文明——考古学视野下的中华文明形成与早期发展学术论坛""创造与演进——中华文明的起源与发展学术论坛""青铜器与文明交流——第三届中国古代青铜器研究论坛"等学术会议。

一　夏商考古综合研究

2022年度夏商考古综合研究内容涵盖面广，兼顾中原与周边，内容涉及社会文明的演进、夏商时期年代学、都邑考古、聚落考古、生业经济等方面。

本年度新公布了一批夏商时期的调查与发掘资料。考古杂志社编著《新世纪中国考古新发现（2011—2020）》，精选了十年间60项重要的考古新发现进行介绍，包括二里头、偃师商城、洹北商城、殷墟刘家庄北地等夏商都城遗址，大辛庄、关帝庙等区域性聚落遗址，磨沟、三座店、二道井子、东苕溪中游窑址群等地方性土著文化遗存（社会科学文献出版社）。国家文物局主编《考古中国重大项目成果（2021）》，将2021年向社会发布过的考古成果汇集一册，包括圪垯川遗址、岩山寨遗址、三星堆遗址等涉及夏商时期遗存的重要成果（文物出版社）。山东省文物考古研究院等编著《黄淮七省考古新发现（2019年）》，收录了鲁豫皖苏冀陕晋七省2019年度的考古新发现，其中包含多处夏商时期考古发现的简要介绍（科学出版社）。河南辉县丰城凤头岗遗址经过考古调查，发现有龙山文化、辉卫文化、二里岗文化、殷墟文化和周代的遗存（《江汉考古》第5期）。张丽主编《雄安·容城考古与历史文化研究文辑》，收录了上坡遗址、北庄遗址、白龙遗址、北张遗址等含有夏商时期遗存的考古发掘简报（科学出版社）。内蒙古自治区文物考古研究院、内蒙古博物院编著《白敖包遗址发掘报告》，公布了该遗址发现的白敖包文化、朱开沟文化遗存，为建立鄂尔多斯地区新石器时代至青铜时代考古学文化序列、探讨河套地区新石器时代晚期至青铜时期早期的文化属性提供了丰富资料（文物出版社）。内蒙古自治区清水河县白泥窑子遗址BA点经过发掘，发现有丰富的白泥窑子文化、阿善文化、朱开沟文化等多种文化遗存［《赤峰学院学报（哲学社会科学版）》第3期］。辽宁凌源市邵杖子遗址是一处夏家店下层文化遗址，发现有灰坑、墓葬、房址、窖穴等遗迹，陶器、石器及骨制品等遗物，属夏家店下层文化药王庙类型［《赤峰学院学报（哲学社会科学版)》第3期]。山东曲阜林家遗址是近年来在曲阜发现的一处重要的夏商时期聚落，发现有丰富的岳石文化，商代、周代、汉唐时期的遗存，为研究该地区夏商时期文化面貌、夷商关系以及关于商奄的讨论提供了新的材料（《考古与文物》第5期）。浙江湖州毘山遗址是目前发现的浙江境内最大的一处夏商遗址，在2014—2015年的发掘中，发现了一批马桥文化与后马桥文化的重要遗存，结合对周边其他遗址的调查，基本摸清了毘山—西山一带聚落的分布、年代和演变情况（《东南文化》第3期）。对安徽省凌家滩及裕溪河上中游区域的系统调查显示，该区域史前至秦汉时期遗存可分为八期，其中第六期的夏商时期在聚落数量上处于低谷期（《中原文物》第1期）。广东潮安鸡岽山遗址发掘有灰坑遗迹与陶器、石器，文化内涵属后山文化（《东南文化》第1期）。在对四川天府大道北延线（德阳段）施工影响区域的考古调查中，发现了新石器时代晚期至商周时期遗址5处，包括永乐、联合、高石桥、兰家、团柏遗址，为探讨三星堆周边聚落形态提供了新资料（《四川文物》第1期）。对新疆阜康四工河岩画进行的调查中，记录了具有代表性的45块（处）岩石（崖壁）上的47个画面和364个岩画个体，时代为距今4000—2000年（《中原文物》第4期）。

对夏商时代年代学、文化演进等问题的综合探讨有多本专著、论文集出版。夏商周断代工程专家组编著《夏商周断代工程报告》，是对"夏商周断代工程"9大课题、44个专题研究的综合与总结，较为全面系统地反映了"夏商周断代工程"的实施和研究过程、取得的成果和结题后的重要新进展，为探讨夏商周时期的年代学研究发挥重要作用（科学出版社）。中国文物报社、中国考古学会编《中国百年百大考古发现》，遴选了百年考古史中影响较大的100项重要考古发现，进行文、图展示与总结，其中包括新干商代大墓、偃师二里头遗址等10项夏商时期考古发现（文物出版社）。李峰《早期中国：社会与文化史》是一部综论自文明起源至东汉时期的社会史与文化史著作，其中夏商时期的内容，在广泛应用考古资料基础上进行了系统的论述（生活・读书・新知三联书店）。许宏《溯源中国》一书，收录有多篇关于夏商时期文化演进、国家文明等问题的文章，以宏观的角度思考中国文明与早期国家的形成过程（河南文艺出版社）。刘绪《夏商周文化与田野考古》一书，收录了多篇夏文化研究、商文化研究的文章，内容涉及区域性夏商文化、都邑考古、夏商分界等前沿性学术课题（上海古籍出版社）。张辛《礼与礼器：中国古代礼器研究论集》一书，对夏商周时期的礼器进行多方面的探讨，为礼制研究提供了考古学的视角（上海古籍出版社）。王子初《中国音乐考古论纲（上编・上册）》，立足于音乐考古的发现和发掘成果，综论了史前至西周时期社会音乐生活的面貌（科学出版社）。

对区域文化的探讨，也有相关的专著与论文集出版。上海博物馆《宅兹中国：河南夏商周三代文明》，是同名展览的文物图录，收录了河南出土的302件（组）青铜器、玉器、漆器等，对了解中原夏商周文明演进具有重要意义（上海书画出版社）。顾万发主编、郑州市文物考古研究院编著《郑州文物考古与研究（四）》，汇集了近五年来郑州地区发表的考古调查、发掘简报、专题论文等，对于郑州地区考古学文化谱系的完善和研究具有重要意义（文物出版社）。刘亦方、宋国定《环嵩山地区三代城市水利系统的考古学研究》，梳理了环嵩山地区城市水利方面的考古资料，揭示早期城市化进程中当地城市水利的发展脉络，总结了该地区三代城市水利系统设置的规律（中国社会科学出版社）。常怀颖《夏商时期古冀州的考古学研究：文化谱系篇》，以陶器谱系构建冀州夏商时期各考古学文化的编年框架，并讨论不同时期各考古学文化的变迁与交流关系（上海古籍出版社）。刘延常《海岱地区商周考古与齐鲁文化研究》，收录有多篇关于山东地区夏商时期考古发现、文化演进、文化交流的文章（上海古籍出版社）。王晓琨《无问西东：锡林郭勒考古所见的文化交流与互动》，探讨了锡林郭勒发现的勒瓦娄哇刮削器、花边陶鬲、车辆岩画、鎏金人物银碗、人物铺首等文化遗物的产地来源与流变，展现了锡林郭勒与外界交流互动的历史场景（中国社会科学出版社）。

专题论文内容庞杂，涉及夏商时期年代学、文明演进、聚落形态、经济与生业形态、特殊遗存与器物研究等。

年代学方面，宋殷《运用核密度估计法研究中原地区龙山文化至二里岗文化的年代》，运用核密度估计法测算该段内各文化的年代范围，并对取样标准及相关技术的未来运用前景进行展望（北京大学中国考古学研究中心、北京大学震旦古代文明研究中心编：《古代文明》第 16 卷，上海古籍出版社）。宋殷等《大甸子遗址的绝对年代及相关问题》，通过大甸子遗址 51 个样本的 AMS 碳十四年代测定，并使用核密度估计分析和贝叶斯统计处理等统计方法处理数据，对大甸子遗址早、晚二期的绝对年代重新测定（《考古》第 12 期）。

文明演进历程、区域文化互动方面，陈胜前《早期中国社会权力演化的独特道路》，对早期中国玉石时代、青铜时代、铁器时代的权力演化进行论述，其中青铜时代大体对应夏商周三代，青铜礼器和兵器的大量使用，意味着军事权力崛起，更加广泛的区域性王权国家出现（《历史研究》第 2 期）。赵东升《多元一体格局下百越集团中原化进程研究论纲》，结合考古学与文献资料，探讨了夏商周时期百越集团的中原化进程与特点，以此窥视中原王朝的经略模式和统治策略，为更深入探讨多元一体中华文明的实现过程提供新的思路（《南方文物》第 4 期）。吴卫《略论闽江下游流域距今 6500—2700 年环境演变与古文化变迁》，运用该区域距今 6500—2700 年气候波动及海陆变迁等古环境演变方面的资料，对文化兴衰与演变受古环境因素的影响进行了探讨（《华夏考古》第 4 期）。尹夏清、尹盛平《姜姓部族的起源与早期的历史》，将齐家文化、刘家文化等考古资料，与文献资料相结合，对姜姓在夏商周时期起源于陇县、兴盛于宝鸡、雄居于汧水河谷的早期历史进行了重建（山东大学《东方考古》编辑部编：《东方考古》第 19 集，科学出版社）。盛伟《从盘龙城遗址兴废看夏商时期中原文化在江汉平原及周边地区的进退》，认为盘龙城遗址的兴废过程，折射出了中原二里头文化、二里岗文化在江汉平原及周边地区的进退过程，并以此探讨江汉平原与中原地区的文化联系（《四川文物》第 4 期）。

城市考古、聚落形态与发展方面，张国硕《论中国早期都邑的形成过程》，综论了新石器至夏商时期都邑的发展历程，其中夏商时代都邑数量多，规模大，都邑文化因素突出，进入大发展时期（《南方文物》第 5 期）。缪小荣《中国早期城址闭合性城墙平面形态研究》，综论了自仰韶至夏商时期城墙平面形态的变化，其中夏代以方形城墙为主，夏家店下层文化方形城墙超半数，不规则形城墙数量增加，商代仍以方形城墙为主（《南方文物》第 2 期）。邹秋实《江汉平原及周边地区夏商时期聚落景观研究》，对夏商时期江汉地区聚落的宏观分布态势，乃至聚落布局形态、营建方式、等级分化予以讨论，重塑江汉地区夏商时期的"聚落景观"（《考古》第 1 期）。李彦峰《聚落与地貌：老牛坡遗址研究的新角度》，梳理老牛坡聚落发展演变历程，尤其是晚商时期聚落内部功能分区，分析了地貌在聚落形成与发展中的影响程度（《考古》第8期）。

经济发展与生业形态方面，陈相龙《中原地区夏商时期社会变迁的生业经济基础》，梳理了河南境内相关遗址先民与动物的碳、氮稳定同位素数据，分析了先民食物结构和家畜饲养方式，总结了生业经济的变迁，这为王朝的产生、发展与变革提供了助力（《南方文物》第6期）。唐丽雅等《青铜时代中原地区农业特点再思考——以新郑望京楼和荥阳车庄遗址为例》，通过两遗址的植物考古研究，发现中原地区青铜时代农业经济仍然以粟为主，但不同时代农业结构也存在明显差异，尤其是两次重要转变："夏商之变"与"商周之变"（《中国农史》第5期）。王爱民《皖南地区青铜时代农具及农业发展状况初步研究》，发现该区域出土青铜时代农具数量少，收割类农具比例低，犁耕尚未出现，表明皖南农业生产较周边地区落后，这与夏商时期该区域属文化边缘区、人口少而分散有关（《农业考古》第4期）。崔红庆等《青海民和官亭盆地青铜时代遗址木炭遗存指示的生态环境与木材利用》，发现该区域齐家文化时期的气候条件要优于辛店文化，先民对林木资源的利用主要集中于薪柴、食用方面，并引入麦类作物、发展畜牧业和采集林木果实以适应变化的环境（《第四纪研究》第1期）。

特殊的遗迹与遗物研究方面，信泽民、王译绅《先秦时期所见道路遗存的初步认识》，将先秦时期发现的道路遗存进行分段概述，其中夏商时期，踩踏路数量增多，规模较小、保存较差，堆垫路则以平地堆垫的道路逐渐成为主流，石板的使用范围也有所扩大（《文博》第2期）。谷斌、黄建川《中国龙纹遗存的识别与溯源》，重点分析了晚商及以后的丰富的龙纹遗存，动态地分析了角、足等要素的添加时间，并将之前的夏至商代早中期作为龙纹发展的滥觞期，认为龙的原型极有可能是中国南方的大型毒蛇——五步蛇（山东大学艺术学院、华东师范大学艺术研究所编：《中国美术研究》第43辑，上海书画出版社）。宋亦箫《夏商考古遗存中的"亞"形造型起源及其内涵探索》，认为夏商考古遗存中的"亞"形造型当起源于西亚，"亞"形中央象征着世界中心，同时也有生殖崇拜的内涵（南京大学历史学院考古文物系编：《南雍问道——南京大学考古专业成立50周年纪念文集》，科学出版社）。王明德《从莱州湾南岸盐业考古看青州"盐贡"的历史特点》，从莱州湾南岸盐业考古和相关文献所载之"盐贡"探讨青州"盐贡"的独特性与重要性，尤其是论述了以此引起的青州地方势力与中央王朝之间的密切关系（《盐业史研究》第3期）。刘艳菲、孔凡一、王青《夏商西周时期的定量容器与基本单位量浅析》，列举了大口尊、盔形器、尖底陶杯等夏商周时期典型的定量容器，并认为晚商的安阳地区和西周中期的鲁北制盐作坊可能俱以250毫升为基本单位量（《东南文化》第1期）。付琳、黄一哲《中国东南地区先秦时期的鬶口壶》，对鬶口壶这种陶器进行分型与分期，认为鬶口壶可能起源于闽浙赣邻境地区，进而向东南沿海传播，是一种盛放、倾倒液体的用具（《江汉考古》第6期）。

夏家店下层文化是北方地区的一类考古学文化，时代约相当于夏至早商，对该文化的探讨是重要的专题，内容涉及该文化的来源、特殊遗存、生业经济等。白满达、卜箕大《试论红山文化与夏家店下层文化的渊源关系》，从遗址与遗物分析，认为夏家店下层文化与红山文化之间存在渊源关系，同时夏家店下层文化因素中亦有着诸多二里头文化及高台山文化因素[《赤峰学院学报（哲学社会科学版）》第5期]。田野、朱昆《夏家店下层文化石城新探》，认为以石城为代表的城址的大量出现是该时期社会文明发展进步的显著标志，因此系统探讨了石城的起源、性质与分布特点，认为石城大体分布在该文化中心区域的外围地带，起到屏卫"国土"的作用（《黄河·黄土·黄种人》7月下）。张伟《饮食上的"保守主义"——夏家店下层文化生业策略研究》，认为其饮食上的"保守主义"体现为，种植以粟、黍为代表的传统农作物，未引入小麦和水稻，肉食方面家猪的饲养仍然是核心生业策略。文章还分析了这种"保守主义"特点的原因（《文博》第5期）。师宏伟、贾鑫、王闯《辽宁省建平县水泉遗址动物考古研究——兼论距今4000年前后北方长城沿线地区动物资源的利用策略》，通过对该遗址动物遗存的研究，证明其以家猪为主的家畜饲养业为主要生业，并兼具一定比例的畜牧业经济，以及相对发达的农业经济（《第四纪研究》第1期）。孙永刚、李阳、格日乐图《内蒙古小塘山遗址2021年度植物浮选结果及分析》，通过植物考古分析，认为该遗址人群的生业方式应是以农业为主，以粟、黍为主要农作物，家畜饲养业次之，并辅之以狩猎活动[《赤峰学院学报（哲学社会科学版）》第3期]。

随着三星堆遗址的新一轮发掘的展开，对三星堆文化的探讨再次成为热门话题之一。不仅新公布了几篇三星堆遗址晚商时期遗存的简报，还有大量的学术探讨成果，涉及三星堆文化的命名与研究史、源流发展、祭祀遗存、出土器物、宗教文化、生业经济等。

三星堆文化的命名与研究史方面，许宏《三星堆之惑：考古纪事本末（二）》，追述了关于三星堆遗存的研究史、关于三星堆的一些热点话题，梳理、比较了学术界的不同观点（郑州大学出版社）。许宏《分与合——关于三星堆文化命名的省思》，梳理、反思了三星堆文化的命名历程，认为应将原三星堆文化早期遗存析分为"月亮湾文化"，而三星堆遗址祭祀区器物坑与金沙遗址祭祀区遗存则应命名为"三星堆—金沙文化"（《四川文物》第6期）。

三星堆文化的源流与对外交流方面，赵殿增《略谈三星堆文化与长江中游古文化的关系》，认为长江中游以三苗为主的古文化，对三星堆文化产生多次影响，使之成为高度发达的古蜀文明的重要文化源头之一（《江汉考古》第2期）。朱乃诚《论三星堆文明与金沙文明的关系》，认为三星堆文明与金沙文明是前后承袭的发展关系，三星堆文明向金沙文明的转移，可能与商周更替这一宏观上的重大历史事件有关（《中原文化研究》第5期）。

三星堆文化祭祀坑等祭祀遗存的研究方面，孙华、彭思宇《三星堆埋藏坑的新发现与新认识》，系统探讨了三星堆诸埋藏坑的分布、时代、出土文物、性质与埋藏背景，认为其埋藏于商代末期，并有着一定的历史背景，其出土文物反映了三星堆人的宗教体系（《中华文化论坛》第6期）。赵殿增《三星堆祭祀坑为"神庙失火说"的几点疑问》，探讨八座祭祀坑的性质与形成原因，对"神庙失火说"进行质疑，并认为"祭祀坑说"依然值得考虑（《南方文物》第3期）。赵殿增《三星堆祭祀活动的基本架构：神坛、神庙、祭祀坑》，认为"坛、庙、坑"就是三星堆神权古国文明因素的一套典型"组合"，并进一步从宗教信仰的角度探讨三星堆文化的特征、成因和意义（《四川文物》第5期）。傅悦、冉宏林《三星堆遗址仓包包祭祀坑再研究》，认为仓包包祭祀坑属中商时期，在形制、堆积、埋藏器物三方面特征均明显不同于其他普通灰坑，应为祭祀坑（《中华文化论坛》第6期）。于孟洲、李潇檬《也谈三星堆遗址的"祭祀遗存"》，探讨了三星堆祭祀坑的分布特点，认为祭祀区较为独立，有着严格的规划意识并经历了一定的发展过程；与周边的仓包包和高骈两处器物坑及青关山台地H105进行比较，认为三星堆的祭祀传统是长期社会发展的结果（《四川文物》第6期）。冉宏林《古蜀地区祭祀遗存初步研究》，对古蜀地区夏商西周时期祭祀遗存进行综合分析，将其分为六大类六个等级，以此复原古蜀地区的祭祀体系（《四川文物》第6期）。

对三星堆文化特殊器物的展示与研究方面，四川广汉三星堆博物馆编著《遇见三星堆》，是该馆精品器物导览手册，收录了三星堆一、二号坑出土的近百件（组）出土精品器物（巴蜀书社）。上海大学博物馆编《三星堆：人与神的世界》，是对同名展览的图录展示，收录了一批三星堆、金沙遗址出土的青铜器、玉器、金器及石器（上海大学出版社）。王仁湘《三星堆：青铜铸成的神话》，收录了多篇探讨三星堆文化青铜器器形与纹饰、玉器、象牙等的研究成果（巴蜀书社）。顾万发《三星堆新发现"奇奇怪怪"青铜器及青铜祭坛解读》，对三号坑"奇奇怪怪"青铜器进行解读，并比较了可能是与之相连接的八号坑青铜祭坛，认为两件器物体现了三星堆文化的宇宙观和精神信仰（《黄河·黄土·黄种人》6月下）。李新伟《三星堆铜顶尊屈身鸟足人像和中美地区柔术者形象》，将铜顶尊屈身鸟足人像与颇为相似的中美地区"柔术者"形象进行比较，认为三星堆该器物可能也是对真实的宗教仪式中类似柔术表演的艺术表现，并表现了鱼鸟转生的主题（《四川文物》第6期）。何晓歌《三星堆铜扭头跪坐人像发式、服饰及功能的讨论》，认为这三件铜人像的披发形象，显示其不是本地人，而可能与长江中游地区人群有关，身份当为仆役，这些铜人可能是作为屏风底座来使用（《中华文化论坛》第6期）。

对三星堆文化的宗教思想文化、生业经济等的研究方面，孙华、黎婉欣《中国上古太阳鸟神话的起源与发展——从蜀文化太阳崇拜相关文物说起》，解读了太阳神鸟、神树等文物，分析其反映的太阳崇拜的源流，认为以三星堆文化为代表的古蜀文化中的太阳神崇拜是独立发展的传统（《南方文物》第1期）。郭建波等《三星堆遗址二号坑出土部分青铜器表面附着丝绸残留物的发现与研究》，通过科技方法对部分青铜器表面的附着物进行分析，证实了三星堆文化时期丝绸的存在，也探明了丝绸的发现位置，推测丝绸与青铜器、金器共同构建了三星堆祭祀文化体系（《四川文物》第1期）。王倩倩《三星堆古蜀考古发现与农业变迁》，分析了三星堆出土的与农业有关的文物，用具体的实物建构古代巴蜀地区农业的发展，认为其显示出与中原文化不同的风格特征，并与其他文明共同构成了中华文明多元一体的宏阔格局（《农业考古》第6期）。

二 夏代考古研究

本年度对夏代考古的研究仍是以新砦文化–二里头文化为时间标尺，自中原向周边展开，探讨在该段范围内的文明演进。

新公布了一批该时段内的调查与发掘资料。在对郑州西北郊地区进行的大规模调查中，发现包含二里头文化时期遗存的遗址至少有14处，可能以大师姑遗址为区域性中心聚落（《黄河·黄土·黄种人》7月下）。山东莒县马庄遗址发现有龙山文化、岳石文化早期、西周时期遗存，其中岳石文化遗存虽不多，但部分典型器物具有明显的年代特征，填补了该地区岳石文化资料的空白（《华夏考古》第6期）。福建松溪县下坑垄遗址第二期遗存以施黑衣的印纹硬陶为特色，器形以高领、敞口、折肩等为主要风格，与马岭类型的文化内涵相一致（《福建文博》第2期）。广州松丁山遗址第一期遗存丰富，时代大致相当于石峡文化晚期至夏商之际，属于珠三角文化圈范畴，整体文化面貌仍以珠三角典型的印纹高领矮圈足罐、无领（敞口折沿）圜底罐为特征，但其在发展演变过程中吸收了石峡文化、虎头埔文化的内涵（《四川文物》第1期）。青海西宁沈那遗址清理出灰坑、房址、墓葬等各类齐家文化时期遗迹，出土了大量的石器、骨器、陶器等遗物，为齐家文化研究提供了重要的资料（《考古》第5期）。

对夏文化研究的学术史梳理，以及探索方法的反思。河南省文物考古研究院、河南省夏文化研究中心编《夏文化考古文献存目》，对2019年及以前有关夏文化考古和研究相关资料进行收集与梳理，为深入开展夏文化研究提供文献线索（大象出版社）。李宏飞《稽古夏朝：解读〈试论夏文化〉》，将学术经典《试论夏文化》还原至夏文化探索的考古学史研究背景之中，论述"二里头文化是夏文化"学术观点的形成过程和内涵实质，并阐述这一观点的历史贡献和深远影响（中国社会科学出版社）。陈朝云《二里头文化研究历程及重要成就》，以学术史梳理的形式，回顾了二里头文化及其扩张研究、聚落研究、经济与生业形态研究以及中国早期国家起源研究等学术成果（韩国河主编：《根与魂：考古学视野下不断裂中华文明研究》，科学出版社）。杜金鹏《殷墟——夏文化探索的出发点》，认为夏文化探索的重要方法是从殷墟的文化分期与断代入手，逐步推定出更早的商文化——中商文化、早商文化、先商文化，最终锁定夏文化对象（《殷都学刊》第1期）。李龙《中原夏文化研究新探索的思考》，结合中原夏文化研究史，进一步提出要排除困扰，回归考古材料与文献结合的正道，做好夏文化遗址考古，并做好宣传工作（《河南社会科学》第8期）。

对新砦期文化的探讨，以陶器为主。魏继印、王志远《新砦文化深腹罐和侧装三角形扁足鼎的来源问题》，通过分析新砦文化中数量较多的深腹罐和侧装三角形扁足鼎这两种器物，认为其与造律台文化的同类器更为接近（《中原文物》第5期）。郭荣臻、曹凌子《新寨文化动物器盖研究的回顾与思考》，梳理了新寨文化（新砦文化）兽面纹器盖、猪首形陶器盖等的相关研究，并提出了探讨此类器物时需与生态环境研究、经济形态讨论、文化因素分析相结合（《黄河·黄土·黄种人》2月下）。

对二里头遗址与二里头文化的探讨是夏文化研究的重点，涉及面广。许宏《焦点二里头》收录了多篇与二里头遗址、二里头文化相关的论文，内容较为综合（巴蜀书社）。其他研究则分别涉及器物研究、聚落形态、生业形态、社会历史进程等方面。

对器物及其工艺的研究，贺俊《二里头文化白陶研究》，对二里头文化白陶的发现与分类、功能与分配、来源与去向进行探讨，发现二里头文化白陶分布广、器类丰富且数量多，其不同阶段的生产模式、社会功能有所变化，并由此反映了不同的社会背景（《考古》第2期）。曹天亮《环嵩山地区二里头时期聚落石器钻孔工艺研究》，通过对钻孔石器的统计分析，探讨钻孔工艺的流程及发展演变，由早期多种钻孔工艺的应用到晚期琢钻占据主流地位，二里头时期石器制孔的生产体系已相当完善（《南方文物》第2期）。

对二里头文化聚落形态的研究，贺俊《论二里头文化的宏观聚落形态》，通过对聚落的分区统计与分析，认为二里头文化在整体上形成了以都邑、次级中心、一般中心、基层聚落为代表的四级聚落体系，不同层级的聚落在功能和选址上各不相同（《考古学报》第4期）。赵海涛《二里头都邑布局和手工业考古的新收获》，梳理了二里头最近的新发现，包括中心区新发现主干道路及其两侧墙垣，手工业作坊遗存，在祭祀区以西发现贵族居住区、墓葬区以及非正常墓葬，为研究二里头都邑布局、内涵提供了新资料（《华夏考古》第6期）。贺俊《论南洼遗址二里头文化时期的聚落与社会》，通过对南洼遗址的聚落层级、兴衰原因、社会面貌的分析，发现南洼位于二里头文化聚落体系中的第三层级，是一处以生产白陶酒器为主的一般中心聚落（《南方文物》第2期）。

对二里头文化经济与生业形态的研究，贺娅辉等《二里头贵族阶层酿酒与饮酒活动分析：来自陶器残留物的证据》，通过对16件陶器样品进行残留物分析，发现不同的器形和酿酒与饮酒的不同过程相关，认为二里头宫殿区具有举行宴饮活动的功能，这种贵族宴饮活动对早期国家的形成具有重要作用（《中原文物》第6期）。高范翔、武钰娟《稻与权力——环嵩山地区河南龙山文化至二里头文化时期稻的利用》，认为稻米在该区域龙山至二里头文化时期是一种较为高等的食物，高等级遗址中对稻米的利用较多，大部分大型聚落周边地区均有较强的稻米生产能力（《南方文物》第2期）。李艳江等《沙澧河流域二里头文化时期农业模式初探——基于河南漯河沟李遗址出土植物遗存的分析》，发现当地二里头文化时期的农业生产模式以粟为主，黍为次，兼有少量水稻和大豆的利用，这一模式普遍存在于中原地区同时期的各个遗址中，具有较强的区域共性（《中国国家博物馆馆刊》第4期）。尤悦等《河南新郑望京楼遗址出土的动物骨骼及其反映的家养动物的差异化》，对该遗址二里头文化时期的动物骨骼进行分析，认为家养动物是城市居民肉食消费的主体，并发现从家养动物的种类、家养动物的数量比例、绵羊的身体尺寸和以获取羊毛为主要目的的养羊业这四个方面，能够体现出早期国家内部不同等级聚落开发利用家养动物的差异化（《人类学报》第3期）。

二里头都城遗址性质的认定与争论，张国硕《太康居斟寻事件与后羿代夏遗存的确认》，反对新砦期遗存与后羿代夏相关，而认为二里头遗址为夏都斟寻所在之地，二里头文化不仅仅是太康失国、后羿代夏以后的夏文化遗存，还应包括后羿代夏之前太康时期的夏文化遗存以及后羿代夏期间的文化遗存（《中原文化研究》第5期）。易华《石峁与二里头：试论夏代首末都》，认为石峁遗址为夏代早期都城或首都是极有可能的，二里头遗址则极有可能为夏代中晚期都城或末都（《南方文物》第5期）。尹松鹏、杨华《二里头遗址与夏桀末都河南城》则结合文献分析与地理位置，认为二里头遗址作为夏代末都，应为河南城，而非斟鄩（《华夏考古》第1期）。

二里头文化国家形态、社会历史进程的研究，黄磊、何努《二里头国家社会象征图形符号系统——国家社会象征图形符号系统考古研究之三》，认为酒礼器、玉礼器与镶嵌绿松石铜牌饰共同构成二里头国家社会象征符号系统，并将其向周边区域传播，以用于宣传和教化（《南方文物》第6期）。葛韵《考古视野下的二里头文化韧性、社会转型与社会崩溃》，认为二里头文化在二、三期之间发生社会转型与二里头社会和政治发展联系紧密，而二里头文化四期的崩溃则是其"亲远疏近"且疲软的外交政策的后果（《文物春秋》第2期）。曹兵武《庙底沟化与二里头化：考古所见华夏族群与华夏传统的形成与演进》，高度重视仰韶文化和二里头文化时期华夏传统的形成与发展，认为二里头文化在中原广阔范围内实现了一次跨越式的整合与突破，熔铸出了鼎立中原的华夏正统（《华夏考古》第2期）。庞小霞《二里头文化时期的东方》，对二里头文化不同时期东方地域内人文地理分布格局的演变做了概述，厘清了东方地区在二里头国家形成、鼎盛、灭亡的不同时段的地位和作用（《华夏考古》第6期）。袁广阔《论二里头文化龙崇拜及其对夏商文化分界的意义》，发现龙纹遗物在二里头文化中大量出土，但在二里岗文化中则无迹可寻，这与夏人崇龙、商人崇虎相对应，对探讨夏商分界卓有所助［《郑州大学学报（哲学社会科学版）》第6期］。

在对夏文化的探索中，除了受到着重关注的二里头文化二里头类型，二里头文化东下冯类型（或称东下冯文化）、岳石文化、下七垣文化、白燕文化也应是受到重视的研究对象，它们或也可归入夏文化，或与夏文化交流密切。常怀颖《从新峡遗址再论二里头与东下冯之关系》，比较了二里头遗址、东下冯遗址、新峡遗址出土陶器的器类组合、典型单位陶色和陶质的异同，显示出新峡遗址介于二里头与东下冯两个类型间的基层聚落的中介样态，由此重申了东下冯类型与二里头类型是共属二里头文化的并行关系（《文物季刊》第1期）。侯亮亮《殷土芒芒：先商文化人群的生业及迁移活动研究》，探讨了先商文化家畜的饲养方式、先民的食物结构和生业经济，重建了先商文化时期至殷墟文化时期长时段的家畜饲喂方式和生业经济的历时性变化（上海古籍出版社）。段宏振《鹿台岗遗址考辨》，根据该遗址岳石文化和漳河型先商文化非对等共存的现象，认为两种文化遗存应均属于岳石文化范畴，究其本质应是先商文化曾局部涵盖于豫东地区的岳石文化（《江汉考古》第2期）。赵江运、刘鸿丰《先秦时期滏口陉道的考古学观察》，对滏口陉道在仰韶、龙山、二里头时期的考古遗存进行分析，其中二里头时期、下七垣文化与白燕文化进行互动并占据该道路，且带有浓厚的政治、军事色彩（《华夏考古》第1期）。陈畅《鹤壁刘庄墓地族属研究》，将该墓地二里头文化时期墓葬区分为属于下七垣文化、白燕四期文化、东下冯文化、二里头文化四种，通过比较分析后，认为刘庄墓地是商人在二里头文化时期的族墓地（《考古与文物》第6期）。谢威《淮海地区夏代中晚期考古学文化研究》，对淮海地区涉及夏代中晚期的遗存进行文化因素的分析，认为该地区是二里头文化、先商文化、岳石文化的交汇地区，其中尤以岳石文化分布广泛、影响较大，这也是当时"夷商联盟"的反映（徐州博物馆编：《淮海文博》第3辑，科学出版社）。邱晓甜、侯亮亮《史前海岱地区的生业变迁》，对海岱地区自后李文化至岳石文化的生业变迁进行梳理，岳石文化时期家畜、家禽饲养水平显著提高，农业经济继续繁荣发展，农业工具数量、种类多，反映出高水平、系统化的农业经济（《文物季刊》第3期）。郭荣臻、曹凌子《岳石文化动物遗存初论》，对岳石文化动物遗存进行梳理，家畜和野生属种资源呈多样化态势，它们既是人们食物结构的重要组成，也在先民聚落生活中扮演着其他角色（《农业考古》第4期）。

齐家文化是主要分布在河西走廊的一种重要的早期青铜时代的考古学文化，与中原地区夏文化也存在一定的交流。蒋辉、钟毅《齐家文化内涵变迁的学术史考察》，通过自安特生以来学术界对齐家文化内涵探讨的学术史回顾，对造成齐家文化内涵变迁的其他考古学遗存，包括西城驿文化、常山下层文化、马厂类型、页河子类型及师赵类型的文化因素进行梳理，廓清齐家文化的内涵（《北方文物》第4期）。青海省文物考古研究所主编《青海文物考古研究》，收录有多篇关于齐家文化的文章，内容涉及生业模式、矿冶调查、居址、铜器、玉器、陶器研究（科学出版社）。青海省文物考古研究所、海南藏族自治州民族博物馆编著《宗日遗珍》，对宗日遗址包括齐家文化在内的遗存进行了综述（科学出版社）。齐乌云《青海喇家遗址的孢粉分析及古环境对生业方式的可能影响》，通过对该遗址壕沟淤土样品的孢粉分析，探讨齐家文化时期的古植被与古气候、周边人类可利用的植物资源，以及气候变化对喇家遗址先民生业方式产生的影响（《农业考古》第3期）。郭荣臻等《甘肃广河齐家坪遗址2016—2017年度浮选结果的考古学观察》，根据齐家文化、宋金时期植物遗存系统的浮选结果，齐家文化的作物组合为粟、黍、小麦、大麦，这些作物以外，所获非粮食类其他植物遗存可能也有作为食物补充者（《文博》第6期）。

其他地方的土著文化遗存也有少量的研究。白国柱《师姑墩遗址夏时期遗存的初步探讨》，对安徽师姑墩遗存进行文化因素分析，并与马桥文化、点将台文化、斗鸡台文化、二里头文化进行比较，认为该遗址的遗存兼具多种因素共存，可能是不同的文化交流产生的一种新的文化类型（南京大学历史学院考古文物系编：《南雍问道——南京大学考古专业成立50周年纪念文集》，科学出版社）。陈靓等《甘肃省肃北县马鬃山地区先民的生物考古学研究》，发现具有东北亚蒙古人种面部特征的马鬃山先民生前经常从事奔跑、骑乘等活动，食物结构以肉类为主，遗传结构显示与"原匈奴"人群有一定的关系，生活年代在公元前20—17世纪，这对探讨原匈奴人群与我国北方人群的交流融合具有重要意义（《第四纪研究》第4期）。王树芝、丛德新《青铜时代早期新疆温泉阿敦乔鲁遗址木材指示的环境和先民木材利用策略》，通过对其木材样品的研究，鉴定其种属，可知当时气候较干旱，先民在木材利用策略上已有一定的利用经验与组织能力（《第四纪研究》第6期）。

三 商代考古研究

（一）商代考古综合研究

商文化一般被区分为早商文化与晚商文化，但综合探讨从早商到晚商的文化演进仍极有必要，本年度针对这一重要学术命题也有诸多成果。

公布了一批涵盖早商到晚商的新资料。南水北调中线干线工程建设管理局等编著《磁县南营遗址、墓地考古发掘报告》，公布了河北磁县南营商至汉代的考古发掘资料，其中商代遗存包括早商时期与晚商时期的灰坑、灰沟等为豫北冀南地区漳河流域的典型商代文化遗存，这为探索先商文化源流及河北商代文化的编年提供了实物资料（中国社会科学出版社）。山西绛县乔野寨遗址经过调查与初步发掘，发现有庙底沟二期文化、龙山文化、商周时期的遗存，其中商文化遗存位于遗址北部坡地的东侧，所见遗物以陶器为主，时代可能为二里头时期或二里岗时期，可能晚至商代晚期，该遗址应是晚商王朝在运城盆地的前线据点（《中国国家博物馆馆刊》第8期）。

对商文化范围内相关遗存进行综合罗列与分析，探讨商代的社会关系。郭静云《商文明的信仰世界与传统思想渊源》，透过器物纹饰与造型的研究，探讨商代的精神信仰问题（上海古籍出版社）。张煜珧《商周墓葬朱砂使用相关问题初探》，探讨朱砂的来源、流通与传播形式，认为墓主身份地位只要达到一定阶层，性别、年龄、族属、文化差异等都不影响朱砂的使用，故朱砂以国家垄断、王室赏赐的方式在广大贵族阶层中流动（《江汉考古》第3期）。赵丛苍、曾丽《医学考古学视域的商周医患关系初探》，通过分析巫医相关遗存，探讨商周时期的医患关系，认为商代巫医身份较高，主要服务于上层贵族阶层，这一时期的医患关系，处于巫医与患者所在的贵族群体背景之下（《文博》第1期）。赵丛苍、曾丽、祁翔《医学考古学视野下的商周军事医疗救治初探》，结合考古资料与文献记载，总结了商周时期军事活动创伤的类型、军事医疗救治的方法，探讨有关伤员的处置、医护人员的监督等医事制度的逐渐形成（《考古与文物》第4期）。张兴照《因势而造，因地制宜——试论商代邑聚营建的环境适应性》，从商代邑聚的选址布局及房屋建筑两方面，概括了其环境适应性的特点：因势而造，因地制宜（《殷都学刊》第3期）。

以区域个案的视角，探讨商代的社会演进。李宏飞《论登封王城岗商代房址85WT264F1陶器群》，通过分析该房址陶器群的面貌性质，认为其可作为"商文化早商期第四段第Ⅶ组"的典型单位，这对深入认识郑州地区二里岗上层二期向殷墟文化第一期过渡阶段的商文化陶器群面貌提供了重要认识（《中国国家博物馆馆刊》第5期）。王宁等《稳定同位素视角下的郑州商城居民构成分析》，运用碳、氮稳定同位素分析，认为古代都城居民食物结构呈现出了由简单到复杂、由统一到分化的变化规律，当与首都地区居民的迁徙融合和国家疆域的变化有关（《华夏考古》第5期）。王恩田《商周史地发微》一书出版，其中多篇文章涉及山东地区商文化、湖南地区商代铜器、湖熟文化的相关探讨（商务印书馆）。胡子尧、井中伟《海岱地区商周腰坑葬俗再检视》，梳理了海岱地区有关腰坑葬的遗存，其中商代的腰坑葬俗始见于二里岗上层时期，由中原商文化核心区传入（《东南文化》第1期）。任瑞波《青海喇家遗址所见"后齐家期"遗存及相关问题》，对喇家遗址发现的晚于齐家文化的遗存进行了专门分析，发现随葬陶器与居址类陶器差异很大，对两类遗存的考古学文化归属问题尚需探讨（教育部人文社会科学重点研究基地、吉林大学边疆考古研究中心等编：《边疆考古研究》第31辑，科学出版社）。

（二）商代前期考古研究

2022年度商代前期考古主要集中于中原区域，围绕偃师商城、郑州商城、望京楼等遗址的相关发现而展开。

新公布了一批该时段的考古发掘材料。在偃师商城遗址小城北墙和小城西北部的圆形建筑基址区域发掘有20余座墓葬，多属中小型墓葬，少数有腰坑，出土有铜器、陶器、石器、玉器、卜骨，为二里岗文化丧葬习俗和埋葬制度的研究提供了新资料（《考古》第6期）。郑州商城内城西南角的3个灰坑，出土遗物丰富，以陶器为主，另有少量骨、石器等，可能曾被当作祭祀坑或瘗埋坑使用（《华夏考古》第5期）。河南武陟万花遗址的2座墓葬，为中小型墓葬，出土有陶器与玉器，为研究豫北地区早商文化提供了新资料（《文物》第12期）。

专题研究以偃师商城为重点。陈国梁《都与邑——多重视角下偃师商城遗址的探究（下）》，从文化因素、聚落、城市和文化遗产等多个视角对偃师商城遗址的研究现状进行初步综理（《南方文物》第5期）。陈国梁《从先秦时期的食官体系看偃师商城宫城1号和6号建筑基址的性质》，从遗迹现象出发，结合《周礼》等文献，对1号和6号建筑基址的空间位置及共时遗存进行分析，认为其分别具有"内、外饔"的特征和功能（《中原文物》第4期）。邓玲玲等《陶器尺寸标准化程度的量化分析：以偃师商城遗址的大口尊为例》则是从遗物出发，发现大口尊在尺寸上表现出的高度标准化，符合作坊区陶器生产组织模式的规模化和专业化特点，推测当时制陶作坊内部应存在功能空间划分与工匠分工（《中国国家博物馆馆刊》第5期）。

从动植物考古、体质人类学等方面研究早商社会。吴倩《望京楼遗址二里岗文化城址出土动物骨骼研究》，对该遗址出土的早商时期动物遗存进行分析，城址的家养动物有狗、猪、黄牛、绵羊和山羊，不同种类的数量变化，又与城址的发展到繁荣的动态过程相对应，这为研究早期国家家畜饲养业的发展和历时性变化提供了一个研究案例（《华夏考古》第3期）。吴倩《试论郑州地区商代祭祀遗存》，也是主要通过出土动物遗存的分析，对郑州地区多个遗址的祭祀遗存进行综合分析（《黄河·黄土·黄种人》4月下）。王宁等《商代前期中原地区多品种农作物种植制度的初探：以河南新郑望京楼遗址为例》，通过对该遗址早商时期人骨的C、N稳定同位素分析，认为虽中原地区多品种农作物种植制度在商代前期中原地区得以延续，但是粟作农业仍应是占主导地位（《人类学学报》第1期）。

（三）商代后期考古研究

2022年度关于商代后期的考古研究，是整个夏商时期考古的重点，成果极为丰富，且涵盖面广。

公布的发掘资料，以殷墟遗址及其周边区域的典型商文化为多。2015—2020年，在对洹北商城手工业作坊区进行的发掘中，发现有103座洹北商城时期的墓葬，等级均不高，随葬品以陶鬲为主，另有少量青铜工具、玉器、骨器、漆木器，这批墓葬是手工业作坊遗址的重要组成部分（《考古学报》第3期）。安阳陶家营遗址M12是一座属于洹北商城时期的贵族墓葬，长方形竖穴土坑，墓底有腰坑，一棺一椁，出土铜器、玉器、绿松石、石器等随葬品共37件，墓主可能为军事首领（《江汉考古》第4期）。殷墟刘家庄北地M793是一座殷墟二期晚段的长方形竖穴土坑墓，一棺一椁，有殉人与殉狗，出土陶器、铜器、玉石器、漆器等共99件，墓主可能为亚弜族或弜族的一个小首领（《考古》第8期）。辛店遗址中部和南部发现了大批与铸铜有关的遗存，包括大型夯土建筑，以及与熔铜、浇铸、后期加工工序相关的铸造作坊5处，作坊周围又有如制范取土坑、洗泥池、半地穴式陶范加工作坊、废弃物堆积坑、水井等遗迹，出土有熔铜器具、铸铜器具、铸铜工具、铜器打磨修整残留物等与铸铜相关的遗物，该遗址从殷墟二期开始出现铸铜活动，兴盛于殷墟三、四期，一直延续至西周早期（《考古》第11期）。辛店遗址还发现一批商代墓葬，其中M11为长方形竖穴土坑墓，一椁一棺，出土铜器、陶器、玉石器、漆器等随葬品36件，时代为殷墟四期晚段，墓主可能为控制辛店铸铜作坊的"戈"族首领（《考古》第11期）。偃师古沟渠遗址经过解剖，发现有灰坑等遗迹，出土有陶器、骨器、石器等遗物，所出器物总体呈现晚商的特征，该沟渠的开凿当不晚于商代晚期至西周早期（《中原文物》第5期）。河南省文物考古研究院《荥阳小胡村商周墓地》公布了该墓地发掘的58座晚商墓葬和64座周代墓葬，晚商时期墓葬均为长方形土坑竖穴墓，共出土遗物405件，其中铜器154件，有的铜器上有"舌"字，表明这里应是一处晚商"舌"族墓地（中华书局）。

地方类型、周边方国或军事据点的发现也有许多。山西闻喜酒务头墓地发现"甲"字形大墓5座、长方形中小型墓7座、车马坑6个以及灰坑5个，出土青铜器、陶器、玉器、石器、骨器等600余件（组），年代上限大约在殷墟三期偏晚阶段，下限在殷墟四期偏晚，出土青铜器与殷墟同类器近似，应为商王朝派驻晋南的"匿"族墓地（《中国国家博物馆馆刊》第10期）。陕西西安老牛坡村西北台地的22座墓葬，有长方形竖穴土坑墓和乱葬墓两类，形制较小，有随葬品的墓仅有9座，随葬品以陶器为主，时代相当于殷墟文化一期至四期（《考古与文物》第3期）。山东济南大辛庄遗址M225、M256均为长方形竖穴土坑墓，一椁一棺，有殉人、殉狗，随葬有较多的铜器、陶器等，时代属殷墟文化三期，墓主均为有军事职能的中小贵族，其中M225的墓主可能属"索"族（《考古》第2期）。济南市考古研究院编著《济南刘家庄商代墓葬》，公布了该遗址各时期遗存的考古发掘情况，其中商代墓葬有76座，含2座大型墓葬，出土了一批青铜器、玉石器、陶器等，部分铜器有族徽铭文，为认识商王朝的东进提供了新资料（线装书局）。

各地方性土著文化也有一定的材料公布。内蒙古克什克腾旗哈巴其拉遗址经过发掘，确认遗存第一期属喜鹊沟类型，第二期属夏家店上层文化龙头山类型，其中第一期发现有房址、灰坑，出土陶器、石器与骨角器，发现有冶炼迹象，是迄今我国境内发现的年代最早的冶锡活动地点（《江汉考古》第6期）。福建闽侯县赤塘山遗址发现商周时期墓葬11座，多为近长方形直壁土坑墓，随葬品以印纹灰硬陶器、原始瓷器为主，另有个别夹砂陶器，其中3座属于晚商时期的黄土仑文化（《福建文博》第2期）。广西崇左逐汪山在采石时捡到一批文物，主要为玉石器，以及少量陶器和陶片，经过现场调查和鉴定，确认这些文物是商代中晚期岩洞葬的典型器物（《四川文物》第6期）。在对四川广汉三星堆遗址祭祀区的全面勘探与发掘中，新发现了6座"祭祀坑"，编号K3—8，出土有大量的象牙、海贝、铜器、玉石器、金器，时代晚至殷墟文化四期甚至西周早期（《考古》第7期）。所发现的文物极具特色，如K5出土的金面具、K8出土的石磬尤为引起学术界的关注（《四川文物》第4期）。

专题研究方面，涵盖面较广，如通过文化因素分析、聚落考古、科技分析等方法，探讨商代后期社会组织、社会生活的综合研究。严志斌《关于殷墟的"族邑"问题与"工坊区模式"》，在分析殷墟的聚落布局时，认为"族邑模式"对认识殷都布局的适用性有所局限，而通过分析殷墟大量的、成片分布的手工业作坊，提出了"工坊区模式"，来指称当时这种聚落形态及基层社会组织（《中国国家博物馆馆刊》第10期）。刘亦方、张东《郑州地区晚商社会重组的考古学观察》，认为晚商郑州地区的聚落层级呈"二级结构"，聚落分布密度和规模缩减，外来人口涌入，内部除了以血缘关系为纽带以外，还存在地域性的管理组织，实行由王朝向当地的"委派制"管理（《华夏考古》第2期）。洪猛、王菁《滦州后迁义商周时期墓葬遗存研究》，分析了该遗址属于围坊三期文化的11座墓葬，墓葬内容反映出一定的丧葬仪俗、社会分层、多重文化因素交流，后迁义人拥有"居葬合一"的聚落理念，对墓葬安置有一定的整体规划（《华夏考古》第6期）。朱凤瀚《酒务头墓地与"天黽献"器群》，认为酒务头墓地可能是"天黽献"氏上层贵族的墓地，该族被商王朝安置于晋西南的运城盆地，拱卫商王国西部边域（《中国国家博物馆馆刊》第10期）。

许多学者对墓葬、水井等遗存所反映的礼俗问题进行了探讨。方辉、李玮涓《殷墟使用朱砂情况的考察》，发现朱砂是殷墟丧葬和祭祀仪式中的重要用品，使用量自二期至四期呈增多趋势，朱砂葬的墓主人地位普遍较高，殷墟朱砂最有可能来自古荆州地区（《中原文物》第1期）。何毓灵、赵俊杰《殷墟贞人墓冠饰及相关问题研究》，以王裕口南地M103贞人墓出土的冠饰为例，并结合殷墟所出同类器，认为装饰华丽、形体高大的冠饰是墓主身份的标志（《江汉考古》第4期）。杜金鹏《殷墟商墓随葬铜器玉器之"双轨制"现象探析》，认为晚商墓葬中铜器和玉器分属两种社会属性，铜器主要代表地位和权力，玉器偏向代表地位和财富，构成墓葬随葬时的铜器、玉器"双轨制"（《中原文化研究》第3期）。李志鹏《殷墟孝民屯遗址商墓随葬动物再研究》，探讨孝民屯遗址不同分类的随葬动物性质，并以此为个案，推动商周时期丧葬用牲礼俗的研究（《南方文物》第4期）。杨谦、詹森杨《商代晚期气候变迁与祀井仪式发生——基于水井水位线的分析》，梳理了殷墟水井的发现，发现从殷墟一期到四期水井水位线基本呈递增趋势，尤其在四期上升趋势较为明显，说明商末殷墟的降雨量相对较少，并进一步认为殷墟三、四期商人在水井及其周围举行祀井仪式（《华夏考古》第5期）。

手工业考古有一定的成果。何毓灵、李志鹏《洹北商城制骨作坊发掘方法的探索及收获》，介绍了该制骨作坊的发掘方法，并对洹北商城时期独特的"剥片式"制骨取料技术及其原因进行了分析（《中原文物》第2期）。杜金鹏《殷墟戚家庄商代制玉手工业遗存及相关问题》，认为戚家庄手工业生产范围包括玉石器、骨角器、蚌蛤器等，甚至还有贝螺加工，又通过对一些玉工家族墓的分析，发现其主要从事玉石器、骨蚌器加工生产，家族内部成员之间地位高低不同（《中原文物》第2期）。

四 专题研究

2022年度对夏商考古的探讨，涉及内容广泛，有很多关于青铜器、玉器、绿松石、原始瓷与印纹硬陶器、骨器、石器、漆器的专题研究。

（一）青铜器研究

青铜器的研究仍是重点，涉及多个方面与层次。青铜器图录大量出版，山西省考古研究院编《山西出土青铜器全集·闻喜酒务头卷》，对酒务头墓地出土的商代青铜器进行了集中展示（三晋出版社）。洛阳市文物考古研究院编《吉金羽光：洛阳出土商周青铜器线图集》，收录了6件商代青铜器（三秦出版社）。浙江省文物局编《越地藏珍：浙江馆藏文物大典（金属器卷）》，收录10件浙江各博物馆收藏的商代青铜器（浙江古籍出版社）。吉林大学考古与艺术博物馆编《吉林大学考古与艺术博物馆馆藏文物丛书·青铜器卷》，是对该馆所藏的青铜器的集中公布（上海古籍出版社）。徐州博物馆编著《吉金怀古：淮海地区的青铜时代》是对同名展览的图录，该著对该地区商周时期铜器进行综述并收录了一批商周时期典型青铜器的图像，其中包括18件商代铜器（科学出版社）。盘龙城遗址博物馆编《长江万里青：长江流域青铜器精品展图录》，收录了商周时期118件（套）青铜器，涵盖长江流域代表性的青铜农具、兵器、炊器、宴饮器、祭祀用具和乐器（上海古籍出版社）。么彬《淄博市博物馆藏商代有铭铜爵》，介绍了该馆收藏的4件有铭铜爵，为了解淄博地区商末周初青铜文化提供了重要资料（《文物》第1期）。韩雪《中国国家博物馆收藏的十件商代青铜器》，首次发表了该馆收藏的10件铜斝、觚、鼎、鬲，时代涵盖二里岗文化时期至殷墟文化一期（《中国国家博物馆馆刊》第7期）。

从单种、单类器物出发，通过类型学、文化因素等分析，探讨其功用、文化属性、文化交流的基础性研究较多。

容器方面，张翀、刘莹莹《中国古代青铜器整理与研究·青铜觥卷》，运用分型分式、年代分期等研究方法，讨论商周时期青铜觥的类型、年代、区域、器类、器物组合以及铭文纹饰（科学出版社）。王祁《记〈考古图〉著录的亚止尊》，认为《考古图》著录的"足迹罍"，应改称亚止尊，它出土于殷墟，是典型中原型因素与典型南方型因素结合的产物（《南方文物》第6期）。姚智辉《从妇好汽柱甑到海昏侯套合器：对中国古代蒸馏器的再认识》，其中对商代汽柱甑和青铜甗属性的分析，尤其是对妇好墓汽柱甑的再认识，探讨了古代蒸馏技术的发展和特点（中国社会科学出版社）。李唐《试论青铜时代早期三足青铜酒器的祭祀内涵》，着眼于铜爵、斝、角，分析其作为裸器的功用，探讨其馨香享神的祭祀内涵（《考古与文物》第6期）。

兵器方面，邵会秋《君子之兵：青铜剑与草原文化》，选取了十余类草原地区的特色青铜剑，考订了各类青铜剑的源流与发展，同时探讨了青铜剑的铸造、传播、所含草原文化气息、作为身份的象征等问题（上海古籍出版社）。刘思镯《殷墟墓葬随葬青铜钺的初步研究》，分析了殷墟墓葬铜钺的型式、分期，探讨了其作为军事领导权象征物的功用，并根据对出土件数的分析，探讨不同的墓主等级（《南方文物》第2期）。朱华东《肥西三官庙遗址出土铜钺初识》，分析了三官庙出土的3件铜钺，分别考察其与玉石钺、石刀和西亚新月式斧、商代中晚期小型铜钺的影响关系（《东方博物》第八十五辑）。

其他器类方面，井中伟、王建峰《商周青铜挹注器再辨识》，对铜匕、铜斗、铜勺进行分类，对几件特殊的挹注器、汲酒器进行辨识，探讨其功用，并结合古文字与文献探讨了斗、勺的称名（《考古》第2期）。王昱霖、王洋《商至西周时期铜軎研究》，对近50件铜軎进行分型分式，认为其起源于晚商，使用者多为较高等级贵族，等级高者葬軎数量较多。另外，葬軎的方式、位置及"两型并用"与"两型对置"的器用现象，表明其形制的区别或许代表车用途的区别（《文博》第5期）。

相比于上述单种、单类铜器的研究，对某一区域铜器群的综合分析则相对较少，白九江《试论城洋铜器群的文化属性》，通过对城洋铜器群三种文化因素的分析，探讨其与商文化、蜀文化的密切关系，认为城洋铜器群和宝山文化的创造者应属早期巴文化族群（《长江文明》第3辑）。

通过青铜器的特殊造型、纹饰，分析其社会文化与宗教文化内涵。陆刚《鄂尔多斯式青铜器造型艺术研究》，分析了夏商至两汉时期鄂尔多斯式青铜兵器与工具、装饰品、生活用具与车马具的产生与发展，艺术造型的构成规律，纹饰、图像的审美特质与文化内涵（中国社会科学出版社）。于筱筝《商周写实类动物造型青铜容器相关问题研究》，对鸟兽觥、鸟兽尊、鸟兽卣等进行分析，在商代，它们是礼器中的特殊器类，带有浓厚的宗教色彩，也蕴含了当时人们对这些动物的态度（山东大学《东方考古》编辑部编：《东方考古》第19集，科学出版社）。张翀《角隅：商周铜器营造的一种方式》，探讨了角隅这种特殊营造方式的不同手法，认为利用角隅来营造铜器既是时代、族群的产物，也有铸造工艺的因素（《美术研究》第1期）。美国艾兰、韩鼎合著《郑州商城青铜大方鼎造型与纹饰研究》，认为大方鼎的原型应为方形木质容器，乳钉纹带模仿了容器边套、箍圈上的成排铆钉，从纹饰来看，几件大方鼎的纹饰经历了由模仿性向装饰性发展的过程（《中原文物》第1期）。美国艾兰著，陶亦清等译《中国早期青铜礼器中的饕餮纹母题》，对饕餮纹进行综合探讨，将其与萨满教结合起来，认为其演变中充满着"萨满教式的超越"（南京师范大学文物与博物馆学系主编：《东亚文明》第3辑，社会科学文献出版社）。

通过青铜器物组合的研究，分析夏商时期的礼制。高西省《二里头青铜乐器、舞具组合助祭初探——从镶嵌绿松石龙纹铜牌与铜铃组合谈起》，认为二里头遗址出土的绿松石龙、镶嵌绿松石龙纹铜牌与铜铃形成固定组合，反映了当时以乐舞助祭的祭祀礼仪（《文物》第9期）。张昌平《论殷墟文化的镶嵌绿松石青铜器——从中国国家博物馆收藏的镶嵌绿松石方缶和兵器谈起》，通过分析镶嵌绿松石方缶、钺与戈，认为中商以后绿松石装饰转向青铜兵器和车马器这些实用性器具，绿松石器已失去了此前作为礼器的地位（《中国国家博物馆馆刊》第10期）。胡洪琼《殷墟墓葬铜觚爵随葬制度研究》，认为殷墟铜觚、爵是当时礼器组合的核心，具有等级性，其之所以能形成组合，是因为正需二者搭配使用于祼礼，才能完成祭祀活动（《南方文物》第2期）。严志斌《殷墟商墓铜器组合与墓主归属问题》，强调了要依据铜器组合与铭文的"解构"分析，来判定墓主及其族群的归属（《文物》第11期）。

矿冶考古研究成果丰富。王艳杰、魏国锋、张爱冰《庐枞地区与商周时期"金道锡行"关系试析》，通过分析庐枞地区丰富的矿冶遗存、在商周时期已出现的矿冶活动迹象，认为庐枞地区可能存在一条江淮间"金道锡行"的分支路线（《中国国家博物馆馆刊》第4期）。陈建立《中国古代冶金研究——对"生业与社会"冶金考古专题的总结和思考》，对近些年铜冶金、铁冶金、金银铅锌冶金考古研究的重要收获进行了总结（《南方文物》第5期）。苏荣誉《射线成像技术与商周青铜器铸接》，回顾了对青铜铸接的认识历史，揭示认知手段的变化，凸显射线成像的价值（《文物保护与考古科学》第6期）。张昌平《从三棱锥形器足看中国青铜时代块范法铸造技术特质的形成》，认为三棱锥形器足是早期铸造中技术选择的产物，从中可透视早期铸造技术的演进历程（《考古》第3期）。崔春鹏等《夏及早商时期晋南地区的冶铜技术——以山西绛县西吴壁遗址为例》，通过对西吴壁遗址所出冶金遗物的检测，探索晋南乃至整个中原地区的早期冶金技术面貌（《考古》第7期）。陈坤龙、梅建军《汉中出土商代铜器的科学分析与制作技术研究》，则是通过汉中青铜器群的分析，探讨其冶金技术（科学出版社）。通过单个、单类青铜器的个案分析，来探讨夏商冶金考古技术的文章有很多，如杨欢、江玲、杨军昌、陈豫增《凝固视野下的中国古代青铜器等壁厚现象观察与研究》，以青铜鼎为例进行探讨（《江汉考古》第5期），岳占伟、岳洪彬《殷墟铜觚铸造工艺研究》，以殷墟铜觚为例进行探讨（《南方文物》第6期），苏荣誉《晚商作册般青铜鼋的工艺及相关问题》，以两件作册般鼋为例展开探讨（《江汉考古》第1期），苏荣誉、张昌平《论盘龙城楼子湾青铜斝LWM4：3的铸造工艺及相关问题》，以单件铜斝为例展开探讨（《南方文物》第2期），陆晶晶、苏荣誉、丁忠明《灵石旌介赢簋新探——兼论散列式兽面纹和早期焊接工艺》，以单件铜簋为例，分别探讨其冶铸技术与特征（山西博物院编：《山西博物院青铜器CT扫描分析研究报告》，科学出版社）。

对青铜器的修复、科技检测，多以区域青铜器群或单个遗址青铜器个案研究而展开。蔡友振、王云鹏、郭俊峰《吉金藏礼——山东济南刘家庄商代青铜器保护修复与研究》（文物出版社）、蔡友振等《山东济南刘家庄遗址商代青铜器科学分析研究》（《文物保护与考古科学》第3期），对刘家庄遗址青铜器进行修复与分析，分析其合金组成、金相组织、铅同位素比值及特征微量元素。驻马店市文物考古研究所编著《驻马店闰楼商代墓地出土金属文物保护修复报告》，公布了该墓地青铜器等金属文物的保护修复情况（中州古籍出版社）。王璐等《甘肃临潭县磨沟遗址出土齐家文化铜器的分析与研究》（《考古》第7期），张东峰等《山东滕州出土商代中期青铜器成分分析》（《中国国家博物馆馆刊》第9期），付文斌等《城固出土5件商代青铜兽面饰的无损分析及初步研究》（《文物保护与考古科学》第4期），分别通过相关的科技分析，为探讨当地铜器的工艺技术、风格特征以及青铜文化的演进提供了新的视角。

（二）玉器研究

玉器研究方面，主要从器形器类、纹饰造型、礼制与宗教内涵等方面展开。

对玉料产地、玉器类型学、文化因素与文化交流进行分析，是对玉器的基础性研究。王方《古蜀玉器玉料分析及矿源产地调查情况综述》，通过对三星堆遗址、金沙遗址玉器材料的检测分析，认为三星堆、金沙遗址中绝大部分玉器应为就地取材、就地制作而成（《四川文物》第1期）。邓淑苹《史前至夏时期"华西系玉器"研究》（中）、（下），将齐家文化、月亮湾文化玉器列入"华西系玉器"，进行综合的探讨（《中原文物》第1、2期）。张飞、夏培朝《晚商动物造型玉器及其传播意义研究》，分析了动物造型玉器的年代背景、空间分布、传播特点，并认为其分布正与商王朝地方经略的军事活动相吻合（《考古》第12期）。杜金鹏《殷商玉戈名实考》，结合甲骨文中的相关文字，对殷商玉戈的形制、功用以及戈向圭的演化进行了讨论（《文物》第7期）。

通过玉器的研究，来探索夏商时期礼制、宗教文化。孙庆伟《礼以玉成：早期玉器与用玉制度研究》，收录有多篇对史前和夏商周玉器研究的论文，并以此探讨中国早期玉器所蕴含的礼制传统和政治文化内涵（北京大学出版社）。李玮涓《殷墟出土有领璧环初探》，对殷墟有领璧环进行类型划分，认为其造型可能来源于长江流域的商文化，与墓葬等级存在很强的相关性，在商代当是一种重要的玉礼器（《殷都学刊》第1期）。杨骊《玄鸟生商：商代玉器的神话考古》，将商代玉器与文献中的商人神话相结合，研讨商人先祖之谜、商人崇拜的神奇动物、人形玉器的神话雏形、玉石兵器的神秘功能等，对玉器作为宗教内涵的阐释（上海人民出版社）。宋亦箫《商代刻"⊕"符玉人为商祖神及雷神帝喾考》，认为商代一批玉人身上的⊕形符号，是雷神的标记，这批玉人作为雷神帝喾的偶像，供商人佩戴以保佑风调雨顺，或插嵌祭祷以求雨（《美术研究》第3期）。

（三）绿松石器研究

2022 年度对绿松石器的介绍与研究比往年增多。

公布了几批对绿松石器进行重新整理的资料，并举办了大型展览。湖北盘龙城遗址李家嘴 M2、M3 绿松石器与王家嘴 M1 绿松石器得到重新整理、分类，发现嵌片组成的绿松石器可能组成兽面纹之类的装饰，具有礼仪性功能（《江汉考古》第 4 期）。盘龙城遗址杨家湾 M11、M13、M17 出土的绿松石器数量多、类型多，也应具有较高的身份等级意义（《江汉考古》第 4 期）。盘龙城遗址博物馆编《色如天相　器传千秋：中国古代绿松石文化展》，是对同名展览的绿松石器的图录，其中收录有二里头遗址、殷墟遗址出土的夏商时期绿松石器（科学出版社）。

对绿松石矿源的探讨较多。刘玲等《湖北黄陂盘龙城遗址出土绿松石产源研究》，认为盘龙城遗址出土绿松石主要来自鄂豫陕矿区的南矿带，另有少部分来自鄂豫陕矿区的北矿带（《江汉考古》第 4 期）。张登毅、李延祥《安阳殷墟出土绿松石矿源初探》，认为商周时期绿松石矿源多元化，殷墟绿松石以陕西洛南辣子崖、湖北竹山喇嘛洞、湖北郧县云盖寺为主矿来源，以白河白龙洞为次矿来源（《文物》第 5 期）。张登毅等《河南驻马店闰楼墓地出土绿松石制品矿源特征探索》，认为该墓地绿松石制品的矿源特征信号是多元的，矿源有竹山喇嘛洞、洛南辣子崖和白河白龙洞地区，以及待考的其他矿源（《华夏考古》第 4 期）。

探讨绿松石器的制作技术、生产流通、礼仪内涵也有诸多成果。邓聪等《中墨绿松石嵌片制作技术对比研究》，以比较的视角，探讨绿松石制作过程中的嵌片技术，并由此引申探讨了绿松石器的社会价值与世界性意义（《江汉考古》第 4 期）。秦小丽《二里头文化时期绿松石饰品的生产与流通》，通过相关的绿松石作坊、绿松石装饰品实物的发现，分析二里头文化时期绿松石饰品的制作技术流程、流通与消费状况、原料来源（《中原文物》第 2 期）。田剑波《略论三星堆与金沙遗址出土的绿松石制品》，分析了两遗址出土的绿松石在类型、工艺和时代上的共性，并认为其工艺来源受到川西、甘青、中原等多个地区的影响（《江汉考古》第 4 期）。张昌平《概说古代中国绿松石器的发展及其礼仪性》，通过绿松石器发展的四个阶段，分析其礼仪性与装饰性的演变与联系（《江汉考古》第 4 期）。

（四）原始瓷与印纹硬陶器研究

原始瓷与印纹硬陶是夏商周时期南方地区的重要文化遗物。

对其发展历程的综合研究。郑建华、谢西营、张馨月《浙江古代青瓷》，纵论浙江省青瓷的发展历程，将夏商周时期的原始青瓷与印纹硬陶列入"滥觞期"（浙江人民出版社）。杨猛《试论印纹硬陶》，对印纹硬陶的起源、衰落过程与原因进行论述，认为其发展过程从侧面反映出了百越族的发展历程（《黄河·黄土·黄种人》5 月下）。

对产地、生产技术的研究。郭志委《试论早期长条形窑炉及其渊源》，分析闽浙赣交界地区早期长条形窑炉的形制类型、技术特点，认为正是这种窑炉的发展，深刻影响了南方印纹硬陶和原始瓷器的生产（《中原文物》第 6 期）。郑建明《北方地区出土先秦时期原始瓷产地再论——从装烧工艺的角度》，分析浙江、福建的原始瓷窑址，联系北方地区出土原始瓷器的装烧工艺，认为北方地区出土的先秦时期原始瓷应该是南方龙窑炉烧造的产物（《考古与文物》第 3 期）。牛世山《北方地区出土商代前期的硬陶和原始瓷来源研究》，则将商代前期硬陶和原始瓷的来源具体到江西地区（《考古与文物》第 3 期）。牛世山《北方地区出土商代前期硬陶和原始瓷的类型和年代研究》，通过列举相关的实物并作类型与年代学的探讨，认为这两类器物在北方最早出现于二里岗上层一期，延续到殷墟一期，以二里岗上层一期和二期者较多（《南方文物》第 6 期）。

（五）骨器、石器与漆器研究

骨、石器研究以单类器物的研究为主。陈翔《殷墟骨笄的种类、源流与功能》，对殷墟骨笄进行分型分式，分析其来源与演变，认为骨笄是束发的必需品，蕴含着商王朝的礼仪规范与制度（《考古》第 1 期）。李彦峰《夏商西周时期骨铲研究》，分析骨铲的型式、制作流程、生产模式，认为骨铲加工应属于家庭式制骨活动，小型骨铲应是有别于铜铲、木耜等工具的小型生产工具（《农业考古》第 3 期）。杨宽、赵俊杰、何毓灵《殷墟王裕口南地出土磨石研究》，通过 A 型磨石的特征与工艺设计分析、原料资源域调查、制作与使用实验等方面，探讨其技术、生产与使用情况（《农业考古》第 3 期）。

漆器的研究较少，洪石《中华早期漆器研究》一书，将出土的夏代漆器分为日常生活用器、乐器、兵器、服饰、葬具等几类，进行综合的探讨（社会科学文献出版社）。

2022 年度，随着一批重要遗址，如二里头遗址、郑州商城遗址、殷墟遗址、三星堆遗址等遗址新一轮考古所获重要发现，夏商时期考古学术研究也成果丰富，主要有以下特点：第一，都邑考古成果丰富，对二里头遗址、偃师商城遗址、郑州商城遗址、殷墟遗址的资料公布与学术探讨仍然是本年度夏商考古的重点方向；第二，对生业经济研究的重视度加大，广泛通过植物考古、动物考古研究探讨先民生业，甚至一些作者据此进一步考虑古代经济与文化演进、政治形势的关系，这意味着学术界更加重视"透物见人"的研究；第三，注重科技分析，对青铜器等的分析尤其重视使用科技手段，并积极地将分析结果进行公布；第四，注重多学科、多角度的综合分析，广泛应用了多学科、多方法参与的研究方式，比如将传统的考古学分析与文献学、古文字学、科技考古、地理学、古环境学等相结合，因此得出的结论往往更具说服性，也更容易为后续的研究所关注与借鉴。

当然，2022 年度的夏商时期考古学术研究也存在诸多不足。第一，中原夏商文化研究成果丰富，但相对的周边土著文化的研究成果太少，对区域形势的探讨不足。第二，专题研究中，青铜器的研究成果丰富，绿松石器的研究在本年度达到了一个高潮，但玉器研究相对不足，原始瓷器、印纹硬陶器、骨角石器、漆器的研究就显得更少。第三，对于一些学术难题，如夏文化、三星堆文化等问题，学术争鸣虽多，却存在各执己见、争论不休的混乱现象，若要得出相对统一的学术观点，仍需更多的努力。

（作者单位：南京大学）

两周时期考古

牛世山　王梦恒

2022年度的两周考古，有些遗址在既往工作的基础上取得了重要突破，一些新的发现也引起学界和公众的广泛关注。在聚落与城市考古理念的引领下，考古工作者的学术意识凸显，王都城址、诸侯封地、地方区域考古和研究尤其突出。

据不完全统计，2022年度出版两周时期的考古报告、研究专著、论文集和图录等近50部，刊出简报和研究论文超过300篇；举办了"曲村—天马遗址发现60周年、晋侯墓地发掘30周年""辛村遗址考古发掘90周年纪念大会"等不同规模的学术会议10余次。下面分三个方面介绍两周时期考古发现和研究情况。

一　西周时期考古发现

（一）王畿区

2022年度几处西周都城遗址持续开展工作，均有诸多重要发现。周原的几个遗址、沣西和洛阳成周与王城遗址公布了一批新材料。

周公庙考古队刊布了2004年宝鸡市岐山县周公庙遗址祝家巷北地点的资料，介绍了包括出土卜甲的H45在内的5座典型灰坑，确认5座灰坑基本属同期遗存，其年代早于周原遗址以往所认识的西周早期，而略晚于周原遗址的先周晚期，大致相当于商周之际，很可能属西周初期（《2004年度周公庙遗址祝家巷北地点发掘简报》，《华夏考古》第1期）。岐山县孔头沟遗址的单墓道大墓M9，年代为西周中期偏晚，墓主为一代采邑主。此墓虽经盗扰，但仍出土青铜器、玉石器等，发掘所见最主要的随葬品为木车与铜车器，随葬车衡的数量可能至少有6条，为已知西周墓葬之最，其中3件兽首形铜軎形制特殊，是首次发现的新器形，为研究西周车制提供了重要资料（《陕西岐山县孔头沟遗址西周墓葬M9的发掘》，《考古》第4期）。

西安长安区的沣西都城遗址大原村地点的制陶作坊遗址考古，2017—2018年发掘确认遗址的年代为西周晚期偏早阶段，发现有竖式升焰窑和横式半倒焰窑两种类型的陶窑，还有与制陶手工业相关的其他遗迹现象以及遗物。这是沣西遗址目前发现的最大一处西周制陶手工业作坊遗址，产品单一化和专业化。本项工作注重制陶手工业操作链，通过具体遗迹现象的清理上升到手工业作坊区的整体把握与研究（《西安市沣西大原村制陶遗址2017—2018年发掘简报》，《考古》第9期）。2019年发掘的两座西周晚期陶窑（Y14、Y15），丰富了对西周时期半倒焰窑形制的认识（《陕西丰京大原村制陶作坊遗址两座西周陶窑的发掘》，《中原文物》第3期）。

陕西省旬邑县西头遗址的发掘是近年泾河流域考古的重要收获之一。2022年，考古队确认西头遗址商周时期遗存分布面积约200万平方米，是迄今泾河流域规模最大的商周聚落之一。在遗址西侧区域发现夯土城墙、壕沟及道路遗迹，据发掘可知城址的年代为西周早中期。上庙墓地外围发现平面呈近三角形的大型围沟，年代为商周时期，围沟内墓葬应有近千座，已发掘的3座"甲"字形大墓——M90、M98、M99，年代分属商末周初、西周早期和西周中期。斜圳地点发现有与冶炼相关的残炉基、夯土建筑基址、灰坑等遗迹，该地点冶铜和建筑基址的年代集中在西周中晚期。西头遗址的发掘构建起该区域商周时期的年代序列，为探索周文化起源和早期发展提供了新的资料。发现的西周时期的大型城址，为王畿地区统治方式研究拓展了新路径。大型围沟墓地和高等级墓葬的发现，对研究泾河流域人群和聚落变迁、商周社会演进等具有重要意义（《2022中国重要考古发现》，文物出版社）。

河南洛阳市东郊帽郭村西周墓C5M1981的年代为西周昭穆时期，墓主或为殷遗民，至少为士一级，随葬铜戈、玉戈或表明了墓主的军人身份（《河南洛阳市东郊帽郭村西周墓C5M1981的发掘》，《考古》第2期）。在瀍河区的C3M521出土铜器、陶器、玉器等25件（组），该墓葬的时代应属西周中期，推测墓主人是殷遗民中的中小贵族（《洛阳瀍河区西周墓C3M521发掘简报》，《中原文物》第4期）。唐城花园C3M433出土有铜器、陶器、海贝、玉饰等，年代在西周中期（《河南洛阳唐城花园C3M433西周墓发掘简报》，《文博》第4期）。唐城花园C3M451出土有铜器、陶器、玉石器等，年代在西周中期前段；该墓出土的青铜器和陶器器形特征都具有明显的商文化因素，铜尊上的铭文也具有商文化铭文特征，该墓被定性为殷遗民墓葬（《河南洛阳市瀍河区C3M451西周墓发掘简报》,《北方文物》第4期）。

（二）封国区

山西绛县横水西周墓M1011是继M1、M2之后发现的又一座带长斜坡墓道的"甲"字形大墓，一椁二棺，墓主为男性，共殉葬五人，东侧有其专属的陪葬车马坑CH103。此墓随葬品的种类多，有青铜器、陶器、玉器、石器、骨器等。M1011是一代倗国国君的墓葬，年代在西周中期偏晚阶段（《山西绛县横水西周墓地1011号墓发掘报告》，《考古学报》第1期）。M2022为长方形竖穴土圹墓，一椁二棺，底部有腰坑，墓主性别不详，墓内有三个殉人和一只殉狗。此墓随葬品丰富，有青铜器、陶器、玉器等，年代属西周中期偏早阶段。根据墓葬规模、随葬器物规格及带殉人和殉狗等墓葬属性，推测此墓亦应是一座国君级别的墓葬（《山西绛县横水西周墓地2022号墓发掘报告》，《考古学报》第4期）。M2055为长方形竖穴土坑墓，东西向，一椁二棺，墓底有腰坑殉狗，墓内有两名殉人，随葬品有青铜器、陶器、玉石器、骨角器、蚌贝器等。该墓年代为西周中期晚段，墓主为倗国男性中等贵族。此墓中出土的楚公逆铜剑对于研究楚公逆的年代以及西周晚期楚国与中原关系亦具有重要价值（《山西绛县横水西周墓地M2055发掘简报》，《江汉考古》第2期）。

山西临汾市庞杜村的两座周墓随葬品丰富，有青铜器、陶器、玉器等，出土青铜器多为商式风格，并有"息"族族徽。发掘者判断庞杜墓地应属于"息"族墓地，是西周建立不久被分封于汾河流域的一支殷遗民群体（《山西临汾庞杜墓地M1、M2发掘报告》，《文物季刊》第4期）。

河南鹤壁市辛村卫国都城遗址核心区发掘7座西周墓葬和1座殉马坑，墓葬的形制均为竖穴土坑，部分有腰坑、殉狗，头向以北向居多，随葬陶器有鬲、簋、豆和罐，铜器有簋盖、盾钖、铃、戈及环等，时代为西周早中期（《河南鹤壁辛村遗址2015年度西周墓葬发掘简报》，《华夏考古》第5期）。

湖北随州市庙台子遗址考古发掘显示，该聚落从新石器时代晚期延续使用至东周时期，其中西周早期文化遗存最为丰富，主要有环壕，包括大型柱洞和墙基以及房屋活动面在内的建筑堆积，出土大量生活陶器，还有铜块、陶范、陶鼓风管等制铜遗物和骨器、骨料等。遗址面积大，存在内部功能分区，表明该遗址等级较高，可能为西周早期曾国的都城所在。遗址北距叶家山西周早期曾国墓地1千米，这是2011年湖北随州叶家山西周早期曾国墓地发现以来，在寻找与叶家山墓地同时的中心聚落上的一次突破（《湖北随州庙台子遗址西周遗存发掘简报》，《江汉考古》第1期）。

此外，本年度刊布的宁夏彭阳县姚河塬遗址的ⅠM4（2021年已刊布）两侧的M5、M6、M7等3座墓葬均为长方形竖穴土坑墓，一棺一椁，腰坑殉狗，虽经盗扰，但仍出土了铜器、陶器、玉器等随葬品。墓葬区外围的北、东、南三个方向有马坑、车马坑；西侧有一段南北向的壕沟，可能为墓葬的界沟。其中ⅠM4为"甲"字形，规格同东面的M13，墓主为高级贵族。发掘者认为ⅠM4属于诸侯级墓葬，应是西周早期迁到这里、为周王朝戍边保卫边陲的殷遗民旧族。还认为姚河塬西周聚落的人群构成复杂，有刘家、殷遗民、周人、寺洼、土著等多种人群杂居，但从高级墓葬中有腰坑、殉狗和殉人等习俗以及出土的商式器物来推测，这里由殷遗民人群管辖[《宁夏彭阳姚河塬遗址Ⅰ象限北墓地M4西周组墓葬发掘报告（下）》，《考古学报》第1期]。此外，姚河塬近年发掘的铸铜作坊区，位于内城东北部、高等级墓葬区以南，系已知西周早期位置最西北的一处铸铜手工业遗址，存在大型储水池、储泥池、羼和料坑、烘范窑、工棚、废弃坑等遗迹，产业链基本完整。根据出土遗物判断，该作坊区主要由殷遗民管辖。姚河塬铸铜作坊区的发掘，有助于西周铸铜技术体系及铸铜业的深入研究（《2022中国重要考古发现》，文物出版社）。

（三）其他

河北涞水县张家洼遗址经过系统发掘取得重要收获。其中，发掘多座西周时期的灰坑和墓葬，灰坑中出土器物年代集中在西周早期，陶鬲以花边唇筒腹鬲和商式鬲最为常见，罕见周式鬲。垒子河西岸台地发现有西周早期墓葬，规模较大，均为竖穴土坑墓，无腰坑，大多被盗扰。该墓地墓葬排列有序、成组分布。东岸台地发现的西周早期墓葬皆为竖穴土坑墓，亦未见腰坑。除22M4外，均无随葬品，葬俗特殊，葬式多样。两处台地的差异，暗示同时期人群族属可能不同。该遗址的发掘，填补了环燕山地区西周时期的考古空白，为探讨周代国族分封、人群迁徙与土著人群聚落差异提供了新的资料（《2022中国重要考古发现》，文物出版社）。

河南驻马店市薛庄遗址发掘西周中晚期遗存，出土的尖锥状足鬲和柱足鬲具有典型的楚文化风格，而鬲、豆、罐和簋等器物组合又具有浓厚的周文化色彩，这些发现填补了驻马店地区西周时期考古学文化的空白，也为探讨其与周边文化的互动交流提供了重要材料（《河南驻马店薛庄遗址西周遗存发掘简报》，《华夏考古》第4期）。

湖北襄阳市王家巷遗址清理两周之际至春秋早期的窑址、灰坑等，出土的大量制陶工具和陶质生活用器，判定该遗址为周代邓国制陶作坊遗址。其中早期为两周之际，中、晚期为春秋早期。这些发现丰富了两周时期制陶手工业的资料（《湖北襄阳王家巷遗址周代制陶作坊遗存 2013 年发掘简报》，《中原文物》第 3 期）。

四川盐源县老龙头墓地西周时期墓葬形制包括窄长方形竖穴土坑墓及瓮棺葬，随葬器物中少见铜器，以乳丁瓮、簋式豆等为主，出土器物类型单一。另有大批墓葬时期可延续至春秋战国时期。该遗址的发掘建立了盐源盆地青铜时代的年代框架和文化序列，墓葬所显示的丧葬习俗丰富了西南地区青铜时代的文化内涵（《2022 中国重要考古发现》，文物出版社）。四川成都市金沙遗址"黄忠小学"地点以商周时期遗存为主，清理有灰坑、灰沟、窑址、墓葬等遗迹，出土的陶器组合及器形与金沙遗址"祭祀区"等地点的遗存较为接近，属于典型十二桥文化。该地点的文化遗存分为早、晚两期，年代主体为商代中晚期至西周早期。这处遗址发现有一般性居址，对进一步探讨金沙遗址的聚落布局以及十二桥文化的内涵与时代特征等提供了新材料（《成都市金沙遗址"黄忠小学"地点商周遗存发掘简报》，《考古》第 2 期）。四川成都市盛家院遗址发掘的 Y1 属于十二桥文化，年代在西周中期偏晚阶段，保存完整。窑内筒形器摆放整齐，形制相近，为十二桥文化的制陶技术等问题提供了材料（《成都市郫都区盛家院遗址发现的商周时期陶窑》，《江汉考古》第 2 期）。

二 东周时期考古发现

（一）三晋两周及邻近地区

2022 年度三晋两周及邻近地区的考古工作以及发表的新材料较多，主要以墓葬为主。

河北行唐县故郡遗址 M53 为一竖穴土坑积石墓，主室周缘有四个墓室，其内的年轻女性应属殉人，出土青铜器、金器、玉石器等随葬器物 58 件（组）。M53 是故郡遗址发掘中所见的唯一一座有殉人墓，也是春秋至战国早期鲜虞中山国相关墓葬中殉人最多、规格颇高的一座墓葬，墓主人或为当时的"首领"式人物。M53 对于深入探讨故郡遗址墓地布局与社会结构、鲜虞中山国早期历史乃至以戎狄为代表的北方族群文化均具有极为重要的学术意义（《河北行唐县故郡遗址东周墓 M53 发掘简报》，《考古》第 1 期）。蔚县大德庄墓地 M1，封土下共发现 13 座墓葬。根据墓葬形制、出土遗物及组合情况，报告将这批墓葬的年代推测为战国时期，这批材料丰富了大德庄墓地的文化内涵，有助于深化对大德庄墓地的整体认识（《河北蔚县大德庄 M1 的发掘》，《考古》第 9 期）。

本年度出版的《荥阳小胡村商周墓地》，其中公布了河南荥阳市小胡村 2 座西周墓和 62 座东周墓，这些墓葬均为竖穴土坑墓，出土遗物 217 件，主要为陶器。年代从春秋晚期晚段延续至战国晚期。对研究周代丧葬习俗、族属及相关历史地理等问题具有重要的学术价值（中华书局）。河南新郑市侯家台村的 3 座墓葬铜礼器组合齐全、文化内涵丰富，M277 和 M606 年代为战国早期晚段，是目前发现最接近公元前 375 年韩灭郑这一时间点的墓葬，因此这两座墓葬出土的铜器，为郑国铜器的编年提供了重要的年代标尺，同时对于探讨郑国的丧葬文化和器用制度具有重要作用。M338 出土的薄壁热锻铜鼎和铜敦，年代为春秋晚期晚段，是目前发现最早的薄壁热锻铜鼎和铜敦,开薄壁热锻复杂青铜容器的先河,为战国时期丰富多元的薄壁热锻铜器奠定了基础,也表明春秋晚期是薄壁热锻技术发展过程中的重要节点(《河南新郑市侯家台墓地三座东周墓》,《考古》第10期)。洛阳市西工区升龙广场C1M10564为长方形竖穴土坑墓,无墓道,两椁一棺,出土有少量铜礼器、兵器、车马器、玉石器等,从墓葬等级来看属于中型墓,墓主身份为一般贵族,该墓年代应为春秋中晚期(《洛阳西工区升龙广场东周墓C1M10564发掘简报》,《中原文物》第6期)。新郑市黄帝故里景区东周墓葬M33是首次发现于郑国宫殿区的贵族墓葬,该墓为竖穴土坑墓,一棺一椁,食器组合为3鼎4簋1敦,其年代应该在春秋晚期早段,部分铜器的年代可能在春秋中期晚段。该墓出土的4件楚式簋,具有明显的过渡性特征,对春秋时期郑国的政治、经济、外交和礼制等课题的研究具有重要的意义(《河南新郑黄帝故里景区东周墓葬发掘简报》,《华夏考古》第5期)。三门峡市甘棠学校发掘的东周墓葬M568为竖穴土坑墓,一椁重棺,出土文物29件(组),其中铜礼器7件。该墓的发掘,为三门峡地区春秋晚期的墓葬制度、风俗习惯提供了新的实物资料(《河南三门峡甘棠学校春秋墓M568发掘简报》,《中国国家博物馆馆刊》第9期)。

此外,河南省宜阳县韩都故城遗址发掘出有建筑材料、生活陶器和制陶工具等,时代主要为战国中晚期至西汉初。此次发掘为了解宜阳故城遗址地层状况、遗物的文化因素等提供了重要材料,同时有助于对该区域秦文化的研究和探讨(《河南宜阳韩都故城遗址2016年发掘简报》,《华夏考古》第2期)。

山西黎城县楷侯墓地发掘10座墓葬,时代为春秋早期。其中M1和M10墓葬规模较大,是该墓地中的最高等级贵族的墓葬,根据墓地中其他墓葬出土青铜器判断此墓应该是楷侯墓葬。楷侯即传世文献记载的黎侯,为周代姬姓诸侯。黎侯的封地在晋东南地区,杂居于戎狄之间,因此这批资料是研究周代历史,特别是春秋早期历史的重要资料(《黎城楷侯墓地》,文物出版社)。太原市金胜村1989—1993年发掘的4座中型铜器墓,与著名的M251(墓主或为赵简子)属同一个墓地,都是积石积炭的中型贵族墓,但墓向不同。4墓出土铜礼乐器100余件,以及大批铜车马杂器和兵器、玉石器等,特别是M673和M674随葬两对铜鉴及吴国铜鼎,是研究东周晋文化及晋吴关系的重要资料(《太原市金胜村东周铜器墓1989—1993年发掘简报》,《考古学集刊》第27集)。沁水县八里坪遗址M1、M2均为小型铜礼器墓,长方形竖穴土坑,均为一椁一棺,出土了铜器、陶器、骨器等各类文物。其墓葬形制及出土器物具有明显的晋文化特征,年代应属于春秋中晚期(《山西沁水八里坪遗址新石器时代与东周墓葬发掘简报》,《文物》第11期)。闻喜县上郭—邱家庄遗址M1和M8为夫妻异穴合葬墓,两墓均为竖穴土坑,葬具一棺一椁。两墓出土器物丰富,有铜礼器、玉石器、陶器等,年代为春秋晚期,为研究这一时期晋国历史文化提供了重要的考古资料(《山西闻喜上郭—邱家庄遗址M1、M8发掘简报》,《中国国家博物馆馆刊》第9期)。平遥县东城村M6为竖穴土圹墓,一椁一棺,墓主仰身直肢,为成年女性,随葬品主要有仿铜陶礼器、日用陶器及玉石器等,年代当在战国早中期之际,墓主当为三晋体系下的赵国下层贵族。该墓葬的发掘暗示东城村区域可能是一处战国墓群所在地,附近当有相应的城邑或聚落(《山西省平遥县东城村战国、金代墓葬》,《中国国家博物馆馆刊》第11期)。襄汾县陶寺北墓地2016M1是一座大型贵族墓,出土青铜礼乐器33件,墓主人是位孕妇(《山西襄汾陶寺北墓地2016M1发掘简报》,《文物季刊》第 1 期)。《山西隰县瓦窑坡墓地 M25、M26 发掘简报》报道的两墓均为竖穴土坑墓，M25 具有典型的晋文化特征；M26 为二次葬，在以往春秋时期的晋文化墓葬中极为少见，或许一定程度上反映出晋国边地文化来源及人群构成的相对复杂(《文物季刊》第 1 期)。朔州市后寨墓地清理了东周墓葬 321 座，车马坑 1 座，马坑 2 座。该墓地出土遗物文化面貌十分复杂，文化因素涉及本地土著文化与赵文化，是研究战国时期赵国北扩进程的重要实物资料，也有助于晋北地区东周时期文化面貌的研究(《山西朔州市后寨墓地东周时期墓葬发掘简报》，《北方文物》第 6 期)。此外，山西阳泉市平坦垴战国水井与国内同时期古井构筑方式存在较大差异，为研究东周时期水井构筑方式提供了重要资料(《山西阳泉平坦垴战国水井发掘收获与研究》，《文物季刊》第 4 期)。

(二) 楚文化地区

荆门市博物馆等单位编著的《荆门新宏与余湾楚墓》，公布了春秋早期至战国晚期楚墓 65 座。此前荆门地区发现的中小型楚墓不多，故该批墓葬的发现为汉水中游地区楚文化的研究提供了新的资料(科学出版社)。湖北省云梦县郑家湖墓地 2021 年发掘 C 区的墓葬 116 座，属于战国晚期至西汉初的秦文化中小型墓葬。墓葬均为长方形竖穴土坑墓，葬式以仰身直肢为主，个别为屈肢葬。葬具分为一椁一棺和单棺两类。这批墓葬进一步丰富了云梦地区秦墓的材料，为研究出关秦人的丧葬习俗、生活状况与文化变迁提供了重要资料，同时为廓清楚王城城址与城郊墓群(包括龙岗、睡虎地等墓地)的整体布局和内在关联提供了关键材料。M274 所出木觚是目前所见文字最长的木觚，内容不见于传世文献记载，为学界提供了一篇全新的策问类文献，丰富了战国后期的政治史资料(《湖北云梦县郑家湖墓地 2021 年发掘简报》，《考古》第 2 期)。荆州市雨台山张大冢墓地发掘的 14 座战国墓葬，可分"甲"字形竖穴土坑墓和长方形竖穴土坑墓两种，墓葬方向也存在差异。根据出土遗物可知其主体年代为战国中期晚段至战国晚期早段，个别可能到战国晚期晚段。通过此次发掘，可以判断张大冢二号墓及其周边墓葬应为一处战国中晚期楚国低等级贵族的家族墓地(《湖北荆州市雨台山张大冢墓地战国墓葬》，《考古》第 4 期)。在荆州市的任家冢墓地、朱家草场墓地、无名冢墓地 3 个地点共清理 31 座战国墓葬，这些墓葬时代基本在战国晚期。通过对出土随葬器物的分析，随葬一般出土日用陶器的墓主可能为战国晚期楚故都纪南城周边的一般平民，个别规模稍大，带墓道，且出土铜兵器的墓主身份较高，可能为士一级别。这些墓葬对研究战国时期楚纪南城周边墓葬的选址、埋葬方式、随葬器物组合、居民丧葬习俗等提供了丰富的实物资料(《湖北荆州任家冢等墓地战国墓葬发掘简报》，《江汉考古》第 1 期)。湖北沙洋县新宏墓地 M1 为"甲"字形竖穴土坑墓，口大底小，呈斗状；墓道位于墓坑南端正中；棺椁内置棺室和头箱，为典型的楚式墓。整体保存较好，未遭盗扰，出土陶、铜、玉石器等随葬品 30 余件。发掘者根据墓葬形制和出土器物判断该墓时代为战国中期，墓主身份应属楚国"士"级别贵族(《湖北沙洋新宏墓地 M1 发掘简报》，《江汉考古》第 6 期)。

(三) 吴越地区

吴越地区的考古工作较多，公布的一批新材料对于深入探索吴越早期历史具有重要价值。

浙江萧山市安山窑址发现的3座东周龙窑址，其出土器物可分原始瓷、印纹硬陶、窑具三大类。安山窑址出土的原始瓷和印纹硬陶可分三期，第一期年代为春秋晚期，上限或可至春秋中期；第二期年代为春秋末期至战国初期；第三期年代为战国早期。安山窑址是萧山地区继前山窑址之后，再一次完整发掘的东周时期原始瓷和印纹硬陶合烧的窑址，05XAY1火膛两侧的护窑土墙在同时期窑址中尚属首次发现。安山窑址的发掘，对于研究东周时期原始瓷及印纹硬陶的窑业技术、生产体系都有重要意义（《浙江萧山安山东周窑址发掘简报》，《文物》第2期）。宁波市大榭岛方墩东周制盐遗址出土了较多制盐陶器和少量日用陶器，制盐陶器均为放置在盐灶中以支撑煮盐器具的支臂和支脚，其制作可能已经有标准化倾向。简报结合遗址年代、位置、自然环境和文献记载认为这是一处春秋晚期至战国早期由越国管辖的盐业生产聚落（《浙江宁波大榭岛方墩东周制盐遗址的试掘与初步研究》，《东南文化》第1期）。嵊州市缸窑D1为一土墩石室墓，由封土、石室及护坡组成，共出土器物35件，出土有原始瓷、印纹陶等，加之墓葬所在的嵊州地处越国腹地，可定性其为越国墓葬，时代应为春秋晚期，推断墓主可能为小贵族或较富的平民。缸窑D1已具备封门、甬道等室墓相关的附属设施，为探索中国室墓的演化提供了重要资料。发掘者对随葬的器物群组进行分析，揭示出本地越墓可能曾使用3倍数器件（或器组、器套）的陈列制度（《浙江嵊州缸窑春秋土墩石室墓发掘简报》，《文物》第7期）。

《溧阳天目湖考古发掘报告》公布了江苏溧阳抽水蓄能电站建设征地范围的考古发掘资料，其中刘家山土墩墓D1，四分山土墩墓D1、D2、D4，庙山土墩墓D1，门口田土墩墓D1，四分山土墩墓D3，青龙墩土墩墓D1以及桃园遗址和坟山头遗址均较为重要。这批春秋战国时期土墩墓的发掘为进一步研究溧阳地区土墩墓特征及丧葬习俗积累了重要材料（文物出版社）。溧阳市杨家山土墩墓群D1为典型的一墩多墓式结构，D3为一墩一墓式结构，随葬品主要有几何印纹灰陶罐、硬陶坛、陶鼎、陶盉、原始瓷碗、原始瓷盂等，时代为春秋中期（《江苏溧阳杨家山土墩墓群D1和D3发掘简报》，《东南文化》第1期）。溧阳市后王土墩墓D2出土遗物58件，主要为夹砂陶、印纹硬陶、泥质陶、原始瓷等，年代为春秋中晚期（《江苏溧阳后王土墩墓D2发掘简报》，《东南文化》第3期）。

《宁国灰山土墩墓》公布了安徽宁国市灰山村的36个土墩、包括86座单体墓葬的考古资料。墓葬以浅坑竖穴为主，出土遗物共360余件，以原始瓷器和印纹硬陶器为主，另有少量夹砂陶器和泥质陶器（科学出版社）。

江西樟树市国字山战国墓位于高约5米的小台地顶部，外围有东西长约80米、南北宽约63米的近长方形围沟环绕。墓葬为东西向"中"字形竖穴土坑墓，墓室呈正方形，椁室内被分隔为25个分室，其内放置7具木棺，其中主棺位于椁室中部S22内。该墓虽被盗，仍出土器物2600余件（套），包括礼器、乐器、兵器、车马器、日常用器等多种品类。综合器物铭文与遗物形态确定M1的时代约在战国中期，体现出越文化、楚文化等多种文化因素交融共存的特征。国字山战国墓的发掘填补了江西东周时期考古的空白，为构建和完善本区域两周时期考古学文化谱系提供了重要资料，对于研究江西地区东周时期吴、越、徐、楚等国关系、政治格局演变具有重要意义，也为东周时期南方地区的百越文化研究提供了新的资料，有助于探索"中华文明多元一体"进程（《江西樟树市国字山战国墓》，《考古》第7期）。

（四）秦文化地区

秦文化区考古公布的资料主要包括祭祀遗存和墓葬两类，对于了解两周时期秦文化面貌以及丧葬习俗提供了新资料。

陕西省宝鸡市吴山祭祀遗址，经 2016—2018 年考古调查、勘探和发掘确认该遗址面积约为 10.2 万平方米，各类遗迹 106 处。发掘车马祭祀坑 8 座，坑内均有四马一车，出土青铜车马器、玉器、铁器、骨器等。吴山遗址祭祀坑与陕西凤翔雍山血池秦汉祭祀遗存 2016 年发掘的 A 类坑类型相近，年代也相近。综合历史文献和考古发现，吴山遗址出土的铁锸应与玉人、玉琮、车马器是为特定的对象——炎帝服务的。祭祀坑的年代属于战国晚期至西汉，吴山遗址应是秦灵公所作吴阳下畤（《陕西省宝鸡市陈仓区吴山祭祀遗址 2016—2018 年考古调查与发掘简报》，《中国国家博物馆馆刊》第 7 期）。

甘肃甘谷县毛家坪秦墓新材料丰富了秦文化的内涵，将极大促进秦墓年代序列和文化特征的研究。其中 2012—2014 年在毛家坪沟东区发掘的 52 座墓葬，按照形制可分为竖穴土坑墓和洞室墓两类。墓葬年代从西周晚期一直延续到战国晚期，器物组合在西周晚期至战国早期一般为鬲、盆、豆、喇叭口罐，战国中晚期转变为铲足鬲、壶（或罐），发生了很大转变，反映了秦文化在战国早、中期之际的转型（《甘肃甘谷毛家坪遗址沟东墓地 2012—2014 年发掘简报》，《文物》第 3 期）。毛家坪沟西墓地北区发掘了 140 座墓葬，均为长方形竖穴土坑墓，主要是头向西的屈肢葬，出土各类器物 1000 多件（组），时代从西周晚期延续至战国中晚期，由出土器物可知属秦文化范畴（《甘肃甘谷毛家坪遗址沟西墓地 2012—2014 年发掘简报》，《文物》第 3 期）。此外，一座春秋墓 M2059 在遗址内等级最高，其平面呈长方形，椁室被分隔为头箱和棺室，棺室内放置内、外双棺。出土随葬器物 71 件（组），有铜、陶、玉、石、金及漆木器等。该墓带 5 个壁龛，有 6 具殉人，随葬包括五鼎四簋在内的 15 件铜礼器，是整个遗址级别最高的墓葬，墓主属大夫级别。车马坑 K201 内有 3 辆车，均为木制双轮独辀车，为了解春秋时期秦车舆制提供了宝贵资料。该墓年代应在春秋中、晚期之际，"子车戈"铭文说明墓主为子车氏家族成员 [《甘肃甘谷毛家坪春秋秦墓（M2059）及车马坑（K201）发掘简报》，《文物》第 3 期]。

2022 年度刊出的 1981 年发掘的陕西宝鸡市西高泉墓地资料，其中春秋战国时期的秦墓 71 座。墓葬均为长方形土坑竖穴，墓向以东西向居多，墓底均置木质葬具，多数为一椁一棺，少部分为一椁两棺，人的葬式有直肢葬和屈肢葬两类。西高泉墓地绝大多数墓葬为东西向的屈肢葬墓，随葬品主要有鬲、甗、盆、豆、罐等日用陶器，还有鼎、簋、壶、盘、匜等仿铜陶礼器，属于比较典型的秦墓。西高泉墓地墓葬的时间范围从春秋早期开始，延续到了战国晚期之初，是一处几乎延续了整个东周时期的秦人墓地，对于认识秦文化在关中的发展具有重要价值（《陕西宝鸡市西高泉墓地 1981 年发掘简报》，《考古》第 5 期）。宝鸡市旭光村 3 座秦墓均为小型竖穴土坑墓，随葬器物以陶器为主，年代为战国晚期至秦代（《陕西宝鸡旭光村秦墓发掘简报》，《考古与文物》第 5 期）。宝鸡市东沙河西路发掘的 24 座战国秦墓均使用木质葬具，普遍采用屈肢葬。随葬品以陶器为主，有仿铜陶礼器鼎、壶、豆等，日用生活陶器鬲、釜、罐等，年代集中在战国晚期（《陕西宝鸡东沙河西路战国秦墓发掘简报》，《文博》第

6期）。韩城市陶渠遗址发掘的15座秦墓，随葬釜、甑、盆、罐、茧形壶、蒜头壶等陶器和铁釜、铜镜等，根据墓葬形制和出土器物判断这批墓葬的年代应为秦统一时期（《陕西韩城陶渠秦墓发掘简报》，《文博》第2期）。西咸新区空港新城岩村墓地清理秦文化墓葬76座，共出土陶、铜、铁、玉石等质地文物119件（组），该墓地主体应为战国晚期至秦代的秦人平民墓地（《陕西西咸新区空港新城岩村墓地发掘简报》，《文博》第2期）。

（五）齐鲁文化区

2022年发掘的山东淄博市南马坊战国大墓，是近年齐鲁地区东周考古的重大发现之一。南马坊大墓（M1003）为一座夯土构筑的"甲"字形墓葬，由墓道、墓室、椁室、陪葬坑等部分构成，椁室位于墓室中部偏东，中有一南北向石墙将其分为东、西两室。椁室四周有陪葬坑9座，近方形，殉人多为女性。该墓出土有铜编钟、石磬残件、漆木柲、木构帷帐等，另在大墓北部和东部各发现长方形车马坑1座。南马坊大墓的年代应为战国早期，恰在"田氏代齐"这一历史进程的关键时期，墓主身份应是不低于上卿一级的齐国高级贵族。该墓是目前山东地区正式发掘的规模最大的东周时期墓葬，对研究齐国丧葬、艺术、制度以及政治变迁等具有重要价值（《2022中国重要考古发现》，文物出版社）。

2017年发掘的山东省寿光市机械林场遗址，在Ⅰ区、Ⅲ区共清理各类遗迹30余处，包括灰坑、盐井和盐灶等。出土器物有圜底瓮、鬲、豆、盆、罐、瓦等，绝大部分为残片，以圜底瓮残片为大宗，器物年代集中在战国早中期。初步判断该遗址为战国时期一处煮盐作坊，该遗址的发掘有助于东周齐国盐业生产和盐政制度的研究，是山东地区手工业考古的又一重要进展（《山东寿光机械林场东周盐业遗址发掘简报》，《东南文化》第1期）。

山东龙口市西三甲墓地有战国墓32座，多数分布于中区，均为土坑竖穴墓，其中3座设壁龛，1座有脚坑，13座带腰坑。葬具均为长方形棺椁，棺椁多髹漆，其中21座为单棺，10座为一棺一椁，另有1座为一棺两椁。多为仰身直肢葬，也有一定数量的屈肢葬。大部分墓葬均有随葬品，主要包括陶器、铜器、玉石器和骨器等。M66出土了一套完整的荒帷串饰，对于重新审视烟台地区乃至山东全省周代墓葬荒帷制度提供了重要的实物资料（《山东龙口市西三甲墓地的发掘》，《考古》第11期）。淄博市西关南村M1战国墓为带斜坡墓道的竖穴土坑木椁墓，墓室呈长方形，椁室挖建于墓底近中部，椁室外围分布数座陪葬墓，年代应为战国早期。墓主身份应为齐国下大夫或士一级的中小贵族。M1出土3件"□夷"铭铜戈，椁室内东侧设置一长方形器物箱，在战国时期齐墓中均属首次发现，对于研究齐国历史文化以及墓葬制度具有重要意义（《山东淄博临淄西关南村一号战国墓发掘简报》，《文物》第9期）。日照市马庄遗址的一批周代小型墓葬均为土坑竖穴墓，随葬品主要为鬲、罐、豆、器盖等陶器以及少量铜器、原始瓷，年代属西周晚期至春秋中期，该墓地的发掘为鲁东南地区周代考古学文化的研究提供了重要材料（《山东日照市马庄遗址周代墓葬发掘简报》，《北方文物》第5期）。

（六）燕文化地区

河北涞水县张家洼遗址发现的战国时期遗存有零星的夯土残迹和灰坑、水井等，发现的水井22H56的井圈外壁上有"陶工乙""陶工尹""陶工乘"等戳印陶文，部分可与燕下都同时期陶文相互印证，丰富了战国中晚期燕文化的内涵（《2022中国重要考古发现》，文物出版社）。

河北滦州市韩新庄遗址发现的大批瓮棺葬，年代应属于战国中期至西汉中期，韩新庄遗址发现的瓮棺葬，是战国至汉代最具代表性的瓮棺葬墓群之一，为研究燕文化的传播提供了新的材料（《河北滦州市韩新庄瓮棺葬发掘简报》，《北方文物》第3期）。

河北雄安新区五周年考古成果介绍了部分燕文化遗址，杨家庄遗址战国时期遗存出土大量建筑构件和丰富生活用器，呈现出典型燕文化特征。南阳遗址由南北并列的大小两座战国时期城址构成，城址始建年代不早于战国中晚期。南阳遗址西北侧战国中晚期西河墓地出土的遗物种类丰富，可基本确定遗址主体文化遗存应是东周至汉代的燕文化。结合2017年发现西汉时期"易市"陶文陶片，为寻找东周时期燕国南部城邑"易"提供了关键线索（《河北雄安新区考古五周年成果回顾：保护弘扬优秀传统文化 延续雄安历史文脉》，《中国文物报》2022年4月29日）。

（七）巴蜀文化地区

《开州余家坝》公布了重庆开州区余家坝战国时期257座墓葬的发掘资料，为研究重庆市乃至整个长江三峡地区的巴人和巴文化提供了丰富的实物资料（《开州余家坝》，科学出版社）。

四川彭州市龙泉村几座东周时期墓葬，其中M1、M3、M4保存状况较好，为竖穴土坑墓，形制与出土器物组合具有鲜明的地域特色与时代特征。3座墓葬年代为春秋末年至战国中期偏早阶段，存在明显的等级序列：第一等级以M1为代表；第二等级以M3为代表，墓室面积较M1略小，随葬器物以铜器居多；第三等级以M4为代表，随葬器物以陶器为主，墓室规模较小，显示出明显的墓葬等级差异。这是龙泉村东周聚落社会层级结构复杂性的反映，龙泉村聚落可能是当时成都平原偏北地区一处重要的区域中心聚落。M3、M4填土中随葬固定铜器组合（矛、剑、钺、带钩）的习俗，丰富了成都平原东周时期蜀人的丧葬习俗与文化内涵（《四川彭州龙泉村遗址东周墓葬发掘简报》，《文物》第5期）。

（八）其他地区

榆林市文物考古勘探工作队、西北大学文化遗产学院等单位编著《米脂卧虎湾：战国、秦汉墓地考古发掘报告》，发表了该墓地发掘战国、秦汉墓葬463座。该墓地墓葬形制多样，有竖穴土坑墓、竖穴洞室墓等，葬具有一棺一椁或一棺等，葬式有侧身屈肢、仰身直肢等。卧虎湾墓地整体年代范围晚于李家崖、寨头河和史家河墓地，为完善陕北地区战国至汉代的考古学文化序列提供了新资料。从出土器物以及墓葬面貌来看，春秋晚期至战国早期白狄为该墓地主要人群，战国中期晋人开始进入该地与当地原有白狄共同杂居，同时还有部分戎人和当地人群有所交流。战国晚期前段，晋人所占人群比例不断上升。战国晚期后段，秦人进入该地，秦汉时期属中央集权管理的地域范围（文物出版社）。

西藏自治区山南市结桑墓地本年度清理了墓葬40座，墓葬分布较为密集，可能存在规划。墓葬类型以土坑石室墓为主，另有少量洞室墓和石棺墓，大部分均为西北—东南向，葬式主要为屈肢葬，出土有大量陶器、铜器、铁器、玉石器等。结桑墓地的整体年代应在周、秦、汉时期，属于西藏早期金属时代。从墓地表现出的丧葬文化、出土器物的类型和特点来看，至迟在战国秦汉时期，西藏中部地区已经形成了共同文化区（《2022中国重要考古发现》，文物出版社）。

《白敖包遗址发掘报告》公布了1986年和1989年内蒙古自治区伊金霍洛旗白敖包遗址的考古资料。两次发掘清理了大量房屋、灰坑、灰沟、墓葬遗迹，出土了一批陶器、石器、骨器等遗物，对建立鄂尔多斯地区新石器时代至青铜时代考古学文化序列有重要意义，有助于推动河套地区考古学文化谱系的深入研究（文物出版社）。

三　考古、历史与文化研究

2022年度基于两周考古材料的研究成果集中在理论与方法的反思、综合性研究与专题性个案研究等方面。

（一）理论与方法

徐良高认为西周历史年代学的研究，要重视建立合理、精细的考古学文化分期断代体系，结合现代科技测年和古天文学的历法研究，发挥不同学科的优势，加强多学科的整合研究（《考古年代学与西周历史年代研究》，《中国史研究动态》第3期）。

长期以来，"康宫"原则被学界视为西周铜器断代的一个重要标准。随着随州叶家山铜器的发现，该原则的适用性又引起了讨论。杜勇、王凯从令方彝、令簋铭文出发，从证据的有效性、直接证据的周延性、辅助证据的相对性三个层面进行了讨论（《康宫年代问题的方法论检讨》，《中国史研究动态》第3期）。韩巍认为，研究西周铜器断代必须紧盯西周考古的最新发现，运用"标准器断代法"和"系联法"对青铜器进行更为精确的断代，利用铜器铭文揭示考古学方法不易发现的特殊现象（《今天的铜器断代研究本质上是考古学研究——兼论新材料能否挑战"康宫说"》，《中国史研究动态》第3期）。刘树满对鼓腹方彝做了分期，认可令方彝为昭王时器，认为随州曾公编钟铭文并不足以否定"康宫"原则的合理性（《也谈曾公编钟与令方彝暨"康宫"原则问题》，《江汉考古》第4期）。

还有学者对田野考古中的理念和方法进行了总结和反思。马强以姚河塬遗址考古为例，对调查、勘探、发掘、资料整理、合作模式等方面作了总结（《精耕细作——姚河塬城址田野考古工作理念探讨》，《南方文物》第1期）。谢尧亭以翼城大河口西周墓地考古为例，指出在资料整理过程中发现当年田野考古发掘存在一些问题，如填土的发掘过程，棺内外遗物的辨识，熟土二层台的确认，小件器物和脆弱质遗物的清理和提取以及技工的培训学习，墓葬登记表的制作，工作日记、照相和绘图工作的衔接等。他呼吁田野考古工作者要树立敬业精神，发掘工作要慢要细，要强调细节，要实事求是（《从资料整理回顾田野发掘中存在的问题——以山西翼城大河口西周墓地为例》，《文物季刊》第1期）。

（二）综合性研究

2022年度出版的《夏商周断代工程报告》全本是对"夏商周断代工程"9大课题、44个专题研究的综合与总结，是在《夏商周断代工程 1996—2000 年阶段成果报告》简本的框架和结论的基础上编写修订而成，全面系统地反映了"夏商周断代工程"的实施和研究过程、取得的成果和结题后的重要新进展。该报告的出版将进一步促进三代考古研究的进步，同时将为深入研究中国古代文明的起源和早期发展打下良好的基础（科学出版社）。

刘绪先生的遗著《夏商周文化与田野考古》出版，其中收入《周代墓地族系分析——以腰坑、殉与牲现象为主》《西周疆至的考古学考察——兼及周王朝的统治方略》等周文化研究相关的论文 9 篇，研究内容涉及墓地族系分析、遗址分期与布局、西周疆域四至、封国考古、墓地族属、丧葬制度等经典问题，反映了刘绪先生以田野考古为基础的学术研究的广度和深度，该书是当前夏商周考古前沿问题研究进展的缩影（上海古籍出版社）。

李伯谦先生的《晋侯晋都晋文化》出版，其中收录《晋侯墓地发掘与研究》《晋侯稣钟的年代问题》《从长时间段着眼的晋系墓葬研究》等有关晋文化的论文 21 篇，是李伯谦先生长期主持晋侯墓地考古发掘与研究的结晶。研究论文涉及晋国始封地、西周晋侯排序、叔虞方鼎铭文考释、晋侯墓地随葬玉器及西周后期用玉观念的变化等问题，对研究晋国文化具有重要价值（三晋出版社）。

沈载勋的《晋国霸业：从晋之分封到文公称霸》，首次重构和展现了从叔虞分封到重耳称霸的晋国前期历史，该书立足新发现的考古资料和传世文献，通过分析晋国地理环境、民族关系、文化交融、国内政治、外交关系、霸权建立过程等内外多个方面，深入研究了晋国从西周初年的诸侯国，到在春秋时代发展为地域国家、强大霸权国家的过程（上海古籍出版社）。

朱凤瀚先生的《商周家族形态研究》再版，对涉及商周家族的亲属组织的规模和结构、居住形式，家族成员的等级结构，家族内部的政治形态与经济形态，家族的社会功能等进行了全面的考证探析，对商周不同历史时段家族形态的演变及其变化的背景和原因，以及这种演变对国家结构、政体、军事组织、经济制度等方面的影响做了深入研究（商务印书馆）。

韩巍的专著《青铜器与周史论丛》，收入他在西周青铜器、金文和西周历史、考古研究方面的论文 14 篇和书评 1 篇，大部分文章围绕铜器断代、西周世族、西周世族的族姓来源、西周政治制度等问题展开，结论颇多新见（上海古籍出版社）。

王坤鹏的专著《越在外服：殷商西周时期的邦伯研究》，讨论了商周时期的外服制，研究了"邦伯"这一政治及社会组织在殷商西周时期的发展，探讨了处于早期国家"外服"区域的邦伯被纳入中心王朝的过程，亦即早期国家统治区域不断开辟以及政治体制随之演变的过程（商务印书馆）。

王恩田先生的《商周史地发微》辑录了他关于古史研究的论文，其中以商周史为主体。关于周、鲁、齐、秦、晋、虢、秦、楚、燕、吴、宋、曾、纪、杞、滕、邾、费等先秦古国的史地问题均有专题论述。对于素来苦于文献匮乏的商周史研究，该书充分发挥了考古学补史证史的作用，大大拓展了商周史的研究空间（商务印书馆）。

（三）专题研究

2022 年度两周时期具体的专题研究较多，涵盖族群与社会、礼制与官制、墓地与墓葬、城邑与建筑、器物与器用制度、资源、技术与手工业生产、科技考古与文物保护等方面。

1. 族群与社会

马赛从墓葬出发，认为西周时期关中地区主要有周人和殷遗民两个大的群体，并讨论了周人对殷遗民的安置策略（《试论商周时期关中地区的人群构成——以墓葬材料为中心》，《考古与文物》第4期）。杨博发表《芮国墓葬与"周余民"族群的相关问题》指出，芮国墓葬在形制规模、随葬器用诸方面的等级差别，显示出西周晚期"礼制改革"之后周人遵行的礼制情况，也成为东迁后"周余民"所坚守的族群特性（《殷都学刊》第3期）。史党社出版了《秦与"戎狄"文化的关系研究》，从宏观与微观两个方面对二者的关系史做了初步的重构（上海古籍出版社）。魏兴涛、李宏飞推测平顶山市蒲城店遗址在西周时期应当是一处以殷商遗裔普通民众为主体的小型聚落；在西周应国的范围内，至少存在上层贵族、中层贵族和下层民众三个大的社会层级（《从蒲城店遗址探讨西周应国的社会文化格局》，《考古》第6期）。王含元考察了军都山墓地墓主的性别情况，发现军都山墓地的男女性别比整体失衡，并探讨了玉皇庙文化社会分工、财富获取与分配以及社会构成等相关问题（《墓葬所见玉皇庙文化的性别与社会》，《四川文物》第2期）。

朱凤瀚先生认为西周早期金文中属于"天黽"氏的献侯应与酒务头的"天黽獻"氏有密切关系，酒务头墓地可能是"天黽獻"氏（或其分支）上层贵族的墓地，年代在殷墟文化三、四期，M1下限则可能晚至周初（《酒务头墓地与"天黽獻"器群》，《中国国家博物馆馆刊》第10期）。田伟基于山西绛县横东、拱北、周家庄等几处周代聚落的调查和发掘情况，认为这些聚落的存续时间皆为西周时期，另有一些可以晚至春秋初年。横东周代聚落规模大，内涵丰富，为倗氏族群（横水墓地葬者）的中心居邑；另外几处周代聚落规模较小，是横东聚落统辖下的小型聚落（《倗伯居邑探索》，《中国国家博物馆馆刊》第8期）。孙岩认为倗氏对毕姬在墓葬礼制上存在父家和夫家文化二系结合的身份构建和文化认同（《父家与夫家：从山西横水毕姬墓谈西周贵族女性的身份构建和文化认同》，《青铜器与金文》第8辑）。徐良高认为北白鹅墓地出土的虎纹双耳铜罐具有中国西北地区戎狄文化的典型特征，印证了文献与金文中有关周人与西北戎狄族群关系的记载，又是古代华夏族群与戎狄族群互动交融的实物见证（《北白鹅墓地出土虎纹铜罐的性质与历史意义刍议》，《文物季刊》第1期）。许鹏飞、何汉生等认为大港吴国遗址群的年代为西周早期至春秋晚期，聚落规划明确，布局有序，是吴国西周早期的中心性聚落群；西周以后，大港吴国遗址群虽然不是吴国的政治中心，却始终为王陵区、经济中心，在吴国的兴衰中扮演了重要的角色（《江苏镇江大港吴国遗址群聚落形态及相关问题》，《东南文化》第3期）。

白九江认为城洋铜器群和宝山文化的创造者应属早期巴文化族群，城洋地区是早期巴国的政治和宗教中心（《试论城洋铜器群的文化属性》，《长江文明》第3辑）。雒有仓研究了金文族徽分布和族群政治认同的问题，他认为金文族徽由河南向陕西大量传播始于商末周初，是当时政治中心由东向西转移的一种反映。西周早期金文族徽的数量增加，地域分布扩大与分封时大量分散迁移殷遗民、以宗盟制构建王权政治和地缘政治有关，西周中晚期呈现的急剧减少趋势与商周文化融合、族群结构改变、政治认同加强有关（《西周金文族徽的地域分布与商周族群的政治认同》，《中国历史地理论丛》第1期）。

曹斌著《周代的东土：山东地区西周时期的考古学文化谱系》，该书从鲁南、鲁北、胶东半岛和鲁东南四个区域的陶器和铜器着手，做了文化编年和文化因素研究，从横、纵两个方面分析了四个地区的文化因素差异和发展变化过程，在对山东地区西周时期文化编年和文化因素研究的基础上，以建立起整个山东地区西周时期的考古学文化谱系（文物出版社）。傅玥的《长江中游西周时期考古学文化研究》也是将重点放在长江中游地区西周时期考古学文化框架体系的建立上，构建出七大区域的编年序列、四大文化发展序列、阶段性的特点以及彼此间的关联。此外，还提出了王朝文化规范等一系列概念，并就商、西周对长江中游控制的差异，周王朝对长江中游的经略等问题提出了一些新的观点（文物出版社）。

2. 礼制与官制

赫德川梳理了周代青铜礼器上"宴飨"类铭文中常见的"用+功能+对象"表述格式的变化，认为器用从祭祀、公务的尊贵向着私人化、生活化扩展，也反映出周王朝礼仪制度向下、向外的普及拓展（《周代"宴飨"铭文青铜礼器用器观念变化》，《华夏考古》第3期）。

黄益飞对横水墓地M2158出土媵器开展分析，进而讨论西周婚媵制度，认为芮伯作王姊诸器和芮伯作倗姬媵簋两类器的年代不仅略有早晚，而且还关系到西周礼制（《天子嫁女与同姓主婚——略论山西绛县横水墓地M2158所出媵器》，《考古》第5期）。

王晖认为西周、春秋时天子诸侯的近亲三庙是父考庙、祖父庙、曾祖父庙；周天子七庙制是在近亲三庙制之上加上周文武王"周庙"以及高祖上帝、后稷庙；西周春秋时期鲁国经周王朝特许，实行七庙制，是在近亲三庙制加上太庙周公庙、世祖伯禽庙以及郊祭上帝、后稷等四庙；云塘、齐镇西周建筑遗址应是西周后期修建起来的西周两座王室宗庙群，齐镇宗庙群是西周王室近亲曾祖父、祖父、父考三座宗庙，云塘宗庙群可能是王室重臣一座近亲三庙（《西周春秋周王级庙制研究》，《史学月刊》第12期）。

游富祥结合地望并根据祭祀用玉组合与祭祀对象的对应关系，认为宝鸡市吴山遗址应是秦灵公所作吴阳下畤，祭祀炎帝。该文还结合文献记载，同时利用DNA、锶同位素等研究成果，对雍五畤祭祀用牲、用玉等方面进行了深入研究（《吴山遗址的性质与畤祭相关问题》，《中国国家博物馆馆刊》第7期）。

王子杨对湖北叶家山M107出土的方座铜簋铭文进行了重新释读，认为铭文首字当释作"登"，即"邓国"之"邓"，并在此基础上对"邓监"以及周初的监官制度作了一定的讨论（《叶家山邓监簋铭文考释——兼及周初的监官制度》，《江汉考古》第2期）。

黄国伟探讨了西周的王朝虞官系统，他认为同簋铭文"自淲东至于河，厥逆至于玄水"应理解为自淲地出发，沿着渭水向东到达黄河，从以及从淲地向北到达渭水支流汧水的上游地区，实际上就是周中晚期人们认知中的关中王畿范围。同簋铭文可与四十三年逨鼎、免簋、微鼎铭对读，通过对铭文中虞官职司的空间范围的讨论，可知西周时期王朝虞官系统具有层级性（《同簋铭文中的地名与西周的王朝虞官层级结构》，《殷都学刊》第3期）。

3. 墓地与墓葬

蔡宁、种建荣等对周原云塘制骨作坊的居址与墓葬空间关系作了分析，认为云塘制骨作坊区应属"居葬合一"的堆积形态，这有助于研究周原遗址殷遗民手工业作坊空间布局以及社会结构（《陕西周原云塘制骨作坊"居葬合一"论》，《四川文物》第2期）。种建荣、王洋等将孔头沟的宋家墓地划分为北、中、南三区，认为墓地有同族系墓葬按等级分区而葬，大墓带小墓按年代分区而葬，以及大墓居中、以尊卑为左右等特点（《孔头沟遗址西周墓地结构管窥》，《古代文明》第16卷）。李楠、何嘉宁讨论了周公庙遗址08ⅢA2G2埋葬的人骨，认为并非掩埋甲骨时祭祀的人牲，而是被弃葬于灰沟的奴仆（《陕西周公庙遗址08ⅢA2G2葬人现象探析》，《四川文物》第2期）。

付仲杨基于西周带墓道墓葬材料，认为隧、羡和墓道均为墓道的名称；墓道数量的多少应能反映该墓葬的等级，墓道的功能不同时期可能有变化，但肯定具有祭祀、下葬和修建墓葬等诸多实用功能（《西周墓道考古学观察》，《南方文物》第6期）。张煜珧认为商周时期墓葬使用朱砂的葬仪传统，主要依据墓主身份、地位来确定，不受性别、族属、墓葬特点以及年龄等因素的影响；朱砂葬从商周王畿地区向外呈扩散，在贵族仪式中流行，具有一定的政治意义（《商周墓葬朱砂使用相关问题初探》，《江汉考古》第3期）。要二峰对周代的"毁兵"葬俗进行研究，指出西周早期，毁兵葬俗随着周王朝的建立而东渐，基本实现了在王朝范围内的普及。西周中期随葬兵器之风开始衰落，但毁兵习俗仍然得到严格的遵守；西周晚期，毁兵葬俗在有的诸侯国不再被重视；而春秋时期，中原地区这一葬俗继续式微的同时，可能出现了从周边文化回传的现象。（《周代的"毁兵"葬俗》，《考古学集刊》第26集）。王一凡对丰镐遗址西周墓葬内棺板的彩绘进行了梳理，对其位置、颜色、绘制过程以及时代、墓葬等级、形制图案等关联问题进行了讨论（《"棺有翰桧"：丰镐遗址西周墓葬棺板彩绘初探》，《形象史学》第4期）。

张亮、秦雪松对春秋早期虢国墓地进行层次结构分析，认为虢国墓地各个层次之间的等级差别明显，与西周时期以血缘亲疏划分等级的社会结构相对应，说明春秋早期虢国社会大致继承了西周社会的宗法结构（《论虢国墓地的层次结构》，《文物春秋》第1期）。

井中伟等对海岱地区的腰坑葬俗和器物箱葬俗进行梳理分析，认为海岱地区腰坑葬俗在东周时期进入又一兴盛期，海岱地区不同区域腰坑葬俗的传播有早晚之别，各区域内腰坑墓腰坑形制及墓向的选择，其背后蕴含着不同人群的丧葬文化传统（《海岱地区商周腰坑葬俗再检视》，《东南文化》第1期）。器物箱葬俗最初流行于东夷族群的中上层贵族，春秋晚期到战国时期，甲类和乙类器物箱葬俗随着东夷势力的消亡而衰落，丙类器物箱葬俗则被齐国贵族接纳而继续使用，并在战国晚期出现向社会中下层人群普及的趋势。器物箱葬俗在流传过程中还衍生出了椁室分间的结构（《海岱地区先秦时期器物箱葬俗初探》，《边疆考古研究》第1期）。刘智、张文存认为山东莒南县中刘山春秋墓应为一座高等级贵族墓葬，此墓有地方与周文化融合的特点，并吸收了周边文化因素（《山东莒南县中刘山春秋墓及其相关问题》，《东南文化》第5期）。

山西省考古研究院编《长子西南呈西周墓地综合研究》，包括传统的器物分类研究，也有人骨与随葬器物的科技检测分析，对探索晋东南地区西周时期封国尤其是黎国的变迁提供了新的信息（上海古籍出版社）。田伟以绛县横水和翼城大河口两处墓地的新见材料入手，从控制范围、葬俗和铜器铭文三个方面探讨了墓地的性质，认为横水、翼城大河口墓地的葬者生前分属怀姓九宗中的两宗，墓主生前为晋国之附庸（《由新见材料再论绛县横水、翼城大河口墓地的性质》，《故宫博物院院刊》第8期）。张昌平认为以北白鹅墓地为代表的春秋早期贵族墓葬，随葬青铜礼器普遍劣质或拼凑，反映了周王朝从社会到经济陷入困顿的局面；东迁后的周王朝，面临着族群的安置和新址的建设、资源和生产的重新组织等诸多方面的问题；社会和经济的困顿，加速了王室的失势，也加速了文化的衰退，并促成了春秋中期新的社会格局之形成（《从北白鹅墓地看周人东迁后的社会变局》，《文物季刊》第4期）。滕铭予对长治分水岭墓地铜器墓的年代进行考察，指出这些铜器墓大体上始自春秋晚期早段，经春秋晚期晚段、战国早期早段、战国早期晚段、战国中期早段，一直到战国中期晚段（《长治分水岭墓地铜器墓年代综论》，《边疆考古研究》第2期）。王震将分水岭墓地分为三期，分别为春秋晚期、战国早期、战国中期，并认为西周以来盛行的铜礼器制度从战国中期开始走向衰落，分水岭是一处长时间连续使用的家族墓地（《山西长治分水岭墓地初步研究》，《边疆考古研究》第2期）。靳健、陈小三重新整合了太原金胜M674等五座高等级墓葬的编年序列，判断太原金胜M674和长子牛家坡M7的绝对年代分别约为公元前482年和公元前463年，金胜M251的年代为公元前475年，墓主为赵简子（《再论太原金胜M251的年代及相关问题》，《文物季刊》第2期）。

刘尊志认为邯郸市的赵国侯（王）墓葬在位置与分布、墓葬制度、墓外设施等方面充分体现出赵国王墓制度的内容、特征和内涵。在赵都邯郸时期，不仅促成赵国侯墓向王墓的变化，也完成了王墓向王陵的转变，为探讨战国时期王墓的发展及陵寝制度的初步形成提供了参考（《战国时期赵国王墓制度浅析——以邯郸赵国侯（王）墓葬为参考》，《文物春秋》第4期）。

周阵锋考察了襄阳地区战国晚期至西汉中期考古学文化变迁，认为战国晚期早段，楚文化占据主导地位；战国晚期后段至秦末，秦文化成为本地区主导文化，但楚文化传统并未完全中断，中原、吴越文化因素依然可见（《襄阳地区战国晚期至西汉中期考古学文化变迁——以墓葬为中心的考察》，《华夏考古》第2期）。王传明认为楚式"镇墓兽"并非来自先秦文献或器物自名，而是日本学者水野清一命名；先秦文献所载楚地独特的魂灵观和"像设君室"以招魂表明，它们应是墓主之像（《楚式"镇墓兽"形象与功能考》，《中原文物》第5期）。尚如春、赵欣欣考察了江汉淮地区楚墓所见越文化因素，指出越文化的影响更多体现在楚社会较低层次人群之间，且主要为物质和技术层面的浅层交流；认为长江中下游的湖南、江浙等区域楚、越文化的互动有区域差别（《江汉淮楚地所见越文化因素及相关问题》，《边疆考古研究》第2期）。张敏以传世文献为线索，考索浙江、福建地区越王陵特点以及秦汉时期百越文化融于中原文化的进程（《两周时期东南诸越探赜》，《南方文物》第4期）。

梁云、王欣亚系统探讨了战国秦陵的墓主、选址、共性及个性特征，认同并补证了学界关于芷阳一号陵园葬秦昭王与唐太后、芷阳四号陵园属宣太后、严家沟秦陵为"公陵"、周陵镇秦陵为"永陵"的意见，提出了司家庄秦陵的墓主为孝文王、"韩森冢"的墓主为叶阳后的观点。文章还归纳了战国秦陵在陵园形状、墓形、建筑、陪葬坑、祔葬墓等方面的共性特征；又根据其内部差异，将之分为"咸阳原类型"和"东陵类型"（《战国秦陵研究》，《故宫博物院院刊》第7期）。

4. 城邑与建筑

严志斌对金文所见都城的建筑种类和名称进行梳理，并讨论了西周都城建筑格局和性质

(《金文所见西周都城建筑简论》,《青铜器与金文》第8辑)。韩蕙如、雷兴山认为云塘齐镇建筑群F10及相关遗迹只是该组建筑群的局部,推测F10应是其中的厢房式建筑(《陕西周原云塘夯土建筑F10形制及所属院落形态辨析》,《四川文物》第2期)。吕凯、陈永婷考察了齐故城10号建筑遗址,从建置位置、台基平面形状、环水以及出土遗物等方面,推测其性质为战国时期田氏齐王的宗庙,并对建筑兴废沿革进行了探讨(《齐故城10号建筑遗址性质试探》,《南方文物》第1期)。杨文昊、宋江宁认为凤雏六号至十号建筑的施工具有处理湿陷性黄土地区的地基处理经验,对建筑群持续修葺与重建,使其方位与布局显得较复杂(《周原遗址凤雏六号至十号基址的新认识》,《中原文物》第6期)。

徐团辉认为,曲阜故鲁城的城郭形态从春秋早期、中期的"宫区+郭城"演变为战国时期的"宫城+郭城",《考工记·匠人营国》可能以鲁国故城为主要素材、再经理想化加工后编写而成(《曲阜鲁国故城布局形态研究——兼论〈考工记·匠人营国〉的内容来源》,《东南文化》第5期)。韩伟东、昝金国等对临淄城供排水系统进行再研究,探明了临淄的护城河的水源来自城南淄河上游人工修建的供水河道,同时对临淄城城内排水做了分析(《临淄齐国都城供排水系统再研究》,《中国国家博物馆馆刊》第9期)。

5. 器物及器用制度

井中伟、王建峰对商周时期的挹注器进行了研究,依据类型、数量的变化以及分布地域的不同,将铜挹注器分为商代晚期至西周中期、西周晚期至春秋中期、春秋晚期至战国中期、战国晚期四个发展阶段,不同形制的挹注器有挹酒器和挹水器之分(《商周青铜挹注器再辨识》,《考古》第2期)。赵凌烟对两周、秦汉时期的铜铎进行梳理,认为铜柄铎应产生于西周中期,楚、吴越两文化区应是木柄铎产生、发展和传播的关键区域,铎在春秋中晚期至两汉墓葬中普遍与兵器共存,可印证文献中铎在军事活动中用于传达号令的记述(《两周至秦汉时期铜铎的考古学观察》,《考古与文物》第1期)。宋佳雯、邵会秋对两周时期中国北方地区铜鍑进行了类型学研究,结合各类型铜鍑流行年代将这些铜鍑分为两周之际、春秋前期、春秋后期和战国前期四个发展阶段,并分析了各类型铜鍑的地域特征差异(《两周时期北方地区铜鍑再研究——兼谈椭方口鍑的起源》,《草原文物》第1期)。

孙海宁讨论了西周甬钟的相关问题,对西周甬钟的形制进行类型学分析,并讨论每一类型甬钟的年代,最后探讨西周不同时期甬钟形制的变化及编列情况(《论西周甬钟的年代、形制及编列》,《考古学报》第3期)。此外,他还研究了郑韩故城祭祀遗址编钟与者汈钟的相关问题,认为新郑祭祀遗址编钟的年代应属春秋中晚期之际,春秋中晚期郑国出现的这种新的青铜乐钟编列方式影响了南方楚、越地区的编钟使用方式(《郑韩故城祭祀遗址编钟的年代及相关问题》,《华夏考古》第4期)。者汈钟铭文"唯越十又九年"应为越王勾践十九年,其编列方式可能受到春秋时期郑国祭祀遗址编钟的影响,并在此基础上发展而出(《论者汈钟的年代及相关问题》,《考古与文物》第3期)。

巴哲讨论了西周青铜器的奔牛纹,认为此纹饰主要流行于西周早期,年代上限为西周初年。奔牛纹既见于姬姓周人铜器之上,也见于殷遗民铜器之上,可能是周人新创的一类纹饰(《西周青铜器奔牛纹年代与性质探讨》,《四川文物》第5期)。陈小三对山西侯马铸铜作坊遗址及其产品进行研究,指出其上可见到一组具有古老渊源的纹饰,这些纹饰在铜器上再次出现，反映出设计和制作这些陶范的工匠曾经仔细观摩、学习当时见到的流传下来的商代和西周铜器，对于认识晋系青铜器部分纹饰的渊源及其出现的背景等问题具有积极的意义（《山西侯马铸铜遗址所见仿古纹饰试析》，《文物》第5期）。

王军花认为洛阳东郊西周墓出土的芮伯卣是目前发现最早的一件芮国青铜器，其年代在昭王时期或可早到康王晚期，芮伯卣可能是从陕西陇县、甘肃崇信汭河流域及邻近地区流转到成周的（《洛阳东郊西周墓出土芮伯卣及相关问题探讨》，《中原文物》第4期）。王晓杰介绍了内乡县衙博物馆收藏的录子䑛铜甗，认为该甗时代为西周早期偏晚阶段，并指出西周早期录国为南土诸侯国之一，其地望应在内乡县大桥乡一带（《录子䑛铜甗与录国地望》，《中原文物》第3期）。王鑫对山西青铜博物馆藏的晋荆氏妃鼎进行研究，认为该器的作器时代当在春秋早期早段，作器者应隶定为"晋荆氏妃"。据铭文可知荆氏应与楚有比较密切的联系（《新见晋荆氏妃鼎初识》，《中原文物》第6期）。张礼艳介绍了东北师范大学收藏的一件铜甗，该器与现藏上海博物馆的商妇甗器形基本相同，两者尺寸和重量也大体相当，只是纹饰稍有区别。根据器型和器表纹饰等信息可判定该器年代为西周早期（《东北师范大学文物陈列室藏西周铜甗》，《文物》第7期）。麻赛萍介绍了复旦大学博物馆藏的一批春秋铜器，这些铜器具有明显的春秋中晚期楚系青铜器风格。从形制、组合及铸造技术来看，这批铜器年代应该为春秋中、晚期，不会晚至春秋晚期以后。这批铜器对于研究春秋时期蔡国青铜器及蔡国与楚国之间的关系具有重要意义（《复旦大学博物馆藏一批春秋铜器》，《文物》第10期）。

靳健、谢尧亭发表了《"楚公逆"的年代及相关问题新探》，该文认为横水M2055的年代及"楚公逆"钟，"楚公"钟形制、纹饰、铭文特点反映的年代均在西周夷王、厉王时期，推测"楚公逆"及"楚公"分别为楚君熊渠和楚君熊挚（《江汉考古》第2期）。聂菲对楚系禁的分布与源流、形制与特征，以及楚系禁的发展序列、使用礼制、楚简中涉及禁的称谓及其形制的对应等问题进行了探讨（《楚系禁特征及其相关问题的讨论》，《中原文物》第6期）。严辉发认为楚系墓葬在战国时期有一套较为规范的用鼎制度，他以丧葬遣策为线索，利用包山二号墓考古资料对战国时期楚国丧葬礼仪进行复原，发现鼎的使用会根据葬礼实际执行时的礼仪需要进行适应性调整（《论战国楚系墓葬铜鼎的拼凑和调整》，《江汉考古》第1期）。张闻捷在《安吉八亩墩越墓用鼎制度初考——兼论春秋晚期楚越礼制文化交流》中认为，拼凑鼎制是中原地区和南方楚文化区在春秋中晚期阶段都盛行的礼制现象，代表了东周阶段新的礼器制度样式（《江汉考古》第5期）。

朱华东考察了安徽金寨县斑竹园、滁州市章广出土的两批青铜器，认为前者器类的造型、纹饰有群舒文化、山东沂沭河流域、皖南沿江青铜文化等文化特征，后者呈现出明显的文化交融特点，为研究江淮地区青铜文化交流及变迁提供了重要资料（《安徽金寨斑竹园出土青铜器年代及相关问题》，《东南文化》第3期；《安徽滁州章广出土春秋铜器》，《文物》第7期）。郎剑锋将以双线"S"形纹为主体装饰的铜盖鼎称为"吴越式铜盖鼎"，考古材料表明吴越式铜盖鼎在当地产生了一定的文化影响。具有高度统一风格的吴越式铜盖鼎在铸造工艺方面存在三种技术类型，分别代表着吴越地区青铜铸造技术的"滞后性"、"同步性"和"创新性"（《东周吴越式青铜盖鼎刍议》，《考古》第2期）。杨习良、张礼艳考察了淮河流域西周至春秋时期的陶鬲，将其分为四期六段，从地域上可分为淮河干流区、苏北地区和鲁东南地区；淮式鬲是西周中期在周式鬲基础上形成的，莒式鬲是春秋早期在淮式鬲基础上形成的（《淮河流域西周至春秋时期陶鬲研究》，《东南文化》第5期）。

王亚、方辉研究了战国的彩绘铜镜，指出目前发现的战国彩绘铜镜多出土于齐、楚和东周王城洛阳的贵族墓葬内，集中于战国中期，其形制、纹饰、工艺既有共性又有明显的地域差异。彩绘铜镜的纹饰有明显的选择性，意在强化辟邪禳灾的功效，反映了灵魂不灭的普遍宇宙观（《战国彩绘铜镜探析》，《江汉考古》第2期）。

孙庆伟的专著《礼以玉成：早期玉器与用玉制度研究》，汇集了多年来对史前和夏商周三代玉器及用玉制度的研究成果，分"玉之辨"、"玉之用"、"玉之埋"和"玉之史"四个主题，从传世文献、出土文献和考古材料三个维度，对当时的玉器和玉文化等诸方面做出了具有深度的综合考察（北京大学出版社）。

马强对宁夏彭阳姚河塬西周墓出土的一件骨器进行研究，确定其为纺织工具——打纬刀，并依此辨识出其他几处西周墓葬出土的被定名为"骨锯""骨刀"的同类器物均属打纬刀。其主要特征是用牛、马等动物的肋骨制作，目前的这几则材料表明纺织工作并非女性专属（《论新识的一种西周纺织工具——打纬刀》，《考古与文物》第5期）。

张小帆通过对"越系青瓷盉形器"分类研究，对其功能进行推测（《越系青瓷盉形器研究》，《南方文物》第1期）。吴桐对浙南闽北地区的两周玉器做了考察，发现浙南闽北在其中扮演着重要的角色，当地的社会变迁又与外界对此地原始瓷、玉料、玉器等资源需求相关（《浙江地区两周时期玉器的兴衰及相关问题》，《考古》第1期）。

向明文考察巴蜀文化铜戈组合，认为川西平原地区蜀人贵族的铜戈组合主要有无胡宽胖戈单出的"古制单用"形式和无胡宽胖戈、单胡无牙戈共出的"今古搭配"形式，川东岭谷地区巴人贵族的铜戈组合大多为单胡有牙戈单独随葬的"今制单用"形式，初步勾勒了巴蜀文化铜戈组合制度的兴衰历程（《东周秦汉时期巴蜀文化铜戈组合制度初探》，《边疆考古研究》第1期）。代丽娟认为涪陵小田溪M12的年代应为公元前3世纪中叶，其中组玉佩以玻璃珠起首的串组风格与楚地组玉佩相近，各组件主要来自楚地，少数可能出自本地；战国晚期在巴蜀本地连缀成组，小田溪M12的年代应为公元前3世纪中叶（《涪陵小田溪M12出土组玉佩刍议》，《江汉考古》第1期）。

此外，王亚蓉选取了马山楚墓的几件实物标本，试做"复原复织"实验研究，以具体研究的形式来探索古代实际应用的各种加工工艺，把衣物原有的华贵壮美，以及染、织、绣的技艺水平重新表现了出来（《战国服饰的复原研究》，《形象史学》第2期）。

要二峰考释了包山二号墓彩绘漆奁图像，认为漆画描绘的是当时贵族出行相会场景，画面自右向左依次为初行、驱驰、出迎、相会以及犬豕奔突五部分。画面整体连贯自然，是中国目前所见最早的一幅连环画，也是战国时期人"最为天下贵"的理念在艺术方面的反映（《包山二号墓彩绘漆奁图像考》，《江汉考古》第2期）。

6. 资源、技术与手工业生产

张吉、柏艺萌等对辽宁本溪等地区出土东周青铜器作了成分及铅同位素比值分析，认为青铜物料与春秋早期的辽西山地存在关联。自商周至战国早期，辽西山地一直是金属资源的缓冲地。战国中晚期以后，金属物料的流通枢纽东移，推动了以中原为中心的世界体系向东北亚地区扩张（《公元前一千纪通往辽东山地的青铜物料流动》，《南方文物》第5期）。王艳杰等认为庐枞地区可能存在一条江淮间"金道锡行"的分支路线，即皖南地区铜矿料过江后，经枫沙湖进入庐枞地区，与庐枞地区矿料汇合后，达六安地区，继续北上达淮河、黄河流域（《庐枞地区与商周时期"金道锡行"关系试析》，《中国国家博物馆馆刊》第4期）。

张昌平认为西周中期及以前的青铜爵、斝等容器的器足大多数是三棱锥形，这种三棱锥形器足是早期铸造中技术选择的产物，体现了中国青铜器早期铸造技术从简单到复杂的演进。随着复杂的块范法技术形成，三棱形器足作为旧有技术传统的孑遗保留了下来（《从三棱锥形器足看中国青铜时代块范法铸造技术特质的形成》，《考古》第3期）。刘煜、杨树刚等对河南鹿邑太清宫长子口墓出土的两件方尊的铸造工艺做了研究，认为这两件方尊的肩部兽头分别是用镴焊及铜焊的方式与器身进行连接的，将镴焊工艺提早到西周早期（《鹿邑太清宫长子口墓出土铜尊兽头的连接方式——兼论商周青铜器的焊接技术》，《南方文物》第6期）。苏荣誉、王竑以宝鸡市茹家庄弜国墓地青铜器为例，认为西周早期还有铸工将垫片作为装饰的一部分，青铜器铸造中使用了大而规则的垫片，明显具有装饰功能，是镶嵌工艺的先声（《论青铜器垫片的装饰化——以宝鸡茹家庄弜国墓出土青铜器为例》，《文博》第4期）。王璐等研究了新郑白庙范窖藏铜戈的制作技术，认为其实用性能表征明显，半数以上在内部周缘开刃，援、胡开角及内部开角符合实战需求（《新郑白庙范窖藏铜戈制作技术浅析》，《华夏考古》第5期）。林永昌等研究了楚地南缘战国铜器的技术与传统，认为南楚与楚地制作技术具有一致性，说明楚国整体的铜工业在技术和合金控制方面有着较强的稳定性。同时南楚地区部分铜器的合金比例也呈现出一定的地域特点（《楚地南缘战国铜器的技术与传统》，《南方文物》第5期）。

孙周勇在《觼出周原——西周手工业生产形态管窥》中，基于周原遗址齐家制玦作坊的生产类遗迹和出土实物，探讨了生产技术、产品标准化与专业化，评估了生产组织与生产规模，追溯了生产者、消费者的族属与身份等问题（上海古籍出版社）。

7. 科技考古与文物保护

生业经济方面。唐丽雅、郭长江等研究了湖北随州庙台子遗址的农作物遗存，量化分析表明，庙台子所在的曾国地区既非单纯的稻作农业经济，也非单纯的旱作农业经济，而是稻、粟几乎并重，此外小麦在农业生产中也占有一席之地。庙台子遗址地处江汉，随着周代曾国先祖受封于此地，受到了周文化旱作农业体系的强烈影响（《周、楚之间：湖北随州庙台子遗址农作物遗存研究》，《农业考古》第3期）。陈相龙、王明辉等尝试重建白庙先民的食物结构，综合分析了白庙先民的生业经济与文化面貌之间的关系，以及以白庙先民为代表的农牧兼营者融入华夏集团的生业基础（《河北张家口白庙墓地东周人群华夏化的生业经济基础》，《第四纪研究》第4期）。杨博闻、樊温泉等研究了河南龙湖国棉一厂遗址东周到两汉先民的食谱，研究显示从东周到两汉时期，龙湖国棉一厂遗址居民食谱发生了显著变化。东周时期生活在郑韩故城城内的居民食物质量普遍较高，而生活在防守城邑附近（龙湖国棉一厂遗址）的居民食物质量较差（《河南龙湖国棉一厂遗址东周到两汉先民食谱的转变》，《第四纪研究》第6期）。

体质人类学方面。李楠对周原齐家村东所出西周时期的21例成人颅骨进行数据分析，认为该组居民属于蒙古人种东亚类型。商周两族在体质特征上存在差异，即同周人相比，商人和殷遗民具有更低更宽的颅面形态（《从周原遗址齐家村东墓地颅骨看商周两族体质差异》，《华夏考古》第3期）。赵东月、豆海锋等发表《陕西旬邑孙家遗址战国时期居民体质特征研究》，指出孙家遗址居民颅面特征接近现代亚洲蒙古人种，男性与陕西地区的秦人组具有较多相似性，同时可能受到古西北类型居民的影响。两性股骨形态与秦人组最为接近，推测同为从事农业的人群（《北方文物》第5期）。郑立超、王一鸣等对上石河墓地两例春秋时期颅骨进行人种学分析，指出其颅骨形态特征为具有特圆颅型和高颅型、中颅型相结合的颅型，颌型为长狭下颌型，突颌型。上石河组与现代亚洲蒙古人种南亚类型、东亚类型最为接近，与仰韶合并组、马腾空组、庙底沟组、内阳垣组关系最近（《三门峡义马上石河春秋墓地的颅骨特征》，《华夏考古》第2期）。孙畅等比较了新疆察吾呼墓地早、中、晚三期的头骨样本与同时代新疆地区及东西方古代人类样本颅骨形态特征的生物学相似性，认为样本间颅骨形态特征相似性与地理距离之间存在对应关系，反映了这一时期人群互动交流的情况以及亲疏关系（《西域研究》第2期）。

动植物考古方面。菊地大树等根据西安市少陵原西周墓地出土马骨的动物考古学的研究数据，以及牙齿中的羟基磷灰石碳稳定同位素的分析结果，对随葬马匹的饲料构成的组合分析获得了新认识，也探索了西周王朝马的饲养与管理状况（《西周王朝的牧业经营》，《南方文物》第4期）。刘一婷、谢紫晨等对孔头沟遗址宋家墓地3座马坑出土的14匹马的骨骼进行了鉴定和分析，指出马坑葬马年龄存在规制，仅选择服役期至退役之际的成年马，且存在有意的"老配壮"制，且葬马体格与马坑等级相关（《陕西岐山孔头沟遗址马坑出土马骨的鉴定与研究》，《南方文物》第6期）。李柯璇、豆海锋就旬邑孙家遗址浮选所得的商代晚期和战国时期的炭化植物遗存进行分析，可见粟、黍、大豆、大麦和小麦等农作物炭化遗存和狗尾草、藜、野大豆等非农作物遗存，指出关中北部、西部和东部地区都是以粟为主的农业经济，但因黍、小麦和水稻的比重不同而呈现出不同的农业结构（《陕西旬邑县孙家遗址出土炭化植物遗存分析》，《文博》第6期）。邱振威、沈慧还研究了吴山遗址出土的木材和木炭样品，揭示出以栎属和榆属为主体的祭祀木材利用情况，进而指出吴山遗址与血池遗址祭祀用材的区别，可能反映了战国至汉代祭祀礼制的差异和祭祀主体文化选择的倾向（《吴山祭祀遗址出土木材鉴定与相关问题》，《中国国家博物馆馆刊》第7期）。

金属器的科技检测分析成果较多。郁永彬、陈建立等对叶家山M111出土的铜器作了成分分析、金相组织鉴定、铅同位素分析，初步揭示了叶家山M111出土铜器的技术特征及其蕴含的文化信息，为研究西周时期青铜技术发展提供了新的科学依据（《湖北随州叶家山西周墓地M111出土铜器的检测分析及相关问题》，《文物》第5期）。郁永彬、陈坤龙等还对湖北宜昌万福垴遗址的西周铜器的合金成分、金相组织、铅同位素与微量元素等进行了检测分析，并结合分析结果对其技术工艺特征及来源、分组等问题进行了初步探讨（《湖北宜昌万福垴遗址出土西周编钟的科学分析及相关问题》，《文物》第11期）。苏荣誉发表了《射线成像技术与商周青铜器铸接》，简要回顾对青铜铸接的认识历史，揭示认知手段的变化，凸显射线成像的价值，强调问题意识和原创理论、方法和手段的重要性（《文物保护与考古科学》第6期）。魏强兵、李秀辉等对虢国墓地M2009墓出土的一件铁刃铜矛做了分析，可知铁质部分为人工冶铁。虢国墓地发现的8件铜铁复合器的特点是人工冶铁制品与陨铁制品共存，处于人工冶铁技术的初级阶段。铜铁复合器的制作工艺使用了套接、铆合、镶嵌、合铸等，从纹饰及形制上看可能为本地制作（《虢国墓地出土铁刃铜器的科学分析及相关问题》，《文物》第8期）。赵凤燕、郎剑锋等对长清仙人台墓地出土的青铜器进行检测分析，认为仙人台春秋诸墓见证了春秋青铜器的第一次铅料演替过程，并可确定新铅料的广泛应用始于仙人台M4阶段，对研究先秦金属流通模式及东周青铜器断代具有重要意义（《长清仙人台墓地出土青铜器铅同位素比值的初步分析》，《南方文物》第5期）。

文物保护方面。黄希等围绕国字山出土白化玉器保护问题，对玉器保存现状、病害类型、病害活动性因素等进行总结，从脆弱玉器的考古现场提取、室内清理、加固粘接、长期保存等方面提供思路和方法（《国字山出土玉器病害与保护修复研究》，《南方文物》第6期）。李曼发表《郑州地区出土战国蜻蜓眼珠饰的无损分析及制作工艺初探》，该文运用激光剥蚀电感耦合等离子体质谱仪、X射线荧光分析仪、激光共聚焦显微拉曼光谱仪等无损分析方法，对郑州地区出土的17件战国蜻蜓眼珠饰进行元素成分及物相分析（《中原文物》第3期）。胡毅捷、胡涛等对随州义地岗墓群出土春秋中期编钟的腐蚀成因进行研究，土壤分析显示墓葬长期处于饱水的还原型环境中，对铜器的腐蚀过程与保存有重要的影响（《随州义地岗墓群出土春秋中期编钟腐蚀成因研究》，《南方文物》第5期）。刘欣、张夏等对出土的楚国彩漆竹器进行了系统研究，发现楚国彩漆竹器的经纬组织形式、图形元素和主要纹饰，古老的编织工艺可用现代材料模拟复原，一些纹饰可重新编出（《楚国彩漆竹器纹饰与工艺研究》，《华夏考古》第4期）。

8. 其他

赵从苍、曾丽、祁翔就商周时期的军事医疗救治和医患关系进行探讨。他们认为，商周军事活动造成的创伤主要有砍刺、箭伤、骨折及残疾等，其相应的伤情鉴别、药物治疗、手术疗法、感染防治等军事医疗救治方法亦随之产生和发展，有关伤员的处置、医护人员的监督等医事制度也逐渐形成（《医学考古学视野下的商周军事医疗救治初探》，《考古与文物》第4期）。商、西周时期，巫、医关系密切，神权与王权成为维系医患关系的主要因素。至春秋战国时期，医术高低成为维系医患关系的重要因素（《医学考古学视域的商周医患关系初探》，《文博》第1期）

通过以上综述可见，2022年度的两周考古重要发现不断，研究成果丰硕。一方面，传统的田野考古和学术研究持续发力，围绕两周时期的都邑、封国或诸侯国、疆域、族属、国家治理等问题全面展开，各区域考古学文化体系不断完善，在研究确认考古学文化的基础上，构建真正历史的能力在提升，结合传世文献和出土文献资料，两周历史趋于丰满。另一方面，经典考古学研究范式下的研究有重要成果，多学科合作研究成绩凸显，在聚落内涵、文化互动、人群交流、生业经济、技术传统等方面不断取得重要突破，"考古写史"的特点更为浓厚。当然，两周考古依然存在一些薄弱和不足之处，比如部分遗址田野工作持续性不强，影响了相关研究的进一步开展；区域性文化研究细碎，缺乏对历史进程宏大叙事的深入探讨；基于多学科合作的考古学研究和古代社会历史的复原还有广阔的空间。在新的形势下，广大考古工作者要积极作为，深入思考，进一步探索未知，揭示本源，努力谱写更加具象和生动的两周考古和文明图景。

（作者单位：中国社会科学院考古研究所）

秦汉时期考古

韩国河　陈　康

2022 年度秦汉考古发现与研究取得了一系列新进展，出版发掘报告、报告集、图录、论著、论文集 80 余部，发表简报和研究文章 450 余篇，内容涉及城址、墓葬、手工业、封泥、陶文、石刻铭文、简牍帛书、丝绸之路考古、科技考古等诸多方面。

一　出版报告、专著及论文集

出版的报告和报告集有《秦汉栎阳城：1980—1981 年考古报告》（科学出版社）、《秦汉栎阳城：2012—2018 年考古报告（第一卷）》（科学出版社）、《新疆石城子遗址（一）》（科学出版社）、《鄣县故城——考古调查与勘探报告》（科学出版社）、《西丰西岔沟——西汉时期东北民族墓地》（文物出版社）、《磁县南营遗址、墓地考古发掘报告》（中国社会科学出版社）、《内蒙古和林格尔土城子（一）：城址发掘报告》（科学出版社）、《洛阳汉唐运河遗址调查与古沉船发掘报告》（科学出版社）、《阜阳双古堆汉墓》（中华书局）、《成都天府国际机场一期考古发掘报告（一）》（科学出版社）、《重庆三峡后续工作考古报告集（第三辑）》（科学出版社）、《米脂卧虎湾：战国、秦汉墓地考古发掘报告》（文物出版社）、《渭河上游天水段考古调查报告》（文物出版社）、《楼兰考古调查与发掘报告》（凤凰出版社）、《高勒毛都 2 号墓地：2017—2019 中蒙联合考古报告》（科学出版社）、《天下惟宁：汉代文明的四张面孔》（江苏凤凰文艺出版社）、《周口运粮河畔古钱币窖藏》（科学出版社）、《鹿邑崔寨墓地》（中州古籍出版社）等。简牍报告有《张家山汉墓竹简（三三六号墓）》（文物出版社）、《岳麓书院藏秦简（柒）》（上海辞书出版社）、《乌程汉简》（上海书画出版社）、《天回医简》（文物出版社）、《南越木简》（文物出版社）等。图录有《海昏藏美》文物出版社）、《南昌汉代海昏侯国遗址博物馆》文物出版社）、《陈介祺藏吴大澂考释古封泥》（上海书画出版社）、《宿州市汉画像石撷珍》（文物出版社）等。

研究专著有《汉代壁画的艺术考古研究》（科学出版社）、《南阳汉代画像石综合研究》（中国社会科学出版社）、《马王堆汉墓遣策整理与研究》（中华书局）、《中国古代高等级贵族陵墓区规划制度研究》（河南人民出版社）、《列备五都：秦汉时期的中国都市》（文物出版社）、《秦与"戎狄"文化的关系研究》（上海古籍出版社）、《物宜人和：考古学视角下的秦汉家庭》（科学出版社）、《汉长安城研究（2006—2021）》（商务印书馆）、《行走在汉唐之间》（上海古籍出版社）、《南藩海昏侯》（生活·读书·新知三联书店）、《浙江汉六朝考古》（浙江人民出版社）、《五一广场东汉简牍册书复原研究》（中西书局）、《简牍楼札记》（凤凰出版社）、《简帛学论稿》（商务印书馆）、《马王堆汉墓遣策整理与研究》（中华书局）、《汉魏六朝墓砖铭文辑录校释》（厦门大学出版社）、《西域之路》（商务印书馆）、《敦煌发现》（商务印书馆）、《罗布泊考古研究》（上海古籍出版社）、《丝绸之路上的中华文明》（商务印书馆）、《时代的脉动与文明的记忆：南水北调东线一期工程山东段·文物保护卷》（文物出版社）、《汉韵传承：定陶汉墓出土彩绘文字陶砖的保护修复与研究》（山东大学出版社）、《云南江川李家山古墓群规划与保护研究》（学苑出版社）、《砖石为骨图像为魂：汉画像砖石的营建与装饰》（文化艺术出版社）、《汉画的世界：沂南北寨汉墓画像释读》（齐鲁书社）、《汉唐之际丝绸之路上的遗址美术》（陕西师范大学出版社）、《汉代壁画的艺术考古研究》（科学出版社）、《中国金银器》（生活·读书·新知三联书店）、《汉代纪年漆器铭文汇考》（文物出版社）、《浙江科学技术史：上古至隋唐五代卷》（浙江大学出版社）等。

论文集有《大葆台西汉墓出土文物研究文集》（文物出版社）、《汉唐陶瓷考古初学集》（上海古籍出版社）、《根与魂：考古学视野下不断裂中华文明研究》（科学出版社）、《洛阳邙山陵墓群论文选辑》（上海交通大学出版社）、《玉文化论丛（八）》（众志美术出版社）、《坚固万岁人民喜：刘平国刻石与西域文明学术研讨会论文集》（凤凰出版社）、《南雍问道——南京大学考古专业成立50周年纪念文集》（科学出版社）、《庆芳华：刘庆柱、李毓芳考古五十年文集》（科学出版社）、《都城与陵墓研究：段鹏琦考古文集》（文物出版社）、《读图观史：考古发现与汉唐视觉文化研究》（北京大学出版社）、《比较场所：巫鸿美术史文集（卷六）》（上海人民出版社）等。

二　综合研究

刘庆柱、李毓芳所著的《庆芳华：刘庆柱、李毓芳考古五十年文集》，收录作者从事考古工作五十年间先后发表的都城、陵墓、考古学国家文化等相关研究论文49篇，学术史与其他相关论述7篇及附录2篇。内容涉及秦汉都城、陵墓的发现与研究，以及在此基础上展开的中国古代都城、陵墓、殡葬文化的综合研究和从考古学出发的国家文化研究（科学出版社）。

段鹏琦《都城与陵墓研究：段鹏琦考古文集》，主要涉及汉唐时期的城址、帝陵以及相关的考古学文化研究等主题，包括考古调查及发掘简报、研究论文、访问讲稿、书评、论述等30余篇，对了解汉唐考古研究的学术史、汉唐考古有重要的参考价值（文物出版社）。

高成林《湖南汉代考古概述》对湖南地区汉代考古过去所开展的工作进行了回顾，总结了工作中取得的成果及存在的不足，并对未来的工作方向进行了展望，即开展湘江、资水流域楚汉城址的调查，完成湖南全省楚汉城址的调查工作，搞清楚战国秦汉时期今湖南地区的行政建置及变化情况；开展各地已发掘资料的整理；选取几个保存较好、类型不同的城址开展工作，探索南方地区秦汉时期郡县级城市的布局、特色及变化规律；联合周边省份，系统开展长沙国的考古与研究（《南方文物》第2期）。

洛阳市文物考古研究院编著的《洛阳考古百年》一书从洛阳的百年考古历程、百年重大考古成果、百年文物保护与利用三个部分展示了洛阳考古百年的辉煌成就，并对秦汉时期洛阳地区的都城、郡县城市、关隘遗址进行了介绍（科学出版社）。

韩国河主编的《根与魂：考古学视野下不断裂中华文明》共收录"根与魂：考古学视野下不断裂中华文明"学术研讨会中与会学者提交论文的结集，包含34篇论文，分为"考古理论研究"、"文化变迁研究"和"物质文明研究"三个部分，涵盖了聚落、城市、墓葬、手工业、简牍、文化遗产保护等多个领域，研究内容均贯穿"不断裂中华文明"这一主线，其中既有对个案研究的深入探讨，也有对古代文明长时段、跨区域的宏观研究，还有对中国考古学理论与方法的广泛讨论，是对中国古代文明发展模式问题的有益探索（科学出版社）。

南京大学历史学院考古文物系编著的《南雍问道——南京大学考古专业成立50周年纪念文集》汇集了南京大学考古专业历届校友和任教老师所撰写的115篇学术文章，涉及有汉长安城武库、秦汉都城瓦件、汉代墓葬封土、洛阳东汉刑徒墓地等秦汉考古研究内容（科学出版社）。

《长江文明考古纪》展示了马王堆汉墓、海昏侯墓、大云山汉墓等遗址，展现了长江考古发展历程（江苏凤凰文艺出版社）。

刘尊志《物宜人和：考古学视角下的秦汉家庭》以秦汉考古资料为基本参考，结合文献等资料，运用考古学及相关研究理论和方法，从多个方面对秦汉时期家庭进行了全面细致的研究和分析，探讨了与秦汉家庭有关的构成内容、内部关系、家庭保障、日常生活物质内容、精神信仰、对外交往及特殊内容等，分析了秦汉时期"物宜人和"的家庭特征，阐述了家国一体的关系和家国情怀的内涵，从考古学的视角多维度地复原了秦汉时期家庭的内容、特征及内涵、外延，是秦汉社会生活考古的一项重要内容（科学出版社）。

齐东方《行走在汉唐之间》选取九个视角，通过考古发现的汉唐时期的玻璃、铜镜、钱币、贝壳形盒、铜器皿、马具、陶俑等文物，观察隐藏在文物背后的汉唐时期的社会生活、精神世界和文化面貌，颇具趣味性（上海古籍出版社）。

成都文物考古研究院编著的《成都考古史》一书回顾了成都考古发展历史，梳理了对汉六朝遗存进行考古发现与研究的过程（科学出版社）。

杨华、唐春生《三峡考古文化教程》对三峡地区考古学文化进行全面分析，梳理了秦汉时期的居址、墓葬、城址和手工业等文化遗存（科学出版社）。

三 秦汉遗址

（一）都城

《秦汉栎阳城：1980—1981年考古报告》公布了中国社会科学院考古研究所栎阳考古队1980—1981年秦汉栎阳城考古所得栎阳城遗址、东南墓区、太上皇陵的全部考古资料（科学出版社）。同年6月，中国社会科学院考古研究所与西安市文物保护考古研究院在全面整理秦汉栎阳城2012—2018年资料的基础上，刊布了2012年考古勘探成果和完整的T1–T5考古发掘资料[《秦汉栎阳城：2012—2018年考古报告（第一卷）》，科学出版社]。

2022年，中国社会科学院考古研究所、西安市文物保护考古研究院联合组成的考古队完整揭露了栎阳城遗址三号、十一号建筑。三号建筑整体坐北朝南，呈长方形，由台基、散水等组成。十一号建筑台基呈长方形，台基上残存独立房间4个，台基北侧廊道以东残存散水。三号、十一号等建筑从战国中期建成之后，一直延续使用到西汉前期，建筑形制、布局未有改变。发掘者根据勘探、发掘资料，确定通过三号建筑东侧南北两台阶，向南向北存在着一条贯穿整个三号古城核心宫殿建筑的南北向轴线，为目前考古发现并确定的时代最早的都城轴线。此外，在三号、十一号建筑之上还清理出成片分布的由田间道路、沟渠、水井、田地等组成的汉代农田，在三号建筑发掘清理出半地下建筑、厕所等，在三号、十一号建筑等清理出空心砖台阶、大半圆瓦当、陶立管的使用等，大大提了对相关建筑内涵构成、高等级建筑材料使用的时代认识。

中国社会科学院考古研究所汉长安城工作队与西安市文物保护考古研究院联合对汉长安城兆伦锺官铸钱遗址进行了发掘，清理汉代及新莽时期灰坑、房址、窑址等铸钱相关遗存多处，出土数量庞大的各类钱范及坩埚、陶支垫、鼓风管等遗物，锺官是目前唯一一处已确认的汉代及新莽时期铸钱遗址（《汉长安城兆伦锺官铸钱遗址2021—2022年发掘收获》，《2022中国重要考古发现》，文物出版社）。《汉长安城研究（2006—2021）》分上下两编，上编为田野考古资料，下编为研究论文，收录了2006—2021年发表的相关成果60余篇。经过六十多年的探索，基本搞清了汉长安城的平面形状、规模以及城墙和城壕的结构，城门与城内大街的形制，城内外水系的分布，未央宫与长乐宫、桂宫、北宫的范围和布局，武库的位置和建筑配置，西北部手工业作坊的种类等；以南郊礼制建筑为代表，城郊的面貌也逐渐清晰起来（商务印书馆）。徐龙国在梳理以往考古成果的基础上，对汉长安城的布局、长乐宫的北界、横门大街及桂宫形制、西汉以后的未央宫等再做探讨（《汉长安城考古的收获、进展与思考》，《南方文物》第2期）。张光晗《西汉未央宫内的禁中与殿中》在实地勘测未央宫遗址的基础上，结合传世文献与报告，探讨禁中、殿中范围，及殿中区域机构（《中国历史地理论丛》第4期）。

陈徐玮在前人研究的基础上，对汉长安城遗址（以长乐宫、未央宫、武库、桂宫、南郊礼制建筑遗址为主）出土的瓦当进行类型学考察，根据瓦当的制作工艺，结合当面纹饰及出土地点，构建基本的时代框架，总结其时代特征及发展脉络（《汉长安城瓦当研究》，《考古学报》第1期）。张建锋在前人研究的基础之上，结合汉长安城的考古发现和国外的研究资料，对西汉时期拱券技术的产生时代和来源进行分析和归纳（《西汉时期中国拱券技术的产生和来源研究》，《南方文物》第4期）。沈丽华以通览的方式对以窑炉为主的遗迹进行考古学分析，探讨汉唐时期窑业生产的发展轨迹及与都城规划建设之间的关系，指出汉唐时期都城地区的窑址以陶窑为主，窑炉以半地穴式为主，少见土洞式，窑炉多集中分布、规整有序，具有"官窑"性质。窑场在都城中位置分布与城市规划建设关系密切（《汉唐时期都城地区窑业生产略论》，《南方文物》第4期）。

钱国祥结合最新考古与研究资料，对东汉洛阳都城的空间格局进一步复原研究，并探讨了城门、城内外道路与门亭、南北两宫对峙的多宫形制以及东西宫与宫殿格局等问题（《东汉洛阳都城的空间格局复原研究》，《华夏考古》第3期）。王胜昔、梁笑宇总结了汉魏洛阳城遗址考古发掘六十年以来取得的丰硕成果（《汉魏洛阳城遗址考古发掘60年成果丰硕》，《光明日报》2022年12月29日）。钱国祥结合文献与考古资料，对东汉、曹魏、西晋和北魏各朝代洛阳城的祭祀礼制建筑空间分布进行了探讨研究（《汉魏洛阳城的祭祀礼制建筑空间》，《中原文物》第4期）。赵云婷在《汉魏洛阳城与罗马城的城市空间比较》一文中，从城市建设、城市空间（包括政治空间、经济空间和居住空间）两方面对汉魏洛阳城和罗马城进行了比较研究（《大众考古》第1期）。

（二）地方城址、聚落与有关遗存

2020年，北京市考古研究院在路县故城城郊遗址区的东南部清理木构水井（J13）一口。J13可分为外圹、内圹和木构井壁等，基本呈上圆下方、上大下小。井壁用木板主要以榫卯方式搭建而成，并发现有苇束和其他木构件用以加固。J13内出土较为完整的器物23件，包括陶器20件、木器1件、铁器1件、半瓦当1件及大量陶器残片，其中14件较完整的鼓腹罐上带有陶文，另外还有2件带有陶文的器物残片。J13为北京地区首例战国、西汉木构水井实物与木构建筑遗存，也是北京地区考古出土陶文最多的一处遗迹[《北京市通州区路县故城遗址十三号水井（J13）考古发掘简报》，《中国国家博物馆馆刊》第12期]。北京市考古研究院还在路县故城城郊遗址区内的东南部清理两汉、魏晋时期制陶作坊遗址1处及水井、房址、灰坑等，初步推断该区域为一处手工业作坊区，其中3口水井出土一定数量的竹木简牍（《北京通州路县故城遗址2022年发掘收获》，《2022中国重要考古发现》，文物出版社；《通州区汉代路县故城遗址手工业作坊区2022年发掘收获》，《北京重要考古发现2021—2022》，文物出版社）。北京市考古研究院公布了北京市房山广阳城遗址调查勘探资料[《北京市房山广阳城遗址调查勘探简报》，《考古学集刊（第27集）》，社会科学文献出版社]。

吉林省文物考古研究所等单位公布了2015—2017年对吉林市东团山遗址发掘成果，明确了东团山遗址平地城南城墙、东城墙南段的走向及结构，城内发现了夫余时期的大型建筑，确认了东团山遗址平地城的始建年代不晚于西汉中期，为进一步探讨夫余早期王城问题提供了线索（《吉林省吉林市东团山遗址2015—2017年发掘收获》，《北方文物》第6期）。

2010年6—9月，内蒙古自治区文物考古研究所、内蒙古大学历史与旅游文化学院、和林格尔县文物保护管理所联合对和林格尔县厂圪洞遗址进行了抢救性考古发掘，发现有西汉末至东汉初年墓葬及辽金时期灰沟、房址，出土遗物丰富（《内蒙古呼和浩特市和林格尔县厂圪洞遗址2010年发掘简报》，《草原文物》第1期）。《内蒙古和林格尔土城子（一）：城址发掘报告》一书系统而翔实地报道了1997—2001年4次对和林格尔土城子古城和城外遗址的调查、勘探、发掘的全部资料（科学出版社）。

河北省文物考古研究院联合磁县文管所对磁县南营遗址、墓地进行考古发掘，发现55座战国、汉代墓葬，墓葬形制典型，器物演化关系明晰，是研究漳河流域讲武城城址使用年代、兴废过程、城市规划、城市风貌等重要实物资料，对河北南部地区战国中晚期至汉代这一时期墓葬形制、葬俗、文化遗物演变的研究有重要意义（《磁县南营遗址、墓地考古发掘报告》，中国社会科学出版社）。2018年7—9月，四川省文物考古研究院联合重庆师范大学山地考古与文化遗产保护研究中心等单位对罗家坡遗址进行了考古发掘，共清理竖穴土坑墓1座、灰沟4条、灰坑9个、房址1座以及大量柱洞等遗迹，出土石器、陶器等遗物30余件。遗址年代为战国晚期至西汉。房址和柱洞的发掘对讨论本地区大石墓时期建筑形态、居住方式等具有重要的学术意义（《四川德昌县罗家坡遗址2018年度发掘简报》，《四川文物》第4期）。

洛阳市文物考古研究院公布了2016年对宜阳县韩都故城遗址的发掘成果，发掘遗迹有陶窑1座、壕沟1条和灰坑5个，时代主要为战国中晚期至西汉初（《河南宜阳韩都故城遗址

2016年发掘简报》,《华夏考古》第2期)。

南京博物院、连云港市博物馆、赣榆区博物馆公布盐仓城遗址考古资料,遗址内发现城墙、建筑基址、灰坑、灰沟、墓葬等汉代遗迹,出土了一批重要遗物,为深入了解盐仓城遗址文化内涵和促进鲁南、苏北地区汉代城址的研究提供了重要资料(《江苏赣榆汉代盐仓城遗址及墓地发掘简报》,《考古与文物》第1期)。南京博物院刊布了江苏睢宁下邳故城遗址2014—2018年考古调查、勘探、发掘资料(《江苏睢宁下邳故城遗址2014—2018年考古调查、勘探、发掘简报》,《东南文化》第4期)。

宁波市文化遗产管理研究院、奉化区文物保护管理所联合公布了2015—2018年对古鄞县县治——鄞县故城所在的奉化西坞白杜城山一带的考古工作成果,发掘表明鄞县故城两汉六朝时期遗存最为丰富,与城址的存废时代一致,居住区主要位于城内东北部的山脚台地,城外见有坯料作坊址,城址周边还分布有窑址区和墓葬区。鄞县故城的发掘为探讨古鄞县以至宁波境域古代城市发展增添了新的案例,也为推进这一时期南方地区县级城邑研究提供了新的视角(《鄞县故城:考古调查与勘探报告》,科学出版社)。

山西省考古研究院、阳泉市文物管理中心于阳泉平坦垴发掘了一口水井,水井内出土数量较多的陶、骨、铁、木等遗物,该水井的开凿、使用年代大体在春秋晚期到西汉早期之间(《山西阳泉平坦垴战国水井发掘收获与研究》,《文物季刊》第4期)。李昌宏对山西发现的83座汉代城址进行了系统性的分析,主要对其形制、年代、空间分布等特征进行了研究(《山西两汉时期城址的形制及布局研究》,《秦汉研究》第1期)。

南京大学历史学院考古文物系、株洲市博物馆考古部公布了2020年度湖南攸县里旺城遗址考古资料,古城的主要使用年代为战国至两汉时期,从城址规模来看,应属县邑一级。结合文献记载及其所在的位置、规模和年代,里旺城遗址可能为秦汉时期的攸县城(《湖南攸县里旺城遗址发掘记》,《大众考古》第6期)。

荆州博物馆公布郢城遗址发现的秦汉时期木构遗存的考古资料,对于中国桥梁史与城市水利设施系统发展进程的研究具有重大意义,并为郢城遗址下一步保护利用提供了极其丰富的实物资料(《湖北荆州郢城遗址秦汉木构遗存发掘简报》,《江汉考古》第1期)。在此基础上,卢川、刘建业指出,其中三座木构桥梁属单跨简支梁桥,南城垣中部地下木构建筑为过水涵洞,具有排水并控制城内水系高度的作用,并根据研究结果对这些建筑进行复原(《荆州郢城遗址秦汉木构建筑遗存及其复原研究》,《江汉考古》第2期)。卢川、林若琴、刘建业《从荆州郢城遗址看秦朝郡城规划》从郢城考古材料入手,介绍了郢城城市规划史实,探讨了秦朝郡城的规划过程及建城思想,认为秦朝郡城的规划思想主要包括因循传统、快速简便及注重军防三点,城市规划过程符合秦国政治、军事实际情况[《长江大学学报(社会科学版)》第6期]。

2021—2022年,云南省文物考古研究所等单位对昆明市晋宁区上蒜镇河泊所遗址进行发掘,揭露了主体为两汉时期的丰富的堆积,清理建筑基址、道路等遗迹,出土铜器、铁器、玉器、石器、骨器等制品2000余件,其中最大的突破在于出土了大量封泥和简牍,并发现了道路、疑似的大型建筑基址。两次发掘出土封泥837枚,包括"益州太守章""益州长史""犍为太守章""永昌长史"等郡级官吏的封泥,还包括"建伶令印""滇池长印""谷昌丞印""同劳丞印"等益州郡下辖属县的官吏封泥。简牍集中出土于南部发掘区的 H18 当中，目前共清理了 2/3 左右，已发现带字简牍共 1071 枚，不带字的简牍 7619 枚。此次发掘初步确认该遗址为西汉益州郡郡治所在，出土的封泥和简牍是目前西南地区出土数量最大的一批汉代文书资料，为研究汉代西南边疆治理提供了直接的证据（《云南昆明晋宁区河泊所遗址》，《2022 中国重要考古发现》，文物出版社）。

侯灿编著的《楼兰考古调查与发掘报告》记录了 1980 年楼兰考古队对楼兰古国的考察与发掘。寻找城墙遗迹，重新勘定了古城的确切位置；发现了城内由西北流向东南的古水道遗迹，对城市的用水问题与结构布局有了新的认识；着重考察清理了城中的佛塔与房屋遗址，出土了 60 多枚汉文木简文书；发掘了城郊的平台墓地和孤台墓地，确定墓葬的时代是两汉时期（凤凰出版社）。新疆维吾尔自治区文物考古研究所公布了 2014—2019 年对石城子遗址的考古发掘资料，厘清了遗址的形制布局和功能区划。石城子遗址的建筑构筑方法、等级规制，遗物组合特征等都明确显示出这处遗址是汉代在天山以北设立的一处军事要塞，是迄今为止新疆地区发现的唯一一处年代准确可靠、形制基本完整、保存状况完好、文化特征鲜明的汉代古遗址［《新疆石城子遗址（一）》，科学出版社］。2019 年新疆维吾尔自治区文物考古研究所对新疆奇台县石城子遗址进行发掘，遗迹有房址、灰坑、排水沟、砖道等，出土遗物有建筑材料、生活用具、兵器、钱币、动物骨骼等。根据遗迹叠压打破关系及出土遗物特点，推断遗址年代在两汉之际。结合文献记载，推断石城子遗址为汉代疏勒城旧址。该遗址的发掘填补了新疆地区两汉时期城址考古的空白（《新疆奇台县石城子遗址 2019 年的发掘》，《考古》第 8 期）。张相鹏总结了 2020—2021 年新疆考古工作的成果，深化了对出土资料的认识，推动了新疆考古学理论与方法的探索和实践（《2020—2021 年新疆考古收获》，《西域研究》第 4 期）。

潘国立对西汉故市、衍、乐昌三个侯国的地望进行了考证（《西汉故市、衍、乐昌侯国考》，《秦汉研究》第 2 期）。王博文依据文献及考古资料，重新探讨了西汉安定郡临泾、安武县治的具体位置，认为临泾县治在今甘肃省镇原县屯字镇洪河南岸的川口遗址，安武县治在同一流域的平泉镇麻王村民乐遗址（《西汉安定郡临泾、安武县治考》，《文博》第 3 期）。郑炳林、司豪强从西汉与乌孙关系变化探讨居卢訾仓的修筑原因、位置、配套漕运工程及居卢訾仓权属转变等问题（《西汉敦煌居卢訾仓城修筑与归属》，《敦煌学辑刊》第 1 期）。

刘睿璇阐述了汉长城石营堡概况，并基于价值阐释理论进行研究，指出石营堡长城遗址主要具有文化、生态景观、经济发展三方面价值（《汉长城石营堡及其价值阐释探讨》，《秦汉研究》第 1 期）。张文平根据阴山地区战国秦汉长城等考古材料及文献记载，对战国时期九原与高阙，到秦代九原郡与"高阙关"，再到汉代五原郡与高阙谷、石门障的发展演变等问题进行了探讨（《从九原到五原——包头地区战国秦汉历史与考古若干问题考辨》，《边疆考古研究》第 1 期）。张文平在考古调查的基础上，构拟了战国时期赵国、秦代、汉代沿着阴山山脉构筑长城防御体系的演变过程，明确这一时期中原王朝对河套地区的治理有着不断扩大化的趋势，同时反映了不同时期中原王朝与匈奴之间关系的变化［《从赵武灵王到王昭君——战国秦汉时期河套地区长城防御体系的演变》，《内蒙古师范大学学报（哲学社会科学版）》第 5 期］。念文通对环县战国秦长城展开调查与研究（《环县战国秦长城调查与研究》，西北师范大学）。刘明、刘潼《从上马遗址看汉代辽东长城》对汉代辽东地区的长城展开研究［《沈阳考古文集

(第 8 集)》，科学出版社]。

（三）手工业遗存

陕西省考古研究院 2022 年在杜城村北发现一处西汉制陶作坊遗址，发现陶窑、水井、灰坑等与制陶活动密切相关的遗迹，出土器物以陶器为大宗，可分为日用陶器、建筑构件、制陶工具和窑具，推测该遗址应为一处以烧制日用陶器和建筑构件类产品为主的制陶作坊，此作坊遗址主体年代为西汉中晚期，从遗址出土的纪年陶文看，可能至少延用至西汉哀帝建平四年，该作坊遗址可能与周邻区域发现的作坊遗址共同隶属于与秦汉杜县密切相关的地方性官营"手工业园区"(《西安杜城秦汉手工业作坊遗址》，《2022 中国重要考古发现》，文物出版社)。湖南省文物考古研究院对湖南省张家界市桑植县澧源镇官田遗址进行发掘，共清理灰坑 251 个、灰沟 124 条、房址 17 座，灰坑中可确定熔铁炉、锻铁炉、藏铁坑、储料坑以及部分长方形加工炉等。灰沟数量较多，部分呈方形或长方形围沟状。房址以圆形窝棚式为主，另有长方形基槽式和圆形浅地穴式。根据加工炉、房址、围沟之间的遗迹配套关系，可以确定部分遗迹组合为封闭式或半封闭式作坊。本次发掘进一步明确了官田遗址是以生铁为原料，集熔铁、铸造、退火、锻造、精炼等工艺技术于一体，并兼营铸铜的多金属生产作坊，为目前南方地区已知规模最大的汉晋时期铸铁遗址，特别是本次发现的各类加工炉形态独特、功能较为明确，具有显著地方特色，填补了古代铁器生产、加工等研究的多项空白。长沙市文物考古研究所于长沙市开福区中山路原湘江宾馆清理一座东汉半倒焰式窑，可能为烧制墓砖的砖窑[《2019 年长沙市小吴门战国墓及东汉砖窑发掘简报》，《湖南省博物馆馆刊（第 17 辑）》]。淮安市小丁庄墓地发掘了 5 座东汉时期的窑址，均为半地穴式馒头窑，主要由操作区、窑门、火膛、窑床、烟道等部分组成（《淮安小丁庄墓地窑址发掘报告》，《东方博物》第 1 期)。

白云翔指出模块化生产方式在汉代的官府和民营手工业中都较流行，产品既有丧葬用品也有实用器具，认为"古典式模块化生产"在汉代已趋于成熟（《汉代模块化生产的考古学观察》，《考古》第 11 期)。刘尊志以考古资料为基础，对汉代一般家庭的手工业生产作相关论述与分析，发现汉代一般家庭的手工业生产在继承前代的基础上获得了较大发展，门类较多，涉及诸多方面，对丰富汉代家庭的物质内容、服务精神生活、满足丧葬需求等均有着较为重要的作用，还可从多个方面体现出与之相关的劳动者、场地、技术及商品买卖等内容，对研究汉代家庭及汉代手工业的发展、内容、内涵等均具有相应的参考价值（《简论汉代一般家庭的手工业生产》，《华夏考古》第 4 期)。

李清临对秦汉砖瓦窑炉的工艺技术特点进行分析（《多学科视角下的秦汉砖瓦窑炉工艺技术与交流研究》，《四川文物》第 3 期)。罗丹、郑建明分南、北方两部分对两汉至南北朝时期中国铅釉陶发展史及 21 世纪以来相关窑址考古新进展进行了简单梳理（《21 世纪以来两汉至南北朝时期铅釉陶窑址考古新进展》，《文物天地》第 9 期)。

项隆元所著的《浙江科学技术史：上古至隋唐五代卷》一书是浙江科学技术史系列的第一卷，本卷所探讨的是上古至隋唐五代时期浙江科学技术的发展史。第三章《秦汉时期的浙江科学技术》介绍了秦汉时期浙江地区科学技术发展的背景，还分别从水利工程与农业生产技术、陶瓷烧造技术、铜镜铸造技术、科学技术相关著作几个方面分别论述浙江科学技术在秦汉时期的发展（浙江大学出版社）。王子今对"考古五粮液"的工作成就与学术启示进行了梳理，并对考古资料所见的酒史与酒文化进行了探讨（《"考古五粮液"成就对酒文化研究及汉代酒史考察的启示》，《四川文物》第 3 期）。韩国河、王祖远利用考古和文献资料系统分析了汉唐时期储粮方式的异同点及储粮设施与技术的演变，对了解古代储粮制度、汲取经验启示具有重要意义（《汉唐时期储粮制度和方式之变迁》，《光明日报》2022 年 10 月 10 日）。

（四）道路遗存

陕西省考古研究院公布咸阳沙河古桥遗址的考古勘探与发掘资料，在原桥体北侧新发现桥桩三排 17 根、"埽岸"遗迹 1 处，初步判定"埽岸"范围即为当时河岸，桥体北部边界即以新发现最北排桥桩为界。最新测年数据再次明确沙河古桥年代为秦汉时期（《陕西咸阳沙河古桥遗址 2020 年勘探发掘简报》，《考古与文物》第 5 期）。

洛阳市文物考古研究院编著的《洛阳汉唐运河遗址调查与古沉船发掘报告》一书是洛阳汉唐漕运水系遗址调查报告，以及洛阳运河一、二号古沉船的发掘、保护和复原研究成果，为古洛河、古谷水、汉魏漕运、隋唐漕运等遗址的位置和走向提供了的调查实物资料，为运河沉船遗址的发掘和保护提供了参考（科学出版社）。相关学位论文有罗丽娟《汉魏隋唐时期洛阳盆地河道变迁与城市水利研究》（上海师范大学）等。

秦直道一直颇受学术界关注，在近几年的研究中，秦直道起点问题多有争议，一种观点认为秦直道起点在云阳或者咸阳，另外一种观点认为起点位于距离咸阳 800 千米以北的九原（麻池古城）。肖健一、任建库、罗莉通过考察秦直道修建信息、使用信息、甘泉与汉甘泉宫三个方面，认为秦直道起点位于甘泉山下，推测秦汉云阳县城亦在此处（《秦直道起点相关问题探讨》，《秦汉研究》第 2 期）。徐卫民、段春娥、李昕蒙以《文化线路宪章》对"文化线路"的定义及其判别标准为基础，从文化交流的视角将秦直道纳入系列遗产的范畴中，论证秦直道的文化线路遗产性质，力求更加全面地认识和阐述秦直道在北方游牧民族和中原农耕民族物质文化与精神文化互动共享、碰撞交融过程中所起的作用，以及对中华文明形成与发展乃至对世界文明的影响[《碰撞、交融——秦直道文化遗产性质的认识》，《西北大学学报（哲学社会科学版）》第 3 期]。相关学位论文有段春娥《秦直道文化线路保护利用研究》（西北大学）、李易《秦楚古道研究》（西北大学）等。

（五）祭祀遗存

吴山遗址位于陕西省宝鸡市陈仓区新街镇庙川村北侧吴山东麓山前台地，中国国家博物馆、陕西省考古研究院、宝鸡市考古研究所、陈仓区博物馆组成联合考古队对遗址进行考古调查和勘探，确认遗址面积约为 10.2 万平方米，发现各类遗迹单位 106 处。2018 年发掘面积 800 平方米，发现车马祭祀坑 8 座，坑内均有驷马一车，出土青铜车马器、玉器、铁器、骨器等 232 件组。综合历史文献和考古发现，吴山遗址出土的铁锸应与玉人、玉琮、车马器具有同样的祭祀属性，并用于祭祀特定对象炎帝。吴山遗址应是秦灵公所作吴阳下畤（《陕西省宝鸡市陈仓区吴山祭祀遗址 2016—2018 年考古调查与发掘简报》，《中国国家博物馆馆刊》第 7 期）。游富祥《吴山遗址的性质与畤祭相关问题》认为吴山遗址应是秦灵公所作吴阳下畤，祭祀炎帝，并利用 DNA、锶同位素等自然科学方法分析出土材料，对雍五畤祭祀用牲、用玉等方面进行深入研究（《中国国家博物馆馆刊》第 7 期）。

四　秦汉墓葬

（一）帝陵

秦汉帝陵研究一直是秦汉考古的中心，研究成果丰富。汪红梅对秦始皇陵保护管理的三个阶段进行了回顾，第一阶段是 1989 年，主要工作是对秦始皇陵进行系统调查与钻探；第二阶段是 1990 年至 2004 年，主要工作是有计划的科学发掘秦始皇陵的陪葬坑；第三阶段是 2005 年至今，主要工作是通过立法来保护秦始皇陵。这些分析有助于总结经验，更好地保护和管理好文化遗产，为文物保护管理工作提供借鉴（《秦始皇陵保护管理的三个阶段》，《秦汉研究》第 2 期）。冯锴从春秋至秦代数百年间秦陵的发展历程出发，以考古和文献资料为基础，对秦始皇帝陵的修建过程予以分期研究，揭示出秦始皇帝陵的顶层设计历经了由王陵设计向帝陵设计的转变（《秦始皇帝陵修建过程的分期研究》，《文博》第 1 期）。冯锴、戎岩、刘璐在分析秦兵马俑坑隔墙所显示的俑坑结构特征的基础上，结合诸陪葬墓的形制等推测了秦始皇陵的地宫形制，并简述了秦汉时期夯筑技术的成熟与传播（《秦始皇陵兵马俑陪葬坑夯土隔墙探源——兼谈秦陵地宫形制与秦汉夯筑技术》，《咸阳师范学院学报》第 1 期）。

两汉帝陵研究是秦汉陵寝制度研究的中心。近年来，诸考古单位在霸陵陵区多次进行考古调查、勘探、试掘等工作，先探明"凤凰嘴"并无陵墓遗存，后在窦皇后陵西侧发现了江村大墓、外藏坑、建筑遗址、陪葬墓，还探明并试掘验证了围合江村大墓与窦皇后陵的大陵园墙址等重要遗迹，确认江村大墓即为汉文帝霸陵，基本掌握了霸陵的陵区范围、形制布局等，为西汉帝陵制度的深入研究提供了翔实的考古资料（《汉文帝霸陵考古调查勘探简报》，《考古与文物》第 3 期）。马永嬴通过梳理汉文帝霸陵位置的文献资料，考证霸陵在"凤凰嘴"之说系误传，并根据江村大墓的位置、墓葬形制、规模、外藏坑、陵园设施等考古证据，分析并确认江村大墓即为汉文帝霸陵（《汉文帝霸陵位置考》，《考古与文物》第 3 期）。马永嬴、曹龙通过梳理汉魏至唐宋间文献记载的霸陵地望，对"凤凰嘴"误传为汉文帝霸陵的原因进行了分析，认为《类编长安志》中"（文帝霸陵）在京兆通化门东四十里白鹿原北凤凰嘴下"的记载应当为作者骆天骧自己"增添数百余事"之一，并无史料来源（《"凤凰嘴"误传为汉文帝霸陵的原因分析》，《秦汉研究》第 1 期）。在确定霸陵位置基础上，马永嬴《汉文帝霸陵对西汉帝陵规制的影响》从封土、墓室、陵园、外藏坑等方面对西汉帝陵的规制进行分析，进一步探讨了汉文帝霸陵对西汉中后期帝陵的布局与规制的影响（《文博》第 3 期）。

谭青枝从延陵的选址与早期规划、营建以及后来的陵园西移、陵园内布局的重新规划等方面对延陵的形制及形成原因进行了探讨（《试析延陵陵园形制形成的原因》，《文博》第 3 期）。谭青枝认为除诸侯王外，置园邑者主要是皇亲外戚，以皇太后、皇后父母为主体；园邑规模"比诸侯王"，一般二百家至三百家；园邑分布在长安周边的归太常管理，在郡县的则由当地管理；园邑从西汉初年始至元帝时罢，起止年代与帝陵陵邑基本一致，是西汉皇族丧葬体系的一个组成部分，置园邑是汉代推崇孝道的体现，也是彰显皇太后、皇后身世地位的一种方式(《西汉时期"置园邑"研究》,《考古与文物》第3期)。

《洛阳邙山陵墓群论文选辑》中收录了多篇有关东汉帝陵的研究成果,内容涉及东汉帝陵的陵寝制度、陵墓制度的发展演变、帝陵地望、陵主归属、陵区陵园空间、南北兆域结构、陵墓封土、陵墓的墓葬形制、陵园建筑、陪葬墓墓群以及相关研究综述等各个方面(上海交通大学出版社)。

严辉《再谈孟津大汉冢为东汉光武帝原陵》通过分析邙山东汉帝陵的年代问题,综合文献资料与考古材料,进而推测孟津大汉冢为东汉光武帝原陵(《中原文物》第6期)。

刘秀红、丁岩就洛阳附近东汉帝陵分置两处的缘由进行探讨,认为洛阳附近的11座东汉帝陵形成了邙山和洛南两个陵区,这种布局是沿袭战国秦至西汉时期"旁近祖考"帝陵选址的原则。为保持同一陵区内父子相随的血统世系的有序传承,同辈帝王的继任者陵墓一般须离开前任陵墓所在陵区而另置他处(《东汉帝陵选址与血统传承因素》,《华夏考古》第1期)。

(二)诸侯王与列侯墓

洛阳市文物考古研究院公布河南洛阳市朱仓村M683东汉墓园资料,认为M683的墓主可能为东汉早期的城阳王刘祉,此次发掘对研究两汉之际墓葬形制的发展演变及墓园的布局结构具有重要意义(《河南洛阳市朱仓村M683东汉墓园》,《考古》第6期)。

长沙市文物考古研究所对时代倾城一号汉墓进行了考古发掘,该墓是汉代长沙王陵墓群谷山片区内发现的一座大型竖穴岩坑墓,虽然被盗,但规模较大、形制较完整,墓主可能为某代长沙王的嫔妃或其他王室成员[《湖南望城时代倾城一号汉墓发掘简报》,《湖南省博物馆馆刊(第17辑)》]。阜阳市博物馆编《阜阳双古堆汉墓》介绍了安徽阜阳双古堆汉墓的发掘情况,发掘者认为墓主为西汉第二代汝阴侯夏侯灶夫妇。墓中出土了陶器、铜器、带有铭文的铁器、漆器等器物200余件,其中六壬栻盘、太一九宫栻盘、二十八宿圆盘(圆仪)等天文仪器都是非常有价值的文物。此外还出土了4000多片简牍,这些简牍的内容包括许多重要的古籍,如《仓颉篇》《周易》《诗经》《春秋事语》《吕氏春秋》《庄子》《离骚》《万物》等,内容丰富。本书作为最详细和准确的考古发掘报告,成为了解和研究阜阳双古堆汉墓最重要的资料(中华书局)。彭明瀚《海昏藏美》收录了刘贺墓出土的20件重要文物(文物出版社)。彭明瀚主编的《南昌汉代海昏侯国遗址博物馆》分为"吉金海昏""美玉海昏""丹漆海昏""书香海昏"四个部分,分类精选海昏侯刘贺墓出土的最具代表性文物,并集合相关最新研究成果(文物出版社)。

高小路、徐卫民《广州象岗西汉南越王墓形制试析》将南越王墓与中原诸侯王墓以及岭南同时期墓葬进行比较,系统梳理了各方在建筑材料、建造方式、墓室布局方式等方面的异同(《文博》第2期)。焦阳对汉代题凑墓结构体系及空间功能的演变进行研究,认为西汉时期的题凑墓其实是一种类似棺椁层层套叠的多重结构,东汉时期题凑墓的结构从竖穴墓的内、外套叠式演变成横穴墓的前、后室,前室作为独立的祭奠空间而存在(《汉代题凑墓结构体系及空间功能的演变》,《考古》第6期)。

列侯墓方面,以海昏侯刘贺墓相关研究居多。王仁湘《南藩海昏侯》分10部分,列题"名迹""幻世""自鉴""人伦""葬金""铸铜""琢玉""画漆""滋味""问神",共56个专题,分别从不同方面发表了对海昏侯刘贺、海昏侯墓、海昏侯墓考古、海昏侯墓发掘收获的研究成果（生活·读书·新知三联书店）。海昏侯墓中刘贺躯体的葬式为"头南足北"，这一点不符合先秦以来中原地区的历史传统以及在当时盛行的儒家思想中所倡导的"头北足南"葬式。陈昆、崔梦泽在《葬式与政治：浅析海昏侯刘贺的"头向"问题》一文中指出，刘贺墓葬采用了与当时王、侯主流葬式甚至与自己父亲都不同的"头南足北"葬式，该类葬式得以出现在王侯一级墓葬中可能是属于汉政权对刘贺所做出的一种惩罚性行为，反映了汉政权在皇权政治发展和地方行政体制整合过程中，对具有诸侯王（侯）身份的政治潜在的竞争者存有防范意识（《秦汉研究》第2期）。苗凌毅、谢宇轩、杨司毓则选取西汉早期阜阳双古堆汉墓与海昏侯墓进行比较，从墓主人身份、墓园制度和随葬品规格等方面切入，对海昏侯墓"不循常制"的相关墓葬因素进行探讨（《西汉海昏侯墓与阜阳双古堆汉墓比较研究》，《秦汉研究》第2期）。

郑伊凡则对海昏侯墓出土孔子衣镜上的"孔子传记"第六行中以"上毋天子"起首的一段疑难释文加以释读，提出"臣詑君子必"一句可能应据《越绝书》《公羊传》等传世文献读为"臣弑君，子弑父"（《读海昏侯墓"孔子传记"小札》，《江汉考古》第3期）。王刚由海昏侯墓出土的"孔子衣镜"中出现了最早的孔子画像为切入点，指出海昏侯墓画像老子的缺位是一种主动选择的结果（《图像系统与思想观念：海昏侯墓画像老子缺位问题蠡测》，《南方文物》第2期）。刘锴云、张闻捷从海昏侯墓随葬乐悬着手，对其所折射出的帝制与王制在墓葬空间中的反复博弈进行了分析（《帝制与王制：再论西汉海昏侯墓的乐悬制度》，《中国国家博物馆馆刊》第12期）。

刘尊志对目前可推定为宦者侯的4座东汉墓葬进行梳理，探讨了宦官侯墓葬所体现的丧葬内容、宦官侯的家庭人员及第宅庭院等相关问题（《东汉宦者侯墓葬及相关问题》，《考古与文物》第3期）。

谭青枝《蓝田支家沟汉墓墓主考辩》通过对蓝田支家沟汉墓的综合分析，指出墓主身份应为女性皇室成员，为列侯葬制，认为墓葬年代晚于元狩五年，墓主是汉武帝第一任皇后陈皇后而非汉武帝女儿鄂邑盖长公主（《中原文物》第6期）。

姚逸对山东济宁市城南的普育小学汉墓的年代及墓主身份进行分析研究，认为其时代在东汉中期偏晚，推测墓主身份为列侯，为夫妻合葬墓，并从东汉任城国五王二侯的世系考察，认为该墓为桃乡侯刘福夫妇合葬墓的可能性较大（《山东济宁普育小学汉墓年代和墓主新考》，《东南文化》第6期）。

郑广从"T"形帛画、随葬品布局、墓葬结构和彩绘陶器等四个方面对马王堆一号汉墓的丧葬主题进行了分析[《试析马王堆一号汉墓的丧葬主题》，《湖南省博物馆馆刊（第17辑）》]。温星金对马王堆一号墓棺椁的装饰技法、绘画图像、套棺间的关系及棺椁制度等四个方面的研究情况进行梳理并加以阐述[《马王堆一号汉墓棺椁研究综述》，《湖南省博物馆馆刊（第17辑）》]。

（三）一般墓葬

以下按照地区对新公布的墓葬资料进行简要介绍。

西安市文物保护考古研究院公布西安市清凉山墓地清理的549座秦墓的墓葬资料，时代在战国中晚期至秦统一之间（《陕西西安清凉山秦墓发掘简报》，《考古与文物》第4期）。宝鸡市考古研究所公布宝鸡市高新区旭光村墓群清理的3座秦墓的墓葬资料，其年代为战国晚期至秦代（《陕西宝鸡旭光村秦墓发掘简报》，《考古与文物》第5期）。中国社会科学院考古研究所公布陕西宝鸡市西高泉墓地清理的71座春秋战国时期古墓资料，墓葬形制和特征是典型的秦墓，可以追溯到春秋早期到战国晚期，为了解秦人从甘肃东部进入关中之初的文化特征，认识秦都平阳的发展过程，以及周秦文化的关系等，提供了较为重要的资料（《陕西宝鸡市西高泉墓地1981年发掘简报》，《考古》第5期）。宝鸡市考古研究所公布2019年3月至2020年2月于东沙河西路发掘清理24座战国秦墓的资料。这批墓葬均使用木质葬具，普遍采用屈肢葬。随葬品以陶器为主，有仿铜陶礼器鼎、壶、豆等，日用生活陶器鬲、釜、罐等，年代集中在战国晚期（《陕西宝鸡东沙河西路战国秦墓发掘简报》，《文博》第6期）。西安市文物保护考古研究院于西咸新区空港新城岩村墓地清理墓葬76座，根据墓葬形制及随葬品的特征，初步判断该墓地主体应为战国晚期至秦代的秦人平民墓地（《陕西西咸新区空港新城岩村墓地发掘简报》，《文博》第2期）。陕西省考古研究院公布了2000年在陶渠遗址清理的15座秦墓资料，时代为秦统一时期（《陕西韩城陶渠秦墓发掘简报》，《文博》第2期）。西安市文物保护考古研究院公布了在西安杨家湾村发掘的3座汉墓资料，其中M3出土一枚"杨嘉"玉印，推测此处应为西汉早中期杨氏家族墓地（《陕西西安杨家湾西汉墓发掘简报》，《文博》第3期）。榆林市文物保护研究所于清涧县城北清理墓葬21座，刊布了其中4座"人"字坡顶石室墓的发掘资料，时代为西汉晚期（《陕西清涧桑树坪汉代石室墓发掘简报》，《江汉考古》第6期）。

西安市文物保护考古研究院在西安市自强东路以南发掘汉墓2座（《陕西西安自强东路东汉墓M1、M2发掘简报》，《文博》第6期）。陕西省考古研究院公布于咸阳北杜街道成任村南发掘的6座东汉晚期墓葬的考古资料，墓葬形制完整，排列整齐，是一处家族墓葬。其中1座墓葬出土了2尊金铜佛像，是目前国内考古出土的时代最早的金铜佛像，对于佛教文化的传入及中国化具有重要的研究价值（《陕西咸阳成任墓地东汉家族墓发掘简报》，《考古与文物》第1期）。榆林市文物考古勘探工作队、西北大学文化遗产学院、陕西省考古研究院、米脂县博物馆于榆林市米脂县卧虎湾墓地共发掘战国、秦汉墓葬463座，墓葬形制多样，埋葬方式复杂，随葬器物1585件，按功能可分为礼器、实用器、车马器、明器等（《米脂卧虎湾：战国、秦汉墓地考古发掘报告》，文物出版社）。

河南省文物考古研究院于三门峡市刚玉砂厂清理4座秦人墓地，出土了陶器、铜器、玉印章等25件随葬品，年代属于战国晚期至秦统一时期（《河南三门峡市刚玉砂厂四座秦人墓发掘简报》，《华夏考古》第4期）。洛阳市文物考古研究院公布河南省洛阳市孟津区平乐镇天皇岭村发掘的2座西汉墓资料[《洛阳孟津天皇岭西汉墓（M26、M27）发掘简报》，《文物》第1期]。洛阳市文物考古研究院刊布在天鑫苑项目内清理2座汉墓的资料，年代均为东汉晚期（《洛阳天鑫苑两座汉墓发掘简报》，《黄河·黄土·黄种人》第2期）。洛阳市文物考古研究院在洛阳孟津平乐镇北发掘清理1座东汉墓葬（C8M2259），时代为东汉晚期。墓葬形制为长方形带墓道砖室墓，由墓道、甬道、墓室、耳室组成。主要出土有仓、罐、樽、灶、井等陶器，铁削、铁剑等铁器，博局纹、龙虎纹、连弧纹铜镜各1枚。该墓的发掘为研究邙山东汉核心陵区边缘区域内中小型墓的性质及发展演变增添了重要的实物资料[《河南洛阳孟津平乐东汉墓（C8M2259）发掘简报》，《中国国家博物馆馆刊》第5期]。河南省文物考古研究院、许昌市文物考古研究管理所于许昌佛耳岗墓地清理汉墓155座，刊布了其中3座汉墓M15、M146和M156的资料（《许昌佛耳岗汉墓发掘简报》，《中原文物》第5期）。河南省文物考古研究院与濮阳市文物保护管理所于濮阳市建业世和府小区清理1座汉墓（《河南濮阳建业世和府墓地汉唐墓葬发掘简报》，《华夏考古》第3期）。郑州市文物考古研究院于荥阳市槐林村清理汉墓400多座，刊布了其中M98的墓葬资料，为汉代京城居民之墓地（《郑州荥阳槐林墓地汉墓M98发掘简报》，《中原文物》第4期）。周口市文物考古管理所公布了2018年于周口川汇区中原路清理的1座西汉墓的墓葬资料，共出土各类器物26件，其中陶器8件、青釉瓷器9件、铜器9件，墓主为低级官吏或有一定经济实力的阶层（《周口川汇区中原路汉墓发掘简报》，《中原文物》第5期）。河南省文物考古研究院编著的《鹿邑崔寨墓地》公布了鹿邑崔寨墓地发掘的39座汉墓资料，墓葬形制包括竖穴土坑墓、空心砖墓、小砖墓，出土陶器、钱币等遗物（中州古籍出版社）。郑州大学考古系发表虎丘岗遗址发掘的44座汉墓的墓葬资料（《河南开封虎丘岗遗址汉代墓葬发掘简报》，《文物》第6期）。温县文物管理所在河南省焦作市温县南张羌镇南张羌村南抢救性清理了一批汉墓，刊布了其中2座墓葬的发掘资料，其中M36年代为西汉早期，M89年代为西汉晚期（《河南温县南张羌M36、M89发掘简报》，《文物春秋》第6期）。洛阳市文物考古研究院于孟津区平乐镇上屯村西北清理西汉墓1座，墓葬内同时出土8件原始瓷器和2件釉陶器（《河南洛阳孟津上屯西汉墓（C8M2001）发掘简报》，《中国国家博物馆馆刊》第1期）。宁夏回族自治区文物考古研究所于辉县赵庄墓地清理汉代墓葬22座，刊布了其中4座东汉中晚期墓葬的发掘资料（《河南辉县赵庄墓地东汉墓发掘简报》，《中国国家博物馆馆刊》第1期）。河南省文物考古研究院、三门峡市文物考古研究所、安阳师范学院考古与文博系于三门峡市后川村清理1座西汉初期墓葬，墓主为秦人王缯（《河南三门峡后川村M425发掘简报》，《黄河·黄土·黄种人》第20期）。鹤壁市文物工作队公布了河南鹤壁市后营汉代墓地发掘资料[《河南鹤壁市后营汉代墓地发掘简报》，《考古学集刊（第27集）》，社会科学文献出版社]。

济南市考古研究院发表山东济阳三官庙村清理的3座汉画像石墓的资料，根据墓葬形制规模、画像石的数量及随葬器物，结合其他同类型同时期的墓葬，推测该墓地为东汉晚期上层官僚或豪门望族的墓地（《山东济阳三官庙汉画像石墓发掘报告》，《考古学报》第2期）。烟台市博物馆、龙口市博物馆发表西三甲墓地清理的55座汉墓资料，其中一些墓葬规格较高，随葬器物丰富且特色鲜明，为研究战国至魏晋时期胶东地区墓葬形制、年代、文化内涵以及聚落形态和社会结构提供了重要的实物资料（《山东龙口市西三甲墓地的发掘》，《考古》第11期）。山东省文物考古研究院、山东大学于临淄石鼓墓地清理发现152座墓葬，墓地主体存续年代为战国中期晚段至西汉末期，另有少量墓葬属于东汉时期，发现有口含铜钱、双棺、母子同棺、二次葬、殉鹿、砖枕等特殊葬俗现象（《山东淄博临淄石鼓墓地》，《大众考古》第6期）。山东省文物局、山东省文物考古研究院编《时代的脉动与文明的记忆：南水北调东线一期工程山东段·文物保护卷》介绍了任城程子崖东周汉唐遗址、梁山薛垓汉宋墓地、东昌府区前八里屯东汉墓葬、长清大街南汉代画像石墓、长清卢故城国街汉代墓地、长清小王庄汉代墓地等汉代遗址与墓地的田野考古收获（文物出版社）。

内蒙古师范大学科学技术史学院、内蒙古自治区文物考古研究院等公布盛乐古城东侧ⅡM1511号汉墓材料，随葬器物不见汉墓中常见的陶明器，而以青铜容器为主，另有石杯、玉璧与银饰件等，此类葬俗在内蒙古中南部乃至中原地区均较为罕见［《内蒙古和林格尔盛乐古城汉墓（ⅡM1511）发掘简报》，《文物》第11期］。2022年，内蒙古自治区文物考古研究院等对锡林郭勒盟苏尼特右旗吉呼郎图墓群进行发掘，共发掘匈奴墓葬20座。

辽宁省博物馆、辽宁省文物考古研究院、吉林大学边疆考古研究中心编著的《西丰西岔沟——西汉时期东北民族墓地》整理发表1956年辽宁省文物工作队发掘的材料，包括63座墓葬及562个墓葬被破坏后抢救清理的盗掘坑。出土的各类陶器，大量金属武器、手工工具、车马具及铜镜、货币、牌饰、珠饰、石质工具等随葬品，显示出复杂的物质文化面貌，包含汉书二期文化、中原文化、匈奴文化、辽宁吉南地区的宝山文化、吉长地区与夫余相关的考古学文化因素。文化因素构成、地理位置、古代民族分布等方面都反映出西岔沟墓地的多元性，本报告将是东北地区民族考古研究的重要材料（文物出版社）。

北京市考古研究院在通州区潞城镇前北营村发掘一批汉代墓葬，该墓葬群为汉代路县故城城外墓葬区的一部分（《通州区前北营汉代墓葬群2021—2022年发掘收获》，《北京重要考古发现2021—2022》，文物出版社）。

河北省文物考古研究院等公布了大德庄墓地M1的墓葬资料，M1封土下共发现13座墓葬，其中2座墓葬为西汉中晚期，出土铜器、陶器等遗物（《河北蔚县大德庄M1的发掘》，《考古》第9期）。河北省文物研究所等于滦州市韩新庄村东南发掘261座瓮棺葬，出土大量陶质葬具，葬具种类包括釜、瓮、盆、罐、钵、豆盘、甑等，年代应属于战国中期至西汉中期（《河北滦州市韩新庄瓮棺葬发掘简报》，《北方文物》第3期）。

湖北省文物考古研究所、云梦县博物馆公布2021年郑家湖墓地发掘的116座战国晚期至西汉初的秦文化中小型墓葬资料（《湖北云梦县郑家湖墓地2021年发掘简报》，《考古》第2期）。荆州博物馆在朱家草场墓地发掘墓葬36座，刊布了其中1座汉墓的资料，形制为竖穴土坑单室砖墓，并用空心砖封门。类似形制的墓葬在荆州地区发现较少，因此其价值尤为重要（《湖北荆州朱家草场汉墓M29发掘简报》，《文博》第3期）。荆州博物馆在荆州市枕头台子墓地清理西汉墓4座，形制均为竖穴土坑墓，其中M18还出土签牌和木牍（《湖北荆州枕头台子墓地西汉墓发掘简报》，《文博》第3期）。湖北省文物考古研究所和荆门市博物馆公布了林场遗址西汉大型车马坑的发掘资料，出土车、马、俑等大量漆木明器（《湖北荆门林场遗址西汉车马坑发掘简报》，《江汉考古》第5期）。湖北省文物考古研究所于宜城袁家湾遗址清理汉代墓葬3座，年代跨度从西汉早期至晚期（《湖北宜城袁家湾遗址发掘简报》，《中国国家博物馆馆刊》第1期）。

成都文物考古研究院公布谢家包墓地清理的4座西汉岩坑墓资料（《成都市双流区谢家包西汉岩坑墓发掘简报》，《考古》第1期）。2009年9—12月，四川省文物考古研究院联合汉源县文物管理所等单位在大地头遗址发掘5座西汉早期土坑墓，出土陶器、铜器、铁器等随葬品50余件，墓葬形制与大渡河流域同时期的墓葬基本一致（《四川汉源县大地头遗址2009

年度汉代墓葬发掘简报》,《四川文物》第6期)。山东博物馆考古队公布了2004年10—11月在重庆瓦子坪遗址发现的1座西汉墓及7座东汉墓的墓葬资料,其中M11为西汉土坑墓,出土器物以仿铜陶礼器组合为主;M7为典型的东汉晚期墓,出土陶器种类丰富(《重庆市万州区瓦子坪遗址2004年发掘简报》,《四川文物》第5期)。山东大学历史文化学院、重庆市文物局、开州区文物管理所于开州区渠口镇铺溪村的红岩子墓地清理1座两汉之际的墓葬[《重庆市开州区铺溪红岩子墓葬发掘简报》,《东方考古(第十九集)》,科学出版社]。山东大学东方考古研究中心、重庆市文化局、开州区文物管理所于重庆市开州区赵家镇西南清理汉代竖穴土坑墓4座(M2、M3、M6、M8)、砖室墓1座(M1)以及1座汉代窑址(Y1)。其中M2、M6、M8的年代为西汉中期,M3的年代为西汉晚期,M1的年代为东汉时期,Y1的年代在西汉晚期至东汉时期[《重庆市开州区赵家古坟包遗址和墓地发掘报告》,《东方考古(第十九集)》,科学出版社]。山东大学东方考古研究中心、重庆市文化局、开州区文物管理所于重庆市开州区渠口二组清理1座东汉砖室墓,年代在新莽至东汉初年之间[《重庆市开州区渠口二组和渠口六组汉代墓葬发掘报告》,《东方考古(第十九集)》,科学出版社]。中山大学人类学系、宜昌市博物馆在开县故城遗址清理出1座东汉时期残砖室墓(《开县故城：2006—2008年考古发掘报告》,科学出版社)。成都市文物考古研究院于成都天府国际机场一期清理35座汉代平民墓葬[《成都天府国际机场一期考古发掘报告(一)》,科学出版社]。

徐州博物馆公布了铜山区茅村镇洞山村后楼山M5的发掘资料,推测该墓为北洞山西汉楚王墓的陪葬墓,墓主人身份为贵族,属于刘氏宗亲,时代为西汉早期偏晚(《江苏徐州铜山区后楼山西汉墓M5发掘简报》,《东南文化》第2期)。徐州博物馆于江苏省云龙区铁刹山清理1座西汉早期的中小型墓葬,出有一套类型齐全的玉殓葬组合(《江苏徐州云龙区铁刹山汉墓M11的发掘和相关问题研究》,《东南文化》第4期)。徐州博物馆于沛县创新产业园一期清理汉代墓葬16座(《江苏徐州沛县创新产业园一期汉代墓地发掘简报》,《东南文化》第6期)。2022年徐州博物馆、连云港市文物保护和考古研究所联合对连云港市海州区饮马池墓地进行发掘,发现西汉时期墓葬92座、灰坑10个、灰沟1条、井1口。连云港市博物馆于海州区张庄墓地发掘清理东汉时期墓葬26座(《江苏连云港海州区张庄东汉墓发掘简报》,《东南文化》第2期)。扬州市文物考古研究所公布了苏庄汉墓群清理2座汉墓的墓葬资料(M7、M134),随葬有玉、漆木、铜、铁、原始瓷及灰陶器,其中M7随葬有10件原始瓷璧,M134随葬有一面西汉羽状纹铭文铜镜,M7为西汉早期,M134为西汉中晚期(《扬州苏庄西汉墓M7、M134发掘简报》,《中原文物》第6期)。扬州市文物考古研究所于江苏扬州邗江区西湖镇的边城·香榭里地块进行第三次清理时发现有4座西汉早中期的墓葬,出土有釉陶器、铜器、玉器等(《江苏扬州西湖镇边城·香榭里三期地块汉代墓葬发掘简报》,《东南文化》第4期)。郑州大学历史学院、南京博物院公布了江苏仪征联营汉墓M75的发掘资料,并对所出漆瑟进行分析研究(《江苏仪征联营汉墓M75发掘与出土漆瑟研究》,《东南文化》第2期)。盐城中国海盐博物馆、镇江博物馆于东闸新村墓地清理汉墓14座,刊布了其中2座西汉早期早段墓的墓葬资料,其基本沿用了楚墓的葬俗,所出陶郢爰、完整漆弩、漆瑟、六博棋等为盐城首次发现,对研究盐城地区汉代丧礼葬俗、手工业生产等都有着重要意义(《江苏盐城东闸新村墓地》,《大众考古》第7期)。南京博物院公布了江苏溧阳青龙头墓地清理的2座汉墓

M35、M22 的发掘资料，其中 M35 时代为西汉晚期，M22 时代为新莽至东汉早期（《江苏溧阳青龙头汉墓 M35、M22 发掘简报》，《东南文化》第 2 期）。镇江博物馆于丹徒区辛丰镇金家坟村清理 1 座东汉墓，年代为东汉晚期（《江苏镇江丹徒区金家坟村东汉墓 M1 发掘简报》，《东南文化》第 2 期）。2019 年在南京市秦淮区石门坎发掘出多个时期的古代墓葬 858 座，其中汉墓 22 座，包括砖室墓和土坑墓两大类，年代跨越两汉（《南京市秦淮区石门坎汉代墓葬发掘简报》，《东方博物》第 2 期）。南京市江宁区下潘岗村清理 1 座西汉中晚期墓葬，墓主是一名丹扬郡的低级官吏，出土有 8 枚印章，其中"莫府令印"的发现表明汉代可能有一个未被史书记载的莫府县（《南京市江宁区下潘岗村汉墓 M6 的发现与认识》，《东南文化》第 6 期）。

2015 年 4 月，浙江省文物考古研究所、德清县博物馆联合在德清县洛舍镇东衡村清理券顶砖室墓 1 座，时代为东汉晚期（《德清东衡汉墓发掘简报》，《东方博物》第 2 期）。浙江省文物考古研究所、温州市文物保护考古所、温州市瓯海区博物馆公布温州市丽塘村清理的 1 座东周纪年墓的考古资料，出土随葬品釉陶器、青瓷器及铁刀、铜钱等共 48 件（组），推测墓葬年代为兴平四年（197 年）（《浙江温州丽塘东汉纪年墓发掘简报》，《文物》第 7 期）。

长沙市文物考古研究所公布了于伍家岭清理的 2 座东汉墓的墓葬资料（《湖南长沙伍家岭东汉至隋唐时期墓葬发掘简报》，《华夏考古》第 2 期）。

厦门大学历史与文化遗产学院、福建省考古研究院、南平市文物保护中心、浦城县博物馆公布龙头山遗址清理的 4 座秦汉墓的墓葬资料，这些墓葬对研究闽越国考古学遗存的文化分期以及福建战国晚期至汉初闽越国贵族的葬制、葬俗提供了新的材料（《福建浦城龙头山遗址秦汉时期墓葬》，《考古》第 9 期）。

广东省文物考古研究所发表五斗种遗址发掘的 15 座战国西汉墓的墓葬资料，其发掘补充了广东地区战国至西汉时期考古工作的重要资料，对进一步研究岭南地区这一时期的考古学文化、社会历史具有重要意义（《广东博罗五斗种战国至西汉墓发掘简报》，《文物》第 5 期）。

2020—2022 年，广西文物保护与考古研究所、中山大学对广西北海市合浦县城南部的望牛岭汉墓进行发掘，共解剖西汉墓群封土堆 1 座，清理封土堆范围内及周围的汉晋墓 24 座，其中两汉墓葬共 23 座。望牛岭汉墓的发掘确定了封土堆范围内为"庸"氏家族墓地，剖析了墓群封土堆的结构形态和营建方式，厘清了墓群的层位关系和空间布局（《广西合浦望牛岭墓地》，《2022 中国重要考古发现》，文物出版社）。

2017—2021 年西藏自治区文物保护研究所、札达县文物局、阿里地区文物局对桑达隆果墓地进行了考古发掘，共清理墓葬 48 座，可分为土洞墓、竖穴土坑墓、石堆墓、竖穴土坑石室墓四类，以土洞墓数量最多，出土陶器、铁器、铜器、木器、贵金属制品、草编器等丰富的随葬品。该墓地从早期金属时代一直沿用至吐蕃王朝建立初期，为研究当时的社会结构、生业模式，以及与喜马拉雅山脉南麓、新疆等地区的交流提供了重要资料（《西藏札达县桑达隆果墓地发掘简报》，《考古》第 12 期）。2018 年，四川大学与阿里地区文物局、札达县文物局于皮央·东嘎果扎墓地和卡基墓地清理墓葬 5 座，均为带竖穴墓道的洞室墓，采用捡骨二次葬俗，并用动物殉葬，出土陶（泥）器、铁器、铜器、金器、石器、蚀花玛瑙珠等遗物。墓葬的年代为公元 1—4 世纪，对研究西藏西部早期社会与文明的发展进程及"象雄文明"的内涵和特征具有重要意义（《西藏札达县皮央·东嘎果扎墓地和卡基墓地》，《考古》第 12 期）。

2017年10月，西藏自治区文物保护研究所、札达县文物局在曲龙村新修744乡道路清理墓葬6座，均为洞室墓，葬具以箱式木棺为主，葬式为侧身屈肢葬或捡骨二次葬，随葬品组合属于以铜铁器为代表的金属器传统，陶器缺乏。这表明公元1—4世纪曲龙遗址存在以萨扎地点南区6座墓葬为代表的区域考古学文化，并与南亚、新疆等地区存在诸多联系，是前吐蕃时期高原丝绸之路南北文化交流的重要节点（《西藏札达县曲龙遗址萨扎地点南区墓葬》，《考古》第12期）。2022年，西藏文物保护研究所、四川大学考古文博学院等在西藏山南市结桑墓地发掘多座秦汉时期墓葬，以土坑石室墓为主，少量洞室墓和石棺墓，出土陶器、铜器、铁器、玉石器及珠饰等遗物（《西藏山南结桑墓地》，《2022中国重要考古发现》，文物出版社）。

一般墓葬的综合性研究成果丰富。

辛宇、胡望林对陕西宝鸡旭光秦墓的形制、随葬陶器、墓地布局与墓主身份等问题进行了探讨（《陕西宝鸡旭光墓地秦墓初论》，《文博》第6期）。熊昭明、李世佳对平乐银山岭110座战国墓进行重新梳理，判断其年代均为南越国时期即西汉早期，并可划分为前后两段（《广西平乐银山岭"战国墓"的年代》，《江汉考古》第6期）。

索德浩全面梳理四川汉墓资料，对其进行分期、分区研究，认为汉代四川地区一直与外界有着密切的交流，从而构成了丰富而复杂的四川汉代文化面貌（《四川汉墓分期分区研究》，《考古学报》第2期）。徐舠从战国秦汉之际江汉地区与江东地区的墓葬材料入手，对两地间的物质文化变迁模式的异同进行了探讨（《江汉秦墓与江东楚式墓的初步考察》，《考古学报》第3期）。朱瑛培收集并梳理咸阳原上近5000座汉代居民墓资料，指出两汉墓葬分布特征不同应是当时人们活动空间变化和政治中心东移与战乱饥荒所致（《咸阳原上汉代居民墓分布研究》，《秦汉研究》第2期）。潘玲、谭文好对扎赉诺尔墓地进行分期研究，将该墓地分为五期（《扎赉诺尔墓地分期研究》，《草原文物》第1期）。李生兰、李涛、周波对1952年所勘查的茅村汉墓进行了资料整理，探讨了其墓葬年代、葬制及墓室功用（《再识徐州茅村汉墓》，《大众考古》第4期）。刘涛《略论洛阳西大郊东汉刑徒墓地的时代与布局》认为西大郊刑徒墓地埋葬的是从各地域所征调来洛阳服役期间死亡的刑徒，刑徒墓砖铭文的制作与使用、墓葬的入葬顺序以及墓地的规划和管理均有着明确的要求和规划（《南方文物》第4期）。张锐、夏静《湖北云梦郑家湖墓地：大一统历史进程的生动注解》指出湖北云梦郑家湖墓地为研究中国多民族统一国家的形成提供了典型个案，呈现了大一统进程的历史细节（《光明日报》2022年4月29日）。

张卓远、包明军从唐河北部汉代墓葬文化入手，对西汉晚期舂陵侯内徙及其族群演变的历史作出了初步的探讨（《西汉舂陵侯内迁地望及其演变问题探讨——从唐河北部汉墓入手谈汉代唐河枣阳有关历史地理》，《南都学坛》第2期）。周阵锋《襄阳地区战国晚期至西汉中期考古学文化变迁——以墓葬为中心的考察》通过梳理襄阳地区战国晚期至西汉中期墓葬的发现简况，在墓葬分期和文化因素分析基础上，探讨其文化变迁过程（《华夏考古》第2期）。金海旺对淮河流域中小型西汉墓葬随葬器物所表现的文化因素构成及互动关系进行分析，发现淮河流域中小型西汉墓葬主要包含了西汉核心区文化、西汉地方性文化、楚文化、秦文化、越文化和韩文化等特征，各文化因素在西汉时期由并存逐渐地趋于同一，楚、秦、韩和越等文化因素逐渐消失（《淮河流域中小型西汉墓葬文化因素分析》，《华夏考古》第3期）。李鹏珍、齐溶青对内蒙古中南部河套地区汉代洞室墓进行研究（《内蒙古中南部河套地区汉代洞室墓初探》，《黄河·黄土·黄种人》第6期）。曹峻、牛合兵等分析了鹤壁后营汉代合葬墓的内涵与特点，进一步探讨了中原平民社会的合葬礼俗[《鹤壁后营汉代合葬墓的内涵与特点——兼及中原平民社会的合葬礼俗》，《考古学集刊（第27集）》，社会科学文献出版社]。陈晓露《罗布泊考古研究》探讨了罗布泊汉晋墓葬的发现与分布、汉晋时期考古文化的变迁、汉晋时期日常生活等方面（上海古籍出版社）。孙武对清凉山秦墓地进行了文化因素的分析，指出该墓地发掘的549座秦墓是一处非典型的秦式组合，即由大部分秦式器加入楚式器，同时还融入了不少戎人文化和晋文化的多元组合（《西安清凉山秦墓地多元文化因素及其成因管窥》，《秦汉研究》第1期）。

赵国兴、高兴超《从壁画图像内容分析汉代墓葬的早晚关系——以鄂尔多斯出土三处汉代壁画墓为例》一文，运用图像对比的方法判断三处墓葬的早晚关系（《蓦然回首现光华：第四届曲江壁画论坛论文集》，文物出版社）。

贺妍琳、徐卫民对汉代墓内祭祀现象加以探析（《汉代墓内祭祀现象探析》，《咸阳师范学院学报》第5期）。

刘尊志《从考古资料看汉代一般家庭的夫妻关系》以丧葬礼俗与墓葬形制、图像资料、构件或陶俑等考古资料为基础，论证汉代一般家庭的夫妻关系（《中原文化研究》第4期）。

此外，关于秦汉一般墓葬的研究还有张翠敏《大连地区汉代贝砖墓研究——以营城子汉墓群为例》[《沈阳考古文集（第8集）》，科学出版社]、苏鹏力《沈阳地区东汉墓随葬"长颈瓶"探源》[《沈阳考古文集（第8集）》，科学出版社]等。

关于秦汉一般墓葬研究的学位论文有郭丽娜《河西走廊东区汉墓研究》、谷明远《河北沿海地区汉墓研究》、赵海萍《河北汉墓所见饮食内容研究》、高嘉珩《宝鸡郭家崖秦墓研究》等。

五 专题研究

（一）器物研究

有关漆器方面的研究极为丰富。其中以郑巨欣《汉代纪年漆器铭文汇考》一书内容最为丰富，全书分为两部分，第一部分是汉代纪年漆器铭文的类编与考证，第二部分则是六篇专题的研究论文。此书将汉代的纪年漆器铭文按照年代的先后顺序作了分类汇编，在每一件漆器铭文之下，详标出土信息、贮藏机构、形制、尺寸、纹饰等信息，再对铭文中的年代、地名、职官等逐一考证，既在材料方面为今后的研究提供了翔实可靠的依据，又在汉代漆器工艺、制器观念等方面提出了不少新认识，将汉代纪年漆器文字的研究进一步引向深入（文物出版社）。

宋佳佳等分析研究了六安双墩一号汉墓出土的漆器工艺特点（《六安双墩一号汉墓出土耳杯的髹漆工艺研究》，《文物保护与考古科学》第3期）。施宇莉、彭峪以山东青岛山屯汉墓M162出土的漆奁残片为样本，分析研究漆奁所使用的原料和髹漆方法，进一步探讨了漆奁的制作工艺问题（《山东青岛土山屯汉墓M162出土漆奁的髹漆工艺及相关问题研究》，《文物保护与考古科学》第4期）。焦阳对新疆地区出土的漆覆面进行了研究（《新疆地区出土覆面研究》，《考古与文物》第 5 期）。洪石以西汉墓葬出土漆器中的盛酒具与挹酒具为主要研究对象，从类型与特征、发展与演变、搭配与使用、使用者身份等级与所饮酒类等方面进行分析与探讨（《堂上置樽酒——论西汉两类漆酒具及相关问题》，《考古与文物》第 1 期）。

黄可佳对刘贺墓出土丹画盾的形制和图像及铭文进行考释研究（《江西南昌西汉海昏侯刘贺墓出土丹画盾研究》，《文物》第 3 期）。聂菲指出海昏侯墓"李具"对鸟纹耳杯处于西汉中期偏早时段，既具有秦漆器、西汉早期对鸟纹耳杯的特点，又开了西汉中晚期新的器形和纹样的先河，表现出过渡时期特征（《海昏侯墓"李具"铭对鸟纹耳杯产地及相关问题探讨》，《南方文物》第 1 期）。刘芳芳研究了刘贺墓出土的漆奁（《南方文物》第 1 期）。黄可佳、吴振华对刘贺墓出土的贴金银钿长方漆盒的制造与使用情境进行了研究（《南方文物》第 2 期）。李文欢、王楚宁从海昏侯墓出土漆器上的纹饰与铭文入手，指出其中部分漆器源自扬州（《海昏侯墓出土部分漆器来源浅议》，《南方文物》第 2 期）。蒋迎春在分析刘贺墓漆笥、漆盾所书铭文的基础上，探讨了汉代漆器的价格及生产、消费、贸易等问题（《论汉代漆器的价格及其生产和贸易——从刘贺墓漆笥、漆盾铭文谈起》，《江汉考古》第 4 期）。

吕静对两汉时期面罩进行了研究，揭示了面罩在制作工艺、加饰手法、审美表达以及使用地域等方面的规律及其文化意义（《海昏侯刘贺墓面罩之问——以两汉时期面罩的考察为中心》，《南方文物》第 1 期）。路昊、张敏《汉代温明研究》在现有研究成果基础上，对汉代温明的形态、分布、来源及作用进行新探讨（《文物天地》第 4 期）。李祖敏以山东青岛市黄岛区土山屯 M147 出土的温明为切入点，对温明的源流、内涵及使用变化原因进行了探讨（《试论土山屯 M147 出土温明的渊源和内涵》，《文物天地》第 6 期）。黄祎晨指出，西汉中期至新莽时期，汉代独特的金银箔贴花漆器风行帝国疆域（《汉代金银箔贴花漆器的考察——从海昏侯墓出土文物谈起》，《南方文物》第 1 期）。余丹萍、李银德《陶胎漆器综论》对汉代陶胎漆器作综合性讨论[《湖南省博物馆馆刊（第 17 辑）》]。杨慧婷对湖南汉墓出土漆案的称名与类别、形制与功用等问题进行了深入细致的考察[《湖南汉墓出土漆案考》，《湖南省博物馆馆刊（第 17 辑）》]。刘芳芳对战国秦汉时期耳杯盒的滥觞期、发展期及成熟期进行了梳理，重点探讨了汉代耳杯盒在前代基础上的演变、江淮地区出土的奁式耳杯盒（《漆耳杯盒源流考》，《东南文化》第 4 期）。

陶瓷器类研究。李斌在《略论甘泉宫遗址发现的汉代联珠纹瓦当》一文中，梳理了甘泉宫发现的连珠纹瓦当，并就其年代、纹饰寓意及联珠纹装饰的渊源流变等问题作了分析，从图像寓意来看，其蕴含着汉武帝对延年益寿的追求，很可能是为了营建"延寿观"而专门设计制作的（《秦汉研究》第 1 期）。王员赟《东汉墓内出土瓦当的功用——以都城洛阳为例》通过梳理东汉墓内瓦当的考古发现及学界相关研究，对瓦当的出土位置与功用进行了探讨（《黄河·黄土·黄种人》第 14 期）。王员赟还对两汉帝陵出土的云纹瓦当进行了比较研究[《两汉帝陵出土云纹瓦当的比较研究》，《考古学集刊》（第 27 集），社会科学文献出版社]。郑漫丽对四川地区出土文字瓦当的特点及演变轨迹进行总结（《浅议四川地区出土的汉代文字瓦当》，《四川文物》第 4 期）。张鸿亮通过对河南洛阳朱仓东汉陵园遗址出土的空心砖的分类整理，对其纹饰、纹样组合及其来源进行了研究分析（《河南洛阳朱仓东汉陵园遗址出土空心砖相关研究》，《中国国家博物馆馆刊》第 12 期）。杨曙明《雍城秦汉瓦当艺术略论》探讨了雍城出土的秦汉瓦当的制作方式、纹饰、工艺（《中国文物报》2022年4月12日）。

李文会、王双双《洛阳地区汉墓出土彩绘陶器初探》在系统梳理洛阳两汉墓葬出土彩绘陶器的基础上，总结出洛阳地区汉代彩绘陶器的特点[《湖南省博物馆馆刊》（第17辑）]。武俊华、钟龙刚对2020年盐湖区董家营村2座西汉中晚期土洞室墓中出土的11件墨书题铭陶罐加以梳理，分析其形制及功用，进一步探讨了汉代河东地区的饮食生活（《山西运城董家营西汉墓出土题铭陶罐》，《大众考古》第8期）。李祥对江苏徐州铁刹山出土的陶质虎形器的形态、构造、用途进行了考察，初步断定其为"尊"，属于鸟兽尊的一种，命名为"陶虎尊"（《江苏徐州铁刹山出土陶虎尊刍议》，《文物天地》第11期）。

徐龙国通过梳理战国秦汉时期墓葬出土的熨帖具，指出熨帖术是中国古代长期流传并广泛使用的一种治疗技术，陶熨具是熨帖术所用的熨具中比较常见的一种，为医疗用具（《战国秦汉陶熨具及熨帖术再研究》，《中原文物》第2期）。刘振通过梳理考古发掘出土的秦汉时期文房用品材料，并对其进行类型学分析，初步探讨湖北地区文房用品的演变趋势、时空特点、器物性质及社会背景等问题（《湖北秦汉时期文房用品初探》，《南方文物》第4期）。

杨哲峰所著的《汉唐陶瓷考古初学集》立足于经科学发掘的汉唐陶瓷考古材料，对印纹硬陶、白陶、低温铅釉陶、高温钙釉器等进行了研究，就汉代岭南类型陶瓷器和江东类型陶瓷器的传播与影响、汉代低温铅釉陶的地域拓展、秦汉时期印纹硬陶的地域类型及相互关系、陶瓷产品所揭示的秦汉之际物质文化变迁、汉代南北之间的物质文化交流、汉晋时期白陶的发展、成熟瓷器与白瓷的起源、陶瓷科技考古中的样品选择等问题进行了深入探讨（上海古籍出版社）。

陶楼、陶灶等模型明器的研究。李明珠《徐州地区西汉时期陶猪圈的发现与问题讨论》对徐州地区所出西汉时期陶猪圈作系统梳理和形式划分，并对随葬原因以及它与汉代世俗社会的关系等进行讨论，进一步认识徐州地区西汉时期的丧葬思想、农业发展水平等（《农业考古》第3期）。

陶俑也有一定数量的研究成果。王晨仰、杨雯以先秦至北朝骑兵马俑及其文化内涵作为研究对象，对其所具有的自然、社会、军事等文化交往内涵进行了解读，认为骑兵发展演变的核心就是战马的发展演变，而军事因素的变化是骑兵发展的根本原因[《文化生态视角下先秦至北朝骑兵发展研究——以骑兵马俑为例》，《西北大学学报（哲学社会科学版）》第1期]。李明珠通过对考古发掘出的楚王墓女俑进行的分类研究，进一步分析了西汉宫廷女子的服饰与发式，指出西汉女子的衣着沿袭了战国时期的深衣制式，发式多梳髻且等级性并不突出，同时深受楚文化的熏陶（《嫘嫘一袅　西汉楚王墓出土女俑所见宫廷女子服饰》，《大众考古》第4期）。王欣亚从泾渭秦墓出土的陶俑出发，对秦人的发式和头衣进行考辨，并研究了其佩戴者身份[《秦人服饰文化再探析——从泾渭秦墓出土的陶俑出发》，《延安大学学报（社会科学版）》第5期]。

王煜认为重庆丰都东汉晚期至蜀汉时期墓葬中出土的两件陶塑戴冠头像为早期菩萨头像，至少是带有浓厚的早期菩萨像因素的陶塑，是早期佛教文化的传播与传统神仙思想互动的表现（《重庆丰都东汉至蜀汉墓葬出土陶塑戴冠头像初探》，《江汉考古》第3期）。

吕启昭通过论述汉代动物陶塑的形成缘由、艺术成因、发展特点，揭示汉代动物陶塑的艺术语言和风格特征（《汉代动物陶塑艺术风格的形成缘由》，《美术教育研究》第 20 期）。

徐克诚《辟邪摇钱树座之昆仑悬圃》详细介绍了丰都县林口墓群 M2 所出土的辟邪摇钱树座，指出树座以辟邪为平台，反映的是天界神灵体系——"昆仑悬圃"（《大众考古》第 9 期）。

秦汉时期中国青铜器有了新的发展。张华对战国时期至秦代秦人墓葬和秦文化典型青铜器进行了梳理，在此基础上，对泌阳与垂沙之战、泌阳秦墓形制特征等问题进行了探讨（《泌阳县发现战国秦铜器及相关问题研究》，《黄河·黄土·黄种人》第 16 期）。战国时期在中原的三晋和两周地区流行一种特殊的联裆矮蹄足铜器，以洛阳西宫秦墓出土"轨敦"为代表，目前学术界对此类铜器的定名尚存在争议，主要有鼎、敦、簋、鬲四种意见。谷朝旭通过对此类器的系统梳理，认为其应定名为鼎（《洛阳西宫秦墓出土轨鼎定名及相关问题》，《考古与文物》第 5 期）。周亮对徐州汉墓中随葬的铜鼎进行分析研究（《徐州汉墓出土铜鼎及相关问题研究》，《文物天地》第 10 期）。张晓文对孔子博物馆藏"汉元和二年"铭五供的形制进行分析（《孔子博物馆藏"汉元和二年"铭五供初探》，《文物天地》第 5 期）。

杨勇通过对云贵高原出土的汉代铜钟考古学材料进行梳理，对其类型、年代、族属、源流及在墓葬中的出现形式进行了考察分析（《云贵高原出土汉代铜钟研究》，《考古》第 9 期）。卢世主、钟宇声就海昏侯出土肖形铜器的艺术特点及审美问题做出探讨（《海昏侯墓出土肖形铜器的艺术特点与审美思想管窥》，《南方文物》第 2 期）。赵凌烟对两周、秦汉时期的铜铎进行梳理，认为铜柄铎应产生于西周中期，楚、吴越两文化区应是木柄铎产生和发展、传播的关键区域，并指出铎在春秋中晚期至两汉墓葬中普遍与兵器共存，应可印证文献中铎在军事活动中用于传达号令的记述（《两周至秦汉时期铜铎的考古学观察》，《考古与文物》第 1 期）。丁系敏《防陵汉墓出土的东汉铜马及车马具》对防陵汉墓出土的两件东汉铜马及伴出的铜车马具加以研究，指出车型属于独辀车（《文物春秋》第 4 期）。尚元博以西汉长信宫灯与西汉羽纹铜凤灯为研究对象，从地域文化视角对这两件青铜灯具进行分析研究（《从地域文化视角看汉代青铜灯具价值——以西汉长信宫灯与西汉羽纹铜凤灯为例》，《黄河·黄土·黄种人》第 12 期）。向明文《东周秦汉时期巴蜀文化铜戈组合制度初探》着重从组合方面对巴蜀文化铜戈的器用制度做了进一步研究（《边疆考古研究》第 1 期）。崔贻彤对汉唐时期铜鐎斗的功能进行了探讨（《汉唐时期铜鐎斗与服食养生之风》，《黄河·黄土·黄种人》第 20 期）。

关于玉器的研究。张晓磊、范雯静在《秦汉祭祀玉人》一文中，梳理了秦汉祭祀遗址和墓葬中所发现的玉人，并按男玉人和女玉人的分类对其形制进行了详细分析，同时探讨了各遗址出土的玉人形制变化所体现的相关问题（《大众考古》第 4 期）。叶晓红等指出血池遗址出土的这批祭祀用玉，出现玉琮、玉玠和男女玉人的稳定组合，符合《史记·礼书》所载，在加工细节上存在规范化要求（《陕西凤翔雍山血池秦汉祭祀遗址出土玉器工艺探讨》，《文物》第 11 期）。刘照建对汉代玉衣起源问题进行探讨，认为玉衣最早出现于汉初刘邦年间，是为了凸显使用者的社会地位，其建立在史前随葬玉器传统的基础上，并受到春秋战国时期儒家"玉德"理念的影响（《汉代玉衣起源问题研究》，《考古》第 5 期）。洪石对秦汉玉容器的类型与特征、发展与演变、制作工艺、流布与使用等问题进行考古学综合研究（《秦汉玉容器及相关问题探析》，《华夏考古》第 1 期）。张高丽、管群等《关于西汉玉"卮"实用功能问题》认为玉卮在汉代为注酒即盛酒之器皿，而非饮酒器（《南方文物》第 2 期）。代丽鹃指出，涪陵小田溪 M12 出土组玉佩的各组件主要来自楚地，少数可能出自本地，战国晚期在巴蜀本地连缀成组。墓葬年代应为公元前 3 世纪中叶（《涪陵小田溪 M12 出土组玉佩刍议》，《江汉考古》第 1 期）。陈启贤研究了两汉时期的玉雕凤纹与云纹［《玉雕凤纹与玉雕云纹研究之三（西汉篇）》、《玉雕凤纹与玉雕云纹研究之四（东汉—唐代篇）》，《玉文化论丛》（八），众志美术出版社］。

其他玉器相关的研究还有刘超和李永乐《徐州博物馆藏玉熊镇及相关问题》（《文物天地》第 11 期），黄豫民、杜益华《浅析西汉时期徐州地区出土玉面罩》（《文物天地》第 11 期），罗泽原等《两汉时期丧葬玉衣及其美学特征——以满城汉墓金缕玉衣为例》（《美术教育研究》第 14 期），李征《论秦式玉人的功能及断代》［《玉文化论丛》（八），众志美术出版社］等。

铁器在秦汉时期已普遍使用，并广泛出现在墓葬中。刘姝姝《浅谈汉代兵器"钩镶"》对钩镶的组合使用情况进行了研究（《文物天地》第 11 期）。任振宇《汉代钩镶考》对钩镶的分类、画像石和壁画上的钩镶形象以及钩镶的使用、出现和消失的原因等问题进行了初步探讨（《黄河·黄土·黄种人》第 6 期）。孙闻博《东汉熹平三年中尚方铁剑考——兼论中国古代的灌钢工艺》对发现的东汉熹平三年中尚方铁剑加以分析，指出中国古代灌钢工艺的出现时间可以提前至东汉后期（《出土文献》第 3 期）。

金银器也有相关研究。扬之水《中国金银器》是我国首部完整展示金银器在工艺美术领域流变的鸿篇巨制，也是一部纸上的人类生活史，囊括了先秦至清的金银器皿与金银首饰，着眼于造型与纹饰，究心于美术和工艺、审美与生活的关系。此书的第一卷《远方图物：先秦两汉魏晋南北朝》对两汉魏晋南北朝时期的器具、饰品进行考证和阐释，此外还介绍了古滇国、西藏地区、西域一带出土的金银器（生活·读书·新知三联书店）。

张林杰通过对故宫藏 13 枚圆形金饼和其他出土金饼的对比研究，认为这批金饼和汉代金饼在尺寸大小和重量上存在差异，而且其平均重量完全在目前已知秦代铜权的重量区间内，再结合历史文献，判断这批金饼可能是秦朝统一币制后发行的上币，而另一蹄形金饼则应该铸造于战国晚期至西汉之际（《故宫博物院藏秦汉金饼研究》，《中原文物》第 3 期）。张建文对汉代麟趾金、裹蹄金的形制、定名、性质及其上的铭文进行了探讨分析（《汉代麟趾金、裹蹄金文化意义探析》，《黄河·黄土·黄种人》第 20 期）。

余国江《西汉对羊纹金饰片探析》通过梳理对羊纹金饰片的相关考古发现，认为西汉高等级墓葬中发现的对羊纹金饰片，起源于战国晚期的燕赵地区，是草原文化影响之下燕赵工官设计制作的产品（《北方文物》第 1 期）。刘中伟、张惠琴对考古出土的"裂瓣纹银盒"的名称、用途及产地问题进行了讨论分析（《"裂瓣纹银盒"名称、用途及产地》，《黄河·黄土·黄种人》第 4 期）。

还有研究涉及多种材质的不同器类。陈艳、王芳对西汉王侯墓出土的乐器及其所显现的汉代音乐文化特征进行了分析与阐述（《考古学视域下西汉王侯墓出土乐器分析》，《中州学刊》第 10 期）。聂菲对汉代屏风的类型及其室内陈设等问题进行了探讨（《汉代屏风及其相关陈设问题的探讨》，《黄河·黄土·黄种人》第 4 期）。马静娟对徐州狮子山楚王陵出土的带钩与带扣板进行了概述，并对其用途及文化内涵进行了分析（《王孙锦带钩富贵金带扣——徐州狮子山楚王陵出土的带钩与带扣板小议》，《文物天地》第 11 期）。高小路对西周至汉时期刮刀的功能展开研究(《西周至汉时期的刮刀功能试析》,《农业考古》第 4 期)。刘兴林、邓雨菲对汉代灯具燃料的来源与加工问题进行了探讨(《汉代日常灯具燃料的来源与加工》,《东南文化》第 2 期)。郑曙斌分析了马王堆汉墓出土的用途不同的麻织物,试图探讨麻织物所具有的某些特定的丧葬意义[《略论马王堆汉墓出土的麻织物》,《湖南省博物馆馆刊》(第 17 辑)]。汪桂海《秦汉官文书装具》综合考古发现的实物遗存和简牍材料,对汉代以囊橐、笥、椟(木匣)存放或封缄官文书的事实予以了揭示(《出土文献》第 3 期)。

白云翔基于汉代铜器、瓦当、玉器和纺织品等遗物上的铭文和装饰纹样以及墓葬装饰的考古发现和梳理,对汉代人的幸福观及其表达展开探讨(《汉代人的幸福观及其表达之考古学管窥》,《江汉考古》第 6 期)。刘尊志基于考古资料对汉代崇神祭物与求吉辟邪的社会风俗观念和内容进行了分析和探讨[《崇神祭物与求吉辟邪——基于考古资料的汉代相关社会风俗探讨》,《南开学报(哲学社会科学版)》第 2 期]。张玲、彭浩对湖北江陵凤凰山 M168 内棺出土的麻衣裙的形制与属性进行了详细考定,并将其与礼书记载的先秦丧服"斩衰"进行比较,阐述了二者之间的继承与变通(《湖北江陵凤凰山 M168 出土西汉"明衣裳"》,《文物》第 6 期)。

墓葬建筑方面。顾大志通过对早期石阙的梳理,指出其在形态上有从柱形阙向仿木构形石阙发展的趋势,石阙的演化发展是汉代丧葬制度逐渐松弛、踰制之风日益盛行的结果(《试论汉代石阙的起源与早期发展》,《南方文物》第 2 期)。李嘉妍综合梳理自东汉至北朝墓葬石堂的考古学材料,从长时段的研究视角指出墓葬石堂的演变趋势,并由此对"宁懋石室"的形制与性质给予了判断(《东汉至北朝的墓葬石堂研究——兼论"宁懋石室"的形制与性质》,《故宫博物院院刊》第 1 期)。庄家会《霍去病墓雕刻原境初探》对霍去病墓雕刻原始布局进行初步复原,探究雕刻与封土、周边环境的空间关系及雕刻间的组合关系,并讨论其意义,试图重构其历史情境(《故宫博物院院刊》第 12 期)。

铜镜和铜钱的研究也较为丰富。《中国国家博物馆馆藏文物研究丛书:铜镜卷》一书中收录了中国国家博物馆馆藏的秦汉时期的数枚精品铜镜(上海古籍出版社)。王伟在《淮安王庄村汉墓群出土铜镜》中梳理了淮安王庄村汉墓群出土的 67 枚铜镜,并对其进行了分类研究(《淮安王庄村汉墓群出土铜镜》,《东方博物》第 4 期)。郭智勇、赵梅对山西汉代墓葬出土的铜镜加以研究(《山西汉代墓葬出土铜镜的考古学观察》,《黄河·黄土·黄种人》第 10 期)。仇文华对徐州博物馆所藏部分汉代铜镜进行介绍分析(《徐州博物馆藏汉代铭文铜镜选介及研究》,《文物天地》第 11 期)。周博、王小琴对南昌汉代海昏侯国遗址博物馆收藏的西汉铜镜资料进行了著录、描述(《南昌汉代海昏侯国遗址博物馆藏西汉铜镜》,《文物》第 3 期)。白云翔通过对阳地里墓群出土的三件铜镜进行分析,指出汉代的中韩交流从西汉中期开始进入快速发展期,其主要交通路线是"环黄海之路",此外,汉镜传入三韩古国之后被视为域外珍宝,成为持有者社会地位和身份的象征(《汉代中韩交流的最新实物例证——韩国庆山阳地里汉镜及相关问题》,《文物》第 1 期)。

韩茗指出,东汉连弧纹镜的形制源于西汉圈带铭文连弧纹镜,云雷纹连弧纹镜出现于两汉之际,而凹带连弧纹镜出现于东汉早期,自东汉中期流行,魏晋时仍可见到,以洛阳地区发现最为集中,呈现出自西向东的发展趋势(《东汉连弧纹镜相关问题研究》,《考古与文物》第4期）。昝金国对山东地区出土部分日光大明草叶纹铜镜的纹饰和铭文进行了分析研究（《西汉日光大明草叶纹铜镜纹饰及其铭文研究——以山东出土的部分铜镜为例》，《南方文物》第1期）。陆锡兴《楚汉日光镜纹探索》一文中揭示了见镜如见日、天下大光明、把铜镜当作太阳的深刻文化内涵[《湖南省博物馆馆刊（第17辑）》]。李洁、张哲浩《铜镜中的家国天下》指出，"人民昌""中国强"字样出现在汉代铜镜，进一步作证汉代"中国"国家观念的形成，承载了中华民族的共同认知（《光明日报》2022年9月7日）。李斌《铜镜铭文"其师命长"释义》通过梳理带有"其师命长"铭文的铜镜，进而对"其师命长"的具体含义进行考辨分析（《文物春秋》第2期）。焦姣《汉镜"宜酒""幸酒""纵酒"铭文》对涉及"酒"铭文的汉代铜镜进行了分类整理（《文博》第3期）。

韩严振、李全立主编的《周口运粮河畔古钱币窖藏》一书刊布了周口运粮河畔古钱币窖藏中497件有代表性的古代钱币，其中包含西汉、新莽、东汉时期的钱币（科学出版社）。杨君、周卫荣编著《中国历史货币》对中国历史货币进行了提纲挈领的概括和介绍（科学出版社）。周卫荣等《中国古代钱币铸造工艺研究》对秦汉时期的铸钱工艺进行了探讨（科学出版社）。杨君梳理了更始五铢的出土与发现、铸造时间、地点和铸造工艺，考证并梳理了更始五铢四种类型版式，是当前钱币界对更始五铢探索的最新成果（《更始五铢考辨》，《中国钱币》第5期）。

徐龙国通过对王莽时期官方正版钱范的分类，对王莽四次币制改革所使用的不同铸钱技术进行了论述，认为西安好汉庙遗址为后锺官所在地（《王莽时期铸钱研究》，《考古》第12期）。王倩倩《山东安丘姜家庄铜器窖藏出土的钱币》（《中国钱币》第5期），金玉璞等《甘肃张掖黑水国汉代墓葬群出土钱币述略》（《中国钱币》第4期），谢祺《从出土五铢钱看汉朝治下的云南民族经济与文化》（《中国钱币》第1期），常宏杰、樊温泉《新郑汉墓大泉五十的多元统计分析研究》等也考察了钱币相关问题（《华夏考古》第2期）。

有关器物研究的学位论文有张许靳《河西地区汉晋墓葬出土陶仓的研究》、孙耀东《两汉钱范相关问题研究》、江小莉《汉代纺织出土文物的技艺研究》、周雪燕《汉代铜镜图案图式语言研究》、朱雨薇《先秦至魏晋时期墓葬所见鸠杖研究》、杨浏依《汉晋蜀锦研究——以西域为中心》、李明凤《东汉单开间带后龛画像石祠堂研究》、陕芳芳《山西地区汉墓出土陶灶研究》、任洁《泗水流域中小型汉墓随葬模型明器研究》等。

（二）封泥、印章及陶文

《陈介祺藏吴大澂考释古封泥》收录了清末金石收藏大家陈介祺藏拓秦汉至南北朝时期422品古封泥印，吴大澂对其中129品进行了考释，后继藏家王大炘考释10品，主要为秦汉时期的官印研究，所论内容涉及官制、地理等方面，对研究秦汉官制有重要价值（上海书画出版社）。

韩国河、周阵锋、柴怡等对西安相家巷遗址H4出土秦封泥进行整理，所出封泥的内容主要为秦中央和地方职官名称，对于究明秦职官体系构成、厘清秦职官的职能和统属、研究秦用印制度、探索秦官制渊源和秦汉官制流变具有重要价值（《西安相家巷遗址H4出土秦封泥整理简报》，《文物》第10期）。

陈根远《秦封泥的价值与意义》概述了甘泉宫出土的秦封泥，内容囊括秦代各级官吏及机构名称，为研究秦汉官吏制度提供了可靠的一手资料（《中国书法》第8期）。

吕健依照封缄方式决定封泥最终形态的原则，将出土的汉代封泥分为七个大的类别，并探究了封泥形态的演化与发展和汉代的玺印使用及封缄制度（《汉代封泥的类型学考察》，《中国书法》第8期）。

刘妍、翟晓悦对狮子山楚王陵汉墓中出土的印章、封泥进行了研究（《徐州狮子山楚王陵出土封泥》，《中国书法》第3期）。周波、陈伯舸则在《徐州狮子山楚王陵出土金属器铭》中对狮子山楚王陵中出土的带有文字的金、银、铜器分类择要进行了介绍，并对其铭文进行考释，同时分析了文字内容体现的器物流转现象（《中国书法》第3期）。刘聪、张倩倩对狮子山楚王陵出土的陶器、玉器上的铭文加以研究，发现陶器铭文主要与饮食有关，玉器铭文则多为编号（《徐州狮子山楚王陵出土陶文及玉器刻铭》，《中国书法》第3期）。邢艺凡、李生兰则对狮子山楚王陵出土的官印加以分析，并探究了其性质与碎印成因（《狮子山楚王陵出土残官印概述》，《中国书法》第3期）。孔品屏从战国时期自名为"玺"和"印"的封泥出发，探究战国"印"的出现和秦汉以来王玺、王印的变化过程（《战国印与秦汉玺——从封泥看"玺、印"自名的演变》，《中国书法》第8期）。魏宜辉《秦汉玺印姓名考析（续十）》结合传世文献及秦汉简牍资料，对十例秦汉玺印中的双字名进行考察，探讨其人名取义，同时对其存在的同名异写现象进行了分析（《出土文献》第4期）。孙慰祖认为海南乐东县出土的"朱庐执刲"银印为中原王朝沿用南越旧制，赐给朱庐当地民族渠帅的封号印，"朱庐"即武帝平南越国后所置九郡之一的"珠崖"，郡址在海南[《"朱庐执刲"银印的赐主与受主——兼议"朱庐"、"珠崖"之辩》，《上海博物馆集刊（第十三期）》]。齐广、唐森以成都新津宝墩西汉墓出土的"羌眇君"印为例，通过对印章形制与印文内容的考释，进而确认墓主身份等级以及汉代少数民族的用印制度（《成都新津宝墩西汉墓出土"羌眇君"印考》，《南方文物》第4期）。

杨慧婷以"门浅"滑石印为切入点，通过对封泥、简牍文书、漆器铭文等出土文献的分析，重新审视了这枚滑石印的性质和归属，并初步探讨了门浅县的存续时间与地点（《"门浅"滑石印及相关问题管窥》，《考古》第11期）。廖薇对长沙汉墓出土半球形印珠加以研究，指出此类印珠的文化来源或与西亚地区有一定关联[《长沙汉墓出土半球形印珠考》，《湖南省博物馆馆刊（第17辑）》]。崔璨、周晓陆对中国境内考古发现所见两汉琥珀印的出土地域、自身特征、出土位置及伴出物品等问题进行了探讨（《考古发现所见两汉琥珀印探述》，《文博》第1期）。

相关学位论文有杜硕《湖南出土汉代滑石印研究》、倪清《秦印字法分析》、孙圣东《宋本〈说文〉小篆与秦封泥文字比较研究》、陈梦珊《新见秦印类编（2000—2021）》、赵梅娟《〈秦封泥集存〉文字编》等。

（三）石刻铭文

驻马店市文物考古研究所刊布了对石龙山东汉摩崖石刻的实地考古调查资料。该石刻为纪年性石刻，石质为长石石英岩，平面略呈方形，环周界以单线阴刻边框，并饰汉代流行的四角四出卷云纹，石刻文字凡16列，满列13字。这是目前河南省境内发现的保存相对完好的东汉时期官方摩崖石刻孤品（《驻马店石龙山东汉摩崖石刻考古调查简报》，《黄河·黄土·黄种人》第10期）。

牛清波、高艳利对南阳地区新近出土的东汉建宁四年周世雅买地券进行了进一步的梳理，考释了券文字形，疏解券文文意，为汉代历史、文字及思想文化研究提供借鉴（《南阳出土的东汉周世雅买地券补论》，《南都学坛》第5期）。赵振华、王迪对东汉熹平二年三棱柱形买地券的形制及文书内容进行了分析研究，同时对《东汉中平元年孙伯买地券》的真伪进行了分辨讨论（《东汉熹平二年三棱柱形买地券研究——兼"中平元年孙伯买地券"辨伪》，《洛阳考古》第2期）。1931年河南偃师出土一件汉代石刻——东乡通利水大道约束刻石，而铭文长期未得通读。赵超从考释该石刻文字入手，对有关汉代"约束"文书的几件石刻及简牍材料铭文进一步确释，并予以综合研究，梳理"约束"在古代的缘起与存续过程，指出"约束"这一文书形式与民间民众组织的密切关系，说明类似石刻材料是研究古代基层社会的重要资料（《论"约束"——从汉代有关"约束"的几件石刻谈起》，《中原文物》第1期）。宋爱平《东汉临为父作封刻石考述》在对临为父作封刻石上的铭文进行隶定的基础上，依据其形制及铭文内容进行考辨，认为该石非墓中石刻，应为墓上祠堂建筑刻石（《文物春秋》第3期）。崔建华对秦人石文化的特殊性及其汉代影响进行考察（《秦人石文化的特殊性及其汉代影响》，《咸阳师范学院学报》第1期）。李腾焜《故事与新政之间——秦始皇刻石新考》结合秦始皇巡狩过程，将刻石内容还原到具体的生成语境中，可以看到秦始皇在自我神化与塑造中央权威过程中的复杂性（《古代文明》第4期）。岳岭对南阳发现的汉代碑刻遗存进行搜集、整理，并研究其史料价值（《南阳汉代碑刻资料的遗存及其史料价值研究》，《殷都学刊》第3期）。贺越洋研究了汉魏六朝螭首形象[《汉魏六朝螭首的初步研究》，《碑林集刊（第二十七辑）》，三秦出版社]。

林昌丈《汉魏六朝墓砖铭文辑录校释》对中古时期的志墓铭文、成型的墓志铭、买地券、镇墓文和砖刻铭文等各种类型展开研究（厦门大学出版社）。曹磊在《定州北庄子汉墓黄肠石题铭零拾》中对2020年出版的《定州北庄子汉墓黄肠石题铭》中的部分释文进行了重新释读（《文物春秋》第3期）。刘铁对河南淅川沟湾遗址新出土的吕不韦残戈铭文加以研究，进一步隶定为"□年，相邦吕不韦造，寺工聾，丞义，工周"，进而揭示戈铭所反映的秦代工官职位变迁（《沟湾遗址出土吕不韦残戈铭文补释》，《文博》第6期）。吴镇烽对新发现的乐府琴轸钥铭文内容进行了考证，确定其时代为西汉文帝时期（《乐府琴轸钥及相关问题》，《文博》第3期）。郑邦宏《汉代砖文中的"盏"字补说》通过字形分析，结合砖文相关辞例与字词语义，认为"盏"是受"番"或"益"影响而类化形成的讹体字（《中国文字研究》第3期）。郑炳林主编的《凉州金石录》全面搜集整理了武威出土的碑铭和传世文献中关于武威的碑铭集大成之作，收录了汉代至民国时期的碑铭470余通，并对碑铭中的人名、地名、职官、典故加以考证、校注，是研究武威汉代以来历史、文化等面貌不可或缺的资料（甘肃文化出版社）。

关于石刻铭文的学位论文有：陈培站《宗"经"尚"艺"：曲阜汉代碑刻文化研究》、荆林林《汉〈仙人唐公房碑〉研究》、陈雅洁《满城汉墓鸟篆文壶铭文整理及构形研究》、郑西军《先秦及秦汉时期巴蜀刻符纹饰流变研究——以西南地区出土摇钱树、画像砖（石）为中心》、解树明《汉碑文献研究》等。

（四）简牍帛书

秦汉简牍资料的刊布、释读有了新进展。荆州博物馆编著的《张家山汉墓竹简（三三六号墓）》分上、下两册，公布了张家山三三六号汉墓发掘的汉简资料，收录简牍827枚，并附图和释文（文物出版社）。陈松长主编的《岳麓书院藏秦简（柒）》为岳麓书院所收藏秦简的第七个分卷，收录各类简约400枚（上海辞书出版社）。曹锦炎等主编的《乌程汉简》刊布了在湖州市人民路一处基建工地出土350枚简牍的资料（上海书画出版社）。中国中医科学院中国医史文献研究所等编著《天回医简》收录了成都金牛区天回镇的3号墓中所出900支医简的资料（文物出版社）。广州市文物考古研究院、中国社会科学院考古研究所等编著的《南越木简》公布了2004年11月至2005年1月联合考古队在南越国宫苑遗址渗水井（编号J264）考古发现及出土南越国时期木简的资料（文物出版社）。

陈松长、陈湘圆介绍了走马楼西汉简整理与研究的新进展，简述了第七次集中读简会上18个主要案例复原的成果（《长沙走马楼西汉简整理与研究的新进展》，《中国史研究动态》第1期）。杨小亮《五一广场东汉简牍册书复原研究》以长沙五一广场东汉简牍为研究对象，以原为册书但现已散乱且保存较好的木质两行简为切入点，对其中部分册书进行复原研究，修正、补释已发表的释文（中西书局）。

郑曙斌《马王堆汉墓遣策整理与研究》一书对马王堆一、三号汉墓出土的722支遣策进行比较全面的整理与研究，为深入解读简文内容提供研究基础（中华书局）。孙涛《马王堆汉墓遣册名物校释三则》对马王堆汉墓中遣册中所见的"䐑""澶""华盂"三项名物进行考释（《出土文献》第4期）。康路华、陈鹏宇《从马王堆二号墓单支竹简看中国古代礼制和文献的关系》指出，这支简原是该墓遣策简中的一支，在葬礼中被拆下，并被埋入墓道，目的是为了保护墓主不受盗贼和恶灵的侵扰（《出土文献》第4期）。

刘杰对《岳麓书院藏秦简（壹）·为吏治官及黔首》简9、《岳麓书院藏秦简（伍）》简43—44、《岳麓书院藏秦简（伍）》简19—20的内容进行了释读[《岳麓秦简释读零札（三则）》，《中山大学学报（社会科学版）》第6期]。郝勤建、彭浩对湖北江陵张家山M336出土的827枚西汉竹简进行了整理、分类和阐述（《湖北江陵张家山M336出土西汉竹简概述》，《文物》第9期）。曹旅宁《读〈荆州胡家草场西汉简牍选粹〉汉律令简札记》对《胡家草场西汉简牍选粹》中公布的汉律令简牍进行了考释，对其时代、刑名、刑罚及相关术语进行了解说（《秦汉研究》第1期）。张俊民在《斯坦因所获敦煌汉简释读札记》中重新对读原书图版，纠正改进了一些重要的字词（《秦汉研究》第1期）。任攀对长沙五一广场出土东汉简中的敕赣等人劫诗林等案作了初步复原和分析，另对若干名物词作了解释，如"把刀""吴镯刀""栱""槺""央物"以及丝织物的名称等（《五一广场东汉简牍所见敕赣等人劫诗林等案复原》，《国学学刊》第3期）。袁延胜详细分析了荆州胡家草场汉简新公布的9枚《岁纪》简，内容包括秦昭襄王、秦始皇、汉高祖、吕后时期，以此为基础，探讨了其中涉及的战国时期韩、魏的历史，秦国的历史，西汉初年的历史（《荆州胡家草场汉简〈岁纪〉研究》，《中原文化研究》第3期）。王辉《银雀山汉墓竹简重新整理释字》对银雀山汉简进行重新整理过程中的一些新释字写出(《江汉考古》第 5 期)。何有祖提出里耶秦简残简五组缀合,从形制、文意等方面分析所缀残片之间的关联性,论证缀合的合理性,对新复原的简文加以疏解[《里耶秦简残简新缀(五则)》,《中国国家博物馆馆刊》第 6 期]。温俊萍对秦简中的一些注释进行了重新考辨[《秦简注释献疑(六则)》,《湖南省博物馆馆刊(第 17 辑)》]。方勇、于昕睿对天水放马滩秦简《日书》部分字词进行重新考释[《读天水放马滩秦简札记三则》,《湖南省博物馆馆刊(第 17 辑)》]。罗晶晶《深圳博物馆获赠商承祚旧藏居延汉简赏析》对深圳博物馆获赠商承祚先生旧藏居延汉简进行了介绍与分析(《文物天地》第 11 期)。何林萍以《夏鼐日记》为主要材料,梳理了夏鼐先生对于简牍考古发掘、整理研究的经过及成果[《夏鼐与简牍研究——以〈夏鼐日记〉为中心》,《湖南省博物馆馆刊(第 17 辑)》]。暨慧琳《汉代简帛重文例新释三则》对马王堆帛书《九主》、睡虎地 77 号汉墓出土的伍子胥故事简、《长沙东牌楼东汉简牍》35 号木椟中所见的重文符号进行了考释(《出土文献》第 4 期)。沈思聪结合汉简及其他出土文献和古籍资料,对肩水金关汉简中的若干人名和部分释文进行了校订(《肩水金关汉简人名校札二十则》,《出土文献》第 4 期)。刘凯先对《睡虎地秦墓竹简》中的两个问题进行了研究和补证(《〈睡虎地秦墓竹简〉札记两则》,《中国文字研究》第 1 期)。何有祖对里耶古城 1 号井所出一枚秦令目录残牍进行了考释论述(《里耶古城 1 号井所出一枚秦令目录残牍新释》,《中国社会科学报》2022 年 8 月 18 日)。刘建民《试说帛书〈刑德〉中的"大居"》指出长沙马王堆汉墓帛书《刑德》甲篇的"居"应当是抄写者补写在"徒"字下,而乙篇抄写者在抄写时误以为此字是补写在"大"之下,因而错写了"大居",导致文意不清(《出土文献》第 2 期)。曹天江通过对《岳麓书院藏秦简(肆)》"县官上计执法"令文的考释,进一步探讨了汉以前的"上计制度"[《〈岳麓书院藏秦简(肆)〉"县官上计执法"令文考释——兼论汉以前的"上计制度"》,《出土文献》第 3 期]。

廖群论述了清华简《保训》、上博简《鲁邦大旱》《武王践阼》《季庚(康)子问于孔子》等简文中的种种疑点,提出对于出土文献,同样需要在甄别、辨析基础上加以客观的把握和使用(《"说体""托体"与回到"疑古""信古"之间——以先秦两汉出土文献为例》,《文史哲》第 4 期)。

王笑《"遣策"的定名与分类》由传世典籍、出土丧葬文书简牍看遣策的自名与定名,指出战国至西汉初期,丧葬文书包括遣策、赐书,遣策在丧葬文书中占据主体地位,西汉中期以降至汉末,丧葬文书的主体为衣物疏,还包括器志、墓券及告地策,是用来沟通"人间与阴间"的文书[《鲁东大学学报(哲学社会科学版)》第 4 期]。田天《从"衣物简"到衣物疏:遣策与西汉的丧葬礼仪》考察西汉遣策"衣物简"的特征,梳理西汉遣策中"衣物简"转化为衣物疏的过程,研究西汉丧葬礼仪中的重大变化[《古代墓葬美术研究(第五辑)》,湖南美术出版社]。

王子今对居延汉简中的"塊沙"简文进行了考释[《居延"塊沙"简文释义》,《西北师大学报(社会科学版)》第 1 期]。买梦潇复原并解读了《悬泉汉简(贰)》所见 12 枚"日书"简,指出《日书》的使用者应当是悬泉置内从事择日的专业人员[《〈悬泉汉简(贰)〉日书简册的复原与解读》,《鲁东大学学报(哲学社会科学版)》第 6 期]。易丹对涉及神祇的丧葬文书进行了分类整理与研究(《丧葬文书所见神祇研究综述》,《黄河·黄土·黄种人》第 16 期)。

董飞指出秦简所见的"从人"是主张合纵反秦者，也就是先秦时期的纵横家，并考证对"从人"的通缉与处罚，分析秦始皇打击"从人"的原因（《出土秦简所见"从人"问题研究》，《西安财经大学学报》第1期）。邹水杰则从虎溪山汉简《计簿》出发，探讨汉初县属啬夫的分化（《从虎溪山汉简〈计簿〉看汉初县属啬夫的分化》，《史学月刊》第4期）。

马孟龙基于张家山336号汉墓出土的一枚法律残简，对汉代氐道、漾水、嶓冢山的方位进行了探讨[《从张家山336号汉墓一枚法律残简谈汉代氐道、漾水、嶓冢山方位——兼谈古代汉源地理思想史变迁》，《复旦学报（社会科学版）》第5期]。吴方基以出土简牍、封泥、碑砖等为中心，考察秦汉郡守称谓及相关用语，讨论较长时段称谓用语变化及其定年问题（《秦汉郡守称谓系年与定年——以简牍、封泥、碑砖为考察中心》，《北方文物》第1期）。郑威、李威霖在综合已有成果的基础上，根据新近出版的《岳麓书院藏秦简（柒）》中有关江胡郡的完整简文，对江胡郡的范围、存续时间及其与会稽郡的关系等问题加以探讨（《岳麓中的江胡郡与秦代江东的地域整合》，《江汉考古》第6期）。周波探讨了秦至汉初上郡、陇西郡相关政区问题（《张家山汉简〈秩律〉简453拼缀与释读——兼论秦至汉初上郡、陇西郡相关政区问题》，《出土文献》第2期）。陈松长对长沙走马楼西汉简中的"定邑"进行考证（《长沙走马楼西汉简中的"定邑"小考》，《出土文献》第1期）。刘安皓对居延汉简140.5释文中出现的"肩水守县尉"进行重新考释，认为肩水县是一个由于材料误读被"制造"出的边县（《西汉"肩水县"设置辨正——兼析〈汉书·地理志〉因何失载肩水都尉》，《出土文献》第3期）。马孟龙《张家山汉简〈二年律令·秩律〉"酆"县考》指出张家山汉简《二年律令·秩律》中的"酆"是刘邦故乡，吕后初年为皇帝汤沐邑（《中国历史地理论丛》第2期）。

刘建民、张学城认为竹简中"报"和"更"，与文献中应对灾变的"报""塞（赛）"。类似，是对正月朔日起风的一种应对，是一种与神灵沟通的却灾祈福行为（《孔家坡汉简〈日书〉"五日不更""三日不报"解》，《古籍整理研究学刊》第6期）。张家山汉墓竹简《引书》中有"呴""沟"等字，在简文中皆用作"呴"。在之前的研究中，"呴"或被解释为"急呼"，或被理解为"呼暖气"。毛祖志《说张家山汉墓竹简〈引书〉中的"呴"》则认为"呴"指的是用读"呴"字时所呈现的口形呼气，从而达到治病养身的医疗效果（《华夏考古》第5期）。

张小虎《秦简所见餟祭及其相关问题》通过梳理秦简中涉及餟祭的材料，对餟祭仪式及应用范围加以探讨，指出秦简所见餟祭的应用范围相当广泛，涉及马禖、先农、行神、祷禳、墓祭等多种祭祷仪式（《江汉考古》第3期）。西汉海昏侯刘贺墓出土简牍中，有一组记录礼仪行事的竹简，这类记载仪式流程、进退容止的文献在两汉时期总称为"仪"，田天对刘贺墓出土简牍中与宗庙礼仪相关者进行了介绍（《西汉海昏侯刘贺墓出土宗庙"仪"类文献初探》，《文物》第6期）。

李婧嵘对简牍所见秦汉法律体系进行研究（《简牍所见秦汉法律体系研究》，《古代文明》第4期）。曹旅宁运用岳麓秦令中的新材料考析秦代弃市、徒刑、斩趾、髡、迁、谴、象刑等刑罚（《岳麓秦令刑罚考析》，《秦汉研究》第2期）。曹旅宁对岳麓秦令所反映出的诉讼制度进行了探讨与复原[《岳麓秦令诉讼制度论考》，《湖南省博物馆馆刊（第17辑）》，岳麓书社2022年版]。洪倩倩对秦汉法律简牍中的父子关系进行了探讨，指出维护父子间的尊卑等级地位，实际上就是维护社会上的尊卑秩序，进而维护统治者的统治地位（《秦汉法律简牍中的父子关系》，《黄河·黄土·黄种人》第12期）。周海锋基于出土秦简中的法律文书对秦始皇"收天下之兵"之策进行了考察（《再论秦始皇"收天下之兵"——基于出土法律文书的考察》，《古代文明》第1期）。尚宇昌《秦始皇"收天下兵"事发微——以岳麓秦简所见秦代民间兵器的回收与限制为中心》根据新出的岳麓秦简资料，认为将"弱民"说和"关东"说结合起来才能更接近秦"收天下之兵"的历史真相（《出土文献》第2期）。但昌武《张家山汉简〈秩律〉"沂阳"考》指出张家山汉简《秩律》中所记载的"沂阳"可能是"泥阳"的误写，《秩律》中的记载反映泥阳县自秦时属中县道到汉时改属为北地郡的政区面貌（《出土文献》第2期）。马孟龙对张家山汉简《秩律》"县道邑缺失"问题加以辨析（《张家山汉简〈秩律〉"县道邑缺失"问题辨析》，《出土文献》第2期）。齐继伟对简牍所见秦代"为不善"罪加以探讨（《简牍所见秦代"为不善"罪——兼述秦代法律与伦常秩序》，《史学月刊》第1期）。

张瑞《里耶秦简"鼠券"再研究》对里耶秦简中"鼠券"所见捕鼠地点、人员身份与人员姓名之间的关系进行研究，指出捕鼠人员的捕鼠行为都是限定在自己常规的活动场所内进行的（《秦汉研究》第1期）。熊永、李探探指出假守异地文书行政不但曾被普遍实践，还有着充分的制度依据。在此基础上，认为洞庭府的所在地应是新武陵，提出洞庭府有两种文书传递制度，这两种制度在一定程度上影响了假守的选拔和任用（《假守异地文书行政与洞庭郡治》，《考古》第2期）。晋文梳理了秦汉时期"度田"措施的发展，探讨了东汉光武帝的度田问题（《东汉光武帝的度田问题》，《中国史研究动态》第4期）。王星光、李平从民族农业史和生态环境史的视角，结合秦迁陵县所处民族地区的情况，对"槎田"这一土地利用类型及内涵进行了探讨（《从民族农业史视角看里耶秦简中的槎田》，《中国农史》第5期）。王博凯对出土简牍所见秦代的寡妇群体及其生存样态进行了研究，探讨了其社会成因及存在的社会问题（《简牍所见秦代的寡妇家庭及其治理模式探论》，《秦汉研究》第2期）。李力以出土秦简的九座秦墓为基础，重点考察睡虎地11号秦墓墓主"喜"的政治履历，分析其出土文献与"喜"的关系，得出新的认识：随葬有法律文献的秦墓，其墓主均担任过"小吏"，司法审判事务只是其本职工作的一个方面（《发掘秦墓中的"理官"：从考古材料重新认识法家》，《国学学刊》第3期）。陈光对出土秦简中有关秦新地统治政策加以探讨，并分析秦朝骤亡的原因（《简牍所见秦新地统治政策——兼论秦朝骤亡的原因》，《古代文明》第3期）。董祯华对秦及汉初简牍所见"冗"含义加以考释（《论秦及汉初的临时性供役方式"冗"》，《古代文明》第3期）。韩蓓蓓对肩水金关汉简中的家属符加以探讨（《论肩水金关汉简中的家属符》，《天水师范学院学报》第2期）。马增荣、王翔宇《秦西汉时期的史、佐及行政文书的物质性：睡虎地、里耶和张家山之出土证据》基于里耶、睡虎地和张家山出土的行政与法律文献，探讨了史与佐二者互补的性质，以理解史官职业的开放，亦提出"行政素养"的概念，认为书写材料的物质性是理解中华帝国早期行政官员素养的重要因素（《出土文献》第1期）。赵尔阳对西北汉简所见甲卒加以探究（《西北汉简所见甲卒探究》，《出土文献》第4期）。戴卫红对《长沙五一广场东汉简牍（伍）（陆）》所见的"例"职加以考释（《五一广场东汉简所见"例"职》，《中国社会科学报》2022年3月25日）。曹旅宁对秦简所见"志三千里徭"与张家山336号汉墓所出《功令》加以讨论，指出"志三千里徭"的实质在于官吏"适过"，因工作过失被罚一次性劳役者便丧失按《功令》升迁的资格（《秦简"志三千里徭"与张家山336号汉墓

〈功令〉》，《中国社会科学报》2022 年 12 月 16 日）。

刘自稳依据完整文书使用简牍的数量，将文书形态分为单独简牍文书、多枚简牍文书两大类，对简牍所书公文类型进行分析，探讨了秦代基层组合简牍文书的编联问题（《秦代地方行政文书的形态——以里耶秦简为中心》，《文史哲》第 5 期）。谢滢滢对居延汉简中《建武三年燧长病书牒》的文本内容与格式、简牍中体现出来的文书行政制度以及书法形式进行分析（《文书行政制度下的汉简书法形式——以〈建武三年燧长病书牒〉为例》，《书法》第 5 期）。曹锦炎、石连坤指出乌程汉简的书写时间上至西汉文帝时期，部分简的下限有可能到东汉末期，以往来公文、行政事务及公私信牍为主，并以乌程汉简中古隶、隶书、草书几种书体为线索，探讨隶书草化过程中的若干书写性特征（《乌程汉简的内容及书法浅析》，《书法》第 12 期）。朱艳萍、李柯霖对乌程汉简的字体及书法风格进行了研究（《乌程汉简书风的多样性与文献价值蠡测》，《书法》第 12 期）。舒显彩对五一广场东汉简牍所见"白草"文书展开研究（《五一广场东汉简牍所见"白草"文书探研》，《古代文明》第 4 期）。韦春喜探讨了秦汉时期的文书行政制度及其对公牍文写作的影响（《秦汉文书行政制度与公牍文写作》，《中国社会科学报》2022 年 8 月 2 日）。

李天虹等《湖北云梦郑家湖墓地 M274 出土"贱臣筰西问秦王"觚》从形制和性质、字词疏解、史事探研三个方面出发，对湖北省云梦县郑家湖墓地 M274 出土的"贱臣筰西问秦王"觚进行了探讨（《文物》第 3 期）。李力犁从书法的角度对云梦睡虎地简牍中的"贱臣筰西问秦王"觚的时代背景、笔形特点和结构演变加以分析，认为战国末期汉字隶变已经达到较为成熟的阶段（《云梦睡虎地郑家湖长文觚文字隶变特征初探》，《中国书法》第 6 期）。刘绍刚系统梳理了汉代草书的演变，指出先有章草，后有今草、行草这一观点是片面的（《汉简中的今草与章草——从五一广场简和肩水金关简的草书说起》，《书法》第 5 期）。王金雷探讨了隶书草化过程中的若干书写性特征（《从汉简墨迹看隶书草化过程中的书写性特征》，《书法》第 5 期）。戴裕洲分析了秦汉简牍中习字简的书写方式以及时人习字的审美追求（《从秦汉习字简牍看"汉字造型"的多样化表现》，《书法》第 12 期）。李豪结合秦简文字结合相关材料，对"壻"字读音从上古到现代的历史演变作出了解释（《"壻（婿）"字古音考》，《出土文献》第 2 期）。张再兴、林岚《秦汉简帛用字习惯研究的若干认识》对秦汉简帛用字习惯加以研究（《中国文字研究》第 1 期）。

张韶光从出土简牍出发探讨了秦代小家庭背景下的吏卒涉丧问题（《试论秦代小家庭背景下的吏卒涉丧问题》，《中国社会经济史研究》第 1 期）。刘振东通过对湖北云梦睡虎地 77 号西汉墓出土竹简《葬律》的解读，并结合西汉时期列侯墓葬实例及文献记载，发现西汉早期确实存在一套律文所见的丧葬制度，且列侯葬制在西汉中晚期发生了明显的变化（《睡虎地汉简〈葬律〉与西汉列侯墓葬制度》，《华夏考古》第 3 期）。田天结合传世文献与出土简牍，探讨了秦至西汉时期宗庙制度的演进过程（《在县道与郡国：论秦及西汉宗庙制度的演进》，《史学月刊》第 10 期）。

谢坤结合里耶秦简中的禀食文书、睡虎地秦简《仓律》、岳麓秦简《仓律》等材料，具体探讨秦地方禀食机构的粮食来源以及出禀程序等相关问题（《简牍所见秦地方禀食的粮食来源与出禀程序》，《中国农史》第 3 期）。

李迎春结合传世与出土简牍，辨析西汉"三辅"的性质，重新检讨所谓"三辅尤异"的实质，从而对普遍流传的西汉三辅特制之说提出质疑，并考察汉代"尤异"之制[《从出土简牍看如淳"三辅尤异"说之讹——兼谈汉代仕进制度中的两种"尤异"》，《西北师大学报（社会科学版）》第1期]。

邱忠来、王敏光根据传世文献与出土秦简研究秦地儒学的传播（《秦地儒学传播考论》，《东岳论丛》第9期）。种梦卓分析了北大简《苍颉篇》的版本、体例，从《颛顼》章的内容及编纂考察其创作思想，讨论颛顼、祝融的身份问题，解读北大简《苍颉篇·颛顼》中的五行意识（《北大简〈苍颉篇〉文献形成及阴阳五行意识的建构》，《古籍整理研究学刊》第1期）。程少轩、凡国栋、罗运兵通过对周家寨汉简《五龙》篇所列干支按六十甲子顺序重新排序，推测文本中干支罗列的规律，复原《五龙》篇中五条龙的图像形态，并结合文献考证"奎""胕""忌"的含义，探讨"五龙图"所体现的数术原理、图像排布[《周家寨汉简日书〈五龙〉研究》，《中山大学学报（社会科学版）》第6期]。刘彬徽《马王堆汉墓帛书〈周易〉卦位卦序新议之二》创新性提出了马王堆帛书《易》后天八卦和太极图配合的一个新图，有助于《周易》和马王堆汉墓帛书易学的进一步研究[《湖南省博物馆馆刊（第17辑）》，岳麓书社2022年版]。西汉海昏侯刘贺墓出土竹书中有对《孝经》的说解简，能反映刘向校定《孝经》之前的西汉今文《孝经》的一些情况，何晋结合相关内容，对比探讨《孝经》的今古文问题（《从西汉海昏侯刘贺墓出土竹书看〈孝经〉今古文问题》，《文物》第6期）。易萧对西汉海昏侯墓出土汉简中的《易占》加以解读（《海昏汉简〈易占〉考述》，《出土文献》第2期）。杨继承从"式法"与"直日"的角度对周家台秦简《二十八宿占》进行尝试性研究（《式法与直日：周家台秦简〈二十八宿占〉新研》，《出土文献》第4期）。苗江磊《由近出汉简论〈庄子〉拟托古圣先贤人物故事》梳理了从阜阳汉简、张家山汉简见《庄子》拟托篇目，对《庄子》拟托黄帝、尧、舜、禹、许由等众多古圣先贤人物故事进行考证，分析其创作内涵、虚饰手法（《北京社会科学》第6期）。

郑炳林、许程诺根据敦煌文献和敦煌悬泉汉简的记载，对西汉敦煌郡水官的设置和水利灌溉系统修筑进行了探讨（《西汉敦煌郡的水利灌溉研究》，《敦煌研究》第4期）。

丁媛根据老官山汉墓出土医简的内容，结合传世医籍探讨"损至脉"学说的阐释与发展（《呼吸、脉搏与疾病——从老官山汉墓医简所载之"损至脉"谈起》，《古籍整理研究学刊》第1期）。张继刚对出土简牍中与体育健身相关的资料进行了研究（《简牍中的体育健身资料及其史料价值》，《中国史研究动态》第4期）。张继刚还对秦汉时期的健康理念加以探讨[《"身易至重"：简牍所见秦汉时期的健康理念》，《西北师大学报（社会科学版）》第1期]。

司家民结合《齐民要术》对秦汉简帛中的养马技术加以研究，指出养马技术存在从官方到民间的扩展趋势（《从出土简帛看秦汉时期的养马技术——以〈齐民要术〉养马技术为线索》，《秦汉研究》第2期）。韩华系统梳理了肩水金关汉简中动物资源分布和利用、农作物、经济作物等情况，揭示了汉代边塞居民生活的一个侧面[《肩水金关汉简所见动植物资源利用》，《鲁东大学学报（哲学社会科学版）》第6期]。张朝阳通过分析长沙五一广场简975的主要内容，指出东汉湘江逆流航运速度是84.25汉里/每天（《新刊五一广场简牍所见东汉湘江航运速度初探》，《中国农史》第1期）。赵凡与孙闻博、符奎、郭伟涛三位青年学者探讨了出土简牍对秦汉社会史研究的推动与发展（《出土简牍与秦汉社会生活史研究》，《光明日报》2022年10月31日）。苏俊林结合岳麓秦简探讨了秦代伦理秩序（《岳麓秦简与秦代伦理秩序》，《中国社会科学报》2022年5月6日）。李迎春依据悬泉汉简中发现的"夏育"佚书，对汉代西北边塞尚勇之风展开探讨（《悬泉"夏育"简与汉代西北边塞尚勇之风》，《中国社会科学报》2022年8月18日）。方勇《谈〈五十二病方〉中的病名"白虎（瘨）"》指出马王堆汉墓帛书《五十二病方》中的"白虎"，即指白色成片或者白色底子的皮肤病，是"白癜风"名称的前身（《黄河文明与可持续发展》第1期）。

有关简牍帛书的学位论文有，陈兹《出土三世纪前简（牍）帛文献叙录（1919—2019）》、龚子宸《简牍所见秦汉官府购赏制度研究》、金玉璞《西北汉简符号研究》、裴文霞《〈敦煌汉简〉中的动词、形容词研究》、郭嘉楠《〈敦煌汉简〉名词研究》、张畅《沅陵虎溪山汉简〈食方〉集释及相关问题研究》、翟蓓蓓《孔家坡西汉简牍书体及书风研究》、周慧敏《〈敦煌马圈湾汉简〉谐声关系与上古声母研究》、申宝涛《文书学视阈下的西北汉简楷书整理研究》、孙仪《西北汉简所见货币流通及相关问题研究》、郭欣《汉画像石意象特征在动画〈苏武牧羊〉中的转塑应用》、李敏《秦简牍书法风格类型分析及其临创实践》、李轲《周家台秦简文字研究》、谭棋文《简牍所见秦及汉初官吏职务犯罪研究》等。

（五）汉画像类研究

汉画像研究主要包括画像材料的刊布、图像研究、艺术研究、综合研究等几个方面。

宿州市博物馆编著的《宿州市汉画像石撷珍》共收录了宿州市出土汉画像石126块（组），对宿州画像石整体的发现情况、研究情况都做了条分缕析的详细介绍（文物出版社）。

汉画像研究方面，巫鸿《比较场所：巫鸿美术史文集（卷六）》收录了作者2012—2019年的15篇论文和讲稿，主要涉及中国古代墓葬艺术、绘画、六朝艺术、美术史方法论等方面内容，作者以独特的"细读"方式深入分析了宝山辽墓、马王堆汉墓、中山王厝墓等古代墓葬中隐藏的细节，研究汉代石棺的形制和内涵，找寻礼器的意义，追溯山水画的起源，提取出了大量被忽略的信息（上海人民出版社）。

杨爱国《中国考古百年视野下的汉代画像石研究》从金石学的著录和研究、画像石建筑复原研究、画像石的历史研究及考古学研究几个方面对汉代画像石的研究历程进行了回顾（《南方文物》第2期）。李根枝通过对汉画像砖石文化进行研究，从中剖析出继承与创新是汉画像砖石文化发展的根本规律（《汉画像砖石文化浅析》，《黄河·黄土·黄种人》第10期）。

霍巍、齐广通过梳理成都平原及其周边地区保存较好的近10座画像砖墓，复原其图像的位置与排列，借此对画像砖的题材与意义进行重新认识。通过研究发现，大部分画像砖图像都有方向，同一墓葬出土画像砖的朝向相同，从而形成一个单向序列。画像砖在序列中形成车马、门阙、神话、宴饮、财富等组合，组合间又有一定的排列关系，体现了这一地区特殊的墓葬图像使用传统与西王母升仙信仰的流行（《四川地区汉代画像砖的排列、组合与意义》，《考古》第4期）。宋艳萍对汉代画像中体现的伦理观念进行探讨（《从汉代画像看时人的伦理观念》，《中国社会科学报》2022年5月30日）。陆纪君分别从时间、空间、礼仪三个维度，对祥瑞在有汉一代的统摄性进行了探讨[《祥瑞：汉代天人观念的意象表现》，《北京师范大学学报（社会科学版）》第 3 期]。张书增、高二旺在《画像及铭文所见汉代"利后"思想探析》一文中梳理了汉代"利后"思想在画像砖石与器物铭文中的体现，探讨了汉代"利后"思想流行的社会土壤以及"利后"行为的实践方式与影响，表明了"利后"思想在汉代确已成为人们普遍认同的价值观念（《中州学刊》第 12 期）。张露胜在《升仙与异路 河南浚县姚厂村汉墓蕴含的民间信仰》一文中指出，画像石与题记所表达的"升仙"与"异路"观念反映了汉代人希望逝者羽化登仙的美好愿望，又展现了对地下魂魄侵扰生人的惧怕心理（《大众考古》第 9 期）。罗惠文在《秦汉时期〈人字〉图像中的宇宙观——以纪时与天象为核心》一文中指出，《人字》图像反映了秦汉时期人们对于宇宙天地和人相互关系的理解，体现了时间和空间的整体性、统一性，反映了秦汉时期人们根据天道推演人事的思维方式（《美术教育研究》第 5 期）。

康马泰、李思飞通过对帝王狩猎和过桥场景的分析，论述了敦煌壁画张议潮统军出行图和中亚壁画在凸显王权或颂扬权贵涵义上的密切联系（《从汉画像石到敦煌壁画——一种颂扬图像在中国与中亚的流传》，《敦煌研究》第 5 期）。王燚基于汉代墓葬壁画中的天象图，对汉人的宇宙观念进行了探讨[《从汉代天象图看汉人的宇宙观念》，《郑州大学学报（哲学社会科学版）》第 4 期]。王丹指出，在大多情况下日、月图像在墓中位于高处，是古人对于日月相对位置的认识、天文观察的反映，也是墓主升仙过程中的"升仙道路"的体现（《汉画像中的日、月图像探微》，《石家庄学院学报》第 4 期）。

王晓晖、韩国河根据汉墓中的孝行图、鸠杖图等装饰图像，论述了汉代孝思想的形成和传播，进而探讨了汉代循吏在孝思想传播方面的作用（《汉代循吏与孝思想的传播》，《中州学刊》第 5 期）。张胜男、陈钊对徐州地区有"妇人启门"图像的汉画像石进行了梳理，并对"妇人启门图"的出现与发展及其空间内涵等问题进行了探讨（《徐州地区汉画像石"妇人启门"图案浅释》，《文物天地》第 11 期）。张羽斐研究了汉魏六朝的梁高行图像（《汉魏六朝画像梁高行图像考》，《美术教育研究》第 23 期）。季伟对汉画像中有建鼓舞画面的乐舞画像进行了统计研究（《汉画中的建鼓舞综论》，《中国音乐》第 3 期）。宋亦箫从分析甲骨文"桑""丧""噩"诸字出发，分析战国时期人物画像纹铜器刻画的"采桑纹"图案以及四川汉代画像砖中的"桑林野合"纹饰，讨论桑林成为祈雨之地的原因，指出桑林之舞和桑林野合都只是古人向雷神祈祷降雨的顺势巫术场景（《战国至汉代桑林之舞、桑林野合图与祈雨习俗》，《艺术探索》第 5 期）。李强《内蒙古地区汉代墓室壁画中的山水图像研究》研究了内蒙古地区中南部及西部河套地区从 20 世纪 70 年代至 90 年代发掘出土的多座汉代壁画墓。（《蓦然回首现光华：第四届曲江壁画论坛论文集》，文物出版社）。

闫骥爽对汉画像石上的乐器图像进行系统梳理，综合分析汉代音乐转型并对汉代乐器和表演形式进行阐释（《汉代画像石中的乐器图像研究》，《中原文物》第 6 期）。耿彬、李玉洁《中原汉画像石胡人百戏流行考论》对中原汉画像石中的胡人百戏图像进行解读（《敦煌学辑刊》第 1 期）。贺妍琳对汉代的画像砖和画像石上的捣药兔形象及其内涵进行了解读（《汉画像砖石中捣药兔形象研究》，《秦汉研究》第 2 期）。李重蓉对汉鸮鸟图像进行研究，探讨了其功能、时空分布、与农业的关系及图文差异等问题（《汉代的"鸮"：艺术史、信仰史与农史的考察》，《中国农史》第 6 期）。赵丹《再谈陕北汉画像石中的鸡首、牛首人身像》研究了陕北汉画像石中的鸡首、牛首人身像[《碑林集刊（第二十七辑）》，三秦出版社]。

骆燕、魏峭巍对山东济宁地区出土和收藏的汉代画像石中铺首衔环的图像进行类型学研究和分期[《山东济宁地区汉代画像石所见铺首衔环初探》，《东方考古（第十九集）》，科学出版社]。

柳玉东、李世晓《南阳淅川赵杰娃墓地M42农业生产画像砖考》认为其画像砖分别为牛耕图、中耕除草图、牧羊图和春碓图、扬扇图，墓葬时代为西汉晚期，墓主人为县令级官吏（《中原文物》第3期）。朱静宜、宁强在《沂南汉画像石墓的画像时空布局及其丧葬文化观念》中指出，汉代画像石墓中形成了特定的丧葬礼仪，其图画内容融合了黄老之学、儒家思想和升仙思想，形成魂魄两分的生死观（《南都学坛》第3期）。牛益宽对滕州汉画像石馆等博物馆所藏重要的画像石进行了分类研究（《石蕴万象——山东省枣庄地区博物馆藏画像石述略》，《美术教育研究》第24期）。张梦晗指出自秦统治南阳地区开始，南阳当地文化面貌逐渐发生本质变化，南阳汉画像石的楚文化特征主要源自秉承楚文化余绪、又居于区域文化之上的汉文化，同南阳地区故属楚国可能没有很深的关联（《南阳汉画像石楚文化特征突出的原因》，《南都学坛》第3期）。

王培永《汉画的世界：沂南北寨汉墓画像释读》以"汉画的世界"为题，从一座汉墓一个世界、汉代人的"世界观"、农业文化的基本形态、多神崇拜、儒家思想主导等五个章节，对汉画像石的整体轮廓及以北寨汉墓为代表的个案进行了深入梳理、阐释（齐鲁书社）。

汉画像艺术研究方面。巩娜娜从汉画像边饰图案的艺术特色、设计思想、美学特征三个方面加以探讨（《文化自信视域下汉画像边饰图案研究》，《美术教育研究》第16期）。刘文思《徐州汉画像石中的力量之美》对徐州地区东汉时期与力量美有关的画像石展开探讨（《文物天地》第11期）。孟颖对汉画像中的"蟾宫折桂"图像进行研究（《汉代"蟾宫折桂"图像略考》，《美术教育研究》第12期）。杨莹莹对汉画像中的女魃形象加以探讨（《汉画像女魃形象分析》，《美术教育研究》第13期）。王煜《制造猛兽：也论汉代墓葬艺术中的狮子》一文对"汉代墓前的有翼石兽是否为狮子或哪些是狮子"进行考证和辨析，对汉代艺术中狮子形象及相关问题做进一步讨论[《古代墓葬美术研究（第五辑）》，湖南美术出版社]。朱浒、侍行指出佩戴山形冠者可分为古代帝王、神仙、历史人物、祥瑞神兽等不同身份。山形冠为王权象征，或为通天冠上金博山的图像化表现。此类型冠冕为东汉明帝时期冠冕改革的结果，其造型来自蓬莱三神山与昆仑山，象征来自周朝礼制的天子山冕（《汉画山形冠来源与含义新探》，《艺术探索》第3期）。刘清瑶对睢宁九女墩墓汉画像石的艺术图式展开探讨（《浅谈睢宁九女墩墓汉画像石的艺术图式》，《文物天地》第11期）。朱彤在《外藏：汉画像狩猎图在墓葬结构中的意义研究》一文中，通过外藏观念重新解读狩猎图在墓葬结构中的意义，将狩猎图反映的娱乐生活的显性意义上升至汉代礼制、集体信仰的隐性意义（《美术教育研究》第24期）。

彭小繁详细分析了汉画像中傩舞丑的组成部分，并探讨了其审美意义，指出其反映了汉代的文化意蕴和审美意识，对于汉代人来说，汉画像傩舞重要的并不是需要传达一种完全写实或是抽象的外在审美效果，而在于其需要在传统礼仪和观念的基础上形成一定的艺术程式（《汉画像傩舞中的丑》，《美术教育研究》第14期）。金芘百从形象特征、造型手法、材料特性三个方面分析了霍去病墓前石雕雕塑（《霍去病墓石雕雕塑语言及意义》，《美术教育研究》第2期）。朱青生《"图性"问题三条半理论：〈汉画总录〉沂南卷的编辑札记》基于对沂南画像石的图像性质的分析，探讨图像的功能与作用跟图像本身的性质之间的关系[《古代墓葬美术研究（第五辑）》，湖南美术出版社]。

贺西林《读图观史：考古发现与汉唐视觉文化研究》一书收录了作者历年来发表的十篇有关汉唐视觉文化研究的论文，和与秦汉考古有关的研究议题，如马王堆一号汉墓漆棺画与帛画，洛阳西汉卜千秋墓壁画，洛阳金谷园新莽墓壁画，汉代艺术中的羽人，汉画伏羲、女娲图像，西汉霍去病墓等相关问题都收录于此书中（北京大学出版社）。

在《中国美术的图像与风格（一）：古代美术史研究》一书中还收录有日本学者曾布川宽《试论秦始皇陵与兵马俑》《昆仑山与升仙图》《汉代画像石的升仙图系谱》《六博人物坐像铜镇与博局纹》4篇论文（新文丰出版公司）。

黄续《砖石为骨图像为魂：汉画像砖石的营建与装饰》从建筑装饰的角度，从整体建筑和建筑图像两个方面全面研究了汉画像石、画像砖的建筑装饰艺术，探讨了汉画像石的空间营造规律，汉代建筑形象、技术、构件与中国传统木结构建筑的关系，全面了解汉代建筑的营建与装饰文化，以及对后世的深远影响（文化艺术出版社）。练春海《汉代壁画的艺术考古研究》主要包括地上壁画文献的梳理、地下壁画的类型学研究以及壁画题材的类别、壁画的制作与工艺、壁画的功能等内容，是对汉代壁画现有研究的全面梳理与系统总结（科学出版社）。

此外，关于汉画类的学位论文成果丰富，如艾菲《汉画像石所见山形冠图像研究》、邱雅暄《汉代民间信仰习俗在墓葬星象图中的反映》、魏嘉黎《汉晋时期祥瑞图像研究——基于墓葬壁画与画像石》、刘玥《汉画胡汉舞蹈身体语言接触研究》、王娜《汉代画像石乐舞百戏图像研究》、张洁《淮北地区汉画像石综合研究》、王娇娇《黄淮地区汉墓图像所见文化交流》、樊睿信《汉代西王母形象演变——以汉画像石为中心》、陈阳《汉墓壁画宴饮图研究》、任文杰《中国畏兽研究——以汉至隋唐为中心》、石超伟《汉画像石的当代转化创作研究——以作品〈展望〉为例》、冯姝瑶《四川地区汉画像的"空间"建构研究》、杨松会《综合材料绘画对汉画像石艺术的借鉴研究》、南苗苗《河西汉晋墓出土马图像整理与研究》、魏宝祯《汉画像石鹤图像研究》、李成《皖北地区汉代画像石中的体育形态研究》、李莹莹《沂南汉画像石空间形式语言特征研究》等。

（六）科技考古

科技考古方面的研究成果包括两大部分，一是通过科技手段对器物进行检测，探究其成分与机理，在此基础上结合出土环境进行综合性的研究；二是通过科技检测和实验手段，对出土文物进行全方位的保护和修复研究。

张琼、刘荃、高劲松对刘贺墓出土青铜蒸馏器的功能结构、使用方法及产品类别等进行了研究（《海昏侯刘贺墓出土青铜蒸馏器研究》，《农业考古》第1期）。恽小钢、尹航指出，海昏侯墓出土的青铜钟虡表面可能使用了"金涂"工艺（《海昏侯墓出土钟虡的表面装饰工艺初探》，《文物天地》第5期）。黄希、张红燕、李文欢对海昏侯墓车马坑出土的车马器的病害类型、腐蚀机理和工艺特征等方面进行了分析研究（《南昌西汉海昏侯墓车马坑出土车马器保护修复》，《文物天地》第6期）。杨巍、张红燕等对海昏侯外藏椁出土的三件鎏金当卢的成型工艺、表面装饰工艺、鎏金工艺进行了对比（《西汉海昏侯外藏椁出土三件鎏金当卢工艺比对研究》，《南方文物》第2期）。江晶、黄全胜等对刘贺墓出土的铁兵器进行分析，指出至迟在西汉中期，钢铁冶金技术体系依然为块炼铁及块炼渗碳钢体系、生铁及生铁制钢体系共存（《西汉海昏侯刘贺墓出土铁兵器科学分析研究》，《南方文物》第5期）。刘彦琪对汉代铜甗的铸型展开模拟实验，对模具用法、复合范的成型过程、垫片安置时机等问题展开了讨论[《汉代铜甗的铸型制作模拟实验及相关技术研究》，《湖南省博物馆馆刊（第17辑）》，岳麓书社2022年版]。钟博超等研究了汉代木胎鎏金银青铜瓶制作的具体工艺流程、形制与工艺（《汉代木胎鎏金银青铜瓶制作工艺探讨》，《文物保护与考古科学》第2期）。黄梅、吴晓桐等对贵州贞丰浪更燃山石板墓出土的金属器进行合金成分分析（《贵州贞丰浪更燃山墓地出土金属器的合金成分分析》，《黄河·黄土·黄种人》第2期）。冉万里、李明等指出咸阳成任墓地出土东汉金铜佛像系本土制作的具有犍陀罗风格和马图拉风格的金铜佛像（《咸阳成任墓地出土东汉金铜佛像研究》，《考古与文物》第1期）；在此基础上，李建西、邵安定等对其开展了工艺考察和检测分析，再次确认了两件金铜佛像的合金成分、铸造技术方面与商周秦汉青铜器的主流相同，应是具有犍陀罗风格的中国本土产品（《咸阳成任墓地出土东汉金铜佛像科学分析》，《考古与文物》第1期）。史本恒、宋爱平等对山东邾国故城新莽铜度量衡器上铭文的制作方法进行了研究（《山东邾国故城新莽铜度量衡器铭文的制作方式》，《四川文物》第4期）。刘海峰、林昊、潜伟等分析了战国秦汉时期出土的制铁耐火材料（《战国秦汉时期制铁耐火材料的矿物组织与含量分析》，《文物保护与考古科学》第6期）。张周瑜、邹钰淇等对河南鲁山冶铁遗址群的技术特征加以研究（《河南鲁山冶铁遗址群的技术特征研究》，《华夏考古》第2期）。陈俐文、李建西等对咸阳龚西战国秦墓M8出土的两件嵌玉银钮金带钩的制作工艺进行考察和检测分析（《陕西咸阳龚西战国秦墓出土嵌玉银钮金带钩的科学分析研究》，《南方文物》第5期）。

胡云岗、王婧场、兰德省通过采集50个样本的兵俑头部高精度三维点云数据并提取了头面部特征，运用样本相关性分析和数据大小排序的统计分析方法，与现代29个群体或地区头面部特征进行了对比研究（《基于点云数据的秦始皇兵俑头面部特征提取与统计分析研究》，《文物保护与考古科学》第1期）。杜文介绍了西安西汉纪年墓葬出土原始青瓷，并分析西安出土原始青瓷的器型与施釉特征，初步探讨其瓷釉成分及施釉工艺（《陕西出土西汉原始青瓷的印证与谜题》，《收藏》第11期）。

马田、田小红、吴勇等《新疆奇台石城子遗址发现汉代丝绸研究》通过对位于新疆东天山北麓奇台县石城子遗址一处东汉墓葬（M2）出土丝织物的鉴定分析，发现在东汉时期产自中原的大宗丝绸制品已经进入天山以北地区牧业人群的日常生活（《西域研究》第4期）。邱振威、沈慧通过对吴山遗址出土的27件木材和木炭样品进行分析，揭示出以栎属和榆属为主体的祭祀木材利用情况，指出吴山遗址与血池遗址祭祀用材的区别，可能反映了战国至汉代祭祀礼制的差异和祭祀主体文化选择的倾向（《吴山祭祀遗址出土木材鉴定与相关问题》，《中国国家博物馆馆刊》第7期）。

任昱勃、温睿、先怡衡等对营城子汉墓出土的9枚玻璃耳珰进行微观分析，对玻璃耳珰制作模式进行了初步探讨，进一步加深了对我国古代玻璃耳珰制作与传播的认识（《营城子汉墓出土玻璃耳珰的化学成分与制作工艺研究》，《文物保护与考古科学》第 3 期）。王栋、温睿等指出，新疆尉犁县营盘墓地出土夹金属箔层玻璃珠均属于钠钙玻璃系统，以植物灰作助熔剂，通过拉制技术制作而成，特征与印巴地区接近（《新疆尉犁县营盘墓地出土夹金属箔层玻璃珠研究》，《考古与文物》第 4 期）。王卉、覃璇等学者使用多种观测手段对湖南省博物馆珍藏的红玛瑙耳珰、缠丝玛瑙珠、黄色枣核状多棱玛瑙珠三件汉代珠饰进行了细部观察研究，揭示了汉代玛瑙珠在长达 2000 年左右的埋藏过程中所发生的系统性变化规律 [《湖南省博物馆藏汉代玛瑙珠的沁像研究》，《湖南省博物馆馆刊（第 17 辑）》，岳麓书社 2022 年版]。任萌、杨勇、杨益民《云南大园子墓地出土有机材质镯饰的科技考古分析》对云南师宗县大园子墓地出土的有机材料镯饰进行了分析，指出其为桦树皮焦油制作而成（《农业考古》第 4 期）。

周双林、李艳红等对望都汉墓壁画表面发现的盐分结晶的成分、来源进行探讨（《望都汉墓壁画中的盐分分析与来源探讨》，《文博》第 5 期）。朱宇华《云南江川李家山古墓群规划与保护研究》为对李家山古墓群（战国至东汉初期的墓葬，系古滇国重要贵族墓地）进行保护研究的规划报告（学苑出版社）。

关于文物保护与修复的研究成果较为丰富，涉及青铜器、漆器、铁器、陶器、木器、丝织品、简牍等各种材质器物的保护和修复。

祝延峰对山东巨野县博物馆藏东汉镂空铜炉的保护修复工作进行了总结（《山东巨野东汉镂空龙纹铜炉的保护与修复》，《文物天地》第 1 期）。赵晓伟对徐州博物馆所藏的拉犁山一号墓出土的铜缕玉衣及其修复过程进行了概述，并对相关问题进行了探究（《徐州博物馆藏铜缕玉衣的修复及相关问题初论》，《文物天地》第 11 期）。王楚宁对刘贺墓中出土的"孔子镜屏"进行了描摹、复原，并对其性质加以探讨（《江西南昌西汉海昏侯刘贺墓出土"孔子镜屏"复原研究》，《文物》第 3 期）。刘江卫介绍了对秦始皇帝陵园 K9801 陪葬坑出土的石质甲胄开展的保护修复工作（《秦始皇帝陵园 K9801 陪葬坑出土石质甲胄的修复》，《文物天地》第 6 期）。

漆器保护和修复方面的文章有王莹等《西安凤栖原家族墓出土漆箱外形数字化复原研究》介绍了西安凤栖原家族墓出土漆箱概况，重点论述数字化还原的技术路线和具体流程，并展示数字化还原后的效果（《文物保护与考古科学》第 2 期）。

王玲《汉韵传承：定陶汉墓出土彩绘文字陶砖的保护修复与研究》针对定陶汉墓第一期保护修复的 13000 余块出土彩绘文字陶砖展开研究，介绍了定陶汉墓的基本情况，以新出土和正在进行保护修复的陶砖作为有力的补充，结合保护修复工作对彩绘文字陶砖保护修复的技术手段、新材料运用、新工艺探索与检测分析工作有机结合展开深入的研究，对出土彩绘文字陶砖的保护与研究起到了借鉴作用（山东大学出版社）。刘鑫等对河南省焦作市博物馆藏汉五层彩绘陶仓楼的锈蚀物、污染物进行了检测分析，在此基础上，对其开展了保护与修复工作（《河南省焦作市博物馆藏汉五层彩绘陶仓楼的科技保护》，《黄河·黄土·黄种人》第 2 期）。刘宇以四川博物院馆藏东汉房形盖画像石棺为例，对石棺结构的保护技术展开研究（《四川博物院馆藏东汉房形盖画像石棺结构性能及保护修复技术研究》，《四川文物》第 6 期）。

简牍保护方面。卫扬波等《湖北随州市周家寨墓地 M8 简牍的清理和保护》介绍了湖北随州市周家寨墓地 M8 简牍出土概况，详细阐述简牍考古发掘现场保护、室内清理和保护、简牍的保护与脱色等流程，并展示简牍经清洗和脱色后的效果（《文物保护与考古科学》第 2 期）。

丝织品方面。董鲜艳、蔺朝颖对马王堆一号汉墓出土的绛紫绢地"长寿绣"丝绵袍进行了保护性修复，对该件丝绵袍的纤维种类、织造、染色、刺绣、裁缝工艺特征进行了实验研究（《西汉绛紫绢地"长寿绣"丝绵袍制作工艺考析》，《文博》第 1 期）。

沈金颖《和林格尔新店子东汉墓壁画保护方式的思考》以和林格尔新店子东汉墓壁画的保护为实例，探讨针对壁画的画面进行图像的临摹复制的信息保留方式（《蓦然回首现光华：第四届曲江壁画论坛论文集》，文物出版社）。

此外，还有运用科技手段进行体质人类学方面的研究。孙畅、文少卿、张梦翰等对包括察吾呼一号墓地到四号墓地 80 例头骨在内的 140 个群体样本的颅面部进行测量并统计分析测量数据，考察察吾呼人群与欧亚大陆古代人群的人群结构关系，研究察吾呼人群的来源和变迁历史，指出察吾呼晚期人群可能是这一时期中国古代西北地区人群大规模移民迁入新疆而形成的（《新疆察吾呼墓地出土人骨的颅骨测量学研究》，《西域研究》第 2 期）。张兴香、闫雪芹等学者对贵州威宁中水盆地的遗址发现简况进行了梳理，并对中水盆地 51 例史前至汉代人类牙齿牙釉质样本进行了锶同位素分析，并对该遗址群的人类迁徙与饮食特征进行了探讨（《贵州威宁中水遗址群人类迁徙与饮食特征初探——基于牙釉质多种同位素分析》，《四川文物》第 5 期）。

还有关于动植物方面的科技考古研究。董宁宁、孙晨、田小红等对遗址 2014—2017 年出土的 2000 余块动物骨骼进行了整理和分析，讨论石城子遗址居民肉食资源的获取和利用、动物次级产品的开发、生业特征与戍边等问题（《新疆奇台石城子遗址的动物资源利用》，《西域研究》第 2 期）。生膨菲、田小红、吴勇分析了 2018 年石城子遗址田野考古发掘过程中收集的炭化植物样本，明确石城子遗址屯田农业活动的绝对年代处于西汉晚期至东汉时期，指出石城子遗址出土的炭化农作物应该为本地生产，与两汉时期天山北麓汉代戍卒的屯田农业活动息息相关（《新疆奇台石城子遗址出土炭化植物遗存研究》，《西域研究》第 2 期）。李凡、邓惠等《徐州拉犁山汉墓 M1 出土动物遗存及相关问题探讨》对徐州拉犁山汉墓 M1 出土动物遗存进行了种属鉴定、数量统计、部位与年龄观察以及性质判断，推测拉犁山 M1 出土野生动物较多可能与墓葬等级较高存在相关性，随葬动物可能是作为肉食献给墓主，并显示墓主对财富和资源的占有（《南方文物》第 4 期）。杨苗苗、游富祥等对吴山遗址祭祀坑中出土的马骨的鉴定、测量结果加以分析，指出吴山遗址祭祀坑所属时代应为秦至西汉早期（《吴山祭祀遗址祭祀坑殉牲的初步研究》，《中国国家博物馆馆刊》第 7 期）。

相关学位论文有吴静《沈阳孝信汉村墓地人骨研究》、葛若晨《秦俑表面古代多功能复合材料研究》等。

（七）丝绸之路与中外文化交流的研究

朱玉麒、李肖主编的《坚固万岁人民喜：刘平国刻石与西域文明学术研讨会论文集》收录论文 30 余篇，围绕着"刘平国刻石"及相关问题、西域文献与西域历史、石窟壁画与造像艺术、丝路考古与西域文明及其汉化、丝路研究学术史等多个方面进行了讨论与探索（凤凰出版社）。英国奥雷尔·斯坦因著，巫新华译的《敦煌发现》与《西域之路》根据斯坦因三次中国西部探险考察与考古发掘的成果，分别记述了敦煌地区包括古长城、千佛洞、汉代文书、玉门关、藏经洞等遗迹遗物的发现与研究；我国新疆汉唐时期的遗迹和遗物，包含尼雅遗址、汉长城、营盘遗址、楼兰遗址等汉代遗址的调查或发掘工作和搜集文物的情况。两部著作揭开了该地区汉唐时期文化交流与融合的面貌（商务印书馆）。

荣新江《丝绸之路上的中华文明》以汉唐之间丝绸之路上中华文明的西传为研究主题，分别从考古角度研究丝路沿线出土文物和文献中有关中华文明西传的内涵，从文献角度研究汉语言文献、中原典章制度、汉化佛教艺术等沿丝路向东西方传播的情况，从学术史角度探讨有关丝绸之路上保存的石刻、钱币、铜镜、漆器等物质文化遗迹，充分发掘并研究了汉唐丝绸之路沿线遗存的资料，代表了国内外丝绸之路研究的较高水平（商务印书馆）。

高明编《汉唐之际丝绸之路上的遗址美术》在对丝绸之路沿线地区汉唐时期的遗址美术进行调查的基础上，从不同层面体现汉唐时期的风貌和东西方文明交流，为读者展现这些遗址的魅力和曾经的辉煌（陕西师范大学出版社）。

刘西诺、何兆阳著《南方丝绸之路研究丛书：文物考古卷》从文物考古的角度，对南方丝绸之路沿线从先秦至清代的重要考古遗迹、出土文物及对外交流进行了系统研究，梳理了两汉时期南方丝绸之路沿线的重要墓葬及墓葬群 21 处，分类展示了沿线的重要文物，包括扣饰、宝石、乐器和贮贝器，并论及对外交流情况（安徽人民出版社）。

潘玲、谭文好指出，呼伦贝尔南部及毗邻地区鲜卑遗存中的夹金箔玻璃珠、腹部近倒三角形的高圈足铜鍑、鍑形陶罐、飞马纹和奔马纹牌饰以及回首鹿纹带饰等是来自南西伯利亚米努辛斯克盆地、图瓦等地的文化因素。南西伯利亚与呼伦贝尔及毗邻地区的文化交流传播路线可视为两汉时期的"草原丝绸之路"（《呼伦贝尔鲜卑遗存中的西来文化因素——兼谈两汉时期的"草原丝绸之路"》，《考古》第 5 期）。

王雅婕《再论阮咸起源问题——基于丝绸之路上琉特琴乐器图像新证的思考》中对阮咸的起源进行了考证，认为阮咸类乐器应为发源于美索不达米亚的长颈琉特琴逐步流传至埃及、波斯、中亚，进而逐渐传入河西走廊并进入中原的（《艺术探索》第 2 期）。

2022 年是秦汉考古新发现的"小年"，2022 年度全国十大考古新发现评选中秦汉时期考古无一入选。但陕西西安秦汉栎阳城遗址、云南晋宁河泊所遗址、湖南桑植官田遗址三处重要遗址均入选终评，表明秦汉考古在都城考古、边疆考古、手工业考古方面仍取得了重要新进展。

王国维先生曾言"古来新学问起，大都由于新发现"。海昏侯墓和江村大墓分别是 2015 年度和 2021 年度全国十大考古新发现，至今仍是秦汉考古研究的热点问题之一。海昏侯墓研究内容十分丰富，既有综合研究，又有对墓向、乐悬等墓葬制度、出土简牍、图像及出土遗物成分、铸造工艺等方面的研究。考古工作实证江村大墓为汉文帝霸陵，相关调查勘探资料于 2022 年公布，学者对其位置及对西汉帝陵规制影响等方面进行了探讨。随着更多资料的公布，关于汉文帝霸陵研究一定会迅速展开。一般墓葬的发现与研究为秦汉考古的重要组成部分，本年度相关研究多为区域墓葬或单个墓地的分析，对墓葬出土各类器物的研究也较丰硕。

考古发现的文字、图像资料，除考古研究外，还涉及古代史、古文字、古文献、历史地理、建筑史、艺术史、思想史等诸多领域，所以历来备受关注。2022年度一批重要的简牍和封泥资料公布，如西安相家巷遗址H4出土秦封泥、张家山三三六号汉墓出土汉简、岳麓书院收藏秦简第七分卷、乌程汉简、天回医简、南越木简等。学界对简牍的研究可谓蔚为大观，学者从文字考释、内容释读、名物考证、郡县侯国地理、法律体系、行政制度、丧葬制度、祭祀礼仪、方技等不同视角进行研究与解读。图像资料方面的研究仍以画像石和画像砖为中心，涉及有研究简史、图像复原与类型、艺术形象及其反映的风俗、信仰与思想观念等诸多方面。正因图像、文字资料蕴含大量信息，且能与纸上材料相结合，或证实或补充后者的真伪与不足，遂成为经久不息的研究热点，也是多学科交叉与合作研究的重要对象。

秦汉时期是中国历史上第一个大一统时期，相信随着考古新发现的不断涌现和学科研究宽度、广度、深度的不断拓展与延伸，秦汉考古将在深入阐释中华文明连续性、创新性、统一性、包容性、和平性五个特性方面继续发挥举足轻重的作用。

（作者单位：郑州大学）

三国至隋唐五代时期考古

陈思源　倪润安

2022年度三国至隋唐五代时期的考古成果颇为丰富，据不完全统计，总量达到550篇（部）以上。其中，尤以墓葬和宗教遗存的发现与研究数量最多，二者总和占据总量的一半以上。城址相关发现与研究不仅集中在都城，还涉及重要的地方城邑、小型聚落、运河、烽燧等，类型多样。墓葬发现遍布各地，隋唐两京及附近地区有一批纪年墓葬资料报道，墓葬图像是魏晋南北朝时期的一个研究热点，五代十国墓葬的研究成果颇为丰富。手工业考古除陶瓷以外，金银器、盐业考古亦较为突出。宗教遗存的发现主要为佛教石窟寺与造像。边疆考古的成果集中于高句丽、渤海、吐蕃方面，中外文化交流考古研究涉及壁画、器物、佛教遗存等。科技考古在历史时期考古中发挥的作用也越来越大。

"浙江考古与中华文明"丛书出版，对各时段的考古发现与研究进行了总结，其中涉及本时段的有刘建安《浙江汉六朝考古》（浙江人民出版社）、李晖达《吴越国考古》（浙江人民出版社）。还有一些论文集出版，收录了学者以往发表的成果，也涉及本时段，如段鹏琦《都城与陵墓研究：段鹏琦考古文集》（文物出版社）、齐东方《行走在汉唐之间》（上海古籍出版社）、杨哲峰《汉唐陶瓷考古初学集》（上海古籍出版社）、沈睿文《墓葬中的礼与俗》（上海古籍出版社）、南京大学历史学院考古文物系编《南雍问道：南京大学考古专业成立50周年纪念文集》（科学出版社）等。

一　城址的发现与研究

（一）都城

2022年度都城的考古发现与研究主要涉及汉魏洛阳城、大夏统万城、隋唐长安城与洛阳城遗址。

汉魏洛阳城方面。钱国祥结合文献与考古资料，对东汉、曹魏、西晋和北魏各朝代洛阳城的祭祀礼制建筑空间分布进行了探讨（《汉魏洛阳城的祭祀礼制建筑空间》，《中原文物》第4期）。该作者还对曹魏至北魏陵云台的台体、楼观与台内冰井设施进行了复原研究［《汉魏洛阳城的高台建筑复原二例》，北京大学考古文博学院、北京大学中国考古学研究中心编：《考古学研究（十三）：北京大学考古百年考古专业七十年论文集》，科学出版社］。

统万城方面。邢福来、侯甬坚主编《五至十世纪统万城、夏州城考古发现与研究》一书集中了多方面的成果。该书分为三编，《考古编》对统万城及夏州城的考古工作、墓葬群发掘、各时期的出土文物进行了全面介绍。《研究编》涵盖了统万城的城市设计与布局、东城的建造年代、统万城的防御体系、周边墓葬的年代与布局、生态环境的历史变迁等多个方面的研究。

《图版编》则由勘察发掘掠影及统万城周边墓葬出土文物图册组成，公布了大量的工作与文物照片（三秦出版社）。赵东月等分析了统万城遗址出土人骨的颅面形态特征，发现出土颅骨以亚洲蒙古人种为主体，在形态上既存在古人种类型的差异，又表现出多种古人种类型融合的特点，另外还有个体表现出少量欧罗巴人群的性状，认为欧罗巴人种因素可能来自粟特人的影响（《统万城遗址出土人骨颅面测量性状》，《人类学学报》第5期）。

隋唐长安城方面。2021年西安市文物保护考古研究院对隋唐长安城东北角夹城及十王宅遗址整体向西发掘10米，主要清理了东郭夹城墙、夹城墙东西两侧的唐代地面和外郭城北城墙与夹城墙相接处。该段夹城墙是兴庆宫通往大明宫的夹城墙仅存的一段，破坏严重（《隋唐长安城东北角夹城及十王宅遗址2021年度发掘简报》，《文博》第1期）。齐东方讨论了唐长安城中宫殿前、寺观内、街道等空地的功能以及墙内空间，并探讨了长安城的人口密度与空间，提醒研究者在城市研究中不要忽略对空地的研究（《唐代长安城的空地和墙》，北京大学考古文博学院编：《宿白纪念文集》，文物出版社）。

隋唐洛阳城方面。中国社会科学院考古研究所、洛阳市文物考古研究院对隋唐洛阳城正平坊遗址进行了发掘，清理出了完整的里坊结构布局和三座大型庭院院落，出土了大量的建筑构件和生活用品，对于探索里坊的内部结构，了解坊内建筑空间布局等具有重要意义［石自社等：《河南省洛阳市隋唐洛阳城正平坊遗址》，国家文物局主编：《考古中国重大项目成果（2021）》，文物出版社］。洛阳市文物考古研究院编著《隋唐洛阳城城门遗址研究》对隋唐洛阳城遗址现已发掘的10余座城门展开了系统研究，梳理了考古所见隋唐洛阳城外郭城、皇城、宫城、玄武城等城门遗址，并对考古发掘的城门进行分类与分期，总结时代特征，最后对城门封堵遗迹的年代及社会历史成因进行了考察（三秦出版社）。潘付生介绍了隋唐洛阳城宫城西墙及其上城门的发现，认为该城门应该是嘉豫门（《隋唐洛阳城宫城嘉豫门的发现》，《大众考古》第5期）。霍宏伟探讨了隋唐洛阳含嘉仓城的布局，对"东门"的存在及其位置进行了考辨，依据功能的不同将唐代含嘉仓城分为仓窖区、场区及纳粮区，并认为唐代含嘉仓范围仍在现有仓城城垣之内，未曾突破西城垣向西扩张（《隋唐洛阳含嘉仓城布局略论》，《中原文物》第5期）。王书林、徐新云通过对两次发掘建筑遗址的拼合并结合文献记载，确认了洛阳宫唐武成殿–宋文明殿遗址的位置和平面形制，进而讨论了唐宋时期宫院的范围和重要门址的位置，在此基础上核算了宫院的设计尺度，探讨了隋唐洛阳宫大内的空间规划（《洛阳宫唐武成宫院–宋文明宫院格局探微》，《南方文物》第4期）。

（二）地方城市

陈永志主编，内蒙古师范大学等编著《内蒙古和林格尔土城子（一）——城址发掘报告》系统介绍了内蒙古和林格尔土城子古城遗址的发掘成果，刊发了1997年、1999—2001年四次对古城和城外遗址的考古调查、勘探、发掘的全部资料，并对古城遗址进行了分期及年代与性质的研究。该城址可分为西城、南城、中城、北城四部分，西城系春秋战国时期；南城为汉至代魏时期；中城始建于魏晋，隋唐、辽金元时期沿用；北城属于隋唐时期（科学出版社）。北魏武川镇城的位置，学界一直存在较大争议。张文平依据《魏书》记载，推测武川镇城应位于女水之滨，并结合孝文帝北巡的路线与行程，考证今内蒙古自治区包头市达茂旗希拉穆仁城圐圙古城最具可能性，还探讨了武川镇的设置时间、辖区、交通路线等问题（《北魏武川镇若干问题考辨》，《内蒙古社会科学》第2期）。

2013—2018年，晋阳古城考古工作队对晋阳古城二号建筑基址进行了全面揭露，基址为南北向纵长方形三进院落布局，出土大量建筑构件及陶瓷生活器具，具有明显的晚唐五代时期特征。根据带有"迦殿""天王堂"等字样的残碑、《金刚经》残碑、残经幢等与佛教寺院相关的遗物，推测该基址应为佛教寺院。基址位于晋阳古城的宫城内部，出土的带有"晋阳宫"字样残碑表明基址可能是在隋唐晋阳宫旧址上建设的。二号建筑基址在目前考古发掘的唐五代佛教寺院基址中揭露面积最大、最为完整，对于研究这一时期的寺院布局、晋阳古城城市布局具有重要意义（山西省考古研究院、太原市文物考古研究院：《山西太原晋阳古城二号建筑基址发掘报告》，《考古学报》第3期）。

2015—2018年，宁波市文物考古研究所对古鄞县县治——鄞县故城所在的奉化西坞白杜城山一带开展了考古工作，找到了鄞县故城的具体位置，印证了鄞县故城的兴废年代，并厘清了鄞县故城的基本面貌，为东南地区汉六朝时期县级城邑的研究提供了重要资料（宁波市文化遗产管理研究院等编著：《鄞县故城——考古调查与勘探报告》，科学出版社）。

2018年，成都文物考古研究院对成都市青莲上街古城墙遗址进行发掘，发现了成都古唐、宋、明、清四个时期罗城城墙东南角的城墙夯土及包砖，为研究唐以来成都各时期城墙的结构、形制变化、修筑技术等提供了重要资料（《成都市青莲上街古城墙遗址发掘简报》，《考古》第5期）。易立针对唐代成都罗城城垣筑基方式的细节，讨论了夯土加固、城壁收分、城垣宽度和城门设置等问题（《唐代成都罗城城垣研究的几个问题》，《考古》第3期）。

2020—2021年，南京博物院对溧阳市天目湖镇古县村城址进行发掘，基本确认了城址的范围，并对城址外围礼制建筑区、院落建筑区等进行了揭露，判断遗址的主体遗存年代集中于三国南朝时期，与文献记载的"永平""永世"县治高度契合，为研究六朝时期的南方县城提供了宝贵资料（南京博物院等编：《濑水汤汤：溧阳考古成果集》，上海古籍出版社）。

2022年3—4月，扬州市文物考古研究所对扬州唐代罗城北城墙东段遗址进行了发掘，清理唐代罗城北城墙墙体1段、城墙坍塌堆积3处、唐代灰沟2条，出土陶瓷器、铜铁器、砖瓦残件、"楚州六"铭文砖等，判断该处墙体时代应为中晚唐（《江苏扬州唐代罗城北城墙东段遗址发掘简报》，《东南文化》第6期）。朱超龙梳理了唐代扬州罗城内官河的位置与走向，并探讨了官河对唐代扬州罗城形态格局的影响（《官河与唐代扬州城的形态格局》，《文物》第4期）。汪勃、王小迎结合扬州蜀岗古城、唐罗城考古发掘结果和文献资料，梳理了杨吴时期扬州城建用砖瓦的特征，总结了杨吴时期扬州城的特征与城市建设，并对杨吴宫署名称源流、宫署遗址位置进行了推测（《杨吴时期的扬州城》，《南方文物》第4期）。

（三）其他遗址

2010年，广东省文物考古研究所、湛江市博物馆等单位对吴川市马飘岭遗址进行了发掘，清理遗迹以袋状灰坑为主，出土四系罐、盆、钵等陶器与粤西同时期遗址出土遗物较为接近，为一处南朝晚期至唐中期的小型聚落遗址，推测属于"俚人文化"遗存（《广东吴川马飘岭遗址考古发掘简报》，《东南文化》第2期）。2019年，广州市文物考古研究院对中山大学博物馆项目用地进行考古发掘，清理了唐代灰坑1处、唐代水井1眼。该井是迄今为止广州地区保存最好的唐代砖砌水井之一，井内出土的青釉器是来自珠江三角洲本地窑口曾边窑的产品（《中山大学博物馆工地汉唐遗存》，《文博学刊》第1期）。

漕运和仓储对古代国家经济的发展具有重要意义。洛阳市文物考古研究院编著《洛阳汉唐运河遗址调查与古沉船发掘报告》一书公布了洛阳汉唐漕运水系遗址的调查成果，以及洛阳运河一、二号古沉船的发掘、保护和复原的研究成果，为古洛河、古谷水、汉魏及隋唐漕运等遗址的位置和走向提供了实物资料（科学出版社）。王祖远通过对考古发掘仓窖实测数据的整理，引入粟容重，经计算后，印证了历史文献中单窖"窖容八千石"是可信的，并由此提出"窖容八千石"或为隋唐时期地下仓窖储粮的标准化做法（《隋唐时期仓窖储粮"窖容八千石"的考古学观察》，《华夏考古》第2期）。

2017年，唐山市文物古建研究所联合迁西县文物管理所对迁西县太平寨镇南刘古庄村尖子岭进行实地勘察，发现有邢窑白釉深腹碗和青瓷盘等器物，确认疑似被盗墓葬实为隋代长城烽燧遗址，这是河北省首次发现与隋长城有关的遗存（《河北省唐山市迁西县南刘古庄隋长城烽燧遗址勘察简报》，《草原文物》第2期）。农旷远等对新疆尉犁克亚克库都克唐代烽燧遗址出土的大量木炭样品进行了科技分析，以了解驻防先民对烽燧薪材的选择，重建当地的植被生态和景观（《新疆克亚克库都克唐代烽燧遗址木炭记录的薪材利用和植被生态》，《第四纪研究》第1期）。

二 墓葬的发现与研究

（一）墓葬发现

1. 中原北方地区魏晋至北朝墓葬

2006年，陕西省考古研究院在西安南郊西三爻村长丰园小区建设用地范围内发掘3座墓葬，其中M2、M3为西晋墓（《陕西西安西三爻村西晋及金墓发掘简报》，《考古与文物》第5期）。2018年末至2019年初，陕西省考古研究院在西咸新区空港新城陶家村周边发掘了3座斜坡墓道双天井单室土洞墓，其中M18、M19的甬道南端两侧各出土了2件高大陶武士俑，较为罕见，推测M2的年代可能为北周建德年间，M18、M19的年代应为北周末年至隋初（《陕西西咸新区空港新城陶家村北周墓发掘简报》，《文博》第6期）。

2011年，洛阳市考古研究院在洛阳苗北村清理了一座西晋墓，出土陶帐座、鸡蛋壳以及疑似元宵类食品[《洛阳苗北村西晋墓（IM3620）发掘简报》，《洛阳考古》第3期]。2018年，洛阳市文物考古研究院发掘了北魏正始二年（505）王昙慈墓，墓主为京兆王元愉的育母（《洛阳定鼎北路北魏王昙慈墓发掘简报》，《华夏考古》第1期）。2016年，郑州市文物考古研究院在荥阳市豫龙镇槐西村清理了1座单室砖墓，墓主尹平葬于永熙二年（533），墓内随葬品摆放位置基本未经扰动，器物组合完整（《河南荥阳市豫龙镇北魏尹平墓发掘简报》，《考古》第3期）。2021年，河南省文物考古研究院、三门峡市文物考古研究所、灵宝市文物管理所在灵宝市大王镇北路井村发掘29座墓葬，其中19座墓葬应为北朝时期，均为长斜坡墓道土洞墓，墓向一致，排列有序，出土的刻铭墓砖内容为"向××墓"或"向××铭"，为研充北朝平民家族墓地提供了宝贵资料（《河南灵宝北朝向氏家族墓发掘简报》，《洛阳考古》第2期）。

2017年，山西省考古研究所、太原市文物考古研究所、山西大学历史文化学院考古系在山西大学东山校区发掘3座西晋墓（《太原市山西大学东山校区西晋墓的发掘》，《考古》第12期）。2015年，大同市考古研究所在大同市城南仝家湾村富乔垃圾发电厂院内发现1座石椁壁画墓，墓室基本无存，仅余39块石椁及内部石棺床残件，经拼合为1座基本完整的石椁，一同出土的有北魏皇兴三年（469）邢合姜墓碑。石椁四壁及顶部皆绘有佛教题材壁画，在北魏平城时期墓葬中尚属首次发现（《山西大同仝家湾北魏邢合姜墓石椁调查简报》，《文物》第1期）。2019年，大同市考古研究所发掘了1座双室砖墓，棺床由釉面砖铺陈，是平城地区首次发现（山西省考古研究院等：《山西大同开源美域北魏砖室墓发掘简报》，《华夏考古》第6期）。2014—2015年，山西省考古研究所在侯马市高村乡虒祁遗址清理北魏墓4座，排列有序，年代均在北魏迁洛之后，可能属于同一家族（《山西侯马虒祁北魏墓发掘简报》，《文物季刊》第3期）。

2005年，山东省巨野县文物管理所对大谢集镇前贺庄村画像石墓（M1）进行清理，推测墓葬年代为西晋晚期，墓室画像石分为两组，一组为东汉晚期画像，另一组为西晋时期铲磨原有画像后改刻（中国人民大学历史学院、巨野县博物馆：《山东巨野前贺庄西晋画像石墓清理简报》，《文物》第8期）。2020年，济南市考古研究院在济南市高新区孙村公交综合维修基地项目工地发掘了1座双室砖券顶墓，推测年代为西晋时期，这是济南地区首次发现西晋墓葬（邢琪、曹帅、郭俊峰：《山东济南高新区西晋墓发掘简报》，山东大学《东方考古》编辑部编：《东方考古》第19集，科学出版社）。

2021年，内蒙古自治区文物考古研究院、乌审旗文物保护中心对乌审旗无定河镇巴图湾墓群进行抢救性发掘，清理北魏墓2座，均遭严重破坏，年代大体在北魏平城早中期（《鄂尔多斯市乌审旗巴图湾北魏墓葬发掘简报》，《草原文物》第2期）。

2015—2016年，安徽省文物考古研究所、淮南市博物馆对淮南市唐山镇乳山村钱郢孜墓群进行抢救性发掘，其中M180、M370为北朝时期墓葬，M180出土铭文砖上模印北魏"正光二年田宁陵墓"；M370出土有"常平五铢"，可能为北齐墓葬，2墓墓形与画像、花纹砖具有南朝特点，M370出土的陶俑具有北朝风格［《安徽淮南钱郢孜北朝墓（M180、M370）发掘简报》，《文物》第4期］。

2. 南方地区六朝墓葬

2016—2019年，南京市考古研究院在栖霞区官窑村发掘5座六朝墓葬，年代应在东晋晚期至南朝早期（马涛、王富国、王滨：《南京栖霞区官窑村六朝墓葬发掘简报》，南京师范大学文物与博物馆学系主编：《东亚文明》第3辑，社会科学文献出版社）。2019年，南京市考古研究院在栖霞区摄山村清理6座单室券顶砖室墓，年代应为东晋晚期至南朝早期（《南京市栖霞区摄山村六朝墓葬发掘简报》，《东南文化》第4期）。2019年，南京市考古研究院在栖霞区下梅墓村清理6座六朝砖室墓，时代涵盖东晋晚期至南朝中晚期，其中M12规模较大，可能为萧梁贵族墓葬（《江苏南京栖霞区下梅墓村六朝墓发掘简报》，《华夏考古》第6期）。2019—2020年，苏州市考古研究所、苏州博物馆等对虎丘黑松林墓地的发掘资料进行重新整理，该墓地包含有 5 座六朝墓，等级较高（《虎丘黑松林墓地》，文物出版社）。2020—2021 年，南京市考古研究院在雨花台区西善桥刘家村清理古墓 47 座，其中 M9 的年代为东晋时期，M41 为南朝中晚期，M41 的规模属中大型墓，甬道内出有石龟趺墓志，墓中出有围屏石榻、石俑、石马等，推测墓主可能为陈朝某一宗室王族或功臣贵族（《南京市雨花台区西善桥刘家村六朝墓葬发掘简报》，《东南文化》第 2 期）。

2021 年，浙江省文物考古研究所、绍兴市柯桥区博物馆在兰亭村清理 4 座东晋砖室墓（《浙江绍兴兰亭村东晋墓发掘简报》，文化遗产研究与保护技术教育部重点实验室等编：《西部考古》第 24 辑，科学出版社）。浙江省文物考古研究所编《浙江省文物考古研究所学刊（第十二辑）》收录有多篇六朝隋唐时期的墓葬发掘简报，其中《上虞积山西晋墓葬发掘简报》公布了 3 座西晋砖室墓资料；《云和东山头东晋徐氏家族墓地发掘报告》公布了一组东晋纪年砖室墓资料；此外，还包括杭州市余杭区黄泥坞遗址、富阳太平古墓葬、湖州市窑墩头六朝墓葬群、南太湖新区后湾山古墓葬、绍兴市上虞区梁湖街道苦竹山墓地、越城区小亭山汉晋墓葬、宁波奉化江口街道龙舌山墓地等（文物出版社）。

2005 年，鄂州市博物馆在鄂城区新庙镇大鹰山村发掘了 1 座大型券顶多室砖墓，年代应在孙吴中后期（鄂州市博物馆、湖北省文物考古研究所：《湖北鄂城新庙大鹰山孙吴墓发掘简报》，《江汉考古》第 1 期）。

2019 年，资兴市文物管理所等在东江街道上灶坪社区发掘了 1 座双室砖墓，发现刻有"永兴三年七月乙酉朔五日己丑石氏作"铭文的纪年墓砖，为永兴三年（306）西晋惠帝年号（陈斌：《湖南资兴市东江街道西晋纪年砖墓》，《考古》第 4 期）。

2015 年，广东省文物考古研究所在阳江市岗列村清理了 1 座竖穴券顶砖室墓，墓砖见有"义熙十二年"纪年，出土器物亦具有东晋晚期特征（《广东阳江江城区东晋纪年墓发掘简报》，《东南文化》第 4 期）。2021 年，广州市文物考古研究院在广州市农林上路清理 4 座南朝砖室墓，年代均为南朝早期，可能为一处家族墓地（《广州市农林上路六横路南朝墓发掘简报》，《文博学刊》第 2 期）。

2018 年，成都文物考古研究院、双流区文物保护管理所对双流区胜利镇牧马山墓地的 4 座东晋、南朝时期的单室券顶砖墓进行了发掘（《成都市双流区牧马山墓地东晋、南朝砖室墓发掘简报》，《四川文物》第 5 期）。

2004 年，山东博物馆考古队对重庆万州区瓦子坪遗址进行第四次考古发掘，发掘 3 座六朝墓（《重庆市万州区瓦子坪遗址 2004 年发掘简报》，《四川文物》第 5 期）。重庆市文物局、重庆市文物考古研究院编著的《重庆三峡后续工作考古报告集（第三辑）》，收录了重庆三峡后续工作 2013—2017 年田野考古发掘报告 35 篇，其中涉及六朝时期的墓葬资料（科学出版社）。

3. 隋唐五代墓葬

2003—2004 年，西北大学文化遗产学院、陕西省考古研究院在西北大学长安校区发掘 1 座土洞墓，墓主邓有意葬于唐永隆二年（681）[《西北大学长安校区唐邓有意墓（2004CXDM118）》，文化遗产研究与保护技术教育部重点实验室等编：《西部考古》第 24 辑，科学出版社]。2017—2018 年，西安市文物保护考古研究院在西咸新区空港新城卓邢村发掘了 3 座隋唐墓，M7 为隋大业九年（613）大理少卿、楚国公豆卢贤墓，M6 为唐咸亨四年（673）

凤州司马、豆卢贤之子豆卢弘毅与夫人卫氏合葬墓，M5 无纪年物，推测为唐代中期（《陕西西咸新区空港新城隋唐豆卢贤家族墓发掘简报》，《考古与文物》第 1 期）。2018—2020 年，西安市文物保护考古研究院、郑州大学历史学院在西安南郊缪家寨村东发掘 1 座竖井墓道单室土洞墓，为韦万与夫人薛氏的合葬墓，下葬年代为神龙二年（706）（《西安南郊缪家寨唐韦万夫妇墓发掘简报》，《文物》第 10 期）；还发掘 1 座长斜坡墓道多天井单室砖墓，墓主为朝议大夫王元忠及其夫人辛氏，墓葬年代下限为开元十一年（723）（《西安南郊缪家寨唐王元忠夫妇墓发掘简报》，《文物》第 10 期）。2018—2020 年，西安市文物保护考古研究院、西安市长安博物馆、陕西文物保护专修学院对清凉山墓地进行了抢救性考古发掘，清理唐墓 56 座，均为小型墓葬，年代从初唐延续到唐晚期（《陕西西安清凉山墓地唐宋墓葬发掘简报》，《文博》第 5 期）。2019 年，西安市文物保护考古研究院、南开大学历史学院考古学与博物馆学系在西安西郊贺家寨发掘一批唐墓，其中 M3、M29 保存状况良好，皆为长斜坡墓道单室土洞墓，年代应为初唐时期（《西安市西郊贺家寨唐墓 M3、M29 发掘简报》，《华夏考古》第 2 期）。2019—2020 年，西安市文物保护考古研究院在长安区侧坡南村发掘了 1 座唐墓，为斜坡墓道四天井砖砌前后室墓，残存庑殿顶石椁葬具，年代应在 706 年至 741 年之间，推测墓主为唐皇室家族成员或高级官吏，存在严重的毁墓现象 [西安市文物保护考古研究院、洛阳市文物考古研究院：《陕西西安侧坡南村唐墓（M1）发掘简报》，《文博》第 1 期]。2020 年，陕西省考古研究院于咸阳洪渎原发掘唐显庆三年（658）刘静夫妇墓（《陕西咸阳唐刘静夫妇墓发掘简报》，《故宫博物院院刊》第 8 期）。2006 年，铜川市考古研究所在铜川新区阳光小区清理 3 座唐代土洞墓，其中 M3 墓主为左屯卫石泉府队正、骁骑尉傅揩及其夫人，葬于上元二年（675）（《陕西铜川新区唐傅揩家族墓清理简报》，《文物季刊》第 3 期）。

2005 年，郑州市文物考古研究院在郑州市华山路、汝河路交叉口发掘兰州都督府长史、骠府长史杨质及夫人京兆韦氏合葬墓，年代为咸亨四年（673），部分男女陶俑的背部分别见有"奴某某"和"婢某某"的墨书字样（郑州市文物考古研究院：《郑州唐代杨质墓发掘简报》，《中原文物》第 5 期）。2019 年，郑州市文物考古研究院在郑州市中原区西岗村北发掘一批墓葬，其中 1 座唐墓（2019ZTXM9）为唐沂州司马郑令同夫妇三人合葬墓，墓主卒于开元二十一年（733），后于元和十五年（820）与前夫人、后夫人合葬（《河南郑州西岗唐郑令同夫妇合葬墓发掘简报》，《文物》第 6 期）。2011 年，洛阳市文物考古研究院在隋唐洛阳城城外南部发掘 1 座带斜坡墓道的土洞墓，墓主为唐洛阳安国观监斋侯希言，卒于天宝十一年（752），出土有按方位摆放的镇墓文石刻（《河南洛阳市洛南新区唐代侯希言墓的发掘》，《考古》第 3 期）。2019 年，洛阳市文物考古研究院在洛阳市洛龙区潘寨村发掘了 1 座竖井式长斜坡墓道单室土洞墓，随葬品组合完整，年代为盛唐时期（《河南洛阳洛龙区潘寨村唐墓发掘简报》，《考古与文物》第 4 期）。2019 年，河南省文物考古研究院在鹿邑崔寨墓地发掘唐墓 4 座（《河南鹿邑崔寨墓地唐代墓葬发掘简报》，《华夏考古》第 5 期）。2020—2021 年，河南省文物考古研究院、三门峡市文物考古研究所在三门峡市刚玉砂厂棚户区发掘 1 座单天井单室土洞墓，年代为盛唐时期（《河南三门峡刚玉砂厂唐墓发掘简报》，《文博》第 1 期）。

2019 年，山西省考古研究所等在长子县庆丰农副产品批发综合市场发掘 4 座唐代墓葬，M204 为贞观二十二年（648）吴遊夫妇墓，M205 为景龙二年吴宝夫妇墓，推测此处为唐代早期吴姓家族墓地（《山西省长治市长子县庆丰遗址唐代墓葬发掘简报》，《草原文物》第 1 期）。

2018 年，北京市文物研究所在顺义区平各庄村发掘 3 座墓葬，年代为唐中晚期（北京市文化遗产研究院：《北京顺义区平各庄村唐墓发掘简报》，《北方文物》第 2 期）。2019 年，北京市文物研究所在大兴区石太庄村发掘唐墓 5 座，年代为中晚唐时期（《北京市大兴区瀛海镇石太庄村汉、唐、辽代墓葬考古发掘简报》，中国人民大学北方民族考古研究所、中国人民大学历史学院考古文博系编，魏坚主编：《北方民族考古》第 13 辑，科学出版社）。

2020 年，河北省文物考古研究院、正定县文物保管所对正定县韩家楼 1 座圆形砖砌仿木结构穹窿顶单室墓进行了发掘，出土有瓷器、铁券、铜蹀躞带等，年代应为晚唐五代时期（《河北正定县韩家楼砖室墓发掘简报》，《北方文物》第 3 期）。

甘肃省文物考古研究所等发布了 2019—2021 年对吐谷浑王族墓葬群调查与发掘的主要成果，认为武威南山吐谷浑王族墓群主要集中分布在青咀湾—喇嘛湾、岔山村、长岭—马场滩三片区域，墓葬总体以中原唐代葬制为主，并混杂有吐谷浑、吐蕃、北方草原等多民族文化因素（《甘肃武威市唐代吐谷浑王族墓葬群》，《考古》第 10 期）。此外，甘肃省文物考古研究所编著的《王国的背影——吐谷浑慕容智墓出土文物》图录出版，展示了慕容智墓出土的精品文物（文物出版社）。

2014 年，宁夏回族自治区文物考古研究所在固原南塬发掘了 1 座刀把形单室土洞墓，推测墓葬年代在初唐时期，推断该墓与史氏家族有关（《宁夏固原南郊唐代壁画墓发掘简报》，《中原文物》第 1 期）。

2016 年，南京市考古研究所在雨花台区冯韦自然村后头山发掘 3 座唐墓，皆为带斜坡墓道的近方形单室砖墓，年代为贞观十九年（645）前后。后头山唐墓的形制和随葬釉陶俑群具有典型的北方特征，在南京地区尚属首次发现（《南京雨花台区后头山唐墓发掘简报》，《文物》第 2 期）。2011 年，苏州市考古研究所在苏州虎丘宋家坟土墩遗址发掘唐墓 13 座，以船形砖室墓为主，年代应在唐代晚期（《苏州虎丘宋家坟遗址唐代墓葬发掘简报》，浙江省博物馆编：《东方博物》第八十四辑，上海书画出版社）。2021 年，苏州市考古研究所在苏州工业园区板桥村发掘 2 座唐代砖室墓，平面均呈船形，各出土了一块砖质墓志，分别为"贞元六年（790）"和"元和十年（815）"（《江苏苏州工业园区板桥村唐墓 I M10、M15 发掘简报》，《东南文化》第 6 期）。2019—2021 年，盐城市博物馆在黄海路遗址唐宋墓地发掘唐墓 20 座，报道了 3 座保存稍好的墓葬，应属唐代中晚期的普通中下层平民墓葬（《江苏盐城黄海路遗址唐宋墓地发掘简报》，《东南文化》第 4 期）。

安徽省文物考古研究所、太湖县文物管理所在太湖县龙安村卓家老屋遗址发掘 1 座晚唐墓葬，形制为船形砖室墓带 12 个小龛（《太湖县卓家老屋遗址唐宋墓葬发掘简报》，浙江省博物馆编：《东方博物》第八十四辑，上海书画出版社）。

2021 年，浙江省文物考古研究所、绍兴市柯桥区博物馆在柯桥区兰亭村野生动物园发掘墓葬 55 座，其中 11 座为中小型唐代砖室墓（《浙江绍兴柯桥区野生动物园唐墓发掘简报》，《东南文化》第 6 期）。

2019—2020 年，广东省文物考古研究所在乳源县小江村发掘 7 座砖室墓，其中 II M1 规模最大，为长方形三室合葬墓，每个墓室均由逐级抬高的前院、前室和后室三部分构成，年代为隋至初唐，其余6座墓葬均为长方形单室墓，年代为唐代中、晚期（广东省文物考古研究院、乳源瑶族自治县博物馆：《广东乳源小江村隋唐墓葬发掘简报》，《东南文化》第4期）。

4. 跨上述时段的墓地

2015年，洛阳市文物考古研究院在魏紫路清理11座墓葬，出土遗物较多的有4座，1座为西晋墓，3座为唐墓，其中C4M1019为延和元年（712）陕州陕县尉之妻魏氏墓，墓主乃名臣魏徵之孙女（《洛阳市魏紫路晋唐墓发掘简报》，《中国国家博物馆馆刊》第2期）。

2021年，广州市文物考古研究院在广州市黄埔区迳下村发掘了南朝、晚唐五代时期的砖室墓3座，其中M2出土的青瓷执壶具有唐代水车窑产品的特征（《广州市黄埔区迳下村南朝、晚唐五代墓葬发掘简报》，《东南文化》第4期）。

（二）墓葬研究

1. 魏晋南北朝墓葬研究

程义、陈秋歌根据墓葬形制和出土文物判断苏州虎丘路1号墓的年代晚于东汉晚期，认为M1的墓主不可能是孙策，而应是孙登墓；2号墓为孙登配偶或徐夫人墓；5号墓则是孙登之子吴侯孙英墓（《苏州虎丘路三国大墓墓主身份再考》，《中原文物》第3期）。常泽宇对苏州虎丘路M5的墓主提出了不同的意见，认为"吴侯"属于一种文献和墓砖中所见"姓氏+侯"的称谓格式，推测M5的墓主是都亭侯吴纂，同时认为M1墓主绝非孙策（《苏州虎丘路新村土墩M5"吴侯"小考》，《东南文化》第4期）。李文平、朱浒对苏州黑松林出土孙吴石屏风所刻图像内容进行了重新考证，认为石屏风的上、中、下层分别刻绘的是"有虞二妃""周室三母""泰伯奔吴"故事图像，属于汉代历史故事图像传统的延续，体现出屏风图像的道德鉴戒功能[《苏州黑松林出土孙吴石屏风图像新考》，《南京艺术学院学报（美术与设计）》第4期]。付龙腾总结了孙吴陵墓的分布区域，认为长江下游与中游地区在陵墓制度上存在不同的特征，其对立的历史根源主要在于陵墓制度受到政治和军事因素的双重影响（《孙吴陵墓制度新探》，《东南文化》第2期）。

王煜认为重庆丰都东汉至蜀汉墓葬中出土的陶塑戴冠头像头冠的结构和细部皆与同时期或稍早的印度早期菩萨像一致，应为早期菩萨头像或至少是带有浓厚早期菩萨像因素的陶塑（《重庆丰都东汉至蜀汉墓葬出土陶塑戴冠头像初探》，《江汉考古》第3期）。

王煜、陈姝伊梳理了敦煌佛爷庙湾魏晋壁画墓中的鹦鹉图像，探讨其产生的背景、功能与意义（《敦煌佛爷庙湾魏晋壁画墓鹦鹉图像初探》，《敦煌研究》第3期）。张利芳总结了北京地区西晋至北朝时期墓葬相较于汉魏时期汉人墓葬所出现的新特征，并认为变化的主要原因是受到了北方少数民族的影响（《西晋至北朝时期北京地区墓葬变化的考古学观察》，《中原文物》第4期）。

韦正、辛龙、宁琰概括了吐鲁番—河西、辽西、关中三个区域内的十六国墓葬所体现出民族交融的三种类型，并认为关中十六国墓葬最具创造性意义，北朝隋唐墓葬的一些基本特点是其的延续与发展（《民族交融视野下的十六国墓葬》，《中原文物》第4期）。

王煜认为南京东晋墓"虎啸山丘"砖画与隐逸有关，其内涵与之后的竹林七贤与荣启期砖画一脉相承（《南京东晋墓"虎啸山丘"砖画新考——也谈南朝墓葬拼镶砖画高士隐逸题材的另一种渊源》，《南方文物》第 4 期）。左凯文、王志高对东晋南朝墓葬出土符文牌（砖）进行了分析，认为与这一时期流行的道教真文关系密切，这些符文牌（砖）在墓中具有禳煞镇墓之用，推测这一葬俗应是由当时都城建康向两广地区传播[《东晋南朝墓葬出土道教符文牌（砖）初探》，《东南文化》第 6 期]。

倪润安认为北魏平城时代中期平城墓葬的发展受到了两条线索的影响：一条是墓葬文化由"北魏制"向"晋制"从简转变，另一条是新兴的佛教因素广泛渗入墓葬文化的诸方面；佛教因素的"兴"抵消了晋制的"简"，造就了平城时代中期墓葬文化的繁荣；直到平城时代晚期，随着佛教因素对墓葬的影响趋微，"晋制"路线才得以在平城墓葬中全面贯彻（《北魏平城时代中期平城墓葬的发展线索》，《云冈研究》第 1 期）。倪润安全面整理了北魏平城各阶段墓葬中的佛教因素资料，并分析其演进的复杂性及原因，认为其起伏变化反映了平城佛教受到皇权的直接控制和干预（《佛风入墓：北魏平城墓葬佛教因素的演进》，陕西师范大学历史文化学院等编：《丝绸之路研究集刊》第八辑，社会科学文献出版社）。李裕群探讨了大同仝家湾北魏邢合姜墓石椁壁画的布局，认为该石椁模拟了作为礼拜供养场所的佛殿或佛殿窟，推测其粉本可能源于长安（《佛殿的象征——山西大同仝家湾北魏佛教壁画石椁》，《文物》第 1 期）。马伯垚梳理了北魏平城尸床的形态与演变，认为尸床代表着一种与棺椁不同的葬俗，北魏平城的尸床葬俗应与河西、东北地区的汉人旧俗有关（《器物、行为、观念：北魏平城尸床研究》，教育部人文社会科学重点研究基地、吉林大学边疆考古研究中心等编：《边疆考古研究》第 32 辑，科学出版社）。曹彦、韦正认为大同寺儿村石雕的年代在 5 世纪中期前后，其二武士一人面一兽面的组合与关中地区关系密切，应展现了北魏平城时代鲜卑军傩的场景（《大同寺儿村石雕与北魏傩仪》，《故宫博物院院刊》第 3 期）。

刘连香从墓葬地面封土、墓道规模、墓室结构、随葬品组合、墓主身份五个方面对北魏中后期纪年墓葬的等级规制进行了总结，并概括了不同等级墓葬的特点（《北魏中后期纪年墓等级规制研究》，《考古学报》第 1 期）。武俊华梳理了北魏洛阳时代晚期墓葬中盝顶方形墓志、石葬具与墓壁壁画三种载体上的图像，探讨畏兽与半人半兽形象的来源，认为出现这些与汉晋传统紧密相关的图像是北魏洛阳时代丧葬制度汉化改革的成果（《北魏洛阳时代晚期墓葬图像试析》，《文物季刊》第 4 期）。白炳权梳理出北魏洛阳时代墓葬门卫图像文质化的趋势，认为与汉化潮流下的服饰改革有关，进而讨论了该图像的作坊生产、与俑的联系以及所具有的丧葬礼仪内涵（《班剑仪卫：北魏洛阳时代墓葬门卫图像研究》，中国社会科学院古代史研究所文化研究室编：《形象史学》第二十一辑，中国社会科学出版社）。周杨将北魏墓葬中具有音乐内容的文物分为"鼓吹乐组合""燕乐组合""百戏组合"三类，梳理了不同时期的表现形式与特点，探讨了北魏的礼乐文化发展与华夏化历程（《礼乐文化视角下北魏王朝的华夏化——以墓葬中具有音乐内容的文物为中心》，《故宫博物院院刊》第 9 期）。

吴强华、赵超编著《翟门生的世界：丝绸之路上的使者》公布了东魏翟门生屏风石床和石门、"临深履薄"石床等文物的图版，并刊布了赵超、黑田彰、任志录、郑岩的相关研究文章（文物出版社）。武夏梳理了晋阳地区北齐中低级官吏土洞墓的类型与等级，分为早晚两期，认为晋阳地区独具特色的梯形土洞墓是在北魏平城鲜卑特色梯形土洞墓的基础上加以改造后逐步规范形成的（《晋阳北齐中低级官吏土洞墓研究》，教育部人文社会科学重点研究基地、吉林大学边疆考古研究中心等编：《边疆考古研究》第31辑，科学出版社）。耿朔从技术、礼仪等角度对徐显秀墓墓主夫人画像眼部和石墓门门扇图像的改动现象进行了解读，推测徐显秀墓的修建过程较为仓促（《太原北齐徐显秀墓图像改动现象探析》，《故宫博物院院刊》第3期）。

任艳对长江中下游地区两晋南朝砖室墓后壁的砖柱结构进行了分类，讨论了砖柱结构的性质、功能与流变（《再论两晋南朝砖室墓后壁砖柱结构》，苏州博物馆编：《苏州文博论丛》第12辑，文物出版社）。华扬通过考察具有明确身份墓主的终官、爵位与事迹，揭示了南朝墓葬用门乃普及士族的一般性制度礼遇，其等级制度以官品为规范原则，以本官五品为使用下限，石门上所使用的人字栱雕刻很可能是以宗室为中心、旁及诏赐的特权，并对南朝石门的来源与形成过程进行了梳理（《南朝墓葬石门及人字栱雕刻的制度与来源》，《故宫博物院院刊》第12期）。白炳权也关注了南朝墓葬中墓门区与墓内拄刀、杖人像的变迁，分析了拄杖人像在墓葬中所具有的守护墓室与护持礼佛的双重功能，探讨了该图像丧葬内涵的生成历程（《拄刀守门与持刀侍佛——南朝墓葬拄杖人像的变迁》，山东大学艺术学院、华东师范大学艺术研究所编：《中国美术研究》第43辑，上海书画出版社）。

李梅田梳理了两汉、魏晋至北魏石室祭祀的流变过程（《汉晋北朝石室祭祀传统的流变》，北京大学考古文博学院编：《宿白纪念文集》，文物出版社）。李嘉妍梳理了东汉至北朝时期的墓葬石堂，从长时段的视角指出墓葬石堂由墓上祭祀之礼的支撑载体发展为兼具墓内祭祀意义的石质葬具的演变趋势，并在石质葬具的发展序列中探讨了"宁懋石室"的形制与性质（《东汉至北朝的墓葬石堂研究——兼论"宁懋石室"的形制与性质》，《故宫博物院院刊》第1期）。白炳权结合传世文献、冢墓文本、门卫图像与镇墓武士俑分析了南北朝墓葬中披甲门卫图的产生过程与内在动因，认为该图像极有可能是图像、武士俑、镇墓文等多种因素叠压生成的产物[《从属吏侍奉到将军守门：南北朝墓葬披甲门卫图的诞生》，《南京艺术学院学报（美术与设计）》第4期]。

张国文、易冰利用墓葬出土资料，从植物资源与动物资源利用、骨骼稳定同位素分析证据多个方面，对东汉至北魏时期拓跋鲜卑生计方式的变迁进行了系统探讨（《拓跋鲜卑生计方式综合研究》，《考古》第4期）。周丽琴等对山西大同金茂府北魏墓群人和动物的C、N稳定同位素进行了分析，结果显示金茂府北魏墓群先民主要以粟、黍农业及家畜饲喂为生（《北魏平城地区的农耕化：山西大同金茂府北魏墓群人和动物的C、N稳定同位素分析》，《第四纪研究》第6期）。马晓仪等对山西大同天泰街北魏墓群的人骨进行了C、N稳定同位素分析，认为北魏平城地区粟、黍农业逐渐占据主导地位（《山西大同天泰街北魏墓群人骨的C、N稳定同位素分析》，中国人民大学北方民族考古研究所、中国人民大学历史学院考古文博系编，魏坚主编：《北方民族考古》第13辑，科学出版社）。

新出专著主要是韦正《南北朝墓葬礼制研究》一书，该书分为上下两编，上编对南北朝各时期的墓葬礼制进行综论；下编对南北朝墓葬礼制中的一些主要问题进行了集中研究，并探讨了南北朝墓葬中的佛教因素；结语部分对南北朝墓葬礼制进行了总结（上海古籍出版社）。

2. 隋唐五代墓葬研究

对隋炀帝墓的研究比较集中。余国江认为隋炀帝被弑杀后实际进行的殡葬共有三次，唐高祖武德年间的两次下诏改葬均未得以真正执行，贞观终葬隋炀帝应是武德诏书的遗绪；并分析隋炀帝墓的规格应是王（正一品）级别，唐太宗改葬隋炀帝与其即位之初的形势有关（《扬州曹庄隋炀帝墓与唐初改葬问题再认识》，《东南文化》第2期）。朱超龙同样认为隋炀帝墓的规格相当于唐初正一品官阶，是李世民重新改葬、刻意矮化的结果；隋炀帝墓的墓室平面与墓道内收台阶的形制来源于汉魏晋时期的墓葬文化因素，应当是贞观朝在丧葬礼制层面"斟酌汉魏"的反映，矮化隋炀帝墓以及在丧葬领域复古汉魏制度均是唐太宗用以重塑帝位正统性的举措（《隋炀帝墓的规格、形制与唐初"斟酌汉魏"制度》，《考古》第6期）。

耿朔探讨了唐昭陵十四蕃君长像的塑造原则与形塑活动的信息来源，认为创作者在真实性和理想化之间进行了调和；形塑活动的信息除本人以外，主要来自官方对外邦来使所做的文字和图像记录（《昭陵十四蕃君长像的形塑》，巫鸿等主编：《古代墓葬美术研究》第五辑，湖南美术出版社）。张志攀主编，高春林著《昭陵探珠》从建置、壁画、碑版、陶俑四个方面对昭陵建置及相关文物进行了论述（三秦出版社）。

徐斐宏分析了朝阳唐墓的演变，首先优化了朝阳唐墓的年代框架，继而以俑的产地为切入点，指出朝阳唐墓在唐初一度流行随葬洛阳陶俑，约从660年起随着墓葬中邢窑陶俑的出现，朝阳唐墓面貌逐步向河北靠拢，形成了以使用圆形墓、随葬神怪俑为特征的墓葬文化（《由洛阳而河北：朝阳唐墓演变试释》，《故宫博物院院刊》第9期）。

陕西泾阳石刘村M318中的"胡人宴饮图"在关中唐墓壁画中尚属首见，刘呆运、赵海燕认为该图像是对墓主人生前与宾客宴饮告别这一现实生活情景的重现，是胡汉文化融合的体现（《陕西泾阳石刘村M318出土"胡人宴饮图"探析》，《故宫博物院院刊》第8期）。赵伟以赫连简墓为中心，对太原唐墓"树下人物图"的意涵进行了分析，认为该类图像反映的是唐代道教法师参与俗人墓葬的场景，其目的是满足丧家意欲通过法师施法，使逝者得到护佑，以达镇神安形甚或拔度超升的愿望（《山西太原唐墓壁画"树下人物图"研究——以赫连简墓为中心》，《故宫博物院院刊》第8期）。

张永珍认为"地轴"是与四神并存的明器，明确了双首蛇身俑就是地轴，并梳理了地轴的形制特点、流行时间与分布地域，最后总结了唐代镇墓俑的组合与分期（《唐墓地轴的再认识——兼谈唐代镇墓俑组合》，《四川文物》第4期）。卢亚辉以神煞俑为切入点，对两湖地区出土神煞俑的隋唐墓葬的年代进行了修正，并讨论了其墓主的来源与葬俗传播（《论两湖地区出土神煞俑的隋唐墓葬》，中国社会科学院考古研究所考古杂志社编，朱岩石主编：《考古学集刊》第27集，社会科学文献出版社）。杨瑾梳理了唐代墓葬中以陶俑为主的披袍女性形象，并将这一形象的造型渊源追溯至北朝，探讨了其所反映的北朝至隋唐时期胡服的演变轨迹、女性地位的变化及胡汉多元的文化交融（《胡汉交融视角下唐代披袍女俑形象新探》，《中原文物》第1期）。林泽洋、陈大海探讨了南京后头山唐代毛氏家族墓出土的釉陶俑群，认为这批俑群的形制、组合、制作工艺均与洛阳地区出土的同类器高度相似，后头山唐墓的形制与随葬釉陶俑群带有典型的两京地区特征，或反映出初唐南京毛氏家族意图借助丧葬活动向政治中心靠拢的意愿（《南京后头山唐墓出土釉陶俑群初探——兼论毛氏家族墓的性质》，《文物》第2期）。林伟正、徐胭胭分析了唐代墓俑的制度与想象之间的关系，认为数量、尺寸、材质等种种制度的规定是将墓俑想象制度化的一种方式，墓葬制度在完备的同时也规范了墓俑的制作和呈现方式，进而制度化了唐人对于墓中的想象（《唐代墓俑的制度与想象》，巫鸿等主编：《古代墓葬美术研究》第五辑，湖南美术出版社）。

沙琛乔、陈国科、刘兵兵分析了武威唐代吐谷浑王族墓群中所见的殉牲现象，认为此类殉牲习俗应与吐谷浑民族自身的生产模式以及鲜卑族的古老丧葬观念有关，殉葬整马的形式应在较大程度上受到了吐蕃丧葬习俗的影响（《甘肃武威唐代吐谷浑王族墓葬群殉牲习俗初探》，《敦煌研究》第4期）。何月馨勾勒出唐代在购买葬具和墓地、修建墓葬、准备墓志和随葬品等方面丧葬花费的基本面貌，认为在丧葬总花费上普通官员与厚葬的庶民之间差距并不大，反映了唐代城市和商品经济的发展、阶层流动性的加大；但与最高等级如皇室人群等仍然存在鸿沟，等级始终是影响葬事花费的重要因素（《唐代丧葬花费考》，《华夏考古》第1期）。周杨探讨了隋唐墓葬中的"房中乐"题材，认为实际上是现实礼乐文化中"房中乐"的一种物质性表现，在墓葬语境下符号化，成为体现"皇后之礼"的标识，从而构成隋唐礼乐文化建设的组成部分（《隋唐墓葬中的"房中乐"题材》，中国社会科学院古代史研究所文化研究室编：《形象史学》第二十一辑，中国社会科学出版社）。

黎海明等以连云港孔望山墓地的植物遗存为对象，分析了江苏淮北地区隋唐时期的农业种植体系、经济状况及其背后的驱动因素（《江苏淮北地区隋唐时期农业经济探究——以连云港孔望山墓地农业考古研究为例》，《中国农史》第6期）。

朱津、司亚东、黄富成探讨了后周皇陵的选址问题，认为其选址基于汉唐以来临近都城、因高为基的一贯传统，同时又受到当时阴阳五行思想和风水卜地观的影响，将葬地选择在都城附近的新郑一带（《试论后周皇陵的选址问题》，《华夏考古》第1期）。韩莎认为前蜀永陵后室石床上的谥宝、谥册、哀册等随葬品传承了唐代帝王礼制，银猪、颐托、铁猪、铁牛则具有中原的葬俗特点，王建石像、铜炉与石缸内的灯台构成了一组墓室内的祭拜组合，这种以后室墓主人像为祭祀空间中心的做法影响了宋代蜀地墓葬文化的发展（《前蜀永陵出土随葬品文化因素分析》，《四川文物》第6期）。左凯文、王志高从当时公主驸马的葬制和杨吴、南唐高等级墓葬的形制两方面展开分析，认为扬州邗江蔡庄墓的墓主不是之前学界推定的寻阳长公主，而可能是寻阳长公主的生母——皇太后王氏（《江苏扬州邗江蔡庄五代墓墓主新考》，《江汉考古》第1期）。

曹永歌梳理了五代时期墓葬形制的类型与分布，并探讨了这一时期墓葬形制与等级制度的构建，以及墓葬形制反映出的族属融合（《五代墓葬形制研究》，《中原文物》第2期）。刘喆、李梅田认为五代丧葬活动的重点转移到送终之礼上，社会结构的变化对原有的礼法秩序形成了冲击，丧葬礼俗呈现出相互交融的特点；在实用主义思潮的影响下，墓室壁画中反映日常生活的画面逐渐增多，构成了墓室壁画"唐宋之变"的重要环节（《五代社会变革下的丧葬礼俗研究》，《文物》第5期）。崔世平《唐宋之际：五代十国墓葬研究》一书对五代十国时期的帝王陵寝和普通墓葬的墓葬形制、墓葬装饰、区域特征、丧葬礼俗等方面进行了系统研究，并通过归纳河北地区唐代墓葬的典型特征和分析河北墓葬因素的传播情况，探讨了唐宋社会变革历史背景下墓葬制度和丧葬礼俗演进的规律（上海古籍出版社）。

3. 跨时段研究

倪润安概括了北朝至隋代墓葬文化的演变过程，梳理出由北魏平城时代早期建立"北魏制"到中晚期逐步转向"晋制"，北魏晚期的洛阳墓葬文化继承和丰富"晋制"，东魏北齐对两种制度模式的糅合以及西魏北周墓葬文化对"晋制"模式的个性化改造，直至隋统一后整合的过程（《北朝至隋代墓葬文化的演变》，《社会科学战线》第2期）。

李梅田根据文献记载的祭礼场景，将汉唐之间墓室画像中流行的墓主宴饮图统一称作墓主受祭图，认为墓室空间结构的变化影响了图像的配置方式，因为礼仪行为发生变化，墓主受祭图的叙事方式由不对称的过渡性叙事变为对称的场景式叙事，场景式的叙事方式在北朝后期又发生了东西部的分化，最终在唐代消失（《汉唐之间的墓主受祭图及其流变》，山东大学艺术学院、华东师范大学艺术研究所编：《中国美术研究》第41辑，上海书画出版社）。李梅田、郭东珺以北朝和唐代的几座壁画墓为例，分析了墓室壁画的改绘现象与成因，认为壁画的改绘与丧葬行为有关，合葬是其中的重要原因，而对前代建材的改造、画工失误等也会导致改绘（《中古墓室壁画的改绘现象》，《故宫博物院院刊》第3期）。葛承雍利用新出土中古墓葬壁画上的胡人图像，以胡貌、胡服、胡靴等为线索，归纳出下层胡人从事的多种劳作，探讨了中古时期下层胡人的生活状态（《新出中古墓葬壁画中的下层胡人艺术形象》，《故宫博物院院刊》第8期）。

周杨梳理了鼓吹乐在汉唐墓葬中的表现形式与类型，总结出鼓吹乐组合在汉唐墓葬中的发展演变，并探讨了鼓吹乐的形成动因与文化内涵（《汉唐墓葬遗存中的鼓吹乐》，《考古学报》第3期）。刘连香梳理了中古时期尸床葬的发现，总结了尸床葬的特征与发展演变，并推测了尸床葬的使用人群（《中古时期尸床葬研究》，《中原文物》第4期）。焦阳梳理了新疆地区出土的覆面，并划分为史前、汉晋、十六国至唐代三个阶段，其中以第二、三阶段的覆面数量为多，形成较为固定的葬俗，认为通过覆面可以看到十六国至唐代吐鲁番地区的墓葬及葬俗是以中原文化为底色，吸收借鉴西方文化因素所形成的独具特色的地方类型（《新疆地区出土覆面研究》，《考古与文物》第5期）。

三 手工业遗存的发现与研究

主要集中在陶瓷方面，亦涉及金银器、铜镜、建筑材料、铁器、制盐、制骨、制酒等。

（一）陶瓷

1.考古发现

江西省文物考古研究院等对赣州七里镇窑址先后进行多次发掘，揭露6座晚唐至明初时期的龙窑，出土瓷器标本几万件（片），主要有晚唐五代时期的青瓷、两宋时期的宋白瓷与酱釉瓷、宋元时期的黑釉瓷等四大类。江西省文物考古研究院编著《赣州七里镇窑址考古发掘报告（1985—2018）》对窑址的调查、发掘及出土遗物情况进行了详细介绍（科学出版社）。

2017—2018年，安徽省文物考古研究所等对淮北市烈山窑址进行了发掘，窑址第二期遗存主要为17ⅡY1和少量堆积遗物，从窑具和器物特征来看推测为唐代末期至五代时期，属于烈山窑址的创烧时期（安徽省文物考古研究所等编著《淮北烈山窑址》，文物出版社）。

2018年，南京博物院、溧阳市博物馆对溧阳市大山下窑址进行了发掘，推测其窑业兴盛于中晚唐，衰落于晚唐五代，产品与宜兴涧众窑、浙江德清窑相近，应属同一窑系（史骏、董珊珊、杭涛：《江苏溧阳大山下唐代窑址发掘的主要收获及初步认识》，南京师范大学文物与博物馆学系主编：《东亚文明》第3辑，社会科学文献出版社）。

2018年，济南市考古研究院、泰安市文物保护中心对宁阳柳沟新村西南遗址进行发掘，出土大量窑具及青瓷器残次品，年代上限可到北朝晚期，下限可到唐代中期，以隋代遗存为主（《山东宁阳柳沟新村西南隋唐制瓷遗址发掘简报》，《华夏考古》第3期）。

2021年，晋阳古城考古队在晋阳古城内西北区域发现一处瓷窑遗址，发掘了3座瓷窑炉遗迹、9个灰坑和近万件瓷片，窑址保存较差；根据地层关系和出土遗物判断，瓷窑使用时间较短，集中在隋至唐代早期，是目前山西地区发现的最早瓷窑址（山西省考古研究院等：《晋阳古城瓷窑遗址发掘简报》，《江汉考古》第3期）。

此外，成都文物考古研究院编著的《邛窑出土瓷器选粹》出版，分为隋至唐代早期、盛唐时期、唐代晚期至五代、北宋时期、南宋至元代五个部分介绍了邛窑出土瓷器（文物出版社）。

2. 综合研究

沈丽华对汉唐时期都城遗址中的窑业遗存进行了总结，概括了窑炉的形制、规模与主要产品，探讨了窑业分布及与都城规划布局之间的关系（《汉唐时期都城地区窑业生产略论》，《南方文物》第4期）。

吴双、李明轩总结了浙江地区早期越窑窑址的时空分布特征，并借助ArcGIS分析了上虞境内早期越窑的选址特征，对早期越窑窑场选址在技术选择上的相似性、区域自然资源与窑业生产等问题进行了探讨（《上虞地区早期越窑窑场空间分布初探》，《文物春秋》第2期）。鄂州瓦窑咀窑址是湖北地区目前发现的最早烧造青瓷器的窑址，主体年代为孙吴早中期；曹昭、李清临总结了该窑址青瓷的基本特征，认为其受越窑的影响较大，应该与孙权在武昌定都而带来的长江下游人群向武昌地区的迁徙有关（《鄂州瓦窑咀窑址青瓷初步研究》，《江汉考古》第3期）。纪东歌探究了汉晋青瓷堆塑罐的生产和装饰模式的变化，分析了堆塑罐装饰的不同文化来源与采用的工艺，以及技术转化背后所反映的文化现象，探讨了模制装饰与外来文化传播的关系（《汉晋堆塑罐装饰工艺探析——从故宫博物院藏品谈起》，山东大学艺术学院、华东师范大学艺术研究所编：《中国美术研究》第43辑，上海书画出版社）。陈超对安徽大运河遗址出土的越窑瓷器进行了分期，认为它们主要是唐代中、晚期遗物，少数为北宋中期遗物，并探讨了出土地的性质、出土瓷器的性质与传播路线，以及越窑对安徽瓷器发展的影响（《安徽大运河遗址出土越窑瓷器研究》，《华夏考古》第5期）。

宗若菲等在梳理早期白瓷研究的基础上，主张早期白瓷及其起源的研究应该集中于北朝晚期至隋初这个时间范围内，提出应统一采用轻工行业标准中日用陶瓷白度的测定方法来计算古代陶瓷的白度，并利用白度、化学组成、烧制工艺等参数作为区分早期白瓷与青瓷的重要指标（《早期白瓷的界定与起源问题综述》，《文物保护与考古科学》第5期）。朱柯以邢台市区顺德路北段隋代邢窑瓷碗为研究对象，利用数学定量的方法来研究瓷碗的造型变化，对不同类型的器物进行量化描述，发现隋代的白瓷碗的规律性表现比较明显（《隋代邢窑碗类的数学定量分析——以邢台市区顺德路北段邢窑瓷碗为例》，《客家文博》第2期）。2021年晋阳古城发现一处隋代至唐代早期的瓷窑遗址，刘岩对窑炉的结构、布局进行了初步复原，对窑址烧制的青瓷产品、细白瓷及化妆白瓷特征做了基本的总结，认为该窑制瓷技术来源于太行山以东以邺城为中心的相州和邢窑窑场，是一处以瓶罐类容器为主要产品兼烧高档细白瓷产品的官营制瓷窑场（《晋阳古城新发现瓷窑址的几个相关问题》，《文物季刊》第4期）。晋阳古城一号建筑基址出土唐至五代刻款白瓷多件，安瑞军、赵凡奇认为其中"盈"指"大盈库"，"盈"字款白瓷具有商品属性；"易定"指"易定镇"，"易定"款白瓷是义武节度使官手工业的产品；"晋"指"晋王"，"晋"字款白瓷与李克用、李存勖父子有关，应是山西本地窑场的产品（《晋阳古城一号建筑基址出土刻款白瓷研究》，《江汉考古》第2期）。

李含笑、秦大树对唐三彩窑址的发现与相关研究现状进行了梳理和讨论[《唐三彩研究综论》，北京大学考古文博学院、北京大学中国考古学研究中心编：《考古学研究（十四）：科技考古研究专号》，科学出版社]。呼啸探讨了唐代三彩庭院的年代、产地、布局与功能，认为此类庭院的形象来自于"宅图"一类的画稿[《唐代三彩庭院的初步研究——从陕西历史博物馆新征集三彩庭院说起》，《南方文物》第2期]。徐华烽认为河南中西部地区窑场为花瓷的集中产区，花瓷的生产年代开始于盛唐后期的开元、天宝稍早年间，延烧到晚唐的会昌、大中年间，乃至唐代末期，行销范围从窑场沿交通要道至两京地区，花瓷的制作工艺可能直接受唐三彩影响较大（《花瓷的产品及其年代考辨》，《中原文物》第3期）。侯佳钰等对唐代长沙窑乳浊釉制瓷技术进行了科技分析，探讨了其胎体原料、釉层乳浊机理、釉层原料以及兴起原因（《长沙窑乳浊釉制瓷技术的科技研究》，《文物保护与考古科学》第5期）。

王星对唐宋时期耀州窑制瓷作坊进行了分类，梳理了窑址所见刻铭遗物，在此基础上探讨了作坊类型所反映的作坊形态与生产方式，I类A型作坊与"窑户"的关系，刻铭遗物反映的生产组织形态等问题（《耀州窑生产作坊再观察》，《故宫博物院院刊》第2期）。郑建明以纪年材料为中心，对五代至北宋时期的耀州窑青瓷进行了分期，总结了各期的基本特征（《五代至北宋时期耀州窑青瓷分期研究——以纪年材料为中心》，《东南文化》第6期）。

李凯考察了水吉建窑自晚唐五代到宋末元初的发展过程，认为晚唐五代时期建窑是在闽北、浙南、浙西、赣东北等内陆地区影响下兴起，并非源自福建沿海区域（《从考古资料看水吉建窑窑业生产》，《故宫博物院院刊》第4期）。

（二）其他

金银器方面。四川省广元市旺苍县蔬菜村二社发现一银器窖藏，出土银锅、银盘、银杯、执壶等完整器物37件（套），具有晚唐风格（广元市博物馆、旺苍县文物保护管理所：《四川旺苍县蔬菜村唐代窖藏出土银器》，《四川文物》第6期）。徐涛、张煦对西安仪表厂出土的一批金饰进行了研究，判断这批金饰为隋唐时期贵族妇女所用礼冠上的饰品，推测金冠可能为武则天在崇福寺所供奉（《武后金冠：西安仪表厂出土金饰考》，中国社会科学院古代史研究所文化研究室编：《形象史学》第二十四辑，中国社会科学出版社）。张倩按照制作流程对唐代何家村窖藏出土金银器的制作工艺进行了梳理（《何家村窖藏所见唐代金银器制作工艺述略》，《文物春秋》第1期）。姚智辉、赵蕊分析了宝丰小店唐墓出土凤鸟金钗和鎏金银盒的制作工艺（《从宝丰小店唐墓出土两件金银器看唐代金工工艺》，《文物》第8期）。扬之水

《中国金银器》一书从工艺美术的角度研究中国古代金银器，梳理了与社会生活史密切相关的金银器的造型、纹饰、风格的演变史，其中第一、二卷涉及三国至隋唐五代时期（生活·读书·新知三联书店）。此外，齐东方《唐代金银器研究》一书再版（上海古籍出版社）。

铜镜方面。夏素颖对河北出土唐代铜镜进行了分期研究（《河北出土唐代铜镜研究》，《文物春秋》第6期）。贺逸云、沈睿文考辨了"黑石号"所出江心镜的真伪，判断其非江心镜，可能是商家为谋利而仿制的伪作镜[《"黑石号"江心镜为唐伪作镜考》，北京大学考古文博学院、北京大学中国考古学研究中心编：《考古学研究（十三）：北京大学考古百年考古专业七十年论文集》，科学出版社]。陈灿平重新考辨了唐代道教镜的创制年代，认为目前的考古材料还不足以否定王度《古镜记》及其"古镜"的年代为初唐或盛唐早期的可能性，《上清长生宝鉴图》所载第二种镜图的年代应不晚于7世纪后半叶，这份镜图或其所代表的实物才应该是《古镜记》之"古镜"的真正来源，道教镜在中晚唐才较多地出现在墓葬中，可能与特殊丧葬习俗的需要或者其他特别原因有关（《关于唐代道教镜的年代问题》，《中原文物》第5期）。

其他金属器方面。张凤对渑池窖藏铁器的铭文字体、铁器类型与产地，以及汉晋时期铁官制度等问题进行了分析，认为渑池窖藏铁器铭文所体现的应是西晋时期"冶令"铁官制度下的铁器勒名形式（《渑池窖藏铁器铭文相关问题研究》，《华夏考古》第6期）。赵晶梳理了西安地区唐墓中的铅器，并探讨唐墓中铅器的使用，认为唐墓中的铅质器物只是对铸币材料的一种充分利用，并非主流器物（《西安地区唐墓出土铅器考》，《华夏考古》第6期）。

建筑材料方面。李斌梳理了湖南出土秦汉六朝时期瓦当的类型与年代（《湖南出土秦汉六朝瓦当的类型与年代》，《文博学刊》第3期）。邹林以西安、洛阳唐代宫廷遗址出土的石柱础为对象，对唐代宫廷建筑的石柱础进行了形制、质地的分类，进而对其使用功能、等级等问题进行了讨论（《唐代宫廷建筑柱础石探析》，《北方文物》第3期）。

盐业方面。黄骅市博物馆等编著，王青等主编《盐业考古与古代社会研究：手工业考古·黄骅论坛——以盐业考古为中心论文集》是对盐业考古发现与研究的一次集中展示，报道了一批本时期的资料，如雷建红、曹洋《河北黄骅大左庄遗址考古收获与性质探析》，山东省文物考古研究院、南京大学历史学院《山东寿光八面河—西桃园盐业遗址2020年调查与勘探简报》，河北省文物考古研究院、黄骅市博物馆《黄骅大左庄盐业遗址2020年发掘收获》，甘才超《天津军粮城遗址唐代制盐遗存发掘收获》（科学出版社）。2018年，河北省文物考古研究院等以黄骅市为中心在沿海区域开展盐业考古专项调查，共发现和复查了战国至明清时期的55处遗址，其中隋唐时期遗址11处，6处有制盐作坊，认为隋唐时期遗址点较少可能与海侵活动有关，但盐业遗址的功能、布局特征仍体现了较高的生产专业化水平（《2018年渤海湾西岸地区盐业考古调查简报》，《南方文物》第3期）。2021年，成都文物考古研究院、四川大学考古文博学院对四川蒲江白云乡盐井沟盐业遗存开展考古调查和试掘，盐业生产的相关遗迹和遗物既有盐井、制盐作坊、输卤遗迹、煤矿洞、熬盐锅灶等，也有反映盐民宗教信仰的摩崖造像、盐神祠等，主体年代在唐宋时期（《四川省蒲江县盐井沟盐业遗存调查与研究》，四川大学博物馆等编：《南方民族考古》第二十四辑，科学出版社）。

何岁利、盖旖婷对唐长安城西市遗址历年发现的制骨遗存进行梳理和分析，从骨器生产、制骨流程等方面对唐代西市制骨手工业进行了考察，探讨了唐长安西市制骨手工业生产管理、经营模式等状况（《唐长安西市遗址制骨遗存与制骨手工业》，《南方文物》第4期）。

2014年，安阳市文物考古研究所在滑县发掘了一处砖砌建筑基址，由相连的四组建筑构成，包括房屋、庭院、道路、灶、火烧沟、排水沟、池和火道等遗迹，出土陶、瓷、石器及铜钱等遗物。该建筑基址应为一处以棚户式建筑为主的晚唐至北宋初年的小规模民间制酒作坊遗存（河南省文物考古研究院、安阳市文物考古研究所：《河南滑县晚唐至宋初制酒作坊遗址发掘简报》，《华夏考古》第2期）。

四 宗教遗存的发现与研究

（一）考古调查与发掘

1. 石窟寺与寺院遗址

（1）中原北方地区

2017年，甘肃省文物考古研究所在镇原县田园子村抢救发掘一处石窟寺遗址，共清理4个洞窟。3号窟发现有北魏和隋代纪年发愿文，推断田园子石窟为北魏时期，填补了蒲河流域上游佛教石窟考古的空白（《甘肃镇原县田园子石窟发掘简报》，《考古》第6期）。敦煌研究院、甘肃省文物局编著《甘肃中小石窟调查报告：天水卷》一书较全面、系统地介绍了天水境内中小石窟寺的分布特点、窟龛形制、造像题材、壁画内容、碑刻题记、研究概况等情况（科学出版社）。

2020年，白曙璋、崔嘉宝、王磊等对西安坪石窟进行了再次调查，该石窟窟型独特，为四角攒尖式窟顶，推测开凿年代应在北朝晚期（《山西临汾尧都区西安坪石窟综合研究》，《文物季刊》第2期）。2020年，李妮娜、杨学勇对山西吉县石窑店石窟进行了调查，该石窟由一座中心塔柱窟和两座三壁三龛窟组成，造像以较为常见的一佛二弟子二菩萨组合为主，推断石窟的年代为北朝晚期至隋代（《山西吉县石窑店石窟调查简报》，《文物春秋》第3期）。2021年，山西省古建筑与彩塑壁画保护研究院、山西大学历史文化学院对平定县红林湾石窟进行了调查，该窟外壁发现有东魏元象元年（538）发愿文与供养人题记（《山西平定红林湾石窟考古调查简报》，《文物季刊》第2期）。2021年，山西大学历史文化学院、长治市沁县文物旅游发展中心对沁县五龙头石窟进行了调查，共发现有一个洞窟和三个附属龛，推测开凿于北齐时期，主要受到了邺城地区造像风格的影响（《山西沁县五龙头石窟调查简报》，《文物季刊》第2期）。

常青依据之前的调查资料，对陕西省宜君县花石崖石窟进行介绍，分析了造像风格、石窟年代和题材，推测1—3窟开凿于6世纪初期，第4窟有可能为瘗窟或禅窟，时代暂难以判定（《陕西宜君花石崖北魏石窟调查记》，《故宫博物院院刊》第5期）。宜君福地石窟是我国现存最早有纪年的佛道混合造像石窟，任筱虎对该石窟的资料进行了重新整理与刊布，并对一些图像、铭文进行了考证（《陕西宜君福地石窟调查简报》，《文物》第9期）。

衣同娟、王瑞霞在前人的基础上对山东临朐境内的石窟及摩崖造像做了全面记录（《山东临朐石窟及摩崖造像调查》，中国古迹遗址保护协会石窟专业委员会、龙门石窟研究院编：《石窟寺研究》第13辑，科学出版社）。

（2）新疆地区

2019—2021年，中央民族大学、新疆文物考古研究所对喀什莫尔寺遗址进行发掘，发现了僧舍、"回"字形佛殿、大佛殿等大型建筑基址，清理出2号塔的基座及相关设施，出土了包括1万余件石膏佛像残件在内的遗物。莫尔寺遗址的发掘表明，该遗址既有早期印度佛教的特点，又有后期汉传佛教重要影响（肖小勇、史浩成、曾旭：《2019—2021年新疆喀什莫尔寺遗址发掘收获》，《西域研究》第1期）。

中国人民大学、新疆维吾尔自治区文物考古研究所对奇台唐朝墩古城遗址进行了多年考古工作，2021年在城址北部中央位置清理出1处景教寺院遗址，包括南北两组建筑，主体年代为高昌回鹘时期（任冠、魏坚：《2021年新疆奇台唐朝墩景教寺院遗址考古发掘主要收获》，《西域研究》第3期）。

2021年，中山大学社会学与人类学学院、新疆维吾尔自治区文物考古研究所、新疆吐鲁番学研究院对吐鲁番西旁景教寺院遗址进行了发掘，寺院的建筑遗存分岗顶和岗坡两部分，该年基本完成了对岗顶区域建筑的全面揭露，确认了西旁遗址的景教寺院性质，并初步判断其至少存在三期以上使用过程，可能始建于唐，主体年代为高昌回鹘时期（刘文锁、王泽祥、王龙：《2021年新疆吐鲁番西旁景教寺院遗址考古发掘的主要收获与初步认识》，《西域研究》第1期）。吐鲁番学研究院编《吐鲁番中小型石窟内容总录》一书对吐鲁番中小型石窟作了详细梳理，并对其洞窟分布与形制、壁画内容与风格、分期与年代、宗教与地位等内容进行了系统研究和总结（上海古籍出版社）。

2. 造像

（1）中原北方地区

山西大学历史文化学院考古学系调查了沁源县红莲山摩崖造像，现存4龛摩崖造像，其中第4龛南侧有东魏武定四年（546）题记，造像题材与风格主要延续了晋东南地区北魏晚期的特点（山西大学考古学院、山西大学云冈学研究院：《山西沁源红莲山摩崖造像调查简报》，《敦煌研究》第3期）。徐忠雨、武新华调查、测绘了山西交城县的竖石佛摩崖造像，其中摩崖造像塔正面观龟的形象为山西地区所首见，推测竖石佛摩崖造像始凿于北齐至隋，兴盛于中晚唐时期，为竖石佛村村民及临近民众所施造（《山西交城竖石佛摩崖造像调查简报》，《文物季刊》第2期）。山西省古建筑与彩塑壁画保护研究院调查了和顺县壁子摩崖造像，据现存题记记载，造像年代为隋开皇十二年（592）至十九年（599），是一处开皇中后期的民间造像群（《山西和顺壁子摩崖造像考古调查报告》，《文物季刊》第3期）。山西省考古研究院、沁县文物馆编著，刘永生等主编的《南涅水石刻》一书详细介绍了沁县南涅水村出土的佛教题材窖藏石刻，为研究北魏至唐宋时期的佛教传播提供了翔实资料（文物出版社）。山西省考古研究院、沁县文物馆编著的《南涅水石刻艺术》一书择其精华简要介绍了南涅水石刻的艺术内涵（文物出版社）。

龙门石窟研究院编，杨超杰等著《龙门石窟纪年造像图典简编》一书收录了龙门石窟中具有明确纪年的219例代表性窟龛造像，为这一时期造像的分期断代提供了重要参考（河南文艺出版社）。龙门石窟研究院编，史家珍主编《洛阳散存佛教文物》一书收录了洛阳地区散存的佛教造像碑、造像龛、佛像、佛塔、经幢等佛教文物，比较全面地反映了洛阳散存佛教文物的情况（上海交通大学出版社）。

2017年，陕西省考古研究院对西咸新区空港新城杨家墓地的窑址进行了清理，其中窑址Y2内出土了一批泥塑佛像，时代大致在北魏晚期至东、西魏分裂初期，填补了长安地区北朝泥塑佛像的空白［《陕西西咸新区空港新城杨家墓地窑址（Y2）出土佛像》，《文物》第6期］。西北大学文化遗产学院对宝鸡凤翔区南沟庙摩崖造像进行了调查，其中8号龛为隋代开凿，11号龛为明清开凿，其余各龛为唐代中晚期开凿（《宝鸡凤翔区南沟庙摩崖造像调查简报》，文化遗产研究与保护技术教育部重点实验室等编：《西部考古》第24辑，科学出版社）。

（2）南方地区

2014年，四川大学考古文博学院、成都文物考古研究院、安岳县文物保护中心对安岳净慧岩摩崖造像进行了系统考古调查，该处造像始凿于初、盛唐时期，在南宋时期被全面改刻，清代及当代亦有改造（《四川安岳净慧岩摩崖造像调查简报》，《文物》第2期）。2017年，四川大学考古文博学院、仁寿县文物管理中心、眉山市文物保护研究所对仁寿大化石院寺摩崖造像进行了调查，现存造像共23龛，年代包括中晚唐、唐末至北宋、明中后期三期（《四川仁寿大化石院寺摩崖造像调查简报》，《文物》第2期）。2019年，四川大学考古文博学院、简阳市文物管理所对简阳长岭山摩崖造像进行了调查，现存造像18龛，判断造像始凿于盛唐，中唐最盛，延续至晚唐五代（《四川简阳长岭山摩崖造像调查简报》，《敦煌研究》第2期）。2019年，雷玉华、白露、赵凡调查了四川资阳半月山大佛，梳理了半月山大佛的开凿过程，认为大佛始凿于唐代贞元时期，南宋时才得以完整，明代中叶以后重新发现并修补了大佛，且兴建佛殿等（《四川资阳半月山大佛考古调查简报》，《中国国家博物馆馆刊》第3期）。

2019年，重庆大足石刻研究院调查北山佛耳岩摩崖造像，收录了全部信息，并对造像时代及题材有了重新认识，认为造像开凿于晚唐至五代时期（《北山佛耳岩摩崖造像调查简报》，大足石刻研究院、四川美术学院大足学研究中心编：《大足学刊》第六辑，重庆出版社）。

广西文物保护与考古研究所编、刘勇编著《桂林摩崖造像》一书公布了2017年广西文物保护与考古研究所对桂林摩崖造像的调查成果，对桂林的210余龛、700余个体的造像进行了记录和数据采集，总结了像龛形制、造像内容与题材，并将桂林摩崖造像分为六期（上海古籍出版社）。

魏祝挺、张正佳、张苏对杭州飞来峰神尼舍利塔遗址的摩崖龛像进行了调查测绘，并对造像的雕造年代、题材进行了考释，确认神尼舍利塔遗址摩崖龛像均为五代吴越国时期开凿，造像题材体现出吴越国时期的观音信仰和罗汉信仰（《杭州飞来峰神尼舍利塔遗址摩崖龛像的调查与初步研究》，浙江省博物馆编：《东方博物·唐宋考古》第八十四辑，上海书画出版社）。

（二）综合研究

宗教研究所涉区域广泛，并有总结性的专著出版。

1. 新疆地区

夏立栋对吐鲁番地区石窟有多方面的探讨。他梳理了高昌石窟各期的洞窟类型与组合，推测了各期洞窟的年代，进而归纳高昌石窟的发展演变阶段及其特征（《高昌石窟分期与谱系研究》,《考古学报》第 2 期)。他还以吐峪沟东区第 30-32 窟为研究个案,尝试通过石窟空间结构和造像题材布局来解读洞窟组合中各座洞窟所承担的不同功能,并复原洞窟规划设计的内在逻辑和禅观仪式过程(《石窟空间与仪式秩序:重建吐峪沟东区第 30-32 窟禅观程序》,《故宫博物院院刊》第 4 期)。又以吐峪沟东区北部石窟寺为例,探讨了斩山崖面的空间关系对于石窟遗址考古分期的作用(《崖面空间与石窟考古分期——基于吐峪沟东区北部石窟寺的讨论》,北京大学考古文博学院编:《宿白纪念文集》,文物出版社)。

李红梳理了克孜尔石窟壁画中的塔中置舍利盒图像,结合龟兹出土的舍利盒及其供具,探明舍利塔图像的产生受到源自犍陀罗地区的舍利展示法会的影响,其所在洞窟的集中分布或许与龟兹不同僧团所奉行的佛教思想相关(《龟兹舍利信仰新议——以克孜尔石窟为中心》,大足石刻研究院、四川美术学院大足学研究中心编:《大足学刊》第六辑,重庆出版社)。杨文博分析了克孜尔石窟第 224 窟主室左右两壁说法图的内容,并探讨了出现原因与礼拜仪轨(《克孜尔石窟第 224 窟说法图研究》,陕西师范大学历史文化学院等编:《丝绸之路研究集刊》第八辑,社会科学文献出版社)。

2. 河西地区

赵蓉通过关注石窟的空间占位、空间改造和重修重绘现象,动态把握由此反映出的石窟本体受到干预的时间递进关系,对敦煌莫高窟北凉三窟的开凿次第进行了分析(《敦煌莫高窟北凉三窟开凿次第述论》,《敦煌研究》第 2 期)。陈悦新在对莫高窟北朝洞窟分期的基础上,结合碑刻、造像题记和史籍记载等文献资料,探讨营建洞窟的供养人阶层问题(《敦煌莫高窟北朝洞窟营建与供养人》,北京大学考古文博学院编:《宿白纪念文集》,文物出版社)。陈菊霞、王平先重新讨论了莫高窟第 454 窟的营建年代和始建窟主,认为该窟是节度使曹元深于 940—942 年始建,时隔 30 余年其子节度使曹延恭与夫人慕容氏又重修此窟(《莫高窟第 454 窟营建年代与窟主申论》,《敦煌研究》第 1 期)。梁红、沙武田探讨了莫高窟第 156 窟的营建,认为第 156、158、159、161 窟组成了"张议潮政治联盟窟",第 156 窟最初的营建可以早到归义军之前的吐蕃时期,洞窟的崖面选址充分地考虑了与张议潮一道起事的政治盟友安景旻、阎英达功德窟所在位置,同时窟内壁画题材布局设计也延续了吐蕃的传统(《张议潮的政治联盟窟——由洞窟组合崖面空间再谈莫高窟第 156 窟的营建》,《敦煌研究》第 6 期)。不同于以往多数学者对敦煌艺术的线性历史研究,巫鸿《空间的敦煌:走近莫高窟》一书通过空间的角度,从莫高窟与所处的文化和自然空间、莫高窟的整体空间、内部空间、空间中的图像、绘画中的空间几个方面来解读敦煌莫高窟艺术,并提出了"石窟空间分析"的方法论,拓展了敦煌艺术研究的视角(生活·读书·新知三联书店)。

赵声良、张春佳从西方和本土两方面,追溯了莫高窟早期忍冬纹样的源流(《莫高窟早期忍冬纹样的源流》,《敦煌研究》第 1 期)。沙武田认为敦煌较早出现的几幅和于阗有关的瑞像史迹画受长安影响的可能性更大,而莫高窟第 154 窟作为吐蕃期的第一期洞窟,出现有可能属于最早的于阗八大神图像,可以看作是于阗守护神向敦煌地方保护神转变的开端(《长安的影响与地方保护神的借用——敦煌石窟于阗瑞像史迹画选择的动机与思想再解读》,《西域研究》第 1 期)。陈粟裕讨论了于阗八大守护神图像的源流,认为摩诃迦罗神与莎耶摩利神的形象遵循的是汉地图像传统,敦煌石窟中的于阗八大守护神很可能只是与之相关的文献及名号传入，并不是于阗向敦煌的图像传播（《再论于阗八大守护神图像源流——以摩诃迦罗神、莎耶摩利神的样式为中心》，《敦煌研究》第4期）。

张兆莉分析了敦煌莫高窟北朝后期第248、249、285窟兽面图像的产生原因与来源（《敦煌莫高窟北朝兽面图像浅议》，《敦煌研究》第3期）。张元林对莫高窟第249窟、第285窟窟顶东披所绘的莲华摩尼宝珠图像及相关画面进行了重新释读与定名，并推测这一图像的传播者很可能是北朝入华粟特人（《"太阳崇拜"图像传统的延续——莫高窟第249窟、第285窟"天人守护莲华摩尼宝珠"图像及其源流》，《敦煌研究》第5期）。桧山智美对敦煌莫高窟第285窟西壁壁画中的星宿图像进行了分析，进而探讨了西壁与第285窟整体的主题，认为东阳王元荣明显意在营建吸收异教信仰、将多宗教的要素混杂在一起的礼拜空间，试图将居住在当时敦煌的持有不同宗教观的人们融合在佛教的名义之下（《敦煌莫高窟第285窟西壁壁画中的星宿图像与石窟整体的构想》，《敦煌研究》第4期）。第428窟是莫高窟供养人画像数量最多的一个洞窟，陈培丽考察了该窟供养人画像的绘制情况，认为第428窟绘制大量的供养僧人像与北周寺院经济的繁荣以及武帝废佛期间僧人逃逸敦煌有密切关系（《莫高窟第428窟供养人画像及其相关问题研究》，《敦煌学辑刊》第1期）。杨艳丽通过对莫高窟第431窟初唐重修的二佛对坐图像的研究，认为初唐重修的目的是营建往生净土的礼忏道场，二佛对坐图像的加入体现了该窟在礼忏道场营建中对于法华思想的吸收与阐发（《由二佛对坐图像看莫高窟第431窟礼忏道场营建》，陕西师范大学历史文化学院等编：《丝绸之路研究集刊》第八辑，社会科学文献出版社）。沙武田对敦煌莫高窟盛唐第217、103二窟佛顶尊胜陀罗尼经变中的大型青绿山水画进行了解读，认为其借用了文人骑驴的山水风景图式，反映的是佛陀波利丝路传法旅行（《丝路传法旅行图——莫高窟第217、103窟尊胜经变序文画面解读》，《敦煌研究》第5期）。

张含悦通过梳理冯国瑞对炳灵寺石窟的两次考察记录，确认了一些现已不存的窟龛遗迹和题刻的位置及情况（《炳灵寺石窟早期调查中的重要遗迹——以冯国瑞〈炳灵寺石窟勘察记〉为中心》，《四川文物》第1期）。李甜《文殊山石窟研究》一书对文殊山石窟的开创年代、洞窟形制、造像及壁画的时代特征进行了分析，并对石窟寺留存的大量回鹘文题记和佛教文献作了探究，同时涉及文殊山石窟与其他地区石窟寺的关系研究（甘肃教育出版社）。韦正、马铭悦对酒泉文殊山石窟前山千佛洞等河西早期石窟的年代进行了甄别（《河西早期石窟年代的甄别——河西早期石窟研究之上》，《敦煌研究》第1期）；还通过探讨河西早期石窟与其他石窟的关系，整体考量了河西早期石窟的面貌与历史背景（《北中国视野下的河西早期石窟——河西早期石窟研究之下》，《敦煌研究》第5期）。

3. 关陇地区

陈悦新将须弥山石窟的北朝洞窟分为三期，并探讨了每期洞窟的供养人问题（《须弥山石窟北朝洞窟的营建与供养人》，中国人民大学北方民族考古研究所、中国人民大学历史学院考古文博系编，魏坚主编：《北方民族考古》第13辑，科学出版社）。

达微佳结合洞窟形制传统、题记及历史背景，推测麦积山石窟现存洞窟最早开凿于公元471—494年（《试探麦积山石窟的开凿和现存最早石窟的年代》，《美成在久》第3期）。魏岳、杨文博结合文献记载和供养人题记，对麦积山石窟北魏造像的背景进行了探讨（《麦积山石窟北魏造像背景探究》，麦积山石窟艺术研究所编：《石窟艺术研究》第六辑，文物出版社）。陈月莹、张铭就麦积山第74、78窟的洞窟形制，造像组合和风格特征进行了复原（《麦积山第74、78窟复原初探》，麦积山石窟艺术研究所编：《石窟艺术研究》第六辑，文物出版社）。董广强、王一潮将麦积山石窟第123窟"童男童女"造像的身份解释为维摩诘的侍者和文殊菩萨的侍女（《麦积山石窟第123窟"童男童女"身份考》，麦积山石窟艺术研究所编：《石窟艺术研究》第六辑，文物出版社）。徐祖维分析了麦积山石窟第78窟右胁侍菩萨的原出处，认为是该窟所原有，隋代补塑的造像（《探寻麦积山石窟第78窟右胁侍菩萨原出处》，麦积山石窟艺术研究所编：《石窟艺术研究》第六辑，文物出版社）。周菁以第78窟为例，梳理并讨论了麦积山石窟初期洞窟造像的袈裟披着方式（《麦积山石窟初期洞窟造像袈裟披着方式探析——以第78窟为例》，麦积山石窟艺术研究所编：《石窟艺术研究》第六辑，文物出版社）。张铭讨论了麦积山石窟第4窟博山炉供养壁画的整体构图特点、双面人物形象及壁画绘制年代等问题（《麦积山石窟第4窟博山炉供养壁画识读》，《美成在久》第3期）。

　　李雯雯、朱浒对咸阳成任墓地出土金铜佛像的艺术特征进行了分析，认定其具有犍陀罗、秣菟罗和笈多三种外来风格，从体现出最晚的风格看，年代应断为4世纪左右（《咸阳成任墓地出土金铜佛像风格研究》，山东大学艺术学院、华东师范大学艺术研究所编：《中国美术研究》第43辑，上海书画出版社）。

　　于蒙群、文婷婷分析了北魏泾河流域石刻供养人像的源流、类型以及演变（《北魏泾河流域佛教石刻供养人像演变研究》，山东大学艺术学院、华东师范大学艺术研究所编：《中国美术研究》第42辑，上海书画出版社）。

　　于春、高新珠分析出土于西安市的隋开皇四年董钦造像具有浓郁的河北地区和北齐造像特征，并推测该造像可能是河北地区制作，在造像主董钦调任长安时将其带到了长安（《隋开皇四年董钦造像再识》，《文物季刊》第3期）。

　　王仓西《法门寺与隋唐文化研究》一书对唐代法门寺出土的物帐碑、佛骨舍利、金银器、秘色瓷器等出土文物进行了研究，最后附有法门寺及陕西各地佛寺及古塔的考古调查文章（三秦出版社）。

　　4. 山西地区

　　刘天歌、杭侃结合武州山及周边地理环境、文献记载和考古发现，探讨了北魏至明清的云冈石窟景观（《云冈不同时期的景观与云冈堡的修建》，《文物季刊》第2期）。韦正、马铭悦、崔嘉宝从探讨河西北魏石窟与云冈之关系、平洛道石窟与云冈之关系、云冈三期洞窟与龙门石窟之关系出发，阐述了云冈石窟的对外影响问题（《云冈石窟的对外影响问题》，《文物季刊》第2期）。曹彦分析了云冈石窟第3窟原来的洞窟设计及遗迹所反映的问题（《云冈石窟第3窟的设计及相关问题探讨》，《云冈研究》第1期）。吴娇从石窟建筑和平面布局两方面对云冈石窟中期洞窟建筑空间的变化进行了探讨（《云冈石窟中期洞窟建筑空间探讨》，《云冈研究》第4期）。八木春生考察了云冈石窟第5窟的造窟思想，认为其与第6窟作为一对石窟被营建出来，最主要目的是表现释迦（皇帝）所存在的世界才是净土（王友奎译：《云冈石窟第5窟的营建》，北京大学考古文博学院编：《宿白纪念文集》，文物出版社）。王江对云冈石窟中的释迦多宝二佛并坐像进行了分期，并探讨其源流、兴盛原因与影响（《云冈石窟释迦多宝二佛并坐研究》，《云冈研究》第 3 期）。此外，云冈研究院编《云冈石窟申遗成功 20 周年纪念文集（2001—2021）》一书选录了二十年来有关云冈石窟保护和研究的主要论文（江苏凤凰美术出版社）。

郭静娜分析了山西大同市西郊武州山南麓鲁班窑石窟的洞窟形制、布局与雕刻内容，进而探讨了石窟的洞窟功能与信仰（《鲁班窑石窟的功能与信仰研究》，中国古迹遗址保护协会石窟专业委员会、龙门石窟研究院编：《石窟寺研究》第 13 辑，科学出版社）。山西省左权县城东南的"高欢云洞"石窟是一座开凿于北朝、但在当时并未完工的大型石窟，周珂帆通过辍工遗迹分析了石窟工程的初始设计和营造过程，认为其反映了邺城地区大型洞窟的基本作法（《"高欢云洞"——北朝大型洞窟的未尽蓝图与开凿过程》，《文物季刊》第 2 期）。王敏庆分析了新绛龙兴寺藏北朝造像碑的造像风格与图像样式，认为此碑是可能在太原一带生产的北齐时期作品（《新绛龙兴寺藏北朝造像碑探析》，麦积山石窟艺术研究所编：《石窟艺术研究》第六辑，文物出版社）。崔嘉宝整理了学者关注较少的山西北周佛教造像，从造像特点和历史背景两个方面讨论其与周边地区造像之间的关系，以及造像反映出的北周统治区域的逐步扩张等问题（《山西北周佛教造像的初步整理与研究》，中国古迹遗址保护协会石窟专业委员会、龙门石窟研究院编：《石窟寺研究》第 13 辑，科学出版社）。

5. 河南地区

常青将龙门唐代窟龛造像分为四期，认为唐高宗、武则天至睿宗两期中的一些内容可以称作唐代龙门模式，并探讨了唐代龙门模式的流布与影响，以及造像风格形成的社会与艺术背景（《唐代龙门模式试析》，北京大学考古文博学院编：《宿白纪念文集》，文物出版社）。杨超杰对龙门石窟优填王造像进行梳理，分析其雕造年代、供养人身份、造像动机等问题（《龙门石窟优填王造像调查与研究》，麦积山石窟艺术研究所编：《石窟艺术研究》第六辑，文物出版社）。

沈国光对唐天宝元年《大方山香谷寺法轮禅师塔铭》进行了校录，进而考察了开元后期洛阳及周边地区北宗禅的发展（《唐天宝元年〈大方山香谷寺法轮禅师塔铭〉考释》，中国社会科学院古代史研究所文化研究室编：《形象史学》第二十四辑，中国社会科学出版社）。

侯卫东依据巩县石窟寺第 4 窟外东侧第 119 龛《后魏孝文帝故希玄寺之碑》的记载，梳理了巩县石窟寺民间造像的社会背景，并探讨巩县希玄寺与净土寺的关系（《〈后魏孝文帝故希玄寺之碑〉及造像的社会背景研究》，《中原文物》第 4 期）。

高歌通过比较河南安阳宝山灵泉寺石窟三世佛与传统三世佛的表现形式，分析了其布局特点与成因（《安阳宝山灵泉寺石窟三世佛探析》，《文博》第 6 期）。高歌还在梳理河南安阳宝山灵泉寺摩崖墓龛铭文的基础上，推断隋唐时期的宝山灵泉寺的佛教宗派应属于三阶教（《从墓龛铭文探讨宝山灵泉寺隋唐时期的佛教宗派》，《中国国家博物馆馆刊》第 3 期）。

6. 河北、山东地区

朴基宪讨论了北魏平城时期定州地区金铜佛像的造型特征和源流，认为造像题材和样式方面表现出多样化，这些多样化的佛教因素分别来自西域和平城等不同区域，并共存于平城时期的定州地区（《北魏平城时期定州地区金铜佛像小考》，《中原文物》第 3 期）。

东魏北齐白石双身佛像主要出土于河北地区，少量见于山东地区。李婧从手印样式出发，探讨了东魏北齐白石双身佛像的粉本来源（《移植与再造：东魏北齐白石双身佛像粉本来源考》，中国社会科学院古代史研究所文化研究室编：《形象史学》第二十四辑，中国社会科学出版社）。

杨爱国通过山东兖州出土的北齐《沙丘尼寺造像记》，考察了北齐时期女性的佛教信仰（《北齐时期女性的佛教信仰——读〈沙丘尼寺造像记〉札记》，山东大学《东方考古》编辑部编：《东方考古》第20集，科学出版社）。

7. 南方地区

主要以西南地区为主，东南地区仅有个别研究。

刘勇通过与洛阳龙门石窟同类遗迹的比较以及龛内题记，判断广西桂林瘗龛均为唐代开凿，可分为唐代前期和后期两个发展阶段，主要流行内置类龛形尖拱式和方形两种形制，认为桂林瘗龛应该受到洛阳龙门石窟的直接影响（《桂林唐代佛教瘗龛考古调查与初步研究》，《考古与文物》第3期）。此外，刘勇还比较了桂林与洛阳石窟瘗龛的名称、选址、形制与龛外装饰等，分析了当时石窟艺术南传的历史背景（《从桂林与洛阳石窟瘗龛的比较看唐代石窟艺术的南传》，《中原文物》第5期）。

马伟探讨了四川南朝造像碑上出现的持杖胁侍造像，认为其渊源可追溯至克孜尔壁画"蛤蟆闻法升天"图中的牧牛人持杖形象，进而分析了牧牛人形象及其在佛教造像中的意义、牧牛人信仰的传播路径等问题（《四川地区持杖胁侍造像源流考》，《中国国家博物馆馆刊》第3期）。董华锋、朱寒冰、卢素文将成都地区新发现的唐代益州八大菩萨经幢与吐蕃造像进行比较，认为益州八大菩萨像直接传承自唐密系统，而吐蕃八大菩萨像则与密教和禅宗均有着密切的关联（《新发现的唐代益州八大菩萨经幢及其与吐蕃造像的比较研究》，《考古与文物》第4期）。朱己祥、陈爽分析了眉山仙人洞后蜀明德元年（934）白衣观音与揭帝神组合龛像的图像组合的文本依据与思想内涵（《眉山仙人洞白衣观音与揭帝神组合龛像分析》，大足石刻研究院、四川美术学院大足学研究中心编：《大足学刊》第六辑，重庆出版社）。安岳县木鱼山第15龛是新发现的药师经变龛，王丽君、余靖考察了其开凿时间、龛像内容与构图特点（《四川安岳木鱼山新发现的药师经变龛像》，《敦煌研究》第3期）。赵川对四川阆中石室观南齐《隗先生石室记》碑文进行了补释，进而讨论了云台山治的位置与道教宫观、道士隗静及其教团、早期道教造像的起源等问题（《四川阆中石室观南齐〈隗先生石室记〉相关问题补考》，《敦煌研究》第5期）。

此外，王文波梳理了南诏时期"善业泥"的类型与年代，讨论了其特征、来源与特征的形成原因（《南诏时期"善业泥"初探》，《四川文物》第5期）。魏祝挺《吴越国塔幢研究》一书对吴越国的塔幢进行了较为系统的梳理与研究（浙江古籍出版社）。

8. 其他

林伟正、徐胭胭探究了不同材质佛像的概念和功能，以此思考中国中古佛像材质的价值体系（《材质与工艺——中国中古佛像材质的思考》，《美术研究》第4期）。

唐仲明、武昊探讨了东魏北齐造像碑的类型、分期与分布，分析其产生变化的社会与宗教信仰动因（《东魏北齐造像碑研究》，《艺术设计研究》第1期）。张媛尝试复原出北朝道教造像碑的设计、制作、安置等生成过程，并考察供养人的社会意图（《设计、制作、安置：艺术史视角下的北朝道教造像碑》，中国社会科学院古代史研究所文化研究室编：《形象史学》第二十二辑，中国社会科学出版社）。王德路采用图像学方法分析了美国哥伦比亚大学藏初唐S4426号造像碑造型特征、人物尊格和组合关系，认为哥大藏碑释迦佛说法、涅槃，地藏菩萨及其化身，弥勒佛说法像，形成严密的组合关系，反映出初唐的地藏信仰内涵（《美国哥伦比亚大学藏初唐S4426号造像碑图像分析》，《中国国家博物馆馆刊》第3期）。

霍巍考证唐玄奘从"西国"除带回了大量佛经以外，还有一批以金刚座、佛足迹、菩提树像为代表的佛教美术真迹，对唐代中国乃至日本的佛教美术产生了影响[《金刚座·佛足迹·菩提树像——唐代玄奘遗宝的考古发现与研究》，北京大学考古文博学院、北京大学中国考古学研究中心编：《考古学研究（十三）：北京大学考古百年考古专业七十年论文集》，科学出版社]。

通论性的著作主要有两部。杨泓《探掘梵迹：中国佛教美术考古概说》介绍了中国佛教美术考古的历史以及佛教初传中国的考古证据，通过石窟寺、窟前建筑、佛教寺院、地下窖藏、佛塔舍利几项专题，提纲挈领地呈现出我国佛教考古事业的全貌（生活·读书·新知三联书店）。李裕群《中国石窟寺》展现了中国各区域石窟寺发现与研究的基本情况以及各石窟寺的时代特点，同时还包括石窟寺的发展历程、区域特色和石窟寺考古学的研究方法等，是一部全面阐述中国石窟寺发展演变过程以及石窟寺本土化的重要著作（科学出版社）。

五　边疆与中外文化交流考古的发现与研究

（一）边疆考古发现与研究

主要集中在高句丽、渤海、吐谷浑与吐蕃等方面。

1. 东北地区

2015年，吉林省文物考古研究所、黑龙江大学历史文化旅游学院等对吉林临江东甸子墓群进行了调查与发掘，该墓群由两个墓区组成，西侧Ⅰ区以基坛积石石圹墓和阶坛积石石圹墓为主；东侧Ⅱ区以阶墙积石石圹墓为主，两墓区墓葬结构的差异恰好反映了这一阶段高句丽积石墓的发展演化过程（《吉林临江鸭绿江上游东甸子墓群2015年度发掘简报》，《考古与文物》第6期）。2015年、2017—2018年，中国社会科学院考古研究所、辽宁省文物考古研究院等发掘了辽宁盖州市青石岭山城四号门址，推断该门原应有木结构门楼建筑；发掘结果表明门道和门楼建筑毁于火灾，推测应和唐初与高句丽的战争有关（《辽宁盖州市青石岭山城四号门址》，《考古》第5期）。2018年，辽宁省文物考古研究院等对桓仁县高俭地山城、城墙砬子山城、瓦房沟山城、北沟关隘遗址进行了考古调查（《辽宁桓仁县三座高句丽山城及北沟关隘遗址调查报告》，《北方文物》第4期）。

魏存成全面总结了中国境内高句丽壁画墓的墓葬形制结构、壁画内容与布局，对墓葬分期与年代进行了重新调整，讨论了分期演变及其文化来源（《中国境内高句丽壁画墓研究》，教育部人文社会科学重点研究基地、吉林大学边疆考古研究中心等编：《边疆考古研究》第32辑，科学出版社）。王俊铮以集安长川1号墓佛教壁画为中心，将其置于中国北方北朝时期佛教石窟文化的时代背景中，探讨了高句丽佛教的特点及其流变轨迹（《北朝石窟视阈下高句丽墓葬壁画中的佛教元素——以长川1号墓为中心》，《敦煌研究》第3期）。珲春古城村1号寺庙址被推定为高句丽时期寺庙址，蒋璐、赵里萌、解峰对其始建年代、出土造像题材与年代进行了分析，认为其始建年代应晚于平壤九寺的建立或与之同时，即不早于393年，并由造像年代推知寺庙址的使用年代延续至6世纪末7世纪初（《珲春古城村1号寺庙址始建年代及出土造像研究》，《文物》第6期）。

2019年，黑龙江省文物考古研究所、穆棱市文物事业服务中心等对穆棱市渤海遗迹进行调查，其中有城址5座，分为平原城和山城两类，可能为渤海时期始建，沿用至金代，有的可能到东夏国时期（《黑龙江穆棱市渤海时期城址调查简报》，《北方文物》第5期）。冯恩学、侯璇探讨了渤海国建国地变迁和国号演变等问题（《渤海国建国之地与国号变迁新识》，《北方文物》第1期）。彭善国、张凯以铅釉陶俑为中心，通过分析釉陶俑的类型与年代、使用动因与来源，探讨了唐朝丧葬制度对渤海的影响（《"宪象中国"的渤海葬制——以铅釉陶俑为中心》，教育部人文社会科学重点研究基地、吉林大学边疆考古研究中心等编：《边疆考古研究》第31辑，科学出版社）。彭善国、张欣怡通过对渤海国出土日用釉陶器的类型和文化因素的分析，探讨其来源、年代与产地（《渤海釉陶新探——以日用釉陶器为中心》，《考古与文物》第4期）。倩倩、包曙光、刘晓东系统梳理了中国境内渤海未成年人墓葬，对其埋葬习俗进行了初步讨论（《渤海未成年人埋葬习俗研究》，《北方文物》第2期）。

2. 青藏地区

2014年，青海省文物考古研究所主持完成了哇沿水库考古工作，发现房址、灶、灰坑、墓葬、殉葬坑、寺院基址，除寺院基址为近现代遗存外，其余均属唐代吐蕃时期遗存（青海省文物考古研究所、陕西省考古研究院编著：《青海都兰哇沿水库2014年考古发掘报告》，科学出版社）。2017年，四川大学考古学系、四川大学中国藏学研究所等对西藏吉隆县它日普岩画进行了调查，据其中藏文的特点推测该岩画的年代可能为吐蕃时期（《西藏吉隆县它日普岩画调查简报》，《考古与文物》第4期）。2017—2021年，西藏自治区文物保护研究所、札达县文物局对札达县桑达隆果墓地进行发掘，共清理墓葬48座，判断墓地年代处于早期金属时代至吐蕃王朝初期（《西藏札达县桑达隆果墓地发掘简报》，《考古》第12期）。

韩建华认为2018血渭一号墓是吐蕃化的吐谷浑王陵，推测墓主是吐蕃赤德祖赞时期的吐谷浑王莫贺吐浑可汗，其母是689年嫁给吐谷浑王的赞蒙墀邦（《青海都兰热水墓群2018血渭一号墓墓主考》，《中原文物》第1期）。韩建华还从墓葬形制、出土文物、葬制葬俗等方面讨论了2018血渭一号墓的"吐蕃化"因素，从身份、文化认同的角度探讨其"吐蕃化"的背景与原因（《青海都兰热水墓群2018血渭一号墓吐蕃化因素分析》，《考古》第10期）。霍巍重新探讨了大昭寺吐蕃银壶图像的母题来源和产地，认为图像母题源于吐蕃本土的宴饮场面，可能由流寓敦煌的粟特工匠制作[《大昭寺吐蕃银壶新探——〈西藏发现的两件有关古代中外文化交流的文物〉读后札记（一）》，北京大学考古文博学院编：《宿白纪念文集》，文物出版社]。夏吾卡先对西藏阿里地区日土县、噶尔县发现的吐蕃题刻进行了介绍与释读，分析了题刻的历史地位（《西藏阿里地区日土县、噶尔县吐蕃题刻调查与研究》，教育部人文社会科学重点研究基地、吉林大学边疆考古研究中心等编：《边疆考古研究》第31辑，科学出版社）。钟华等通过对青海都兰哇沿水库的官却和遗址与古代墓葬出土植物遗存的分析，探讨了吐蕃统领下吐谷浑邦国时期的生业模式（《吐蕃统领下吐谷浑邦国时期生业模式初探——以青海热水哇沿水库遗址和墓葬浮选出土植物遗存为例》，《南方文物》第4期）。

3. 新疆地区

2019年，新疆维吾尔自治区文物考古研究所、哈密市文物局对拉甫却克古城进行实地调查，明确了古城年代信息，陈意整理了古城的调查收获，并推测其为唐纳职县城（《新疆哈密市拉甫却克古城调查略述》，《吐鲁番学研究》第2期）。2021年，新疆维吾尔自治区文物考古研究所对新疆库车友谊路墓群进行第三次考古发掘，共发掘墓葬371座，其中魏晋南北朝时期的有335座（田小红等：《新疆库车友谊路墓群2021年发掘收获与初步认识》，《西域研究》第4期）。2022年，新疆文物考古研究所在库车友谊路墓群发掘墓葬127座，其中属于魏晋南北朝时期的有125座（田小红等：《新疆库车友谊路墓群2022年度考古发掘收获与初步认识》，《吐鲁番学研究》第2期）。

侯灿编著《楼兰考古调查与发掘报告》一书是新中国迄今唯一一次楼兰古国考古调查的详细报告，对于调查发掘经过、考古发掘所得文物都作了详细描述，丰富了对楼兰王国史前时期、两汉时代与魏晋时期的历史认识（凤凰出版社）。陈晓露《罗布泊考古研究》一书对罗布泊地区从史前时期到中古时期内的人群与社会文化进行了研究，讨论了小河文化、罗布泊汉晋时期考古文化、楼兰鄯善王国城址、汉晋时期日常生活、鄯善世俗佛教、后鄯善时代的罗布泊等内容（上海古籍出版社）。

（二）中外文化交流考古研究

徐坚检讨了三角缘神兽镜的魏镜说和吴镜说，认为具有多种文化因素的三角缘神兽镜显示出在制造知识上与辽东地区更紧密的关联（《三角缘神兽镜再检讨：从金石学、以物证史到历史考古学》，《学术月刊》第3期）。

大谷育惠著，刘萃峰译，马强校《北朝遗址出土金属头部结束具与项饰——以其在欧亚东部草原地带上的广泛分布为视角》一文梳理了北朝遗址出土的金属头部结束具与项饰，提出应将欧亚大陆东部草原地带出土资料同样纳入考察（中国考古学会丝绸之路考古专业委员会等编，罗丰主编：《丝绸之路考古》第六辑，科学出版社）。

马伟梳理了从波斯、中亚到中国境内无棺葬俗的内容及其演变，认为入华粟特裔墓葬的无棺葬在内地不同区域有着较大的差异，但在墓葬形制、随葬品等方面则与汉地几无二致，新疆、固原粟特裔墓葬的无棺葬俗是针对中亚地区改造后的同类葬俗的再"删除"，直接经由这些葬俗的使用人群所带入（《从波斯到固原——无棺葬俗的演变》，中国考古学会丝绸之路考古专业委员会等编，罗丰主编：《丝绸之路考古》第六辑，科学出版社）。

意大利学者康马泰通过对帝王狩猎和过桥场景的分析，认为敦煌莫高窟晚唐第156窟张议潮出行图与汉代墓葬画像石之间可能存在相似之处，这种相似性经由7世纪中期粟特阿夫拉西阿卜壁画上的一些共同元素观察得见，敦煌壁画张议潮统军出行图和中亚壁画在凸显王权或颂扬权贵涵义上具有密切联系（李思飞译：《从汉画像石到敦煌壁画——一种颂扬图像在中国与中亚的流传》，《敦煌研究》第5期）。荣新江主编《丝绸之路上的中华文明》一书收录了多位学者关于中亚地区佛教遗存与汉地佛教艺术关系的研究文章。如张建林《吉尔吉斯楚河流域出土的唐代佛教遗存》汇总了吉尔吉斯楚河流域出土的唐代佛教遗存，并讨论其年代与来源。姚崇新《从西域到中亚：汉地佛教艺术的西渐》从汉地佛教艺术回传的角度讨论了汉地佛教艺术从西域到中亚吉尔吉斯楚河流域的传播过程与背景。李肖、林铃梅《中亚地区佛教遗存中的中国元素》按照区域梳理了中亚地区佛教遗存中的中国元素，认为总体上东亚佛教对塔里木地区以西中亚地区的影响有限（商务印书馆）。

王静、沈睿文《大使厅壁画研究》一书在梳理与总结前人研究的基础上，对大使厅四个壁面的壁画内容逐一检讨，置于内亚的政治文化传统中重新理解壁画，分析了各壁壁画之间的内在联系以及大使厅的性质（文物出版社）。赵春兰、韦正对创作于唐代的乌兹别克斯坦撒马尔罕市阿弗拉西阿勃台地城址西墙壁画中的高句丽使者身份进行了考证，认为其以鸟羽为饰的首服为鹖冠，其身份应为大兄，表明高句丽晚期武官可兼使者职能（《阿弗拉西阿勃台地城址壁画高句丽使者身份考》，《四川文物》第3期）。

王乐、赵丰整理了汉唐时期的狮子主题织物，梳理了狮子纹样的题材、造型与风格，探究其来源及演变规律（《丝绸之路汉唐织物上的狮子纹样及其源流》，《艺术设计研究》第5期）。葛承雍由狮子形象的传播和演变，讨论了敦煌文殊菩萨"新样"的来源，揭示了从希腊艺术到佛教艺术、从皇家画师到地方画匠、从京师长安到州县敦煌的逐渐"华化"过程（《从牵狮人、骑狮人到驭狮人——敦煌文殊菩萨"新样"溯源新探》，《敦煌研究》第5期）。

徐弛梳理并还原了蒙古国哈拉巴勒嘎斯遗址出土的唐代玉册，在此基础上大致还原了唐朝册封回鹘可汗的程序（《蒙古国哈拉巴勒嘎斯遗址出土唐代玉册考》，《史林》第6期）。

李静杰梳理了汉文化地区魏晋至宋金时期的雉堞遗存，进而结合西亚与中亚、西北印度与中印度、西域雉堞遗存，尝试厘清汉文化地区雉堞的发展脉络与西方来源（《雉堞及其来源考述》，《中原文物》第2期）。

六 墓志与碑刻研究

（一）墓志

刘文、杜镇编著《陕西新见唐朝墓志》一书收录了近二十年来陕西新见的唐代墓志共223种，其中大部分属初次披露（三秦出版社）。仇鹿鸣、夏婧辑校《五代十国墓志汇编》一书辑录了历代出土的五代十国时期墓志共420余方，十国墓志收录的下限以各国灭亡时间为准，并兼收五代入宋重要人物墓志，为五代历史研究乃至唐宋文史研究提供了基本史料（上海古籍出版社）。张应桥《隋唐崔氏家族墓志疏证》一书全面整理了出土的崔氏家族墓志，辑录与《新唐书·宰相世系表》可系联者（含夫人）461方，主要为隋唐两代，少数上溯至北魏，下延至五代及宋，旨在完善崔氏家族谱系，辑考正史失载的崔氏人物，究明崔氏家族的婚姻关系（上海交通大学出版社）。

有关三国至隋唐五代墓志考释的论文众多。西安碑林博物馆编、裴建平主编的《碑林集刊》第27辑（三秦出版社）和杜文玉主编的《唐史论丛》第34、35辑（三秦出版社）有集中刊载，其他散见于各类期刊与集刊。墓志考释的内容多涉及志主的生平、家世与相关的历史事件，可对史籍的阙载有所补充。亦有论文探讨了其他方面的问题，例如淡雅分析了少数南朝墓志的志文与买地券文本互相结合的现象，认为这可能是南朝寒族兴起、阶层变动下的产物（《试论南朝墓志与买地券的结合现象》，《故宫博物院院刊》第9期）。达吾力江·叶尔哈力克注意到中古入华胡人的双语墓志中胡语与汉文的内容并不完全吻合，胡语部分不仅透露了更多的信息，还直接表达了墓主的宗教信仰与文化背景，多反映出祆教的丧葬观念，与伊朗、中亚等地丧葬铭文颇为一致，入华胡人的丧葬图像亦呈现出与墓志文字相对应的丧葬理念（《中古入华胡人双语墓志书写与祆教丧葬文化》，《历史研究》第6期）。吴小龙在考释李粹墓志的同时，发现不少李唐宗室成员，尤其是被贬者死后的茔地多选址在高阳原，具有一定的特殊性（《新见唐〈李粹墓志〉考释——兼论李唐宗室之高阳原茔地选址问题》，《文博》第4期）。王连龙、黄志明通过对《李仁晦墓志》的考证，探讨了唐代高句丽移民的葬地问题（《唐代高句丽移民〈李仁晦墓志〉考论》，《文物季刊》第2期）。刘晓通过梳理唐代的鸳鸯志，考察了唐代夫妻年龄差距及妇女寡居、夫妻合祔等问题（《鸳鸯志所见唐代夫妻年龄差距及相关问题考释——以洛阳出土鸳鸯志为中心》，西安碑林博物馆编，裴建平主编：《碑林论丛》第27辑，三秦出版社）。

（二）碑刻及其他

吴敏霞等编《陕西碑刻文献萃编》一书收录了陕西境内出土并现藏于陕西的代表性碑刻共计838种，碑刻时代上起东汉，下迄明清（中华书局）。董榕主编《三晋石刻大全：运城市永济市卷》一书收录了上迄北魏正光五年（524）、下至唐宋元明清时期永济市较有价值的石刻610通（三晋出版社）。郑炳林主编，魏迎春、马振颖编著的《凉州金石录》一书不仅收录了甘肃武威本地现存的碑铭，还将武威之外出土的武威相关碑铭亦收录在内，这些著作中均有一部分为三国至隋唐时期（甘肃文化出版社）。

于子轩通过考察唐—回鹘诸道的具体路线，还原蒙古国出土的塞福列碑在唐—回鹘道上的地理位置，进而讨论了立碑的历史背景与年代（《"回纥可汗铭石立国门"——塞福列碑的年代》，《唐研究》第二十七卷，北京大学出版社）。米热古丽·黑力力《鄂尔浑文回鹘碑铭研究》一书运用文献语言学研究方法，对《希纳乌苏碑》《塔里亚特碑》《铁兹碑》等鄂尔浑文回鹘碑铭进行了较为科学的转写和再译，并对其内容进行了翔实的语文学注释，探讨了碑文所涉及的回鹘汗国历史地理、思想文化以及政治社会变迁（中国社会科学出版社）。拜根兴《七至十世纪朝鲜半岛石刻碑志整理研究》一书在整体考察朝鲜半岛石刻碑志研究现状的同时，收录七至十世纪朝鲜半岛相对完整的石刻碑志83件，分为整理与研究两部分，研究篇汇集了10篇专题论文（社会科学文献出版社）。

赵振华、王恒对洛阳汉魏太学遗址出土的石经残石中未能入碑定位的古篆隶三体直下式魏石经"待考"残石进行了复原和辨伪（《魏石经"待考"残石的复原和辨伪》，《洛阳考古》第1期）。贺越洋在对年代明确的汉魏六朝螭首碑刻进行类型学分析的基础上，探讨其演变规律、图像来源及相关历史背景（《汉魏六朝螭首的初步研究》，西安碑林博物馆编，裴建平主编：《碑林论丛》第27辑，三秦出版社）。

杨建林、张海斌考证包头市达尔罕茂明安联合旗百灵庙镇发现的一方十六国时期石铭为389年贺兰部首领贺讷与染干为其母亲辽西公主的葬事而立，认为该石铭可确认史学界一直存疑的贺兰部世居领地在百灵庙，由此推断百灵庙砂凹地墓地可能为贺兰部墓葬，而非学界普遍认为的东汉晚期至檀石槐迄轲比能鲜卑大联盟时期的鲜卑墓葬（《新见十六国时期"宁西将军云中王"葬母石铭初释》，《中国国家博物馆馆刊》第2期）。罗丰、李星宇对药王山地区北朝羌人荔非氏造像碑铭进行了考释，探讨了荔非氏家族的世系、仕宦与婚姻，以及当地的民族交流状况（《药王山北朝荔非氏造像碑铭考释》，《文物季刊》第2期）。

介永强编《隋唐僧尼碑志塔铭集录》一书收录350余篇隋唐僧尼碑志塔铭，并逐一校勘考订，所录多未见于《高僧传》等史载，为隋唐僧尼研究提供了新史料（上海古籍出版社）。苏漪通过梳理南汉佛教铭刻中的各种内容，讨论了南汉的僧官体系、宫使制度、佛教事务管理等问题（《从南汉佛教铭刻论南汉佛教管理制度》，《中国国家博物馆馆刊》第6期）。

（作者单位：北京大学考古文博学院）

宋辽金元明清时期考古

丁　雨　魏艳如　刘惠昀

2022年辽宋金元明清时期考古简报、报告、论著等成果丰硕。据不完全统计，该年度刊布考古调查和发掘报告（含简报）210余篇（部）；研究专著约40部；研究论文630余篇；图录约40部，数量较为丰富。研究内容多样，涉及城市考古、墓葬研究、陶瓷等手工业遗存、宗教考古、文物建筑、科技史与科技考古等方面，其中，关于陶瓷考古的研究文献数量最多，占比约36.2%；墓葬研究次之，占比约23.3%。以下分城市、墓葬、陶瓷及其他手工业、宗教、建筑及其他六个方面择要述评。

一　城市考古

城市考古在历史时期考古研究中既是重点，也是难点。近年来，城市考古数量呈上升趋势。2022年度，研究者发表了大量城市考古资料和研究论著。总体而言，地方城镇的考古资料刊布和相关研究都呈现更活跃的态势。

（一）都城

2018—2022年，北宋东京开封城州桥遗址发掘，此项发掘获评2022年全国十大考古新发现。据徐秀丽报道，考古工作者在此项发掘中揭露唐宋时期汴河南北两侧堤岸、唐宋元明清汴河河道及明代州桥遗存，出土各时期文物6万多件，为探索宋东京城布局提供了重要资料（《中国文物报》2022年9月30日）。

2013年，辽上京考古队发掘了辽上京皇城南部一号街道，揭露出一号街道及临街建筑遗址五个阶段的遗存。发掘结果表明一号街道及临街建筑始建于辽，在金代多次改建，沿用至元代中晚期废弃。出土文物地层明确、年代信息清楚，为探讨辽上京的历时性变化和其背后的社会文化变迁提供了重要资料（《考古》第11期）。

刘露露《辽上京城的渤海因素探析》根据最新考古成果显现的辽上京形制布局和营建规制特点，认为辽上京在整体规划、宫殿形制、城门、门道、瓦当等多个方面受到渤海因素影响（《北方文物》第2期）。赵里萌《〈清明上河图〉城市地理新探》利用《清明上河图》对北宋东京城进行平面复原，进而与既往复原工作展开比对，重新考证了图中部分重要景观（《宋史研究论丛》第30辑）。杜昊等《南宋临安太庙四至及相关地名考》结合考古资料及《咸淳临安志》等史料，重新考证南宋临安城太庙四至及相关地名，认为太庙在历史上应多次扩建（《华夏考古》第4期）。

王军《尧风舜雨——元大都规划思想与古代中国》在系统阐释齐政楼（今鼓楼）命名、

方位等问题基础上探讨了中轴线问题，进而深入探讨了都城营建背后的阴阳思想问题，这一研究方向值得关注（生活·读书·新知三联书店）。徐斌《元大内规划复原研究》综合各类文献、考古资料，对元大内进行规划复原，并探讨分析了元大内的规划生成、象天法地理念和其与后来明清紫禁城的演变关系（文物出版社）。李零《北京中轴线：万宁寺、中心阁与中心台》辨析各类材料后提出，"元大都的南北中轴线只有一条，就是丽正门到钟鼓楼的轴线"（《读书》第 5 期）。全荣《哈喇和林始建年代考》认为哈喇和林之名应释为"黑石"为宜，其始建年代应早于 1220 年（《内蒙古社会科学》第 1 期）。

贺云翱《对明代南京京师外城的初步认识》探讨了明代南京外城的建制、管理制度、城区空间、建设动因等，并回顾了南京外城的相关考古工作（《中国城墙》第四辑）。王雨墨、沈旸《从汗国都城到帝国象征——后金/清中前期盛京城的层累形成》认为努尔哈赤对沈阳城改造是对金东京的重新演绎，皇太极在改造中引入了汉文化因素，康熙为突出满洲传统，以营帐为原型增建盛京外城，盛京建设展现了层累的营城思想（《建筑学报》第 6 期），这一研究对于层累概念的运用具有启发性。

（二）地方城

近年来，考古工作者围绕地方城址展开了大量工作，取得诸多新发现。2021—2022 年温州朔门港遗址发掘，此项目获评 2022 年全国十大考古新发现。据徐秀丽报道，考古发现古城水、陆城门建筑、码头、栈道、水井、沉船等遗存，出土遗物丰富，以陶瓷器为主，对探讨海上丝绸之路港口体系具有重要价值（《中国文物报》2022 年 9 月 30 日）。

2022 年度出版了一系列重要城址考古报告。上海博物馆编《青龙镇：2010—2015 年发掘报告》分区域刊布了青龙镇农业公司地块、窑河南岸、平桥南部、平桥北部等发掘区的遗存情况，系统介绍并研究了各类出土遗迹和遗物，有助于理解上海城市的形成和长江口港口市镇发展（上海古籍出版社）。中山大学人类学系等编著《开县故城：2006—2008 年考古发掘报告》披露了东汉、唐、宋、元、明、清、民国等时期的遗存（科学出版社）。河北省文物考古研究院等编著《金帝夏宫——崇礼太子城遗址考古发掘》刊布了 2017—2020 年河北张家口崇礼区太子城遗址的发掘收获。太子城遗址是金代中后期皇室行宫遗址，总面积约 14.32 万平方米，平面呈长方形。城墙外有护城河。仅确认有南门，门外有瓮城。勘探发掘各类遗迹百余处，出土大量建筑构件（文物出版社）。贵州省文物考古研究所等编《海龙囤》系统介绍了 2012—2014 年贵州海龙囤遗址的发掘和研究情况，展现了宋明时期土司治下的聚落网络体系和物质遗存风貌，为理解古代西南地区特殊的管理模式提供了重要资料，对深入理解西南地区历史意义重大（科学出版社）。为配合泉州申请世界遗产，2019—2021 年，泉州城遗址持续展开考古工作。中国社会科学院考古研究所等编《泉州城遗址考古发掘报告：泉州南外宗正寺遗址 2020 年·泉州市舶司遗址 2019—2021 年》，修正了泉州南外宗正寺南宋时期水池遗迹的位置，推定了泉州市舶司遗址的四至（科学出版社）。内蒙古和林格尔土城子可分西、南、中、北四城，其中中城始建于魏晋，辽金元时期沿用（科学出版社）。

除考古报告外，诸多地方城市考古调查、发掘成果以简报形式呈现。

2016 年，河北正定开元寺南遗址的金代房址 F5 得到发掘。F5 面阔三间，房址内出土器物包括陶瓷器、铜器、骨器、石器等。发掘者据其地理位置和遗存现象推测F5为临街商铺，F5的发现对于探讨金代真定的城市面貌极具价值（《文物》第4期）。

2014年，鄂尔多斯市文物考古研究院等调查并测绘鄂尔多斯市准格尔旗城圐圙城址。此城址现存北、中、南三城城垣，平面呈不规则长方形。城内有建筑基址、窖藏等遗迹，城外有陶窑、烽火台、墓葬等。据地表遗物推测此城为辽宋金时期，调查者认为其与辽金时期宁边州规模、位置吻合（《草原文物》第2期）。

2018年，吉林大学考古学院等发掘吉林乾安县辽金春捺钵遗址群藏字区遗址，发现灰坑47处、房址2处及诸多车辙痕迹。发掘者将遗存分为早晚两期，认为其分别为辽金两代春捺钵遗存，并据车辙探讨了辽人所用的车辆形态（《考古》第1期）。2017年，吉林省文物考古研究所等试掘吉林省吉林市乌拉故城。乌拉故城有三重城垣，内城保存较好，内城高台建筑"百花点将台"建筑风格独特。出土遗物表明其城墙始建年代至少在辽金之后，可能为明朝乌拉部所建（《北方文物》第6期）。2019年，吉林省文物考古研究所调查白城市镇赉县后少力古城，辨识出古城的高等级建筑区、普通居住区、手工业区等，有助于了解当地元代城址的布局（《北方文物》第6期）。

2021年，中国人民大学等发掘了新疆奇台县唐朝墩古城景教寺院遗址。寺院建筑结构最早建于8世纪上半叶，主体修建年代为10世纪初，11—12世纪存在多次修缮，约13世纪遭到破坏，14世纪与古城同时废弃。景教寺院的发掘为陆上丝绸之路东西交流研究提供了资料（《西域研究》第3期）。

2014—2018年，南京博物院等调查、勘探并发掘了江苏睢宁县下邳故城遗址，确认该遗址可分大小两座城址，大城主要为汉代城址，小城包含从两汉魏晋唐宋金明清多期文化堆积。发掘揭露宋代城墙、砖筑庭院式建筑（F9）及明清城墙、护城河、护坡、房址（F1—F6）、道路等（《东南文化》第4期）。

浙江省文物考古研究所等通过对丽水市处州府城行春门及其附属建筑遗址的发掘，探明了行春门、城墙、道路、护城河等遗存的分布（《浙江省文物考古研究所学刊》第十二辑）。2015年，考古工作者发掘宁波市海曙区马衙街南遗址，发现排水沟、础石、木桩等遗迹和大量陶瓷器。出土遗存可分晚唐至北宋、南宋至元、明清三期。发掘者判断明州罗城建城前后此处可能存在货运码头（《考古与文物》第6期）。

2013—2020年，蒋晓春等调查了四川金堂云顶城、平昌小宁城、剑阁苦竹隘、荣县大刀砦、蓬安运山城、苍溪大获城等6处山城的9座宋代城门，在描绘城门形制、规模的基础上，详细总结探讨了城门类型和矢跨比，为探讨宋代城门转型提供了线索（《中国国家博物馆馆刊》第6期）。2018年，成都文物考古研究院发掘青莲上街古城墙遗址，确认发掘地点位于成都古城罗城城墙东南角，发现唐、宋、明、清四个时期的城墙夯土及包砖部分，揭示了不同时期的建筑技术特色（《考古》第5期）。

2017年，蔡波涛等调查安徽寿县明清城墙，摸清了驳岸的分布，探讨了城墙、护城河、驳岸的修建方式，提出寿县城墙具有突出的防水功能（《中国城墙》第四辑）。2019年4月起，溧阳市博物馆等调查江苏溧阳团城明清遗址，明确老码头、泮河、文昌阁及多处城墙遗存信息（《中国城墙》第四辑）。

在地方城址研究方面，汪勃、梁源《泉州城考古与文化遗产保护展示》探讨了泉州城的沿革发展和规划特点、城内建筑的主要特色，认为泉州古城的规划建设具有动态传承的特点，提出在文化遗产保护中应注意泉州城的共性和特色（《南方文物》第3期）。钟翀《今存〈永乐大典〉之宋元城市图渊源考辨》详细考订了"（汀州）郡城"图、"建武军图"及"安南国图"、"潮州路城图"、"元河南志图"四种（组）宋元城市地图，分析了其绘制时间，查证了底本与图源，归纳了《永乐大典》采择各类城市地图的编例和特点。这项研究对利用古代城图具有参考价值（《社会科学战线》第10期）。

李影《辽宁地区辽金时期城址研究》将辽宁地区平原城址按大小分为四级，又据其平面形状分为四类，指出辽宁地区辽金城址多为长方形，其主要城防设施包括瓮城、角台、护城河与马面，规模与修建者地位呈正比（《丝绸之路》第1期）。张文平《元代汪古部砂井总管府、按打堡子古城新考》基于实地调查和文献分析，提出砂井总管府治城须为金界壕沿线边城且距离城卜子古城八十里，据此判断木胡儿索卜嘎古城是真正的砂井总管府治所，而按打堡子则应在波罗板升古城，即汪古部最早的公主城。基于对大青山以北金元城址的研究，张文平将这些城址分为六个层级。此项研究有助于理解蒙元时期汪古部城市体系（《文物》第8期）。

薛正昌《固原古城》系统总结了固原古城从战国至民国的建城史，分期描述了其沿革变化、修缮情况和筑城工艺演变（中国社会科学出版社）。张曼《京畿地区明清运河城市》广泛调查京津冀地区运河沿岸明清城镇，以运河为线索，以整体性视角，探讨了城镇聚落空间类型特征、演变规律和演变动因（中国建材工业出版社）。李飞《海龙囤关隘再考》重新考订海龙囤现存九座明代关隘名实，有助于理解海龙囤的防御体系（《遵义师范学院学报》第2期）。蔡喜鹏《福州长乐古县城的复原与初步研究》探讨了福州长乐老城区的演变过程，着重探讨了明中后期之后城池的数次扩建与格局（《福建文博》第3期）。刘天歌《试论黄泛平原古城的环形护城堤》指出根据文献记载，黄泛平原古城环形护城堤的兴建可追溯至宋金时期。据方志统计数据显示，明代中晚期是修建环形护城堤的高峰时段，这与水患频仍及明廷应对政策有关。环形护城堤为防洪而兴建，因此其形制、平面布局与建造过程均与城墙不同。护城堤防洪效果显著，改变和塑造了城市的景观（《中原文物》第6期）。

（三）其他村镇、军事设施等

2017—2018年，吉林大学考古学院等调查发掘吉林省德惠市城岗子城址，解剖城址东、西城墙，清理出房址9座，出土陶器、铁器等380多件，修正城址年代为辽代，推测其为辽圣宗早期黄龙府下辖军事堡垒（《考古与文物》第6期）。2015年，吉林大学考古学院等调查勘探蛟河市前进古城。此城由守备城与防御墙两部分构成，城内城外存有完备道路系统。推测此城为金代军事要塞（《边疆考古研究》第31辑）。2017年，黑龙江省文物考古研究所等调查抚远市黑瞎子岛湿地公园遗址，发现靺鞨遗存和辽金早期遗存（《北方文物》第2期）。2010年，内蒙古和林格尔县厂圪洞遗址得到发掘，出土辽金时期房址1座、灰坑9个及陶器等遗物，推测此处遗址为辽金时期居民生活区（《草原文物》第1期）。

《忻州文物·长城卷》详细收录了忻州各县境内的长城墙体、关堡、单体建筑和相关遗存

（三晋出版社）。高兴东等《发现镇朔关》介绍了明长城东起第一关——镇朔关的调查情况，新发现头台子长城下端有接续段落，并在头台子西山发现人工石墙，与东山墙体构成两翼，此后在头台子长城北侧发现墙体，与头台子长城构成城址，推测应为镇朔关关城。调查者认为镇朔关修建年代为嘉靖中期（《中国城墙》第四辑）。郝园林《清代伊犁锡伯营城堡的考古调查与研究》综合卫星影像，对新疆伊犁清代锡伯营城堡进行实地调查，指出城堡有正方形与不规则形两类，城堡内道路分棋盘状和不规则网状两类，城内可见受到中原地区影响的关帝庙和娘娘庙等，多种维度均显现出中原文化与地方文化融合的特点（《北方文物》第2期）。

在研究方面，母雅妮等《固原地区宋夏城址简述——以火家集城址和西安州城址为例》介绍了固原地区宋夏城址的分布情况，并以火家集城址和西安州城址为例，分析了宋夏城寨在选址、布局、规划等方面的区别（《文物天地》第10期）。艾冲《辽朝防御西夏的"障塞"地理区位初探》关注辽为防御西夏在其西南边境配置的边城，以威塞州城、金肃州城、唐隆镇城为例，讨论了以上边城的地望、空间分布和走向，框定辽"障塞"区域（《西夏研究》第3期）。

明长城及相关堡垒一向受到学界关注。王小文等《中国国家博物馆藏明〈九边图〉屏研究》比较了国博藏明《九边图》屏与其他同类材料异同，指出国博《九边图》屏有自身的资料来源，考证了此屏所见辽海庄窠堡、肃宁城、会远堡等稀见地名地望，并梳理了《九边图》屏作者郭全仁的履历（《中国国家博物馆馆刊》第7期）。蕫礼峰《明代永昌卫军事防御型堡寨研究》介绍了甘肃永昌境内明代军堡的类型、选址、规格和驻军情况（《丝绸之路》第1期）。李哲等《明长城沿线马市空间研究》指出明长城沿线马市均配备市圈（城）、市楼（台）及"闸"（门）三要素，利用诸多遗存实例分析了各要素空间形态（《建筑学报》第7期）。

二　陵墓考古

陵墓考古一向是考古研究的重点。在2022年度，辽宋金墓葬仍然是发掘材料刊布最多、讨论最为热烈的研究对象。西夏墓葬的相关材料仍然较少。元代墓葬部分有张荣墓等重要发现，但资料尚未充分刊布。近年来，明清墓葬的受关注程度有上升趋势，但与辽宋金墓葬相比仍显沉寂。在研究方向方面，墓葬美术仍然受到学界的广泛关注，墓葬布局、墓葬建筑营造及其背后的社会文化在本年度的研究中分量有所提升。

（一）辽金西夏

中国社会科学院考古研究所等《辽祖陵：2003—2010年考古调查发掘报告》系统介绍了2003—2004年、2007—2010年两次对辽祖陵陵园的考古调查、试掘和发掘情况，报告了辽祖陵陵园内陪葬墓、重要建筑、陵园外重要遗址、陪葬墓群等重要遗存，系统展现了辽祖陵陵园内外出土遗物的面貌。此报告的出版，是近年来本时段帝陵考古的重大成果，对理解帝陵发展脉络具有重要意义（文物出版社）。

2017年，辽宁法库叶茂台北山出土辽中期至道宗初年石筑八角单室墓（M3），墓道被破坏，墓门、墓室保存较好。墓室叠涩券顶，最宽处2.74米，墓室北侧有石板平铺棺床。墓内葬人骨1具，出土绿釉、黄釉、白釉瓷器、铁器、漆器、料器等遗物共11件，推测墓主人为契丹后族肖敌鲁后人（朝阳市文物考古研究所、北票市博物馆《辽宁北票市南八家乡红村北山辽代壁画墓》，《文物》第8期）。2008年，辽宁朝阳北票红村北山出土辽代纪年壁画墓。此墓为穿窿顶砖筑单室墓，因严重盗扰，未见随葬品，墓内壁画及题记保存较完整，墓顶绘星辰，壁面依次绘制有出行、会客、散乐、放牧等题材。其中第四部分壁画拱眼壁处有墨书题记，可知墓主人名为"晁姑阿偎"，下葬年为"乙巳岁"，应为945年（《考古学集刊》第26集）。2020年，考古工作者在沈阳法库秋皮沟发掘1座辽墓。墓葬为近方形石砌叠涩顶单室墓，墓室内长2.8米，宽2.6米；墓道为长条形斜坡状；墓底四边及前部可见排水设施。出土随葬铜、铁、陶瓷器100件。铜、铁器以马具为主。推测墓葬年代为辽中期，墓主人为男性契丹中小贵族[丛丽莉主编：《沈阳考古文集》（第8集），科学出版社]。

2011年，赤峰学院等在内蒙古巴彦塔拉遗址北侧发现9座辽代竖穴土坑木棺墓。9座墓葬均为东北—西南走向，排列有序，似构成一处人工布局的墓地。发掘出土陶器、瓷器、金器、铁器、玻璃器等共30余件。发掘者推测9座墓均为契丹平民墓，分属辽早期、中期偏早、中期、中期偏晚、晚期五段（李明华：《巴彦塔拉辽墓考古研究》，《边疆考古研究》第31辑，人民出版社）。2021年，内蒙古自治区文物考古研究院等发掘了克什克腾旗三地组辽代墓群，共发掘9座墓葬，其中5座为石室墓，4座为骨灰墓。石室墓平面均呈"甲"字形，由墓道、墓门、甬道、墓室组成，墓室多约2米见方。骨灰墓由不规则石块围成圆形或长方形，出土较多陶片，疑为骨灰罐残片，推测此组墓葬为辽中晚期墓葬（《草原文物》第1期）。

2019—2020年，北京通州崔各庄东出土辽墓2座。2墓均为竖穴土坑圆形砖室墓，墓室内径分别为2.18米、2.3米。出土陶器、瓷器、铜器等随葬品共44件，遗物保存较完整。推测两墓分属辽代中期和晚期。遗物中白瓷净瓶质量很高，以往少见，有助于探讨北京通州地区的辽代葬俗和白瓷消费（《文物春秋》第6期）。

完颜希尹家族墓地是金代墓葬中的重要遗址，其中三墓区主要埋葬完颜希尹之孙完颜守道及其家庭成员。1979年，考古工作者发掘了这一墓区，发现墓葬6座。其中砖椁石椁墓（M1）1座，石函墓5座，平面均呈长方形，墓葬排列呈现一定顺序。M1有椁两层，外层为砖椁，内层为石椁。墓地地上有石像生、墓碑、墓座等，墓中出土遗物很少，推测M1为完颜守道墓。完颜守道官至左丞相，此项发现对探讨金墓等级等问题极具意义（《北方文物》第6期）。

2021年，考古工作者在北京顺义杨镇东庄发掘5座金末元初墓葬。这些墓葬均为带墓道长方形竖穴土坑砖室墓，出土瓷器、铁器共9件，铜钱35枚，铜钱年代最晚者为大定通宝，部分瓷器有金末元初特征（《北京文博文丛》第1期）。2016年，考古工作者发掘天津蓟州大云泉寺金代墓地中的2座墓葬。其中M2为多室墓，分东西圆形侧室和八角形后室，后室分上下层，墓葬形制特殊，与时立爱墓有近似之处，推测其年代为辽末金初，发掘者推测墓主为金代中书令级别官员。M1为方形单室砖墓，年代应为金代（《文物春秋》第3期）。

2016—2017年，故宫博物院在河北容城北郑墓地发掘金代圆形砖室墓3座，出土铜钱、定窑瓷碗、玉耳环等遗物52件（组）（《四川文物》第3期）。2019年，河北邢台柳林村发现4座金墓。M3为土洞墓破坏较严重，M4为砖室被毁，M1、M2均为仿木构圆形砖雕壁画砖室墓，其中M2保存较好。M2墓内砖雕壁画题材包括桌椅灯檠、夫妇对坐、二十四孝等。M1、M2均发现"金大定廿九年"墨书题记（《文物春秋》第5期）。

2020—2021年，河南省文物考古研究院等在三门峡刚玉砂厂发现1座金墓。此墓为南北向竖穴墓道土洞墓，出土铜钱127枚，其他随葬品22件（套），其中瓷器14件。出土随葬品构成了较为完整的器物群，据此推测墓葬年代为金代中期（《华夏考古》第1期）。

2020年，山西考古研究院等在平遥县发现1座金代圆形土圹仿木构单室八边形砖墓。此墓坐西朝东，内有东西向棺床，出土陶瓷随葬品共7件（《中国国家博物馆馆刊》第11期）。2013年，山西博物院等在晋城市郝匠社区发现2座金代砖雕彩绘壁画墓。2墓均为前后双室墓，前后墓室均近方形，其中M1保存较好，有丰富装饰。装饰题材包括启门、男女侍从等。出土遗物包括瓷、陶、铜、铁等，并有墓志一合。墓志载明墓主名"郭永坚"，葬于大定十七年（1177）（《文物季刊》第2期）。2019年，山西省考古研究院在垣曲中条山金属集团发掘金墓1座。此墓为带阶梯墓道的仿木构方形砖室墓，墓室边长约2米。墓内雕砖未做彩绘，北壁主题装饰为门楼，门楼两侧分别为墓主人夫妇，相对而坐；东西壁主体为格扇门四扇，南壁墓门两侧各砌破子棂窗。出土人骨3具，瓷器、陶器、买地券等随葬品9件。买地券上可辨"明昌"字样，可知此墓年代应在1190—1196年（《文物季刊》第4期）。

2006年，陕西省考古研究院在西安南郊西三爻村发掘1座金墓。此墓为竖穴墓道土洞墓，南北向，墓室平面呈喇叭形，出土陶釜3件、残铁块1件、鹅卵石1件。发掘者据随葬陶釜推测其为金墓（《考古与文物》第5期）。

2021年，甘肃定西市安定区一处金墓被发现。此墓为仿木构壁画单室砖墓。此墓为东南—西北向，墓道为竖穴墓道，墓室平面呈方形，出土人骨2具。墓室南、西、北三壁中间砌仿木构门楼，形制较为一致，壁面绘有启门、孝子、推磨、舂米等题材，多为一砖一画形式。发掘者综合此墓特征推测其应属金代（《文博》第5期）。2016年，考古工作者在甘肃康乐县关丰村苟家井发现1座金代仿木构单室砖雕墓。墓室平面近方形，边长约2米，出土人骨架2具及随葬青釉碗2件。墓室各壁由上而下分多层，共镶嵌有砖雕45幅，题材包括莲花、牡丹、灵芝、奔马等。经对比，发掘者推测此墓为金代（《丝绸之路》第2期）。

对辽墓的研究涉及学术史、墓志、墓葬形制、葬式、墓葬美术、族群特色、文化因素来源等多个方面。周阿根《辽代墓志校注》整理辽代墓志218方，除录文、考释之外，并附简跋点评（天津古籍出版社）。林栋《辽代墓葬考古新发现与研究》汇编辽墓简报及研究论文21篇，集中探讨了辽墓葬具、整体形制等问题，并特别关注了沈阳地区辽墓的特征（辽宁大学出版社）。李彦朴《二十世纪三十年代日本学术界对辽庆陵的调查与研究》回顾了辽庆陵研究的早期学术史，总结讨论了日本学者的学术活动和相关方法[《赤峰学院学报（汉文哲学社会科学版）》第3期]。孟凡人《辽代庆东陵形制、壁画、哀册概况及其相关问题研究》基于《庆陵》报告，讨论了庆东陵的形制布局、壁画配置与内涵、艺术特色、哀册等问题，指出辽东陵地宫形制模仿皇帝捺钵牙帐，其壁画内涵和规格远高于贵族，凸显了帝陵的崇高地位，认为从庆东陵诸多因素来看，不仅可以观察到明显的晚唐五代宋初的影响，且反映出与中原帝王共有的丧葬观念和礼仪规制（李峰、施劲松主编：《张长寿、陈公柔先生纪念文集》，中西书局）。陆骐《可移动的"牙帐"——以四季山水图为中心再议辽庆东陵壁画》提出四季山水图给"地下毡帐"带来了"移动"的可能性,反映了辽人的游牧习俗和辽帝的皇权形式(《古代墓葬美术研究》第5辑)。刘江涛《契丹火葬墓探析》指出契丹火葬墓总数不多,年代集中于辽建国前至辽早期,多分布于上京道地区,流行家族丛葬(《北方文物》第2期)。蔡瑞珍《试论辽墓房形木椁》认为辽代房形木椁与唐代房形石棺一脉相承(《北方文物》第2期)。彭善国、刘锡甜《辽墓壁画及相关文物丛考》考证了辽墓出土的诸多器物和墓中壁画上所见一些形象,指出,墓中所出"臂鞲"属于礼仪用器,并无实用用途;木板画上的日月旗应在帝王行军射猎过程中有标识身份之用;"山"字形冠或包含了回鹘、渤海因素;壁画中青毡车与两轮红的绘制与文献所记相合;壁画中男性所穿红靴可能是《演繁露》等文献所记徐吕皮靴;壁画中所见髡发者也可能是汉人;辽人崇信道教可反映在辽墓中所见的道士、道教仙人、龟、鹤、太极图、八卦纹等形象上(《草原文物》第1期)。洪知希《墓葬艺术的地域性:以辽代西京的丧葬文化为例》试图对辽代西京地区的墓葬材料进行地域性建构(《古代墓葬美术研究》第5辑)。王春燕《河北宣化辽墓壁画服饰探析》分析了宣化辽墓壁画所见服饰的类型和组合,讨论了其所反映的等级系统(《边疆考古研究》第31辑)。林航《辽代公主嫁仪:库伦1号辽墓墓道壁画新解及其墓主身份考释》综合分析了壁画中的多种形象,认为库伦1号墓壁画反映的是辽代公主嫁仪场景,进而推测墓主人为辽兴宗第三女槊古和其夫萧孝忠(《形象史学》第二十二辑)。张明星、苏晓明《从萨满教到佛教——辽代墓葬艺术中的宗教元素嬗变初探》基于对辽墓壁画和出土随葬品长时段变化的观察,指出辽人宗教信仰存在从萨满教到佛教的变化过程(《内蒙古艺术学院学报》第2期)。

对金墓、西夏墓的研究主要涉及装饰、等级、建筑等议题。郭长海、郭阁梅《金源完颜宗尹墓"八面乐舞石幢"罕见乐器图考》辨识并考证出"八面乐舞石幢"中五种罕见乐器筚篥、箜篌、金拨胡琴、小忽雷、羊琴,丰富了当前对金源乐舞的认识(《北方音乐》第4期)。张鹏《金代时立爱家族墓葬艺术研究》认为时立爱家族墓墓室构造的特殊性、葬仪中的动态变迁、立碑滞后等现象,反映了金代多元文化合力形成的复杂历史图景(《美术大观》第4期)。俞莉娜等《高平市汤王头村砖雕壁画墓结构形制研究》通过对墓葬的测绘,细化汤王头村金墓年代为金大定至明昌年间,并讨论了该墓葬的结构设计和营造工艺(《故宫博物院院刊》第1期)。辛岩《金代家族墓出土文字所见社会结构与社会分层》利用金墓出土墓志和买地券,分析了乌古论窝论墓、北京鲁谷吕氏家族墓等案例,认为金代社会中各层级人群会以同族群、同层政治地位为基本标准进行婚配,汉族内部也有官民的阶层差别(《文物鉴定与鉴赏》第7期)。陈雪飞《中华民族共同体视野下党项丧葬观念的考古学研究》指出佛教思想贯穿党项丧葬观念始终。同时其在中原文化因素影响下,流行事死如事生观念、堪舆观念,重视等级制度。中原因素与佛教观念相结合形成党项丧葬观念体系(《西夏研究》第4期)。杨弋《西夏陵防洪系统探析》指出西夏陵防洪设施分为自身防洪系统和墓外专用防洪系统两类,防洪系统根据地理地势的实际和防洪需求修建,具有择高地、疏堵并用、区分等级等特点(《西夏学》第1期)。刘峰等《西夏陵区出土"王"字纹文物和龟驮碑研究》将西夏陵建筑构件和石雕残块上的"王"字纹分为三种,分别为兽面"王"字纹、人面"王"字纹和龟背"王"字纹,认为"王"字纹是王权身份象征(《西夏学》第1期)。武威西夏墓出土有丰富的木板画,王悦等《武威西夏墓木板画艺术风格探微》认为木板画的题材和风格技巧大多沿袭自中原绘画传统，并探讨了木板画的制作工艺（《西夏学》第1期）。

（二）两宋

2015年底，考古工作者在河南新郑正商智慧城基建工地发掘1座北宋砖雕壁画墓（M7）。此墓为迁葬合葬墓，坐西朝东，由阶梯墓道、封门、甬道、六边形砖砌穹窿顶墓室构成。砖雕表现一门二窗、桌椅凳案等，并饰以壁画，拱间壁画似表现墓主人生死往复。同批墓葬出有"元祐三年"（1088）买地券，推测此墓亦应为北宋晚期墓（《考古与文物》第5期）。2008年，巩义涉村出土宋代砖雕壁画墓。此墓坐北朝南，由阶梯墓道、墓门、甬道、圆形墓室构成。墓室西南方向有一长方形耳室。墓葬装饰有门窗、桌椅、墓主人、孝子图等，题材分层。推测此墓年代为1070—1090年（《中原文物》第1期）。2017年，河南省文物考古研究院在焦作修武新庄沟村清理7座宋墓和2座灰坑，其中土洞墓5座，墓道均位于墓室西部，底部为斜坡或平底，墓室均为长方形土洞；竖穴土坑墓2座。出土瓷器、陶器、金属器、石器及铜钱等。推测墓群年代为北宋晚期，为刘昌祚家族墓地（《华夏考古》第4期）。2011年，在焦作东城花园发现1座仿木构多室砖墓。墓葬坐北朝南，分前室、后室、东侧室、西侧室，除后室为八边形外，其余墓室均为方形。室内砖雕题材主要包括门窗、侍俑、孝子等。推测此墓年代为宋末金初（《中原文物》第6期）。2012年，在洛阳偃师新寨发现1座斜坡墓道圆形砖室墓。墓内砖雕简单，包括门窗桌椅柜等题材，推测年代为北宋中晚期（《洛阳考古》第1期）。

2017年，考古工作者在河北邢台巨鹿县薄庄小学发掘9座单室砖墓。其中圆形1座，八边形3座，长方形5座。发掘者据墓地排列、墓葬形制、出土瓷器和铜钱推测墓群为北宋晚期平民家族墓（《文物春秋》第3期）。2018—2020年，考古工作者在陕西西安清凉山墓地发掘唐宋墓葬共70座，其中宋墓14座，均为南北向。宋墓中，竖穴土圹墓13座，偏洞室墓1座。宋墓出土陶器、瓷器、铜器122件（组），其中铜钱104枚。推测墓群年代为北宋中晚期（《文博》第5期）。2016—2018年，宁夏文物考古研究所在固原西郊发掘一批宋墓，均为竖穴墓道土洞墓；简报披露了其中典型的M6、M19和M21。M6、M19均出土形制较复杂的塔式罐，较为特殊；M21出土有买地券一方，上有"宣和甲辰岁"字样，推测这3座墓均为北宋晚期墓（《中国国家博物馆馆刊》第11期）。

2019—2021年，考古工作者在江苏盐城黄海路遗址清理墓葬144座，其中宋墓95座。简报介绍了其中4座宋墓（M21、M37、M79、M112）。3座宋墓为竖穴土坑木棺墓，1座为竖穴土坑双砖室墓。发掘者推测除M79为北宋中晚期外，其余3座均为北宋早期（《东南文化》第4期）。

《浙江省文物考古研究所学刊（第十二辑）》刊布了浙江地区近年来一系列宋墓发现，包括湖州后湾山古墓群、湖州昆山遗址宋墓、长兴县云峰宋周子美墓、长兴县水口金山村宋墓、金华市婺城区金品区块宋墓、兰溪市胡联村宋代壁画墓等，其中周子美墓年代为北宋晚期，其茔园、墓室形制基本完整，出土有青白瓷释迦牟尼佛坐像。金山村宋墓墓主人为南宋知府皇甫鉴，墓葬为砖石混筑，石椁砖室之间灌注石灰浆，注重墓葬密封。兰溪互联村宋墓为南宋晚期仿木构壁画墓，在南方地区较为少见（文物出版社）。2020—2021年，在绍兴市新昌县发现 2 座北宋墓，均为石顶砖室墓，平面呈南北向长方形，并列埋葬，出土瓷碗、瓷、盏、铜钱等随葬品总计 12 件（《东方博物》第 1 期）。

2019 年，考古工作者在福建邵武水北镇发现 1 座宋墓。此墓坐北朝南，为单圹竖穴分室砖石合葬墓，主体以青灰砖平铺错缝砌造，墓顶以条石平铺。未见棺木，但墓中可见朱色漆皮和棺钉，可知原应有朱红色漆棺。出土遗物 9 件，为银发簪、铜镜、兔毫盏、景德镇青白釉葵口碗、石砚、铜镜、景德镇青白釉刻花纹碗，铁帽饰残件。推测此墓年代为两宋之际。除为探讨福建丧葬习俗提供资料外，此墓还有助于探讨景德镇青白瓷流布与消费（《福建文博》第 1 期）。

1989 年，考古工作者在武汉新洲巴铺发掘 3 座北宋墓葬。其中 1 座为土坑竖穴石室墓，2 座为土坑竖穴砖室墓，平面均为长方形，东西向。出土器物以瓷器、釉陶器为主，包括湖泗窑、景德镇窑、耀州窑产品。M1 出土有墓铭，推测墓主人为知县一级官员。推测墓葬年代均为北宋晚期（《江汉考古》第 3 期）。2011 年，襄阳王伙村一座北宋纪年仿木结构砖室墓得到发掘。此墓坐北朝南，由墓道、墓门、甬道、近方形墓室、西耳室构成。墓室内有砖雕，题材包括门窗桌凳、剪刀、熨斗、台、案、酒具等。出土有买地券一方，上刻"端拱二年"（989）字样（《江汉考古》第 6 期）。2016 年，考古工作者在武汉新洲朱家堤湾发掘一座北宋石室墓。此墓南北向，长方形，分南北两室，棺木位于北室。出土瓷、铁、银等器物 11 件，另有铜钱 782 枚，综合判断墓葬为北宋晚期（《北方文物》第 1 期）。

2016 年，成都文物考古研究院等在简阳甘蔗嘴发掘一处宋代家族墓地，清理石室墓 5 座。5 座墓均坐西北朝东南，墓圹均呈长方形，带墓道。五墓均有浮雕，多以刻像幡形式刻出佛教造像，在以往所见四川地区墓葬中似不多见。出土器物较少。综合判断 5 墓年代均为南宋中晚期，其中 M3 可早至南宋中期（《文物》第 5 期）。2018 年，四川省文物考古研究院等在青神县四亩田发掘一处宋代墓地，清理 6 座北宋中晚期至南宋早期砖室墓、石室墓。其中带墓道竖穴土圹砖室墓 2 座，带墓道竖穴土圹单室石室墓 4 座。两种墓葬均上半部露明，下半部位于墓圹之内，近似于半地穴式建筑。砖室墓前为肋拱顶，后为叠涩顶；石室墓 A 型为叠涩拱顶，B 型为券拱顶。推测砖室墓为北宋中晚期，石室墓为北宋末期至南宋早期。此组墓葬对探讨宋代四川地区内部的人群交流颇具意义（《四川文物》第 2 期）。2020—2021 年，考古工作者在四川旺苍县蛮洞子石发掘了一组宋代崖墓。墓葬均为长方形，大体垂直于山崖，呈"一"字型分布，由雨槽、墓道、墓门、墓室等构成。部分墓葬有浮雕。M1 出土买地券一方，上刻"嘉泰四……"（1205）字样。推测此墓群为 3 组 5 座夫妻合葬墓，年代均为南宋中晚期（《中国国家博物馆馆刊》第 2 期）。2019 年，考古工作者在广汉中学新址发掘 1 座北宋梯形单室券顶砖墓。墓葬有前中后三道肋拱，墓室两侧及后壁各有 2 壁龛，墓室中部有腰坑。出土器物共 15 件，包括买地券一方，上刻"熙宁五年""墓堂"等。此墓部分特征具有广汉地方特色（《四川文物》第 3 期）。

2016 年，重庆九龙坡区斑竹林一处南宋墓地得到发掘。考古工作者共清理石室墓 6 座，其中单室墓、双室墓各 3 座。墓葬均由挡墙、墓门、墓室等部分构成。仅少量墓葬有浮雕装饰。出土遗物主要是少量瓷器。推测这些墓葬年代为南宋中晚期（《四川文物》第 2 期）。《渝西长江流域考古报告集》集中刊布了一批近年来发掘的宋墓，包括江津区石佛寺遗址墓葬区宋墓、江津区白沙中学宋墓、永川区大沟屋墓地宋墓、荣昌区骑龙桥墓群宋石室墓等（科学出版社）。

2019年，贵州文物考古研究所在遵义市正安县官田坝发掘2座宋墓。2墓均为竖穴土坑石室墓，内设壁龛、藻井等，饰有浮雕共计约60组，题材为西南地区常见的侍者、武士、启门、青龙、白虎、花卉、瑞兽等。推测此组墓葬年代为南宋中期（《江汉考古》第5期）。

在宋墓研究方面。郑嘉励《读墓：南宋的墓葬与礼俗》以南宋时期江南地区墓葬材料为核心，先立足于微观视角，综合地下墓室、随葬品、地表墓园、墓地选址、火葬等方面描绘、讨论了南宋墓葬的形态与制度；继而提升至墓地视角，探讨了合葬、族葬的墓地安排；然后切换至宏观视角，比较了中原葬制与江南葬制的传承与地区性差异；最后围绕南宋墓葬志铭碑刻等文字材料，讨论了丧葬习俗的世俗化表征。这一论著是近年来浙江南宋墓葬考古研究的总结性著作，对理解南宋江南地区墓葬的时空特征和其背后的社会文化变迁具有启发性（浙江人民出版社）。浙江省文物考古研究所等编著的展览图录《他是谁——探秘兰若寺大墓》，系统展现了浙江近年重要宋墓兰若寺大墓的出土材料，并利用出土材料提出了兰若寺墓园遗址的建筑复原方案（浙江人民美术出版社）。

刘未《宋元时期的五音墓地》广泛收集考古实例，分析五音墓地的实操方式，指出五音墓地昭穆贯鱼葬的排列是以墓域为基本单元的，四十九穴方格网是当年规划墓地的空间参照。但以往考古学研究易于忽视四十九穴方格网的隐性存在。北宋皇陵布局秉承天子葬明堂原则，帝陵与帝陵之间排列关系有如昭穆葬，后陵与帝陵之间的关系有如贯鱼葬，普通墓域内的坐穴次序不适用于此（《古代文明》第16卷）。北宋胡珵夫妇石棺是目前罕见的北宋时期房屋形葬具，杨煦、郑岩《山东安丘北宋胡珵夫妇石棺研究》围绕这一墓主与纪年明确的墓例，实地调研其原出土地，并采用木构建筑测绘方法精细测绘石棺，认为这一制作于《营造法式》颁布之前的石棺部分方面缺少木构法度考虑，体现出了11世纪及更早的建筑做法（《文物》第8期）。俞莉娜等《山西壶关上好牢M1砖雕壁画墓仿木构形制及设计研究》基于对上好牢M1的精细测绘，分析了墓室的仿木构形制特征，将墓葬年代明确至1101—1123年。通过对建筑构件的特征分析，指出M1以标准砖为基础进行尺度设计和模件加工，通过份值控制、比例控制确定构件实际尺寸（《文物》第4期）。王云飞《河南宋代砖室墓的墓圹与墓道营造》讨论了以往较少受到关注的墓圹与墓道营建问题。他讨论了墓圹与墓道关系的三种情况，并分别讨论了竖井墓道和斜坡墓道的营造方式，指出二者均体现身份等级，亦受到多种因素影响（《华夏考古》第1期）。吕伟涛《洛阳新见二十四孝图石棺考略》在介绍新材料基础上，指出二十四孝完整组合的出现时间不晚于北宋崇宁五年（1106）（《美术学报》第2期）。李清泉《往生之桥——宋金墓葬美术中的一个"连接"符号及其所承载的一段心史》广泛收集了宋金时期墓葬美术中常见的桥梁图像，认为通过桥梁所升之天为佛教中的净土天堂世界，所过之桥为通天桥；桥图式的生成源于"盂兰盆会"和地藏信仰导致的丧葬习俗变动；桥连接了今生与来世，暗示了"中阴阶段"（《古代墓葬美术研究》第5辑）。庄程恒《五星入地：江苏溧阳北宋李彬夫妇墓与五星镇墓葬俗》重新讨论了李彬夫妇墓所出神像俑，认为金木水火四星无误，原"房宿"应为土星。作者认为五星镇墓葬俗是汉代五行观念的延续；李彬夫妇墓使用五星镇墓体现了传统观念与世俗佛教信仰的融合（《古代墓葬美术研究》第5辑）。胡译文《尊古复礼——蓝田吕氏家族墓的墓园布局与丧葬实践》基于对陕西蓝田吕大临家族墓的整体分析，认为蓝田吕氏墓前祭祀建筑的设置源于汉代墓祭传统；墓地排列体现了昭穆制等周礼制度（《故宫博物院院刊》第 3 期）。吕瑞东、牛英彬《四川宋墓后龛图像意义及其供祀功能的探讨》认为宋代四川流行的石室墓后壁装饰营造出供祀氛围，且其常自题"寿堂"，应负有祭祀功能，同时其也可能具备"影堂"功能（《中国美术研究》第 2 期）。刘威《从石窟到墓葬——安丙墓后室造像与佛道教造像龛之间的关系探析》则提出，安丙墓运用了石窟造像的整体布局来调整墓葬空间和图像模式，其装饰与图像显现出对宗教窟龛的模仿，认为安丙墓体现了宗教艺术对墓葬艺术的渗透（《美术学报》第 6 期）。陈蔚、方盛德《川渝黔南宋石室墓仿木格子门样式和做法研究》基于《营造法式》对格子门的规定，较全面收集五代至宋川黔渝地区格子门图像材料，梳理了格子门的样式类型，以探索"格子门"的演变轨迹（《古建园林技术》第 2 期）。

（三）元代

2019 年，山西省考古研究所等在朔州市官地村发掘 1 座元代仿木构八边形单室砖墓。此墓由阶梯墓道、墓门、穹窿顶墓室组成。墓室绘有主题壁画和仿木构建筑彩绘。主题壁画题材包括奉茶图、山水屏风和备酒图。出土随葬品包括陶罐、陶瓷、铜钗、砖墓志、铜钱等。推测墓葬年代为元代（《文物》第 1 期）。2017 年，山西大学考古系等在山西大学东山校区发掘元代仿木构单室砖墓 2 座。2 墓均由阶梯墓道、甬道、封门砖、墓室构成，墓室分别为八边形、六边形。墓葬壁画多漫漶脱落。出土少量瓷器、陶器、铜钱等。瓷器种类包括钧瓷、化妆白瓷等。推测 2 墓年代为元代中晚期（《文物》第 11 期）。2020—2021 年，考古工作者在山西洪洞县西孔村发掘一批元代墓葬，其中 M33 为具有明确纪年的仿木构砖室墓。此墓坐北朝南，由竖穴墓道、墓门、甬道、墓室、耳室构成。墓室为八边形，左右有耳室。砖雕题材包括门窗、桌椅、启门等。墓室及耳室内放置有陶罐、盆、钵，总计 44 件，其中 21 件出土有人骨遗骸，较为特殊。除陶器、瓷器外，此墓出土有买地券一方，写明此墓营建与大德七年（1303）河东 8 级大地震有关。地震致使郭氏祖茔受损，后人于至正十一年（1351）新建此墓，将族人迁葬于此，形成同族多人攒葬墓（《文物季刊》第 4 期）。

2019 年，济南市考古研究院等在章丘区清源大街发掘 1 座元代砖雕壁画墓。此墓坐北朝南，为阶梯墓道、近圆形墓室。墓室内底径约 3 米，高 4.2 米。此墓砖雕壁画华丽，彩绘砖雕门楼体量较大，装饰题材包括开芳宴、启门图等。未见葬具，仅出土零星人骨和瓷碗 2 件，瓷罐 1 件。推测此墓年代为元代（《中国国家博物馆馆刊》第 6 期）。

2017 年，考古工作者在河南南阳桐柏卢寨发掘 1 座元代仿木构壁画墓。此墓墓室呈长方形。棺木已朽，棺床上有人骨 2 具。墓内壁画大体可辨，题材包括孝子图、墓主人夫妇等。推测此墓年代为元代（《中原文物》第 1 期）。

2010 年，考古工作者在陕西西安青龙寺遗址发掘 1 座元墓。此墓为竖穴墓道单室土洞墓，坐南朝北。此墓出土较多陶俑、陶模型器、陶容器及铜钱等，陶俑较有特色。推测此墓为元代泰定年间或稍后，为元代中期墓（《文博》第 4 期）。

在研究方面，除上述内容中宋元、金元一并讨论的论著外，刘萨日娜、张晓东《试析蔚县东坡寨壁画墓的年代》重新考订东坡寨辽墓年代为金末元初。研究者通过比较指出此墓墓壁与墓顶衔接所用菱角牙子砖最早始于金代明昌年间，其仿木结构及墓主人夫妇并坐图像布局和细节具有元代特征（《北方文物》第 1 期）。苗轶飞《陕西延安虎头峁元墓文化因素分析》指出延安地处陕北与关中之间，虎头峁元墓形制呈现陕北元墓特征，随葬品与葬具形态受到关中地区影响（《考古与文物》第 5 期）。杨颉慧《河南尉氏张氏镇壁画墓董永图考论——兼论墓葬图像史料的特点》辨析了元代董永葬父图像的变化和特征（《洛阳师范学院学报》第 7 期）。

（四）明清

长久以来明清墓葬受重视程度不高，在刊布材料中很少被作为重点材料详细介绍。但皇家、贵族、官员墓葬通常较受重视。2022 年度比较重要或较有特色的明清墓发现如下。

2014 年，北京市文物研究所在北京海淀八里庄玲珑巷发掘一处明清宦官墓地，其中 M5 为明武宗时期宦官马永成墓。此墓为竖穴土坑墓。墓底长 4.35，宽 2.87 米，墓底残存四条青石石条，推测为葬具底座；墓室北、东、西三壁有壁龛，北壁龛为砖石混砌，东西壁龛为土圹，龛内摆放器物。出土随葬品完整器 11 件，包括豆青釉青花罐、铜镜、印章盒、石印章、买地券等，另有锡器木器，已粉碎。据买地券可知墓主马永成曾任司设监太监，卒于正德十三年（1518）。此墓丰富了明中期太监墓资料（《文物》第 12 期）。2011 年，考古工作者在北京丰台靛厂村发掘 1 座明代宦官墓。此墓为长方形石室墓，南北长 3.4 米，东西宽 2.34 米，坐北朝南。墓内四角立四方形石柱，较为特殊。出土随葬品为琉璃五供、寿藏铭、铜钱等。寿藏铭文字模糊，可见"皇明内官监左监丞张公寿铭"字样，可知为明正五品宦官。推测此墓年代为明晚期（《中国国家博物馆馆刊》第 2 期）。

1970 年，河南省文物工作队在上蔡县金井吴村发掘明顺阳王朱有烜墓。此墓坐北朝南，为竖穴土圹多室砖墓，由斜坡墓道、甬道、前室、中室、后室及左右耳室构成。后室及左右耳室均筑棺床，上有人骨。墓内出土随葬品 249 件，其中金器 65 件、玉器 157 件、银器 25 件、瓷器 1 件、锡器 1 件。出土墓志一合，记有朱有烜简要生平。此墓有助于探讨明代墓葬等级制度等问题（《中原文物》第 4 期）。2019 年，考古工作者在陕西西安雁塔区芙蓉东路发掘明秦藩辅国将军朱公铠夫妇墓。此墓为斜坡墓道券顶砖室墓，坐北朝南，由斜坡墓道、砖砌仿木构门楼、砖券墓室构成。墓室内有砖砌棺床，其北、东、西三壁有龛。此墓盗扰严重，出土遗物 16 件，以瓷器为主，另有墓志、买地券等。据墓志可知墓主为朱公铠夫妇，墓葬年代为明成化时期（《中原文物》第 2 期）。

无锡市文物保护中心等《无锡前房桥明代钱氏家族墓地》介绍了 1999 年、2012 年考古工作者两次发掘钱孟濬家族墓的情况。钱孟濬为钱镠十九世孙，钱氏为无锡望族。此批墓葬较为难得的是除出土有金银首饰、墓志铭、买地券等之外，还出土了大量有机质仿制品，为探讨明代服饰提供了重要实物资料（科学出版社）。2013 年，杭州市文物考古研究所等在杭州萧山老虎洞村发掘 1 座大型明代茔园墓。此墓茔园双室砖室墓，由双室砖室墓、八边形封土台基、环道、拜坛、挡土墙、坟坛、台阶等组成。出土遗物主要为 11 件陶瓷罐。推测此墓为明代。此墓对探讨浙江地区宋代以来的茔园制度有所助益（《东方博物》第 1 期）。

在研究方面，刘毅、孙怡杰《明代藩王墓内设祭现象研究》基于诸多墓例，总结了明代藩王墓中的设祭现象，指出墓内设祭的一般形式为置案设祭和置宝座设祭，陈设祭器多香炉花瓶等，亦有钟、罐、册、宝等；分析了行祭者与受祭者；认为陈设"长明灯"是藩王墓葬常见供祭方式。并提出祭器与明器不同，其出现应是唐宋以来礼俗兼容的结果（《江汉考古》第 1 期）。周兴《明墓所见冥途路引的考古发现与研究》将 17 例墓葬中所见冥途录引分为佛道两类，认为佛教路引早于道教，道教路引于嘉靖万历时居多。进而总结了明代葬俗中路引的一些特征，即版式多样，无固定位置；有诵后焚烧的可能；原有两份，焚烧一份，随葬一份。指出路引在明代以后仍然流行，直至清末（《宗教学研究》第 1 期）。董坤玉《北京地区出土墓券与券台特点研究》基于北京地区墓券与券台的发现，总结了墓券与券台的形态、质地及特点，指出北京地区墓券与券台主要流行于明清时期（《北方文物》第 1 期）。杨爱国《明清墓随葬陶瓦与古代镇墓传统》考察了明清时期小型墓葬中镇墓瓦的使用，讨论了中国镇墓术和镇墓形式的演变，指出镇墓术的使用反映了古人对于墓葬安全的关注（《中原文物》第 5 期）。

周莎《清代王爷园寝研究》基于对清代王爷园寝的调查，记录了园寝现状和相关碑志资料。在此基础之上，分析了清代王爷园寝的建筑规制和地理信息（天津人民出版社）。周悦煌等《乾隆五十年明十三陵修葺始末》结合文献与调查资料，全面梳理乾隆五十年修葺工程始末，指出此次工程实施以主体建筑为重、附属建筑舍弃的修缮策略，利用最小代价换取最大政治收益（《故宫博物院院刊》第 7 期）。王茹茹《清宗室、公主园寝地宫形制研究——以样式雷图档中的宗室、公主园寝地宫为例》利用样式雷图档已辨明的宗室、公主园寝寝券图纸，总结其形制特征，并与定陵不同等级地宫展开比较，探讨了清代相关园寝的地宫设计特点（《建筑学报》第 S1 期）。

三 陶瓷等手工业考古

2022 年度手工业考古研究论著数量很多，尤以陶瓷考古研究最为突出。在陶瓷的生产工艺、生产组织、国内消费、海外流通等问题方面均有不同程度的推进。

（一）陶瓷考古

宁夏贺兰苏峪口瓷窑址获评全国六大考古新发现，并入围 2022 年十大考古发现终评项目。王建保等《贺兰山腹地一处窑址踏查所见》简要介绍了苏峪口之前的调查情况。2015 年发现调查线索；2017 年，对此窑址进行正式调查；2021—2022 年，宁夏文物考古研究所等对苏峪口窑址进行发掘。此窑址出土产品以精细青白瓷为主，产品与西夏陵、西夏离宫所见基本一致，与西夏宫廷关系密切（《文物天地》第 4 期）。此外，据后续发掘可知，苏峪口所用窑炉为半倒焰馒头窑，窑场布局具有独特性。苏峪口窑产品质量高，其器形特征呈现出与南方地区产品的密切关联。此项发现将深入推进西夏官窑的相关研究。2021 年，江西省文物考古研究所等单位联合发掘江西景德镇御窑厂遗址西北角，发现宋元明清连续地层，出土围墙 4 道、房基 8 座、窑炉 11 座、辘轳坑 23 座等，基本厘清北端西围墙修建年代和改扩建情况。此项发掘确定了御窑厂西北边界，对于探讨御窑厂始建年代、明末清初及后期改扩建情况、镇区窑业的兴起等议题具有重要意义（《文博中国》6月13日）。

2022年度出版了一系列陶瓷考古报告和图录。江西省文物考古研究院编著《赣州七里镇窑址考古发掘报告（1985—2018）》系统介绍了1985—2018年考古调查与四次发掘工作收获，描绘了七里镇窑青釉瓷、青白瓷、酱釉瓷、黑釉瓷等产品的面貌和窑业遗存情况，特别是介绍了窑址附近作坊住所和商铺码头的调查情况，将窑址置于聚落之中进行考察（科学出版社）。安徽淮北烈山窑址是一处唐宋元时期民窑，安徽省文物考古研究所等编著《淮北烈山窑址》刊布了2017—2018年烈山窑考古工作成果，按堆积单位展现了出土遗物面貌。烈山窑产品以化妆白瓷系列产品为主，对探讨三彩和北方白瓷南传、安徽诸窑关系具有重要参考价值（文物出版社）。湖北省孝感市博物馆编著《马口窑：汉川马口窑址群考古工作报告》披露了湖北明清时期陶器生产窑址马口窑的发掘情况、产品特色和遗产保护管理情况（武汉大学出版社）。2010年，湖南省文物考古研究所等单位发掘醴陵唐家坳窑址，其编著的《枫林瓷印：醴陵窑唐家坳窑址出土瓷器精粹》一书介绍了此次发掘的收获，并展现了出土瓷器面貌，对于研究宋元时期湖南地区青白瓷生产具有积极意义（文物出版社）。成都文物考古研究院等编著《成都东华门明代蜀王府遗址出土瓷器》披露明蜀王府遗址出土的大批精美瓷器，为研究明代藩王用瓷提供了新的资料（科学出版社）。成都文物考古研究院编著《邛窑出土瓷器选粹》分五期介绍了隋代至元代邛窑瓷器的面貌变化（文物出版社）。

除考古报告外，另有相当部分窑址调查和发掘资料以简报形式刊布。

2015年，江西省文物考古研究院等调查江西景德镇银坑坞窑址群八角湾的五处窑址点，发现大量青白釉瓷片及窑具。将遗存分为北宋中期、北宋晚期至末期、南宋末期三期（《景德镇陶瓷》第6期）。2022年，景德镇市申遗办等调查瑶里釉果矿及绕南瓷石加工遗址，发现34处代表性瓷石矿洞遗址、49处水碓作坊或水坝遗址、18处窑业堆积等遗存。据文献记载，瑶里瓷石开采始于明晚期，清代后逐渐增多（《景德镇陶瓷》第6期）。2020年，北京大学考古文博学院等调查江西萍乡南坑窑18处窑址，根据所获青白瓷、灰青釉、青釉、黑釉、仿龙泉青瓷等遗物和4座砖砌龙窑等遗迹，将窑址分为南宋晚期至元代早期、元代中期、元代晚期三组。此外还发现了矿洞和码头遗迹。此项工作对于理解宋元时期湘赣窑业技术交流和瓷器生产格局具有积极意义（《南方文物》第3期）。2018年，江西省文物考古研究院等发掘宁都县下寮仔窑址，出土青白瓷、青瓷、酱釉瓷、陶器及窑具，其中以青瓷数量为多。此窑址产品种类、器物特征和烧造方式与江西金溪窑、南丰白舍窑、丰城钳石窑近似。推测此窑年代为元代（《东方博物》第1期）。

2011年，浙江省文物考古研究所发掘龙泉小梅镇瓦窑路窑址，发现龙窑一条和大量龙泉黑胎、灰白胎瓷器。发掘者推测灰白胎厚胎薄釉瓷器至少在1207年有烧造，黑胎薄釉青瓷年代晚于1179年，粉青凝厚釉始烧年代有可能在1175年之前。此项工作对于探讨龙泉贡御问题、哥窑窑址地点问题具有重要价值（《文物》第7期）。2018—2019年，考古工作者发掘浙江武义县溪里窑址，发现龙窑一条和大量龙泉窑系青瓷产品。推测此窑址年代为元代中晚期（《浙江省文物考古研究所学刊》第十二辑）。

2017—2018年，福建省考古研究院等调查福建顺昌高付头窑址，采集遗物主要包括白瓷、青花瓷、酱黑釉瓷等。其中白瓷小罐数量很多，表明这一处为生产海外大量发现的"安平壶"的窑址。推测窑址年代为明末至清代中期（《南方文物》第3期）。2015年，考古工作者发掘福建连江浦口镇碗窑山窑址，发现5条龙窑，出土青白瓷、青瓷、黑釉瓷、窑具等。推测碗窑山窑址年代为北宋晚期至南宋晚期（《福建文博》第3期）。福建两窑址的发现丰富了陶瓷外销研究资料。2020年，南平市博物馆等调查福建南平市延平区五里排窑址，发现龙窑5条，采集青白釉、青釉、黑釉瓷器标本及窑具标本。推测此窑址受到茶洋窑强烈影响，年代为北宋中晚期至元代（《福建文博》第4期）。

2020年，南京博物院等发掘常州排姆村窑址，发现2座马蹄形窑和一处房址，推测为不早于宋代的砖瓦窑（《东方博物》第1期）。2005年、2014年，重庆市文物考古研究院调查、发掘了荣昌区瓷窑里窑址，对周边的瓷土资源状况进行了调查。此处窑址可分三区，不同区域产品主要类型有所不同。窑炉形态为马蹄形窑，产品以白釉、黑釉为主，推测窑址年代主要为北宋末至南宋末（重庆市文物考古研究院、重庆文化遗产保护中心编著：《渝西长江流域考古报告集》，科学出版社）。

在研究方面，2022年度出版有几种著作和论文集，从不同角度集中探讨了陶瓷考古研究中的一些热点议题。郑建华等《浙江古代青瓷》立足于近几十年来浙江地区青瓷的诸多发现，引入文化结构和文化圈的研究方法，将浙江青瓷的发展分为原始青瓷、越瓷、龙泉青瓷三大代表时期，又将其分为滥觞期、成长期、发展期、鼎盛期、衰落期五大历史时期，认为其经历了四个高峰，生产中心经历了三次地理转移。此书是首部通史类浙江古代青瓷专著，展现了长时段视角下浙江青瓷的发展历程（浙江人民出版社）。刘涛《新编宋瓷笔记》在原作《宋瓷笔记》基础上新增十四篇宋元瓷器研究文章，涉及瓷器年代、功能、使用场景等议题，并部分收录陶瓷学术史研究（生活·读书·新知三联书店）。故宫博物院是陶瓷考古研究的重要机构，其在20世纪50年代有计划地进行全国瓷器调研工作，于我国陶瓷考古研究的方法和理路有奠基之功。徐华烽《故宫的古窑址调查研究（1949—1999）》系统回顾了故宫窑址调查学术传统形成的来龙去脉，有助于探讨陶瓷考古学术史（文物出版社）。中国古陶瓷学会编《中国古陶瓷研究第二十七辑：元明景德镇窑业与技术交流》收录系列文章，聚焦于景德镇窑在元明时期文化面貌和技术变化，并对相关影响展开了探讨（科学出版社）。

除研究专著和论文集外，2022年度陶瓷考古研究议题大体围绕窑址材料、国内市场地和消费地出土材料、海外材料三方面展开。

秦大树《瓷窑遗址的组成与地层学》基于数十年窑址考古工作经验，详细分析了瓷窑遗址的构成和窑址地层特点，对窑址田野工作方法进行了总结[《考古学研究（十三）》，科学出版社]。彭善国等《北宋宜阳窑初探》基于文献和考古材料，分析了河南宜阳窑的生产地域，认为宜阳窑至迟在北宋熙宁初年已开始大规模生产瓷器，生产应持续至金元时期。从现有考古发现来看，宜阳窑产品主要包括受到耀州窑影响的青瓷产品、磁州窑系及河南北部化妆白瓷窑场生产的化妆白瓷、白地黑花瓷器、珍珠地划花瓷器、黑釉瓷器及黄釉、低温三彩等品类，推测宜阳窑在宋代承担过为京西转运判官烧造酒瓶的任务（《文物》第9期）。王星《耀州窑生产作坊再观察》重新分析了20世纪80年代耀州窑遗址出土的48座唐宋时期作坊，认为以成型为主要生产环节的作坊在唐代耀州窑长期稳定存在，是相对独立的生产单元；原料生产设施在唐宋之间有所发展，表明瓷业生产专业化程度提升；在同一制瓷环节，发现刻有不同姓氏的盘头，表明曾有不同姓氏者合作生产（《故宫博物院院刊》第2期）。张欣怡等《浙江窑址出土青白瓷器的类型、年代与渊源初探》全面收集浙江青白瓷窑址资料，指出浙江青白瓷业肇始于北宋中晚期，持续至元早期。通过对浙江青白瓷窑场进行分类分析和工艺技术比对，认为第一类青白瓷产品窑场技术主要来源于江西，第二类青白瓷产品窑场技术主要来源于福建（《考古》第9期）。丁雨《空间的收缩？——元代景德镇陶瓷研究札记》指出，从考古发现来看，元代景德镇窑址分布的空间范围变小。这给研究者判断窑址生产规模提出了新的问题。借助于对典型窑址的比较和市场份额的观察，可知元代景德镇瓷业生产规模应并未缩小。比较元代其他名窑可知，景德镇的情况具有特殊性，这暗示着景德镇瓷业发展的新模式。新生产模式的种种特征和应对挑战的方式，形成了后来景德镇瓷业独特的发展道路〔《考古学研究（十三）》，科学出版社］。王睿《九个窑址、三个同心圆——泉州及其周边窑业》以泉州古城为中心，按照距离远近，认为附近九个窑址大体构成了三个同心圆，形成三个不同的产品圈。以此为模型，讨论了三个圈层的产品特色和区域经济发展特点。于陆洋等《霍州陈村窑始烧年代及相关问题初探》基于对霍州陈村窑的实地调查和资料比对，认为霍州窑有可能始烧于北宋中晚期（《文物季刊》第4期）。万钧《有关石湾窑制陶历史与生产的考察》追溯了石湾陶瓷生产的早期历史，重点讨论了明清石湾窑的生产特色，认为其在明清时期实现了生产的规模化和精细化。基于档案，认为石湾窑至迟在清乾隆时已进入宫廷（《故宫博物院院刊》第2期）。张晓珑等《明清时期青砖瓦烧造中的饮窑工艺探究》基于当前所见的明清砖瓦窑窑炉遗存，指出明清一些砖瓦窑采用自烟囱注水并让水沿窑壁流下的饮窑方式，并在窑体内开挖水槽引导水流至火膛，以保证水蒸气生成量，提升青砖瓦成品率（《南方文物》第6期）。杨洋等《宋代窑业作坊具利头的初步研究——以景德镇窑为例》以景德镇为核心，广泛收集瓷器坯体修整工具利头材料并分类，将景德镇利头分为北宋中期、北宋后期、南宋前期三期，认为利头的衰落与南宋中后期支圈覆烧法的出现有关（《中原文物》第5期）。吉笃学等《景德镇御窑厂遗址明洪武砖瓦产地新考》认为御窑厂洪武时期砖瓦类材料主要来源于邻近县镇（《中原文物》第4期）。胡舒扬《明代御窑青花瓷砖的烧造与用途探析》推测明代御窑瓷砖烧造是受到元代烧制瓷质建材影响的结果，青花瓷砖烧造可能始于宣德。除用作装饰材料外，部分青花瓷砖或用于祭祀，具有礼制性功能（《形象史学》第二十三辑）。王云飞《关于耀州窑月白釉龙首八方杯的几个问题》广泛收集了龙首八方杯器物，认为这些器物主要产自耀州窑与河南中西部窑场，主要生产年代应为金中晚期，指出此类造型源于对金银器的模仿（《考古与文物》第5期）。

围绕国内市场及消费地出土材料，郑建明《五代至北宋时期耀州窑青瓷分期研究——以纪年材料为中心》利用纪年材料将五代至北宋耀州窑青瓷分为五代、北宋早期前段、北宋早期后段、北宋中期、北宋晚期五个时期，认为北宋早期刻划花繁荣，北宋中晚期印花与刻花并重（《东南文化》第6期）。苏舒等《大报恩寺遗址J26出土陶瓷二题》指出大报恩寺遗址出土白釉砖为景德镇明初御窑厂出产；探讨了米黄釉瓷器出土折射出南京在国内外贸易、文化交流中的重要地位（《故宫博物院院刊》第8期）。董新林等《辽祖陵遗址出土瓷器初步研究》对2003—2010年辽祖陵出土瓷器进行了分类研究和统计，辨识出越窑、定窑、林东窑、耀州窑、缸瓦窑、浑源窑六个窑口类型，并将这些瓷器分为辽太宗后期至辽圣宗前期、辽道宗至金代初期、金代中后期三期。张凯《蓝田吕氏家族墓地M2东后室出土瓷器年代试析》通过对吕大临夫妇合葬墓（M2）东后室出土瓷器的比对分析指出，这些瓷器年代应晚于吕大临夫妇下葬时间（1093年），或可晚至徽宗年间。推测这些瓷器可能属后来入葬的吕大临继室陈氏所有（《边疆考古研究》第32辑）。

在中国陶瓷对外贸易方面，李晞等《日本所见定窑瓷器初探》分析了日本出土、收藏的定窑产品，认为出土品为定窑产品生产年代即时性的市场反馈，收藏品为各时代文化发展变迁层累而成的结果。隋唐五代时期日本对定瓷的进口，似非有意选择的结果，宋元时期进口的白瓷中少见定瓷，但至15—16世纪，日本遣明使搜罗宋代定瓷，或是有意追逐宋代趣味的结果，这在一定程度上反映了彼时中国陶瓷作为贸易商品，由实用器到非实用器的转变[《考古学研究（十四）》，科学出版社]。刘未《中亚及东欧地区出土宋元陶瓷研究》广泛收集中亚、东欧地区出土宋元陶瓷资料，认为亚欧内陆陶瓷贸易始于12世纪末，宋元陶瓷可分12世纪末13世纪初、14世纪早中期两期，前期以景德镇窑、定窑、耀州窑瓷器为代表，后期以龙泉窑、景德镇窑及少量磁州窑系瓷器为代表（《故宫博物院院刊》第6期）。刘未《香港宋皇台遗址出土宋元贸易陶瓷研究》基于对香港宋皇台遗址出土贸易陶瓷的初步整理，将其分为北宋末期至南宋初期、南宋早期、南宋中期、南宋晚期、南宋末期至元代早期、元代中晚期六期，并分析了各期的产品组合变化（《文物》第11期）。魏峻《16—17世纪的瓷器贸易全球化：以沉船资料为中心》将16—17世纪沉船资料分为1480—1567年、1570—1590年、1590—1650年、1690—1730年四期，分析了各期沉船来源地、瓷器品类变化、目标消费者特征，进而基于全球视野讨论了亚欧瓷器贸易的变化和特征（《故宫博物院院刊》第2期）。秦大树《试论一件东欧旧藏钧官窑扁壶的用途及传播途径》通过考察匈牙利埃斯泰尔哈吉家族公主旧藏钧窑扁壶的特征，证明此壶为明初至宣德间的钧官窑产品；认为此件器物为北方冬季取暖所用"汤婆子"，指出此件寝具应是通过陆上朝贡贸易转运至东欧的，是明代中外交流的重要证据（《中原文物》第5期）。

除研究外，2022年度陶瓷考古方面出现了一系列综述性文章。徐华烽等回顾了琉璃器、钧窑的考古工作与研究（《古代文明》第16卷，《许昌学院学报》第1期、第3期）；翁彦俊等总结了景德镇明清御窑厂的考古工作与研究（《南方文物》第3期）；高宪平等对紫砂器的考古学研究进行了综述（《中原文物》第6期）；李鑫等总结了定窑考古发现和研究成果（《文物春秋》第1期）；康启迪等回顾了21世纪以来建筑用瓷和釉陶窑址的考古进展（《文物天地》第6期）；张文江等总结了吉州窑、景德镇历代窑炉的发现与研究（《文物天地》第3期、第4期，《景德镇陶瓷》第6期）；王筱昕等总结了云南8世纪中叶以来陶瓷遗存的考古发现与研究[《考古学研究（十四）》，科学出版社]；李含笑等对唐三彩的考古发现与研究进行了综述[《考古学研究（十四）》，科学出版社]。

（二）其他

2014年，河南省文物考古研究院等发现一处制酒作坊建筑遗址。此处建筑基址由四组建筑构成，包括29座房址、2处庭院、2条道路、9座灶台，以及烟囱、地下火道、池、水沟等遗迹，出土遗物 66 件，以瓷器为主，器形中执壶、双耳罐、陶瓮较多。通过比较和对出土遗物残留物的分析，推测此处建筑基址为晚唐宋初一处制酒作坊（《华夏考古》第 2 期）。重庆市文物考古研究院等调查成渝古道走马区域时发现一批手工业遗址，包括冶炼遗址、制瓷遗址、石灰燔烧遗址三类。其中冶炼遗址共 4 处，1 处可能为南宋时期，3 处为明清时期；窑址 4 处，3 处为南宋时期，1 处为明清时期；石灰燔烧遗址 3 处，初步判定均为清代（重庆市文物考古研究院、重庆文化遗产保护中心编著：《渝西长江流域考古报告集》，科学出版社）。刘莉等对浙江浦江上山遗址出土的两件宋代陶缸残留物进行分析，鉴定出与酿酒有关的红曲霉等霉菌，推测主要酿酒原料包括大米、小米、薏米和菱角，所制酒为红曲酒（《南方文物》第 4 期）。

四　宗教考古

2022 年度宗教考古的实地调研工作集中于石窟寺、摩崖石刻、寺院建筑、壁画雕塑等方面。相关研究有相当部分延续以往传统，将实物与文献相结合，探究宗教遗存的内涵和表达形式的流变。近年来对宗教遗存营造过程的关注在逐渐加强。

敦煌研究院、甘肃省文物局编著《甘肃中小石窟调查报告：天水卷》介绍了自 2003 年起对甘肃天水地区中小石窟的系统调查成果。天水地区石窟时间主要集中于北朝、唐宋、明清三阶段（科学出版社）。2020 年，徐忠雨等调查河北武安千佛洞石窟。调查可知石窟分内外两部分，外窟现存造像龛 106 座，造像 156 身。由第 48 龛龛外题记"大观戊子岁"可知此石窟开凿于北宋大观二年（1108）前后。根据对窟中 71 条题记分析，推测此石窟为都保正侯进发起，僧人惠开引导建造的民间公共性佛堂（《文物春秋》第 4 期）。范潇等调查忻州市石窟寺，按自然地理将忻州分为忻定盆地、汾河流域、五台山周边、黄河东岸四个区域进行考察，指出忻州地区石窟寺开凿时间长，北魏至明清皆有，明代石窟可占一半以上（《云冈研究》第 4 期）。2013 年，四川省文物考古研究院等调查了四川马尔康市甲扎尔甲石窟。此石窟为天然洞穴，经人工简单修整后，可分窟外，窟内前、中、后室四个区域。石窟内存有大量壁画，呈现西藏–尼泊尔风格。推测此窟以前室为核心，似曾有多个教派在此石窟附近活动，此窟年代可能在 14—15 世纪（《四川文物》第 3 期）。

2014 年，四川大学考古文博学院等调查四川安岳净慧岩摩崖造像。造像现存 22 龛，题刻 19 则。题刻所记年代包括南宋、清代两时段。据造像风格和做法，净慧岩造像始凿于初唐、盛唐，南宋绍兴辛未年（1151）被全面改刻，清代又补塑（《文物》第 2 期）。2017 年，考古工作者调查四川仁寿大化石院寺摩崖造像，在原有 19 座龛基础上新编号 4 座龛。通过比较造像风格、题材、位置、尺寸，可将造像分为四组，推测第一组和第二组年代约为中晚唐时期，第三组开凿于唐末至北宋，第四组年代在明中后期（《文物》第 2 期）。2019 年，西南民族大学民族博物馆等配合大佛保护工程进行考古调查，观察到资阳半月山大佛不是一次性工程，在开凿过程中曾改变设计。唐代贞元年间始凿后，南宋、明代中叶及现代对大佛又有修补、改建等工程（《文物》第 2 期）。

2011 年，宁夏文物考古研究所等发掘宁东西夏遗址，发现房屋基址 1 处，圆形夯土台基

1处等遗迹，出土遗物以建筑构件和生活用具为主。推测此遗址为西夏中期仁宗时期（1140—1193年）皇家佛寺建筑（《考古学集刊》第26集）。2017年，故宫考察队在四川石渠麻达寺护法殿发现明代壁画与泥塑造像。雕塑呈现卫藏地区传统风格，壁画呈现从古典主义风格向晚近艺术风格演变的轨迹。麻达寺壁画填补了15世纪至17世纪西藏东部地区艺术风格过渡期资料的空白（《故宫学刊》第二十三辑，故宫出版社）。2013年起，故宫博物院在西藏、四川、青海及尼泊尔等地调研近百处苯教寺庙，在西藏昌都薪日寺发现明代苯教壁画。从该寺壁画图像内容、布局结构、艺术风格等方面来看，其绘制年代应为15—16世纪（《故宫学刊》第二十三辑，故宫出版社）。

2022年度宗教考古方面的研究主要集中在石窟营建、图文考证、文化因素分析等几个方面。彭明浩《石窟寺窟前建筑的初步考察》基于对云冈、龙门、巩义、响堂山等中原石窟窟前建筑遗迹的考察，总结了窟前建筑遗迹的类型和构造关系，指出建筑遗迹和壁面龛像之间存在打破、避让、协同三种空间关系，根据这三种关系可以推测建筑是后期增建还是与石窟一体营造，进而讨论了建筑功能和景观背景[《考古学研究（十三），科学出版社]。周珂帆等《"高欢云洞"——北朝大型洞窟的未尽蓝图与开凿过程》基于对山西省左权县东南北朝石窟"高欢云洞"的调查和测绘，根据辍工遗迹分析了石窟最初的设计意图和开窟次序，认为其原始设计规模超过了南北响堂各单体石窟，反映了邺城地区的洞窟做法，对于探讨大型石窟营建过程具有重要意义（《文物季刊》第2期）。房子超、沙武田《敦煌莫高窟第465窟大成就者黑行师考——兼论藏传佛教艺术中的黑行师图像》基于对文献和考古遗存的分析，认为敦煌465窟大成就者黑行师图像绘制所依据文本与拜寺沟方塔出土西夏文《广义文》最为接近，表明其最早可追溯至西夏文本和传轨。基于对资料的广泛收集，发现此类图像流行于藏传佛教艺术中（《敦煌研究》第4期）。孙伯君等《张掖金塔寺石窟新见的西夏文榜题》在调查甘肃张掖金塔寺石窟时抄录了东窟塔柱正面残存的西夏文墨书榜题。榜题内容为阿弥陀佛的十种化身名号，但其书写于早期塑像旁边。这表明西夏时曾有十方诸佛重新定义为阿弥陀佛化身的行为，证明了净土信仰在西夏的流行（《敦煌学辑刊》第2期）。张亮《四川安岳近年新发现地藏十王造像研究》讨论了在安岳菩萨岩、菩萨湾和石锣沟石窟中新发现的早期地藏摩崖造像，认为这些造像中包含有不见于四川地区同类造像的新要素和图式，其年代应为10—11世纪中叶；指出四川地区地藏十王造像较敦煌地区数量更多，内容、图式更丰富，包括敦煌地区在内的地藏十王图像粉本应均由成都产生并传入（《敦煌研究》第1期）。张小刚《莫高窟第491窟塑像尊格考辨》提到第491窟年代为西夏中晚期，指出窟中主尊塑像的尊格可能是地藏菩萨，两侧胁侍为善恶童子（敦煌研究》第2期）。杨富学等《再论榆林窟第3窟为元代皇家窟而非西夏皇家窟》钩沉文献与图像史料，认为榆林窟第3窟是元代西夏遗民在蒙古豳王支持下开凿，属于蒙古皇家洞窟（《敦煌研究》第6期，《形象史学》第二十二辑）。王传播《夏鲁寺嘎加羌殿的营建历史、图像配置与空间意蕴》通过考察西藏日喀则夏鲁寺嘎加羌殿壁绘祖师传承序列，分析杰冈巴观音主从三尊传承和秘密成就马头明王传承，结合文献史料，提出四臂观音组像是14世纪夏鲁寺建筑发展期由转经到礼拜发展过程的核心设计，嘎加羌殿这一空间也是对旬努竹所传香巴噶举教法的聚合呈现（《故宫博物院院刊》第7期）。晋宏逵《敦煌壁画中的宫廷建筑元素举例》指出故宫庭院中的廊院格局、布局模式及建筑要素与敦煌盛唐壁画净土寺院最为接近（《故宫博物院院刊》第 11 期）。刘天歌等《云冈不同时期的景观与云冈堡的修建》探讨了北魏至明清云冈石窟景观变化，指出北魏时期以昙曜五窟为中心，山下石窟与山上寺院相结合，辽金时期兴建窟前木构佛寺，明代兴建云冈堡，宗教活动衰落，寺院重心转至 5—8 窟区域（《文物季刊》第 2 期）。魏文斌、吴梦帆《"宝卷与图像"——民乐上天乐石窟仙姑灵迹变与〈仙姑宝卷〉》描绘了甘肃民乐上天乐石窟清代《仙姑灵迹图》的主要内容和布局，考证其源于《仙姑宝卷》，与明清时期河西地区仙姑信仰的流行密切相关（《石窟寺研究》第 13 辑）。

五　建筑考古

2022 年度的建筑考古调研内容主要包括建筑实测复原、尺度、构件、结构、图像中的建筑及古代建筑与政治社会关系等几个方面。

云南通海涌金寺是云南现存数量不多的早期木构建筑，梳理文献和碑刻材料可知其创建于南宋嘉熙年间（1237—1240），元至正年间（1341—1368）重建，明清至现代均有重修、改造。2019—2020 年，王雨晨等调研涌金寺古柏阁，通过对古柏阁平面与柱额、斗拱、梁架等结构的观察，推测古柏阁主体大木构件的年代下限为元末，部分构建不排除是南宋所创的可能性，晚期的落架大修应在清代。古柏阁上体建筑以官式做法为主，地形做干栏式底层，体现出官式建筑和地域做法的结合（《文物》第 1 期）。2021 年，俞莉娜等调查测绘河南巩义蔡庄三官庙大殿，初步推定庙宇原始格局及建筑配置，判定元至元十五年（1278）为大殿原构形制的共存纪年。三官庙大殿若干形制特征有助于认识金元之际建筑形制演变（《故宫博物院院刊》第 11 期）。刘云聪等《层累与互证：社会史研究中建筑实物史料的价值——以山西陵川郊底白玉宫为例》通过对山西陵川郊底白玉宫进行形制断代和文献研究，树立了白玉宫的建筑营造与布局演变过程，综合碑刻资料，讨论了建筑遗存应用于社会史研究的价值和途径（《文物季刊》第 3 期）。岳天懿《北镇辽陵琉璃寺遗址建筑构件年代新论》树立了辽宁北镇医巫闾山辽陵琉璃寺遗址出土建筑构件，分类比对了檐头瓦件、滴水的形态，指出其中一些建筑构件为金代产品，认为北镇两处辽陵在金代可能并未被彻底焚毁（《北方文物》第 4 期）。丁垚等《独乐寺山门鸱尾与背兽补记》基于近年调查，补充描绘了独乐寺山门鸱尾与背兽、字迹、元素成分、着色方式等方面的特征（《古建园林技术》第 6 期）。李松阳等《浙江绍兴兰若寺宋墓仿木斗栱构件复原初步研究》指出，浙江兰若寺宋墓出土仿木斗栱构件共有三种材，此研究主要复原了最具代表性的 40 毫米材高构件，认为兰若寺仿木斗栱设计主要参考了《营造法式》，并兼容部分地方形制（《故宫博物院院刊》第 7 期）。《营造法式》是研究建筑史、理解建筑遗存的关键文献，张十庆《〈营造法式〉栱长构成及其意义的再探讨》，钟晓青《〈营造法式〉研读笔记二则》，喻梦哲、惠盛健《〈营造法式〉转角构造新探》均是基于研读《营造法式》，并结合实例探索规律的反思之作（《建筑史学刊》第 1 期、第 3 期）。李路珂等《开化寺大雄宝殿壁画建筑图像的测绘与复原制图》在整壁制图、真实尺度制图、细节制图、画面补全、色度测绘、与正射影像对照呈现等壁画测绘原则与程序之下，以开化寺大雄宝殿壁画建筑图像为例详细介绍了测绘与复原制图方法（《建筑史学刊》第 2 期）。杨怡菲等《高平开化寺北宋壁画兜率天宫建筑图像解读》基于图像复原，认为图像中出现的双阁格局、城楼及建筑细部表现翔实，一定程度上反映了北宋建筑的真实做法；壁画中的兜率天宫以纵向序列展现空间，充分展现了经文中描绘的天宫化现过程（《建筑史学刊》第2期）。王藏博《明长陵神功圣德碑楼斗栱形制年代解析》通过对比斗栱形制并结合文献，判定长陵圣德碑楼始建于宣德十年（1435），推断牌楼现存J4、J5型角科为明中后期修缮和更换，牌楼在清乾隆五十年（1785）、民国24年（1935）有大修（《建筑史学刊》第1期）。蒋雪峰等《云南明代殿堂式大木构架地方特征探析——以鹤庆文庙先师殿为例》比较分析了鹤庆文庙先师殿的平面、梁架、斗栱等方面，认为此建筑为了适应云南地区多地震的地质情况，大木构架等结构在吸收中原汉族建筑技术与文化过程中与地方建筑技艺、实际需求相结合，实现了本土化过程（《建筑学报》第S1期）。

六 其他

（一）理论方法

刘毅《明确主体发微知著——宋辽及以后考古学研究中的文献利用问题》指出中国历史时期考古学无法摆脱历史文献记忆影响的现实。在这种情况下，应立足于考古学主体视角，以文献为我所用为原则，充分发掘不同性质文献的辅助解释作用，并充分认识到文献的局限性，在此基础之上开辟新的历史视角，构建新的历史记录，丰富中华民族的历史叙述[《南开学报（哲学社会科学版）》第3期]。

（二）中外交流与外国考古

华光礁一号是我国南海发现的重要南宋早期沉船遗址。国家文物局考古研究中心等编著《华光礁一号沉船遗址发掘报告》系统刊布了多年来华光礁一号沉船发掘、清理及整理工作所获成果，全面展现了华光礁一号的船体结构、船货组成等信息。此报告的刊布对研究南宋海上丝绸之路的发展变化具有重要意义（文物出版社）。泰兴号是1822年沉没于南海贝尔维德暗礁附近的一艘商船，其始发于厦门，前往爪哇的巴达维亚。此船出水有大量清代晚期德化青花瓷，是19世纪初的代表性沉船遗存。王光尧《关于泰兴号沉船与所载船货的思考——海外考古调查札记（五）》、彭晓云《中国国家博物馆藏清代"泰兴号"沉船出水瓷器简报》分别介绍了泰兴号的基本情况和国家博物馆入藏泰兴号瓷器情况，反映了19世纪初我国与东南亚地区的贸易交流（《紫禁城》第2期，《中国国家博物馆馆刊》第12期）。

李佩凝《从南海宋代沉船看东南亚海上贸易网络的变迁》通过对印坦沉船、井里汶沉船、鳄鱼岛沉船和爪哇海沉船航线、船货及其货主的分析，认为在北宋时期中国和东南亚之间的贸易主要是朝贡贸易，而东南亚群岛间贸易则纳入到三佛齐主导的分配网络；11世纪之后，三佛齐的中心地位逐渐瓦解，更加直接而分散的贸易模式在东南亚逐渐形成（《边疆考古研究》第31辑）。丁见祥《南海Ⅰ号沉船目的地研究——以出土金叶子为线索》以南海Ⅰ号出水金叶子为切入点，广泛收集东南亚考古发现，认为泰国南部的博乍地区和苏门答腊东北岸的哥大辛纳很可能是南海Ⅰ号原本的贸易目的地（《南方文物》第5期）。吴敬《太仓樊村泾元代遗存与海上丝绸之路关系的几点思考》认为太仓在元代海港体系中可能主要扮演了国内转运角色，樊村泾所出龙泉青瓷可能并非用于外销（《边疆考古研究》第 32 辑）。

2014—2015 年，故宫博物院与印度喀拉拉邦历史研究委员会合作调查印度奎隆港口遗址，初步判断早于 16 世纪的旧奎隆港口遗址由港内水下遗址、沿岸港务设施和周边聚落遗址共同构成。采集中国铜钱 1208 枚，涉及唐、北宋、南宋、元等时期；采集中国古代瓷片 500 余片，包括青釉瓷、青白瓷、枢府瓷、青瓷、青花瓷等 9 类，年代主要为宋元时期，涉及景德镇、龙泉、福建等地窑口（《文物》第 8 期）。在考古工作基础之上，考古工作者对印度喀拉拉邦帕特南、奎隆两遗址出土孔雀蓝釉陶器进行研究，认为其来自古阿拉伯帝国，原应运送至中国，指出部分同类器物进入中国后，功能扩展作陈设、供奉之用（《故宫博物院院刊》第 6 期）。

（三）多学科合作

在陶瓷考古科技分析方面，2022 年度较有代表性的成果包括北京大学崔剑锋团队基于成分分析推定广州南越国宫遗址和南海Ⅰ号沉船出水酱釉罐产地为广东奇石窑（《文博学刊》第 2 期）；故宫博物院团队判定南京大报恩寺琉璃建筑构件分别为安徽当涂、南京方山、江西景德镇原料生产（《故宫博物院院刊》第 8 期）；北京大学与故宫博物院合作分析专供武当山琉璃烧制的皇家官窑湖北丹江口庞湾窑址琉璃生产工艺（《故宫博物院院刊》第 2 期）。此外，《考古学研究（十四）》刊布了一批陶瓷科技分析判定产地的成果，涉及南海Ⅰ号出水龙泉青瓷、郑州东西大街遗址出土白地黑花瓷、郑州出土青花瓷、"华光礁一号"沉船出水瓷器等。

吕鹏等《元代牧区畜牧业的考古证据——元上都西关厢遗址的动物考古学研究》对元上都西关厢遗址出土的 3000 余件可鉴定标本进行了分类研究，结果表明此遗址出土动物种属包括鸟、狗、马、驴、猪、骆驼、黄牛、绵羊等 16 种，以哺乳纲动物最多，哺乳纲动物中以绵羊最多，黄牛次之，进而分析了动物的测量数据、死亡年龄结构和各种痕迹。基于分析指出元代西关厢地区对动物资源的利用呈现出鲜明的牧业经济特色。结合植物考古证据可知，此地生业采用了农牧兼营的方式，而牧业可能更为重要（《南方文物》第 2 期）。宋姝等《湖州凡石桥南宋遗址出土动物遗存鉴定与研究》分析了凡石桥遗址出土可鉴定标本 131 件，表明出土动物种属包括大型珍珠蚌、牡蛎、鳖、大雁、家猪、狗、水牛、马、绵羊、家猫、小型鹿科 11 种。动物骨头上观察到的痕迹多数与屠宰和食用有关，展现出较为规范固定的屠宰方式。从死亡年龄来看，当时人们很少食用牛马驴等动物，其主要功能应为役使，只有其中年老病弱者才会被作为食物。对凡石桥动物遗存的分析展现了当时人们对动物资源的利用情况（《浙江省文物考古研究所学刊》第十二辑）。

（作者单位：北京大学考古文博学院）

甲骨文和金文研究综述

孙亚冰

2022 年度，出版和发表的甲骨文、金文著作约 35 部，论文约 400 篇。

一 甲骨文部分

（一）专著及论文集

本年度出版的甲骨文专著及论文集有：故宫博物院编《故宫博物院藏殷墟甲骨文》"马衡卷"及"谢伯殳卷"（中华书局），黄天树主编《甲骨文摹本大系》（北京大学出版社），蔡哲茂《甲骨缀合三集》（台湾"中央研究院"历史语言研究所），方稚松《殷墟甲骨文五种外记事刻辞研究》（上海古籍出版社），吴俊德《殷墟甲骨断代综述》（万卷楼），李雪山与韩燕彪《嬗变与重构：商代甲骨占卜流程与卜法制度研究》（科学出版社），刘新民、章念《殷墟甲骨卜辞文例研究》（中国社会科学出版社），贾燕子《甲骨文祭祀动词句型研究》（社会科学文献出版社），刘继刚《甲骨文所见殷商灾害研究》（科学出版社），朱歧祥《小屯南地甲骨选读》（台湾学生书局有限公司），陈桐生《商周文学语言因革论》（科学出版社），葛亮《汉字再发现》（上海书画出版社），朱凤瀚《甲骨与青铜王朝》（上海古籍出版社），谢明文《商周文字论集续编》（上海古籍出版社），朱彦民《契学初曙：天津甲骨学论集》（天津古籍出版社），汪涛《书写·图像·景观——汪涛自选集》（中西书局），四川大学历史文化学院等编《纪念徐中舒先生诞辰 120 周年国际学术研讨会论文集》（巴蜀书社），李峰等主编《张长寿、陈公柔先生纪念文集》（中西书局）以及［美］吉德炜著，陈嘉礼译《祖先的风景：商代晚期的时间、空间和社会》（上海古籍出版社）等。

（二）论文

根据论文的主要内容分述如下。

1. 新材料的公布与缀合成果

新材料有：岳占伟、宋镇豪《记一件考古出土刻辞卜骨改制的刀形骨锥》（《甲骨文与殷商史》新 12 辑，上海古籍出版社）；程名卉《美国哥伦比亚大学藏甲骨整理研究的新收获》（《出土文献综合研究集刊》第 16 辑，巴蜀书社）；陕西省考古研究院等《2004 年度周公庙遗址祝家巷北地点发掘简报》（《华夏考古》第 1 期）公布了一版西周甲骨；马尚《英国国家图书馆所藏甲骨证真二十五例——兼谈早期流传甲骨伪刻的作伪特点》（《文献》第 1 期）从过去认为是伪刻的英藏甲骨中找到 25 例真辞。

缀合成果有：周忠兵《一版甲骨新缀及相关问题研究》（《古文字研究》第 34 辑）在刘影缀的《合》27456+《甲》2777 基础上加缀《甲》2591，释出了其中的"䶂""䶂"等字；李爱辉《〈甲骨文合集〉6 的校读》(《古文字研究》第 34 辑）缀合《合》17073+《英藏》133，并据此缀推断《合》6 中的"逸"是动词；张军涛《一则新缀卜甲所见武丁时期的灾害》(《古文字研究》第 34 辑）通过《合》18792+18795+13377+《合补》4670+2294+《北珍》1005 的缀合，考证了发生在中原商地的一次蝗灾；门艺《无名组缀合一例及相关问题》(《古文字研究》第 34 辑）在莫伯峰缀合的《合》27281+26980 的基础上加缀《合》30050，并指出卜辞中的"敹"训为"理"，"敊敹"是卜问焦点的反面卜问，就是反着做的意思。其他缀合成果可查阅中国社会科学院古代史研究所先秦室网站等。

2. 字词考释与语法研究

李家浩《甲骨文"失"字小记》(《出土文献综合研究集刊》第 16 辑，巴蜀书社）同意丁山的看法，将学界释为"市"的字改释为"失"，读为"昳"，指太阳偏西，"失"是"跌"的表意初文。他的《谈〈说文〉"梏"字说解》(《出土文献综合研究集刊》第 15 辑，巴蜀书社）据甲骨文字形等材料推断"梏"为首械，是戴在头上的刑具。黄天树《说卜辞"雷风以雨不延唯好"之"好"》(《中国文字博物馆集刊》2022）认为《甲骨缀合汇编》776 中的"好"字当训为"美""善"，指好天气。他的《殷墟甲骨卜辞释读三则》(《古文字研究》第 34 辑）将《屯南》2539 等中"射鹿"看作"官名＋私名"的人名格式；将《合》21892 等中"爵示"释为以爵盛酒祭祀神主，认为《合》339 中的"王䎽"指王驾驭牲口。他的《甲骨文中的使动用法》(《第八届中国文字发展论坛论文集》)指出使动用法在殷墟卜辞中比较常见，使动的应用始于商代晚期。陈剑《卜辞"凶"字觅踪》(《中国文字》总第 8 期）认为殷墟甲骨文中的部分"鬼字"、西周与殷墟卜辞中的"䰠"字都表示"凶"这个词，"兇"字即由"鬼"字头部略作变形分化而来，"凶"又从"兇"字中截取简省分化而出。王子杨《甲骨文"辞"字补释》(《出土文献研究》第 21 辑）认为甲骨文"辞"与"口""舌"用法接近，表示意义不好的词，可能指言语纷争、言辞责让或逸言诋毁等。他的《花东甲骨一例祝辞的含义试解》(《古文字研究》第 34 辑）指出《花东》161 中的"毓祖非曰云咒正，祖唯曰麓倾不有扰"是祭祀时的祝辞，大意为毓祖要的不是祭祀都用云地之咒，而是即便山麓倾塌，也不要变乱禋祀。方稚松《甲骨文"䠶""膀"的用法与含义》(《文史》第 2 辑）认为甲骨文中的"䠶"基本都用为"孼"，表灾咎义，但"膀"的含义较多，可读为表灾咎义的"孼"，也可读为表相助义的"乂"（或艾），与丧葬有关时，又可读为训为安的"艾"，还可读为表收割义的"刈"，此外还用作地名，读为"薛"。他的《谈甲骨文中"章"的一种异体》(《出土文献综合研究集刊》第 16 辑）认为《合集》20354 的"𤰇"是"章"的异体，所从"口"象宗庙类建筑，与"章"所从的"亯"是意符换用。他的《谈甲骨文字构形中所体现的字义相反现象》(《第八届中国文字发展论坛论文集》)讨论了构形相反与词义相反的例子。邬可晶、施瑞峰《说"朕""弅"》(《文史》第 2 辑）认为"朕"是从本像一人"撑篙行舟"之形的"彤"的表意初文简省分化出来的一个字，"弅"象一人"具设""同"中插入璋一类玉器之形的简体，是古书训"具"的"撰"的表意初文。谢明文《释古文字中的"茸"》(《甲骨文与殷商史》新 12 辑）认为甲骨文"𦥑""𦥓""𦥔""𦥒""𦥐"等字是"茸"字的表意初文，又认为"耳"是"揖"的初文，甲骨文"𦥐"可一形多用为"祝"与"耳（揖）"，"𦥒"也可一形多用为"兄"与"耳（揖）"。

他的《释甲骨文中的"龠"及相关诸字——兼论丏、亥系一形分化》(《出土文献与古文字研究》第 10 辑)认为"龠"类形字应释为"分/龠",从"叩""万/丏"声,可能本是"邻"字的形声异体;它在表示祭祀场所或建筑时,与表祭祀场所或建筑的"宾"可能表同一词,或是音义皆近的两个词;在表"好""若""吉""善"意时,与出二类卜辞中有相同意思的"宾"字异体"宁"可能表同一词。张富海《说"井"》(《出土文献与古文字研究》第 10 辑)认为"丼"与"井"是音义不同的两个字,"丼"是水井的象形字,"井"可能是"型"的初文。徐宝贵《甲骨文"衰"(蓑)字补释》(《出土文献与古文字研究》第 10 辑)认为"衰""蓑"是原始的"衰(蓑)"字,像雨天在四肢及身体部位捆扎草或草片等物质以御雨。冯时《殷卜辞"泼风"考》(《中国文字博物馆集刊》2022)认为甲骨文"髟"是"髮"的象形初文,"髮风"读为"泼风",意为寒风。他的《商医灸焫考》(《中原文物》第 1 期)将《屯南》2219 中的"灸"释为"灸",指艾灸治疗法。邓飞《旧释"娩"之甲骨文当释"豨(豢)"》(《语文研究》第 3 期)认为旧释"娩"的甲骨文应隶定为"豨",是"豢"的初文。刘书芬、耿雯雯《"字"字和免的形义关系》(《出土文献语言研究》第 4 辑)认为"字"是"字"的古体,意为受孕。朱彦民《生育卜辞"妫"字蠡沽》(《历史教学》第 18 期)认为"妫"表顺利、平安,与婴儿性别无关。吴雪飞《释甲骨文中的"𠃌"》(《江汉考古》第 4 期)指出甲骨文"万作庸丩""惠庸丩""丩韶"中"丩"当读作"𠃌"是一种大埧。乔盼峰《说甲骨文新见"豙"和"豙"字——兼论〈合〉35344 释文》(《出土文献》第 3 期)认为甲骨文"豙"从戈,豚声,读作盾,为地名,"豙"则是人名。李发《读契札记四则》(《古文字研究》第 34 辑)将《花东》34"宜丁牝一"的"宜"看作为动用法,"丁"是生者;认为"黾"应读为"属",指出《甲骨缀合集》311 中有"千嘆",也有"千迺";认为甲骨文"副"字是磔牲之祭。孟跃龙《"化"字补释》(《古文字研究》第 34 辑)认为"化""毓(育)"同源,都像女人"生育"之形。刘云《甲骨、金文中的"莑"读"祷"说辨析》(《古文字研究》第 34 辑)认为从辞例、词义方面分析,认为"莑"不应读为"祷"。宋华强《释甲骨文几个从"畀"的字》(《古文字研究》第 34 辑)认为"畀"当释为"畁",读作"比至"之"比",是临近、临到的意思,"畀""畀"也从"畀"声,读作"刺"。孙亚冰《释"疡"和"殇"》(《古文字研究》第 34 辑)将甲骨文"𤺺"释作"疡",将金文"𢇛"释作"殇"。她的《试释甲骨文中的"夬"字》(《第八届中国文字发展论坛论文集》)推测甲骨文"𢍏"为"夬"字,"夬"是古人射箭时钩弦护指的工具,俗称扳指或搬指。吴丽婉《试说甲骨文隶作"佀、姒"之字》(《古文字研究》第 34 辑)将"佀""姒"释作妃。杨泽生《论甲骨文的"收"字及相关问题》(《中国文字》总第 8 期)将"𢁜""𢁛"释为"收获"之"收","𢁠"释为"收捕"之"收"。他的《说甲骨文中奉祀的"奉"字》(《古文字研究》第 34 辑)将"𡘝"等字释为"奉",意为供奉、奉祀、奉神。时兵《释殷墟甲骨文"㐱"字》(《中国文字学报》第 12 辑)则释"㐱"等字为"㐱",认为其本义是手持几案。张惟捷《殷卜辞"戟"字考》(《古文字研究》第 34 辑)将"戟"等字释为"戟",表示旗杆插直的底座。张玉金《释殷墟甲骨文中的"酙"》(《古文字研究》第 34 辑)认为"酙"字从"酉"从"彡","酉"亦声,"彡"表示酒尊打开后散发的香气,整个字表示以酒之馨香祭祀的意思。他的《殷墟甲骨文"其"语法位置与词性研究》(《中国语文》第 2 期)认为甲骨文中的"其"都是副词,表示未来,可译为"将要""将会"。他的《殷墟甲骨文中"其"的意义及其流变》（《中国语言学报》第20期）认为甲骨文中的"其"作时间副词时、表示未来时，有"将、将要、将会"的意思；作语气副词时，表祈使语气，是"要"的意思。他的《关于甲骨文中"氿""智"是否表总括的考察》（《中国文字学报》第12辑）认为"氿""智"不是表总括之词，而是祭祀动词。徐丽群《也说甲骨文中"翼""嘦""䑞"的字际关系》（《语言科学》第3期）讨论了"翼""嘦""䑞"的字形关系及其在卜辞中的使用分布。刘洪涛、李桂森《说"弘"——兼说甲骨金文所谓"弘"只能释为"强"》（《文献语言学》第14辑）认为"弘"字从"厶"，不从"口"，所以甲骨金文中从"弓"从"口"的字只能释为"强"。张昂《说殷墟甲骨文中"丮"字的相关问题——兼谈甲骨文中部分被误释的"苟"字》（《第八届中国文字发展论坛论文集》）认为"丮"与古书中的雨神"萍"（"屏翳"）有关，当释作"毟（毗）"。王雪晴《释甲骨文的"殿"字》（《第八届中国文字发展论坛论文集》）将"𢨒"释为"殿"，读作"蠢动"之"蠢"。雷缙碚《"昌、名"二字本义考——兼论〈诗经〉"安且吉兮"》（《古文字研究》第34辑）认为"昌、名"二字中的"口"为指示符号，其字义与其所依托的字符"日、月"有联系，分别表示日光之名和月光之明。刘影《甲骨卜辞中的祭祀对象"保"》（《古文字研究》第34辑）认为祭祀对象"保"可能是祖甲之兄、妇好之子，故其示主可置于母辛宗庙进行祭祀。武亚帅《戴异同源补说》（《出土文献综合研究集刊》第16辑）认为甲骨文"𢍱"由"𢍏"讹变而来，均系"戴"之本字，由于音近借为别异之"异"。他的《读契札记二则》（《出土文献》第4期）认为"𢻠、𢻎"二字左边所从为"迣"字及其声符，二字与战国文字从马𡎢（埶）声之字，皆应释为"鸷"；《合集》1118、1119中的"𢦏"字不是"奘"，而是像以钺斩首的"𢦏"字的省体。洪飏、项麒达《甲骨文旧释"𤴐"之字辨正》（《沈阳师范大学学报》第2期）认为"𤴐""𤴏"为一字异体，即"殟"或"昏"，"𤴒"是"𤴏"的简体，即"蕴"，"𤴓"则可能是"兇"字。陈子君《〈甲骨文合集〉10405正之"乛"字考释》（《汉字汉语研究》第4期）认为"乛"是"勺"的象形初文，在卜辞中假为宗庙之"庙"。她的《甲骨文兆辞"不𢇛"述议》（《中国文字研究》第35辑）读"不𢇛"为"不异兆"，指没有异常的兆象。李聪《嫡庶之分：论殷墟卜辞中一类特殊的亲属称谓"合"》（《中国史研究》第4期）认为无名类卜辞中的"合父""多合"之"合"是表示旁系亲属称谓的区别词，其与宾组中"介"是一对分布在不同类组中表同一词的通用字，都与"嫡庶"之"庶"意义接近。黄锡全《甲骨文中究竟有没有"稻"字》（《出土文献》第4期）认为过去释为"黍"的"𥝩""𥝬"是"稻"字，前者为旱稻，后者为水稻，"秜"则可能是再生稻。黄锡全、王艳丽《"士"字探源》（《第八届中国文字发展论坛论文集》）认为"士"即"吉"所从的"士"，与"笲（笲首）"同源。袁伦强《甲骨文"履"字补释》（《出土文献》第2期）认为《合集》18982等辞中的"𧿒"是"履"的表意初文，意为前往、到。他的《释甲骨文"滴""卫""奇"》（《第八届中国文字发展论坛论文集》）将"𣱛"释为"滴"；"𧦦𧦧"释为"卫"；"𠥌"释为"奇"。黄博《甲骨文补说三则》（《出土文献》第1期）认为"𣊞"是"遭"字的倒书；《合集》19941+中的"𣥐"当释为"圙"；卜辞"勿鲑……"的意思是"不要以为……是灾过"。沈建华《释"犁"字》（《甲骨文与殷商史》新12辑）认为"𠂆"是"犁"字的省形，商代已经出现了犁耕技术。刘桓《释读甲骨文附字》（《甲骨文与殷商史》新12辑）将甲骨文"𠂤"释为"附"，在卜辞中假借为"浮"，义为漂浮或盛，或雨雪貌。谢博霖《论〈山海经〉"折丹"为"晳"字析书讹误说》（《甲骨文与殷商史》新 12 辑）认为甲骨文四方风名"析"传之后世，加"口"旁繁化并讹变为"晳"，"晳"又讹为"晳"，"晳"又误拆分为"折""日"，"日"又误为"丹"，最后成为"折丹"。董笛音《论时间词"昧爽"及其构词方式》（《甲骨文与殷商史》新 12 辑）认为"昧爽"源自"妹丧"，它是以单纯词"丧（朡）"为时间参照物，加注否定意义的限定成分"妹"而形成的偏正式复合词。王晶晶《释甲骨文"麋""陷"的两个异体》（《甲骨文与殷商史》新 12 辑）认为甲骨文"🦌"是"麋"字异体，"🦌"是"陷"字异体。纪帅《释甲骨文中"嘆（難）"和"堇"》（《甲骨文与殷商史》第 12 辑）认为"🧍"像人突出口部叹息形，为"嘆"字初文，在甲骨文中多用作"难"，与"艰"字有别；"🔥"从火从莫，即"堇"字，本义指用火焚烧人牲以进献给神灵，后引申为一般意义的进献。谭生力《说"敬"》（《甲骨文与殷商史》新 12 辑）认为"丂"字像人头上戴有角形或毛羽类装饰物，与祭祀活动密切相关。刘鑫《再释花东卜辞中的剢》（《甲骨文与殷商史》新 12 辑）认为"剢"为用牲法，也表示灾祸意。胡其伟《也论商代卜辞之"史"》（《甲骨文与殷商史》新 12 辑）认为甲骨文"史"像手持旌节或棍棒武器，读作"事"，表祭祀、战争等国之大事，也作官名，为相关服务类职事人员以及设立于某方位或某国的军事类职能官员及其所率领的军队。侯瑞华《甲骨文与楚文字合证之一例——从"戎"与"蓐"说起》（《甲骨文与殷商史》新 12 辑）认为楚文字"农"兼用"戎"和"蓐"两形，"戎"与"蓐"相通，甲骨文中的"蓐"也可读作"戎"，"蓐收"即"戎收"，为刑神，非农神。李辉《读契小记三则》（《甲骨文与殷商史》新 12 辑）释《合》37517 中的"𥼶"为"秾"，为黏性稻；将释花东甲骨中的从米从黍与从米从禾的字分为两字，它们分别是黍米和禾米的专字；将旧释为"牟"的字分析为从牛丁声，读作犅，公牛的意思。张俊成《读契札记三则（释"孟"、释"魃"、释"隐"）》（《甲骨文与殷商史》新 12 辑）认为"🏺"是"孟"的本字，将"🏺"释为"魃"；认为《花东》85"🏺"从心乚声，释作"隐"，本义与心类义有关。连佳鹏《释甲骨文中从"𡰣"之字及相关问题》（《甲骨文与殷商史》新 12 辑）认为旧释为"尼"的字实为"𡰣"，"居"和"处"为一字分化，都来源于"𡰣"。尉侯凯《甲骨金文"玨"字新释》（《甲骨文与殷商史》新 12 辑）认为"玨"像双手进献玉戈，是享献之"享"的初文。孟雅真《殷墟甲骨卜辞中常见灾咎类"亡 X"词组的使用史》（《汉字文化》第 9 期）分析了"亡尤""亡害""亡祸""亡灾""亡来艰"在各组类中的分布情况。聂洁娜《古文字中"聖""聽"字际关系论析》（《语言与文化研究》第 23 辑）认为"聖""聽"二字不是异体字，而是同源字。李爱辉《浅析甲骨文中的"叹嗸"》（《出土文献研究》第 21 辑）认为"叹嗸"（"叹"）与其前面的卜辞属于一组"不对称对贞"，它是对前面卜辞的确认或补充。

莫伯峰《从不对称否定看卜辞中"惠"和"惟"的词义差别》（《古文字研究》第 34 辑）认为卜辞中"惠"的词义类似于"就是、必须是"，表示一种强烈的肯定语气和判断语气，而"惟"的词义有两类情况，一类是与"不惟"形成对称否定，词义类似于"只是、仅是"，表示一般程度的肯定和判断语气；另一类则只存在用"勿"来否定"惟"，没有肯定形式，"勿惟"相当于"绝不是、绝非"，表示一种强烈的否定。张婷婷《论甲骨文中的当事介词"自"》（《语言研究集刊》第 30 辑）对"自"字句做了探讨。卢玉亮《殷墟甲骨文有争议的几个代词研究综述》（《殷都学刊》第 2 期）认为甲骨文中没有第一人称代词"鱼"、（准）第三人称代词"屮"、反身代词"自"和旁指代词"他"。郑继娥《商代甲骨文金文中"用"的对比研究》

(《出土文献语言研究》第 4 辑）通过对比发现商代甲骨文"用"为动词，金文"用"多为介词。曾妮、蔡英杰《殷墟甲骨文第一期的变序句与焦点提取》(《甲骨文与殷商史》新 12 辑）探讨殷墟卜辞的焦点表现手段。赵伟《释殷墟卜辞中的偏正结构"某卸（禦）"》(《出土文献语言研究》第 4 辑）认为殷墟卜辞中的"人名/称谓+禦""事件+禦"和"神名+禦"应视作偏正结构的名词短语。

刘源《试论甲骨文是殷代正规文字的一种变体》(《古文字研究》第 34 辑）认为甲骨文是金文正体文字的变体，各个组类的字体与正体文字有或多或少的联系。吴盛亚《谈甲骨文中构件和笔画的组合体与单个构件之间的形体混同》(《民俗典籍文字研究》第 29 辑）以倒书"又"与笔画组合后混同于"止"、"攵"混同于正写"又"与笔画组合为例，探讨了甲骨文混同现象的成因，以及刻手通过改变形体避免混同的过程。他的《释"忄"兼论相关部件的通用》(《文献》第 1 期）将过去释为"斤"的"忄"改释为"戈"，认为"戈""斤""亏""刀"作意符时可通用。他的《释甲骨文中的"柯"》(《第八届中国文字发展论坛论文集》）将"柯""亏""刀""乃"等字作了区分。

3. 殷商史研究

唐英杰、邹芙都《晚商"畿内田猎区"考论》(《历史研究》第 1 期）认为晚商田猎区基本位于当时的王畿区，即今河南省安阳市、鹤壁市、濮阳市及周边区域。陈絜《晚商兹地与洹水》(《中原文物》第 5 期）认为"兹邑"即莒国兹邑，在今山东曲阜与莒县之间，洹水则是齐鲁之间的古河，亘方与亘族在此河一带。王旭东《卜辞"攸侯"都鄙之规划与商王朝的"体国经野"》(《殷都学刊》第 1 期）认为殷代通过迁徙旧族、设立新官、军事管制等手段强化了对东土的统治，扩大了间接或直接管控的疆域。唐英杰《帝辛十祀征夷方卜辞排谱补论》(《甲骨文与殷商史》新 12 辑）对帝辛十祀征夷方的日程进行了辨析和补充。陈絜《试说商末征人方路线中的几个未释地名》(《故宫博物院院刊》第 9 期）考证了十祀征人方路线中"沘""螂""缝"三地的地望，分别在今临沂费县北、兰陵境内和泰安新泰一带。王旭东《"人方沚伯"与商末"人方"的政治内涵》(《甲骨文与殷商史》新 12 辑）认为"人方"不是单一国族，而是东土若干方国的集合体，早期卜辞中的"夷方"是"人方"中的一员，"征人方"实为商王对东土的武装巡省。王森《试论黄组卜辞十祀征人方发生在武乙时期》(《古文字研究》第 34 辑）认为十祀征人方发生在武乙时期。陈光宇《商代夷方人名与古越语关系》(《古文字研究》第 34 辑）认为夷方人名很可能是殷商汉字记录夷音的留存，商代夷方所操语言可能是古越语或古越语的前身。孙亚冰《商周时期的献侯》(《甲骨文与殷商史》新 12 辑）根据新出的"天黾""献"铭铜器，推断甲骨文中献侯的地望在今山西省闻喜、曲沃一带。杨军会、吴红娇《甲骨卜辞所见羌人名称探析》(《绵阳师范学院学报》第 3 期）讨论与"羌"有关的名称，认为有的是族群铭，有的是不同族名的合称，有的则显示了羌人的数量或所在地。王建军、杨铭洋《殷商时期的龙方及其相关问题》(《中原文物》第 6 期）梳理了殷王朝与龙方的关系，认为龙方在今山西中部。张新俊《从甲骨、金文看逢氏青铜器与失落的古逢国》(《河南社会科学》第 1 期）认为 1976 年湖北随县周家岗春秋墓出土的"丽季"鼎、盘铭文中"丽"应改释为"邹"，逢国商周时期在今山东济阳一带，至迟到春秋早期，有一支迁至南方。陈絜、聂靖芳《甲骨金文中的束族与商周东土族群流动》(《史学月刊》第 1 期）认为商周束族最早居于今山东泰安、泗水一带,后有部分向西迁徙流动。徐熠《商周时代的束族》(《青铜器与金文》第8辑)则认为束族出自商贵族,束地在田猎区附近,进入周朝,束族人众被离散迁徙,但并未遭受大的冲击,血脉得以延续。任继昉《"商"名探源》(《中国训诂学报》第5辑)认为"商"源自表盛大义的"汤汤"。张昂《说甲骨文中从"羊"的两个字》(《中国文字研究》第36辑)指出卜辞中所谓的"羞方"实为"绛方"。

张利军《殷卜辞中所见"男(任)"考》(《殷都学刊》第2期)卜辞中的"男(任)"是一种社会身份,是商王朝在外职事者的称谓之一。查飞能《商周服制中的"男"服》(《甲骨文与殷商史》新12辑)认为"男"由任王事的职官发展为诸侯称呼,商末"男"逐渐减少,并融入侯、田系统,西周则在侯、田之后,地位较低,最终在战国学者构建的"五等爵"制中列于末等。张鑫《王卜辞所见商代生育行为的考察》(《中国社会历史评论》第29卷)认为商代的生育行为不仅承载着时人的价值倾向和思想观念,而且也反映了商王朝的宗法等级制度和社会组织结构。赵伟《甲骨文"行"非军事组织补论》(《古文字研究》第34辑)认为甲骨文中的"行"指道路,而非军事组织。徐凤仪《商周"作册"析辨——兼论周人对殷商遗留职官文化的改造》[《中山大学学报(哲学社会科学版)》第6期]指出殷商职名"作册"在西周时代经历了遗存、衰落、隐没的过程,反映了周人对殷商职官文化的改造取代。李忠林《先秦时期的族武装考论》[《陕西师范大学学报(哲学社会科学版)》第4期]考察了从部落时代到战国时期族武装的发展演变。周博《卜辞所见商代寇贼的犯罪与惩罚》[《四川大学学报(哲学社会科学版)》第2期]认为卜辞中记载了商王对寇贼的打击、抓捕、惩罚,寇贼也用于战争,但并非主力。

滕兴建《武丁三配与三子的对应关系》(《中国史研究》第4期)认为妣癸是孝己生母、妇妌妣戊是祖庚生母、妇好妣辛是祖甲生母。他的《由新见卜辞看商代"帝某"之"帝"的内涵》(《文献》第1期)根据《村中南》437中旁系"孝己"可称"帝己"推断,"帝某"之"帝"不是用于区分直旁系的,而是祖甲时期,为强化王权,借天神称号"帝"加于已故先王日名上。庞苗、李发《从殷商合祭系统看历组卜辞和花东卜辞中几位先王的指称问题》(《出土文献综合研究集刊》第15辑)从合祭的角度探讨历组卜辞中的"父丁""三祖",认为"父丁"是"武丁","三祖"是"阳甲""盘庚""小辛",而花东卜辞中的"祖甲""祖庚""祖辛""祖乙"则分别是"阳甲""盘庚""小辛""小乙",花东卜辞主人"子"为武丁之子辈。钟佩炘、邓飞《武丁卜辞"三父"补论》(《甲骨文与殷商史》新12辑)认为武丁对"三父"与"小乙"的祭祀重视程度不同,证明了"三父"确指三位旁系祖先。田国励《甲骨卜辞所见"小父"及相关问题补论》(《中国文字》总第8期)释"☒""☒"为"小父乙""小父丁",分别指"小乙""武丁";卜辞中的"毓父丁""二父丁""小父丁"都指"武丁",诸称谓是为区别"兄丁"而产生的。黄明磊《卜辞"多生"及金文"百生"考》(《甲骨文与殷商史》新12辑)认为金文中的"百生"是各级贵族家族中的小宗,由此推断卜辞中的"多生"是商王的同姓亲属,为异姓女子嫁于商王族子弟所生育的小宗的合称。左勇《"妇妌受年"卜辞辨析》(《文史》第3辑)认为"妇妌受年"是卜问妇妌管理的王室土地是否受年,妇妌以及其他王妇都没有封地。辛悦《谈谈"示屯"中的"子某"》(《殷都学刊》第4期)根据"示屯"者都是商代重要人物推断"子某"具备一定的政治地位。郑杰祥《殷墟卜辞所记"☒示"即"鲧示"新探》

(《河南社会科学》第 8 期）认为"🐢"从廾、龟声，是"鼋"字初文，"鼋示"是商人祭"鼋"的真实记录。

刘影《据甲骨卜辞释读〈尚书〉一则》（《出土文献研究》第 21 辑）将《尚书·洛诰》"烝祭岁""王宾杀禋咸格王入太室祼"与卜辞内容对读，认为成王在洛邑举行的典礼与殷代祭礼相同。姚萱《谈谈"妇某子曰某"卜辞的理解问题》（《中国文字》总第 7 期）认为卜辞"妇某子曰某"是定语后置的名词性结构，应理解为妇某之子名叫某者，与命名礼俗无关。张晓慧《浅谈商代乐舞〈大濩〉》（《殷都学刊》第 3 期）同意乐舞《大濩》与商代"濩"祭有关联。张闻捷、王文轩《晚商乐人刍议》（《音乐研究》第 4 期）讨论了殷墟的乐人墓和乐人殉葬情况。王秋萍《从殷墟卜辞考论殷商建筑的藏礼现象》（《甲骨文与殷商史》新 12 辑）认为商代建筑发挥着辨尊卑、昭名分、达礼敬、蕴威仪的作用。赵伟《谈殷墟甲骨文中表示乐章的一组数字》（《甲骨文与殷商史》新 12 辑）认为《合》27459 中的"五""六""八"指同一乐篇中的不同乐章。他的《殷墟甲骨文"美"可表乐器说》（《出土文献综合研究集刊》第 15 辑）认为"美"不是乐歌名，而是乐器名。阴崔雪《甲骨文中关于"殷商子弟学医"卜辞新释》（《历史教学》第 18 期）认为"疚"是治疗腹疾的祭名，"学疚"即学习此种祭祀。郭旭东《卜辞中有关方神、四方与四土的两个问题》（《第八届中国文字发展论坛论文集》）认为方神是天神，不是地神；四土是实实在在的地理与政治地域，是商王朝统辖的国土范围，而四方则有两重性，既是与四土类似的地域概念，又表示宇宙空间、神灵之乡。朱彦民《甲骨文所见天下"四方"观念》（《殷都学刊》第 1 期）认为"四方神"与"四方风神"与四时有关。徐义华《商代契刻卜辞于甲骨的动因》（《河南社会科学》第 1 期）认为商人在甲骨上契刻卜辞的主要原因是，占卜同时具有卜求和决策两个功能。郭静云《甲骨文"天"义通考——兼"天"与"大"二字来往的商榷》（《甲骨文与殷商史》新 12 辑）认为从"丁"的天指头颅，从"上"的天指昊天。李凤英《论商代纪年用"岁"的甲骨文证据——与周祭纪年用"祀"比较》（《甲骨文与殷商史》新 12 辑）认为"岁"有年的含义源自贯穿一整年并年复一年举行的岁祭。何欢《出土文物、文献所见殷商经济思想初探》（《甲骨文与殷商史》新 12 辑）殷商经济思想表现在重农固本的农业思想、重牧保畜的畜牧业思想和开放流通的工商业思想。陈子君《由〈合集〉29004 看商代的轮荒耕作制》（《中国文字》总第 7 期）认为《合集》29004 说明商代已经根据土地肥力将土地划分为旧田、菑田和柔田，施行轮荒耕作制，柔田可以直接耕种，旧田和菑田则需要休耕。李双芬《甲骨文中的王权象征符号"丫"——一个符号学阐释的例子》（《甲骨文与殷商史》新 12 辑）认为"丫"取像斧钺，是王权象征的符号。

郭光义、钱耀鹏《从甲骨文看殷商时期弓的减振方式》（《文博》第 4 期）认为"弓""射"字形中的折笔象征弓箫末端系缚的羽毛类减振装置，没有折笔的"弓"形，其减振方式可能是在弓弦两端缠绕皮毛类装置。杨歧黄《甲骨卜辞所见玉器及相关问题研究》（《文博》第 5 期）将甲骨文中的玉器内容和考古发现的玉器遗存进行对比研究。王桢楠、王荣《燎玉祭祀的卜辞研究》（《中原文物》第 2 期）通过卜辞讨论了用玉的礼节、燎祭的对象和用玉种类。杜金鹏《殷商玉戈名实考》（《文物》第 7 期）认为"合"字表示玉戈，不应释作"圭"。朱凯港、张俊成《"三焰食日"卜辞争议及相关问题略论》（《六盘水师范学院学报》第 6 期）认为"三焰食日"与日食无关，是气象卜辞，"三（气）阱"指云气下沉消散。熊贤品《甲骨文记载"烧烤蝗虫""蝗神"吗？——商代蝗灾资料考析》（《湖南省博物馆馆刊》第17辑）梳理辨析了甲骨文中记载的蝗灾内容。

蔡哲茂《YH127坑甲骨干支系联研究》（《甲骨文与殷商史》新12辑）根据相关事件、相邻干支系联了6组卜辞。钟舒婷《试释骨臼刻辞在卜辞整理与系联中的作用》（《甲骨文与殷商史》新12辑）根据内容相同的骨臼刻辞系联骨面相同或相近的卜辞内容。

4. 甲骨学与甲骨学史等

黄天树《甲骨占卜学——谈谈守兆的九种方法》（《出土文献研究》第21辑）指出卜辞守兆有9种方法：字小如粟、划线守兆、齿纹盾纹、正反相承、边扇对应、颈扇对应、命序分刻、转刻卜辞、涂朱填墨。张军涛《〈合集〉6834刮削重刻考察》（《甲骨文与殷商史》新12辑）探讨了《合》6834、6830刮削重刻的现象。胡云凤《论殷墟甲骨反面刻辞对释读甲骨的重要性》（《甲骨文与殷商史》新12辑）强调反面卜辞对考释文字、通读卜辞、厘清卜辞之间关系以及判断释读歧异的重要性。刘风华《出组定型化成组卜辞初探》（《古文字研究》第34辑）认为出组的定型化卜辞占卜较小，尚不成熟且同版内容驳杂。赵鹏《钻凿布局对于判断甲骨缀合与组类的作用》（《甲骨文与殷商史》新12辑）认为殷墟甲骨钻凿布局具有组类特征，此特征可用于验证甲骨缀合以及判断字体组类。她的《从胛骨钻凿布局再谈师组、宾组、历组卜辞的关系》（《古文字研究》第34辑）认为师组和历组有更为密切的发展演变关系，不排除宾组是武丁中期以后，因为政治、神权、王权的发展，而由商王武丁另外建立的一支新的占卜机构。她的《论同贞卜辞》（《出土文献与古文字研究》第10辑）称多个回合的贞卜内容为同贞卜辞，同一贞的占卜选材一致，贞人相同，刻手相同。罗慧君、张礼辉《由甲文命辞的句式以及句意论其语气归属》（《汉字文化》第23期）认为卜辞命辞利用陈述句的句式表达了疑问语气。韩燕彪《"先墨画龟，定其疆界"：殷墟甲骨卜兆新论》（《南方文物》第6期）认为殷人占卜没有"先墨画龟，定其疆界"的环节。他的《分类储存，而后埋藏：甲骨埋藏方式补论》（《历史教学》第18期）认为殷人处理卜后甲骨的方式是：按材质异地埋藏，并按内容归类存放。刘一曼《略论殷墟甲骨的施灼与卜兆形态》（《张长寿、陈公柔先生纪念文集》）总结了殷墟甲骨的各种卜兆形态。她的《加强考古学与甲骨学相结合的研究》（《第八届中国文字发展论坛论文集》）认为考古学成果对甲骨文字释读、占卜制度研究有重要作用。陈光宇《兆辞"二告"与龟蓍并用》（《出土文献语言研究》第4辑）认为"㞢"与"告"字有别，从"中""口"，"中"与蓍草有关，"口"像占仪器具，故此字与筮占有关。

韩文博《从出土坑位申论出组一类卜辞的年代上限问题》（《甲骨文与殷商史》新12辑）从出土坑位推断出组一类的年代上限在武丁末期。他的《午组卜辞的分类与断代新探》（《殷都学刊》第2期）将午组卜辞分为三大类五小类，其总体年代在武丁早中期之际到中晚期之际。马尚《从字体角度论出一类甲骨刻辞的新分类》（《第八届中国文字发展论坛论文集》）将出一类进一步分为A、B两类。杨熠《殷墟出土变异龟甲之研究》（《第八届中国文字发展论坛论文集》）考察了殷墟出土的变异龟甲。王小茹、赵俊杰《甲骨卜辞档案说再辨析》（《殷都学刊》第4期）同意甲骨卜辞非档案说。

其他文章有：马盼盼《百年甲骨地名研究的回顾与展望》（《出土文献》第1期）、杨杨《二十一世纪前二十年的西方甲骨学》（《第八届中国文字发展论坛论文集》）、邢文《北美甲骨学研究的回顾与反思》(《中国史研究动态》第1期)、胡辉平《对国图藏甲骨缀合成果的校理》(《文献》第1期)、韩江苏和韩栓柱《〈甲骨文合集〉第十三册拓本搜聚〉补正》(《殷都学刊》第3期)、乔盼峰《〈甲骨文合集〉札记》(《出土文献语言研究》第4辑)、闫华等《〈甲骨文校释总集〉宾组卜辞释文校订》(《中国文字研究》第35辑)、闫华《〈甲骨文校释总集〉宾组卜辞漏释类释文校订》(《甲骨文与殷商史》新12辑)、洪飏等《〈甲骨文校释总集〉之〈屯南〉部分校订》(《中国文字研究》第35辑)、马盼盼《〈新甲骨文编（增订本）〉校订六则》(《甲骨文与殷商史》新12辑)、白小丽《〈续甲骨年表〉校记（1937—1944）》(《甲骨文与殷商史》新12辑)、王秋萍《晚清传教士方法敛的甲骨文研究——从剑桥大学所藏金璋书信谈起》(《新乡书院学报》第5期)、郅晓娜《金璋〈象形文字研究〉举例》(《甲骨文与殷商史》新12辑)、松丸道雄《关百益〈殷墟文字存真〉解题》(《甲骨文与殷商史》新12辑)、展翔《三种有关"书道"的甲骨著录文献比较与整理》(《甲骨文与殷商史》新12辑)、于雪等《〈小屯南地甲骨〉研究综述》(《甲骨文与殷商史》新12辑)、赵孝龙《科学技术在甲骨学研究中的应用》(《甲骨文与殷商史》新12辑)、刘玉双《甲骨文与民间收藏》(《甲骨文与殷商史》新12辑)。

二 金文部分

（一）专著及论文集

本年度出版的金文专著有：吉林大学考古与艺术博物馆编《吉林大学考古与艺术博物馆馆藏文物丛书·青铜器卷》(上海古籍出版社)、徐州博物馆编著《吉金怀古：淮海地区的青铜时代》(科学出版社)、王晖主编《周王畿——关中出土西周金文整理与研究》(三秦出版社)、党斌主编《陕西历史博物馆藏古器物全形拓整理与研究》(三秦出版社)、谢明文《商代金文研究》(中西书局)、吴国升编著《春秋金文全编》(社会科学文献出版社)、黄鹤《西周有铭铜器断代研究综览》(上海古籍出版社)、刘余力《东周王城出土战国铜器铭文整理与研究》(文物出版社)、山西博物院编《晋公盘研究》(科学出版社)、张俊成《齐系金文研究》(上海古籍出版社)、王先福和尹弘兵《周代邓国考古学文化研究》(科学出版社)、景红艳《西周王室赏赐礼制研究》(中华书局)、王坤鹏《越在外服：殷商西周时期的邦伯研究》(商务印书馆)、于薇《徙封——西周封国政治地理的结构—过程》(上海古籍出版社)、韩巍《青铜器与周史论丛》(上海古籍出版社)以及[日]林巳奈夫著，广濑薰雄等译《殷周青铜器综览（第三卷）：春秋战国时代青铜器之研究》(上海古籍出版社)等。

（二）论文

根据论文的主要内容分述如下。

1. 新材料的公布

新材料主要见于考古发掘报告等，如：河南省文物考古研究院等《安阳陶家营遗址M12发掘简报》(《江汉考古》第4期)、中国社会科学院考古研究所安阳工作队《河南安阳市殷墟刘家庄北地M793》(《考古》第8期)、山西省考古研究院等《山西省闻喜县酒务头商代墓地发掘简报》(《中国国家博物馆馆刊》第10期)、山西省考古研究院等《山西绛县横水西周墓地1011号墓发掘报告》（《考古学报》第1期）、《山西绛县横水西周墓地2022号墓发掘报告》（《考古学报》第4期）、山东大学历史文化学院等《河南洛阳市东郊帽郭村西周墓C5M1981的发掘》（《考古》第3期）、河南省文物考古研究院等《河南鹤壁辛村遗址2015年度西周墓葬发掘简报》（《华夏考古》第5期）、韩雪《中国国家博物馆收藏的十件商代青铜器》（《中国国家博物馆馆刊》第7期）、么彬《淄博市博物馆藏商代有铭铜爵》（《文物》第1期）、麻赛萍《复旦大学博物馆藏一批春秋铜器》（《文物》第10期）、黄锡全《新见西周早期铜尊铭文试析》（《汉字汉语研究》第4期）等。

2. 字词考释与语法研究

谢明文《吴虎鼎铭文补释》（《出土文献》第2期）认为鼎铭"履"后字是加了一横笔的"丰"，是"封"字初文；"内司徒"的名字叫"寺仅"，没有人名"寺荨"；"书尹友守史"后一字释作"囟/西"，是史官私名；"宾内司徒寺荨"后一字释作"伟"，"荨伟"与后文中的"荨韦"是同一个词；"伟"后字可能是"仌（鞭）"的讹字；铭末过去漏释一个"用"字。他的《金文丛考（五）》（《古文字研究》第34辑）将十一年皋落戈（《铭图》17303）中"命"前字释为"太"；释宁女鼎（《集成》2107）铭为"宁女室有母刐彝"；认为《铭图》2310"子曰"前字为"义"；释叔易父盘铭"盘"后字为"鏊"。他的《㮒伯盘铭文考释》（《出土文献与古文字研究》第10辑）对横水墓地M2022出土的㮒伯盘铭文中的字词作了考释。他的《补论上古汉语中"有"的一种虚词用法》（《青铜器与金文》第8辑）认为金文中的"有""唯"都有表强调语气的虚词用法，既可连用，也可分用。他的《谈"宝"论"富"》（《文献》第1期）认为从"宀"、从"玉"或"贝"（或兼从"玉"从"贝"）是"宝""富"共同的表义初文，后分别添加"桴/缶""畐"声以示区分。黄德宽《清华简〈三不韦〉"赢明"解——兼说金文中的"猱明"》（《出土文献》第4期）认为金文中的"猱明"、《三不韦》中的"赢明"和典籍中的"钦明"记录的可能是同一古成语，意为敬慎黾勉。他的《战国齐系文字中旧释"马"字的再探讨》（《汉字汉语研究》第1期）认为战国齐系文字中旧释"马"的字应改释为"㡀"，读作"肆"，齐玺"司肆"是管理市场的职官。邓佩玲《西周金文"肆"字来源并谈其语法化进程——兼论"䋣""燓"二字》（《青铜器与金文》第9辑）认为"肆"可能是《尔雅·释兽》"貄"的本字，即"貍"的幼儿，"豸"也可能与"貍"有关，西周早、中期金文中，"肆"变为副词"遂"，西周晚期"肆"进一步虚化为句首语助词，起承接上文及引起下文的顺承语气作用。她的《从金文"逆洀"论"洀""造"的并合问题》（《古文字研究》第34辑）认为"洀"可能是表示"去""到"义之"造"的本字，可以读为"复"。李守奎《系统释字与古文字中的"眉寿"之"眉"》（《第八届中国文字发展论坛论文集》）认为战国以前，"沬"与"沐"是用"同一个字（包括各种异体）"记录的。任荷、蒋文《清华简〈四告〉及金文中的及物状态动词"宜"》（《出土文献》第1期）认为《四告》"宜尔瑕福"中的"宜"是适配的意思，墙盘等铭文中的"义"读作"宜"，也是此意。晁福林《金文"䚒"字补释》（《出土文献》第1期）认为山东沂水春秋墓铜器铭文中的字所从音符不是"恩"，而是"意"，"䚒"字有全面管理的意思，但也可能有专主之义。吴镇烽《京师畯尊释文补正》（《青铜器与金文》第8辑）据清楚照片对铭文作了补正。王挺斌《宗人簋铭文补释》（《江汉考古》第5期）将簋铭中的"䣾"释读为"醪"，意为汁滓酒。董莲池《师㝨簋铭"牆旋"试解》（《古文字研究》第 34 辑）认为师衷簋铭中的"牆旒"读为"将士"。冯时《释"䁑"》（《古文字研究》第 34 辑）认为毛公鼎铭中的"𤯍"从"自"从"叕"，"叕"亦声，释为"䁑"。李春桃《杨伯簋铭文考释》（《古文字研究》第 34 辑）认为杨伯簋铭中"簋"前的那个字从"厂"从"䤷"，是"䤷"的异体，意为设饪。他的《释散氏盘中的从柚从游之字》（《青铜器与金文》第 8 辑）认为散氏盘中的"𣎵"是由柚、游构成的双声字。孙合肥《释酒务头墓地铜器铭文中的"翼"》（《古文字研究》第 34 辑）释"𦥑"为"翼"。任家贤《金文札记二则》（《古文字研究》第 34 辑）认为金文中的"光"只有荣宠义，没有赏赐义；指出清华简《子犯子馀》和毛公鼎中的"閈"都应释作有遮蔽义的"扞"。陶曲勇《金文賸义四则》（《古文字研究》第 34 辑）认为金文中的"帝后/㽅"当读为"嫡姆"，是指作器者直系继承的宗族长配偶之尊者；癲钟（《铭图》15593）中的"大神其陟降严祜"意为神灵降下需恭敬接受的福祜；金文"用宫御"等的"御"是"用"的意思。侯健明、肖毅《说齐文字中"密"的一种异体》（《出土文献》第 3 期）将《古玺汇编》174、176 号铭文首字释为"宓（密）"，上面的"戈"形为齐文字"必"之简省，玺铭"密关"或与《春秋经》及《左传》记载的莒、鲁之"密"有关。陈哲《清华简〈四时〉"逾"字释读——兼说晋侯苏钟铭的"逾往"》（《简帛研究》春夏卷）认为清华简《四时》简 17、19、33、41、42 中整理者释为"追"的字应改释为"逾"，晋侯苏钟中的"貵"也应释为"逾"，"王逾往东"指王进一步往东前进。任学甍《再谈"受册佩以出"——兼说"佩"》（《文献语言学》第 15 辑）认为"佩"的本义是指一种系在大带上垂下的条带状织物。叶磊《戎生编钟铭文"𢀜"字补释》（《文献语言学》第 15 辑）认为"𢀜"从"卩"得声，读为"康"，钟铭"黄耇又康"意为长寿且安康。周宝宏《西周金文考释五则》（《古文字研究》第 34 辑）将具鼎旧释为"尚昇"的字改释为"𩰀（蒸）"；认为国博藏的沰卣铭文可疑；将国博藏师大簋铭中的"𣪘"字改释为"般"；认为国博藏伯斿簋铭中的"斿于奠"是"伯斿用牲五祶祭于郑"的省文；将毳尊卣中的"罙"字解释为动词参与之义。李文佳《"亼"及相关诸字研究》（《中国文字研究》第 36 辑）认为叔夨方鼎中的"亼"字是"冂"加"八"形饰笔，"亼""冂"都读作"冕"。张振谦《国之公戈考》（《汉字汉语研究》第 1 期）认为此戈铭文应释为"国之云卒"，文字具有齐系文字特点，辞例则是燕系铭文格式。叶玉英《西周春秋金文同词异字的历史层次及其所揭示的商周雅言之历时音变》（《古文字研究》第 34 辑）从字词关系的时代差异探讨语音的演变。王精松《说"晨"》（《中国文字研究》第 36 辑）认为古文字中的"晨"是"振举"之"振"的表意初文。鞠焕文《读金札记二则》（《出土文献综合研究集刊》第 16 辑）将加卣（《铭图》13302）铭文最末字释为"注"，又将蔡叔膚敔戟中的人名改释为"密矛"，认为其是"密勿"一类的联绵词。田国励《也说子犯编钟的"𢀜"字》（《青铜器与金文》第 9 辑）认为"𢀜"字从午从卩，释为御，假为驭，相对"师"而言，专指楚将子玉的私属宗族武装，即传世文献中的"若敖六卒"。孙超杰《中山王方壶"隔息"一词试解》（《出土文献》第 2 期）认为"隔息"当读为"隔塞"。林竹《释僟匜中的"𨊠"字》（《中国文字研究》第 36 辑）认为"𨊠"从"卩"千声，可读为"信"。张雪《金文"康䜌"之"䜌"字新解》（《中国文字研究》第 35 辑）认为"䜌"与甲骨文中的"𤔲"字皆是"嚚"的繁写初文，"康䜌"读为"康强"，训"安乐强健"。何景成《晋侯对铺铭文"脂食大饭"解说》（《古文字研究》第 34 辑）将晋侯对铺铭文中的"𩚳"字从食，"㫃"声，读作"饭"，"用旨食大饭"意为作器用以盛载黍稷美食。韩胜伟《晋侯对铺"用旨食大䞓"补释》(《第八届中国文字发展论坛论文集》)则将"䞓"读为"䞓","用旨食大䞓"意为用来甘美的宴食和盛大的宴飨,晋侯对铺为宴飨用器。郭理远《苛意匜铭文新解》(《文史》第3辑)认为苛意匜铭文中旧多释为从"人、铸"声之字,应改释为"遗(遗)",全铭意为此器乃蔡伕送给苛意的,属贶赠类铭文。曾芬甜《从新见铜器铭文看西周金文中部分"𡴭"字的释读》(《第八届中国文字发展论坛论文集》)认为册命铭文中的命服"𡴭""䊒"应读为"市(韨)",即蔽膝;"黄(横)"是大带;作定语的"𡴭"读作"𪐴",即浅赤色。屈彤《读玺札记五则》(《出土文献》第3期)改释"褱"为"裏"字,读合文"女盲"为"毋望(忘)",认为"慎和敬听"或"敬听慎和"意为谨慎地听取、应和。马超《试说金文中的"𢦏人(徒)"》(《古籍研究》第75辑)认为"𢦏"从"也"声,"𢦏人(徒)"即《战国策》等典籍中的"厮徒",为军队中的杂役,同时也要参战。他的《释燕国铜器克罍、克盉中的"𠈈"字》(《古文字研究》第34辑)认为"𠈈"从宀从上,瓜声,读作"居"。吴毅强《大盂鼎铭文读札》(《古文字研究》第34辑)认为大盂鼎铭文中的"子""法"都读本字,"子"指康王,"法"训未刑、则、常;铭文中的"谏"是纳谏的意思。武振玉、张馨月《两周金文中的"佐助"义动词——兼论先秦汉语中的"佐助"义动词》(《古文字研究》第34辑)比较了金文与古籍中表示佐助义的动词的使用情况。李零《青铜器铭文考释(三则)》(《中国国家博物馆馆刊》第4期)认为保卣、保尊中的"殷东国五侯"是指周公东征后,把周以东划分为五大军区相继设立的五个军事首长,即齐、鲁、晋、卫、燕五侯;叔矢方鼎中的"册拜"之"拜"是"芾"字,不是"祷","殷厥土爵"之"爵"不是"觞"字,此器记载的是拜官授爵的内容;典籍中的"同瑁"的"同"是觚的自名,"瑁"则是觚的器盖,上竖圭瓒,与玉有关。他的《史惠鼎补释》(《青铜器与金文》第9辑)重新释读史惠鼎铭文中的"日就月将,明化恶怒"等。秦晓华《异文与商周金文中句子成分的省略》(《出土文献语言研究》第4辑)通过异文对读认为:"余唯小子"中的"唯"不应读为"虽",而是上古汉语中常见的语气助词;"乍余我一人宛"中的"宛"前省略了"于"字,"乍"是助的意思,此句意为在悲秋之时帮助我;"休有成事"中的"休"当单独成句,表美善之义。李琦《读金札记二则》(《简帛》第24辑)将滥公鼎作器者的名字"脂"改为"㫱",又将《中国出土青铜器全集》第6册新公布的战国戈的作者者名字"令"改为"丐"。此外还有单育辰《商周青铜器铭文暨图像集成三编〉释文校订》(《古文字研究》第34辑)、张飞《读〈商周青铜器铭文暨图像集成三编〉札记四则》(《出土文献综合研究集刊》第16辑)、夏小清《读〈商周青铜器铭文暨图像集成续编〉札记》(《中国文字》总第8期)、曹磊《战国文字杂识(五)》(《出土文献综合研究集刊》第15辑)。

宋华强《曾侯乙墓车䡉铭文新释》(《出土文献》第2期)认为车䡉铭文第二个字是"之軧"的合文,"軧"指车䡉,最后一字从金冊声,读为"鍵",指车辖。滕胜霖《金文与楚简合证二则》(《中国文字学报》第12辑)将少府盉(《集成》9452)铭"连"后字释作"璩",指盉盖上的连环;改释宜桐盂(《集成》10320)器主名中的"宜"为"寏"。陈斯鹏《新见阜平君钟虡自名试释》(《出土文献》第4期)认为钟虡自名当释为"虎𤝞(虡)","𤝞"是甲骨文"冕(罝)"的异体,在铭文中读为钟虡之"虡",与西周匡卣铭文"兔𢼸"读为"兔罝"可以合证。朱译潇《九女墩铜盘铭文校释》(《故宫博物院院刊》第4期)认为铭文中的器物自名"锗"当读为金文常见的盂,并复原了一段徐王"达斯于"的家世谱系。谷朝旭《洛阳西宫秦墓出土轨鼎定名及相关问题》(《考古与文物》第5期)认为战国时期流行于中原地区以"轨敦"为代表的联裆矮蹄足铜器当定名为鼎。王英霄《卫始簠的自名修饰语研究》(《民俗典籍文字研究》第29辑)认为"簠"前的修饰语应释为"饎深",指此簠为"盛放荐献熟食/温食之簠"。李琦《之乘晨钟命名及自名研究》(《出土文献与古文字研究》第10辑)认为"之乘晨钟"自名之字当释为"锂",读作"铙"。范常喜《徐沈尹钲铖铭文新释》(《语言科学》第4期)认为铭文中的"次虗奴稍"之"奴稍"应读作"稍钑",指长矛与短矛,此句与"备至剑兵"对应,指把铸好的钲铖备列于矛、剑等长短兵器中。

3. 商周史研究

朱凤瀚《论所谓昭穆制》(《中国社会科学》第1期)认为"昭穆"一词的含义相当于同姓的男性亲属成员的世次、辈分,使用"昭穆"一词的时间不早于春秋。所谓的昭穆制,是战国中期至汉代时儒家强化礼治、伦理观念,维护社会政治秩序及宗法等级秩序,而对"昭穆"之义做的引申和演绎。陈絜、田秋棉《商周宗亲组织的结构与形态》(《中国社会科学》第4期)认为亚族是从母族独立出来的有族邑、族墓地、赀财及独立祭祀体系的有标识的宗氏组织,小子室家则是以小子为家长,有私财、土地、饮居独立、无祭祀权和独立氏名的家户组织,隶属宗氏组织,与亚族有本质区别。买梦潇《作册嗌卣铭文所见西周宗法制度与宗法实践》(《青铜器与金文》第9辑)认为作册嗌卣铭文反映了宗法制度中的"庶子不祭"原则。左勇《从仲禹父簠铭看周代宗法》(《考古与文物》第1期)认为仲禹父簠铭中"南申伯大宰仲禹父"之"伯"是族长的意思,与其排行"仲"不矛盾,嫡长子继承制在周代并未严格执行。赵庆淼《仲禹父簠铭文所见人物关系与宗法史实——兼论"南申""西申"的名号问题》(《中国史研究》第3期)则认为铭文中的"南"是人名,"申"是动词,"南"是"仲禹父"的"大宰","仲禹父"为宗子,"南"为支子,"南申"的称法不可靠。张俊成《西周金文所见祔祭宗庙考》(《汉字文化》第2期)认为周晋盘、鎣中的"弃宗"指离开大宗的小宗。张亮《伐簋铭文所见西周觐礼与西周军制考论》(《青铜器与金文》第9辑)认为伐簋铭文记载了詹侯到宗周朝觐,卿士家老伐受王命执行赠贿之礼,之后受到宗主赏赐礼器、族军等。张淑一《周代妇女与娘家关系探论》(《中国史研究》第2期)通过文献、金文材料探讨周代妇女与娘家之间的互动关系。

刘源《商末至西周早期赐贝研究——兼论册命制度的历史渊源》(《历史研究》第5期)认为册命制度的政治功能与赐贝相同,赐贝是册命制度的渊源之一。程浩《西周王臣附属初命王的观念与君臣彝伦的重建》(《史学月刊》第8期)认为西周时期臣子经由王的"册命"而建立"仇匹"关系,便须将身心俱付于所命之王,除非后王进行"申命",否则其与先王的依附关系并不会因先王去世而改变。王晖《西周春秋周王册命方国卿士之制初探》[《陕西师范大学学报(哲学社会科学版)》第5期]据文献、金文探讨西周时期周王通过册命诸侯方国主要卿士的方式达到掌控其军事力量的制度,春秋中期以后,此制度随着周王地位下降、诸侯权力上升,变为诸侯自己册命所有卿士,事后向周王报告。谢乃和《新见女性册名金文媛鼎及相关史实考论》(《史学集刊》第2期)指出媛鼎铭文记载了西周时期妌对媛的册命,是周代贵族女性职务性册命的史证。贾海生《铭文所见王后以服册命命妇的礼典》(《殷都学刊》

第 1 期）则认为婡鼎反映了王后在内宫以玄衣册命诸侯夫人为命妇的典礼，玄衣即褕衣。

张丽敏《公祭鼎铭文考释》（《中国国家博物馆馆刊》第 4 期）认为铭文中的"公祭鼎"指该鼎为宫廷食官用于祭祀的鼎，"二官"则是"左官""右官"二食官的合称。汤志彪《晋系题铭胑子、孝子职官补释》（《出土文献》第 3 期）认为"胑子"当读作"腠宰"，是负责膳食的职官，"孝子"当读作"畜宰"，是管理牲畜的职官。

王百川《琱生簋铭"仆章土田"新探》（《南方文物》第 6 期）认为"仆章土田"是指附系于大城的土田。李春艳《西周金文所见粮食作物用途考》[《宝鸡文理学院学报（哲学社会科学版）》第 1 期]指出西周金文中的粮食多用来赏赐、祭祀、飨宾和酿酒。

张志鹏《新见雌盘考释》（《华夏考古》第 1 期）认为该盘是春秋晚期前段曾任蔡景侯太师的子朝之子雌所作。张俊成《新见禽簋铭文考释》（《华夏考古》第 2 期）推测该簋为春秋早期鲁国铜器。黄锡全《射壶铭文及相关问题》（《古文字研究》第 34 辑）认为射壶铭文记载了尹叔、蔡侯兴、蔡侯兴之子射、蔡姞、德尹、惠姬之间的关系。杨蒙生《齐陈曼簠正名及其他》（《青铜器与金文》第 8 辑）将旧释为"曼"的字改释为"宴"，读作"覆"，是陈桓子无宇的字。胡嘉麟《上海博物馆藏雨父鼎札记》（《文物》第 10 期）认为铭文中的"父庚（齐伯耽）"是齐吕伋的嫡长子、乙公得的兄长，乃史书缺失的一代齐侯。刘义峰《微史家族世系新议》（《中国史研究》第 2 期）指出"作册祈"是"乙祖"，而不是过去所认为的"亚祖祖辛"。刘源《殷墟邵家棚遗址出土青铜觥盖铭文初读》（《殷都学刊》第 1 期）考释了邵家棚新出的铜觥铭文。苏文英《殷墟邵家棚遗址新出青铜觥盖铭文别解》（《中国文字研究》第 36 辑）在刘文基础上，将觥铭释读为"己亥，箙䵼赐华贝三朋，用作彝"，认为"箙䵼"是受事主语，为作器者。王红亮《清华简〈系年〉所载"录子耿"及相关史事考》（《殷都学刊》第 3 期）认为传世文献所载的"武庚""禄父"以及《系年》里的"录子耿"、大保簋中的"录子圣"都是同一个人。熊贤品《"造父"解诂》（《长江文明》第 1 辑）认为秦先祖"造父"一名可读为西周金文常见的人名"诰父"。黄锦前《族卣及相关铜器系联研究》（《出土文献研究》第 21 辑）认为族卣（《铭图》13257）的器主"族"即周爱，族属妘姓周氏，是西周时期晋国的一个重要家族，主要活动于晋南。他的《南阳出土楚王戈考释》（《古文字研究》第 34 辑）将南阳新出戈铭释为"楚王之元允（用），铸之用克莒"。他的《金文"疨子、敀子、元子"及相关语词训释——从封子楚簠"虩虩叔楚，剌之元子"谈起》（《文献语言学》第 14 辑）认为金文中的"疨子""敀子"当读为"文子"，与"淑子""元子"义同，都是善子、贤子的意思，金文中的"元女""元妹""元孙"之"元"也当理解为美、善义。李世佳《再论楚系"邵（昭）王之諻"器——兼谈楚王子、王孙器器主的称谓方式》（《青铜器与金文》第 9 辑）认为"邵（昭）王之諻"为楚昭王之孙，亦即包山楚简中的"鄐公子春"，其人名諻字春。宣柳《新出曾伯壶铭文"壶章"考》（《江汉考古》第 1 期）认为曾伯壶铭中的"壶章"是指壶铭所彰显的作器者功绩，五年琱生簋和琱生尊铭中的"章"也指"君氏"之德行。他的《金文所见春秋楚地灭国遗民及相关问题》（《青铜器与金文》第 9 辑）考察了春秋楚地灭国遗民的称谓、组织形态、入仕情况等。赵燕姣《从班簋、孟簋铭文看典籍中的徐偃王——兼论两周时期徐之迁徙》（《中国历史地理论丛》第 1 辑）认为班簋中的"东国痟戎"和孟簋中的"无需"都是指徐偃王。陈英杰《两周金文中"天子"之称使用情况的考察——兼论"对扬天子休"对铭文篇章结构析分的新启示》(《文献语言学》第 15 辑)认为西周金文中的"王"是官方性的正式称谓,"天子"则是王臣对周王的一种至高至贵的称呼,从"王"和"天子"之称在铭文内部的变换看,铭文结构的划分,不应像过去那样以作器句为界,而应以"拜稽首对扬"为界。他的《西周王号谥称说申论》(《古文字研究》第 34 辑)提出王称"首见原则",即一篇铭文中"王号"与"王"同时出现时,如果"王号"最先出现,其后的"王"为王号之省,如果"王"最先出现,其后的"王号"指已故周王,"王"则是时王。相关论述又见氏文《商周金文中"王"之称谓使用情况的考察》(《第八届中国文字发展论坛论文集》)。王军花《洛阳东郊西周墓出土芮伯卣及相关问题探讨》(《中原文物》第 4 期)认为洛阳出土的芮伯卣,年代在昭王时期或可早到康王晚期,芮伯及芮姞簋中的芮姞不可能是《尚书·顾命》中的芮伯及其夫人。黄锡全、杨鹏华《郱庆父簋铭文校补与有关问题》(《中国文字研究》第 36 辑)将铭文中过去释为"姒"的字改为"妃","州妃车母"是嫁于州国的杞国女子,郱庆父与郱君庆、郱庆、郈庆为一人。黄益飞《天子嫁女与同姓主婚——略论山西绛县横水墓地 M2158 所出媵器》(《考古》202 第 5 期)论述了穆王之姊嫁入倗国,同姓芮伯主婚,并陪嫁姪娣的制度。田秋棉《金文王姊、王姑考》(《故宫博物院院刊》第 4 期)认为金文亲称前之"王"是大、首的意思,横水墓地 M2158 所出"芮伯作王姊"器铭中的"王姊"指芮伯长姊,而金文"王姑"则指父亲的长姊,"姞妹"指父辛的妹妹。

朱凤瀚《酒务头墓地与"天黽献"器群》(《中国国家博物馆馆刊》第 10 期)认为酒务头墓地可能是"天黽献"氏(或其分支?)上层贵族的墓地。王晓杰《录子鲦铜甗与录国地望》(《中原文物》第 3 期)认为西周早期录国在河南内乡县。王子杨《叶家山邓监簋铭文考释——兼及周初的监管制度》(《江汉考古》第 2 期)将叶家山 M107 出土的方座铜簋铭文的首字"𤼈"改释为"䁅",即"邓国"之"登",周初设立监官的目的是监察殷遗民和蛮夷戎狄之族,故监官并非普遍存在。孙明《分殷之器:西周初年"息"与"亚禽"族及其铜器的流散》(《青铜器与金文》第 9 辑)根据"息"与"亚禽"族铜器的出土情况,考察二族铜器的分器与流散。周宝宏《新见商末金文考释两篇》(《甲骨文与殷商史》新 12 辑)认为陶觥铭文中的"百工"是指手工业者或其管理者,"陶"是赏赐品陶器,不是人名,"隹王凵嗣"为"隹王廿嗣";遹尊铭文中的"鲁"是乐曲名;"阑"地即春秋时代的卫国都城朝歌。赵庆淼、周颖昳《况盆铭文与周伐淮夷的史地背景》(《考古》第 5 期)认为况盆记载的"淮南夷"指居住在淮水流域的南夷部族,与淮夷名异实同;交战之地"为山"即楚国北境的蔿地,在今方城山与桐柏山之间的泌水上游。赵庆淼《不嬰簋"罾"地与〈系年〉"少鄂"——兼论猃狁侵周的地理问题》(《江汉考古》第 5 期)认为周师追击猃狁的地名"罾"当读为"噩",与《系年》晋文侯迎纳周平王的"少鄂"为一地,在宗周西北泾河上游附近。雷晋豪《西周昭王南征的重建与分析》(《文史》第 3 辑)重构昭王南征的时间和空间,认为昭王南征是为周政府机构中的"殷遗民"寻找土地资源。张斌《叔鼌簋小考》(《出土文献综合研究集刊》第 15 辑)认为叔鼌簋铭文记载了穆王时期应国贵族参与征伐淮夷的历史。杨博《北白鹅"太保匽中"器铭与南燕》(《古文字研究》第 34 辑)认为北白鹅墓地族属为姞姓南燕的可能性很大。何艳杰《赤狄新考》(《殷都学刊》第 1 期)据伯硕父鼎铭的记载,西周晚期赤狄可能居住在泾河上中游一带。雒有仓《西周金文族徽的地域分布与商周族群的政治认同》(《中国历史地理论丛》第 1 辑）认为金文族徽的数量西周早期有所增加，地域范围有所扩大，与分散迁徙殷遗民，以宗盟制构建王权政治和地缘政治有关，西周中晚期急剧减少则与商周文化融合、族群结构改变、政治认同加强有关。黄国伟《同簋铭文中的地名与西周的王朝虞官层级结构》（《殷都学刊》第 3 期）认为同簋铭文"自虒东至于河，厥逆至于玄水"应理解为自虒地沿渭水向东到黄河，以及从虒地向北到汧水上游，这是西周中晚期的王畿区，西周虞官根据职司范围大小形成了层级结构。严志斌的《金文所见西周都城建筑简论》（《青铜器与金文》第 8 辑）认为周原（金文称"周"）是西周的中心都邑，宗周、成周则是陪都。韩雪《试论王俎姜与西周的房国》（《文物研究》第 6 期）认为伯戏鼎铭"王俎姜"之"俎姜"即"房姜"，为穆王王后，出自姜姓房国，房国在今湖北省保康县至当阳市的沮河沿线地带。她的《遹盂铭文释疑》（《北方民族考古》第 14 辑）认为铭文记载了懿王祖母在涝地的离宫，命遹前往郊遂主持宫人采选之事。吕亚虎《清华简〈系年〉所涉"京师"地望辨析》[《宁夏大学学报（人文社会科学版）》第 3 期]认为"京师"本为公刘所据豳地的专称，西周末年，宗周镐京始有京师之称，东迁以后，东都洛邑则也有京师之称。杜杨、黄一哲《西周王朝经略南方的动态观察》（《四川文物》第 3 期）认为西周王朝早期通过数条通道南下，强势进入江淮、江汉地区，通过军事征伐和设立据点，建立了较为稳定的控制体系，"昭王南征"事件对西周王朝在南方的势力未造成太大打击，但随后崛起的淮夷势力严重威胁西周王朝对南方的控制，"鄂侯驭方叛乱"被平定后，西周王朝才取得了对淮夷的战略优势，但已无力经营南方。肖威《由师卫诸器看召公南征》（《青铜器与金文》第 8 辑）认为师卫诸器与旅鼎所伐之"反夷"非东夷，而是南方江汉流域反叛的土著势力，成王晚期通过战争和外交手段恢复了对江汉流域的宗主国地位，并尝试进一步的实质控制。曾芬甜《再议夏饷铺鄂国族姓、时代问题》（《出土文献》第 2 期）认为夏饷铺鄂国是春秋早期重新分封的姬姓诸侯，延续了不到一个世纪。徐少华《关于南阳夏饷铺鄂国墓地的几个问题》（《江汉考古》第 2 期）则认为夏饷铺鄂国是周厉王伐灭安居鄂国，将其遗民北迁安置后发展而来，M19 所出鄂侯作孟姬壶，是鄂侯为异姓女子出嫁做的媵器。聂靖芳《周初燕召封建与东土族群的北迁》（《中原文物》第 6 期）认为克盉、克罍铭文中的"羌、菟、叡、驭、髟"等族，晚商时期都居于泰山周边，召公曾参与周初东征并获赐东土榆地，这些东土旧族作为燕召赐民也随之北迁。陈絜《商周东土青铜器掇遗三则》（《山东博物馆辑刊》2022）认为箙亚噩角、雍伯原鼎、雍伯鼎、逐母丙爵属于东土器。

吴良宝、马孟龙《三孔布地名"武阳"新考》（《文史》第 4 辑）指出，战国时期赵国、燕国皆有"武阳"县，燕国玺印"武易都遽驲"之"武易"即赵孝成王十九年赵燕易地之武阳，约在今河北省高阳县、任丘市境内，赵孝成王十一年收归的郑安平封邑"武阳"及赵三孔布铭"武阳"则在今河北省冀州市小寨乡南良村、北良村。徐俊刚《四年上成氏府假令铍考》（《出土文献》第 1 期）认为铍铭中的"上成氏"即"上成"，与赵国直刀币文"成"或为一地，西汉涿郡的成侯国或广平国下属的"成乡"与其有关，"四年"可能指赵悼襄王四年（前 241）或赵王迁四年（前 232），前者可能性更大。他的《战国货币地名考辨二则》（《古文字研究》第 34 辑）认为三孔布地名"雁即"应读为"安次"，在今河北廊坊安次；圆钱"環彙"应读为"彙環"，"彙"为地名，"環"通假为县，也可能指圆钱。周波《旧释"邲氏左"戈铭文、国别再议》（《古文字研究》第 34 辑）认为"邲氏左"应改释为"陷氏左"，此戈属战国中晚期齐国遗物，"陥氏"即榖地，在今山东东阿县东南。王伟《秦兵器地名校释二则》（《古文字研究》第 34 辑）释出了兵器上的"壤""饶"二地。董珊《辽阳出土"和成夫人"鼎铭再考》（《古文字研究》第 34 辑）认为"和成"是赵国的封君名号，地在今河北宁晋县苏家庄镇。他的《邓州出土二十一年穰戈考释》（《出土文献与古文字研究》第 10 辑）考证此戈为韩宣惠王二十一年（公元前 321）韩占据南阳穰县时为附属于穰的屯戍部队所造的兵器。赵垍燊《四年咎奴蕾令戈"蕾"字小考》（《中国文字研究》第 36 辑）认为"蕾"字应读为"造"，表铸造义，此戈可能属韩国，铸造于韩昭侯以后，韩桓惠王八年以前。

吴良宝《读铭札记三则》（《古文字研究》第 34 辑）通过两件屯留令戈推测韩桓惠王 16—22 年间，韩国屯留县令由刑丘附担任；以"市""长"为例说明三晋内部用字有差异；推测带有"眠事"一职的十二年大梁司寇戈是魏惠王后元 12 年或魏襄王 12 年所造。他的《战国中晚期魏、韩铜器的置用与斠量——从刻铭顺序说起》（《青铜器与金文》第 9 辑）推论战国中晚期魏、韩铜器在铸成后需由藏器机构"府"进行斠验，然后交给置用机构，由置用机构再分配到置用地，置用机构无需再作斠量，如果器物国属改变，才会重新斠量。他的《魏文侯、武侯时期魏国有铭兵器考察》（《简帛》第 24 辑）离析出了魏文侯时期的兵器，认为三晋兵器"物勒工名"的初始阶段至少包括"地名+库+冶""地名+监造者（工帀/啬夫）"两种格式。

胡其伟《试论嬭加编钟的时代与曾楚关系》（《江汉考古》第 6 期）认为嬭加编钟作于公元前 662 年之后较近的某一年，曾侯宝是曾穆侯的儿子，其时代在楚成王初年，正值曾楚关系"蜜月期"。王晖《加嬭编钟铭文研究——兼论曾国从周之方伯到楚之附庸的转变》（《中国史研究》第 1 期）认为加嬭编钟作于公元前 600 年前后，加嬭执政时期，曾国完成了亲附楚国的转变。黄锦前《加嬭编钟及有关曾楚史事》（《简帛》第 25 辑）指出加嬭编钟的年代为春秋中期偏晚，绝对年代为公元前 566 年。蒋伟男《嬭加编钟器主身份补说》（《出土文献》第 1 期）认为嬭加编钟的作器者是嬭加，而非曾侯宝。王百川《曾公畎编钟铭文"所应京社"解》（《出土文献》第 2 期）认为编钟铭文中的"𠂇"应隶作"所"，读作"慎"，意为慎守，"蔽蔡南门，慎应京社"不仅是使曾国为应、蔡二国的军事屏障，更是代表曾国扼守"金道锡行"的政治使命。张天宇《由"曾侯"铭文铜器分组论叶家山侯级大墓的排序》（《故宫博物院院刊》第 5 期）认为叶家山墓地只有 M111 和 M28 两位曾侯墓，其 3 座大墓的年代顺序是 M111（曾侯犹墓）—M28（曾侯谏墓）—M65（非曾侯墓）。

刘树满《也谈曾公畎编钟与令方彝暨"康宫"原则问题》（《江汉考古》第 4 期）利用考古类型学方法，推定令方彝为昭王时器，曾公畎编钟的铭文内容还不能否定"康宫"原则。杜勇、王凯《康宫年代问题的方法论检讨》（《中国史研究动态》第 3 期）从方法论上检讨康宫原则，认为康宫不能作为铜器断代标尺。韩巍《今天的铜器断代研究本质上是考古学研究——兼论新材料能否挑战"康宫说"》（《中国史研究动态》第 3 期）认为"标准器断代法"和"系联法"虽仍不失为有效的研究方法，但其重要性已让位于考古学方法，曾公畎编钟铭文并非实录，还不能用它质疑康宫说。管文韬《曾钟三铭校释及相关问题研究》（《青铜器与金文》第 8 辑）认为目前所见材料还不足以否定"康宫说"，并指出昭王十六年至十九年之间，在康宫册命南公，将其都城迁到今河南信阳一带。李峰《令方彝、令方尊及新出土曾公畎编钟所见"康宫"年代质疑》（《张长寿、陈公柔先生纪念文集》）认为令方彝、令方尊的年代应定在昭王以前的成康时期。夏含夷《从曾公㵒编钟铭文重新考虑大盂鼎和小盂鼎的年代》（《张长寿、陈公柔先生纪念文集》）认为大盂鼎和小盂鼎并非康王时代的标准器，而是周穆王时代的铜器。杜勇《南宫伐虎方的年代及相关问题》（《殷都学刊》第2期）认为南宫伐虎方，过去被看作昭王之事，现据曾公㵒编钟应改在康王时期。

赫德川《周代"宴飨"铭文青铜礼器用器观念变化》（《华夏考古》第3期）认为周代"宴飨"铭文中，功能词从单一的"飨"到多样化的功能词运用，对象从早期单一的公务群体到晚期私人亲属群体，标志着周代青铜器的器用范围不断地扩大，从祭祀、公务的尊贵向私人化、生活化扩展。葛刚岩、陈思琦《再释西周金文"对扬"的性质——兼论早期文体中套语的生成》（《人文论丛》第1期）认为"对扬"一词不仅是作器套语，其背后还凝练了丰富的制度意义。陈桐生《论商周文献中祖宗神形象的演变》（《世界宗教文化》第3期）认为商代祖宗神有两面性，既会保佑、赐福子孙，又会惩戒、加害后人，西周时期的《尚书·金縢》扭转了祖宗神的形象，此后的祖宗神多具护佑、赐福功能，鲜有贻害子孙。谭笑《西周铭文中的"福"研究》[《清华大学学报（哲学社会科学版）》第1期]通过铜器铭文梳理了从西周早期祭祀求福到西周中期累加型效祖先威仪、履行政治规范求福的思想演变脉络。吴明明《从"用享"到"用之"——西周春秋青铜器铭文结尾的一次变革》（《青铜器与金文》第8辑）认为"用享"反映了宗法社会的祭祀传统，而"用之"的流行则是对青铜器脱离祭祀色彩、走向世俗化的适应结果。

王沛《两周秦汉金文法制史料汇考》（《出土文献与法律史研究》第11辑）系统整理了金文法制史料86篇。他的《审判权与西周国家权力的构建》（《四川大学学报（哲学社会科学版）》第2期）认为西周王朝是通过审判权的个别授予方式，而不是建立专门的司法官员体系来实现王朝的司法职能。于靖涵《师旂鼎铭文新释》（《青铜器与金文》第8辑）认为师旂鼎铭文记载了穆王时期发生的一次奴隶逃亡，伯懋父对首领处罚判决的过程。

刘彬徽《曾侯乙编钟文化源流新识》（《江汉考古》第5期）认为曾侯与编钟采用的是楚国历法，楚历建丑，故曾侯与编钟所载历日属于公元前502年。朱国平、黄苑《西周厉王、宣王纪日铭文的区分》（《考古与文物》第5期）推定宣王元年为公元前826年，宣王历日说明当时以晦日为月首。

孙海宁《论者汈钟的年代及相关问题》（《考古与文物》第3期）认为者汈钟铭文中的"唯越十又九年"应为越王勾践十九年，者汈钟两列钮钟的编列方式，只有高等贵族才能使用，其源头可追溯到西周晚期两列甬钟的编列方式。靳健、谢尧亭《"楚公逆"的年代及相关问题新探》（《江汉考古》第2期）认为楚公逆的年代应在孝、夷时期，下限或可到厉王早期，楚公豪的年代略晚于楚公逆，约在厉王时期，楚公逆和楚公豪可能是文献中的熊渠和熊挚。邹秋实等《长江文明馆藏曾侯子㠯剑初探》（《江汉考古》第5期）运用X射线探伤、体式显微镜拍照等方式检测了曾侯子㠯剑的铸造工艺，并分析其形制、铭文和年代，认为该剑铸于战国早期。翟静雯《曾侯㠯剑铭文考释》（《江汉考古》第6期）认为该剑剑首铭文当逆时针读为："曾侯㠯以吉金自作元用之剑。"程义《苏州博物馆藏晋公车戈小议》（《青铜器与金文》第8辑）推测苏博晋公戈可能是周僖王四年晋武公为纪念战胜晋侯缗，取得晋君地位而制作的兵礼器之一。熊贤品《战国纪年铜戈研究两则》（《考古与文物》第1期）考订新见"廿年榆次令戈"的年代为赵惠文王二十年（公元前279），"十二年介令戈"的年代为韩桓惠王十二年（公元前261）。刘秋瑞《新见阳曲矛考》（《出土文献》第3期）据新见"阳曲矛"纠正旧著"合阳矛"铭文，认为这两件同铭矛属赵国，时代不晚于赵惠文王二十八年（公元前271年）。李丹《韩兵器杂识》（《出土文献综合研究集刊》第16辑）对新见的二年冢子韩政戟刺铭文进行了释读。

4. 其他

严志斌《殷墟商墓铜器组合与墓主归属问题》（《文物》第11期）探讨根据出土铜器铭文判断墓主的方法：单出一种铭文的墓葬，墓主即铭文所指；出多种铭文的，占绝对优势者可视为墓主，铭文数量较平均者，则根据铭文、器类、组合、器物特征等因素综合判断。崎川隆《关于起右盘"倒置文字"产生的过程与机制》（《古文字研究》第34辑）认为起右盘铭文中的"倒置文字"，其产生的直接原因是铭文书写人参照的模板，可能是铸在盉形或盘形铜器口沿部的"环形铭文"。

孙亚冰《〈集成〉所收两件亚獏父丁鼎来源辨析》（《殷都学刊》第2期）指出《集成》1843是四祀邲其壶的盖铭，非铜鼎铭文，《集成》1844是瑞典人韦森氏旧藏亚獏父丁鼎的拓本。陈颖飞《梁山七器出土时间与具体器物新考》（《形象史学》第3期）考订梁山七器出土于道光十六年（1836），七器分别是：大保鼎、大保簋、宪鼎、伯宪盉、大史友甗、小臣俞犀尊和"鲁公鼎"。

（作者单位：中国社会科学院历史研究所）

考古文物新发现

2022年全国十大考古发现

【湖北十堰学堂梁子遗址】

发掘时间：2022年5—12月

工作单位：湖北省文物考古研究院

学堂梁子（郧县人）遗址位于湖北省十堰市郧阳区（原郧县）青曲镇弥陀寺村，汉江左岸，曲远河口西边。其因发现两具完整的古人类头骨化石而闻名，是一处集古人类化石、古动物化石和石制品三位一体的重要的旧石器时代遗址。遗址位于北纬32°50′30″，东经110°35′131″，遗址的海拔高程160—287米。遗址保护面积50万平方米，分布面积超过190万平方米，保存了100多万年以来不同时期的地层堆积。2001年6月，该遗址被国务院公布为第五批全国重点文物保护单位。

2022年，在2021年度第6次发掘基础上，继续开展学堂梁子遗址的考古工作，主要工作区域在B发掘区。为保障考古发掘的质量和文物安全，湖北省文物考古研究院、十堰市和郧阳区政府共同努力，在遗址创新性地修建了1000多平方米、温湿可控、设施齐全、功能完备的考古方舱，并进一步完善相关的软硬件设施。

2022年5月18日，在距"郧县人"1号头骨发现33年后的同一天，在相距33米远的考古发掘地层壁面上，"郧县人"3号头骨面世。新发现的"郧县人"3号头骨保存完好，形态清晰，具有直立人的体质特征。难能可贵的是，3号头骨形态基本正常，没有发生明显的变形，所能提供的形状信息比以前发现的两具头骨更丰富而真实，在很大程度上弥补了前两具头骨变形的缺憾。

"郧县人"3号头骨面世后，考古队制定了科学周密的工作方案，采用了最新的田野考古规程和前沿科技手段，对埋藏头骨化石的部位及时进行了扩方发掘，基本厘清了化石的分布、埋藏及与其他动物化石、石制品等遗存的层位与空间关系，完成了地层与埋藏状态的激光扫描记录和发掘过程的三维重建，并系统采集了沉积、环境、年代和微体植物化石与遗传信息分析样品，发掘过程系统、规范、精细。2022年12月3日上午9时许，"郧县人"3号头骨在湖北郧阳学堂梁子遗址被顺利提取出土，进入修复和研究环节。

出土"郧县人"3号头骨的B区发掘面积203平方米。目前共揭露3个自然层，深35—65厘米，未到底。除了"郧县人"3号头骨，还出土了丰富的哺乳动物化石和石制品。石制品主要是石核、石片和古人类搬运至遗址的石料。出土的动物化石呈杂乱块状或条带状聚集分布；部分骨骼化石保留了原始连接状态，表明这些化石被原地埋藏或未经过长距离搬动。经初步观察，动物种类有猴、虎、鬣狗、剑齿象、犀牛、野猪、小猪、貘、鹿、牛等，总体属于早更新世晚期森林型动物群。

发掘所揭示的人类化石的空间位置、埋藏情况和沉积物信息，以及所展开的地层对比分析皆表明，"郧县人"3号头骨与以前出土的1号、2号头骨位于同一套地层中。地貌位置、地层序列和伴生的哺乳动物化石显示人类化石埋藏于早-中更新世地层中。以前采用电子自旋共振、铀系法、古地磁方法测年结果指向距今约100万年，新的取样和多方法测年将会得出更精确的年代数据。

"郧县人"3号头骨是迄今欧亚内陆发现的同时代最为完好的古人类头骨化石，保留该阶段人类重要而稀缺的解剖学特征；该化石处在古人类近200万年演化历程的中间和关键环节上，为探讨东亚古人类演化模式、东亚直立人来源、东亚直立人与智人演化关系等重大课题提供了翔实而关键的化石及文化证据。本次发掘的收获为实证中华大地百万年的人类演化史，讲好东方人类故乡先民演化和文化发展的故事，提供了关键节点的重要依据与信息。

（陆成秋　高黄文　黄旭初）

【山东临淄赵家徐姚遗址】

发掘时间：2021年11月—2022年7月
工作单位：山东省文物考古研究院　北京大学考古文博学院　山东大学历史文化学院

赵家徐姚遗址地处海岱腹地，位于山东临淄东部，南距淄河1.2千米，东距后李遗址4.2千米。属鲁中泰沂山地向鲁北冲积平原过渡地带。

该遗址是在配合临淄区基本建设项目发掘汉墓时偶然发现的，根据墓壁上发现的埋藏于现地表下5米左右的薄层红烧土的痕迹，展开了追索，进行了系统发掘、整理与研究，并最终确认为旧新石器过渡阶段人类遗存。这是一处距今1.1万—1.5万年，以大面积、多频次红烧土堆积为主要形态的古代遗址，目前确认的分布面积已达数平方千米。在这片红烧土堆积的西侧，发现了一处保存完整的人类活动营地，距今1.31万—1.33万年。

人类营地

该营地总面积约400平方米，至少有火塘3处，呈"品"字形分布。围绕火塘发现遗物1000余件，以动物骨骼为主，陶片、陶塑次之，少量石制品、蚌壳制品。

其中陶片200余件，包括可复原陶器2件、花边口沿6件、穿孔陶片5件；均为夹炭红陶，部分陶片有明显的使用痕迹，外壁残留有烟炱痕迹、内壁有糊化物附着；陶器在器型和功能上呈现出多样性，出现了器物组合。该遗址出土的陶片是华北地区年代最早的，也是数量最丰富的。出土陶片质地均匀、器型规整、表面磨光，充分反映了制陶工艺的技术成就，刷新了人们对该阶段制陶水平的认知。充分表明该地区存在更早的陶器起源阶段，为更深刻理解陶器起源提供了重要材料。

陶塑100余件，质地细腻，形态多样，表现出古人对客观世界的认知，反映出古人的精神生活，这也是目前国内最早的陶塑群。

遗物中动物骨骼数量是目前最多的，骨骼破碎度高。其中以环颈雉为主的鸟类数量最多，占比达70%以上。哺乳动物主要是鹿，其中包括了一定比例的幼龄鹿。对于形态上不可鉴定的碎骨，通过ZooMas进一步确认动物种属，新发现了诸如猪、鸭等新的物种。物种鉴定结果展现了肉食资源的广谱化，动物骨骼的破碎程度展现了资源的强化利用。

此外，还发现20余件蚌制品，有钻孔、切割和使用痕迹；石制品共计50余件，多为石灰岩，应为权宜性工具，可能与动物骨骼加工有关。

该遗址揭露的古人活动营地，是目前早期陶器使用场景的最完整展现。丰富的遗存生动揭示出古人的生活面貌，明确了这一阶段陶器在人们的生活中已处在核心地位。

红烧土遗存

在整个遗址的不同层位上分布有红烧土堆积，常见的完整形态为一处烧坑与一处长条状烧痕的组合，周围是薄层的浅灰。烧坑结构复杂，除了竖向的坑之外，还发现有伸向不同方向的"烧洞"，初步判断这类遗迹可能与树桩有关。实验考古证实了这一判断，为理解整个环境背景以及红烧土形成过程提供了重要参考。此外，营地附近发现一处同时期连续分布的红烧土堆积，分布面积达150平方米，最厚处达45厘米。

基于赵家徐姚遗址的发现，过去一年，考古工作人员在临淄地区的墓葬发掘过程中记录了红烧土遗存的分布状况。初步确定的分布面积已经超过2.5平方千米，呈现出斑块化分布状态。年代则从距今15000年延续至距今8000年的后李文化前后。种种迹象表明，火的形成跟人类进行景观管理有极大关联。

该遗址发现了人类用火管理景观的最早的、直接的考古证据。该遗址的发现充分说明在旧新石器时代过渡阶段，人们用火开启了人与环境互动的新模式。开始大范围改造景观，这是人类用火史上里程碑式的进步。火从此成为人主动塑造环境的一种重要工具，承担起人与环境互动媒介的角色，在这一互动过程中，景观不断变迁、生态位不断重构，人则完成了从被动适应自然走向主动改造自然的重大跨越。多频次用火遗存说明了这一互动过程的长期性，也是人类对同一区域反复利用的表现。由此推动人类栖居方式的变化，为人类走向定居做好了充分准备。此次发掘也确实让我们看到了赵家徐姚营地内存在多种指向低流动性的要素。

此外，发掘团队在发掘过程中围绕区域地貌演变与气候变化、遗址周边景观重建、堆积形成过程、遗物埋藏环境等问题进行了多学科考古研究，从年代、沉积、植被、气候等多个角度探讨以赵家徐姚遗址为中心的旧-新石器过渡时期的人地互动机制。遗址揭露了鲁北山前冲积扇最为完整的地层序列，为山前冲积扇的形成过程及为古环境复原提供重要依据。并为下一步鲁北地区乃至更大范围内开展相关考古工作提供了新的可能性。环境考古系统分析的初步结果指示遗址大的生态背景为森林草原环境，气候整体处于波动的转暖阶段，营地所在阶段整体气候适宜。

赵家徐姚遗址保存完整，遗物丰富，性质明确，年代关键，对于认识当时的社会组织形态和人类生业模式具有重要的学术价值。该遗址的发现填补了山东地区史前考古的关键缺环，是华东地区乃至国内旧新石器时代过渡阶段的重大考古发现。为认识旧新石器时代过渡这一重大的历史演变提供了关键证据，是我国万年文化发展史的重要实证。

（孙倩倩　赵益超）

【山西兴县碧村遗址】

发掘时间：2014年—2022年

工作单位：山西省文物考古研究院

碧村遗址位于山西省吕梁市兴县碧村村北，东距兴县县城20千米，西离陕西省神木县石峁遗址51千米，遗址范围北起猫儿沟，南达蔚汾河，西抵黄河，东部以一道横亘南北的石墙为界，形成一个相对封闭的山城，城内面积约75万平方米，由东向西为城墙圪垛、殿乐梁、小玉梁和寨梁上等四个逐级下降到入黄河口处的串珠式台地组成，主体年代相当于龙山时代晚期及二里头时代初期，绝对年代为公元前 2200—前 1700 年。

该遗址的考古工作始于 2014 年，调查确认了遗址核心区小玉梁存在的大量石构建筑，并发现了在城墙圪垛地点发现东城墙的线索；2015 年开展了首次试掘，确认了上述信息。此后，在"考古中国"重大研究项目"河套地区聚落与社会研究"、"中华文明探源工程（五）"等项目的支持下，开展了点线面相结合系统考古和多学科协同攻关工作，持续实施了遗址核心区小玉梁地点石构建筑群、外城门的全面发掘，进行了各重要地点的整体勘探，推进了碧村遗址所在的蔚汾河流域系统调查及黄河东岸晋西地区石城复查。

截至 2022 年 12 月，基本完成核心区小玉梁及东门址发掘，揭露面积 5500 多平方米，确认了该遗址是一处具有内外双重城墙的石城聚落，借助遗址的天险，在其东部、中部各修筑一道纵贯南北、连接两端河沟的城墙，并设置大型城门，以控制进出入口。外（东）城墙及城门位于东部城墙圪垛地点，内城墙及城门位于中部的石门墕，核心建筑群则修建于地处内城之中的小玉梁地点。

碧村遗址各地点史前遗存年代由西及东渐晚，各地点建筑（如城墙及城门）虽因地制宜，但在方向、规制、结构等方面处处体现出设计者的统一性、规范性。

公元前 2200 年，在小玉梁建造一批南向房址及带墩台的门多道门址；公元前 2100 年随着小玉梁南向房址调整为西向的带围墙建筑，并在距此 900 米的东部建造了外城墙及东城门，该聚落也进入其鼎盛时期，发展成为具有内外双重城垣，面积达 75 万平方米的大型石城聚落；进入公元前 1900 年随着东门址城门功能的丧失，该石城开始进入衰落期。

遗址鼎盛阶段的小玉梁已发展成为一个坐东面西四周砌筑护墙的高台，护墙内面积 3700 多平方米，以 255 度为方向进行整体规划，修建了一批以连间房址为中心的石砌建筑群；该组房址坐东面西，共五间，位于台顶偏东部，占地面积超过 400 平方米，背后有大窖穴，迎面为中央广场，似一殿堂式建筑；以中间面积最大的 F2 为中心，两侧房址东墙向西依次缩进式排列，地面墙面制作考究，圆形地面灶直径最大达 2.6 米，小者也有 1.6 米，部分墙面仅存规整石砌立面，也有部分墙面保留厚厚一层经火烧烤的草拌泥层。

除了中心房址外，与之同时修建的还有倚靠东北角护墙而建的大房址及东北角房址。东北角房址面朝西，与石砌排房一致，早期为一大间，后期被分割为四间，其中西北角设置了有上下城墙的台阶，以作登高瞭望之用。其与东面 100 米处的内城门墩台形成良好的通视效果，为小玉梁居住者传递信息。

城墙圪垛地点是耸立于遗址东部的平台，属于外城墙及门址所在，西距小玉梁 900 米。城墙修建于台地东部，南北向，南接蔚汾河，北连猫儿沟，现存长度接近 300 米，宽 2.4 米，残高 1.2 米左右；门址位于其中部，整体南北跨度约 74 米，东西进深 48 米，由东、南、北三个石包土芯大墩台呈"品"字形排列围合而成，包括南北门塾、夹道、内外两重"瓮城"等部分，"瓮城"中心已设置小型墩台及门塾，两侧衔接障墙，组成曲尺形的微循环。通关进城时，需先绕过南北门塾及半圆形墩台外侧夹道，进入第一重类似"瓮城"的封闭空间，迂回前行，再经过两道"瓮城"后，方可抵达城内。

碧村遗址鼎盛时期小玉梁的聚落布局，首次系统揭示了该类石城核心区建筑布局，展现了较为明确的中轴及对称设计理念。

东门址所见对称布局的双瓮城结构，是目前所见新石器时代布局最为规整、结构最为严密的一座门址，开后世双瓮城设计的先河，也为早期城门复原研究提供了重要参考。

该遗址是晋陕大峡谷东岸发现的规模最大的一座史前城址，属于黄河东岸公元前2000年前后的区域中心之一，与同期盛极一时的石峁古国在时空上遥相呼应。

而城址层层设卡、处处把关、谨慎布防的结构，彰显了浓厚的防御色彩，展现了特殊的战略支点作用，这为解读天下万国时代晋陕黄河两岸地区的政治结构和文明形态提供了关键材料。

（张光辉　王晓毅）

【河南偃师二里头都城多网格式布局】

发掘时间：2019年—2022年

工作单位：中国社会科学院考古研究所二里头工作队

位于河南洛阳盆地中东部的二里头遗址，现存面积300万平方米。自1959年以来，考古工作者发现了主干道路网络、宫城、宫殿建筑群、官营作坊区、铸铜作坊、贵族墓葬和青铜礼器群、绿松石龙等重要遗存，确认它是中国青铜时代最早具有明确规划的大型都城。

21世纪初，遗址里发现的"井"字形主干道路网络，把二里头都城划分出多个区域，确定了大致的布局框架；发现宫殿区和作坊区外侧均有墙垣围护。

根据各区发现的居址和墓葬的分布情况、7号墙与"井"字形道路的关系，考古团队曾推测："井"字形道路网络划分的网格中，除宫殿区和作坊区外，其他网格或为不同家族、群体的居住区和墓葬区；作坊区西侧新发现的墙垣Q7，很可能是作坊区以西网格的贵族居住和墓葬区外侧的大型围垣设施的东垣；进而推测，除了宫殿区、作坊区外侧存在围垣之外，其他网格的各贵族居住和墓葬区外围也应有墙垣围护。

为了进一步了解其他区域外侧是否也有围墙，以及里面的内涵、布局和演变情况等更多细节，2019年以来，考古人员围绕上述问题展开新一轮发掘，发掘总面积5000余平方米，取得重要突破。

1. 在中心区新发现主干道路及其两侧墙垣，揭示二里头都城为多网格式布局。

在宫城西南之外侧发掘，首先发现了"井"字形道路西南路口，路口处的南北向和东西向主干道路宽度约18米，且继续向南、向西延伸；发现了宫城城墙的西墙南段和南墙西侧段，西南角被破坏而无存；发现了作坊区围墙的西北拐角；发现宫城以西区域的南侧围墙和东南角，确证宫城和作坊区之外的其他区域外侧有围墙。以此处的发现为起点，我们扩大范围追寻主干道路和夯土墙垣。以钻探为先导，钻探和解剖相结合，在中心区新发现更多主干道路及其两侧墙垣。

发现宫殿区南、北两侧道路向西延伸440米以上，都超过宫殿区295米的东西宽度，道路两侧均有与宫城城墙平行或成一直线的墙垣。因此推测，作坊区、宫殿区、祭祀区以西的东西方向上至少各存在一个分区。

发现宫殿区东、西侧道路向北延伸200余米、300余米，道路两侧均有与宫城城墙平行或成一直线的墙垣。

在距离宫城北侧东西向道路北侧的墙垣以北330米左右处，发现南北宽10余米的东西向道路。

在距离宫城东墙以东270米左右处，发现东宽10余米的南北向道路及其两侧的墙垣。因此推测，作坊区、宫殿区、祭祀区以东的东西方向上至少各存在两个分区。

新发现的主干道路及其两侧墙垣，揭示二里头都城为宫城居中、显贵拱卫、分层规划、分区而居、区外设墙、居葬合一的多网格式布局，这是二里头都城布局考古中的一项重大突破。二里头都城这样严谨、清晰、规整的布局，显示当时有明确的规划，当时的社会结构层次明显、等级有序，统治格局井然有序，暗示当时有成熟发达的规划思想、统治制度和模式。这是二里头进入王朝国家的最重要标志。

2. 手工业作坊的新发现、新突破，填补二里头都邑布局和手工业考古的空白。

在遗址西北角发现大量带漆陶，提示周边可能存在制漆作坊。首次发现较丰富的制陶遗存和骨器、角器加工作坊现场，包括陶器、骨器、角器加工工艺的多个阶段，是手工业考古的新突破，填补了二里头都城布局和手工业考古的空白。

"井"字形道路划分的祭祀区以西网格中，发现有贵族居住的夯土建筑和出有铜器、玉器的墓葬，附近还有多座墓主被截肢、砍头，并随葬有陶器的墓葬，还有一座多人乱葬的合葬墓葬，均为以往较少发现。这些新发现，再次证明了二里头文化盛行"居葬合一"的布局形态，深化了对该网格区域的认识。

二里头都城严格方正的都城规划制度、"居葬合一"的布局结构，同宫城宫室制度、青铜礼乐制度等制度一起，为商周及后世文明奠定了最主要和最直接的基础，体现了二里头文化、二里头王国在中国历史上划时代的开创、引领作用。同时，二里头都城的这种布局，也为先秦时期其他都城遗址探索布局、结构提供了有益参考。

【河南安阳殷墟商王陵区及周边遗存】

发掘时间：2021年8月—2022年11月

工作单位：中国社会科学院考古研究所安阳队

90多年的殷墟考古，其中搞清殷墟（大邑商）的规模、布局以及内部功能区划一直是一项基础性也是最重要的工作。由于殷墟各区域考古工作不平衡，需要不断补齐短板，才能推进对殷墟布局的全面研究。20世纪90年代以来，在殷墟遗址范围的洹河以南和东面的大司空地区发现商代晚期干道；从殷墟西部、今安钢厂区向东贯穿有商代晚期的干渠及其支渠，长度超过2.7千米，两者构成殷墟大邑商都城空间的骨干框架。但这样一些重要的现象，在洹河北岸以商王陵区为中心的区域都没有发现。2021年，在财政部专项经费支持下，中国社会科学院考古研究所安阳队开展商王陵及周边区域的考古勘探，首先是通过勘探寻找小屯宫殿区到王陵区之间的干道，其次是搞清商王陵区的范围，后续搞清洹河北岸地区的功能区划。

一、考古工作概况

2021年8月—2022年3月，考古队对商王陵及周边进行考古勘探。以位于安阳考古工作站内的殷墟遗址坐标原点为基准，用RTK布10×10米探方，覆盖工作区域。以普通钻探方式（两排间距为10米，每排孔距1—2米）追寻大型遗迹如沟、道路，以重点钻探方式（孔距为1米或2米）详细掌握部分区域地下文物的埋藏详细信息。

通过勘探发现有围沟、祭祀坑、墓葬、灰坑等。其中围沟2个，东西相距40米。东围沟（G1）围绕在王陵东区的大墓和大量祭祀坑周围。东西间距大致为246米，南北236米，近正方形。沟的宽度不一，口部宽超过10米，最深处3.5米。西围沟（G2）围绕在王陵西区的大墓周围。两个围沟各发现缺口两个。新探祭祀坑460座以上，形制与以往考古发掘的殷墟时期祭祀坑基本相同，不排除少数为墓葬。口部多为长方形，少数为方形坑，还有长方形巨型坑；都探出有骨骼。墓葬76座，有土坑竖穴墓22座，砖室墓36座，洞室墓18座。

2022年选四个地点发掘，其中第一地点在西围沟G2南段上，第二、三地点分别在东围沟G1南段偏西部位、西段缺口上，第四地点在东围沟G1东段内的祭祀坑区。布10米×10米的探方16个，实际发掘面积超过700平方米。发掘遗存年代包括商代晚期、西周、东汉、宋元等时期。其中有商代晚期围沟2个、祭祀坑31座，西周时期房址3座、墓葬2座、灰坑109个。

东围沟G1南段解剖点所见沟口距地表0.7（南）—0.9（北）米之间，开口于探方第3层下。口部宽14米，深近2.6米。打破它的最早单位有一座砖室墓M1（东汉晚期）。填土分10层，在第②—⑩层都出土有碎陶片，其中第③层出土战国时期的陶豆；第⑥、⑦、⑧层出土西周早期的豆、罐等陶片，第⑨层出土少量殷墟时期陶片，还有骨骼残片。第⑩层出殷墟陶鬲足。西段缺口处宽10.5米。

西围沟G2解剖点所见G2被西周早期的M1、M2、F1以及灰坑打破。仅剩沟底部分，残宽7.35米，残深0.7米。沟内填土剩3层。

在东围沟东部（王陵公园东墙外）清理祭祀坑31座。分人坑、狗坑、人与狗组合坑三种，以第三种常见。少数坑底的腰坑中埋狗。少数坑中埋青铜器、陶器、玉器、骨器、蚌片等。如2022AXXK23的上部埋青铜觚2、爵2、尊1、觯1、戈1；玉虎1、管2、柄形器1；骨管1；底部腰坑中埋狗1只。2022AXXK8的近底部西侧人1，缺少上肢骨；右侧狗1，北边有羊的左前腿1。中部有青铜容器鼎3、觚3、爵2、斝1、提梁壶1、簋1，青铜直内戈、曲内戈、弓形器、刀、斗、锛、凿、铜工具各1；大铜扣2、节约4、舟形额饰4、马镳8、铜泡47件。

发掘获得明确的西周早期遗迹打破西围沟的遗迹关系。如西周早期房址2022AHBNW12F1打破G2。F1残存地基部分，探方内东西宽5.0米，南北长10.15米，厚1.6米。夯层厚10厘米左右，土色呈黄褐色或灰褐色花土，土质致密。出土陶片、动物骨骼、石器、蚌片、铜器残件等，可辨器形有陶罐、鬲、盆等。在不同夯层下有奠基坑7座，内埋葬有年龄不等的婴幼儿与青少年。还有西周早期的M1也打破G2。为竖穴土坑墓。口部长方形，长3.15米、宽1.52米、深3.7米。墓主葬式为仰身直肢，头朝西，男性。墓底腰坑内殉狗一具。随葬玉戈1、陶鬲1、贝3。另还有一些西周早期灰坑也打破G2。

二、发掘收获与认识

钻探可知，新探明的围沟围绕在殷商大墓外围，未见围沟与殷商墓葬、祭祀坑存在叠压或打破关系，只有晚期墓葬打破围沟和祭祀坑的现象；东围沟东、西段的北端偏向东，与殷墟发现的商代建筑的方向一致。发掘发现多组晚期遗迹打破围沟，其中砖室墓打破G1，西周早期遗迹打破G2。尤其是西周早期遗迹打破G2的关系，证明G2早于西周早期。综合多重因素可知，两个围沟与商王陵园有明确关联关系。两个围沟属于围绕商王陵园的隍壕。这些发现改变了商王陵陵园的格局，将推动对商代陵墓制度乃至商文化、商史的研究。同时，也为殷墟国家考古遗址公园的建设提供了新的重要资料。

（牛世山）

【陕西旬邑县西头遗址】

发掘时间：2018—2022年

工作单位：西北大学　陕西省考古研究院　咸阳市文物考古研究所　旬邑县文化和旅游局

西头遗址位于陕西省咸阳市旬邑县张洪镇原底社区西侧约1千米的西头村，地处泾河东岸台塬边缘地带，距泾河约5千米。1943年石璋如先生在泾河流域考古调查发现该遗址，称为"南头遗址"；第二次全国文物普查将该遗址称为"上西头遗址"，第三次全国文物普查明确该遗址以商周时期遗存为主体。2017年西北大学等单位对该遗址进行了详细调查与初步勘探，明确遗址分布范围和文化内涵，将新确认的遗址称为"西头遗址"。2018年—2022年由西北大学、陕西省考古研究院、咸阳市文物考古研究所等单位对该遗址进行持续考古发掘，先后发掘南头、鱼嘴坡、尖子、上庙、斜圳五个地点。发现仰韶、龙山、先周、西周、汉唐等各时期遗存，共发掘灰坑650余座，墓葬140座，陶窑、房址、灰沟等各类遗迹40余个，出土陶器、铜器、骨器、石器千余件。通过2022年区域性系统调查及考古勘探工作，确认西头遗址面积300万平方米，其中以商周时期遗存为主体，分布面积约200万平方米，是迄今为止泾河流域发现规模最大的商周时期聚落之一。

在遗址西侧区域发现夯土城墙、壕沟及道路遗迹。通过考古勘探与局部解剖可基本确认城址北、东、南三面城墙分布范围，初步判断城址面积约80万平方米。东城墙北段由两道夯土墙构成，外侧宽4米、内侧宽2.7米，两者相隔约3米，城墙外壕沟宽约8米，距地表深约4米。对南城墙东段和西段进行解剖，显示城墙仅残留墙基部分，其中南城墙东段基槽呈口大底小状，开口宽8.1米、底宽5.5米，夯层厚1.4米，可划分为25层，夯土土色不一，主要为灰、灰褐、黄褐与棕褐色。据打破基槽的灰坑出土遗物来看，城墙西周晚期被破坏，结合城址内遗存年代，可判断城址的年代为西周早中期。

2022年发掘的斜圳地点位于城址内东北部，发现有冶炼残炉、铜矿石、炼渣和炉壁残块等冶铜遗存；并发现较大面积夯土建筑基址、大量废弃陶瓦残片和刻文陶器，从出土遗物可判断，该地点冶铜和建筑基址的年代集中在西周中晚期。城内夯土建筑基址与冶铜遗存的发现，进一步揭示了城址的聚落布局与高等级特征。

上庙地点发现大量墓葬，墓地外围确认面积超15万平方米的大型围沟，围沟平面近三角形，北侧、南侧围沟与城址东墙外壕沟相接，所见围沟长度约1120米。通过解剖，围沟宽8.0—8.3米，距地表深3.5—4.0米，填土较为纯净，出土遗物较少，通过出土陶片可判断围沟年代应为商周时期。围沟内发现墓葬近千座，2020—2022年已在该墓地发掘中小型墓葬120座，马坑3座。

2021—2022年发掘"甲"字形大墓3座，其中M90为东西向大墓，墓道向西，墓道长约9米、宽约3.3米，墓道内发现排列有序殉人38具，分三层殉埋，布满整个墓道。墓室东西长约6.5米、南北宽约5.2米，墓室西侧二层台发现5具殉人，墓室为一棺一椁，墓室底部有腰坑。M90出土大量海贝、蚌器、铜器残件、原始瓷器残片、骨器、石器、玉器及刻字卜骨等，该墓年代为商末周初。

M98、M99亦为"甲"字形大墓，M98与M90墓道相接，前者墓道弧曲，墓室方向与M90相一致，墓道长7.8米、宽3.1—3.4米，墓室长5.3米、宽4.6米、深8.3米，墓室为一棺一椁，墓室二层台残留有大量车马器，墓葬年代为西周早期。M99位于M98南侧，墓道长21.5米、宽3.6—4.0米，墓室长6.6米、宽3.4米、深7.9米，墓室棺椁扰动严重，出土有陶器、玉器、铜器、骨器、金箔片及蚌饰，墓葬年代为西周中期。

中型墓为东西向，墓室面积10平方米以上，多有棺椁，二层台有殉人，墓内见有腰坑并殉狗。小型墓葬多为东西向，亦见有南北向，一般随葬品较少，多见陶器、兵器及车马器。通过出土遗物判断，上庙墓地墓葬的年代主要集中在商末周初和西周早期。值得关注的是，上庙墓地围沟外东部发现"甲"字形大墓十余座，另有中小型墓葬百余座。西头遗址围沟墓地的发现为探索商周埋葬制度提供了重要材料，M90墓道所见大量殉人的发现，为商末周初人群迁徙及周王室对泾河流域的控制方式等研究提供了十分难得的考古学材料。

西头遗址的重要考古发现，为西头遗址商周时期聚落布局、人群构成及社会变迁等方面的研究提供了十分珍贵的考古学材料，对泾河流域聚落演进与商周社会变迁研究具有重要意义，也为探索周文明起源与发展模式、寻找文献所载"豳"与"京师"提供了一把关键钥匙。

（豆海锋　种建荣　李晓健　谢高文）

【贵州贵安新区大松山墓群】

发掘时间：2022年7月—2023年1月

工作单位：贵州省文物考古研究所　北京大学　四川大学　中山大学

大松山墓群位于贵州省贵安新区马场镇。为配合贵州医科大学新校区一期项目建设，贵州省文物考古研究所联合北京大学、四川大学、中山大学等单位对该墓群开展了全面考古发掘，发掘面积13500平方米，共清理墓葬2192座，出土各类文物4000余件（套），取得重要收获。

墓葬时代从两晋一直延续到宋元明时期，发展脉络清晰，可分为两个时段四个时期，表现出从小聚集家族墓地到公共大墓地的巨大转变，反映了黔中地区古代文化发展进程。

前段为两晋至隋唐时期，墓葬共155座。主要散布于大松山水库周围的斜坡地带，依山势排列，三两成群，墓向不一。多为石室墓，墓室构筑规整，墓顶为券顶，流行修筑排水沟，部分墓葬有墓道。该段又可分为两晋南朝、隋唐两期。两晋南朝墓葬92座，均为石室墓，墓室砌筑整齐，所用石料规整，墓前多带考究的排水沟。隋唐时期墓葬63座，仍以石室墓为主，但出现少量土坑墓。石室墓墓室砌筑不似前期规整，所用石材大小差异明显，流行在墓室前端砌筑凸出墓外的封门。土坑墓较少，墓坑狭长。

后段为宋元明时期，墓葬共2037座。主要密集分布在坟坝顶，墓葬形制包括石室墓、土坑墓两类。石室墓砌筑较随意，所用石料大而粗糙，顶部也由早期券顶变为用石板或条石横盖的平顶或叠涩顶，未发现排水沟。该段又可分为宋元和明两期。宋元时期墓葬93座，多分布在坟坝顶斜坡靠上位置。石室墓墓室较窄长，墓室砌筑相对规整，有用大石块砌筑的，亦有用小薄石块垒砌者，墓葬形制和所用石材在一定程度上体现了对早期墓葬的继承；土坑墓发现不多，仍是狭长形土圹。明墓1944座，石室墓变短变宽，所用石材为较大且不规整的石块，砌筑更显随意，有的墓葬四壁均直接用石板立砌或侧砌，再于其上铺一至两层石块；该期土坑墓数量增多，大小形制不一，但总体规模不如石室墓，与石室墓之间无明显的分布界线，常穿插分布其间，并在坟坝顶西侧斜坡底部形成密集分布区。一定数量的土坑墓在一侧或一端掏有壁龛。

出土文物主要以生活用具和装饰品为主。种类丰富，涵盖金、银、铜、铁、锡、陶、瓷、漆木、玻璃、玉石等材质的文物，并出土少量纺织品，其中不乏如金挂饰、银梳背、铜条脱、贴金铜盘、铜印章、锡鱼、铜铃、串珠、项饰、银梵文种子字等造型独特、工艺精湛的珍品；还有反映中外文化交流的宝石和玻璃珠，以及南朝陈太货六铢等。

此次发掘注重边发掘，边保护，边整理，边研究的工作理念，与10余家单位合作开展体质人类学、古DNA、地质学、历史学、文献学、民族学等多学科综合研究，并用多技术手段对漆器、铁器、青铜器等器物进行分析检测和保护。

贵安新区大松山墓群发掘的价值意义。

1. 建立了云贵地区历史时期考古学年代标尺。大松山墓群是贵州乃至西南地区已发掘规模最大、延续时间最长的一处历史时期墓地，出土文物众多，包括陶瓷、金属、珠饰、有机物等，反映了该地区不同时期生活、商贸、信仰、丧葬等文化面貌，时代差异和联系都很明确，生动描绘出西南边疆古代民族1400余年的历史画卷。我们据此建立了西南地区考古学年代标尺。

2. 反映了两晋南朝汉夷边界的东移。从两晋到南朝，云贵地区治理中心从云南移动到贵州境内。两晋对云南有效治理，南朝汉夷边界东移，牂牁郡地位提升，郡治很可能就在此次发掘的大松山墓群附近区域。

3. 见证了中华民族共同体的形成过程。云贵地区古代族群众多、文化因素复杂，出土文物对此有集中体现。更值得一提的是，大松山墓地长达上千年，既有延续，更有变化和发展，特别是在宋代开始出现公共墓地，与整个中国的社会变迁息息相关，充分证明云贵地区在保有地域和民族特色的同时，华夏文明因素依然一直占主流，充分证明了中华民族共同体就是在发展和变化的过程中形成的，是体现中华文明多元一体格局的生动案例。

（周必素　胡昌国　史　态）

【吉林珲春古城村寺庙址】

发掘时间：2016年—2022年

工作单位：吉林省文物考古研究所　珲春市文物管理所

古城村寺庙址位于吉林省延边朝鲜族自治州珲春市三家子满族乡古城村东侧。遗址西约100米为唐代渤海国时期城址温特赫部城，东北约4千米为唐代渤海国都城东京八连城，遗址现为县级文物保护单位。

2016—2022年，在国家文物局的支持下，吉林省文物考古研究所联合珲春市文物管理所对古城村寺庙址进行了连续7年的主动性考古发掘，发掘总面积6000余平方米，对遗物进行了全部采集，其中编号文物16306件。

古城村1号寺庙址（以下简称"1号寺"）在1995年的农田改造过程中遭到毁灭性破坏。遗址地层堆积共5层，均为现代耕种形成。⑤层下为生土，并发现打破生土的建筑遗迹，包括墙体基槽4段、疑似磉墩3个、火炕遗迹1处，均为原建筑地面以下残留部分，无法依据遗迹形式判定年代及遗迹间关系。

遗物均出土于现代堆积中，包括佛教造像残片2000余件、瓦件残片8.38吨。根据对建筑构件的年代学研究推测：1号寺始建年代约为公元5世纪，废弃年代不早于渤海国晚期。

古城村2号寺庙址（以下简称"2号寺"）共清理地层堆积5层，其中①层为现代耕土层；②层为建筑次生废弃堆积，此层下开口金代水井1处、火炕1处；③层为建筑次生废弃堆积；④层、⑤层为建筑原生倒塌堆积，原生倒塌堆积下发现渤海国佛寺遗迹。佛寺遗迹包括早、晚两期，本次发掘停止于晚期佛寺建筑使用面。

晚期佛寺范围东西长约120米、南北宽

约80米，中轴线方向为221°，已揭露主要建筑为8处土石混筑的夯土台基（编号：TJ1–TJ8）。其中TJ1中部偏东约1米处发现舍利地宫。废弃堆积中出土瓦件残片132.21吨，佛教造像残片1000余件。地宫中出土石函1件，石函内安置包裹于"双丝绢"中的铁函1件，铁函内出土遗物3555件，质地包括金、银、铜、锡、玻璃、木、珊瑚，其中1件金瓶内置7件银珠，应系影骨舍利。在对晚期佛寺建筑进行局部解剖时，发现早期佛寺院落墙体基槽、磉墩。解剖表明，晚期佛寺营建过程中利用了早期佛寺夯土，并将早期佛寺建筑构件、佛像残片铺垫于晚期夯土中。

根据对遗迹、遗物的年代学研究推测：早期佛寺始建年代不晚于渤海国早期；晚期佛寺营建于渤海国中晚期，废弃年代不早于渤海国晚期。

珲春古城村寺庙址发掘的学术意义。

1. 推动图们江流域高句丽、渤海国考古学研究。

1号寺始建于公元5世纪，填补了图们江流域高句丽考古遗存发现空白。2号寺首次发现渤海国早期、渤海国中晚期遗存的叠压关系，为辨识本地区渤海国早期建筑遗存提供了标尺。

1号寺、2号寺具备一定共时关系，可视为完善本地区5—10世纪考古遗存的"典型剖面"，为完善该时段区域内考古学年代序列提供了重要支撑。

2. 促进南北朝隋唐时期佛教考古研究。

1号寺是我国境内发现的第一处高句丽佛寺，也是我国东北地区已发现最早的佛寺遗址。出土的"壬子年六月作"铭瓦当为研究三燕佛教东渐高句丽提供了重要证据；所获大量北朝晚期风格造像为探讨中原佛教物质文化对东北边疆地区的影响提供了重要素材。

2号寺是首次全面揭露的渤海国高等级佛寺，为研究我国唐代高等级佛寺平面布局、建筑组合、建筑结构及探讨我国古代舍利瘗埋制度提供了重要材料。

古城村寺庙址考古发掘对完善我国南北朝隋唐时期佛教物质文化全貌具有重要意义。

3. 深化高句丽、渤海国佛教物质文化关系研究。

古城村寺庙址包括高句丽、渤海国两个时期的遗存，遗存面貌清晰地反映出高句丽、渤海国佛教物质文化在中原地区影响之下传入与发展的历史事实，不支持国外学界宣称的"渤海国佛教继承自高句丽佛教"的观点，为厘清高句丽、渤海国佛教物质文化关系提供了重要依据，对实证我国统一多民族国家的形成过程、维护国家历史安全与文化安全具有重要价值。

（解　峰）

【河南开封州桥及附近汴河遗址】

发掘时间：2018年—2022年

工作单位：河南省文物考古研究院　开封市文物考古研究所　河南大学历史文化学院

州桥位于今河南省开封市中山路与自由路十字路口南约50米，是北宋东京城御街与大运河（汴河段）交叉点上的标志性建筑，始建于唐代建中年间（780—783年），后经五代、宋、金、元、明，至明末崇祯十五年（1642年）被黄河泛滥后的泥沙淤埋。

为持续深入开展北宋东京城大遗址保护与研究、全面实施开封宋都古城保护与修缮工程、建设宋都古城中轴线文化带、贯彻实施大运河文化与黄河文化研究，在国家文物局的支持下，河南省文物考古研究院、开封市文物考古研究所联合河南大学历史文化学院对州桥及附近汴河遗址进行了持续性的考古发掘。

考古发掘工作始于2018年10月，截至2022年底已完成考古发掘面积4400平方米。

发掘共布设东、西两个区域，东侧探方（汴河河道）发掘面积为1400平方米。南北两岸的唐宋时期河堤已经揭露，同时清理出唐宋至明清时期的汴河河道遗存。通过考古发掘可知该区域唐宋时期汴河宽度约为25—28米，河堤距地表深度为9.5—10米，河底最深处距地表深度为14.5米。金代河道开始淤塞；可见元代遗留"狭河木岸"工程；明代之后河道开始逐渐被侵占、收窄，河道之上修建有房屋建筑；明末汴河逐渐变为城内的排水沟；清代汴河经过了简单的疏浚，继续使用至民国时期，后废弃填平。

西侧州桥本体区域完成发掘面积约3000平方米。经过考古发掘，清理出部分明末洪水遗迹，揭示了桥面淤没于1642年洪水。清理出明代晚期的金龙四大王庙，庙址结构布局清晰，其时代不早于明万历年间，用石磨、石碌在河道淤泥上做基础。州桥是一座砖石结构单孔拱桥，时代为明代。桥面南北跨度为25.4米，东西宽约30米，南北桥台东西两侧各展出雁翅，加上两侧雁翅，东西总宽约50米。州桥桥面中间略高，向南北两侧呈坡状。桥券用青砖券成，券脸用斧刃石砌筑，桥孔两侧金刚墙用青石条东西顺砌，从桥孔的侧面平视，桥孔的横截面呈现出类似城门洞的形状。

根据考古发掘结果并参考文献资料推测：宋代州桥为柱梁平桥，桥下密排石柱，桥现已不存；现存州桥为明代早期修建，是在宋代州桥桥基基础上建造的单孔砖券石板（拱）桥。

在州桥东侧的汴河河道南北两岸发现有巨幅石雕祥瑞壁画遗存，其上雕刻有海马、瑞兽、祥云等。纹饰通高约3.3米，显露出的石壁最长约23.2米，构成巨幅长卷。石壁中一匹海马、两只仙鹤构成一组图案，每组图案的长度约为7.5米，每幅石雕壁画推测共有4组图案（已完整揭露出来3组，另有1组被明代州桥雁翅所遮挡），根据石壁上的编码推测每幅石雕壁画总长度约为30米。

石壁自下而上，第七层为雕刻层，每块带纹饰的青石上均有编号。北侧石雕壁画编号首字取自中国传统习字蒙书教材《上大人》"上士由山水，中人坐竹林，王生自有性，平子本留心。"南侧石雕壁画编号首字取自《千字文》"天地元黄、宇宙洪荒、日月盈昃、辰宿列张。"

州桥及附近汴河遗址考古发现具有重要的学术价值和历史文化价值，主要表现如下。

1. 都城史。北宋东京城是中国古代都城史上具有转折意义的都城。其中轴线上的州桥是最具代表意义的标志性建筑之一，印证了开封城市中轴线千年未变的历史奇观，是古今重叠型城市遗产的标志。对于研究北宋东京城的城市布局结构具有重大的意义，为探讨北宋时期国家政治、经济、文化、礼仪制度提供了重要材料。

2. 艺术史。州桥石壁是目前国内发现的北宋时期体量最大的石刻壁画，从规模、题材、风格方面均代表了北宋时期石作制度的最高规格和雕刻技术的最高水平，填补了北宋艺术史的空白，见证了北宋时期国家文化艺术的发展高度。

3. 桥梁建筑史。州桥是北宋东京城中汴河与御街交汇处的标志性建筑，是运河遗产中的典型代表，规模宏大、建筑精美，其考古发掘为我国古代桥梁建筑史的研究提供了新的重要资料。

4. 运河史。本次考古发掘首次完整揭露出了唐宋至清代汴河开封段的修筑、使用、兴废等发展演变过程，填补了中国大运河东京城段遗产的空白，为研究中国大运河及其发展变迁史提供了考古实证。

（周润山）

【浙江温州朔门古港遗址】

发掘时间：2021年—2022年
工作单位：浙江省文物考古研究所

温州朔门古港遗址位于浙江省温州市鹿城区望江东路东段，温州古城朔门外，南依古城，北邻瓯江，东靠海坛山，与世界古航标江心屿双塔隔江呼应。遗址总面积约20万平方米。2021—2022年，该遗址在基建考古工作中被发现，发掘面积约5000平方米。主要遗迹有古城水、陆城门相关建筑遗存、8座码头、1条木栈道、多组干栏式建筑、成片房址、水井等，并出土沉船2艘、数以10吨计的宋元瓷片以及漆木器、琉璃、砖雕等大量遗物，各类遗存年代跨度从北宋延续至民国，尤以宋元为主。

一、重要发现

遗址发掘区主要由东端水门头区、中部邻江港口区及西端南侧朔门瓮城区三部分组成。遗址整体规模庞大，布局分区清晰，遗迹种类丰富，保存状况较好。

水门头区位于海坛山西北麓，由奉恩水城门以外、水门河沿岸两侧的各类遗迹群组成，包括陡门、桥梁、堤岸、斜坡式码头、成片房址等，遗迹年代及演变轨迹清晰。北宋石砌斜坡式码头建于海坛山基岩上，揭露部分长13米、宽3.5米。水门河西边原为瓯江港湾，南宋成陆后出现成片房址，其中一组疑似元代浴所。

邻江港口区呈东西向条带状分布，为沉船、码头等遗迹分布区。两宋时期的突堤式码头，呈多级月台状，石边土心结构。其中3号码头长13.8米、宽4.3米，前部台地残留砖铺路面。遗址发现2艘福船。其中1号宋代沉船残长12.4米、残宽4.1米，推测全长约20米。2号沉船仍在发掘。栈道遗迹位于瓮城北面，做工规整。据史料记载，栈道附近即馆驿所在。栈道以东分布多组干栏式建筑遗迹。

朔门瓮城区发现早、晚两期瓮城基址及砖、石道路等遗迹。宋元时期瓮城城墙平面呈圆弧形，石壁土心，基址厚4米；明清时期改为方形，内外壁以条石垒砌，基址厚5.3米。瓮城外发现有三个时期道路及多条排水沟遗迹。

遗址层位关系明确、年代证据充足，出土文物数量庞大，商贸特征尤为突出。地层中出土有大量瓷片。集中分布的瓷片堆积多呈条带状，形成于元代。其中九成以上为龙泉瓷，基本无使用痕迹。其他还有建窑、青白瓷及褐彩绘青瓷等。遗址中还出土漆木器、琉璃器、贝壳、植物标本等丰富遗物。宋元瓷器、漆木器等商贸遗物重现了古代温州海上贸易的历史盛况，琉璃、砖雕、捶丸等各类遗物则装点了古代温州欣欣向荣的市井生活。

二、价值分析

1. 朔门古港遗址的发现，重现了温州千年商港的繁华景象，是近年来我国城市考古和港口考古的重大收获。

温州古城选址于江海交汇的瓯江下游港湾，城址1700年未变。宋杨蟠曾赞叹温州"一片繁华海上头"。朔门古港遗址发现的码头、沉船和海量的商贸类货物，构成了商港的核心元素。这与温州古城、世界古航标江心屿双塔交相辉映，展现了宋元时期温州港"城脚千家具舟楫，江心双塔压涛波"的历史画卷，生动勾勒出宋元时期温州城市与港口繁荣发展的宏阔场景，重现了"温州外滩"的繁华景象，凸显了温州古城港、城一体的规划特色，遗址建筑类型丰富，软地基及抗水流做法尤其突出，堪称古代海洋工程建筑技术的杰出范例。这也使此次发掘兼具城市考古和港口考古的双重意义。

2. 朔门古港遗址的发现，为温州坐实龙泉瓷外销起点港和"海上丝绸之路"重要节点城市提供了关键物证。

南宋至明中期，龙泉瓷在外销瓷中一直占据绝对主导地位，被称为大航海时代之前我国推出的第一种具有全球影响力的商品。温州凭借其发舶港地位以及龙泉窑下游江海中转节点而成为其外销的主要集散地和起点港，助力龙泉青瓷驶向蓝海，梯航万国，开创了"龙泉天下"的盛世场景。

3. 朔门古港遗址规模大、遗迹全、年代清晰、内涵丰富，是集城市、港口、航道航标三位一体的完整体系，也是我国"海丝"申遗工程不可替代的经典样本和支撑性遗产点。

港口是海上丝绸之路的核心节点。世界106座历史文物灯塔之一的江心屿双塔与古港隔江呼应；宋代温州大型造船场紧邻古港西边的郭公山麓；东首海坛山建有海神庙、杨府庙（地方海神）、平水王庙，朔门古港集齐各大要素，堪称"国内仅有、世界罕见"，填补了"海丝"申遗港口类遗产的关键缺环，被誉为迄今国内外海上丝绸之路港口遗址最为重要的考古发现，在人类海洋文明史上具有突出价值。

4. 温州朔门古港遗址承载着独特的海洋文化信息，蕴含着先贤们的哲学思想和人文精神，大大丰富了中国古代海洋文明内涵。

多山滨海的特殊地理环境及依托港口发展起来的工商业经济培育了温州的海洋意识和重商文化，赋予温州鲜明的海洋文化特质。古代温州渔、盐等海洋产业及工商业占有重要地位，又是著名的纺织品和漆器生产中心，产品畅销海内外。受此熏染，古代温州在海丝方面涌现出一批著名人物，如周去非、周达观、杨景衡等。南宋以叶适（墓在海坛山南麓）为代表的永嘉学派，突破传统农耕文明重本抑末思想的束缚，主张"义利并举"，通商惠工，是中国古代海洋文明在思想领域的重大贡献，影响深远。

（梁岩华　刘团徽　罗汝鹏）

北 京 市

【丰台区新宫青铜时代遗址】

发掘时间：2022年4—12月

工作单位：北京市考古研究院（北京市文化遗产研究院） 丰台区文物管理所

新宫遗址位于丰台区槐房街道万达广场北侧，遗址北邻槐房北路，南邻槐房南路，西接槐房西路，东临任家庄路。地处古永定河流域冲积扇上，周边地形开阔，遗址择地高亢，有河自西北向东南流过，分布面积约4.5万平方米，部分遗存已遭破坏。此次发掘面积8000平方米，文化层厚0.50—3米，发现不同时期遗迹单位300余处，其中清代烧灶遗迹52处、道路2条，辽金时期道路1条，战国、两汉时期墓葬71座、西汉井1眼、东汉砖窑8座。最为重要的是青铜时代的环壕聚落遗址，包括内外两重环壕、房址、灰坑等，以及24座墓葬。出土有彩绘陶器、陶器、玉器、石器、金耳环、铜耳环等重要文物。

青铜时代外环壕开口于③层下，宽8—12米，深约4米，直径142—155米，围合面积约1.7万平方米。内环壕开口于③层下，宽18米，深约3米，直径约70—72米，围合面积约0.4万平方米。内环壕内发现有灰坑、窖穴、房址、灰沟等。房址较少，规模不大，为半地穴式，内有烧灶遗痕，周边有柱洞。灰坑分布较为密集，形状多样，坑壁较规整。出土有陶片、石器、兽骨等，陶器器形有鬲、盆、罐、尊、瓮、甗、甑、钵等，陶器质地以夹砂灰陶、夹砂褐陶和夹砂红褐陶占多数，其次为泥质灰陶、泥质灰褐陶和泥质红褐陶。纹饰以绳纹为主，还有交叉绳纹、绳纹加划纹、绳纹抹光、附加堆纹等，陶鬲多为实足。内、外壕之间地带发现有房址、灰坑、灰沟、窖穴等遗存。出土有陶片、陶纺轮、兽骨等遗物。

此次发现的青铜时代墓葬区位于外环壕外东南部，古河道西南岸，24座墓葬均为竖穴土坑墓，除少数几座墓葬以外，墓向基本一致，有二层台。墓葬规模不大，常见的随葬品有素面折肩鬲、宽沿折腹盆、钵、罐等，且多临近墓主人遗骸放置，常位于头端或脚端。其中3座墓葬规模略大，随葬品有金耳环、玉玦、绿松石项链、彩绘陶等。

从墓葬及聚落遗址内出土的素面折肩鬲、宽沿折腹盆、钵、甗等器物来看，属于大坨头文化，其年代大体与中原地区二里头文化至二里岗下层文化同时，相当于夏代晚期至商代早中期。

另外，在环壕内外及环壕上层发现一部分灰坑、窖穴、灰沟等遗迹，后期被破坏严重，遗存为底部，灰坑多见袋状圜底或平底，部分打破叠压环壕，由文化地层看为环壕废弃后的遗存，出土陶器残片、陶纺轮、兽骨等，可辨陶器有陶鬲、盆、罐、豆、簋等，其器形、纹饰、陶质等与大坨头文化时期不同，年代相当于西周时期。

新宫遗址以本地土著文化为主，兼受中原地区和欧亚草原文化因素的影响，反映了青铜时代北京地区与周边文化的频繁交流，为北京城区附近青铜时代考古学文化的研究提供了重要资料。

（韩鸿业）

【房山区琉璃河西周遗址】

发掘时间：2022年7—12月

工作单位：北京市考古研究院（北京市文化遗产研究院） 北京大学考古文博学院 中国社会科学院考古研究所 首都师范大学历史学院

琉璃河遗址位于北京市房山区琉璃河镇董家林、黄土坡等村，主体为西周时期的燕国都城及墓葬区，保护范围为17.3平方千米。经国家文物局批准，为深入阐释琉璃河遗址价值，提高北京市大遗址保护利用水平，配合琉璃河考古遗址公园建设，北京市考古研究院联合相关单位对遗址进行了主动性发掘。发掘总面积约1000平方米，发掘地点位于城内与城外北侧。

城内新发掘二号夯土建筑基址（JZ2）。基址位于城内中心偏北的位置，北距北城墙约150米，东距东城墙约340米，东西残宽约25米，北侧尚未到边，目前已揭露面积574平方米。夯土建筑被现代房基、灰坑破坏严重，地面部分已不存，仅存地下夯土基础部分。夯土基础结构清晰，最厚处约2.3米深，夯层厚6—10厘米，夯窝直径2—4厘米，夯打迹象明显，疑为集束木棍所夯。遗迹的平面和剖面上均可见明显的分块版筑痕迹。该建筑被西周中晚期灰坑所打破，其主体使用年代应不晚于西周中晚期。

城外北侧新发现小型平民墓地。墓地位于北城墙以北约300米的位置。共发掘西周墓葬9座，均为竖穴土坑墓。墓向均为南北向，墓圹长1.8—2.8米，宽0.55—1.06米，均为单棺。墓主人头向北，1座为俯身直肢葬，其余8座皆为仰身直肢葬。墓主性别可辨识者有3位男性和3位女性，1位墓主人未成年，其余8位皆为成年个体。3座墓葬填土内有殉狗，其中2座同时有腰坑殉狗。5座墓葬有随葬陶器，根据陶器年代判断这批墓葬年代为西周中期前后。

此次发掘有利于在深度与广度上增进对琉璃河遗址的认识。大型夯土建筑基址的发掘充实了遗址城内高等级建筑的材料，其建筑技术与周原、丰镐等中心都邑相一致，反映了西周封国的建筑技术水平和周王朝对封国的统治。城外新发现的墓葬扩大了遗址的聚落范围，丰富了低等级墓葬的材料，对研究琉璃河遗址乃至西周时期的墓地结构和社会组织方式提供了重要材料。

（王 晶）

【通州区路县故城城郊遗址区汉代遗存】

发掘时间：2022年2—10月

工作单位：北京市考古研究院（北京市文化遗产研究院）

为配合北京城市副中心行政办公区水系（镜河北段）工程（三期）项目的建设，北京市考古研究院在路县故城城郊遗址区进行了考古发掘。发掘区东为景行路，南临兆善大街，西为临镜路，北邻东古城街。此次发掘面积共计2830平方米，清理灰坑241处、水井17口、道路11条、沟渠6条、墓葬4座、制陶作坊遗址1处等。本年度8—10月为配合路县故城遗址保护展示工程东侧地块项目的建设，再次在路县故城城郊遗址区发掘布设10米×10米探方42个，实际发掘面积4200平方米，清理灰坑46处、水井4口、道路3条、沟渠2条、墓葬3座、瓮棺8座等。

制陶遗址区位于城郊遗址区内的东南部，主要由陶窑、窑炉与同时期的房址、窖穴、水井、灰坑、灰沟、踩踏面、生土台等遗迹构成，现存面积1115平方米。其中，2

座陶窑和1座窑炉为该遗址区的核心遗迹，大体呈东西向排列，间隔距离0.40—1.85米。陶窑内出土器物及器物残片共计230余件，其中陶豆及其残片的数量约占总数的90%，是路城出土陶豆数量最多的遗迹单位，推断其为以烧制陶豆为主的陶窑。而窑炉的一个显著特征就是窑壁内侧表面呈大面积玻璃态熔融状，窑室内数量最多的遗物是表面呈玻璃态窑壁残块。仅窑室内出土的玻璃态窑壁残块重量约21千克。对窑壁上熔融状遗存的取样检测结果表明，这是由窑内温度过高，窑壁自身融化而形成的。

此外，此次发掘的三口水井中出土了一定数量的竹木简牍。综合简牍所属水井的开口、形制、结构、同出器物以及简牍的形制、字体等情况，推断这批简牍均为东汉时期。依据学界简牍命名的原则或惯例，可称之为路城东汉简牍或路城井窖简牍。简牍的书体，有隶书、行书和草书三种；内容涉及宗教、簿籍、诏令等；兼具视觉上的形式美、内容上的文辞美，精神上的气韵美。此次出土的竹木简牍，是路县故城遗址首次发现简牍类文物，也是北京地区汉代遗址中首次发现简牍类文物，丰富了路城及北京汉代考古的内容，并对了解和研究汉代路城及北京提供了重要的文字资料。特别是其中的朱砂木牍、人形木牍和景帝令二千石修职诏竹简等，保存基本完好，对于认识本土宗教仪式的形态、思想意识的传播和中央政令的下达等具有非常重要的价值。

8—10月份在该区域发掘的一座水井值得关注，编号为2022TLGBZJ2（简称J2）。该水井位于路县故城城郊遗址区的东南部，其几何中心点北距路城南城壕南岸约10米、距南城墙墙基南侧约94米。J2可分为外圹和木构井壁两部分，总体呈外圆内方、上大下小的结构。J2外圹开口于⑥层下，距地表5.11米，平面近似圆形，圹壁向下内收。开口东西向直径3.01米，南北向直径2.80米；底部直径1.60—1.62米。外圹以木构井壁的开口为界，分为上下两部分，中上部有垮塌，不规整；中下部斜直内收，壁面较光滑。木构井壁开口位于外圹中央，平面为近似菱形，内边长0.86—0.92米，外边长0.98—1.04米。木构井壁残存6层木板，总高1.80米。其中最上面的两层木板保存状况最差，高0.40—0.42米。第三层木板保存状况较差，高0.28—0.30米。第四层至第六层木板保存状况较好，平面基本呈"井"字形，高1.10—1.12米。井壁主要以榫卯方式搭建而成。东壁、西壁的木板左右两端为长方形凸榫；而南壁、北壁的木板左右两端为内凹卯口。每层木板的卯口宽度略大于榫头，二者于交角处结合后的缝隙较小；每层木板凸榫的长度大于卯口内凹的深度，二者交接后榫较明显地突出于木板。南壁第六层木板的中部有两个东西向排列的圆孔，直径均为0.03米，其中西侧圆孔穿透木板，而东侧圆孔仅见于木板内侧。第四层至第六层木板均较为规整，内外壁较为光滑、平直，明显经过加工和修整。在木构井壁内东北角，紧贴第六层木板，有一组木桩，插入井底内沙土。部分木桩的一端或两端有明显的人为加工痕迹。此外，紧贴东侧最底层木板的内壁，清理时发现类似竹席的痕迹。紧贴东侧和南侧最底层木板的外壁，清理时发现苇束遗存，已腐朽，残存长度与木板基本相同，残存宽度0.12—0.17米，根据其痕迹，推测很可能分段、成捆堆放。

（孙 勐 魏 然）

【海淀区双新村唐代及明清时期墓葬】

发掘时间：2022年9—10月

工作单位：北京市考古研究院（北京市文化遗产研究院）

为配合海淀区四季青镇双新村棚户区改造项目顺利进行，北京市考古研究院在前期勘探的基础上对该项目占地范围内的古代墓葬进行了考古发掘。发掘区南邻双新园南区，西距香山南路约300米，北邻双新村安置区，东邻北辛庄路。发掘面积共计76平方米。共发掘唐代墓葬2座，清代墓葬6座。

唐墓M1为带阶梯状墓道的椭圆形砖砌单室墓，坐北朝南；由墓道、天井、墓门、甬道、墓室等部分组成；早年被盗，墓室顶部结构已毁；总长约7米，宽约4.3米。墓室东壁有砖雕，由北向南依次为砖仿木结构假门、高足单足灯檠、马球杆。墓室西北部有折尺型砖砌棺床，墓内未见葬具痕迹，棺床上残存两具人骨架。墓砖多为青灰色素面砖或粗绳纹砖。墓底未见铺砖。出土陶罐1件，执壶1件，器盖1件，瓷碗2件，三足杯1件，铜钱4枚。

唐墓M2为带阶梯状墓道的马蹄形砖砌单室墓，坐北朝南；由墓道、墓门、甬道、墓室等部分组成；早年被盗，墓室顶部结构已毁；总长约5.8米，宽约2.9米。墓室西北部有折尺型砖砌棺床，墓内未见葬具痕迹，棺床上未见人骨。墓砖多为青灰色素面砖或粗绳纹砖。墓底未见铺砖。出土陶罐1件，陶灯1件，陶仓1件，器盖1件，陶盘1件。

清代墓葬6座，编号M3—M8，均为长方形竖穴土圹墓，有单棺墓3座，双棺墓2座，三棺墓1座。出土有陶罐、铜钱及各类金属饰物共百余件。

唐墓M1墓室壁砖雕马球杆图案在北京地区属首次发现。

（张子晗）

【西城区金中都大觉寺遗址】

发掘时间：2019—2023年

工作单位：北京市考古研究院（北京市文化遗产研究院）

金中都大觉寺遗址位于北京市西城区右安门内大街和半步桥胡同之间，2019年以来，北京市考古研究院对大觉寺所在的光源里地区持续开展考古工作，迄今为止发掘面积达17000平方米，揭露出建筑基址、河道、道路、水井、灶和灰坑等大量遗迹现象，其中以2022年发掘的大觉寺遗址早、晚两期建筑组群和辽南京南护城河河道遗址最为重要。

一、大觉寺晚期建筑组群

晚期建筑组群由位于同一轴线上的南北两座大型殿址和东西对称的廊房围合组成，南北通长约60米，东西残宽43米。

中轴线南端的1号基址为前方带月台的近方形建筑，坐北朝南，主体建筑东西长22米，南北宽20米，面阔三间，进深三间；2号基址位于轴线北端，亦坐北朝南，面阔3间、进深2间；3号、4号基址为东西两侧廊房遗址。院落中心有十字甬路通向各栋建筑，3号、4号建筑南侧有连廊与1号建筑相连。

二、大觉寺早期建筑遗迹

叠压在1号基址下的早期建筑遗迹为一前方带月台的长方形建筑，东西长26米，南北宽13米。其月台亦叠压在1号基址月台下，月台内尚余残存圭角的须弥座遗迹。

综合地层关系及出土遗物分析，早期建筑基址时代约为辽至金大定年间，晚期建筑基址时代约为金大定至金末元初。

大觉寺遗址出土了玉册、铜印和建筑装饰陶塑，如菩萨、天王、供养人、关公陶塑，还有建筑构件，如龙纹瓦当、黄琉璃筒瓦、凤纹瓦当、兽面纹瓦当、莲花纹滴水、陶望柱柱头、筒瓦、檐头瓦等建筑构件，以及仿铜瓷礼器、高丽青瓷、汝瓷等高规格遗物，表明这组建筑群与皇家寺院相关。

三、辽南京南护城河河道遗址

在遗址北侧邻近白纸坊东街处，发现了

辽南京南护城河河道遗址，发掘区河道宽9米，河床土质较坚硬，南侧岸上遗留埽的痕迹。河道出土有双鱼纹铜镜、金代和北宋铜钱、北宋黑定瓷片等遗物。

大觉寺遗址是目前金中都考古中发掘面积最大的一处遗址，发现的建筑组群展现了金代成熟的建造工艺和技术水平，为金代建筑史填补了资料。辽南京南护城河的发现，为确定开阳门、辽南京南城墙的位置提供了依据。出土的品类繁多、质量上乘的文物，对于北京城市考古、金代建筑考古、金代庙制和礼制研究、陶瓷考古研究等均具有重要学术价值。特别是出土的女真文等5枚玉册，不仅是女真小字颁行的最早实例，还是金代都城从上京迁至中都再迁至汴京的实物见证，对研究金代历史、女真文字等具有重要学术价值，为阐释中华民族多元一体格局形成过程提供了考古学视角。

（王继红　李永强）

【昌平南口城及上关城墩台遗址】

发掘时间：2021年6月

工作单位：北京市考古研究院（北京市文化遗产研究院）

南口城东、西山烽火台位于昌平区南口村北，军都陉（关沟）南口山谷两侧的山顶上，属南口城防御体系的一部分；上关城1号、2号烽火台2号、3号敌台分别位于上关城南，上关关城东西两侧山脊上，属上关城防御体系的一部分。两者共同组成了军都陉（关沟）防御体系。

为了配合北京昌平南口城东、西山烽火台和上关城1号、2号烽火台2号、3号敌台保护项目，北京市考古研究院对北京昌平南口城东、西山烽火台和上关城1号、2号烽火台2号、3号敌台进行考古发掘，发掘清理墩台6座，发掘面积200平方米。

此次发掘首先确定了上述烽火台、敌台的建筑性质——护城墩。其次确定了6座墩台的建筑规制和工艺作法。其中上关城2号烽火台顶部首次发现"半地穴式"铺房，丰富了铺房类建筑的建筑类型。最后，上关城2号烽火台出土不晚于明景泰、天顺朝的瓷器残片，与文献中所载宣德、景泰朝曾修缮居庸关之事一致。发掘不仅印证了文献的记载，而且为今后寻找明中前期甚至早期居庸关关址，复原关城布局提供了线索。通过发掘，明确了长城建筑的基本形制和营造特点，为科学编制方案提供依据。

（尚　珩）

【延庆大庄科明长城208—210号敌台及边墙遗址】

发掘时间：2021年10月—2022年4月

工作单位：北京市考古研究院（北京市文化遗产研究院）

延庆县208号敌台（编码：110229352101170208）、延庆县209号敌台（编码：110229352101170209）、延庆县210号敌台（编码：110229352101170210）位于延庆区井庄镇柳沟村西山山坡上，敌台间连接有长城墙体。该段长城墙体属明长城柳沟段，向东与延庆火焰山九眼楼长城相连，向西与岔道城相接。

为配合延庆208—210号敌台保护工作，依据《国家文物局关于2021年北京市长城险情段落抢险项目及研究性修缮项目计划的批复》（文物保函[2021]140号）文件要求，北京市考古研究院对D208、D209、D210号3座敌台进行考古发掘，发掘面积为236平方米。

此次发掘明确了明代宣府镇南山边垣实心敌台的建筑形制和工程作法，明确了敌台建筑年代，明确了敌台和墙体的时代早晚关系，深入了解了3座敌台的建筑形制、结构、营建方法，丰富了其文化内涵，为日后的规划、保护、修缮工程方案的制定提供了基础资料和技术支撑。

（尚　珩）

【怀柔箭扣明长城141—145号敌台及边墙遗址】

发掘时间：2021年6月—2022年11月

工作单位：北京市考古研究院（北京市文化遗产研究院）

北京怀柔箭扣141—145号敌台及边墙遗址位于怀柔区雁栖镇西栅子村南山脊上。为了配合怀柔箭扣明长城141—145号敌台及边墙保护工作，依据《国家文物局关于2021年北京市长城险情段落抢险项目及研究性修缮项目计划的批复》（文物保函[2021]140号）文件要求，北京市考古研究院对该段长城进行考古发掘。共发掘清理141—145号计5座敌台，37段墙体，1座暗门，2座炮台，发掘面积2530平方米。

该项目系国家文物局批准的首批长城研究性修缮项目，此次发掘取得了重要成果。第一，明确了长城敌台建筑的建筑形制。141号、143号、145号敌台均为实心敌台，142号、144号敌台则为空心敌台。敌台以自然山体为基础，经过修治后，获得营建空间。敌台以条石为基础，上部青砖垒砌，顶部均修建有铺房建筑。

第二，发现了明代戍边将士生活的遗迹。在141号、143号、144号、145号敌台的铺房内均发现火炕、灶址遗存，145号敌台的灶址内还发现炭化植物遗存、动物骨骼遗存。这些遗存不仅与明代文献记载相吻合，而且丰富了长城遗存的文化内涵，为研究明代戍边运转方式提供了依据。

第三，发现了明代戍边将士的文娱遗物。141号、145号敌台顶部出土有棋盘砖，为研究戍边将士的日常生活提供了新材料。

第四，首次发现炮台、旗杆墩遗存。14号敌台东侧、141号敌台西侧的长城墙体顶部发现有块石垒砌的方台，2座方台紧邻垛口墙而建，平面呈长方形，综合判断应为炮台遗存。143号敌台顶部东北角墙下，发现一座毛石垒砌的方台，应为旗杆墩遗存。上述长城附属建筑，为近年明长城考古过程中的重要发现，弥补了文献记载的缺失。

第五，首次发掘暗门遗址，明确了暗门的建筑形制。暗门位于143号敌台西侧，纵贯墙体的门道十分低矮、窄小，仅容一人通过，顶部结构应为木梁架式，门外距离地面高达2.2米，其防御之严密可见一斑。

第六，明确了该段长城墙体及敌台的建造年代，145号敌台出土万历十二年《题名鼎建碑》，143号敌台西侧长城墙体外侧出土万历二十五年《城工题名碑》，两块石碑展现了箭扣长城建筑的营建时序和长城防御体系的发展、演变过程。

（尚　珩）

【平谷区长城段36号敌台及边墙遗址】

发掘时间：2021年11月—2022年12月

工作单位：北京市考古研究院（北京市文化遗产研究院）

平谷区长城段36号敌台（将军关城垣）及边墙遗址位于平谷区金海湖镇将军关村北部的山梁上。为了配合北京市平谷区长城段36号敌台（将军关城垣）及边墙段抢险修缮工程项目，做好该长城保护项目方案制定工作，北京市考古研究院对该段长城进行考古发掘，共发掘清理1座敌台，3段墙体，发掘面积共计250平方米。此次发掘明确了该段长城墙体的建筑规制与工程作法，新发现角楼建筑一座，丰富了长城单体建筑的类型。

（尚　珩）

【故宫造办处明清建筑遗址】

发掘时间：2022年1月—2022年12月

发掘单位：故宫博物院考古部　故宫考古研究所

故宫造办处建筑遗址位于故宫外朝西路慈宁宫以南、仁智殿以北、隆宗门西南的区域。明代为司礼监经厂直房，清初用作慈宁宫茶饭房，康熙三十年（1691年）改为内务府造办处，并一直延用至民国年间，建国后改成故宫工程队和办公用房至今。

故宫造办处建筑遗址自2020年底开展持续发掘工作，2022年1月至2022年12月，故宫博物院考古部继续开展发掘工作，共揭露面积500平方米，清理出一批重要遗迹和遗物。

造办处遗址西南部区清理出墙基、道路、地面铺装、灶址、灰坑等丰富遗迹现象，揭示出造办处西南区域南北排列的清代造办处时期房址，之间有院落空间，院落内有甬路供通行。灶和灰坑中出土物丰富，有砖、瓦、瓷、玉、骨、金属等质地遗物。其中灰坑H3中集中出土了数件玉器残片和废料，证实了档案中记载的造办处"玉作"的存在。另外，在清代遗存之下，还发现有明中后期的砖铺面、夯土垫层以及明早期的碎砖夯土层、基槽。

对造办处遗址东南部明早期建筑MZF1所属大型砖砌磉墩做了进一步追踪和解剖，确认了明早期建筑大型磉墩的西侧基槽边界，探明了明早期大型磉墩的构造工艺为一种无地钉的新做法类型；同时在遗址东北部区域发现第二个明初小型磉墩，两个小型磉墩同属另外一座坐东朝西的建筑MZF2，并在前后檐柱磉墩位置设有小型条形基槽，总体呈"口"字形；在明墙基MZQJ1北端东侧发现有被该墙基基槽打破的元代建筑夯土碎砖层。此外，还新发现有明中后期建筑的"满堂红"基槽边界以及基槽夯层中的"对场作"工艺做法。

清代造办处西南部建筑遗址的发现完善了对造办处建筑格局、功能分区、生产生活状况的认识，也为造办处旧址建筑格局复原及环境整治等提供了科学的依据。而明早期建筑基址磉墩的解剖再一次革新了明早期紫禁城宫殿建筑基础做法的类型，新发现的明初建筑和布局为重新认识明初紫禁城西部区域的建筑格局和变迁提供了重要的实物证据。另外，"元明清三叠层"的再次发现也为探寻元大内的踪迹及研究元明之际宫殿建筑变迁提供了重要线索。

（吴　伟）

【早期北京探源考古专项调查】

调查时间：2022年8月

工作单位：北京市考古研究院　北京联合大学考古研究院

为落实北京市考古研究院和北京联合大学全面合作框架协议，北京市考古研究院与北京联合大学考古研究院共同组织实施的"早期北京探源考古专项调查工作"于2022年8月中旬启动。该调查工作是一个为期三年的项目，重点调查北京市门头沟区、房山区、平谷区等地区先秦时期遗址，在此基础上开展考古工作，为探索北京地区人类起源、北京文化之源和北京城市发展源头提供实物证据。

在北京市考古研究院积极组织协调下，北京市考古研究院与北京联合大学考古研究院组成多学科联合调查队。首次调查主要围绕门头沟区永定河流域先秦时期考古遗址开展。调查队先后对斋堂九龙头、马兰台、桑峪冰楔层与桑峪人遗址，以及大、小东宫村进行了调查，重点调查了这些地点可能存在的古代遗址情况，并考察了当地的地质地貌、古代沉积层等。

北京市考古研究院孙浩然等几位同志以及北京联合大学考古研究院教师黄可佳、赵静芳、贾昌明、姜仕炜、韩蕙如和数位联大学生参加了近期调查。今后双方将持续投入力量，开展更加全面的联合考古工作。

（孙浩然　黄可佳）

天津市

【蓟州区白马泉村北汉至明清时期墓地】

发掘时间：2022年5—7月

工作单位：天津市文化遗产保护中心　蓟州区文化遗产保护中心

白马泉村北墓地位于天津市蓟州区老城以北的山前台地，北倚渔山，南与蓟州区文物保护单位——白马泉汉墓群仅一路之隔。为配合基本建设，经国家文物局批准，联合考古队对项目占地范围内涉及的墓葬进行了考古发掘，共计清理汉代至明清时期墓葬84座，出土文物400余件。

西汉墓2座，均为土坑竖穴墓，南北向，墓主人仰身直肢，随葬品以壶、盒为主；东汉至西晋时期墓6座，均为带斜坡墓道的砖室墓，南北向，根据主体墓室数量可分为单室墓、前后双室墓和前中后三室墓，所有墓葬券顶均破坏无存，仅存部分砖墙与铺地砖，砖墙主体砌筑方式为双平一立，随葬器物以陶器为主。值得注意的是，M3随葬的1件白陶瓮，为天津地区汉代墓葬中首次发现。

唐辽时期墓葬发现较多，共24座，按墓室平面形制可分为弧方形、圆形、椭圆形、马蹄形、船形及类船形砖室墓（或者砖石混筑墓），均为南北向，虽然部分墓葬盗扰严重，但墓葬形制多样，随葬器物类型较为丰富。

金元时期墓葬发现较少，M11为金中都地区金代较为流行的长方形石椁墓，东西向，由六块石板搭建而成。元代墓葬2座，均为南北向，墓室平面呈方形，墓壁为卵石垒筑，墓室北部有方形棺床，随葬有钧釉碗、盖罐、黑釉碗、铁矛头等。

此外，清理明清时期平民墓葬多座，均为该时期天津地区常见的类型，多为竖穴土圹墓，南北向，棺木多已腐朽，尸骨保存较差，随葬品较为简单，有陶罐、盂、板瓦、瓷罐、碗、盘、随身首饰、铜钱等。部分墓葬有墓主头侧棺外填土中随葬罐、碗、盘等，部分墓葬有头枕板瓦以及棺外填土内放置板瓦的葬俗，部分板瓦上可见朱符和文字。

通过此次发掘，可以认定该墓地应是蓟州白马泉汉墓群的一个重要组成部分，并极大地拓展了人们对其考古文化内涵和历史价值的认识。白马泉村北墓地的墓葬形制多样、延续时间较长、随葬品组合特点明显，丰富了蓟州地区汉晋、唐辽、金元及明清时期的墓葬资料，为研究该地区历史时期的墓葬形制、丧葬制度、丧葬习俗及社会历史文化提供了重要的实证资料。

（尹承龙　盛立双）

【蓟州区三岗子村北东汉唐及明清时期墓地】

发掘时间：2022年7—9月

工作单位：天津市文化遗产保护中心

蓟州区三岗子村北墓地位于蓟州区渔阳镇三岗子村北侧，五名山东南侧山脚下。北、西两面临鸿雁里小区，东临津蓟线铁路，南邻人民西大街。共清理东汉、唐、明清不同时期墓葬 17 座、灰坑 3 个、灰沟 1 条、窑址 1 座。实际发掘面积 600 平方米，出土不同质地文物标本 100 余件。

墓葬分布大体有迹可循，唐代墓葬集中分布在发掘区东侧，呈南北向排列；汉代墓葬集中分布在发掘区南侧，呈东西向排列，存在家族墓地的可能。

东汉时期墓葬 6 座，均为带墓道砖室墓，其中南北向 5 座，东西向 1 座（M14）。根据主体墓室数量可分为单室墓（3 座）、双室墓（2 座）和多室墓（1 座）3 种。墓葬保存状况差，仅残存少量墙砖和铺地砖。多数墓葬随葬品稀少，仅多室墓 M2 出土了较为丰富的随葬品，可分为铜器和陶器两类。铜器有：铜熨斗、铜钱、铜饰等；陶器有：耳杯、灯、盘、甑、釜、勺、奁、碗、厕、盆、罐、盘、井、狗等。

唐代墓葬 9 座，砖墓为绝大多数，唯 M8 为砖石混筑。根据墓室平面形状可分为马蹄形（4 座）、圆形（2 座）、船形（1 座）、梯形（1 座）、弧方形（1 座），均为南北向，保存状况相对东汉墓葬较好，其中 M7 发现两处砖砌仿木结构：一处为灯台，一处为斗拱。

明清时期墓葬 2 座，均为长方形竖穴土圹墓，墓室四壁较规整，保存状况一般，出土铜钱、铜簪、铜扣、银簪、瓷罐等随葬品。

另外，还发现汉代灰坑 3 个、灰沟 1 条、窑址 1 座。

三岗子村北墓地的发掘丰富了蓟州区东汉、唐及明清时期的墓葬、遗迹资料，对研究该地区历史时期的丧葬制度、丧葬习俗及社会历史文化具有重要意义。

（文 璋）

【蓟州区东后子峪村唐辽时期窑址】
发掘时间：2022 年 9 月
工作单位：天津市文化遗产保护中心

蓟州区东后子峪村窑址位于天津市蓟州区官庄镇东后子峪村北侧、新马坊村东侧山脚下的台地上。南临燕山西大街、东临狐蓟路。此次发掘根据前期勘探结果，沿遗迹方向布设探方，方向约北偏东 30°，编号 2022TJDT1 和 2022TJDT2，发掘面积 120 平方米，共发掘清理唐辽时期窑址 2 座、灰沟 3 条。

两个探方内的地层堆积基本一致，其中 T2 所处地势较低，相应堆积较厚。东后子峪窑址区域地层可分 2 层：①层为耕土层，土质较疏松，内含植物根茎，系现代劳动生产耕作层。②层为冲积扰动层，浅黄色，西北较厚，土质较硬，夹杂零星残碎瓦片、沙粒、青岗岩石块。系山前冲积人为活动合力而形成。②层下为生土。土质结构致密、细腻、夹沙粒，为自然形成。

Y1 位于 2022TJDT1 中部，②层下开口，被 G1 打破，打破 G3。平面整体呈长条形，由 2 个近似圆形结构组成，南北向，方向 37°，通长 6.4 米。自南向北由操作间、火膛、火门、窑室、烟道组成。其中，烟道底部竖放一石块，将烟道底部一分为二。填土内发现零星沟纹砖碎块。

Y2 位于发掘区南部，2022TJDT2 中部，②层下开口，北部被 G2 打破。平面呈南北向长方形，方向 53°，通长 11.6 米，由操作间、火门、火膛、窑室、烟道构成。出土沟纹砖 2 块。

灰沟 3 条，均为②层下开口，开口形状不规则，斜直壁、平底，无遗物出土。

此次发掘发现的窑址形制与 2019 年发掘的东后子峪窑址形制基本一致，所出土的沟纹砖有比较明显的时代特征，出土推断 2 座窑址均为唐辽时期。此次发掘扩大了蓟州区东后子峪村附近窑址的分布范围，丰富了当地的文化内涵，对研究唐辽时期古代先民的生产生活提供了实物资料。

（文　璋）

【武清区十四仓元代遗址调查】

勘探时间：2022年3—9月
工作单位：天津市文化遗产保护中心

十四仓遗址位于武清区河西务镇东西仓村一带，东距北运河约1400米，为元代官方的十四座仓储机构所在地。上世纪末，曾在此做过零星的考古调查、发掘工作，出土了大量元代文化遗存。此次考古调查工作采用了传统专题调查方式辅以文献梳理、口述史调查、考古勘探的方式。调查面积近5平方千米，勘探面积约60万平方米。共发现遗址4处，遗迹现象431个。

蔡庄村北遗迹集中分布区和西仓村及周边区域遗迹集中分布区，位于调查区北部和中部，两地曾为高岗，现地表虽已平整，但散布的文化遗存较为丰富，可辨识的器物有盘、碗、壶、杯等，多为元代中期龙泉窑、磁州窑系产品。在此处还发现了大量的砖瓦堆积、水井、灰坑、烧灶、道路、窑址等众多生活服务类文化遗存。

南仓村南遗迹集中分布区，位于调查区南部。该处地势由中间最高处向四周缓坡状倾斜。在最高点处，发现了面积约为59000平方米的大型建筑遗迹群。最外侧由QJ1、QJ2、QJ3合围，平面呈"U"型，未发现北墙遗迹，合围区域南北长约385米，东西宽约157米。三座墙基开口距现地表约0.5—0.8米，构筑方式为一层土一层残砖瓦重叠夯筑，残高0.7—1米。在合围区域内，发现单体建筑基址9处，北侧F8、F9呈南北布局，南侧F10—F15平面呈"⌐"状分布。建筑基础，除F16外，建筑形制均为长方形，内含左右对称，大小相近布局的磉墩18个。均为夯土结构，由一层土一层残砖瓦重叠夯筑，长40.7—42.7米，宽14.8—15.6米，墙基宽1.67—1.85米，磉墩长1.3—1.6米，宽1—1.4米，埋藏深度0.3—1米，残高0.7—1米。

水域引河遗址，位于调查区东部，贯穿调查区南北。其中水域遗迹2处，南北相邻，平面呈不规则形状，湖泊相沉积，底部形态不明显，长370—560米，宽320—400米，距现地表深4—5米；引河遗迹3条，南部2条，北部1条，南部河道宽，北部狭窄。

依据调查成果，可将调查区内的遗址区分为生活、仓储和运输通道三个功能区，蔡庄北遗迹集中分布区和西仓村及周边遗迹集中分布区应为生产生活区。南仓村南遗迹集中分布区的建筑布局与元上都东关、西关粮仓布局形制有相似之处，建筑基础也与宁波永丰库元代堆积较为相似。水域将三处遗迹集中分布区连接，并通过引河与北运河产生关系。

此次工作基本弄清了调查区内遗址的布局及分布范围，为探讨十四仓遗址功能分区、建筑的形制结构、建筑的布局情况及规律提供了重要考古支撑。

（李　斌）

【武清区包楼明代窑址勘探】

勘探时间：2022年8月
工作单位：天津市文化遗产保护中心

包楼窑址位于武清区河西务镇包楼村（行政村）前窑和后窑一带的岗地，为完成天津市财政专项"大运河武清区明代官窑遗址考古调查与综合研究项目"，2022年度天津市文化遗产保护中心对包楼窑址进行了系统的考古调查和勘探，考古勘探面积40000平方米。

经考古调查，在窑址周边发现数量较多的城砖（残块），城砖尺寸与明清时期北京皇宫各大殿、紫禁城城墙及十三陵等所用的尺五临清砖尺寸相符。部分城砖侧面印有铭文戳记，可识别的铭文内容有"万历三年武清窑户宋""万历三年武清""年武清窑户姜□造""万历三年武清窑户常建造""万历四年武清窑""武清窑户康□□烧造"等。城砖铭文信息与《明会典》载"武清县窑，万历二年奏准，自立窑座，分造城砖"以及《明实录》载"（万历三年四月壬戌）临清砖厂旧烧造城砖共一百二十万，至是议分派三十万于武清县烧造"的历史记载相吻合，由此可以初步确认该窑址即为明代万历年间为北京营建烧造城砖的武清县窑。

考古勘探结果表明，包楼窑址的范围北抵后窑北侧的水泥路，东过岗地东侧土路，南临前窑南侧蔬菜大棚，西至水泥路，遗址的文化内涵较为单一，发现的遗迹现象有砖窑、灰坑、红烧土堆积。

此外，在窑址西侧发现东南－西北向古河道一条，早年发现的元代东西仓沉船也在古河道的走向范围内，可初步推断该古河道可能为元大运河故道。窑址一带岗地当为古河道的东堤，烧制城砖的窑座开挖于河堤外侧缓坡，利用其自然斜坡修筑，既保证了窑体的聚热效果以烧成质量极高的城砖，又节省了人工、提高了烧窑操作的便利性，体现了科学合理的窑业设计思想。这与南京官窑山砖官窑遗址、静海张官屯窑址等同时期的窑厂的建造思路具有相通之处。

（盛立双　尹承龙）

【西青区大运河国家文化公园明清至民国时期遗址】

发掘时间：2022年6—11月
工作单位：天津市文化遗产保护中心

西青区大运河国家文化公园文化小镇工程（二期）考古发掘项目位于天津市西青区杨柳青镇，北侧隔南运河与杨柳青中国历史文化名镇相望，西、北与杨柳青大运河国家文化公园建设项目地块紧邻。考古发掘区西至柳口路，北至欣杨道，东至柳霞路，南至天津理工大学（西青校区）。本年度天津市文化遗产保护中心组织完成该项目（二期）考古发掘工作，共清理明清至民国时期包括圆形遗迹、砖井、灶、墓葬等在内的各类型遗迹438处，基本情况如下：

圆形遗迹发现数量最多，共计327处。该类遗迹均为竖穴土坑，深度一般约3—4米，坑壁加工痕迹明显，多为斜直壁内收，坑壁中部多有一周生土平台，坑壁下部常盘围一周芦苇作为加固，芦苇每隔0.35—0.4米绑扎成捆，再将成捆芦苇延坑壁逐层盘围，高0.5—1.2米，坑底中部有锅底状浅坑。结合遗迹与墓葬之间打破关系和出土器物判断，年代为明代晚期至民国时期。这类遗迹出土物较少，仅在底部发现有少量韩瓶、瓷盆、瓷片等遗物，其功能初步推断为灌溉用水井或储水设施。

砖井9座，均由圆形竖穴井圹和砖砌井圈构成，多口小底大，砖井圈由青砖采用"三平一立"上下叠压、错缝垒砌而成，根据青砖形制及井内出土物判断，年代为晚清至民国时期。

明清家族墓葬101座。包括多处明清家族墓地，墓葬均为长方形土坑竖穴墓，墓葬排列分布有规律，埋藏较浅，随葬品较为丰富，共出土包括陶瓷器，铜、琉璃、白玉、玛瑙饰品，铁器，银质明器，铜钱，符咒板瓦等在内的各类文物200余件，墓葬年代为明清时期。

此次考古发掘的文化遗存在类型、性质、年代上大体与该项目一期类似，遗迹数量最多的仍是圆形遗迹，规模大小不一，直径1—3米。该类遗迹修建规整、结构坚固耐用，年代上从明代晚期一直延续至民国时期。大规模具有农业灌溉或储水功能的水井遗迹集中发现，再次说明至少从明代晚期开始，该地区已存在着较为发达、稳定、延续的农业（或商业）活动行为，为认识、研究明清以来杨柳青地区产业形态和布局提供了重要考古材料和视角。关于这类遗迹的性质和功能的判定，还需要今后对相关资料进行收集整理和深入研究。此次发掘的明清家族墓葬，相较上一年度在规模、形制上类似，年代上整体偏晚，随葬品种类更加丰富，各类质地饰品仍占很大比重，其中至少存在5处家族墓地。

此次考古发掘对明清墓葬出土人骨全部进行科学采集，并归入天津市文化遗产保护中心华北地区明清人骨标本库，今后将持续开展人种学、牙齿形态学及骨病理等综合研究。

（戴　滨）

河北省

【阳原县泥河湾盆地新庙庄旧石器时代遗址】

发掘时间：2022年5—12月

工作单位：河北省文物考古研究院　河北泥河湾遗址群保护区管理委员会

新庙庄遗址位于阳原县浮图讲乡新庙庄村西200米处，村西沟东侧支沟的北岸，村水井的北邻，地理坐标北纬40°01′13″，东经114°25′45″，海拔1250米。遗址地处泥河湾盆地中部南侧大南山中的一处小型山间盆地中，村西西沟东侧支流的北岸，北距桑干河约12千米，向南临近蔚县县境。

1984年，河北省文物研究所在泥河湾盆地组织旧石器专题调查发现该遗址。1986年，河北省文物研究所组织对该遗址进行考古发掘，发掘三个地点共计33平方米，发现石制品3000余件，动物化石一批。1986年发掘出土文化遗物丰富，出土的石制品以两侧接近平行的长石片最具特点，石制品的第二步加工修理非常精致，刮削器、尖状器等工具数量多、类型丰富，尤其存在数量较多的厚刃修理标本极具特色，与盆地内长期存在的小石片石器技术有明显的区别。经过后期多次调查，该遗址周围区域发现第三级阶地底部至第二级阶地顶部遗址近30处，分布面积约4平方千米，时代穿越晚更新世，距今10万年至1万年前后。

2022年，河北省文物考古研究院、河北泥河湾遗址群保护区管理委员会等单位组织对2号地点开展发掘，发掘面积50平方米。发掘深度12米（整体剖面厚度24米），仅完成遗址堆积上部第5层、5带圈的发掘，文化层厚度约6米，揭露两个文化层（第⑤层、第⑥层），出土编号石制品、动物化石8000余件。石制品原料以硅质灰岩、白云岩、玄武岩以及石英岩为主，类型主要包括石核、石片、刮削器、尖状器、石钻、废品、断块等。第⑤层上部发现少量石叶、小石叶石核、小石叶以及以小石叶为毛坯加工的琢背刀等石制品，体现出石叶技术的典型特征。

此次发掘在新庙庄遗址传统文化层之上新发现确认一个文化遗物丰富的文化层，该文化层发现典型的石叶技术制品，进一步丰富了新庙庄遗址的文化序列和文化内涵。遗址埋藏于桑干河支流西沟的第三级阶地内，依据已有的测年数据，其地质年代为晚更新世。发掘过程中，对第⑤层上部发现石叶技术制品的层位开展了初步的碳十四测年，检测结果超过4万年，这也是目前华北地区发现的最早的石叶技术制品，对探索华北地区石叶技术的起源具有重要价值。该遗址石叶技术制品与小石片石器技术制品共存，未发现细石叶技术制品，与目前华北地区已发现的最早石叶技术与小石片石器、细石叶技术并存在状况明显不同。结合该遗址石器技术组合特征推断，华北地区很可能存在一种石叶技术与小石片技术并存的文化遗存，由此可以构建起华北地区小石片－石叶－石叶与细石叶－细石叶（船形石核细石叶－楔形石核细石叶）的完整序列，将对探索华北地区旧石器时代晚期石器技术的演变与石叶、细石叶技术的起源起到重要作用。

（王法岗）

【康保县兴隆新石器时代遗址】

发掘时间：2022年7—9月

工作单位：中国国家博物馆　河北省文物考古研究院　张家口市文物考古研究所　康保县文化广电和旅游局

兴隆遗址位于张家口市康保县照阳河镇兴隆村，南距康保县城约30千米，遗址所在地属于蒙古高原的东南缘坝上地区。遗址面积约1万平方米，于2016年调查发现，经2018年、2019年、2021年多次发掘，揭露总面积约1600平方米，发现了新石器时代的房址和墓葬，房址间叠压打破关系较复杂。兴隆遗址的文化内涵与近些年发掘的裕民文化的其他遗址，如内蒙古化德县裕民、四麻沟遗址，镶黄旗乃仁陶勒盖遗址，以及河北尚义县四台遗址相似，但共时性或延续性有别，兴隆遗址延续使用时间最长。

2022年度田野工作发掘面积500平方米。同时，完成2021年被三层下房址叠压或打破的四层下房址的清理工作。

本年度新发现房址3座，继续清理2021年房址4座。房子开口形状以圆形为主，可分为30—60平方米的较大房子和不足30平方米的小房子，有半地穴式和地穴式两类。部分房址内有两个及两个以上明确的活动面，有的活动面上有一个灶（或火塘），灶一般位于中部，可分为浅坑灶、地面灶两种，浅坑灶内堆积一般可分为上层的青灰色烧烬和下层的红烧土两层。部分房址活动面上留有丰富动物骨骼、陶器、骨器、石器及相应的半成品。房址贴壁处可见生土台，呈分段存在，部分可以对应某个阶段的活动面，应是在房址建造、使用或废弃埋藏过程中形成，结合碳十四测年，个别房址的使用年代可早至距今8700年。此外，本年度最为重要的发现是在位于遗址南侧大沟（G5）的最下部堆积中发现了动物骨骼、细石核、细石叶、石片、陶片等新石器时代早期遗存，结合相应堆积的碳十四测年证据，年代为距今11000年左右，将遗址使用年代的上限明确推至新石器时代早期，填补了坝上地区这一阶段考古发现的空白。

本年度发掘出土的重要文物标本有陶器、石器、骨、角、牙蚌器，另采集有动植物、残留物、测年、土壤微形态等样品。遗物主要为新石器时代，以石器最多，动物骨骼、陶器、骨角器均有一定数量，牙蚌器发现较少。陶器以筒形罐、平板状器、纺轮、陶杯等为主，石器主要为打制类、研磨类和细石器三种。骨角蚌器有常见的刀、针、锥、簪、骨柄石刃刀等生产生活工具，还有少量穿孔蚌壳等饰品。

本年度发掘基本廓清了遗址北部和东部范围，确认了遗址新石器时代早期遗存和新石器中期年代更早的房址，对聚落内房址的结构、房址建造使用和改扩建的过程有了更深入的了解，为探索中国北方地区旧石器向新石器时代过渡、人类对环境的适应、旱作农业起源等重大课题提供了新的材料。

（庄丽娜　邱振威）

【尚义县四台新石器时代遗址】

发掘时间：2022年6—11月

工作单位：河北省文物考古研究院　张家口市文物考古研究所　尚义县文化广电和旅游局

尚义四台遗址位于内蒙古高原南缘的张家口市尚义县石井乡，海拔1400—1450米，是冀西北坝上地区一处比较重要的包含旧新过渡时期遗存的新石器时代早中期遗址，面积约15万平方米。2014—2019年张家口市文物研究所对其局部进行了抢救性发掘，取得重要收获。2020年，河北省文物考古研究院联合有关单位开始了新一轮的发掘研究。2022年，考古队再次对2021年发掘区西侧、北侧进行发掘，发掘面积500平方米。本年度发现以新石器时代遗存为主：发现了房址、灰坑、室外灶等遗迹，其中17座房址为主要发现，遗物主要有陶、石、骨、贝等类遗物300余件（正在整理中）。第一发掘区：遗物总体偏少，主要出土有较多的动物骨骼、麻点纹陶器、磨盘、磨棒、骨角器。第二发掘区：陶器出土极少，皆为碎片，均为夹砂陶、沙粒较粗，陶质疏松，陶色黑褐、灰褐色，纹饰多为戳印的折线纹、圆圈纹、锯齿纹；石器有磨制和打制类，磨制石器主要出土少量的小磨盘、磨棒等，打制主要为细石器，有锥状石核、石片、细石叶、刮削器等；骨质品主要有骨针、骨锥、骨管等；还有一些贝壳、蛋皮、树皮、鹿角等。根据地层、测年、遗物特征将发现的遗存分为两组，第一组以细石器为多，戳印纹陶片、打制石器、磨制石器共存，年代在距今10400—10000年；第二组出土遗物主要为麻点纹平底筒形罐、磨盘、磨棒、细石器较少，动物骨骼较多，房子较为规整、面积较大，年代在距今7300—7100年。第一组发现的房址是北方地区发现的最早的定居村落；房址中发现的舌形毛坯料、楔形石核、锥状石核、细石叶，完整地展现了一个由楔形石核到锥状石核的发展过程，为旧石器向新石器时代过渡研究提供了非常重要的证据；陶器压印的纹饰有的像"之"字纹、网格纹、窝点纹等，与西辽河流域兴隆洼文化、太行山东麓的易水流域的北福地一期文化有相似的文化因素，可能是"之"字纹等纹饰的源头之一，为探讨中华文明的起源研究提供了一个全新的视角。

（赵战护　龚湛清　魏惠平　李　军）

【武安赵窑新石器时代及商周时期遗址】

发掘时间：2022年2—12月

工作单位：河北省文物考古研究院　武安市文物保管所

赵窑遗址位于武安市北安乐乡赵窑村一带，为河北省重点文物保护单位。赵窑遗址是"考古中国·中原地区文明化进程研究"课题考古发掘项目。2022年共计完成发掘面积1300平方米，清理各类遗迹177处（座），出土可复原器物200余件（套）。赵窑遗址主要包含三个时期的遗存。

仰韶早期发现壕沟（环壕）1条。在洺河河谷断面上发现壕沟东南端，南部为晚期灰坑打破。发掘区Ⅴ T1811内发掘到一段壕沟，为环壕的中段东部，西部为商周时期G2打破。壕沟内出土较多的红陶、灰陶残片，可辨器形有鼎、弦纹罐、缸、敛口钵、折沿钵等，另见两块彩陶片，石器有斧、刀等。壕沟内碳样测年数据为距今6402—6297年。

商周时期聚落等级较高，遗迹丰富。主要分为两大类，一是居住址，二是墓葬。居住址遗迹有房址16座、灰坑（窖穴）78座、壕沟1条、灰沟1条、陶窑2座以及石砌排水涵洞1个。商代遗址出土遗物丰富，包含铜、石、骨、蚌、陶等，铜器有戈、凿，石器有斧、刀、镰以及玉戈等。骨器有笄、镞、匕，并出土有卜骨、卜甲等。陶器种类丰富，有鬲、盆、罐、瓮、豆、簋、甗、甑，有少量的仿铜磨光陶器与原始青瓷残片。商代遗存中出土了卜甲、原始青瓷、仿铜陶器、骨雕凤鸟纹笄等一批彰显遗址等级的文物。共发现商周墓葬42座，时代从商延续至西周，可分两个墓区。西区为南北向墓，东区为东西向墓。墓葬之间有多组打破关系。墓葬流行腰坑、殉狗、俯身葬，墓葬多随葬陶鬲，为典型的商人墓葬。墓葬可以分为三个等级。墓葬出土器物种类比较单一，陶器以鬲占绝对多数，另外有少量假腹豆、有肩罐以及陶簋。铜器主要为戈，有直内戈、曲内戈与有銎戈，出土有玉戈、玉刀，另外贝币比较普遍。赵窑遗址出土的铜戈与陶器上再次发现"↑"符号，说明赵窑遗址为商代"矢族"或"矢国"的中心聚落。

战国时期遗存发现长方形花土坑35座，南北向沿长轴排列，东西向沿短轴排列，间隔等均。呈片区状分布。平面呈长方形，一般南北向较短，东西向略长，多数为竖穴、平底，有相当一部分带头龛、腰坑、台阶或者二层台。花土坑内经常出土铁铤铜镞的箭，镞皆为三棱状，同时伴出动物骨骼，个别坑内填土为灰绿土。分析填土中的植硅石，多为非作物的植物，或为军事目的藏兵坑。

（魏曙光　张　鹏　张　亮）

【平泉市东山头红山文化遗址】

发掘时间：2022年9—11月
工作单位：河北省文物考古研究院　承德市
　　　　　文物局　平泉市文物保护管理所

遗址位于承德市平泉市台头山镇大营子村北250米处的黄土小山顶部及南坡。揭露一处以石块和垫土构筑的上下相叠的三层祭祀遗迹。下面的两层以方形石构的祭坛类遗迹（下为方形石围，上为"T"形石堆）为主体，顶部则以封石为主体，周边分布有圆弧形石堆、长方形石堆、石棺墓、燎祭遗存、灰坑等。

生土面上的遗迹，有方形石围、石棺墓、长方形碎石堆、船形石堆、圆形遗迹等。各遗迹上用第③层土覆盖。方形石围用大中型石块堆筑成围墙状，方向340°，现存西、南、北三面墙体。南北10米，东西残长10米，高0.3—0.8米。

石棺墓1座。平面呈长方形，方向340°。为石灰岩石板错缝垒砌。长1.9米、宽0.5—0.6米、深0.5米。墓室内人骨一具，仰身直肢，已严重腐朽成粉末状。出土玉环3件、绿松石半圆形坠饰1件。

③层面上的遗迹，有"T"形石堆、弧形石堆、大石块石堆、燎祭、长方形碎石堆、灰坑、石块陶片条带、圆形石堆等。以上覆盖第②层土。"T"形石堆用中小型石块堆成，高20—30厘米。"T"的一横为西北—东南向，为一层石块平铺而成，外侧成直线，墙外有一排护墙石。"T"下面一竖为西南—东北向，由4个长条形石堆首尾相接组成，各个石堆大致呈长条状，单个石堆长2—2.5米。

②层面上的遗迹，有封石、堆塑、燎祭等，以上为耕土层。封石整体为圆弧形，自上到下分为石层1、垫土、石层2，下为②层土。在两层石块和垫土中间均发现有泥质红陶片，器形均为筒形器。

遗物种类有陶器、石器、玉器等。陶器以泥质红陶为主，还有少量灰陶、黑陶。绝大多数为素面，纹饰有凹弦纹、凸棱纹、平行线纹、"之"字纹等。彩陶主要为黑彩。器形为筒形器、钵、折沿罐、敛口罐、壶、盆、塔形器、环、纺轮等。夹砂陶以素面为主，纹饰有之字纹、平行线纹、附加堆纹等，器形有折肩罐、筒形罐、折沿盆等。

石器可分为打制石器、磨制石器等等。打制石器以细石器为主。器类有石片、石核、石叶、石钻、石镞、刮削器等。磨制石器有磨棒、石锛、石耜、石拍、石刀等。玉器有玉料、玉环、坠饰。

东山头遗址是河北省首次发掘的红山文

化遗址，本年度发掘初步了解了牛河梁遗址周边区域红山文化晚期早段祭祀遗址的形制、构造，丰富了红山文化晚期中小型祭祀遗址资料。遗址所反映出的规模、营建方式等也为红山文化研究提供了新的资料。

（韩金秋　王彦捷　李　剑）

【容城东牛新石器时代遗址】

发掘时间：2022年3—10月

工作单位：河北省文物考古研究院

东牛遗址位于雄安新区容城县容城镇东牛村南，地处白洋淀北部较为平整的农田。此次发掘面积600平方米，清理灰坑119座，沟2条，墓葬14座，出土陶、石、骨、铜、玉等珍贵质地文物标本255件，遗存年代分属新石器、战汉时期，主体文化遗存年代为仰韶时代晚期。

遗址保存状况较差，遗迹普遍缺失原有开口层位，均开口在①层下。灰坑、沟均为仰韶时期，大多数为自然坑内倾倒人类生产、生活的废弃物而形成堆积，平面形状不规则，壁面和底面不规整。H2、H4、H6、H7、H63、H64、H97、H119等8座灰坑为人工取土、使用后废弃形成堆积，多分布于发掘区西部，个别灰坑不排除具有人类季节性短时临时居住功能；平面形状多为近圆形、圆角方形，直壁或者壁微斜，底近平，长轴2.5—3米，短轴2—2.6米，深0.4—1米，填土质地疏松，包含较多炭粒、烧土粒；出土陶片有夹砂褐陶、夹砂灰褐陶、夹砂红褐陶、夹砂灰陶、泥质灰褐陶、泥质黄褐陶、泥质褐陶、夹蚌灰褐陶等，纹饰以素面为主，另有少量绳纹、划纹，可辨器形有钵、罐、盆、器底、器耳等，另有少量烧土、兽骨等。

墓葬多分布在发掘区西南部，13座为长方形竖穴土坑墓，皆为战汉时期。墓葬方向0°—16°，墓圹南北长2.5—3.6米，东西宽1.4—1.7米，直壁平底，深0.7—1.8米；墓内填土为花土，略夯打；葬具为一椁一棺，棺内为一具人骨，葬式为仰身直肢或侧身直肢，个别墓葬出土随葬品，多为陶鬲、陶罐等，根据随葬品形制特征，墓葬年代为战国中晚期、汉代。

容城东牛遗址考古发掘，进一步廓清了"午方文化"或者"东牛类型"的文化源流、文化内涵、文化性质以及与仰韶晚期周边区域考古学文化的相互关系，使得白洋淀区域仰韶晚期文化发展线索逐渐清晰，文化编年、谱系研究也更加充实。

（张晓峥　龚湛清）

【容城午方新石器唐代及明清时期遗址】

发掘时间：2022年1—3月

工作单位：河北省文物考古研究院　保定市文物考古研究所　容城县文物保管所

午方遗址位于容城县容城镇午方西庄村，现存遗址平面略呈"凸"字形，南北长约140米，东西宽约150米，面积约16000平方米。

此次考古发掘面积200平方米，共计清理灰坑（窖穴）23个，墓葬3座，出土了陶、石、瓷等类遗物。年代分属新石器晚期、唐及明清三个时期。

新石器时代遗存年代约在仰韶晚期，遗迹均为灰坑（浅坑），破坏严重、多不规则形。遗物以陶器为主，少量石器。陶器以夹砂红陶、夹砂灰陶为主，另有少量泥质灰陶、泥质红陶、泥质黑皮陶。器形有筒状罐、高领罐、钵、碗、壶、盆、盘、环等。以筒状罐类器物占绝对数量，制法以泥条盘筑为主，口部多经慢轮修整，纹饰为刮条纹。仅发现极少量彩陶，主要见于细泥红陶或灰陶钵、盆类器物上，以红彩或黑彩狭带纹为主。石器有石球、石斧、石䇄等。一些罐和盆上流行鸟喙状器耳，整体器物群以平底筒状罐类器物占绝对数量。出土器物形制与辽西小河沿、山东大汶口及冀南大司空类型均有或多或少的联系。唐代遗存，发现遗迹均为灰坑，在遗址发掘区域表现强势，灰坑数量多且深，口大底小的圆角长方形灰坑具有特色，对新石器时代遗存造成严重扰动及破坏。出土器物以泥质灰陶为主，少量瓷片，可辨器形有泥质灰陶折沿敞口盆、泥质灰陶卷沿束颈鼓腹罐、直口弧腹黄釉小盆、青黄釉瓷盘、布纹瓦、沟纹砖等。明清遗存，发现墓葬3座，均为竖穴土坑墓，随葬物稀少，仅M1出土"镇墓符"板瓦1块，M2出土青绿釉双系罐1个。

午方遗址新石器时代遗存较为重要，其文化性质至少是大司空文化内的一个地域类型，或者可能是一支新型的文化，对于研究冀中地区古白洋淀区域古人类生产生活及与周边文化的交流互动具有重要价值。

（杨丙君）

【崇礼区邓槽沟梁新石器时代遗址】

发掘时间：2022年5—11月

工作单位：河北省文物考古研究院　张家口市文物考古研究所　崇礼区文保所

邓槽沟梁遗址位于张家口市崇礼区高家营镇大水沟村周边阶地上，西侧为清水河，西南距张家口市区约2千米。遗址坐落于清水河谷东侧二级阶地之上，整体地势西低东高。遗址主体为一座龙山晚期石城，平面形状为不规则长方形，南北长约1300米，东西宽约400米，中部有一条东西向自然冲沟将其分为南北两部分，保存面积约40万平方米。遗址除南部被大水沟村叠压外，其他区域均为农田和林地。

本年度在2020—2021年发掘工作的基础上，继续对城址东南瓮城区域进行发掘，面积800平方米。发掘区内从早到晚发现五处城门系统，各阶段城门系统基本都由瓮城、墙体通道（瓮城道路）、城门通道等结构构成，最晚期还发现有马面设施。此外还发掘灰坑2座，窑址3座。发掘区内出土陶、石、骨质等小件36件。出土陶片数量不多，以夹砂褐陶为主，绳纹最多，其次为素面，篮纹，常见器形有正装鋬手鬲（部分口沿摁压花边）、夹砂绳纹罐、夹砂小罐、敛口瓮、双耳罐、豆、杯、碗、陶拍、陶环等。常见石器有石斧、石核、石镞、石片、石饼等；骨器有骨簪、骨针、骨锥等。遗存文化面貌与河套地区永兴店文化因素相近，年代为龙山晚期。

本年度的发掘工作，揭露出早晚五个阶段的城门系统，基本揭示了邓槽沟梁遗址龙山晚期石城东南瓮城区域城门系统的发展、演变过程，对了解邓槽沟梁遗址龙山晚期石城城门系统的发展过程意义重大，为研究北方地区史前城址的分布、城防结构形态、史前筑城技术的传播、融合提供了新材料。该遗址龙山晚期出现的石城为河北省内首次发现，堪称河北第一城，意义重大，其性质应是区域性的中心聚落，为研究张家口地区史前时期文化的交流和传播提供了新的材料，有助于加深对冀西北地区文化发展序列的认识。

（张文瑞　高建强　王　刚　王雁华）

【雄安新区容城白龙先商时期遗址】

发掘时间：2022年5—9月

工作单位：河北省文物考古研究院

为配合雄安新区起步区的文物保护工作，对容城白龙遗址进行考古发掘。白龙遗址位于华北地区中部太行山山前平原和东部冲积平原一部分的白洋淀地区，即环白洋淀地区的平原地区。2022年的发掘工作主要集中在白龙遗址的第一发掘区的两个发掘地点，完成发掘面积500平方米。经过初步的整理，依据第一发掘点南部地层堆积关系、整个遗址遗迹的叠压打破关系、出土遗物的对比以及采集样本碳十四数据对比，将2022年发掘的白龙遗址文化遗存分为三期。第一期为早于先商时期文化遗存。仰韶晚期遗存数量较少，以彩陶片等遗物为代表。龙山晚期遗存数量不多，典型单位以F2为代表。第二期先商时期文化遗存是白龙遗址的主体文化遗存。发现了房址和灰坑等遗迹现象。整理发掘遗物时还发现并存的甲乙两类遗物，两者从器形、陶质、陶色纹饰等方面各不相同。第二期遗存年代上限约为二里头文化二期晚段，下限约为二里头文化三期晚段。第三期为东周及以后文化遗存，数量较多，以灰坑和墓葬为主，灰坑和晚期墓葬（东周、唐代）因为取土原因，破坏严重，仅存底部。典型单位包括H3、H10、H24、H27、M6、M7、M8等。部分东周土坑竖穴墓葬因为埋藏较深，保存较好，典型单位包括M9、M10。

2022年白龙遗址发现的第二期遗存是近年来河北地区先商文化的重要发现。拒马河流域的先商文化有其自身发展规律，白龙遗址新发现的先商文化遗存充实了先商文化内涵，丰富了先商文化区系类型，对研究先商文化的分期、类型均有裨益，同时也为商文化起源地研究提供了重要线索。

（佟宇喆）

【容城午方西庄西北商代遗址】

发掘时间：2022年4—8月
工作单位：河北省文物考古研究院　保定市文物考古研究所　容城县文物保管所

午方西庄西北遗址Ⅰ区位于雄安新区容城县容城镇午方西庄村西北部，紧邻村边养殖场。遗址所处区域为太行山东麓以东冲积平原区，地势平坦，遗址北部有拒马河、东部有大清河，所在流域属大清河水系。现存遗址近长方形，面积约19000平方米。

此次发掘面积800平方米，清理房址3座、灰坑（窖穴）57个、沟4条、井2眼、墓葬1座。出土完整及可复原器物36件、标本陶片800余片，材质涵盖陶、石、骨、铁、铜等，年代分属商代、战汉及清代三个时期。

该遗址所发现商时期遗存最为重要，可分为早、晚两段。早段遗存碳十四测年数据约在早商时期，遗迹主要为半地穴房址及灰坑（窖穴）。半地穴房址3座，有一定特色，门道均位于房址北部，室内有地面灶。F1为"吕"字形结构，分为前后室，前室近正方形，后室较窄，近长方形；F2为单室结构，平面近圆角梯形，前端窄，后端宽；F3由主室及侧室构成，主室近方形，侧室位于主室东北部，近椭圆形。灰坑多椭圆形，个别不规则形，弧壁平底或直壁平底。出土器物与冀中地区下岳各庄文化遗址出土器物存在较多的相似性，如高领深袋足浅绳纹鬲、上体磨光下部饰浅绳纹的侈口束颈弧腹罐、敞口束颈小平底深腹盆、素面敛口瓮、矮柄碗形豆、素面敞口折腹盆、素面侈口束颈鼓腹小罐等。晚段遗存年代约在中晚商时期，遗迹主要为灰坑，多近椭圆形，个别圆形或不规则形。出土器物有明确的商文化特征，如方唇折沿绳纹分裆鬲、小口绳纹瓮、小口绳纹罐、簋、瓿等。战汉时期遗存，主要遗迹为灰坑、沟及水井。圆形灰坑具有特色，直壁平底；井，土圹，不见井圈；沟或与灌溉排水有关。出土器物以陶器为主，个别铁器。

陶器可分为建筑构件及生活用器，建筑构件常见泥质灰陶板瓦、筒瓦；生活用器常见夹蚌红陶釜、卷沿灰陶盆、陶磨、小口瓮及燕式鬲残片；铁器有镰、铲，均锈蚀严重。清代遗存发现竖穴土坑墓葬1座，出土镇墓符板瓦及"康熙通宝"铜钱。

该遗址的发掘为研究冀中地区下岳各庄文化的分布范围、年代分期及冀中北部南拒马河流域商文化进入时间、商王朝北界提供了新资料。

（杨丙君）

【容城县城子战国两汉至唐宋时期遗址】

发掘时间：2022年4—10月

工作单位：故宫考古研究所 河北省文物考古研究院 容城县文物保护管理所

城子遗址位于保定市容城县贾光乡城子村，南距今容城县城约7.5千米。遗址紧邻南拒马河，属冀中平原的缓倾平原。

2022年的主要工作目标为解决遗址的历史沿革问题，本年度发掘面积共600平方米，重点针对南城墙、环壕水系、城内遗址区进行解剖和发掘。

为摸清城墙基本形制、始建及沿用年代，并了解城内外水系沟通情况，本年度在南城墙新布设探沟2条，探方1个。通过解剖发掘，明确了早、晚两期城墙，同时也发现了与两期城墙相对应的环壕水系。

早期城墙主要在3号探沟内发现，通过发掘确认城墙夯土直接叠压于生土层上，同时在夯墙底部发现穿绳痕迹，夯墙南侧壁面可见夹板痕迹。早期城墙的营建方式应为平地起建，分层版筑，最后分筑内外护坡。晚期城墙主要在1号探沟中发现，探沟位于南城墙东段，共发现多组夯土遗迹，可分为主体夯墙和护坡。主体夯墙夯层中出土两枚瓷片，经鉴定为五代至北宋时期的定窑白瓷产品。

南城壕主要在4号探沟中发现，为明确城壕与城墙的位置和地层关系，确认城壕年代，沿1号探沟向南布设4号探沟。通过发掘共发现2条环壕，综合地层关系、出土遗物判断，南城壕至少可分为早、晚两期，并且分别与两期城墙的年代相对应。

遗址Ⅱ区位于城内中部偏北位置，共布设8个5×5米探方，主要了解L1的年代及遗址内的地层情况。共清理灰坑14个，灰沟3条，道路2条，窑址1座。L1位于⑥层下，南北走向，厚约0.68米。根据勘探，L1总宽度约8米，从北城墙一直延续至城子村内，长度超过200米，应为城内南北主干道，出土遗物主要为白釉瓷片。根据地层及遗物判断，Ⅱ区主要遗迹可分为两期，与城墙、环壕的年代相对应。

城子遗址的系统发掘，重点关注城墙结构、环壕水系等重要节点，提供了清楚的地层和年代证据、详细的城墙结构和环壕水系信息，明确了城子遗址至少经历过两个重要的大规模建设和使用阶段，为研究城址的历史沿革搭建起了重要的时间框架，为燕南地区中小型战国城邑的考古学研究提供了重要的新材料。

（邢增锐）

【蔚县李家庄—古家疃战国墓葬】

发掘时间：2022年6—10月

工作单位：河北省文物考古研究院 蔚县文物事业管理所

蔚县李家庄—古家疃墓地位于张家口市蔚县杨庄窠乡李家庄村至古家疃村区域。南侧距离全国重点文物保护单位代王城约3千米。

2022年工作是前一年度工作的延续，本

年度共完成13座战国墓葬的发掘工作，已发现的墓葬均为土坑竖穴墓，根据墓葬形制、规模及出土器物可知，墓葬规模、等级有明显的差别。

规模较大、等级较高的墓葬共5座，面积一般在14平方米以上，墓葬普遍较深，多在8米以上，一棺一椁或两棺一椁，部分带有陪葬棺。随葬品较多，陶器组合以鼎、豆、壶、盘、匜等仿铜陶礼器为主，鼎、豆、壶的数量都在2件以上。玉器数量较多，有棺内和棺外两组，棺内大多有覆面、手握、肘垫和脚垫等，部分墓葬内有铜礼器、兵器和车马器，棺四角见有蚌饰、棺外见有石圭。殉葬动物以羊、猪为主，见有狗。

规模小、等级低的墓葬共8座，面积均不超过6平方米，深度变化较大，在2.5—9米。一棺一椁或单棺。随葬品数量少或无随葬品，以陶器为主，总数一般不超7件，以豆和罐或壶的陶器组合为基础，部分墓葬出土有三足带耳罐、铜带钩、石圭等。殉葬动物多为猪，均在器物（鼎、三足带耳罐）中发现，部分随葬狗。

此次发现的墓葬年代为战国早中期，总体文化特征与晋文化尤其是晋南和晋东南区域文化面貌大体一致，但同时出土三足带耳罐、"丁"字形骨器和鹤嘴斧等北方文化因素的遗物，体现出其文化因素的多元性和复杂性。此外，墓葬本身存在一定等级划分，可以更全面地反映战国时期蔚县一带的文化面貌和社会结构。出土数量众多的玉石器和铜器，对了解当时的玉石器加工和铜器铸造技术都有重要作用。该项工作是近年来东周考古的重要收获，获得了一批蔚县盆地最为系统的战国早中期的墓葬资料，对研究东周时期代地文化特征、列国文化关系及北方民族的华夏化进程都具有重要意义。

（张文瑞　马小飞）

【雄安新区南阳战国及汉代遗址】

发掘时间：2022年4—12月

工作单位：河北省文物考古研究院

南阳遗址位于雄安新区容城县晾马台乡南阳村南200米处台地上。2006年被公布为全国重点文物保护单位。经过近年考古工作，基本确定遗址内分布有两座战国时期城址，北边小城呈方形，边长约200米，南边大城呈长方形，东西长约600米、南北宽约500米。2022年度对南阳遗址第7发掘点进行发掘，揭露面积800平方米，清理夯土墙、灰沟、灰坑、井、灶等遗迹128处，出土可复原器物40余件，文化遗存年代为战国和汉代。

第7发掘地点位于大城与小城之间东西向夯土墙的中部位置。主要为了摸清大城与小城之间的城垣是否有城门和道路，了解此段城垣建筑结构、年代。另外对小城的东北拐角进行了发掘。

通过对大城与小城之间的城垣发掘解剖，夯土城垣残存较高的部分在耕土下即见，被晚期遗迹破坏严重，夯层清晰，夯窝直径较大。现残存城垣宽约20米，高约0.4—1.21米。夯土城垣南北两侧分布有夯土护坡，北侧宽约8米，南侧宽约4米。

战国时期遗物较少，主要出自夯土城垣中，大多为碎片，陶质以泥质陶为主，夹蚌陶次之，夹砂陶数量较少。纹饰以绳纹、素面为主。器类以豆和釜最为常见，另外还有圜底盆、板瓦、筒瓦、簋、罐等。

通过对小城的东北城垣拐角解剖，耕土层下即为夯土城垣，边线较为清晰，夹角为90度，夯土城垣大致由墙体、护坡构成，残存最高约2.1米。城垣墙体内侧立面陡直，坡度约80度，壁面平整光滑，墙体建造方式应是板筑。城垣内侧有护坡，残存厚约2米，夯层厚0.04—0.13米，夯窝直径为0.08—0.1米。

战国时期遗物主要出土于夯土城垣和护坡中，以碎片为主。陶质以泥质灰陶为主，还有夹蚌红陶、泥质红陶、夹蚌灰陶等，纹饰有绳纹、素面、网格纹、附加堆纹、抹断绳纹等，可辨器形有豆、罐、瓮、釜、盆、板瓦、筒瓦等。

大城的北城垣利用了小城的南城垣，在小城的南城垣基础上夯筑而成，因此，大城时代上略晚于小城，与以往发掘情况基本吻合。

大城与小城之间的夯土城垣未发现城门遗迹，也未发现与夯土城垣同时期的道路遗迹。分析原因可能是因为大城的北城垣叠压在小城的南城垣之上，发掘区暴露出的夯土城垣应是大城的北城垣，因此，可以确定的是大城的北城垣没有城门。小城的南城垣是否有城门尚需今后的进一步发掘去证实。

发掘进一步加深了对大、小两城的城墙建筑结构的了解。大城城垣下一般有基槽，基槽底又有并行两条倒梯形基槽。小城城墙下无基槽，但是城内、外有护坡。小城方向为358度，东北拐角为直角，采用板筑建造工艺。

（程金辉　雷建红　李　蕾）

【隆尧县柏人城遗址】

发掘时间：2022年8—12月

工作单位：中国人民大学　河北省文物考古
　　　　　研究院　邢台市文物保护和研究
　　　　　中心

柏人城遗址位于邢台市隆尧县双碑乡境内，北邻泜河，三面环岗，城墙全长8000余米，城廓面积约4平方千米。遗址保存情况较好，以秦汉遗存最为丰富，2013年被公布为全国重点文物保护单位。

本年度发掘面积共800平方米，发现夯土、房址、灰坑、水井、墓葬等遗迹280余处，出土大量陶器、砖瓦、瓦当、骨料等遗物，发现"柏人""柏人城"等内容的陶文和五铢、大泉五十、货泉等钱币。

此次考古工作揭露了柏人城的地层堆积状况，其中①层为耕土层；②层为淤积层；③层—⑥层为文化层，厚度2.3—2.8米。发掘区的地层连续，未见明显断裂，灰坑多叠压打破，不同时期的建筑朝向基本一致，为长期持续使用的结果。结合地层情况与遗存关系，可将本年度发掘区内的历时性发展过程划分为四个阶段。肇始期，遗迹数量少，遗物不够丰富；发展期，建筑和灰坑数量增加，建材数量大增；兴盛期，出现规模较大的较高等级建筑，遗存丰富，发现制骨遗存；衰落期，房址规格小，出现打破房址的墓葬。以上四个阶段主体遗存的年代为两汉时期，也发现了少量春秋战国和唐代的遗物。

在发掘区的南部发现了几处夯土遗存，其中HT1的规模最大。此处夯土开口③层下，仅余夯土基槽，总体形制近"中"字形，主体部分约为12×12米的正方形，其南北两侧于建筑中部分别向外延伸，宽度约3米，长度6—8米，可能是主体建筑两侧的连廊。保存的基槽夯土厚度可达1.6米，可见明显的夯土板块分界和夯层分界，不同夯土板块的夯层厚度差别较大，有的板块夯层厚度7—10厘米，有的夯层厚度可达20厘米。夯层之间未见夯窝，分界面十分平整。

柏人城遗址2022年出土的文字有戳印、刻划和墨书三种，就功能而言可分为以下几种。一是记名，多为戳印，如"柏人""柏人城""吕丁""王"等；二是计数，多为刻划，如"二""五"等；三是吉语，如瓦当文字"富贵阳遂"。

依据考古材料并结合文献史料，可知两汉时期是柏人城的繁荣期。通过此次考古工作，得以管窥柏人城内历时性的变迁和共时性的生活场景。此次考古工作以丰富的遗迹和遗物再现了柏人城遗址的真实面貌，对研究河北平原南部地区先秦至两汉时期的聚落变化、生业状况、人类活动与历史事件具有重要的意义，也为柏人城遗址今后的考古工作和深入的学术研究奠定了坚实基础。

（吕学明　吴　桐　唐小佳）

【临漳县邺城遗址东魏北齐宫城区】

发掘时间：2022 年 10—12 月

工作单位：中国社会科学院考古研究所　河北省文物考古研究院邺城考古队

邺城遗址位于邯郸市临漳县西南，是曹魏至北齐六朝故都。邺城考古队自 1983 年至今在邺城遗址持续进行了近四十年的考古工作，取得了一系列重要收获，为邺城遗址平面布局研究积累了重要基础资料。

基于东魏北齐邺城宫城区平面布局研究课题的需要，2022 年度工作重点最初集中于宫城东北角，后扩展至宫城西北角，共布设探方 6 个，累计发掘面积 514 平方米。发掘区地层堆积较为简单，遗址之上主体是漳河泛滥形成的流沙层。通过发掘确认，宫城东北角由两道宫墙组成，中间形成夹道。内侧宫城墙宽约 1.8—2.3 米，墙体内侧包砖，外侧涂抹白色墙皮。外侧宫城墙宽约 2.45—2.5 米，由南北两段组成，南段与内侧墙体结构相似，北段未见包砖，内外均涂抹白色墙皮。北段折拐处又见一段南北向墙体，宽约 1.8 米，两侧均涂抹白色墙皮。外侧宫城墙东侧有一排小型房屋，周匝环绕散水，散水宽约 0.6 米。房屋呈南北向，夯土台基东西宽约 5.2 米，已揭露出 7 间，向南还有延伸。房屋隔墙宽约 0.65—0.85 米，隔墙南北中心距约 3.6 米，房间南北内宽 2.85 米。房屋东侧还发现一道夯土墙，推测为其所属院落的院墙，宽约 1.2 米，北侧设有缺口。宫城东北角破坏略为严重，但第二道宫墙也得以确认，只是墙体无存，仅余基础。发掘出土遗物以砖瓦类建筑材料为主，种类和类型均较为丰富，制作精良，为文化层和遗迹年代判断以及相关研究提供了重要基础资料。

通过此次发掘工作，可以确认东魏北齐邺城宫城第一重宫城墙为复墙形式，墙体宽 1.8—2.5 米，两墙之间形成约 7.7 米宽的夹道。由此来看，之前发现的第二重宫城墙结构亦应大致相似，墙体宽 3—4 米，两墙间距约 6—7 米。上述考古发现为探索东魏北齐宫城区平面布局提供了重要线索，亦为邺城国家考古遗址公园建设、展示与利用提供了重要考古基础。

（何利群　沈丽华）

【临漳县邺城遗址核桃园北齐佛寺】

发掘时间：2022 年 10—12 月

工作单位：中国社会科学院考古研究所　河北省文物考古研究院邺城考古队

邺城遗址位于临漳县西南，由南北毗连的邺北城、邺南城和外郭区三部分组成，是曹魏至北齐六朝故都。中国社会科学院考古研究所和河北省文物研究所于 1983 年联合组建考古队，开始进行持续考古工作。以探索东魏北齐邺城外郭区范围和平面布局为学术目的，邺城考古队自 2013 年开始围绕"邺城遗址考古发掘与研究"创新课题，对核桃园北齐佛寺建筑组群进行了持续性考古发掘。

核桃园北齐佛寺位于东魏北齐邺城中轴线东侧，由一列处于同一轴线、南北向分布的五座建筑基址组成，其中经历年工作已确认位于轴线南侧依次分布的 1 号塔基、佛殿院落的 5 号南门和 2 号佛殿、3 号佛殿以及 8 号连廊等建筑遗存。2022 年度工作重点集中于三个衔接点：6号基址与9号基址之间、8号基址与7号基址衔接处、5号基址与9号基址衔接处，共布设探方7个、探沟2条，累计发掘面积506平方米。

经发掘，在6号基址与9号基址之间确认了11号基址，平面近方形，东西长17米、南北宽16米。两翼设有连廊，夯土南北长近6米、东西宽约3.5米，连廊上残存柱础坑，础坑中心距约4.25米，西连廊尚余一方形础石，边长约42厘米，由此可明确两翼连廊的台明高度，约0.3米。11号基址和两翼连廊周匝环绕散水，宽约1.2米。东连廊与6号廊房隔水沟相连接，6号廊房对应连廊处略有突出，且廊房中部未设隔墙，通过单门道可通往3号大殿所处院落。

8号基址与7号基址衔接处，经发掘确认为"丁"字形交接，8号北侧还有一片夯土，具体范围和性质暂不清楚。8号基址与之前发现基本一致，夯土南北宽约10米，南侧设有散水，北侧为暗沟，宽约1米，西侧与7号廊房衔接处亦为暗沟。8号基址中部瓦墙延伸至7号基址之上，瓦墙宽约0.7米，瓦墙之间间隔有方形础坑。

发掘出土遗物以砖瓦类建筑构件为主，种类有板瓦、筒瓦、瓦当、空心砖、兽面瓦等，瓦件表面多呈黑光，显示出独特的时代特性和建筑级别。11号基址出土的大型兽面瓦件，是邺城遗址首次经科学发掘出土且保存完好的大型兽面瓦件。

核桃园北齐佛寺发掘确认的11号基址，为探索佛寺布局提供了全新的材料，其性质及与佛殿之间的关系值得深思。8号基址与7号基址衔接处的发现，为重新认识佛寺布局提供了重要线索，连续瓦墙的发现也为认识6号和7号廊房的功能分区和佛寺内部院落组成方式提供了新的认知。

（沈丽华　何利群）

【雄县古州城唐代建筑遗址】

发掘时间：2022年9—12月

发掘单位：中国社会科学院考古研究所　河北省文物研究所　雄县文化和旅游局

2022年度联合考古队对河北雄县古州城3号建筑遗址进行考古发掘，发掘面积500平方米。

古州城遗址位于雄县鄚州镇（原属任丘市）古州村及周边，北距雄县县城、南距任丘市皆15千米左右，城址东部为106国道，北部有赵王河东西向穿过。2020年，考古发现古州城为"内城""外城"双重城址结构，且均发现有城墙、护城河等，联合考古队重点发掘了"外城"城墙、护城河、环城道路等。2021年，联合考古队重点勘探发掘"内城"城墙、护城河时，在"内城"东南部新发现3号、4号、5号、6号建筑遗址。古州城建筑遗址的发现尚属首次。

3号建筑遗址位于古州城"内城"东南部，叠压于"内城"南墙之上。发掘出残存的夯土台基、包砖、散水、踏步等。夯土基台大致可分为早、晚两期，形制相同，平面均呈长方形。晚期台基系在早期台基基础上稍微扩建而成。晚期台基东西长约24米、南北宽约13米（面阔五间、进深二间）；台基外侧有包砖、散水；基址南侧正中发现一处砖砌踏步残迹，踏步两侧有包砖和散水残迹。基址东西两侧疑似连接有延伸的廊房。

出土遗物共计200余件，多为残块，主要见有砖、瓦、瓦当、陶瓷器、铜钱，其中有大量青棍筒瓦、瓦当等高等级建筑构件以及石碑刻、小铜佛、汉白玉莲花座（显庆四年）、石造像（武平六年）等多件佛教遗物残件。

性质与年代：据相关历史文献及考古发

掘遗迹、遗物与部分标本测年数据综合判断，古州城3号建筑遗址推测为一处唐代高等级寺院南山门遗址，很可能为唐代莫（鄚）州官寺——开元寺南山门遗址。

唐代寺院遗址的发现，是古州城考古新发现，也是古州城考古研究新的突破口。发掘显示，3号遗址叠压在"内城"南墙之上，3号遗址的发掘为"内城"南墙的变革以及古州城址总体格局研究提供了新资料。

（何岁利　卢亚辉）

【邯郸市南上宋北宋时期遗址】

发掘时间：2022年6—9月

工作单位：河北省文物考古研究院　邯郸市文物保护中心　邯山区文物保管所

南上宋遗址位于邯郸市区东南部，东北距邯山区南上宋村约800米，西邻京港澳高速公路。经国家文物局批准，联合考古队对遗址进行了抢救性考古发掘，发掘面积共计300平方米。

通过调查与走访当地群众，明确南上宋遗址所处位置为漳河故道，此段河道自临漳县邺城三台口北上，经磁县、成安入邯郸，经市区东部，东折进入永年，为距邯郸市区最近的漳河故道。

南上宋遗址发掘区清理一处南北向引堤，表面布满车辙，经解剖发掘，其与西部的土岸遗迹原为一体，共同组成漳河故道的东岸。河道位居土岸之西，河底斜坡状，向西渐深。遗迹遗物的现状体现了此处遗址与航运码头有较大的关联性。

南上宋遗址出土遗物有瓷器、铁器、砂器和陶器残片等，以瓷器为大宗，共出土瓷器1195件。瓷器主要为化妆白瓷及个别黑釉瓷。化妆白瓷以碗、盘、盏产品居多，此外有少量钵形盆、钵、行炉、器盖等产品。黑釉瓷仅1件瓶类产品。根据瓷器产品的总体特征来看，均系北宋中期偏后的磁州窑产品。

考古发掘发现漳河故道的东岸及相关遗迹，明确了河道位置，成为今后此段漳河故道考古工作的基点。此段漳河故道可与历史上众多文献记载互证，为唐宋邯郸县治的方位提供重要信息。考古发掘证明北宋时期磁州窑产品水路运输情况如下：自漳河沿岸磁州窑场启运，沿线经磁县、成安、邯郸、永年、曲周等县，向北可连通滹沱河水系城市群，向东北可连通御河周围城市群。遗址出土瓷器时代单纯，均为北宋中期偏后产品，具有重要的断代价值，并为北宋时期对漳河的治理研究提供实证资料。

（胡　强　王　辉　赵树才）

【张北县元中都遗址宫城区】

发掘时间：2022年6—11月

工作单位：河北省文物考古研究院　张家口市文物考古研究所　张北县元中都遗址保护区管理处

元中都遗址位于张家口市张北县县城西北15千米，馒头营乡白城子村、积善村和淖沿村之间。遗址保存较好，由宫城、皇城和外城三重城垣相套而成，东西约2900米，南北2964米，总面积约8.6平方千米，方向177度。元中都在《元史》《明史》《永乐大典》等文献中多有记载，城址的建造和沿革清晰：元武宗1307年下诏创建，元仁宗1311年罢建，1358年被红巾军焚毁，明清时期称为"沙城"，后讹传为辽代"北羊城"，1997年经历史和考古专家确认为"元中都"。2001年被国务院公布为第五批全国重点文物保护单位。

1998—2003年、2012年、2016年河北省文物考古研究院及地市文物部门三次对元中都遗址进行考古发掘，确认了元中都的三重城垣结构，基本明确了城址南北轴线上一号大殿以南建筑的分布情况和营造方式。为进一步明晰元中都遗址的整体布局和功能分区，河北省文物考古研究院制定了《元中都遗址2022—2026年考古工作计划》并获国家文物局批复同意，拟通过五年考古工作，全面厘清元中都宫城的平面布局、分期沿革和功能分区，基本明确皇城、郭城内外的建筑基址、城门、道路、水系等信息。

2022年度发掘总面积800平方米，共清理各类遗迹33处，其中包括建筑基址4、灰坑11、灰沟10、柱洞8。本年度最重要的考古成果是清理了元中都宫城核心一号大殿东北部的4座建筑基址，编号为F2、F3、F4、1号廊庑，其中F3和F4平面布局和规模相同，均为长方形建筑基址，东西长约15.8—16.2米、南北宽10.1—10.6米。营造方面，F3挖基槽后夯土至建筑台基平面，F4平地起夯无基槽。F2为F3东南部的方形建筑基址，边长约6—6.2米，营造方式与F3相同。1号廊庑位于F3北部，是隶属于F3的附属建筑。本年度共出土各类遗物18865件，以各类琉璃和泥质灰陶建筑构件为主，主要有黄绿釉鸱吻、绿釉兽头、黄绿釉龙纹瓦当、黄绿釉龙纹滴水、印龙纹方砖、印花叶纹方砖、沟纹条砖等，另有少量铜构件、铁器、瓷器残件等。

元中都宫城一号大殿是城址内等级最高的前朝区核心殿址，本年度发掘的F2、F3、F4号建筑基址位于一号大殿东北部，推测为元中都宫城的寝宫区。3座建筑基址平面、规模和营造方式的准确界定为进一步厘清元中都宫城区轴线东侧建筑基址的布局和沿革提供了考古依据。1号廊庑是元中都遗址首次发现的此类遗迹，为探索宫城内道路、隔墙、院落等功能分区研究提供了实物资料。

（黄　信　杜鹏飞　张　浩　张益嘉）

【冀西北地区新石器时代遗址考古调查】

调查时间：2022年10—11月
工作单位：河北省文物考古研究院　张家口市文物考古研究所　沽源县博物馆

为了深入讨论冀西北地区新石器时代考古学文化的内涵、产生、发展和周边文化的交流互动等，联合考古队对沽源县闪电河流域及闪电湖周边地区进行了考古调查，调查面积200余平方公里。调查发现遗址27处，这些遗址主要分布于闪电河流域两岸的阶地上，或囫囵淖、水泉淖、公鸡淖周围的阳坡台地上，遗址所在地势较高、视野开阔，采光性较好。其中辽金元时期遗址12处，采集到篦纹陶片、酱釉、白釉瓷片等遗物。新石器时代遗址15处，采集到的遗物多为大型残石器，少量细石器，极少量陶片。陶器标本为少量泥质夹砂灰陶片，火候较低，陶质较酥，均为素面，器形可辨的有板形器。大型石器可分为打制和磨制两种，打制的多数为砍砸器，少数为石矛，刃部可见有明显的修理痕迹；磨制的有石铲、石磨盘、石磨棒，器形与四台遗存类似。小型石器均为打制的石片、细石叶，数量较少。这些遗物大多从地表采集，没有确切地层，陶器极少，确切的文化属性和年代难以推断。但从遗物特征来看大致推断为：素面的陶片和较多的有肩石铲与四台文化面貌相似，梭形的磨棒当与哈民文化面貌相似，麻点纹陶片与裕民文化有一定的相似性，因此这些遗存的主体特征与四台、裕民遗存相似，却又与辽西地区兴隆洼文化、内蒙古高原的哈民文化有着一定的联系。总体来看，一方面是空间上的联系，大致呈现出辽西地区与河套地区之间的一个区域联系，即内蒙古高原东南部——冀西北坝上文化区，一方面是时间上的联系大约在距今 10000—5000 年。此次调查为冀西北坝下地区的考古研究和文物保护工作积累了新的基础材料。

（赵战护　龚湛清　魏惠平　李　军）

【河北省早期长城勘察】

勘察时间：2022 年 3—4 月、9—10 月
工作单位：河北省文物考古研究院

　　河北省是中国北方早期长城分布较为丰富的省份之一，早期长城始建于战国时期，之后秦、汉、北魏、北齐、唐、金皆有营造。具有历史久远、线路长、分布广等特点。2009—2010 年，河北省开展了河北省早期长城资源调查，在以往调查的基础上采用现代科技手段对当时所知的早期长城做了全面调查，摸清了早期长城"家底"，为早期长城的科学保护、管理、利用奠定了坚实基础。为进一步明晰河北省早期长城的分布和年代，细化早期长城内涵研究，推动早期长城的科学保护、管理、利用，河北省文物考古研究院申报了河北省早期长城勘察项目并获得河北省文物局立项，拟用 4 个年度对河北省早期长城进行勘察。2022 年开展了第二个年度工作，对唐山、秦皇岛、承德市的早期长城进行勘察。

　　勘察完成了对 2009—2010 年河北早期长城资源调查中三地早期长城重要地段的复查。共调查早期长城墙体 15 段、单体建筑 23 个、城址 10 座、关堡 2 座，遗址 3 处，相关遗存 4 处。在海港区长寿山遗址、青龙县前牛山将军坟遗址发掘探沟各 1 条，面积均为 2 平方米。2022 年 10—11 月，对丰宁老骆驼厂遗址、围场小拨城址、承德县杨家店城址进行考古勘探，勘探面积 7 万平方米。在小拨城址发掘探沟 2 条，面积 4 平方米。对出土的木炭做了测年，确定城址年代为战国晚期。在勘探过程中，在秦皇岛市海港区、青龙县，唐山市遵化、迁安新发现长城墙体近 20 千米，年代为北朝至明代，均对其做了资源调查登记。

　　通过勘察，了解了三地早期长城的形制、构筑方式、防御体系，为深入认识和研究三地早期长城积累了资料。纠正了一些长城墙体、单体建筑的坐标错误和个别城址的坐标错误。发现了可供长城断代的大量遗物，订正了滦平、兴隆、承德县部分长城的年代，推动了对北朝长城、围场县南线长城的认识。新长城的发现为我国长城家族增加了新成员。

（韩金秋）

山 西 省

【夏县师村新石器时代遗址】

发掘时间：2022年7—12月

工作单位：吉林大学考古学院　山西省考古研究院　运城市文物保护中心

师村遗址位于运城市夏县裴介镇师村西侧，209国道东南，处于青龙河故道下游的河谷地带。地表现为农业用地，见有现代坟。遗址包含五个时期的文化遗存，即仰韶时代早期、仰韶时代中期、东周时期、汉代、宋金时期遗存。现存遗址面积约35000平方米。

经国家文物局批准，吉林大学考古学院和山西省考古研究院联合对夏县师村遗址进行田野考古发掘。参加此次考古发掘的有吉林大学考古学院2020级考古专业全体本科生和国家文物局田野考古实践训练班2022届全体学员等。本年度布设5×5米探方64个，发掘面积约1650平方米。

本年度共发掘房址7座、灰坑529座、灰沟8条、灰堆3处、墓葬39座、瓮棺葬19座、窑址2座、灶2个、台基1座、零星分布的柱洞23个。出土遗物数量众多，除大量绳纹灰陶片、泥质灰陶、彩陶片外，完整或可复原陶、瓷器共30件，此外还有陶质生产、生活用具262件，石质生产工具、生活用具210件，骨、蚌器118件，金属制品19件。所获遗存大致可分为仰韶文化早期和中期、东周、汉代三个时期。

仰韶早期遗存在该遗址发现中最为丰富，遗迹以灰坑、灰沟为主，还有少量墓葬和房址。其中两处遗迹最为重要，一是至少埋葬11个人的叠肢墓葬；另一处是在平面上呈圆形围绕一疑似半地穴房址的7座婴孩瓮棺葬。房址中F12为地面式房址，打破F10，地面经过烘烤加工、平整坚硬，墙体为木骨泥墙，倒塌后散布于房址之上，倒塌堆积中出土陶器均有被火烧过的痕迹，在倒塌堆积中还出土陶制蚕蛹、石球、骨锥、陶罐等遗物。仰韶早期遗物多见彩陶钵、红陶盆、夹砂罐、小口尖底瓶、石器、骨角器等，新出土陶制蚕蛹一枚，石雕蚕茧两枚。

本年度发掘所获仰韶文化中期遗存数量极少，仅见有个别灰坑和少量陶器残片。

东周时期遗迹以灰坑、墓葬和房址为主，仅有少数灰坑为规整的袋状坑或圆角长方形坑，多数灰坑为不规则状坑；墓葬分为土坑竖穴墓与瓮棺葬，部分土坑竖穴墓有二层台和棺椁残迹，墓葬随葬品较少，仅见有少量骨笄。此外，还发现一座以牛为牺牲的祭祀坑和一座平面呈同心圆形的建筑台基。遗物见有骨梳、蚌镰、石圭、玉璜、铜镞、铜簪、铜带扣、布币、绳纹陶鬲、素面陶盂、陶豆、素面和绳纹陶罐等。

汉代遗存数量较少，仅有数个灰坑，多出土大量瓦片，墓葬见有三座瓦棺葬。

本年度的发掘，进一步明确了师村遗址的分布范围、文化性质和遗存特征。其中，师村遗址仰韶早期遗存是近年来发掘的距离盐池最近的仰韶时代早期聚落遗址，在考古学文化谱系研究上，对于研究晋南地区新石器时代仰韶早期遗存步入"西阴文化"的历程具有重要启示；在聚落考古研究方面，为研究陕晋豫地区以及黄河流域仰韶早期聚落形态提供了重要材料；在人类生业方式研究方面，师村遗址石雕蚕蛹和蚕茧等遗物的出土为研究中国古代养蚕缫丝技术的起源提供了重要线索；在多学科交叉研究方面，开启了田野考古与物理、化学勘探等相关领域相结合的"关键技术"研发的新实践和新思路。

（方　启）

【永济市晓朝村新石器时代和东周遗址】

发掘时间：2022年2—5月

工作单位：山西省考古研究院　运城市文物保护中心　永济市文物保护中心　运城市考古队

永济市残疾人托养中心发掘地点位于永济市城北街道晓朝村南，主要为仰韶及东周时期遗址。为配合永济市残疾人托养中心及综合服务设施项目建设，经国家文物局批准，联合考古队对项目范围内的古文化遗址进行抢救性发掘清理。

此次总计发掘面积552平方米，共发现77处遗迹现象，包括19个仰韶文化灰坑、1座仰韶文化房址、55个东周灰坑、2眼东周水井。出土了丰富的仰韶文化遗物，尤以彩陶与赭色颜料最为重要。陶器主要分为彩陶、泥质红褐陶、泥质黄褐陶、泥质灰陶、夹砂红褐陶五类。彩陶以黑彩占据绝对多数，有个别白衣黑彩、红衣黑彩，花纹以圆点、钩叶、弧边三角组成的花卉形几何图案为主。陶器器类丰富，以各类平底钵、彩陶盆、双唇口尖底瓶、葫芦口平底瓶、夹砂折沿深腹罐、敛口深腹瓮较为常见，另有陶杯、器盖、纺轮、陶球、陶环等小件器物。

出土东周典型标本数量不多，年代上集中在春秋中晚期，个别单位可晚到战国末期，陶器常见窄斜沿实足根平裆鬲、带盘心窝的豆，小件器物有石圭、骨镞、骨笄等，性质应属于春秋晋文化。

此次出土仰韶文化陶器无论从器类形制还是彩陶花纹样式来看，均与庙底沟、西阴、杨官寨等庙底沟文化典型遗址出土陶器表现出高度一致性，此次发掘仰韶遗存属于仰韶中期的庙底沟文化。此次发掘系永济市首次大规模发现庙底沟文化时期堆积，出土器类涵盖了以往所见庙底沟文化陶器绝大部分器类，此外，发现了出土背景明确的赭色矿物颜料及可能与加工颜料有关的石磨盘。此次发现对于仰韶中期庙底沟文化的深入研究、史前彩陶工艺研究及中华文明起源研究均具有积极的意义。

（施光玮　贾高强）

【吕梁市离石区吉家村仰韶文化遗址】

发掘时间：2022年8—9月

工作单位：山西省考古研究院　吕梁市文物考古研究所　离石区文物局

发掘区位于吕梁市离石区田家会街道办吉家村，北纬37°32′2.10″，东经111°12′10.23″。为配合吕梁市离石区中医院项目，联合考古队对该项目涉及的文化遗存进行了抢救性发掘。此次发掘揭露出新石器时期房址3处（F1、F2、F3），灰坑1处（H1）。共出土器物24件，其中陶器11件、石器12件、骨器1件，F1内部分器物仍在修复中。

F1南部被现代取土破坏，开口于③层下，房址内填土呈褐色，伴有红烧土颗粒，出土陶刀、陶环、小口尖底瓶、彩陶盆、夹砂灰陶罐、夹砂红陶瓮等器物碎片，还有石刀、石斧、石铲等石器。F2西、南边为断崖被现代取土破坏，开口于③层下，该房内堆积土质较疏松，土色呈褐色，伴有红烧土颗粒、炭屑等，在房子东北角发现大量红烧土块、木炭屑，北壁、东部为烧结面。F3北边部分区域压在水泥路面下、西边部分被现代建筑所破坏，开口于③层下，该房内仅剩黑色硬面，房内西北侧发现有1处疑似柱洞痕迹，在中部发现灶，该房址内堆积土质较疏松、土色呈灰黑色，包含有红烧土块，出土极少量陶片。

此次发掘的F1出土的彩陶盆、小口尖底瓶、夹砂罐均可复原，尤其彩陶盆是近几年在吕梁考古发掘工作中的重要发现。另外，F3内双火膛和近几年发掘的五边形房址也有不同之处。参阅周边同时期考古材料，该遗址出土器物主要为小口尖底瓶、彩陶盆、陶刀、器盖、彩陶钵残片等，其中器盖与德岗遗址出土器盖有类似之处，而房址残留形制与德岗遗址五边形房址也有相似之处，初步推断该遗址属于仰韶中期。

（刘吉祥　张海蛟　冯智超）

【汾阳市李家街仰韶文化遗址】

发掘时间：2022年4—9月

工作单位：山西省考古研究院　吕梁市文物考古研究所

发掘区位于汾阳市三泉镇李家街村东部约50米、聂生村西约100米，整体地势较高，南邻虢义河，属临河一级台地，坐标为北纬37°12′14″，东经111°43′6″。该遗址在全国第三次文物普查时已登陆，未定级。本年度为配合吕梁市汾阳至石楼高速公路建设项目，联合考古队对该区域内的遗迹进行了科学的考古发掘。

遗址发掘揭露灰坑31处、房址1处、灰沟1处、路面1处、墓葬3座，出土遗物主要为陶器、石器、骨器等。灰坑平面多呈圆形，口大底小，相互之间叠压打破关系较多。房址（F1）仅存西半部，平面呈不规则形，横剖和纵剖形状均为筒形平底。壁面粗糙，呈直壁略斜，无加工痕迹。口部、底部边缘较明显。底面平坦，稍有起伏。房址南侧中部自生土向下掏挖一灶坑，灶坑平面呈半圆形，土质疏松，土色为褐色伴随有红烧土，出土有少量陶片（泥质、夹砂陶）。填土土质较疏松，土色黄褐发黑，内含陶片、石质工具等。路面呈东北—西南向，被仰韶晚期的灰坑打破，西侧较薄、东侧较厚。出土陶器可辨器形有泥质红陶钵、小口尖底瓶、碗、夹砂灰陶侈口绳纹罐、戳刺纹圜底钵等，还见有少量彩陶片。石器主要有石锤、石斧、石刀等。筛选出骨锥、骨针等工具。墓葬均为竖穴土坑单人葬，仰身直肢，头向南，排列整齐有序，有用土块堆砌的痕迹。

此次发掘揭露了一批新的考古材料，为进一步认识吕梁山东麓和太原盆地西沿的新石器时期考古学文化面貌，更全面地了解汾阳市及其周边古代人类的生产和生活情况奠定了基础。

（张海蛟　魏聪伟）

【吉家庄新石器时代遗址东部区域】

发掘时间：2022年8—11月

工作单位：中国人民大学　大同市考古研究所

根据中国人民大学与大同市考古研究所的合作协议，2022年两家单位继续在吉家庄第Ⅳ地点进行考古发掘。

中国人民大学第Ⅳ地点地表平坦，地势东高西低，南高北低。发掘面积500平方米，地层大体呈水平堆积，各探方基本堆积均分为三层，个别探方②层下即为生土。

共发现冲沟2条、灰坑9座、墓葬3座、

房址2处，窑址1处，石头堆积1处。冲沟2条均开口在①层下，平面呈不规则带状。灰坑平面多呈不规则椭圆形，①层下开口3座，②层下开口5座。

M1、M2在石头堆积之上，没有随葬品。M3是土坑竖穴墓，长方形。坑壁较直，口底同大，北部被H2打破。底部稍平，方向344度。坑内未见葬具。仅存尸骨架一具，骨架散乱，葬法葬式不明。仅随葬有六块兽骨。

石头堆积1处，开口于②层下，部分打破③层即生土层。整体形状略呈"7"字形，南高北低，东高西低。石缝间用土填平，整体表面较为平整。石块大小差别不大，可能进行过人工分选。

房址2座，F1开口于①层下，半地穴式，底部打破细粉沙土，坐西朝东，整体平面呈"凸"字形，居住面近圆角方形，门道残，位于居住面东北侧，高于居住面，方向50度，坡度9度，灶址稍残，呈圆形，位于居住面中部偏西南，分布在居住面最低处。房址两侧均有同层灰坑分布。F2由居住面、灶、短墙、门道构成。房址内出土有陶器和骨器。

窑址1座，开口于③层下，横穴式升焰窑。由窑室（膛）、窑床、火道、火门、操作面构成。窑室平面为圆形，位于窑址西侧，包括窑膛、窑床，窑膛顶部残，略呈砖红色。窑床位于窑膛之下，呈半圆形。颜色为青灰色。火道西侧连接窑床，东侧连接窑门，北高南低，火道未见分支，整体呈斜坡状。颜色以偏灰色为主，内部堆积较多草木灰。窑门位于东侧，方向180度，顶端稍残，其下连接斜坡操作面。内部堆积部分草木灰。操作面东高西低，呈斜坡状分布，西侧连接窑门，底部有一圆形浅坑，倾斜角度为30度。

遗址器物组合陶器、石器、骨（角）器等器形与器类均与往年发掘基本相同，显示了文化遗物的共性。陶器组合有鬲、斝、罐（部分折肩）、杯（少许单耳杯）、瓮（部分三足瓮）、带流器（盉）、细柄豆（有镂孔豆）、覆碗式器盖，器耳有两种，少许彩陶和磨光黑陶。第Ⅳ发掘点炊器不出灶釜。这些器物流行于从龙山晚期至夏代早期。

（王晓琨　李树云）

【大同吉家庄新石器时代遗址中部区域】

发掘时间：2022年5—10月

工作单位：山西大学考古文博学院　大同市考古研究所

吉家庄遗址位于大同市云州区吉家庄乡吉家庄村南二级阶地之上，2022年度发掘区位于吉家庄遗址东北部，与2020年度、2021年度的发掘区连成一片。以发掘区西南角（北纬39°50′54.14″、东经113°28′07.99″）为基点，将遗址区划分为4个象限，本次发掘区位于第三象限，围绕着2020年度、2021年度发掘区的北、东、西三面，布5×5米探方20个，发掘面积500平方米，清理遗迹35个，其中陶窑2座、灰坑25个、灰沟2条、灶3座、柱洞1个、墓葬2座，出土各类遗物如骨、石、蚌等百余件。

发掘区地势南高北低，地势平整，地表散落有数量较多的陶片、石器等。从发掘情况来看，发掘区南部堆积比较简单，北部、中部堆积较为复杂。第①层、第②层在整个发掘区皆有分布，其余诸层仅分布在一定的探方之中。遗迹多开口于第②层及其诸层之下。依据遗迹的层位关系及遗物共存关系，可将本次发掘所获遗存分为以下三个时期。

第一期为仰韶时期遗存，遗迹主要有灰坑、窑、灶等，主要发现在发掘区的东部，以ⅢH86、ⅢH87、ⅢY2、ⅢZ1、ⅢZ2等单位为代表；开口于第②层下或为龙山时期遗迹所叠压，打破生土。遗物以陶片为主，并有少量的骨、石器。陶器分夹砂陶和泥质陶两类。夹砂陶为红胎，内壁为红色，外壁多为黑色，少量为红褐色，器表经磨光，可见明显的刮磨痕迹。器类以壶为多，素面为主。泥质陶以黄褐、红褐为多，经磨光，器表光滑平整。器类以钵为多。素面为多，少量为彩陶。彩陶以黑彩为主，纹样多为口沿下施一周黑彩带。两个单位中皆出有夹砂红褐陶桥形耳。从对该期陶片初步整理的情况来看，ⅢH86、ⅢY2等单位出土的陶器与庙子沟文化相似，其年代应为仰韶晚期，个别陶片可早到仰韶中期。

第二期为龙山时期遗存。遗迹主要有灰坑、窑、墓葬等，整个发掘区皆有所发现，以ⅢY3、ⅢM5、ⅢM6等单位为代表，开口于第②层下，打破生土。遗物主要有陶、石、骨、蚌、角等。陶器可分为夹砂陶和泥质陶两类，夹砂陶以灰、黑为多，少量为褐、红褐色，砂粒大小不一，器表粗糙，不甚光滑，纹饰主要以绳纹、篮纹为大宗，还有少量的弦纹、附加堆纹。可辨器类主要有鬲、甗、斝、甑、壶、罐、瓮等。泥质陶主要是黑、灰陶，多素面，磨光精良，部分陶器上饰绳纹、篮纹、方格纹、弦纹等，个别陶器上有镂孔等。可辨器类斝、圈足盘、豆、罐等。无论是夹砂陶还是泥质陶，陶器制法主要有泥条盘筑、轮制、模制，多经快轮修整，少数器表经过磨光处理。多遭后期自然破坏，属再生堆积，不利于对其年代及文化属性的判定。

第三期为辽金时期及其以后遗存，遗迹主要为灰沟，以ⅢG2等单位为代表。平面略呈圆形，北部未连通，中央发现一个灶，形制与吉林乾安春捺钵、内蒙古霍林河金界壕发现的帐篷遗迹极为相似，ⅢG2内零星出土有细小的瓷片，从而推定以ⅢG2为代表的帐篷遗迹，应为大同地区首次发现，为探索游牧民族遗存的认定提供了重要依据。

吉家庄遗址地处桑干河上游，是大同地区目前已知面积最大、堆积较厚、遗存复杂的一处史前时期遗址。该遗址的发掘不仅有利于对大同地区史前考古学文化面貌的辨识和命名，而且有利于桑干河流域史前考古学文化谱系的构建。更为重要的是，这一地区是以燕山南北、长城地带为重心的北方文化区和以晋南、关中、豫西为中心的中原文化区之间的文化纽带，亦即苏秉琦先生所提出的"Y"形文化带，这一文化纽带作为"中国文化总根系中一个重要直根系"，直到今天依然是探讨中国古代文明起源的重要地区之一。

（霍东峰　李树云　郝军军　祁　冰）

【芮城坡头新石器时代遗址】

发掘时间：2022年1—12月

工作单位：山西省考古研究院　运城市文物保护中心　芮城市文物保护中心

芮城坡头是晋南规模最大的一处史前遗址之一，位于芮城西陌镇和陌南交界处，该遗址以中条山南麓的恭水涧为中心发育，面积接近300万平方米。2003—2005年曾对其墓地清凉寺地点进行过大规模发掘。近年，为做好"考古中国·夏文化"和"晋南在中华文明进程中地位与作用研究"等课题，山西省考古研究院牵头，对该遗址开展了进一步的勘探和发掘，在位于与清凉寺隔沟相望的恭水涧东侧坡头村附近，确认了一组龙山晚期的大型双重环壕，始建年代在公元前2100年左右，目前已发现的外壕呈"C"形，紧贴恭水涧，在涧东圈围面积达100万平方米，内壕位于其中北部，残存面积10万平方米。

本年度针对这组龙山时期环壕进行了有

针对性的发掘，外壕剖面呈倒梯形，北段解剖点上口宽达13米、底部宽3米、自深7.8米。东侧边坡较陡、内侧（西侧）边坡略缓。沟西内侧有两级台阶，是当时挖沟出土时的中间台阶，环壕建成后，在第二级台阶上修筑夯土补丁，将其与上下沟壁连成一体的斜坡。

内壕较小，开口呈"U"形，宽4.2—5.3米、残深1.6—2.1米弧壁圜底，斜壁且壁面较粗糙，无明显加工痕迹，底部不平整，呈北高南低的坡状态势，与其开口平面地势一致。

内壕打破庙二始建的围沟，围沟长宽20余米，圈围区域呈圆角方形，沟壁规整且陡峭，这一围沟在公元前2100年左右完全废弃。围沟之外存在大量同时期灰坑，出土陶器以H32为代表，包括宽沿盆、盆形鼎、小口圆肩罐、双耳杯等。

在遗址内多处发现庙二、龙山晚期玉石器残片，还有一些制玉工具刻刀、钻头等，进一步证实该遗址的存在一定规模制玉遗存，发掘中出现一定数量环绕坑壁的袋状坑壁洞，也是一个值得注意的现象，可能与搁置阴晾有关。本次明确的环壕大体为清凉寺墓地最为繁盛的第三期时所筑。结合上述发现，此次考古工作为进一步探寻墓地对应时期的聚落及手工生产提供了重要线索。

（张光辉　施光玮）

【忻州南关龙山时期遗址】

发掘时间：2022年7—9月
工作单位：山西省考古研究院　忻州市文物考古研究所　忻府区文物管理处

忻州南关新石器遗址位于忻州市忻府区南关村西部，忻州市忻府区九原岗上，东距忻州古城直线距离1千米，距同蒲线1.4千米，南距牧马河2千米，北距云中河10.2千米，东西距大西高铁线3.7千米。古遗址分布方面，西北距河拱新石器时期遗址12.5千米，距尹村二里头时期遗址12千米，东距游邀新石器时期遗址11千米。遗址分布于牧马河边二级台地上，地表散布大量龙山时期陶片及部分宋金明清至近代碎瓷片。为配合国家电网忻州分公司储备库的建设，联合考古队开展考古发掘工作。先后布10×10米探方6个，扩方98平方米，实际发掘面积526平方米。共发掘新石器时代房址2座，陶窑1座，瓮棺葬1座，成人墓葬2座，灰坑52座。出土遗物有陶器、石器、骨器、玉器等。获得了一批丰富的实物资料。

忻州南关遗址出土陶器陶质陶色多为夹砂灰黑陶，泥质红褐陶有一定数量，另外还有少量磨光黑陶。器表纹饰多见绳纹和篮纹，另有少量刻划纹、方格纹及素面陶器。陶器基本组合为鬲、罐、瓮、甗、豆、盉、盆、钵等。通过与周边地区龙山时期同类遗址所出器物比较，可以明确南关遗址出土陶器与忻定盆地以忻州游邀遗址为代表的B型陶鬲"非对称双錾鬲"、侧装錾手分裆鬲、A型折领加砂罐较为接近。该类遗存文化面貌和特征相对清晰，同类遗存也见于五台阳白遗址晚期遗存、园子沟遗址晚期遗存。白灰房址的形状、建造方式等与忻州河拱遗址同类遗存一致。陶窑为典型的"北"字形，其形状结构与忻州河拱、河曲坪头同类遗存相似。综上所述，并从陶器面貌、遗存特点等判断，南关遗址为龙山时期典型的遗存。

此次发掘完整的揭露出房址、陶窑、瓮棺葬、成人墓葬、窖穴等遗迹，遗迹类型丰富，较完整地展示了忻定盆地龙山时期人类聚落的面貌，为研究该地区人类史前时期的社会文明提供了不可多得的资料。尤其是在位置上，南关遗址地处著名的"九原岗"，距忻州古城仅1千米，这是目前发掘的距离忻州市最近的一处龙山时期遗址。

（郭银堂　王继平）

【沁水八里坪龙山时期遗址】

发掘时间：2022年3—7月

工作单位：山西省考古研究院　晋城市文物保护研究中心

2022年国家文物局批准对沁水八里坪龙山时期遗址进行发掘，发掘面积800平方米，根据工作计划分两个地点开展发掘，分别是第Ⅲ区和第Ⅱ区。

第Ⅲ区发掘的主要目的是确认内壕沟西北部红褐色"活动区"的形成过程及其功能。Ⅲ区布设5×5米探方14个，实际发掘面积224平方米。为了完整揭露陶窑及H19，考古队进行了扩方，发掘面积合计240平方米。发现灰坑24座、房址2座、墓葬1座、陶窑1座，沟1条。

第Ⅱ区发掘的主要目的是确认2021年发现的环形沟（G2）北部夯土墙是否继续向东延伸及其性质和功能。在发掘过程中发现大型建筑基址，随即将发掘重点转移到确定其范围和结构布局。发掘面积560平方米。

建筑基址按照发现的顺序编号为22ⅡFJ1—22ⅡFJ3，通过发掘，明确了基址的范围，东西长约35米、南北宽约14米，建筑面积490平方米。22ⅡFJ1，保存较好，活动面范围清晰，基本形状为长方形，东西长约10米、南北宽8米，北部、西部、南部有4处长方形或圆形凸出，推测为立柱所在位置。22ⅡFJ2位于FJ1西部，活动面的结构与FJ1相同，保存情况较FJ1差，残留活动面南北8.8米、东西约8米。但是西侧保留了两个直径约55—65厘米、深35厘米的圆形柱洞，紧贴柱洞的西墙北及北墙与FJ1北墙基础结构相同，建筑方法相同，均为垫土轻夯或分块夯打形成，墙宽1.8—2.8米。

22ⅡFJ3位于FJ1东部，保存较差。地面处理方式与FJ1、FJ2相同，区别在于垫土为红褐色胶泥土。

根据层位关系、BETA实验室测年结果，建筑基址的始建年代为公元前2200年左右，废弃年代为公元前1900年左右。

本年度发掘的收获如下。

1. Ⅲ区发掘，发现了一条南北走向的沟，打破了陶窑（Y1）和与之同时的作坊（F2），破坏了早期窑洞（H19）。沟内堆积分三层，均比较纯净，几乎不出陶片等遗物，在层位上有比它早的遗迹（与21ⅢH11同时），有打破它的灰坑（H8、H20），把早晚两期遗迹串联起来形成一组具有分期意义的层位关系。

2. 22ⅢM1规模堪比清凉寺和下靳墓地的大墓，而且均存在下葬后不久被人为扰动破坏的现象，表明在陶寺中晚期普遍存在这种毁墓情形。

3. 本年度在Ⅱ区发掘过程中再次确认了内壕沟中南部环形沟的存在，而且环形沟内存在一组规模比较大的建筑，建筑周围东西60米范围内没有与之同时期的遗迹。这组建筑被晚期灰坑打破，表明此时建筑被废弃或功能改变。

（赵　辉）

【稷山县东渠村二里头文化遗址】

发掘时间：2022年9—12月

工作单位：山西省考古研究院　运城市文物保护中心　运城市考古队

遗址位于稷山县稷峰镇东渠村北，南距汾河3千米，北距吕梁山8千米。为配合稷山县工人文化宫项目建设，经国家文物局批准（考执字〔2022〕第1633号），对工程范围内遗存进行了抢救性考古发掘。

发掘面积800平方米，共清理二里头文

化时期房址1座、灰坑1个。

灰坑平面为椭圆形，口部长轴长23.5米，短轴宽5—10.5米，深2—4米。北壁与东壁为陡状斜壁，南壁为缓坡状壁。

房址为前后室相接的直线联套式结构，平面呈"吕"字形，门道朝向东北。后室直接陶挖于灰坑西侧生土壁上，平面呈圆角长方形，长2.7米、宽1.86米、残高1.2米。墙体自下而上内收趋势明显，原应为窑洞式结构，窑顶已坍塌，墙体下部保存完整，墙壁经过加工修整，未发现涂抹草拌泥与白灰墙裙的痕迹。室内地面平整，系直接在生土上踩踏形成的硬面。前后室之间以生土门槛相隔，通过门道相接。前室平面近圆形，残存墙体近直，高出地面40厘米，周围未见柱洞痕迹，地面为薄层片状踩踏面。前室东北有斜坡状门道通向室外，北侧发现有台阶状踩踏面，可能为出入口。灶址位于后室东北角，平面圆角方形，灶坑内填满青灰色草木灰，灶面被烧结成红烧土。前后室相接处贴墙壁另有一个残灶，墙体被烧成红烧土，灶坑处粘一块石板，原可能为一处贴近生土墙壁搭建的石板灶。后室东南角有一处方形烟道，仅保存底部，原应直接通向室外，烟道附近地面为黑色烧结面，未发现灶址。前后室地面及灶坑内均未发现陶器，房址内遗物均出土于填土之中。

遗址内出土陶器以夹砂灰陶占绝对多数，少量为泥质灰陶，另有个别灰褐陶和黑陶；纹饰以绳纹为大宗，次为素面，少量旋纹、戳印纹、压印S形、圆圈形纹饰，个别陶片饰方格纹。器类以高领花边双鋬袋足鬲、单耳圆腹罐、双鋬圆腹罐、甗、泥质折肩罐、大口尊、盆最为常见。小件器物常见有骨镞、石镞、石镰、石刀、石铲、纺轮等。从陶器群整体特征来看文化性质属二里头文化东下冯类型。

东渠遗址为目前为止临汾盆地西部发掘面积最大、出土遗存最为丰富的二里头文化遗址，发掘表明二里头文化东下冯类型分布范围向北逾峨嵋岭直抵吕梁山南麓，对于推进晋南地区夏文化整体研究具有重要的意义。

（李金霞　贾高强）

【夏县东下冯夏商时期遗址】

发掘时间：2022年6—12月

工作单位：山西省考古研究院

东下冯遗址位于运城市夏县埝掌镇东下冯村北，属运城盆地东缘、中条山西麓的山前地带，东距中条山仅1.5千米，发源于中条山的青龙河从遗址中部穿过。1974—1979年，中国社会科学院、中国历史博物馆、山西省文物工作委员会等单位对该遗址进行了连续五年的考古发掘，揭示出东下冯遗址包括仰韶晚期、龙山时期、夏商及战国时期的文化内涵，其中以夏商时期遗存为主。

在"考古中国·夏文化研究""晋南在中华文明进程中的地位与作用研究"课题安排下，2020—2022年，在东下冯遗址开展持续的调查、勘探工作，在此基础上，2022年下半年在Ⅰ区、Ⅳ区进行考古发掘工作，共发掘面积约500平方米。

Ⅰ区位于遗址东南部，靠近20世纪70年代发掘第五地点东北部。Ⅰ区地层堆积复杂，显示出遗址夏至早商时期的聚落变迁。发现夏时期大型灰沟1处、窑洞2座、水井1眼、陶窑1座、墓葬1座。灰沟东西长约20米，南北宽约10米，沟内堆积厚约2米，出土遗物丰富，除大量的陶片、动物骨骼外，还有发现较多的骨器、石器等小件器物，比较重要的是在沟内堆积及其下叠压的疑似冶铜相关的遗迹内发现600余块铜矿石、铜炼渣，另外还发现有坩埚残片、陶范残块、炉壁残块等遗物。除此之外，还在沟内堆积中发现40余片绿松石薄片。在沟底部发现水井1眼，沟北壁上发现残陶窑1座，与沟相邻的东北部发现窑洞2座。推测为一处夏时期"地下式"窑洞聚落群。

Ⅳ区位于遗址西北部，青龙河北岸。清理夏时期灰坑15座，出土大量陶片以及与制作石器相关的石料、石坯、石核、石片等，显示这一区域可能为一处石器加工制作场所。此外，还发现8枚绿松石管珠。

通过2022年的发掘一方面了解了遗址西北部遗存的分布情况，另一方面为探讨遗址核心区夏商聚落变迁提供了重要材料。同时，大量遗物及生物遗存的发现和采集，对研究东下冯遗址夏时期冶铜技术、生业方式以及夏时期奢侈品的生产与流通提供了新材料。

（崔俊俊　王晓毅）

【绛县西吴壁夏商时期遗址】

发掘时间：2022年

工作单位：中国国家博物馆　山西省考古研究院　运城市文物保护中心

2022年夏季，联合考古队在遗址夏商冶铜遗存集中分布区东部（ⅠE4区）开展考古发掘工作，揭露出丰富的史前及夏商周等时期文化遗存，其中以商代墓地的发现最为重要。

此次发掘共发现并清理16座长方形竖穴土坑墓。除1座为东西向外，其他均为南北向，墓主头向南，大部分墓葬可见木质葬具痕迹。按照墓圹规模和随葬品的差异，可将这些墓葬初步分为大、中、小三个等级。它们葬俗相近，可能是一处族墓地。

大型墓M16位于墓地中部，与之邻近的其他墓葬，规模均较大。墓圹面积约9平方米，深1.2米。葬具为一棺一椁，有殉人和殉牲。椁保存较差。棺的保存状态较好。在棺室朽塌之前，其中曾数次进水，带入的淤泥对棺木形成了支撑，棺的形制得以保存下来，可以看出其整体略呈"Ⅱ"形。墓主骨架保存不佳，肋骨、盆骨已残失；葬式为仰身直肢，面朝西，初步鉴定其性别可能为男性。随葬品皆置于棺内，种类有青铜、绿松石、玉、陶、贝、漆器等。

中型墓的墓口面积大于2平方米，随葬品置于棺内，种类除陶器外，还有不见于小型墓的青铜或漆器、海贝等。

小型墓墓口面积不大于2平方米，随葬陶器或不见随葬品。

考古团队对随葬陶器和铜器进行了类型学研究，并参考以往研究成果，初步将这些墓葬分为早、中、晚三段。早、晚段大致相当于二里岗下层一、二期，中段介于二者之间。

对随葬器物的文化因素分析表明，该墓地主要包含商文化和土著文化因素，此外还发现了少量北方文化因素，说明晋南同北方地区关系密切。同时暗示晋南地区铜料的输出方向，除商王朝中心都邑外，可能还有北方青铜文化分布区。

西吴壁遗址商代墓地所见大、中型墓葬已经形成了鼎（或鬲）、斝、爵的礼器组合，与夏代晚期贵族墓中的礼器组合有所不同，显示出商因于夏礼，但有所损益的历史事实。出土青铜器种类丰富，与之共存的陶器时代特征明确，为这一时期的青铜器断代确立了可靠的年代标尺。

大型墓葬M16的规模大，内涵丰富，是迄今所知国内二里岗下层阶段规模最大、内涵最为丰富的高等级商系墓葬。其葬者应是商代初期居住在晋南地区的高级贵族。由此可以进一步证明，西吴壁遗址是晋南地区商代前期最重要的中心聚落之一，除向外输送铜料外，还肩负区域管理与对外交流等职能。

商代墓地的发现，丰富了遗址内涵，为深入了解遗址的聚落形态变迁，探讨晋南地区商代人群构成、礼制源流，以及商王朝国家形态与统治模式等学术问题提供了直接证据，具有重要的学术意义。

（田　伟　孙慧琴　王一如　张开亮　崔春鹏）

【忻州尹村商代遗址】

发掘时间：2022年6—11月

工作单位：山西省考古研究院　临汾市文物考古工作站

遗址位于忻州市忻府区旭来街街道尹村西北约50米的云中河北岸台地上。该遗址南临云中河，北倚金银山，东南邻近尹村居民区，西北侧临近胡家垴流经岩口注入云中河的季节河。该遗址是忻州地区重要的龙山至夏商时期遗址之一。遗址经过1997年、2021年、2022年三次发掘。其中2022年发掘面积500平方米，共布探方20个，探沟两条。遗址内堆积较丰富，主要有四层堆积。其中①层为近现代耕土层。②层为明清时期扰土层。③层为商代晚期文化层。④层为商代早期文化层。共发掘灰坑26个，陶窑3座，瓮棺葬2座，以及墓葬1座。

灰坑打破关系复杂，大多开口于②层及③层下。形状多为圆形与不规则型，四壁多不规整，坑底为锅底状或凹凸不平。并且灰坑较大，例如H3直径可达8米，深至1.4—1.8米。由于遗址区内发现有夏商时期窑址，推测多为先民所用取土坑。所采集器型多见鬲、斝、甗、瓮、罐、盆等。纹饰中以麦粒状绳纹居多，其他纹饰及篮纹数量较少。

W1位于③层中，葬具较为简陋，为甗的上半部并由一件残半的鬲覆口。内有一具婴儿遗骸，头向东，四肢较为蜷缩，骨质保存较差。由于年代较远，婴儿身体大部分进入鬲中，只有头骨及少数肋骨位于甗中。而W2破坏严重，葬具为一件三足瓮，保存较差。内有一具婴儿遗骸，头向北，身型较W1更大，骨质保存较差。其中除婴儿颅骨位于瓮内，四肢及躯干均散落在外。

Y3为比较典型的"窑箅式升焰窑"，位于发掘区东北部。开口于③b层下，现仅残存窑室，火膛残部。该窑室通体残高1.78米，残顶距现地表2.12米，平面形状近似椭圆形，窑壁之上向内弧收，原应为馒头状拱顶，现顶部已坍塌。平面呈"花瓣"放射状，上下垂直直通火膛。窑床现被烧烤成青灰色。窑门位于窑室东南端，现已残。窑门之下火膛门呈拱形顶，左上角局部塌落。壁面均为红烧土烧结面，其烧结面厚0.02米左右。火膛整体呈椭圆形，底径大于窑床直径，弧壁，平顶，平底。火膛前进火口及窑前工作面遭晚期灰坑H18破坏。

发掘遗迹和遗物的时代集中在商代早期，包含二里岗文化上下层，某些遗迹的使用时代可以到二里头文化第四期。主要遗物为有领鬲、翻沿商式鬲、卷折沿深腹盆、敛口罍、有隔甗、短柄豆、假腹豆、盆形簋等，时代基本为商代早期。此次发掘为研究忻定盆地夏商时期文化更迭及与周边考古学文化的关系提供翔实的材料。

（王　俊）

【垣曲北白鹅周代墓地】

发掘时间：2022年1—12月

工作单位：山西省考古研究院　运城市文物保护中心　垣曲县文化和旅游局

北白鹅墓地位于运城市垣曲县英言镇北白鹅村东，属于北白（鹅）遗址的一部分。考古勘探表明，该遗址分布范围20万平方米，主体遗存为春秋早期墓葬，周围分布有大量商周至唐宋时期灰坑，另有车马坑、陶窑等。

为坚持科技创新引领，强化多学科跨领域协同，加强现代科学技术在田野考古中的应用，不断提升考古发掘现场的发现、分析及记录能力和水平，本年度创新考古发掘模式，按照把"工地变成实验室"的考古发掘新理念，在地下4.6米的M1020椁室原位建设"考古发掘地下方舱"，将墓室整体置于实验室内进行精细化发掘。地下方舱配备了温湿度调控设备、新风系统、超景深视频显微系统、成分分析仪器、红紫外相机、多波段光谱仪、远程视频系统、延迟摄影设备及全程影像记录设施等，能够实现温湿度控制、现场科学分析和保护、现场远程视频连线等功能。

目前，M1020椁室西侧、南侧、北侧已清理结束，棺椁之间发现48件铜容器、车马器、玉器及陶器。铜容器有2套，1套体量较小，应为明器。发掘中，使用手持式背散射成像仪对已揭露的椁盖板层进行了探测分析，发现多处异常影像，提示存在无机质文物。利用超景深视频显微镜、多波段光谱、便携式背散射仪、丝蛋白抗原试剂盒等技术手段，开展有机质、无机质遗存的探测、识别及采集等保护工作。

同时，在M1020地下方舱建设和发掘中，项目组对车马坑CMK1002和发掘南侧墓葬M1032和M1033进行了清理。结合M1020发掘进展，将大型墓葬M1018的填土清理，并启动M1018地下方舱的建设，目前外部钢架保护棚已基本完成。同时，完成大型墓葬M1022发掘钢架保护大棚的搭建，为2023年考古发掘工作做好了准备。

本年度考古发掘共清理墓葬4座，车马坑1座，其中，车马坑CMK1002清理约50%，目前发现车四辆，马四匹，发现铜车马器、兵器及骨饰21件/套（23件）。车马坑CMK1001未发掘，但由于埋藏较浅，局部暴露铜车马器8件/套（12件）。小型墓葬M1033，1椁1棺，盗扰严重。小型墓葬M1032上部盗扰，一棺一椁，人骨保存较差。

通过本年度的考古工作，对墓地的布局、大型墓葬棺椁结构、随葬器物及其包裹物品、车马坑结构等有了更多认识。另外，地下方舱发掘模式的实践和探索对于进一步深入推进多学科合作的考古学研究提供了新的解决方案。

（南普恒　曹　俊）

【闻喜县上郭—邱家庄东周遗址】

发掘时间：2022年3—10月
工作单位：山西省考古研究院

闻喜县上郭—邱家庄遗址，2022年迎来了13次考古工作，发掘区分以下两个地点。

一、上郭古城内西北角，紧邻2021年探方之西、之北，发掘500平方米，遗存主要年代属于仰韶时代中、晚期和西周晚期至春秋时期。

仰韶时期，发现房址8座，陶器有夹砂陶和泥质陶，夹砂陶有罐、器盖等，泥质陶有尖底瓶、盆、瓮、钵、罐等；石器有钺、刀、斧等，还有少量蚌壳。其中T14H3（房址）内出土尖底瓶2件、夹砂罐7件，另有盆、钵口沿残片；T6H29内出土2件完整石钺；T19H50内出土石雕蚕蛹1件。说明这一区域早在仰韶文化时期就成为涑水河流域的一个中心，为东周时期上郭古城的设置奠定了良好的基础。

东周时期灰坑38、灶坑2、房址1、窖穴2座和沟2条，出土遗物以陶质板瓦、筒瓦残片居多，另有陶鬲、盆、豆、罐、钵、杯等。引人注目的是发现陶范1300余块，主要出自T10、T11、T16、T17，以T17第2、3两层出土最多，其中有纹饰范块162块、铭文范块1块，无纹饰但有平面、或凹面范块905块，范块特征不明显者233块；器类有簠、盨、舟、鉴耳、编钟、器足、镞、节约等；纹饰范块有凤鸟纹、夔龙纹、瓦楞纹、弦纹等，还发现一块文字陶模（T16H42①：9），为圆弧形折角，长4厘米、宽3.5厘米、厚1.1—2厘米，侧边有方穿的整齐的边缘，阴刻两个文字"雍食"（饔飧），是铜盨腹内底部。

上郭古城内西北部发掘区域位于古城内地势较高区域，2021年、2022年两次发掘结果显示，这一区域是上郭古城的核心，有铸铜手工业作坊区，从出土的大量瓦类可知附近必有大型宫殿台基。

二、北城墙外

今年延续2021年发掘的TG2北侧边界向北扩方解剖发掘，共清理春秋晚期4座墓葬、1座车马坑，其中M4、M5为夫妇异穴合葬铜器墓，铜器组合为鼎、豆、壶、盘、匜、舟；车马坑之西为陶器墓M6，墓主人为一位18—20岁的未婚男性，按照《仪礼·丧服传》："年十九至十六为长殇"，《礼记·檀弓下第四》："君之适长殇，车三乘；公之庶长殇，车一乘；大夫之适长殇，车一乘。"陪葬一辆车或为晋公的庶子，或为大夫的嫡长子。

另外，还清理2座汉代砖室墓。

上郭古城乃晋国都邑"古曲沃"，2022年的考古工作为晋都、晋文化研究又增添了诸多重要的实物资料。

（田建文）

【长治市新方舱医院春秋墓】

发掘时间：2022年4月

工作单位：山西省考古研究院 长治市古建筑保护和考古研究所

长治市新方舱医院化粪池春秋晚期古墓葬位于原长治东客站停车场，是在修建长治市新方舱医院时发现的，根据省文物局的批复要求，由山西省考古研究院牵头，对该古墓葬进行了抢救性清理。

墓葬为竖穴土坑墓，南北向，北壁已被破坏，墓葬已见底，暴露的墓葬呈剖面状，随葬器物较丰富，时代特征较明显。出土器物共25件/套，以祭祀礼器和兵器为主，包括少量玉、硅和骨类器物，其中铜器18件、玉类4件、骨类2件、其他1件。鼎内有羊骨，豆内有植物残余。礼器组合为二鼎、二豆、一盘、二壶、一舟，器壁薄脆、质地一般、破损严重。

此次发掘为研究长治地区早期墓葬提供了新的材料和实证，尤其对长治地区春秋晚期墓地的丧葬形式及相关历史研究具有重要的意义。

（李 辉）

【吕梁市离石区战国墓葬】

发掘时间：2021年12月—2022年1月

工作单位：山西省考古研究院 吕梁市文物考古研究所 离石区文物局

为配合吕梁市信义互通立交工程建设，由山西省考古研究院牵头，市县文物部门配合，对工程用地范围内发现的文化遗存进行考古发掘。此次发掘的古墓葬位于离石区东北14千米处，209国道东南，信义镇政府西侧，发掘面积400平方米，遗址地表为农业用地，东北高西南低。

发掘共清理沟1处，时代应为战国时期，墓葬14座，均为战国时期，且均为竖穴土坑墓，多为一棺一椁，出土人骨13具，葬式有仰身直肢与仰身曲肢葬两种，其中3座东西向，11座南北向，M13是东西向墓葬，发现夯土，且东西两侧留有生土 2 层台。该墓葬是本次发掘的重要收获，此类墓葬在以往吕梁地区考古中较少见到。

出土随葬品 77 件（套），器类大多为陶器，少数铜器及骨器、石器等。陶器器形有陶罐、陶壶、陶鼎、陶鬲、陶豆等，从出土陶器组合及器型特征来看，该墓地年代应处于春秋晚期至战国中期阶段。尽管存在有地方性特征，但其器形、种类、制法、纹饰等特征均与同时期晋南及河南等地区有着较大的相似之处，反映出这一时期吕梁山区隶属，于晋文化区域范围内，并与中原其他地区的文化、经济交流频繁。该墓地的发掘对于研究晋国的疆域以及三晋文化的分布范围，将起到一定的作用。

（赵　辉　闫勇允）

【运城市西里庄村北魏至明清墓群】

发掘时间：2022 年 6—9 月

工作单位：山西省考古研究院　运城市文物保护中心　运城市考古队

墓群位于运城市盐湖区西里庄村西。为配合紫荆府小区项目建设，经国家文物局批准，对工程范围内前期勘探发现的墓葬进行了抢救性考古发掘。

清理墓葬 137 座，包括北魏墓 55 座、宋金墓 16 座、元墓 1 座、明清墓 65 座，共出土陶、瓷等质地随葬品 353 件（组）。

北魏墓均为长斜坡墓道洞室墓，南北向，平面成排成组分布整齐。墓葬均保存完好，未遭盗扰。墓道平面为长方形或梯形，直壁，少有收分，斜坡状底。墓门为砖砌。墓室平面多为横长方形，无木质葬具，留生土台作为棺床，平面多呈倒"凹"字形，部分棺床床面铺条砖。墓主置于棺床之上，大部分为多人合葬墓，部分墓葬墓主达 10 余人，葬式均为仰身直肢。随葬仅出土于少数墓中，器类有陶钵、铜簪、铜戒指、铜钱、铁镜、陶壶、陶罐、铁器等。M121 出土墓志砖带有"正光四年"纪年，另有两墓出土墓志砖铭，墓主均为介氏，由此推之，墓地性质应为北魏至北朝时期介氏家族墓地。

宋金墓以窄长方形墓道砖室墓为主，平面多呈"刀把"形，多为南北向，大多数墓室砌砖均已损毁，仅部分保留完整。墓室规模较小，长宽一般在 2 米左右。以双人合葬为主，人骨多腐朽，葬式可辨者均为仰身直肢。出土随葬品较少，主要有灯盏、瓷碗、瓷枕、铜钱等。

明清墓均为梯形竖穴墓道洞室墓。方向分南北向和东西向两种。墓主以双人合葬为主，部分为单人葬与三人合葬，葬式主要为仰身直肢。多数墓葬出土有随葬品，器类以瓷碗、陶盆、陶罐、铜钱、铜扣、铜烟锅、铜簪、铜耳环、铁灯盏、墓志砖和符瓦等较为常见。

（李明轩　钟　傲）

【晋中市榆次区隋至明清墓葬】

发掘时间：2022 年 10—12 月

工作单位：山西省考古研究院　晋中市博物馆

为配合榆次区锦东书院项目建设，联合考古队对前期勘探发现的两地块，共 8 座墓葬进行发掘。

JZSBJ2020T45 地块内发掘 3 座墓葬均为洞室墓，方向为南北向。其中，M1、M3 埋葬 1 人，M2 埋葬 3 人（瓮棺内 1 人），有迁葬现象；葬式主要为仰身直肢葬；从随葬品来看，主要为瓷罐、符瓦、铜钱、铜烟锅等，为该时期常见的器物组合。

JZSBJ2020T47 地块内共发掘墓葬 5 座，1 座砖室墓，4 座洞室墓。M1 为斜坡道砖室墓，呈南北向，方向 34 度。由墓道、墓门、甬道和墓室组成，并在墓室东侧开有一耳室。墓葬整体扰动较严重，有明显进水痕迹。墓道北宽南窄，靠近墓门部分略呈喇叭状，底部略呈坡状，南高北低，壁面较直。墓门呈拱形，条砖券成，内以条砖封门，封门砖横置干摆。墓室近似正方形，四壁略微带有弧度，表面为条砖面，无更多修饰。青砖铺地，可见人骨多副，扰乱严重，葬式不详，葬具可见木棺。随葬品有陶瓶1件、五铢钱2枚、铜发饰3件。

JZSBJ2020T47地块内M2、M3、M4、M5均为斜坡墓道土洞墓。M2、M5主墓室东西两侧各有一耳室，主墓室与耳室均有合葬棺一具。M3、M4为单墓室，M3棺内仅有一副骨架，M4为合葬墓，骨架两副。4个墓均有进水现象，骨架扰乱严重，葬式不详，葬具可见木棺。M2出土随葬品有墓志一合、陶罐2件、陶壶3件、五铢钱2枚、小件铜器1件。M3出土随葬品陶罐1件。M4出土陶碗、陶壶、陶罐各1件。M5出土陶壶2件、陶罐1件。

JZSBJ2020T47地块M2出土有明确纪年的墓志一合，墓志纪年为"开皇八年"，即公元588年，由此可知M2为隋代墓葬。从墓葬的形制和出土的瓷器等遗物来看，M3、M4、M5与M2基本相同，由此可推断为同一时期墓葬，可能为家族墓地。隋代墓葬在该区域较为少见，此次的发现为研究该区域隋代文化提供了宝贵材料。

（朱智博　刘文杰　贾志斌）

【永济市蒲津渡与蒲州故城遗址】

发掘时间：2022年9—12月

工作单位：山西省考古研究院　永济市蒲州故城文物保护所

2015年、2016年在蒲州故城西、城西北部发现北朝至唐时期的夯土城墙，2020年至2022年的工作均以该段城墙为基准点，向东、西两侧寻找其走向及拐角，进一步确认其范围和结构布局，探寻北朝-唐代蒲州城的规划布局。本年度的发掘区域位于西城鼓楼西北约200米处，目的是寻找该段城墙的东至。分两个地点进行发掘，布设10×10米探方6个，发掘面积600平方米。

在一号地点布设两个东西向探方，于③层下发现夯土遗迹，为黄褐色夯土，其土质土色与已揭露的北朝至唐时期城墙夯土相同，东西走向，遍布两个探方，其性质应为延伸过来的城墙夯土。夯土现存高度约1.8米，土质纯净，夯层厚度约5—20厘米，夯面较平整，局部可见5—6厘米的圆形夯窝。夯土内出土少量陶片和绳纹瓦片，时代不晚于北朝。

在距离一号地点东约60米的二号地点未发现延伸过来的早期城墙夯土，可基本明确该段城墙的东侧拐角介于两个发掘地点之间。在二号地点发现一处大型夯土遗迹，分布范围尚不明确，遍布整个发掘区，结合开口层位和出土遗物，判断其时代不早于宋金，性质可能为一处夯土台基。夯筑质量一般，夯土主体为灰褐土，局部为黄褐土，夹杂大量炉灰、草木灰、烧土、砖瓦等，夯面较平整，夯层间粘连紧密，夯层厚10—20厘米，局部可见4—6厘米的圆形小夯窝，夯土现存最高处约2.3米。在夯土之上发现四处金元时期砖砌建筑基址，均保存较差，保留有铺地砖、墙基、暗渠、灶等相关遗迹。

出土遗物以陶、瓷器为主，另有一定数量的骨器、铜钱及砖瓦标本。其中北朝时期的遗物以绳纹瓦和窄斜沿饰附加堆纹的陶盆为主，出土一件制作精美的石雕佛塔，题材为苦行释迦和文殊菩萨。唐代遗物以陶器为主，器类有陶盆、扑满、陶罐等，少量白瓷、黄釉瓷和茶叶末釉瓷。宋元时期主要品类以白瓷和黑釉瓷为主，另有一定数量的耀州青瓷、钧瓷、红绿彩瓷和绞胎瓷等。出土砖瓦标本丰富，以宋金时期的手印纹和方格纹砖为主。

通过本年度的发掘，基本明确了该段北朝至唐时期城墙的东至，下一步计划在对其东侧拐角作进一步确认的基础上，向南、北寻找其走向。

（贾　尧　王普军　张朝阳）

【沁县罗卜港村宋金时期墓葬】

发掘时间：2022年11—12月

工作单位：山西省考古研究院　长治市古建筑保护与考古研究所　沁县文旅中心

本年度山西省考古研究院在沁县漳源镇罗卜港村抢救性发掘一座宋金时期仿木结构砖雕彩绘墓。墓葬坐北朝南，方向196度，由墓道、封门、墓室、后室、侧室组成。

墓顶为穹隆顶，高0.65米，共用15层长方形青砖垒砌；墓门呈圆拱形，未封门，高0.91米，宽0.62米，进深0.27米；墓道呈长条拐折形，后半段为台阶状，共四级，前半段平底，与墓门连通，通长3.5米，宽0.65—1.04米，深残存1.9米。

墓室平面呈正方形，边长1.72米，四壁砖雕彩绘，分上、下两层。上层为仿木构建筑砖雕，均为五开间，以八角形立柱分隔，正中雕妇人启门及彩绘玄武（北壁）、紧闭大门（东、西壁）、彩绘朱雀（南壁）；次间雕刻破子棂窗，南壁为孝行砖雕；梢间墙壁雕刻壶门形浅龛，龛内雕孝行砖雕。立柱之上设阑额，在上为砖雕斗拱、橑檐枋、椽、瓦垄等。下层北壁、西壁、南壁正中为后室、侧室、墓道的拱门，两侧自上而下依次雕刻孝行砖雕、花卉、瑞兽、覆瓣重层莲花图案，东、西两壁还彩绘青龙、白虎。室内四壁除上述砖雕彩绘外，还满绘各种图案，以花卉、柿蒂为主，还有少量圆形、零星图案，十分精美。墓室底部正中还设一个长方形坑，坑内出土两件器物。

后室和侧室分别位于北壁、西壁，均为长方形攒尖顶，四壁简单雕刻与墓室一致的浅龛，龛内雕花卉、瑞兽。

人骨全部位于后室，2个头骨居东，其余骨骼堆放状，应为夫妻二人迁葬。出土器物共6件，有瓷灯、瓷罐、陶罐、陶碗、铜钗等。

墓葬应为宋代晚期至金代前期，为丰富晋东南地区宋金时期墓葬形制、结构以及古建、孝行故事等研究提供了重要资料。

（白曙璋）

【原平市南头村宋金时期墓葬】

发掘时间：2022年6—7月

工作单位：山西省考古研究院、忻州市文物和考古研究所、原平市文化和旅游局

南头村宋金墓葬位于滹沱河东岸的五峰山脚下，山西省忻州市原平市中阳乡境内居东的一个小村。2022年3月当地村民在南头村西部耕地时偶然发现古代壁画墓葬两座。为了保护好古代文化遗产，山西省文物局委托山西省考古研究院、忻州市文物和考古研究所、原平市文化和旅游局对该墓地进行抢救性发掘。

此次发掘共布南北两个探方，布方面积共227平方米。发掘区内共发现金元时期墓葬4座，墓葬面积共46.78平方米。发掘区内的地层堆积较为简单，墓葬均开口于耕土层下，距地表0.2—0.3米，其中M1土圹直径3.8米，墓道长2.4米，宽0.80米，距地表深4.26米。其余三座墓葬的尺寸与M1相差无几。

南头村中所发现的4座墓葬全部为砖室

墓，竖井式墓道，并且全部为南向，除 M4 被盗之外其他 3 座均有砖棺床。墓室为八边形砖室，穹隆顶，倚柱和壁面均先抹白灰，后绘制壁画。仅 M1 穹隆顶上有天象图，其余墓葬没有绘制。壁画内容形式比较固定，门洞内左右为侍者，其他壁面绘制有：卷帘、书法、飞鸟花卉和奏乐等内容；而北壁为格扇门，东西壁为板门。斗栱为栌斗加单昂，没有泥道栱和泥道慢栱；仅仅表现有补间铺作和散斗，中间有普拍枋、上面有橑檐枋等，斗栱结构简化。最精美的莫过于滴水板瓦和兽面筒瓦，全部是模制成后再切割打磨，栌斗、散斗、破直棂窗、板门、隔扇门等均用此法完成。并且，这四座墓除了墓葬装饰稍有差异，其他水磨砖构建如出一辙。

墓主人遗骨均为烧骨二次葬，葬具为小型木棺、体积大小不等的陶罐等。一般棺床上放置小木棺，部分陶罐放置在叠置方砖或条砖之上。随葬品除了女性墓主人随身戴的铜钗之外，仅发现黑釉瓷灯盏、宋代铜钱若干，出土有价值文物十分稀少。从墓葬排列组合来看，为家族墓葬的可能性很大，应是一个家族的三代人。

（王　俊）

【朔州市朔城区薛家店村辽金时期遗址】

发掘时间：2022 年 9—11 月

工作单位：山西省考古研究院　代县文化和旅游局

山西省文物勘测中心对集大原高铁沿线进行考古勘探时发现该遗址，山西省考古研究院组队实施抢救性考古发掘，实际发掘面积 300 平方米。遗址位于朔州市朔城区贾庄乡薛家店村东约 1300 米处，南临朔南线，向南约 1000 米为黄水河，向西约 700 米为跃进渠，向北约 5500 米为恢河。

本次发掘共清理灰沟 1 处，灰坑 24 个（其中 1 个为近现代扰坑），部分灰坑推测为人工窖穴废弃后形成。

出土遗物 60 余袋，小件器物 51 个。涵盖陶、瓷、骨、石、铁等类型。陶器类，泥质灰陶为主，夹砂灰陶少量；陶片大部分为素面，少量装饰几何纹、水波纹等；可辨器型有折沿盆、卷沿盆、高领罐、陶瓮、圈足碗、平底碗、绳纹砖、筒瓦、板瓦、瓦当等，盆的数量占比最大，以宽平沿、斜腹盆最为常见。瓷器类，零星碎片 27 块，皆为地层出土，器类有圈足碗、白瓷盏等。石器类，数量不多，可辨器形有柱础石、石臼等。骨蚌类，蚌壳发现 1 枚，动物骨骼数量很多，大部分为尸体掩埋和食用废弃所致，少量经过加工，为生产生活器具。铁器类，12 件组，锈蚀严重，可辨形制的有铁钩、铁锄、铁凿等。

综合判断，推测该遗址为一般性的聚落遗存，主体年代为辽金时期。遗址所在区域，北魏时期与首府平城联系较为紧密，唐宋辽金时期是南北政权交锋融合的前沿地带，此次发现对研究该区域的文化面貌和当时的文化交流具有重要意义。

（贠泽荣）

【闻喜县桐城镇金代僧侣墓】

发掘时间：2022 年 9 月

工作单位：山西省考古研究院　运城市文物保护中心　运城市考古队

墓葬位于闻喜县城东南路与涑水街交叉口西侧，东距涑水河约 360 米。在配合闻喜县仁和佳苑项目建设前期考古勘探中首次发现，经国家文物局批准（考执字〔2022〕第 1327 号），由山西省考古研究院、运城市文物保护中心、运城市考古队联合对其进行了抢救性考古发掘。

墓葬形制为长方形竖穴附台阶墓道砖室

墓，方向5度，墓道在南，墓室在北。墓顶西北角被破坏，其余部分保存完整，墓室未遭到扰乱。

墓葬由墓道、封门、甬道、墓室组成。封门、甬道与墓室均使用青砖泥砌，砌砖规整统一，长36.5厘米、宽16.5厘米、厚6厘米，正面素面，背面模印几何纹饰。

墓道平面近长方形，东西两壁略呈弧形，直壁，从墓道口由5级台阶逐阶下行至底部，其中最上一级台阶与最底部一级台阶既高且宽，中间三级较窄较矮。墓道南北长474厘米、东西宽58—74厘米、深273厘米。甬道直壁，平底，平顶，宽50厘米、进深60厘米、高120厘米。墓室为长方形，直壁，平底，四角攒尖顶。内廓长230厘米、宽184厘米、高234厘米。南壁甬道两侧砌筑破子棂窗。墓室四壁涂抹一层白灰层，现大部脱落。底部东、西、北三侧砌筑倒"凹"字形棺床，东西两侧棺床宽42厘米、北侧棺床宽46厘米，棺床高出墓底30厘米。棺床之上墓室东、北、西三壁共计有10处壁龛，东西两壁各4龛，北壁2龛。各壁龛大小相等，宽44厘米、进深64厘米、高60厘米。壁龛顶分为拱顶、平顶、毗卢帽顶三种。

墓室内共有人骨15具，均为二次葬，人骨摆置而成，头骨置于最上方。分置于壁龛、东西两侧棺床、陶罐之内，其中10个壁龛每龛置人骨1具，头朝向墓室；西侧棺床置人骨一具，头向南；东侧棺床置人骨两具，头向南；墓室西南角与中东部各置一件陶卷沿深腹罐，罐内各置人骨一具。

墓中共出土随葬品4件。泥质灰陶卷沿深腹罐2件，均作为瓮棺，器表素面，内壁布满篦点纹，其中1件肩部内外书写墨书文字，漫漶不清。墓室口东侧置1件粗白瓷圈足碗。东侧棺床上置1块墓志砖，砖铭"崔祥院主"。

从墓葬形制及出土器物来看，墓葬年代为金代。从墓葬葬俗及墓志砖铭来看，墓葬性质应为僧侣墓。

（李金霞　贾高强）

【垣曲县李家窑村金代壁画墓】

发掘时间：2022年11月

工作单位：山西省考古研究院　运城市文物保护中心　运城市考古队

墓葬位于垣曲县皋落乡李家窑村北，东1千米处为亳清河。在配合当地基本建设项目前期考古勘探中首次发现，经国家文物局批准，对其进行了抢救性考古发掘与整体搬迁保护。

墓葬形制为竖穴墓道单室砖室墓，由墓道、墓门、甬道、墓室四部分组成，墓道大部与墓顶南侧被破坏，墓顶中央有一个圆形盗洞直通墓室。

墓道位于墓室西侧，平面为长方形，直壁，平底，残长1.2米、宽0.6米。封门砖砌，甬道为拱券形，高1.2米、宽0.58米、进深0.3米。墓室为近方形单室，直壁，叠涩穹窿顶，底部砌曲尺形棺床，高出墓底0.3米，床面使用方砖铺砌，墓底使用条砖铺地，墓室内径长1.7米、宽1.65米、通高2.6米。墓中发现人骨两具，东西并列置于棺床之上，无木质葬具，均为二次葬，头向北。未发现随葬品。

墓室内砌有仿木构斗拱与门窗结构。东西两壁分别砌出直棂窗，北壁彻板门，四角砌倚柱，倚柱上为普柏枋，上承二铺作斗拱，四壁中部砌补间铺作。

墓室内壁涂刷一层白灰，壁画绘于其上。西壁墓口绘一门卫，躬身而立，手持骨朵，头戴无檐圆帽，望向墓门；直棂窗红白彩相间勾边，窗棂施红彩；底部绘两幅生产劳作图。北壁中部绘"妇人启门"图，西侧绘贡物图，一男一女手捧包裹侧身朝向东壁。东壁直棂窗两侧绘夫妇对坐图，夫妇身旁各站立一男一女，六位人物图像均带有榜题，男主人身旁男性榜题可辨一"兒"字；底部绘两幅行孝图，左侧为郭巨埋儿，右侧为孟宗哭竹。南壁绘行礼请安图，两男六女共八人，皆侧身站立朝向东壁墓主，八位人物均带有榜题，字迹漫漶。从墓室结构与人物服饰形象来看，墓葬年代为金代。

（李　辉　贾高强）

【霍州陈村瓷窑址】

发掘时间：2022年8—12月

工作单位：山西省考古研究院　北京大学　复旦大学　霍州市文化和旅游局

霍州窑位于临汾市霍州市白龙镇陈村，汾河西岸台地的前缘地带，窑址大部分已被村庄占压。自1975年发现以来，霍州窑一直没有开展过考古发掘工作，2022年由山西省考古研究院、北京大学、复旦大学及霍州市文物部门组成联合考古队对霍州窑址开展了首次科学考古发掘工作。

发掘面积共计300平方米，分为四个地点。

F20地块清理窑炉（残）3座，灰坑13个，灶4个，主体为金代制瓷作坊和元代窑炉遗存。

元代窑炉为生土平台上掏挖的馒头窑，仅存窑床以下的弧形火膛及土坑竖穴式通风道。南部原始地形地势较低，为金代灰坑及作坊区。

出土遗物以细白瓷为主，兼有少量粗白瓷和黑釉瓷，另有匣钵、支顶钵、垫饼、支具等窑具。细白瓷器形有盏、碗、浅盘、盖钵、罐、玉壶春等。器物多数为素面。装饰以器内印花为主。印花题材丰富多样：主要有水波禽鸟、缠枝花卉、蝴蝶花卉、莲花童子、鱼纹、天马、兔子等。纹样布局为器物内壁一周二方连续，或六、八、十等分分栏分布。器心多有团花图案。装烧方法以涩圈覆烧、五堆泥浆粘钉为主流，另有少量三叉形支钉支烧。粗白瓷基本为素面，可辨器形有碗、大盘和枕等。涩圈支烧为主流装烧方法。

D7地块清理揭露出明代大型马蹄形窑炉1座，窑洞式作坊1处。结合调查勘探结果，认定这里是一处明代规模较大的制瓷烧造区域。

明代瓷窑炉（Y1）为北方地区常见的马蹄形馒头窑，体量较大，依地势坐西朝东，整体保存较好。窑炉由进风道、窑门、火膛、窑室、烟孔、烟囱及护墙等组成。窑炉北侧紧邻窑洞式作坊（F1）。发掘区仅揭露作坊前半部分（9米，总长16米以上）。作坊整体呈东西向长条形，顶已坍塌不存，残存砖砌两壁及地面。窑洞式作坊以作坊入口分为内外两部分，外部为门前小院，作坊内有火炕、澄泥池、堆料区、灶台等设施，功能区明确。

出土遗物以粗化妆白瓷为大宗，另有少量黑釉及零星细白瓷。器形有碗、盘、器盖等。装饰以白地黑（褐）花为主，常见草叶纹、花草纹、松鹤纹、卷云纹、云气纹及"用"字等。窑具为筒形匣钵及支顶钵。采用五堆泥浆粘钉支烧。

霍州窑发现近50年来开展的第一次考古发掘工作，意义深远。

此次依据第一次科学地建立了霍州窑业历史的标尺片段。揭露出金代、元代、明代的窑炉和作坊等制瓷遗存，出土了大量窑具及瓷片标本。其中金元时期细白瓷器型多样，装饰纹样丰富，是研究霍州窑的烧制历史、工艺技术、生产规模、经济形态、传统影响发展等问题科学、系统的基础资料。

此次发掘，为今后的考古工作奠定了扎实的基础。规模广大的窑址上几个点状区域的抽样式发掘，只是揭示了霍州窑冰山之一角，下一步还需继续开展工作，尽可能完整揭示霍州窑整个瓷业生产历史和面貌，不断推进霍州窑的研究走向深入。

霍州窑作为山西地区金元时期代表性瓷器生产窑场，在中国陶瓷发展史上具有重要的地位。尤其是在元代，在中国北方地区大部分瓷器窑场生产普遍衰落的形势下，霍州窑以工艺精湛、造型薄俏的细白瓷制品而独领风骚，一枝独秀，成为北方地区优秀白瓷窑场的杰出代表，也成为元代手工业门类中北方陶瓷手工业的标志性窑场。

（刘　岩）

【岚县李家湾金元壁画墓】

发掘时间：2021年10月—2022年1月

工作单位：山西省考古研究院　吕梁市文物考古研究所

为配合岚县李家湾生猪养殖场项目建设，山西省考古研究院与吕梁市文物考古研究所组建联合考古队，对项目建设中发现的金元时期壁画墓进行了抢救性考古发掘，并对新发现的两座壁画墓进行整体搬迁。

此次发现的7座墓葬中，有5座1998年曾发掘过并已发表简报，因当时做回填处理，现壁画已模糊故未搬迁。此次新发现的两座墓编号为M3、M6，墓内壁画保存较好，故进行了搬迁。这两座墓形制基本相同，均为仿木结构八边形砖室墓，内有斗拱、滴水、门、窗等装饰，墓内设棺床，上有人骨遗存，其中M3有人骨3具，M6有人骨10具。根据墓葬形制和出土随葬品判断，墓葬时代为金代，属于第三次文物普查时期确定的丁家沟村古墓群。

（赵　辉　闫勇允）

【晋中榆次区金元壁画墓】

发掘时间：2022年5—6月

工作单位：山西省考古研究院　晋中市博物馆

2022年5月，太原武宿（国际）空港配套工程（晋中区域）项目在榆次区龙城大街东延纵九路和新建路路段施工过程中发现两座古墓葬，编号为M1、M2。晋中市文化和旅游局（晋中市文物局）闻讯后，安排榆次区文物所会同晋中市博物馆立即赶赴现场进行察看和保护，并联系当地派出所对受到盗扰的M2人骨、器物进行追回。由于两座墓均发现有仿木构砖雕及壁画痕迹，5月25日，山西省考古研究院派人员赶赴现场，对两座墓进行了抢救性发掘。

两座墓均为仿木构砖室壁画墓，墓葬均由墓道、墓门、甬道和墓室组成。

M1为一座元末纪年墓，墓向195度。墓葬开口距原地表约1.4米，墓道为竖穴墓道，长2.48米，宽1.04—1.1米，深2.8—2.95米。墓道北端有拱形墓门，墓门上方有仿木构彩绘门楼。甬道为拱形，甬道北端有一土台阶，与墓室相接。墓室顶部为叠涩穹窿顶，平面为八边形，除南壁墓室门外，其余壁面均有简易彩绘及仿木构砖雕。由于白灰面地仗作于沙石垒砌的墓壁上，导致彩绘大多脱落。墓室门处有"喜庆堂"与"至正十六年"文字记载。

M2西距M1约1.2千米。M2墓道为竖穴土坑墓道，墓道壁齐平，两侧有脚窝。甬道为土甬道，与墓室相连。墓室顶部为穹窿顶，平面为不规则八边形。墓室整体保存较好，彩绘鲜艳，斗拱及仿木构门、窗较为完整，且有宋金墓所见之"启门"图案。

由于两座金、元壁画墓保存良好且价值较高，抢救性发掘完毕后随即就对壁画和砖雕进行了异地搬迁保护。两座墓的发掘为进一步了解榆次地区该时期的墓葬分布和开展榆次地区古代社会研究提供了较好实物资料。

（刘文杰　贾志斌）

【古县西圪垯村金明僧人墓】

发掘时间：2022年4—5月

工作单位：山西省考古研究院

古县西圪垯村僧人墓在当地政府进行抢险加固工程施工过程中发现。山西省考古研究院组建考古队对该墓葬进行了抢救性考古发掘。

该墓葬位于临汾市古县岳阳镇西圪垯村东，省道323西侧。墓葬地处乡村道路东侧断崖中部，坡顶为灌木丛植被。本次考古发掘面积约30平方米，共清理砖室墓1座，编号为2022GXM1；瓮（罐）棺4处，编号为2022GXW1—2022GXW4。出土铜、铁、陶、木、石等各类器物共计106件。

2022GXM1，砖室墓，由墓道、墓门、甬道及砖构墓室组成。该墓建筑材料为条砖和方砖，黄泥做黏合剂。依现场情况判断，墓道在早年间已塌毁。墓门，条砖垒砌，拱形顶。宽0.7米、高1.1米。封门为大小不一的石块堆砌，仅存中下部。甬道，条砖垒砌，底部靠近墓室处铺砖，高1.1米、长0.6米。甬道东、西两壁砖面有砍切痕迹，应是木棺入塔时甬道宽度不足所为。砖砌墓室平面呈八边形，壁面条砖与方砖平砌，八角攒尖顶，方砖铺地。南壁辟墓门，其余七壁砌棺床，北壁棺床为两层。墓室内宽2.9米、通高3.78米。

墓室内葬具可分四类，有盆罐组合、盆瓮组合、陶棺及木棺。上下叠压摆放于棺床上，少量放置于墓底，底部中间南北向放置一木棺，已朽，仅存部分帮板和挡板。多数陶罐、陶盆、陶瓮等器物上有朱书、墨书文字。部分陶罐、陶瓮内人骨下铺柏叶、麦秆等植物茎叶，人骨上覆盖织物，M1—27号人骨上覆盖树枝。除以上葬具外，还出土木盒、木板、镇墓石、符瓦、灯盏等器物。三件镇墓石有朱书文字"太白居左""荧惑居右"，另一件字迹模糊，推测应为"镇星居中"。

从出土器物器身文字可知，此墓为金代大觉禅院僧众普同塔。发掘期间，从当地文物部门工作人员提供的一张拓片可知，金大定三年，此处一座寺院通过购买名额敕牒被赐名"大觉禅院"，与器身文字相对应。反映出金代统治者在寺院等宗教场所的管理上沿用了北宋时期的名额敕牒制度。

该墓修建于金大定年间，墓主最早者在金大定年间入塔，最晚者入塔时间为明万历年间，前后相距400余年。这是目前发现的唯一一座使用时间持续400余年且有文字记载的普同塔。

盆罐组合的葬具内为火化后人骨，器身文字记载此类葬具时代均为金代，盆瓮组合内人骨未火化，根据器身文字记载，此类葬具时代为明代。这不仅反映出金、明两朝僧人葬俗及葬制的延续与变化，同时也为此类陶器的断代提供了标准。

（穆文军）

【汾西县古郡村金元至明清墓葬】

发掘时间：2022年9—12月

工作单位：山西省考古研究院　临汾市文物考古工作站

为配合汾西县古郡新区及汾西水务公司调度中心用房项目，由山西省考古研究院牵头，临汾市文物考古工作站配合，在汾西县城关镇古郡村北发掘金元至明清时期墓葬52座，其中古郡新区48座，水务公司调度中心4座。

金元时期墓葬两座，均在古郡新区发掘区。其中的M22为仿木结构带壁画的金代砖室墓葬，方向25度。由墓道、墓门、甬道、墓室组成。墓道长490厘米，宽65—120厘米，深330厘米，为南高北低的阶梯状，由七级台阶构成。墓门为券顶，砖雕仿木结构门楼。甬道在生土过洞中砖砌，顶部为砖券拱形。墓室内周壁为砖雕仿木结构，在竖穴土圹中砖砌，平面呈长六边形，每面边长100厘米，墓室通高240厘米，斗拱高42厘米，顶高90厘米，墓室面宽200厘米。在砖墓南壁两侧有壁画人物门吏两个，西南壁有壁画人物侍女两个和一个灯檠砖雕，在西北壁和东北壁各有一个破子棂窗，在北壁一侧有壁画人物侍女一个，在东南壁有两个男性壁画人物和砖雕桌椅，围绕墓壁有倚柱六根，每个柱头上各有一转角铺作。墓室内有两具人骨，较散乱，其上覆盖有纺织品，应该是二次葬。墓顶砖砌六角形藻井，藻井下等距离砌出12条垂流。整个墓室进行了彩绘装饰，用白灰打底，在白灰上施以彩绘和人物画像，白灰上绘红、黄、黑等色彩，墓室内有部分彩绘脱落。出土器物5件，有白瓷灯盏1个，木门、木环各1件，条砖、方砖各1块。

明清墓葬48座，除个别迁葬墓外，均为"甲"字形的土洞墓葬，多为夫妻合葬的家族墓葬，出土瓷器、陶器、铜器、玉器、发簪、烟嘴等器物。

M9为清代墓葬，位于古郡新区发掘区西北侧，由墓道、墓门、墓室组成，方向138度。竖井墓道呈梯形，南北向，长248厘米，宽100厘米。墓室长282厘米，宽186厘米，深330厘米，墓室内共有两具人骨，仰身直肢，两具人骨受墓室进水影响有些散乱。随葬器物13件（套），主要有白釉瓷碗、黑釉瓷碗、锡酒壶、锡酒杯、锡蜡烛台、锡香炉等器物。

古郡村历史悠久，村西50米处有汉代遗址。据《汾西县志》记载："古郡，因北齐设汾西郡治而得名"，村四周原有墙堡，始建年代不详，现存南墙一段，内夹有明、清时期瓷片及砖瓦碎块。此次发掘的墓葬在历次文物普查中均无记录，是首次发现。尤其两座金元时期墓葬的出现，为进一步了解汾西县在宋金时期的风土人情、社会发展等提供可靠依据。

（崔毅翔）

【阳泉市南杨家庄村元明时期墓地】

发掘时间：2022年9—11月

工作单位：山西省考古研究院　阳泉市文物管理中心

发掘区位于阳泉市高新区南杨家庄村西台地，为配合阳泉市高新技术产业开发区物流园建设，山西省考古研究院与阳泉市文物管理中心联合进行了抢救性发掘。

此次发掘总面积约400余平方米，遗迹主要为墓葬，除一座唐代残墓、两座近现代已迁空墓之外，主要集中在元明时期，其中元墓7座，明墓19座，总计发掘墓葬29座。

唐代砖室墓（M9）被一座元代砖墓（M12）打破，墓室仅保留西侧壁下部和部分铺地砖，随葬品仅见方形砖志一合，但未见残留文字。

元代墓7座，分为砖室墓和土洞墓两种。砖室墓4座，其中3座（M6、M11、M15）为砖雕仿木构穹窿顶壁画墓，尤其以M15最为完整。该墓由墓道、墓门、甬道和墓室组成。墓道呈长方形，底部南高北低，南侧为七级台阶，北侧为砖砌封门及拱券式甬道；墓室平面八角形，仿木结构砖室墓，有五个耳室。墓室底部为砖砌"凹"字形棺床，转角砖砌立柱，之上砖雕斗拱、椽、瓦等仿木建筑构件；侧壁及墓顶均绘制壁画及彩画：西南壁和东南壁分别绘制杂剧图、挑灯图等壁画，侧壁墨书奇门遁甲中的九宫八卦、九星和警句短语等内容以及"无忧堂""兴祭堂""宗祖堂"等堂号，拱眼壁彩绘折枝花卉，穹窿顶东西各彩绘三足金乌和兔子捣药以象征日、月，其余部位满布彩云及星辰等彩画。穹窿顶上部有立砖砌成的柱状物。东南壁墨书题记：大德十年八月廿三日泥匠王起宗计小卜士王元马郭女儿；西南壁亦墨书题记：大德十年岁次丙午月建丁酉八月己亥朔末殉有三日下弦又丁酉□。

主室内不同位置放置骨架 4 具，东、东北、北、西北、西壁各有一个耳室，均放置骨架（1—3 具不等），其中北耳室有砖砌封门，封门前为一组随葬品。该墓出土随葬品较多，有玉壶春瓷瓶、瓷钵、瓷碟、瓷碗、瓷香炉、铜钱、木勺、泥碗等 30 余件。另外还有棉麻衣帽、鞋及竹席等有机质文物残留，但保存状况极差。

另两座壁画墓形制也大体相同，同样装饰有备宴图、挑灯图、耄耋图等壁画以及九宫八卦和"有钱不使用、死后一场空""生事之以礼、死葬之以礼"等短句，三座墓葬均未经盗扰，出土随葬品也较多，且多以组合形式出现，特别是 M15 整体仍保存了下葬时的原貌，尤其是其中的棉麻衣帽、鞋及竹席等大量有机质文物仍保留痕迹，大大丰富了我们对元代服饰器用和丧葬礼仪的认知，对当时下葬时死者安放、随葬器物、葬制葬仪等方面的信息有了直观的认识。

明代墓全部为土洞墓，而且与元代土洞墓形制基本相同，大部分为带长方形墓道的横穴土洞墓，主要是双人同棺合葬和单人葬，个别三人葬及已迁寄埋葬。以明墓 M10 为例介绍如下。该墓为南北向横穴土洞墓，平面呈"甲"字形。由墓道、墓门、墓室组成。墓道位于墓室南侧，平面呈长方形，底部呈南高北低的斜坡。墓门由石块垒砌，墓室呈圆角长方形。葬具为木质单棺，东西向放置，棺木朽烂严重。棺内两人并排放置，头西脚东，北侧为迁葬，南侧为仰身直肢葬，人骨保存较差，人骨下有灰渣铺垫。随葬品有：小口瓷瓶、黑釉瓷罐、青花瓷碗、铜钱 2 枚，共计 5 件。

该批墓葬的发掘为研究元明时期的葬制、葬俗及其区别和演变提供了实物资料。三座壁画墓丰富的壁画内容为研究元代家具形制、服饰装扮及生活习俗等方面提供了直观认识，尤其是三座墓均有明确的纪年题记，其中 M6 为元代至元二十八年（即公元 1291 年），M11 和 M15 均为元代大德十年（即公元 1306 年），为同类墓葬的时代判断提供了参考标尺，墓葬中出土的各类器物也可以作为标准器，为周边区域同类器物的断代提供依据。该批墓葬的发掘是近年山西元明时期考古的重要收获。

（韩利忠　郑海伟）

【临汾市李堡村元至民国墓葬】

发掘时间：2021 年 11 月—2022 年 5 月

工作单位：山西省考古研究院　临汾市文物局

为配合山西利升房地产开发有限公司建设工程，山西省考古研究院等单位在临汾市段店乡李堡村村南发掘元至民国墓葬 55 座，其中 13 座迁葬墓。这批墓葬系首次发现，从元代延续到民国初年。墓葬由墓道、墓门、墓室组成，墓道有长方形竖穴、斜坡、台阶状三种。以墓道方向为准，东向居多。多为土洞墓，也有个别砖室墓。随葬器物 555 件（套），主要有瓷器、铜器、玉器等，瓷器有罐、壶、盘、盏、碗等，铜器有簪、头饰、帽顶、烟袋等，玉器有佩饰、烟袋等。

M31 为元墓，由墓道、墓门、墓室、明堂组成。方向 15 度。墓道位于墓室南部，道壁近直，南侧呈阶级状。墓室为弧角方形，长 220 厘米、宽 180 厘米，洞室残高 110 厘米。墓室北部砌有棺床，呈"凹"字形。人骨较乱，为迁葬。随葬器物有瓷碗、瓷盏、陶罐共 12 件；买地券一方，陶质，朱书文字较模糊，可辨"大元国至元廿二年"等字。明堂位于墓道以南，砖砌四边形，内置几块小石子，似有意放置。

M50 为明代单室砖墓。由墓道、天井、甬道、墓门、墓室组成，方向 25 度。墓道位于墓室南侧，阶梯式；天井位于墓道北侧，甬道位于墓道与天井之间，呈坡状；墓门拱形；墓室拱形券顶，平面近长方形，墓室长 430 厘米、宽 226 厘米、高 210 厘米。墓室底部满铺条砖，北部顺砌 7 层条砖，以代棺床。棺床中部偏北置两棺，东西向放置，南北并列。西侧棺已塌，墓主人系男性，人骨保存较差，面向、葬式不详；东侧棺较完整，人骨保存较差，仰身，双手交握，下肢伸直，墓主人为女性，高祖是朱元璋。随葬器物 56 件。石质墓志一盒，人物、动物泥俑 35 件，瓷器壶、碗、罐 9 件，陶质符瓦 3 件，陶壶 2 件；铜器钱币、腰带头饰等 5 件，锡器 1 套。

M23 为民国初年土洞墓，由墓道、墓门、墓室组成。方向 206 度。长方形斜坡墓道位于墓室南部，墓门拱形，洞室为弧顶。墓室长 268 厘米，宽 167—184 厘米。洞室内置三棺，各有一具人骨，头向南，面向上，仰身直肢。墓口一具棺较小，人骨较乱，系迁葬。随葬器物有瓷器罐、碗（杯）、壶等 10 件，紫砂壶 1 件；铜器有烟袋、头饰、帽顶、钱币、铜扣共 5 件（套）；银器有银饰、牙套、烟嘴、银簪共 4 件；锡器 1 套，另有眼镜 2 副。其中光绪年间瓷绘大家张子英的"富贵白头"瓷杯，"邵亚林制"紫砂壶均是不可多得的艺术珍品。

这批墓葬具有大分散小集中的特点，集中分布的无疑是家族墓地，墓穴一般放置两棺或三棺；零散独立的一般为迁葬墓，墓穴只能容纳一棺。其中 M50 是皇明宗室卢氏郡君偕朝列大夫安公合葬墓，史籍无载，这次发掘弥补了史料的不足。

（王京燕）

内蒙古自治区

【乌审旗萨拉乌苏旧石器时代遗址】

发掘时间：2022年4—11月

工作单位：内蒙古自治区文物考古研究院　中国科学院古脊椎动物与古人类研究所　内蒙古博物院

萨拉乌苏遗址是我国最早发现和发掘的旧石器遗址之一，位于鄂尔多斯市乌审旗无定河镇萨拉乌苏村，海拔约1200米。遗址所处的地理单元为毛乌素沙漠的边缘区，地表多为半固定沙丘，河谷内有现代萨拉乌苏河形成的多级阶地，河谷切割出露的晚更新世河湖相地层中埋藏有旧石器时代的打制石器和动物化石等遗物。该遗址于2001年6月由国务院公布为第五批全国重点文物保护单位；于2013年进入第二批国家考古遗址公园立项名单。

调查显示萨拉乌苏遗址核心分布区在萨拉乌苏河沿岸大沟湾至滴哨沟湾一带，包含邵家沟湾和范家沟湾两个旧石器遗址点和多处动物化石采集地点，时代主要为晚更新世。

2022年度的主动考古发掘面积50平方米，分别在邵家沟湾和范家沟湾两个地点进行。此次发掘扩大了邵家沟湾遗址的分布范围，出土动物化石一千多件，包括披毛犀、普氏羚羊、原始牛、马、河套大角鹿、鸵鸟等；打制石制品二百多件，类型多样，包括石核、石片、石器和较多的小石片等，另外有零星的烧骨和木炭，这些遗物主要出土于灰绿色河湖相的黏土质粉砂堆积中。

范家沟湾遗址点是在1980年的首次发掘之后，又一次的正式考古发掘工作。此次发掘重新确认了文化层的具体层位，在主文化层下，又发现一个包含零星打制石器的层位，扩大了遗址的文化内涵，并出土了较为丰富的打制石制品、木炭、烧骨和动物碎骨等遗物。此次发掘获得了准确的地层序列，为进一步的年代测定和环境分析等提供了可靠的考古地层依据，为石器技术研究和动物考古研究提供了数量丰富的标本，进一步推动了萨拉乌苏地区古人类生计方式的研究工作。

（陈婷婷）

【东乌珠穆沁旗金斯太旧石器时代至青铜时代遗址】

发掘时间：2022年6—10月

工作单位：内蒙古自治区文物考古研究院　内蒙古博物院　中国科学院古脊椎动物与古人类研究所

金斯太遗址是中国北方一处重要的早期人类洞穴遗址，保存了旧石器时代中晚期至青铜时代的文化遗存。遗址位于锡林郭勒盟东乌珠穆沁旗阿拉坦合力苏木巴达拉胡嘎查，北距中蒙边界约20千米。遗址所在的东海尔汗山为花岗岩丘陵山地，洞穴发育其中，海拔约1400米。本年度发掘是上一年度的延续，清理面积约20平方米。

本年度完成了遗址发掘区第5—8层的发掘，最大发掘深度约2米。发掘中，在保持2012—2013年地层划分框架的基础上对遗址地层进行了细分，将第6、7层分别划分为两个亚层（A、B），第8层划分为四个亚层（A-D）。共清理用火迹象2处，发现于6层，为灰烬堆积，推测非原生用火遗迹。本年度原生堆积内出土编号标本1500余件，主要为石制品、动物骨骼及牙齿等，其中以石制品和动物化石最多。第5—7层出土较多的动物化石，第8层出土石制品数量较多，但化石较少。同时本年度还在坍塌等堆积内筛选到数量众多的石制品、动物化石和陶片，较多的装饰品、骨器以及少量的青铜残件和贝壳等。

金斯太遗址处在东北亚重要的地理通道上，5万年以来不同时段的石器技术和文化特征都显示出与周边地区交流的迹象。后续的深入研究将构建出金斯太先民们在草原地区5万年以来的生存适应策略；同时也可为东西方古人类迁移、技术扩散、文化交流等提供更多考古实证。

（李　锋）

【赤峰市彩陶坡红山文化遗址】

发掘时间：2022年7—11月
工作单位：内蒙古自治区文物考古研究院　赤峰市文博院　松山区博物馆

彩陶坡遗址位于赤峰市松山区安庆镇北，地理位置接近赤峰市松山区与翁牛特旗交界处。遗址分布于一座名为"彩陶坡"的矮山东坡，总面积约4万平方米。该遗址是"聚落与社会——红山文化社会复杂化进程研究"考古中国重大项目近期规划确定的发掘地点之一。根据2022年发掘情况可知彩陶坡遗址是一处文化性质较为单纯的红山文化聚落。

2022年实际发掘面积500余平方米，揭露表土即出现文化层。共清理房址12座，灰坑5个，灶址1个。房址的居住面可分两类，分别为抹泥后的烧烤面、生土踩踏面。灶有圆形坑灶，部分灶底平铺石块，此类灶前埋有斜口器或筒形罐；还有较大的方形坑灶以及瓢形灶。还有一部分方形或长方形房址，长宽多在2、3米左右，有的可见生土地踩踏面，有的则完全没有发现居住面。有些房址穴壁最深处接近1米，但由于遗址所在山坡坡度较大，房址处于坡下的穴壁基本没有留存。

其中最大的一座房址F2，位于整个遗址的南部，由南、北两室组成，由于遗址所在山坡西高东低，房址东半部已经破坏不存。北室长约6米、残存宽度约3.4米，南室长约12米、残存宽度约4.8米。距北室西墙1.9米处有一长方形区域，其内部发现了大量保存较好的炭化横木，依其分布规律及目前发掘情况推断，长方形区域东西两侧很可能留有生土二层台，炭化横木原是铺设在二层台上方的。在该长方形区域南侧，发现有灶址。此外，F2墙壁和居住面均发现有经过细致火烤加工过的硬面。如果房址东、西两侧以长方形区域为中轴线对称分布，那么推测北室原宽约5米、南室原宽约8.5米，该房址总面积可达132平方米。

在发掘现场，考古工作队采用白乳胶、丙烯酸树脂两种材料对脱落的墙皮、居住面和墙体裂缝进行了现场加固。同时采集了测年样品和树种鉴定所需样品。这些样品的分析检测结果，将为彩陶坡遗址周边自然环境分析以及年代推断提供科学依据。

2022年度的发掘揭露出彩陶坡具有超大型、大型、中型、小型四种类型的房址，可能具有不同的功能。彩陶坡出土遗物种类有陶器、石器、骨器、蚌器等。从遗迹现象及出土器物可以初步判断，该遗址在西拉木伦河以南的赤峰南部地区红山文化中小型聚落遗址中颇具代表性。该遗址的发掘为了解红山社会低等级聚落的运行和维系方式提供了极为重要的实物资料。

（胡春柏　王译绅）

【准格尔旗赵二成渠新石器时代遗址】

发掘时间：2022年7—9月

工作单位：内蒙古自治区文物考古研究院　准格尔旗文管所

赵二成渠遗址位于鄂尔多斯市准格尔旗暖水乡昌汉苏村境内，东距曹羊线约1千米。

遗址发掘面积2000平方米，共清理房址14座、灰坑30个。经发掘不见文化层堆积，耕土层下即为生土层。所有遗迹开口于耕土层下，并打破生土。部分遗迹破坏较为严重，一些房址踩踏面已经残缺不全。

遗址中灰坑分圆形袋状坑及方形直壁坑两种，其中以圆形袋状坑数量为多，袋状坑口部保存较差，开口一般较浅，壁面较完好，袋状较甚，底部多为平底，分层较少，出土遗物较丰富；另一种灰坑为方形直壁灰坑，内部分层较多，大部分直壁灰坑中发现有完全由烧土和烧灰构成的一层，壁面较粗糙，底部多凹凸不平，出土遗物相对较少。

遗址中发现的房址多为方形圆角半地穴式房址，大部分被破坏较严重，基本仅剩地面和灶，部分房址发现有门道，其门道位于南侧，为台阶式门道。房址面积相差不大，其进深为2—3米，间宽多为3米。房址内灶保存较好，有单灶双灶之分。室内灶类型较多，发现有圆角长方形且周围设围坎的地面灶、圆形且四周设围坎的地面灶，以及圆形的直壁地下灶，还有部分房屋于墙边设立灶台。房屋居住面均为白色黏土反复铺垫而成，未见烧烤痕迹，厚度在3—6厘米不等。少量房址内侧发现有室内窖穴，其中多为烧灰。部分房屋墙边发现柱洞，数量为2—4个不等，直径为14—22厘米，深约30厘米。

该遗址出土遗物较丰富，其中可修复拼对器物30余件、标本200余件、石器7件。出土陶器中陶色以灰陶居多，陶质以夹砂为主，纹饰多发现有绳纹、篮纹、附加堆纹以及少量刻划纹，可辨认器形中多见侈口夹砂罐和尖底瓶。此外，发现有少量饰红彩网格纹的彩陶钵残片以及少量横截面为三角形的陶环。出土石器有石铲、石环、石球、石璧等，部分灰坑出土少量兽骨，H23发现残缺人体股骨，但遗址中未发现有骨器存在，也未发现有铜器或铜料。

该遗址发现有仰韶文化中晚期、阿善三期文化、朱开沟文化等不同时期的遗存，作为一处适宜早期人类生存的绝佳栖息地，该遗址的发掘与研究对了解内蒙古中南部地区考古学文化序列、聚落形态的变化、生业模式的转变等都具有重要的价值。

（孙金松　王泽鹏　高海涛）

【清水河县后城咀龙山时代石城】

发掘时间：2022年5—11月

工作单位：内蒙古自治区文物考古研究院　清水河县文化局

后城咀石城位于呼和浩特市清水河县宏河镇后城咀村浑河北岸的一椭圆形台地上，占地约138万平方米，距今约4300—4400年。内蒙古自治区文物考古研究院为进一步推进"考古中国——河套地区史前聚落与社会研究"课题实施，以及深层次了解后城咀石城的瓮城内各建筑的早晚关系、地下通道系统的结构布局以及城内的功能分区，对后城咀石城的瓮城区和墓葬区进行了考古发掘，累计发掘500余平方米，发现壕沟、地下通道、墓葬等遗迹三十余处，出土有玉器、陶器、石器、骨器等遗物，明确了后城咀石城从城外通向内瓮城的地下通道体系，为中国北方地区早期的城市的建造体系提供了新的文化元素。

G2位于瓮城区东北部，试掘段长约15米，宽约2.2米，深约3.2米。平面大致呈长方形，剖面呈口大底小的倒梯形。东侧壁面基本直壁向下，南北两侧壁面略呈斜坡状，底部较为平整。距东侧壁面2米处，存有一椭圆形灰坑，为4号地下通道顶部坍塌所致。堆积可分为四层，出土有玉环、联璜璧、石镞、骨镞、猪下颌骨等遗物。

5号地下通道（TD5）位于瓮城区西北部，开口于G1西段的东壁，2号墩台（DT2）西北部，横贯于内瓮城通道，与G1东段相接，剖面呈拱形，距地表约5—6.3米。通道整体高约2—2.4米，宽约1.7—3.4米。底部为一层黄花土硬面，壁面工具痕迹明显。

本年度还对外城进行了钻探和发掘，发现了城东南的Ⅱ区墓葬和城西南的Ⅲ区墓葬。其中Ⅱ区墓葬由五个上部垒砌石块、突出地表3—5米的高台组成。发掘数量较少且不见打破关系，根据墓葬形制及出土遗物可知为战国时期墓葬。因其方向不同可分两类，东西向和南北向。其中东西向墓葬墓坑较浅，且随葬品基本不见，与凉城岱海地区发现的毛庆沟、水泉等墓地相似，具有北亚游牧文化人群的葬俗特点。而南北向墓葬，上部皆存有石块垒砌的封石堆，下部为竖穴土坑墓穴，发现有木质棺椁等葬具，并随葬有典型中原文化色彩的铜镜、铜带钩、印章及随身佩戴的玛瑙环、骨笄等，具有中原文化人群的葬俗特点。Ⅲ区位于石城西南部，皆为石棺墓，根据墓葬形制和出土遗物可知为本地区龙山时代墓葬。发掘的墓葬四壁皆为层层石板垒砌而成，墓底为平铺的石板，顶部个别见有石板平铺或叠砌而成，形如石棺盖。墓葬均较窄，不见随葬陶器和玉器等，仅见少量石质工具及石环、绿松石、骨笄等随身佩戴的饰品。

通过对后城咀石城持续性的考古发掘，发现六条地下通道与两条壕沟构成的从城外至瓮城内部严密的地下通道体系，为国内目前发现最早的地下防御体系，对早期城市防御体系的认识与研究又添新材料。壕沟内出土玉器的种类、材质与石峁、陶寺和齐家文化发现的一致，同属华西区片状玉器系统，充分展现了内蒙古中南部地区在玉礼、玉权的文化凝聚力下，在华夏文明一体化进程中和早期中国形成阶段所起到的重要作用。

（党　郁　李亚新　徐婷婷）

【巴林右旗塔布敖包夏家店上层文化遗址】

发掘时间：2022年5—8月

参加单位：内蒙古自治区文物考古研究院　巴林右旗文化旅游体育局　巴林右旗博物馆

塔布敖包遗址位于赤峰市巴林右旗查干沐沦苏木查干锡热嘎查敖包恩格日组，在村西北约50米有一座塔布敖包山（意为五十个敖包），遗址就坐落于此山东南坡，整体呈坐西面东之势，东邻集通铁路，二者相距仅50米；西濒查干沐沦河，河水自北向南流过；中部有两条自然冲沟，将地形切割的较为破碎。遗址东西长约200米、南北宽100米，总面积20000多平方米，为第二次全国文物普查时发现。

2022年为配合集通铁路电气化改造工程（蒙根塔拉至大板段）的建设，内蒙古自治区文物考古研究院对该遗址进行了考古勘探与发掘。揭露面积3000余平方米，清理出青铜时代房址6座、灰坑15个，在发掘区域的东北部遗迹现象较为集中，出土陶、石、骨、铜等各类遗物80余件。

遗址共发现房址6座，编号为F1-F6。除F1偏于遗址南部一隅、F6坐落于西北坡外，其余4座皆集中分布于遗址东北部，且呈西南—东北向成排分布，东西间距3—4米。房址为圆角长方形半地穴式建筑，面积不大，一般15—20平方米。受地形影响，北侧穴壁保存相对较好，南壁则较差，长方形斜坡式门道位于房址东南侧，在门道与室外相接处，保留有明显的踩踏面。部分房址的穴壁经过烧烤。F3—F5三座房址均发现了柱洞，每座房址仅1个，位置基本在房址中部。解剖结果显示，这些中心柱洞在立柱填埋时经过细致的加工，柱洞周壁和底部烧烤至砖红色，F4在埋柱时对回填土做了夯打，留有致密的夯层。房址均未发现灶址，一些房址居住面局部有用火痕迹。除F2室内保留了丰富的陶器以外，其他房址出土遗物不多。灰坑以圆形袋状为多，H12填土内发现人骨1具，人骨的埋藏深度基本接近灰坑开口处。坑内出土有石器、陶器、骨器等。

遗址出土陶器中夹砂陶占绝大多数，陶质疏松，有少量泥质陶，陶色多为红褐和灰褐色，器表以素面为主，多经抹光，可辨器形主要有鬲、甗、鼎、罐、盆、钵、豆、鼓风管等。

通过此次发掘可以确定，分布于塔布敖包山东坡的这处遗址主体是夏家店上层文化遗存，其中保存较好的3座房址F2—F4首次完整呈现了夏家店上层文化房址的建筑结构及特点，对中心柱洞的细致加工体现了夏家店上层文化的房屋建筑工艺。

（苏日古嘎　胡春柏）

【准格尔旗纳日松镇林场西汉墓地】

发掘时间：2022年5—6月
工作单位：内蒙古自治区文物考古研究院　鄂尔多斯市文物考古研究院　准格尔旗文物馆

为配合内蒙古恒东集团宏亚煤炭有限公司煤矿采空区灾害综合治理项目外排土场二期临时用地项目，进一步理清用地区域内林场墓地的遗存分布和性质，对墓地进行考古发掘。发掘面积300平方米，清理汉代墓葬1座，出土釉陶鼎、灰陶罐、五铢钱等。

墓地位于准格尔旗薛家湾镇西南80千米的羊市塔村西南一处隆起的土坡上。只在坡顶发现一座墓葬，编号为M1，地表有隆起的椭圆形封土堆，东西长18米、南北宽10米，高0.1—1.4米。

M1为长方形竖穴土坑木椁墓，由墓圹和墓道两部分构成。墓葬整体呈东西向，墓室与墓道有15度夹角，即墓室方向75度，墓道方向90度。

墓道位于墓室东部居中，长斜坡带阶梯，长12.3米、宽1.5—1.8米，坡度29度。本次发掘长度7.6米，清理出五级阶梯。墓门呈圆拱形，宽1.8米、高2.5米。墓门下部用5根竖向圆木封堵，然后填土堵塞墓门。圆木直径8—10厘米，高0.6—1.35米，腐朽严重。

墓道与墓室间有拱形甬道。甬道进深0.9—2米、宽1.8—2.6米、高2.5米。墓道填土时，填土由木柱间流入甬道内，形成高0.75—0.80米的土台。土台上发现人骨两具，上下叠压，头西脚东，面部朝下。

墓室是在原生土上开挖长方形墓圹。墓圹口大底小，开口东西长6.9米、南北宽5.6—5.9米。墓圹底东西长6.1米、南北宽4.4—4.6米；墓口至墓底生土6.15米。墓室填五花土，含大量料姜石，在近墓顶部填土夯打坚硬紧密。

椁室依土圹形状整体长方形，中部有一道南北向木梁，将椁室分为前后两室，前室放置随葬品，后室放置棺木。前室底部平铺木板，共南北向并排9块，木板宽0.18—0.23米，厚0.06米。底板经火烘烤，硬度大。后室底部不铺垫木板，只在棺木下有两根南北向樘木。

椁室四壁用方木垒砌，原高度约1.2米，现存高度0.6—0.8米，椁壁厚0.5—0.6米，方木厚度约0.4米。椁室后室，在北、西两侧方木椁壁内又有立木，围成两面边框，立木壁厚0.4—0.6米。椁壁及横梁上搭建南北向半圆木，形成椁室盖板。半圆木切口向下，错缝垒砌叠排共20根，两端切割齐整。半圆木直径0.28—0.36米不等。

后室并列两具东西向木棺，棺内均不见人骨。两棺挤压变形严重，棺头略宽。两棺间平放北侧棺的棺盖，上有黑色漆皮。北侧棺棺体长2.05米、头宽0.98米、尾宽0.85米。南侧棺棺盖斜搭在棺上，棺长2.1米、头宽0.9米、尾宽0.85米。

随葬品主要放置于北侧室，出土有灰陶罐、釉陶鼎、铜盖弓帽、马衔、当卢等，青铜车马器均为明器，体小质薄，做工较精。两棺间随葬釉陶器，均已残破，可辨器形有罐、釜、灶、博山炉等。北侧棺内出土釉陶盆、釉陶鼎盖、釉陶罐等。两具棺木下及前室出土五铢铜钱和剪轮钱。根据墓葬结构及出土物，判断该墓葬时代为西汉晚期。

（岳够明　李　倩　徐　焱）

【苏尼特右旗吉呼郎图匈奴墓群】

发掘时间：2022年7—12月

工作单位：内蒙古自治区文物考古研究院　北京师范大学

吉呼郎图墓群位于苏尼特右旗额仁淖尔苏木吉呼郎图嘎查，墓群东北距苏木政府约5千米，赛苏线公路从其西侧穿过。墓群地理坐标北纬43°18′59.82″，东经111°30′23.75″，海拔1055米。墓群分布范围东西长1000米，南北宽760米，约有墓葬120座。

墓葬的地表皆有石头封堆，石封堆比地表略高，形状以圆形石头圈和圆形石头堆为主。石封堆中最大的直径约13米，最小的直径5米左右。墓坑位于石封堆中部之下，基本为土坑竖穴式，有极少数偏洞室墓，大部分都被盗扰过。墓坑以西北—东南方向为主，墓坑长2—3米、宽0.7—1.6米、深1.5—4.3米。墓坑底部放置木棺、多数木棺外饰铁条及柿蒂花饰。部分木棺周围有功能性石椁。已发掘墓葬均为单人葬，头朝西北，仰身直肢。随葬品及殉牲动物多位于棺北端与墓坑北壁之间预留的空间——头箱之内。随葬品有陶罐、骨筷、漆器、铜镜、铁镞、铁镰、马具、弓弭、弓䪐等。其中陶器纹饰主要有绳纹、网格纹、水波纹等。殉牲动物有马、牛、羊等，常见头蹄骨，部分墓葬还有肋骨及肢骨等。

该墓群与漠北蒙古高原匈奴墓的特征基本一致，根据墓葬文化特征及碳十四年代测定，该墓群所处时代为西汉晚期至东汉前中期。吉呼郎图墓群的发现，填补了内蒙古阴山以北、戈壁大漠以南的广袤草原上匈奴墓葬分布的空白。

（曹　鹏）

【开鲁县恒源牧场辽墓】

发掘时间：2022年10—11月

工作单位：内蒙古文物考古研究院　开鲁县博物馆

恒源牧场墓地位于通辽市开鲁县东凤镇金宝屯村向南2.4千米处。地处新开河与西辽河冲积平原区，东距七家子墓地3.3千米。2022年10月7日，开鲁县恒源牧场在场区建设取土时发现两座墓葬，内蒙古自治区文物考古研究院开展抢救性考古发掘工作。考古队进驻现场后，对墓葬开展小范围勘探，又新发现1座墓葬。墓葬整体保存较好，随葬遗物种类丰富，是近年来辽代考古的又一次重要发现。

M1 墓葬方向朝北，无墓道，墓室平面为长方形，墓壁和地面全部用长条砖砌筑。墓室东壁有砖砌小耳室，墓室西壁有与小耳室对称的壁龛。墓室中央放置彩绘木棺，单人葬，头朝北，头骨保存较好，其余部位保存极差。随葬品有银质头箍、摩羯形金耳坠、铜镜、铜鎏金蹀躞带、银鎏金戒指、铜鎏金马具、陶器、铁器、漆器等。

M2 墓葬方向朝东南，由墓道、甬道、墓室组成。墓道为斜坡形，甬道和墓室全部用长条砖垒砌。墓室平面呈方形，穹隆顶已坍塌，四壁全部用条砖砌筑，以黏土勾缝。墓室地面和棺床用长条砖平铺砌筑，棺床上放置木棺，单人葬，人骨保存较差。随葬品有玛瑙管项饰、铜鎏金手镯、瓷器、陶器、漆器、骨器、铁器等。

M3 墓葬方向朝东南，由墓道、甬道、墓室、耳室组成。墓道为斜坡台阶式。墓室平面呈方形，穹隆顶，墓室地面和棺床用长条砖平铺砌筑，墓室北侧有棺床，棺床上放置彩绘木棺，单人葬，人骨保存极差。随葬品有金花银盖罐、铜盏托、摩羯形金耳坠、玛瑙管和铜鎏金饰件组成的璎珞饰件、铜鎏金蹀躞带、银鎏金戒指、银鎏金臂韝、铜鎏金马具、铜镜、铜钱、带剑鞘的铁剑、骨器、铁镞、陶器、漆器等。

M1 与 M3 从墓葬形制、随葬遗物来看，具有辽代早期的时代特征的墓葬。M2 的墓道打破 M3 的墓圹，故 M2 的年代晚于 M3。从出土的随葬遗物来看，M2 的年代为辽代中早期过渡阶段的墓葬。

（财　喜）

【巴林左旗辽上京城址】

发掘时间：2022 年 6—11 月

工作单位：中国社会科学院考古研究所内蒙古第二工作队　内蒙古文物考古研究院

辽上京是辽代营建最早、地位最为重要的都城。辽上京遗址位于巴林左旗林东镇东南。中国社会科学院考古研究所内蒙古第二工作队和内蒙古文物考古研究院联合组成辽上京考古队，对辽上京皇城南部建筑基址（JZ1）进行考古发掘，取得了重要收获。

本年度发掘的大型建筑基址 JZ1 位于院落中央，坐北朝南。经过对基址东侧一半面积进行探方揭露和关键性解剖，发现了三次具有明确叠压或打破关系的夯土台基及其柱网结构的磉墩基础，证实了基址在辽金两代有三次大规模营建。按揭露顺序，时代由晚到早依次编号为 JZ1A、JZ1B 和 JZ1C。三次大规模营建的建筑均为南向。

最晚一次营建的 JZ1A 殿身面阔七间、进深四间，作减柱和移柱造。殿内中央设坛，面阔五间。殿身前出大月台，月台两侧作踏道；后出月台，月台两侧作慢道。殿内和台明地面铺砖，台基和月台各面边壁包砖。第二次营建的 JZ1B 殿身面阔九间、进深五间，减柱造。前、后均出月台，前月台上作慢道。殿内地面铺砖，台基和月台各面边壁包砖。JZ1B 是规模最大的一次营建。始建的 JZ1C 殿身面阔九间、进深四间。前出月台慢道，后出慢道。殿内地面铺砖，台基和月台各面边壁包砖。

出土遗物包括瓦当、滴水、板瓦、筒瓦、鸱吻残块、砖、彩绘墙皮等建筑构件、陶瓷器标本、骨料、骨器、铁器等，还出土了一些泥塑、壁画和石质文物残块，时代主要为辽、金两代。

2022 年辽上京宫城南部建筑基址的考古发掘，具有重要的学术意义。

第一，增进了对辽上京城址布局及皇城

南部一号建筑基址及其所在院落的了解。JZ1是一处大规模南向院落中央的主殿，是辽上京皇城南部区域内规模最大、地表保存最高的建筑基址。

第二，丰富了对辽上京城址时代沿革的认识。JZ1是辽金两代、多次营建重叠的复杂遗迹，其所在院落朝向、格局和规模在辽、金时期没有发生大的改变。这是首次在辽上京皇城内确认辽代营建的南向大型建筑，对认识辽上京在辽、金两代的城址布局的沿革具有重要意义。

第三，增进了对辽金时期建筑遗址形制结构和营造做法的认识。通过关键性解剖，确认了JZ1在辽金两代三次大规模营建的夯土台基四至及柱网平面布局和柱基磉墩做法。三次营建的JZ1建筑规模和平面形制结构有所变化，但建筑朝向始终为南向，建筑中轴线位置也基本一致。建筑结构的变化和建筑的功能、性质具有紧密的关系。

第四，根据《辽史》记载，辽上京皇城南部分布孔庙、衙署、宅邸和寺观等重要辽代早期建筑。本年度发掘JZ1建筑规模庞大，在辽代的建筑规模超过了目前发掘所见的宫城殿址。说明该建筑从辽代始建开始，就是都城内地位重要的皇家建置。其建筑性质还有待对发掘资料的进一步整理后再进行深入研究。

（汪　盈　董新林）

【鄂尔多斯市阿尔寨石窟寺元代建筑遗址】

发掘时间：2022年5—11月

工作单位：内蒙古自治区文物考古研究院　鄂尔多斯市文物考古研究院　鄂托克旗文物保护研究所　鄂托克旗阿尔寨石窟研究院

阿尔寨石窟寺位于鄂尔多斯市鄂托克旗公其日嘎苏木西南30千米处。石窟寺所在红砂岩山体东西长200余米，南北宽70—90余米，高出周围地面80余米，北纬39.6度，东经107.3度，山顶海拔高度为1460米，是内蒙古自治区境内发现规模最大的集寺庙、石窟、岩刻为一体的佛教建筑群。

2022年阿尔寨石窟遗址考古发掘主要清理在顶部西南角的两处建筑基址，考古工作队采用大面积揭露的方式进行清理，发掘面积500平方米，出土了建筑构件在内的大量遗物。

1号建筑是一处带环廊面阔五间进深三间带有院落的宗教寺庙建筑遗址，坐北朝南，为砖木结构，东西通长23.6米、南北通宽25米，建筑面积450平方米。1号建筑的堆积主要是房屋倒坍后形成的堆积。

1号建筑的墙基凿刻规整，平面呈长方形或方形，宽105厘米；墙体内外用长方形砖单表交错垒砌，砖之间用白灰链接；墙中间内填红砂岩石块，上部用与砖同规格的土坯。主间及次间无南墙，有坎墙。墙宽100厘米、残高30—136厘米。回廊宽190厘米，南廊用砖交错铺地，东、西、北三面回廊将地面直接凿平。西廊及北廊内有残存的廊柱。主体建筑面积354平方米，为面阔五间进深三间，有方座圆础明暗柱44个，地面用砖铺就。中间主间用方砖组成菱形图案，两边次间用砖交替横向铺就。主建筑内设有佛坛，供奉有泥塑彩绘佛像等。北面均等设有5座须弥式佛坛，经过二次加工利用。以东边1号佛坛为例，东西长265厘米、南北宽160厘米、高60厘米；二次在此基础上加工成须弥座式，用土坯把佛坛与北墙连成一体；东西各有一座佛坛，东西佛坛呈长方形，长390厘米、宽80厘米、高50厘米。院落在主建筑的南侧，平面呈长方形，东西长1050厘米、南北宽700厘米。院落墙为砖石结构，墙基宽50厘米、残高24厘米；南墙中间开门，宽 270 厘米；北墙不存在，正中有两块方形基石，间距 290 厘米，正对主间大门。

1 号建筑堆积土中出土了许多建筑构件，主要是砖、瓦、木、石等。出土瓷器主要是碗和罐，另有少量灵武窑酱釉碗残片。铜器主要是一件折沿釜，另有一件圆孔铜片，形制如璧。铁器主要是一件铁釜残片。陶质模具一件为方形塔纹砖模，另外两件是制作泥塑佛像头髻模和佛珠模。在 1 号建筑东西侧佛坛出土较多破损严重的小型泥塑彩绘佛像。

2 号建筑位于 1 号建筑东侧，附属于 1 号建筑，建在顶部的红砂岩上。砖石结构，仅存基础，坐北朝南，方向 165 度，墙基宽 50 厘米。平面呈长方形，东西长 760 厘米、南北宽 476 厘米，墙残高 40 厘米。门在西南角，长 110 厘米。在建筑的西北角用砖垒砌火炕，长 195 厘米、宽 110 厘米、残高 6 厘米。

阿尔寨石窟 1 号、2 号建筑，经过此次考古发掘，证实是内蒙古地区保存有完整地基及墙体的回廊式砖木结构的元代宗教建筑遗址，规模宏大，构件精美，其高超建筑技艺、丰富多彩的文化内涵，向人们昭示着历史的辉煌，是内蒙古西部地区元代喇嘛教建筑的典范，文物价值极高。

（武　成　李　强）

【准格尔旗念壕梁明代遗址】

发掘时间：2022 年 4—5 月

工作单位：内蒙古自治区文物考古研究院　鄂尔多斯市文物考古研究院　准格尔旗文物馆

念壕梁遗址位于鄂尔多斯市准格尔旗纳日松镇人民政府东南约 20.4 千米处的羊市塔村念壕梁社，为配合内蒙古恒东集团宏亚煤炭有限公司煤矿采空区灾害综合治理项目外排土场二期临时用地项目，对该遗址进行考古发掘。

遗址位于山间低地的缓坡上，地势南高北低，周边有浅沟壑断崖。地表可见灰陶板瓦、筒瓦残片。此次发掘共清理出灰坑 3 座、窑址 1 座。

H1：平面不规则长方形，东西长 1.3 米，南北宽 0.4—0.8 米，深 0.96—1.14 米，开口距地表 0.8 米。坑底为长方形，长 1.2 米、宽 0.4 米。坑内填黄灰色杂土，土质疏松，可见炭灰、烧土颗粒、木炭块、植物根茎等。

H2：位于 H1 西南角 0.5 米处。坑口平面不规则葫芦形，小葫芦口东西长 0.8 米、南北宽 0.64 米、深 1 米，坑壁直筒形，坑底圆形。大葫芦口，东西长 1.16 米、南北宽 9.8 米、深 1.46 米，底部圆形，直径 1 米。填土灰黄色杂土，疏松，见木炭块和烧土颗粒。出土残陶碗、残瓷罐、褐花白瓷片及瓦片等。

H3：平面不规则圆形，坑口东西 2.05 米、南北 2.1 米，深度 0.38—0.55 米，坑壁直筒形，坑底圆形，直径 2 米。填土为灰黄色杂土，疏松，见少数木炭块和烧土颗粒、植物根茎。出土残鸱吻、瓦当、筒瓦、碎瓦片等建筑构件。

Y1：位于整个遗址区的西部，其东 0.48 米为 H3。窑址东西向，由窑道、窑门、火膛、窑床、烟道等部分组成，保存较好。窑道位于窑室东部，长斜坡状，壁经修整，踩踏面明显，长 1.94 米、宽 0.7—0.86 米、残高 0.33—1.23 米。窑门用青砖封堵，门宽 0.7 米，砖堵残高 0.47 米，进深 0.18 米。窑室马蹄形，西壁直角，东壁弧形略收。南、北壁长 2.3 米，东壁长 1.6 米、西壁长 1.8 米，壁厚 0.16 米，残高 0.9—1.2 米不等。窑壁用土坯垒砌，内壁涂抹草拌泥。窑室东壁与窑床间宽 0.3 米处的横长空隙，为月牙形火膛，膛底比窑床面低 0.32 米，膛底经火烧结成硬面，膛内残存烧造完成的瓦当等。窑床位于窑室西部，用土坯垒砌，顶部涂抹草拌泥，已烧结成硬面。窑床东沿砌筑土坯和青砖，墙宽0.16米、高0.32米。窑床西部用土坯砌筑烟道，由南向北六条，烟道顶部覆盖土坯，烟道口底部铺设土坯。Y1内填土疏松，为黄红色杂土，内夹大量红烧土颗粒及碎土坯块，见有树根等。在火膛出土有灰陶兽面纹瓦当、筒瓦、琉璃鸱吻等遗物。

此次发掘的灰坑及窑址，开口于同一层位、位置相邻；在窑址内出土灰陶瓦当、屋脊兽、石灰鸱吻、琉璃鸱吻等，灰坑内出土褐花白瓷碗、盏、筒瓦、瓦当等，出土遗物相似且互相关联，应为同期遗存。根据灰坑、窑址结构及出土物，初步判断该遗址时代为明代。

（李　倩　岳够明　徐　焱）

辽宁省

【建平县马鞍桥山红山文化遗址】

发掘时间：2022 年 5—11 月

发掘单位：辽宁省文物考古研究院（辽宁省文物保护中心） 朝阳市文物考古研究所 建平县博物馆 牛河梁遗址博物馆

2022 年是该遗址连续发掘的第四个年度，发掘面积约 800 平方米，本年度最大收获是确认了 2021 年和 2022 年的发掘区域均属于遗址设立的专门的祭祀活动址区。在其内共发现大型土台 1 座、灰坑（祭祀坑）13 个、燎祭遗迹 3 处、疑似祭坛 1 座、壕沟（环壕）3 条。出土遗物主要为陶、石、玉、骨、角和贝器等。

祭祀活动区位于遗址最北部。其依托一座小山包营建而成，营建是经过精心规划的。在小山包的东、西、北三面沿山坡修建了三道土墙，三道土墙逐级抬升，形成三道大阶梯状土墙。第三阶土墙形制最为规整，保存较好，平面为长方形，方向与山脊同向，为北偏东 14 度，南北长约 180 米、东西宽约 60 米。第一、二阶土墙形制不规整，仅西墙为直墙，二者近平行，方向为北偏东 24 度。西墙的西南、西北转角均保存完好，也是目前保存最高的一段墙体，余均沿山坡顺山势而建。此外，最为巧合的是，第一阶土墙的东南角和西南角距第三阶土墙东、西两侧土墙的距离均约 60 米，进一步说明了土墙的营建是经过规划的。在南部山梁鞍脊最低处未建土墙，这里是与南面聚落址相连的通道，在此处后期又经两次堆积形成一座大型土台，使得鞍脊与南北两侧山脊相平齐，形成一个便于活动的大平台。

大型土台堆积整体特征较明显，为黑褐色土质，东、西边缘以第三阶土墙为界，南、北边缘也较清楚，整体平面近圆角长方形，南北长约 90 米、东西宽约 60 米，面积约 5400 平方米。土台中部较厚，边缘逐渐变薄。其本身土质也有差别。地层堆积可分为三层，在不同的层位上均发现有灰坑等遗迹，因此，推测祭祀活动可分为三个阶段。

灰坑（祭祀坑）数量较多，许多坑的性质待定，其原因是祭祀活动区是在聚落址发展使用过程中营建的，后期废弃后又被晚期聚落址所打破，因而存在不同时期的聚落址的灰坑。如 JK1 位于大型土台晚期堆积之上，是目前发现规模最大的一座祭祀坑，出土完整陶器 23 件，石器则出土了一整套与农业生产相关的石斧、石耜、石刀、石磨盘和石磨棒等。在坑的南部出土有大量疑似泥塑件的红烧土块堆积。H86 位于第二阶西墙区域内，形制较特殊，为长条形坑，长约 3 米、宽约 0.4 米，其内仅出土单一的动物骨骸，这是首次在祭祀坑内出土动物骨骸，推测该区域可能是祭祀区，是专门用于埋葬动物骨骸祭祀的区域。说明祭祀活动区本身还有具体的功能性分区。大型土台区域可能是埋藏祭祀陶器、石器的区域。北部未发现祭祀坑的区域，在其上发现焚烧燎祭的遗迹，可能是祭祀活动的广场区。北部最高点小山包顶部有夯土遗迹，疑似祭坛区。祭祀活动功能区的发现确认，将对红山文化祭祀礼仪制度研究具有重要意义。

此外，晚期居住址北环壕打破祭祀活动区，一是说明该聚落址延续使用时间较长。二是说明该聚落址内存在居住址和祭祀活动址等不同功能性分区；通过考古调查和勘探，推测聚落址内还存在其他功能分区，如墓葬区和窑址区等。三是说明各功能区随着时间的改变，功能区的分布范围和功能也会发生变化。四是说明聚落址内存在着复杂、多样的文化现象，只有全面的发掘各类文化现象，才能完整地揭露聚落址的文化全貌。因而，聚落址的发掘工作将是一个复杂而漫长的过程。

（樊圣英）

【喀喇沁左翼蒙古族自治县二布尺南遗址】

发掘时间：2022年8—12月
工作单位：辽宁大学考古文博学院 辽宁省文物考古研究院 喀左县博物馆

二布尺南遗址位于朝阳市喀喇沁左翼蒙古族自治县兴隆庄镇二布尺村南头西侧约100米处的山坡台地上，北依大山，东距大凌河干流约800米，西南约300米为半拉山。遗址北高南低，大体呈南北狭长的腰果形，面积约1万平方米。通过调查和勘探，基本确定遗址主体为一座夏家店下层文化时期的山城址。

本年度辽宁大学和辽宁省文物考古研究院联合对二布尺南遗址进行了第一次考古发掘，辽宁大学2020级考古学专业本科生9人及6名硕士研究生共同参与发掘。此次发掘在遗址南部布设5×5米探方10个，实际发掘面积345平方米。本年度共发掘石筑围墙院落1处、房址6座、墓葬2座、灰坑34座，出土陶、石、铜、骨器等500余件。

2022年度发掘区的地层可分为六层。其中第二层至第四层推测为东周时期，第五、六层为夏家店下层文化时期。经分析，本年度发掘的遗存可初步划分为以下四期。

第一期：⑥层下开口的遗迹，发现有F5、H16、H18等，出土遗物为泥质灰黑陶、夹砂灰黑陶、彩绘陶等，纹饰以弦断绳纹、条状附加堆纹为主，可辨器形有尊、钵、鬲等，推测为夏家店下层文化早期遗存。

第二期：④层下开口的部分遗迹，发现有YL1（包括F4、F2、H36）、YL2、L1、H20等，出土遗物为泥质灰、黑、红陶，夹砂灰黑陶等，纹饰以弦断绳纹、瓦棱纹、花边附加堆纹为主，可辨器形有鬲、尊、瓮、盆等，推测为夏家店下层文化中晚期遗存。

第三期：②层下开口的部分遗迹，发现有F1、H5、H22等，出土遗物以夹砂红褐陶、泥质灰黑陶为主，纹饰以附加堆纹花边、抹压绳纹为主，有少量薄叠唇，可辨器形有花边口沿鬲、盆、罐，推测为魏营子文化时期遗存。

第四期：②层下开口的部分遗迹，发现F3、F7、M1、M2、H4等，出土遗物以夹砂红褐陶、灰黄陶、泥质灰黑陶、灰陶为主，纹饰以素面为主，兼有少量粗糙杂乱的绳纹，多见厚叠唇，可辨器形有罐、瓮、甗、壶等，推测为凌河类型时期遗存。

通过发掘，基本掌握了二布尺南遗址的文化堆积情况，对遗址的形成、发展、演变有了初步认识：从夏家店下层文化早期阶段即有人类在此居住，在夏家店下层文化中晚期阶段建造了石筑院落和院落内的房址，魏营子文化时期有人类在此活动，凌河类型时期人们在此居住，并制作滑石制品。遗址中还发现有少量战国和辽代遗物。

（赵晓刚）

【沈阳市铁西区马贝青铜时代遗址】

发掘时间：2022年8—12月

工作单位：沈阳市文物考古研究所

马贝遗址位于沈阳市铁西区大潘街道马贝村东部，是一处郑家洼子类型青铜时代遗址。遗址地处下辽河平原区浑河右岸，南距浑河3千米，西北距辽河31千米。遗址于1979年、2021年开展过考古工作。

本年度沈阳市文物考古研究所对遗址开展了500平方米的考古发掘，发掘区域位于遗址的中部偏东，发现了东周时期的5座房址、66个灰坑、4条灰沟、5座竖穴土坑墓及3座瓮棺葬，出土了大量的陶质、石质遗物，少量的青铜质遗物，器形有鼎、鬲、甗、罐、瓮、壶、碗、钵、豆、纺轮、网坠、石范、石刀、石镞、铜管形饰等。房址为半地穴式，未发现烧灼较明显的灶址；墓葬有竖穴土坑墓、瓮棺葬两种形制。竖穴土坑墓均为单人葬，东西向，随葬品较少，器形有壶、碗、铜管形饰、石璧等；瓮棺位于椭圆形或圆角长方形竖穴坑内，或用陶盆覆扣至陶瓮口部组成，或用残破的陶器（甗的甑部或瓮的下腹部）覆扣在另一件陶瓮（罐）口部组成。在瓮棺内发现了牙齿、铜管形饰等。

此次发掘发现了马贝遗址的一部分核心区，进一步认识了马贝遗址聚落布局；丰富了郑家洼子类型的考古内涵，从陶器形态、瓮棺葬葬俗等方面，认识到其与较早的新乐上层文化存在传承关系；发现了铜管形饰等铜质遗物，这是遗址自1979年以来再次发现铜质遗物，为推进东北地区青铜技术研究提供了新的考古学材料。

（李树义　苏　哲）

【盖州市青石岭山城】

发掘时间：2022年

工作单位：中国社会科学院考古研究所　辽宁省文物考古研究院　盖州市文物局

青石岭山城（2016年以前称高丽城山城）位于盖州市青石岭镇，山城平面形状大体为"凸"字形，周长约6485米。2015年中国社会科学院考古研究所、辽宁省文物考古研究院（辽宁省文物保护中心）、盖州市文物局开始对青石岭山城进行考古调查和发掘，截至目前已经在山城内发现了大量高句丽时期遗迹和遗物，表明青石岭山城是一座高句丽晚期形制完备的大型山城。

2022年主要工作内容包括，确认考古队驻地西侧地点农田遗迹、发掘一号蓄水池东南侧遗址。确认驻地西侧地点主要是在去年发现高句丽农田遗迹的基础上确认了农田南侧和西侧范围。南侧由于出现了较多石块和石墙，与附近农田的地层有明显区别。石墙由于附近紧邻村道，没有完全揭露，石墙长度和用途不详，农田南侧范围基本以石墙为界。农田西侧布一条东西向长约18米、宽1米的探沟，其中农田西侧界线在探沟东侧约2米处，探沟中农田的表面与农田基本一致，表现为一道黄一道黑的现象，应为地垄和垄沟。紧邻探沟农田西侧同样有一道小石墙，宽约30—40厘米、高约10—15厘米。石墙西侧农田消失，探沟出土器物包括陶片、绳纹砖、板瓦、筒瓦、花岗岩础石等。一号蓄水池东南侧遗址发现的遗迹遗物主要有排水渠、石墙、房址、火炕、灶址、莲花纹瓦当、铭文陶片、板瓦、筒瓦、陶器、铁器、石器、兽骨、木炭等。目前发现的排水渠长约73米，其中3米被损坏。排水渠用石块砌成，大体为东西向，包括渠壁、渠底，东端较高，西端较低，判断当时水流方向应是从东到西。根据水渠的形制不同大体可以分为东侧水渠、西侧水渠两部分。其中东侧水渠是水渠的主体部分，长约63米，这一部分，水渠断面为"凹"字形，水渠中间的水沟宽约0.8米，局部因石块变形宽度发生变化。水渠南北两侧的宽度不一致，其中南侧宽约0.6—0.8米，北侧宽0.6—3米。西侧水渠长约10米，目前只发掘了水渠南侧和部分排水渠底部，水渠北侧情况没有发掘，情况不明。

2022年青石岭山城考古发掘的学术意义如下。一、青石岭山城农田遗迹和范围的确定，为探索高句丽生业模式及相关研究提供了重要的资料，农田北侧台地相关遗迹的发现丰富了青石岭山城的考古内涵，为持续开展发掘工作增添了新的内容。二、一号蓄水池东南侧遗址大量高句丽遗迹遗物的发现为揭示这一区域的性质和年代，研究山城的布局、排水系统和当时的工程技术等问题提供了重要的考古依据。

（王飞峰　李海波　王晓东）

【岫岩满族自治县卧龙山山城遗址】

发掘时间：2022年6—11月

工作单位：辽宁省文物考古研究院（辽宁省文物保护中心）　鞍山市博物馆　岫岩满族自治县文物保护管理所

卧龙山山城位于鞍山市岫岩满族自治县杨家堡镇杨家堡村卧龙村民组西山上。卧龙河沿山城东侧蜿蜒而过，向北约2千米注入大洋河，卧龙河两岸是较为宽阔的山间河谷地带。山城西侧为连绵的群山。

卧龙山山城为内外城复合结构，均为石筑。内城墙周长2590.9米，外城墙总长2073米。本年度对山城1号门、2号门进行了考古发掘工作，发掘面积1000平方米。

1号门为内城的主门，由门道、门垛、马面和护坡墙组成。墙体均为楔形石错缝垒砌墙面，墙芯以梭形石、碎石填充，石材为花岗岩。门道以石板铺砌，宽3.3米，进深6.2米，方向317.1度。两垛存高4.5米，宽6.2米，东垛墙顶发现了以楔形石砌筑9级台阶，石面向东，东西长5.1米、南北宽约2.2米，每层台阶高14—20厘米。马面与东垛垂直，大体呈弧形，末端接筑护坡墙，总长19米，宽12米，高2.6米。城内护坡墙接筑于东垛内墙，南北走向，南高北低，长15米，宽5米，高0.5—1.7米。

2号门距1号门约90米，由相对的两壁和门道组成。门道为石板和石块砌筑，宽4.4米，进深6米，方向26度。两壁存高2.2—3米。2号门烧毁废弃后，以石块封堵成为东墙一部分。

出土遗物有八瓣莲花纹瓦当、夹砂红褐色绳纹板瓦、夹砂红褐色筒瓦、门础石、铁门钉、铁镞等高句丽时期遗物。1号门还出土了嘉祐元宝、元祐通宝、祥符元宝、正隆元宝等21枚钱币和零星布纹瓦。

通过本年度发掘，表明1号门结构复杂、规模较大，并且至少经过了四次扩建，由此可见山城历史上经过长期的营建和使用。两门从砌筑方式到出土遗物均与石台子山城、凤凰山山城等高句丽晚期山城址相似，年代应该相近，由此推断卧龙山山城始建年代应为5世纪以后。此外，金代沿用了1号门，并加高了东侧墙体。

（卢治萍）

【西丰县城子山山城遗址】

发掘时间：2022年5—11月

工作单位：辽宁省文物考古研究院（辽宁省文物保护中心）　铁岭市博物馆　西丰县文物管理所

城子山山城位于铁岭市西丰县凉泉镇东南约5千米。山城所在山区为长白山系哈达岭西麓，山城所处位置山高谷深，周围群山环绕，北侧约500米为清河支流碾盘河。山城由东侧的石筑城和西侧的土筑城两部分构成，平面呈"∞"形，土城的北墙和南墙接筑于石城的西墙上。石城实测周长约4332米，土城实测周长约2865米。

本年度对石城内蓄水池、一号拦水坝和戍卒营地三处地点进行了考古发掘，总计发掘面积约800平方米。

蓄水池发掘区位于石城中部偏西，在往年工作的基础上，继续对蓄水池西侧进行揭露，布设5×5米探方12个，发掘面积300平方米。该区域地层堆积较为简单：第①层为地表腐殖土，厚约5—15厘米，出土有少量高句丽板瓦残片和金代瓷片；第②层为黄褐色土，厚约5—10厘米，伴出土少量高句丽陶片和瓦片。发现了蓄水池西壁外侧的西护墙1道、支撑墙3处：西护墙围绕水池西侧低处修筑，底部坐落在山体基岩上，墙体所用石材加工较粗糙；支撑墙底部坐落于山体基岩上，东侧倚靠在西护墙外壁上，北、西、南三侧石块干垒而成，中心填充山皮土。

一号拦水坝位于石城西部，距山城五号门址（水门）约60米，布设10×10米探方1个，发掘面积100平方米。拦水坝北段保存较好，南段被山洪冲毁。拦水坝北段底部坐落在山体基岩上，墙体南端基础采用大型条石垒砌，北段用楔形石或块石沿自然山体压缝垒砌，墙芯由梭形石和碎石填充，墙体存长15.7米，底宽5.3米，顶宽4.4米，内高2.9米，外高1.4米。

戍卒营地位于蓄水池北侧约60米，地表现存穴坑27处，本次对9处穴坑进行发掘，发掘面积约400平方米。累计清理高句丽时期房址6座、金代房址7座，出土陶、瓷、铜、铁等各类遗物300余件。

通过本年度发掘，形成以下两点认识。一、城子山山城蓄水池是城址内一处经过严密规划、精心布局、设施完备的储水设施。水池主体呈圆角长方形，借助山谷低凹处修筑，水池西侧较低处修筑有高大的护墙，护墙保证了水池结构的稳定。二、戍卒营地的发掘显示，半地穴房址均在高句丽时期营建，金代早期对部分房址延续使用。高句丽时期出土遗物均为陶片、小型铁质工具、武器和铜、铁类装饰品，种类较为单一；金代遗物在种类和数量上均较为丰富，且出土大量生产、生活工具。两个时期遗物种类和数量上的巨大差距，一方面反映了边疆民族物质文化演进的历程，另一方面也暗示了两类人群在此地居住性质的差异。

（褚金刚）

【彰武县那力村辽代墓葬】

发掘时间：2022年6—7月

工作单位：辽宁省文物考古研究院（辽宁省文物保护中心） 阜新市文化旅游和广播电视局 彰武县文物管理所

2022年5月，彰武县冯家镇那力村村民在平整土地时发现一座辽代墓葬。墓葬位于阜新市彰武县冯家镇那力村西北约1000米的条状土岗之上，地理坐标为北纬42°32′26.22″，东经122°28′41.65″。

该墓是土圹单室砖室墓，由墓道及墓室组成，开口于第①层下，打破生土，开口距地表深约40厘米。墓圹整体呈"甲"字形，四壁较为平直，底部加工较为平整。墓圹通长约8.92米、宽约3.71米、深约1.76米。墓道位于南壁上，平面呈长方形，斜坡状，长约4.10米、宽约1.70—1.95米、深约1.76米。墓室由额墙、墓门、甬道及主室组成。墓门呈圆拱形，券顶。墓门上部为平面呈"]"形的额墙，额墙两侧有外撇的挡土墙，均由绳纹砖单隅顺砌而成，现存13层。甬道连接墓门及主室，平面呈长方形，底部由青砖错缝平铺，东西侧壁下部由青砖双隅顺砌而成，上部则为青砖丁砌，券顶则由青砖三顺砌成。甬道面阔0.8米、进深1.10米。主室位于甬道北部，平面呈方形，进深及面阔约为2.28米、残高1.62米。主室四壁由双隅青砖砌筑而成。此外，主室四壁底部均置有壸门，其中南壁置4个壸门，其余三壁均置7个壸门，壸门呈鼓形，上下边齐平，侧力外鼓。墓顶大部现已不存，应为穹隆顶，最高处残存13层。墓底仅对生土进行平整夯实，未见铺底砖。

棺床位于主室北部，由青砖铺砌而成，平面呈长方形，长2.28米、宽0.84米、高0.05米。棺床上原置木棺一具，但现已腐朽殆尽，仅见大量铁棺钉。棺床上置人骨一具，骨骼保存状况较好，下肢部分由于盗扰已散乱。人骨为仰身直肢葬，头向东，面向北，男性。头骨见有圆形穿孔，推测为致命伤。

墓葬出土11件（套）随葬品，主要位于头骨周围及棺床南侧。器形及种类主要有小口酱釉壶、长颈陶壶、大口陶罐、银耳环、磨石、铜带具、铁棺钉、铁穿、铁带扣、铁钏、铁带具及殉牲山羊骨。

根据墓葬形制和随葬品组合特点分析，墓葬年代为辽代建国前后至辽早期，墓主人是契丹人。那力村辽墓是四壁设有壸门的方形砖室墓，与辽初流行的土坑墓或石椁墓差别较大，这种墓葬形制明显来源于关中地区唐墓，而与营州地区唐墓差别较大。同时，小口酱釉壶、长颈陶壶、大口陶罐及银耳环等在辽阳三道壕墓、苗圃墓、扎鲁特旗乌日根塔拉墓中都可见到同类品，是辽代建国前后契丹墓葬中较为常见的随葬品。总之，那力村辽代墓葬提供的资料丰富了契丹建国前后的墓葬材料，对于研究早期契丹丧葬习俗及社会风貌具有重要的学术价值。

（徐　政）

【沈阳市沈北新区大辛屯南辽代遗址】

发掘时间：2022年4—9月

工作单位：沈阳市文物考古研究所

大辛屯南遗址位于沈阳市沈北新区七星大街与天马街交会处东，大辛屯村南约500米，武汉光谷产业园二期工程项目范围内。2021年8月，在配合基本建设的考古勘探工作中，发现了一处辽金时期遗址，命名为大辛屯南遗址。发掘面积1000平方米。

此次发掘共发现青铜、辽金和清代三个时期的遗存。青铜时代遗存主要发现了属于新乐上层文化的夹砂红褐陶器足、纺轮和磨制石器等遗物。辽金时期遗存主要发现了多条长度较长的灰沟遗迹，沟内出土了丰富的瓦当、板瓦、筒瓦等建筑构件和灰陶罐、白瓷碗等生活用具，建筑构件初步推测为供寺庙类的高等级建筑使用。清代遗存主要为15座清早中期平民墓葬，包括竖穴土坑墓和骨灰罐火葬墓两种形制，除了出土十余个骨灰罐外，仅发现少量铜钱等随葬品。

通过此次考古工作，证实了大辛屯地区同属于新乐上层文化的分布范围，并进一步丰富了沈北地区辽代时期高等级建筑遗存和清代早中期墓葬资料，为研究清早中期平民阶层墓葬形制和葬俗等提供了新的资料。

（林　栋）

【沈阳市沈北新区乐业街西辽代遗址】

发掘时间：2021年10月—2022年9月

工作单位：沈阳市文物考古研究所

乐业街西遗址位于沈阳市沈北新区乐业街西、裕农路南侧。地貌以平缓的波状岗丘为主，整体地势从东北向西南缓斜。东距国道京抚线（G102）0.4千米。东北距蒲河1500米，西距蒲河支流400米。

此次发掘共发现房址3座，窑址5座，灰

坑6处。房址均为高台建筑，其中F1台基略低，其西、北部的砖墁甬路保存较好，结构清晰，东部、南部破坏严重。F2在F1的西面，台基较高，不见甬路，发现2铺火炕和多个灶址。F3与F1南北相对，西侧界线一致，北侧甬路较为清晰，台基北部有3处踏步。台基外围有大量的瓦砾堆积，局部为原位堆积。发现的建筑构件有板瓦、筒瓦、瓦当、滴水等，建筑饰件以鸱吻、脊兽为主。板瓦、筒瓦多素面，瓦当有兽面纹、人面纹、莲花纹、莲瓣纹等，滴水纹饰丰富，以几何文、戳印纹为主。建筑饰件有鸱吻、凤鸟、鱼等形象，多系二次烧制而成。一些建筑构件和饰件以穿钉固定，个别瓦件有铁钉尚存。还发现了鎏金铁质、石质、玉质佛像残件各1尊。

窑址均为马蹄形，结构基本一致，由操作间、窑门、火膛、窑床、烟囱组成。Y1、Y2共用一个操作间，均为双烟囱，Y1火塘底部发现木炭和疑似煤渣的物质。Y3操作间内发现鸱吻、瓦当、瓷碗残件等，单烟囱，火塘底部发现木炭。Y4、Y5为券顶窑门。6处灰坑依次排列在F3东部，其中，4处为瓦砾坑，坑内堆满残瓦砾，个别夹杂一些建筑饰件和器皿残片。

整个发掘区域可分为窑厂区和建筑区，其时代重合，位置临近，面貌相同，功能相关。初步判断，窑厂是为营建建筑而专设的窑厂，其产品以建筑饰件为主。

（刘　明）

【沈阳市沈河区清代盛京城城址】
发掘时间：2022年2—5月
工作单位：沈阳市文物考古研究所

为配合沈阳地铁6号线一期工程建设，沈阳市考古所对工程用地范围涉及的盛京城城址进行了考古发掘，包括福胜门瓮城、德盛门瓮城东侧墙体，及北城墙的一部分，发掘面积700平方米。

发现了福胜门瓮城的东侧墙体、东门及东侧外部平台，约占福胜门瓮城的三分之一。福胜门瓮城平面为长方形，有东西两个瓮门。福胜门瓮城墙体为夯土外包砖石结构，先筑基槽，其上放置条石，条石内侧为白灰粘合的青砖带，再内侧为夯土。东侧墙体南端部分东西长10.7米、南北宽7米；东侧墙体北端部分东西长10.7米、南北宽11.5米，并继续向北延伸。东门宽5米，门道用1层石灰铺底，其上为黑褐色路土，在门础处可见7块条石。发现了瓮城东侧墙体外侧的平台，平台为砖石结构，未完全揭露，起到稳固瓮城墙体的作用。

发现福胜门瓮城依托的一段盛京城北城墙，残长20米。城墙为夯土外包石结构，先挖基槽，以碎砖、瓦等填实。其上为墙体，外侧为条石，内侧为白灰粘合的青砖带，再内侧为夯土。内侧夯土可以分为3层，可见明沈阳中卫城的墙体夯土。

发现了德盛门瓮城的东侧部分墙体，结构与福胜门瓮城一致。在德盛门南侧发现推测为关帝庙的建筑。

此次发掘，揭示了盛京城瓮城的结构、建造方式，北城墙的结构，补充了盛京城考古的基础资料。

（李树义　苏　哲）

【大凌河中游（朝阳）地区红山文化考古调查】
调查时间：2022年5—11月
工作单位：辽宁省文物考古研究院（辽宁省文物保护中心）　朝阳市文物考古研究所　朝阳县博物馆　龙城区博物馆

大凌河流域是红山文化晚期遗存的重要分布区，也是认识红山文化晚期的聚落特征、社会结构，寻找红山文化晚期宗教祭祀礼仪性质的牛河梁遗址相关聚落的重要区域。第三次全国文物普查在辽宁省朝阳市朝阳县、龙城区、双塔区、北票市地区零星发现了一批红山文化遗址，包括黑山头遗址、小罗山积石冢、半拉山墓地、东大道积石冢群、老山洼积石冢群、马莲桥积石冢群。朝阳小东山遗址、半拉山墓地的发掘材料为了解区域内红山文化遗存内涵提供了参考。半拉山墓地祭祀区与埋葬区有完善的功能分区，墓葬内大量玉礼器的出土表明其是一处等级较高的礼仪建筑。

为推动红山文化研究，自2022年5月开始，辽宁省文物考古研究院（辽宁省文物保护中心）在大凌河中游（朝阳）地区开展了红山文化专题性考古调查，共调查先秦时期遗址90处，包含红山文化遗址和墓地共25处，其中生活遗址20处，墓地5处。

红山文化遗址（墓地）主要分布在大凌河及支流牤牛河两岸，大凌河北岸地形主要为较高的山地及向南延伸的漫长的梁状丘陵，遗址（墓地）选址多倾向于靠近水源的地势开阔平坦的丘陵顶部及山坡上，远离河流的地区遗址（墓地）相对较少。

调查区域内红山文化生活遗址较为丰富，规模大小不等。其中，刺槐山遗址地处大凌河与牤牛河交汇处，地势开阔平缓，周边水源丰富，占据优越的地理位置，应为大凌河上游地区一处等级较高的聚落址。

墓地数量相对较少，在5处墓地采集的陶器残片中，均为上层积石冢阶段筒形器残片，不见牛河梁遗址下层积石冢阶段筒形器残片，可见，调查区域内红山文化墓地时代均较晚。

此次调查为更全面认识红山文化遗存的分布与特征补充了材料。

（于怀石）

吉 林 省

【和龙大洞旧石器时代遗址】

发掘时间：2022年5—10月

工作单位：吉林省文物考古研究所　浙江大学城市学院

和龙大洞遗址位于延边朝鲜族自治州崇善镇大洞村东南约1.5千米，主要分布在图们江左侧熔岩台地，以黑曜岩原料石制品最具特点。该遗址最早发现于2007年，2010年、2021年进行过发掘。2022年，在考古中国项目的支持下，为了进一步明确大洞遗址的文化序列，吉林省文物考古研究所联合浙江大学城市学院继续对该遗址进行了主动性考古发掘，发掘区位于遗址区的最南部，东侧紧邻熔岩台地边缘，累计发掘面积20平方米。

本年度发掘区地层堆积保存较好，最深处可达3.2米，为历年发掘之最，共发现自然层位10个，除砾石层外，全部发现有石制品。地层堆积中，第①层为表土层，第②层为灰白色火山灰层，第③—⑤层为黏土层，第⑥层为黏土质粉砂层，第⑦—⑨层为粉砂层，中间夹杂若干疑似火山灰斑块，最下部为砾石层，主要为磨圆较好的河卵石，夹杂黄褐色粗砂。

发掘区内未发现明确的遗迹，但是出土遗物十分丰富，其中包括石制品3000余件，动物化石近200件。石制品主要集中在第①—⑤层，第⑥—⑨层数量相对较少，特别是第④层石制品分布较为集中，类型多样，夹杂大量河卵石，疑似存在古人类活动面。动物化石主要发现于第⑧层，可辨识部位有牙、角、椎骨、跟骨等，初步辨识种属有鹿、象等。出土石制品原料以黑曜岩为主，少见石英岩、角页岩、凝灰岩、玄武岩等，石制品类型主要包括石核、石叶石核、细石叶石核、石砧、石锤、石片、石叶、细石叶、边刮器、端刮器、雕刻器、石镞、断块、断片、碎屑等，其中石片类产品数量最多，工具以雕刻器数量最为丰富。

2022年度大洞遗址的发掘，进一步完善和细化了遗址地层堆积序列，结合年代学测试结果，基本确认大洞遗址的年代可以早到距今5万—4万年，至少包括三期旧石器时代晚期文化遗存，其中细石叶技术的出现可以早到距今2.7万年前后。本年度发现的动物化石层位，在长白山地区旷野遗址中系首次发现，也为进一步开展遗址环境背景和人类适应研究提供了宝贵的资料。

（徐　廷　石玉鑫）

【农安县围子里青铜至早期铁器时代遗址】

发掘时间：2022年6—10月

工作单位：吉林省文物考古研究所　长春博物馆

围子里遗址位于农安县小城子乡，西南距农安县40千米，这里属松花江南岸台地，紧邻松花江河谷，东西两侧为自然形成的沟壑，面积约10万平方米。2022年吉林省文物考古研究所联合长春博物馆对该遗址进行了主动性考古发掘工作。

本年度发掘分两个区，发掘面积共计547.5平方米。一区发现房屋5处、灶1处、烧土1处、柱础3处、灰坑11处、墓葬1处；二区发现灰坑1处、灰沟1条。房屋多为长方形圆角半地穴式，均未发现门道迹象，灶位于中部附近，柱洞数量少，居住面较为平整。灰坑多呈圆形、椭圆形及不规则形，直壁或斜直壁。灰沟横跨二区，揭露部分呈西北—东南走向，沟口宽2米，底宽0.6米，深1.2—1.3米。墓葬为土坑竖穴墓，单人仰身直肢，未见随葬品。

遗址共出土各类遗物100余件，以陶器为大宗，可辨器形有罐、壶、鼎、鬲、豆、杯、碗、钵等；骨器有骨锥、骨凿、骨镞、卜骨等；石器有磨盘、磨石、石料、刮削器等；金属器数量较少，主要是小型铜器和铁器残件。年代在青铜时代至早期铁器时代。

除发掘工作外，还对本年度新发现灰沟的走向及分布情况进行了考古勘探，目前勘探结果显示，灰沟位于2022年发掘区南部边缘，大致呈东西走向，西部与2020年发现的灰沟G2（西南—东北走向）相连，为同一条，勘探已知长度约280米，应为聚落环壕。

此次发掘，尤其是遗址内出土的青铜时代遗存，丰富了西流松花江流域考古材料，填补了这一区域青铜时代考古的空白，首次发现并确认了嫩江流域和西流松花江流域在青铜时代人群的交流、互动和融合的证据链，完整构建了这一区域青铜时代至早期铁器时代的年代序列，为研究吉林省中部青铜时代聚落形态和生业方式提供了重要的考古材料。

（王义学　崔殿尧　赵欣欣　王海月）

【集安市北屯青铜时代及高句丽时期遗址】

发掘时间：2022年7—11月

工作单位：吉林省文物考古研究所　吉林大学考古学院

北头东南遗址位于集安市财源镇北屯村北头屯东南约750米的漫岗上。本年度发掘面积为300平方米，共清理房址、灰坑、灰沟、灶址、烟道等遗迹366处，出土各类遗物900余件。年代涵盖青铜时代晚期和高句丽时期。

青铜时代晚期遗存，主要分布于地层④层下的部分遗迹、地层第⑤层以及⑤层下开口的遗迹单位内，遗迹类型包括房址、灰坑及灰沟等。这一时期房址以F14为代表，浅地穴式结构，平面近圆角长方形；灶址位于房屋内部，为浅坑式灶，柱洞多分布于穴壁之外。共发现标本300余件，以陶器为主，石器较少。陶器以夹砂黄褐陶和灰褐陶为主，夹砂黑陶数量极少。器耳除桥状耳外，还流行钮状耳、錾耳等；器底可见平底、仿台状底和台状底。烧制温度普遍偏低，陶质粗糙，器形可辨甗、罐、盆、碗、豆、盏、钵、杯、盘、纺轮、网坠等；另有少量斧、锛、穿孔石刀、砺石等磨制石器。

高句丽时期遗存，为遗址的主要文化遗存，主要分布于地层②层至④层、②层下、③层下以及④层下的部分遗迹内。遗迹类型包括房址、灰坑、灰沟、灶址及烟道等。房址分为两种，一种为平面近圆角长方形或方形浅地穴式结构，由灶址、单烟道和烟囱构成取暖设施，部分有门道，位于房址东侧偏南位置；另一种为半地穴式结构，沿地穴内壁以长条形不规则山石或卵石砌筑墙体，未见取暖设施，推测可能是仓储一类的功能设施。出土遗物以陶器为主，亦含有少量石质、金属质地遗物。其中陶器以夹砂陶为主，泥质夹细砂数量较少，流行桥状耳，可辨器形包括罐、盆、瓮、盘、甑、杯、碗、盏、盅、纺轮、陶饼等；石器包括穿孔石器、石凿、磨石、玛瑙等；金属器中铁器数量最多，以铁镞出土较多，还见有铁削、环首刀以及铁带扣等，铜器包括"五铢钱"、铜钮、铜环及铜镯等。根据遗迹和出土遗物特征判断，年代涵盖东汉至魏晋时期。

北屯遗址高句丽早期遗存的年代整体早于霸王朝山城，证明了在城址营建之前，该区域即已出现一处重要的大型聚落。该遗址内青铜时代晚期遗存和高句丽早期遗存之间具有一定的承袭关系，为探索区域内高句丽文化的起源问题提供了新的线索。

（王志刚　刘晓溪　孙立斌　陈明焕　李秀龙）

【长春市九台区北岭青铜时代及清代遗址】

发掘时间：2022年6—11月

发掘单位：吉林大学考古学院　吉林省文物考古研究所

北岭遗址位于长春市九台区苇子沟街道梨树村小泉眼屯北约100米处。地理坐标为北纬44°16′24.16″，东经125°53′59.46″。遗址为配合"长春经济圈环线高速公路二期"基建项目于2020年新发现的青铜时代和清代遗址。北岭遗址处于长春经济圈环线高速公路二期项目施工范围之内，拟建公路路基宽约40米，穿过北岭遗址东部边缘区域。为配合基本建设，搞清楚遗址年代和文化内涵，本年度联合考古队对九台区北岭遗址进行了发掘，共计发掘面积505平方米。发现了青铜时代和清代两个阶段的遗存，包括4个灰坑、2条灰沟、1座墓葬等遗迹。

遗址地层较为简单，共3层堆积。第①层为近现代耕土层，第②层为清代，第③层为青铜时代。青铜时代遗存较少，仅地层中出土了少量青铜时代遗物，包括陶器、石器等遗物。陶器均为残片，可辨器形较少，主要有罐、鬲、甗、网坠等器类。石器有穿孔石器、石刀、锤击石片等遗物。由于青铜时代遗存较少，且无典型器物出土，北岭遗址青铜时代遗存的具体年代与文化内涵有待进一步考察。

清代遗存包括灰坑4个，沟2条，墓葬1座，出土少量青花瓷器、酱釉瓷器、陶片、石器、铜钱等。灰坑与沟出土遗物较少。墓葬M1被盗扰严重，为土坑竖穴墓，双人合葬，墓内发现两座并列的木棺残迹，出土乾隆通宝、青花瓷碗、酱釉瓷罐，其年代应不早于清代中晚期。北岭遗址清代墓葬为研究长春地区清代中晚期的葬俗提供了实物资料。

（武　松　石晓轩）

【图们东兴遗址】

发掘时间：2022年7—12月

工作单位：吉林省文物考古研究所　图们市文物管理所

东兴遗址位于图们市石岘镇东南约1.5千米处东兴村西南的耕地中。东西长约300米，南北宽约200米，面积约6万平方米。遗址中心区域地理坐标为：北纬43°3′53.40″，东经125°47′41.10″。2022年，经国家文物局批准，联合考古队对遗址进行了主动性考古发掘。发掘面积为500平方米。

此次发掘共清理了房址13座、灰坑128座、储物坑16座、井3眼。

房址根据层位关系、形制、出土遗物特征判断可分为以下三个时期。

第一期为团结文化时期，有房址两座，为半地穴式，近圆角方形，发现于②层下，打破③层。穴壁被后期活动破坏殆尽，仅残留灶和烟道。

第二期为靺鞨-渤海文化时期，有房址9座，均发现于①层下，打破②层。为半地穴式房址，圆角长方形。穴壁多数保留较好，斜壁微弧。门向南，门道辟于南侧穴壁中部或稍偏一侧。室内仅存一处灶址。室内四角多有柱洞或柱础残留。

第三期为渤海文化时期，有房址两座，发现于①层下，打破②层。主体为半地穴式，穴壁较直，外侧建有土石混筑的墙体。门向南，门道辟于南壁的中部。室内有灶址和火炕设施。

灰坑以圆形、近圆形、椭圆形为多，圆角长方形或方形较少见，极少数为不规则形。堆积多不分层，基本为黏质粉砂土，呈灰褐色或黄褐色。

储藏坑为圆角长方形、圆角方形、圆形等较规则的形状。一类为土坑竖穴，另一类沿竖穴内壁或外沿砌筑石墙，以泥为黏合剂。坑内堆积一般不分层，多为灰褐色黏质粉砂土，少量夹杂黑色亚黏土斑块。

井的制作方法为：于平地开挖一个长方形的大坑，坑口大于坑底，直至含水的沙石层，再用石块或河卵石砌筑圆筒形井壁，边砌筑边回填井壁外侧，至地表砌出井台，基坑也回填完毕。

出土遗物以陶器残片为主，另有瓷器、铁器、铜器、骨蚌器、石器等。陶器有泥质灰陶、夹细砂褐陶、夹砂红褐陶或灰褐陶等，器形有侈口罐、侈口深腹罐、敞口钵、盆、甑、瓮、碗等并见有网坠、瓦、花纹砖和三彩器残片；瓷器仅有少量化妆白瓷残片；铁器有刀、镞、铲、钉等；铜器有带銙、饰件；骨蚌器以骨簪、饰品为主；石器有斧、杵、砺石、玛瑙珠、环等。

发掘过程中，还采集了大量的土样、炭样和动物骨骼。经浮选检测，发现其中农作物有粟、稗、黍、大麦、小麦、大豆、红小豆、豇豆等。可辨识的动物有猪、狗、马、牛、羊、鹿、啮齿类、鱼以及贝类。

通过发掘，确认东兴遗址是一处包含团结文化、靺鞨-渤海时期文化、辽金时期遗存的大型聚落遗址。遗址地处唐代渤海国的中心区域，此次发掘为研究靺鞨到渤海的社会演变提供了科学素材；为进一步研究唐代渤海国各区域文化的异同提供了重要资料；对研究团结文化、靺鞨-渤海文化的文化面貌、内涵、相互关系有着重要学术意义和科研价值；为研究东北边疆各族群在唐代的兴衰、融合的进程提供了基础资料和科学实证。

（徐　坤　金哲寿　李光洙　杨　春）

【集安市报马高句丽时期墓群】

发掘时间：2022年7—11月

工作单位：吉林省文物考古研究所　吉林大学考古学院

报马墓群位于集安市财源镇报马村北约3千米，报马川河与其东侧山体之间，沿山谷走向呈东北—西南向分布，西侧紧邻现代公路，墓群西南3千米是同为高句丽时期的报马村北遗址（2019—2021年发掘）。墓群沿冲沟南北两侧分为A、B两区，南侧为A区，北侧为B区，该墓群于1962年调查时发现，2017年吉林省文物考古研究所对霸王朝山城及周边区域开展区域系统调查时对该墓群进行了复查、记录与测绘。本年度发掘的墓葬均位于A区。本年度共清理墓葬12座，其中封土石室墓8座，石棺墓4座。

封土石室墓（M2、M12、M14、M17、M19、M24、M31、M34），规模大小不一，于当时地表或生土之上起建，现存平面多近圆形或椭圆形，多呈中间高、四周低的圆锥状。墓室分为单室和双室两种，均以较为规整的石材砌筑四壁，墓底铺砌碎石。其中单室墓的墓室平面可分为铲形和刀形，双室墓的墓室平面可分为刀形和直尺形两种。部分墓葬顶部仍存留盖顶石，墓道均朝西南。

石棺墓（M29、M33、M38、M39）规模较小，均位于其邻近封土石室墓的东北侧，均于生土层表挖浅槽起建，平面形状近长方形，以不规则的大块山石砌筑石棺，外围以不规则的小石块倚护石棺，个别墓室顶部残留墓顶盖石。

此次发掘共清理出人骨个体9例，扰乱严重，无法判断葬式。出土遗物较少，陶器多以残片为主，仅复原陶罐2件，金属器以铁铜钉居多（多见于墓室底部），亦见有银环和鎏金铜饰。

根据墓葬类型和出土遗物特征，暂将墓群年代定为高句丽中晚期。

报马墓群的发掘在以往调查的基础上，新发现了规模较小的石棺墓，丰富了报马墓群的墓葬类型，同时石棺墓的发现也纠正了以往学界对报马墓群墓葬类型的认知。从发掘情况来看，墓葬规模整体偏小，应是普通平民墓葬，因而此次发掘丰富了高句丽平民阶层的墓葬资料。报马墓群与其西南方向的报马村北遗址年代相当，应为该遗址外围的一处公共墓地，且二者年代与霸王朝山城大体同时，应为城址外围的一处小型村落。

（王志刚　刘晓溪　陈明焕　孙立斌　秦英超）

【和龙市獐项古城】

发掘时间：2022年7—11月

工作单位：吉林省文物考古研究所　和龙市文物管理所

獐项古城及墓葬位于延边朝鲜族自治州和龙市西城镇獐项村西北约500米的农田中。2022年，为配合延边州和龙明岩水利枢纽工程项目，吉林省文物考古研究所会同和龙市文物管理所对獐项古城、獐项墓群进行了考古发掘。

2022年度獐项古城清理建筑台基1处，编号为J1。建筑主体平面近方形，边长约为10米，方向约为353度。建筑破坏严重，建筑边缘可见散水砖、砖钉等结构。建筑四周倒塌堆积出土遗物主要包括建筑构件、铁器、陶器、瓷器等。其中建筑构件包括板瓦、筒瓦、瓦当、压当条、当沟、鸱尾等。陶器包括盘、瓮、罐等。瓷器主要为三彩器，铁器主要为铁钉。根据建筑形式及出土遗物判断，其年代为唐代渤海国时期。

獐项墓葬位于獐项古城北约50米的山脚下，2022年度共清理两座大型墓葬，编号为M1、M2。M1位于M2东部，坐北朝南，方向约355度，全长约13米，由斜坡墓道、甬道、墓室三个部分组成。斜坡墓道平面略呈梯形，北窄南宽，壁面以石块堆砌。墓门为大型石块，外以石块封堵。甬道壁面以石块堆砌，底部发现门槛石。墓室为石构单室，平面呈长方形，东西约2.32米，南北约4.1米。墓室底部铺设一层黄色垫土，墓底、四壁均用白灰涂抹。墓葬受盗扰严重，近现代破坏亦严重，保存状况较差，葬具、葬式不明。M2方向约3度，全长约12.5米，由斜坡墓道、甬道、墓室三个部分组成。斜坡墓道平面略呈梯形，北窄南宽，壁面以石块堆砌。墓门为大型石块，外以石块封堵。甬道壁面以石块堆砌，底部发现门槛石。墓室为石构单室，东西约1.8米，南北约4米。墓室底部铺设一层黄色垫土，其上涂抹白灰，白灰上铺垫草木灰，墓壁亦涂抹白灰。两座墓葬内次生堆积中，均出土鎏金铜泡钉等遗物。根据墓葬形制、规格及出土遗物判断，M1、M2均为唐代渤海国时期高等级墓葬。

（解峰　赵玉峰）

【图们市磨盘村山城遗址】

发掘时间：2022年4—11月

工作单位：吉林省文物考古研究所

磨盘村山城原名城子山山城，坐落于延边朝鲜族自治州图们市长安镇磨盘村七组一处北、东、南为布尔哈通河环抱的独立山体上，中心坐标北纬42°54′59.3″，东经129°36′59.9″，城内最高点海拔388米。山城充分利用自然山势，城垣沿山脊和山腹修筑，平面呈阔叶状，周长4549米。城内多为平缓坡地，地表可采集到大量砖瓦等建筑构件。该遗址2006年被国务院公布为第六批全国重点文物保护单位。

2022年主要考古工作包括3号门址（西门）、中区24号建筑基址及24号小房址的发掘，现将主要收获介绍如下。

3号门址位于山城西区南侧，城门内侧有一条通向山城中区的道路。城门发现早晚两期门道，晚期门道平铺黄沙土，门道正中立置将军石，将军石南北两侧各有一块门枢础石；早期门道与晚期门道高差约1.26米，与晚期门道的规模、方向皆有较大的差异，门道地面以表面平整的大块石板铺砌。城门内东北还发现一处小型房址，应为戍兵住所。城门西侧依山势修建有面积较大的瓮城，土筑瓮墙低矮，瓮城西南有瓮门。

24号建筑基址位于山城中区建筑群东北，为一处大型八边形建筑。南部破坏严重，北部保存状况较好，现存石砌墙基、柱础（包括础石和磉堆）、垫土层等遗迹，直径近19米。建筑内的柱础密集而有规律分布，础石均为未经人工修整的自然石块，平面形状不规则，选取相对平整的一面向上。出土遗物以红褐色瓦件为主。

24号房址位于山城中区西侧一处小型台地建筑群内，为长方形半地穴式房址，房址内铺设"U"形火炕，出土大量陶器、铁器等生活用具及兵器。该建筑群呈西南—东北向分布，正中为一条道路，道路两侧各有一列阶梯状分布的小台地。通过钻探确认了两列台地均由北向南（由低至高）间隔分布小型房址和空台地，说明每个房址规划了与之相应的功能区。此处小建筑群分布集中，规划清晰，隐蔽性好，推测为一处兵营。

本年度3号门址的发掘确认了早晚两期沿用的城门及瓮门，为研究磨盘村山城始建、沿用和废弃的过程及年代提供了关键的考古学证据。中区小型建筑群的发现在往年工作的基础上进一步完善了山城晚期的分区及性质，丰富了东夏国的政治、军事及文化内涵。早期大型建筑基址的发掘为讨论山城早期遗存的时代与性质提供了新的实物资料。

（苗诗钰　徐　廷　安文荣）

【四平市明代叶赫部城址】

发掘时间：2022年4—5月

工作单位：吉林省文物考古研究所　四平市文化遗产保护中心

叶赫部为明代海西女真的重要组成部分。该部王城由东城、西城、商间府城组成，其中，东城作为三座王城之首，规模最大，保存最为完整。叶赫部城址（东城城址）位于四平市铁东区叶赫满族镇叶赫村河西屯西南，叶赫河左岸台地上。包括内、外二城，外城三面环水，一面靠山，内城建在外城正中一座突起的平顶山丘上。

为配合省道四杨公路（S513）叶赫至杨木林段改建工程项目，吉林省文物考古研究所、四平市文化遗产保护中心在前期工作基础上，开展叶赫部城（东城城址）考古发掘工作。发掘区位于东城城址西南，四杨公路西侧，共布5×5米探方8个，因发掘需要，部分扩方，实际发掘面积230平方米。

发掘共清理房址1座、灰坑19个、灶6个、窑址1个、墓葬2座，遗址类型丰富。

收获大量遗物，包括石器、陶器、釉陶器、瓷器、铁器、人骨、兽骨等。瓷器类型尤为丰富，各类兽骨数量庞大。

出土遗物涉及青铜时代、元代及明代三个时期，以明代遗物为大宗。其中，各类瓷器与周边辉发部、扶余明墓出土物尤为相似，系明代中、晚期典型器物。根据地层关系判断，明代遗存尚存在早、晚差异。

通过分析房址的构筑结构及室内布局，可知叶赫部已广泛存在定居形式。遗址出土马头及完整鸟类骨骼，再现了女真人的祭马习俗及鸟类崇拜；大量兽骨表明狩猎、采集仍为叶赫部的重要经济类型。此次发掘，为考察明末女真叶赫部的经济类型、居住方式、宗教信仰等提供重要资料，有助于推动明清史、满族史的相关研究。

（聂卓慧）

【磐石市红石砬子抗日游击根据地遗址】

发掘时间：2022年5—11月

工作单位：吉林省文物考古研究所　磐石市文物管理所

红石砬子抗日游击根据地遗址位于磐石市区西侧20千米处，磐伊公路北侧的红石砬子山区，分布范围约60平方千米，是中国共产党在东北创建的第一个抗日根据地，2019年八家沟遗址被国务院列为第八批全国重点文物保护单位。

2021年通过考古调查工作，在红石砬子山脉南北两侧十五道沟谷内发现抗联相关遗迹2600余处，形成了以八家沟为核心的庞大抗联遗址群，确认红石砬子遗址群为目前现存规模最大、保存最好的抗联遗址群。

2022年，以考古调查成果为基础，吉林省文物考古研究所对遗迹类型较为丰富的小姚家沟区域开展发掘工作，遗迹主要分布于小姚家沟坡地之上，清理出2个地窨子、4个石砌火炕房址、1个台地、3个平台，遗迹大体呈东西向排列；出土陶、铁、铜、瓷、琉璃等各类材质遗物427件，主要以武器、农具、生活用具为主，集中分布在房址内及其周边。

根据发掘情况来看，按照遗迹性质和用途，可以将小姚家沟的遗存划分为四种类型。第一种是以地窨子为主的岗哨性质遗存；第二种是以火炕房址为主的居址性质遗存；第三种是以平台为主的战斗工事性质遗存，由于面积较小，实际可能是小型的战斗位；第四种是以台地为主的营训性质遗存，可能用作集合、操练、会议等。

考古工作表明，这些遗迹充分利用山谷地形，形成动态军事作战系统，构成居战一体的根据地密营，反映了抗联初期生产、武装的根据地特征。从考古学角度阐释了东北抗联密营的形制特点，结合历史文献材料和参与者口述，为东北抗联密营的成立背景、使用和废弃年代、形制特点等研究提供了重要的学术依据，为研究东北抗联史和夯实十四年抗战史提供了重要的考古学材料。

（李宁宁）

黑龙江省

【大庆市大同区九间辽金时期遗址】

发掘时间：2022年6—10月

工作单位：黑龙江省文物考古研究所　黑龙江大学考古学系

九间遗址位于大庆市大同区太阳升镇九间村西南约1千米，西临勃勒根湖，处于松嫩平原中部。遗址整体属辽金时期文化遗存，南北宽约200米，东西长约1000米，总面积约20余万平方米。九间遗址于1982年6月第二次全国文物普查时发现；2017年围绕该遗址的发掘与保护召开了学术研讨会；2019年7—10月进行了第一次考古发掘；2020年7—10月进行了第二次考古发掘；2021年对局部区域进行了重点钻探。2022年度黑龙江省文物考古研究所、黑龙江大学考古学系联合进行了第三次考古发掘。

此次发掘分为A、B两区，布设5×5米探方共25个，发掘总面积625平方米。共清理建筑基址1处，灰坑53个，沟5条，房址5座，窑1处。发掘出土了大量遗物，包括陶器、瓷器、铁器、石器、骨器、铜钱、砖瓦和其他建筑构件等1038件。

A区位于遗址西南部，为1处大型建筑基址，出土了数量较多的脊兽、凤鸟、鸱吻、瓦当、板瓦和筒瓦等建筑构件。台基平面呈"凸"字形，东西总长26.5米、南北宽15.5米。台基残存柱洞、东侧踏道以及外围包砖等。台基西南角外侧发现灰坑H001，大体呈圆形，直径约4.5米，深约1.7米，填土中出土瓦当、檐头板瓦等大量建筑构件和可复原的陶器，以及大量砖坯、瓦坯。根据出土遗物及所在位置判断，灰坑可能与该建筑的修葺活动有一定的关联。

B区位于遗址西部，发现有灰坑52个，沟5条，房址5座，窑1处。该区出土的金代遗物主要有陶器、瓷器、铁器、石器、骨器、玉器、料器、砖、瓦等440余件。B区的遗迹可能与制陶和金属冶炼等手工业活动有关。同时出土的还有大量家养和野生动物骨骼以及较多的鱼类骨骼，说明这一地区的人群存在定居农业、狩猎业和渔猎业等活动。

总体来看，依据遗迹和遗物的特点，该遗址并非一般的居住形成的聚落遗址，聚落最终形成可能与辽金时期当地规模化手工业生产有关。大型台基建筑基址的存在说明该遗址有较高等级的建筑，或反映了其具有较高行政建制的特点。此次发掘加深了对黑龙江省西部地区辽金遗址文化面貌的认识，丰富了辽金时期考古学文化遗存的类型，特别是为研究该地区辽金时期大规模的非城市类遗存的功能与性质以及手工业的状况提供了新的资料。

（刘晓东　包曙光　郭美玲）

【方正县望江楼屯东北辽金时期遗址】

发掘时间：2022年7—11月

工作单位：黑龙江省文物考古研究所

望江楼屯东北遗址位于哈尔滨市方正县天门乡望江楼屯东北约500米的一级阶

地上，北距松花江干流右岸约 100 米。遗址中心坐标为北纬 45°54′16.6″，东经 128°38′30.5″，海拔高程 113 米。遗址南北长 200 米、东西宽 150 米，现存面积约 3 万平方米。

为配合铁科高速凤阳至方正段工程建设，黑龙江省考古研究所对望江楼屯东北遗址进行考古发掘。发掘分为东、西两个发掘区进行，发掘总面积 1850 平方米，共清理房址 9 座、灶址 9 处、灰坑 163 座、灰沟 35 条、窑址 1 座、柱础坑 11 个，出土陶器、铁器、铜器、骨器、石器、玉器、料器等遗物 350 余件。

根据层位关系及出土遗物特征差异，可将望江楼屯东北遗址分为早、晚两个时期遗存。早期遗存均叠压于第 2 层下，主要分布于西区北部的缓坡上，包括窑址 1 座及少数灰坑等遗迹。出土陶器分为夹砂褐陶和泥质灰黑陶两种，夹砂陶以重唇筒形罐为主要器形，器表多饰有戳印坑点纹、方格纹等纹饰，泥质灰黑陶主要包括盆、盅、鼓腹罐等器类，器表多数饰凹弦纹或压印几何纹。从出土陶器特征初步分析，早期遗存应为辽代女真人的遗迹。晚期遗存大部分叠压于第 1 层下，少数叠压于第 2 层下，主要分布于西区南部岗上平缓处，包括房址 9 座及大多数灰坑、灰沟、柱础、灶址等遗迹。出土陶器分为泥质灰陶或泥质红陶，而不见夹砂陶，陶器口部多数以卷沿为主要特征，包括罐、盆、碗、盅等器类。从出土陶器特征判断，晚期遗存年代应为金代。

此次望江楼屯东北遗址发掘取得重要收获。灰坑、灰沟内出土了大量兽骨、鸟骨、鱼骨、龟甲、蚌壳等动物骨骼，以及陶网坠、陶弹丸、骨镞、石镞、铁镞、铁刀、铁鱼钩等遗物，证实该遗址古代居民以渔猎经济为主要生业方式，为深入开展松花江流域辽金时期历史文化、生产生活、生业模式、生态环境等方面综合研究提供了宝贵的实物资料。

（王长明）

【哈尔滨市阿城区金上京遗址】

发掘时间：2022 年 6—11 月

工作单位：黑龙江省文物考古研究所　北京大学考古文博学院　哈尔滨市阿城区文物所

金上京遗址位于哈尔滨市阿城区南郊，是金王朝修筑的第一座都城，是金代早期的政治、经济、文化中心。金上京城由毗连的南、北二城组成，平面略呈曲尺形。二城周长约为 11 千米，城址总面积约 6.28 平方千米。金上京皇城建于南城内偏西处，通过勘探，确认皇城平面为长方形，略呈东北—西南向，南北长约 649 米、东西宽约 503 米。

为深入了解皇城内建筑的基本特征和建筑结构，本年度联合考古队对金上京皇城东南部建筑址进行了考古发掘，发掘面积约 1000 平方米，取得了重要学术成果。

通过勘探，在皇城的东南部区域明确了四座相同结构和规模的建筑址分布，本年度选择了东南角的 1 座进行发掘，编号为 1 号台基址（TJ1）。1 号台基平面呈长方形，夯土基础，东西长 42.1 米，南北宽 13.4 米，最高 0.4 米。台基上均匀分布着 4 排 11 列共 44 个方形的磉墩，磉墩边长 1.4—1.5 米。整体为十开间三进深的布局，台基上未见灶址等取暖设施。台基周边筑有宽 0.4—0.5 米的包砖墙，南侧边缘东西四分之一的位置各有一座踏道，长条青砖横立形成台阶状斜坡，南侧有一条东西向道路连通两座踏道。台基周边出土的瓦件以板瓦为主，以及极少数量的筒瓦。该建筑址的东侧清理出一座小型房址，依附 1 号台基西侧而建。南北长 7.2

米，东西宽3.6米，屋内地面通铺青砖。房址东部筑有带三条烟道的砖砌火炕，东南角有一灶址与火炕相连。台基外侧周边有附属的道路遗存3条，其中2条为青砖铺筑，1条为石子夯筑。在该建筑址西北侧早期堆积中发现窑址2座，1座叠压于1号台基夯土下未能完整发掘。另1座完全揭露，为半地穴式馒头窑，青砖砌筑，上部坍塌，基础部分完好。由操作间、窑门、燃烧室和窑床构成，残长7.2米，最宽处4.35米。

此次所发掘的遗存年代皆为金代，大致可分为早晚两期。其中窑址的年代最早，大致为金代早期。同时期该区域还存在一些建筑址；其后，在金中晚期建造该区域宫殿建筑时回填了窑址以及早期的建筑址。

出土器物以建筑构件为主，包括大量砖瓦和装饰性构件，有少量的陶瓷器残片和大量铁钉。

本年度发掘所揭示的金上京皇城东南部建筑址结构清晰完整，建筑布局规整有序，有整体规划性。尤其多处早晚叠压遗迹的发掘，进一步明确了该区域至少存在金代早晚两个时期的遗存。发掘为全面深化认识金上京皇城布局与沿革增添了重要的考古学材料，对了解金代建筑技术、皇城内建筑时序等具有重要的学术价值，为金上京遗址的有效整体保护提供学术支撑和科学依据。

（赵永军　刘　阳　田　申）

上海市

【青浦区福泉山新石器时代遗址】

发掘时间：2021年9—12月

工作单位：上海博物馆

福泉山遗址位于青浦区重固镇，为更好地探究福泉山大遗址的全貌，上海博物馆考古研究部自2007年开始对福泉山遗址进行全面的调查和试掘。此次发掘是基于国家文物局重大课题"考古中国——长江下游区域文明模式研究"学术要求的主动性考古发掘。发掘区仍位于福泉山遗址西北部的堰西台地，发掘面积573.25平方米。此次布方位于2019年度发掘区的西部及南部，以期进一步确认此前发现的良渚文化土台的范围、功能及性质。

此次发掘发现唐宋元、周至汉代及良渚时期文化层，共清理各时期灰坑59个，灰沟3条，水井8口，墓葬11座。其中周代墓葬9座、良渚文化墓葬2座，河道1条。出土大量陶器、石器、骨骼及零星铜器和玉器。

周代墓葬集中分布在发掘区南部，9座墓葬中有7座墓向为东西向或东北—西南向，竖穴土坑墓，多为仰身直肢葬，其中一具为俯身直肢葬，皆无随葬品出土。剩余2座破坏严重，骨骼不全，无法辨认。

2座良渚文化墓葬皆位于土台之上，竖穴土坑墓，墓向南，一座为仰身直肢葬，出土随葬品8件，其中玉锥形器1件，石钺2件，陶器5件。另一座不见人骨，仅出土4件陶器。

通过堰西台地的两次发掘，对该处良渚文化土台有较为全面的认识。该土台为一处人工堆筑的土台，作为墓地使用。土台的东、北部被堰西河和福泉横港破坏，发掘揭露部分为土台的西南部，确认了土台的西、南边界。土台西界位于发掘区西部，出现由东向西的斜坡状堆积，层位增多，土质土色较杂乱；土台南北向则由北呈缓坡状向南延伸，发掘区南部为土台边缘地带。土台残存高度近2米，面积超过1500平方米。发掘区内周代至明清时期人类活动频繁，对良渚文化时期土台造成较严重的破坏。两个年度共发现良渚文化墓葬14座和特殊遗迹1个，出土随葬器物121件。根据器物的形制判断，这批墓葬年代应为良渚文化晚期。从墓葬开口层位及地层堆积情况可将其分为两个阶段。第一阶段有墓葬6座及特殊遗迹1个，集中位于发掘区的西北部；第二阶段有8座墓葬，分布于发掘区的东北部和西南部。

福泉山遗址作为上海地区新石器时代晚期的中心性遗址，是探索该区域文明模式的关键。堰西台地的发掘不但确认了一处高等级的权贵墓地，还为了解良渚文化墓地的土台结构、营建工艺，认识福泉山遗址的布局和性质提供了重要材料。

（冯雨程　周　云）

【青浦区青龙镇遗址】

发掘时间：2021年9月—2023年1月

工作单位：上海博物馆

青龙镇遗址位于青浦区白鹤镇，据古吴淞江的出海口，史载为上海地区唐宋时期重要的对外贸易港口。

2021年度的发掘工作从9月份开始，在通波塘的东西两岸各设一个发掘区，西区发掘174平方米，东区发掘634平方米。

发掘共发现灰坑57个、房址18座、沟14条、井13口。出土可复原陶瓷器700余件，陶瓷片数十万片。出土的陶瓷器主要是两宋时期的越窑、龙泉窑、景德镇窑、吉州窑、闽清义窑、福建黑釉盏及大量的宜兴地区的韩瓶等。

西区发现一组建筑，紧邻河道，朝向西南，面阔三间15.5米，进深一间4.7米；方砖铺地，局部残留有隔墙砖，南部被一晚期沟破坏。北面有一砖砌天井，东西长4.4米，南北宽3.4米，水池中间高四周低。有一平行于房基北墙的排水暗渠穿天井而过，天井两侧厢房已被破坏无存。

东区发现连续叠压的多期建筑基址，各期建筑地面被晚期活动扰动，仅残留了部分基槽，难以完整揭示。就保留相对完整的F30来看，其建在一个夯土包砖的台基上，坐东朝西，方向为230度，面阔三间，通面阔12.06米，明间面阔3.9米，次间面阔4.08米；进深两间，通进深8.4米，单间进深4.2米；明间西出连接有抱厦，根据基槽推断抱厦面阔为3.9米、进深4.3米。抱厦左右各有一天井，南侧天井保留较好，东西长4.15米，南北宽3.50米，池底中心高四周低，用青砖平砖席纹铺砌。

F30残留3排、13块方形石柱础，边长42—47厘米，中间留有圆形的印痕。通过残留的铁钉与钱币上的横向纹理的木材可知，在柱础上原应有木椹，直径约30厘米，其上再放置木柱，防止地面水汽渗入木柱，与《营造法式》记载相合。在每个柱础上放置6-8枚钱币，部分钱币已锈蚀无存，仅留下印痕，总计出土30枚，分别为开元通宝、熙宁元宝、天圣元宝、天禧通宝、咸平元宝、崇宁重宝，年代最晚的为崇宁重宝（1102—1106年），有两块柱础上残存施工留下的十字形墨线痕。J97打破天井，出土有南宋早中期之际的龙泉窑瓷器，据此可推定F30的使用时间为南宋早期。该建筑体量较大，等级较高，是青龙镇遗址考古发掘具有整体规划建设的建筑实例。

此外，上海博物馆对文献记载的始建于南宋庆元年间的酒坊桥位置进行了试掘，基本确认了该桥基是原址，现保留了一块石条，长3.2米，其上有4个卯口，下有衬石枋，再下为满堂木桩。文献记载青龙镇有酒坊，酒坊桥的确认以及酒瓶山的旧址为下一步寻找酒坊的位置奠定了基础。

（王建文）

【崇明区长江口二号沉船遗址】

发掘时间：2016年11月—2022年11月
工作单位：上海市文物保护研究中心　国家文物局考古研究中心　上海博物馆

长江口二号沉船遗址位于上海市崇明区横沙岛东北长江北港下段主槽，水下约8-10米处，遗址水域能见度低、流速高、流向复杂，2015年水下考古调查时发现。经国家文物局批准，上海市文物局组织上海市文物保护研究中心、国家文物局考古研究中心（原国家文物局水下文化遗产保护中心）、上海博物馆等单位，在国家水下文化遗产保护宁波基地、交通运输部上海打捞局、上海大学等单位的协助下，于2016年至2022年，通过海洋物探扫测与水下探摸相结合的方式，确认长江口二号古船为木质帆船，年代为清代同治时期（1862—1875年）。

遗址主要遗存为长江口二号沉船，残长约38.1米、宽约9.9米，右倾约33度，埋藏深度约5.5米，已探明有31个舱室。沉船船舷、缆桩、主桅杆、左右舷等结构完整。从目前水下考古调查的情况看，推测船型为明清时期上海地区水上运输广为使用的平底沙船。

截至2022年7月，遗址已提取出水文物约600余件。出水文物以景德镇窑瓷器为主，包括青花、粉彩、单色釉等种类，器形以杯、盘、碗、瓶等日常生活器皿居多，另有少量宜兴窑紫砂器，及可能产自福建地区的单色釉和青花瓷器。其中，景德镇窑绿釉杯底书"同治年制"款，为古船的断代提供了重要的依据。此外，出水文物还有船体构件和属具，如桅杆、船舵、隔舱板、铁锚、木质滑轮、棕缆绳等；其他出水文物种类多样，包括玉石烟嘴、木桶残片、建筑材料、煤、海螺、兽骨等大量文物。

长江口二号沉船是目前国内乃至世界上发现体量最大、保存最为完整、船载文物数量巨大的古代木质沉船之一，是近代上海作为东亚乃至世界贸易和航运中心的实物见证，对中国乃至世界造船史、航运史、陶瓷史、经济史、社会史等学科的研究具有十分重要的意义。与此同时，长江口二号沉船水下考古工作在低能见度的环境下取得了关键性技术突破和丰硕成果，为全球开展河口海岸复杂浑水水域的水下考古研究提供了新方法、开辟了新思路。

2022年11月21日，长江口二号沉船通过世界首创的"弧形梁非接触文物整体迁移技术"成功整体打捞，25日迁移至杨浦区上海船厂旧址1号船坞，后续将开展全面、系统的考古和文物保护工作。

（翟　杨　赵　荦）

江苏省

【苏州市吴江区广福西新石器时代遗址】

发掘时间：2021年10月—2022年5月

工作单位：苏州市考古研究所

广福西遗址位于广福遗址西侧，广福遗址曾于1996年进行发掘，确认有马家浜文化和马桥文化时期遗址。

因苏台高速公路工程建设需要，在广福遗址以往划定范围的西侧进行了考古发掘工作。此次累计发掘700平米，发现马家浜文化、崧泽文化、唐宋和明清等时期遗迹40余处。出土石器、陶、瓷等器物（含小件标本）共计130余件。其中以新石器时代遗存最为重要。

此次发掘发现了马家浜文化时期数个土台型房址，房址大致呈方形，边长8米，残存有柱洞、火塘等遗存。房址周边分布有灰坑和水井，坑内出土大量动植物遗存；崧泽文化时期发现一处规整的古水稻田，田垄清晰，周边有沟和干栏式建筑。这些发现都深化了对广福遗址和太湖东部地区早期文化的认识。

经初步鉴定，马家浜文化和崧泽文化时期的动物遗存已有数千件，有贝类、鱼类、爬行类、鸟类、哺乳类。哺乳类中，狗为家养动物，猪兼有家养和野生，其余均为野生动物。

（牛煜龙）

【新沂花厅新石器时代遗址】

发掘时间：2021年10月—2022年3月

工作单位：徐州博物馆

本年度发掘位于东西两区，均采用5×5米布方，实际共发掘面积303平方米。主要收获如下。

西区布5×5米探方7个，共发现房址3座，汉代墓葬1座。还发现有大面积的红烧土堆积，分布于整个发掘区。红烧土颗粒普遍较小，且较为均匀，从堆积形态看为人为堆垫形成；其中三处红烧土堆积较为密集，其范围近长方形，剖面呈斜壁的沟状；红烧土堆积上没有发现其他遗迹现象。目前红烧土性质尚不十分明确。

通过对发掘区周围的调查，确定有三处呈片状分布红烧土堆积密集区，此次发掘区的红烧土堆积分布于大部分发掘区。通过对该遗迹的发掘，可以确定红烧土主要堆积在地势低洼的沟壑内、坑内，堆积呈圜底状，最深处距离地表约1米。红烧土堆积可以分布若干层，除底部青灰色淤泥层为连续堆积外，其他红烧土层多不连续，由边缘向中间渐薄。红烧土堆积内较为纯净。堆积的最下层灰土层内，出土大量的生活遗存，陶器以夹砂红陶片为主，主要有鬶足等；石器有镞、斧、锛等。

东区布5×5米探方3个，共发现房址2座、灰坑3座及零散柱洞若干。

此外，西区发现汉代墓葬一座，编号为M70，开口耕土层下，长方形竖穴土坑，棺痕清晰，随葬陶罐2个。

通过梳理既往考古资料，结合此次考古

工作成果，基本确定了遗址东、西两区的功能和聚落布局，可以判断花厅遗址为大汶口文化时期的聚落遗址。其中西区为大汶口文化中晚期的聚落所在，该聚落遗址不仅有集中分布的墓葬（包含高规格墓葬），而且有居住区，二者规划有序。东区为大汶口文化早、中期的聚落所在，同样有房址、墓葬、灰坑等遗迹。从出土遗物特征来看，东区时代略早。

东区房址为圆形地面建筑，西区房址为浅坑建筑，有考究的较厚的红烧土堆积垫土，规模较大，这也是花厅聚落演变、逐渐由东区向西区迁移的结果。发掘结果显示，西区最初地貌为冲沟，后经过有意识的回填和整平，作为新的日常活动地域。

（郑洪全　原丰）

【建湖县大同铺东周至明清时期遗址】

发掘时间：2022年9—12月

工作单位：南京大学　南京博物院

大同铺遗址位于盐城市建湖县芦沟镇大同村，北距芦沟河约400米。2018—2022年，南京大学、南京博物院于该遗址连续开展发掘工作，2022年系第5次发掘。本年度共布5×5米探方18个，加上扩方，总计发掘面积计500平方米，发现了灰坑、灰沟、建筑基址、水井等丰富的生活遗迹。

发现的建筑基址，面积均不大，周围分布一些直径约15—36厘米、深约3—10厘米不等的柱坑。如F1平面呈不规则方形，长1.95米、宽1.7米；F2呈平面卵圆形，最长2.3米、最宽1.95米。发现的这些建筑遗存，不一定与居住有关，更可能为具有某种功能的建筑。发现的个别灰沟，沟边有密集但不规则的坑洞，也是非常值得注意的迹象。与2021年相比，本年度发掘区域可能为相对独立的功能单元。

总体来说，主体遗存年代属春秋晚期至战国早期，遗物主要为铜、骨、陶、原始瓷等四大类，也有少量的冶铜制品。出土的陶器，发现有以片麻岩作羼和料的做法。而原始瓷、铜器等器物，具有明显的越文化风格。结合遗迹和遗物推断，本年度发掘区域或周边地带应存在冶铜、制陶的功能单位。这些遗存，对进一步了解、研究江淮地区东周时期地方文化的分布和演变具有重要意义。

（白国柱　刘兴林）

【溧阳市刘庄村春秋时期土墩墓群】

发掘时间：2022年3—11月

工作单位：南京博物院

刘庄村土墩墓群位于原刘庄村东部的高岗台地上，南北向散落排开，原有土墩8座，自南向北编号为D1—D8，其中D6、D7受施工破坏，现状仅存6座。2021年，南京博物院对D4、D5和D8开展考古发掘工作，并于当年年底完成D4、D8野外发掘和验收。2022年完成D1、D2、D3、D5和D7的发掘工作。

D1，平面呈椭圆形，西部被破坏严重，东西直径7.3米，南北直径21.1米。共发掘墓葬4座，其中两座春秋时期墓葬，两座明清墓葬。器物群3处，出土器物29件/套。D1M2位于D1T1中部。D1M2为长方形竖穴土坑墓，长225厘米，宽126厘米。墓口距墩表深35厘米，墓深70厘米，不见葬具与人骨，方向为232°。随葬器物16件，包括泥质红陶罐、印纹硬陶罐、原始瓷碗、原始瓷盅等。

D2，平面近圆形。截至目前，共发掘墓葬3座，均为春秋时期墓葬，器物群2处。出土器物70余件/套。D2M3位于土墩中部，被盗严重。人字形木椁结构，有基槽，残存的随葬品在墓室东部，见陶鼎残片等。

D3，平面近圆形。截至目前，共发掘墓葬8座，均为春秋时期墓葬，器物群2处，围沟1处。出土器物60余件/套。D3G1位于D3墩体外围，打破生土。除墩体西边为现代取土破坏外，其余三面大部分保存完整。经局部解剖，围沟呈斜壁圜底，口宽约6.1米，深1.2米。

D5，平面近圆形。共发掘墓葬8座，均为春秋时期墓葬，器物群7处。出土器物70余件/套。D5M5位于D5T1中部偏东。近似长圆形竖穴土坑墓。墓口长249厘米，宽106—117厘米，墓底长232厘米，宽81—106厘米，墓坑深3—66厘米。不见葬具与人骨，方向为13.2度。墓葬填土土色呈黄褐色，土质为粉质黏土。随葬器物9件，包括原始瓷豆、陶釜、陶罐等。D5M8位于D5T5中部偏东。墓葬由环形丘垄、墓坑填土、人字形木椁建筑与封土结构四部分组成。随葬器物10件，包括原始瓷盅、陶釜、陶鼎、陶罐等。

D7，虽受施工破坏，但墩体外围仍残存围沟，是刘庄村土墩墓群中最具代表性的遗迹。

刘庄村土墩墓群的土墩墓均属于江南土墩墓群中的一墩多墓类型。此次发掘的土墩墓群分布有规可循，墓葬及相关遗迹较丰富，墓葬形制具有特色，并出土一批具有时代特征的遗物，为探讨江南地区土墩墓的时代演变和丧葬习俗提供了重要材料。

（陈　钰　贺亚炳）

【溧阳市古县西侧春秋至明清时期遗址】

发掘时间：2021年11月—2022年9月
工作单位：南京博物院

为配合永平嘉苑项目的建设，南京博物院联合溧阳市博物馆等单位对古县西侧地块进行发掘。发掘区位于江苏省溧阳市古县街道古县村西部约1千米处，北部为永平小学，南靠茶亭河，东部与古县遗址核心区隔美林路相望。发掘面积共计5100平方米，共清理遗迹322个，包括墓葬13座、水井7眼、灰坑191个、灰沟24条、洞类遗迹87个，出土文物小件602件（套）。其中，包括石器31件、铜器77件、铁器26件、瓷器313件和陶器154件。遗址时代从春秋延续至明清，以六朝时期堆积为主体。墓葬分属六朝、宋和清三个时代。六朝墓葬数量较少，其中M47为一处竖穴土坑墓，出土遗物包括"大泉当千""五铢"等铜钱，显示其年代为孙吴时期。宋代和清代墓葬主要集中在发掘区的东南部，数量近十座，均为平民墓葬。出土文物小件品类丰富，以瓷器和陶器为主，包括碗、盏、罐、豆、器盖等生活用具，砖、瓦当等建筑用具，纺轮、石/铁/铜斧、石镞等生产用具等，礼仪用器罕见。其中饼形器为此前考古发掘中少见，根据山东郯国故城的相关材料，可推知该器物作用应为陶器（或瓷器）等烧制时使用的垫片，具体使用方式仍待更多考古材料的证实。

此次发掘丰富了古县遗址的内涵，在工程施工前抢救出一批重要遗迹和遗物。水井是此次发掘的重要发现，共清理7眼建筑方式多样的水井。其中J6为陶井圈垒砌，J8井壁完全由瓦片层层堆叠而成，J9为一处五角或六角的砖井，J10壁由石块垒砌而成，J11由木头和竹子构筑，J12为六角砖井。J10、J11时代应属春秋，J6为汉代，J8、J9、J12为六朝。这些水井反映了不同时期水井多样的建筑方式，发掘队结合专家的意见针对J6、J8、J9、J10、J12五口水井采取迁移保护等措施，达到预期发掘效果。

（高　伟　余官玥）

【徐州云龙山汉代采石场遗址】

发掘时间：2022年2—8月

工作单位：徐州博物馆

云龙山汉代采石场遗址位于徐州市区南部，徐州博物馆西侧。2022年新清理、发掘的采石场遗址位于徐州博物馆门前和平路隧道工程范围内。地层堆积较为简单，第一层为硬化路面及建筑垃圾垫层，其下为云龙山山体，汉代采石遗迹即位于山体基岩上。考古工作证实，遗址主要包括有汉代和明清两个时期的遗存，汉代为采石手工业区，分布有较为密集的各类采石遗迹，发现有散落的汉代陶片、板瓦残片，但没有文化层堆积；明清时期为生活区，在采石留下的空坑中形成了局部较厚的文化堆积，因受晚期破坏，遗迹较少，出土遗物则较为丰富。

汉代采石遗迹是本次发掘最重要的收获，根据采石坑的分布情况，可分为三区，为与2004年发掘编号保持统一，依次编号为Ⅴ区、Ⅵ区、Ⅶ区。每个区的采石遗迹数量不同，但均相对集中分布。采石遗迹大致可分为四类，一是因石料持续开采形成的较大空坑，但已无法判断采石数量和规格，将其统编为一处采石坑；二是楔窝、錾痕、采石剥离面清晰的，并可以判断采石数量、采石规格及采石工艺，将其依次编号为采石坑；三是散落的楔窝、錾痕，应与石料开采预选或石料加工有关系，但无法判断采石情况；四是开凿的圆形柱洞，应与开采加工石料的工棚有关。共发现采石坑36处、楔窝95处、錾痕9处、柱洞8个以及"牛鼻"眼遗迹一处。

以Ⅵ区为例，分布面积约400平方米，共清理采石坑17处，还有大量楔窝、錾痕等采石遗迹。以ⅥK2为例，该遗迹位于该区北部，采石面呈不规则长方形，其西侧、北侧、东侧各残存有一长条形竖向楔窝，南侧为自然石裂隙。西侧和北侧楔窝因两侧石料已采走而残存一半，北侧残存楔窝长0.9米、深0.2米，西侧残存楔窝长0.82米、深0.34米。东侧楔窝保存完整，南北向长条形，横截面近倒梯形，口部长0.75米、宽2米、深0.2米。从采石剥离面分析该处采石坑上部已开采石料一块，剥离面上的楔窝是为了继续向下采石而留下的，采石规格东西长1.1米、南北宽0.75米，厚度不详。从发掘情况来看，应该在0.3—0.5米。

此次考古发掘工作进一步丰富了云龙山汉代采石场遗址的内涵，填补了原有采石场遗址的认识空白。云龙山汉代采石场遗址延续时间较长，是两汉时期官营的采石作坊区，对于研究徐州地区两汉时期诸侯王陵墓的塞石、封石等石料的开采、加工、运输具有重要意义；对于两汉时期的采石工艺和采石业研究具有重要价值。

（刘　娟）

【徐州驮篮山汉代遗址】

发掘时间：2022年8—12月

工作单位：徐州博物馆

驮篮山遗址位于徐州市经开区驮篮山路以北，荆马河以南，总占地面积约28万平方米。根据考古发掘需要，考古发掘由南向北依次编号为Ⅰ区、Ⅱ区、Ⅲ区。2022年度主要开展了Ⅱ区和Ⅲ区的考古发掘，其中Ⅱ区发掘已经完成，共计清理各类遗迹单位63个，其中灰坑26个，沟14条、建筑基址1座，路3条，采石楔窝3个，墓葬16座。Ⅲ区考古发掘正在进行中，截至目前共发现外藏坑或祔葬墓共8座，清理2座外藏坑，未发现随葬品。

Ⅱ区发掘的墓葬主要为清代—宋代群。其中明清墓葬均为竖穴土坑墓，大部分未有随葬品，部分墓葬有随葬铜钱。宋代墓葬均为竖穴土坑石椁墓，椁室由大石块垒砌而成，大部分墓葬遭到盗扰，出土器物主要有瓷碗、罐、铜钱等。尤为重要的是揭露的汉代遗存，如本次发现的采石遗存，从其形制与既往资料对比分析来看，为典型的汉代采石工艺，应为开采小型石材的孑遗。采石地点东距离驮篮山楚王墓M1垂直距离为120米，推测驮篮山楚王墓墓道和墓室内大量补石石材，或来源于墓葬周围山体区域。

L2由多条道路相互交错形成，无明显规律可寻，整体走向呈南北向，道路由细小碎石铺砌而成，碎石中夹杂较多陶片、铁凿、锤等，碎石为开凿驮篮山楚王墓墓室时的废弃石料残渣，被二次利用铺设道路使用。该道路被宋—清时期墓葬打破，平面分布较为零散，形制格局难以得到清晰认识。从道路现状来看，该路是由主体区域和若干分支组成，且部分道路存在人为主观设计的坡度、形状等特点。结合该道路中心坐标距离驮篮山楚王墓M1垂直距离为317米判断，该遗迹可能为陵园内道路遗存。

建筑基址F1，为一座带回廊的长方形建筑基址，东西残长50米、南北残长19.5米。从其分布的散水石、柱础石以及倒塌堆积来看，该建筑已经落成。F1与梁孝王陵寝园建筑形制有相似之处，如方形带回廊的建筑格局、回廊外排列整齐的卵石散水以及分组建筑等特征。该建筑基址应为陵园内一座礼制性建筑，且应与驮篮山楚王墓陵园具有紧密关系。

此次发掘揭露汉代遗存，首先为解决驮篮山楚王墓时代、墓主身份、陵园范围及文化内涵提供重要线索，同时对于研究徐州楚王墓陵寝制度、时代演变规律也提供了重要材料。

（王庆光）

【连云港海州饮马池汉代墓地】

发掘时间：2022年4—9月

工作单位：徐州博物馆（徐州市文物考古研究所　徐州汉画像石艺术馆）　连云港市文物保护和考古研究所

墓地位于连云港市海州区朐阳街道饮马池西侧台地上（大成砖厂旧址），地势较高，起伏较大，呈南高北低走向。

为配合饮马池地块出让建设，经国家文物局批准（考执字〔2022〕第〔416〕号），联合考古队对地块内所发现的古代遗存进行了配合性考古发掘。共发掘清理西汉至清代墓葬105座，其中汉代墓葬92座、唐宋时期墓葬7座、清代墓葬6座；西汉时期灰坑10个、灰沟1条、井1口、北宋时期石构墓垣1处。共出土各类文物及标本共计391件（套），器物时代特征明显，以陶器为主。

饮马池墓地发现的西汉时期墓葬共92座，占墓地墓葬数量比重近90%，证明这是一处汉代墓地，在墓地外围发现有类似隍壕遗迹设施。同时，饮马池汉代墓地也是一处典型的汉代大型墩式封土墓，与日照海曲、淮安王庄发现的汉代墩式封土墓一致，都是在一个大型土墩下分布有上百座汉代墓葬，墓葬分布集中，存在较多打破关系。墓葬形制以土坑墓、木椁墓为主，偶见石椁墓、瓮棺墓；墓向主要分南北向和东西向两类。同类墓向墓葬分布呈成排成组分布的特点，可能是同期墓葬或有家族关系的墓葬。大部分墓葬内棺椁及人骨整体保存状况较差，部分仅见棺椁朽痕，在棺底发现灰黑色草木灰痕迹。少量墓葬棺椁保存较好，棺椁结构清楚。出土陶器器物组合，呈现由早期鼎、盒、罐、壶向中晚期釉陶壶、釉陶瓿、陶罐的演化现象。通过对发现的西汉时期墓葬形制、打破关系及出土器物特征分析，所发现的墓葬时代大致从西汉早期延续至西汉晚期，墓地延续使用时间较长。

另一重要发现是发现1处北宋时期石构

墓垣。该石构墓垣被破坏严重，仅残存西段墙体，平面呈圆弧形，向发掘区以南延伸，残长21.6米、残宽0.68米、残高0.52米。石构墓垣墙体中间填充小碎石、砖瓦及陶瓷片，紧邻石构遗迹墙体西侧散落较多小碎石及砖瓦片，分布及形状无规则，推测可能是墙体的护坡或是墙体遭到破坏时，墙体两侧的大石块被取走二次利用，中间填充小碎石就地遗弃形成的迹象。从残存石构墓垣的平面形状和走向观察，推测该石构墓垣完整形状为圆形，复原直径约48米。此次在墓垣内发掘清理1座中型北宋时期双室石室墓。

饮马池墓地的发掘不仅为研究连云港海州地区西汉时期的历史文化面貌和社会经济发展水平及丧葬习俗提供了有力的资料，更为研究苏北鲁南地区汉代墓葬特别是汉代墩式封土墓类型提供了极其重要的新材料。

（朱良赛　陈渊明　杜　平）

【睢宁县下邳故城汉代遗址】

发掘时间：2022年2—10月

工作单位：南京博物院　睢宁县博物馆

下邳故城遗址位于睢宁县古邳镇北侧，南靠古邳镇约1千米，西北距岠山3千米。中心地理坐标北纬34°130′914″、东经117°906′021″。经国家文物局批准为主动性考古发掘项目，2022年度发掘面积800平方米，发掘目标是扩大揭露下邳炼铁铸炼遗址的范围，明晰其分布结构，进而研究其铸炼技术和生业性质，解决下邳铁官这一重大历史问题。同时，对下邳故城进行全面勘探，寻找其他功能分区。

2022年发掘工作分为两处，第一处是对原有城内发掘区的扩方和继续向下发掘。共在宋代地层内发现灰坑37处、柱洞7处、池3处、灶8座、磉墩建筑遗迹2处（编号F20、F21）；唐代地层发现窑址1座、窖1处、灰坑28处；魏晋地层发现灰坑29处、窑1处等。出土各类遗物200余件，以陶瓷器为主。第二处是对魏晋——明清下邳故城的西城门进行考古发掘。西城门考古发掘以勘探发现的城门为中心，揭露一段西城墙。该段城墙上由城门、早期主体城墙、晚期多次加筑层组成。城门为单门洞，南北宽约5米，仅在早期城墙主体内发现，并未向内外加筑层延伸，推测后期加筑时城门功能应被废弃。城墙内部为原始墙体，上部宽约5米，根据包含物判断，该主体应不晚于宋代，内外均有明清时期的多次加筑层，城外墙青砖包筑，现已倒塌，形成淤积层。本年度遗址勘探工作准确地找到了汉代下邳故城城墙的西北转角和西城墙北端一段，虽然大部分西城墙和南城墙因当地河道开挖未被发现，但汉代下邳故城遗址的范围已经确定，平面呈矩形，北端略窄，南北长1418、北墙长948米。

（马永强　徐　勇）

【溧阳市古县六朝时期遗址】

发掘时间：2022年3月—2023年1月

工作单位：南京博物院

溧阳古县遗址位于溧阳市古县街道永平小学南侧（原天目湖镇古县村），地处溧阳市南7.5千米。遗址北倚燕山，南邻茶亭河，现存面积25万平方米。

2019年，为配合溧阳市城市建设，南京博物院对古县遗址进行了全面的调查勘探工作。2020年8月至2021年4月，古县遗址考古队在遗址I区北侧揭露出六朝礼制建筑、院落建筑、道路和水井等重要遗存，经江苏省文物局组织专家组充分论证，溧阳市政府决定置换原本规划建设永平初中的地块。2021年下半年起，古县遗址考古工作以揭示城址四至为中心任务，重点探寻城墙分布走势及其堆积属性。截至2022年底，北城墙

（CQ1）、东城墙（CQ2）和南城墙（CQ3）的分布及其堆筑属性基本明确。北城墙和东城墙的解剖段皆起筑于生土层之上，以碎石、碎铁块、砖瓦碎块和蚬壳等物填充夯层，覆以细腻黄土层层夯筑，城墙外侧有包砖加固，局部有二次加固现象；南城墙解剖段的堆筑模式与之基本类似，不同之处在于南城墙之下有厚厚的垫土层，疑是地势低洼、靠近河道的缘故，墙外侧每间隔1米左右就有一根深深扎入地基的柱子（以坚固城墙）。同时，对西城墙的探寻，关于城门、道路等城址要素的发掘揭示也在同步展开。

（高　伟）

【南京市鼓楼区五佰村六朝至明清墓葬】

发掘时间：2020年5月—2022年8月
工作单位：南京市考古研究院

五佰村墓葬发掘项目位于幕府山南麓、南京市地下文物重点保护区"幕府山古墓葬群区"范围内。2019年经前期勘探发现，2022年8月发掘完成，共清理墓葬13座，包括六朝砖室墓5座（M2—M5、M11），明代砖室墓1座（M12），明代土坑墓1座（M13），清代晚期土坑墓6座。

M2—M5，四座砖室墓均为前后双室，南北向，东西并列分布。根据M3中出土的砖地券，确定这四座墓葬为东吴大将丁奉的家族墓。惜晚期扰乱较多，陵园建筑等茔园设施均已不存。

M2方向185度，前后室均为四边券进式穹隆顶，斜坡墓道。砖室由甬道、前室、后室等部分组成。出土有陶马、陶狗、陶羊、陶井等陶质明器以及青瓷碗、罐等。

M3亦为前后室穹隆顶砖室墓，方向190度。墓道阶梯状。砖室由甬道、前室、侧室、后室等部分组成。前室东侧连有侧室，四边券进式穹隆顶。出土器物有陶质牲畜栏、生产生活工具、魂瓶、骑马俑等明器以及金银饰、铜器等。

M4为前室穹隆顶、后券顶的竖穴土圹砖墓，方向186度。墓道由台阶式和坡道式两部分组成。砖室由甬道、前室、后室等部分组成。前室东西两侧砌有壁龛。出土有青瓷魂瓶、罐、扁壶、鐎斗、灶、鸡埘、羊圈、釉陶方盒等器物。

M5为前后室穹隆顶竖穴土圹砖室墓，方向183度。由斜坡墓道和砖室组成。砖室部分由甬道、前室、后室等部分组成。前室东西两侧砌有壁龛。后室平面长方形，后壁砌筑有壁龛。出土器物有青瓷魂瓶、水井、猪圈、羊圈、仓、房、盒等。

M11，东晋墓，竖穴土圹砖室，方向230度。分斜坡墓道和砖室两部分。砖室平面大致呈"凸"字形，全长7.6米，由封门墙、甬道、墓室和排水沟等部分组成。墓室平面为后壁略弧的长方形，券顶。墓室两壁及后部各有一直棂假窗，上设"凸"字形壁龛。排水沟从墓葬甬道开始顺着墓道的中线向东南方向延伸。因盗扰，仅残存部分器物，有陶案、陶榻、陶凭几、青瓷鸡首壶、青瓷盘口壶、青瓷盏、金环、滑石组佩等。

M12，明代墓，竖穴土圹券顶砖室，方向165度。分墓道和砖室两部分。墓道平面呈前窄后略宽的梯形。砖室平面呈"凸"字形，由封门墙、甬道、墓室等部分组成。墓室东西两壁及后壁各设置一个壁龛。因盗扰，仅残存部分器物，有墓志、买地券、韩瓶、铜钱等。

M13为竖穴土坑墓，与M12墓向、开口一致，应为M12的祔葬墓。墓长3.25米、宽1.75—1.9米、深1.95米。墓内可见棺痕，棺长1.95米、宽0.55—0.7米、残高0.45米。出土器物有簪、钗、耳坠、白瓷罐等。

五佰村发掘的东吴丁奉家族墓和东晋

墓，对于研究南京地区六朝时期的家族墓葬以及葬制葬俗等具有重要意义；发掘的明墓，规模较大，为明代早期墓葬研究提供了新材料。

（周保华）

【新安市城南村六朝至明清墓葬群】

发掘时间：2022年3—12月

工作单位：徐州博物馆　淮安市文物保护和考古研究所　楚州博物馆

淮安市淮安区城南村六朝至明清墓葬群位于淮安区，东至运东路，南至跃进路，西至里运河堤，北至电大西路。为了配合淮安市新安小学南校区的建设，对前期勘探发现的遗迹进行了发掘，共清理墓葬165座，灰坑14座和明堂2座。

墓葬形制有砖室墓和土坑竖穴木棺墓两类，时代为六朝、唐代、宋代、明代和清代。明堂均为砖砌，时代为明代。出土陶器、瓷器、金银器、漆木器、铜镜、墓志铭及钱币等随葬器物共460余件（套）。

六朝墓葬共10座，均为土坑竖穴木棺墓；唐代墓葬31座，1座土坑墓，其余30座为砖室墓，有的带斜坡墓道，有的墓室呈船形；宋代墓葬59座，6座为砖室墓，其余53座为土坑墓；明清墓葬共65座，均为土坑竖穴木棺墓。

出土器物中，六朝墓葬多为青瓷器，有鸡首壶、盘口壶、四系罐、唾壶和虎子等；唐代墓葬出土的生肖俑，男、女侍俑均为淮安地区首次出土；唐、宋墓葬出土的花瓣口漆碗、漆盘和漆盏托、青瓷执壶、青瓷斗笠碗和墓志铭等；明代墓葬出土的木质龙纹带胯、青花碗、"顾氏"龙泉窑青瓷碗等均为珍贵或精美文物。在发掘区南侧清理了一处家族墓园，从西向东依次为石牌坊、明堂和墓葬，在墓园南、北两侧有两条自然沟，分别向西北和东南延伸。墓园共有2座墓葬（编号M13和M35），出土各类器物60余件（套），根据墓志铭（共3套）文可知，该处墓地为明代丁英、丁裕家族墓，其中丁英封镇国将军，丁裕为淮安卫指挥使，生前均因战功累获功勋或职务。

该处墓地墓葬数量较多，时代跨度大，出土器物丰富多样，对研究该地区六朝至明清时期的丧葬习俗和历史文化具有重要的价值和意义。其中，六朝土坑墓是淮安地区一次性发掘数量最多的一处墓地，时代为东晋晚期至南朝中晚期，不仅丰富了六朝墓葬的类型学研究，同时对淮安筑城史的研究具有非常重要的参考价值；明代丁氏家族墓出土的青花和青瓷碗，为明代瓷器的断代增添了新材料，墓志铭文为淮安地方志，特别是为明代淮安卫所制度沿革的研究提供了珍贵的新材料。

（祁小东　金　媚　吴桐）

【南京市评事街萧梁时期建筑遗址】

发掘时间：2021年5月—2022年3月

工作单位：南京市考古研究院

为了配合评事街历史风貌旅游街区的建设，南京市考古研究院在南京市秦淮区评事街以东，绒庄街以西，泥马巷以南的A地块进行了考古发掘。此次考古发掘1000平方米，共揭露出六朝至明代等各个时期的各类遗迹144处，其中南朝时期遗迹有房址2处，道路1条，水井3口、沟2处、灰坑47处。遗迹种类多样，时代明确，内涵丰富，是六朝建康城考古的一次重要发现。现将一些重要遗迹择要介绍如下。

两处建筑基址（编号F2、F3），因发掘面积所限，F2没有完全揭露，因此介绍以F3为主。F3是一处开口于⑥a下东西向的建筑，是一处平面呈长方形，东西6.0米、南北9.3米夯土基址，夯土平面南侧、东侧、西侧现残留部分单砖平砌包砖。夯土制作流程为先挖一东西6.6米、南北10.5米的基坑，在基坑内填土夯筑，坑内四层，坑上两层，一层黑土，一层夯土，交相夯筑。

夯土基址上发现了众多的方形坑和圆形坑。功能上可分为三类，建筑承重之坑、瘗埋器物之坑、灰坑（普通灰坑12个：H40、H46、H51、H53、H57、H58、H64、H65、H70等）。

一、建筑承重之坑14个，按形状可分为三类，一类位于夯土中心的方坑：H110等；另一类为圆形坑：H39等；还有一类为长方形坑：H90等。

H110位于F3的中心位置，平面呈近长方形，方坑东边被破坏无存，南、北边残存部分，仅西边保存完整，长约0.95米，基本位于夯土建筑的中心位置。坑壁向下呈近直，坑深1.20米，底部宽度0.80米。坑内部填土分③层，根据对H110的发掘解剖，初步推断H110是一具有承重功能的磉墩，是整座建筑的核心部分。

二、瘗埋器物之坑在F3夯土基址南侧有四个方坑，分别为H52、H54、H100、H101。

H52位于夯土基址西缘中段，平面呈近方形，边长0.28米、深0.18米。坑内出土有铜质器物14件：有三子钗、带饰、高足承盘、勺、铃铛、钩等15件文物。

H54：平面呈近方形，边长0.33米，坑壁向下打破夯土基址的夯土层，呈直壁、平底。自深0.35米，坑内出土三件完整器物：青瓷罐、青瓷钵、青瓷碗。

H100位于F3西部中段，平面层长方形，东西长0.33米、南北宽0.25米、深0.14—0.20米。坑底中西部为2块青砖，平置。坑内出土青瓷器盖、铜带钩及铁钱等。

H101位于F3的西部中段，平面呈近方形，边长0.50米、深0.26米，坑内出土一圆柱形锈蚀严重的金属块。经初步清理，圆柱形金属块下部为一直径为42厘米的圆形铜容器，其内装满铁五铢钱，盆外附着成串的锈蚀铁钱，与铜盆锈为一体。根据地层及出土铁五铢钱及青瓷罐，基本可以确定F3的建造时代为南朝萧梁时期。

此外，在F3夯土基址外的附近区域还发现四个灰坑（暂按原灰坑编号：H107、H116、H117、H118），形状两方两圆，瘗埋有陶、瓷罐，罐内均存有人骨，经初步认定，应为婴幼儿的遗骨。

此次考古发掘，比较完整地揭露了以F3为核心建筑的一组南朝梁代遗迹，建筑中心的方形磉墩及周边的方形、圆形的坑洞为了解南朝建筑的建造工艺提供了科学的基础资料。建筑夯土内发现的四处瘗埋器物的方坑，有专门瘗埋铜器、青瓷器、铁五铢钱的坑，是六朝建康城考古的首次发现。这些器物均是有意瘗埋，应与时人的宗教祭祀活动相关。此外，F3附近还发现了四处瘗埋早夭幼儿的墓葬，初步推断F3或为一处宗教礼仪性建筑。其丰富的内涵有待进一步的研究。

该地块位于六朝建康都城西南，运渎以东，秦淮河以北，宣阳门至朱雀航六朝御道之西，文献记载此区域是世家大族园宅和佛教寺院集中分布区。然而，要将此次发掘的遗迹与历史文献记载具体对应有较大的难度，但此次发掘的遗迹、遗物在六朝建康城考古中无疑是一次新的重要发现，对研究六朝建康城市布局及南朝人的思想、信仰提供了新材料。

（王　宏）

【如皋市徐家桥唐宋时期遗址】

发掘时间：2022年3—7月

工作单位：南京大学等

徐家桥遗址位于如皋市如城街道东部新民村16组。遗址东、西两侧为耕地，西侧距兴源大道约400米，南侧紧靠古通扬运河北岸，距十里铺路约350米，北侧与蟠溪北路相接，东侧距东陈镇汤湾村约500米。遗址范围为南北长约90—120米，东西宽约200米。遗址南侧的古通扬运河（掘沟）作为大运河的支线运河，其考古工作长期是空白状态。为了解徐家桥遗址的分布范围、地层堆积情况、文化内涵、遗址价值以及古通扬运河沿线唐宋至明清时代的聚落变迁，经江苏省文物局及国家文物局的大力支持和批准，南京大学组织人员展开考古发掘工作。

经过6个月的考古发掘与整理工作，弄清了遗址的地层堆积，包括第①层现代耕土层、扰乱层；第②层：元代至南宋层；第③层：唐、五代地层；第④层：生土层。遗迹现象主要以河道、灰沟、灰坑为主。其中南宋遗迹8处，包括灰坑3处、灰沟4条、河道1条，编号为H1、H2、H3、G1、G2、G4、G7、G3；北宋灰沟1条，编号为G6；五代灰沟1条，编号为G5；唐代运河遗迹1处，编号为G8（掘沟运河遗迹）。共出土遗物标本200余件，以瓷器为主，青瓷碗、青白瓷碗占大宗，清白瓷盘、黑釉（酱釉）瓷盏次之。另有较多砖瓦构件、少量釉陶器、铁器、铜像、铜钱等。

此次考古发掘基本完成了初定的学术目标。第一，明确了遗址的时代，并初步确认遗址性质。遗址为唐宋时期掘沟运河沿岸的聚落遗迹，相关考古发现为认识古通扬运河的历史和文化提供了重要资料。第二，对明确遗址南侧的"掘沟"运河遗迹之时代获得直接证据。基本可以肯定是唐代日本高僧圆仁所记载的隋炀帝时代开挖的运河工程遗迹，填补了汉代吴王刘濞开挖运盐河—清代通扬运河—隋唐时代"掘沟"运河实物资料的考古空白，使得从春秋时代开始的邗沟—西汉初的东邗沟（运盐河）—隋唐时代掘沟—清代古通扬运河—现代新通扬运河的前后演变传承关系，从文献到实物的证据链变得更加鲜活。同时，掘沟位置的确定及徐家桥遗址的发现也对圆仁《入唐求法巡礼行记》中记载的由掘港（今如东县城）国清寺至如皋段的一系列见闻、景观、地名等获得更准确的考古解读。

（贺云翱　刘　成）

【扬州市桑树脚唐宋建筑基址群】

发掘时间：2022年9—12月

工作单位：中国社会科学院考古研究所　南京博物院　扬州市文物考古研究所

扬州市桑树脚唐宋时期大型建筑基址群位于邗江区友谊路的东西两侧，占地面积20余万平方米。其位于扬州城遗址唐子城以南，唐罗城中北部，宋夹城以东，宋大城以北。

区域内，曾发掘明确了唐子城东城墙与南城墙相接处的内拐角；2017—2021年，发掘揭露出晚唐五代时期面阔不少于11间、进深4间的大型建筑基址（F2），明确了夯土墙（Q1）和中部大型夯土台基等，出土了晚唐杨吴时期的"官""官田""官春""春瓦""庆"等戳印瓦、莲花纹瓦当，宋代大型建筑构件鸱吻等。2022年，发掘解明了夯土墙（Q1）南北段、东西段和结合部的基本情况，基本明确了夯土墙（Q1）的方向、夯筑结构、基槽、时代等，进一步推进了大型建筑基址（F2）与夯土墙（Q1）早晚关系的认识。

夯土墙（Q1）的发掘，首次确认了扬州唐代罗城北墙西段的存在。以F2为核心的建筑基址群规模较大，出土了晚唐杨吴时期的"官"字款瓦和莲花纹瓦当等高等级建筑构件、宋代大型鸱吻等遗物，推测其或与官署或寺院相关。桑树脚遗址的发掘加深了对扬州蜀岗古城、唐代子城和罗城、宋堡城和夹城的城墙关系和春秋吴邗沟、隋唐淮南运河、宋夹城城壕等水系演变的认识，推动了对扬州城不同历史时期空间格局演变研究的深入。

（王　睿　王小迎　赵　静　汪　勃）

【东台市缪杭唐宋至明清遗址】

发掘时间：2022年9—12月

工作单位：南京博物院　盐城市博物馆　东台市博物馆

缪杭遗址是泰东河之东、梁垛河西岸的一处唐宋—明清时期遗址，遗址位于东台市梁垛镇董贤村九组，旧属缪杭村。东距梁垛河约300米，西距泰东河约3千米，西北距䢒郎村遗址约3.5千米，西距泰河村遗址约3千米。缪杭遗址大部分区域压在民房之下，东部被取土坑破坏，遗址核心区四周被老河道环绕，面积约5万平方米。

缪杭遗址北部紧靠规划中待建的兴东高速公路主线，2022年为配合兴东高速建设工程，经国家文物局批准，考古发掘红线范围内遗址区域1000平方米，发掘区布设10×10米探方8个、5×10米探方2个、3×50米探沟一条，另在遗址外围布设探沟3条。截至目前，缪杭遗址发掘共清理灰坑17个，灰沟9条，水井1眼。各类遗迹的年代多为宋—明清时期。其中G1为缪杭遗址目前发现的体量最大的遗迹，东西长约32.2米，南北宽9.3米，深1.9米，为人工开挖的水池或水沟，其北部有一眼井（J1）紧邻G1。G7、H2、G6和H8可能与盐业生产有一定关系。

目前，遗址共出土瓷器和陶器等遗物140余件。瓷器数量最多，瓷器主要有碗、盘、杯和盅等，多为民窑瓷器，底部多数无款识，少数瓷片底部有"草记款"。根据出土瓷器判断，2022年发掘区遗存的主体年代应为宋—明清时期，个别遗迹年代为晚唐时期。据考古调查和发掘可知，缪杭遗址核心区的年代最早可至唐宋时期，与盐业生产有一定关联。明清时期海岸线东移，此地已不再适合盐业生产，变为普通村落。

（陈　刚　杨广帅）

【南京市秦淮区科举博物馆宋代建筑基址】

发掘时间：2020年6月—2022年6月

工作单位：南京市考古研究院

南京市秦淮区科举博物馆宋代建筑基址位于南京夫子庙。为配合科举博物馆二期工程建设，经国家文物局批准，南京市考古研究院对该项目进行考古发掘。

地块内发现宋代至清代灰坑、灰沟、道路、房址等遗迹。其中，以宋代建筑基址最为重要，由五座建筑基础构成，上部受到严重扰乱，仅存磉墩基础。其中，中部为三座较为大型的建筑（F2、F3、F6），以连廊相连。F2、F3、F6平面均呈长方形。其中，F2位于中部，保存相对较好，为面阔五间、进深两间的建筑。F3、F6分别位于F2的南北两侧，因受到晚期扰乱，进深不详。F3南侧有一连廊在东、西两侧向北延伸，北侧建筑因被晚期建筑扰乱不详。三座大型建筑、连廊两侧，各发现一座面阔三间、进深两间的小型建筑（F4、F5），与F2以连廊相连。经解剖，建筑基址磉墩以碎砖块、瓦砾及红褐色土相间砌筑而成。砖瓦砾层含青瓷片、青白瓷片、酱釉瓷片等遗物，其中砖瓦及瓷片较为细碎，遗物年代多为五代至宋代，据出土遗物推测该磉墩建筑年代不晚于宋代。

F2–F6构成的宋代建筑，从磉墩规模来看，应属官式建筑。该房址所在区域在明清江南贡院地块范围内。根据历史文献，贡院的历史可上溯至宋代。结合相关文献有关宋代建康府贡院地望和布局的记载，此次考古发掘的宋代建筑，疑与宋代建康府贡院密切相关，对于研究江南贡院的文化传承具有重要意义。

（苏　舒）

【淮安府城庆成门遗址】

发掘时间：2022年3—11月

工作单位：徐州博物馆（徐州市文物考古研究所　徐州汉画像石艺术馆）淮安市文物保护和考古研究所

庆成门是唐宋楚州城和元明清淮安府旧城的西门，原称望云门，清末改称庆成门。旧城始建于东晋义熙七年，分广陵立山阳郡，于此地筑城。遗址位于淮安市淮安区运河小街东侧、兵马司巷西侧、镇淮楼西路南侧、文渠北侧。

此次发掘是为配合淮安区庆成门遗址公园项目建设，共布设10×10米的探方44个，2条解剖沟，实际发掘面积约3000平方米，出土遗物共计50件，有陶瓷器标本、铭文砖、礌石、门鼓石、石刻构件等。

此次发掘，揭露出了庆成门城楼台基、城门、城墙、瓮城的整体格局。发现瓮城1处，城门洞2处，城楼台基1处，西城墙2段，道路6条，排水沟2处，土地庙1座，城内发现明清房址3处。

城门楼已毁，仅存城楼台基、门洞及部分建筑构件。城楼台基南北长70米，东西宽20米，内部由灰黄色黏土夯筑，土质致密，含砖瓦碎块，保存较好，内外两侧包砌城砖。城台东侧外立面包砖保存较好，高2.8米，其它地方包砖有毁坏。西门门洞东西长约20米，南北宽5.6米，门洞北侧包砖大部分已毁，南侧底部残存部分城砖，券顶已毁，包砖可见两次营建的痕迹，门洞底部有多层砖铺路面。

瓮城保存有南、北、西三面城墙，西墙南北长约70米，宽约8.5米，南墙长36米，宽8.5米。瓮城城墙内部为夯土，两侧包砌城砖，大部分已毁，仅底部保存少数包砖。瓮城门朝北，南北长10.6米，东西宽约5.2米，仅残存底部包砖。

城墙砌砖由外皮和"填馅"两部分构成，"填馅"用残砖砌就，用砖杂乱。外皮包砖均采用"线道砖"做法，黏合剂含有白灰和糯米。墙体内发现南宋铭文砖，有"建康都统司"、"（楚）州乙酉"等，另发现有"盐城县里长下"铭文砖。

（刘光亮　郭　灿　陈　冬）

【苏州市相城区陆慕元和塘窑址】

发掘时间：2022年4—11月

工作单位：苏州市考古研究所

陆慕元和塘古窑址位于苏州市相城区陆慕老街元和塘两岸。2020年为配合"苏州市相城区元和街道元和塘两侧陆慕老街商住项目"建设，苏州市考古研究所曾对该地块进行了考古调查、勘探，发现了窑址和水井等文化遗存，并于2021年对相关遗存分四个发掘区域进行了考古发掘工作，发现了完整的明清大型古窑遗址群。

在2021年度工作基础上，2022年度的考古发掘工作主要集中在Ⅱ区，累计发掘1300平方米，发现遗迹33个，其中窑址8座、灰坑10个、房址2个、路9条、沟4条，出土金砖、陶罐和陶灯等各类文物71件。

在该区域相关窑址的发掘过程中，皆发现有一批灯、尊和罐等黑陶器，据初步比对，这些器物和南宋都城临安出土的器物非常接近，且与《中兴礼书》记载的在南宋初年有祭祀陶器"下平江府烧变"相吻合。因此，初步推测这类器物的烧造地点极有可能就在此次发掘区域附近，即所谓的"平江官窑"所在。

元和塘古窑址是目前苏州已发现的古窑遗存中分布范围最广、延续时间最长、数量最多、面积最广、保存最完整、等级最高的窑业遗存，具有极高的考古和历史研究价值。

（刘芳芳）

【淮安市清代板闸镇聚落遗址】

发掘时间：2021年11月—2022年6月

工作单位：徐州博物馆　淮安市文物保护和考古研究所

板闸镇遗址位于淮安市生态文旅区枚皋路和翔宇大道交汇处西南侧，北距全国重点文物保护单位板闸遗址约200米。为配合水工科技馆建设，淮安市文物保护和考古研究所联合徐州博物馆对建设范围内的遗址区域进行了考古发掘。发掘面积8787平方米，清理院落基址43座（含1座寺庙基址）、其他房址18座、道路18条、沟3条、栈桥2座、墓葬1座、古河道1条，清理和采集陶、瓷、金属、玉石、琉璃、竹木、骨蚌等各类器物1965件。

发掘区域内普通民居与大型活动场所齐备，路网横纵交错、四通八达，排水沟渠蜿蜒分布、汇流入河，出土器物十分丰富，时代特色与生活气息浓厚，共同构成了一处繁华的集镇聚落。遗址地近板闸和明清淮安钞关，且出土器物年代集中于清代康、雍、乾时期，结合文献记载，推断此处应为清代早、中期板闸镇遗址的部分区域。

明朝永乐年间，陈瑄循北宋沙河故道凿通运河，开埠清江浦，于此地修筑板闸。宣德年间，由于此处"居两淮之咽喉，贯淮扬之通衢"，又设立钞关，至迟在天启年间已发展成镇。后两淮盐业、漕运日渐发达，淮关之地位日益提高，板闸镇也愈见兴盛。根据考古发掘的遗存年代来看，清康熙年间，板闸镇已扩张至此次发掘区范围内。发掘区西侧使用时间明显偏长，而东侧堆积略薄，存续时间较短，这反映出该聚落由西向东、由板闸镇中心逐渐向外扩张的过程。

清乾隆三十九年（1774年）八月，黄河于淮安老坝口一带决堤，洪水沿运河漫溢至高邮宝应一带，淮安钞关衙门和板闸镇均被淹没，水退以后平地积沙八九尺，钵池山堙为平陆，基本不存，山子湖也被淤平，仅存一线。这与遗址上方所存的黄泛泥沙层相吻合。发掘区保存较为完整的各类房址和房内密集堆叠、类型多样的器物，充分反映了遗址废弃的突发性。

该遗址为淮安地区首次发现的清代集镇聚落遗址，属于洪水灾害遗址。其形成方式与盱眙泗州城类似，均因遭洪水没顶而得以较好保留。遗址内遗迹类型多样、功能完备、布局规整，其编芦作屋的建筑方式独具地域特色，出土器物数量丰富，且饱含生活气息，为复原清代早中期当地城镇的布局结构、人文风貌，乃至居民生计方式、自然地理变迁等提供了重要的实物资料。

（胡　兵　赵李博　张荣鑫）

【苏州市姑苏区金狮河沿窖藏】

发掘时间：2022年5—6月

工作单位：苏州市考古研究所

金狮河沿窖藏位于苏州市姑苏区金狮河沿45号院内西南部，在金狮文化科技产业园提档升级工程施工中发现。苏州市考古研究所对发现的文物遗存和相关区域进行了有针对性的抢救性考古发掘工作，累计发掘10

平方米，发现窖藏1处，出土陶缸、瓷塑、瓷绣墩、瓷盘、瓷花盆、瓷茶具、铜壶、铜钵、铜炉、铜盒和玻璃杯等完整及可复原遗物120余件（组）。

此次窖藏内出土器物丰富多样，品质优良，涉及铜器、合金器、玉石器、紫砂器、瓷器、玻璃器、铁器和漆木器等，根据器物特征可辨大多为民国时期风格，虽然瓷器中有"大清雍正年制"和"乾隆年制"等款识，亦发现有清代同治时期风格的粉彩龙凤纹绣墩，但经比对研判后，其均应为民国时期仿制的清代瓷器。

窖藏出土部分器物上黏有报纸，大多腐朽，仅有零星残片依稀可辨，其书写均为繁体，且采用竖版排版文稿。可辨文字内容有"北平圖書館善……六開本……十五……"和"至江蘇……張金相等均……軍委辦公廳主任徐永昌，前往……鋑談，……軍事……中央社記著往訪……論在政治上或軍事上負……委員長委任江蘇綏靖主任職……報……"等，再结合掩埋窖藏地层关系、包含物情况和苏州于1937年11月19日沦陷的历史史实，初步推测该窖藏的具体埋藏时间应为1937年11月。

从此次窖藏出土器物及其组合特征，结合采集到有孙中山大总统像和部分器物包裹有报纸等，推测窖藏主人很可能为民国时期国民党政府的军政要人。出土铜牌饰上阴刻有"考公總指揮華廈落成之喜"和"職胡品三敬贈"，出土铜炉上阴刻有"考三師長惠存"和"舊職張策勳贈"，由此可见窖藏主人为军官的可能性最大。

此次窖藏出土器物大多成双成对，应为当时日常生活陈设用品，用途大多涉及日常摆件和文案用品等，另有成组成套的茶具和厨房用具出土，应为窖藏主人平常生活中喜爱之物。

综上，经过对金狮河沿窖藏出土器物和信息的初步梳理分析，推断其为一处民国时期窖藏遗存，其主人为国民党政府军队要职人员，由于战乱中苏州沦陷在即，迫不得已把家庭日常陈设及喜爱之物掩埋于地下而形成了一处窖藏遗存。

（孙明利　张志清）

【溧阳市胥河新石器时代至商周时期遗址考古调查勘探】

调查时间：2021年10月—2022年6月

工作单位：南京博物院　溧阳市博物馆

在江苏省文物科研课题《胥河溧阳段商周及新石器时代古遗址古墓葬研究》支持下，南京博物院考古研究所与溧阳市博物馆在溧阳境内胥河流域开展了考古调查与勘探工作。胥河溧阳段考古调查勘探也是"江苏地域文明探源工程"预研究阶段的重要工作。

调查所指胥河属广义范畴，位于长江三角洲西部，横跨芜湖、高淳、溧阳、宜兴四地。上通长江、固城湖，下达太湖，高淳胥溪河入溧阳后分为中河和南河两支，溧阳中河、南河在宜兴境内分别称北溪河、南溪河，两河流经西氿、团氿和东氿，最终注入太湖。胥河溧阳段考古调查覆盖面积近160平方千米，约为溧阳总面积的10%。勘探面积约81万平方米。此次调查复核了17处胥河溧阳段沿线相关全国第三次文物普查点，对11处遗址进行了调查和勘探工作，调查了141处土墩墓，记录了40处陶片采集点。这11处遗址点中，除4处（平陵城址、观山遗址、店上遗址、高坂遗址）为以往调查所发现，除此次进行复查之外，其余7处均为此次调查中新发现的遗址点。141处土墩墓多位于胥河北岸的上兴镇、竹箦镇和别桥镇，年代可晚至东周，调查区域内土墩墓常密集排列于胥河支流之间的岗地之上，绵延数百米，呈串珠状分布。墓群周边河流两岸的低阶地上还分布年代相近的居住址，从而构成一个较为完整的聚落体系。

此次调查遗址在一定程度上可大体反映出先秦时期太湖西部胥河流域的整体文化面貌和基本文化序列。其中新石器时代遗址有3处，分别为高坂、观山、玗西遗址；商周遗址7处，分别为泉水湾、胡巷里、蛮岗山、新典遗址、东高头、戚笪里遗址和店上遗址；平陵城址年代存疑。高坂、观山、玗西遗址主体遗存文化面貌和性质可以归入骆驼墩文化；戚笪里遗址采集到具有湖熟文化风格的刻槽盆和夹砂红陶残片；高坂遗址多见泥质黑、灰陶叶脉纹残片；泉水湾采集到泥质黑陶豆，饰有云雷纹，带有马桥文化风格。上述遗存所见并不丰富，但也大致反映了该地区夏商时期的文化特征；店上、泉水湾、胡巷里、蛮岗山、新典、东高头、戚笪里等遗址为代表的商周时期遗址及其周边的大部分土墩墓可纳入吴文化范畴；夏商时期溧阳胥河流域土墩墓及其聚落遗址数量众多，广泛分布于整个胥河流域，表现出这一时期吴文化的繁荣兴盛。骆驼墩文化和西周至春秋时期两个重要时间段，代表了太湖西部胥河流域文化发展的两大高峰。

（曹　军　葛昕炜）

【宜兴市宜溧山地新石器时代至春秋时期遗址考古调查勘探】

调查时间：2022年10—12月

工作单位：南京博物院

调查区域为宜兴市境内的山间谷地与山前平原地带，包含骆驼墩遗址至湖㳇、丁蜀一带的山谷地区。骆驼墩遗址位于宜兴市新街街道塘南村，于2002年进行过发掘，分别在南区、北区发现了骆驼墩文化时期的房址与墓葬。此次调查勘探工作分为地面调查与地下勘探两部分，旨在进一步明确遗址分布范围，分析遗址不同功能区域及其关系。地面调查采用区域系统调查方法，截至目前，已完成南部6个区域的地面调查，尚存北部3个区域未开展调查。当前的调查结果显示遗址上存在骆驼墩文化与春秋时期遗存，表明骆驼墩遗址在春秋时期已有较频繁的人类活动。

为进一步探明骆驼墩墩体上的人类活动范围、区域功能以及是否存在外围设施，采用RTK放样布孔在骆驼墩墩体上进行钻探，探孔间隔一般为5米，已钻探300余孔。勘探显示骆驼墩当前墩体的中部以北、以东区域分布有文化层，包含遗物大多数为红烧土颗粒，应该是骆驼墩文化的房址，为史前时期聚落居住区域；墩体南部、西南位置基本无文化层分布。目前，针对骆驼墩遗址的工作还在持续进行中，在全部工作完成后将会对遗址形成更加清楚的认识。

（胡颖芳　贺亚炳）

【宝应县"九里一千墩"汉墓群及射阳故城考古调查勘探】

勘探时间：2022年1—12月

工作单位：南京大学　宝应博物馆

为认识古代大运河起源段——邗沟中部的重要城市——今宝应县射阳故城遗址的分布范围、总体布局、文化层堆积等问题，并为落实《江苏省大运河文化遗产保护传承规划》及编制《"九里一千墩"汉墓群保护规划》提供科学依据，南京大学联合宝应博物馆等，对射阳湖镇地区文化遗存开展考古调查、勘探工作。此次考古调查、勘探面积约20平方千米，基本摸清了射阳故城遗址区域内重要遗迹分布和地层堆积状况等。

射阳故城遗址调查勘探工作主要围绕城址分布区所在、分布面积、是否有城墙基址或护城壕沟、城市中心区、城址墓葬区即地方文献记载的"九里一千墩"汉墓群所在区域、地下墓葬分布现状等问题而开展。考古工作范围北至新331省道，南至宝射河，西至天平社区和陈琳路一线，东至古邗沟和油坊村一线。勘探发现，遗迹分布大体分为北部的城址区和南部的墓葬区，两者以东西走向的宋泾河为界。城址区东西长约700米，南北宽约800米，面积约56万平方米。城址四周未发现城墙类遗迹，但是存在有古河道（护城壕沟）遗迹。城址核心区域东西长约200米，南北宽约200米，其中安益嘉园小区文化层堆积丰富，其他区域文化层较薄，四周也存在古河道（护城壕沟）遗迹。勘探区域内地层堆积情况自上而下为深灰褐色土、灰黄色土、黑褐色土、黄褐色土四个层位，其中第三层砖瓦堆积较多，为主要文化层，时代是汉代到六朝早期。墓葬区主要分布于宋泾河以南，该区在地方文献中称"九里一千墩"，如今地表仅存十余个墓墩，其他大多已被村民开挖成藕塘或鱼塘，无法进行大面积拉网式调查勘探，因此只能对陆地区域开展勘探工作。经勘探，墓葬区地下尚存236处墓墩，已全部做定位、编号和绘图，并在卫星地图上画出墓墩大致形状，同时对已探明墓墩进行了现状航拍。墓墩遗迹平面多为正方形（或接近正方形），边长约为25—35米，最大的为65米，最小的为20米，上部地层普遍厚为0.7—1米。地层堆积是：①层为浅灰褐色土，土质松散，为耕土层；②层为黄灰色花土，土质较致密，为墓墩垫土或夯土层；③层浅黄色土，土质致密、纯净，为生土层。

此次考古不仅首次对射阳故城遗址（含"九里一千墩"汉墓群区）做了较全面的调查勘探工作，还对射阳湖镇境内古邗沟区域进行了大规模考古调查，初步摸清了古邗沟的分布范围及走向。古邗沟实际从射阳湖湖区进入古镇区域，沿着镇区北侧安丰河向西北方向延伸。射阳故城和周边范围考古调查勘探工作及其收获，对认识古邗沟中部区域的遗迹分布，特别是古射阳城的遗迹分布、文化面貌等提供了宝贵资料，为下一步更加深入地开展大运河起源段考古研究工作及相关文物保护工作奠定了科学基础。

（贺云翱　王碧顺）

浙江省

【安吉县上白塘旧石器时代遗址】

发掘时间：2022年6—12月

工作单位：浙江省文物考古研究所　安吉县文广新局

遗址位于安吉县天子湖镇高禹村，南距高禹村1千米，东距G235国道500米，北邻南湖林场三大队，距七里亭和上马坎遗址均20千米左右。因湖州省际承接产业转移示范区安吉分区的建设，对其进行配合性发掘。发掘面积约1100平方米，出土石制品700余件，大体属于中更新世晚期至晚更新世早期。

地层堆积较厚，从上至下可划分为4层，分别为耕土层、黄黏土层、红褐黏土层和网纹红土层。下部未发掘部分为河流相的斜向层理与砂砾混杂的河道滞留沉积。在第4层，一次强水流携带来大量鹅卵石，此时，古人类在河边零星活动。在第3层，河流改道，河床被填平，该时段是人类活动的高峰期，形成了一个由北向南略倾斜的活动面。

在石料上，石英砂岩和各类硅质岩（包括玉髓、玉髓化的凝灰岩、燧石、玛瑙等）数量相当，但古人类并未对优质原料进行更充分的利用，可能由于原料丰富所致。近源为下部河滩出露的砾石层。此外，周边二叠系栖霞组硅质条带中含燧石和玉髓，白垩系的七方村组发育有石英砂岩，侏罗的广德组发育凝灰岩。

石制品的产状无明显规律，边缘锋利，磨蚀程度低，且已完成二十个拼合组，说明该遗址未受到高能水动力的影响。同时缺少2厘米以下的碎屑，反映该堆积易受湿热条件下暂时性地表片流的扰动。总体而言，遗址保留了人类行为与活动的重要信息，是一处短时期内形成的旷野场所。

石制品类型包括石片、断块和石核，工具数量少，多为砍砸器和刮削器，加工粗糙。整体尺寸为中小型，表现出砾石工业石片化的特点，有些学者称之为"保留着砾石工业传统的石片工业"，剥坯为主，修型为辅，石核的剥片更有章法，出现少量具有固定模式的生产程序，如盘状石核；倾向于生产中小型石片，并以此加工轻型工具，缺乏精细加工的工具，与此同时，传统的厚重石器仍少部分保留下来，如砍砸器和石球。剥片和修理均为锤击法。

MIS5—MIS6阶段，西苕溪流域的遗址数量明显增多，石制品分布较之前更为密集，但文化层普遍不厚，虽使用了优质原料，但未发展出更复杂的石器技术，可能代表了该时期南方古人类的独特适应方式。上白塘遗址是构建西苕溪流域古人类生存演化序列中的一环，为我们重新思考和认识远古先民在长江下游地区的技术适应策略和生计模式等问题提供重要信息。

（刘亚林）

【长兴县太傅庙旧石器时代遗址】

发掘时间：2022年4—12月

发掘单位：浙江省文物考古研究所　长兴县博物馆

太傅庙遗址位于湖州市长兴县林城镇太傅村、大云寺村、上狮村三村交界处。2002年，浙江旧石器考古专题调查时发现该地点，编号为CP012，共采集19件石制品。

本年度为配合长兴2020—10号地块土地出让考古前置，联合考古队对该遗址先后进行了两期发掘。出土石标本近330件、发现一处石构建筑遗迹和两排3组脚印遗迹。

石标本的岩性绝大部分为石英砂岩，来源于附近河流中砾石。其中有少量的石核、石片、断块、砍砸器等石制品。采用锤击法生产石片和修理工具，石制品组合为南方砾石工业。

石构建筑遗迹发现于发掘区南部。从目前揭露的范围观察，石构建筑遗迹平面略呈椭圆形，为东北—西南向，长约11米，宽约6米，西南方向未闭合。其东北边缘石标本排列呈条带状分布，长约4米、宽约90—70厘米。西北和东南边缘的石标本也呈线型分布。这三组石标本带围合范围内，仅出土有少量石标本。在条带状中还发现了7组小石圈，内径约20厘米，圈内土质土色与周边略有不同，疑为柱洞。该临时营地石构建筑遗迹中有少量石标本经过了人工打制。

从埋藏学、遗址遗迹的形成过程来看，自然营力无法造成砾石如此较为整齐、规整的聚集；从地层叠压关系看，石构遗迹上覆地层为下蜀土，下伏地层为网纹红土，年代介于晚更新世早期与下蜀土早期，初步测定年代在7—9万年之间。这个平面形状较为规整的临时营地石构建筑遗迹，人工性质明确，属于旧石器时代中期，目前在中国是唯一的临时营地石构建筑遗迹。

发掘区南部的上文化层中，发现由东向西的两排3组脚印。南排2组共计26个，其中东组J1有7个、西组J2有19个，可能为人类遗留的，总长度在24米左右，大部分步幅约80厘米。北排J3共计7个脚印，可能为大型哺乳动物遗留，总长度约10米。这些南排的人类脚印，目前在旧石器时代非常少见，其年代晚于临时营地石构建筑遗迹的年代，它的发现，对研究人类行为具有重大意义。

（徐新民　梅亚龙）

【仙居县下汤新石器时代遗址】

发掘时间：2022年2—12月

工作单位：浙江省文物考古研究所

下汤遗址位于台州市仙居县横溪镇下汤村。经国家文物局批准，浙江省文物考古研究所进行主动性考古发掘，发掘面积350平方米。清理上山文化、跨湖桥文化、河姆渡文化、好川文化时期灰坑共80余座。重要的收获有三点。

首先，揭露上山文化时期南北排列的土台3座，并清理与土台相关的器物坑9座。土台以较纯净的黄土堆筑，南北长3—10米不等，东西向探沟外延伸，宽度不明，高0.3—0.6米。器物坑组合中常见罐、盆，其中H267中8件大小不一的盆叠放为首次发现。

其次，通过钻探及发掘，确认遗址北半部存在河道环绕，河道宽10米左右，深约1米。根据地层关系及包含物初步判断，环壕的形成和使用年代为上山文化晚期－跨湖桥文化时期，河姆渡文化时期废弃。环壕内出土一些动植物遗存，为了解这一时期的生业经济提供了重要资料。

最后，在遗址西部的现代农田下，发现史前水稻田一处。受发掘面积所限，整体结构不清楚，确认存在纵横的田埂，田埂呈漫坡状，坡上发现有少量陶片。水田分布在田埂两侧，为浅灰色黏土，含较多碳屑。经实验室分析，其中水稻植硅体及小穗轴的密度比较高。经碳十四测年，树轮校正后的水田年代距今4400—4200年。

下汤遗址是远古中华最早出现的定居村落之一，年代跨度大，保存最完整，是探索农业社会起源和早期村落形态的宝贵样本；上山文化时期人工营建土台并于其上形成器物坑，为理解器物坑的功能提供了新的情境；上山文化晚期－跨湖桥文化时期的河道对于人们了解这一时期的聚落形态及通过环壕内的动植物遗存复原其生业经济结构都有重要的意义；好川文化水稻田是首次发现，为了解这一时期的农业经济及水田管理提供了新材料。

（仲召兵）

【兰溪市皂洞口新石器时代遗址】

发掘时间：2022年8—12月

工作单位：浙江省文物考古研究所

皂洞口遗址位于金华市兰溪市上华街道皂洞口村南，东北方向约2000米为金华江。遗址坐落在一处自然的岗地上，海拔约54米。因建武高速公路枢纽建设，浙江省文物考古研究所再次对遗址进行发掘。本次发掘区位于沪昆高速北侧，村水泥路西侧。

发掘表明，遗址早年破坏严重，由南向北，削高填低，南部表土下即为生土，地层从南向北渐厚，最厚处达1米，但均为经过搬运的次生堆积，该堆积中瓷片与陶片、石制品混出，陶片基本上为夹炭红衣陶，陶胎中普遍掺杂稻壳，可辨器型有大口盆、双耳罐、折沿罐等。石器有石球、长方形穿孔石器等。在生土层面上清理灰坑13座，柱洞一组9个，无明显分布规律。

从出土的陶器来看，夹炭红衣陶具有典型的上山文化特征，初步判断年代为上山文化早、中期，距今约9000多年。上山文化的分布以金衢盆地为重心，衢江、金华江是金衢盆地水系的主动脉，而皂洞口遗址位于衢江、金华江的交汇处，地理位置独特，是上山文化传播、交流的重要空间节点。

（仲召兵　田健）

【义乌市桥头上山文化遗址】

发掘时间：2022年3—12月

工作单位：浙江省文物考古研究所

遗址位于义乌市城西街道桥头村西侧，北纬29°17′27.54″，东经119°57′58.59″，地处金衢盆地义乌江北岸。义乌江支流铜溪在其东侧50米处由北向南流过。遗址坐落在一个相对高度约3米的高地上，海拔约89米。发掘面积500平方米，同时对中心台地进行发掘清理。发现了晚期古河道遗迹、晚期泥塘及早期环壕残迹，中心台地发现了白膏泥堆积及灰坑遗迹。

其中，早期环壕及中心台地部分被晚期古河道及晚期泥塘破坏。晚期河道在本年度发掘区域西部、北部及东北部均有发现，表明该古水域曾环绕中心台地发育，并对环壕及部分中心台地造成侵蚀。环壕内填土灰黑，土质稍硬，含有较多红烧土，出土陶片较多，以夹炭陶片为主，兼有夹细砂褐陶等。出土陶器器类有平底盘、圈足器、陶罐等，器表施红衣，素面或偶见细绳纹。

此次发掘是桥头遗址整体发掘计划的一部分。通过对围绕中心台地的六个探方的发掘找到了遗址西部古河道的东侧界线，明晰了中心台地的北部和东北部早期环壕的保存情况，对遗址之环壕走向有了进一步的了解。中心台地的解剖发掘丰富了桥头遗址核心区域的内涵，总体为遗址完整性的揭示提供了方向。通过此次发掘，为遗址整体保护提供了新的认识，丰富了与遗址变迁相关的内容。可将历史时期古河道（其对遗址产生了破坏）进行揭示和保护，使之成为遗址变迁的展示内容。

在对遗址区南部及西南部约1千米范围内的区域进行勘探调查后，在遗址南部共发现各类遗迹8处，其中文化层范围6处，活土坑2处，包含物有泥质红陶、泥质灰陶、夹砂红陶、红烧土粒及草木灰等。

（姜富胜）

【天台县百亩塘新石器时代遗址】

发掘时间：2022年6—9月

工作单位：浙江省文物考古研究所　天台县博物馆

百亩塘遗址位于台州市天台县平桥镇百井村（百亩塘自然村）西边的自然岗地，北邻S323省道、西靠霞前线（X022），南距始丰溪仅2千米。因平桥首府房地产项目施工建设发现，联合考古队对其展开抢救性发掘。

发掘面积250平方米，共清理10个地层，其中④层及以下为跨湖桥文化及更早阶段地层。遗迹共清理39座灰坑、1条灰沟。灰坑主要为圆形、椭圆形和不规则形。初步推测，圆形深坑可能与取水、储藏相关；椭圆形灰坑有深有浅，性质上与废弃堆积有关；而不规则形灰坑体现了比较典型的废弃物堆积坑性质，H9、H11、H17包含较多陶、石器残片，H34出土了较多平地摆放的石块、石器残件以及少量的动物骨骼，这些迹象可能与当时人对动植物的加工利用有关。

遗物方面，主要为陶器、石器和动物骨骼。

陶器分为两类：第一类，以平底盘、折腹壶、圈足碗、平底钵为代表的上山文化至跨湖桥文化过渡期遗存；第二类，以装饰方格纹、绳纹为主的圜底釜、双耳罐为代表的跨湖桥文化遗存。两类遗存不仅从地层关系上有比较清晰的变化，而且从文化面貌上也显示了共存关系和演变规律。

石器主要为石斧、石锛，另有少量磨石、磨盘、石网坠和石砧。石斧均为椭圆形、较厚重，石锛也相对宽厚，未发现石镞，但发现了与研磨、渔猎采集相关的石器类型。动物骨骼出土数量不多，种类包括猪、梅花鹿、狗獾、中型鸟类等，以成年个体的猪为主。

百亩塘遗址尽管遭到较大破坏，但文化面貌清晰，主体年代属于距今8000年前的跨湖桥文化。陶器、石器具有较强的地方特色，突破了以往对跨湖桥文化分布范围的认识。此外，最早阶段遗存具有上山文化–跨湖桥文化过渡时期的特征，方格纹、绳纹陶釜与平底盘、平底钵等共存，为解决跨湖桥文化和上山文化的分期、过渡、传承和演变提供了新资料，也为深入研究浙江新石器时代早中期的文化面貌、区域互动、社会发展和历史进程提供了新的资料。

（孙瀚龙）

【余姚市井头山新石器时代海岸贝丘遗址】

发掘时间：2022年3—12月

工作单位：浙江省文物考古研究所　上海博物馆　宁波市文化遗产管理研究院　余姚市河姆渡遗址博物馆

井头山遗址位于杭州湾以南的四明山脉脚下，地处余姚三七市镇三七市村井头自然村南侧，临近河姆渡、田螺山遗址，2013年在一家企业建造厂房之前的地勘中被发现，后经机钻调查确认为浙江省的首个沿海贝丘遗址，且与河姆渡文化的来源密切相关。遗址总面积20000多平方米，年代距今7800—8300年。

由于该遗址文化堆积超大埋深和被海相沉积覆盖，第一期发掘前于2019年前后，建造了围护750平方米发掘区的钢结构基坑。

2019年9月—2020年8月，浙江省文物考古研究所联合宁波市文物考古研究所和河姆渡遗址博物馆进行第一次发掘，出土露天烧火坑、食物储藏处理坑、生活器具加工制作区等聚落生活遗迹，以及丰富的生产、生活遗物。经过专家论证，确认发掘成果是河姆渡文化来源研究、中国早期海洋文化探索和全新世早、中期中国沿海环境变迁等重大课题的空前突破。2021年3月、4月井头山遗址获评为2020年度中国考古新发现（"六大"）和全国十大考古新发现。

鉴于第一期发掘面积较小，而且处于较单纯的海岸聚落的生活废弃物埋藏区，为进一步揭示井头山遗址聚落形态和布局，国家文物局从推动沿海史前考古学学科发展的战略高度给予井头山考古特别支持，2021年初批准了第二期发掘，并同意在发掘前建设服务于发掘、研究，保护、利用等综合目标的长期保护基坑。

2022年1—5月，实施了1000平方米的第二期发掘基坑的工程施工。这一水泥钢筋材料的框架结构坚固超深考古基坑的建设在国内考古史上尚属首次。6月中旬，在遗址现场举行了"2022年度井头山遗址第二期考古发掘启动仪式"。7—10月，进行基坑内外场地清理，重点清挖覆盖在文化堆积上面的海相淤泥层，并逐步揭示到文化层表面。

初步发掘显示，距现代地表6—8米深的最晚文化堆积表面显示出一个自西向东和自西向东北缓慢倾斜的堆积形态，并从总体上揭示出基坑内的文化堆积表面，以及密集的各类贝壳、树木、陶片、动物骨头和零星人骨等遗存。此外，最晚贝丘堆积坡向形态与海相沉积的覆盖情况，清楚表明全新世早、中期的海岸带环境变迁与人类适应变迁过程的动态方式，以及井头山古村落当年随着海平面快速上升而兴衰起伏的过程。

下一步将按照发掘、研究与现场保护利用兼顾的原则继续做好第二期发掘的工作。

（孙国平　郑秀文　梅术文　黄渭金）

【余姚市江桥头河姆渡文化遗址】

发掘时间：2022年9—12月

工作单位：浙江省文物考古研究所　余姚市河姆渡遗址博物馆

遗址位于余姚市三七市镇施岙村东南约300米处，堆积从乌龟尾巴山山坡延伸到坡脚平地区域。该遗址于2014年发现，属于姚江谷地河姆渡遗址群田螺山小群聚落之一。调查发现，江桥头与田螺山所在的2平方千米区域内有5处河姆渡文化到良渚文化时期聚落遗址，近1平方千米的古稻田，属于河姆渡大遗址的范畴。该遗址距田螺山遗址和施岙古稻田均约500米。

2022年，经细致勘探，确认该遗址总面积约3万平方米，新石器时代堆积分布约2.2万平方米。遗址外围有一圈古河道，外侧是大面积的古稻田。文化层最厚约3.5米。时代从河姆渡文化三期断续延伸到明清时期。

本年度共发掘284平方米。坡脚发掘区布5个探方，堆积呈倾斜状，多数探方已清理到商周地层。局部解剖显示，史前文化层在商周层下的自然淤积层之下。山坡区域布设2条探沟，发掘了比较多的商周灰坑，并清理了新石器时代文化层，出土的陶片比较破碎。

2022年共发掘商周时期灰坑15个，宋代灰坑13个、灰沟6条、石坎1处、灶2个、石堆1处，明清灰坑4个、石堆1处。坡脚探方的地层，第①层为近现代耕土层，第②、③A、③B层为明清层，第③C、③D、③E、④层为宋代层，第⑤层为商周层，第⑥层为自然淤积层，第⑦层为新石器层。

新石器堆积出土少量河姆渡文化晚期到良渚文化时期遗物，以陶片为主，比较破碎，可辨器形有带圆圈刻印纹的豆盘、带条形刻印纹的豆柄、凹折沿釜、卷沿釜、折敛口束颈罐、凿形鼎足、鱼鳍形鼎足、"T"字形鼎足等。

商周时期具体可以分为马桥文化和周代。马桥文化遗物有硬陶豆、罐、钵，夹砂陶凹铲形鼎足、圆锥形鼎足、支脚、泥质陶罐、高柄豆等，纹饰主要有条纹、梯格纹、折线纹、云雷纹、席纹等。周代遗物主要有硬陶罐、原始瓷盂、夹砂陶圆锥形鼎足等，纹饰主要有"回"字纹、方格纹、折线纹、席纹、方格填线纹等。石器有双孔石刀、石锛等。铜器仅见一铜镞。

宋代堆积出土大量瓷器，可辨有壶、盏、灯盏、盏托、碗、韩瓶、碾轮等，尤其瓷碗数量最多，也见个别石砚台、铜钱。

江桥头遗址文化层从现地表海拔2米一直分布到海拔13米左右的山坡上，是河姆渡文化聚落分布的一种新模式。初步揭示的河姆渡文化三期到商周时期的遗存，可以为细化该区域考古学文化分期提供新的资料。坡脚发掘区西部文化层与稻田层相叠压的关系，可以进一步研究聚落与古稻田的关系。

（王永磊）

【宁波市顾家庄新石器时代至宋元时期遗址】

发掘时间：2022年7—12月

工作单位：宁波市文化遗产管理研究院　奉化区文物保护管理所　国家文物局考古研究中心　四川大学

顾家庄遗址位于宁波市奉化区方桥街道原顾家庄村北，东距奉化江支流东江约500米，分布面积约5000平方米。为配合地方工程建设，宁波市文化遗产管理研究院联合国家文物局考古研究中心、奉化区文物保护管理所等单位对遗址西区实施了1900平方米的发掘。

遗址海拔2.2米，堆积深度1.4—2米，自上至下可分为8个层位，年代由早至晚分别为河姆渡文化四期，良渚文化晚期，钱山漾文化，六朝时期和宋元时期。共计清理了各类遗迹49处，出土了完整及可复原小件标本400余件，以史前时期遗存为主。

河姆渡文化四期遗迹见有干栏式建筑土台、墓葬、灰坑、陶片堆等。土台为东西走向，平面形状不规则，长约20米，宽约10米。剖面中间厚两边薄，最厚处0.45米。其上部发现一处干栏式建筑，由数十根木桩或木柱构成，大致呈西北—东南走向整齐分布。所揭露的墓葬大多位于土台之上及其周围，均为长方形竖穴浅坑墓，仰身直肢葬，头向东，葬具为独木棺。随葬品均位于脚端，陶豆和小陶釜为随葬品的标配，部分见有陶罐、石钺等。出土陶器可辨器形有釜、鼎、豆、罐、钵等，石器见有锛、凿。

良渚文化晚期遗迹见有房址、墓葬、灰坑等。房址为地面式建筑，居住面黄土铺垫，平面呈长方形，柱洞排列无规律。墓葬为土坑竖穴墓，无葬具，南北向，随葬陶鼎、豆、壶、罐和石钺。

钱山漾文化遗迹仅见少量灰坑。陶器保存不佳，可辨器形有鼎、豆、罐。石器有刀、镞、镰、矛和砺石等。

六朝时期遗物主要发现于灰坑和灰沟中，可见大量青瓷碗、盘、盏、罐、碟、盘口壶，另有少量陶罐、盆、缸。宋元遗物仅见少量青瓷碗、盘、韩瓶。

顾家庄遗址时代特征明确，为认识宁绍地区史前文化地域特征和构建史前文化时空框架增加了新的材料。特别是河姆渡文化四期墓地的发现，为探究这一时期墓葬形制葬俗及聚落内的人群关系等提供了一个很好的案例。另外，此次发掘首次在奉化江流域发现明确的六朝文化层，出土大量生活类遗物，对于复原该地区六朝时期的生活场景具有重要意义。

（丁风雅）

【杭州市余杭区良渚古城及外围水利系统遗址】

发掘时间：2022年1月—2023年1月
工作单位：浙江省文物考古研究所

良渚遗址位于杭州市余杭区瓶窑镇及良渚街道，1996年公布为国家级重点文物保护单位，2019年良渚古城遗址成为世界文化遗产。

本年度发掘面积500平方米，重点对外围水利系统塘山北侧疑似坝体开展进一步调查与发掘。

2020年通过卫片和激光扫描方法，在水利系统塘山以北发现一组疑似坝体和水池等设施。2021年的发掘证实了其中的石岭头坝体确属于良渚文化时期遗迹。2022年进一步调查，共发现的疑似坝体16条。其中获得碳十四年代数据的石岭头、龙头、控塘、十亩头、西施坞等5条坝体，皆为距今5000年左右，与之前公布的11条坝年代一致，应属良渚时代同一水利系统的一部分；另11条坝体计划继续勘探以便获取年代证据。根据1940年代航片发现，在1950—1960年代的现代水坝建设之前，该位置已经存在早期水坝的痕迹，基于其和其他确认的良渚时期坝体交错分布，因此大概率其下部存在的可能就是良渚时期坝体。

2022年发掘的坝体还有羊后山坝、翁家山—高山上土台。羊后山坝与上年发掘的石岭头坝体共同封堵了一个山口，其下部为龙头坝体。其中石岭头和龙头碳十四年代皆属于良渚时期。羊后山坝为南北向，长约130米，其南端连接一石质小山处，被后期挖开形成河道，水流注入下部的龙头水库。羊后山坝的发掘工作主要是清理南端河道开挖形成的两侧剖面，对坝体横断面结构进行观察。另外在坝西侧迎水面开挖东西向探沟，观察边坡和库区堆积。

清理发现羊后山坝体由黄色土堆筑，底部铺有两层基本水平的铺石，中间有中断，该部分上部有草裹泥，可能属于坝体心墙结构。西侧探沟内也发现草裹泥痕迹，羊后山属于人工坝体性质无疑。但整个发掘仅见一小片良渚陶片，未采集到碳样，计划采取光释光和植硅体测年方法确认其年代。

目前这一组坝体中，石岭头、龙头的年代确认属于良渚时期，则夹在中间位置的羊后山很大概率也属于良渚时期。如此可推测该组水坝的功能，可能由石岭头—羊后山构成高坝，其下龙头坝为中坝，再下部的塘山为低坝，形成三级结构。同时该位置为良渚古城西侧最重要的南北向分水岭，该分级坝体可将分水岭西侧来水导入东侧，或与东侧塘山上金村玉器作坊、姚家墩一组土台聚落的用水相关。

另外，劳家头、翁家山与高山上等水坝附近的土台设施发现了建筑和石器加工作坊的痕迹，因其位置特殊，处在良渚遗址南北向高垄上，是塘山中段和西段的交界处，同时位于塘山与北侧新发现的高坝之间，是否是与水利系统相关的某种居住或管理设施，有待下一步继续研究。

良渚遗址北侧大遮山中这些新水坝和相关土台遗迹的发现，表明良渚时代的水利开发强度甚至高于现代，促使我们对良渚外围水利系统的复杂程度和结构认识产生重大修正。此为近年良渚水利系统考古的最重要发现。

（王宁远）

【杭州市余杭区南王庙良渚文化遗址】

发掘时间：2022年2—12月

工作单位：浙江省文物考古研究所

南王庙遗址位于良渚遗址保护区外的大雄山西南部，距离良渚古城3千米。该遗址本体依托于一高地，背靠三座山头，西侧是开阔的稻田耕作区。该遗址发掘是为了配合瓶窑小城市改造凤都路延伸项目进行的。遗址为东西向的长条形台地，面积达3000平方米。2022年发掘面积为1500平方米，发现遗迹多，出土器物丰富。发现的遗迹主要包括墓葬65座、房屋居址13座、灰坑43个、灰沟7条、水井2口。此外，还在遗址外围通过钻探取样发现了水稻田迹象。

南王庙遗址清理的墓葬包括5座历史时期墓葬和60座良渚文化时期墓葬。其中，历史时期墓葬均为砖室墓，破坏严重，仅出土4件瓷碗。60座良渚文化墓葬时间跨度涵盖了良渚早、中、晚期，等级不一，有仅随葬一两件陶器的低等级墓葬，也有等级较高的出土近百件玉器的墓葬，随葬品有玉璜、冠状器、锥形器、玉管、玉珠、玉纺轮等。总计出土器物包括玉器638件、石器33件、陶器227件。

房屋包括马桥时期（3座）和良渚时期（10座）两个阶段。部分房屋的柱洞呈大圆圈状，部分呈小圆圈状，部分呈规则排状，占地面积多为100平方米左右。良渚文化灰坑出土有玉锥形器、玉管、玉珠、石锛、石镞、石纺轮、陶球、陶盖等遗物。

发掘成果显示，南王庙遗址使用时间跨度长，遗迹丰富，功能完善，是良渚古城外一处功能相对完善的聚落遗址。在良渚早期的墓葬中，级别较高的均为女性墓，而到了良渚文化晚期阶段，出现等级较高的男性墓，反映了在良渚文化晚期，男性地位提升并成为领导者。此外，该遗址与2020年发掘的北村遗址、2022年发掘的凤凰山遗址以及此前的官井头遗址一起增加了古城南部新的遗址点，让人们了解到，良渚古城建城前其周边地区沿山地一带的村落密集，等级也较高，建城后这里依然是城郊聚落，对于完善良渚社会研究具有重要意义。

（张依欣）

【杭州市余杭区凤凰山良渚文化遗址】

发掘时间：2022年3—12月

工作单位：浙江省文物考古研究所

遗址位于杭州市余杭区瓶窑镇中村，北距良渚古城遗址约2千米。遗址西部依托于凤凰山自然山体，良渚文化堆积厚20—70厘米，西部薄、东部厚。前期勘探工作初步确定了遗址范围，分布面积约2000平方米。在遗址中部有一个现代池塘。据村民介绍，该池塘系1958年取土时挖成，当时发现了很多良渚文化玉器。

为了配合凤都路南延项目安置房二期工程建设，同时也为了了解凤凰山遗址的堆积情况、性质及年代，探索良渚古城外围遗址分布及它们之间的相互关系，经国家文物局批准，开展了考古发掘工作，发掘面积1750平方米，该遗址年代序列大致为良渚早期-马桥时期-汉六朝时期-唐宋元明清时期。

遗址整体呈现为西高东低的二层台地，南部及中部破坏严重。共发现并清理了良渚时期墓葬30座，房址8座，灰坑47个，另有历史时期遗迹若干。良渚墓葬等级整体一般，最高等级的墓葬出土了20件玉器，以管、珠为主，另有少量锥形器、玉璜等出土，材质多为透闪石和叶蜡石。另有少量石器出土，多为石钺、石镞等。根据出土器物判断，墓葬年代大致为良渚早期，墓向以朝南为主，少量朝北。墓葬主要分布于二级台地上，墓葬周边有房址，反映了良渚人居葬合一的理念。

在东部和北部靠近台地边缘处，有大量的生活废弃堆积，局部分布有大量的陶片、红烧土等。在一级台东部边缘发现了两条长灰沟（G1、G2），二者近平行，呈南北向分布。G1 相对较短，大约 68 米长，沟底多见有柱洞，可能为挡墙或者篱笆，附近有房址分布。G2 分布于台地边缘，清理了 80 多米，总长度超过 100 米。G2 南北边界因超出发掘范围尚未明确，北部向西弯曲，南部继续南延。G2 开口于该遗址最早阶段的废弃堆积层下，可能为台地边缘的排水沟，或为最初堆筑台地时形成。取 G2 内炭屑样本进行碳十四测年，绝对年代在距今 5000 年左右。

该遗址良渚墓葬中出现了透闪石玉与叶蜡石玉混用的现象，反映了良渚早期平民阶层的用玉情况。凤凰山遗址的考古发掘工作，为研究良渚早期社会演化、人类活动提供了新材料。

（姬 翔）

【杭州市萧山区祝家桥良渚文化遗址】

发掘时间：2022 年 1—8 月

工作单位：杭州市文物考古研究所 萧山博物馆

为配合浙大二院萧山院区一期项目建设，杭州市文物考古研究所继续对萧山祝家桥遗址的 II 区、III 区开展发掘工作，发掘面积 1500 平方米，取得一系列重要收获。

遗址内重点揭露了大面积良渚文化时期土台，清理红烧土面、墓葬、灰坑、灰沟以及大量的柱洞等遗迹 50 余处，出土遗物以陶器为主，以及少部分石器、玉器等。

良渚文化时期的人工堆筑土台以黄斑土堆积为主，因近现代人类活动分为两个区。土台应当由南北两侧分别堆筑，在使用过程中逐渐向中部扩建，最后在中部形成一条灰沟 G14。G14 从西北—东南方向延伸，贯穿整个遗址，是体现良渚文化早期延续至晚期的最重要的遗迹，出土了大量的陶器、石器，以及少量玉器和动物骨骼。

G14 两侧的土台上发现有 7 处红烧土面遗迹，红烧土面多为圆形和椭圆形，直径为 7—9 平方米，厚 10—15 厘米，红烧土内包含大量谷壳，有明显的杆痕，应当为居址所在。烧土面周边多分布墓葬，数量在 4—5 座为多，体现居葬合一的特点。墓葬以良渚文化早期居多，均为小型墓葬，随葬品陶器组合多为鼎、豆、双鼻壶、罐、盘、过滤器、纺轮等，少见石器、玉器，墓葬等级低。土台边坡则发现有集中分布的废弃陶片堆积，出土了大量陶器和石器。

从祝家桥遗址的整体来看，该遗址是一处钱塘江南岸地区文化面貌单纯、贯穿良渚文化始终、范围相对完整的最基层的大型聚落，填补了钱塘江南岸良渚文化基层聚落的空缺。遗址内清理发现的居址遗迹、墓葬、废弃堆积等，较为清晰地展现了聚落的布局和结构，丰富了钱塘江以南地区良渚文化基层聚落遗址的资料。结合周边同时期的遗址来看，对研究良渚文化向浙西南地区的传播也具有重要意义。

（王 鹏 黄 斌）

【德清县中初鸣新石器时代制玉作坊遗址群】

发掘时间：2022 年 3—12 月

工作单位：浙江省文物考古研究所

中初鸣制玉作坊遗址群位于湖州市德清县雷甸镇杨墩村，西南距良渚遗址群约 18 千米。该地区地势较低，水网发达，毗邻现在的东苕溪和京杭大运河，水路交通十分便利。

为配合当地通航小镇建设，浙江省文物

考古研究所联合德清博物馆对遗址群东北部的小桥头遗址、中部的田板埭遗址进行了发掘。在小桥头遗址布设5×10米探方38个、5×5米探方3个，共发掘1975平方米。发现和清理良渚文化时期土台3处、灰坑2个、房址1处、墓葬6座，商周时期至宋代灰坑26个、房址1处、墓葬3座，出土陶器、瓷器、石器、玉料、玉器半成品等400余件。

7月至12月，在遗址群中部的田板埭遗址进行发掘，布设5×10米探方18个，发掘面积为900平方米。共发现和清理历史时期灰坑7个，出土瓷器、石器等50余件。11月起，在田板埭遗址南部布设探沟10条，确认土台5处（土台11—15），出土零星良渚文化时期陶片，确定土台年代均为良渚文化时期。

小桥头遗址清理的墓葬多随葬1—2件陶器，仅一座墓葬随葬1件玉锥形器，墓葬等级较低，墓葬、房址数量不多，房址面积较小，说明遗址规模不大，遗址等级不高。

此次发掘共出土废弃玉料、玉器半成品300余件，磨石、砺石、石镞、石锛等石器100余件。玉器半成品以锥形器为主；玉料多带线切割、片切割等加工痕迹。经鉴定，出土玉料均为蛇纹石，出土器物多为玉锥形器，说明中初鸣遗址群是良渚文化时期以蛇纹石玉为原料专门生产玉锥形器的制玉作坊。

中初鸣遗址群是良渚古城遗址周边最为重要的遗址之一，保安桥、王家里、小桥头遗址清理的墓葬随葬品组合和风格与良渚古城内的较低等级墓葬相近，表明中初鸣遗址群与良渚古城关系密切。中初鸣遗址群作为生产玉锥形器、玉管的制玉作坊遗址，为史前制玉工艺研究和玉器生产模式研究提供了丰富的资料，更是良渚文明和良渚古国高度发达的重要体现。

（朱叶菲）

【海宁市朱福浜良渚文化遗址】

发掘时间：2022年2月—2023年1月
工作单位：浙江省文物考古研究所　海宁市文保所

朱福浜遗址位于海宁市马桥街道经编产业园区，2022年在遗址东部进行第二期发掘，揭露面积3500平方米，清理各类遗迹69个，出土各类遗物199件（组）。文化堆积包含良渚、商周、唐宋、明清多个时期，以良渚文化堆积为主。遗迹单位有良渚土台7个、墓葬7座、叠石圈1处、灰坑9个、广富林文化墓葬1座、商周时期灰坑27个、灰沟1条、唐宋时期灰坑12个、灰沟2条、土灶1个、清明时期灰坑1个。

良渚土台大小相差悬殊，小的面积不足100平方米，大的可达2000多平方米，残存高度0.75—1.2米不等。台Ⅻ为良渚早期，其余均为良渚晚期，其中台Ⅸ最晚，面积最大，基本覆盖了整个发掘区。

叠石圈为此次发掘最重要的发现。该遗迹位于台Ⅵ中心顶部，仅存圆形基础，以块石垒砌，直径360—380厘米，墙体宽约50厘米，残存墙高约60厘米。推测该圆形遗迹为粮仓基础。同类遗迹在附近的皇坟头遗址发现18处，但皇坟头叠石圈多位于土台坡脚，面积略小，功能或有所不同。

良渚墓葬均坐落于土台上，墓葬头向皆朝南，墓坑长195—230厘米，宽63—77厘米，深8—38厘米。随葬品3—12件不等，陶器有双鼻壶、簋、盆、豆、鼎、纺轮等，玉器只见珠和坠饰，且多为叶腊石材质，石器仅石钺1件。M47墓主胸部出土一件怪异的壶形玉坠，其余8件随葬品均为陶器，分置墓主头部和脚部，头部4件为带盖双鼻壶2件、簋1件和盆1件；脚端4件为带盖鼎2件、带盖豆1件、带盖罐1件。广富林墓葬为残墓，仅存鼎、罐、杯、鬶四件陶器，其中陶杯为薄胎黑陶，带竹节把，杯身瘦长束腰，造型近似龙山黑陶。

商周时期灰坑相对较多，多数为垃圾坑。H0114为直径约75厘米的浅坑，中部放置一原始瓷盏，口部覆盖一块长方形石板，可能为祭祀坑。

朱福浜遗址是海宁地区史前时期一个较大规模的基层村落。此次揭露的叠石圈是继皇坟头叠石圈之后的又一重要发现，其功能有待进一步揭示。M47壶形玉坠别具一格，除了省略两个鼻钮，完整复制了带盖双鼻壶的形态，且颈部还琢刻了3道凸棱，与桐乡新地里遗址出土的房屋形玉坠有异曲同工之妙。这类异型玉坠竟然出自平民墓葬，也值得关注。

（赵　晔）

【湖州市毘山新石器时代遗址】

发掘时间：2022年3月—2023年1月

工作单位：浙江省文物考古研究所　湖州市文物保护管理所　山东大学

毘山遗址位于湖州市吴兴区湖东街道毘山村，1957年发现，2014年起开展主动性考古工作。本年度田野工作集中于毘山南部的麻雀田和原大东吴厂区。

麻雀田地点，进一步确定了建筑基址2、黄土台周边的遗迹分布情况。夏商时期的建筑共分为四个阶段。第三阶段，存在一组由建筑基址2、8、9、10和高台建筑构成的大型建筑基址群，类似院落，占地面积可达4000平方米，推测圈围面积近1万平方米。该建筑规模宏大、结构复杂，经过统一设计施工，在国内同时期遗址中罕见，是目前晚商时期南方地区规模最大的一处院落建筑遗迹。第一阶段的建筑基址4和第二阶段的建筑基址3，边界基本确定，面积分别为220、402平方米，主要由沟槽和柱网组成，应属干栏式建筑。院落建筑东部为小型房址区，院落建筑南部为垫土广场，具体遗迹分布和格局有待进一步揭露确定。

原大东吴厂区水泥硬面及建筑2022年底已全部拆除，考古勘探约5万平方米，发现文化堆积范围2处、河道3条、黄土范围3处、水域范围1处。其中，河道2时代为晚商时期，2021年TG15发掘点已证实。本年度在河道2与三里桥河之间布设探沟TG17，发现河道残宽8.2米、深0.85米，南部被现代池塘或河道打破。河道内出土遗物主要为夹砂陶鼎、甗、釜，泥质三足盘、豆、罐，原始瓷豆、罐、器盖和印纹硬陶罐等，纹饰主要有绳纹、梯格纹、弦纹、圈点纹等。河道内炭样的测年数据为公元前1258—1004年。至此，毘山遗址商时期的环壕得以确认，环壕聚落内部现存面积33万多平方米，形成时间不晚于后马桥文化。邢家埭附近的河道疑似第二圈壕沟，有待证实。

大东吴厂区南部，即邱家墩北部，勘探有文化堆积和黄土范围，探沟发掘显示，这里存在后马桥文化、西周、东周、唐宋时期的遗迹和遗物。这是继2014—2015年后第二次发现明确的后马桥至东周时期的连续堆积。其中G10，位于T3629—T3631的南部。开口在①B层下，打破黄褐色淤积土。平面形状呈不规则形，斜弧壁，底凹凸不平。东西走向，南缘在探方外，清理部分宽约8.5米、深0.98米。沟内堆积可以分为四层，主体偏灰黑色。出土遗物以硬陶居多、原始瓷次之，少量夹砂陶、泥质陶。可辨器形有罐、鼎、三足盘、豆、碗、网坠等，其中出土网坠较多，有70余件。G10年代为春秋早期至晚期。

综上，本年度的考古发掘确认了毘山遗址的环壕结构，为遗址聚落结构研究提供了基础；大型建筑基址群的揭露丰富了先秦时期南方建筑考古的内容，进一步说明了昆山遗址的重要性；而邱家墩遗址北部的发掘，增添了两周时期的新材料，同时也为聚落形态研究提供了线索。

（闫凯凯）

【湖州市将军山新石器时代至明清时期遗址】

发掘时间：2022年3—10月

工作单位：浙江省文物考古研究所 湖州市文物保护管理所

遗址位于湖州市南太湖新区将军山东南侧。东北距邱城约5千米，西面距苍山土墩墓约1.5千米。广富林文化、两周时期遗存堆积面积约1000平方米，历史时期墓葬分布面积约4.7万平方米，均全部发掘清理。发现广富林文化地层堆积及灰坑5个。两周时期地层堆积及8个灰坑、1座建筑居址、1个水井，汉—明清时期墓葬69座。各类编号标本约900余件。

广富林文化遗存地层堆积范围小、堆积薄，且包含有少量崧泽、良渚文化陶片。灰坑多不规则，为垃圾坑。

两周时期遗存堆积广泛分布于发掘区域内，堆积较厚。灰坑亦多不规则。居址为圆形，中心立柱，地面四周向中心略倾斜，或为半地穴式。水井为圆角方形，坑壁陡直。

墓葬绝大部分为砖室墓，分布较分散，时代跨度较大，破坏严重。其中汉墓2座，均为长方形砖室墓，出土有日光镜等少量器物。六朝墓4座，均为凸字形砖室墓，出土有青瓷钵、盘口壶等。唐、五代墓葬共35座，可分长方形与四隅券进穹窿顶两类。其中长方形26座，四隅券进穹窿顶9座。出土有瓷器碗、罐、盏、壶，韩瓶，铜镜，铜鎏金带饰等。宋元墓葬19座，出土有碗、罐、韩瓶等少量器物，其中墓葬规格明显偏小者多为瓮棺墓。明清三合土石棺葬1座。另有8座墓葬时代暂时不明。

将军山遗址广富林文化遗址的发现，为研究该文化分布提供了新线索。历史时期墓葬中大批唐代墓葬是该遗址的特色，是目前浙北地区唐代墓葬发现最多的墓地，为深入研究浙北唐代社会经济生活提供了新资料。

（陈云）

【衢州市黄甲山—石角山新石器时代至西周时期古城遗址】

发掘时间：2022年3—12月

工作单位：浙江省文物考古研究所 衢州市衢江区文物保护所

黄甲山—石角山古城遗址位于衢州市衢江区云溪乡车塘村石角山自然村西北，坐落在衢江支流邵源溪东岸南北走向的丘陵地带之上。遗址分布区域经过多次土地平整，遭到比较严重的破坏，目前地表主要为竹林、杂树等。

根据近期考古调查及勘探，把发现有文化堆积的范围定为古城遗址区域，包括一处四周有夯土墙的长方形城圈及城圈外东南部的一处高台地，城圈及台地外侧均有壕沟环绕，壕沟可能与邵源溪相连，整个古城遗址总面积约7万平方米。

古城遗址北部、东部及南部的更大范围内，地表均采集到商周时期的陶片，但勘探并未发现文化堆积，仅发现部分遗迹，年代可能与遗址大致相当。

2022年度选择对遗址的西部及中部进行发掘，发掘面积500平方米，其中西部发掘面积325平方米，中部发掘面积175平方米。共清理壕沟1段，解剖夯土墙1段，清理灰坑、柱洞数十个。城址内部及壕沟内出土遗物较多，主要有陶瓷器和石器。其中陶片数量较多，但较为破碎，拼合难度大，目前共挑选出各型式原始瓷、印纹硬陶、黑陶、泥制陶、夹砂陶等陶瓷器标本数百件，已修复各型式印纹硬陶罐、印纹硬陶钵、原始瓷盘、泥制陶豆等陶器20余件。出土石器标本500余件，有镞、锛、凿、刀、磨石、网坠、坯料等。壕沟以及夯土墙的解剖取得了较大的收获，对遗址的认识有了进一步的加深。

通过考古发掘所发现的遗迹及出土遗物，初步判断遗址年代为新石器时代末期至西周时期，这是浙西地区发现的第一座城址，且文化堆积较厚，年代序列完整，沟通了良渚文化与越文化，具有重要的价值和意义。古城遗址与孟姜村土墩墓群均位于衢江北侧的丘陵地带，距离适中，遗址出土器物和墓葬出土器物所反映的文化内涵基本一致，年代相序，联系紧密，可能为一处包含城址和大型高等级墓葬等不同遗迹类型的大遗址，是这一时期金衢地区古文化的中心。本年度的发掘为深入研究金衢地区乃至闽浙赣皖交界地区新石器时代末期至西周时期的考古学文化分布和交流、聚落变迁、人地关系，为深入研究南方地区早期文明发展提供了重要材料。

（张　森　游晓蕾）

【湖州市外溪村新石器至明清时期遗址】

发掘时间：2022年6—12月

工作单位：浙江省文物考古研究所　湖州市文物保护管理所

外溪村遗址位于湖州市吴兴区南太湖高新区常溪村，原名常田圩，"三普"时发现。2020年因中小微产业园建设，对遗址进行调查，遗址面积在5万平方米以上，可能近10万平方米。2021年遗址西北部因欣巴科技厂区建设，进行考古勘探，明确了遗存分布情况。2022年6月起为配合项目推进，对厂区所涉及的1500平方米遗址范围进行了考古发掘。发现灰坑28座、灰沟3条、水井5座、墓葬3座、柱坑柱洞若干，出土小件标本110余件，时代包括东周、汉六朝、唐、宋元与明清时期。此外，堆积中还出土有良渚文化、马桥文化、后马桥文化和西周时期的陶片，可能扰动所致。

东周时期堆积主要分布在发掘区北部。发现灰坑4座、井1座。H16，开口⑩层下，平面呈不规则扇形，弧壁圜底，南北2.9米、东西3.15米、深3.1米；填土青灰褐色，较疏松，黏土；出土遗物有夹砂灰陶鍪手、红陶瓮片等。出土陶片中以硬陶居多，主要为罐、缸一类，纹饰有米筛纹、大方格纹、小方格纹、席纹等。另有少量陶鼎、陶网坠和铜削刀等。

汉六朝时期堆积主要分布于发掘区北部。发现灰坑8座、灰沟2条、井2座。J3，井坑平面为圆形，井壁由青砖一层层砌成八边形，井口直径0.9—1米、深3.7米未见底，出土少量青瓷片。出土遗物主要有瓷碗、罐、器盖、狮形烛台，陶纺轮、网坠，石刀，铜鱼钩等。

宋元时期堆积分布于整个发掘区。发现灰坑6座、沟1条、井1座、墓葬1座。最重要的遗迹为G3，平面呈东西向长条形，揭露长度48米、宽4—6米、深1.75米，从T3723剖面可知，其至少存在三个使用阶段，后被明清时期河道打破。G3出土有大量的瓷器产品，包括青瓷碗、盒、器盖、鼎式炉、高柄杯、白瓷碗、塑像、黑瓷盏、粗瓷韩瓶、执壶等，时代以南宋和元代为主。

外溪村遗址从新石器时代晚期经商周，一直延续到明清时期，延续时间长，堆积较好，是湖州地区基层聚落的一处典型代表。通过本次考古发掘，对遗址的聚落历史演变有了初步了解，增添了浙北地区基层聚落的实物资料。

（闫凯凯）

【杭州市余杭区小古城商周时期遗址】

发掘时间：2022年8—10月

工作单位：浙江省文物考古研究所

遗址位于杭州市余杭区径山镇小古城村东南部，原属俞家堰村，处于杭州C形盆地西北部。本年度发掘工作是完成国家文物局批复的《浙江省杭州市余杭区小古城遗址考古工作规划（2019年—2022年）》最后一年的主动性考古发掘任务，旨在完善对以往几处发掘重点区域遗迹完整性的认识，以进一步验证对遗址聚落结构与遗存年代的判断。

城址西北角为高等级建筑密集区——庙山发掘区。本年度首先对人工修筑的高台中心区域再次进行了详细的勘探，同时对高台北部边缘进行了小规模解剖，进一步明确了高台内部分块夯筑，外皮以长条土块包裹覆盖的修筑方式。另外，继续对庙山底部西侧区域发现的残损严重的小型建筑进行清理。

遗址南侧中央的湖西发掘区，以集中分布、排列规整的东西向建筑群为主，构成了一个相对封闭的建筑群。本年度继续在建筑群西南角布设探方，除进一步发掘原有的两处红烧土基础建筑外，新发现整齐排列的三排柱洞建筑，丰富了该建筑群内的建筑模式。

本年度，最重要的收获是纠正了一直以来对北城墙年代判断上的失误。由于之前发掘的城墙中包含物极少，对未有地层叠压的墙体部分缺乏明确的年代证据，仅能从墙体堆积结构的相似性判断。除顶层的耕土层堆积外，其他墙体的年代应基本一致，并且水城门内出土木构的测年相当于中原地区的商代晚期。本年度通过对探沟南北两侧的扩方，明确了早晚两期的城墙和河道，早晚两期城墙之间有明清时期的河道分隔，晚期河道打破早期城墙与早期河道，被晚期城墙叠压。如此，晚期城墙的年代也与调查中地方百姓所言一致，很可能是近代填补城墙缺口所建。另外，南侧扩方区域内同样发现了商时期的水门河道以及水门木构与河岸护坡木构，进一步完善了对遗址商代水城门结构的认识，这是南方地区先秦时代保存最完整的木构水门。

通过多年来系统的考古工作，在以聚落考古为核心理念的指导下，通过调查、勘探与发掘，在微观层面细化了对遗址内部城墙、城门、人工高台、多类型地面建筑、交通网络等遗迹形态与结构的认识，并通过环境与景观考古等多种途径，局部复原了聚落形成、发展与重要功能区分化的演变过程，这些考古材料都是先秦时期南方地区城市考古领域重要的新发现；在宏观层面，对小古城遗址以及东苕溪流域商周时期重要遗址群的发现与深入探索，丰富了对南方地区文明发展模式的新认识，为推动东苕溪流域商周时期文化与社会、中国东南地区文明化进程等课题的研究有着重要的学术价值。

（罗汝鹏）

【杭州市余杭故城遗址】

发掘时间：2022年3—12月

工作单位：杭州市文物考古研究所

为配合杭州市余杭区余杭街道直街区块开发出让，杭州市文物考古研究所对其开展考古发掘工作，发掘面积6000平方米，发现遗迹300余处，出土小件5100余件，确定其为余杭故城（南城）遗址。

发现了四个时期的城墙，明确了余杭故城的范围。（1）东汉余杭城略呈方形，边长约440米，面积16万平方米；城墙宽22米、残高90厘米，由黄土夯筑而成。（2）六朝沿用东汉余杭城，但增筑了城墙、修建了水涵洞。（3）隋唐—北宋初向东扩张，长730米，宽440米，面积28万平方米。（4）元末"营盘城"长340米、宽240米，面积8万平方米；城墙宽6.1米，外侧用条石包边，内部填充含瓦砾的黏土。

发现了丰富的城内遗存。（1）北宋高等级建筑基址由砖铺地面、水井、天井、排水沟、廊道等组成，揭露面积已达1400平方米，结构清晰，保存很好。（2）还发现有六朝至明清数量较多的房屋、道路、水渠、水池、水井等生活遗迹。

余杭故城遗址是一座从东周延续至今的古今重叠型城址，结构清晰、保存较好。（1）杭州得名于"州治余杭"，余杭故城上连良渚古城、小古城，下启杭州城，是最早的杭州州治所在地，是"最早的杭州"。（2）余杭故城是浙江省内最早设立的一批秦县，是少有的具备开展大遗址考古工作条件的古今重叠型城址。（3）余杭故城体系完整，与城外聚落、墓地、南苕溪水利设施、道路等组成庞大体系，对于研究古代城市选址、格局和人地关系变迁具有重要意义。

（郭一波）

【绍兴市南山头东周时期遗址】

发掘时间：2022年4—11月

工作单位：浙江省文物考古研究所

南山头遗址位于绍兴市越城区城南街道原南山头村，东为坡塘江，西为亭山。遗址的主体年代为东周时期，分布面积约2000平方米，文化堆积以黄土台为主。

发掘表明，遗址以近圆形、中央高四周低的黄土台为中心，土台面积近1400平方米，四周水域纵横。遗址的文化堆积共分为5层，分别为耕土层、扰土层、东周文化层、水域层及黄土层，黄土层下为青粉生土，主体堆积为东周文化层。共清理灰坑近200个、灰沟7条、房址2座以及大量木桩、柱洞等，遗迹打破关系较少，分布密集，说明当时人类活动十分频繁。

在地层及遗迹中出土了大量遗物，有原始瓷、印纹硬陶、印纹软陶、泥质灰陶、夹砂红陶等，器形以鼎、豆、罐、坛、碗、盅、杯等为主，此外还出土了较多板瓦、筒瓦，板瓦形制较大者长近50厘米，说明可能存在高规格建筑。比较特别的是，较多灰坑堆积分数层，每层底部均发现一层木层，薄者1厘米，厚者近5厘米，这类灰坑的性质目前尚不清楚。

由于发掘面积有限，遗址周边文化堆积及范围仍不明确。南山头遗址与南侧的南山遗址相距较近，文化堆积、出土遗物相同，本质上说可以归属为一个遗址，今后可以作为整个大遗址的组成部分进行研究。同时，发掘期间进行了古环境等方面的采样研究工作，对研究绍兴乃至杭州湾以南地区史前—秦汉时期的环境变迁具有一定意义。

（冯向源）

【杭州市富阳区罗山东周至明清时期遗址】

发掘时间：2022年8—10月

工作单位：杭州市文物考古研究所

富阳罗山遗址位于杭州市富阳区灵桥镇东南，为配合当地经济建设，经国家文物局批准，在前期考古勘探基础上，杭州市文物考古研究所对该遗址进行考古发掘。主要清理土墩墓1座、砖室墓21座、竖穴土坑墓6座、窑址5座，出土铜器、铁器、陶器、瓷器等文物100余件。

土墩墓被严重破坏，现平面形状呈不规则椭圆形，可见三层封土层和两层铺垫层，墩内墓葬已不可辨，保存有数处器物堆，出土原始瓷碗、印纹硬陶罐等，年代为春秋战国。砖室墓平面形状有长方形、凸字形、刀形三种，一般由墓室、封门和墓道组成，部分设有甬道和排水沟，葬具仅保存棺钉，个别墓葬发现人骨残块，或未见随葬品或只有数件，年代为汉至明清。竖穴土坑墓除 M22 外，其余均是小型墓葬，平面形状为长方形，部分可见棺钉，个别发现人骨残块，随葬品多只有 1—2 件，年代均为明清；M22 规模较大，地表可见环壕、地坪、拜坛，有东、西两墓室，均设有壁龛，未见葬具和人骨，随葬银簪、青瓷碗、瓷罐、铜钱，年代为宋。窑址仅 Y2 保存较好，可见窑室、火膛、操作坑、窑门、烟道，除残砖外，未见其他遗物，年代为六朝。

富阳罗山遗址的发掘获取了较多考古信息，其中春秋战国土墩墓、带茔园宋墓、完整的六朝窑址在富阳地区极为少见，填补了不少当地的考古空白，为富阳地区丧葬制度、窑烧技术等研究提供了宝贵资料。

（付文新）

【绍兴市越城区大湖头东周时期遗址】

发掘时间：2022 年 3—12 月

工作单位：浙江省文物考古研究所

绍兴大湖头遗址位于绍兴市越城区人民东路与二环东路交汇处，平水东江东侧，龙池山南侧。为配合基本建设，经前置考古勘探发现该处有遗址，面积约 15000 平方米。自 2021 年 8 月至今，浙江省文物考古研究所对遗址进行考古发掘，取得重要收获。

大湖头遗址的主体文化堆积为东周时期，是典型的越文化聚落遗址。遗址可能存在功能分区，目前已清理建筑基址、灰坑、灰沟、水井等遗迹 500 多个。通过柱洞、残存的木桩、垫板、基槽等相关遗存，推测当时主要的建筑形式为干栏式，建筑方式为先垫土再立柱。灰坑有垃圾坑、存储坑和特殊用途坑等。垃圾坑数量最多，坑内往往有较多陶片；存储坑的坑壁和坑底往往铺垫植物茎秆。H244 是一处较为特殊的遗迹，坑口上部交错覆盖多层植物茎秆，周围有较多炭屑和烧土颗粒。灰坑平面形状不规则，南北长约 8 米，东西平均宽约 3.5 米，坑壁西侧出土了 3 件原始瓷錞于和 6 件大小有别的原始瓷句鑃，坑内还出土了漆器、泥质陶罐、印纹硬陶罐和大量可拼对的印纹硬陶罐残片等。第一次在越文化的遗址里出土成组礼乐器，为研究越国礼制提供了珍贵的出土资料。水井以细密的竹编加固井壁，独具特色，其中一处口径约 1 米，靠近底部发现有印纹硬陶罐、泥质陶罐、原始瓷碗等器物。遗址出土上千件小件和大量陶片。炊器有夹砂陶鼎、釜（甗）、支座，泥质陶甗等；盛器有泥质陶盆、豆、盘、罐，原始瓷碗、杯、罐，印纹硬陶坛、罐，编织的篮筐等。生产工具有石锛、铜锄、铜凿、铜铚、铜刀（锯）、铜尖状器等。兵器有铜矛、铜镦、各式铜镞等。此外，还有铜器盖、铜戈形器、铜饰件、铜带钩、水晶玦等，并发现个别铅锭、铜块和石范。还出土了越国木桨，为舟楫渡生提供了实物资料。通过浮选发现有稻米、水稻颖壳和大量小穗轴，稻米可能是当地居民的主食。还有紫苏、葫芦、甜瓜、李、梅、桃、猕猴桃、葡萄等多种植物遗存。大湖头遗址展示了一幅两千多年前水乡泽国的生产生活图景。

大湖头遗址是浙江第一次大面积发掘的春秋战国时期越文化遗址，第一次通过科学发掘出土木桨、铅锭、铜戈形器等越文化遗物；第一次在遗址中出土成组礼乐器；出土了大量的越文化器物和动植物等遗存。大湖头遗址的发掘不仅发现了丰富的越文化新资料，而且较完整地揭露了一个聚落遗址，还原了资料出土情境和聚落布局，将极大地推动越文化研究取得新进展。

（游晓蕾　王永磊　杨瑞生　刘亚林）

【安吉县安吉古城遗址】

发掘时间：2022年3—12月

工作单位：浙江省文物考古研究所　安吉县古城遗址保护中心

安吉古城位于湖州市安吉县递铺街道古城村，城址平面近方形，东西长约600米，南北宽约550米，城内总面积约33万平方米，四周土筑城墙及护城河保存完好。2006、2013年先后公布为第六、第七批全国重点文物保护单位。2013年，经过普探，发现城址有以河道围护为标志的内外两重结构。根据现有考古资料判断，城址始建于战国，沿用至汉晋，早期为越国区域行政中心，秦汉时期为鄣郡和故鄣县的治所。

2022年，选择西城墙在其内、外采用东西向连续探方的方式揭示城址结构，包括护城河、内城河等要素，以及内城之外的地层堆积情况，发掘面积800平方米。

西城墙外发现了早晚两条护城河，反映了护城河的两次营建行为。原勘探发现的护城河距离西城墙22—26.3米，河道开口宽5.5—6.75米，深1.8—2.5米，河道最底层出土西晋时期的青瓷碗残片，剖面显示，河道存在着明显的改道、位移现象。

早期护城河紧挨西城墙外侧，其西侧边距离西城墙12.5—15.3米，东侧边被水泥村道占压，深2.7米。填土共分为10层，各层均较为平整，平面常见与城墙平行的条带状分隔线，明显为人工有意回填，最底部的地层剖面可见细密的波浪线，为水相自然沉积。

城内发掘区共清理灰坑56个，沟3条，瓦砾堆积1处，基槽1条。内城区外围的河道开口于第⑥层下，东西宽5.6—6.4米，最深处约1.3米，河道两侧边较陡，底部平坦，根据河道两侧被打破的地层遗物初步判断，河道挖掘的时间不晚于西汉中期。

H19是此次发掘最重要的遗迹，该灰坑紧挨西城墙内侧，平面一端细长、另一端圆鼓，底部为锅底形，总长7.6米，宽0.94—3.1米，深0.6米，填土可分为四层，其中第③层为较纯的灰烬层。灰坑内共出土小件器物30件，包括铜镞23件，散见于各层填土中，在灰烬层中还出土了铜镞陶范及部分铁块和炼渣，当与附近存在的金属冶铸遗迹有关。根据出土的人面纹瓦当等遗物判断，灰坑的时代为三国—西晋。

发掘出土遗物以板瓦、筒瓦残片、砖块占绝大多数，生活用陶瓷器数量不多，种类包括拍印方格纹、席纹、米筛纹、米字纹等战国时期的印纹陶和原始瓷片，以及汉晋时期的泥质陶豆、盆、罐等。瓦片以灰陶绳纹板瓦、筒瓦居多，瓦当种类有树纹、卷云纹、人面纹等。还发现了少量模印"專鄣"的文字瓦当，从字形判断应为战国晚期的篆书体，是判断城址属性、明确城址与鄣郡、故鄣县关系的重要物证。

（田正标　柯安顺）

【安吉县周家潭汉晋时期墓地】

发掘时间：2022年1—12月

发掘单位：浙江省文物考古研究所　安吉县博物馆

周家潭墓地位于安吉县孝丰街道城北社区周家潭自然村，一座相对高度约15米的小山南坡。2021年10月起，为配合安吉远洲康养产业园项目建设进行考古发掘，共清理古墓葬115座，均为长方形券顶砖室墓，墓葬密集分布在不足4000平方米的范围内，其中汉晋时期的墓葬111座。

墓葬均为东西向，其中墓向朝西的有82座，朝东的29座，常见南北平行并列、墓向一致的成组墓葬，可能为夫妻异穴合葬墓。从墓地布局来看，多沿山坡自上而下成排分布，共发现55座墓葬之间的相互打破关系，有的为墓坑之间的轻微打破，也有自东向西沿一个方形连续的成组打破，但打破关系均仅发生在墓道或墓坑局部，未见直接打破砖结构墓室的，显示出墓地统一的布局和管理。

墓葬以单室墓居多，共104座，前后分室的双室墓仅7座。墓壁砌法以平砌为主，为了增强墓室的稳定性，多见3层平砖之间夹一层咬土砖。11座墓葬的墓壁采用了平立结合的顺丁结构砌法。铺底砖多采用两块横、竖砖交错平铺，形成较规整的席纹，6座墓葬为斜向交错的人字纹，少数墓葬墓底采用了多道横向夹一道竖向平铺的特殊结构。

在21座墓葬内发现了壁龛。壁龛多对称分布于墓室前段两侧壁，也有的见于墓室后壁。数量最多的墓葬有7个壁龛。壁龛普遍较小，高、宽及进深仅10—15厘米。少数壁龛内依然完好摆放着1件陶瓷罐。

墓砖普遍在一面有绳纹，多数砖的侧面为素面，少数还发现铜钱纹、鱼纹、龙纹、太阳纹等，出土的文字墓砖有"张宜阳君""宜官大吉""福贵祥宜子孙"等吉祥语，发现建安十九年（公元214年）纪年墓3座，永嘉七年（公元313年）纪年墓1座。M95出土了"石成丞印"，墓主人可能为石城县的县丞。

此次发掘共出土随葬器物808件，以陶瓷器居多，器物种类有罐、罍、壶、钟、盆、碗、钵、耳杯等，出土的模型明器包括灶、井、仓、鸡笼、猪圈、羊圈等，从部分出土遗物较丰富的墓葬来看，陶瓷器的组合包括罐、罍、壶、盆、碗，罐的数量较多。其他出土遗物还有铁剑、刀、削、斧、凿以及铜镜、带钩、铜钱、铜印章等。

据文献记载，汉灵帝中平二年（公元185）分故鄣县南立安吉县，县治"天目乡"即今天的孝丰城。周家潭墓地紧邻孝丰城北侧，墓葬分布密集，时代集中在汉晋时期，年代跨度仅100余年，对研究安吉立县之初的墓葬制度和埋葬习俗，随葬品的基本组成及形制变化，以及寻找汉晋时期的安吉县城等均有重要的意义。

（田正标　张士轩）

【宁波市孟夹岙汉六朝至明清时期墓地】

发掘时间：2022年4—7月

工作单位：宁波市文化遗产管理研究院　海曙区文物管理所　中国人民大学

墓地位于宁波市海曙区洞桥镇孟夹岙山，北近鄞江，西临甬金高速。周边先后发掘过上庄山（2003年）、蜈蚣岭（2005年）、龙舌山（2020年）等墓地。为配合洞桥垃圾焚烧新建项目建设，联合考古队对该墓地开展了考古发掘，清理了汉六朝、唐宋、明清时期的墓葬49座。

汉六朝墓葬21座。其中，东汉土坑砖椁墓2座。孙吴、西晋墓葬4座，墓葬平面多呈凸字形，墓室内设有棺床，墓壁采用顺丁方式筑砌，部分墓葬铺设有排水沟，M6发现有"元康元年"（291）铭文。东晋墓葬9座，墓葬形制、筑砌方式与孙吴、西晋墓葬近似，M2发现有"永和元年"（345）铭文，M10发现有"隆安九年"（405）铭文。南朝墓葬6座，多为长方形砖室券顶墓。

唐宋墓葬2座。M51平面呈船型，为单砖室券顶墓。M23破坏严重，仅余墓底轮廓与排水沟，墓底长4.2米、宽4.1米，见有"大中"铭文砖，推测为多室合葬墓。

明清墓葬26座。多为双室或多室的砖、石混合结构，大多以方砖或石板铺底，条砖筑砌墓室，石板盖顶。M19为双室合葬墓，前方横置墓碑，碑铭"明闽漳平少尹百桥张公之墓。"据清代道光《漳平县志》，墓主当为嘉靖十九年至二十三年（1540—1544）任漳平典史的鄞县人张玙。M27为多室合葬墓，从墓底残存的痕迹可辨有9个墓室，每3个墓室一组。

出土遗物30余件，主要出自汉六朝墓葬，其中东汉墓葬中出土残铜镜2枚，六朝墓葬出土有陶、瓷质地罐、钵、盏、虎子、盘口壶等器物。唐宋墓葬仅出土1件素胎粉盒底。

孟夹岙墓葬时代跨越东汉至明清，墓葬形制具有较强的时代特征，是不可忽视的丧葬文化研究材料。

（许　超）

【台州市章安故城六朝至唐宋时期遗址】

发掘时间：2022年3—12月

工作单位：浙江省文物考古研究所

遗址位于台州市椒江区章安街道回浦村西北部。现保护发掘区范围约1万余平方米，续往年工作，实际发掘面积约600平方米。发现了六朝时期建筑遗存，主要有道路和河道1组、房址4座、排水沟2条、水井1座、灰坑9个，另发现宋墓3座。出土了六朝至唐宋时期遗物634件，主要有砖瓦建筑材料和碗、盏、罐、盘、壶、盆、鼎和砚等生活用品。

保护发掘区北部区域发现一组道路和河道遗迹，道路北临河道，整体呈东西走向，西部向南转折，道路宽约5米，河道宽约8.5米以上。河道和道路遗迹推测为城址"环壕"边界，印证文献和图像显示的六朝章安故城的西北角。

城内发现土基和砖构两类房址迹象。土基房址遗迹是利用黄土或砂石土形成的平面堆积，有整体规模和空间规划，如F6长约12米、宽约5米、基厚约0.15厘米。砖构房址遗迹是利用砖瓦向下营建的槽间建筑，规模小且形制单一，如F4长约3米、宽约2米、深约0.7米。土基房址周边发现排水沟及水井遗迹，推测为生活居址。砖构房址叠压排水沟，据其形制结构推测为年代较晚的某工作场地。

房址、河道间发现砖砌排水沟遗迹，房址外发现水井遗迹。河道、房址、排水沟方向一致。水井为平面七边形砖井，径宽约0.8米、深约3米，发现蛙形水注、瓷罐、铁钩等遗物，主要为汲水器和废弃文房用具，淘洗土样时发现墨字文书的竹简残片。

此外发现3座墓葬。墓葬形制结构、人骨埋藏方式和随葬器物相近，根据出土瓷器及铜钱推测为宋墓。墓葬的发现提供了章安故城遗址的具体年代下限。结合文献可知，章安六朝至隋唐时期作为临海郡治约300余年，唐临海郡废后城址仍被居住使用，至宋完全废弃，成为墓区。

椒江以北、长嘉屿山以南区域存在较高等级的六朝时期城址建筑，推测为六朝临海郡治章安故城所在地。保护发掘区以外东南大面积区域、西北山地区域仍需进一步勘探和调查，以探寻城址规模范围及周边墓葬、窑址等情况。

（刘　倩）

【杭州临安区小塘湾西晋至晚唐五代墓地】

发掘时间：2022年3—11月

工作单位：浙江省文物考古研究所　临安博物馆

小塘湾墓地位于杭州市临安区锦桥街道功臣山南坡，为一坐北向南的几字形谷地，墓地涉及面积约4700平方米。共发掘墓葬19座，明清时期相互叠压的房址2座。其中晋墓4座、晚唐五代墓7座、宋墓5座、明清墓3座，均遭严重盗扰。出土各类随葬器物（包含已修复）计55件，及大量残碎瓷片，包括石锛、铜镜、青瓷谷仓罐、碗、盏、灶、盂、青花瓷碗、盘、陶缸等。其中4座晋墓和3座晚唐五代墓形制结构保存较为完好。

四座晋墓中，M2和M3并列居于墓地北侧最高处，方向192度，两者间隔约1.5米。墓顶封土尚存，中心最厚处达2.1米。M2封土东侧叠压于M3西侧封土之上，可知M3早于M2。两墓形制完全相同，均为带短甬道的凸字形券顶砖室，仅尺寸略有出入。墓内的砖构排水沟沿墓道向南延伸，残长各约6米和8米。M2出土青瓷谷仓罐、灶、鸡笼、水盂等及1件残断银镯，部分封门砖上有纪年铭文"晋太康九年"等字样，可知两墓均为西晋早期墓葬。M17为双穴并列的合葬墓，两墓室之间的隔墙上留有相通的壸门。出土的墓砖上，可辨识有"永宁元年"铭文。M18为单砖室墓，紧邻M17，两者基本并排。可知M17、M18仍为西晋前期墓葬。

晚唐五代墓葬中，以M5、M6、M7结构保存最为完好。三座墓葬位于M2、M3之下的第二级台地上，方向180度。墓葬形制基本一致，平面作弧背长方形，起券后顶部作并拢的蝉翼状，封门向两侧边突出如双目，整体构成静卧的蝉形。M5墓门为砖砌，M6、M7均为石门。石门均分为上、下两段，上段为半圆形，下段为横长方形。M6的石门嵌于封门砖框内。M7石板连接处各凿两个方形卯孔，中间用铜榫连接，顶部有穿孔。墓壁三面设有数量不等的壁龛，墓底中央以大砖垒砌长方形棺床，四周与墓壁间留有间隔。M5、M6两墓设有砖砌排水沟，在离墓门前约10米处斜向交汇后向南延伸，现存总长达48米。M7内出土残破的开元通宝、乾封泉宝钱，及青瓷花口碗等少量标本。据出土器物推断，墓葬年代应在晚唐五代时期。

小塘湾所处的功臣山位于五代吴越国衣锦城南，为第一代吴越王钱镠籍贯石镜镇所在地。在临安区域现已确认的晚唐五代贵族墓葬，除钱镠墓外，其余绝大部分均围绕衣锦城周边分布，尤以南部山地为多。小塘湾墓地恰在此区域内，墓地延续时间长，核心位置墓葬的年代正当钱氏吴越时期，结构精巧新颖，具有一定规模，为研究晚唐五代吴越国一般贵族墓葬的形制、布局提供了新的材料。

（李晖达）

【杭州市富阳区新登古城遗址】

发掘时间：2021年8月—2022年12月

工作单位：杭州市文物考古研究所　杭州市富阳区文物保护中心

新登古城遗址位于杭州市富阳区新登镇。为配合新登镇城墙-城河综合保护整治工程，在以往发掘基础上，对新登古城遗址中的北城门进行发掘。北门遗址位于新登古城现存北城墙中部区域，北侧为城河，南接共和北路。发掘面积共计458平方米。

根据发掘，主要发现唐代、南宋、明代三个时期城门遗迹，出土唐代至明清时期陶瓷器、建筑构件等。

唐代城门平面为长方形，整体结构保存较完整，由东西城台、中部门道、排水沟组成。城门方向为5度，东西总长17.4米。城台由夯土和外侧包砖组成。门道为单门道，宽2.4米，南北进深8.46米，门道内发现唐至北宋道路，可知城门沿用至北宋。门道下建有排水渠，为砖砌券顶结构，从城内延伸至城外，揭露长度15.8米，沟内宽50厘米。城台包砖基槽内、排水沟基槽内出土晚唐时期青瓷片。城门东西两侧与夯土城墙相接，城墙呈倒"八"字形向外延伸。

南宋城门建于唐代城门之上，部分利用唐代城台，由城台、门道组成。方向为5度。西城台外侧包砌石块，内填土，填土内出土北宋至南宋时期瓷片。东城台已残。门道内发现砖瓦铺砌路面和排水沟，门道东侧发现1块门砧石。

明代城门位于唐宋城门东北侧，保存较差。方向为3度。仅存的东城台东西宽3.97米、南北残长2.69米，外侧为条石，内填土、砖瓦、石块等。西城台、门道已破坏无存，城门东西两侧为城墙。

北门遗址唐代城门的发现，明确了新登古城城墙北至，结合近几年的发掘和调查，基本认为新登古城的唐代城墙与明清城墙范围大体一致。

此次发现的唐代城门是浙江地区考古发现结构最完整的唐代城门之一。晚唐至明清城门保存结构较完整，沿革清晰，可与罗隐《东安镇新筑罗城记》、咸淳《临安志》等文献相互印证，为研究唐代以来城门城墙结构和营造技术提供了重要材料。

（周德奖）

【杭州市西湖区净慈寺遗址】

发掘时间：2021年5月—2022年5月
工作单位：杭州市文物考古研究所

净慈寺坐落在南屏山中峰的慧日峰下，为全国重点文物保护单位"西湖十景"之"南屏晚钟"的重要构成部分，也是杭州西湖文化景观的重要遗产构成要素。

2021年5月至2022年5月，为配合净慈寺整体改复建工程，杭州市文物考古研究所对工程地块进行考古发掘工作。发掘区域位于净慈寺的西南部，东临净慈寺观音殿和演法堂，由A、B两个地段组成，发掘面积达3000平方米，均发现了五代至宋的建筑遗迹。出土陶瓷器、建筑构件等标本650余件。

此次发掘最为重要的发现是，A地段发现的以八边形夯土台基为中心的大型建筑遗迹。该遗迹规模宏大，结构清晰，保存状况较好。整体呈长方形，坐南面北，方向北偏西7度，由八边形夯土台基、天井、连廊、踏步、散水、排水沟等组成。八边形夯土台基位于天井中心，将天井分割成四个面积相等的直角梯形。北侧设踏步，南侧与大型夯土台基相连，形成该组建筑的中轴线。天井东西两侧以廊庑合围，西侧廊庑以西发现面阔七间、进深四间的房屋遗迹，整体布局错落有致。根据地层和文献研究推测，该组建筑遗址与净慈寺的"应真殿"，又称五百罗汉堂，有密切的关系。

B地段主要由三组建筑遗迹和一处庭院构成，保留了由散水、明沟、暗沟和窨井等构成的完善的排水系统，并在庭院区域发现了开凿于北宋熙宁年间的圆照井遗迹。

此次发掘对了解净慈寺不同时期的主要建筑的特点、营造手法、规模和形制提供了翔实的考古资料，对研究古代寺院建筑和"五山十刹"建筑形制具有重要的历史意义和学术价值。

1. 年代问题。此次考古发掘发现了一组由八边形夯土台基、天井、连廊、踏步、散水、排水沟等组成的大型建筑遗迹。遗迹规模宏大，结构清晰，保存状况较好。根据地层叠压关系和出土遗物，可初步判断该组建筑遗迹营建年代不早于五代，废弃年代不晚于南宋末元初。

2. 朝向和轴线问题。由八边形夯土台基组成的大型建筑遗迹，其朝向为坐南朝北，与寺庙的整体朝向一致。西湖周边的很多佛寺庙其朝向都非坐北朝南，如南高峰塔遗址的朝向为坐西朝东，圣果寺遗址的朝向为坐西北朝东南，北高峰塔遗址的朝向为坐西北朝东南。究其原因，一方面因为山地寺庙受地理位置等因素的影响，建设时需因地制宜，依山就势而建；另一方面佛寺的朝向如此设计，就是为了面向西湖或者钱塘江。且该组建筑遗迹的西侧还发现一面阔七间、进深四间的房屋遗迹，说明该组建筑遗迹为寺庙西侧轴线上的重要建筑遗迹。

3. 与罗汉堂密切相关。净慈寺的五百罗汉堂，又称应真殿，亦称田字殿。《净慈寺旧志》云："应真殿四十九楹，即五百罗汉田字殿也，在正殿之西。显德元年，潜禅师移奉塔下，金铜十六大士始建。及南渡毁。绍兴二十三年，高宗临幸，敕佛智道容重建，复十六大士并五百尊罗汉像，各高数尺。"据文献记载，罗汉堂的位置在"正殿之西"，在"运木古井南"。

首先，此次发现的大型建筑遗迹与文献记载的罗汉堂的位置、高度一致。其次，从外形上看，中心为八边形台基，周边为 4 个天井，状如田字。再结合的建筑基址的年代，不难得出，其很可能与罗汉堂有着密切的关联。

4. 净慈寺遗址体现了人与自然的和谐统一。它巧借自然山体营建寺庙，依山就势，自上而下层层布局，将自然景色与山地寺院完美融合，创造出了一种错落有致，建筑不拘一格的灵动特点，最终达到了建筑与自然的和谐统一。

（孙　媛）

【金华市新安宋代遗址】

发掘时间：2021 年 11 月—2022 年 1 月
工作单位：浙江省文物考古研究所

新安遗址位于金华市金东区曹宅镇新安村南部，东侧 200—300 米为羊尖山水库。为配合金华理工学院项目建设，对项目地块范围内的地下遗存进行发掘，遗址分为相隔 120 米的南、北两区，共发掘墓葬类遗存 11 座（其中宋代墓葬 3 座）和大型居址类遗存 2 处。

两座开凿于基岩之上的宋代墓葬为发掘南区的主要收获。M2 墓园由引水沟、环壝、墓室和排水沟等组成，墓室面积为 12 平方米，为双室并立的石室，左室未被盗扰，右室后部有一盗洞，共出土随葬品 118 件（套），包括金钗、铜镜、白瓷四系罐、韩瓶和大量铜钱等，年代为南宋早期（年代上限为 1107 年）。M10 墓园由环壝、墓室和疑似步道基址组成，墓室面积 11.3 平方米，为单圹双棺岩坑墓，为夫妻同穴异棺合葬，未被盗扰，共出土各类文物累计 199 件（套），包括錾花球形金饰、银钗、水晶饰品、白瓷碗、铜镜和铜钱等，年代为北宋中期（年代上限为 1023 年）。M11 位于发掘北区北缘，为小型竖穴土坑墓，受现代活动扰乱较严重。

发掘北区主要为宋代居址类遗存，山坡下发现大型建筑基址 1 处，山坡上发现水利设施遗迹 1 处。居址类遗存始建于北宋，废弃于元代。大型建筑基址揭露面积约 1200 平方米，建筑走向一致，有明显的中轴布局，自南向北逐级抬升了三次，从而形成四进深的建筑布局，可分为厢房、院落、天井、步道、大殿等不同单元。水利设施遗址以开凿于基岩上的沟槽、圆形储水坑为主，互相连通，将水引流至山坡下大型建筑基址西侧。北区出土了琉璃发簪、莲瓣纹瓦当和以碗、盏、缸等为大宗的日用陶瓷器。结合南区的发现，推测该建筑可能为服务于当地家族墓地的坟庵建筑。

墓葬类遗存为研究两宋时期的墓葬形制、墓园结构演变增加了重要材料，居址类遗存为复原宋代民间建筑、山水景观提供了可能性。新安遗址的年代明确、内涵丰富，为讨论宋人丧葬制度、生死观念贡献了新的实物资料。

(张艺璇)

【台州市竹家岭宋代窑址】

发掘时间：2022年4—12月

发掘单位：浙江省文物考古研究所　黄岩区博物馆　北京大学

竹家岭窑址位于台州市黄岩区沙埠镇廿四都村，是沙埠青瓷窑址群内最具代表性的窑址点，也是烧造规模最大、窑场布局最为清晰的一处窑址。该窑场由备料区、成型区、烧成区和废品堆积区四部分组成。

该窑址的考古发掘工作始于2019年。2019年度的考古发掘工作主要集中于烧成区（窑炉区域）和废品堆积区。通过发掘，揭露出72.32米长的龙窑窑炉（编号为Y1），为宋代浙江地区已发掘的最长、保存最好、结构也最为清晰的龙窑窑炉；揭露出厚达7米的地层堆积，出土大量青瓷、酱釉瓷和窑具标本，基本构架起沙埠窑北宋中期末段至南宋早期的年代序列。2021年，为配合Y1保护棚建设，于施工区域（Y1西侧）新发现龙窑窑炉1条（编号为Y2），全长50.2米，年代早于Y1。竹家岭窑址早期窑炉Y2和晚期窑炉Y1呈现出"早晚移位、平行分布"的态势，突破了以往浙江地区窑场布局的一般规律（即年代不同的龙窑窑炉集中于同一位置，采用不断修整、层层叠压的方式进行连续使用）。此外，Y2双侧开窑门，为目前浙江地区发现年代最早的两侧开窑门的例证。

2022年度的考古发掘（考执字〔2022〕年第86号）工作主要集中于两个区域。其一为Y2西侧前部窑门区域，发掘目的在于明确Y2的烧造范围和废品堆积位置；其二为窑场前部作坊区域，目的在于完善窑业生产操作链。Y2西侧前部窑门区域，布设探方6个。目前，揭露出匣钵挡墙4道，分别编号为DQ1、DQ2、DQ3和DQ4。DQ1和DQ2为一组，DQ3和DQ4两侧墙为一组，均应为Y2窑炉烧造区和废品堆积区的范围界墙，墙体之间还有通道连接两个区域。窑场前部作坊区域，布设探方6个。目前揭露出与制瓷相关的众多遗迹，如淘洗池、储泥坑、辘轳坑、房址、窑场界墙等遗迹。其中窑场界墙的发现最为重要，目前已经揭露出东墙和南墙，对于从聚落考古角度探索窑场、村落、集镇等布局具有重要意义。

(谢西营)

【德清县慈相寺宋至明清时期遗址】

发掘时间：2022年5—9月

工作单位：浙江省文物考古研究所　德清县博物馆

慈相寺遗址位于湖州市德清县乾元镇。慈相寺遗址背靠石壁山，西邻百寮山，南面奉国山，东距东苕溪约500米。第三次全国不可移动文物普查中，德清县博物馆对该遗址进行了调查，并采集部分碑刻残件。在历次土地平整过程中，发现柱础、建筑构件、碑刻残件等。为配合乾元镇"千年古城"复兴计划项目，经国家文物局批准对慈相寺遗址进行考古发掘，发掘面积约为850平方米，发现半月泉、墙基、路面、房址、蓄水坑、柱洞柱础等多处遗迹，出土宋至明清时期青瓷、青花瓷、紫砂壶（"时大彬"款）、水注、钱币等文物20多件。

考古发掘揭露了两组建筑遗迹：其一，呈正南北向，以半月泉为中心，周围有方池、排水渠、垣墙、道路等迹象，推测为一处封闭院落建筑。池北发现残碑3通，包括清康熙年间《半月泉铭》、明正统年间《慈相寺记》等。垣墙的东墙基沿山体向上延伸至北侧平台，在台地上发现柱础2处，磉墩1处，室内地面1处（F1）。根据柱础尺寸和地面范围，推测F1面阔三间，进深不明，或即文献中的冷然阁。其二为北部山体东侧的建筑遗迹F3，长约10米，推测面阔3间，进深约3—4米，残留部分墙基及柱础石，外围被开凿于岩体上的排水槽围绕，北壁上有柱洞等遗迹。F3东北角石壁上发现半月形石坑，坑口以上有弧形壁龛3个，均直接开凿于岩体上。

由于土地平整、新建宗教场所的占压，未发现慈相寺主体建筑遗址，此次发掘的主要内容为慈相寺东侧的附属建筑区。发掘确认了半月泉的位置、结构布局等重要信息，全景式展现了慈相寺附属园林建筑的独特风格，具化了一批文人思想家在慈相寺的活动细节，丰富了德清县"千年古城"的文化内涵。

（张士轩　时　萧）

【临海市延恩寺南宋杨栋墓】

发掘时间：2022年8—9月

工作单位：浙江省文物考古研究所

墓葬位于台州市临海市涌泉镇外岙村延恩寺后山，地处太平山头以北、026乡道以西，中心地理坐标为北纬28°77′78″，东经121°32′83″，海拔高度约为54.82（±2.5）米。寺院在施工过程中发现，经踏查未发现地表茔园建筑迹象，实际发掘面积约20平方米。墓葬为双室砖石墓，分东西两室，东室推测建成后未利用，西室出土玉璧、金银器、青铜刀、漆木器等随葬品。根据出土墓志确认墓主为南宋理宗朝参知政事杨栋。

墓葬为石椁石顶板墓，东西双室间砖构连接，西室外南侧以砖围砌以存放墓志。墓圹长约4.2米、宽约3.8米、深约1.5米，椁室位于圹内中北部区域。东西椁室结构相同，均为由6块上下一体的石块榫卯拼接而成，椁顶南北拼合3块石盖板，以形成长约2.6米、宽约0.92米的内室。椁室内底部铺设约10厘米碳灰以防潮，其上东西横向错置55块铺底砖。两室间无规律叠砌约21层高衔接砖。西椁室外南侧沿墓志外围砌约17层高包砖。西室内椁四壁由下至上涂填厚约4厘米的白膏泥，高约40厘米。

西椁室内发现漆木棺底、侧、顶部腐朽痕迹，因长时间受挤压及水土运动致使棺木朽痕范围缩小，结合四周棺钉发现位置，大致推定原木棺长约2.4米、宽约0.8米、高约0.5米。棺内人骨朽尽，仅东南区域发现一段碎骨，人骨具体部位已难以推定，葬式及性别也难以辨别。器物整体堆放于棺内中北部区域，目前可编号的有45件（组）。

器物根据叠压打破关系可分为四组，为中部玉璧一件，中北部银茶具一套，西北部金器一组，东北部金、银、铜、铁、漆木器一组。东北部一组疑文房用具，最早放入，方形贴金漆木盒内置梅花形金盏、鹿钮银盒、漆木鞘铜削刀、圆角方形铁研/砚、长舌状金挑等器。漆木盒整体东北部上置铜镜盒及铜镜。中部一组银茶具，次放入，莲瓣纹执壶、宽把银提梁，另配置长方形银茶盘1件、浅盘高脚银茶盏3只、莲瓣纹银茶托3只。西北部一组金器，再放入，疑金腰带构件。发现东西两列上下叠落方形、长方形盒状构件11件，葵花形盒状构件1件，元宝形盒状构件1件，以及无明显规律存放的细小构件约1组10件。中部一件玉璧，应为腰部悬玉，最后放入。另器物整体北部区域上层发现铁条1组，疑冠冕类遗物。西室椁外发现石墓志一合，长约1.4米、宽约0.83米、厚约0.11米，志盖铁线篆刻"宋少保观文殿学士杨公圹志"，志身楷书阴刻志文1580字，据此可知，墓主身份为南宋重臣杨栋。

杨栋官至参知政事，与权相贾似道关系

密切，政治地位重要。曾任上蔡书院山主，负有重望，理学地位卓然。出土随葬品种类丰富，保存较好，判断为实用器，在历史、科学、艺术等方面具有较高的研究和利用价值。目前，墓葬本体已临时性回填，工作进入文物保护修复和后期整理阶段。据墓志记载，寺院为杨栋功德坟寺，墓葬周边经过踏查未发现其他相关现象，但该区域历史底蕴深厚，后续可进一步对周边区域开展考古调查工作。

（刘　倩）

【龙泉市亭后宋元时期窑址】

发掘时间：2022 年 5—12 月

工作单位：浙江省文物考古研究所　故宫博物院　龙泉市文物保护中心

亭后窑址位于丽水市龙泉市小梅镇大窑村亭后山东坡，遗址总面积约 3000 平方米，分作坊区、烧成区、残品堆积区三个功能区块。2022 年主要发掘了烧成区和残品堆积区，发掘面积 500 平方米。已发现龙窑窑炉 2 条，石砌排水沟 2 条，以及数十吨宋元瓷片、窑具堆积，各类遗存年代跨度从北宋至清代，以宋元为主。

此次发掘的两条窑炉（Y1、Y2）位置重叠，Y2 系在 Y1 基础上缩短长度改建而成。窑床依山形便利，浅挖山体基岩修筑而成，方向 96 度，坡度 15 度。现揭露窑炉长度 22.4 米，宽 2.22 米。窑壁用方形砖错缝平铺叠砌而成。Y2 排烟室面宽 1.9 米，进深 0.25 米，通烟墙宽 0.21 米，残高 0.45 米。窑头尚未揭露。根据两条窑炉内出土的元代青瓷盘、碗等，推测其废弃时代为元代中期。

2 条石砌排水沟平行分布于窑炉两侧，由西向东延伸至山麓，沟间距 6.15 米。沟底面、壁面由中小型卵石工整砌成。沟头与 Y2 尾部平齐，沟内出土青瓷器与 Y2 内出土青瓷器一致，初步判断排水沟与 Y2 为元代同期遗迹。

窑产品与窑具分布于窑炉南侧，早年经多次盗扰，仅发现少量原生堆积层。经扰乱的残品堆积自西向东渐厚，厚 0.1—6 米，其北部覆盖部分窑炉。

出土遗物中，两宋之际至南宋中期产品数量较多，主要分布于发掘区域东南部。器形以敞口碗、圈足盘、香炉较为常见，多饰画花草纹。此外还见有长颈瓶、碗盖、砚滴等器形，外底多露胎。常见窑具有"M"形匣钵、泥质垫饼、泥质垫柱，等等。

南宋晚期产品数量较少，胎色分为白胎、灰胎、黑胎等，不同胎色产品的器型多有重合，有碗、盘、杯、盏、洗、炉、瓶、盖等 20 余种。其中，仿古器型的黑胎青瓷较为多见，包括鋬耳杯、觚、贯耳瓶、琮式瓶、鬲式炉、簋式炉，等等。常见窑具有"M"形匣钵、泥质垫饼、小型瓷质垫饼，等等。

元代产品数量最多。常见器型有折沿盘、敞口盘、直口碗、碗盖、盏，多刻饰莲瓣纹。此外，还见有不同类型的洗、炉、砚滴、盒、烛台、渣斗、执壶、瓶、罐，等等。器物多裹足刮釉。窑具有"M"形匣钵、平底匣钵，以不同尺寸的瓷质碟形垫饼最为常见，还见有少量瓷质杯形间隔具。出土有多件测温窑具火照，大小不一，呈指套形或馒头形。

出土有多件带有文字的产品和窑具，特别是"内府""龙泉张氏新窑""颍川祠堂"以及阿拉伯文字"以穆罕默德之名"等铭文瓷器的出土，对研究亭后窑址性质、古代窑业制度具有重大意义。

（刘建安）

【绍兴市宋六陵三、四号陵园遗址】

发掘时间：2022 年 3—12 月

工作单位：浙江省文物考古研究所　绍兴市文物考古研究所　北京大学

宋六陵为南宋时期历代帝后陵所在，其中包含了北宋徽宗、南宋高宗、孝宗、光宗、宁宗、理宗、度宗七帝陵及昭慈孟太后七座后陵。自 2018 年以来，浙江省文物考古研究所先后组织发掘了 4 组陵园建筑遗址。本年度的发掘过程中，分别于二号陵园（2019—2021 发掘）西侧和南侧，先后发现了 2 组陵园建筑（编号三号、四号陵园）和 3 座帝后陵石藏墓葬（编号为宋陵 M2、M3、M4）等重要的遗迹。

三号陵园位于二号陵园以西，中心墓葬（宋陵 M3）距二号陵园主殿（2019F1）西南角约 74 米。宋陵 M3 为一近方形土坑竖穴石椁，南北边长约 10.3 米，东西宽度大致相仿，但因大部分区域超出预定发掘区，暂未能整体发掘。据已掌握的信息分析，其体量、结构与宋陵 M1（一号陵园主墓）相仿，应同为某帝陵石藏墓穴本体。同时，在墓葬的南侧及东侧，发现若干建筑遗迹，包括夯土台基、磉墩、砖铺地面、道路、散水、疑似阙楼遗迹以及石包边的陵园围墙东南角。遗迹内出土少量陶制仿木建筑构件。据已发现的遗迹分布关系可见，宋 M3 所在的建筑构成一个北向凸字开平面结构，为典型的龟头殿式建筑。M3 南侧另有一横长方形夯土台基，并与南围墙相连，整体结构布局与一号陵园基本相同。因此，推断这组建筑及墓葬遗迹，应为某帝陵上宫陵园核心部分，与东侧的二号陵园分属不同的帝后陵。

宋陵 M2 位于二号陵园的门殿台基（2019F2）以南约 7 米处。通过对 M2 表层遗迹的发掘和墓穴四角的解剖，探明了 M2 的主体以及 M2 周边夯土台基的结构。墓葬中轴北端方向为 358 度，墓圹南北长 10.1 米，东西宽 8.1 米。土圹内以条石搭建石椁，土圹壁与石椁壁的间隙约 1 米，用夯土填实。石椁南北长 8.1 米，东西宽 6.3 米，现存最大深度约 2.1 米。石材长 0.6 米，厚 0.15 米。墓葬周边围绕一圈红褐色夯土遗迹，南部破坏严重，包含少量碎砖瓦和石块等。此部分应为叠压在墓葬上方的攒殿建筑的夯土台基，平面形态为典型的南宋龟头殿式建筑。

在宋陵 M2 以南约 70 米处另发现一组大型夯土建筑台基，编号为四号陵园。台基整体坐北向凸字形，南侧台基东西面宽约 15 米、南北进深约 12 米；北侧凸出部分，面宽约 11 米、进深约 9 米。南侧台基内发现南北平等的磉墩遗迹 2 排各 4 个。据此判断，南侧享殿应为三开间建筑。北侧凸出部分，经初步钻探可知，其中可能为石藏墓穴，规模与宋陵 M1、宋陵 M3 相近。据遗迹结构判断，该组建筑及墓葬，应为某帝陵上宫基址，性质与一、三号陵园相同。同时，据位置关系推测，可能与二号陵园为上、下宫关系，二者共同构成了一组完整的南宋某帝陵陵园。而夹于二、四号陵园之间的宋陵 M2，可能是祔葬其间的皇后陵寝。

（李晖达）

【泰顺县双革元代龙泉窑遗址】

发掘时间：2022 年 8 月—2023 年 1 月

工作单位：浙江省文物考古研究所　温州市文物考古研究所　泰顺县文博馆

窑址位于温州市泰顺县建民村北侧，地处飞云上游，东距珊溪水库约 500 米，其东侧为窑背窑址群、西南为仓楼墩窑址群。窑址面积近 2000 平方米，发掘面积约 600 平方米。发现了相互叠压的龙窑 2 条（Y1 叠压于 Y2 上），窑前工作区 1 处（Y1），淘泥池 1 处，辘轳坑 1 处，窑业废品堆积 2 处。

两处窑炉依山坡而建，头东尾西，结构均为分室龙窑。Y2 窑头已毁，窑尾被 Y1 叠压。方向56度，残长14.7米，存7室，窑室进深2.2米。Y1保存较好。窑头、窑身、窑尾、窑门、隔墙、护墙等结构清晰可见。方向65度，斜长28.11米，坡度10—13度。窑炉前后分10室，内设隔墙9道，窑室进深2.2—3.2米。隔墙用窑砖顺向错缝平砌，底部以圆柱状支烧具支撑，形成烟火孔；窑壁用窑砖和M型匣钵混筑，顶部为砖砌结构。窑炉后半部及窑尾外侧用块状瓷石垒筑墙体，初步推测为窑炉加固保温的附属设施；窑门置于窑炉南（右）侧。一室一门，共10门。除东1门外，其余窑门均开于各室东南角，紧邻隔墙，宽0.5—0.6米；排烟室由窑尾墙体和瓷石护墙构成，尾墙下双排支烧柱形成排烟通道。

Y1窑前工作面紧挨窑头，用匣钵碎片、砖块和石块堆砌成方形工作面。东西3.2米、南北3.5米。工作面平整，表面有厚约5—15厘米的烟灰层。应为堆柴和清理窑头内木灰用。淘泥池建于厚15—20厘米的灰色致密土层上。墙体用M型匣钵错缝堆砌。南北长1.3米，东西宽0.7米，残存5层匣钵，高0.65米。池内下层为厚20厘米的纯净细腻白色瓷土，辘轳坑为直径约45厘米的圆形凹坑，坑内四周用窑砖和支烧柱加固。

双革窑址的废品堆积分南北两区，窑炉南北两侧均有分布。烧造装烧方式以明火叠烧为主，器物以泥点间隔，置于圆柱状支烧具上。产品以龙泉系青釉瓷为主，兼烧黑、酱釉瓷。器型基本为日用器。青釉产品以碗、盘、双鱼洗、碟为多，也有少量杯、盏、灯；黑釉器可见碗、盏、碟、盘、壶，有较多酱、黑釉粗瓷罐；还发现少量素胎擂钵、单把带流壶。北侧堆积区发现一件龙泉窑青釉凤尾尊，通高0.7米，肩部有"辛丑"纪年。

此次发掘，揭示了元代晚期龙泉系青瓷产业及窑炉技术向泰顺地区扩张、龙泉系泰顺类型发展定型、产品主供外销的窑业现象。黑釉盏、碟等类型产品，又明显受到福建地区影响，为研究不同窑系窑业生产技术在这一地区的扩散、融合提供了重要的实证资料。

（李　扬　刘团徽）

【德清县明清时期古城墙遗址】

发掘时间：2022年7—9月
工作单位：浙江省文物考古研究所　德清县博物馆

德清古城墙遗址位于德清县乾元镇直街社区。在历年城镇建设过程中，明清古城墙或被破坏或叠压于城镇建筑之下，现残存大家山段和焦山段尚可分辨城墙轮廓。为配合乾元镇"千年古城"复兴计划项目，经国家文物局批准对德清古城墙遗址进行考古发掘。此次发掘点，分别位于大家山山脊和焦山山脚，其中大家山段发掘面积100平方米，焦山段发掘面积50平方米。

大家山段发掘共布设3个不规则探方。发掘点T1位于大家山北部，游步道北侧，在城墙墙体内侧揭露剖面长6米，宽3.2米，高2米。夯土痕迹，填土为砂石、黄土，填土未经筛选。受周边林木和游步道所限，无法拓宽发掘区域。发掘点T2位于T1北侧，是一处疑似马面遗迹。马面残宽1.8米，残高2.5米。发掘点T3位于大家山东南部。早年修建游步道时开挖了部分墙体。此次发掘利用了原有断面进行，墙体内夯土土层较为明显，中有碎石堆积，东侧截面残高1.95米，顶部宽2.3米，底部宽5.2米。

焦山T1发掘深度约2米，发现东晋至南朝时期德清窑废弃堆积厚约0.6米。废品堆积由窑渣、窑砖层和标本层组成，标本中青釉产品占三分之二，黑釉产品占三分之一，主要器型有盘口壶、鸡首壶、双系罐、大中小型碗、三足砚、灯台等，是德清窑鼎盛时期所生产的主打产品，但均存在着变形、黏连等现象。发掘区以外地块或尚未拆迁，或被现代建筑垃圾覆盖，不具备考古发掘条件。

德清古城墙大家山段的发掘，实证了明代在大家山顶修建城墙的文献记载，通过局部城墙的解剖，明确了城墙的夯筑技术，残存的马面遗迹为古城墙的保护展示提供了新的载体和依据。焦山段窑址废弃堆积的发现进一步明确了"德清窑"产品的产地和特色，为下一步继续探寻德清窑相关问题提供了重要线索。

（张士轩　时　萧）

【杭州市富阳区大贝村明清墓地】

发掘时间：2022年6—12月

工作单位：杭州市文物考古研究所　杭州市富阳区文物保护中心

大贝村明清墓地位于杭州市富阳区新登镇。为配合新登新区土石方工程——江丰出让地块建设，在考古勘探基础上，对该墓地进行发掘，共发掘墓葬71座。墓葬集中分布于一处小型山体西侧缓坡，山体东部已被破坏。

墓葬类型包括砖室墓53座、竖穴土坑墓13座和三合土浇筑墓5座。墓葬一般为坐东朝西。砖室墓大部分被扰乱，仅少数保存有券顶。墓葬平面形状为长方形，一般由墓室、封门和墓前拜坛组成，拜坛结构简单，葬具仅存棺钉，个别墓葬发现人骨。竖穴土坑墓和三合土浇浆墓大多结构简单，墓室为长方形，常见双室墓，个别墓葬有环堞、墓前石砌拜坛等墓上建筑。出土随葬品123件（套），包括铜钱、铜器、铁质烟管、铜镶玉带板、玉珠饰、陶罐、青釉碗、青花碗等。

M12：长方形竖穴砖室墓，方向250度，开口于②层下，被M10打破，墓圹长280厘米、宽180厘米。墓葬未被扰乱，墓室内有少量黄褐色填土，土质较疏松，包含有零星植物根系、石灰屑。墓室东西长230厘米、南北宽100—102厘米、高98—108厘米。墓壁由下往上错缝平砌长方形砖，在墓室四壁均设有壁龛，墓壁顶部加盖石板，出土随葬品有陶罐1件、青釉碗2件、铜钱10枚。墓葬年代为明代。

M2：长方形三合土浇浆墓，方向260度，开口于①层下，叠压M6。墓圹东西长275厘米、南北宽80—98厘米、墓室长242厘米、宽74厘米、残高50厘米。内部填土为黄色沙土，较致密。保存有人骨，为仰身直肢葬，人骨四周排列较规律的棺钉。出土随葬品5件，有铜器、铜钱、铁质烟管、瓷急须。墓葬年代为明清。

M35：竖穴土坑墓，开口于②层下，打破生土，方向242度。由环堞、拜坛、墓室组成。环堞平面形状近圆形，由石块堆筑而成。拜坛位于环堞西侧，平面为长方形，由鹅卵石、砖块铺成，南北两侧各分布一处，中部缺失。拜坛南北总长360厘米。墓室为长方形竖穴土坑墓，位于环堞内中部偏南区域，墓室西北部被扰。墓室长200厘米、宽90—93厘米、深31—48厘米，墓室底部可见若干棺钉。随葬品共出土4件，包括玉珠1件、陶罐1件、青花碗2件。墓葬年代为明代。

该处墓葬分布集中，墓向基本相近，墓葬规格多为明清时期小型墓，具有较明显的墓地性质。此次发现，为杭州富阳地区古代墓葬形制和丧葬制度提供了实物资料，具有一定的研究价值。

（周德奖）

【龙游县杨源山明清墓地】

发掘时间：2022年5—10月

工作单位：浙江省文物考古研究所　龙游县文物保护管理所

龙游县横山镇杨源山墓地位于衢州市龙游县横山镇高山村东南部一块集体用地，紧邻该村村道和村民自留地。因该村村容景观改造，为配合该项目建设，对所涉及的墓葬进行抢救性发掘，共清理墓葬18座及灰坑1处。墓葬形制均为砖室墓。

灰坑H1出土大量瓷器残片（以豆绿色为主），可辨器物有碗、盘、高足杯等。其中多数残片为龙泉窑，年代跨越元明时期。墓葬出土文物较少，共清理随葬品65余件，按质地可分为石碑、瓷器、铁器、银器、铜器等，器类有墓志铭、墓碑、青花瓷碗、砚台、戒指、发簪、铜钱等。综合墓葬形制、出土器物，此次发掘的18座墓葬，年代为明清时期。

此次发掘M7—M10为异穴合葬墓，M9出土石刻墓碑及墓志铭。埋葬顺序清晰，年代确切。墓志铭记载墓主张善式年十七即赴豫章（南昌）行商，客居其地近一甲子，历嘉靖、隆庆、万历、泰昌、天启、崇祯六朝，为大明京幕，商业范围广阔，北起北直隶，南至两广。结合出土文物及横山张氏族谱可知，横山张氏在明代中期之后为龙游望族，现有国家级文物保护单位横山塔、绍衣堂、高岗起凤皆为其族所建。该墓的发掘为研究明代晚期的埋葬习俗提供了基础素材，填补了明代龙游北乡商人的历史空白，可以作为明代龙游商人群体的个案进行更深入研究。

（范　畴）

【宁波市青莲寺遗址】

发掘时间：2022年5—7月

工作单位：宁波市文化遗产管理研究院　奉化区文物保护管理所　南京大学

遗址位于宁波市奉化区尚田镇沙栋头村西南，处于白溪谷地西缘，南距和尚山约150米，西侧为学校旧址。据清·乾隆《奉化县志》载：青莲讲寺位于县南四十里，建于后唐清泰元年（934），初名灵峰院；宋治平二年（1065），改青莲院，久而圮；至南宋，皇子魏王申请为十方祝圣道场，以傅天台宗教，由是内外栋宇革故一新；明洪武初，改寺；明末，僧万和重修；清顺治初，寺废，行目禅师增新梵宇；同治间，僧安仁又修；光绪间，僧松修重建大殿、方丈山门、廊庑；20世纪60年代后期，因当地兴建旅游管理学校，寺遭拆除。

本年度为配合奉化葛岙水库建设，联合考古队对遗址开展了800平方米的发掘，发现了建筑基址1处。

该建筑基址坐西北朝东南，方向北偏西33度，包括由主殿台基、东配殿台基、西配殿台基、殿前广场、殿后广场组成的主体基址和厢房、廊庑、排水沟等附属遗迹。主殿台基位于建筑基址中部，东侧与东配殿台基有排水沟相隔；西侧与西配殿台基一体相连；南侧为殿前广场，广场中部有道路和踏步通向主殿；北侧为殿后广场，广场东、西、南侧均有排水沟，广场中部有道路与主殿相通，广场和道路均白灰抹面。主殿台基平面为长方形，东西长22米，南北宽15.8米，高约0.55米，台基上发现礤墩6排7列，推测主殿面阔5间、进深6间。东配殿台基被近现代建筑破坏，布局不明。西配殿台基呈南北向长方形，南北长15.8米、东西宽9米、高约0.55米，台基上发现礤墩3排6列，推测西配殿面阔2间、进深5间。

遗址出土陶、瓷、石、铜等遗物30余件，有花纹砖、滴水、瓦当、布纹瓦、绳纹瓦、石柱础等建筑构件和碗、盘、盏、器盖等瓷器，年代多为清代至民国时期，少量五代和宋代的遗物发现于扰乱的建筑废弃堆积中。

青莲寺遗址损毁严重，现存建筑遗址年代应为清代至民国时期。青莲寺遗址的发掘为认识和研究宁波地区寺庙建筑的布局和禅宗的传播等提供了新材料。

（林国聪）

【台州市飞龙湖明清时期墓地】

发掘时间：2022年9月—2023年1月

工作单位：浙江省文物考古研究所　路桥区博物馆

飞龙湖墓群位于路桥区桐屿街道高峰村北，西南部邻飞龙湖，南距一江山大道236米。因飞龙湖1号小区建设，对建设项目内涉及到的48座（组）墓葬、1处窑址进行抢救性发掘。墓葬以石室墓与砖室墓为主。

窑址为两晋时期的岭岗头窑址，形制为龙窑，因现代农耕破坏严重，窑炉基本不存，只采集到部分青瓷片与窑具。墓葬为明清时期。发掘区域内共出土遗物167件（套），按质地可分为陶器、瓷器、石器、铜器等，器型有匜钵、支烧具、碗、罐、簪子、钗、耳环。根据墓葬形制及出土遗物判定，48座（组）墓葬中除M10为东晋时期的墓葬以外，其余均为明清墓葬。发掘主要收获如下。

首先，岭岗头采集的遗物与M10中的遗物均为两晋时期的典型器，有同时期的褐色点彩青瓷四系罐与褐色点彩青瓷碗，且岭岗头窑址与分布在飞龙湖周围的窑址一样均为两晋时期的窑址，为研究当地的青瓷发展提供了重要资料。

其次，此次发掘区域内发现了明清黄岩地区的家族茔园，收集了明代家族茔园内石像生、花板、须弥座等相关地上遗物。王氏家族成员6个单元15座（组）墓葬形成了"大族坟山，小家聚葬"的局面，出土了王氏家族成员的三方墓志及大量的饰品。其中，两方为四川按察司佥事秋海王君（王从鼎）及其继室童氏墓志，遗物质地有金、银、铜、瓷等，种类有簪子、钗、耳饰、带钩、青花瓷罐等。此次发掘的王氏家族茔园为台州地区唯一的明清时期的家族茔园，为研究当地明清时期的家族茔园制度提供了新材料。

（罗　玲）

【岱山县新石器时代遗址考古调查】

调查时间：2022年4—10月

工作单位：浙江省文物考古研究所　舟山市文物保护考古所

本年度于岱山县开展的田野考古调查，覆盖了岱山岛高亭、岱东、东沙、岱西四镇。复查并重新确认了分布范围的已知遗址2处，复查并发现已无文化堆积的已知遗址2处，新发现遗址35处、文物采集点1处。从年代上看，包含新石器时代遗存、宋代遗存的遗址点较为明确，其中，基本可判断存在新石器时代遗存的遗址有至少22处，占总量的58%。

结合近年来在白泉、衢山、嵊泗等地的调查发掘情况，舟山群岛地区的遗址大致可以分为土墩型、坡地型和沙丘型三类。其中，沙丘型遗址有特定的分布区域，在沙地中凭借沙堤、沙丘等自然地形营建而成。土墩型遗址比较容易辨认，其现状往往是突兀的高于四周农田的具有特定范围的菜地。坡地型遗址则背靠山坡，遗址的边界与自然山体不易区分。实际调查中，不少遗址范围包括坡地部分和更向外伸出的土墩部分。

而事实上，遗址本身的情况可能更复杂，一些分布临近的遗址有可能构成了一个遗址群，或属于一个范围更大的遗址。比如，岱东镇虎斗村附近的4处遗址；岱东镇洛沙湾附近的5处遗址；岛中心位置酒坊、枫树、司基村附近的4处遗址；岱西镇三山交汇之处的3处遗址，这四组遗址都有明显的聚集分布的状态，并代表着本次调查发现的最为重要的四个新石器时代遗址分布区。

值得注意的是，岛中心位置及岱西镇的两处新石器时代遗址聚集区内，从采集与钻探的情况看，集中存在着一类与良渚文化中晚期年代相当的、以酥皮红陶为代表的、面貌单一的文化遗存。而岱东镇虎斗村附近的新石器时代遗址聚集区内，则可能存在着包含有泥质黑皮陶的文化遗存。这说明在岱山岛上可能存在着分布于不同区域的不同属性的考古学文化现象。更具体的情况，则有待进一步的工作来阐明。

（朱雪菲）

【余姚市姚江河谷河姆渡文化核心区考古调查】

调查勘探时间：2021年5月—2023年1月

工作单位：浙江省文物考古研究所

本年度工作为2020年调查项目的延续。2018—2020年，浙江省文物考古研究所对余姚东部的姚江河谷进行了调查，调查总面积近100平方千米，发现68处（24处已知）新石器时代到汉代遗址，17处遗物采集点，5处汉六朝墓地，部分以往登记的遗址已无存。另外，在余姚西北的临山镇确认1处商周时期城址。

本年度主要对余姚市马渚镇南部、西北部，牟山镇东部，泗门镇西部进行了调查，复查新发现良渚文化到宋代遗址11处，大部分遗址沿山分布，个别遗址为平地型遗址。新发现的鹰山遗址，延续时间长，采集遗物分别属于良渚文化、马桥文化、东周、汉代、唐代、宋代；通过地表遗物分布来看，总面积达23万平方米；该遗址还采集到绳纹板瓦、筒瓦等，表明此遗址可能是一处等级较高的聚落。全佳桥遗址，面积也比较大，达到11万平方米。另外，平原区域发现的遗址，如沙堰头遗址、张家遗址等，在20世纪60年代影像上显示有高地，为后续调查提供了新思路。

另外，在姚东地区鲻山遗址东侧300米处新发现一处河姆渡文化晚期到良渚文化时期的遗址，定名为金墩遗址。经初步勘探确认，遗址分布范围约1万平方米。另外，遗址地表也采集到少量东周遗物，但未发现明显文化层。

本年度对田螺山和江桥头遗址所在的盆地北部区域进行了系统勘探。新发现周代遗址1处。确认江桥头遗址总面积约3万平方米，新石器时代堆积分布约2.2万平方米，遗址外围依次是古河道和古稻田。古稻田和古水域的面积很大。另外，在这一区域发现5处石堆遗迹、76座汉六朝及以后时期的古墓葬、少量灰坑、木桩等，古墓葬均分布在山坡上。

本年度工作未发现早于良渚文化时期的遗址，以往登记的河姆渡文化遗址有待进一步的调查确认。

（王永磊）

【长兴县—吴兴区先秦遗址考古调查】

发掘时间：2022年3—12月

工作单位：浙江省文物考古研究所　湖州市文物保护管理所　吴兴区文物保护管理所　长兴县博物馆

2022年度的考古调查延续2021年的工作，调查区域集中于吴兴区西南部的东林镇、埭溪镇一带和长兴县西部的泗安、临城镇一带。

吴兴区复查遗址5处，即章家埭、沙塘田、庙前田、山西坞、和尚湾遗址，前四处遗址保存较好，和尚湾遗址已消失。遗址时代主要包括崧泽文化、良渚文化、后马桥文化、两周、汉六朝及宋元时期。重要者如庙前田遗址，位于东林镇牌前村，遗址面积残存约1万平方米，大部分被民房占压或被鱼塘破坏，遗址采集有鱼鳍状陶鼎足、罐、细柄豆、燧石石核、砺石等，年代包括崧泽文化、良渚文化、后马桥文化和汉六朝时期。

新发现遗址5处，即顾家浜、沈家桥、王家浜、东红村、萍山等。时代从良渚文化一直延续至宋元明清。前4处为聚落址，其中顾家浜、沈家桥、王家浜遗址与庙前田遗址相近，年代有部分重合，可能构成一个聚落群。萍山为宋代窑址，主要烧制韩瓶等粗瓷产品。

长兴县主要对张家桥、新安、空山遗址进行了调查勘探。张家桥遗址依托丘陵分布，外围有壕沟，面积在15万平方米左右，时代主要为良渚文化、两周、汉六朝时期。空山遗址与张家桥类似，堆积主要在北坡，发现有壕沟，仅调查其东部区块。新安遗址为平地型遗址，面积约9万平方米，外围可能存在壕沟，时代主要为良渚文化、两周时期。

（游晓蕾　闫凯凯）

【台州地区瓷窑遗址考古调查】

调查时间：2022年2—11月
参加单位：浙江省文物考古研究所　临海市博物馆　临海市文物保护管理所

台州地区古代制瓷业历史可上溯至东汉时期，一直延续至清代。台州地区瓷窑遗址考古调查工作始于2018年。2018年8月至9月，浙江省文物考古研究所与黄岩区博物馆联合对沙埠窑址群进行了主动性考古调查，确认窑址点9处，其中7处属于省级文物保护单位（2019年升级为国家级文物保护单位）。2018年11月至2019年6月，浙江省文物考古研究所与路桥区博物馆联合对路桥境内窑址进行了主动性考古调查，确认窑址点9处，均位于桐屿街道飞龙湖一带。2019年7月至2021年12月，浙江省文物考古研究所与黄岩区博物馆联合对黄岩境内窑址进行了主动性考古调查，确认窑址点21处。

2022年度，浙江省文物考古研究所与临海市文物保护管理所联合对临海境内窑址进行了主动性考古调查，确认窑址点30处，时代涵盖两晋、南朝、唐代中晚期、北宋中晚期、元代，并对位于古城街道的梅浦窑址群内的凤凰山进行考古勘探。结合野外调查和勘探成果的初步整理，对梅浦窑址群学术价值初步总结如下。首先，梅浦窑址群所在地区窑业资源丰富。窑址分布在低山丘陵的缓坡上，树木资源丰富，可为窑业生产提供充足的燃料；山前水网密布，多见大小不一的水塘，疑为当年取瓷土所致；紧靠永安溪，既可以为窑业生产提供充足的水源，又可为瓷器的对外输出提供便利的水运条件。正是在上述环境下，窑业生产得以实现。其次，调查采集标本显示，梅浦窑址群制瓷业始于唐代早期，以西洋门口和王安门口2处窑址点为代表；唐代中期至北宋早期的窑业遗存尚未发现；北宋中期达于鼎盛，后门山、将军山、大爿山、西山亭、瓦窑头和凤凰山等6处窑址为代表；北宋中期之后的窑业遗存尚未发现。最后，北宋中期应该是梅浦窑址群最具学术价值的时期。以釉色区分，这一时期的产品可分为青釉和酱釉两类。将青釉瓷器的器形、装饰、装烧技法等方面进行综合比对，从窑业技术来看，北宋中期的梅浦窑址群应属于越窑系，其产品主流应属于北宋中期以上林湖为中心的越窑核心区制瓷技术对外传播的结果。但是，梅浦窑址群的个别产品器类、个别装饰纹样、装烧工艺等方面,尤其是装烧工艺具备自身特色。以后门山和凤凰山窑址为例,调查采集的匣钵均为粗瓷质,质量甚至高于同时期以上林湖为中心的越窑核心区,后者主要为采用耐火材料制成的粗质匣钵。结合上林湖越窑考古工作经验,以瓷质匣钵烧造的器物,应属于质量较高乃至品级较高的产品。酱釉瓷器,应属于外来技术,暗示这一区域与外来技术存在交流与互动关系。总之,要揭示北宋中期梅浦窑址群的深层次内涵,需要考古工作的持续推进。

(谢西营)

【绍兴市南山东周时期聚落遗址】

发掘时间：2021年11月—2022年12月
工作单位：浙江省文物考古研究所　绍兴市文物考古研究所　越城区文化广电与旅游局

南山遗址位于绍兴市越城区城南街道念亩头社区南山自然村,地处会稽山北麓,龙尾巴山东南侧,因绍兴市G8地块建设,开展抢救性发掘。

截至2022年12月,发现大型黄土台1处,发掘清理房址2座,灰坑614座,灰沟96条,不规则分布柱洞500余个。另在东部台地边缘发现古河道河堤（护坡）一处。房址以F1较为典型,其为带有活动面的柱列式建筑,在黄土台地上用包含大量风化石查、石块、破损石器、碎陶片的熟土奠基,然后挖坑立柱建设建筑物。灰坑以圆形、椭圆形、长方形、葫芦形和不规则形为主,主要用途为垃圾坑、储藏坑和地形高低不平所致的淤积坑（水坑）。灰沟以半环形和长条形为主,其中G82为古河道淤积,南部东侧发现一处以风化石渣、石块、破损陶器和原始瓷器堆积而成的河堤（护坡）,颜色呈深黄色,长50米,宽0.9—2.8米;G83为古沼泽相堆积,出土遗物数量众多,时代以东周时期为主,器型以原始瓷器、陶器和铜器为主,另有少量铁器、石器、木器等。原始瓷器以素面为主,另有少量凹弦纹和压印纹,器型有盅、碗、杯、钵、盘、碟、器盖、镇、匜。陶器以印纹硬陶和泥质灰陶为主,另有少量夹砂红陶。印纹硬陶以夹细砂灰陶和夹细砂红陶为主,纹饰主要有大方格纹、小方格纹、麻布纹、回字纹、☐字纹、多重☐字纹、大方格填线纹、菱形填线纹、米筛纹和方格纹的复合纹,可辨器型有杯、坛、罐、钵、碗、罐、器盖；泥质灰陶以素面为主,部分外施黑皮,可辨器型有鼎、罐、器盖、盆、豆、支座、板瓦、纺轮；夹砂红陶以素面和绳纹为主,可辨器型有鼎、支脚和罐。青铜器数量较多,种类涵盖兵器、农具和生活用品。兵器有镞、斧、剑、矛、镞、镦；农具有锸、锄、凿、锛、镰；生活用品有带钩、钵、锥、针、小鼎等,另有一定数量的戈形器,形制较小,性质尚不明确。铁器有锛、铲和点播器。石器有石锛、石杵、石铲、石凿和磨石。木器有短柄木桨、木柱、柱础、垫板、席、篮、榫卯结构的构件和竹编。

生业经济方面也有一定收获,主要为发现有农作物、瓜果种子和杂草类植物,品种有碳化米、粟、冬瓜、李、花椒、葫芦、葡萄、猕猴桃、甜瓜、悬钩子、灯笼果属、筋骨草属、鳢肠、紫苏、红鳞扁莎、小藜和荩草。

南山遗址在聚落形态方面,较为全面地揭露出越国中心区域先民聚落面貌,呈现台地生活,水网密布的特点。同时为探讨南山遗址与周边亭山遗址大型建筑、南山头等遗址的布局关系提供参考,为在会稽山北麓山前小盆地找到新的越文化遗址,甚至城市、都邑提供参考。

(赵帅杰　徐新民)

安 徽 省

【含山县凌家滩新石器时代遗址】

发掘时间：2022年1—12月

工作单位：安徽省文物考古研究所

2022年，凌家滩遗址主动性发掘地点仍位于岗地东南端的大型红烧土遗迹片区，揭露面积500平方米。因遗址公园建设，2021年底开始的墓地西侧和外壕北段地点的发掘延续到2022年春。

大型红烧土遗迹地点

2022年主要对红烧土西界北段外侧区域进行揭露，该区域土质土色异常杂乱，为人工堆筑而成，多为大块的青灰土和黄土铺垫而成，宽23米，南北长推测与红烧土范围一致，残厚0.3—1.4米，表面多被破坏，局部残存少量红烧土基槽、柱洞、红烧土坑等遗迹，少量红烧土坑包含碎骨屑。其顶部最高处高于东侧红烧土顶面1.6米，推测应为平行分布于红烧土西侧的大型建筑台基，其与红烧土遗迹共同组成一处超大型的公共建筑基址，总面积近万平方米。

墓地西侧地点

墓葬祭祀区西侧休息广场区域发掘面积327平方米。共发现新石器时代灰坑2个、祭祀坑1个、石头遗迹1处、汉代墓葬5座。出土文物400余件，其中绝大部分出自祭祀坑，主要是石器、玉器和少量陶器。

祭祀坑1平面形状呈圆角长方形，南北长4.1米，东西宽3.5米，深度32厘米。填土上部是大量的火候极高的红烧土块，之下为大量的残碎的石器、少量玉器和陶器。共出土器物260余件。石器以钺占绝对多数，拼合后得完整石钺60余件，其中一件为凌家滩目前发现的体量最大的石钺；另有少量锛。玉器多为残碎小型饰品。器形以玦占绝对多数，另有少量钺、管、珠、璜、镯、配饰等，以及少量新器形，如齿轮形器、椭圆形牌饰、梳形器等。其中一件宽体玉璜为凌家滩目前发现的最大的玉璜。陶器有杯、鬶、鼎、豆、壶、罐、大口尊等。

在祭祀坑1的底部是一个红烧土坑，形状呈圆角长方形，宽7.5—11米。在祭祀坑1和红烧土坑的西侧外围是一处石头遗迹，由大小不等的石子铺垫组成。整体呈半环形环绕着祭祀坑，向西呈斜坡堆积。

外壕地点

外壕北部地点发掘面积739平方米。此次发掘首先对外壕北部缺口位置进行了全面揭露，仅发现少量汉代—明清时期遗存，未发现新石器时代的遗存。随后，对其东侧的外壕沟体进行了解剖发掘，了解了外壕的宽度、深度、堆积结构等。

发掘结果显示：外壕口宽45米、底宽25米、自深2米，共分为6层，底部有厚达0.2—0.5米的凌家滩文化晚期陶片。南侧即为岗地，且岗地堆土里包含有碎石块，应为开挖外壕向南侧堆土而成。岗地与外壕的落差达6—9米，再加上较宽的外壕，能起到积极的防御功能，同时，外壕还能起到蓄水和垃圾倾倒场所的功能。

（张小雷）

【固镇县垓下新石器时代与汉代遗址】

发掘时间：2022年10—12月

发掘单位：山东大学　安徽省文物考古研究所

垓下遗址位于固镇县濠城镇北部，淮河支流沱河南岸，为国家重点文物保护单位。为厘清城址内西南部的功能布局以及南城门形制等问题，2022年共开设两个发掘区，南部偏中发掘区开设5×40米南北向探沟1条，西南部发掘区开设5×5米探方8个，总计发掘面积400平方米。

本年度揭露遗存主要属于汉代及新石器时代。目前，文化堆积可按年代分为四大层：现代耕土层、近现代扰土层、汉代层（两个亚层）和新石器时代层（九个亚层）。各时期主要遗存有房址7座、墓葬5座、灰坑37个、灰沟10条、水井1口，南部偏中发掘区还发现了新石器时代堆筑城墙和汉代增筑迹象；主要遗物有陶、石、铜和铁器共131件。

房址主要分为半地穴和基槽式两种。7座房址中，5座为新石器时代。其中，新石器时代房址F31为基槽式建筑，从已暴露部分推测，F31平面近长方形，面积较大，目前尚存部分墙体、基槽和四层基础垫土。除南部基槽填充大量红烧土外，其余已发掘的基槽均填充普通填土。通过勘探可知，红烧土基槽向东延伸约9米，黄土台基向北延伸约7米。推测F31东西应有房间2—3间，北部至少另有一排房间，均总属于一座大排房。

墓葬主要分为宋代砖室墓、周代土坑竖穴墓和新石器时代瓮棺葬三种。此次发掘，5座墓葬中2座为新石器时代，均为瓮棺葬，使用大口尊作为葬具。

水井为汉代遗存，保存较完整，井内置陶井圈，井上设有井亭类建筑。

南部偏中发掘区发现新石器时代堆筑城墙，城墙内侧及中部均发现汉代增筑迹象，本年度发掘区域内城墙宽度为41.5米。新石器城墙为挖出较浅的基槽后向上建造而成，整体硬度较大，且在北部发现新石器时代夯土迹象，应为夯筑而成。至汉代时，对城墙中部破坏处进行修补，并向上、向北进行增筑，可见明显夯窝。

此次发掘揭露出一批大汶口文化晚期至龙山文化早期房址及墓葬。为探讨垓下遗址城内布局、功能结构及演变提供了新的材料。尤其是F31及其所在黄土台基的发现，为更好了解垓下遗址历次发掘所见黄土台基的用途提供了重要依据，丰富了垓下及皖北地区史前房址的形制的资料，也为研究江淮地区史前时期黄土堆积式高台建筑的建造模式提供了重要数据。

南城墙的解剖探明了垓下遗址南半部城墙的形制及其建造、修补过程。南城墙在宽度上远超北城墙与东城墙，同时发现了明确的汉代增筑迹象。南城墙的解剖，显示了垓下城址的建造、使用、增补修复、废弃的全过程，是探讨垓下城址建造时间以及建造方式的重要支撑。同时，也为探讨整个南方地区史前城址的建造提供了新的材料。

（王强　许森森　姚静敏）

【定远县万陈新石器时代及商周时期遗址】

发掘时间：2022年6—11月

工作单位：安徽省文物考古研究所　定远县博物馆

为配合合肥——新沂高铁项目的建设，经国家文物局批准，联合考古队对万陈遗址进行了抢救性考古勘探和发掘工作。万陈遗址位于滁州市定远县桑涧镇万陈自然村东南约400米处，东、南两侧紧邻大湾河。遗址为平面呈不规则圆形的台墩，高出周围地表约1—1.5米，面积约4000平方米。项目施工红线从遗址的东南部斜向穿过，根据前期考古勘探资料，考古工作队拟定发掘面积为500平方米，布设正北方向10×10米探方5个。经过发掘，共计清理出龙山时代晚期、商代和西周时期灰坑47个、灰沟6条、房址7座，出土小件器物50余件，另有大量陶片、动物骨骼等遗物。

西周时期遗存为该遗址的主体堆积，遗迹也发现最多，以灰坑为主。H16开口于T2②层下，平面呈不规则的椭圆形，灰坑面积较大且出土遗物丰富，除陶器、石器、骨器外，还出土大量的蚌壳和兽骨等遗存。陶片可分为夹砂和泥质两类，可辨识器形有鬲、甗、罐、盆等。H6开口于T2②层下，平面呈不规则圆形。坑内堆积包含有大量红土块，坑壁和坑底均有明显的火烧痕迹。坑壁由内向外的土色依次为：青色-红色-黄色，坑底有一层火烧后形成的草木灰。坑边周围有柱洞分布，层位与灰坑遗迹相同，推测为相关联的遗迹组合。

商代遗存发现较少，出土较为典型商代遗物的单位为G2。G2开口于T1④层下，探方内只揭露了G2的边缘部分，沟内堆积可划分为两层，出土遗物较为丰富，可辨识器形有鬲、大口尊、甗、器盖和假腹豆等。

龙山时代晚期遗迹主要为房址，均只剩柱洞遗存。出土遗物较少，可辨识器形有侧装扁三角形鼎足、蓝纹折沿罐等。

万陈遗址的主体文化遗存可分为龙山、商和西周三个大的时期，文化内涵较为丰富，进一步完善了江淮东部地区商周时期遗存的资料体系和年代框架。其中，商代遗存虽然较少，但器物风格显示，可能为晚商时期，安徽淮河流域晚商时期遗址发现较少，此次晚商遗存，在万陈遗址发现价值重要，为探讨晚商时期中原商文化在江淮地区的进退有重要意义。龙山晚期遗存的发现也拓宽了我们对本地区新石器时代晚期遗存文化面貌的认识。

（蔡波涛）

【马鞍山市申东西周至春秋时期遗址】

发掘时间：2022年3月—2023年1月

工作单位：安徽省文物考古研究所　马鞍山市文物管理中心

申东遗址位于马鞍山市雨山区银塘镇前进村小安自然村，属于采石河流域的一处低矮丘陵，分布面积约54330平方米。自2007年发现以来，因马鞍山市经济建设发展和文物保护工作需要，安徽省文物考古研究所主持对申东遗址开展了三次配合性发掘，发掘总面积达2745平方米。

此次发掘是为配合马鞍山市银塘镇中心幼儿园建设，经国家文物局批准（考执字〔2022〕年第606号），安徽省文物考古研究所等对申东遗址开展第四次考古发掘，发掘面积1500平方米。

2022年发掘的主要遗迹有灰坑82处、窑址8处、房址4处、灰沟6条、墓葬4座。出土遗物主要为玉石器、陶器和印纹硬陶、小件青铜器、动物骨骼等，玉器较少，仅发现玉锥形器；石器多为石镞、斧、凿、刀、镰等；陶器主要有陶鬲、罐、豆、盆、钵、甗、曲柄盉、网坠、纺轮、陶球等；小件青铜器有青铜镞、鱼钩、铜削等。根据2022年发掘情况看，申东遗址文化堆积的年代集中在西周到春秋早、中期，类型较多的居住遗迹、结构较完整的窑炉是本次发掘的重要新收获，为研究西周—春秋时期采石河流域先民日常生活状况、陶器生产、人与环境的关系等提供了珍贵资料。

居住遗迹方面，申东遗址2022年发现有两种类型的房址，第一种类型是在垫土上开挖房基，建造木骨泥墙的地面式房屋，墙面和室内活动面均用火烘烤，呈光滑平整的红烧土硬面。已发现的一座开间较完整的房址（F3），具有5开间，每间宽1.2—2.7米不等。与F3同一层位开口的房址垫土面分布范围近80平方米，发掘中还发现有将房基改建现象，也有在同一部位，早晚不同的房址叠压现象，说明西周—春秋时期，申东遗址先民选择的居住区域比较稳定，从而保留了早晚房址重叠的现象。第二种类型则是半地穴式房址。从考古揭露的遗迹来看，这类房址是在地面上开挖长椭圆形坑，在坑的边缘外围立柱，搭建屋顶，坑内则通过台阶进出室内外。第二种类型的居住遗迹是该遗址新发现的房址类型，进一步丰富了申东遗址西周—春秋时期房址的种类与形态。

陶窑多发现于房址周围，结构基本相同，均由操作坑、窑室、出烟孔组成，个别保存较好的陶窑还能发现穹隆顶式窑顶。操作间及陶窑外围发现有大量灰黑色灰烬层，窑室及窑床均可见红烧土烧结面，出烟孔周围亦被烧结成红褐色硬面。目前发现的陶窑，窑室空间均较小，多在1平方米以下，一次能装烧的陶器较少；处于房址周边的分布现象，又反映了陶器制造业可能仍属于小规模作业模式。

综上所述，申东遗址面积5万余平方米，是马鞍山地区采石河流域新石器时代晚期至商周时期一处重要的聚落遗址。2022年申东遗址发掘，揭露了新的房址类型，丰富了我们对西周—春秋时期江东地区人们居住情况的认识，结构较完整陶窑的发现，为研究商周时期陶窑技术发展提供了珍贵资料。

（罗　虎　齐泽亮）

【芜湖市凤鸣湖西周至春秋时期遗址】

发掘时间：2022年9—12月

工作单位：安徽省文物考古研究所　芜湖市文物考古研究所　芜湖市文物保护中心

凤鸣湖遗址群位于芜湖经济技术开发区凤鸣湖路与港湾路交叉处的凤鸣湖风景区，湖面水域广阔，交通十分便捷。根据第三次全国不可移动文物普查资料，凤鸣湖遗址群分布面积约2万平方米，包括三个相对独立的台地，相互之间相距约几十米至百余米。由于芜湖经开区研创中心建设项目用地需求，2022年4月起，安徽省文物考古研究所受托对凤鸣湖遗址群开展了考古调查、勘探，并随后对建设用地区域进行了考古发掘。

根据调查情况，凤鸣湖遗址群包含A、B、C、D共四片区域。A区遗址为一不规则方形台地，高约2—7米，东西长约160米，南北长约80—120米，周长约478米，位于凤鸣湖西北岸湖心岛，是遗址群中最大且保存最好的一处遗址；而与之相邻的D区已遭破坏。A区存在较厚的红烧土堆积，遗址上散落着大量口沿、腹片、鼎足、鬲足等陶器碎片，其中有大量的印纹硬陶，纹饰复杂多样，有回纹、方格纹等。初步判断年代应为两周时期。由于A区遗址三面环水、相对独立、扰动较小、遗存丰富，在考古勘探确认后采取原址保护。

B区遗址位于凤鸣湖西岸，与C区隔湖相望，为一高岗坡地，高约3—8米。发掘面积500平方米。因近现代活动对遗存扰动明显、破坏较大，B区遗址仅发现两周时期灰沟3条、灶1个，宋墓2座。两周时期的出土遗物主要为陶拍、陶盆、石镞等。

C区遗址所在为不规则台地，高约5米，地势较为平缓。发掘面积600平方米。已发现的遗迹现象集中于西周晚期至春秋时期，主要为5处西周晚期至春秋时期的灰坑、2处柱洞，目前已出土的完整器有陶匜（澄滤器）、偏翼青铜箭镞、原始瓷盅等。

凤鸣湖遗址群的考古发掘，为认识凤鸣湖流域古代先民的生业模式与文化传统提供了客观的学术依据，为探索芜湖地区早期历史文化、区域文明研究提供了重要的考古线索。

（金　婴）

【淮北市相山区战国至东汉墓群】

发掘时间：2022年9月—2023年1月

工作单位：安徽省文物考古研究所

墓群位于相山区惠黎路西延段，在曲阳街道凤凰山路以东。前期考古勘探及测绘工作，发现砖室墓和土坑竖穴墓。2022年8月上报国家文物局批准后发掘。

此次发掘实际共清理出各类墓葬95座，主要有土坑墓、土洞墓、砖室墓、石室墓、砖石混筑墓。其中土坑墓87座、砖室墓3座，石室墓1座，土洞墓1座，砖石混筑墓3座（其中画像石墓1座）。土坑墓一般有生土或熟土二层台，基本未被盗扰，出土文物组合特征鲜明，以陶釜、陶罐、陶鼎等器物组合为主，大部分为汉墓，一部分为东周宋国墓及楚国墓，说明东周至西汉时期这里是一处中下阶层的墓地。新莽东汉之初出现了一些小平砖砌筑的洞室墓，东汉时期有菱形纹汉砖砌筑的砖室墓及画像石墓，这些砖室墓结构主要以前后两室为主，反映了新莽至东汉时期这里可能成了一处贵族墓地。共出土各类材质文物达300余件，包括青铜器、玉器、铁器、骨器、陶器、釉陶器等。

周王封微子启以续殷祀，国号宋，相城（今淮北相山区一带）属宋。公元前588年至前576年间，宋共公瑕为避水患，曾将国都由睢阳（今商丘）迁至相城。战国时期，齐、楚、魏灭宋，相归楚国。大量东周时期宋国及楚国墓葬的发掘，与早年发现的相城城址相印证。此处大量战国至汉墓的发掘也佐证了相城曾经的繁华。2016年安徽省文物考古研究所在淮北市相山区发掘了渠沟遗址（距离现发掘点500米左右），清理墓葬85座，时代是战国至东汉。2020年曾在目前发掘点的南侧100米处进行过考古勘探，钻探发现约80余座墓葬。这些墓葬均分布在相城西边的凤凰山西麓。通过上述发掘和勘探，可以知道凤凰山西麓是当时相城的重要墓葬分布区。通过此次发掘，有以下发现。

第一，墓群中发现了一批宋国墓葬，宋国墓葬主要分布在亳州、商丘、永城、砀山、萧县、徐州等境内，此次发掘可以了解战国早期至东汉中期淮北地区宋国墓葬的丧葬习俗。

第二，时代跨度大，从战国早期至东汉时期。同时发现墓葬种类丰富，有土坑墓、土坑竖穴土洞墓、砖室墓、石室墓、砖石混筑墓，丰富了淮北地区战国至汉代的墓葬资料。

第三，墓葬大部分没有盗扰，出土一批完整的随葬器物，能够较为客观地反映战国中期至东汉时期的宋国、楚国以及汉代的葬制、葬俗。

（陈　超）

【淮北市邓山汉代墓群】

发掘时间：2021年12月—2022年6月

工作单位：安徽省文物考古研究所

邓山墓群在淮北市邓山44号地块废弃矿山采坑治理项目中发现，具体位于淮北市烈山区绿金大道与望湖路交叉处东北侧，周边多为风景区，南侧临近烈山天街风景区，西侧为南湖湿地公园。该区域原为矿山，地势起伏较大，南高北低，有较多岩石和植被，总面积约4.5万平方米。

2022年11月底，在淮北市文化旅游体育局和烈山区政府的协助下，安徽省文物考古研究所组建淮北邓山墓地考古队，对该项目范围内涉及的古墓葬进行了抢救性考古发掘，共发掘清理古墓葬102座。其中，竖穴土坑墓45座、砖室墓28座、洞室墓29座，出土各类文物标本860余件。较为精美的文物有6面铜镜且保存相对完好，分别为八乳四神博局纹镜、四乳博局纹镜、禽兽博局纹镜、四乳四虺纹镜、"日光"铭连弧纹镜、蟠螭纹铭文镜；铜印章3枚，均为私人印信，造型基本相同，桥型钮，印文分别为"温赏印信""温光之印"和"颜翁卿印"；另有骨器六博棋子，保存完整，均为长方形，大小一致，颜色上有淡黄、淡青、淡褐色各两枚，无图案。

这批墓葬由上至下呈台阶式集中分布，方向相对一致，布局有规律，体现家族墓地的特点年代最早可追溯到西汉中期。其中洞室墓主要集中分布在山体较高位置，均为向下开辟竖井墓道。值得一提的是，在部分洞室墓内发现了用于放置洞室与墓道之间隔板的凹槽及石质墓门，这说明洞室墓的洞室与墓道之间应有一定的隔绝措施以造就独立的地下墓室空间，具有较高的科研价值。

此次考古发掘，为认识本地区的西汉中期至东汉中期的葬制、葬俗提供了第一手资料，对于揭示本地区悠久的历史文化具有重要作用。

（任一龙）

【肥西县合龙村北宋及清代墓葬】

发掘时间：2022年11—12月

工作单位：安徽省文物考古研究所

肥西县合龙村墓葬位于柿树岗乡合龙村安置点建设工地，经国家文物局批准（考执字〔2022〕第1563号），安徽省文物考古研究所在肥西县文物管理所、柿树岗乡文化站的密切协助下，对该区域进行了考古发掘，清理清代墓葬1座，宋代墓葬3座。出土文物30余件，主要是瓷器，另有少量陶器、釉陶器、银器、铜器、木器。瓷器主要是碗、盏、炉、执壶、钵，陶器有釜、罐，釉陶器有四系罐、双系罐，银器有粉盒、发钗，木器有木梳。

M2为单墓道仿木构双室砖墓，两墓室之间留有通道，似为"过仙桥"。墓壁砖块砌筑仿门、桌、椅、剪刀形状。墓顶为叠涩砌穹隆顶，西室完好，东室倒塌，墓底铺地砖为单层。墓室内棺椁人骨无存，出土随葬品5件，有青白瓷执壶、瓷碗、陶罐。

M3为双墓道船形双室砖墓。墓葬顶部为穹隆顶，砌法叠涩内收或斜砌内收。东西室留有通道，似为"过仙桥"。墓底铺地砖为单层，墓室内棺椁人骨无存，出土随葬品20件，有瓷碗、瓷炉、瓷钵、陶罐、木梳、银粉盒、铜镜、铜钱。

M4为单墓道仿木构单室砖墓，墓室后壁之上砖块砌筑有仿门形状，墓顶为穹隆顶，砌法为条砖叠涩内收或斜砌内收，墓底铺地砖为单层。墓室中部存有单棺，仅存顶板和底板，人骨无存，出土随葬品8件，有瓷碗、釉陶罐、铜发簪、铜镜、铜钱。

M2—M4排列紧凑，应为北宋时期的家族墓地。北宋熙宁五年（1072年），淮南路分东、西两路，柿树岗所在地区处于淮南西路庐州和寿州的交界处，寿州有"山南镇"，即今柿树岗西的山南镇。

（张小雷）

【凤阳县明中都遗址】

发掘时间：2022年3—12月

工作单位：安徽省文物考古研究所　故宫博物院　凤阳县文物管理所

为配合明中都国家考古遗址公园建设，

在前期工作基础上，联合考古队对明中都内五龙桥、前朝宫殿区正殿西侧附属建筑进行了考古发掘。

内五龙桥遗址位于明中都宫城内午门北侧的内金水河上，共有五座，正对着午门的五个门洞。发掘清理出其中正对着西掖门的一座桥址，为五座桥中的西边桥。经发掘，该桥为砖石结构，主体用青砖砌筑，仅在桥券拱腹的两侧使用了券脸石，桥券采用"三券三伏"的砌法，与此前发掘的外金水桥一致。该段金水河的河道驳岸外皮以"一顺一丁"方式砌筑，每层逐级内收，砖砌驳岸残存高度约1.2米。明代河道南侧驳岸尚未显露，目前估测河道净宽约超过7米，相较于外金水河道该部位3.7米的宽度要更加宽阔。明代桥址被拆后，清代在明代桥址基础上缩窄了拱桥和河道的尺寸，桥洞内底部用条石铺墁。清代河道两侧驳岸用砖石砌筑，砖底部先用木桩扎在明代河道淤积层内，后用条石铺底部，上部用砖垒砌成驳岸砖墙。清代河道南北两侧夹河分布有较多房址，现仅余少量墙基。

前朝宫殿区正殿西侧附属建筑基址约处于北京故宫"中右门"的相同位置。尚保存有夯土台基，台基南北长约30.4米、东西宽约23.2米，残高约1米，外围以砖石包边。包边外皮残存部分全部使用条石垒筑，内部用砖填砌。砖已多被取走，条石最高残存4层，直壁，于石壁的半高处有大量雕花。台基内见磉墩8处，主要为一层石片一层土夯筑而成，有的还包含青砖残块和少量琉璃残块。台基正南和东西两侧前部各有一踏道，尺寸均长约4.2米、宽3.7—3.9米。

出土遗物以石、砖、瓦等建筑构件为主，多数砖石构件均留在原位未做提取。石构件有花卉、瑞兽石雕件、螭首、栏板、望柱等。另出土有"开元通宝""崇祯通宝""顺治通宝"等铜钱和仙翁骑鹤、山水、花卉、白菜等纹样的青花瓷器，还有铜勺、顶针等少量其他生活用品。

内五龙桥是明中都城中轴线上最重要的礼仪性建筑之一。其桥址与旁侧河道驳岸包砖方式与外金水桥及旁侧河道做法一脉相承，但其河道宽度比同位置外金水桥旁河道宽阔得多，体现出其更高的地位。前朝区正殿西侧附属建筑基址发掘明确了该建筑的台基范围，发现部分磉墩和踏道，增进了对前朝宫殿区建筑布局的整体认识。其与主殿后殿西侧连廊和附属建筑的组合，在整体布局上与北京故宫的前朝区宫殿布局十分相似，但其不同在于，该建筑与主殿之间并未有连廊相接。这些相似与差异恰为自元至明清的宫殿布局演变提供了过渡环节资料。

（王　志　吴　伟　宁　霄）

福建省

【平潭西营新石器时代遗址】

发掘时间：2022年9月

工作单位：厦门大学历史与文化遗产学院　平潭国际南岛语族研究院　平潭综合实验区博物馆

西营遗址位于平潭综合实验区平原镇燎原村西营自然村东北部，海拔约13米，遗址地形平坦，目前为农田耕地。西营遗址于1992年经考古调查发现，当时在河流断面处可见厚约50厘米的贝壳堆积，地表可见陶片和石器，为一处新石器时代贝丘遗址，遗址面积约10000平方米。经国家文物局批准，厦门大学历史与文化遗产学院在平潭国际南岛语族研究院和平潭综合实验区博物馆等单位的配合下，对西营遗址进行了主动性考古发掘工作，本年度发掘面积为300平方米，取得了重大收获。

西营遗址可见五层地层堆积，④、⑤层为新石器时代文化层。其中⑤层为发掘区普遍分布的贝壳堆积层，平均厚度约30厘米，为一处范围较大的贝丘，属于新石器时代人类生活的食余堆积。贝壳种类包括牡蛎、泥蚶、青蛤、文蛤、管角螺、多角荔枝螺等十余种，目前贝壳样品碳十四测年结果为距今约6800—6500年。另外，在⑤层贝壳堆积层中发现了早期人骨，在打破贝壳堆积的扰沟中也存在早期人骨和牙齿，骨骼包括下颌骨、颅骨、椎骨、肩胛骨、肋骨、股骨、肱骨等，其中部分骨骼有砍砸、截断的痕迹。牙齿有侧门齿、犬齿、白齿等，经鉴定属于至少4个以上的个体。目前人骨碳十四初步测年结果为距今约7300年。在④层和⑤层贝壳堆积层中发现有陶器、石器等文化遗物。陶器主要为夹砂灰陶、红陶、黑陶，陶胎多为黑色，器类有圜底釜、罐、钵等，口沿内壁饰多线平行刻划纹、贝齿印纹等；石器则包括砍砸器、石锤、凹石、石锛等，与台湾大坌坑文化具有极高的相似性。

西营遗址是目前平潭岛上最早的史前遗址之一。西营遗址的年代与平潭祠堂后山遗址的年代相近，略早于壳丘头遗址。西营遗址的考古发现对完善平潭岛乃至福建沿海地区新石器时代的考古学年代序列和文化谱系具有重要意义，为进一步探索中国闽台史前文化交流、南岛语族的起源与扩散等重大问题提供了丰富的考古材料。该遗址发现了平潭岛上保存最好的贝丘遗迹。运用多种考古学方法，可以对西营遗址贝类、动物骨骼乃至植物遗存进行鉴定和统计，探索古人类饮食结构、采集狩猎捕捞行为等问题。遗址发现了迄今为止平潭岛上最早的人骨遗存。通过对人骨进行古DNA提取与分析，可以探讨新石器时代福建东南沿海地区人群特征和行为模式，丰富东南地区史前人类基因库，并进而与台湾地区出土早期人骨数据进行比对，对研究南岛语族起源与扩散等相关重大课题均有重要意义。

（张闻捷）

【浦城马道坪新石器时代至商周时期遗址】

发掘时间：2022年9—12月

工作单位：厦门大学历史与文化遗产学院　南平市文物保护中心　浦城县博物馆　浦城县文物保护中心

马道坪遗址位于浦城县仙阳镇殿基村后山，南距闽江上游重要支流南浦溪约500米，1987年第二次全国文物普查时发现。为配合厦门大学考古专业田野考古教学实习工作，该校联合南平市文物保护中心、浦城县博物馆、浦城县文物保护中心等单位，于2017年5—6月、2018年2—5月、2021年10—12月，对马道坪遗址进行了三次考古发掘工作，共发掘探方40个、探沟3条，实际完成发掘面积1160平方米。发现了新石器晚期升焰圆窑2座，墓葬4座，夏商时期灰坑65个、灰沟13条、建筑基址5组、烧土堆6处等类型丰富的地下遗存。其中，2018年发现的两座新石器晚期升焰式圆窑是迄今为止福建省内发现的保存最为完整的新石器时代陶窑，对于探讨南方窑业技术起源与发展等学术课题有着重要意义。

2022年9月，为完成2020级考古学专业本科生田野考古实践教学，并解决相关学术问题，联合考古队再次对马道坪遗址进行主动发掘。发掘区域位于2017年发掘区的西南侧，共布5×5米探方15个，实际发掘12个，发掘面积300平方米。此次发掘，共清理灰坑12个、灰沟3条、活动面4处。出土石器有石镞、穿孔石器、砺石等。出土陶瓷器有夹砂陶、泥质陶、着衣陶、印纹硬陶、原始青瓷等。纹饰多为席纹、方格纹、弦纹、条纹、篮纹、麻点纹、栅篱纹、云雷纹、凸棱纹和绳纹等。器形可见大口尊、单把罐、豆、圈足盘、敛口钵、折腹盆等，其它还有圆形陶片、陶网坠、陶纺轮等。小件器物标本共计147件。

经过连续四次的发掘，马道坪遗址的聚落面貌逐步清晰。新石器时代陶窑分布于西面坡地及其北侧；马岭时期的文化层和灰坑等遗迹集中分布于岗岭中部；白主段时期遗迹分布于西侧岗岭的西南坡地和岗岭中部较平坦的区域；西周时期的大型建筑则主要分布于岗岭最高处。本年度发掘还在岗岭西南坡地发现错落有致的商周时期的活动面。该活动面呈南北向分布，背靠东北红土高台，面向西南开阔盆地。活动面大致可以区分为室内和室外两个区域。室内外活动面均大量分布石英块和砾石等物，地表满布石英块的商周时期活动面在福建尚属首次发现，其用途尚不明确，需要进一步考证。石英石活动面下还发现规模较大的南北向商周时期壕沟，说明马道坪遗址存在大型商周时期环壕聚落的可能，其结构与布局的明晰需要开展进一步的考古勘探和发掘工作。

（王新天）

【安溪青洋下草埔遗址】

发掘时间：2022年7月—2023年1月

工作单位：北京大学考古文博学院

青洋下草埔遗址位于泉州市安溪县尚卿乡青洋村东南。2022年7月至2023年1月，北京大学考古文博学院下草埔考古队对遗址进行第四期考古发掘工作。目前，共计开设探方17个，发掘面积约425平米，发掘深度最深为2.2米，探方平均深度为1—1.2米。出土遗迹以建筑类遗迹为主，可辨识出垒石而建的墙基、石铺面。墙基可分为挡土墙、房墙两类；石铺面发现两处，平面呈长方形，且有早晚叠压关系，表明人类在该区域有较长时间的活动，期间多次对房屋进行过修整、改建。除此之外，连续红烧土和发掘区内散布的炉渣表明，发掘区内仍存在冶炼活动，部分被房屋遗迹叠压，目前正在对该类遗址做进一步发掘清理，可见炉—早期房址—晚期房址的连续叠压现象。此外，还发现灰坑、排水沟等遗迹现象。本年度工作中发现的各类遗迹分布集中、种类丰富，加深了对下草埔遗址内涵的认识。

第四期考古发掘位于遗址核心区东北部，目前发现的墙基、房址、活动面积较2019—2021年前三期发掘所见规模更大，为深入了解下草埔遗址的功能分区提供了重要的新资料。连续红烧土、炉渣等冶炼遗迹、遗物的发现丰富了下草埔的冶炼技术内涵，对解决遗址内部各类遗迹的历时性与共时性关系、遗址冶炼活动的总体规模等问题有重要意义。

（沈睿文　李佳胜）

【武夷山市屏山书院南宋至清代遗址】

发掘时间：2022年8—12月

工作单位：福建省考古研究院

屏山遗址位于武夷山市五夫镇五一村府前自然村东部。南面背靠纱帽山，北临潭溪，东距蜈蚣山约500米，西临府前村。1992年遗址被列为武夷山市第四批市级文物保护单位，2018年列为福建省第九批省级文物保护单位。遗址东西长110米，南北宽105米，面积约1万平方米，建筑基址保存较好，建筑时代延续较长，时代从南宋至清代，是弥足珍贵的朱子文化遗存。

为配合福建省南平市编制《南平市朱子文化生态保护区规划》，启动实施朱子文化保护利用项目，福建省考古研究院组织队伍对屏山书院遗址进行配合性考古发掘，发掘面积600平方米，揭露了一组明清时期和宋元时期的房屋建筑遗迹及其附属遗迹，并出土一批陶、瓷器标本。

宋元时期遗迹分布在发掘区南部，主要是河卵石石铺路面、地面和毛石砌筑的池或沟边挡土基等，从层位关系及出土遗物判断，时代下限应为元初。

明清时期遗迹位于发掘区中北部，是相对独立的一组建筑，建筑遗迹绝大部分为河卵石砌造，少数建筑基础为毛石砌造，此期的建筑遗迹保存较好，结构较完整，平面总体呈平行四边形，面阔约22米，进深约20米，面积约440平方米。保存遗迹有东、西、南、北墙基、前天井、后天井、前部左天井、前部右天井、排水沟（明、暗沟）、廊道、道路等，从层位关系及出土遗物判断，其时代的上限为明代中晚期，延续至民国时期倒塌废弃。

其中出土的部分宋元时期瓷片，写有"屏""万石""泉石""泉石清隐""安分""安分堂"等墨书，与屏山书院相关文献记载及朱熹、刘子翚及其友人所作诗词的题材或内容中关于书院或刘宅内的地点能相互应对。这些证据所形成的证据链，为确定屏山书院遗址的性质提供了更为确凿的实物证据。

通过此次屏山书院遗址的配合性考古发掘，进一步明晰了遗址的历史沿革和文化内涵，为确定遗址性质提供了更为有力的实物证据；为遗址保护规划编制及将来陈列展示、保护利用提供了较丰富的遗迹和遗物；也为研究宋代以来武夷山乃至福建地区的书院历史、书院建筑形式及其变迁提供了较有价值的实物资料。

（温松全　程　璐　廖富魁）

【顺昌县谢厝后门山清代窑址】

发掘时间：2022年10—12月

工作单位：福建省考古研究院　顺昌县博物馆　顺昌县文保中心

谢厝后门山窑址位于顺昌县埔上镇上元村谢厝自然村西北侧。窑址所在山包呈椭圆形，分布于西北至东南走向的缓缓下降的半山腰和山脚。半山腰地表已被开垦为桂花树、毛竹和杉木的种植区，山坡下部已被居民住房、道路建设等破坏殆尽。遗物主要分布在山体偏南部的半山腰并延伸至山脚的坡地上，分布面积约 3500 平方米。2018 年，厦门大学历史系在调查武沙高速公路沿线文物点时发现该窑址，为配合武沙高速公路的建设，联合考古队对谢厝后门山窑址进行了抢救性发掘，发掘面积 300 平方米。此次发掘，共清理斜坡式龙窑 1 座和清代长方形土坑墓 3 座。窑炉为斜坡式龙窑，依山而建，方向 146 度，窑头被当地居民建房破坏，窑尾被近现代生产活动破坏，水平残长 22.9 米，斜残长 23.4 米，前段内宽 1.8 米，中段内宽 1.6 米、后段内宽 1.8 米，窑壁宽 0.16 米。窑底坡度前段稍陡，坡度 15 度，后段稍平缓，坡度 13 度。窑墙用土坯砖砌成，绝大部分为残砖，少见完整砖。窑底厚 0.3 米，分三层，每层厚约 0.1 米，表面为灰青色烧结面，下面垫灰黄土砂土。为保护窑炉，窑炉两侧均砌有护窑墙，残存 7 道，平面呈长方形，外侧用砖砌墙，中间填土。3 座墓葬均为长方形土坑墓，都被 Y1 叠压。

出土遗物包括陶器、窑具以及少量瓷器。陶器器形种类较丰富，主要有擂钵、坩埚、罐、盆、缸等，也见少量瓮、器盖和急须。瓷器数量较少，有青瓷、青白瓷和青花瓷，器形仅见碗、小口瓶和杯等。窑具有垫柱、匣钵和窑撑。

谢厝后门山窑址是福建首次发掘的烧制坩埚的窑场，对研究当时的金属加工等手工业经济史有较重要意义，也为确定以往沉船出水及台湾、日本等地出土的坩埚的生产地点提供了依据。另外，以往南平地区窑址发掘多侧重于宋元时期制瓷业遗存，此次发掘，填补了清代南平地区陶器手工业窑业技术发展史的空白，对研究福建清代陶器手工业经济发展与贸易有重要意义。

（刘秋城）

【泉州地区古窑址调查】

调查时间：2022 年 9—12 月

工作单位：福建省考古研究院　厦门大学历史与文化遗产学院

本年度，联合考古队开展"海上丝绸之路福建古窑址（青花彩瓷）调查与研究（第一阶段）"调查工作，重点对泉州地区（安溪以外）明清古窑址进行系统调查。调查共发现明清时期古窑址 162 处，古驿道、瓷土矿遗址 10 余处，采集标本 200 余袋，产品以青花瓷为主，还涉及白釉、青釉、彩绘瓷器等。窑址绝大部分分布在德化境内，以及德化与永春交界地区，少量分布在南安、泉州市区，涉及明代，明末清初，清代早、中期，清晚期至民国等不同时期。

根据调查成果，泉州地区明代窑址可分为两个体系，即烧造白釉为主的德化地区和烧造青釉与青花为主的安溪、永春、南安、洛江地区。清代以后的窑址则形成了以德化为中心的格局，且数量增多，产品以青花碗、盘为主，多采用 M 型匣钵与泥制垫饼相结合的烧造工艺，窑炉为横式阶级窑。清代晚期至民国时期，还出现了漏斗型匣钵、平底匣钵等类型窑具，盘、杯、平底碟等产品多采用模制工艺。民国以后窑业生产有所衰落，产品以涩圈叠烧工艺为主，窑炉由横式阶级窑变为阶梯式龙窑。此次研究表明，泉州地区青花彩瓷与白瓷、青瓷关系密切，并在清代以后形成以德化地区为中心的制瓷业格局。目前，整理工作正在有序进行中。

（刘　淼）

江 西 省

【靖安县老虎墩新石器时代周代汉晋及明代遗址】

发掘时间：2022年6—12月

发掘单位：江西省文物考古研究院　北京大学　厦门大学　靖安县博物馆

老虎墩遗址是江西一处重要的新石器时代聚落遗址。位于宜春市靖安县高湖镇中港村，地处北潦河上游。

遗址是一处典型的台墩，现存面积约5000平方米，于2008年调查发现。2009—2011年秋冬，经三次发掘，发现遗址上存有新石器时代、周代、汉晋、明代四个时期遗存，其中以新石器时代遗存最为丰富。老虎墩新石器时代遗存可分为两大期。老虎墩下层遗存，年代距今约8500—7600年，是目前江西省内已知年代最早的定居村落。老虎墩上层遗存，年代距今约4600—3800年，以高台墓葬为主，共清理墓葬121座，大多为火葬墓。

为进一步深化遗址聚落结构和文化内涵研究，经报国家文物局批准（考执字〔2022〕第102号），2022年6月启动第四次考古发掘工作，取得一些阶段性成果。

此次发掘面积300平方米，发掘区位于遗址中东部。由于疫情原因，加之发掘区内地层堆积厚且复杂，发掘进度较慢，目前部分探方仅清理至汉晋文化层，部分探方到达新石器文化层。现清理各类遗迹15处，其中明代房址1座、灰坑1个、墓葬1座，宋代灰坑2个、特殊遗迹1个（石块堆积），汉晋灰坑6个、祭祀坑（瓮棺葬）1个、灰沟1条，周代灰坑1个。出土大量陶瓷器、石器和少量青铜器。重要遗迹方面，大体明确新石器晚期高台墓地分布范围（东土台、西土台）。另外，新发现一批新石器晚期墓葬（尚未清理）。

多学科综合研究是此次考古工作的重点。目前，已在碳十四测年、植物考古、火葬墓研究方面取得重要进展，例如发现了距今8500年的驯化稻遗存（碳化稻米），填补了当前早期稻作遗存分布区域的关键空白，有望进一步推动对稻作农业起源模式的认识。对新石器时代晚期墓葬骨样和1个汉墓骨样进行了红外光谱和扫描电镜分析，揭示了老虎墩新石器晚期墓葬中人骨的受热历史，推测其受热温度在700℃—1000℃之间，为火葬墓研究提供了新材料。

通过此次发掘，考古队对老虎墩遗址的聚落结构有了一些新的认识，为下一步工作提供了依据。同时，考古队对以往发掘资料进行整理研究，基本明确了老虎墩上层遗存的文化性质，即老虎墩上层遗存属山背文化体系，受樊城堆文化影响较大。

（崔　涛　王　宁）

【安义县石鼻埌上史前至西周时期遗址】

发掘时间：2022年9—11月

工作单位：江西省文物考古研究院

石鼻埌上遗址位于南昌市安义县石鼻镇

坡上村楼下村民小组东北约300米处的低矮山坡上，西北距营盘山遗址约400余米。此地属南潦河流域丘陵地貌，遗址地处南潦河干流南侧，系典型的河流附近的山坡遗址。

石鼻垴上遗址南部、西部破坏严重，仅保留东部遗存，保留面积约100余平方米，开设5×5米探方4个，自南向北一字排列，实际发掘面积100平方米。文化层仅分布在T1、T2探方内。

T1地层共3层，厚125厘米，其中②层又分a、b两个亚层。第①层为垫土层，整方分布。包含大量商周时期陶片，推测为发掘区域西部（即遗址所在丘陵顶部），翻动原商周地层并在此处垫土。②a层为商周时期文化层，包含大量硬陶片和数枚网坠。②b层分布于T1东南角，未发现遗物。第③层分布于探方东北部，出土大量硬陶片及少量夹砂红陶片、灰陶片、数枚网坠，为商周时期文化层。

遗迹仅发现灰坑，共16处。所有灰坑皆开口于①层下，打破②a层、③层、生土层。

石鼻垴上遗址出土遗物主要有陶器（片）和石器，以陶片为主。可辨认器类有陶罐、陶鼎、陶牛、陶网坠、蘑菇形陶垫、条形石棒、双孔石刀等。陶器多为泥质灰陶，且普遍火候较高。常见纹饰有方格纹、曲折纹、云雷纹、曲折纹+云雷纹的复合纹。石鼻垴上遗址位于相对高程约15米的山冈之上，其西北部为营盘山遗址，二者相距400余米。上述陶器（片），特别是表面纹饰与营盘山遗址所发现的陶器（片）基本一致，推测为西周遗存。第③层在发掘区仅局部可见，地层中出土陶器红陶比例增加。红陶中锥足数量较多，且普遍夹细砂，火候明显低于第②层常见的泥质陶器。第③层还出土有低温的红陶器物口沿。受标本数量限制，难以确认第③层出土低温红陶器的具体年代。

石鼻垴上遗址两个文化层中的陶器（片）有较为明显的区别，至少涵盖与营盘山遗址相当的商—西周时期。垴上遗址的文化遗存对于建立江西史前—西周时期的考古学文化序列有积极意义。

（常淑敏　但丹丹）

【九江市荞麦岭遗址群岭头上遗址】

发掘时间：2022年8—12月

工作单位：江西省文物考古研究院　九江市文物保护中心　柴桑区博物馆

岭头上遗址是荞麦岭遗址群中面积最大的一个墩台遗址。岭头上遗址2022年考古发掘区域位于岭头上遗址中部，依正北布5×5米标准探方20个，发掘面积500平方米。发掘工作仍在进行，已发现有唐代建筑一组和商代早期青铜冶炼遗物一批。遗址出土商代遗物与荞麦岭遗址存在较大差异，根据最新测年数据，岭头上遗址商代地层年代在距今3500年左右，处于商代早期，结合发现的冶炼遗物，说明早商时期岭头上已经存在冶炼活动，是长江中游商代早期青铜冶炼的重要实证。

（饶华松　崔　鹏　施连喜）

【安义县城岸山商周时期遗址】

发掘时间：2022年4—10月

工作单位：江西省文物考古研究院　南昌市博物馆　安义县文化中心

城岸山遗址位于南昌市安义县乔乐乡上栗村西北500米。遗址地处丘陵顶部及缓坡地带，系典型高台岗地型遗址。南潦河支流流经遗址西侧、北侧，呈半环抱形围绕遗址所在丘陵。

城岸山遗址面积较大，发掘区域在遗址西部，分A、B两个区。两个区域共发掘3300平方米。

A区共有三层堆积，厚60—100厘米，

第①层为表土；第②层分布于三个相连探方内，内含大量商周时期陶片与清末民国时期砖瓦，为近代垫土层；第③层分布于两个探方内，基本被破坏，为商周文化层；③层下为红色生土层。发掘区西部生土层上存在极薄的人类活动面。A区遗迹包括房址、灰坑、水沟、木炭窑、砖窑。木炭窑、砖窑、水沟及部分灰坑为晚近遗存。早期发现房址一座，灰坑若干。

陶器可辨认器类有凹圜底折肩罐、鼎、豆、鸭嘴形壶、甗形器，以及陶纺轮。陶片纹饰有方格纹、菱格纹等。

A区典型的高领折肩罐与樟树吴城、新余陈家遗址发现的相似；双折肩罐与盘龙城丁组双折肩罐几乎相同，而盘龙城丁组器物也带有吴城文化因素，因此城岸山A区文化主体应为吴城商代文化。

然而，吴城文化炊器多鬲，而A区未发现鬲、甗，炊器以鼎为主，这是城岸山A区与吴城文化的不同之处。

B区的地层堆积与A区类似，仅保留有一个文化层。文化层中出土陶片十分丰富。B区遗迹包括灰坑和窑。窑为晚近遗存，早期遗迹仅灰坑一种。

B区陶器以硬陶为主，多灰白色，少量夹砂红陶；可辨认器形有圆腹罐、折肩尊、甗形器、豆、器盖等。纹饰丰富，包括菱格纹、方格纹、刻划纹、云雷纹、折线纹、S形纹、戳点纹等，以及它们的组合。纹饰多为拍印或压印而成。原始瓷数量远远高于A区。炊器以鼎、甗形器为主。

圆腹罐是角山风格，折肩尊形制保有一些吴城的特征，纹饰已经与角山相似。带凹槽的鼎足与角山遗址盘形鼎相似；然而，B区云雷纹与角山相比，更夸张、变体更多；同时，规整折线纹的比例增多，与石鼻埂上遗址有相似之处，显然晚于角山。因此，城岸山B区可能略晚于A区，同时受吴城文化和万年文化影响，万年文化的因素更多。B区与角山应有时间上的共存，但总体比角山更晚，可能在商周之际，下限已进入西周。

（常淑敏　但丹丹）

【安义县长龙西周时期遗址】

发掘时间：2022年5—10月
工作单位：江西省文物考古研究院

长龙遗址位于安义县长均乡曹村五皋垄自然村，梅岭西北约1千米处，西距潦河约3千米。为配合南昌绕城高速西二环线建设，江西省文物考古研究院对遗址进行了发掘。

遗址为梅岭延伸出来的一处南北向岗地中部的一个圆形台地，高出周边近10米。岗地上遍布陶片，面积有数百万平方米，但堆积普遍较薄。长龙遗址所在圆形高台面积约1200平方米，发掘区域位于遗址中部高速公路建设红线范围，面积800平方米。

长龙遗址地层堆积较为简单，表土层下仅有一层文化层，所有的遗迹均开口在该层下。遗迹共有四处窑炉、十个灰坑和三处房址。

窑炉均为地穴式，建在南北两道深槽内。深槽深约2米，其两壁极为坚硬，应该是经过加固。深槽东西两端各有一个窑炉。由于破坏严重，窑炉的形状和高度均不可知，残存的窑炉壁厚12—15厘米，有多重炉壁，可知经反复使用或加固。窑炉建在黄色垫土上，在北部两个窑炉间有六个柱洞，应该是窑炉间的操作间遗迹。

灰坑与房址都在台地中部，两道深槽之间。除H6外，其它灰坑深度均在50—60厘米，为较为规则的圆形、长方形或椭圆形。H6在整个台地中央，为长6米、宽5米、深2.3米的深坑，其南侧接有一条沟通向台地东部。在台地西部有三处房址，柱洞较为密集。窑炉、灰坑、房址等遗迹应该是一处制陶作坊的组成部分，灰坑的性质是储泥池或发酵池等，H6为储水池。

出土遗物较多，以陶器为主。青铜器有两件小型铜斧、一件铜矛。石器有镞、刀、斧、钺、矛、网坠、砺石等，其中出土大量圆角长方形石器，判断为制作陶器时用于抹平陶器的工具。陶器有陶范、网坠、纺轮、陶垫、陶转轮及大量生活陶器。生活陶器主要有陶罐、陶鼎、甗、鬲等。鼎足多为锥足，部分鼎足或鬲足外侧有纵向刻槽。陶器以印纹硬陶为主，少量软陶，火侯较高。一些大型器物有鼓包现象，器内表不平整。器表纹饰较为粗犷，浮雕感强，以曲折纹、菱形纹、卷云纹或它们的组合纹饰为主。

长龙遗址出土陶器风格特征表明其时代为西周中晚期，碳十四检测年代在公元前900—前550年间，其应该是一处西周中晚期到春秋的制陶作坊遗址。陶器风格和制作方式接近江西万年－角山商文化系统，同时与赣北或鄂东南商周文化有一定的交流。出土陶器对于研究江西西周时期的文化面貌和文化来源提供了很好的材料。

（王意乐）

【樟树市筑卫城遗址国字山战国墓】

发掘时间：2022年

工作单位：江西省文物考古研究院　中国社会科学院考古研究所　樟树市博物馆

2022年，多家单位组成的联合考古队，继续对位于樟树市大桥街道洪光塘村的筑卫城遗址国字山战国墓进行考古发掘。

国字山M1对椁室进行了拆解提取，并对墓室底部进行了清理。M1的椁室为木构长方形厢体结构，其顶部大部分已经腐朽坍塌，但侧板和底部结构保存完好。椁室四周有二层台，二层台由白膏泥和含木炭生土分层夯筑，高度约1.8米。椁室高度与二层台一致，顶板边缘搭在二层台上。椁室长约13米、宽近12米，内部被横纵的隔断分隔为东西五列、南北五行的二十五个分室，隔断用的木头直接放在椁底板上，上面有柱洞用于立柱作为椁室支撑，各室之间互相通联，但可能挂有帷帐。侧板和椁板较为宽大，为厚20—30厘米见方的长方形，椁板之间用错缝或榫卯结构加固。所有椁板用材均为楠木。椁室四周均包裹有两到三层木片，木片长约1.5—1.6米，宽0.4—0.5米，厚0.5厘米，由木片从木材上整个切削下来，十分平整，木片均为杉木。椁室下部有五根完整东西向垫木，每根垫木长超过13米。垫木之间用木炭填平。

国字山M1墓室底部四角有四个角坑。角坑接近长方形或半圆形，大小不一，其底部较墓底深约80—100厘米。角坑口部外侧立有细木棍用于与二层台隔开。角坑内出土了较大型的青铜器构件、漆木案、陶鼎以及竹席等物，角坑应该具有某种等级象征和祭祀功能。

在墓室底部四边都有排水沟通向四边中部的排水坑。

对国字山战国墓M1的椁室和墓底的清理发掘可知，国字山战国墓M1不但具有一些战国越文化高等级墓葬的特征，也具有很强烈的地方特色。国字山战国墓对于研究清江盆地战国时期高等级墓葬的形制、埋葬制度以及文化特征等提供了很好的资料。

（唐锦琼　王意乐）

【瑞昌市白杨镇西晋墓】

发掘时间：2022年3月

工作单位：江西省文物考古研究院　瑞昌市博物馆

瑞昌白杨镇墓葬位于九江瑞昌市白杨镇

连山村一台地上，北为乡道和熊家自然村，西临武山，东北部濒临赤湖的西南部，在瑞昌县城北部约10千米，邻近长江。墓葬因村民在自留地挖山药取土时发现，券顶已暴露在外。2022年3月联合考古队对该墓葬进行了发掘。

墓葬为带短甬道的刀形券顶砖墓，由墓道、墓门、甬道、墓室和后壁组成，墓向为283度，墓葬保存完整。主室平面呈长方形，内长3.7米、宽0.97米、深1.2米。墓壁砌法为自铺地砖起，向上砌两组"三顺一丁"青砖，再向上平砌顺砖，后使用楔形砖起单券拱，券顶保存完整，墓室底部为人字形错缝平铺的素面青砖，后壁砌法相似。约在后壁起券高度位置，左、右两侧均有一砖台，右侧的砖台上置一青瓷小盏。墓内堆积淤泥，葬具及尸骨均不存。墓内出土遗物共5件，大部分位于墓室中部，包括青瓷钵1件、四系罐1件、青瓷盏2件和铜镜1件。墓葬发现部分铭文砖，侧面模印两列阳文"永熙元年岁在庚戌／南郡张氏造于松堖"，另外还有数量不少的楔形券顶砖上模印单列铭文"南郡张氏"。

瑞昌白杨镇M1的墓葬年代为西晋早期永熙元年（290）。这是瑞昌首次发现的六朝时期纪年墓，为研究西晋时期这一地区的墓葬提供了难得的标尺材料。

（谢　绮　饶华松）

【永修县星火化工厂东晋墓】

发掘时间：2022年9—10月
工作单位：江西省文物考古研究院　永修县博物馆

星火化工厂东晋墓位于九江市永修县艾城镇杨家岭，地处江西省蓝星星火有机硅有限公司（以下简称星火化工厂）厂区内。2022年9月至10月，为配合星火化工厂厂区拓展项目建设，江西省文物考古研究院报经国家文物局批准对墓葬进行了抢救发掘，共发掘清理墓葬5座，发掘面积约600平方米，出土瓷器、铜器、铁器、金器、银器等各类遗物60余件。

墓葬主要分布在星火化工厂厂区中央大道以南10米的一个南北长约32.2米、东西宽约29.4米、面积约947平方米的范围内。其中，M1—M4东西并列，平行排列，墓向30度，其北侧为M5，墓向70度。各墓葬之间无叠压打破关系，时代为东晋时期。

5座墓葬均为长方形砖室墓，墓室用砖柱分为前、后室和甬道等几部分，并有封门墙、墓道及排水沟，属具有江西特色的"晋制"墓葬。墓壁砖砌方式为"一横一丁"，墓底为"人字形"铺底砖。墓砖呈青灰色，侧饰网钱纹和几何形半圆圈纹，长约0.31—0.35米、宽约0.15—0.18米、厚约0.04—0.11米。墓葬共分3组。第1组为M3，墓室长约8.7米、宽约2.4米、最深处约2.8米，墓道长约5.6米、宽约1.2米，斜坡坡度约为16度。第2组为排水沟相连的M4、M1、M2，是亲缘关系最密切的一组。其中，M1墓室长约6.3米、宽约2.4米、最深处约0.88米，墓道长约0.93米、宽约0.83米，斜坡坡度约为35度，砖砌排水沟，自甬道口下穿封门及墓道底部向东延伸与M2排水沟相连。M2墓室长约7.8米、宽约2.1米、最深处约1.4米，墓道长约3.6米、宽约1米，斜坡坡度约为15度，砖砌排水沟，自甬道口下穿封门及墓道底部向北延伸。M4墓室长约7.6米、宽约3.6米、最深处约1.5米，墓道长约3.3米、宽约2.4米，斜坡坡度约为25度，砖砌排水沟，自甬道口下穿封门及墓道底部向东延伸与M1排水沟连接，并最终与M2排水沟相连。第3组为M5，墓室长约6.2米、宽约1.7米、最深处约1.8米。

墓葬出土随葬器物共计60余件，主要有青瓷罐、青瓷钵、铜镜、铜弩机、铁钉、金钗、金戒指、银钗、银手镯、滑石猪等。其中，M2出土铜弩机上刻有铭文"工梗长咬作"，说明弩机为管理刑徒的官员"工梗长"、名叫"咬"的人制作的，具有"物勒工名"性质。M2甬道东侧壁砖上有铭文"大兴四年七月一日造，立晋故使持节监交州诸军事建威将军交州刺史黄侯之墓。""大兴四年"为东晋元帝司马睿年号，为公元321年。M4北侧封门砖上有铭文"太岁在丙申""齐南箸勉承字长先。""太岁在丙申"为东晋咸康二年（336年）。"齐南箸"为齐郡南箸县，为东晋的侨置郡县。

根据墓葬形制和随葬品器物特征，并结合墓砖铭文，基本确认这是一处东晋时期交州刺史的家族墓地，为国内首次发现。其中，M2墓主身份为东晋时的"使持节""监交州诸军事""建威将军""交州刺史"，为研究东晋时期交州的历史提供了新的实物资料。"齐郡南箸县"铭文砖是"北人南迁""开发江南"的实物证据。

（陈熄　杨军）

【**南昌市江电路南朝及唐朝墓葬群**】

发掘时间：2022年3—6月

工作单位：江西省文物考古研究院　南昌市博物馆

南昌江电路古墓葬群位于南昌市西湖区江电路，北靠江电小区，南临南昌市第二十七中学，东侧为井冈山大道，西临十字街。由于历经城市发展和改造，原有的地貌已改变，墓葬群均掩埋于地面2米以下。该墓葬群在道路施工过程中被发现。此次发掘，共清理南朝时期墓葬1座，唐朝时期墓葬9座。出土陶瓷器47件、铁器3件、铜器3件、完整铜钱多枚，可辨铭文有"开元通宝""乾元重宝""五铢"三种。发掘具体情况如下。

南朝时期墓葬1座，被破坏，编号为2022NJDM7。墓葬形制为带斜坡墓道的土坑砖室墓，座东向西。墓道位于墓室西侧，残长1米。墓坑平面呈长方形，长9.15米、宽2.5米、深2.85米。墓室由灰砖砌筑，分为前、后室，呈长方形券拱状。砖室总长7.35米、宽2.5米，其中前室内长1.55米、后室内长5米。墓室整体高2.85米，距墓底1.4米处起券。墓壁用模印花纹砖错缝叠砌，墓底用素面青砖呈"人"字形平铺。模印花纹砖的纹饰有方格纹、圆形方孔纹与几何纹组合。墓葬出土遗物有青瓷器和铁器，青瓷器形有钵、盏、水盂、碗、罐；铁器为铁削。

唐朝时期墓葬9座，土坑砖室墓2座，土坑墓7座，其中一座出土墓志铭，为唐朝"长庆四年"纪年墓。墓葬方向：西北朝东南向6座，东北朝西南向3座。

土坑砖室墓2座，编号为2022NJDM1和2022NJDM6。M1为带斜坡墓道的长方形土坑砖室墓。墓道位于墓坑南侧，呈斜坡状。墓道揭露长4.13米、宽1.2米。墓坑长4.3米、宽1.8米、残深1.5米。墓室用素面青砖砌筑，呈长方形券拱状，砖室长4.2米、宽1.2米，整体高1.3米。墓壁用青砖错缝叠砌，墓底用青砖平行直铺。在墓室底部中间用三合土筑长方形棺床，棺床长2米、宽0.7米、厚0.05米。在棺床上还残留有头骨、胸骨及四肢骨，从遗骸保存形态来看，应为仰身直肢葬。在棺床上散落有铜钱，棺床四周散落有铁棺钉，在墓室头部和尾部摆放随葬品，器形有酱釉罐、青釉壶、铜镜和铁刀。M6为长方形土坑砖室墓。砖室呈长方形券拱状，砖室长4.2米、宽1.45米、整体高1.4米。墓壁用青砖错缝叠砌，墓底用青砖平行直铺。墓坑四周散落有铁棺钉，随葬品置于墓坑前部和中部，铜钱散落墓坑中部和后部。随葬品有青瓷水盂、青釉罐、陶质盘口壶、陶质墓志铭、铜钱。墓志铭为"唐故河东卫夫人墓志"，记载墓主卫夫人家庭情况，并卒于唐穆宗长庆四年（824年）。

土坑墓7座，5座形制相似，为长方形土坑墓，但大小不一；另一座为梯形土坑墓。其中，5座有随葬品，2座无随葬品。随葬品皆放置在墓坑前部或后部，铜钱撒落在墓坑中部，随葬品多少不一，一般3件左右。土坑墓底部皆残留有铁棺钉。随葬品质地有陶器、酱釉瓷、青釉瓷、铜器和铁器，陶瓷器形有碗、罐、钵、盘口壶、三足釜、灯盏、砚，铜器有盆和耳勺，铁器有剪和刀等。

南昌西湖区江电路发现的从南朝时期至唐朝中晚期墓葬，特别是唐朝纪年墓葬是该地区的首次发现，其出土的材料为研究当时的葬俗、文化交流、手工技术等提供了珍贵的断代标尺。

（李育远）

【宜春袁州古城墙遗址】

发掘时间：2021年6—8月

工作单位：江西省文物考古研究院　宜春市博物馆　南昌市博物馆　萍乡市博物馆　南开大学

高士南路段城墙遗址位于宜春市袁州区老城区平安路北侧、宜春四中南侧，2019年因高士南路基本建设施工发现。2020年进行了抢救性考古发掘。为了确定高士南路段古城墙的营修年代，了解袁州古城的形制、布局，2021年6月联合考古队对该遗址进行了细致的考古发掘，发掘面积900平方米。发掘揭示，夯土包砖城墙一处，呈东西向，墙体建筑保存较为完整，长51米，上宽8.5米，下宽9.8米，残高4米。从考古出土遗迹遗物，结合文献资料，辅以热释光测年结果，综合判断，高士南路段城墙遗址营建年代分别为晚唐五代和南宋两期。

晚唐五代时期分三次营修：第一次是在地面上筑夯土墙芯，同时在其南侧下挖墙基，宽1.34米、深0.7米。基槽内青砖平砌，但砌筑略不规整。其上砌筑包砖墙，采用青灰砖丁顺平铺，红色黏土勾缝。墙体断面呈下大上小的梯形，青砖规格不一，部分砖有模印"官"字。此外，还在城墙南侧营建有夯土。第二次是营建城墙北侧包砖墙，青灰砖、红砖、灰白砖丁顺平铺，每层收分2—3厘米，红色黏土勾缝，砖规格不一。第三次营修时城墙主体不变，在墙体两侧营建夯土。

南宋时期分两次营修：第一次营修是在完全利用晚唐五代城墙的基础上，增筑了马面，残长16.5米，宽7.19米。由内部夯土和外部包砖墙构成，二者为同砌。马面夯土内发现夯窝，直径5厘米，深0.5厘米。马面包砖墙基槽宽1.6—1.7米，内起筑长方形砖框墙，北侧与马面夯土南侧紧紧咬合在一起，墙体空芯内填碎砖、红土。包砖以灰白砖为主，部分模印带方框的"官"字。此外，还在南北两侧加筑夯土。第二次营修是在沿用前期夯土包砖城墙的基础上，对南侧包砖墙进行修补，已揭露残长18.8米。采用青灰色砖，部分砖长侧面模印"记"字等。此外，还对马面南侧包砖墙进行维修，用砖较为杂乱。

高士南路段古城墙遗址是袁州古城南段的一部分，揭露发掘出夯土包砖城墙和马面，此为目前江西省经科学考古发掘保存最早的包砖城墙遗址，是近年来江西地区城市考古的重要收获。为宜春市古城文化复兴的文旅融合提供了重要依据，同时也为中国古代的州城研究提供了重要的实物资料。

（李兆云　张文江）

【宜春市梁家里村古钱币遗存】

发掘时间：2022年6—7月

工作单位：江西省文物考古研究院　宜春市博物馆

遗存位于宜春市袁州区洪江镇洪江村委梁家里村民小组西约200米处，东侧约55米处南庙河支流蜿蜒流过。地理坐标为北纬27°37′24.5″，东经114°23′13.7″。

2022年6月24日，经国家文物局批准，江西省文物考古研究院组织联合考古队，对该遗存进行抢救性考古发掘。发掘清理遗存共计100平方米，出土古代铜钱约15吨，其中现场出土11吨，另有4吨经套箱后运至省考古院文物保护中心进行实验室考古和保护清理，房基遗迹1处，碗、盏、炉、瓦（瓦当）等生活用瓷碎片若干。考古清理发现，房基遗迹的墙基、瓦砾层，说明此处为建筑废弃堆积；铜钱有串绳痕并伴出木块，说明钱币是经过人为整理，可能盛放在木箱中；钱币堆放在废弃的瓦砾层上，说明此处不是钱币的专门存放地，而是临时性藏匿。

铜钱经初步清理、拣选后发现，主要为两宋时期的年号钱。最早见北宋开国钱——宋太祖建隆元年（公元960年）所铸的"宋元通宝"，最晚有南宋宁宗嘉定元年（公元1208年）所铸的"嘉定通宝"，铜钱年号涵盖北宋8帝、南宋4帝，共12帝，时间跨度达248年。除宋钱外，窖藏还出土有少量秦至唐代的钱币，数量极少且不成系列，应属前朝所遗。出土瓷器残破较重，可辨器型者有吉州窑口的白地褐彩三足炉，内底刻"记""吉"字款青白釉碗，唇口青白釉碗、黑釉（含兔毫）等；景德镇窑口的青白釉芒口瓷、涩圈碗、刻花纹碗等；龙泉窑口的龙泉釉盘。瓷器年代均为南宋。根据铜钱及伴出瓷器的年代，可判断遗存时代为南宋晚期。遗存地点所处于明月山、仰山一带，查《袁州府志·祠庙》，可知这一带宋明时期寺庙较多，府城南三十里有仰山正庙，府治南六十里有仰山古庙；另有仰山行祠等记载，且钱币埋藏位置出土的南宋生活用瓷标本中有三足炉、莲瓣纹瓦当等宗教性器物，说明废弃的建筑与寺庙有关。

随着实验室考古及资料整理工作的深入开展，预期会获得更多文物信息，此次发掘，为我们研究两宋时期该地区的社会经济、民风民俗及货币史等提供了重要的资料。

（李文欢　吴振华　王上海）

【都昌黄金山元代沉船遗址】

发掘时间：2022年11月—2023年1月

工作单位：江西省文物考古研究院　都昌县博物馆　九江市博物馆　庐山博物馆　厦门大学　景德镇陶瓷大学

2022年11月，鄱阳湖区域遭遇百年干旱，黄金山元代沉船遗址出露被发现。为了进一步明确遗址范围、性质、年代，江西省文物考古研究院组织考古队，对其进行了全面调查、重点勘探和抢救性发掘，考古取得较大成果。

通过全面拉网式踏查，发现遗址位于九江市都昌县黄金山南面鄱阳湖湖床上，地理坐标：北纬29°14′9.95″，东经116°14′35.7″，海拔3.6米。残瓷碎片沿鄱阳湖东侧主航道西面的湖床地面散布，范围呈船形，南北长80米，东西宽20米，两头狭窄，中间较宽。采取探针和洛阳铲相结合的手法，重点勘探1000平方米瓷片集中分布区域，遗存呈现湖沙和淤泥为主的堆积特点。

在遗址中心区域布5个10×10米探方，

方向北偏东40度，发掘面积500平方米，揭露遗迹1处，为瓷片堆积，编号为C1，西北—东南向，范围呈不规则长条弧形，长20米，宽9米，厚0.3米。瓷片分布中部密集，周边稀，普遍覆置一层青白瓷，局部最多三层。

地层堆积较为简单，此次仅发掘第①层，厚30厘米，黄褐色沙夹黏土，各探方均有分布。包含大量瓷器残片，主要是青白釉瓷。第②层以下为河沙堆积层，囿于鄱阳湖水上涨，无法发掘。②层以下几乎不见遗物。

出土遗物丰富，计153袋，已经入库标本696件。从质地上分瓷器、石器、铁器和铜器，瓷器最多。瓷器以青白釉为主，少数白釉、黑釉、釉里红、青釉、龙泉青釉和酱褐釉。器形有瓶、罐、大碗、碗、盏、杯、灯盏、夹层灯盏、碟、炉、三足炉、荷叶形盖。

此次抢救性考古发掘，虽然没有出土沉船构件，但是遗物分布面积较大、集中，数量众多，以青白釉为主，少数黑釉、白釉、龙泉青釉，绝大多数呈覆置状态，而且可以复原、没有使用痕迹。研究推断为一处元代装载青白釉瓷器的沉船遗址，可能受到无法抗拒的力量倾覆在鄱阳湖黄金山水域。

这批青白釉瓷器与景德镇湖田窑、落马桥和丽阳窑址生产的同类器相同，与丽阳窑址的特征最为接近，对比研究表明，遗址出土瓷器来自于瓷都景德镇，最大可能为元代早期景德镇丽阳窑生产。大量青白釉瓷器的出土，不仅反映了瓷都景德镇元代的生产面貌，而且见证了景德镇元代窑业的兴盛。

都昌元代沉船遗址是江西省第一次经过科学考古发掘的水下遗址，不仅见证了中国第一大淡水湖鄱阳湖的航运中心地位，同时表明都昌是古代船运中转站和古代南来北往的交通中心，而且也证实了景德镇瓷器的对外销售，是海上陶瓷之路的重要体现。

（张文江　胡　良　廖健吾　廖　勇）

【安福县起凤山明代墓葬】

发掘时间：2022年5—7月
工作单位：江西省文物考古研究院　安福县博物馆

墓葬位于吉安市安福县平都镇彭家村起凤山所在的山岗上，原地表被矿渣覆盖，杂草丛生。2022年4月，在进行安福县城北西片区建设施工清理矿渣时发现此墓。同年5月至7月，江西省文物考古研究院联合安福县博物馆对起凤山明代墓进行了抢救性发掘。

起凤山明墓属三合土浇浆墓。墓葬坐北朝南，方向350度。由于设备所限，墓葬地面建筑仍有部分被掩埋在厚厚的矿渣之下，未被清理出来。现存墓园结构已不完整，由围墙、墓室、拜台组成。墓葬南低北高，呈阶梯状逐次向上。据当地群众回忆，此墓过去原有神道，两侧立有石羊、石马等石兽，神道前方还有石牌坊。20世纪70—80年代神道被水泥厂修路破坏，石牌坊、石兽等文物被推入附近的深坑之中，掩埋在矿渣之下。

起凤山明墓为夫妻合葬墓，男性墓位于东侧，出土银簪1枚、墓志1盒，志盖平面阴刻有"明故诰封奉直大夫吏部文选清吏司员外郎水檗王公墓碣铭"，志石正面竖刻楷书铭文为"明故封奉直大夫吏部文选清吏部司员外郎王公墓碣铭……。"女性墓位于西侧，出土陶质墓志1盒，志盖平面用朱砂书写"明故王母□□□□□□□□"，志石笔迹散漫不清，无法辨识。根据出土的志石可知，男性墓主为明代三部尚书王学夔的父亲王稼，女性墓主为王稼之妻颜氏。

此次发掘的起凤山明墓为明代中晚期墓

葬，其墓葬规模在江西明代墓葬中极为罕见，是江西地区目前发现的规模最大的明墓之一，其墓园的发掘，为江西地区大型明墓形制结构的研究提供了新的参考，具有重要的研究价值。

（李荣华　徐宏杰　李　娟）

【湖口县明清古城墙遗址】

发掘时间：2022年7—11月

工作单位：江西省文物考古研究院　九江市文物保护中心　九江市博物馆　湖口县博物馆

展开发掘工作的古城墙遗址位于湖口县老城区，西临鄱阳湖，北近下石钟山，东靠茅屋街，地理坐标为北纬29°44′40″，东经116°12′59″。在创建石钟山5A级旅游景区配套的老城改造项目时被发现。古城墙呈东北—西南走向，发掘古城墙外（西）立面外平行于古城墙走向的40×8米探沟1条、发掘垂直于古城墙走向（西北—东南向）且横跨古城墙内外的10×20米探沟1条，发掘总面积500平方米，古城墙外立面残存青砖、内立面残存石砌面，墙芯砌筋并填土。根据考古发现，并结合文献资料，判断湖口古城墙遗址的年代为明清时期。

古城墙外立面残长47.8米、残存最上部厚0.81米、残存最高5.62米、残存最低4.3米。古城墙外立面砌筑材料分别为：下部为4层不规整的条形石灰岩石错缝叠筑；中部为9层规整的长条形麻石错缝叠筑，每一层为每两条长麻石或少数为每三到四条麻石间以一块小麻石排列；上部为上下若干组规整的一顺一丁青砖砌筑，砖墙部分保存状况较差。石缝、砖缝间填以石灰黏合。古城墙的外立面自下向上逐层有2厘米的内收分呈斜坡状。

古城墙内立面由东向西自下向上内收为斜坡状，上部已残。砌石不甚规则，材质也不一，石缝间的石灰黏合剂大部分已脱落。石立面底部残长6.9米，上部残长7米，上部残宽0.62米，残高1.4—2米。在距石立面底部约0.35米的墙体处，平铺一至二层青砖。

墙芯的地层堆积情况可分为现代层、晚清近代层、清代层和明代层，其中古城墙的内、外立面的开口均在现代层下，南、北筋石的开口均在清代层下，石灰岩石墙基的开口在明代层下。故判断石灰岩石墙基建于明代，筋石及古城墙内立面包石墙为清代补建。

同时对湖口老城周延3.3千米轮廓线上的古城墙保存情况展开考古调查，临湖的古城墙在水文站前及县医院后山各残存一段，月台山上的古城墙大部分只残存石墙基或墙芯，北门周围的古城墙埋于地下。

此次发掘的湖口古城墙体量较大、规模较可观，尤其是城墙外立面三种不同材质砖石组合的构造形制亦较完整，在国内近年见诸报道的经发掘的古城墙中较为罕见，为研究湖口古城墙的营建史提供了重要资料。同时发现，湖口古城墙的多次营修与水患、战争等有密切关系，故发掘成果也对研究湖口的防洪史、政治军事史及城市变迁史有重要价值。

（王吉卿　杨　军）

【上高县西门巷明清城墙遗址】

发掘时间：2022年9—11月

工作单位：江西省文物考古研究院　上高县博物馆

本年度经国家文物局批准，江西省文物考古研究院联合上高县博物馆，对上高县西门巷古城墙遗址进行抢救性田野考古发掘。发掘共布5×5米的探方24个，发掘面积600平方米，部分区域堆积较深，出土文物较丰富。地层中主要出土了少量瓷片，年代从南宋、明至晚清民国，其中明代和清代的青花瓷较多，涉及窑口包括龙泉窑、景德镇窑等，揭露遗迹有卵石路面和外墙方条石墙基。

从遗址所在位置并结合地方县志分析，该段城墙是上高县古城墙西段的一部分，由砖石砌成。始建于明嘉靖末期，于清同治九年后废弃，现遗址上均为现代房屋建筑、遗址破坏较严重，仅发掘揭露出古城墙外墙墙基以及墙基外围部分用鹅卵石铺设而成的路面。路面紧临濠沟，濠沟长度约70米、宽度约3米、深度约3米，现为生活污水排水沟，其周边散落有少量铭文青砖和大型青石条，青砖中有带"知县欧"及"瑞州府、上高县提调官""首甲、窑匠"等字样，是近年来江西地区城市考古的重要收获。

此次发掘是上高县县城范围内的一次科学性、系统性、规范性的考古发掘，为彰显上高县的历史文化内涵，赓续上高历史文脉，讲好上高历史故事，再添上绚丽的一笔。同时，持续强化出土文物资源的科学保护与展示利用，让历史文化遗产在上高绽放绚丽光彩。

（胡　胜）

山 东 省

【沂水跋山旧石器时代遗址】

发掘时间：2022 年 4—12 月
工作单位：山东省文物考古研究院　沂水县文化和旅游局

　　跋山遗址位于沂水县河奎村，鲁东南沂蒙山腹地沂河上游，北距跋山水库约 300 米。2020 年 7 月，因水库泄洪致使地层内象牙出露而被发现。2021 年初对其进行抢救性发掘，发现石制品、动物骨骼及部分骨制品等 5000 余件。2022 年遗址转为主动性发掘，发掘面积 50 平方米，出土文化遗物近 5000 件，并发现早期人类活动面。遗址濒临河道，目前已修建围堰及工作方舱等保护设施，在原址保护的前提下持续开展发掘工作。

　　2022 年南区发掘面积近 35 平方米，北区 4 平方米，沂河对岸阶地试掘面积约 11 平方米。按照旧石器考古发掘方法，在文化层内划分操作层，以 5 厘米为一水平层逐层向下揭露。截至 2022 年 11 月初，已清理至第⑭文化层。两个年度累计清理出土石制品及动物骨角化石 10000 余件。石制品主要以附近山体富集的脉石英为原料，兼有部分石英岩和燧石等。

　　目前将整个剖面分为四套堆积：①—⑥层对应上部文化堆积，时代在距今 7—6 万年，表现在地层亚黏土和含有风化壳页岩角砾的粉砂质黏土堆积，仅有石制品而无动物化石出土；⑦、⑧层为具有原地埋藏性质的、但受洪积影响较大的堆积，其中第⑧层可以分为两个亚层，其下部有棕红色黏土出露，仅在东剖面可见。此二层表现在以包含粒径不一的石灰岩砾石为主的灰色粉砂层，出土大量文化遗物。包括锤击、砸击石核，盘状石核及各类石片，工具类可见石球、石锤、刮削器、砍砸器、尖状器、石钻及锯齿形器等，出土的动物骨骼化石种类丰富，目前可鉴定的属种包括：古菱齿象、披毛犀、原始牛、野牛、普氏野马、野驴、野猪、麋鹿、赤鹿及小型鹿科；⑨—⑪层系具有河漫滩性质的堆积，每层均可细化为多个亚层，表现为水平层理的各种粉砂堆积。同样出土数量丰富的石制品和动物化石；⑫—⑭层为下文化层，其中第⑬、⑭层时代最早，年代或在距今 10 万年前。出土以古菱齿象和披毛犀为主的大型哺乳动物化石极为丰富。目前已发现 7 个古菱齿象下颌及 2 个披毛犀头骨，甚为完整。石制品出土数量颇丰，且包含类型十分丰富。第 14 层应系阶地底砾层，物源来自临近山体，为磨圆度较高的石灰岩和页岩。该层目前判断为人类活动面，即古人类在河滩出露的砾石面上进行打制石器、肢解动物等行为的场所。

　　跋山遗址是目前山东省发现的文化内涵最为丰富的旧石器时代中期遗存，地层连续，堆积厚重，文化时代跨度较大。跋山遗址的发现填补了山东及中国北方地区旧石器时代考古的空白。尤其是以古菱齿象为主的动物骨骼化石与大量石器间杂分布，为研究、复原晚更新世中、晚期古人类对遗址的利用情况及生计方式提供了极为重要的考古学材料，对建立我国东部旧石器时代中期文化序列，论证中国－东亚人类的连续演化，研究当时人类加工工具的技术特点、生产生活方式以及复原古人类生存的自然环境，具有重大价值与意义。

（李罡　刘禄）

【章丘焦家新石器时代遗址】

发掘时间：2022年3—12月

工作单位：山东大学历史文化学院/文化遗产研究院　济南市考古研究院　章丘区城子崖遗址博物馆

焦家遗址地处泰山山脉北侧的山前平原地带，跨济南市的章丘和历城两区，遗址延续时间较长，主要遗存属大汶口文化中、晚期阶段，下限为明清时期。为配合"文明探源""考古中国"等重大项目的实施，以及本科及研究生的教学实习等，本年度联合考古队对遗址开展了第五次发掘工作，批准发掘面积1000平方米，实际发掘总面积956平方米。

2022年度共发掘清理遗迹426个，其中房址30座、墓葬86座（大汶口墓葬77座）、灰坑304个、灰沟6条。此外，初步明确了北段夯土城墙及大型人工堆筑土台的分布范围，发现一座大型建筑基址和一处大型洼地或水塘设施。

房址中除绝大多数为大汶口文化时期外，另发现有数座属龙山、岳石文化时期的房址及相当数量的柱洞。大汶口墓葬中新发现有2座属大汶口文化晚期晚段的大型墓葬，且发现有一例儿童瓮棺葬，均填补了焦家墓葬的空白。此外，新发现2座属元代时期的土坑竖穴洞室墓，随葬品有铜钱、铜镜和韩瓶等。灰坑和灰沟也多属大汶口文化时期，另发现有一批颇具特色的龙山和岳石文化时期灰坑。时代多元、类型多样的遗迹和遗物，进一步丰富了焦家遗址的文化内涵。

大汶口文化遗存从早到晚依旧经历了Ⅰ早期居住址—Ⅱ中期墓地—Ⅲ晚期居住址三个大的发展阶段，本年度发掘提供了更多可进一步细分期段的证据。其一，新发现了一批较为规整的半地穴房址和窖穴等遗迹，其中不乏完整器和整猪、整狗等遗存，为讨论家户形态补充了新材料；其二，墓葬依旧成组、成群排布，新发现了填土或葬具周边集中放置红烧土块、婴幼儿瓮棺葬等特殊现象，为墓地空间布局、葬俗葬仪及社会组织结构的分析提供了新证据。

以往工作中初步揭露出的大型人工堆筑的土台遗迹，在本年度发掘中亦有出露。结合局部区域的解剖及外围追踪式勘探，土台的分布面积约2万平方米，且不是一次性堆筑而成，不同期别的土台存在叠压关系，可能由不同的社群分别营建且功能不单一。

发掘区最北端已暴露出北段城墙及壕沟的迹象，亦有多个大汶口晚期及中期后段的灰坑、墓葬和房址等遗迹将其打破，初步推测其与之前揭露的南段城壕连通，时代同时。

发掘区东南部还存在较为丰富的岳石文化遗存，遗迹类型除普通灰坑外，还发现有大型的沟状遗迹和半地穴式遗迹（疑似房址），为深化聚落的微观形态研究提供了新材料。

（王芬　唐仲明　武昊）

【滕州岗上新石器时代遗址】

发掘时间：2022年3—12月

工作单位：山东省文物考古研究院

岗上遗址位于滕州市东沙河街道陈岗村东部漷河两岸，从地貌环境看，处于鲁中南山地西南麓山区向平原过渡地带。2022年度发掘区紧临2020—2021年度发掘区的西侧，发掘面积 200 平方米。

此次发掘，清理各时期遗迹 216 个，包含竖穴土坑墓 16 座，瓮棺葬 6 座，房址 6 座，柱坑 110 个，灰坑 66 个、祭祀性质遗迹 12 个，以大汶口中期遗存为主，另有少量东周及汉代遗存。

大汶口文化墓葬是此次发掘最为重要的一个方面，共 20 座，有竖穴土坑墓和瓮棺葬两类，可分为四期。

第一期：大汶口文化中期偏早阶段。该期墓葬均为竖穴土坑墓，开口于④b 层下，墓圹面积差异不大，以单人葬居多，也存在两人和多人合葬现象，包含儿童至老年不同年龄阶段，部分有棺。随葬品较为丰富，有陶器、骨器、牙器、玉器、动物等多种类别，普遍随葬彩陶是该期墓葬的一个突出特点，其中彩陶龟甲器是大汶口文化的首次发现。

第二期：大汶口文化中期中段。墓葬开口于④a 层下，仅发现竖穴土坑墓 M29 一座，其时代与 2021 年度发掘的成人男女双人合葬墓 M3、M6、M4 及单人墓 M10 等年代一致。

第三期：大汶口文化中期中段，略晚于第二期墓葬。以瓮棺葬为代表，开口于大汶口房址垫土层下。瓮棺多采用倒扣形式。器形多样，有鼎、壶、罐等多种，其中又以鼎居多，可分为钵形鼎、釜形鼎、盂形鼎、罐形鼎多种类型。瓮棺葬多分布于同期房址周边或不远处，房内地面下有 1 例发现。所有瓮棺葬埋葬个体均为不足月的胎儿。

第四期：大汶口文化中期偏晚阶段。以单人大型竖穴土坑墓为代表，共发现 2 座。该期墓葬均开口于③层下，打破大汶口文化垫土层。大墓规模大、等级高，均有木棺及枕木。随葬品丰富，有玉、陶、骨、牙及动物等多种。经鉴定，2 座大墓墓主均为中年成年女性，其中 1 座为二次葬。两座墓葬中均有良渚文化因素器物发现。出土玉器有锥形器、绿松石管饰及镶嵌玉片等，未见权杖类礼器及鳄鱼骨板等遗物，这与同区男性大墓存在较大差别。

除此之外，12 座祭祀性质遗迹也是此次发掘非常重要的发现，这批遗迹与第一期墓葬开口层位一致，且分布于第一期墓葬周边，或个别位于墓葬上，两者应存在一定对应关系。根据其堆积特点的不同，可分为石块坑、陶器灰烬坑和动物遗存三类。其中，动物遗存有猪、狗两类，均人为摆放于地面上，未见明显坑状遗迹。猪下颌则采用挖坑埋放形式。

此次发掘是在上一年度工作基础上进行的，发掘面积虽然非常有限，但新获取的丰富的墓葬、房址及祭祀遗迹材料对于认识墓地年代、明确墓葬分期及了解葬俗、葬仪，进而探讨整个聚落结构的演变提供了非常重要的新材料。

（朱　超　张　强）

【高密前冢子头新石器时代至汉代遗址】

发掘时间：2022 年 3—7 月

工作单位：山东大学　山东省文物考古研究院

遗址地处胶莱平原腹地，西距胶河约 3 千米。具体位置在高密市柏城镇前冢子头村村南，遗址核心区隆起，村民称为"南台"。经地表调查暨初步勘探，该遗址呈不规则椭圆形，面积 10 万余平方米，文化堆积厚度 2—4 米。

本年度发掘面积 338 平方米，揭露大汶口文化、龙山文化、岳石文化、周代、汉代遗迹 420 余处，出土较完整或可修复文物及重要标本 400 余件。

大汶口文化遗迹均属于该文化晚期阶段。遗迹共 160 处，包括灰坑 116 座，房址 2 座，井 1 口，沟 9 条，柱洞 26 个，垫土 4

处，墓葬1座。F1、F2是有先后关系、位置相叠的两座房址，其中F1为基槽式建筑，F2为柱洞式房屋遗存。陶鼎以平底罐形鼎为主，足为凿形足或扁三角形足，不见釜形鼎和钵形鼎。

龙山文化遗物均为龙山文化早、中期。共揭露遗迹170余处，包括灰坑147个，沟7个，柱洞13个，墓葬2座，烧土面2处。居住区内发现龙山文化中期墓葬两座。M1墓主略呈侧肢，埋葬时上肢扭曲，以残陶甗甑部覆面。人骨测年数据距今约4300—4143年。龙山文化陶器种类丰富，主要有陶鼎、盆、罐、甗、杯、鬶等。

岳石文化遗迹仅在发掘区西部少量揭露。遗迹共11处，类型为灰坑和灰沟。H119大致为圆形结构，直径3米，深0.5—0.7米，底部较平整坚硬，疑似半地穴式房子。清理出典型的岳石文化遗物如尊形器、蘑菇钮器盖、子母口罐、鼎、带有红色彩绘的陶器残件（颜料成分为朱砂）。该坑内还出有一件疑似青铜器之残损刃部。

发掘区未发现明确的商代、西周时期文化堆积，但东周及其后文化堆积中发现少量遗物似属于该阶段，因此推测发掘区之外可能存在商代、西周时期文化堆积。寻找该阶段遗存将是我们下一步的重要工作目标。

东周时期遗迹遍布整个主发掘区及探沟，堆积较厚，但遗迹种类及数量相对并不丰富，共计75处，包括灰坑56个，沟13条，井4口，台基2座。一号为一长方形夯土台，台基南北长约12米，东西宽约8米。台基表面平整，并铺有2厘米左右厚度的料姜石颗粒，但活动面未发现任何柱础、柱洞或基槽等残留物。台基东侧斜坡覆盖2米多厚的10多层生活垃圾，含大量作为食物残存的哺乳动物骨骼以及鲍鱼、牡蛎、文蛤等海贝的发现，指示台基上多次举行宴饮活动。二号台基仅存少量基槽部位，其上部形貌已不可知，推测有可能呈圆形，直径超过10米，功能或许与礼制建筑有关。

汉代遗存主要分布于北部4个探方现代耕土层下，仅有较薄的两层水平堆积，以及2处灰沟。G1内出土有骨制六博棋子、博筹。探沟（TG1）布设在遗址北部偏中，南北长50米，宽1米。探沟内发现东西向濠沟一条，属于北环壕中段。壕沟开挖于龙山文化中期，开口距地表1.28米，底部平缓，边缘呈缓坡状，宽23.5米，壕沟南侧，初步推断为人工堆筑的墙垣，分三期筑成，顶部较平整，宽8米多，北薄南厚，南侧高约1.4米，北侧比环壕底部高约1.2米。

高密前冢子头遗址年代跨度大且连续性强，各时期遗迹种类、数量多，对于构建胶莱平原新石器时期晚期至商周时期的年代框架具有重要意义。从遗迹、遗物两方面综合来看，前冢子头遗址在龙山、东周时期应属于较高等级聚落，在胶河流域及周边区域具备较强影响力。岳石文化遗存的发现在胶河流域尚属首次，填补了该区域夏代东方夷人文化的空白。岳石至周代遗存，对探讨该区域周文化与土著文化关系颇具价值。

（高继习　王　华　徐树强）

【泗水西涧沟龙山文化遗址】

发掘时间：2022年4—11月

工作单位：山东省文物考古研究院

西涧沟遗址位于泗水县城区北部，泉通路北、西涧沟村南，北据今泗河约1千米。遗址范围内大部受三发尚城项目占压。2021年，于遗址西部进行了小面积发掘，发现了一批龙山早、中期灰坑及大片淤土堆积。2022年度，在遗址范围东北的三发三期项目施工范围内进行前置勘探，发现了大面积的淤土与龙山灰坑，由此开展相关发掘工作。

经勘探与探沟试掘，目前已确定在2022年度工作地块内，其北部为古河道，东南为大片的黑淤土堆积，最深可达5米以下。龙山时期，遗迹自西南向东北延伸分布，遗迹逐渐变少。工作队入场后，首先对黑淤土范围内布设了十字形探沟的解剖清理，基本了解了该区域的堆积过程；随后，对淤土范围以北、以西龙山堆积分布范围内进行布方发掘，目前在该地块范围内，除西北部尚有一片区域尚未发掘外，其他区域基本已经完成发掘。计划布方2000平方米，实际布方3106平方米，共清理灰坑及窖穴175个，可确定的小型房址11处，附属于相关建筑遗存的柱洞424个，灰沟3条，龙山时期墓葬3个。出土了较多的龙山时期早期偏晚的陶片、小型石制工具（磨石、砺石为主），以及1枚小型玉钺。

经过发掘，在遗址东南部发现了大片黑淤土堆积，可以确定，遗址存在时该区域应该仍为水域，遗址废弃后逐渐淤平。遗址东北部见有大量的独立柱洞，柱洞周围偶见基槽、小片垫土等遗迹。灰坑等分布较少，从空间分布上看，这些遗迹疑似从属于某批较大规模的建筑遗存。外围区域有较为丰富的灰坑、窖穴等生活类遗迹。遗址西南部主要是一些房址与窖穴，房址集中在遗址中部偏南，几近成排分布，南部以窖穴为主，另有几个早期房址被灰坑窖穴打破。中部有一处灰土面堆积，周边有一圈柱洞打破，从堆积情况与出土物来看，可能是一处露天工棚类遗存。

整体来看，西涧沟遗址应当是一处滨古泗水分布的龙山早期小型聚落。遗址的聚落等级与社会等级均不太高，但聚落核心的房址分布区布局清晰、结构明确，且其丰富的建筑类结构遗存保存良好、具有特色，为人们认识龙山早期聚落的建筑类型与规划模式

提供了非常理想的微观视角。从文化性质上来看，该遗址是非常典型的龙山文化遗址，出土遗物整体较少，应当与周边的尹家城等遗址归属同样的文化属性，聚落间可能还存在某些关联或关系。从地理位置来看，该遗址靠近古泗河，其地理价值重要而关键；而该地滨水的自然环境特征与地质活动复杂剧烈的地质背景，又可能影响了聚落的存续与发展。

从目前初步划分的南北两区各类建筑遗存情况来看，遗址东北部大量柱洞及附属设施所反映出的面貌，应当是一种具有明确规划、可能持续营建使用了较长时间的建筑群，该建筑群内核心建筑凸出中心，外围建筑则呈现出一种近对称的分布模式。而西南部的小型房址，相对而言各自独立，目前看不出明显的功能结构上的组合关系。这反映出的不同区域房址分布、组合方式上的差别，可能暗含了聚落结构功能、社会等级方面的差异。

（韩　辉　徐　深）

【兖州张刘东南龙山文化遗址】

发掘时间：2022年9—11月

工作单位：山东省文物考古研究院

张刘东南遗址位于兖州区西北部，西北600米处为颜店镇张刘村，北邻327国道，西为济阳线，向南1100米为颜店镇。2022年6月，为配合颜店新城建设工作，在对其进行调查勘探时，于张刘村东南方向600米处，发现了龙山文化、战汉时期文化堆积。为配合兖州宁德时代新能源项目建设，开展相关发掘工作。

综合目前调查勘探、发掘的信息，推定张刘东南遗址东邻古洼地（湖泊），西侧为古河道，面积约20655平方米，向北延续至327国道下。遗址自龙山文化时期、汉代延

续至元明时期，内涵较为丰富。

此次发掘位于遗址西北部边缘区域，发掘面积1500平方米。

龙山早期文化为此次主要发现，遗存分布在发掘区东部和北部，共发现灰坑21个，红烧土堆积5处，洼地1处。发掘区西部和南部未见早期遗迹。出土陶片可见鼎、盆、罐，未见白陶及薄胎黑陶，陶器以素面居多，有纹饰者以弦纹居多，另有完整陶纺轮1件。石器仅发现石斧两枚。

战汉时期遗存破坏严重，保存极差。遗迹较为稀疏，仅发现4个灰坑和两条沟。出土可辨别器形主要有罐、盆等，筒瓦和板瓦类建筑构件较多。两条战汉灰沟填土颜色较深，包含物较少、较纯净，或许为农田水利设施之类的遗存。综上，推测战汉时期遗址的核心区距此不远。

①层下发现元代较大型水井一处。在该层位中，出土大量金元、明清时代瓷片，器形有敞口碗、钵形碗、油灯等。该地层虽然没有原生地层，为冲积而来，但从出土瓷片数量及水井规模来看，附近应存在金元时期的聚落遗址。

张刘东南遗址龙山文化早期遗存为此次发掘的重要发现。但是项目区内占压面积较少，不能完整揭示聚落面貌。该遗址所在区域为古遗址密集区，围绕南部的嵫阳山和就近的大型古洼地（湖泊），分布着大量大汶口、龙山文化，商周时期、战汉时期聚落。随着对遗址内植物考古、动物考古、古环境地貌等多学科的继续研究及与周边其他遗址进行的对比观察，该聚落属性、内涵、区域聚落群形态等相关研究必将取得更多成果。

（韩　辉　郑　商　段新霞）

【济南市章丘区城子崖遗址】

发掘时间：2022年3—12月

工作单位：山东省文物考古研究院　北京大学考古文博学院

城子崖遗址位于济南市章丘区龙山街道办事处龙山四村东北、山城村南，武源河的东岸。作为龙山文化的发现地和命名地，城子崖遗址在中国考古学史上具有重要的地位。遗址内涵丰富，包含龙山文化、岳石文化至东周时期的文化遗存，并发现有三个时期的城址。城子崖遗址经过三个阶段的考古发掘，分别是第一阶段1930—1931年，第二阶段1989—1991年和中华文明探源工程期间的第三阶段2010—2019年。目前的考古工作正处于第四阶段，属于"考古中国·海岱地区文明化进程研究（从大汶口文化到岳石文化）"项目的重要组成部分。

本年度经过国家文物局批准，山东省文物考古研究院对城子崖遗址进行了考古发掘。发掘区位于北城门内侧，1930年发掘的纵中探沟39—41的位置，布方面积400平方米。揭露自近代到龙山时期遗迹近300处，以东周时期、岳石文化时期为主。东周时期的主要遗迹有灰坑、墓葬、水井、窑、沟等，遗物以陶器、骨器为主。灰坑数量较多，其中两座大型灰坑可能与制陶有关，水井发现7眼，陶窑发现3座，该区域在东周时期应是以从事制陶等生产活动为主。

岳石文化时期的遗迹主要有灰坑和墓葬，遗物有陶器、骨器、蚌器、卜骨等。其中NM5随葬有彩绘陶豆、骨笄、残石器各1件，是首次发现的随葬有陶器的岳石文化墓葬。其测年数据在公元前1502年—前1390年（92.1%），属于岳石文化晚期偏早阶段，相当于二里岗下层二期至二里岗上层一期。岳石文化的两座大型灰坑堆积丰富。其中NH251体量较大，并在中部发现有红烧土面，可能曾临时居住使用，坑内也出土了少量中商时期的商文化陶器。这座灰坑可能与岳石文化城门址的修建有关。

龙山文化时期的遗迹主要有房址和灰坑，房址有柱洞、台基、基槽三种，以龙山文化中期为主。该时期这一区域当为居址区。

此次发掘进一步细化了对城子崖遗址分期的认识，进一步丰富了城子崖遗址尤其是岳石、龙山时期的文化内涵，并对北城门内侧区域聚落内部结构及功能区的历时性转变有了直观的认识。该区域在龙山文化时期为居址区，应该属于城子崖聚落中心区域的组成部分。岳石文化时期，该区域与北城门及礼仪性建筑的修筑相关，可能是北城门址的组成部分，同时岳石文化时期整个聚落的中心逐渐西移。到东周时期，这一区域则为以制陶为主的手工业生产区。

（张溯　房书玉　任晓琳）

【莒南县墩后新石器时代至商代遗址】

发掘时间：2022年5月—2023年2月
工作单位：山东省文物考古研究院

为配合沂沭河上游堤防加固工程，对临沂市莒南县墩后遗址进行了抢救性发掘。遗址位于莒南县石莲子镇墩后村东南、沭河西岸400米处的台地之上。

此次发掘辅以勘探，了解到墩后遗址残存东北—西南走向，残存面积2.5万平方米。一条东北—西南向的现代堤坝位于遗址东部，堤坝两侧遭受晚期人类活动较大程度的破坏，残存文化堆积较浅，因而此次布设的发掘区即位于地势相对较高的堤坝中部及紧邻其东侧的小台子之上。

共布29个探方，依据地势划分为5×10米或10×10米，发掘面积1800平方米。文化层第②层为周代，③a层为岳石文化层，③b层及以下为龙山文化层。地层堆积较为复杂，发掘区南、中、北部的地层堆积并不一致。不过值得注意的是，发掘区从南至北有规律地分布有6个龙山时期的土台，每块不同的堆积在"底部"均可统一到土台上。

遗迹有房址73座，灰坑293个，沟3条，井3眼，墓7座，零散柱洞较多。周代遗迹以灰坑为主，多为较大、较深的不规则形。商代遗迹以灰坑为主，多为规则圆形、坑状、筒状或袋状，其中几个商代灰坑有人牲、马牲现象。此外，有两座商代木质方框结构的规则水井保存较好。岳石文化时期出土有大量灰坑和房子。灰坑形状不规则，坑状较大。房子以矩形为主，也有圆形和不规则椭圆形，发现相当数量的基槽，柱洞一般较大、较深，门道多向西。龙山时期亦出土有大量灰坑和房子。灰坑以圆形为主，呈筒状或袋状，因被严重破坏残存较浅。龙山较晚的房子以矩形和圆形为主；少见基槽，柱洞较小。龙山较早的房子（打破土台或者早于土台）均为规则方形，保存较好；均有基槽，柱洞数量较多，门柱、角柱一般较大、较深，其他柱洞较小较浅；门道朝西、南。

出土遗物较为丰富，完整陶器有：西周时期的鬲，商代的罐、鬲，岳石文化的鼎、罐、尊形器，龙山文化的鬹、鼎、罐、杯、甗、盆、器盖等。陶制工具以种类、数量较多的陶网坠为主，还有陶铃、陶模；石器有石磨盘、长方形穿孔石刀、半月形双孔石刀、石斧、石铲、石镞、石凿，还有数量较多的砺石、磨石；骨器有骨针、锥、笄等，还发现有几个鹿角及加工的鹿角锄。

此次发掘清理大量的龙山至汉代遗迹，龙山文化、岳石文化遗迹，尤其是房址最具特色，为研究鲁东南地区龙山至岳石时期的聚落演变提供了丰富资料。同时还发现有大量的商代灰坑、水井等，说明至晚在商代晚期，商人或商文化在沭河流域已经有长时段定居现象，为商文化东扩提供了更多证据。发现有零散西周和汉代灰坑，体现出墩后遗址拥有较长的持续时间。

（刘云飞　梅圆圆）

【临淄徐家庄周代遗址】

发掘时间：2022年6—9月

工作单位：山东省文物考古研究院

徐家庄遗址位于淄博市临淄区稷下街道金茵小区内，东至金茵小区内部道路，西至金茵小区卫生服务站，北至金茵小区幼儿园，南至金茵小区内部道路，因发掘区周围均已成硬化路面或楼房，遗址范围不明。遗址北距齐国故城4千米，东距范家商城1.7千米。发掘区形状不规则，发掘面积约1600平方米，发掘墓葬92座、灰坑136个、井8眼。

西周中期至春秋晚期早段遗存主要为灰坑，灰坑平面形状多为圆形、袋状、斜壁、平底，少量弧壁、圜底。填土以深灰褐砂土为主，含烧土、陶片、草木灰等，出土遗物有陶鬲、豆、骨锥、簪、石斧、石锛、蚌镰等。多数灰坑壁面和地面经过加工，少量灰坑底部残存板灰，营建规整，原为窖穴。

春秋晚期晚段墓葬2座，均为南北向，随葬陶器均置于脚端生土二层台上。随葬陶器组合为鬲1、豆2。其中1墓葬具为一棺。战国墓葬15座，分布较为分散。小中型墓葬2座，其余均为小型，均为长方形土坑竖穴。南北向12座，头向均朝北，东西向3座，头向东。葬具为一棺一椁2座，其余均为一棺。战国早期墓葬4座，主要分布于发掘区南部，M50出土陶器有鼎、盖豆、豆、壶、敦、匜、筲、斗、盘，铜器有戈、剑、镞。战国中晚期墓葬分布于发掘区北部，陶器组合以鬲1、壶2、盖豆2、豆4为主。部分墓葬棺下有腰坑随葬陶豆盘、残陶盉等。

汉代墓葬62座，数量多，分布密集，均为长方形土坑竖穴，南北向或东西向。墓壁多见装饰。葬具多为一棺，少量有砖椁。随葬陶器组合以2陶壶、1罐或1壶最为常见，部分墓葬随葬铜器有镜、带钩等。铜镜类型有昭明镜、草叶纹镜、星云纹镜、四乳四虺镜、蟠螭纹镜等，部分墓葬伴有半两钱、五铢钱出土。东汉墓葬9座，主要以甲字形长坡墓道土坑竖穴砖室为主，1座长方形土坑竖穴。墓葬主要集中于发掘区南部，围绕东汉墓葬分布区的西部和北部分布1条沟，沟底横剖面呈规则长方形，有淤沙，推测为东汉家族墓葬的围沟。

徐家庄遗址发现的西周晚期至春秋晚期窖穴，营造规整，出土陶鬲、豆、盉等遗物，为探讨临淄齐国故城周边聚落提供了重要资料。徐家庄遗址发现的战国墓葬从早期延续至晚期，保存较好，出土陶器、铜剑、铜印、玛瑙环等遗物，为齐国战国墓葬研究提供了新的资料。徐家庄遗址发现的汉代墓葬从西汉延续至东汉时期，出土陶壶、罐、熏炉、铜镜、带钩等遗物，为临淄地区汉墓研究补充了新资料。

（赵国靖　吴志刚）

【临淄齐国故城小城西门外建筑基址】

发掘时间：2022年5—11月

工作单位：山东省文物考古研究院

遗址位于齐国故城小城西门外侧，紧邻城墙，现今分布在篑大道两侧，行政区划属于齐都镇小徐村。夯土建筑群整体呈东西向分布，东西约210米，南北约190米，总面积约4万平方米，共发现夯土基址14处，分4排分布。

本年度共发掘面积800平方米。发掘夯土基址1处、门址1处，灰坑5座、排水沟

1条、水井6座、墓葬10座。

通过本年度勘探和发掘工作，考古队对基址的基本布局有了较新的认识，确认了11号基址和12号基址之间为夯土连廊，东西长10.6米、宽4.6米。将两组建筑相连并组合成一组大型建筑，整体东西约67米，总面积640平方米。完整揭露了12号建筑基址，长方形，长43米、宽10.9米、残高1.1—1.4米，总面积470平方米。遗址确认了东南门为基址群的南向通道，东西长约7.5米、南北宽10米，东侧为基址东墙，中间为一宽约8米的道路。

本年度的发掘进一步揭示了遗址的布局及建筑的形态等信息，也为遗址的性质确定提供了新的材料。

（董文斌　钟晓寰）

【平度市大小河子东周遗址】

发掘时间：2022年4—7月

工作单位：山东省文物考古研究院

大小河子遗址位于平度市明村镇大小河子村西约600米，西、南邻北胶莱河，面积约22000平方米。该遗址于第三次全国文物普查时发现，现为平度市文物保护单位。根据调查、勘探初步判断，遗址年代为龙山文化时期至汉代，以东周时期为主，另外分布大量明清墓葬。为配合明村—董家口高速公路建设，经国家文物局批准，山东省文物考古研究院主持对被工程占压部分遗址进行考古发掘，发掘面积2000平方米。此次发掘，同时承担山东省第七期田野考古培训班培训任务，来自全省12个地市共20余名学员参加培训。发掘收获以东周时期遗存为主，另有少量宋元时期及清代墓葬。

发现东周时期灰坑410余座，小型窑址5座，水井3口，墓葬24座，半地穴房址1座。东周时期灰坑以圆形和椭圆形的灰坑和窖穴为主，坑壁大部分为直壁或呈袋状，有的底部经过烧烤加工，出土陶片以泥质灰陶为主，也有少量红陶，器形有陶豆、陶盆、陶罐、陶盂、陶鬲等。墓葬以土坑竖穴单人葬为主，主要分布在发掘区南部，多为东—西向，大致成排分布，大部分无随葬品，少量墓葬随葬陶盂、陶豆及陶罐，仅一座墓葬随葬铜剑。此外还发现4座瓮棺葬。发现的5座小型陶窑，分布集中，形制相同，均为升焰式窑，保存较差，使用时间应不长。发现半地穴房址1座，平面近长方形，长约2.5米，宽约1.8米，门道朝南，近东壁发现有疑似壁柱的柱洞，地面经过加工，铺垫一层浅黄色硬土，灶位于东北角，灶壁烧红，部分延伸出室外。

宋元时期墓葬3座，分布于遗址北部边缘，2座为小型穹顶砖室墓，1座为土坑竖穴墓。两座穹顶砖室墓均为迁葬墓，M17保存较好，结构较完整，保留有墓道、封门、甬道、棺床等结构，无随葬品；M33保存较差，未见墓道、棺床等，随葬一件瓷碗。M52为土坑竖穴墓，南北向，单人葬，头向朝南，葬具和人骨保存较差，未见棺椁，随葬瓷碗和瓷罐各一件。

清代墓葬27座，大部分为砖椁或砖室墓，还有少量小型土坑竖穴墓及迁出墓。随葬品多为瓷罐、灯盏及少量铜饰品，少量土坑竖穴墓，无随葬品。大部分砖椁墓都被破坏和扰乱，时代应为清代中、晚期。

根据此次发掘收获来看，大小河子遗址应为一处东周时期的小型聚落，此次发掘区位于东周聚落的东北部边缘。早期聚落的遗迹以灰坑、窖穴、陶窑等生产生活类遗迹为主，可能为手工业生产或生活区，后期聚落规模缩小，灰坑等生活类遗迹减少，成排的墓葬增多，逐渐演变为墓地，宋元时期及清代同样也是作为聚落边缘的墓地。此次发掘，发现了保存较好的东周时期墓葬、陶窑和窖穴等遗迹，出土了较为丰富的陶器、石器、骨器等遗物，对于胶莱河流域乃至整个胶东半岛地区东周时期的考古学文化研究具有重要价值。

（吕　凯　王　杰）

【邹城邾国故城遗址】

发掘时间：2022年6—12月

工作单位：山东大学历史文化学院考古学系　邹城市文物保护中心

根据国家文物局批复同意的《邾国故城遗址保护规划（2013—2032）》《邾国故城遗址考古工作规划（2014—2025）》，经严格履行报批程序，申请考古发掘执照（考执字〔2022〕第112号），本年度山东大学历史文化学院考古学系联合邹城市文物保护中心，对邾国故城遗址皇台中部偏北的夯土建筑基址进行了主动性考古发掘。

发掘面积880平方米，共清理夯土基址3座、灰坑410个、灰沟19条、房址4座、柱洞32个、路1条、灶7座、窑1座、井3眼；出土遗物种类和数量丰富，以板瓦、筒瓦、瓦当、空心砖、铺地砖等建筑陶器和陶鬲、盆、豆、罐等日用陶器为主，完整或可复原的陶器有瓦当87、筒瓦/板瓦16、花纹砖/空心砖29、铜镞32、铜钱81、铜器残片41、铁器54、瓷器/原始瓷45、印纹硬陶24、骨器14、圆陶片/陶纺轮56件。出土封泥821枚，陶文243件。此外，还有大量土样待水洗、陶片待拼对。

发掘揭露的夯土建筑基址为一处品字形夯土建筑群中位居北部正中的主体殿堂、院落的门塾以及门塾东西两侧延伸出去的夯土院墙。主体殿堂始建于战国，沿用至新莽时期。从建筑废弃堆积中出土的封泥可以判定该建筑在秦代和西汉为驺县县丞，新莽时驺县降为亭后的驺亭间田宰的廨署。由此可见该建筑群是一处始建年代早、延续时间长、结构完整、等级高、保存较好、十分重要的东周秦汉时期建筑群。

此次发掘主要收获初步总结有以下三点。

（1）揭露出一处始建于战国，一直沿用到秦、西汉、新莽时期的大型夯土基址，面积宏大，夯筑结实，结构完整，相关的柱础、檐柱、散水、东阶、西阶、侧阶、门、庭院、门塾、道路、活动面等迹象保存较好，布局清晰。收获一批与建筑直接相关的战国、秦、西汉、新莽时期文化遗存，对探讨东周邾国宫室、秦、西汉时期驺县廨署、新莽时期驺亭廨署建筑技术和建筑材料等提供了大批实物资料，为探索遗址平面结构与功能布局演变提供了新信息。

（2）出土大量背景信息明确的秦、西汉、新莽封泥以及陶文，为了解夯土建筑的年代、性质、功能，邾国、秦汉和新莽时期的行政管理、公文往来、封泥制度、字体演变等提供了丰富材料。尤其是秦封泥坑和新莽封泥沟，为山东秦代和新莽时期遗物断代提供了标尺，具有重要意义。

（3）清理揭露一批南北朝至隋朝时期瓷器，通过碳十四系列测年获得精确年代数据，为进一步细化邾国故城遗址考古学文化的分期和断代标尺提供了一大批实物资料。

（路国权　王　青）

【临淄南马坊战国大墓和车马坑】

发掘时间：2022年2—11月

工作单位：山东省文物考古研究院

南马坊大墓位于淄博市临淄区齐都镇南马坊东南墓地西南部，北距临淄齐国故城约2千米。为配合房地产项目建设，山东省文物考古研究院对该墓及其附属的两座大型车马坑进行了考古发掘。

南马坊大墓为一座夯土构筑的"甲"字形墓葬，由墓道、墓室、二层台、椁室、陪葬坑等部分构成。该墓现墓口南北长33.6米，东西宽33.2米。墓道位于墓室南侧中部，呈斜坡状，平面近倒梯形，南端延伸至发掘区外，现存墓道残长19米，外口宽10.8米，里口宽9.7米。墓室平面近方形，四壁由宽约3.3—4.2米的夯土版筑而成，墓室上口南北长26.6米，东西宽25.6米。椁室位于墓室中部偏东，平面呈长方形，由大石块砌筑而成，并用河卵石填缝，东西长约12.75米，南北宽约7.85米。

在墓室生土二层台上环绕椁室分布有9座陪葬坑。这些陪葬坑平面近方形，竖穴土坑，葬具为一棺一椁，内置殉人一具，多随葬有玛瑙、水晶等玉石佩饰，部分随葬有豆、匜等铜礼器和铜车马器。在近二层台的墓壁四周铺挂有彩绘墙帷，并用圆形蚌饰进行装饰和固定。

该墓被盗严重，发现的随葬品较少。在墓室西北部填土中发现一座比较完整的木构帷帐和成捆的青铜兵器。木构帷帐顶部为四面坡式，面阔两间，进深一间，由正脊、斜脊、脊兽、檐枋、转角柱、枋间柱、地栿等部分构成，东西长约2.5米，南北宽约1.78米，残高1.17米。青铜兵器有戟、矛、钜等，出土时均安装在木柲上。

在该墓北部和东部约25米处各发现一座长方形大型车马坑。北部一号车马坑东西长约56米，南北宽约4.1米，已清理出车4辆，马10匹。东部二号车马坑南北残长24.5米，东西宽4.2米，共清理出车7辆，马16匹。车均为独辀车，并排放置，车轮均置于轮槽内。马系杀死后埋葬，排列整齐，马头朝向主墓，曲体侧卧在车辀两侧。

临淄南马坊大墓规模宏大，建造考究、装饰华美，是目前山东地区正式发掘的规模最大的东周时期墓葬，附葬的两座车马坑也是目前山东地区发掘的规模最大的车马坑。综合分析墓葬的形制结构、出土器物特征以及碳十四测年结果，临淄南马坊大墓的年代最有可能在战国早期，至迟不晚于战国中期偏早阶段，其墓主身份为不低于上卿一级的齐国高级贵族，为研究齐国历史文化以及手工业生产等提供了重要实物资料。

（张　恒　肖雨妮　孙　波）

【泰安范家灌庄战国遗址】

发掘时间：2022年6—11月

工作单位：山东省文物考古研究院

为配合工程建设，对位于泰安城区东部的范家灌庄遗址被占压的东部边缘进行了考古发掘，揭露面积1000平方米，发现有窑、灰坑、沟、井、柱洞、活动面、灶、墙及道路等总计180个不同历史时期遗存，以战国时期遗存为主，获得一批陶器、石器、铜器、铁器、瓷器。

发现战国窑址10处，窑室皆不存，部分窑保留有完整的窑箅、出火口、火膛及进火门，大部分窑发现明确操作间。窑址周围有平行分布的沟状遗迹，深约50—60厘米，周围分布大小不一、深度相对统一的诸多灰坑，另窑址周边均有水井。战国地层出土了完整的铁犁铧，并发现零散的距离甚远的单个柱洞，还发现5处活动面。唐宋等时代地层散见零星瓷片，只发现明显柱洞1个和数个灰坑；明清地层遗迹主要散见排水沟、井、窖穴。

目前山东地区已发表的战国窑址较少，仅见于滕州薛故城、兖州西吴寺、曲阜鲁古城、临淄齐故城等地，泰安地区只在新泰西南关发现一处。这些地区的窑址均存在水井、陶窑及陶制品并出现象，薛故城丕发现了烧窑硫渣，而范家灌庄遗址发现的规律分布的形状规整的沟状遗迹，极少发现。此次发掘，丰富了泰安地区的窑址资料，为考察该地区窑址演变提供了资料。受基建范围及遗址保存实际情况的影响，此次工作范围只能选在遗址东部边缘。南北发掘区不同时期遗迹现象的组合出现，证明此聚落边缘经历了烧窑、场院、耕种等不同行为活动，有利于探讨不同时期聚落边缘微形态的演变。

（吴志刚　陈　迪）

【郯国故城遗址】

发掘时间：2021 年 10—12 月
工作单位：山东省文物考古研究院　安徽大学历史学院　郯城县文化旅游局

郯国故城遗址位于郯城县城区北部，平面呈长方形，西墙与北墙均长约 1260 米、东墙长约 1370 米、南墙长约 780 米、周长 4670 米，故城面积约 128.5 万平方米。

为配合郯城一中危房改造项目建设，山东省文物考古研究院组织考古队对位于故城西北角的项目拟建区域进行考古发掘。依据勘探情况，选择文化堆积较好、受破坏较轻的地块确定 A、B、C、D 三个发掘区。此次发掘延续 2020 年度的发掘，于 C、D 两区进行布方，发掘面积共 3000 平方米。

发掘共清理各类遗迹近 550 处，其中灰坑 475 个，灰沟 20 条，窑 10 座，井 11 口，路 1 条，墓 13 座，灶 1 个，柱洞 5 个。此次发掘所获遗存年代集中于战国和两汉时期，没有发现明确战国地层，仅见少量战国遗迹和遗物。以两汉时期遗迹为主，分布密集、数量较多，类型常见陶窑、水井、灰坑、沟以及形制规整的储泥坑、练泥坑、荫窖等。出土完整器物近 3000 余件，种类多样，有罐、壶、豆、盆、碗、纺轮、瓦当、板瓦等陶器，有铁块、铁刀、铁钉、铜钱、铜块、铜环、铜镞等金属器，有骨锥、骨笄等骨器，有石板、磨石、石球等石器，更有大量的陶拍、陶垫、陶坯支座等明显的制陶用具。

初步认为，发掘区域所在应为汉代的制陶作坊区，确切地说，是烧造日用陶器的制陶作坊。结合 2020 年度发掘成果分析，认为遗迹以陶窑和水井为中心，形成功能互补的制陶生产单元，并能初步复原出制陶工艺流程。发掘区域存在明显的功能分区和时间演进，D 区早期应为取土场地所在，后不断在此倾倒制陶垃圾，对此区域进行垫平，在其上局部地方又建造陶窑，使这里也成为制陶所在地。A、B 两区出有时代较早的遗存，C、D 两区时代相对较晚且单一。

此次发掘丰富了郯国故城遗址的文化内涵，进一步明确了故城的功能布局和聚落形态变迁。这为深入研究鲁南地区战国两汉考古学文化、政治制度和社会形态提供了可靠实物资料。

（王子孟　王　剑　王　飞　王经芹）

【临淄徐姚战国及汉代墓地】

发掘时间：2021 年 10 月—2022 年 8 月
工作单位：山东省文物考古研究院

临淄徐姚墓地位于淄博市临淄区晏婴路以南，庄岳路以东，北距齐国故城约 3.5 千米，南距淄河约 1.4 千米，东南距田齐王陵约 4.7 千米，东距后李遗址约 4.8 千米。为配合方正和悦府项目、立体景观项目建设，对徐姚墓地展开发掘工作，发掘面积约 32800 平方米。

经发掘共发现墓葬 1332 座，水井 2 眼。从整个墓地来看，墓葬分布较为集中，有一定的规模，并且墓地布局也较为有序，排列有规律可循。从墓葬的规格和大小来看，均为中、小型墓葬，墓主人的身份绝大部分为平民。第一，葬具基本为木棺，大多数为一棺，极少数为一棺一椁；第二，葬式以仰身直肢葬为主，有少数仰身、侧身屈肢葬，极个别为下肢向两侧外凸呈菱形或椭圆形的葬式；第三，墓穴都比较深，一般深6—10米不等，少数在4—5米左右，大部分竖穴土坑墓的墓壁光滑平整，墓壁有明显的加工痕迹，痕迹宽而扁平，呈"V"形及横向组合而成，一般上下三组，相当规整；第四，大多为长方形竖穴土坑墓，多数有生土二层台，二层台到墓底高度大致在0.6—0.8米左右，宽度0.1—0.2米左右；大多数土坑墓都有脚窝，形状呈梯形、三角形和半圆形三种。一般位于墓葬两角，少数位于墓壁中央。根据发掘出土器物判断，该墓地以汉代墓葬为主，并有少量战国中、晚期墓葬及北齐、宋元时期墓葬。

战国墓葬内随葬品以鼎、豆、壶、盘组合出现，部分随葬有铜剑、铜戈、铜带钩等。陶器多位于壁龛内。

西汉墓内随葬器物，以陶壶、陶罐最为常见，器表多装饰彩绘纹饰。组合形式有"两陶壶""一陶壶""一陶罐"等，但未见壶、罐共出者。铜器主要包括铜镜、镜刷、铜钱、带钩、铜洗等；铁器主要包括剑、刀、削刀，以及夯头、锸等筑墓工具；玉石器主要包括黛板、口琀、片石、剑璏等。

西晋墓内出土陶案、陶碟、陶碗、镇墓兽、陶鹅、铅镜等物品，随葬品均位于后室。

此次发掘，对了解汉代齐国历史及齐文化的发展具有重要意义，为临淄地区汉代齐国历史及齐文化的发展提供了研究材料。墓葬中出土多种生活用陶器、铜礼器、铁器及货币，对于了解当时生活状态、经济贸易都有重要价值。

（赵益超）

【陈家徐姚北战国及汉代墓地】

发掘时间：2022年4—5月

工作单位：山东省文物考古研究院

陈家徐姚北墓地位于淄博市临淄区稷下街道临淄大道以北，齐都路以东，临淄中轩热电厂以南，淄博一家亲食品有限公司以西，地属陈家徐姚村。北距齐国故城3.8千米，东南距田齐王陵4千米。周边还分布着临淄墓群、范家商城遗址等重点文物保护单位。发掘区略呈方形，发掘面积2600平方米，发掘墓葬105座、井3个。以汉代墓葬为主，少量战国、金元、清代墓葬。

战国墓葬5座，分布较为分散。均为小型长方形土坑竖穴，仰身直肢。南北向4座头向均朝北，东西向1座，头向东。其中M16为一棺一椁，随葬铜戈1个、匕首1个、带钩1个。M92为一棺一椁，棺椁下有底箱，底箱内随葬铜器有剑1个、矛1个、戈2个、车軎2个、车辖1个、马衔1个，陶器有鼎1个、盖豆2个、壶1个。

汉代墓葬64座，数量多，分布密集，均为长方形土坑竖穴，南北向或东西向。墓壁多见装饰。葬具多为一棺，少量一棺一椁、砖椁。随葬陶器组合以2陶壶或1罐与1壶最为常见，部分墓葬随葬铜器有镜、带钩等。铜镜多位于墓主头部一侧的漆盒内，或腹部、脚端一侧，有昭明镜、草叶纹镜、星云纹镜、四乳四虺镜、蟠螭纹镜等，部分墓葬伴有半两钱、五铢钱出土。

还发掘5座清代长方形土坑竖穴墓，均为小型，葬具多为一棺，少量三棺。随葬酱釉瓷罐、盏，铜钱"康熙通宝"。

陈家徐姚北墓地保存较好、出土遗物丰富。时代跨战国汉代两大时期，对其发掘有助于深化对临淄地区战国及汉代社会生活状况、葬俗葬式的研究，为该区域汉代墓葬的研究提供了一批新的实物资料。

（赵国靖　王子孟）

【临淄相家南战国及汉代墓地】

发掘时间：2021年11月—2022年4月

工作单位：山东省文物考古研究院

相家南墓地位于晏婴路以北，雪宫路以东，相家生活区以南，闻韶路以西，东北距齐国故城5千米。遗址整体呈东西向，东西约300米、南北约100—120米，总面积为32000平方米，分布有较为密集的墓葬。

发掘面积为27000平方米，发掘墓葬699座，含4座中大型战国墓葬，水井9座和1座灰坑，共计709个遗迹。墓葬主要以汉代墓葬为主，战国墓葬15座，魏晋墓葬6座、明代墓葬8座。战国墓葬为甲字型和长方形土坑竖穴墓，四座甲字形墓葬分成两组，并排分布，墓道均向南，墓室均被严重盗掘，个别墓葬保存较完好的器物坑。汉代墓葬主要为长方形土坑竖穴墓，少量为带墓道的砖室墓。土坑墓根据葬具可分为无棺墓、单棺墓、一棺一椁墓。棺椁墓葬中根据材质可分为木椁、砖椁墓等。墓葬填土中多经过夯打，圆形圜底，直径约8—10厘米，较多墓内填鹅卵石。墓壁多直壁和斜直壁，壁面可见有交错和三角修整痕，呈多单元分布。此次发掘，出土陶器、青铜器、铁器、骨器、玉器、石器等随葬品共1200余件。

此次发掘，为临淄地区战国及汉代墓葬的葬俗及考古学文化研究提供了大量的材料，有力地推动了齐文化研究的深度和广度。

（吕广轴　董文斌）

【临淄青蓝府战国及汉代墓地】

发掘时间：2022年1—12月

工作单位：山东省文物考古研究院

青蓝府墓地位于临淄区齐都镇，位于学府路以北，天齐路以东。为配合临淄区青蓝府项目建设，山东省文物考古研究院于2021年曾对青蓝府墓地进行过考古发掘，2022年发掘工作继续进行。本年度共清理大小墓葬428座、车马坑2座，墓葬年代主要为战国至汉代，还有一部分为宋金墓葬。

战国时期多为小型平民墓，葬具为一棺或一棺一椁，椁多为"亚"字形木椁。该时期墓葬通常在四壁挖壁龛或在椁外填土中随葬鼎、鬲、豆、盖豆、壶等陶器，通常为2件豆、2件盖豆、2件陶壶。有的有1件鬲或1件鼎，鬲或鼎内通常有动物骨骼残留。部分墓葬底部中间有腰坑，腰坑内通常随葬一只小狗。个别墓葬在棺或是椁周围分布有较多滑石珠和桥形饰，应是荒帷的组成部分。部分墓葬在墓主身侧发现铜剑、铜戈等武器。

汉代墓葬以小型墓为主，按墓葬形制可分为：带墓道的砖室墓、土坑竖穴椁墓（一棺一椁）、土坑竖穴墓（一棺无椁）。其中，带墓道的砖室墓均被严重盗掘，根据墓葬形制和个别出土物可判断年代为东汉。一椁一棺墓，椁通常为砖椁或木椁，棺为木棺，此类墓葬从西汉延续至东汉，发现较多。随葬品主要分布在棺内和棺椁之间，通常在棺内墓主头部一侧放置铜镜，头部有口含、耳塞、鼻塞；胸部至腰部有铜钱、带钩、印章；身侧放置铁剑、环首刀等；一般在椁的一端（即棺外空间较大的位置），放置釉陶壶、陶壶等陶器以及漆盒，漆盒内通常有兽骨。仅有一棺的墓多数无随葬品，个别随葬数枚铜钱或1件陶壶。

此外，青蓝府墓地还清理4座宋金时期墓葬，均为带一条南向墓道的砖室墓，墓室上部已被严重破坏，下部仍可见墓道、棺床、封门砖等，墓室内有砖雕的门、窗、桌、椅等。

值得注意的是，在 M22 南部发现两座明代车马坑，在 M232 北部发现一座明代车马坑。其中，CMK1 可能对应的是 M22 男性墓主，CMK2 可能对应的为女性墓主，CMK3 对应的可能是 M232 的墓主。CMK2 于 2021 年已被清理。三座车马坑尤以 CMK1 保存较好，且规模最大。该车马坑共发现马车 5 辆，车箱 8 个，独马 2 匹。

临淄青蓝府墓地为临淄齐故城南郊墓地的重要组成部分，所发掘墓葬为研究临淄地区齐文化向秦汉文化的演变、墓葬形制、随葬品组合、陶器和青铜器工艺等问题提供了重要资料。

（秦超超　郝导华　买　莹）

【临淄埝付北战国至汉代墓地】

发掘时间：2022 年 3 月—2023 年 1 月

工作单位：山东省文物考古研究院

墓地位于临淄区皇城镇埝付村东北，介于临淄齐故城与安平故城之间。本年度共发现 3043 座墓葬、70 座水井、16 座灰坑、3 座窑址和 1 条道路。

战国墓葬发掘 5 座保存较好的"甲"字形墓，个别有陪葬坑和腰坑。随葬品以陶器和青铜器为主，并有大量滑石璧、滑石环等饰件。小型墓中亦多见青铜剑、戈等兵器和大量滑石饰件，反映出浓厚的军事色彩和特色葬俗。

汉代墓葬共发掘 2780 座。形制有土坑竖穴墓、砖室墓和瓮棺墓。出土遗物种类丰富，有陶器、铜器、铁器、玉石器、漆器、兽骨等，为深化临淄地区汉墓的年代序列、文化特征等方面提供了丰富材料。

此外，还清理了 20 座宋、元、明墓葬，主要分布于发掘区南部。葬具多为一棺，随葬品多为陶、瓷器和铜钱等。

埝付北墓地是一处以小型平民墓为主的墓地。墓葬数量和形制众多，分布密集并存在一定规律，出土遗物数量及种类丰富，为探讨战汉时期临淄地区的葬制、葬俗以及社会文化等方面提供了一批新材料。

（贾楠楠　董文斌）

【青岛市琅琊台遗址】

发掘时间：2022 年 3—11 月

工作单位：山东省文物考古研究院　青岛市文物保护考古研究所

琅琊台遗址位于青岛市黄岛区南部，遗址三面临海，现存两处大型夯土建筑基址及陶水管、石构筑物及窑址等多类遗迹，2013 年公布为全国重点文物保护单位。《史记》载秦始皇"作琅琊台，立石刻，颂秦德，明得意"，具有十分重要的历史价值。

2019—2021 年，山东省文物考古研究院联合青岛市文物保护考古研究所，对琅琊台遗址进行了持续考古发掘，于山顶大台西侧发现台下房间、石砌地漏、石铺道路及排水管道等重要遗迹，于台西头村东南发现一处战国时期建筑，出土大量遗物，对于进一步认识遗址文化内涵具有重要的意义。

本年度经国家文物局批准，联合考古队继续对遗址进行主动性考古发掘工作。本年度的发掘分为大台东北部、小台西北部及"窑沟"三个发掘地点，共发掘 500 平方米。主要收获如下。

台顶发掘地点。在台顶东北部发现最上层夯土台北边缘，其北侧夯土平面较低，与夯土台存在高差。夯土台东西土色存在差别，夯层有错位，其间发现竖直痕迹，宽约 2 厘米，推测为版痕，可知此处有分版夯筑的现象。壁面发现一柱础坑，坑内放置大型石柱础一块，顶面平整，其余部分形状不规则，坑内柱础之外的部分为夹杂基岩碎块的致密堆积。

南北两处夯土之间发现一明代沟。沟呈长条形，边缘规则，壁面、底面平整，沟底由东向西呈缓坡状抬高，沟内贴两侧壁面以石块砌成整齐矮墙。

小台地点。小台位于琅琊台主峰东部，濒临大海，现存夯土依托东侧自然山体夯筑而成，夯土同山体构成直径200余米、平面略呈圆形、顶部平坦的高台。

本年度于小台北部布设南北向探沟一条，探沟中发现夯土台北侧为大面积垫土，垫土呈深灰褐色，可分为三层，南高北低，略呈斜坡状。台基夯土主要呈黄褐色，于垫土层上夯筑，夯层不均匀，厚10—20厘米，夹杂碎石颗粒。探沟中未见任何与建筑相关的遗物。

"窑沟"地点，位于大台南侧山下，西邻深沟，当地称"窑沟"。发现窑址9座，均为西北—东南向，规模接近，长约8米、宽约3米。窑由操作间、火膛、窑室、烟道组成，火膛平面呈三角形，窑室呈长方形，末端有三个圆形或半圆形烟道。窑址分布区的北侧发现一条东北—西南向沟，沟中出土大量遗物，应与窑址有关。

发掘区出土大量板瓦、筒瓦、圆形云纹瓦当、素面方砖及陶管道残块等，形制与大台发现的基本一致，遗物中有不少烧变形者，此外还发现大量烧结的窑壁残块。发现半圆形夔纹瓦当，未见"千秋万岁"瓦当。推测这批陶窑年代为秦代，是烧制建筑材料的砖瓦窑。

通过本年度发掘，首先，进一步加深了人们对大台顶部结构的认识，丰富了复原山顶高台建筑的依据；其次，对小台夯土结构有了直观的了解；最后，揭露的一批秦代砖瓦窑，为山顶高台建筑分期断代提供了实证材料。

（吕　凯　彭峪　李祖敏）

【淄博市张店区科创园汉代墓地】

发掘时间：2022年2—3月
工作单位：山东省文物考古研究院

淄博市张店区科创园墓地，位于淄博市张店区东部，联通路与青龙山路（南段为工业路）交汇处西北侧电子信息科创园待建园区内，园区西侧即为淄东铁路。中心位置地理坐标为北纬36.8度、东经118.1°。科创园墓地是为配合基本工程建设，受山东齐赢发展有限公司委托进行的考古发掘工作。

发掘共清理墓葬52座，其中有51座汉代墓葬，1座清代墓葬（清代墓葬为长方形竖穴土坑合葬墓）。

汉代墓葬按照墓葬形制，有长方形竖穴土坑墓43座，长方形竖穴土坑砖椁墓6座，长方形竖穴土坑砖室墓2座。部分墓内填土经过夯打，或为防盗之用。如M14、M18，都有用平夯工具夯打的迹象，夯具直径10厘米左右，未发现明显夯层，可能系当时零散夯打的结果。土坑墓及砖椁墓无墓道，但多有生土二层台或壁龛，而砖室墓都带有斜坡墓道，个别墓葬还辟有专门的器物箱，多见于木棺外短边一侧，头箱或者足箱，用于放置随葬品，很多墓壁上挖有半圆状脚窝，方便修墓上下，有的墓壁还经过加工，似用工具刻意在壁上刮出一道道痕迹，起到加固和装饰的效果。

葬具以单棺葬为主，未见到椁。个别墓葬仅见人骨，未见棺痕，可能系直接埋入。人骨保存状况较差，葬式以单人仰身直肢葬为主，墓葬方向有东西向，也有南北向，以南北向墓葬居多。经统计发现，南北向墓葬人骨头多朝北，东西向墓葬人骨头多朝东。

有的墓葬被晚期盗扰，有12座墓未出随葬品。整体来看，出土随葬品并不多，出土器物包括陶、铜、铁、漆器等，以陶器为主。陶器以陶罐或者陶壶最多，为日用陶器，数量一个或两个不等。灰陶居多，且陶罐和陶壶不共出。出土的彩绘陶壶，上饰有彩绘几何纹饰，十分精美考究。铜器有铜钱、铜带钩、铜镜、铜印章等。铜钱有汉半两、五铢钱以及大泉五十、货泉等，出土的铜镜有昭明镜、日光镜、草叶纹日光镜、规矩镜、蟠螭纹镜、云雷纹镜等。铜印章仅见于M5之中，上面刻文为"方乘生印"。铁器有铁剑。漆器方面，在个别墓葬中还可见到漆木盒的痕迹，但已朽烂，无法拼对修复。

从以上墓葬形制、随葬品等来看，科创园墓地年代从西汉早、中期到东汉早、中期，墓主应是当地的平民。

（赵芳超　郭翔）

【滕州望河村二山汉墓】

发掘时间：2022年10—12月

工作单位：山东省文物考古研究院

二山位于滕州市东南木石镇东台村西北，距滕州市区约30千米。山体为石灰岩，由三座小山相连，呈西南—东北走向，长近2千米，依次为大山、二山、三山，又称为笔架山或三山头。墓葬开凿于二山顶部，凿石为圹，为石坑竖穴石椁墓，南北向，时代为西汉中期偏早。

此次发掘出土文物约30件，主要以陶器为主，质地均为泥质。其中，陶器17件（组），包括鼎、盒、壶、盘、匜、罐；铜钱6枚；铁锛1件；铁铲1件；六博棋子4件。

墓葬由封土、椁室等部分组成。封土现状大致呈圆形，直径约24米、残高约1.2米，北部及西部地势较低处封土堆积较厚，未经夯筑，封土上部以黄黏土为主，掺杂少量碎石，中、下部灰褐色土掺杂大量大小不一的石块，在封土四周包绕三重石块垒砌的低矮石墙，应该是为了减少水土流失，达到保护封土的目的，上圈石墙平面长方形，中、下圈近圆形。

在东部、北部和东北部的封土下发现石坑三处，编号K1、K2、K3。K1平面长方形，出土动物骨骼若干，骨骼断面整齐。K2平面长方形，未发现遗物。K3平面长方形，坑底北部出土铅车马明器约12件。

墓圹平面长方形，南北长3.2米、东西宽5.6米、深3.9米，南北向。因岩体高差致墓口岩体不规整，东壁与北壁低于其他两壁，用块石平铺垒砌齐平，块石均为未经加工的原石。

墓底并置三个椁室，分为西室、中室和东室，西椁室和中、东椁室之间被一道不规整石块垒砌的石墙隔开作为界线，石墙中部大段墙体被盗掘破坏。为便于区分，将西椁室编号M1—1，中椁室编号M1—2，东椁室编号M1—3。三个椁室的底板和四壁内壁均刻有几何图案或图像，雕刻技法为线刻。

二山汉墓虽然盗扰严重，但西椁室出土的陶器组合完整，画像石也保存较好，为研究滕州地区山顶石坑竖穴墓的分布、汉代画像石的起源、汉代的丧葬制度和物质文化提供了重要的实物资料。

（李慧　朱超）

【定陶王墓地M2】

发掘时间：2022年3—12月

工作单位：山东省文物考古研究院　定陶区定陶王陵保护研究中心

定陶王墓地（王陵）M2拆解提取发掘是在2019年初国家文物局通过的《定陶王陵M2汉墓考古工作方案》的基础上开展的。该拆解保护工作延续至今，本年度工作主要完成M2整体"黄肠题凑"木椁墓室的第1—4层黄肠题凑木、墓室周边8层青砖等的提取保护与修复。完成相关平面绘图、三维数字化、文字等数据信息的采集等。共拆解提取黄肠木6000余组、文字青砖1709块。提取大量的文字信息，拍摄数码照片17万余张、红外照片月8万多张，以及完成大量文字档案信息记录等。

黄肠题凑木及其他木制构件的保护工作2022年正式启动，该项保护工程严格按照国家文物局批复的《定陶王陵M2出土黄肠题凑及其木质构件保护方案》要求以及文物专家意见，联合荆州市文物保护中心、北京大学文博学院、南开大学等多家科研院所，按照"方案"要求对提取的黄肠题凑及木构件等采取浸泡药液、低温风冷干燥、自然低温脱水、埋沙保护等多种方式开展保护实验。目前，对黄肠木及木构件保护处理近500多件（组），文字砖保护修复5000余块，文物保护工作开展顺利。

提取的每组黄肠题凑木表面皆墨书文字，内容包括纪年题记、工官匠作人名，黄肠木厚度、宽度、长度，以及在府库的方位、排列顺序等，另有烙印的官印、制作地点、人名等。从纪年上来看，历经汉元帝、成帝、哀帝三个皇帝五、六个年号，应在汉元帝初元二年（公元前47年）至汉哀帝建平元年（公元前6年）间。从而可判断，黄肠木应为中央少府内工官制作，墓主人亡故不会早于公元前6年，这为考证墓主人是丁太后提供了一个有力的佐证。

（崔圣宽　李程浩）

【东阿县王凤轩唐代墓葬】

发掘时间：2022年10—12月

工作单位：山东省文物考古研究院

王凤轩墓葬位于聊城市东阿县陈集镇王凤轩村西南，为配合聊城市东阿县王凤轩片区棚户区改造项目建设，山东省文物考古研究院对项目涉及的墓葬进行了考古发掘。王凤轩墓葬开口于淤土层下，墓葬开口距现地表深约9.6米。此次共发掘墓葬9座，出土红陶罐、白釉瓷碗、铜钱等各类器物20余件，墓葬时代为唐代。

此次发掘的9座墓葬，形制可分为舟形砖室墓和圆形砖室墓两种。舟形砖室墓共发掘3座，依据有无墓道可分为竖穴土坑舟形砖室墓和带墓道的竖穴土坑舟形砖室墓。竖穴土坑舟形砖室墓平面形状呈梯形，墓室用青砖层层收缩垒砌成舟形。带墓道的竖穴土坑舟形砖室墓由斜坡台阶式墓道、墓门、墓室组成，墓室平面形状近椭圆形，亦为青砖收缩垒砌而成。

圆形砖室墓共发掘6座，依据墓室形状可分为圆形穹窿顶墓室和蘑菇状墓室。墓葬均由墓道、墓门、墓室三部分组成。墓道为斜坡台阶式，内有3—6级长方形台阶。墓门为仿门楼式，拱形门券内用青砖封堵，券顶上部有砖雕屋檐和门簪，最上覆盖有板瓦。墓室为圆形，青砖铺底，部分墓室底部用青砖垒砌成棺床；墓壁四周装饰有砖雕，砖雕装饰组合有三种，分别是破子棂窗、衣架、剪刀、熨斗、柜子、一桌一椅、灯檠，柜子、灯檠、假门、酒瓶、球杆、衣架，灯檠、椅子。

王凤轩墓葬为东阿县首次发现的集中分布的唐代墓葬。此次发掘为山东地区唐代考古学遗存增添了新资料，对于研究唐代山东葬制葬俗、社会文化等具有重要意义。

（李宝军）

【滨州市北赵元代墓地】

发掘时期：2022年11—12月

工作单位：山东省文物考古研究院　滨州市文物保护修复中心　滨城区文物管理所

墓地位于滨城区长江五路北侧，北赵村

西和村东，为滨州市城区2022年拟出让土地勘探时发现。

共发掘墓葬6座，皆为南向墓道圆形墓圹砖室墓，由墓道、墓门、甬道、墓室组成，墓室用砖垒砌而成，顶部被严重破坏，墓室四壁用青砖垒砌仿木结构的门窗、桌椅、柜子、书卷，有的砌筑有灯檠。墓室底部垒砌棺床，多为墓室底部靠南垒砌台边，北半部垫土或垫土后平铺青砖做棺床，棺床前为扁方形门庭。墓门用青砖封堵，墓内随葬有瓷碗等。

M1—M4集中埋葬，M2—M4东西排列，M1位于M2西南。

M2形制特殊，除用雕砖垒砌仿木结构器具外，在北壁中部垒砌三个壁龛，在东壁偏南垒砌一个壁龛，在其他地方少见。墓的东壁用红彩、黄彩、黑彩绘人物四个，在北壁、西壁用黑彩绘幔帐、鱼等。墓内出有一青砖墨书墓志，墓主人姓李，葬于元大德四年（1300），女主人曹氏葬于元至大三年（1310），并书写族谱和合坟人。

M3、M4出有较多的瓷碗、盘残片，外壁多用墨书"李"字。北赵墓地应为元代李姓家族墓地。M5、M6距离较远，被严重盗掘，形制同前。

此次发掘的墓葬是有确切纪年的元代墓葬，为滨城区宋元埋葬习俗的研究提供了一批重要的资料。

（刘　凯　李　坤　刘海涛　李振光）

【巨野县金府大院元代墓地】

发掘时间：2022年10—11月

工作单位：山东省文物考古研究院

金府大院项目位于巨野县城北部略偏西，南距老洙水河约500米，西南距县政府约2.2千米。因项目施工过程中发现被破坏墓葬，为保护地下文物免遭施工破坏，山东省文物考古研究院联合当地文物部门对该墓地进行了发掘，共清理墓葬四座，出土文物十余件。

四座墓葬均为带墓道砖室墓，呈东北—西南向线状分布，墓圹间不见打破关系。墓道均向南，且均呈台阶状。墓室部分均遭不同程度的破坏。M1位于墓地南端，破坏严重，残存部分墓道。M2位于墓地中部，由封土、墓道、墓门、甬道、墓室几部分组成。墓室底部略呈长方形，上部起券，顶部破坏严重，推测为穹隆顶。人骨两具，头向南，均有木棺。封土及填土中出残瓷碗、碟等共3件。M3位于墓地东北部，主要由封土、墓道、墓门和墓室几部分组成，墓室略呈梯形，南宽北窄，顶部由北向南收拢呈叠涩状。填土中见少量人骨残块，未见随葬品。M4位于墓地中部偏南，由封土、墓道、甬道和墓室几部分组成。墓室底部呈圆形，穹隆顶。人骨两具，扰乱严重，头向南，有木棺。墓底见小瓷罐2件和铜钱4枚。

此次发掘，墓葬数量不多，且均遭不同程度的破坏，出土器物也较少，但仍为人们了解该地区元代墓葬形制和丧葬习俗等提供了重要材料。同时，作为该地区首次对元代墓葬的科学发掘，这几座墓葬资料的公布也将为元代社会、经济、思想等方面研究提供有益参考。

（王　龙　闫桂林　陈　霞
孟令杰　赵德武　赵国靖）

【聊城市焦庄宋元明清墓地】

发掘时间：2022年7—11月

工作单位：山东省文物考古研究院

为配合聊城市茌平区河西片区棚户区改造项目建设，山东省文物考古研究院对项目涉及的焦庄墓地进行了考古发掘。焦庄墓地位于茌平区振兴街道，此次共发掘墓葬83

座，水井2口，沟3条，出土陶、瓷、铜、铁、金、琉璃等各类器物近800余件，遗迹时代涵盖宋、元、明、清。

宋代墓葬共发掘11座，形制可分为竖穴土坑舟形砖室墓和带墓道的竖穴土坑舟形砖室墓两种。其中竖穴土坑舟形砖室墓规模较小，人骨均为婴幼儿，未见随葬品和葬具。带墓道的竖穴土坑舟形砖室墓由墓道、墓门、墓室三部分组成。墓道均为斜坡阶梯式，墓门为券顶式，青砖封砌，墓室土圹内用青砖砌筑成舟形墓室，尾端尖圆。出土器物以铜钱为主，另有黑釉瓷罐、黑釉瓷碗、石砚、铜镜、银耳饰等。

元代墓葬共发掘24座，形制分别是竖穴土坑砖室墓、带墓道的竖穴土坑砖室墓和带墓道的圆形砖室墓。竖穴土坑砖室墓形制为在土圹内用青砖砌筑成墓室，墓室平面近梯形或长方形。带墓道的竖穴土坑砖室墓墓道为斜坡台阶式，墓室平面呈长方形。带墓道的圆形砖室墓其形制包括墓道、墓门、甬道、墓室四部分。墓道一般为竖穴斜坡墓道，内有台阶；墓门为砖砌，青砖封堵；墓室为圆形，墓葬发掘时墓顶基本都已坍塌，墓室内有砖雕假门、灯檠、衣架、直棂窗等。

明代墓葬共发掘37座，形制可分为竖穴土坑墓、带墓道的竖穴土坑墓和带墓道的圆形砖室墓三种。竖穴土坑墓排布较有规律，以夫妻合葬墓居多，部分墓主头部覆盖有镇墓瓦。带墓道的圆形砖室墓由墓道、墓门、甬道、墓室四部分组成，墓道为竖穴斜坡式，内有台阶；墓门为券顶，青砖封堵；墓室为圆形土圹内青砖砌筑，逐层内收垒砌成穹隆顶，墓壁有砖雕灯檠、灯台。

清代墓葬共发掘11座，均为竖穴土坑墓，墓葬形制以方形为主，另有少量长方形墓，墓葬多为迁葬、合葬墓。

焦庄墓地墓葬间少有打破关系，墓地明显经过规划，墓葬的排布具有规律性，整体来看，墓葬由南向北逐渐修建，墓地范围亦由南向北逐步扩展，同时代的墓葬集中分布于某一区域，区域内亦为成组分布。焦庄墓地距离金代以来的茌平县治直线距离约600米，很可能是金元明清时期茌平县治居民的公共墓地。

焦庄墓地是目前聊城地区发掘墓葬数量最多、延续时间最长的家族墓地，对于探讨宋元地方城市的空间布局、家族墓地排布形式、建造方式、丧葬习俗等具有重要价值。

（李宝军）

【平原县宋氏明清墓地】

发掘时间：2022年5—6月

工作单位：山东省文物考古研究院

平原县第二实验小学明清宋氏墓地位于德州市平原县龙门街道。2021年，平原县第二实验小学改扩建工程中发现有墓葬，经国家文物局批准，山东省文物考古研究院组织考古队对平原县第二实验小学墓地进行了考古发掘。

平原县第二实验小学墓地共发掘墓葬6座，墓葬均为多人合葬墓，形制可分为三合土浇浆墓、竖穴土坑墓两种，其中三合土浇浆墓系在墓圹内以三合土浇筑出多个单独椁室，竖穴土坑墓墓圹内放置有多具木棺。墓葬出土器物有铜钱、黑釉瓷罐、铜镜、石墓志等。根据出土的四方石质墓志，判断有据可考的墓主分别为明代宋台、宋以方，清代宋开春、宋焰，该墓地应为明清时期平原宋氏家族的族葬地。

宋氏为明清时期的平原望族，其家族墓地的发掘，对于研究明清时期平原宋氏家族及明清家族墓地的排列、丧葬习俗等具有重要意义。

（李宝军）

【诸城扶淇河流域系统考古调查】

调查时间：2022年10—11月

工作单位：山东大学历史文化学院　山东大学文化遗产研究院

2022年10月21日至11月19日，山东大学考古团队在潍坊市诸城市南部扶淇河流域（属潍河流域）开展了区域系统考古调查工作。该项目延续了自1995年伊始的中美联合鲁东南区域系统调查的方法，旨在从长时段宏观视角还原区域社会的演化过程。本年度调查范围在2007年度胶南、诸城地区调查基础上向西、向北扩展，调查区域范围大约130平方千米，北至皇华镇，东至林家村镇，南与2007年友谊河流域调查区域相接，西至淇河流域，基本覆盖了扶淇河中、上游的大部分地区。本年度调查发现了十余处大汶口、龙山、两周至汉代遗址，其中一些遗址过去也经过调查，此次调查对其范围作了进一步的确定，主要遗址包括如下。

诸城呈子遗址。该遗址核心区域位于呈子村西约150米高台地上，西侧为展村河，大汶口时期遗物范围主要集中于此，面积约2万平方米，而龙山时期遗物分布范围延伸到呈子村四周，面积超过100万平方米。调查采集到大汶口中晚期夹砂红陶鼎足、龙山时期夹砂黑陶鼎足、鼎口沿、罐口沿、白陶鬶足等，岳石文化夹砂褐陶甗腹片，西周时期陶鬲足、绳纹腹片，以及汉代陶瓦残片，该遗址延续时间较长。

诸城王家柏戈庄遗址。该遗址位于王家柏戈庄村东北50米高台地上，面积约6万平方米，采集物主要为龙山时期夹砂黑陶鼎口沿、鼎足、罐口沿、器盖、泥质黑陶盆口沿、把手、夹砂白陶鬶腹片、石斧、石锛、石镞等石器残片。西周时期夹砂红陶鬲足、泥质灰陶簋圈足、盆口沿、罐口沿等。

诸城前郝戈庄遗址。该遗址位于前郝戈庄村东50米台地上，西邻淇河，以往资料未记录，面积约9万平方米。该遗址采集遗物比较丰富，包括大汶口晚期夹砂红陶鼎足、龙山时期夹砂黑陶鼎足、甗足、罐口沿、匜口沿、泥质黑陶盘、白陶鬶腹片等，另有少量周代绳纹陶片。

诸城大可乐庄遗址。该遗址位于大可乐庄村西南200米台地上，东邻扶淇河，面积约12万平方米。该遗址采集遗物较多，包括龙山时期夹砂黑陶鼎足、甗足、罐口沿、石斧、石铲、磨石等，另外在遗址西部发现较多周代绳纹陶片和汉代瓦片。

诸城大姚家遗址。该遗址位于大姚家村北300米，东邻六谷河，以往资料未记录，面积约4万平方米，采集到龙山时期夹砂灰陶鼎足、匜口沿、罐底等，另发现较多汉代瓦片。

诸城南石桥遗址。该遗址位于南石桥村和下洼村周围，北邻友谊河，以往资料未记录，面积达到50万平方米，是一处以汉代遗存为主的遗址，采集到泥质灰陶豆柄、盆口沿、罐口沿、板瓦、筒瓦残片、铺地砖等。

此次调查发现的主要为龙山时期遗址，除了呈子遗址外主要为中小型遗址，考虑到呈子遗址的规模超过1平方千米，而周边遗址面积基本在10万平方米以下。可以认为龙山时期扶淇河流域已经形成了以呈子遗址为中心的多级聚落体系。

（王政良）

【滨州惠民大郭遗址考古勘探】

勘探时间：2021年12月—2022年4月

工作单位：山东省文物考古研究院

遗址位于滨州市惠民县麻店镇大郭村东南约200米。地处鲁西北黄河冲积平原，西北距沙河约1千米，东南距徒骇河约10.8千米，所属村庄大郭村。

此次勘探，面积约3万平方米。遗址主体平面形状近似"♥"形，南北约95米、东西约86米，面积约5200平方米。中部为残存"高台"，高出地表约2.5米，现存部分平面呈"倒靴形"，南北约28米、东西约6.5—9米，面积约170平方米。遗址底部为岳石及商代时期文化堆积，顶部为商代及汉代墓葬区。文化堆积位于表土之下，最厚处达3.5米；遗址高台周边大致分为3个墓葬分布区，高台西北角、高台西南角、高台东，墓葬分布区形状不规则，南北69米、东西80米，面积约3800平方米。

此次对遗址系统的考古调查勘探，揭示了该遗址由岳石至商代聚落演变为商代、汉代墓地的历史过程；也明确了遗址的堌堆形态，为鲁北地区堌堆遗址的深入研究提供了翔实的材料。

（高明奎　董文斌）

【邹平市於陵故城遗址考古勘探】

勘探时间：2021年12月—2022年4月

工作单位：山东省文物考古研究院

遗址位于邹平市临池镇，淄河以西，泔沟河（鱼子沟）东畔；高旺村北约100米，周村区莫家庄南约640米。东南角为"老人仲子"，西南为古城水库，西北为白云水库，东北角为陵园。古城遗址始于战国，汉置於陵县，后为乌陵县、武强县、长山县地。

经调查勘探，遗址平面呈正方形，外围有人工环壕和自然河道组成壕沟，城墙西墙南北约998米，东墙南北约925米，北墙东西约1057米，南墙东西约1104米，遗址面积987150平方米。

城址内分为临池古城、罗圈地遗址、大堂地东地等三处聚落。临池古城位于遗址东北部。东店村南，店南村北侧，现运行的胶济铁路西侧，平面呈不规则的长方形，东西约272米，南北约283米，面积约28000平方米，为一小型城址。罗圈地遗址以汉代遗存为主，地表裸露有汉代陶片、板瓦、卷云纹及树木纹半瓦当。大堂地东以战国和汉代遗存为主。

（李繁玲　董文斌）

【董梁高速沈海高速至新泰段调查勘探】

调查时间：2022年6—9月

工作单位：山东省文物考古研究院

此次调查项目全长约196.1千米。其中，青岛段主线长度约18.6千米，日照段主线长度约69.1千米，临沂段主线长度约93.4千米，泰安段主线长度约14.9千米。期间记录了龙山、汉、金元、明清等文物点20处，面积较大且有文化层的遗址主要有张家大庄遗址、徐家官庄遗址和薛家村遗址，年代分别为龙山时期、汉代至金元、明清至近现代。现将三处遗址简单介绍如下。

青岛市黄岛区张家大庄遗址为县级文物保护单位，属临河台地，西部隆起，形成龟盖形浅丘漫岗，当地群众称此处为"营顶子"处。地理坐标为北纬35°42′1.50″、东经119°40′1.23″。遗址平面为南北向长方形，边长250—380米，面积约8.94万平方米。堆积深度0.3—2.5米，灰褐，砂质黏土，包含物有陶片（渣）、青砖渣、草木灰、红烧土块等。地表采集的陶片以夹砂黑陶为主，其次为泥质灰陶，还有玉环残片和石器。探孔中也出土夹砂黑陶、泥质灰陶片，据遗物特征推测年代为龙山时期。

临沂市蒙阴县徐家官庄遗址位于河旁台地，整体地势北高南低。西南、北分别依靠小山子、团山子，东紧邻为梓河，一条东西向水沟自遗址南侧擦过。地理坐标为北纬35°46′25.00″、东经118°7′22.94″。徐家官庄遗址平面为东北—西南向长条形，边长30—200米，面积约7000平方米。堆积深度2.4—4.5米，包含有陶片（渣）、砖块（渣）、草木灰、红烧土块等。遗址地表采集到较多陶、瓷片，此外探孔中打出两个陶片分别为：腹片，夹粗砂灰陶，陶胎为红色，表面饰绳纹；口沿，夹砂灰陶，侈口尖唇。推测年代为汉代至金、元。

临沂市沂南县薛家村遗址紧邻薛家村西南，地势较为平坦。分为西、东两区，相距70米。西区地理坐标为北纬35°38′29.62″、东经118°30′8.96″，平面为东西向长方形，边长64—96米，面积约6300平方米。东区地理坐标为北纬35°38′26.82″、东经118°30′16.01″，遗址平面为西北—东南向长方形，边长70—98米，面积约6800平方米。两区应为同一时期，堆积深度0.3—1.3米，黑灰褐色较疏松砂质黏土，包含物有瓷片、砖块、草木灰、红烧土块等。

据采集到的陶片和瓷片、探孔中出土的泥质灰陶片、老人的描述和此处存在较多的晚期墓碑（其中有一处嘉庆十五年旧碑和翻新碑）初步判定，薛家庄遗址的年代为明清时期至近现代。

（刘云飞　饶宗岳）

【青州程家沟古墓勘探】

勘探时间：2022年2—5月

工作单位：山东省文物考古研究院

程家沟古墓位于青州市邵庄镇程家沟村南约1千米处高岭上的大墓，南距尧王山约1千米。为配合青州市程家沟古墓保护规划提升及考古勘探调查的基建考古项目，对墓葬及周边地区进行勘探，勘探面积100万平方米。

经勘探共发现墓葬110座，遗址3处，窑址2处。主墓封土为方基圆坟类型，陵台有三级台阶，底边东西200米，南北175米，台顶坟堆呈长椭圆形，平顶，通高21.8米。顶层台阶发现有墓室两处，东西两侧各一处，墓室为开山石而成。西侧墓室较大，近方形，长约20米，深18.8米，墓道向南，东侧墓道口位置发现陪葬坑一处；东侧墓室较小，近方形，长约13米，深17米，墓道向南。封土为分层夯筑，层厚15—40厘米。陪葬墓位于主墓西南350米处农田内，陵台方基两层，底部东西35米，南北25米，台顶有长圆形坟堆，平顶，通高4.8米。经勘探得知，封土顶部向下至2.6米左右填土内铺有一层石子，石子以上土层轻夯，夯层厚约0.3米。对封土及封土周边进行细探，石子范围与现有封土基本一致。

墓葬封土东、西两侧各有一条南北向山沟，沟南北两侧有两条东西向沟相连，环绕墓葬主体形成闭合区域，疑似兆沟。东侧沟东部勘探发现，南北向石子遗迹一处，现存长约450米，遗迹方向与沟方向相同，至南部后向西转弯经陪葬墓西南角后向北延伸至主墓西南侧，初步判断该遗迹为陵园垣墙。

此次勘探基本探明程家沟古墓及附属墓葬、陵园、陶窑的分布范围，了解了墓葬规模、夯土结构、墓葬组成、墓室结构、重要遗迹分布、主要堆积保存现状及其年代性质等情况，并初步认定该古墓及附属墓葬等年代为汉代，为丰富战国汉代齐国国君陵寝制度和丧葬习俗提供了全新的翔实材料。

（张　斌）

河 南 省

【汝州温泉旧石器时代遗址】

发掘时间：2022年4—10月

单位：河南省文物考古研究院　平顶山市文物局　汝州市文物局

2021年在平顶山地区进行旧石器考古专项调查中，发现汝州温泉旧石器时代遗址，该遗址位于平顶山市汝州温泉镇政府西南约2千米的牛涧河古河道内，地层厚约3米，遗物分布范围达8万—10万平方米。经碳十四、铀系、光释光测定，遗址年代上层约为距今7万—5万年，下层约为距今9万—7万年。

此次发掘共布6个发掘区，面积185平方米，根据考执字〔2022〕第1355号文件，按照《田野考古操作规程》严格规范野外工作，遗址耕土层或填土层以下地层采用文化层内划分操作层的方式，按照10厘米一个操作层，逐层向下发掘。

已发现石制品2542件、动物化石及牙153件、碳样品26份、用火遗迹2处。其中，Ⅰ区地层最丰富，共分14层，第⑤—⑫层是主要文化层，第⑤—⑦层石器以小型片状毛坯为主，包括石核、石片、刮削器、钻器、锯齿刃器、砍砸器、碎屑、断块等，原料以脉石英、石英岩为主；第⑨—⑪层出土大量巨型石片，石器毛坯以大型石片、砾石为主，既有石锤、砍砸器、石核等简单石核－石片石器，又有手斧、薄刃斧、手镐、大型修背石刀、盘状石核、石球等，原料以安山岩、石英岩为主。第⑫层出土贝壳、动物化石及木材，在距今8万多年地层中出土木材较为罕见，相关保护、鉴定、研究工作正在进行。

遗址出土可鉴定动物化石种属有古菱齿象、牛、马、羊、鹿、鳖、野猪等。

经孢粉分析，该遗址在气候上大致经历四个阶段：温暖湿润→冷干→暖湿→凉干。

经两次论证会论证，专家一致认为汝州温泉遗址是一处大型旧石器时代旷野遗址，规模超大，地层完整，文化序列清晰，文化特点突出，学术价值重大。遗址下文化层为南方砾石、大石片工业，既有阿舍利技术体系石器，同时包含简单石核－石片石器，上文化层为北方小石片工业。两种工业技术体系共存且存在传承关系。原生地层中出土的手斧、薄刃斧等阿舍利技术石器组合，在中原地区是首次发现，在我国也极为罕见，为我国南北方旧石器工业和东西方旧石器工业技术体系研究、阿舍利技术传播与演变、现代人起源等重大学术问题提供了重要的材料。

（赵清坡）

【宜阳苏羊新石器时代遗址】

发掘时间：2022年

工作单位：洛阳市文物考古研究院　北京大学　西北大学

苏羊遗址位于洛阳市宜阳县张坞镇苏羊村西部、下村南部，遗址坐落于洛河南岸的二级、三级阶地上，北临洛河，南望熊耳山，面积60多万平方米，2019年10月被列为全国重点文物保护单位。

2022年共计发掘面积500平方米，发现有仰韶和龙山两个时期的遗存，其中以仰韶时期为主。清理仰韶时期环壕1条、房址31座、灰坑112处、灰沟7条、墓葬2座，多人二次埋葬人骨坑一座、瓮棺葬5座。清理龙山时期房址1座、灰坑16座、灰沟2条、墓葬9座。出土遗物有陶器、石器、玉器、骨器、蚌器等，还出土少量大溪文化风格的遗物，如带镂空的陶球、圭形石凿、附杯纽圈足盘等。

内环壕。发掘表明内环壕系人工挖掘，形制较规整。从环壕内的出土遗物和地层堆积来看，由早到晚分为三期：第一期属于仰韶文化早期晚段至中期早段；第二期属于仰韶文化中期晚段，在第一期基础上扩宽而成；第三期属于仰韶文化晚期。

房址。为弄清房址的建造方式和布局形态，主要围绕去年发掘的F4及其周边相关遗迹进行精细化发掘。发掘表明这组房址的建造方式、朝向基本一致，且分布大致处于一条线上，推测应该是经过专门规划。其中F4是唯一的一座连间房址，不仅面积最大且房屋内地面、墙面处理更加考究，屋外可能还有仓储设施（F9），F4应为这组房址的中心。鉴于这组房子保存较好，学术意义重大，考古团队在现场修建文物保护棚对F4及其周围几处房址进行现场保护。

仰韶时期墓葬。仰韶时期墓葬发现2座，为竖穴土坑墓，仰身直肢，头向朝南。仰韶时期瓮棺葬发现5座，葬具为陶罐和陶钵的组合，罐内发现有儿童遗骸。清理多人二次埋葬坑1座，平面呈近椭圆形，坑边线不明显，最长径约4.4米，人骨放置零乱，整体无明显规律。目前在坑东北角清理集中埋葬颅骨27个，整个坑内至少有54个颅骨，经初步判定有男性和女性，有40—50岁的成年人，也有儿童，总体来看是白骨化之后的二次埋葬。

价值和意义。仰韶早期遗存的发现进一步深化了我们对遗址内涵和文化序列的认识，也进一步扩展了遗址的年代上限。从现存遗物来看，苏羊遗址存续时间从仰韶早期一直到龙山文化晚期，文化序列从早到晚发展连续稳定，文化谱系一脉相承，且含有大溪、屈家岭、红山、大汶口等诸多文化因素，为不同区域之间的文化交流碰撞提供了新的材料，见证了早期中国文化圈的形成和发展，是研究中原地区文明化进程和中华文明多元一体格局形成和发展的极好样本。

（谷向乐　任　广）

【灵宝北阳平仰韶文化遗址】

发掘时间：2022年2—12月

工作单位：河南省文物考古研究院

北阳平遗址位于灵宝市阳平镇北阳平村西约500米处，坐落在关子沟与阳平河之间狭长的黄土小塬即阳平小塬之上。遗址南北长近2000米，东西宽300—500米，现存面积约72万平方米。

2020年、2021年，河南省文物考古研究院、三门峡市文物考古研究所、灵宝市铸鼎原文物保护管理所组成铸鼎原联合考古队对遗址进行了发掘。

2022年，灵宝铸鼎原联合考古队继续在北阳平遗址北部及中南部发掘，发现仰韶文化房址7座、灰坑61座、壕沟2条。

房址中F5为大型圆角方形半地穴式，现存面积172平方米，室内面积约150平方米，复原面积近250平方米、室内面积约200平方米，这是该遗址现已发现的最大房址。房内两处用火设施，一为室内门口的较大火塘，另一在房内东部偏南。居住面涂朱。F9、F10系中型半地穴式房址，形制结构与F5及2021年发掘的F2等类似，面积在50—100平方米。F6为深穴式房址，平面近圆形，面积约12平方米，由居室、储藏室、灶址、柱洞组成。

G1宽13.6米、深6.85米，沟内堆积共15层，G2宽近15米、深约9米，壕沟壁较陡直，有较好防御能力，其下部堆积年代为仰韶中期偏早阶段。

该遗址已发掘的仰韶中期房址跨遗址北部和中南部，分深穴和半地穴式两种，有大、中、小不同规模。其中大型房址规模宏大、结构复杂、加工考究。大中型半地穴式房址与周边西坡、庙底沟、白水下河、临汾桃园遗址同类房址相比较来看，其结构、建造方式、建筑材料等基本一致，表明仰韶中期房屋营建已趋于模式化和成熟化。涂朱现象的较普遍发现，表明或审美或信仰在聚落内具有广泛性。尤其是F2炭化木构件的发现，为史前建筑研究提供了难得资料。值得注意的是，F2、F5分别作为聚落北部和中部的大型房址，在室内均发现位于火塘附近的磨石，而其他中小型房址内则未发现此种情况。磨石中部内凹，旁边放置一小型石块，推测是与磨石配套的研磨石。磨石表面附着有红色物质，应为研磨红色矿物颜料所用，这进一步表明大型房址应具有特殊功能。

在大的聚落布局上，在遗址偏南部勘探发现3条东西向壕沟，其中已解剖的G1、G2年代基本一致，推测仰韶中期聚落南部可能有二重或三重环壕。初步显示，北阳平较之西坡聚落具有更强的防御能力，但最南部壕沟尚未解剖，其年代以及所反映的聚落范围、防御措施等有待确定。

（魏兴涛　李晓燕）

【荥阳楚湾仰韶文化遗址】

发掘时间：2022年9—12月

工作单位：首都师范大学　郑州市文物考古研究院

楚湾遗址位于荥阳市南15千米的崔庙镇楚湾村与七村河村周围的3块较大的台地上，是仰韶文化时期的一处重要村落遗址。地理坐标为北纬34°41′06.0″，东经113°21′21.9″，海拔204米。2006年6月被公布为河南省级文物保护单位。

在2021年工作的基础上，经国家文物局批准，本年度联合考古队继续对楚湾遗址进行发掘。考古队员包括首都师范大学历史学院考古学专业2019级本科生和研究生共14人，指导教师包括首都师范大学教师和郑州市文物考古研究院工作人员。本年度共布设5×5米探方8个，5×20米探沟2个，继续清理5×10米探方2个，清理河道冲出的房子11座，累计发掘面积500多平方米。

遗址整体堆积大致分两个阶段，第①—②层为近现代堆积，厚20—30厘米，主要为1960年代平整土地以后的耕种土，一般为灰褐色，土质疏松，富含植物根系，可见大量红陶片；第②层以下一般为新石器时代遗迹，未发现明确的新石器时代文化层，深0.5—2米不等。第②层以下为红褐色生土，土质较坚硬。

本年度发现的主要遗迹包括竖穴土坑墓17座，瓮棺葬19座，器物坑9个，灰坑26个、灰沟5条、陶窑1座、环壕2条，路1条，还在遗址东北部七村河河道发现冲出的房址11处。出土器物主要为各类陶器、石器、骨角器等，可辨器型包括：陶纺轮、陶环，磨制石刀、石斧，骨簪、骨镞；玉钺、玉璜等；陶容器有小口尖底瓶、大口尖底瓶，尖底缸，陶钵、陶盆、陶釜、器盖、陶鼎等。小口尖底瓶多为环形口，推测为仰韶文化中、晚期遗存。

从遗址环境来看，遗址三面环水，南面有环壕，形成相对独立的地理单元，处于河流交汇处，是较为理想的栖居环境。从时代来看，综合两个年度的发掘，楚湾遗址主体堆积为仰韶时代中、晚期。遗址发现大量小口尖底瓶、鼎足、陶钵等残片，多见彩陶片；瓮棺葬组合多为尖底器+器盖或陶盆，小口尖底瓶多为环形口，截掉口部或底部，这些特征均与大河村遗址3—4期接近。

此次发掘，继续廓清2021年度发现的仰韶中、晚期的墓地范围，累计发现竖穴土坑墓67座，墓葬排列有序，均为单人葬，个别并排墓葬可能有密切关系。头向绝大多数朝东，部分可见葬具痕迹，这些都为研究郑州地区仰韶文化提供了丰富的新材料。

瓮棺葬多位于墓葬区西北部，和成人墓地紧邻但相对独立。累计发现瓮棺葬49座，对于判断婴幼儿死因及营养状况提供了珍贵资料；新发现陶窑1座，据底部残留的陶片来看，应为仰韶时期，为了解当时手工业状况提供新资料；本年度对勘探所示环壕（HG1）进行清理，经解剖发掘，现遗存宽约15米，深6—7米，遗物丰富，大体为仰韶中、晚期，进一步确认了遗址边界。

（王　涛）

【新郑高辛庄新石器时代至东周遗址】

发掘时间：2022年6月—2023年1月

工作单位：河南大学历史文化学院　郑州市文物考古研究院

高辛庄遗址位于新郑市梨河镇高辛庄村东部台地，双洎河自遗址北部向南折环绕遗址。遗址前期曾开展一个多月的钻探工作，钻探面积约3万平方米，探孔约12000个，大致弄清了遗址的概况。遗址南北长约400米，东西长约200米，面积约8万平方米，文化层堆积厚度为1—5米。经调查钻探查明遗址东南部主要分布为东周文化层，东北部主要为龙山文化、新砦文化、二里头文化层。2022年经国家文物局批准发掘面积为600平方米，发掘地点位于高辛庄遗址东北台地。

此次发掘区文化层堆积较厚，达5米左右，目前发现有龙山文化早期，新砦文化至二里头文化的遗迹与遗物。龙山文化早期遗迹主要有灰坑，遗物主要是陶器。新砦文化遗迹主要是灰坑，遗物主要是陶器。二里头文化遗迹主要有房址5处，灰坑50多个，墓葬1座，祭祀坑1处，陶窑1处，遗物主要有陶器、石器、骨器以及铜器和玉器等。

此次发掘发现的龙山文化早期单位中见有屈家岭文化的陶器，为研究屈家岭文化北上以及与当地文化融合提供新材料。从目前发现少量新砦文化遗物来看，该遗址当为新砦文化时期较靠东的一处遗址，为研究新砦文化来源与宏观聚落分布提供重要材料。高辛庄遗址二里头文化遗存的年代约相当于二里头遗址二里头文化二至三期，早于新郑望京楼二里头文化遗存的年代，与郑州大师姑城址二里头文化年代相当，这为探讨夏代晚期地方行政关系提供新资料。此外，该遗址发现的二里头文化时期建筑基址存在底部夯打情况，柱洞底部多有碎陶片或石块作为柱础，建筑相对考究。

（赵江运）

【叶县张庄新石器时代遗址】

发掘时间：2022年3—6月

工作单位：河南省文物考古研究院　平顶山市文物局　叶县文化广电和旅游局

叶县汽车客运北站考古发掘项目占压叶县张庄遗址，位于平顶山市叶县盐都街道张庄村，西邻G329国道（叶县叶公大道），东临张庄村民房，西北距沙河约2千米，东南距叶县余庄遗址约1千米。

2021年10月至12月，为配合叶县昆北佳苑公共租赁住房项目建设，河南省文物考古研究院联合平顶山市文物局、叶县文化广电和旅游局对张庄遗址进行首次发掘，发掘面积400平方米，共清理墓葬、水井、沟、灰坑等遗迹105处，出土陶、瓷、铁、铜等不同质地的器物61件，包括东周陶豆、铜镞、铜削、铁斧，宋元时期白底黑花瓷碗，以及不同时期铜钱等。本年度为配合叶县汽车客运北站项目，联合考古队对张庄遗址再次进行发掘，发掘面积2000平方米，共清理墓葬、灰沟、灰坑等各类遗迹86处，出土石、陶、铁、铜等不同质地的器物128件，时代涵盖石家河文化、中原龙山文化、东周、汉代等不同时期。

通过此次考古发掘，清理了石家河、龙山、东周、两汉等不同时期墓葬、灰坑、灰沟等遗迹，出土一批陶、铁、铜、石等不同质地文物，其中石家河文化的陶杯、纺轮，汉代的陶鸡、陶狗、铜弩机、樵斗、铁斧、铁犁铧等，为研究当时的生产、生活提供了物质资料。特别是发现的大量石家河文化的遗迹、遗物，为研究石家河文化的北部分布边缘提供了新的资料。另外，此次发掘区距2021年度发掘区不足百米，但文化层分布却有较大差异。此次发掘仅在发掘区南部，接近2021年发掘区的位置发现有东周遗存，其余汉代文化层下即为石家河文化层，验证了2021年发掘后，推测该地区有史前人类活动的观点。而且，张庄遗址距离叶县余庄遗址仅1千米，此次发现的石家河文化时期墓葬与余庄遗址中原龙山时期高等级墓葬的葬制具有很高的一致性，为研究龙山时期中原地区的考古学文化分布，以及丧葬制度的传承

情况亦大有裨益。

综上，此次发掘为豫中南地区石家河文化、东周、两汉时期的社会生产、生活状况，以及埋葬风俗等研究提供了重要的考古资料，尤其对于石家河文化的分布、与中原龙山文化的互动交流等研究具有重要意义。

（贾一凡 吴伟华）

【叶县余庄龙山文化遗址】

发掘时间：2022年3—12月

工作单位：河南省文物考古研究院　平顶山市文物局　叶县文化广电和旅游局

余庄遗址以叶县盐都街道余庄村为中心，西临G239国道（叶公大道），西北距沙河约3.5千米，中心位置地理坐标为北纬33°63′50″，东经113°38′70″，海拔83米。依据目前的调查勘探情况，叶县余庄遗址东西长约1500米，南北最宽约1000米，面积在100万平方米以上。

2019年12月至2020年1月，为配合叶县标准化厂房建设项目，平顶山市文物保护工程咨询服务中心对所征地块进行勘探，将其确定为一处中原龙山文化遗址。2020年8月至12月，河南省文物考古研究院联合平顶山市文物局、叶县文化广电和旅游局对余庄遗址进行发掘，发掘面积约1000平方米。其中，属中原龙山时期的M10规模大，等级高，随葬成套的陶礼器，引发学界的广泛关注。2021年，叶县余庄遗址被列入国家文物局"考古中国·夏文化研究"重大项目，获批复后主动发掘面积1500平方米，新发现随葬成套陶礼器的高等级墓葬11座。

2022年，国家文物局批复后主动性考古发掘面积800平方米，主要发掘区域位于遗址Ⅱ区东部，采用探方与探沟相结合的发掘方法，在先前发掘区西侧布设10×10米探

方 6 个，在遗址东部边缘布设 2×10 米探沟 4 个，2×30 米探沟 2 个。通过本年度的考古发掘，共发现并清理墓葬 17 座，瓮棺葬 4 座，灰坑 80 座，房址 4 座，井 2 眼，出土玉、石、陶、骨等各类遗物 300 余件（组）。发掘的 5 座龙山时期高等级墓葬，其中 M75 规模最大，随葬豆、甗、杯、高圈足杯均为 9 件。另通过探沟发掘，在遗址东部发现龙山时期的壕沟一条。

目前的考古工作表明，余庄遗址以中原龙山文化遗存为主，面积超过 100 万平方米，是目前所见面积最大的中原地区龙山时代的聚落。从其文化内涵及空间分布来看，应是豫西南地区的区域中心聚落。

余庄遗址目前已发现中原龙山文化墓葬 85 座，其中，小型墓无随葬品，分布较杂乱，方向不一。大型墓方向、面积相近，布局合理，且均随葬成套的陶礼器，器物组合与摆放位置固定。余庄遗址的权贵阶层在墓地布局、墓葬规模、墓向及随葬品等方面遵守一定的规范，已形成较为严格的墓葬制度。

余庄遗址绝对年代在公元前 2400—前 2000 年，所处时代正是文明和国家形成的前夜，发现的随葬 9、7、5 件成组陶礼器的高等级墓葬，是最早以特定数量陶礼器作为墓主人身份地位象征的实例，可知龙山时期中原地区已经出现了以礼制为核心的早期特征，复杂社会已经形成。

总体而言，叶县余庄遗址规模大，等级高，文化内涵丰富，对研究龙山时期中原地区的丧葬礼仪制度、社会复杂化、早期国家的形成，以及早期夏文化具有十分重要的意义。

（吴伟华　贾一凡）

【禹州瓦店新石器时代遗址】

发掘时间：2022 年 1—12 月

工作单位：河南省文物考古研究院

2022 年度"考古中国·夏文化研究"项目继续在瓦店遗址实施，发掘面积共 800 平方米。工作收获主要集中在以下三个方面。第一，通过探沟发掘的方式对遗址内的 G2、G8 进行解剖。G2 位于遗址西部，由北向南分布，在遗址西南侧拐折向东。已探明部分长约 1100 米，宽约 25 米，自深约 3.5 米。下层为含沙量较大的黄沙淤土，包含较多磨圆度较高的石块、残石器等，底部为黄沙砾层，土壤发育较差。根据 G2 的分布位置、大小与年代判断，它应是瓦店遗址西北台地西部及南部的壕沟类遗存。G8 位于西北台地中部，由北向南分布。已探明长度约 280 米，宽约 11 米，自深约 4 米。上层为东周时期的灰土堆积，下层为龙山时期灰土夹杂河流细沙淤积。根据分布位置、使用年代、内部堆积形态判断 G8 应是当时引水、排水的水利设施，也可能有着聚落内部分区的功能。第二，在瓦店遗址祭祀区（WD2F1）东侧进行发掘。发现一批密集分布的龙山灰坑，且大多数灰坑形状比较规则。部分坑内埋藏有大量的螺壳、完整陶器与猪骨架，利用便携式 X 荧光检测仪在现场对土壤进行分析，发现该批灰坑的填土中钙的含量普遍偏高。出土有玉钺、成组陶器、骨角蚌器、涂朱陶片、白陶、孔雀石等。第三，继续在东高岗区域进行发掘，对该区域的发现与认识基本与 2021 年保持一致。

本年度发掘出土的孔雀石属瓦店遗址首次发现，为讨论瓦店遗址资源利用情况提供了最新材料，陶器等遗物主体文化面貌属于王湾三期文化。大型沟壕及遗址内部不同地点的发掘，进一步深化了对瓦店遗址聚落结构的认识，聚落布局更加清晰。

（张华贞）

【淮阳朱丘寺龙山时期遗址】

发掘时间：2022 年 6—12 月

工作单位：河南省文物考古研究院　北京大学考古文博学院　周口市文物考古所

淮阳朱丘寺遗址位于周口市淮阳区四通镇王菜园村东，是一处以龙山晚期堆积为主的聚落遗址，外围有宽阔壕沟，总面积约 8.5 万平方米。本年度探明遗址中部存在多处建筑遗迹，且外围有一周近长方形的夯垫土，东西宽 132 米，南北长 187 米，围合面积约 2.38 万平方米，西侧中部有一宽约 5.5 米的缺口，不能排除是城址的可能性。

2022 年发掘面积 500 平方米，共清理出各类遗迹 115 处，包含灰坑 96 座、建筑 7 座、沟 5 条、井 4 眼、墓葬 1 座、灶 1 座、堆积 1 处、夯垫土 1 处。其中，龙山晚期遗迹 23 处，是此次发掘工作的重要收获，另有东周遗迹 71 处、汉唐时期遗迹 21 处。收集各时期小件 217 件、陶瓷片 353 袋、动植物标本 129 份、环境样品 235 份、测年样品 12 份。

目前龙山晚期夯垫土西侧顶部已在探方内暴露，宽约 8 米，残高约 1 米，由于层位较早，暂未作解剖发掘，具体结构、建造方式待进一步工作。7 座龙山晚期建筑遗迹中，有居住型的连间排房，也有与淮阳时庄遗址夏代早期粮仓遗迹相似的土墩立柱地上式圆形建筑和土坯墙圆形地面式建筑，这类遗迹的年代集中在公元前 1980 年—前 1880 年，应为仓储建筑。

朱丘寺遗址文化堆积丰富，为全面了解豫东地区先秦时期聚落的发展演变提供了宝贵资料。遗址所在的豫东地区，正是中原地区和海岱地区文化交流、融合的过渡地带，朱丘寺遗址作为该区域保存较好的堌堆形遗址，对研究先秦时期中原与东方的文化交流和融合具有重要的作用。从龙山晚期夯垫土的形态来看，不排除是城址城墙的可能性，若是，则是豫东乃至鲁西南地区史前城址考古的新突破，对进一步探讨龙山晚期区域社会组织结构和文明化特质具有重要意义。此外，朱丘寺遗址对于探讨早期夏文化，深化认识洛阳盆地夏文化核心区和淮河流域夏文化的关系，全面把握夏王朝的控制能力、国家治理体系等都具有重要的作用。

（方利霞　曹艳朋）

【偃师古城村二里头文化遗址】

发掘时间：2022 年 3—12 月

工作单位：洛阳市文物考古研究院　中国社会科学院考古研究所二里头工作队

偃师古城村遗址位于洛阳市偃师区首阳山街道古城村，遗址北依邙山，南临洛河；南距二里头遗址直线距离约 1.6 千米，东北距偃师商城直线距离约 6.8 千米，西北距汉魏故城直线距离约 6.5 千米。

2022 年度发掘面积为 500 平方米，清理的遗迹现象有灰坑、灰沟、烧灶、水井、沟槽等，其中二里头文化时期的遗迹现象主要为灰坑、水井和沟槽。

二里头文化时期灰坑 4 个，出土遗物以陶片为主，较多兽骨，少量石、蚌器等；其中陶器可辨器形有深腹罐、圆腹罐、花边罐、大口尊、瓮、豆、小方鼎、器盖等；纹饰以绳纹为主，还有弦纹、附加堆纹、刻划纹等。水井 1 口，平面呈长方形，深约 5.6 米，东、西两侧有对称脚窝，出土遗物以陶片为主，可辨器形有深腹罐、圆腹罐、刻槽盆等。沟槽 1 条，东西走向，发掘已知长度为 1672 米，宽度为 9—10 米，深度为 2.23 米左右；沟内填土为花土，含较多料礓颗粒，呈坡状堆积，被二里头文化四期晚段灰坑打破，推测其应为二里头文化晚期的一处大型工程设施。

偃师古城村遗址的发现与发掘为探索二里头遗址的范围提供了新的材料，同时对研究洛阳地区二里头文化时期聚落形态、社会结构等问题均有重要意义。

（董鹏娟）

【荥阳南城二里头文化及东周至秦汉时期遗址】

发掘时间：2022年9—12月

工作单位：郑州大学历史学院　郑州市文物考古研究院

南城遗址位于荥阳市广武镇南城村南，东临郑云高速，北距枯河3千米。遗址坐标北纬34°52′30.4″，东经113°27′21.39″，海拔121米。文献记载称其为"平眺城"或"平陶城"等。城垣平面近方形，东西长约810米，南北宽约769米，面积约62万平方米。地表现存北城墙东段及东城墙的北段。城中部发现小型环壕，形状为抹角正方形，面积约12万平方米。遗址于1984年全国第二次文物普查时发现，此后有多家单位对遗址进行了调查、勘探和局部发掘。2016年列为河南省第七批重点文物保护单位。

为配合郑州大学2020级考古专业本科生实习，并进一步揭示南城遗址的结构布局、时代、性质和文化内涵，2022年度在南城遗址内壕围合区域西北部、内城南壕沟中部进行发掘，发掘面积共1000平方米。

本年度发现各类遗迹250余处，时代主要为二里头文化时期、东周至秦汉时期，还发现少量唐宋时期遗存。二里头时期遗迹有灰坑、房址、活动面、墓葬等类型，出土有陶器、铜器、石器、骨器、蚌器、玉器等器类。陶器器形主要有罐、爵、盉、尊、龟等，骨器有簪、笄、镞、针及骨料等，玉器有锛等，蚌器、石器均有镞等。东周至秦汉时期遗迹有灰坑、柱洞、水井、瓦棺等类型，其中部分灰坑形制规整，可能为窖穴。出土遗物主要为陶器，还出土部分铜器、石器、骨器、蚌器、玉器、铁器等器类。陶器有釜、盆、豆、罐、钵、板瓦、筒瓦、空心砖等器形，还发现有刻字陶片、陶范、纺轮、陶拍等，铜器主要是刀、针、镞、镜、圜钱等，石器有刀、斧、锛、凿、镞、砺石等，蚌器有刀、镞等，骨器有匕等。唐宋时期遗存发现有砖室墓等遗迹类型，砖室墓均破坏严重，仅残存部分青砖。

本年度新发现的二里头时期遗存进一步丰富了遗址的文化内涵，为相关研究提供了重要资料。据二里头时期房址、建筑基址和东周时期柱洞、水井等遗迹推测，内壕西北部可能为遗址的居址区。另外，该区域出土的布币范也为寻找东周时期铸币遗存提供了重要线索。

（陈　康）

【许昌市凉亭夏商至东汉时期遗址】

发掘时间：2021年10月—2022年4月

工作单位：河南省文物考古研究院　许昌市文物考古研究管理所

凉亭遗址位于许昌市建安区苏桥镇凉亭村。遗址地势中部高四周较低，处在清潩河和石梁河交汇处，东侧紧邻清潩河。配合建安区北海书苑项目建设，联合考古队对遗址进行了大规模的考古发掘。

此次发掘面积为3200平方米，遗迹有灰沟、灰坑、墓葬、井、窑等，均开口于表土层下。其中灰坑58座，时代有夏代、商代、东周、汉代等；墓葬171座，大部分为战国晚期至西汉早期，余为东汉及唐宋时期，其中战国墓82座，西汉墓41座，东汉墓21座，唐墓11座，宋墓7座，9座墓葬时代不详；

沟2条，均为东周时期；井2眼，东周时期1眼，东汉1眼；窑1座，二里头时期。

战国晚期墓葬以竖穴土坑为主，填土为黄褐色花土。根据墓葬深度可分为东西两区。西区墓葬均为南北向，墓葬规格较小，埋葬深度多在2米左右，个别墓葬仅残存墓葬底部。墓葬之间打破关系较少。东区墓葬以南北向为主，个别为东西向，墓葬规格稍大，埋葬深度多在4米以上。墓葬之间多有打破关系，既包括南北向之间的墓葬相互打破，亦包括东西向和南北向之间的墓葬相互打破，从打破关系推断，东西向墓葬应晚于南北向墓葬。个别较大墓葬填土经过夯打。随葬品组合有鼎、壶、罐、耳杯、陶盒、铜带钩等。

西汉早期墓葬主要是竖穴土坑空心砖墓。墓葬多为南北向，有少量东西向，南北向墓葬较东西向墓葬规格大。墓葬以单棺葬为主，仅有少量双棺葬，且均为南北向。通过出土器物组合及空心砖堆砌可知，南北向墓葬年代稍早于东西向墓葬，单棺墓早于双棺墓葬。空心砖的堆砌方式多为铺底砖横向并排平铺，南北向墓葬器物室位于墓室北部，东西向墓葬器物室位于墓室西部。墓葬大多保存较好，南北向墓葬填土大多经过夯打且夯窝明显，出土随葬品组合较为完整，器物组合与战国晚期基本相似，有鼎、坊、罐、奁、壶等。

东汉墓葬依据平面形状分为刀把型和甲字形两种。墓葬被盗严重，基本不出随葬品。唐代墓葬集中分布在发掘区域的西南部，保存情况较差，仅残存底部，深度多为0.5米左右。

根据唐代墓葬的保存深度推算，唐代时期的地表应高出现今地表约2米，因此夏商时期的地表应该更高。由于后期破坏较为严重，致使二里头和殷墟时期的文化遗存发现较少，个别遗迹较深者仅残存底部。

发掘表明，凉亭遗址延续时间较长，历经夏商、战国、两汉以及唐宋时期。虽然二里头时期和殷墟时期由于后期破坏，遗迹和遗物发现较少，但结合周边区域的考古发现，仍对研究二里头文化和殷墟文化的分布有一定的作用。遗址区域大量战国晚期和西汉早期墓葬的发现，对于研究战国向秦汉时期过渡阶段的社会形态和葬俗、葬制均有重要价值。

（王　豪　梁志力）

【郑州商城遗址塔湾古街商代及唐代遗存】

发掘时间：2022年5—12月

工作单位：河南省文物考古研究院　郑州大学

塔湾古街项目考古工地位于郑州市管城回族自治区，商城路以南，东大街以北，职工路以西，紫荆山路以东，处于整个郑州商城的偏东南区域，紧邻唐开元寺遗址。发掘区以地下综合管廊工程为界，分为西半区与东半区。遗址内分布有宋、唐、战国、商等各时期遗迹，其中比例最高的为唐、宋时期遗存，分布有大量灰坑、水井、陶窑等遗迹2500余处，其中灰坑2000余处，水井200余座，墓葬63处，房址4处，陶窑30余座，灰沟2条，成规模的长方形夯土约7处，另有柱洞、池、灶等多种遗迹。遗迹时代横跨商、东周、唐、宋、明清等各个时期。出土完整器物、可修复器物3000余件，包括青铜、玉、水晶、陶、瓷、石、骨、蚌、角、牙等多类器型，出土陶、瓷片2400余袋。重要发现有三项。

一、唐代人骨埋葬坑。距离地表约1米深度，均开口于②层下。人骨埋葬坑集中分布于整个塔湾项目发掘区的中部，其中西半区有四个人骨埋藏坑，分别编号为M25、

M30、M35以及M37，遗迹开口深度保持一致，均为距地表1米左右。东半区，约在四个探方内，发现大致两组排列相对有序的人骨埋藏坑，编号为M42—M51。其中，M42、M43、M44、M45位于西列，M47、M48、M49、M50、M51位于东列。大多数墓葬的墓圹呈规整的长方形，也有个别不规整如M44、M45、M46，推测可能是二次回填埋藏坑。诸坑的开口深度与西半区基本保持一致。其埋藏人骨数量最多的为M25，M25呈近正方形，其长宽约为2.5米左右，坑深约0.4米，堆叠人骨约为4层，每层或有25个个体，各人骨解剖学位置基本清晰，堆叠有次序，摆放有意识。该坑初步推测埋藏人骨数量可达百具。通过体质人类学对上层表面人骨情况所做初步判断，每个人骨埋葬坑多数可分3—4层人骨堆叠，每个埋葬坑面积大小在2—6.5平方米，大部分人骨解剖学位置清晰，保持一次葬状态，总个体数可超500人。通过对表层埋藏个体的观察发现，埋藏个体中包括幼儿、青少年、成年等各阶段，女性与男性均有出现，性别年龄特征目前暂时未见较大偏向或指向性。除M44、M45及M46或为后期居民在生产生活中发现了部分坑内人骨，集中挖坑埋葬而成外，其他各坑解剖学位置相对清晰，保持一次性非多次葬的原始埋藏行为。结合周边发掘信息推测，人骨埋葬坑葬于唐开元寺旧址福田范围内，或与郑州唐开元寺有紧密联系。

塔湾古街项目发现的唐代人骨埋葬坑在全国属首次发现，资料非常重要。根据埋葬坑情况初步推断该现象极大可能与中晚唐时期发生的饥荒、瘟疫、水灾等自然现象有关，对于中国隋唐史、隋唐考古、唐代寺庙、古代疾病与灾害史、中华民族演进和汉民族形成等领域的研究有着至关重要的作用。

二、二里岗时期城内沟渠。发掘区西部、北部发现多条沟渠。其中，G12自发掘区西南部围绕发掘区西侧、北侧，向东通向郑州商城东城墙，开口于③层下，向下打破生土，坑口距地表深1.2米。平面形状矩形，斜壁平底。口部长23.8米，宽12.53米，深3.2米。填土分为4层，①层，厚1.94米；②层，厚0.26米；③层，厚0.3米；④层，厚0.7米。出土陶片较少，主要有夹砂灰陶和泥质灰陶两种，以泥质灰陶为主，纹饰主要为素面，有少量绳纹和附加堆纹，无可辨器形，应为排水沟，其年代应为二里岗时期。G21位于T20111东北部，南北流向。开口于第③层下，被G12打破，向下打破生土，坑口距地表深1.2米。平面形状近矩形，直壁弧底。在T20111范围内，口部长8.2米，宽5.5米，深1.5米。填土分为2层，①层，厚0.7米，土色灰褐，土质较硬，结构较疏松，出土有大量陶片。②层，厚0.8米，土色黄褐，土质较硬，结构较疏松，出土有大量陶片。陶片主要以泥质灰陶为主，纹饰主要为素面，有少量绳纹和附加堆纹，可辨器形有鬲，从出土物推断，时代为二里岗下层一期。

三、二里岗下层的夯土基址。在距离地表约1.5米，开口于③层下的诸遗迹发掘过程中，陆续出现了多处商代夯土遗迹，分布于整个塔湾项目发掘区南半部，夯土方向与城墙方向基本保持一致。北部夯土Ⅰ—Ⅴ并列成排，开口、长宽基本一致，方向一致，夯土之间为红色次生土，夯土之间的间隔为2—4米不等，从西往东夯土渐厚。根据遗迹与夯土的打破关系，以及同层位周边商代遗迹出土物的年代可以初步认为，夯土的建成和使用年代应为二里岗下层，不晚于二里岗下层二期。目前剩余夯土应为建筑基槽部分，活动面已被晚期遗迹破坏，北侧成排夯土应为成组建筑或单体高台建筑，性质可能为府库等有特殊用途的建筑。

塔湾古街项目发掘出土的商代遗存内涵丰富，极大地充实了郑州商城南部区域的资料，作为郑州商城遗址近年来发现保存最好、规模最大的夯土遗存，尤其是成组夯土或具有府库等作用的专用建筑，对于了解郑州商城重要大型建筑的布局和结构非常重要。

（闫琪鹏）

【郑州商城遗址创新街小学商代遗存】

发掘时间：2022年5月—2023年1月

工作单位：河南省文物考古研究院

为配合郑州市管城回族区创新街小学（北校区）项目建设，河南省文物考古研究院对郑州市管城回族区紫荆山路与东大街交叉口东北部区域再次进行了配合性考古发掘。

本年度共发掘2000平方米。受疫情影响，部分探方尚未清理至生土，发掘深度普遍达1.2—3米。本年度发掘共清理出商代至明清时期的灰坑、水井、沟、窑址、道路、墓葬等各类遗迹380处。

本年度最为重要的发现是位于发掘区中部的商代G34。G34开口于⑤层（战国）下，距地表深1.75米，打破⑥层（商代）和生土。G34横跨7个探方，除部分被现代防空洞破坏外，东西长约70米，沟口宽3.90—5.15米，沟深2.20—2.50米见水暂不到底。G34口大底小，斜壁下深1.10—1.60米，灰沟北侧和南侧都清理出生土平台，北侧生土台宽1米，南侧生土台宽约0.25—0.35米，生土平台下G34斜壁内收见水。比较特殊的是，在G34北侧生土台上发现较多人骨，多为人头骨，部分骨架也不完整，伴随出有少量零乱兽骨。从探方壁剖面看，G34内堆积目前可分4层，沟内填土清理出少量陶片，可辨器形有陶鬲、陶斝、大口尊等，时代集中在商代二里岗下层。

2022年度的发掘，为进一步揭示该区域郑州城市变迁提供了翔实的考古学信息。

（杨树刚　李慢迪　丁福林）

【郑州商城遗址东大街商代及唐代遗存】

发掘时间：2022年3月—2023年1月

工作单位：河南省文物考古研究院

为配合郑州市商都历史文化区东城垣内侧环境整治项目（二期）建设，河南省文物考古研究院对郑州市管城回族区东大街与城东路交叉口西北部区域再次进行了配合性考古发掘。

本年度共揭露面积5000平方米。整个发掘工地，发掘深度达0.8—5米左右，清理出商代、唐宋、明清时期的灰坑、水井、沟、灶址等各类遗迹424处。

商代二里岗时期。发掘区的东北部和南部再次清理一批长方形遗迹，如H1161、H1195、H1131、H1141、J129等，出土有陶器、人骨、兽骨等，特别是T374H1161，坑内出土了十枚牛角，值得对其功能作进一步的探讨。本年度继续对2021年发现的G31进行清理，已揭露长度达110米，且已延伸到发掘区域外。本年度发掘情况进一步加深对G31年代性质的认识——这是一条最终废弃于二里岗上层时期的大型排水沟渠。

战国时期。多为水井和灰沟。水井多为圆形，如J160、J157、J132；灰沟主要为东西向，如G46、G47，G46位于发掘区东部偏中间位置，东西长6米，并向两侧延伸，不排除是一条人工修筑的排水沟。南部发掘区的中南部G30，是叠压在商代G31之上的沟状堆积，本年度清理发现使用期间至少有两次较大的冲刷现象，水流痕迹明显。

唐宋时期。在 2021 年发现的 4 处铸造遗迹的西北部，本年度再发现一处铸造遗迹，这 5 处遗迹的发现，对于中国古代铸造技术史的研究是一项重要成就，已计划对 5 处唐代铸造遗迹采取原地保护性回填措施。而新发现的 H1141 长 14.2 米，宽 7.7 米，深约 1.9 米，西部有一个用石板和青砖砌成的进水口，初步推测是一处唐代水池。另外，发掘工作还清理出汉代及明清时期的遗存。

总之，2022 年该项目的考古发掘为探究不同时期的郑州城城市排水以及城市格局提供了更加丰富的资料。

（杨树刚　孔品）

【鹤壁辛村周代遗址】

发掘时间：2022 年 3—12 月

工作单位：河南省文物考古研究院　鹤壁市文物工作队　鹤壁市淇滨区文化和旅游局

该遗址原名辛村墓地，现更名为辛村遗址。辛村在民国时期隶属安阳浚县，现隶属鹤壁淇滨区金山办事处。遗址以辛村为核心，分布于庞村、刘庄、杨晋庄、礼合屯、礼合寨、大李庄之间，面积超过 10 平方千米。最早发掘于 1932 年，是中国第一次进行科学考古发掘的周代遗址。在国家、省文物局支持下，河南省文物考古研究院与鹤壁市文物考古队联合对该遗址展开持续性工作，2022 年为该遗址主动性发掘的第二年。本年度发掘点位于辛村村东，发现包括房屋、窖藏坑在内的居址，烘范坑、骨料坑、陶窑在内的手工业遗存，祭祀遗存，以及一条人工水渠。

清理出各类深地穴、浅地穴式房址超过 20 座，较为规整的窖藏坑 50 多处。地穴式房屋为由地面向下发掘形成的土坑，深度 0.5—2 米不等，单间，多数有壁龛，其中不少为双壁龛。斜坡式门道，一侧内有灶，活动面，可能与西北一带人群相关。窖藏坑多圆形地穴式，主要在房址附近。数量多达 50 个，容积集中在 2—3 立方米左右。其中，一座圆柱形夯土建筑，整体呈圆形，周围 9 个土墩，中间 4 个。部分土墩作防潮处理，清理发现有环形烧结面，底部残留有大量炭灰。该建筑可能是粮仓。

陶范废弃坑 1 个，发现大量的陶范块、铜渣。可辨识陶范以工具范、车马器范为主，如铜锛、铜衔。烘范坑 1 座，平面形状呈圆形，平底，中部有圆形坑，内部填满黑色木炭。陶窑 1 个，该窑址由西部窑室与东部操作间两部分组成。西部窑床平面呈椭圆形，中部三小眼孔。东部操作间较浅的奠基祭祀坑两处，一坑内有鹿角与牛角各 1 个，一坑为殉狗。操作区南侧 3 个疑似柱洞的遗存，呈一排。由此推测该陶窑可能为一面坡状的棚状顶。

在发掘区北部清理出一道人工水渠，剖面呈上宽下窄的倒梯形。已发掘东西长度 73.6 米，南北宽 0.9—1.72 米，深 1.2—1.4 米不等。祭祀遗存不少与牛主题相关，包括整牛祭祀 3 头，牛头骨祭祀坑 1 个，黄宝螺摆放的牛头造型 1 个。

本年度的发掘，进一步深化了对辛村遗址的聚落演变的认识。西周早、中期遗址经过简单的规划，卫侯墓在村内。外围以中下阶层为主的居民点，以地穴式房为主，房屋附近有大量的窖藏坑。房址内常见有骨料堆积，偶见有铸铜遗存，表明制骨行为可能普遍存在各个家庭中；铸铜行为可能仅发生于个别家庭，且产品较为简单，侧重于简单的工具和车马器。

（高振龙　田思玥　牛合兵　韩朝会）

【巩义小沟东周遗址】

发掘时间：2022 年 6—9 月

工作单位：河南省文物考古研究院　巩义市文物考古研究所

小沟遗址位于巩义市孝义街道办事处白沙村小沟自然村，地处伊洛河与石子河交汇处西侧台地上，分布于小沟、南地、寨上三个自然村，地势呈南高北低、西高东低。遗址北距伊洛河约500米，东距石子河约100米，东西宽约100米，南北长约200米，面积约2万平方米。在遗址地表发现有陶片，以夹砂灰陶、泥质黑陶为主，纹饰常见绳纹，亦有蓝纹、方格纹等，为未定级文物保护单位。

2021年12月，巩义市文物钻探队对其进行了文物勘探工作。2022年6月至9月，为配合巩义市小沟村城市储备用地相关建设，报经国家文物局批准，联合考古队对巩义市小沟遗址进行考古发掘。此次发掘面积为2000平方米。

此次考古发掘发现遗迹有灰坑80余座、灰坑葬3座、沟1条、墓葬2座，出土文化遗物有陶器、石器、蚌器等。陶片以泥质灰陶为主，夹砂灰陶次之，少量夹砂褐陶，可辨器形有罐、鬲、盆、豆、簋等。另有少量蚌壳等遗存。依据出土遗物形制和特征判断，遗存年代为东周时期。发掘情况表明该遗址为东周时期伊洛河南岸的一处小型聚落遗址，使用和延续时期相对短暂。巩义小沟遗址的考古发掘对了解巩义伊洛河南岸东周时期小型遗址的文化内涵、聚落布局以及人地关系等具有一定学术价值。

（李世伟　马万里）

【伊川徐阳东周墓地】

发掘时间：2022年4—12月

工作单位：洛阳市文物考古研究院

伊川徐阳墓地位于洛阳市伊川县鸣皋镇徐阳村一带，伊河支流顺阳河自西向东穿过墓地。其西、北分别为陆浑西山、鹿蹄山，东、南为伊河西岸开阔谷地。徐阳墓地内墓葬呈扇形分布在以徐阳村为中心的四个区域，编号A、B、C、D，已发现墓葬600余座。贵族墓主要分布在A、C区，平民墓主要分布在B、D区。此外，在墓地西部还发现城址1座，据《水经注》等文献记载，为两汉时期陆浑县县治所在。

截至2022年底，考古团队在A、B、C、D四个区域内发掘清理东周墓葬180余座，车马坑6座、祭祀遗存7处，西周、唐宋时期墓葬18座。墓地主体遗存为东周时期墓葬及陪葬车马坑等。

2022年徐阳墓地清理墓葬11座，陪葬车马坑2座，汉代建筑基址1处。墓葬均为小型墓葬，均为南北向单人葬。长1.85—3.4米，宽0.8—2米，深1.75—4.7米不等。随葬遗物以陶质的鼎、豆、壶器物组合为主，个别墓葬伴出有陶匜、石圭等器物，少量墓葬为单耳陶罐、陶豆、陶壶的组合。

清理陪葬车马坑2座。AMK2，为长方形竖穴土坑。该车马坑整体南北长6.17—6.42米，宽2.78—2.9米，其北部为放置马匹的马坑区域，南部则为放置车辆的车坑区域。经鉴定，该车马坑内北部马坑区域内放置马匹8匹，马匹之间有部分叠压情况。车坑区域则南北依次放置车3辆。CMK2，为大型墓葬CM10和CM11的陪葬车马坑。东西长5.3米，南北宽5.16米，呈近方形，其内放置车4辆，葬马8匹，在车马坑南部，摆放有马、牛、羊的"头蹄"。

疑似生活居址的南留古城的发掘，主要是针对建筑基址区域向北扩方发掘，清理出建筑基址的范围，东西长19.5米，南北宽13.1米。建筑西部有1条呈南北向宽1.9米的道路，其路面残存铺地方砖，尺寸为35×34厘米。

在伊河支流干河流域开展考古调查工作，调查区域约20平方千米，发现遗迹点5处，并对贾村商周时期遗址进行了初步勘察。

本年度各类墓葬及其陪葬车马坑的清理，体现出徐阳墓地葬俗的多样化特征，丰富了人们对徐阳墓葬文化内涵的认识。同时，通过对周边区域相关遗存的调查，为今后探索陆浑戎居址信息提供了一些线索。

（马占山）

【洛阳市瀍河区巨龙小学汉唐宋墓群】

发掘时间：2022年4—6月

工作单位：洛阳市文物考古研究院

为了配合洛阳市瀍河回族区巨龙小学教学楼拆扩建项目的建设工作，洛阳市考古研究院组织专业技术人员对项目用地的古代遗存进行了抢救性发掘。此次发掘，工作共历时58天，清理古墓葬89座，其中汉墓32座、唐墓46座、宋墓1座、明墓1座、近代墓3座，时代不祥墓5座；出土随葬品291件（套），有陶狮、陶罐、陶盆、陶奁、三彩器、七星盘、铁刀、铜镜、铜钱等。所清理的汉墓中，以C3M3045、C3M3059、C3M3064、C3M3090最为典型。以C3M3045为例，砖室墓，东西向，由墓道、甬道、墓室三部分组成；墓道为竖井式，长1.8米，宽1.1米，深4.8米；甬道位于墓道的西侧，长1.4米，宽1.2米，深1.2米；墓室位于甬道的西侧，呈长方形，长5.2米，宽2.2米，深2米。该墓保存较好，未见盗扰现象，出土遗物26件。清理时，墓室内仅见少量填土，呈黄褐色，土质松软，墓室底部存少量白灰铺底。从墓葬形制上来看，墓室砖券呈弧形，单棺室，小砖铺地，与烧沟汉墓二型Ⅰ式类似，时代应为西汉晚期。墓中出土铁质环首刀一把，保存较好，因此推测墓主人应该是男性。值得一提的是，该墓中出土一对陶制狮子，保存完整，其外形威武有力，肌肉清晰，面部狰狞，分列于甬道的两侧，为洛阳地区西汉墓葬中比较少见的情况。C3M3064、C3M3090均为带横前室的砖室墓，不同的是，C3M3064的横前堂室为砖券顶，且以小砖铺地，砌筑方式更加考究，而C3M3090的横前室则为土洞结构，二者与烧沟汉墓的五型Ⅱ式类似，均应属东汉中、晚期。唐墓中，收获最大的当属C3M3088，此墓虽然规模较小，却出土三彩器多达26件，且保存完整，为近年洛阳地区所罕见。墓中出土的三彩骆驼形态逼真、雄壮有力，作嘶鸣状。仕女俑、文官俑釉色均匀，仕女体态丰韵而优美，具有盛唐时期的特征。此墓的发现，较大程度上丰富了唐三彩的研究资料，亦为唐代墓葬的葬俗与制度研究提供了新的参考。

（李科伟）

【洛阳市瀍河区帽郭村汉唐墓群】

发掘时间：2022年8—11月

工作单位：洛阳市文物考古研究院

为了配合洛阳市瀍河回族区帽郭村安置房一期工程项目建设，洛阳市考古研究院组织专业技术人员对项目用地的古代遗存进行了抢救性发掘，历时77天，共清理古墓葬10座，其中汉墓5座、晋墓1座、唐墓4座，出土随葬品56件（套），有陶罐、陶盆、陶塔式罐、陶俑、瓷碗、瓷罐、瓦当、铜弩机构件、铁镜、铁犁铧、铜钱等。整体上看，汉墓与晋墓保存较好，规格较高，出土遗物亦多，唐墓盗扰比较严重。其中编号为C3M3094的东汉黄肠石墓规模较大、等级较高，为洛阳地区近几年所罕见。该墓为砖石混合结构，南北向，由墓道、甬道、横前室、侧室、耳室、过洞、后室等部分组成。由于现场地下存在电缆，墓道未全部清理，清理长度为6米，呈长方形，长斜坡式，壁面整齐，根据钻探报告显示，墓道长16.8米，宽1.46米，深0—5.5米；甬道位于墓道的北侧，长5.7米，宽1.6—2米，南窄北宽，残高1.5米；甬道东侧有一耳室，原来应为砖室结构，现仅存底部残砖，耳室门保存完好，为券顶，用"扇形"砖起券，砌筑规整，弧线优美，耳室长2.2米，宽1.6米，残高1.6—2.2米；横前室为长方形，砖室结构，应有青砖铺底，只是盗扰严重，底部青砖已荡然无存，壁上青砖尚且保存一部分，前堂室长11米，宽3.2米，残高3米，西侧有一生土台，应是棺床，棺床的东部有栏杆样式的石质残块。由此推测，原来的棺床以精美的青石质栏杆围之；横前室的东侧有一侧室，砖室结构，长2.8米，宽2.2米，残高2.1米；横前室北侧与后室以过洞连接，过洞长2.9米，宽1.6米，残高1.45—1.7米，与甬道的结构类似，以巨大的青石为基础，上面砌筑为券顶，券顶以扇形石包边，扇形砖为芯；后室长3米，宽4米，残高2.6米，尚存4块体型较大的黄肠石，原来应是以黄肠石和青砖混合，墓室的东北侧有一较为明显的盗洞。该墓横前室与墓室的填土为灰褐色，内含少量砖块、石块，未见夯打痕迹，虽然盗扰严重，但仍出土遗物10件。

从墓葬形制上来看，此墓为土坑墓道、砖石混合结构的多室券顶墓；从建材上看，青砖长48厘米，通体磨光，且大量使用扇面形砖，与洛阳东关东汉殉人墓有颇多相似之处，加之该墓中出土一件镇墓瓶，卷沿、直颈、圆肩、浅腹、大平底，其形制与洛阳东汉元嘉二年墓出土的"神瓶"类似。综合以上情况，考古团队初步判断，该墓应是东汉晚期郡守或列侯以上的高等级墓葬。

（李科伟）

【洛阳白草坡东汉陵园遗址】

发掘时间：2022年3—11月

工作单位：洛阳市文物考古研究院　郑州大学

白草坡陵园遗址位于洛阳伊滨区庞村镇白草坡村东北，是洛南东汉帝陵最北端的一座东汉陵园，通过前期的考古工作，结合文献记载，推测陵主为东汉桓帝刘志。在2006—2007年配合郑西高速铁路建设过程中，曾对白草坡东汉陵园进行过初步的调查和发掘。2017年又重启该陵园遗址的考古发掘工作，截至目前先后揭露内陵园北门址、内陵园东门址、内陵园东北角和"园寺吏舍"局部，并发现了疑似为"钟虡"的建筑。

2022年发掘区集中在"石殿"和"钟虡"两处陵寝建筑。经过本年度的补充发掘，"钟虡"建筑单元已经完全暴露，该组建筑主要由一处长方形台基式建筑和一处长方形房屋建筑组成。长方形台基式建筑南北长24.7米，东西宽10米，台基内发现一组南北向排列的石柱础坑及柱础石，深埋在距现存夯土面约2.2米的夯土台基内部，石柱础为整块石头制成，近方形，边长约0.9米。在台基的东南部有一处长方形房址，南北长14.5米，东西宽6.6米，夯土墙基槽宽1.5—1.8米。根据勘探结果，"石殿"为一处边长约80米的方形高台式建筑，本年度主要揭露"石殿"的东南角，发现散水、门址、夯土、道路等遗迹。建筑台基夯土边界清晰暴露，夯土台基外侧为卵石铺砌的散水，散水宽度为1—1.2米。在石殿东侧发现一条东西向道路，与内陵园东门址内道路对应，应为内陵园向东通往外陵园的主干道。另外，在内陵园东门址的后续清理中，发现了南北成排的圆形柱洞，疑为"行马"遗存。遗址内出土遗物以陶制和石质建筑材料为主，陶制建筑材料可见板瓦和筒瓦，瓦当均为云纹瓦当。

（王咸秋　何慧芳）

【孟津县朱仓北朝墓】

发掘时间：2022年10月
工作单位：洛阳市文物考古研究院

2022年10月，洛阳市文物考古研究院在进行小浪底南岸灌区建设项目的考古发掘中，发现一处由3座墓葬组成的北朝时期的家族墓地。

墓地位于洛阳市孟津区平乐镇朱仓村东北部，3座墓葬墓道均为南向，整体呈"品"字形排列，为长斜坡墓道单室土洞墓。共发现2套围屏石棺床，同时还有完整的墓葬形制和随葬器物，3座墓葬的年代初步推测为北魏末年至东魏时期。

M260由长斜坡墓道、天井、甬道和墓室四部分组成。墓道总长8.36米、宽0.70米，墓道底部距地表深8.63米，砖封门，墓室长2.05米、宽2.10米、残高2.00米。墓室北部置有一围屏石棺床，由石屏风和石棺床两部分组成，图像为减地平钑，由4块石屏风，1对石刻子母阙组成。每块石屏风各有3幅图像，共计12幅，局部涂朱贴金。除1幅似为男性墓主人外，其余内容为"郭巨埋儿""老莱子戏彩娱亲""秋胡戏妻""临深履薄"的孝子、列女、高士故事及墓主出行仪仗内容。棺床外侧共计11幅图像，内容为畏兽等怪异神兽图像，床腿两侧为狮子，中间为兽面。该墓内未见有葬具痕迹，仅采集有少量的人骨痕迹，位于棺床床板的左侧位置。墓葬出土随葬器物9件，有陶俑、陶罐、陶碗、小陶盘、铜构件等，其中2座陶武士俑位于子母阙内侧，两相对立。

M262由斜坡墓道、甬道和墓室三部分组成。墓道总长8.06米、宽0.82米，墓道底部距地表深6.84米，砖封门，墓室长2.70米、宽2.80米、残高1.70米，墓室北部置有一围屏石棺床。M262围屏石棺床结构同M260，但未配石刻子母阙。石屏风未见墓主人图像，内容为"董永七仙女""郭巨埋儿""孝孙原榖""伯俞泣杖"孝子故事，及侍女持帐出行画面，棺床上部为高浮雕双层莲瓣，莲瓣全部贴金并有红绿彩绘，外侧9幅图像，内容为畏兽、翼兽、千秋万岁和兽首衔莲图案，床腿两侧为狮子，中部为莲花火坛。墓葬出土随葬器物30余件，除墓主头部位置发现有铁剪、镜各1外，大多位于棺床南部，均为陶器，种类有壶、罐、盘、碗、仓、灶、井、磨、牛车、镇墓兽、人俑、动物俑等。

M261墓道总长8.06米、宽0.82米，底部距地表深6.84米。墓室长2.70米、宽2.80米、残高1.70米。该墓葬未发现有围屏石棺床，但甬道内出土部分石棺头挡残块，经初步清理图像有神人、门吏、畏兽等，局部涂朱贴金，推测该墓应该使用石棺作为葬具。墓葬出土随葬器物共计21件，有仓、灶、井、磨、碓、人俑、动物俑及铁环。

此次发现的围屏石棺床为洛阳地区的首次考古出土，石围屏的图像内容为中原传统的孝子和出行故事，艺术水平非常高，但两套围屏的图像风格又有所差异，反映了北魏晚期以后绘画风格的变化，体现了逐渐由"瘦骨清像"向"雄健饱满"转变的过程。所使用的葬具及随葬器物反映了孝文帝迁洛以后汉化的强烈影响以及鲜卑本民族的自身特征，为研究北朝时期的民族大融合提供了重要的图像和实物资料。

（刘　斌）

【洛阳市汉魏故城千秋门魏晋水道遗存】

发掘时间：2022年

工作单位：中国社会科学院考古研究所汉魏故城队

汉魏洛阳城千秋门遗址是北魏宫城西墙从南至北的第三座门址，同时也是内城阊阖门至建春门大道进入宫城的重要节点。2022年，对千秋门门址区域进行了考古解剖发掘，发掘取得了重要的收获。在门址阙间广场北魏砖砌水道的下面，发现了汉代至魏晋时期大型的石砌、砖砌水道遗迹。

魏晋时期的水道遗迹由4条自西向东，再折而向北的石砌水道构成（分别编号为G1—G4）。这4条水道均被北魏时期的砌砖水道叠压或打破，其下又发现汉代的大型券砖水道。魏晋时期4条水道的保存状况和砌筑方法虽有所差别，但其走向一致，处理基槽的方式一致，地层叠压关系大体一致，初步判断其系魏晋时期在千秋门位置一体规划形成的大型水利设施。

水道G1残长近60米，从发掘区南侧遗址一路逶迤向北，一直到永巷的北墙位置。其主要特征为水道中间分为双路水腔，根据水道所处的不同位置分别以砌砖和砌石两种方法砌筑。水道的南侧以大型长方砖砌筑，底部错缝平铺，中间以长方形砖立砌，将水腔分为两路，单路水腔宽0.7米，水道总宽约1.6米。水道在经过北阙台向东衔接的宫墙时，变为石砌水道，从夯土墙底部穿墙而过，向北流去，应与文献中记载的"石逗伏流"一致。石砌水道中间也用竖立石板将水腔分为两路，单路水腔宽0.7—0.75米，底部铺长方形石板，长约2米，宽度不一。两壁竖板和中间隔板高度约为0.6米，最上层盖长方形石板。在经过北侧东西向夹道时，顶板与外侧铺砖地面平齐，顶板中部凿有两个方形孔分别对应两侧水腔，应为地面下水的篦孔，类似于今天下水道的井口；原有的盖板现在已经缺失。

水道G2的走向与水道G1平行，底部以大型长方形石板错缝咬合铺砌，东西两壁为大型立石砌筑，水道底部石板由三块石板拼合而成，总宽度为2.3米，两壁立石厚约0.45米，残高0.5米，水道G2的内腔宽约1.2米。

水道G3居于水道G2的西侧，亦是石砌水道，由底板、两壁侧板和顶板构成，水道底板宽1.1米，两侧有竖立的石板，水道内腔宽0.78米、高0.42米。在侧板的外侧，有竖砌的石桩以保护和加固顶板和侧板。在水道底板的中央部位，发现凿有3个菱形方孔，应该是用以防御的水栅遗迹。

在三条水道的南侧，还发现有一条东西向的石砌水道G4。G4水道内腔宽1米，残高0.9米。在水道的底板和侧板上，发现有若干道宽约5厘米的凹槽，应该与设置的水牐设施相关。

从4条水道的所处位置和排列形式来看，应该是自宫城西墙外阳渠流向城内的引水工程。如此大规模布局、细致精美的水利设施的发现，在汉魏洛阳城的发掘史上尚属首次。这一整套水利设施集中反映了魏晋时期水利工程的成熟技艺，以及当时都城对水资源利用和环境改造的认知水平。

郦道元《水经注》谷水条记载："渠水又东历故金市南，直千秋门，古宫门也。又枝流入石逗伏流，注灵芝九龙池。魏太和中，皇都迁洛阳，经构宫极，修理街渠，务穷隐，发石视之，曾无毁坏。又石工细密，非今之所拟，亦奇为精至也，遂因用之。"结合此次千秋门的发掘位置，以及发现水道的考古学年代，皆与文献中的记载相吻合。由此确认，千秋门此次解剖发掘的魏晋时期水道遗迹应该是从宫城外阳渠引水入城后，通过石逗伏流的形式，向北注入到宫城北侧西游园的灵芝池和九龙池内。该水道遗迹应该属于魏晋洛阳城宫城内园林景观引水工程的一部分。

（郭晓涛　刘涛　莫阳）

【沈丘小刘营汉唐及金元时期遗址】

发掘时间：2022年5—8月

工作单位：河南省文物考古研究院　周口市文物考古所

小刘营遗址位于周口市沈丘县赵德营镇小刘营村西南，为配合濮阳至湖北阳新高速公路沈丘至豫皖省界段建设，文物部门对其进行了发掘。此次发掘面积1200平方米，发现各类遗迹共75处，其中灰坑48座、井4眼、窑6座、沟9条、灶2座、房基1座。出土小件文物90件，其中碗、碟、盘、罐等瓷器59件，纺轮、盆、球、俑头等陶器7件，钗、簪、耳勺、圜钱、饰件等铜器10件，骨角器2件，石器4件，铁器6件，玉料2件。瓷碗最多，共45件，多施黄釉、白釉，少量青釉、白地黑花，均有支烧痕迹。上述遗存的年代主要为唐代和金元时期，另有少量为汉代。

值得一提的是，小刘营遗址发掘区域内金元时期陶窑分布相对比较密集，尤其是2座小型龙窑的发现，为豫东地区首次发现，在淮河以北的中国北方地区也不多见，对研究金元时期陶瓷烧制工艺的发展传播提供了新材料。

（段向阳）

【淇县墨香里小区金元时期家族墓地】

发掘时间：2022年2—4月

工作单位：河南省文物考古研究院　鹤壁市文物工作队

为配合鹤壁市淇县墨香里小区的工程建设，河南省文物考古研究院联合鹤壁市文物工作队，对拟建区域的金元时期家族墓地开展了考古发掘工作。总发掘面积约600平方米，共清理墓葬25座，灰坑1座。出土器物有板瓦、瓷罐、铺首衔环、银簪、蚌饰、玉饰等。

从此次发掘的25座墓葬的总体分布来看，其中共有16座墓葬属于家族墓地，皆为圆形或多边形带墓道砖室墓，各墓皆坐北向南，墓道方向180—190度之间，整体分布有序，排列紧凑，体现了宗庙制度之一的昭穆制度中"始祖居中，左昭右穆"的传统葬俗。

M2和M18墓室由平整光滑、大小相似的河卵石排列成石围，石围紧贴土圹内部层层堆叠，平面近似圆形，向上并不封闭。墓室底部平砌长方形条砖，最外层紧贴石围平砖顺砌。经过技术人员在附近进行实地踏查发现，距墓葬群北部百余米处，有一东西向古河道，河道底部卵石与M2所用卵石大小、质地无明显差异，因此推断出，该墓葬修筑时利用了古河道河卵石做材料，具有就地取材之便利。

M6为一座南北向圆形带墓道竖穴土坑砖室墓，是此次发掘的墓葬群中结构最为复杂、合葬人数最多的。墓门是砖砌的仿木结构的半圆券门，以青砖封门；门头有1层正反相合的合瓦；门楣有4个门簪；2个斗拱；平板枋上通涂白灰，上面残存有朱砂痕迹，纹样不可辨识。墓室为穹隆顶，顶部有藻井结构。四周涂有彩绘。墓室壁画中六只仙鹤交错于云纹中，用粗细墨线勾边，白灰填色，仙鹤与祥云图案下方为一圈朱砂绘制的红色莲花花瓣图案。整体呈现出祥云涌动、鹤鸣空中的景象，体现了墓葬主人灵魂不灭、乘鹤升仙的美好愿望。此题材为鹤壁地区首次发现。

从墓葬形制来看，金以后少数民族侵入豫北地区，但该家族墓地依然采用汉族传统的丧葬习俗——聚族而居，聚族而葬。此次发掘的金元时期墓葬建筑形制与墓室内装饰因袭了北宋时期中原地区仿木结构砖室墓的基本内容，是蒙汉文化相互交流、相互融合的一个时代缩影。

从出土器物上来看，多为日常生活用器，其中有具有鹤壁窑特色的酱釉瓷盘和建窑特色的兔毫釉双系罐等，这些瓷器的出土，充实了豫北地区瓷器研究的实物资料。出土钱币中有 1 枚"福平元宝"，应为安南国古钱币，该古钱币的发现为研究鹤壁的社会风俗和对外交流提供了重要材料。

（苏晨璐）

【郑州商城遗址夕阳楼清代遗存】

发掘时间：2022 年 8 月—2023 年 1 月

工作单位：河南省文物考古研究院

为配合郑州商代王城遗址核心区夕阳楼片区项目建设，河南省文物考古研究院对郑州市管城回族区南大街与城南路交叉口西北部区域再次进行了配合性考古发掘。

2020—2021 年该项目区域中部发现一批商代长方形坑，形制较为规整，出土有完整陶器、卜骨、人骨、动物等，初步认定可能为祭祀后形成的瘗埋坑。2022 年在上述发掘区域的两侧再次发掘面积 5000 平方米，目前清理出唐至明清时期房址、灰坑、水井、道路等遗迹 181 处。

本年度的主要收获是新发现一处清代宅院。宅院整体呈纵长方形，东边有缺口，可知大门朝东，其中形制清楚的三座房基编为 F3、F4、F5，初步认为是以这三座房址为主体并借用房墙做院墙进而合围成院。以 F3 为例，F3 位于 T490 北部，开口于①层下。其地面起建，坐北朝南，东偏南 15 度，平面为长方形，长 8.93 米，宽 4.15 米。四面墙均用青砖平砌，但碎裂较严重，保存一般。从南墙东部断口处可知墙体内外用整砖砌成槽状，内填碎砖、碎陶片、碎瓦片等，除东墙仅存基槽外，其余三面宽 0.4 米，并保存一定高度，其中北墙最高留有 6 层砖，高约 0.66 米，西墙残存 2 层，南墙残存 5 层砖。墙转角未见加固措施、墙体未见收分，也未见隔断墙。根据房外过道走向及与 F4、F5 整体布局推测，F3 应于南墙中部开有一门，未发现门限、门柱等。F3 整体建筑面积 30.1 平方米，室内使用面积 27.2 平方米。根据形制及出土瓷器判断，应为清代或更晚的一般民居。F5 室内面积最大，达到 34.13 平方米，F4 最小，只有 16 平方米。另外，院内还有部分砖砌的建筑基础，可能是存储物品之用。宅院东侧紧贴院墙外侧有道路 L3，向南延伸到邻方 T496。

2022 年度发掘区域内发现的商代遗存相对较少，推测这种现象与该区域的功能分区有关。同时，新发现的唐宋、明清时期遗存也为了解郑州商城不同时期居民的生活状况提供了资料。

（杨树刚　曹凌子　张　黛）

【灵宝铸鼎原仰韶文化遗址群中小型遗址考古调查和勘探】

调查时间：2022 年 2—4 月

工作单位：河南省文物考古研究院　三门峡市文物考古研究所　灵宝铸鼎原文物管理所

灵宝铸鼎原位于三门峡灵宝市中部，南依秦岭，北临黄河，东为沙河，西为阳平河，海拔高度为 350—690 米。该区域内仰韶文化遗址数量众多、分布密集、保存状况相对较好，是豫西地区一处仰韶文化遗址群。灵宝铸鼎原遗址群由数十处遗址组成，年代以仰韶文化遗址为主，除西坡、北阳平等大型遗址外，还包括数量众多的中型和小型遗址。

本年度河南省文物考古研究院等单位开

展河南省文物保护专项经费项目"灵宝铸鼎原仰韶文化遗址群中小型遗址考古调查和勘探。"在灵宝铸鼎原遗址群中共选择6处较为典型的中型和小型遗址分别进行了考古调查和勘探，包括东常、阳平寨、横涧、稠桑、永泉埠、北贾村等遗址。此次考古调查和勘探工作面积近60万平方米，发现遗迹十分丰富，有房址、壕沟、冲沟、灰坑、窖穴、陶窑、墓葬等。采集遗物有陶器、石器等，遗存年代以仰韶文化为主，另有少量为龙山文化时期。

此次考古调查和勘探，对于深入了解灵宝铸鼎原仰韶文化遗址群中型和小型遗址的文化内涵、分布特点、聚落布局和功能分区、聚落群等级划分，探讨灵宝铸鼎原聚落群内部的从属关系、区域社会复杂化和文明化进程等具有重要意义和作用。

（李世伟　魏兴涛　郭九行）

【渑池不召寨遗址考古调查和勘探】

调查时间：2022年5—7月

工作单位：河南省文物考古研究院　三门峡市文物考古研究所　渑池县文化广电和旅游局

不召寨遗址位于三门峡市渑池县坡头乡不召寨新村南侧，距县城7.5千米，遗址三面环沟，地势北高南低，中部被一条无名沟分割为东、西两区，西区为不召寨老村，东区为耕地。遗址断壁上暴露有灰坑和文化层，厚度2—3米，采集陶器标本以灰陶为主，黑陶次之，纹饰主要有绳纹、篮纹、方格纹、附加堆纹等，器形有鬲、罐、鼎、盆、瓮、豆、杯等，石器有斧、镞、刀等。

不召寨遗址于1921年由中国学者陈德广发现，后瑞典地质学家安特生进行试掘，获取了一批实物资料。1951年中国科学院考古研究所河南调查团夏鼐等对其进行了调查。1962年中国社会科学院考古所方酉生等对该遗址进行了调查。1963年6月，被河南省公布为第一批重点文物保护单位。2013年被国务院公布为第七批全国重点文物保护单位。

本年度受渑池县文旅局委托，为渑池不召寨遗址文物保护规划编制提供考古资料，实施河南省文物保护专项经费项目"渑池不召寨遗址考古调查和勘探"，河南省文物考古研究院等单位对不召寨遗址进行了系统性的考古调查和勘探工作。

经考古调查勘探，渑池不召寨遗址现存面积约10万平方米，发现遗迹十分丰富，有房址10余座、壕沟1条、冲沟3条、灰坑400多座、陶窑1座等，采集大量龙山文化时期遗物，有陶器、石器等。此次考古调查和勘探对深入了解不召寨遗址的分布范围、文化内涵、地层堆积、遗迹分布、聚落布局等具有重要意义，同时为不召寨遗址文物保护规划的编制工作提供了较为翔实的考古资料。

（李世伟　崔博非　贺晓鹏　马彩霞）

【漯河市2021—2022年史前考古调查】

调查时间：2021年7月—2022年12月

工作单位：复旦大学文物与博物馆学系　河南省文物考古研究院漯河市文物考古研究所

漯河市文物考古研究所、复旦大学文物与博物馆学系与河南省文物考古研究院联合开展河南省漯河市史前考古调查工作，全面复核历次文物普查和新发现的史前遗址信息，共计对74处史前遗址进行细致的调查记录工作，内容主要包括：大量采集文物标本以确认遗址文化内涵，钻探确认遗址分布范围并以图文形式记录探孔信息，清刮自然断面并以图文形式记录地层信息，借助RTK设备精确地记录遗址中心、钻探探孔和自然断面的地理坐标位置。另外，对各县区存放的历次调查采集的文物标本进行逐件复核。

通过对调查采集的文物标本进行鉴定分析，同时结合漯河境内相关遗址的田野考古报告，确认当地在旧、新石器时代过渡时期分布有舞阳大岗1处细石器文化遗址，在新石器时代分布有舞阳贾湖等4处贾湖文化遗址、舞阳张王庄等4处仰韶文化早期遗址、舞阳阿岗寺等9处仰韶文化中期遗址、舞阳湖南郭等8处仰韶文化晚期遗址、郾城土城王等15处大汶口文化晚期遗址、郾城郝家台等70处龙山文化遗址，在青铜时代早期分布有源汇皇寓等26处二里头文化遗址。

随着大岗、贾湖、张王庄、土城王、郝家台、皇寓等遗址的田野考古研究成果陆续发表，漯河境内史前考古学文化谱系和年代框架已经基本完善。在此基础上，河南省漯河市2021—2022年史前考古调查工作成果在宏观层面呈现出较高精度的区域史前聚落演变历史。调查为学界进一步结合科技考古研究成果深入探索中原南部以及黄淮平原西部地区史前文化传播、人口迁徙、人地关系等学术课题提供了重要的基础资料。

（刘　晨　李　唯　梁法伟）

【宝丰县父城遗址考古调查与勘探】

调查时间：2021年6月—2022年5月
工作单位：河南省文物考古研究院

宝丰县父城遗址位于平顶山市宝丰县城东20千米李庄乡的古城村、马王庄、杨庄村及附近区域，遗址区中心地理坐标，北纬33°50′59″，东经113°15′04″，海拔113—114米，地势南高北低，南面紧挨龙山，处于缓山平坦地带，起源于龙山的运粮河，南北穿过城区，国道311东西向穿过外城东北角。

2021年6月底，河南省文物考古研究院工作人员全面开展对父城遗址的考古调查与勘探工作，至2022年5月初步完成了田野考古调查与勘探工作，历时约8个月。

依据考古调查与勘探工作的初步总结，父城遗址呈东西向的长方形，且为外城、内城、宫城的城市格局，整体遗存分布平面呈东西向长方形，城址分外城、内城和宫城。外城呈长方形，整体遗存东西长1900米，南北宽1360米，面积约258万平方米；内城位于外城内西北角区域，大致呈长方形，城台高3米，内城面积约71万平方米；宫城位于内城西北角区域的台地上，平面基本呈方形，面积约3.4万平方米。运粮河自南向北纵贯外城，紧邻内城东城墙，将外城分成东、西两部分。古长城位于父城遗址的东南方向约1800米的山坡上，现今保存长度约540米。墓葬区位于城址的南侧，即龙山的北侧缓坡区域，墓葬区东西长约2177米，南北宽约1200米，面积约260万平方米。白雀寺位于内城南侧，目前建筑为近现代重建。三姑墓位于内城东北角，东临运粮河，保存现状良好。城内遗址区发现多处夯土遗迹。冯异墓位于尚王村北侧，现状为墓园形制；王霸墓位于外城东城河南端东侧区域。

父城遗址是一处形成时间较早、沿用时间悠久、面积巨大、文化遗存类型丰富、历史文化内涵深厚的城址聚落遗址。聚落内遗存的最早年代至商周时期，春秋战国时期筑城，汉代重修，沿用至魏晋等多个时期，文化遗存规模巨大，类型丰富。父城遗址的三重城市布局、墓葬区、古长城、手工业作坊、运粮河等文化遗存是研究我国古代城市规划思想和城市发展的重要实物资料。同时，父城遗址是我国古代南北文化的分界和重要的地理界线，南北区域人口融合和文化交流为父城遗址增加了深厚的历史文化内涵。

（马俊才　李标标）

湖 北 省

【当阳九里岗旧石器时代遗址】

发掘时间：2022年7—10月

工作单位：湖北省文物考古研究院　宜昌博物馆　当阳市博物馆

九里岗遗址位于当阳市庙前镇井岗村四组，中心位置地理坐标北纬30°52′17.22″，东经111°53′12.23″，海拔高程约52米。为配合沿江高铁荆门至宜昌段基本建设，对其进行了发掘。

通过地表踏查及断面观察，确定九里岗旧石器时代遗址的分布范围约25万平方米，三处较密集的区域分别命名为第一、二、三地点。施工线路涉及的第二地点断面显示，包含有打制石器的地层距离地表最深处达4.2米，平均堆积厚度为2.5米。本次布方面积500平方米，发掘区域内晚更新世地层之上有厚达1—3米的近现代堆积，已发掘的晚更新世地层由上至下可分七层（第②至⑧层），除第⑧层以外，第②至⑦层均出土有石器，其中又以第⑥层出土的石器最为丰富，可能为小型石器加工场。共出土石制品333件，类型有手镐、砍砸器、尖状器、刮削器、石核、石片、断块、石渣等，打制技术以锤击法为主，石料多为采自河滩的块状砾石，岩性主要为黄褐色、白色石英岩，占总数的75%以上，次为黑色硅质岩，另有少量黄色砂岩、白色脉石英等。

九里岗处于山前岗地，是早期人类从洞穴走向平原的过渡性遗存。遗址年代主体为旧石器时代中期，并一直延续至晚期，为人们提供了一个年代跨度较大且连续不断的纵剖面，对于揭示早期人类的生产生活及与环境变迁的关联等问题，具有较重要的学术价值。

（钟　倩）

【竹山县鱼岭旧石器地点】

发掘时间：2022年11—12月

工作单位：湖北省文物考古研究院

鱼岭旧石器地点位于十堰市竹山县潘口乡原方井村四组，现鱼岭村五组，处于汉江一级支流堵河南岸的阶地之上，整体为一处东南—西北走向的坡地，为一处小型的旧石器古人类遗址。遗址中心位置地理坐标北纬32°12′20.92″，东经110°10′14.27″，海拔286.59米。地表现有植被以玉米、灌木丛、裸露的砾石碎块为主。2022年9月为配合十堰竹山潘口抽水蓄能电站建设过程中调查发现，地表散落石核、大型石刀、砍砸器等石制品。

鱼岭旧石器地点现存面积约5000平方米，核心分布区面积1000平方米。发掘区布设探方两个，总计布方面积200平方米，实际发掘面积162平方米。通过本次发掘，发现该地点的地层受后期扰动较为严重，遗址上部仅保留表土层，表土层下即为生土及山体基岩，表土层为黄灰色土，土质松软，结构疏松。在发掘区内广泛分布，堆积表面为斜坡状，局部地层保留较深，达70厘米，大部分区域深度不足30厘米。该地层出土了大量的古代文化遗物，其中以石制品为主。

根据对遗址的地层成因初步分析，鱼岭旧石器地点的地层受到后期持续不断的扰动和破坏，表土层中出土的大量不同时代的文化遗物表明，该地区自从旧石器时代以来留下了大量史前时期的文化遗物，出土的许多石制品具有强烈的地方文化特征。

鱼岭旧石器地点主要文化内涵以旧石器时代石制品为主，主要石制品类型包括备料、石核（包括尝试石核）、石片、石锤、砍砸器等类型，整体石制品类型较为简单，且石料的利用较为粗犷，石核的整体剥片效率较低，工具也仅仅做初步的加工和修理。石制品整体呈现出南方较为典型的砾石工业传统，工具种类相对单一，石料利用就地取材，未发现外来石料。通过对堵河流域的局部调查，竹山地区堵河流域的黄土发育较为理想，县城悬鼓洲、柿湾等地均发现石制品，表明该地区具备从事旧石器考古工作的巨大潜力。

（董 兵）

【天门市吴家坟头新石器时代遗址】

发掘时间：2022 年 7—10 月
工作单位：武汉大学历史学院 湖北省文物考古研究院 天门市博物馆

吴家坟头遗址位于天门市石河镇石岭村委六组西南约 500 米，南距唐马台遗址 250 米，地理坐标为北纬 30°43′45.52″，东经 113°6′49.98″，海拔高程 35 米。沪渝蓉沿江高铁武汉至荆门段从遗址穿过。遗址现存面积约 3 万余平方米，主体位于 G240 国道东侧台地上。根据第三次全国文物普查资料和湖北省文物考古研究院 2022 年初的调查发现，在吴家坟头遗址存在较多灰土区域，并且发现有鼎、瓮、罐、器盖、红陶杯等器物的残片，还发现有石斧、石凿等石器。

为配合沪渝蓉沿江高铁的文物保护工作，2022 年 7 月初，在湖北省文化和旅游厅的组织下，由湖北省文物考古研究院和武汉大学历史学院联合承担天门吴家坟头遗址的考古发掘工作。

遗址发掘面积 445 平方米，发现新石器时代遗迹共 4 处，从早到晚包括油子岭文化早期的房屋基址和灰沟各 1 处，屈家岭文化灰坑 1 个，石家河文化壕沟 1 条。

油子岭文化发现房屋 1 处即 F2，灰沟 1 条即 G4。F2，西北部被石家河文化 G3 破坏。其原始形状为长方形，复原东西长 10.6 米、南北宽 7.8 米。F2 现存部分的结构有基槽、柱洞、门道、房屋垫土、居住面等。在房屋垫土及基槽内发现较多的陶片，以薄胎的泥质黑陶居多，其次为薄胎的泥质灰陶，少量的泥质黄灰陶，表面施红衣。器类以鼎、簋、圈足盘、豆、碗、器盖等为主。G4，平面形状为不规则长条形，斜壁，沟底较平。沟壁与底部均较为粗糙。沟口东西长 7.3 米，宽 0.32—2.46 米，深度约 0.2—0.58 米。沟内填土为灰黑色土，包含有大量陶片、红烧土块等。陶片器形以鼎、簋、圈足盘、豆、碗、器盖等为主。F2、G4 均属于油子岭文化早期，与龙嘴城址年代同时。

屈家岭文化发现灰坑一个，即 H1。平面形状呈不规则的椭圆形，长 1.74 米、宽 1.44 米，最深约 0.4 米。坑壁斜收，底部较平。坑内出土陶片主要有灰陶、黑陶和红陶，陶片普遍器壁较薄，可辨器形主要有凹弧鼎足、双腹碗、钵、器盖等。

石家河文化发现壕沟一条，即 G3。因发掘面积有限，此次发掘仅揭示了 G3 的东部边沿。G3 平面形状为不规则长条形，斜壁，斜坡状底，沟壁与沟底均较为粗糙。发掘部分沟口宽 2.8—11.7 米，深度约 0.5 米。沟内填土分两层：第①层，厚约 0.05—0.2 米，土色浅灰，土质较硬，包含红烧土块、陶片、石器等；第②层，厚约0.05—0.35米，土色灰黑，土质较硬，包含红烧土块、陶片、石器等。两层出土陶器均包括大量扁折腹鼎、红陶杯、篮纹罐、缸等。

吴家坟头遗址文化遗存较为丰富，遗址新石器时代文化堆积从早到晚可分为油子岭文化早期、屈家岭文化、石家河文化三个时期。过去汉东地区的考古发现中，经科学发掘存在油子岭文化早期遗存的遗址较少，只有天门龙嘴、谭家岭、京山油子岭等少量几处。此次吴家坟头此时期遗存的发现，无疑为研究油子岭文化早期遗存的谱系与区域聚落形态增添了资料。而吴家坟头遗址西北距石家河遗址群约5千米的范围内，因而屈家岭文化、石家河文化遗存的发现，为考察石家河古城与其周边众多卫星聚落之间的关系增添了新资料。

（袁飞勇　曹　昭）

【天门市段家湾新石器时代遗址】

发掘时间：2022年8—10月

工作单位：武汉大学历史学院　湖北省文物考古研究院　天门市博物馆

段家湾遗址位于天门市石河镇石岭村委七组，遗址中心点的地理坐标为北纬30°44′23″，东经113°7′25″，海拔高程25米。遗址位于一处略高于四周的台地上，台地东西长约170米，南北宽约100米，面积约1.7万平方米。通过勘探发现遗址文化堆积主要分布在台地西北部，深度0.2—2.2米不等，分布面积约5000平方米。由于沪渝蓉沿江高铁武汉至荆门段从遗址穿过，2022年8月初，在湖北省文化和旅游厅的组织下，湖北省文物考古研究院和武汉大学历史学院联合对段家湾遗址进行考古发掘工作。

段家湾遗址发掘面积171平方米，发现新石器时代遗迹共23处，分别属于油子岭文化早期和石家河文化。

油子岭文化发现灰坑6个、房屋基址4处、灰沟3条、烧土堆积1处。灰坑包括H7—H12，以H7为例。H7开口于第③层下，打破第④层，伸入发掘区外，发掘部分呈不规则三角形，斜壁，坑底凸凹不平。坑口长3米、宽1.9米，坑底长2.88米、宽1.82米，深1.02米。坑内填深灰色土，土质较疏松，夹有草木灰、红烧土块等，出土陶片以夹砂红陶最为多见，其次为泥质灰陶与黑陶，器表多为素面，可辨器形有鼎、罐、钵、豆、圈足盘、器盖等。

房屋基址包括F2—F5，以F2为例。F2开口于第④层下，打破第⑤层及生土。长约3.35米、宽约2.85米，为大致呈东北至西南走向的长方形单间房屋，共9个清晰柱洞，分三排。柱洞均为圆形，排列较为整齐，除d7直径0.20米、深0.18米外，其余柱洞直径皆为0.30—0.40米、深0.25—0.38米。

石家河文化发现灰坑6个、房屋基址1处、灰沟1条。灰坑包括H1-H6，以H1为例。H1开口于第①层下，打破第③层。平面呈不规则长方形，斜壁，平底。坑口长1.84米、宽1.56米，坑底长1.60米、宽0.46米，深0.40米。坑内填灰黑色土，土质疏松，含有少量红烧土块。出有少量陶片、石器，陶片器型主要有红陶厚胎杯、篮纹罐、缸、钵等。

房屋基址发现1处，即F1。F1开口于第②层下，打破第③层。从已暴露情况看，长约6米，宽约1.8米，大致呈东北至西南走向，长方形，单间房，共8个清晰柱洞。柱洞皆为近圆形，除d7较大，直径达0.50米、深0.16米外，其余一般直径0.25—0.31米、深0.14—0.16米。

灰沟发现1条，即G1。G1平面呈不规则长条形，斜壁、平底。沟口长4.88米、宽

0.60—0.92 米，沟底长 4.70 米、宽 0.42 米，深 0.34 米。填深灰色土，土质较致密，含有较多红烧土颗粒及草木灰。出有较多陶片，器形主要有盆形鼎、篮纹罐、缸等，尤以红陶杯最为常见。

段家湾遗址文化遗存较为丰富，遗址新石器时代文化堆积主要包括油子岭文化早期、石家河文化两个时期。汉东地区的考古发现中，经科学发掘的存在油子岭文化早期遗存的只有天门龙嘴、谭家岭、京山油子岭等少数几处。此次段家湾遗址油子岭文化早期遗存的发现，无疑为研究该遗存的谱系及区域聚落形态增添了新资料。而段家湾遗址处于西北距石家河遗址群约 5 千米的范围内，因而屈家岭文化、石家河文化遗存的发现，为考察石家河古城与其周边众多卫星聚落之间的关系增添了新资料。

（曹　昭　袁飞勇）

【天门市唐马台新石器时代遗址】

发掘时间：2022 年 7—12 月

工作单位：湖北省文物考古研究院　中国科学技术大学　山西大学　湖北大学　天门市博物馆　长阳县博物馆

天门唐马台遗址群位于天门市石河镇姚岭村七组，西北距石家河城址约 4.2 千米，东南距龙嘴城址约 1.8 千米。为配合沿江高铁工程建设，对该遗址开展考古发掘，合计发掘面积 1000 平方米。

此次发掘分南北两区，共发现了新石器时代的油子岭、屈家岭、石家河、后石家河文化的遗存。各类遗迹单位 440 个，其中灰坑 348 个、灰沟 17 条、烧土堆积 22 个、墓葬 14 座、祭祀坑 9 个、瓮棺 5 个、房子 24 个、灶 1 座，另发现柱坑 93 个、柱洞 898 个。从质地上来看，发掘出土遗物中陶器占绝大多数，另有少量石器。陶器器形有鼎、罐、盘、杯、碗、钵、豆、壶、盂形器、瓮棺、纺轮、球、陶塑等，石器器形有斧、凿、锛、锤、刀、刮削器、雕刻器、锥、镞等。另外登记有小件 289 件。

油子岭文化时期遗迹类型主要为灰坑、灰沟和与房子有关的柱坑、柱洞、基槽等，并有少量保存较差的瓮棺。典型的器物类型有附斗形耳圈足盘、锥足垂腹鼎、宽扁足桶形鼎等，尤其值得注意的是，发现了一批彩陶片，图案内容较为丰富，有线纹、几何纹及与太阳有关的简笔图案。屈家岭文化时期遗存主要以墓葬和祭祀坑为主。发掘屈家岭时期墓葬 10 座，祭祀坑 9 座，随葬品普遍以排列整齐的列罐为主，祭祀坑主要器物组合为鼎和杯，鼎的数量一般为 3 个，杯的数量则不等，极个别祭祀坑器物还出土有壶形器；石家河文化时期遗迹类型有灰坑、灰沟、房子、瓮棺等。陶器以夹砂红褐陶和泥质灰陶为主，少量泥质黑陶，纹饰多素面，弦纹、网格纹等也占有相当大的比例，可辨器形有罐、缸、厚胎红陶杯等；后石家河文化时期的遗存基本被破坏，主要出土于近现代扰乱层第 1、2 层中，可辨器形有罐、瓮、厚胎红陶杯、陶塑等。

唐马台遗址群发现的油子岭文化时期遗存最为丰富，发现一批内容丰富的彩绘陶，其中与太阳有关的简笔图案反映了油子岭文化先民朴素的宇宙观，为研究油子岭文化人群的精神信仰提供了一批不可多得的研究素材。发现的屈家岭文化时期墓葬的列罐制度及特殊的祭祀习俗，在江汉地区屈家岭文化中发现极少，为研究屈家岭文化的葬礼、祭礼及文化面貌提供了一批较为特殊的新材料。唐马台遗址群遗存从油子岭文化时期至后石家河时期，延续时间长，为研究石家河城址与龙嘴城址周边聚落分布、相互关系及江汉地区的文化变迁，甚至于研究长江中游地区的新石器时期的文明序列，均有重要的意义。

（史德勇）

【天门市梅家大湾新石器时代及明代遗址】

发掘时间：2022年7—12月

工作单位：湖北省文物考古研究院

梅家大湾遗址位于天门市佛子山镇神祖台村戴河大队一组。地形上处于一长方椭圆形岗台地，台面较平坦，黎家沟从遗址北、东两侧汇流入西河。面积约66000平方米。遗址于全国第三次文物普查时发现。2008年"大洪山南麓史前遗址区域系统调查"课题对该遗址进行了复查。

2022年为配合新建沪渝蓉高速铁路（武汉至宜昌段）建设项目工程，经国家文物局批准，湖北省文物考古研究院对工程沿线区域进行田野考古发掘，发掘面积800平方米，发现遗迹94个，包括墓葬45座、房址10处、灰坑27个、灰沟1条、窑址1座、零散柱洞10个。这些遗迹单位大概分为两个时期，分别为油子岭文化晚期和明代。

遗址发现的油子岭文化晚期房址分为带柱洞的木骨泥墙和黑色填土墙基式。其中发现的F10，可以分为上、下两层堆积，上层叠压有密集红烧土块和猪骨的废弃堆积层，其下层叠压8个柱洞，围成2米宽的正方形，活动面为褐色生土堆积，较致密，其上出土2件石钺、1件石璜。柱洞均为直接0.3米、深0.5米的圆形。根据每个柱洞的倾斜度，可知八个柱洞深度倾斜为内向式，推测该遗迹可能为一座祭祀性柱台。油子岭文化晚期墓葬1座，填土为烧土，根据人骨形状，可知为仰身直肢葬，随葬1件夹砂红陶鼎。出土遗物以陶器居多，多见黑陶、红陶，出土少量彩陶，可见有鼎、碗、盖、罐、杯、盆、球、纺轮等器形。石器多为常见的石斧、锛、凿、砺石等器形。

明代遗存均为长方形竖穴土坑墓。墓葬大小、形制相似，单木棺，葬式均为养身直肢葬，头向西北，多数墓葬未见随葬品，部分墓葬在人骨头部见有铜钗、陶瓦等。墓葬大致分为东、中、西三个片区家族。东部片区为黎氏家族。其中比较重要的是在M16墓葬开口处出土一件买地书契，记录"大明国湖广道承天府沔阳州景陵县崇造乡冯溪村张家庄土地奉神墓中亡人黎大春"等文字。以其为标准，家族墓连排分布，基本位于同一条线上。

遗址东距石家河遗址群谭家岭古城2.2千米，考古发掘证实，其为石家河城址西部保存较好、文化堆积较厚、面积最大的附属聚落。揭示了在这个区域内，人群围绕谭家岭古城开始逐渐形成大规模的遗址群。祭祀柱台的发现对理解区域文明、不同区域文化交流具有重要的学术意义。明、清墓葬内出土的买地券可以从历史、地理角度证实该地域地名的变迁。

（李晓杨）

【荆门屈家岭新石器时代遗址】

发掘时间：2022年2—12月

工作单位：湖北省文物考古研究院　荆门市博物馆　荆门市屈家岭遗址保护中心

屈家岭遗址是屈家岭文化的命名地，位于荆门市屈家岭管理区屈岭村和京山市（原京山县）雁门口镇高墩村。遗址总面积2.84平方千米，是以屈家岭遗址点为核心，包括殷家岭、钟家岭、冢子坝、九亩堰、禾场、土地山和杨湾等遗址点为一体的新石器时代大型环壕聚落。

2022年度，屈家岭遗址考古队以聚落

与的基本理念为指导，选择屈家岭遗址点南部岗地为重点发掘区域，大范围整体揭露大型建筑F38，廓清其平面布局，以揭示其建筑特征，共完成发掘面积800平方米。

本年度发掘出土完整及可复原文物约60余件，包括陶器和石器两类，陶器主要为陶祖形器、缸、鼎、盆、碗、罐、豆、壶形器、蛋壳彩陶杯、红陶杯、盖、纺轮和环等；石器主要为砺石、斧、锛和镞等。器物年代集中于屈家岭文化至石家河文化时期。

此次发掘所获基本为生活类遗存。出土陶片较多的灰坑多位于西北部地势较低的区域，房址则分布在中部地势平坦的位置，灰坑多打破房址。

遗迹方面最主要的发现为完整揭露了一处总面积近300平方米的房址F38。F38为平面呈东北至西南向的近长方形多间建筑，面阔四间，发现有建筑基础和大范围分布的垫土，未发现墙体、基槽和活动面。F38主体部分南北长约27米、东西宽约9.5—10米，由建筑基础合围而成的区域占地面积约270平方米，自北向南各间的面积分别约为95、40、40、95平方米。建筑主体的西部存在疑似"廊道"，目前已揭露东西长约6.5米、南北宽约3.5米，面积不少于20平方米。

F38的特别之处在于它的基础和垫土均经过特殊处理。从现有的剖面观察，F38在完成选址之后，先将选定区域内原有的堆积取走，使其形成巨大的锅底状坑，然后用黄土进行铺垫，其中黄色垫土较为纯净，应经过取土、搬运、晾晒、铺垫等一系列过程。黄土铺设的面积约400平方米，周边较薄，厚约5—10厘米；中部最厚，厚约120—150厘米。在垫土之上再次挖坑做基础（称之为"筑坑"），做基础的流程为：挖坑－烧烤坑壁使其硬化－局部涂抹黄泥并再次烧烤使其硬化－填筑细碎红烧土颗粒并夹杂有少量褐色黏土（部分基础填土为分层填筑）。基础尺寸最大者东西长约200厘米、南北宽约150厘米，大型基础往往位于建筑的分间拐角处，起承重作用；尺寸最小者长宽一般在20—30厘米，基础现存深度均不低于65厘米。依据F38建筑规模及特点，推断其为一处公共礼仪性建筑，应为举行大型集会的公共场所。

多年的工作表明，屈家岭遗址点南部岗地应为屈家岭文化至石家河文化时期的中心居住区，本年度发掘对于进一步探索该遗址的功能区划及其历史性演变具有重要意义。

（陶　洋　张德伟）

【保康穆林头屈家岭文化遗址】

发掘时间：2022年10月—2023年1月
工作单位：湖北省文物考古研究院

穆林头遗址隶属襄阳市保康县马良镇紫阳村七组，位于保康县城东南约45千米的重阳盆地西北部的紫阳台地上。重阳盆地为荆山山脉中的一个小盆地，呈西北至东南向，面积约2平方千米，沮河由西北向东南横穿整个盆地。紫阳台地处于盆地的北部，台地北高南低，北依雏山余脉，南临沮河，西临重溪河，东部山中有一条小溪流出，注入沮河。遗址分布于紫阳台地上，大致呈长方形，面积80万平方米。遗址因20世纪70年代烧砖窑取土遭到严重破坏，现存面积约10万平方米。遗址核心区位于台地西南部，南北长约400米，东西宽约200米，面积约8万平方米。中心位置地理坐标为北纬31°29′07″，东经111°22′46″，海拔高程306米。

穆林头遗址于第二次文物普查时发现，1982年列为县级文物保护单位，2021年列为省级文物保护单位。2017年，为配合国家文物局"考古中国·长江中游文明进程研究"课题的开展，湖北省文物考古研究所（现湖北省文物考古研究院）与保康县博物馆联合组队，对遗址进行了首次发掘，发现了一批屈家岭文化时期高级别墓葬，出土了玉璇玑、玉钺、成组合的陶礼器等重要文物，为屈家岭文化高等级墓葬的研究提供了极有价值的资料，促进了长江中游文明进程的研究，引起学界的关注。2022 年，为了进一步弄清墓地的分布范围和遗址的性质，湖北省文物考古研究院与保康县博物馆再次联合组队，对遗址进行了第二次发掘，取得了一批新成果。

此次在上次发掘区北接着布了 23 个方，与前次发掘统一编探方号。目前发掘面积 500 平方米，发掘新石器时代墓葬 8 座，灰坑 35 个，房址 7 座，其中有一座∏字形排房，窑 2 座。西周半地穴房址 2 座、灰坑 2 个，东周墓 8 座，清代墓 23 座。出土有硫化铜矿石、玉钺、玉璋及玉璜、玉镯、银钗、银戒子、银耳环、铜坠子等饰件和少量乾隆通宝等。

穆林头遗址的发掘是长江中游文明化进程考古的重要发现，此次发掘完整地揭露了一处屈家岭文化时期的核心聚落，基本弄清穆林头遗址核心聚落的布局：北面为居住生活区，南部为墓地，东边挖有人工壕沟，壕沟外为耕作区。前后两次考古发掘表明，该遗址是一处高等级的聚落遗址，其聚落功能完备、分区明显，有较为发达的手工业和农业。穆林头遗址新石器时代遗存的揭示对于屈家岭文化时期聚落形态和高级别墓葬葬俗研究提供了极有价值的材料，对于长江中游文明进程的研究具有重要的参考价值。同时，发现的西周遗存对早期楚文化研究提供了重要依据。

（笪浩波）

【襄阳市凤凰咀新石器时代遗址】

发掘时间：2022 年 7—12 月

工作单位：武汉大学历史学院　湖北省文物考古研究所　襄阳市博物馆　襄州区凤凰咀遗址保护中心

凤凰咀遗址位于汉水中游、南阳盆地南缘，在行政区划上隶属于襄阳市襄州区龙王镇前王、闫营两村。中心地理坐标为北纬 32°14′42.67″，东经 111°59′20.39″，海拔 94 米。遗址于 1957 年第一次全国文物普查中发现，随后，历经数次复查。2016、2018 年，武汉大学历史学院考古系、湖北省文物考古研究所先后对其进行了踏查和全面勘探，确认为一处城址。2019 年 2 月被列入湖北省荆楚大遗址保护传承工程，10 月被国务院公布为第八批全国重点文物保护单位。为了对凤凰咀遗址进行保护规划，武汉大学历史学院考古系自 2020 年至今连续进行了一系列的考古工作。凤凰咀城址加上周围附属聚落点总面积约 50 万平方米。2022 年的田野考古工作主要包括两个方面：一是在城内中部布设探方 14 个进行发掘，发掘面积 350 平方米，进一步明确了城址功能分区、布局及聚落演化，揭示了遗址文化序列与内涵；二是继续对凤凰咀城址进行系统性勘探，全面了解城址结构和外围遗存分布情况。

此次发掘共揭露和清理新石器时代房址 5 座、黄土堆 1 处、烧土堆 3 处、灰坑 79 个、瓮棺 7 座、黄土围 1 处。特别是由黄土围及黄土围内的多组房址和若干灰坑等遗迹组成的大型院落基址的发现，是本年度的主要收获。

共出土完整或可复原陶器 479 件、石器 245 件、骨角牙蚌器 30 件、玉器 8 件。另外提取人骨标本 3 份、动植物标本 428 份、土样 205 份、炭样（测年标本）118 份、红烧土墙块 246 袋等。年代主要为石家河文化，少量涉及到屈家岭文化。石家河文化陶器以泥质灰陶为主，其次为泥质褐陶和夹砂红陶，少量泥质红陶和磨光黑陶，器形主要有盆形鼎、高领罐、中口罐、甑、圈足盘、盆、擂钵、鬶、红陶杯、罘、缸、豆、彩陶壶、器座、器盖、纺轮、陶塑动物、人俑、环、网坠、球等。石器有钺、斧、锛、凿、磨石、箭镞、杵、刀、磨棒等。玉器有环、璜、棒饰、玉料等。骨器有锥、笄、镞、针等。屈家岭文化遗物较少，器形主要有盆形鼎、双腹豆、斜腹杯等。

2022年城内中部揭露出一处石家河文化时期院落基址，与2021年在城内南部揭露出的石家河文化时期院落基址形制基本类似，结合城内系统勘探，凤凰咀城内主要聚落形态应由多处院落基址组成。这种聚落形态一定程度上反映了凤凰咀城址内基本社会单元状况，如果一个土围院落代表多个家庭组成的家族，城内聚落布局反映的就是若干家族组成的社会。凤凰咀城的聚落形态在目前长江中游诸多城址中较为特殊，为研究长江中游新石器时代晚期的社会结构提供了重要资料。

（王　健　康禹潇　单思伟）

【天门市石家河新石器时代遗址】

发掘时间：2022年3—12月
工作单位：湖北省文物考古研究所　北京大学　天门市博物馆

石家河遗址位于长江中游腹地、江汉平原北缘与大洪山南麓相结合的山前地带。主体在东、西两河之间，东西横跨2千米、南北纵跨4千米，总面积约8平方千米。2022年发掘面积300平方米，发掘区域为谭家岭台地。

谭家岭台地地层堆积较厚，目前发掘至第5层，第1层为耕土层，第2层为扰土层，第3层为后石家河文化堆积，第4—5层为石家河文化堆积。发掘区遗迹分布密集，叠压打破关系复杂，共发现近现代墓葬8座，灰坑18个，灰沟5条，瓮棺葬1处，房址7处。房址的保存状况很差，修筑方式为先填筑房基，再开槽筑墙，平面形状大多为长方形，分单间和多间两种，均有柱洞，有些房屋存在红烧土墙，保存较好的房屋居住面上发现有灶坑。灰沟主要在台地南端，多属后石家河文化时期，灰沟内土为黑褐色，出土陶片较多。灰坑多为圆形，散布于整个发掘区域，灰坑内出土陶片较多，较少完整器，陶片中灰陶、黑陶、红陶均占有一定比例，有少量薄胎彩陶。以泥质素面为主，纹饰较简单，有方格纹、篮纹、附加堆纹、刻划纹、镂孔等。可辨器形主要有壶、豆、碗、杯、高柄杯、盆、高领罐、缸、器盖、纺轮、陶塑等，石器有石斧、石镞、石坠、石刀等。

谭家岭台地发现了后石家河文化时期房屋，证明后石家河文化时期此地仍为重要居住地，南部发现走向一致的4条灰沟可能与北部建筑有关；第3层红褐土堆积可能与后石家河人平整土地或修建房屋有关。F7、F8、F9、F10房址存在叠压打破的早晚关系，但是墙基走向基本一致，且与后石家河时期灰沟走向基本一致，说明此地一直有人延续居住或有限制房屋布局的因素，这为研究石家河遗址沿用年代提供了线索。通过发掘，对大型建筑F10有了更进一步的认识，确定F10有分间，了解墙基3层堆筑方式、墙1.2米宽，为寻找大面积房址或宫殿型建筑提供了线索。

（方　勤）

【武汉市盘龙城商代遗址】

发掘时间：2022年2—5月
工作单位：武汉大学历史学院　湖北省文物考古研究所　武汉市文物考古研究所　盘龙城遗址博物院

盘龙城遗址位于武汉市西北郊，现属黄

陂区盘龙城经济开发区叶店村，地理坐标北纬30°41′40″，东经114°15′57″，海拔约20—40米。遗址南临府河，东、北濒盘龙湖。在以往的工作中，盘龙城商代聚落的中心可见从南部、海拔较低的王家嘴地点向北部、海拔较高的杨家湾迁移。为进一步探索盘龙城早期遗存的年代和性质，揭示盘龙城遗址王家嘴地点聚落布局，寻找海拔低地是否存在相关生业遗存，2022年盘龙城联合考古队在2021年该地点工作的基础上继续在王家嘴地点展开考古发掘。本年度发掘，仍以府河大堤为界分为南、北两个区域，北部发掘区延续2021年发掘探方，南部发掘区则进一步向东扩方200平方米。此外，为探寻王家嘴岗地遗存分布状况，南部发掘区周边还展开进一步考古勘探，勘探面积10000平方米。本年度共清理、发现房址10处、灰坑24处，年代均为商代前期。

根据层位关系及出土遗物，本年度发掘区所见遗存主要分为三个阶段。第一阶段以H45、H47等灰坑为代表，层位上叠压于第二阶段的房址与灰坑下。灰坑多出土有大量陶片，可辨器形有扁足鼎、卷沿薄唇鬲、饰绳纹的鬲足、深腹罐、大口尊、细颈广肩壶、大口缸。参考以往盘龙城发掘材料，本阶段遗存的年代大致可对应于原报告盘龙城第一、二期，推断在夏商之际。此外，在南部发掘区本阶段H45下还发现有疑似建筑垫土的堆积，因水位较高未发掘，但指示出该地点存在更早阶段的遗存。

第二阶段为王家嘴地点遗迹最为丰富的阶段。这一阶段遗迹以F8、F9、F10、F11、F14等数座中大型的房屋建筑为核心，而在房屋南北两侧则分布有H15、H16、H26等巨大的灰坑，显现出了较为严格的规划布局。上述房屋均制作考究，多有多层垫土，房基长轴方向多为西南—东北走向。保存较好的F8，东西残长约25米，南北残宽10米，可分为6个隔间，推测门道方向约为280度。该房屋内使用纯净的黄色和红色黏土作为垫土，分块垒砌，解剖所见垫土残厚约0.7米。F17位于F8东侧，上部破坏严重，结构不详，但可见地基垫土大致呈方形，南北残长约15米，内柱坑直径约在30—40厘米，方向与F8一致，推测为一处等级较高的公共性的建筑。房屋南北两侧的灰坑内多分有数层，堆积方向呈现出由房屋向外倾倒，显现出灰坑内堆积与房屋功能的关联。这批灰坑出土有大量的陶片、石器，并零星发现有残铜工具和武器、绿松石片，陶器以平裆鬲、小口瓮、大口尊、爵、斝及大口缸等多见，另见有兽面纹残陶片。根据房屋垫土内和两侧灰坑出土陶器的情况，王家嘴第二阶段的房屋和灰坑遗迹最早营建应不晚于二里冈下层第二期，并延续使用至二里冈上层第一期，与北部城垣和宫殿基址的年代大体同时。

第三阶段遗迹仅见于南部发掘区，以F10和H30为代表，均叠压或打破于第二阶段的遗迹。F10仅残存垫土和两处柱洞，垫土同样由较为纯净的黄土和红土垒砌，垫土方向与第二阶段房屋不同，约北偏东10度。根据叠压打破关系和H30出土陶器判断，第三阶段遗迹可晚至二里冈上层第二期，即盘龙城聚落偏晚阶段。

此外，为进一步了解王家嘴岗地早期遗存堆积的形成过程及分布范围，考古团队在发掘区内进一步布设解剖沟进行发掘，并在周边区域展开了重点勘探，发现目前王家嘴南部发掘区所见房屋遗迹和灰坑下叠压有大范围的黄土堆积，部分地点黄土铺垫厚达1—1.5米。据此推测，盘龙城王家嘴岗地南部早期进行过大规模的人工修整，形成一处黄土台地，并在此基础上营建聚落。

基于以上考古发现，本年度盘龙城遗址

的考古发掘主要有以下几点收获。其一，王家嘴发掘区内发现的多处二里冈下层偏晚至二里岗上层一期的房址与灰坑，聚落布局有序，房址规模较大、营建考究，周边灰坑还见有如兽面纹陶片、绿松石片等，反映出这一区域与盘龙城城垣和宫殿同时属于一处较高等级的居民点。其二，本年度考古发掘发现了一批属于盘龙城遗址偏早阶段的遗迹与遗物，为揭示盘龙城聚落的始建年代和这一阶段的文化性质，认识早期中原王朝对长江流域开发提供了线索。其三，王家嘴地点文化堆积部分厚达约2.5米，使用有着很强的延续性，为探索盘龙城建城早期外围聚落与地理景观的变迁、重塑当时的聚落景观提供了重要资料。其四，王家嘴地点的灰坑内填土附含有大量炭样，并在发掘过程中获取了大量土壤、炭样样本，目前已发现有一定数量的植物种子碳化颗粒，为遗址碳十四测年奠定了基础，为探讨遗址聚落环境和早期人类生业积累了材料。

（朱浩杰　孙　卓）

【赤壁大湖咀两周时期遗址】

发掘时间：2022年7月—2023年1月

工作单位：湖北省文物考古研究院　赤壁市博物馆

赤壁市大湖咀遗址为2022年新发现并通过考古工作确认的西周城址。该遗址位于赤壁市高新区赤马港办事处夏龙铺社区三组，平均海拔约35米。遗址北距107国道约200米，南距京广铁路线约500米。根据同治《蒲圻县志》的记载将其命名为大湖咀遗址（发掘执照中名为"大湖咀龚家遗址"）。

该遗址外围有城垣和护城河环绕，城址分为东、西二城，城内总面积约17.2万平方米，为长江以南面积最大、保存最完整的西周城址。城内地势较高，总体上呈南高北低、东高西低的地势。现地表可见东城的北垣保存较好，残高约5—6米，城垣顶宽约7—8米，底宽约12—13米，城壕宽约20—30米。发掘解剖显示，东城东墙外侧中部护城河的宽度约18米，深约2.5米（目前揭露到G5⑥层，暂未清理到底部），内侧较陡、外侧较为平缓。

2022年发掘成果初步显示该城的年代约为西周中期至春秋晚期，遗址文化面貌呈现出大路铺、周文化、楚文化前后相继的阶段性变化。此次发掘初步揭示城内功能分区，清理出护城河、房址、窑址、水井、灰坑等大量遗迹，出土锡扁壶、青铜器、陶器、石器等各类文物标本200多件，对于研究长江以南地区商周时期考古学文化谱系具有重要价值。

（凡国栋）

【当阳北木岗东周墓地】

发掘时间：2022年7—10月

工作单位：湖北省文物考古研究院　宜昌博物馆　当阳市博物馆

北木岗墓地位于当阳市庙前镇井岗村与旭光村交界处，中心位置地理坐标北纬30°52′35.18″，东经111°54′02.57″，海拔高程约62米。为配合沿江高铁荆门至宜昌段基本建设，进行了发掘，布方2000余平方米，发掘了23座竖穴土坑墓（M1—M23）和3座车马坑（CMK1—CMK3）。

土坑墓可分为三类：第一类甲字形，墓葬较大，共8座，斜坡墓道朝东，其中三座残留黄色封土痕迹，葬具分一棺一椁和单木棺，人骨大多锈蚀不存，因均被盗扰，墓室内散存少许随葬品；第二类较大、较深，无墓道，共10座，未发现明显盗扰痕迹，除少数墓葬出土有少量铜剑、铜带钩、陶器、玉器之外，大多墓葬未发现随葬品，极少为一棺一椁之外，其余均为单棺，可辨葬式为仰身直肢；第三类较小较浅，无墓道，共5座，集中分布于发掘区西北角，除极少可见单棺痕迹，大多未见棺痕，据残存人骨痕迹推测应为仰身直肢；未发现随葬品。

车马坑均东西向，带有西向的通道，一车二马。CMK1保存状态较差，仅在通道口发现两具马头骨，马身躯仅残存部分痕迹。CMK2、CMK3衡西舆东，两马反向躺卧于辕的两侧，头西尾东，车的结构可分为衡、轭、辕、舆、轮五部分组成。较为特别的是，CMK3在车舆下有一狗骨。根据墓地整体布局，三座车马坑对应东侧M3、M21、M26。

随葬品共78件/套，可分为铜、陶、玉、铁、骨等类。（1）铜器共50件/套，可分为兵器、车马器、服饰器、容器、衡器以及其它。兵器有剑、戈、箭镞等，车马器种类有盖弓帽、车辖、马衔、铜环、壁插等，服饰器主要为带钩，容器仅见勺，衡器仅见砝码，其它铜器有铺首衔环、器钮、棺钉、环、叉形器、铜钱等，铜器残片可辨器形有鼎、钫壶等。（2）陶器共17件，器类有壶、鼎、簠、勺、纍、鸟、料珠等。（3）玉器共7件/套，器类有组件（管、玦、珠）、璧、环、佩、璜等。组件1套，出土于M23，由105件玛瑙珠、16件管、19件玦、20件绿松石料珠、9件绿松石料管组成。（4）铁器2件，分别为环首削刀和棺钉。（5）骨串有管和珠等类。

根据出土器物形制，推测该墓地年代在春秋战国之际。墓地埋葬比较有规律，应为一个小型家族墓地。从墓葬形制和残存随葬品来判断，甲字形墓墓主为中低等的士一级，竖穴土坑墓墓主为没落的士一级或者平民。

（余朝婷）

【京山苏家垄东周遗址】

发掘时间：2022年3—11月

工作单位：湖北省文物考古研究院

2022年在以往工作基础上继续在遗址点西部发掘，紧邻2021年西部发掘小区。面积600平方米，共布方24个。发掘区地层堆积厚薄，差异较大，北部堆积较浅，共有4层堆积：第1层为现代耕土层，第2层为近现代扰动层，第3层为清代文化层，第4层为东周文化层，部分探方第3层缺失，仅有3层。西、南部共有6层堆积：第1层为现代耕土层，第2层为近现代扰动层，第3层为清代文化层，第4层为汉代文化层，第5、6层为东周时期文化层。

发现的遗迹较为丰富，其中发掘区东北部遗迹较为密集，而中、南部较为稀疏。共清理灰坑33座、灰沟5条、水井1座、陶窑1座。出土的遗物较为丰富：以器物陶片最多，以夹砂红陶、褐陶居多，次为泥质灰陶和泥质黑皮陶，少量的夹砂灰陶。器形有罐、盂、鬲、甗、豆等。此外还有陶工具、窑壁、炼渣、石、铜、铁器。各类小件器物共47件：陶器共计17件，其中陶容器11件，器类有盂、罐、鬲、豆、钵；陶拍（垫）5、纺轮1件。石器共计18件，有锛4、斧2、凿1、锤3、刀3、砧2、砺石3件。铁器共4件，斧1、锄1、残块2件。铜器8件，铜镞2、斧1、刀1、凿1、镰1、残片2。

此次发掘区仍为制陶作坊的一部分，且发掘区已处于制陶作坊的西部边缘，新发现的各类遗存进一步加深了对遗址制陶作坊区空间布局、年代、规模等的认知。新发现的铁斧与铜斧器型相近，与2020年发现的两件斧相同，证明这类器物的出现和使用绝非偶然，客观地反映了战国早期曾国的部分铁器的实际使用情况，为研究铁器在曾国的生产和应用提供了新的重要资料。同时，反映出在生铁技术系统南传的进程中，铁器器形直接模仿青铜器的普遍状况，暗示了冶铁生产已经本地化。新发现的各类遗存加深了对遗址文化内涵、性质等的认识。为苏家垄国家考古遗址公园的保护、规划、建设提供更丰富的基础考古材料。

（席奇峰）

【荆门双河桥东周遗址】

发掘时间：2022年7月—2023年1月
工作单位：湖北省文物考古研究院

双河桥遗址位于大洪山南麓的荆门市屈家岭管理区，地处季河与汉北河古河道交汇处。经前期调查、勘探，推测该遗址可能为一处保存有古城墙的古代城址，总面积约70万平方米。遗址东北部和东南部地表现存可见部分土墙，长约900米，残高1—2米，残存顶宽7—8米；西部、西北部及西南部经勘探存有外壕，宽约30—40米。

为配合高速铁路文物保护工程，湖北省文物考古研究院在此进行抢救性考古发掘，共发掘面积1100平方米，发现了一批种类丰富、内涵清晰的东周遗存，其中灰坑137个、房址7座、井10口、灰沟12条、瓮棺2座、灶1座，出土了包括陶器、铜器、铁器等数量众多的遗物，年代上限可至春秋晚期（如J10中出土的陶鬲），下限至战国晚期。

在此次揭露的众多遗迹中，尤以F2规模最大、规格最高。现已揭露，F2东西长约15米，南北宽约14米，"井"字状排列单间12间，面积约210平方米，经勘探东、西、西南部仍向外延伸至汉北河河堤下；紧邻F2北部的G3，与F2同处东周层下，且两者走向大致平行，距离紧邻，出土遗存内涵相近，推测G3为F2外围壕沟。根据打破F2的灰坑年代推测，F2年代不晚于战国早期，且规模巨大，形制特殊，位置正处于城址中心，故其性质应非一般住宅。结合楚国东进路线来看，在随枣走廊通行受阻的情况下，大洪山南麓地区是其东进通道的不二之选，故F2的发现反映出双河桥遗址可能是楚国东进路线上的重要节点，在战国早、中期时是楚国的一处重要据点。

F2西北部另发现有F3、F4、F5、F6四座房址，面积较F2稍小。此四处房址分布集中，在其附近发现有大量水井、灶、灰坑等附属遗迹，房址及灰坑内伴出铜坯、铁器、陶范、支钉等遗物，推测此处可能为双河桥遗址东周时期冶炼作坊区。

此次在2018年荆门博物馆调查勘探工作的基础上，进一步对地表现存的遗址东北部及东南部土墙进行勘探，并选取东北部布设一条5×20米南北向探沟进行解剖，用以明确土墙性质及年代。经解剖发掘，该土墙堆积共12层，其中第11、12层分别同遗址探方发掘区内的明清层、唐宋至汉代文化层性质相近，而第2—10层陶片、瓷片、陶豆柄、青砖等遗物共存，应为明清及20世纪60年代修建、加固挡水堤时翻挖地层堆积形成。

通过此次考古发掘可知，双河桥遗址东周时期未存在城垣，其东周遗存应自春秋晚期开始形成，发展至战国早、中期达到繁盛，战国晚期趋于衰落。双河桥东周居民在遗址西部、西北部及西南部开挖壕沟，东北部、东部及东南部利用自然河流汉北河、季河作壕，并分别与西北部壕沟东端、西南部壕沟东端相接，构成双河桥遗址周围一个封闭的泄洪防御灌溉系统。

双河桥遗址的发掘有助于人们进一步认识楚文化面貌、楚国东进路线及楚聚落布局，为研究楚国冶炼技术、双河桥遗址东周聚落形态、房屋建造技术及功用等问题提供了一批崭新的材料。

（周　青）

【钟祥陈家畈东周遗址】

发掘时间：2022年7—12月

工作单位：湖北省文物考古研究院　荆门市博物馆　钟祥市文化和旅游局

陈家畈遗址位于钟祥市长滩镇与旧口镇结合部，东邻汉北河。沪渝蓉高速铁路之武汉至荆门段高铁线路从遗址的中心穿过。陈家畈遗址于第二次文物普查时公布为市级文物保护单位，公布的保存面积约1万平方米。遗址中心位置为北纬30°59′20.3″，东经112°43′15.2″、海拔54米。

通过勘探与调查，探明遗址由南部居址区和北部肖家冲墓地构成，南部居址区分布着西陈家畈、廖台、东陈家畈、平原一队等四个小型土台，土台略高于周围耕地0.5—1.5米左右，分布总面积达250万平方米。北部肖家冲墓地在南部居址区西北1千米处，分布于多条山岗上，由南向北、前后绵延1千米，总面积约18万平方米。

此次南部居址区的发掘位于东陈家畈六队村庄以北，共布设10×10米探方8个。文化堆积厚0.3—1.4米，地层堆积分为四层。其中，第①层为现代耕土层，第②、③、④层为战国时期文化层，共清理战国时期灰坑42个、水井2座和灰沟1条，出土铜矛、铜镞、铜削刀、陶纺轮、铁器、石斧等小件共计34件。此外，还出土少量铜矿石、铜渣和坩埚壁。出土陶片以夹砂红陶和泥质黑皮陶为主，其次为夹砂灰陶；可见纹饰以绳纹和弦纹为主，其次为方格纹；可辨器类有鬲、罐、豆、盂、鼎等。

北部肖家冲墓地由南向北分A、B、C、D四个发掘点，发掘区域主要位于高铁红线范围内，其中A发掘点清理墓葬54座，B发掘点清理墓葬36座，C发掘点清理墓葬32座，D发掘点清理墓葬3座，共计发掘墓葬125座。这些墓葬中，绝大多数墓葬属于土坑竖穴墓，少数墓葬为岩坑墓。在墓坑形制上，分为单墓道的"甲"字形墓葬和无墓道的长方形墓葬两类，其中"甲"字形墓葬23座，这类墓葬的墓道多朝南，也有的墓道是朝北、朝西或朝东的，棺椁葬具为一棺一椁，随葬一套或两套仿铜陶礼器，棺内或椁室内出土墓主的随身佩剑；长方形墓葬102座，一类为一棺一椁墓，随葬品放置在椁室和棺室内，另一类是带器物龛的单棺墓，个别墓葬的棺内放置1件兵器。在葬式上，以单人一次葬为主，仅发现一座夫妻二人合葬墓。随葬人骨架保存极差，绝大多数与棺椁一样均腐朽不见，仅在C发掘点的个别墓葬中保存较好，可见葬姿为仰身直肢、双手交于胸前。

根据统计，北部肖家冲墓地出土器物946件（套）。随葬器物主要为陶器，少量为铜兵器、车马器和玉石器，漆木器因环境因素保存不了，发现很少。陶器大部分破碎，陶质较软，但器形均可辨识，可见陶鼎、陶敦、陶簠、陶壶、陶豆、陶盘、陶匜、陶罐、陶盉、陶盂和陶鬲等，出土陶器基本组合有鼎敦壶豆、鼎簠壶豆、鼎敦壶；鬲盂豆罐、鬲盂豆壶、鬲豆壶、鬲豆罐、鬲敦壶、鬲壶等。兵器有铜剑、铜匕首、铜戈、铜鐏、铜矛、铜箭镞。车马器有铜盖弓帽、铜环、铜扣、铜车軎带辖、铜軔、铜马镳衔等。饰件有铜盒、铜带钩。漆木器可辨形状有漆奁、盒、案等，偶见漆木器上的铜器扣件，如带环的铺首、扁足、环耳等。

此次的发掘获得了重要的收获，在陈家畈遗址南部发掘点内发现了少量铜矿、坩埚壁等冶铸活动遗存，表明陈家畈遗址已掌握冶炼金属的技术。在钟祥市境内新发现了一处楚国晚期墓地，且对应于居址区，表明钟祥市南部的汉北河中游地区至少分布着一处以陈家畈遗址为中心的楚国晚期聚落群。通过此次发掘，为研究战国晚期楚国中心区以外的楚系墓葬制度提供了实物资料，为探讨楚文化在大洪山南北两地的差异化现象提供了研究资料。

（胡　刚　程小锋）

【当阳王家洲东汉墓地】

发掘时间：2022 年 11 月

工作单位：湖北省文物考古研究院　当阳市博物馆

王家洲墓地位于当阳市河溶镇观基寺村七组，中心位置地理坐标为北纬 30°39′50″、东经 111°56′49″、海拔 50 米。该墓地原处于沮漳河右岸，20 世纪 50 年代王家洲段河流改道，将 10 余座墓葬冲刷暴露于河床之上，另有部分墓葬因水位下切损毁殆尽，部分悬于河流右岸的陡坎之上。2022 年 11 月对暴露在河床上的 7 座墓葬（M1—M7）进行了抢救性发掘。

墓葬均为竖穴土坑砖室墓，其中，5 座墓葬残存墓道，墓道朝西北，方向在 320°—347°之间。墓圹长方形，大小稍有差异，长 297—415 厘米、宽 170—274 厘米、深 65—120 厘米。三座墓葬的券顶保存较为完整，余皆不存。四壁平砖错缝砌筑，铺地砖均横向平铺。砖均为花纹砖，纹饰有网纹、菱形纹、波浪纹、双龙戏珠纹，少量模印人物骑射。M7 还出有 13 块平面为方形的画像砖，长宽约 35 厘米，所画内容有凤阙、车马出行、博弈、乐舞。另外较为特殊的是，M5 和 M7 两墓均以大型空心砖作封门砖。墓室内，部分设置有棺床，棺床均设置于长边一侧。棺痕均不存，大多人骨痕迹尚有保留，均为单人，其中两座墓葬保存较为完整，或仰身直肢，或仰身屈肢。随葬品共计 84 件/套，按质地可分陶、铜、瓷等类，以陶器为主，可辨器形有鼎、壶、罐、仓、井、灶、小甑、小盆等，组合较固定。铜器仅见铜碗 1 件。铜钱有少量"大泉五十"和"五铢"钱。瓷器 1 件，见于 M1 淤填土之中，疑为后期混入。

根据墓葬形制、墓砖纹饰和随葬品等，初步推测王家洲墓地年代为东汉时期，墓主身份为平民。墓地排列有序，应为较大型的家族墓地。

（张　婷）

【武当山五龙宫遗址】

发掘时间：2022 年 2 月—2023 年 1 月

工作单位：湖北省文物考古研究院　北京大学　武汉大学　四川大学　安徽大学

为配合五龙宫遗址文物保护工程，湖北省文物考古研究所在 2022 年继续对位于十堰市武当山旅游经济特区五龙村的五龙宫遗址开展了田野考古发掘工作。本年度发掘面积 1970 平方米，发掘区域为五龙宫遗址南宫西道院，发掘深度在 0.5—3.0 米。

清理、发掘情况显示，五龙宫遗址为砖石建筑遗址，整体保存较好。2022 年度，发掘区域由于地势高差较大，20 世纪 60 年代修建梯田时，对文化堆积层和遗迹单位扰乱、破坏严重。

发掘区域至明代建筑遗迹单位以上地层堆积较为简单，可分为 4 层，间有亚层。第 1 层为现代堆积的表土层；第 2 层为民国时期周边山体垮塌形成的淤积层；第 3 层为清中、晚期至民国时期人类在此生产生活的生活堆积层；第 4 层为清康熙至雍正时期建筑垮塌后，形成的建筑废弃堆积层。第 4 层下显露出五龙宫遗址建筑遗迹单位，达到本次发掘目的，未进一步向下发掘。但对部分建筑进行解剖，发现有金元时期的遗存。

本年度主要发现有建筑遗存5处，其中房屋建筑遗址4处（编号F7—F10），院落遗址1处（编号院5）。受发掘面积限制，暂不能完全展示西道院整体布局，仅将西道院主体区域发掘出来。西道院整体坐西朝东，沿山体修建。在山坡上建数级崇台，并在崇台上修建道路、房屋等建筑遗存。房屋屋架结构已损，但房屋地面地砖、柱础、墙基及台阶、排水沟等建筑遗迹单位保存较好。本次考古发掘工作出土的遗物非常丰富，目前初步统计有陶、瓷、铜、铁、骨、石、琉璃等七大类200余件。除勾头、滴水、板瓦、筒瓦、脊兽、脊筒、门钉泡等建筑构件外，还有碗、盘、杯、碟、钱币等生活用器，另有少量的灵官像等宗教用器。遗物年代最早为金元，多为明清。部分瓷器、钱币等可当标准器断代的遗物，形成一个可靠的年代序列，为发掘区提供一个可参考的年代标尺，为日后进一步深入研究整个五龙宫不同时期的时代特征提供重要依据。

2022年考古发掘工作，虽未能廓清发掘区所在西道院的整体布局和厘清单体建筑尺寸。但根据现有建筑布局和单体建筑位置及形状，结合2020—2021年考古发掘认识，再比对文献史料，可确定2022年发掘区是五龙宫道士的修行区，并判断出部分建筑的功能和名称，如F9为五龙宫提点居住和管理的方丈房，F10为五龙宫提点修行的圜堂。通过研究这些建筑，对研究明代五龙宫的整体建筑布局有重要意义，也对包括武当山在内的明清山地建筑研究有着重要价值。

同时，对F9等部分建筑进行解剖，发现金元时期的建筑遗存，验证了文献记载五龙宫早在宋元时期就有建筑存在的史料真实性，也为下一年度考古发掘寻找金元时期的建筑遗存提供了线索，对研究五龙宫宋元时期的建筑布局和历史沿革有着重要意义。

（王昱峰　康予虎）

【潜江代滩明代李氏家族墓地】

发掘时间：2022年3—6月

工作单位：湖北省文物考古研究院　潜江市博物馆

潜江代滩明代李氏家族墓地（以下简称"代滩墓地"）位于潜江市杨市办事处代滩村五组，中心地理坐标为北纬30°20′11.50″，东经112°56′41.49″，高程29米，为明代嘉靖至万历年间李氏家族墓地。为配合西气东输三线（潜江—仙桃联络线）工程对其展开考古工作，勘探面积10000平方米，发掘面积600平方米。

经勘探，代滩墓地茔园形制保存完好，整体近圆形，茔园门朝东，面积约为2880平方米。解剖茔园墙基后，发现墙基是用碎砖在平地上直接垒砌成弧状，未开有基槽。茔园内共发掘墓葬5座，其中M1为现代墓，其余4座为明代三合土灌浆墓（M2—M5），整个墓地规划一致，墓向均朝东，墓志和拜台皆位于墓室西侧，三者呈南北向直线排列。分为单人葬（M2、M5）和同穴异室合葬（M3、M4）二类。随葬品均出自M3、M4两座合葬墓，以敛葬衣衾包裹为主，少量其他类别遗物。

此次发掘主要有两大收获：一是完备的墓志等文字资料，二是数量较多、保存较好的有机质文物。

（一）出土石质墓志4块、牌坊石刻3块，篆刻文字共计约3000余字。墓志共记述人名约29人，明确了发掘的每座墓葬墓主信息、简要生平及明确纪年。据墓志记载，M4为该处家族墓地第一代，上林苑监署丞、修职郎李相及夫人余氏墓。M3为李相之子、太学生李可嘉及夫人初氏墓，M5则为李可嘉妾刘氏墓。此外，根据墓志还梳理出李氏家族及近亲家属等六代人员关系和主要事迹。

（二）出土保存完好的有机质文物98件（套），大宗为纺织品84件（套），另有配套的杂项小件竹质折扇、"北斗七星"木质笏床等14件。出土纺织品分为棉织品和丝织品两类，品种有被子、袍衫（含补服）、衣（部分带丝）、满（侧）褶裙（裳）、直腰裤（面料为丝）、护膝、棉袜、鞋、荷包（部分带丝）等。主要纹饰有卍字纹、祥云纹、夔（螭）龙纹、菊花纹、牡丹纹、菱形纹等。该批纺织品的保存状况和出土数量在湖北省内明代考古中都是首屈一指的，为研究明代中晚期服饰文化提供了珍贵的实物资料。

潜江代滩明代李氏家族墓地是迄今为止在潜江乃至湖北省内考古发现最为完整、规划清楚的明代下级官宦阶层家族墓地。墓主身份明确，家族成员关系清晰，为江汉地区增补了准确翔实的明代家族史资料，也对明代嘉靖到万历年间下级官宦阶层家族茔园规划、埋葬制度、官员制度、婚姻制度、服饰演变和宗教信仰等研究具有重要参考意义。

（闻　磊　李宝龙　师睿婕）

【大悟县吕王城遗址调查与勘探】
调勘时间：2022年7—9月
工作单位：湖北省文物考古研究院

吕王城遗址是湖北省第三批省级文物保护单位，位于大悟县城东约70千米的吕王镇，地处滠水上游西岸和吕王河两河交汇处的丘陵地带，三面环水，一面环山，地势北高南低，武汉至信阳公路从遗址中间穿过。整个遗址由吕王镇、陈家岗、天灯岗、卢家沟四个片区组成，总面积约75万平方米。

为配合大悟县吕王中学综合楼建设项目，湖北省文物考古研究院对遗址进行了考古调查和勘探。调查前，详细查阅了早期的卫星影像资料和考古资料，并联合武汉大学历史学院利用无人机等设备对遗址进行了航拍和测量，制作航拍照片、数字高程模型和三维模型，分析和研究遗址的形态和周边地形地貌的变化情况。考古调查采取实地踏查的方式，对遗址进行拉网式调查，采集到大量陶片，以夹砂红褐陶、夹砂灰陶为主，少量夹砂红陶，纹饰有绳纹、网格纹、附加堆纹、按窝纹等，可辨器形有鼎、板瓦、筒瓦、鬲、罐、缸、豆等，另采集到少量饰绳纹和几何纹图案的墓砖。遗物年代为屈家岭文化时期、西周、东周和东汉。

此次勘探共布设8个50×50米的探方，探孔孔距为10×10米，部分区域按照5×5米或2×2米加梅花孔的方式进行重点勘探。勘探表明，吕王城遗址西周时期遗存分布于滠水河西岸约500米的一处椭圆形台地之上，台地高出周围地表约5—8米，面积约36000平方米，顶部地势平坦，视野开阔，气势雄伟。台地周围地势较低，西北部环绕的弧形水塘环绕长约140米，宽约33米，可能为残存的护城河。文化层距离地表深度50—60厘米，堆积厚度约1.2—4米，包含大量木炭、草木灰、红烧土和陶片，遗物十分丰富。

吕王城遗址为滠水上游地区典型的台墩类型遗址，遗址最早形成于屈家岭文化时期，西周时期经过多次向上堆垒和铺垫，最终形成顶部较平的台墩，并一直延续使用到东汉时期。西周时期该遗址成为一座带有环壕和护城河等防御设施的大型聚落遗址，有学者推断其极有可能是弦国都城所在地。

此外，遗址所处的滠水上游地区，是淮河流域和长江流域、中原地区和江汉地区重要的交通要道，也是商周时期南方地区"金道锡行"的重要通道。考古调查发现，该区域西周遗址较多，分布较为密集，文化内涵丰富，大致形成了以吕王城遗址为中心，中小型聚落遗址密集分布的特点。这些遗址对于研究鄂东北地区古代南、北方文化的交流与融合，尤其是周王朝经营南方、"金道锡行"铜锡铅矿资源的流通和管理具有重要学术意义。

（瞿　磊）

【湖北省三国文物专项调查】
调查时间：2022年3—7月
工作单位：荆州博物馆

2021年12月，由湖北省文化和旅游厅主办，湖北省文物事业发展中心承办的湖北省长江文物资源调查工作正式全面启动，其中荆州博物馆承担湖北省三国时期文物专项调查与课题研究。此次湖北省三国时期文物调查情况分区是根据三国时期的文物分布情况，按照湖北现行政区域加以划分。调查及复查三国时期遗址及墓葬共225处，分布区域主要涉及武汉市（12处）、鄂州市（88处）、襄阳市（15处）、宜昌市（50处）、荆州市（23处）、孝感市（9处）、咸宁市（9处）、恩施州（6处）、荆门市（5处）、黄冈市（3处）、十堰市（3处）、随州市（2处）。其中，古遗址66处，古墓葬159处。

从文物资源空间分布数量来看，湖北三国时期文物资源（古遗址、墓葬）以鄂州分布最多，约占遗存总数的39.1%，襄阳市（6.7%）、宜昌市（22.2%）、荆州市（10.2%）分布较多，武汉市（5.3%）、孝感市（4%）、咸宁市（4%）、恩施市（2.6%）、荆门市（2.2%）、黄冈市（1.3%）、十堰市（1.3%）、随州市（0.89%）略有分布，黄石市、天门、仙桃、潜江、神农架没有分布。其中古墓葬资源以鄂州市为最多，宜昌、荆州、襄阳、孝感、武汉等地分布较多，其余地区分布较少；古遗址资源以宜昌市为最多，荆州、襄阳、鄂州、武汉分布较多，其余地区分布较少。从文物资源的地理位置划分来看，湖北三国时期文物资源主要形成了三个相对集中的分布区：一是以鄂州为中心，包括咸宁、武汉在内的鄂东、鄂东南三国文化聚集区域；二是以宜昌、荆州为中心的鄂西三国文化聚集区；三是以襄阳为中心的鄂西北三国文化聚集区。孝感市、咸宁市、恩施市、荆门市、黄冈市、十堰市、随州市、黄石市等地区数量相对少而分散。总体来看，湖北三国文物资源空间分布的数量及集中化程度差异较大，分布具有明显的不均衡特点，特别是在墓葬资源分布上体现尤为明显。

此次调查中发现，三国烽燧遗址是属于军事设施的类型，在三国时期军事对峙中具有重要意义。弄清烽燧遗址形制、功能及分布原因，对人们认识三国长江流域军事防御体系有一定的意义。目前，发现的汉代的烽火系统较多，如库车的烽燧、马圈湾烽燧，这些烽燧都是位于西北内陆，目的在于边防，抵御匈奴南犯。而出现在长江沿岸不远地区的烽燧遗址却很少见。根据调查的24处烽燧遗址分布区域，可以初步得到以下几个结论：一是烽燧遗址选择制高点，沿江设置；二是烽燧遗址分布均匀，形成烽燧系统网；三是这些烽燧遗址的地理位置特殊，从现有地貌来看属于从长江至平原，再到丘陵地区的过渡地带。

湖北省是长江中下游地区重要省份，历史上为兵家必争之地，地理优势得天独厚，三国文物资源丰富且具有重要的历史、文化与审美价值。湖北省的三国文化是长江文化的重要组成部分，保护和开发好三国文化资源对于推动湖北打造特色长江文化，由文化大省向文化特色强省迈进有积极意义；对促进湖北省三国历史文化资源的保护和开发，打造湖北长江文化带，推进湖北省三国历史文化名城建设，推动湖北省三国文化旅游具有现实的指导意义。湖北是三国文化资源大省，近年湖北考古调查与发掘较多三国时期的遗址、墓葬，出土三国时期文物数量不断增多，在全国位居前列。

湖 南 省

【长沙市天心区竹山湾新石器时代遗址】

发掘时间：2022年7—10月

工作单位：长沙市文物考古研究所

竹山湾遗址位于长沙市天心区暮云街道许兴村竹山湾组，所处位置位于湘江东岸一处东北—西南走向大冲沟的边缘台地上，东距湘江约1.5千米。为厘清竹山湾遗址性质、年代及文化内涵，长沙市文物考古研究所布设10×10米探方2个，发掘面积200平方米。

此次发掘新石器时代房址3座，灰沟2条，灰坑10余个。

F1为一座近方形房址，开口⑦层下，部分延伸至发掘区之外。F1垫土地面掺和有大量小石籽，并用火烘烤，形成一个硬面，这一迹象说明F1为一处地面式房址。垫土为灰褐色土，土质极为致密板结，包含大量烧土颗粒、碎陶片。房址南侧与东侧硬面外围有一周柱洞，总体布局较清晰；南侧柱洞外围有一条灰沟G1，可能为F1的边沟。F1内未发现灶、坑等附属遗迹，加之面积较大，可能为先民聚集之所。

石器多为砾石加工而成，以石斧为主，另有石刀、石凿、穿孔石钺等。陶器以夹砂、泥质红陶为主，亦有部分夹砂灰陶、泥质白陶、橙黄陶等。烧制温度不高，胎心多碳化，夹砂陶多为手制，胎壁不平整，内壁多见捏痕，泥质陶多为轮制，制作较为精良。器型组合有鼎釜类口沿、腹片、鼎足、罐口沿、豆柄、豆盘、圈足器等。鼎足多为扁足，另有部分尖锥状足，鼎釜类口沿多为侈口，罐类多直口，豆盘多呈折棱深腹，豆把多有突棱装饰，亦有少量喇叭型豆柄。经比对，出土遗物均为本地传统红陶系堆子岭文化遗物，碳十四测年数据校正后为公元前3106—前2920年，距今5055—4869年，属堆子岭文化晚期。

竹山湾遗址是长沙近郊首次发现的堆子岭文化遗址，填补了长沙地区新石器时代考古学文化发展序列的部分缺环，对长沙地区史前考古学研究、文明探源、大塘文化后续流向等课题具有重要的意义。

（张大可）

【澧县鸡叫城新石器时代遗址】

发掘时间：2022年10—12月

工作单位：湖南省文物考古研究院　四川大学考古文博学院

鸡叫城遗址位于澧县鸡叫城村，地处洞庭湖西北的澧阳平原，是一处新石器时代城址，年代从彭头山文化到肖家屋脊文化时期。城址平面呈圆角方形，面积15万平方米，城墙外围有三重环壕、灌溉沟渠系统及水稻田区，整个聚落群的总面积可达10平方千米。

2022年度发掘工作的主要任务是了解城中心土台的年代、性质、形成过程、建造方式等信息。土台位于鸡叫城城内中心位置，总面积约3000平方米，平面大致呈方形，方向202度，高出周围地面约1—2米。由于土台位置特殊，形状较为规整，且方向与城址、城内已发掘的绝大部分建筑遗存的方向基本一致，因此推测土台的形成应与人类有意识的行为活动有关。

此次选择在土台北侧按正南北向布设了10个5×5米的探方，对土台进行解剖。

通过解剖发现，所谓土台主要是由两个人工堆筑的台子构成的，分别将其命名为2022台Ⅰ和2022台Ⅱ（以下简称为台Ⅰ、台Ⅱ）。台Ⅰ所在位置靠南，相对更高，面积约2000平方米，始建年代可早到石家河文化时期，肖家屋脊文化时期仍在使用并不断加高。台Ⅱ位置靠北，相对较低，面积约720平方米，年代稍晚，其形成和使用时间为肖家屋脊文化时期。在建造工艺上，两个台子均为人工层层堆筑，且都使用了较为纯净的黄色黏土进行铺垫加固。所不同的是：台Ⅰ填土普遍包含物较少，土色较纯净，土质较硬，应该经过了筛选加固；台Ⅱ填土中除黄黏土层外，其余层位垫土均较杂乱，包含物较多，做工明显较粗糙。台Ⅰ、台Ⅱ在建造工艺上的差别，或许暗示着前者的功能性质更为特殊。

台Ⅰ、台Ⅱ上发现有建筑遗迹，但受限于发掘规模和时间，这些遗迹的结构和规模未能完全弄清。但可以确定，土台之上的建筑物性质非比寻常，这再一次佐证了鸡叫城高等级建筑的建造方式。

鸡叫城遗址中心土台为澧阳平原首次发现的史前城内中心土台，它赋予了鸡叫城遗址更多意义，对于探索鸡叫城聚落布局、史前建筑工艺技术、理解史前社会等级发展提供了有益线索。

（郭伟民　贾明羽）

【华容县七星墩新石器时代遗址】

发掘时间：2022年9—12月

工作单位：湖南省文物考古研究院　岳阳市博物馆　华容县博物馆

七星墩遗址位于华容县东山镇，2018年纳入国家文物局重大项目"考古中国·长江中游文明进程研究"。2022年发掘面积800平方米，清理遗迹有地面、红烧土堆积、积石堆积、瓮棺葬、灰坑、灰沟、窑址、灶、柱洞等，出土屈家岭文化至肖家屋脊文化时期的陶器、石器、玉器等文化遗物。

2022年发掘区位于内城北部，屈家岭文化和石家河文化时期发现的遗迹现象以红烧土堆积、柱洞、地面、土台等为主。肖家屋脊文化时期，发现有瓮棺葬、积石圈等可能与祭祀现象有关的遗存，说明发掘区域的功能可能发生了变化，为弄清七星墩古城内城的功能布局提供了关键资料。

发掘出土和征集到一批玉器，有玉人像、玉璜、玉珠管、玉笄、玉柄形饰、玉钺等。多数出土于瓮棺葬，也有少量出土于土坑墓中，时代属于肖家屋脊文化或石家河文化晚期。玉器材质多样、造型精巧，反映了长江中游史前文明的典型风格和先进技术。

（王良智）

【澧县孙家岗新石器时代遗址】

发掘时间：2022年10月—2023年1月

工作单位：湖南省文物考古研究院　澧县考古研究和文物保护中心

澧县孙家岗遗址是一处以肖家屋脊文化堆积为主体的新石器时代末期至夏代早期遗址。湖南省文物考古研究院连续多年对该遗址开展主动性田野考古工作。2017—2019年主要是对遗址墓地的发掘，2020—2021年主要对环壕之内居址区的中南部进行发掘，2022年对居址区北部进行发掘。

孙家岗遗址2022年度田野发掘工作于10月下旬启动，至2023年1月中旬阶段性发掘结束。集中布设5米规格探方21个，东南部局部少量扩方，总计发掘面积486平方米。先后揭示出灰坑类遗迹62个、沟状遗迹8个、建筑遗迹12组及瓮棺墓1座。出土遗物主要为陶器和石器，并见有零星朽腐情况严重的骨质遗存。陶器以泥质陶为主，陶色红、灰、褐皆多见，流行灰黑陶衣，纹饰多见篮纹、绳纹与方格纹，器形可辨有鼎、矮领广肩罐、圈足盘、折沿盆、平底钵、高圈足或长柄的豆、圈足杯、平底杯、扁腹壶、缸、瓮等。石器多磨制，器形见有斧、锛、削、杵、簇、砺石、石砧等。

孙家岗遗址2022年度发掘最主要的成果是，将一座肖家屋脊文化公共建筑（编号F47）的平面布局与基础营建过程完整地揭示了出来。其基础营建过程为先挖出长20米，宽7米，深度在0.4米左右的长方形基坑，之后在基坑的底部开挖宽度普遍超过1米，深度在0.45米左右的基槽，然后在基槽中立柱，最后再对基槽与基坑进行回填。其中回填至基槽中的堆积经过夯打压实，较致密。基坑上部填土为较纯净的原生黄土。共计发现60个直径在15厘米左右的柱洞，排布整齐而规律。建筑呈西偏北17度左右的长方形，四间南北宽3.8米的房屋东西并列，北侧有宽1.5米的廊道，廊道与最东侧房间连通。四间房大小不一，带廊道整体建筑面积近100平方米。

需要特别注意的是，F47的建筑形式与平面布局结构等，与2020年在遗址南部所揭示出的F13高度一致。判断两者都并非一般生活居址，而是特定人群的公共建筑。

（赵亚锋）

【汨罗市黑鱼岭商代墓地】

发掘时间：2021年12月—2022年1月
　　　　　2022年8—12月
工作单位：湖南省文物考古研究院　汨罗市考古研究与文物保护中心

黑鱼岭墓地位于汨罗市屈子祠镇双楚村，距2021年曾出土铜觥、铜壶两件商代铜器的野猫咀地点直线距离约400米。本次发掘的区域位于墓地的西南部，共发掘商代墓葬30座，除9座被毁外，其余21座墓葬保存基本完好。这批墓葬的平面形状为长方形，长度多为4—6米，宽度多为0.6—1米，残深0.2—0.7米，墓室面积多为2—6平方米，长宽之比多接近4∶1。其中最大的一座墓葬长约10.2米、宽约2.5米，最小的一座墓葬长约2米、宽约0.5米。这批墓葬的排列较规则，方向均大致呈南北向，除两座墓葬具有打破关系外，其余各墓相对独立排列。墓内填土均为原土回填，除几座规模较大的墓葬发现有生土二层台和独木棺痕迹外，其余墓葬的墓室内未见其它遗迹现象。墓室内人骨均已腐朽无存，墓底大致呈斜坡状，北端稍高、南端稍低。随葬品多平置于墓底，多为1—5件的陶器，器类包括釜、罐、鬲、斝、甗形器、壶、纺轮、原始瓷罐、硬陶瓿等。此外，有一墓还随葬有铜戈1件，另有一墓随葬玉玦1件。随葬品放置的位置多靠墓室的中部和北部。从随葬品的基本特征分析，这批墓葬的年代均属于商代晚期。

黑鱼岭墓地发掘的意义主要有三点。其一，该地区首次发现商代独木棺墓，澄清了以往对洞庭湖东岸地区商代晚期墓葬特征的认识。其二，黑鱼岭墓地及关联遗址青铜器的发现，为认识洞庭湖东岸地区以往散见的青铜器提供了考古学文化背景支撑，对于推进湖南商周青铜器问题的研究具有重要启示意义。其三，这批墓葬均为狭长形窄坑墓，与湖南两广地区发现的越人墓可能具有文化上的渊源关系，为探索越文化的源头提供了重要的材料。

（盛　伟）

【湘潭县颜长春商周遗址】

发掘时间：2022年1—7月

工作单位：湖南省文物考古研究院 湘潭县文化旅游广电体育局

遗址位于湘潭市湘潭县射埠镇新建村李家组的一处山丘之上。为丘陵地形，地势低矮，植被茂密。遗址西为射埠镇彪家水库，东侧不到100米为许广高速，东距射埠镇约4千米。地理坐标是北纬27°38′15.71″，东经112°45′31.64″，海拔为94米。

颜长春遗址是湖南省文物考古研究院在2017年配合醴陵至娄底高速公路扩容工程文物调查勘探时新发现的。调查时在村民房屋后山断坎之上发现有残存砖室墓迹象，墓砖可见有莲花纹、铜钱纹及绳纹等纹饰。2022年年初，为配合高速公路建设，湖南省文物考古研究院开展考古工作，在原发现砖室墓的后山山坡和山顶上的地表采集有较多方格纹印纹硬陶和夹砂陶片。之后对山上区域进行了系统调查，确认原墓群西侧后山区域应为一处古代遗址。

此次发掘在遗址的西部山坡及山顶处发现了古代人群生产生活遗留下来的72处遗迹堆积，主要有灰坑、灰沟、柱洞和窑址等。遗址文化层基本不见，在表土层下即见有灰坑、灰沟和窑址等遗迹。其中以灰坑最多，共有69个，灰沟1条，窑址2座。灰坑中有18个袋状坑，袋状坑较为特殊，以口小底大，形似口袋而得名。这批灰坑出土陶器见有罐、釜、钵、豆、鼎足，以罐、釜为主，另有内耳釜口沿出土。纹饰主要有方格纹、绳纹，仅见1件云雷纹折肩器的残陶片。在H28的近坑底处发现有大量炭化稻谷堆积。另外在1处灰坑内出土有1件小型铜器，疑似为铜锸。

遗址内出土遗物特征与湖南宁乡炭河里遗址、岳阳费家河遗址等遗址出土同类器较为类似，文化内涵基本属炭河里文化，因此推测颜长春遗址的年代大致为商代晚期至西周时期。此次发掘为研究湘潭地区商周时期的人群活动、社会状况等提供新的资料，并为探讨炭河里文化的分布和传播提供实物佐证。

（沈 江）

【株洲市茶陵县笞箕窝周代遗址】

发掘时间：2022年6—9月

工作单位：湖南省文物考古研究院 茶陵县文化旅游广电体育局

为配合茶常高速项目的建设，经过国家文物局批准（考执字〔2022〕第1140号），湖南省文物考古研究院在茶陵县完成了笞箕窝遗址的抢救性考古发掘。

笞箕窝遗址位于株洲市茶陵县枣市镇枣园村1组笞箕窝山南侧坡地。在遗址红线范围内共布设5×5米探方55个，发掘面积1375平方米。遗址地层堆积较薄，自上而下可分为两层。第①层为红褐色黏土层，为近现代生产生活形成的表土层。第②层为较致密的褐色黏土层，出土有印文硬陶片、石器等，为文化层。②层下为生土层。

共清理灰坑、灰沟等遗迹10处，灰坑、灰沟平面多为不规则形。灰坑、灰沟均开口于①层下，打破生土，其中H5打破G2。部分灰坑平面近椭圆形，口部明显，弧壁，底部凹凸不平，堆积较浅，出土少量有印文硬陶。灰坑、灰沟的壁和底均无明显加工痕迹，且不规整，应为自然形成。

出土遗物主要为陶器和石器。陶器以印纹硬陶片为主，另有少量夹砂软陶片。印纹硬陶烧制火候高，纹饰多样，有方格纹、曲折纹、戳印圆点纹、波折纹、席纹、篦点纹等，在地表采集1件印文硬陶豆。夹砂陶烧制火候低，多素面，可辨识器形有釜、罐口沿、器底、鼎足等。石器基本为磨制石器，有矛、三棱镞、锛、刀等。另外，表土层中还出土了大量的石器半成品、石料等。

遗址出土印文硬陶片中的曲折纹、戳印圆点纹、篦点纹与广东博罗横岭山两周时期墓地出土遗物纹饰相似，另外文化层中出土了两周时期常见的三棱形石镞。据此推测遗址年代为两周时期。

笤箕窝遗址属于山地遗址，遗址分布范围虽小，但是出土遗物较为丰富，与湘江上游其他两周时期遗址的文化面貌较为相似，属于较为典型、单一的古越族文化。遗址的发现为研究两周时期洣水流域的文化序列、湘南地区山地居民生业模式以及湘南与岭南地区考古学文化之间的联系提供了新的考古材料。

（陈斌　宋宇）

【常德市鼎城区黄土山战国墓群】

发掘时间：2022年4—10月

工作单位：湖南省文物考古研究院　常德博物馆　鼎城区文旅广体局

黄土山墓群位于常德市鼎城区灌溪镇黄土山村，分布于距沅水北岸6千米左右集中分布的低矮山地之上。2021年11月，为配合常德高新区新建太阳大道工程，湖南省文物考古研究院对项目沿线进行文物调查勘探，发现太阳大道东段穿过鼎城区区级文物保护单位——黄土山墓群部分区域。本年度基本完成项目红线内涉及墓葬的考古发掘任务。考古发掘主要对象为墓葬，涉及5个小地点，发掘各类墓葬共计372座，出土包括陶、铜、铁、玉、玻璃、滑石等各类器物1100余件（套）。墓葬以战国墓为主，计218座，宋墓5座，明清墓及无法判断年代的空墓计149座。另外，在几个点发掘墓葬过程中均发现有旧石器时代遗存。以下仅对战国墓葬资料进行介绍，这批战国墓葬文化因素单一，均表现为典型楚文化特征，年代均集中在战国中晚期，其中战国晚期晚段为多。

岩子山M19，长方形竖穴土坑墓，方向152度。墓口长234厘米、宽72—78厘米，墓底长224厘米、宽52—60厘米。墓壁下部北、东、西三侧向内收成生土二层台，南端有一平头龛。龛内放置随葬器物，均为陶器，有鼎、敦、壶、豆、盘、匜、勺各1件。

跑马岗M25，长方形竖穴土坑墓，方向90度。墓口长552厘米、宽484厘米，墓底长310—316厘米、宽204—218厘米。墓口向下12厘米处，四壁向内折收成一台阶，四边近同宽，宽约60厘米。台阶下墓壁向内斜收。墓壁上部光滑经修整，下部粗糙，工具印痕明显，未见修整。四壁自上至下均涂抹一层白膏泥。据白膏泥痕迹判断，葬具为一棺一椁，棺偏置于椁内西南部。随葬陶器置于北侧棺椁之间，有鼎、敦、壶、豆各2件，陶盘、匜各1件；铜器均置于棺内，棺内南侧并列置铜剑、铜戈各1件，东端置铜矛2件，中部略偏东置铜带钩1件。

这批墓葬通过墓室规模可大致分为中型、小型两个等级。中型墓葬数量较少，葬具以单棺为主，部分见一棺一椁。墓壁、墓底白膏泥使用较为多见。随葬器物以成组仿铜陶礼器鼎、敦、壶或鼎、盒、钫为主，搭配豆、盘、匜、勺、匕等器物，另外部分墓葬见铜剑、戈、矛等兵器随葬。小型墓葬葬具均为单棺，部分使用白膏泥。墓内多见二层台、头龛一类设施。多随葬不成组仿铜陶礼器或鬲（盂）、豆、罐生活用器的组合。不同等级墓葬在空间分布有一定的规律。黄土山墓群应为战国时期临沅县城普通百姓的归葬之地。

（张世轩）

【益阳黄泥湖战国至秦代墓群】

发掘时间：2022年3—12月

工作单位：湖南省文物考古研究院

黄泥湖墓群位于益阳市赫山区会龙山街道仙蜂岭村，本年度共清理战国至秦代墓葬128座，出土各类文物703件（套）。

战国至秦代墓均为竖穴土坑墓，可分为宽坑（A）、窄坑（B）及狭长型（C）三类，葬具与人骨均不存。其中A类墓23座，均无墓道。除1座空墓外，随葬品均为仿铜礼器组合，其中5座随藏有一套仿铜陶礼器，15座随藏两套仿铜陶礼器，2座随葬四套仿铜陶礼器。B类墓83座，5座带有头龛，3座为二层台结构。除5座空墓外，21座墓葬随葬日用陶器，1座随葬日用铜器，56座随葬仿铜陶礼器，仅有6座墓葬随葬两套仿铜陶礼器。C类墓22座，5座为空墓，仅有2座随葬有仿铜陶礼器，其余15座均随葬日用陶器。

出土器物703件套，器类有陶器、铜器、漆木器、琉璃器、石器、铁器等。

其中陶器684件；器类有鼎、敦、壶、豆、匕、勺、盘、匜、罐、钵、盂等；铜器10件，器类有剑、戈、镞、镜、带钩等；琉璃器5件，计有琉璃壁3件、蜻蜓眼1件、琉璃珠1件；石器2件，计有穿孔石珠1件、石环1件；漆木器1件，为漆弓；玉器1件，为玉剑格。

此次发掘中的发现相比1996—1997年黄泥湖一期发掘出现了一些新的因素：新出现了随葬4套仿铜陶礼器组合的墓葬，此类墓葬不见于一期，但在益阳黄家坡、十字山墓群均有发现；此次发掘的128座墓葬中无一座带有墓道，而一期中无论墓葬众寡，均分布有带有墓道的墓葬；此次发掘墓葬中随葬品组合以仿铜陶礼器为主，其比例达62.5%，远高于一期墓葬的35.22%；一期中以随葬铜兵器或日用铜器为代表的丁组墓在本次发掘中基本消失；此次发掘中，随葬琉璃壁的墓葬无疑在墓群中具有更高的地位，此类墓葬在空间分布上相对独立，位于墓群的边缘地带。根据随葬品组合及器类，初步判断，2022年度黄泥湖墓群发掘墓葬的主体年代应为战国晚期至秦代。

（张寒冬）

【汉寿县陈家坟山战国墓群】

发掘时间：2022年11月—2023年1月

工作单位：湖南省文物考古研究院　常德博物馆

陈家坟山墓群位于常德市汉寿县龙潭桥镇仙峰庙村西侧的一处低矮山地之上。2022年11月，为配合益阳至常德高速公路扩容工程项目建设，联合考古队对该工程项目涉及陈家坟山墓群范围进行了考古发掘，至2023年1月初，完成项目红线内所有古墓葬的发掘与清理。此次发掘共清理墓葬47座，其中46座战国土坑墓、1座东汉砖室墓，共出土各类器物102余件（套）。砖室墓被破坏严重，仅余墓底，以下仅对土坑墓进行介绍。

M17，带斜坡墓道的竖穴土坑墓，墓向262度。墓口长4.28米、宽3.44米。墓道长4.24米、宽1.9米；墓底长3.1米，宽1.9米，残深3.1米。墓壁斜直，墓底见两条横向枕木沟。随葬品置于墓室内西侧，共10件，有仿铜陶礼器鼎、敦、壶各2件，陶盘1件，铜兵器剑、戈、矛各1件。

M36，竖穴土坑墓，墓向185度。墓口长3.24米、宽1.9—2.06米；墓室底部长2.4米、宽1—1.12米，残深1.36米。墓室营建甚为粗糙。南壁中部有一高头龛，随葬品置于龛内，共2件。为陶豆1件，陶罐1件。

出土器物包括陶器79件、青铜器21件、铁器2件。墓葬主要随葬成套或不成套的盂

（鬲）、豆、罐日用陶器组合，少量墓葬随葬成套的鼎、敦、壶仿铜陶礼器组合。部分墓葬未见任何随葬器物，但依据墓葬形制可确定为同时期墓葬。

这批墓葬特征鲜明，墓室较为宽大但随葬器物却不多，有64%的墓随葬器物少于或等于2件。从墓葬形制及多数随葬器物特征来看，主要表现为楚文化因素，另有3件扁茎无格短剑为本地土著文化因素。考古团队倾向认为陈家坟山为一处与本地土著文化交流频繁的一般等级的楚人墓地。陈家坟山墓群的发掘，为进一步认识战国晚期湘西北地区的埋葬习俗和文化面貌、楚文化与本地土著文化的交流以及楚人与武陵蛮的交流活动增加了考古材料。

（张世轩　贺成坡）

【湘乡市马山湾战国至东汉墓群】

发掘时间：2022年5—9月

工作单位：湖南省文物考古研究院　湘潭市博物馆

马山湾墓群位于湘潭市湘乡市虞塘镇清水村。因醴娄高速公路从该墓群穿越，经国家文物局批准，湖南省文物考古研究院、湘潭市博物馆对建设用地范围内展开抢救性考古发掘，共发掘战国和东汉墓葬31座，其中战国墓葬16座，东汉墓葬15座。

16座战国墓葬均为竖穴土坑墓，其中2座为单墓道土坑墓、2座土坑墓有壁龛、2座土坑墓具有生土二层台和壁龛。葬具皆无存，部分墓葬根据随葬品摆放位置，推测为一棺一椁，随葬品置于边箱或头箱内，小型墓为单棺无椁。随葬品主要陶器为主，偶见青铜兵器和琉璃璧、料珠。16座战国墓年代为战国晚期。

东汉墓葬有土坑墓和砖室墓两类，其中土坑墓3座，砖室墓12座。M28、M29和M30为三座并列的土坑墓，墓坑原始开口已被破坏，均残深20厘米。三座土坑墓均遭受不同程度的盗扰，随葬陶器均为硬陶陶器，以方格纹陶罐为主。其中，M29墓底出土一枚残损严重的圆形方孔铜钱，保存部位可见部分"泉"字，推测为新莽时期"大泉五十"，故3座墓葬年代不早于新莽时期。东汉砖室墓均遭受不同程度盗掘，大量砖室墓底砖已被完全揭除，盗毁严重。随葬品残存不多，主要为各类硬陶罐、陶明器和琉璃耳珰等器物，年代约在东汉中期。

此次发掘初步统计共出土陶器、铜器、铁器和琉璃器共147件套。其中，陶器主要以日用陶器和仿铜礼器为主，战国墓器类有鼎、敦、壶、豆、匜、匕、盘；东汉墓器类为方格纹硬陶罐、硬陶双耳罐、陶日用明器（房屋、仓）等。铜器发现有铜镜、铜带钩和铜兵器（矛、弩机），兵器仅见2件。战国墓中发现有少量铁器，器类为刮刀、锸等。东汉墓M2发现1件铁刀，铁器均保存较差。琉璃器共发现6件，分别为琉璃璧1件、琉璃料珠1件和耳珰4件。

马山湾墓群的考古发掘，揭示了涟水上游战国至东汉时期墓葬的形式和葬俗，获得了一批重要的考古材料，对研究战国至汉代涟水流域物质文化、交通线路、县乡布局等问题提供了重要的资料。

（奚培坤）

【益阳新塘坡战国至六朝墓群】

发掘时间：2022年10—12月

工作单位：湖南省文物考古研究院　益阳市文物考古研究所

新塘坡墓群位于益阳市赫山区上新桥村和黄茅岭村，分布面积达3万平方米，墓葬大都分布于山坡及山顶，是一处战国至秦汉时期的古墓群。

为配合益阳东 500 千伏变电站及 31 处配套塔基工程的建设，在报请国家文物局审批后，湖南省文物考古研究院（湖南省文物保护利用中心）联合益阳市文化旅游广电体育局、益阳市文物考古研究所、赫山区文化旅游广电体育局对工程红线范围内的新塘坡墓群进行了抢救性考古发掘。此次共发掘古墓葬43座，其中砖室墓1座，土坑墓42座。出土有陶器、铁器、铜器等随葬品242件（套）。包括陶器、铜器、铁器等。

新塘坡墓群墓葬年代为战国晚期至西汉时期和六朝时期，主要以战国晚期墓葬为主。战国晚期楚墓38座，出土陶器、铜器、铁器等217余件（套）。其中，陶器有鼎、敦、壶、盂、豆、勺、匕、匜、罐、盘等。初步分析可分为仿铜陶礼器和日用陶器两种不同组合，其中仿铜陶礼器组合以鼎、敦、壶组合为主。铜器有镜、剑、剑首、矛、戟、砝码等，铜礼器不见。铁器很少，仅 M31 有出土，锈蚀严重，器形不可辨。西汉时期墓葬2座，出土陶器22件（套）。陶器有陶盒、陶鼎、陶壶、陶豆、陶匕、陶勺等。六朝时期砖室墓仅1座，被毁严重，仅出土三件陶器残片。

此次发掘是以益阳战国中晚期和西汉时期墓葬为主的又一次较为大型的科学发掘，墓葬年代明确，文化内涵丰富，为研究湘北地区墓葬分期提供了新的考古材料，为深入认识当地文化习俗以及与周边的关系提供了新的考古材料。通过梳理墓葬出土器物特征，可进一步完善湘北地区战国晚期至六朝时期的分期及年代框架。通过随葬器物可深入认识战国晚期和西汉时期湘北地区的埋葬习俗和文化面貌，也为进一步认识湘北地区文化与古楚地范围内其他楚文化之间的关系提供新的考古材料。

（余晓福）

【蓝山县五里坪战国至唐代墓群】

发掘时间：2022 年 7—11 月

工作单位：湖南省文物考古研究院　永州市博物馆　蓝山县文化旅游广电体育局

五里坪古墓群是一处以汉晋时期墓葬为主的大型古墓葬群，位于永州市蓝山县城东北的塔峰镇五里坪村。

经国家文物局批准，湖南省文物考古研究院对五里坪墓群区域开展考古工作。共发掘清理墓葬43座，其中砖室墓13座，土坑墓30座。墓葬年代为战国晚期至唐代早中期。墓葬葬具、人骨均腐朽无存，出土遗物有陶器、铜器、铁器、玉石器、漆木器等共270多件（套）。

战国西汉墓共11座，均为竖穴土坑墓，出土器物为5—8件（组），有陶器、铜器、铁器、滑石器和漆木器。东汉墓29座，有砖室墓和土坑墓两种，出土器物数量不多，有陶器、铁器、铜器和银器等，发现有"建和元年""永建元年""建初八年""永元十年"纪年墓砖。唐墓3座，均为小型单室砖墓，墓葬被破坏严重，无遗物出土。

此次在五里坪墓群发掘的战国至唐代墓，丰富了五里坪墓群的文化内涵，为五里坪墓群的分期研究提供了新的考古资料，也为研究楚人南下以及楚、越文化交流提供了重要的考古资料。

（陈　斌　韦星星）

【保靖县魏家寨遗址清水坪秦汉墓葬】

发掘时间：2022 年 6—8 月

工作单位：湖南省文物考古研究院　保靖县文化旅游广电局

魏家寨遗址位于湖南省西北的保靖县清水坪镇魏家寨村，现为第七批全国重点文物保护单位。清水坪墓群位于遗址东南面，是与遗址相关的墓葬区。为配合地方工程建设，考古团队对项目用地进行考古发掘，发掘面积1170平方米，清理秦至两汉、明清墓葬20座。

此次发掘的墓葬位于酉水南岸一座低矮山丘处，北距酉水河岸约60米。根据考古发掘结果，墓葬方向分两类：一类墓葬为东北—西南向，共15座。墓葬分布较有规律，自西向东可分为三排。二类墓葬为近南北向，共5座，位于一类墓葬间的空地及墓地北面边缘。

根据墓葬形制及出土器物，此次发掘的20座墓葬约可分为四个时期，其中秦至汉初墓葬1座，西汉、东汉墓葬18座，明清墓葬1座。

M14，带头龛的竖穴土坑墓。墓口长2.1米、宽1.25米、深1.35米，方向268度。墓室下挖后见有一个生土台面，墓坑向内缩为长1.95米、宽0.6米深坑，用以放置棺木。坑内西面设一龛，系生土中掏挖形成，内置高领陶罐1件，龛底距墓底高约15厘米。从器物形态来看，墓葬年代约在秦至西汉初年。

M17，竖穴土坑墓。墓口长2.9米、宽2.05米、深2.2米，方向71度。该墓早期被盗，墓底有两条枕木沟。墓内东面出滑石璧1面、陶鼎、陶盒、陶方壶各1件。从出土器物来看，墓主应头向朝东，单棺，时代为西汉。此类墓葬此次发现最多，约有9座。

M6，带椭圆形外框的竖穴土坑墓。墓口长3.25米、宽2.4米、深2.4米，方向267度。该墓早期被盗，墓内出滑石璧1面、陶鼎1件。从随葬品位置来看，墓主头向朝西，单棺，时代为汉代。M6与附近汉墓最大的区别在于，其长方形墓口之外还有一周椭圆形的边界，墓室平面呈"外圆内方"的独特结构。此类墓葬目前多见于酉水中上游地区，可能与当地的民族文化有关。

M10，双人合葬的竖穴土坑墓。墓口近方形，长4.5米、宽4.4米、深3.0米，方向71度。从发掘情况来看，墓室内北面和南面的填土明显不同，显示出该墓有着二次合葬过程。随葬器物主要见于墓室内东面，集中于椁室头厢位置。共出14件器物，有陶鼎1件、陶盒1件、陶方壶2件、陶圆壶1件、陶壶3件、陶罐1件、陶汲水瓶1件、陶灯1件、硬陶罐3件，时代为汉代。

M19，竖穴土坑墓，墓室较长。墓口长3.25米、宽1.5米、深1.1米，方向70度。墓室东面出麻布纹硬陶坛1件，时代约在新莽至东汉初年。

M18，竖穴土坑墓。墓口长1.9米、宽1.2米、深0.95米，方向61度。该墓平面被河卵石块混杂灰土覆盖，北壁、东壁立有石板。清掉卵石层后墓内出现较干净的黄灰墓土，下挖后到达平整墓底，近墓底填土中混有少量青花瓷片。墓上垒放石块的葬俗为湘西地区明清墓葬的常见形态，或体现了当地特殊的丧葬习俗。

此次发掘的20座土坑墓位于紧邻酉水河岸的低矮山丘处，墓葬分布集中且排列有序，显示其应为规划过的中小型墓葬分布区，年代为秦至汉代。至明清时期，墓地被晚期人类活动破坏。

（袁 伟）

【耒阳市禁山东汉至唐代墓群】

发掘时间：2022年3—8月

工作单位：湖南省文物考古研究院 耒阳市考古研究和文物保护研究中心

禁山墓群位于耒阳市大市镇泉水村东南。为配合茶常高速项目建设，经国家文物局批准（考执字〔2022〕第703号），联合考古队对项目红线范围内墓葬进行了抢救性考古发掘，共发掘东汉至唐代砖室墓14座，包括8座东汉墓、2座晋墓、2座南朝墓和2座唐墓。墓葬出土陶器、瓷器、铜器等文物标本190余件（套）。

东汉墓均为砖室墓，墓葬基本由墓道、封门、甬道、墓室和排水沟组成，根据其土圹平面的形状，可以分为"中"字形、"凸"字形、梯形三种，出土器物最多者达47件（套），有陶器、铁器、铜器和饰品等。陶器有罐、盉、盆以及屋、灶、井、牲畜圈、仓囷等模型明器，铜器有鐎壶以及四乳四禽、瑞兽铜镜等。晋墓中除出土青瓷器、铜器和铁器外，还发现有"永和九年"和"建元元年"的纪年铭文砖。南朝墓均为单室砖墓，平面呈"凸字形"，出土器物主要为青瓷器，有盘口壶、盏、碟等。唐墓均被毁严重，仅剩墓底部分，为单室砖墓，无遗物出土。

禁山墓群东汉至唐代墓葬出土的文物标本是湘江流域汉至唐代文物资料的重要补充，为湘江流域的埋葬习俗、文化交流等研究提供了一批重要的基础资料。

（陈　斌）

【株洲市茶陵县猪垅背东汉至宋代墓葬】

发掘时间：2022年3—6月

工作单位：湖南省文物考古研究院　茶陵县文化旅游广电体育局

为配合茶常高速项目的建设，经过国家文物局批准（考执字〔2022〕第662号），本年度湖南省文物考古研究院在茶陵县完成了项目范围内猪垅背墓群的抢救性考古发掘。

猪垅背墓群位于株洲市茶陵县马江镇末头村石门下组东北一处低矮山岗的山坡。考古队主要在墓群东侧完成了10座墓葬的发掘。墓葬均为砖室墓，墓葬均遭到破坏或盗扰，保存相对完整的墓葬，平面近"凸字形"，由墓道、封门、甬道、墓室以及排水沟组成，部分墓葬墓底铺设三层底砖，第二层底砖中留有多套条砖砌小排水沟，地方特色明显。墓葬基本被盗扰，出土遗物少，有青瓷器、铁器、铜器、银器和滑石器等。青瓷器有盘口壶、碗、盏和砚台等，滑石器为滑石猪。另外，出土有"绍圣元宝"铜钱等。墓砖为青砖或红砖，基本为长条形砖，上见有几何纹、莲花纹等。

根据墓葬形制以及出土器物，初步推测墓葬年代为东汉晚期至北宋。

此次发掘的六朝砖墓有三层底砖，这种特殊的排水铺设方式在湘东和湘南地区都是首次发现，为研究六朝时期埋葬习俗提供重要资料。墓葬出土的文物标本、墓砖等是湖南六朝至北宋时期文物资料的重要补充，对湖南古墓葬的研究提供了一批重要的考古资料。

（陈　斌　宋　宇）

【安仁县苗竹山东汉至明代墓群】

发掘时间：2022年9—12月

工作单位：湖南省文物考古研究院　安仁县文化旅游广电体育局　安仁县博物馆

苗竹山墓群位于郴州市安仁县永乐江镇排山村苗竹山西南，墓群东侧为低矮山地，南侧距永乐江约600米。

经国家文物局批准（考执字〔2022〕第909号），湖南省文物考古研究院完成了苗竹山墓群的考古发掘工作，共发掘了14座古墓葬，包括11座砖室墓和3座土坑墓。

砖室墓11座，均遭到不同程度的破坏。砖室墓均为单室墓，平面有"凸"字形和长方形两种，不见排水沟，墓砖基本为青砖，烧制火候不高。多见几何形纹饰砖，另有少量的叶脉纹砖，不见铭文砖。土坑墓3座，为深坑竖穴土坑墓，口小底大，斜直壁、平底，在填土近棺椁位置见有铺河沙的现象。

墓葬出土遗物数量为 2—35 件（套），有陶器、铁器、铜器等。陶器有罐、釜、壶、鼎、盆、鐎壶以及灶、仓、灯、井、鸡埘等模型明器。铁器有刀、釜和三脚架，铜器见有刀、釜、鐎壶、五铢钱等。墓葬年代初定为东汉至明代。

苗竹山墓群发掘的东汉至明代墓葬，为研究安仁县乃至洣水流域墓葬分期、丧葬习俗等提供了重要考古资料。

（陈 斌）

【桑植县官田汉晋铸铁作坊遗址】
发掘时间：2020 年 11 月—2021 年 1 月
　　　　　2022 年 3 月—2023 年 1 月
工作单位：湖南省文物考古研究院　四川大学考古文博学院　北京大学考古文博学院　张家界市考古研究与文物保护中心　桑植县考古研究与文物保护中心

官田遗址位于张家界市桑植县澧源镇朱家坪村，地处郁水河西岸一处较为宽阔的台地，面积约 75000 平方米，地理坐标北纬 29°25′26.7″，东经 110°12′56.9″，海拔 358 米。2015 年首次发掘 550 平方米，发掘显示官田遗址应存在生铁铸造活动。2020—2022 年，为配合地方建设，对官田遗址再次进行考古发掘，揭露面积 3500 平方米。

两次发掘共清理灰坑 251 个、灰沟 124 条、房址 17 座。灰坑多数较为规整，部分应与冶金生产相关的加工炉、藏铁坑、储料坑等。灰沟数量较多，方向多与河流平行或垂直，并有方形或长方形的围沟状。房址以圆形柱洞式为主，另有方形基槽式和圆形浅地穴式等。根据加工炉、房址、围沟之间的遗迹配套关系，可以确定部分为半开放式和封闭式作坊。

遗址中发现的多种类型加工炉，其中最为典型的长方形地穴炉，为三面直壁，一面斜壁，炉壁烧结，底部有炭屑遗存，炉内以倒塌的石块堆积为主。另外，有勺形、长条形、圆形等不同种类的炉型。此次发掘的遗迹大部分都沿河流呈东北—西南方向，其中生产类遗迹较为集中分布在靠近河流区域。在台地的较高位置发现有瓦当等建筑遗物，说明在距离河流较远的地方可能存在一定规格的建筑，或为生产管理区域。

官田遗址出土的遗物类型包括陶、瓷、铁、铜、冶金遗物及石器等。陶瓷器有软陶、硬陶、釉陶、青瓷四个种类，器类包括罐、缸、瓮、盆、钵、壶、盂、碗、盏、权等。其中青瓷器胎体细腻，口沿处多有刮釉痕迹，应为岳州窑产品。

金属器包括铜器和铁器。铜器较少，主要有环、铃、箭镞及钱币。铁器数量较多，可分为生产工具、生活用具以及兵器等。其中，生产工具有锸、斧、铲、凿、錾、钎、工具刀等；生活用器有釜、勺形器、环、带钩、扣、环权等；兵器以刀为主，另有少量的剑、箭镞、镦等器型。此外还发现了用于锻打的条形铁。铁器总体是以中原器形为主，并包括方銎铲、凿形器、锻銎器、鱼镖等本地风格的器物，材质有白口铁、灰口铁、铸铁脱碳钢及熟铁等不同种类。冶铸遗物包括铸范、炉渣、坩埚及铁屑等。

此次发掘明确了官田遗址是以生铁为原料，集熔铁、铸造、退火、锻造、精炼等工艺技术为一体，并兼营铸铜的多金属生产作坊，为目前南方地区已知规模最大的汉晋时期铸铁遗址。新发现的各类加工炉形态独特、功能较为明确，具有显著地方特色，填补了古代铁器生产、加工等研究的多项空白，是南方地区汉晋时期手工业考古的重大发现，对于研究这一时期南方地区铁工场的功能布局、炉型特点及生产加工流程提供了重要资料。

（莫林恒　肖　航　李映福　陈建立）

【临武县渡头古城遗址】

发掘时间：2022年3—12月

工作单位：湖南省文物考古研究院　临武县文化旅游广电体育局

渡头古城遗址位于郴州市临武县汾市镇渡头村武水河南岸，是一处以渡头古城址为中心，并包括了周边墓群的古城邑聚落遗址，面积约17万平方米。

经国家文物局批准，2022年度湖南省文物考古研究院继续对该遗址进行了发掘工作，共布设5×5米探方16个，揭露灰坑53座，灰沟9条，排水沟1条，房址3座，柱洞45个，水井2口，墓葬8座。

所获遗存的年代主要为六朝时期，出土器物以陶器和青瓷器为主，陶器见有罐、钵、碗、器盖、板瓦、筒瓦、瓦当、球等，青瓷器见有钵、罐、碗、器盖等。

汉代遗存多为墓葬，墓葬形制以小型竖穴土坑墓为主，另见有带斜坡墓道和过洞的土坑墓以及斜坡墓道砖室墓，出土陶器组合有鼎、盒、罐和鼎、盒、壶，铜器和铁器较少，墓葬年代主要为西汉中、晚期。

本年度在城内新发现的建筑遗迹，进一步明确了渡头古城遗址汉到六朝时期的城市结构布局和发展演变，为深入研究湘南地区地方城市的布局提供了新的考古资料。在公公坪墓群发掘的墓葬，推进了城址与周边墓群的研究。

（韦星星　陈　斌）

【长沙市天心区朝阳巷宋至明清时期遗址】

发掘时间：2022年6月—2023年1月

工作单位：长沙市文物考古研究所

长沙市天心区朝阳巷遗址位于解放西路与太平街交汇处东北角，北邻贾谊故居，处于长沙第一批第1号文物埋藏区（长沙古城文物埋藏区）内。工地平面形状呈不规则刀字形，地势整体东高西低，用地面积8055平方米，此次发掘面积1600平方米。

已发掘的遗存主要为北宋至明清时期，主要包括房屋建筑基址22座，灶4个、灰坑196个、沟24条、井15口、路面2处。揭示了两宋之交、南宋、元代等多个时期街巷建筑群，另发现宋蒙战争相关的投石机和回回炮炮弹（麻石球）、明清时期水井群以及大量刻有铭文的明代城墙砖等。其中，最重要的发现为南宋建筑基址（F8）。从目前揭露的范围推测，该基址为两进式带天井院落，坐北朝南，规模宏大、布局严谨、建造极为精美考究，推测是具有一定等级的官员生活宅院。此类宅院在长沙地区尚属首次发现，体现出宋代高超的建筑技术以及独特的审美趣味。

宋元时期多个建筑基址群的发现对了解长沙各时期城市街道建筑布局以及历时性变迁具有重要价值，同时对研究长沙地区古建筑发展史具有重要意义。

此次发掘出土了一大批精美文物，其中宋元瓷器尤其丰富，既有大量本地窑口器物，如衡山窑、衡州窑、醴陵窑产品，亦有丰富的外地窑口器物，如龙泉窑、景德镇湖田窑、吉州窑、耀州窑等，为研究长沙地区瓷器分期断代、瓷器贸易与市场消费变迁提供了丰富的资料。

除陶瓷器外，还出土了丰富的其他品类文物，如造型精美的琉璃钗饰、大量铜钱以及象棋、围棋、骰子等文娱用具，反映了长沙地区这一时期繁华、活跃的商品经济和丰富多彩的市民生活。

（夏笑容）

【东安县后背山清代墓葬】

发掘时间：2022 年 2—5 月

工作单位：湖南省文物考古研究院

为配合湖南永州至新化高速公路工程建设，湖南省文物考古研究院联合永州市博物馆、东安县文旅广局等单位对位于永州市东安县宥江桥村的后背山墓群进行抢救性考古发掘。布设 5×5 米探方 27 个，揭露面积 675 平方米。发掘的重要收获是清理清代墓葬 25 座，出土各类器物 60 余件。

发现的墓葬分布于一座石灰岩山体南部的坡底部位，墓葬均顺山势排列，头部一端朝向山顶。墓向有东南—西北（105 度—115 度）和东北—西南（65 度—85 度）两种情形，且各自有相对集中的分布范围。墓葬均为竖穴土坑墓，墓壁斜直，由开口向内略内收至底，底部较平。封土堆大多数没有保存。平面形状大致呈狭长形（头部一端的尺寸略宽），长度介于 210—280 厘米，宽度介于 60—90 厘米，深度一般为 110—170 厘米。部分墓内残存有底部棺木，也有少量墓葬还保存有人骨。

除个别墓葬外，基本均随葬有器物。大部分墓葬主要在头部的一侧或左右两侧靠近墓口的位置挖出壁龛放置随葬器物，少部分则在肩部、腰部或头顶部位置的壁龛内放置器物，还有个别墓葬直接将随葬器物置于棺木之上，一般位于头部或腰部位置。

出土器物主要有瓷罐、瓷碗、铜发簪和铜刀等，以瓷器为主。出土时碗多数倒扣在罐沿上，以成套的组合形式出现，仅少部分瓷罐单独随葬。碗类多数为青花碗，少量瓷碗没有施釉，个别为蓝釉瓷碗和陶碗。罐类大致分为普通罐、复口罐和筒形罐三类。复口罐出土时多数外口沿不完整，可能是有意敲破形成的花口。出土时，部分瓷罐内发现盛放有食物，当地称为"粮食罐"，至今仍保留有类似的丧葬习俗。

根据墓碑的部分碑文记录，可推知这些墓葬大致属于清代中、晚期，与出土的器物特征一致。从墓葬的有序分布，墓葬方向总体一致，推测这些墓葬应为家族墓地，其中一些位置紧邻的两墓可能为夫妻合葬墓。

后背山墓群是湘南地区发现的最有代表性的清代墓葬，也是迄今为止揭露的这一时期面积最大的家族墓地。出土器物较为丰富，丧葬习俗具有显著的地方性和时代特征，对于探讨湘南乃至南方地区的丧葬制度演变、乡土历史文化都有较为重要的学术价值。

（李意愿）

【宁乡市向家洲东周遗址考古调查】

调查时间：2022 年 10—12 月

调查单位：长沙市文物考古研究所

向家洲遗址位于宁乡市老粮仓镇回春堂村及江花村楚江与杨华江交汇处的台地上，2019 年长沙市文物考古研究所开展楚江流域专项考古调查时发现。遗址周边分布有花草坪、小胡山、笋子坳、刘家湾以及唐市铜铙出土地等新石器时代至商周时期的数处遗址点。

本年度，长沙市文物考古研究所联合宁乡市文化旅游广电体育局对向家洲遗址及周边遗址点开展了进一步的调查勘探工作。

根据此次调查勘探确认，向家洲遗址现存面积在 50 万平方米以上，目前发现有灰坑、水井、建筑基址、陶窑等遗迹。经走访确认，2002 年当地村民烧砖取土时曾在遗址内东北部台地上发现 5 件战国铜兵器。此次调查过程中采集有鬲、罐、豆、纺轮等陶器标本以及青铜刮刀、铜箭镞等，具有典型的楚文化特征，根据采集遗物结合碳十四测年初步推断遗址主体年代为战国中、晚期。从所处地理位置和遗址规模来看，向家洲遗址可能为楚人进入长沙后向沩水流域经略扩张的一处重要据点或中心聚落遗址，对构建沩水流域先秦时期文化谱系、全面认识长沙地区东周时期楚文化遗址的考古学文化面貌具有极为重要的学术价值。

（曹栋洋）

广东省

【广州市从化区狮象新石器时代遗址】

发掘时间：2022年10月—2023年1月

工作单位：广州市文物考古研究院

狮象遗址位于广州市从化区吕田镇，地处珠三角平原与粤北山地过渡地带、流溪河上游吕田盆地西部，由狮象岩石灰岩洞穴和台地构成，是广州市重要的史前遗址。为进一步做好流溪河流域先秦文明研究，经报请国家文物局批准，广州市文物考古研究院对狮象遗址进行主动性考古发掘工作。

2022年度考古发掘主要集中于狮象岩体北侧台地东北部，发掘面积500平方米，发现墓葬7座、灰坑79个、柱洞12个、灰沟2条，出土大量石器、陶器等重要文化遗物。

狮象遗址地层堆积较为丰富，呈南高北低、坡状，文化层厚度约0.5—0.8米，包含新石器时代晚期、明清时期文化层，以新石器时代晚期遗存为主。新石器时代晚期遗迹主要有墓葬、灰坑、柱洞等。

墓葬均为长方形竖穴土坑墓，墓口多被破坏。随葬品见陶器、石器、玉器等，器类见陶豆、陶釜、陶罐、石锛、玉镯等。从随葬品出土状态来看，既有完整器，又见残碎器，可能存在二次葬现象；部分墓葬为空墓，可能为一次葬迁出墓。

灰坑平面以椭圆形和不规则形为主，坑内结构多为斜壁、平底。部分灰坑坑口破坏严重，仅剩坑底，坑口边线不明显。坑内填土多为灰褐色黏土，部分灰坑填土有分层，有的灰坑见较多烧土和陶片堆叠的现象。

柱洞平面均为圆形，口径较小，直壁或弧壁，弧底，出有少量陶片、小石块。

出土遗物有石器、陶器、玉器，其中玉器种类有玉镯；陶器种类有陶纺轮、陶豆、陶釜、陶罐等，常见纹饰有绳纹、篮纹、曲折纹、叶脉纹、方格纹、附加堆纹等；石器种类有石镞、石锛、石环、石砧、石杵、石斧等。根据目前出土遗存，推测狮象遗址北侧台地是一处新石器时代晚期的聚落遗址，文化内涵兼具粤北、东、珠三角三地文化特征，对于研究多地文化交流具有较重要的意义。

此外，狮象遗址岩体发育有多处洞穴，其中西南山脚1号洞内采集有绳纹和曲折纹泥质灰陶片、石镞等，通过断面观察发现了较厚早期文化堆积；西北山顶2号洞内采集有螺壳、绳纹和方格纹泥质灰陶片、石锛等。根据目前考古发现，初步判断狮象遗址洞穴内遗存年代不晚于新石器时代晚期。

狮象遗址2022年度考古发掘工作收获颇丰，其中新发现了早期墓葬、灰坑、柱洞等，出土大量石器、陶器等，进一步丰富了狮象遗址北侧台地的文化内涵；通过对狮象岩北侧台地进行考古勘探，对遗存分布情况、保存状况等有了基本认识；通过对狮象岩体多处洞穴进行考古调查，确认1号洞、2号洞存在早期文化堆积。

（易西兵　曹耀文　梁云诗）

【广州市南沙区合成商周时期遗址】

发掘时间：2022年8—11月

工作单位：广州市文物考古研究院

合成村位于广州市南沙区南沙街中部，北邻进港大道，南为黄山、鲁山，西邻金洲涌。遗址位于低矮岗地的南面坡地，海拔高度约20米。

根据文物保护法律法规，配合旧村更新改造工程建设，广州市文物考古研究院对合成村进行考古勘探，发现先秦时期文化遗存，在报请国家文物局批准后，对遗址进行考古发掘。

此次考古发掘面积2000平方米，发现并清理遗迹408处，其中商时期堆积1处、灰坑103处、柱洞300个、墓葬3座、沟1条，出土重要文物标本172件。遗址包含商时期、西周时期、唐宋、明清四个阶段的文化堆积，其中尤以商时期的遗存最为丰富。

商时期堆积开口于③层下，叠压于④层之上，分布范围约1000平方米，堆积呈东、西薄中部厚的特点，出土大量的陶器、石器，一些废弃物甚至还保留着当时堆放的形态。根据出土遗物特征及堆积状态判断，可能是聚落的生产生活场所。从出土陶器的口沿看，可辨识的器形有大口尊、圜底罐等，石器有双肩石斧、石锛、石环、砺石、石砧、凹石器等。

合成遗址是南沙区继鹿颈遗址之后发掘的面积最大、包含物和文化内涵最为丰富的先秦遗址，为研究环珠江口地区商周时期考古学文化的年代序列、文化面貌、生业环境提供了重要的实物资料。

（张　希）

【广州市黄埔区竹园岭商时期遗址】

发掘时间：2022年5—12月

工作单位：广州市文物考古研究院

竹园岭遗址位于广州市黄埔区龙湖街何棠下村，在九龙大道东北侧，由3个连片山岗组成，其中位于西南部的山岗最高，海拔为53.8米。为配合国有土地出让，经报请国家文物局批准，先后对竹园岭遗址进行了第一期和第二期配合性考古发掘，发掘面积共6500平方米，清理墓葬63座，灰坑753个，柱洞1079个，灰沟9条。出土青铜斧、玉玦、玉璧形器、石璋、石戈、石矛、石锛、石铲、石杵、石凿、石镞、穿孔石器、砺石、陶豆、陶纺轮、陶罐、瓷碗、瓷杯、铜钱、银币、银簪等文物654件（套）。

竹园岭遗址共发现两个时期的遗存：第一个时期，相当于中原的商时期；第二个时期，为宋代至民国。

商时期的遗迹类型主要为灰坑和柱洞，目前尚未发现墓葬。灰坑形状多不规则，深度较浅，坑内一般出土印纹陶片和石器；柱洞在竹园岭遗址发现的遗迹单位中数量最多，有部分柱洞分布似有一定规律，可能存在房址（目前发现可能的房址有8座）。该时期出土了一批重要的文物，有青铜斧、玉玦、玉璧形器、石璋、石戈、石矛、石锛、石铲、石杵、石凿、石镞、穿孔石器、砺石、陶豆、陶纺轮、陶罐等。值得注意的是，该时期出土的石器很多，但尚未发现完整陶器（均为碎陶片）。竹园岭遗址还出土有很多磨制精细的石礼器，一般是石璋和石戈，用黑色石料磨制而成，风格较为统一。此外，还有一些半成品的石器、石料切割后的余料以及大量的砺石。

宋至民国时期的遗存几乎全为墓葬，总共63座。这些墓葬分为两类：瓮棺墓和长方形竖穴土坑墓。瓮棺墓的年代为宋代和明代。长方形竖穴土坑墓的年代为清代和民国。由于年代较为久远，岭南地区土壤酸性较强，这些墓葬中的棺具和人骨未能保存下来。

竹园岭遗址所发现的商时期遗存在广州地区较为独特。目前，该遗址没有发现墓葬，表明其并非墓地。从该遗址发现的大量石器，特别是存在很多砺石，以及部分器型的半成品（有领石环和石锛）和石料余料的情况来看，竹园岭遗址可能为一处石器加工场所。值得注意的是，该遗址发现的很多砺石，尺寸大，磨面已很深，表明其使用的时间已颇长，磨制的石器数量应不少。

竹园岭遗址此次发现了青铜斧，器形虽然简单，但表明先民已经掌握了青铜冶炼以及简单的铸造技术。另外，磨制精细的礼器，特别是作为"六瑞"的玉璧形器和石璋的发现，更是表明彼时的岭南已经受到来自中原地区的影响。

竹园岭遗址一期和二期考古发掘清理出一批重要的商时期文化遗存，再次证明中新知识城是广州市区东北部一处重要的古人类生活聚居区。同时，竹园岭遗址的发现，为研究商时期广州乃至岭南地区聚落形态演变、文明化进程等提供了丰富的实物材料。

（黄碧雄）

【广州市海珠区松岗商时期及宋代遗址】

发掘时间：2022 年 5—6 月

工作单位：广州市文物考古研究院

广州市海珠区松岗商时期及宋代遗址位于广州市海珠区广州塔东南侧，为配合广州科学馆工程建设而进行发掘。

商时期遗存主要以陶片为主，陶片种类包括红陶、夹砂陶片及叶脉纹、菱形纹、水波纹、重圈凸点纹等陶片，具有典型的岭南商时期文化特征。

宋代遗迹 38 处，其中水井 6 眼、灰坑 5 个、柱洞 27 个，出土陶器、瓷器、铁器、石器等各类文物 28 件（套），采集骨骼、牙齿、果核、井砖、陶瓷片等标本 62 件（袋）。

宋代水井 6 眼，均开口于①层下，为土壁井，平面开口基本为圆形，直径在 1—1.2 米左右，除 J4 破坏严重，残深 0.6 米外，其余 5 眼水井残深皆在 2.4 米以上，最深达 3.26 米，底部多为圜底，个别为平底。出土陶器、瓷器、铁器、石器等各类文物 23 件，器形包括瓦当、碗、铁锁等。井内填土分 2—4 层。

宋代柱洞 27 个，开口于①层下，打破 H1，平面形状几为圆形，直径 0.15—0.4 米，残深 0.14—0.64 米，底部略平。填土为灰黑土，夹杂贝壳、小石子，土质紧硬。

宋代灰坑 5 个，以 H5 为例，位于发掘区北部，开口于①层下，东部被 H2、H3、J6 打破，西部被现代管道沟槽、中部被现代桩坑打破，叠压②层。H5 严重被毁。平面呈不规则形，近似长方形。该灰坑向东延伸至基坑外侧，外侧部分被水泥墙打断。坑内填土共分两层，H5 共出土青釉碗、青釉纺轮等文物 4 件，另采集牙齿、骨骼标本 4 件。

该项目遗迹、遗物时代跨度大，再一次表明这一区域的考古资源较为丰富，为研究该地区历史及珠江岸线变迁提供了新的考古资料。另外，在宋代水井内出土了广东佛山南海奇石窑和文头岭窑的产品，与"南海Ⅰ号"宋代沉船出水陶器相似，该遗址点疑为海上贸易中转补给点，再次证明广州是宋代中国海上丝绸之路贸易的重要节点城市。

（宋中雷）

【广州市第一人民医院西汉南朝墓葬与汉至明清遗址】

发掘时间：2022 年 6—11 月

工作单位：广州市文物考古研究院

广州市第一人民医院整体扩建项目建设工地位于广州市越秀区东风西路南侧，地处

"广州古城至珠江北岸"地下文物埋藏区。此次发掘面积共700平方米,清理汉至明清时期遗迹184处,包括西汉南越国时期排水沟及水井、汉至南朝墓葬、唐至五代时期贝壳堆积灰沟、明清时期城壕护堤等遗存。出土陶水管、罐、器盖、执壶、碗、佛塔、瓦当、筒瓦、板瓦及光绪十一年捐款碑刻等文物336件(套)。

西汉南越国时期墓葬3座,均为长方形竖穴土坑墓,两座存人骨遗骸,朽烂严重,葬式不详。南朝墓葬4座,其中M1保存较好,为长方形砖室墓,方向35度,长3.24—3.26米、宽0.92—1.04米。墓内发现人骨一具,保存较差,仰身直肢葬,葬具已腐朽。出土青釉杯3件、瓷碗1件。

西汉南越国时期排水沟1条,呈西南—东北向,平面长条形,口大底小,斜壁内收,底部较平。揭露长度29.5米。沟内西南段埋置圆形陶管道,残长11.2米,每截长约0.55米、直径0.2米,两两扣接,表面饰绳文。尾部陶管道底部有圆形小孔。

西汉南越国时期灰坑H49开口呈半椭圆形,斜壁内收,底部较平。口部残长1.6米、残宽1.54米,底部残长0.5米、残宽0.45米、深1.2米。出土大量绳纹瓦碎片及瓦当、陶瓶、三足盒、陶球、石器等。

西汉南越国时期水井J4开口呈椭圆形,斜壁内收,平底。口部长1.3米、宽1.25米,底长0.84米、宽0.8米,残深2.8米。出土石砚、陶罐等。

唐至五代时期贝壳堆积灰沟1条,揭露长3.4米、宽2.6—5.6米。东西向,西高东低,斜边向下内收,弧底。沟内中西部有大量白色圆形贝壳堆积,贝壳表面光滑,应经过人为加工,厚约0.1—0.3厘米。出土执壶、熏炉盖、陶佛塔、瓷碗、瓦当、筒瓦、板瓦等。

明清时期城壕护堤由石护坡和埠头构成。石护坡分两级:一级护坡位于北部,揭露长25.5米,东西向。上部受到破坏,残存的石块大小不等、散乱分布;下部使用长条石块砌筑,南部侧立面修筑平齐,残高0.8—1.2米。二级护坡位于一级护坡南部以下,揭露长度20米,东西向。以石块顺砌,排布较整齐。埠头位于石护坡以西,依护坡向南修筑。东西向,长条石板铺就,路面整体西高东低,呈斜坡状。埠头中部偏东处立1块清代"光绪十一年三月吉立"募捐碑,初步推断为修建埠头时所设。

此次发掘的地点历史上一直处于广州城西北郊区,距古代广州城中心(今北京路、中山四路一带)直线距离不足2千米。此次考古发现的文化遗存时代跨度大、延续性强、内涵丰富,其中西汉南越国排水沟、水井是广州城西北郊首次发现的南越国时期建筑和生活遗存。大量经过人为加工的贝壳堆积,属广州考古首次发现,很可能与建筑有关。明清时期城壕护堤与历史文献相印证,进一步确认了明清广州城的西北界。

(覃 杰 罗 翀)

【广州市增城区老虎岭东汉墓葬】

发掘时间:2022年11月—2023年1月
工作单位:广州市文物考古研究院

增城区老虎岭遗址位于广州市增城区沙滘村东北部。根据文物保护法律法规,配合国有建设用地收储出让,2020年10—11月对增城经济技术开发区仙村园区北区老虎岭地块范围进行考古勘探,发现墓葬、灰坑等古代文化遗存。经报国家文物局批准,对遗址进行配合性考古发掘,完成发掘面积600平方米。

发掘清理墓葬8座(其中东汉墓2座、清墓2座、年代不明的墓葬4座)、灰坑14个、沟5条、柱洞37个,出土陶器、铜器、石器、珠饰等各类文物119件（套），采集标本14件、陶片95袋。

东汉墓2座，均为木椁墓，规模较大。其中M1平面呈"凸"字形，墓向195度，墓葬包括墓道、前室和后室三部分，墓圹总长10.8米、宽0.8—2.8米、深0.8—2.6米。墓道平面呈长方形，长4.4米、宽0.8—0.9米、深1.25米，两侧墓壁垂直约平整，底部约平，为南高北低呈斜坡状，坡度18度。前室与墓道之间有二级生土台阶，前室呈长方形，长2.55米、宽2.6米、深2.6米。后室平面呈长方形，比前室高出0.4米，后室南北长3.8米、宽2.5—2.55米、深2.2米。后室内棺椁已朽无存，仅残存朽痕。出土陶罐、匏壶、陶鼎、陶囷、陶屋、三足釜、环首刀、青铜鼎、青铜钺、铜铙、水晶珠等器物52件（套）。

此外，还发现了商周时期的灰坑、沟、柱洞等遗迹，出土了较丰富的先秦时期陶片和双肩石斧、石锛、石钺、砺石等石器。

此次考古发掘的两座东汉木椁墓规模较大、出土文物较丰富，为广州东部地区汉代葬制、葬俗研究提供了较重要的实物资料。还发现了商周时期的灰坑、沟、柱洞等遗迹和较丰富的先秦时期陶片和石器，与围岭遗址年代接近、关系密切，具有较高的历史和文化价值。

（张百祥　曹耀文）

【潮州市笔架山宋代窑址】

发掘时间：2022年4—12月

工作单位：广东省文物考古研究院

潮州笔架山窑址位于潮州市湘桥区桥东街道，韩江潮州市区段东岸、笔架山脉西麓，遗址范围包含笔架山脉及其西侧韩江东岸南北长约3千米的江滩区域。

1958—1986年，广东省文物管理委员会、广东省博物馆等单位先后四次对潮州笔架山窑址进行考古发掘，共发掘清理了11处龙窑。根据已发表资料可知：第一，潮州笔架山窑址是一处规模巨大的宋代窑场；第二，已发掘窑址均为长条形龙窑；第三，瓷器装烧方式是用匣钵叠烧的方式；第四，坯件制作以轮制为主，部分模制，发现有轮制陶车配件——瓷质轴顶帽；第五，瓷器产品釉色以青白釉、青釉瓷器为主，此外还有白釉、褐釉、黑釉瓷器；器形以碗、盘、碟、盏、杯、盒、壶、瓶、炉等日用器物为主，也有少量盆、钵、罐、弹丸、人像及动物瓷塑像等；纹饰以刻划、镂雕纹饰为主，少量模印、堆塑。

2012—2020年，广东省文物考古研究所为配合大遗址保护规划编制、笔架山潮州窑国家考古遗址公园规划编制等项目，先后在潮州笔架山窑址及周边区域开展了四次考古调查和勘探工作，新发现多处龙窑遗迹及与窑场生产和管理相关的房屋建筑基址。

在2020年考古调查和勘探工作基础上，此次考古发掘在1986年发掘的十号窑北段北侧和西北侧进行，发掘面积1000平方米，共清理遗迹43个，其中龙窑遗迹1段、疑似宋代窑业作坊遗迹1处（局部揭露）、灰坑22个、宋代以前墓葬14座。龙窑遗迹基本断定为1986年发掘的十号窑窑头段，总长7.6米，宽2.4—2.46米，包括一段完整的窑床及两端两个结构相同的火膛，弥补了十号窑结构不完整的缺憾。出土了一批青白釉、青釉、酱褐釉瓷器和瓷片、制瓷工具和大量窑具标本，青白釉瓷器和匣钵占出土物的绝大部分，其中完整和可复原器物400余件，采集标本4000余件，采集瓷片和窑具数量巨大，无法详细统计。瓷器器形有碗、盘、碟、盏、杯、壶、盒、炉、罐等；制瓷工具有荡箍和轴顶帽等；窑具有匣钵、垫饼、垫圈等。

此次发掘取得了不少新突破，为潮州笔架山窑炉技术发展沿革及窑业手工业生产体系研究，为笔架山潮州窑遗址考古遗址公园窑业生产历史展示及潮州海上丝绸之路申遗提供了更加完整和科学的考古资料支撑；为我国宋代外销瓷、对外贸易及海上丝绸之路的历史研究提供了非常珍贵的实物资料。

（石俊会）

【深圳市光明区明代遗址和清代墓葬】

发掘时间：2022年9—10月
工作单位：深圳市文化遗产保护中心

中国科学院深圳理工大学位于深圳市光明区新湖街道，在公常路南侧及北圳路东侧，西邻中山大学深圳校区，东邻光明森林公园。前期调查项目面积约56万平方米，勘探发现该项目用地东北角有两处遗迹分布：一处为双创学院东侧护坡区域，现存面积约3600平方米的明代文化层及灰坑；另一处为90平方米的九号基坑山包南坡M1、M2所在的区域。

为配合中国科学院深圳理工大学项目建设，进行了抢救性考古发掘。此次考古发掘分为Ⅰ区和Ⅱ区两个发掘区，两区相距约200米。Ⅰ区清理发掘明代灰坑5个，Ⅱ区清理发掘清代墓葬2座，发掘总面积300平方米。出土瓷罐3件，小瓷盘1件，布纹瓦残片787件，陶片36件，瓷片81件。

Ⅰ区发掘共清理灰坑5处，编号为H1—H5。依据灰坑残存平面形状的不同可分为三种：近半圆形（H1、H2、H5）、近长方形（H4）、不规则形（H3）。除H4口底同大外，其余灰坑均口大底小。灰坑间无打破关系。内填黄褐色细砂土，土质较疏松。出土遗物基本一致，包含大量布纹瓦残片和少量瓷片。根据开口层位和出土遗物初步推断灰坑的时代为明代。

Ⅱ区发掘共清理墓葬2座，编号为M1、M2。M1为竖穴土坑墓，方向180度。墓葬南北长2.6米，东西宽1米，残高0.4米。填土为五花土，土质较疏松，随葬器物有2件青釉瓷罐、1件酱釉瓷罐、1件青釉小瓷盘及若干瓷片等，其中酱釉瓷罐底部印有"老向合记"款识，未见葬具及人骨。M2为竖穴土坑墓，南邻M1，方向156度。墓葬南北长1.9米，东西宽0.8米，残高0.4米。填土为五花土，土质较疏松，未见葬具、人骨及随葬品。根据墓葬形制及出土遗物初步推断两座墓葬的时代为清代晚期。

此次考古发掘出土了大量布纹瓦残片，约占全部遗物数量的87%。布纹瓦均为夹砂陶；瓦的颜色以灰和灰白为主，占比95%；烧制火候有高有低，火候较高的占比47%；瓦面制作痕迹有管状条痕、带状条痕和痕迹不清三种，占比分别为20%、20%、60%。此次考古发掘深化和丰富了人们对岭南地区布纹瓦的认识，对研究深圳地区明清时期的人口与社会历史发展状况提供了较为重要的资料。

（董 杰）

【深圳市深汕特别合作区考古调查】

调查时间：2021年12月—2022年4月
工作单位：深圳市文化遗产保护中心

深汕特别合作区由原海丰县鹅埠、小漠、赤石、鲘门等4镇组成，总面积468.3平方千米，海岸线长50.9千米，海域面积1152平方千米。西、北接惠州市惠东县，东接汕尾市海丰县，南面临海。主要地貌为山地丘陵，地势北高南低。北部横亘着高耸的莲花山脉，西界、东界为连绵的丘陵地带，围合汇水而成赤石河流域。水道呈蒲扇形，河道在小漠镇汇流入海。辖区大部分为赤石河流域，是相对独立的自然地理单元。

此次考古调查项目分为全域调查和窑址专项调查两部分。新发现、探明或测绘遗存包括：先秦遗址4处，遗物点28处，古建筑9处，古墓葬279处，明代窑址5处（含三普登记点1处），近现代史迹、革命文物2处，古村寨8处，古驿道4段，碑刻13通。全域调查首次在合作区发现了早至新石器时代晚期的遗存，将合作区范围内人类活动的年代上限提早至新石器时代晚期。新发现了白田山、新厝、秋塘等商周时期遗址。窑址专项调查主要集中在赤石镇老厝山、东都岭及鹅埠镇吊牌山区域进行，新发现及探明确认明代窑址5处，根据残存窑床等初步推测窑炉为龙窑。其中老厝山新发现窑址2处、东都岭新探明窑址1处、吊牌山新发现确认窑址2处。该区域内窑场产品大致可以分为两大系统：青瓷系统（老厝山Y2、吊牌山Y1、Y2）和青花瓷、青白瓷系统（老厝山Y1、东都岭窑址），各个窑场之间相对分工明确，错位竞争，各具特色。

青花瓷、青白瓷系统窑场产品类型较丰富，器形有碗、盘、杯、碟、玉壶春瓶、山形笔架、瓷砚等，其中以碗盘为大宗。制作工具有荡箍、轴顶碗等，窑具有垫柱、垫饼、匣钵、火照等。青花瓷器纹饰简约，以在器物外壁口沿饰一周点彩、花叶等为主，部分器物内底书"元""福"字。青白瓷釉色多较为灰暗，釉质混浊，玻化程度较差，光感不强。烧制工艺以叠烧为主，少量以匣钵装烧，产品质量较为粗糙。

青瓷系统窑场产品多为仿烧明代龙泉窑系青瓷，大部分器物釉层较厚，青中闪灰或青中泛绿，釉面光亮莹润。少数器物釉层较薄，釉色浅淡泛白或呈青黄色，釉面光泽失透。器物装饰以素面为主，少量外壁饰有菊瓣纹。器形以碗、盘、碟等为主，类型较单一。窑具有匣钵、垫柱、火照等。匣钵外壁多有刻划标识，分为文字、大写数字和阿拉伯数字等。老厝山Y2部分器物内底戳印"高""清""用""公正"等字款及大地日月仙鹤纹，具有较鲜明的产品特色；总体以匣钵装烧为主，多为一器一匣，叠烧为辅，产品质量较高。吊牌山Y1、Y2产品以叠烧为主，匣钵装烧为辅，产品质量较为粗糙。

此次考古调查进一步掌握了该区域内的文物遗迹的分布情况，成果较丰富，为推动珠江三角洲与粤东平原文化交流和互动等相关研究提供了考古学新材料。

（董　杰）

【东江流域（河源蓝口段）区域系统调查】

调查时间：2022年10—12月

工作单位：广东省文物考古研究院　河源市博物馆

蓝口镇位于河源市东源县东北部，属东江中上游，为河谷平原与低山丘陵地区，东西两侧为地势较高的丘陵，中部为东江及其支流冲积而成的河谷平原。2018年，广东省文物考古研究院对蓝口镇的大顶山墓地进行了抢救性发掘，清理商周时期墓葬14座。该墓地的发现与发掘，为探寻东江中上游地区先秦时期考古遗存提供了重要线索。为进一步了解东江中、上游先秦时期遗址数量、范围、保存状况、分布规律、年代延续性、文化面貌等问题，广东省文物考古研究院联合河源市博物馆，对东江流域蓝口段进行了为期近两个月的区域系统调查。

调查工作基于岭南多丘陵、河谷盆地的地形特征，尝试采取适合于岭南地区的区域系统调查方法，以流域为中心，逐河进行调查；并采取有序或控制性抽样调查的方法，以更好地确认遗址的陶片分布密度；全部在卫星地图上记录采集遗物、探孔、断面位置，以便观察遗址内不同区域的情况。

此次调查在东江及其支流沿岸共新发现先秦时期遗址26处，复查商周时期遗址1处。新发现的遗址中，新石器时代晚期至商代的遗址有8处，春秋战国时期的遗址有18处。采集有较多新石器时代晚期至战国时期的陶器残片，以及石锛、陶罐、原始瓷杯等小件与标本10余件。

遗址的区域分布有一定的规律，其中东江支流四甲水流域发现有10处遗址，以新石器时代晚期至商代为主；东江支流牛背脊水流域发现有13个遗址，以春秋战国时期为主。遗址群年代延续时间长，又相对集中，遗址间可能存在等级差异。遗址分布高程也有一定的规律，新石器时代晚期至商代的遗址，相对高程稍高，为50—80米，而春秋战国时期遗址相对高程稍低，在10—30米间。

此次调查的发现填补了东江干流中、上游流域考古发现的空白，为探索东江流域考古遗存分布与考古学面貌提供了重要线索。遗址群年代延续性强，可以为广东考古学文化编年及文化谱系的建立提供珍贵的资料。

（朱　柯）

【阳春市石望铸钱遗址调查】

调查时间：2022年10月—2023年1月
工作单位：广东省文物考古研究院

石望铸钱遗址位于阳春市石望镇建设村委会铁迳自然村，1982年第二次全国文物普查时发现，2019年10月被国务院列入第八批全国重点文物保护单位名单。目前有关该遗址的考古工作较为薄弱，现有遗存主要来自1982年广东省博物馆进行的考古调查和试掘，以及周边建设时的零星发现。遗物有石钱范、铅锭、铅矿石和青瓷碗、罐、瓜形执壶等，遗址炉渣分布范围广，堆积厚。首次发现"乾亨重宝"铸钱石范。该遗址是目前所知唯一一处十国南汉时期铸造铅钱的工业遗址，对研究南汉国史和中国货币史等具有重要意义。但是由于缺乏考古工作，遗址具体内涵和分布范围尚不清晰。2022年10月，为配合阳春石望铸钱遗址保护规划的制定，广东省文物考古研究院对遗址开展了区域系统调查，调查范围约10平方千米。

此次调查在遗址保护范围之外发现94座古代窑炉以及不同时期冶炼铸造遗存堆积，采集到3块铸钱石范和部分唐宋时期瓷片，征集到2枚"乾亨重宝"铅钱。

调查发现的窑炉可辨型制者皆为竖窑，内径多在1.5—2.5米之间，具体年代尚待后续工作确定。窑炉多以三五成群分布于河谷台地或山岗之上。河谷台地处窑炉多沿河分布，便于运输；山岗之上的窑炉相对海拔较高，地势较陡，应靠近矿产地。初步判断该批窑炉因分布位置差异存在功能之区分。

此次调查发现的遗存分布范围远大于遗址保护范围，遗存类型较此前发现更为丰富，为遗址保护规划的制定提供了重要依据，为研究广东地区古代冶炼及铸钱历史提供了新的材料。

（陈雨生）

【惠东县明代三官坑窑址】

发掘时间：2022年9—12月
工作单位：广东省文物考古研究院　惠东县博物馆

三官坑遗址位于惠州市惠东县白盆珠镇横江村委大窑村，遗址四周群山环绕，西南现为农田，南部有白马河蜿蜒流经。经国家文物局批准，本年度联合考古队对三官坑窑址开展了主动性发掘，面积500平方米。此次工作对部分窑炉和作坊区进行了清理，共发现遗迹11处，包括：窑炉2座、操作池6个、操作面3个。出土标本800余件，瓷片近万片。

此次发现的两座窑炉均为分室龙窑。其中，Y5尾端残毁，由火膛、窑室出烟室、护窑墙、窑前工作面、窑旁操作面组成。共发现窑室5个，第4、5窑室破坏严重，每间窑室前部左右各置一窑门，残长15.44米，方向71度。从窑炉基本形态来看，属明代南方地区典型的横室分室龙窑，窑壁及窑室间隔墙以生胚砖砌筑，隔墙置火道约23—25个。窑床因匣钵取换频繁，多为沙底，少见烧结面。窑内及作坊区出土产品以青瓷为主，器形包括碗、盘、碟、杯、盏、高足杯、砚、香炉、火炉、漏斗、熏炉、器盖、瓷塑等。此外，还发现有大量匣钵、垫饼、火照、泥塞、支烧具、轴顶帽、荡箍、滑轮、印模、辗轮、铜条、铁叉等制瓷烧窑工具。

包括三官坑窑址在内的白马窑址群是我国明代重要的外销窑场，其产品行销于世界各地，长期以来，其历史价值被严重低估。此次发掘工作推动了对广东明代仿龙泉青瓷的窑炉结构、制作工艺、产品特点和发展谱系的研究。三官坑窑址作坊区的发现为研究本区域制瓷操作流程的演进和发展提供了难得的实物资料。遗址中出土的瓷器不仅具有仿龙泉窑的共性，也不乏广东青瓷的本地特色，同时也受到福建等地的影响。该遗址的考古发现有助于深入研究长江中、下游地区与珠江流域明代瓷器烧造工艺流变与人群扩散等问题。

（刘　长）

广西壮族自治区

【灌阳至平乐高速公路项目汉至清代墓地】

发掘时间：2022年4—12月

工作单位：广西文物保护与考古研究所　桂林市文物保护与考古研究中心

为配合灌阳至平乐高速公路工程建设项目建设，经国家文物局批准同意，广西文物保护与考古研究所联合桂林市文物保护与考古研究中心，对项目涉及的恭城瑶族自治县嘉会镇张家村墓地、平乐县平乐镇同乐墓地及平乐县平乐镇南洲墓地开展抢救性考古发掘，出土一批汉代至清代的考古遗存。

嘉会张家村墓地发掘：发掘面积400平方米，在发掘区出土少量六朝时期陶瓷器残片和2座宋代马蹄形窑，马蹄窑由操作坑、窑门、火膛、窑床、烟道五部分组成。窑室底部出土较多砖瓦，窑门平台有一层南宋时期陶瓷器，初步判断Y1主要烧造砖瓦，时代应该为六朝时期，而出土陶瓷片可能是后期破坏有关。

南洲墓地：共发掘出土3座汉晋时期墓葬，均严重被盗，以封土堆为中心正南北布探方发掘法，解剖封土堆，发掘2座土坑墓，1座砖室墓，其中M2为砖室墓，出土1件晋代青瓷簋；M1为土墩墓葬，被盗，仅剩墓室。

同乐墓地：2005年因平乐至钟山高速公路建设，在此区域发掘一批汉代至清代墓葬。2022年灌阳至平乐高速公路工程建设，再次涉及同乐墓地，采取探方发掘方法，共发掘面积15200平方米，共发现墓葬356座，其中东汉墓1座，晋墓1座，南朝墓2座，唐代墓8座，宋墓4座，明墓22座，清墓318座；出土遗物有金器、银器、铜器、铁器、玉石器、陶瓷器及木质棺椁残件等，共计1000余件。

发掘出土的汉至清代墓葬与2005年发掘基本一致，有土坑墓葬和砖室墓葬。发掘出土的唐墓均为土坑墓葬，墓穴深浅不一，一般长约2.2米，宽约0.6米，深约0.6米，均随葬青瓷器，少的1件，多的8件。

（何安益　贺战武　韦　军）

【西林县从勒墓地】

发掘时间：2022年7—12月

工作单位：广西文物保护与考古研究所　右江民族博物馆

本项目的开展是"考古中国·汉晋前后'西南夷'地区的社会变迁"2022年度田野考古广西区域内容，为主动性考古发掘，执照号为考执字〔2022〕第159号，发掘面积500平方米。从勒墓地位于百色市西林县八达镇木呈村从勒屯西南约200米的那迷坡山坡，坡地东北侧有驮娘江支流——泥垌河。整个墓地处于泥垌河小河谷盆地中部，两侧为高山。2008年西林县开展第三次文物普查时发现确认，2021年调查确认属于具有典型"西南夷"文化因素考古遗存。整个墓地分布面积约2000平方米。

发掘采用5×5米正南北布方，共20个

探方，设永久性基点，从基点引入发掘区，无人机和RTK联合布方。此次发掘，采用整体揭露，后清理墓葬方法，先对每个探方第①层统一清理，出露墓葬和灰坑开口。第①层为耕土层，①层出露生土或基岩。全部出露遗迹后，逐个单位开展清理工作。发掘区内共发掘出土5座石棺葬，编号分别为M1—M5，其中M3在2008年清理，未见随葬品。2022年发掘，地层堆积和墓葬中均未见随葬品和人骨残骸、葬具。除发掘出土5座石棺葬外，还发掘出土2个近现代灰坑。

发掘出土5座石棺葬中，大小不一，均分布在墓地顶部缓坡地，陡坡处未见出土，可能与地表流水冲蚀或农业生产有关。

M2保存较好，方向229度，平面呈梯形，棺室均采用加工过的厚约0.02—0.03米的页岩片石砌筑，由顶部盖板、两侧石板、头足两端顶板及底板组成，盖板已坍塌，开口距地表约0.25米，盖板残长2.4米，宽0.52—0.66米，墓口残长2.36米，宽0.6—0.64米，底部残长2.2米，宽0.4—0.42米，底距开口0.46—0.52米。

M5较小，方向61度，保存较差，平面呈近长方形，由顶部盖板、两侧石板、头足两端顶板及底板组成，盖板已无存，仅残存少许两侧挡板、头端挡板及少许底板，开口距地表约0.1米，墓口残长1.1米，宽0.24—0.3米，底部残长1.08米，宽0.2—0.3米，底距开口0.46—0.52米。

西林县从勒墓地，是广西首次发掘确认的属于典型西南夷因素的石棺葬。

（刘康体　何安益）

【合浦县望牛岭汉晋墓】

发掘时间：2020年8月—2022年10月
工作单位：广西文物保护与考古研究所　中山大学

望牛岭墓地位于合浦县城南部，是全国重点文物保护单位——合浦汉墓群的重点保护区，西北距离汉代合浦郡故城——草鞋村遗址2.2千米。墓地进行过两次考古发掘，1971年为配合基建曾发掘西汉墓M1墓室和M2，2020—2022年为配合"海丝"遗产保护展示再启墓地发掘。两次发掘，共解剖清理西汉时期的墓群封土堆1座、墓葬25座，以及晋墓1座。出土随葬品包括陶瓷器、铜器、铁器、金器、银器、漆器、玉石器、玻璃器、珠饰等器物，另外还有丝织品、编织品、果实、稻谷、贝壳、燃料等残留物。

墓群封土堆范围内是西汉时期合浦地区豪族——"庸"氏家族墓地。封土营筑于西汉晚期，一次性分层堆筑而成，底平面呈"凸"字形，面积约3029平方米，主体为方形，边长54米，中部残高3.6米。封土堆范围内共发现16座西汉墓，其中封土覆盖的墓葬15座（M1、M2、M4—M16），打破封土的墓葬1座（M17）。这16座墓葬的层位明晰，年代延续；规格从小型发展到中型、大型，形制分为竖穴土坑墓和木椁墓两类，木椁墓又分为不带墓道和带墓道两型，土坑墓和不带墓道木椁墓规格较小、器物较少、年代较早；墓向分为西南向和西北向两类，朝向西南的14座墓多数排列有序，朝向西北的2座墓（M15、M17）集中分布在西南部；因地处酸壤，人骨、棺、椁及漆木器、丝织品、编织品等器物多已朽化。有3座墓随葬墓主私印，分别为M1"庸毋印"琥珀印、M11"庸定"玉印、M14"庸临"铜印。M11另有一枚20字铜书简印，印文为"庸敖私印，宜身至前，迫事毋闲，唯君自发，记信封完。"

在营筑墓群封土堆之前，部分墓葬如M1、M5、M11、M14等，已筑有独立的小封土堆，墓群封土直接覆盖于小封土堆之上。墓群封土堆覆盖的遗迹，除墓葬之外还有条长沟、2个长方形坑、1组灶以及若干柱洞。

M1是望牛岭墓地中规模最大的一座墓葬，也是合浦汉墓群中已发掘的规格最高、随葬品最丰富的西汉木椁墓。墓穴位于墓群封土堆西北部，平面略呈"干"字形，由墓道、甬道、主室、南耳室、北耳室组成，全长28.5米，最宽14米，面积约130平方米。出土金器、铜器、铁器、陶器、漆器、玉石器、珠饰等器物245件（套），其中有铭文的器物包括"阮"和"大"铭金饼、"庸毋印"龟钮琥珀印、"九真府"和"九真府□器"款陶提筒等。综合墓葬规格、形制、随葬品及相关文献判断，墓主"庸毋"曾任九真郡（今越南清化、乂安、河静一带）太守，死后葬入家族墓地。

墓群封土堆周围已清理的9座中小型西汉墓（M18—M23、M25—M27），形制亦分为竖穴土坑墓和木椁墓两类，其中M25为不带墓道的小型木椁墓，位于墓群封土堆东侧，出土器物中有一枚瓦钮铜印，印文"范福之印"。已清理的1座晋墓（M24）为小型砖室墓，亦位于墓群封土堆东侧，与M25相邻。

望牛岭墓地的考古发现，拓展了合浦汉墓群的文化内涵，凸显了合浦在汉代海上丝绸之路的特殊位置，印证了《汉书》等史籍关于汉朝以合浦为支点经略岭南及海外的记载，为海上丝绸之路遗产保护展示和"海丝"申遗提供了考古学支撑，为"一带一路"与文明交流互鉴研究增添了新资料。

（蒙长旺）

【贺州市铺门镇西晋及晚清墓葬】

发掘时间：2022年5—7月

工作单位：广西文物保护与考古研究所 贺州市文物管理所

为配合贺州市信都联盟至铺门一级公路建设，对项目建设用地范围内的古墓葬进行抢救性发掘。发掘区位于贺州市八步区铺门镇河东村保庆寨，距贺江东岸约300米，发掘面积277平方米。发掘清理墓葬4座，其中西晋墓2座、晚清墓2座，出土器物共计50件套。

西晋墓2座，编号为M1和M2。M1：封土不存，墓向102度，竖穴土坑墓，"凸"字形，由墓道、墓室两部分组成。墓道为长方形斜坡墓道，长2.3米，宽0.72—0.8米，深0.2—1.18米，坡度16度。墓道斜直壁，壁面较为规整。墓室开口长4.33米，宽2.7米；底长4.22米，宽2.4米，深1.26米。墓室东、北壁各有一道二层台，为后期耕种破坏坍塌所致。东壁台面距墓口0.4米，宽0.06—0.14米；北壁台面距墓口0.4米，宽0.16—0.36米。未见尸骨及棺椁痕迹，葬式葬具不明。随葬品主要集中于墓室东南部，墓室中部及墓室西侧分别放置一件随葬品。随葬品为西晋时期的陶钵、陶罐、陶盆、陶釜、陶灯盏、陶纺轮、琉璃珠、玛瑙饰品。

M4：残存有近方形封土，墓向124度，竖穴土坑墓，"凸"字形，由墓道、墓室两部分组成。封土队边长约15米，残高约0.8米，封土堆内埋藏两座晚清时期环壕式砖室墓（M2、M3），打破封土堆。M4墓道为长方形斜坡墓道，长3.4米，开口宽1.3—2.24米，底宽0.9—1.27米，深0.4—1.64米，坡度16度。墓室开口长5.8米，宽3.16—4.2米，底长5.46米，宽2.5—2.9米，深1.76—1.9米，墓底有横向沟四条，为大小、深浅不一的枕木沟。未见尸骨及葬具，葬式葬具不明。墓室及墓道均被盗洞打破，盗扰严重。残存随葬品为西晋时期的陶罐、陶双耳罐、陶四系罐、陶盖、陶案、陶釜、缠丝玛瑙珠、琉璃珠等。

晚清墓2座，均为环壕式砖室墓，墓室

狭窄，编号分别为 M2、M3，均打破 M1 封土堆，出土有清代的陶罐、瓷碗、带把陶罐、乾隆通宝铜钱、石砚台、铜烟嘴、瓷碗等。

（莫　茜　莫建勇　何安益）

【浦北县越州故城遗址】

发掘时间：2022 年 2 月—2023 年 1 月
工作单位：广西文物保护与考古研究所　中山大学社会学与人类学学院

越州故城遗址位于钦州市浦北县石涌镇坡子坪村委，城址坐落在南流江畔的低矮丘陵上，依山势而筑，背山面水、坐北朝南。《南齐书》记载越州是南朝宋泰始七年（471 年）分交州、广州所置，元徽二年（474 年）始立州镇，越州故城遗址即为越州的州治所在地。越州辖地东至茂名，南至雷州半岛，西至北仑河畔，北至容县一带，成为与交、广并列的大州，在南朝时期政治版图中占有极其重要的地位。该遗址 2013 年被国务院公布为第七批全国重点文物保护单位。

越州故城遗址由外城和内城构成。外城平面形状不规则，东、南、西城墙相对较直，北城墙弧折，北城墙沿着山脊修筑，部分地方直接利用自然山体为屏障。外城周长 2080 米，总面积约 25 万平方米。经解剖西城墙墙芯夯筑后再堆护坡，墙基宽约 12 米，残高 2.6 米。城墙东南角、西南角各有角楼 1 座，东墙上有马面 1 座，南墙、西墙、北墙各有 2 座。外城城墙外约 15 米处有护城河，宽约 8 米，深约 1.5 米。城门 2 座，位于东墙中部、北墙中部。东门、北门皆为从自然山体中凿开一条门道，东门门道长约 50 米，北门门道长约 80 米。内城位于外城西部，平面长方形，长 250 米，宽 160 米。内城城墙上倒塌大量板瓦、筒瓦，似有墙上建筑，墙基宽约 8 米，残高约 1 米。内城城墙外有护城河，宽约 6 米，深约 2 米。越州故城依山势而建，考古发现城门属开凿自然山体为门道，与文献记载越州"穿山为城门"相合。城门、城墙（角楼、马面）、护城壕形成坚固的防御体系，布局结构清晰，为研究南朝时期州治类城堡的形制特征、探讨中国古代城市制度发展史提供了宝贵资料。

2022 年经国家文物局批准，联合考古队对越州故城内城中部区域开展发掘，发掘面积合计 2400 平方米。考古发现有房址、基槽、柱洞、灰坑、灰沟、排水沟、散水、水井、踏步、挡土墙、灶等遗迹现象。出土遗物包括大量陶质建筑构件，以及陶器、瓷器、铁器、青铜器、玻璃珠、金器等。建筑构件主要包括脊瓦、筒瓦、板瓦、瓦当、砖，残片居多，完整的较少。砖瓦多为泥质，质地较软，以青灰色为主，少量为黄褐色、红褐色。瓦当装饰莲花纹、兽面纹。陶器以硬陶为主，少数表面有陶衣，器型有罐、盆、碟、碗、钵、纺轮、网坠等，以素面为主，少量装饰水波纹。瓷器以青黄釉为主，器形主要为罐、碗、盘、盏、钵，表面偶见莲花纹。出土铁器数量数百件，锈蚀非常严重，个别可辨认出为剑、刀、凿、锥。铜器 10 余件，基本不辨器形。玻璃珠上百颗，颜色为红、蓝、黄、绿、褐、黑等。

越州故城周边地区墓葬群主要位于城外西部、北部、东部低矮的丘陵上，墓葬分布零散，距离城址最近仅 250 米，最远达 5000 米。2022 年 2 月，有群众报告在挖坑种植桉树的过程中发现了古墓，考古队随即对 5 座暴露的砖室墓开展抢救性发掘工作。墓葬平面皆为长方形，出土随葬器物有瓷罐、瓷碗、瓷盘、铁棺钉、滑石猪、贴金铜带扣、金戒指等器物。

通过考古发掘对南朝时期州城遗址的结

构形制和建筑布局形成初步认识。

第一，越州故城依山势而建，考古发现城门属开凿自然山体为门道，与文献记载越州"穿山为城门"相合。城门、城墙（角楼、马面）、护城壕形成坚固的防御体系，布局结构清晰，为研究南朝时期州治类城堡的形制特征、探讨中国古代城市制度发展史提供了宝贵资料。

第二，越州故城遗址出土的炭化稻米碳十四AMS高精度测年树轮校正年代（95.4%概率）分别为418—548年、425—575年、430—587年，与文献记载越州于公元474年始立州镇、隋大业初（605）废州迁移治所的记载能相互印证。越州故城年代明确，出土的典型器物层位关系清楚，在岭南地区南北朝时期考古遗存分期断代上具有标尺性意义。

第三，越州故城不仅出土南朝流行的瓷器，还有被岭南学界认为属于俚僚土著人群特色的水波纹陶器组合以及北流型铜鼓残片，对于研究南北朝时期该地区族群关系及地域社会变迁具有重要意义。

第四，越州故城遗址出土的兽面纹瓦当形制多样，丰富了六朝瓦当体系。在城址内发现与冶铁有关的作坊遗址，以及鼓风管、坩埚、大量铁器、铁渣等，对于研究南朝时期岭南地区冶铁业的发展具有重要价值。遗址出土的玻璃珠属于印度—太平洋玻璃珠，推测通过海上丝绸之路从南亚、东南亚地区传入，该发现为深入研究南北朝时期中外文明交流补充了新材料。

第五，越州故城遗址是目前岭南地区发现的规模最大、保存最好、年代明确、布局清晰、结构独特、选址理念凸显、防卫意图强烈的南朝时期城址，对于探究中华文明多元一体格局下南朝在该地区的管理开发具有重要价值。

（韦伟燕）

【北海市大树根隋唐墓群】

发掘时间：2022年9—10月

工作单位：广西文物保护与考古研究所　北海市博物馆

大树根古墓群位于北海市银海区福成镇古城村委大树根村西北侧约200米的坡地上，2017年北海市博物馆开展沿海考古调查期间新发现。墓群西侧临近022乡道，东侧约1.5千米到福成江，地势西北高，东南低，分布面积约7万平方米。长期以来的生产作业活动，导致该墓群受到不同程度的破坏，目前已有30余处墓葬和器物坑暴露在地表。本年度，联合考古队对该墓群暴露地表的部分墓葬进行了抢救性发掘。

此次共清理墓葬22座、器物坑4个。墓葬主要分为砖、石砌筑的长条形墓和瓮棺墓两种，前者又可细分为石室墓、砖室墓和砖石合构墓三类。长条形墓形制狭长而浅，规制简陋，墓室长2—3米不等，宽度多在0.6—0.8米之间，深度多不超过0.5米。瓮棺墓系由两个四系陶瓮平躺对扣构成。器物坑夹杂于墓葬之间，内含单个竖置的陶瓷罐类器物，可能与墓地的祭祀活动有关。

大树根古墓群历年调查及此次发掘采集和出土的遗物有陶器、瓷器、金属器、琉璃器等类。可辨器形有硬陶四系瓮、四系罐、夹砂陶釜、青瓷碗、铁刀、琉璃珠。陶器纹饰以水波纹较为常见，另有乳钉纹、叶脉纹、篦划纹、弦纹等，此外还发现较多几何纹砖及少量铭文砖。该墓群发现的器物特征与广西钦州隋唐墓、广东茂名蔡公山遗址、广东吴川马飘岭遗址等地所见相类，推测其年代约在隋至初唐。

大树根古墓群是目前北海市发现的除合浦汉墓群以外规模最大的一处古墓群。该墓群的发现，填补了北海隋至初唐考古遗存的空白，同时也为寻找唐代珠池县提供了新的线索。墓群采集和出土的遗物，具有较为浓厚的"俚僚文化"特征，为研究两广南部隋唐时期俚僚族群的历史文化及社会形态等课题提供了重要的实物支撑。尤其是该墓群独特的墓葬形式，在广西全区乃至国内均属罕见，是研究隋唐时期边地文化面貌不可多得的材料，具有重要的历史文化和学术研究价值。

（李　珍　陈启流）

【永福县马路宋代遗址】

发掘时间：2022年3—4月

工作单位：广西文物保护与考古研究所　桂林市文物保护与考古研究中心

为配合泉州至南宁高速公路（G72）广西桂林至柳州段改扩建工程建设，广西文物保护与考古研究所对项目涉及的桂林市永福县永福镇马路村马路宋代遗址开展抢救性考古发掘，发掘面积为200平方米，出土一批宋代时期陶瓷器及灰坑、灰沟、柱洞。

发掘按照探方法，5×5米正南北布方，发掘区域地层堆积为5层，①—④层全区均有分布，⑤层仅存于发掘区中南部。①层分①a、①b两小层，均为近现代堆积。②层为明清文化层，含少量碎瓦片，少量瓷片。②层下有沟3条。③层为宋代文化层，在此层上部局部分布约0.05—0.10米的陶瓦片层。③层下有灰坑1处，柱洞3处。④层为宋代文化层，含少量瓦片、瓷片。④层下有沟8条，灰坑5处，柱洞94处。⑤层为宋代文化层，浅红褐色黏土，包含物较少，薄厚不一，局部堆积。

马路宋代遗址共清理出土宋代灰坑6个、灰沟8条、柱洞97个，明清时期灰沟3条、近现代坑1个、灰沟8条。出土遗物主要为宋代时期陶瓷器，其中瓷器有青瓷印花碗、青瓷执壶、青瓷印花盏、青瓷灯、青瓷盆和窑具；陶器主要为陶板瓦、陶筒瓦、陶瓦当、陶砖、陶建筑物构件、陶垫圈。较多宋代的瓷盆、瓷碗、瓷罐、瓷壶、瓷饼、瓷灯座、垫圈、瓦当、陶砖、陶板瓦、筒瓦、建筑物构件。出土器物主要为青瓷器，与本地永福窑田岭窑烧造的产品一致，有北宋中晚期青瓷，也有少量南宋时期青瓷。遗址出土有宋代时期板瓦、筒瓦和瓦当以及灰坑、灰沟、柱洞，表明马路遗址为一处建筑遗址，可能与窑田岭窑产品运输相关。

（苏　勇　何安益）

【广西茶江流域秦汉聚落遗址田野考古调查】

调查时间：2022年3—4月，11—12月

工作单位：广西文物保护与考古研究所　桂林市文保与考古研究中心　贺州市文物管理所　恭城县文物管理所

为摸清广西桂东北区域秦汉时期聚落分布情况，广西文物保护与考古研究所立项开展区域性田野考古专题调查，并联合多家市县文博单位，在桂江支流——茶江流域开展秦汉时期聚落遗存的田野调查，取得阶段性调查成果，共发现新石器时代晚期至商时期遗址1处、春秋至战国遗址1处、秦汉时期聚落遗址5处。

井头村遗址：位于恭城瑶族自治县观音乡北部井头村东北部一石质孤山上，海拔230米。该遗址地处茶江支流——西河上游，地表采集有夹粗砂陶片、夹砂纺轮、石斧、石砧及大量斧锛类石器毛坯，初步判断为一处新石器时代晚期至商时期遗址。

同乐洲遗址：位于恭城瑶族自治县恭城镇同乐洲村南部，县城以南约1.5千米处，其东约1.8千米为恭城镇政府。处于茶江主干一级阶地，南北最长约230米，东西最宽

处约106米。遗址散布大量几何印纹陶片，纹饰有夔纹、雷纹、曲折纹、菱形纹、同心圆纹、方格凸块纹、方格纹、篦纹等，内部多饰乳钉纹，初步判断属于春秋至战国遗址。

常家村遗址：位于恭城瑶族自治县栗木镇常家村西南约1.5千米处241国道旁，距茶江西岸约200米，遗址为一处秦汉时期城址，平面呈长方形，正南北方向，东西长约420米，南北宽约235米。现存城墙为黄土夯筑，剖面呈梯形。北垣、东垣保存较好。北垣长约420米；东垣长约235米；南垣为沙场破坏仅存西段部分，残长约117米；西垣被241国道所切存中段、南段部分，中段残长约43米。南垣、北垣因破坏严重，壕沟已不见。城内中北部地势略高，采集有绳纹板瓦、双线米字纹陶片、方格纹陶片、绳纹陶釜残片、陶鼎足等遗物，初步判断该城始建年代为战国晚期，延续至汉初。

江贝村遗址：位于恭城瑶族自治县恭城镇江贝村南部，原三普登记为唐代至宋时期城址，文献记载为宋至明中期恭城县旧址。城平面呈方形，正南北方向，东西长约236米，南北宽约210米。现存东、北部分城墙，为黄土夯筑，东城墙残长20米，北城墙残长78米；南部、西部城壕痕迹依然可见。城为有大量宋代堆积，散布大量宋代瓦片、砖块等建筑材料及青白瓷碗、酱釉盏、罐等生活用品。城内中部区域散布部分汉代绳纹瓦片，多为青灰色板瓦；零星采集到东汉方格纹、戳印纹陶片。初步判断该城始建时代始于东汉时期，延续至明中期。

和村遗址：位于平乐县张家镇钓鱼村委和村东北面和山东面缓坡台地上。遗址位于三条河流交汇处，是茶江支流——榕津河腹地三江汇合之处。三面环水，北面、东面、南面毗邻河流，西面紧邻两座小石山。地面采集到大量陶瓷片，有汉代绳纹瓦片、汉代方格纹陶罐碎片，商周时期方格纹陶罐碎片，南朝碗、罐类碎片，宋代瓷碗、罐类碎片，明清青花瓷片等。近山脚处采集到少量较大块的方格纹陶罐碎片。遗址延续时间较长，从商周、汉至清一直有人居住。

龙背脊遗址：位于平乐县张家镇钓鱼村委乐加村以东约300米的台地上，属于茶江支流——榕津河流域腹地三江汇合之处。遗址东面1.5千米处即为银山岭汉墓，两者隔河相望。遗址所在台地地势平坦开阔，高台地平面形状大致呈"L"字形，西北—东南走向，分布范围约10万平方米。遗址地面采集到大量陶瓷片、瓦片，见有汉代绳纹瓦片、汉代方格纹陶罐和陶釜碎片，南朝瓷罐，宋代瓷碗、罐类碎片，宋代素面灰瓦。初步判断属于秦汉期大型聚落址。

龙汉塘遗址：位于平乐县阳安乡古端村委龙汉塘村西南约200米的台地上，属于茶江支流——榕津河腹地河旁台地。遗址分布范围约4000平方米。遗址地面采集到大量汉代陶片，部分饰有方格纹。另见有少量唐宋至明清时期陶瓷片和汉代菱形纺轮2件，商周时期陶片2件。初步判断遗址属于汉代小型聚落遗址。

（何安益　刘芸　莫茜）

海 南 省

海口市琼山区珠崖岭城址

发掘时间：2022年9—12月

工作单位：中山大学社会学与人类学学院　海南省博物馆

珠崖岭城址位于海口市琼山区龙塘镇博抚村北，西南距龙塘镇约4千米，西北距海口市区约12千米。城址平面近方形，周长约715米，四面城墙保存基本完整，四角见有角台迹象，南城墙中部有一处疑似城门，经勘探城址总面积达28685平方米。

2022年度城址内发掘工作主要分西北部发掘区、东北部发掘区和北城墙解剖区三块区域进行，发掘总面积约546平方米，发现建筑基址2处，柱洞76个，灰坑24座，城外壕沟1条。

西北部发掘区发现一处以细密岩石颗粒夯筑而成的大型建筑台基，台基范围内分布有数处规格较大的圆形及方形柱洞，可能与官府建筑有关。台基以南区域出土较多陶（瓷）碗、盘、钵、罐、盆、网坠等遗物，初步推断该发掘区可能为城址的生活区。

东北部发掘区砖墙倚护的建筑基址结构严整，附近出土的砖、瓦建筑构件数量庞大，且在该发掘区西南部发现有厚约1米的灰白色炼泥堆积，与遗址内出土的陶瓷器胎土质地较接近，结合周边遗迹初步判断东北部发掘区可能为制陶作坊区。

城墙解剖沟位于北城墙中部，通过解剖得知城墙起建于生土之上，底部有长约14米，厚约0.8米的夯土基槽，并于基槽中部收分起墙，版筑南北两侧墙基槽，其内加入黏土填平夯实，再加夯南北两侧护坡，现存墙体高约2.4米。根据墙体南侧区域堆积情况分析，墙体可能经过后期二次加固。墙体北端发现有壕沟，深约1.4米，剖面形状近"U"形。

此次发掘出土大量唐代遗物，主要为陶瓷器、建筑构件等，陶瓷器以罐、碗、盘、钵等为主，另有部分陶砚、网坠、小陶塑等建筑构件包括各类铺地砖、板瓦、筒瓦、瓦当等。

此次发掘出土瓷器绝大部分属于唐代风格，据以推断珠崖岭城址的主体建造和使用年代为唐代。从已发现的遗迹遗物判断，珠崖岭城址在唐代有一定的沿用时间，城内建筑及城墙可能历经多次修建和改扩建。此次发掘出土多方属于唐代前期风格的陶、瓷辟雍砚台，提示该城址的年代有可能不仅局限于中、晚唐。此外，在城下探沟出土一些质量较好的宋代瓷器和其他宋代遗物，表明城址废弃后当地仍然存在较大规模的生活聚落。本年度的发掘，为了解海南岛汉唐时期的行政设置及沿革、社会生活、手工业生产提供了珍贵的考古资料。

（邓　鑫　陈亮吉）

重庆市

【合川区龙塘溪口新石器时代及汉代遗址】

发掘时间：2022年3—7月

工作单位：重庆市文物考古研究院

龙塘溪口遗址位于合川区钱塘镇湖塘村九社，地处嘉陵江左岸一级台地，台地为半岛形，南临嘉陵江。中心地理坐标北纬30°10′34.0″、东经106°12′53.8″，海拔高程216—220米，分布面积5000平方米。为配合嘉陵江梯级渠化利泽航运枢纽工程项目的建设，重庆市文物考古研究院对龙塘溪口遗址进行了抢救性发掘。发掘区分为A、B两区，A区位于遗址的东部，B区位于西部的龙塘溪和嘉陵江交汇处的坡状台地上。遗址主体遗存为汉代遗存，分布于遗址A区。此次发掘共完成发掘面积800平方米，发现有新石器时代地层堆积1处、汉代墓葬及陶窑各2座，出土各类遗物39件（套）。

A区发现汉代砖室墓2座，其中2号墓保存较好，平面呈"凸"字形，方向176度，由排水沟、墓道、封门墙、甬道和墓室组成，通长10.30米、宽0.40—3.04米、深0.50—0.94米，在甬道和墓室之间，横向立砌几块砖，做成门槛状。该墓出土随葬器物有釉陶熏炉、釉陶锺盖、陶盆、釉陶魁、釉陶豆座、陶饼、陶屋顶各1件，以及铜钱"货泉"27枚；汉代陶窑2座，形制基本一致，坐东朝西，由操作间、窑门、火膛、窑室组成。操作间平面呈椭圆形，斜壁，底部呈"U"形通向两个火口，中间为一生土台子，呈斜坡状；双窑门双火膛，窑室平面呈长方形，顶部应为拱形，但已塌陷，窑室后壁分布烟囱5个。

B区新石器时代遗存为冲积形成的次生堆积，出土陶器以夹砂陶为主，少量泥质陶；器形以深腹罐为主，器物特征与丰都玉溪坪遗址新石器时代遗存较为接近，应属玉溪坪文化中期阶段遗存，距今约5000—4800年。

龙塘溪口遗址两座汉代陶窑毗邻汉墓，在墓地周边没有发现同时代的居住遗址和其他文化遗存，两座陶窑烧造的产品是砖，窑室及火膛内残留的砖块与墓葬用砖一致，因此墓葬用砖应该是就地烧造，故陶窑的功能是服务于墓葬，其性质就是墓地的外部设施。这对研究汉代窑业的全面发展及阐述墓地规划、研究墓葬修建、分析随葬器物的来源等均具有重要的参考价值。同时，两座汉代陶窑的形制特殊，为双窑门、双火膛式陶窑，此类形制陶窑较为少见，这为了解汉代陶窑的建造方式、形制结构及相关技术提供了重要的实物资料。

（唐 勇 黄 伟）

【合川区三湖台子土新石器时代遗址】

发掘时间：2022年8—11月

工作单位：重庆市文物考古研究院 合川区文物管理所

三湖台子土遗址位于合川区钱塘镇湖塘村2社，地处嘉陵江左岸一级台地，西隔冲沟与河坝院子遗址相望。中心地理坐标为北纬30°10′36.7″，东经106°12′28.7″，海拔为220—226米，分布面积1000平方米。为配合嘉陵江利泽航运枢纽工程项目的建设，联合考古队对该遗址进行了抢救性发掘，完成发掘面积438平方米。

此次发掘主要发现了新石器时代晚期的房址1座、灰坑14个、柱洞2个，另有部分清代遗迹。新石器时代房址位于发掘区东部，为平面呈圆形的柱洞式房址；灰坑主要分布于发掘区中、西部，彼此之间无打破关系。根据灰坑内堆积的差异，可分为砾石堆积坑、陶片堆积坑、陶器瘗埋坑三类，以陶片堆积坑为主。出土新石器时代遗物72件，包括陶器和石器两大类，以陶器为大宗。陶器以夹砂陶为主，其中主要是夹细砂陶，部分夹砂陶还掺夹石英砂颗粒，泥质陶次之。器形以陶折沿深腹罐、折盘口深腹罐、卷沿罐、高领壶为主，还有部分陶钵、器盖等。纹饰有绳纹、菱格纹、瓦楞纹、戳印纹、弦纹、附加堆纹、刻划纹及上述纹饰的组合纹饰。石器种类较少，原料主要为砾石，多为磨制石器，器类有石砧、石斧、石凿、石片。

根据该遗址出土陶器组合和器形特征初步判断，该遗址应属玉溪坪文化中期阶段遗存。该遗址的发现，对认识嘉陵江流域新石器时代的考古学文化面貌，构建嘉陵江下游先秦考古学文化谱系，以及探讨长江上游新石器文化演进格局提供了重要的新资料。

（孙治刚　张春秀）

【合川区张家院子新石器至清代遗址】

发掘时间：2022年6—10月

工作单位：重庆市文物考古研究院　合川区文物管理所

张家院子遗址位于合川区钱塘镇湖塘村二社，地处嘉陵江下游左岸一级台地上，西北、东南分别与牛黄坝、河坝院子遗址相邻。中心地理坐标为北纬30°10′39.9″，东经106°12′07.4″，海拔207—222米，分布面积1000平方米。为配合嘉陵江利泽航运枢纽工程项目的建设，联合考古队对该遗址进行了抢救性发掘，完成发掘面积684平方米，发现新石器、东周、汉至六朝、宋元、清代不同时期的各类遗迹53个，出土各类器物标本279件。

此次发掘的遗存以东周时期较为丰富。东周时期遗迹集中分布于遗址东南部，共清理房址3座、灰坑8个、柱洞8个。房址分两层分布，第7层界面上发现房址2座，第8层界面上发现房址1座，以分布于第8层界面上的F4为例。F4保存状况较差，存留有柱洞6个，根据柱洞的分布推测，房址平面可能为长方形，坐东北朝西南，长约9.6米、残宽4.25米。房址地面分布有大量陶器碎片，共提取可复原器及器物标本58件，包括花边口沿罐、盆、尖底盏、高领罐、高领壶等。灰坑多数叠压于第7层下，少量叠压于第8层下，平面形状以圆形和椭圆形为主，仅个别为长方形。灰坑边壁多数较规整，绝大多数坑内未出土遗物。东周时期遗物以陶器为主，另有少量石器。陶器质地绝大多数为夹细砂陶，少量夹粗砂陶，零星泥质陶。陶色以红陶为主，红褐陶、灰褐陶次之，有少量灰陶、黄褐陶、灰黑陶和黑皮陶。纹饰以中粗绳纹为主，少量素面，零星刻划纹。陶器可辨器形有尖底盏、钵、盆、高领壶、高领罐、素口圜底罐、网坠、各种类型的花边口器（罐、釜、瓮），尤以花边口沿器为大宗。

根据出土陶器组合、器形特征及碳十四测年结果判定，张家院子遗址第8层和F4的年代为春秋早、中期，第7层的年代为春秋晚期至战国早期，属瓦渣地文化时期的巴文化遗存。其发现填补了嘉陵江下游春秋时期巴文化遗存考古发现的空白，为研究三峡地区和嘉陵江中、上游，渠江上游巴文化遗存之间的互动关系提供了新的材料。

（孙治刚）

【江津区梧桐土新石器及商周时期遗址】

发掘时间：2022年2—9月

工作单位：重庆市文物考古研究院　江津区文物管理所

梧桐土遗址位于江津区油溪镇金刚社区，地处长江左岸一级阶地。考古发掘面积535平方米，发掘清理商周窑址3座、商周灰坑26个、柱洞34个、石堆遗迹4个、汉代窑址2座、汉代以后灰坑4个；开展了梧桐土遗址及周邻台地的考古调查勘探，覆盖面积40万平方米，发现了一批新石器时代晚期、商周时期遗存点。主要收获有以下四个方面。

1.发现了陶窑作坊、石器加工点遗迹。梧桐土遗址南区3座陶窑并排分布，皆为横穴升焰窑，陶窑周邻分布灰坑、柱洞等附属遗迹。灰坑堆积相对纯净、包含物较少，可能为制陶需要的存泥坑、取水坑、储灰坑等。陶窑周邻分布有与之同层位的10余个柱洞，表明陶窑烧制存在搭棚遮护。陶窑区南边约6米，分布有一组柱洞网，构成柱洞式建筑，与陶窑在空间上并排呼应，反映了制陶业中生产与生活的关系，呈现出制陶的规模性、作坊性特征。

南区石器制作是继陶窑废弃之后进行的生产活动。石器制作以石堆遗迹为主体，为石器制作加工点，广泛使用摔碰法取得初级石核、石片，再以锤击、琢击、磨制等方法生产打制、磨制石器，其中有肩石斧是其主要产品之一。石堆遗迹旁以H12为代表的灰坑内有大量碎屑、断块、砺石、石锤、有肩石器等，应为石器生产过程中的废弃堆积，另外还发现有铜小刀、铜鱼钩等工具，尖底盏、小平底罐、船形杯等陶器，以及大量动物骨骼，表明也存在生活取食行为。

北部发掘区也揭示出石器制作活动，主要在两条探沟内发现了密集的石制品遗存。

2.科技考古工作推进遗址生业、年代等问题的认识研究。植物考古的初步成果显示，遗址以粟种植为主，兼有少量水稻。陶器、石器淀粉粒检测分析结果显示，以粟成分为主，与前者相印证。动物考古显示，遗址目前揭露部分均为中小型哺乳动物以及常见鱼类，少见大型哺乳动物，总体以野生动物为主，说明了渔猎经济占有的重要地位，另有一定的家畜饲养。

梧桐土遗址开展了商周时期的碳十四测年工作，6个植物种子样品测年结果集中在公元前1422—1199年，木炭样品测年结果为公元前1283—1054年。据测年结果，结合陶器面貌，说明梧桐土遗址2022年发掘商周遗存的时代为商代中、晚期，属于十二桥文化早期。

3.考古调查勘探摸清了梧桐土遗址及周邻台地的先秦遗存分布与内涵。2007年，梧桐土遗址周邻的大土点发现了三星堆文化晚期遗存，出土了小平底罐、盉、高柄豆、圈钮器盖等陶器。为了深化梧桐土遗址认识，重庆市文物考古研究院开展了遗址及周邻台地大规模调查勘探工作，主要以成渝铁路以东的沿江台地为主，发现并确认了大河边、大土、麻柳湾、长坡、刁家溪等5处商周遗存点。另外，在长屋基发现了新石器晚期的夹砂红陶绳纹侈口深腹罐。

4.数量丰富的出土遗物为考古学文化研究提供了重要基础。梧桐土遗址统计出土标本1600余件，陶器、石器数量相当。石器包括石璋、石钺范、有肩石斧、磨石、砺石、石锤、石砧，以及石核、断块、石片等石制品。陶器有小平底罐、高领罐、船形杯、尖底杯、尖底盏、圈足豆、簋形器、器盖、纺轮、钵、花边口沿罐、高柄豆、盘、筒形器、圜底罐等，高领罐、小平底罐是常见组合器物，尖底盏在个别遗迹中多见，圈足器少见，圜底器极少。铜器有铜小刀、铜鱼钩等小工具，另有多处碎小铜片发现。骨器可见骨锥、龟甲（占卜灼烧）等。

陶器中有较多十二桥文化早期的元素，但总体上与峡江地区更为相近，母口尖底盏、船形杯、花边口罐、圜底罐彰显出早期巴文化特征。同时，川南因素的有肩石器在遗址中占有重要地位。

（陈　东）

【涪陵区小田溪墓群】

发掘时间：2022年3—9月

工作单位：重庆市文物考古研究院　涪陵区博物馆

小田溪墓群2022年度考古发掘项目，是"考古中国·川渝地区巴蜀文明进程研究"的重点实施子项目之一。本年度联合考古队对小田溪墓群的陈家嘴地点、网背沱地点开展了主动性考古发掘工作，完成发掘面积500平方米，清理灰坑24个、灰沟2条、墓葬2座、房址1座。其中商周时期遗迹5处、战国时期遗迹17个、汉代遗迹6个、宋代遗迹1个，出土铜、铁、陶、骨、石等各类器物约900件。

本年度最重要的发现是在网背沱发现了丰富的商周遗存，H3体量巨大，出土陶片23000余件。从出土品来看，主要有尖底器、圜底器、平底器、圈足器等。考古队在H3采集了两个炭样标本，时代约在商代晚期，考虑到木炭的年代一般早于遗迹的形成年代，结合器型比对结果，认为H3遗存时代应大致在商末至西周初期，个别器物可晚至西周早期，是早期巴人在乌江流域活动的实证，为研究乌江流域先秦时期遗存提供了最新材料。

网背沱商周遗存文化面貌复杂，但其主体陶器群仍以尖底杯、角杯、子母口尖底盏、小平底罐、圜底罐（釜）为主，总体与峡江地区更为接近。同时遗址中出土的单耳罐、小平底杯等，其来源可以追溯至川西石棺葬文化和城固宝山商代遗存。遗址地处乌江下游，是乌江文化廊道与长江文化廊道的交通枢纽，是早期巴文化交流活动的前沿阵地，展现出了成都平原、峡江地区、陕南地区以及川西高原多文化汇聚融合的历史场景。

（燕　妮）

【合川区牛黄坝商周及宋至明清遗址】

发掘时间：2022年2—5月

工作单位：重庆市文物考古研究院　合川区文物管理所

牛黄坝遗址位于合川区钱塘镇湖塘村三社，地处嘉陵江左岸一级台地上，西邻嘉陵江。中心地理坐标为北纬30°10′43.7″，东经106°12′16.4″，海拔217—220米。本年度为配合嘉陵江利泽航运枢纽工程建设，重庆市文物考古研究院组织开展了抢救性考古发掘工作，发掘面积1000平方米。

遗址文化堆积整体较为一致，除台地边缘地层略多外，其余主要分为四层：第①层为灰褐色黏沙土，出土有近现代瓷器、瓦块等；第②层为浅灰褐色黏沙土，出土有少量青花瓷片、白瓷片等；第③层为灰白色沙土，出土有少量青花瓷片、碎陶瓷等；第④层为黄褐色黏土，局部出土有较多的商周陶片。④层下为生土，无包含物。

此次考古工作共清理商周、宋代、明清等不同时期灰坑、灰沟14个。在这些遗存中，以商周为主，其形状多不规整，加工痕迹多不明显，坑内填土不分层。出土的遗物中，陶器主要分为夹细砂和夹粗砂两类，以夹细砂为主，夹粗砂也占有一定的比例，很少见泥质陶。夹细砂陶以灰褐陶、黑皮陶、红褐陶为主，灰陶、黑陶、红陶数量较少；夹粗砂陶，以灰褐陶、红褐陶为主，红陶、灰陶、黑褐陶所占比例很少。纹饰上以绳纹为主，主要为竖绳纹，横绳纹、交错绳纹较少，另有少量的方格纹、线纹、弦纹等。器类主要有尖底杯、尖底盏、高领壶、折沿罐、卷沿小罐、釜等。石器较少，主要有石斧、石饼等。

商周时期遗存的发现与发掘是此次考古工作的重点。通过此次考古发掘，考古队初步推测，牛黄坝遗址在商周时期处于村落遗址的边缘地带。此次发现的商周时期遗迹与遗物多集中出现在个别探方，不排除这些遗存属于二次堆积的可能。不过，此次考古工作仍具有重要价值，它进一步丰富了嘉陵江流域商周时期的考古资料，加深了对该区域商周时期文化面貌的认识，对该地区商周文化序列的建立有着较为重要意义。

（王洪领）

【合川区邱家河坝东汉至六朝时期崖墓群】

发掘时间：2022 年 8—10 月

工作单位：重庆市文物考古研究院

邱家河坝崖墓群位于合川区钱塘镇湖塘村六社，地处嘉陵江左岸崖壁上，中心地理坐标北纬 30°11′51.3″，东经 106°12′27.6″，海拔高程 221—227 米。为配合嘉陵江梯级渠化利泽航运枢纽工程项目的建设，重庆市文物考古研究院对邱家河坝崖墓群进行了抢救性发掘，完成发掘面积 400 平方米，清理东汉至六朝时期崖墓 30 座，出土各类遗物 47 件（套）。

此次发掘根据墓葬的分布位置情况分为 A、B、C 三区。其中 A 区 18 座，B 区 4 座，C 区 8 座，均为单室崖墓，墓道口绝大部分朝向嘉陵江，显示出"靠山面水"的特点。墓群后期遭严重盗扰，出土陶器有罐、钵、陶俑、陶鸡等；铜钱多钱文锈蚀不明，仅可辨认 1 枚"直百五铢"。

邱家河坝崖墓群均为单室小型崖墓，部分崖墓开凿有侧龛、棺台、灶台案龛及壁龛，墓顶绝大部分为拱形顶。出土的陶俑多形体小，形象模糊，下身呈喇叭状，腿脚基本不再表现。崖墓群中存在墓葬被后期改造利用的现象，其中 M8—M15 被完全改造利用，同以往所发现的崖墓"借室葬"不同，其是重新开凿利用。根据 M8—M15 改造利用后的样貌，似乎是被改造为居所，但工程并未完工。从改造后雕刻的桌案风格观察，比较符合明清时期风格，推测墓葬被改造利用的时代应为明清时期。

邱家河坝崖墓群是嘉陵江流域为数不多的经过正式考古发掘的崖墓群，为重庆崖墓考古提供了一批全新的材料。同时，部分墓葬墓门处存在錾痕组合构成的几何形图案，部分墓葬墓室顶部存在类似藻井式装饰，这类装饰在重庆地区并不多见，这为讨论重庆地区崖墓的分区提供了相关材料。

（唐　勇）

【合川区钓鱼城遗址】

发掘时间：2022 年 5—11 月

工作单位：重庆市文物考古研究院

钓鱼城遗址位于合川区东城半岛的钓鱼山上，西距合川城区约 5 千米，南距重庆主城区约 56 千米，海拔 186—391 米，总面积约 2.5 平方千米，为第四批"全国重点文物保护单位"、第二批"国家考古遗址公园"，入选《中国世界文化遗产预备名单》，连续列入"十二五""十三五"和"十四五"期间150处重要大遗址名单，并被评选为"重庆十大文化符号"。

2022年，钓鱼城遗址主动性考古发掘获批发掘面积800平方米，完成发掘面积914平方米。考古队在皇宫、武道衙门和护国寺三个遗址点开展考古发掘，共布探方6个、探沟41条，清理城门、院门、高台、井台、水井、水池、道路、房址、排水沟和灰坑等遗迹33处，出土陶器、瓷器、铜器、铁器及石器等各类遗物300余件。皇宫、武道衙门遗址清理揭露了一批前所未见的高规格建筑遗迹，前拱券后排叉柱的墩台式城门、门道带水池的院门以及突出于地表且有高台井台围砌的水井等遗存均为首次发现，这批高规格建筑遗存进一步凸显了该区域的独特性和重要性，具有重要的学术意义和研究价值。新发现的东内城墙、内城门、水池和道路等遗迹填补了该区域宋代文化遗存的空白，对钓鱼城的宋元（蒙）战争山城防御体系、分区布局和结构功能有了更深入的认识，对于进一步织补、缀合和重构钓鱼城时空格局具有重要作用，为钓鱼城大遗址保护、国家考古遗址公园建设和世界文化遗产申报提供了新的有力支撑。

（袁东山　胡立敏）

【合川二佛寺摩崖造像及寺院建筑基址】

发掘时间：2022年2—5月

工作单位：北京大学考古文博学院　重庆市文物考古研究院

合川二佛寺摩崖造像位于合川区涞滩镇，地处渠江西岸的鹫峰山上。二佛寺摩崖造像利用山前的三块围合的巨石崖壁开凿造像，共计1700余尊造像，其上由清代三层楼阁整体覆盖。该摩崖造像点是我国十分少见的禅宗造像群，时代为南宋时期，现为全国重点文物保护单位。本年度，联合考古队根据先前开展石窟寺考古调查获取的寺院建筑遗迹的线索，对二佛寺建筑基址及其附近的僧俗墓地开展了主动性考古调查和发掘，发掘面积为200平方米。

此次考古发掘有如下收获。（一）发现了摩崖造像前的宋代建筑基址。采用小面积精准发掘方法，利用小探坑、小探沟发现的遗迹现象，勾勒出了摩崖造像前的宋代建筑基址由北崖、南崖、西崖及东部的四个矮台基和中央铺石地面组成。同时，揭露了东部宋代转轮藏殿的基址。（二）清理和记录了大量宋、明、清时期的僧俗墓葬。其中，宋代摩崖瘗塔（龛）46座，形制多为在崖壁上雕凿亭阁式塔或覆钵状塔，其下方有方形瘗龛，用于埋葬僧人骨灰。瘗穴上方亭身上多题刻有文字，均为墓主人法号、姓名、谥号等。此外，还有2座明代僧人塔墓，3排、61个明代居士、僧人墓。

此次发掘初步弄清了二佛寺摩崖造像相关的宋代寺院建筑平面的大体轮廓，为开展二佛寺的历史发展进程研究提供了翔实的考古资料；发现了类型多样、数量众多、时代清晰的宋代至清代僧俗墓葬，对于研究川渝石窟寺中瘗埋制度具有重要学术价值。

（牛英彬　赵雅婧）

【梁平区赤牛城宋至清代遗址】

发掘时间：2022年2—10月

工作单位：重庆市文物考古研究院　重庆师范大学西南考古与文物研究中心

赤牛城遗址，又名牛头寨，位于梁平区双桂街道牛头村1组（原金带镇牛头村），东北距梁平新城约3千米，距老城区约8千米。2019年10月—2021年8月，为配合遗址保护规划编制，重庆市文化遗产研究院（现重庆市文物考古研究院）联合重庆师范大学西南考古与文物研究中心对其开展了考古调查、勘探及发掘工作，发现了城门、城墙、墩台、拦水坝、寺庙建筑基址等重要遗迹。本年度联合考古队再次对赤牛城将军庙遗址开展了第三次考古工作，发掘面积1200平方米，清理了"关子门"宋代瓮城、将军庙水池和信号塔高台基建筑基址等遗迹，出土了瓷器、石器、铜器、铁器等重要遗物。

"关子门"宋代瓮城位于赤牛城内城清代城门"关子门"外侧，平面形状略呈梯形，主要由城墙、瓮城门、主城门、八字墙、排水沟、道路等结构组成。城墙两侧砌筑包边石，内填夯土，西端依崖壁而建，崖壁上保存有为放置城墙石凿刻的凹槽，东端紧靠瓮城门。瓮城门紧邻东侧崖壁砌筑，现存门道、墩台、门限、排叉柱孔、八字墙、排水沟等结构。主城门位于现关子门外侧，建于两侧崖壁所构成的天然关隘处，现仅存两侧数个排叉柱柱洞。道路整体呈条形，以条石砌筑。排水沟为石构暗沟，上、下两层结构，上部从城墙排出，下部从城墙底部排出。

将军庙水池位于牛头环城将军庙西北侧，平面呈不规则椭圆形。所在地势东高西低，为一大型水蚀冲沟，坝体建于冲沟尾端断崖处。坝体为土石混筑结构，有南北向的石砌挡墙三道以及穿过三道挡墙的泄洪沟一条，其中内侧挡墙为水池主体部分，以体量较大的条石丁砌为主；中部挡墙为水池防渗墙，墙体外弧，以体量较小的条石顺砌，条石均经修整，贴合紧密；外侧挡墙墙石体量较大，以丁砌为主，作用应为加固。水池南部有一水井，以条石上、下两层间相错45度角平砌，井口近六边形。水池始建于宋代，明清时期在宋代水池淤泥基础上修建，部分重合叠压宋代水池边界。

信号塔高台基建筑基址平面呈"L"形，东侧、南侧及北侧东段保存有石砌外包墙，根据对台基的局部解剖发现其初建年代为明代，至清代时台基南部东段外包墙垮塌，经修葺后于其上新砌筑主体建筑。主体建筑基址保存较好，平面呈"凹"字形，面阔五间，东、西两侧稍间向南凸出，中连廊道；东部后侧另建一披屋；目前基址内可见石柱、门框、门限石、柱础石、抹墙白灰等结构。在基址北侧、西侧有石砌排水沟，部分保留有盖板石，基岩之上凿有大小、形状不一的灰坑5个，推测其可能为蓄水池、厕池等房屋基础类设施。此外在基址正门廊道前方修筑有石砌阶梯通往台基下部，仅余西侧石砌挡墙。

（汪　伟　叶小青　蒋　刚）

【渝中区老鼓楼宋至清代遗址】

发掘时间：2022年4—5月

工作单位：重庆市文物考古研究院

本年度，对老鼓楼遗址Ⅰ、Ⅳ区（遗址东部）继续进行第六期考古发掘，发掘面积251平方米。发现宋元至明清时期房址、门道、道路、排水沟、柱洞等各类遗迹17处，出土器物标本91件，主要为陶、瓷类遗物，器形有碗、盘、杯、碟、罐、坩埚等。本期考古发掘主要对老鼓楼衙署遗址谯楼建筑基址进行了清理揭露，自2010年、2019—2022年，共历经四次发掘，基本廓清了其布局结构。

谯楼建筑平面长条形，方向213度，夯土包砖高台建筑基址，长69.47—70.72米、宽25.47—27.90米、残高7.65米，由台基、台身两部分组成。台基平面长条形，夯土包石建筑基础，底长69.47—70.72米、宽25.47—27.90米、顶长69.12米、宽24.72—25.06米、高1.1—3.05米。依山而建，起筑于东南高西北低的坡地上，四周以楔形条石构筑包边石墙，内以沙土或黏土夹石块、鹅卵石层层夯筑。台身平面呈"凹"形，夯土包砖式建筑，长68.94—69.00米、宽24.40—25.06米、残高0.10—6.35米。砌筑于台基上，四周以长条形青砖一丁一顺或一丁二顺错缝砌筑护坡墙体，外壁由下至上层层收分，倾斜度约79度，残存1—55层，残高0.10—6.35米、厚0.30—2.55米，内以黄褐色黏土夹杂小型鹅卵石层层夯筑，由墩台、门道两部分组成。墩台成轴对称分布于门道左、右两侧，平面呈"L"形，由夯土台、门塾、踏道组成。

此次考古工作，通过对高台建筑右门塾、门道的清理，廓清了右门塾三间五进抬梁式的布局结构，结合前期考古成果，基本确定台基上台身以门道为轴对称的建筑布局。高台建筑门道的清理，发现有早、晚不同的三个建筑使用期：一期门道为排叉柱木结构平顶门洞，属高台建筑始建门道，为南宋晚期；二期门道为石券拱门洞，属门塾及一期门道废弃后所建，推测为元代；三期门道仅在二期门道基础上做简易改建，仍为石券拱门洞，推测为清代。三期门道的发现，为探索高台建筑的沿革变迁提供了重要的实物依据。

（袁东山　王胜利）

【璧山区黄家院子明代墓群】

发掘时间：2022年6—8月

工作单位：重庆市文物考古研究院　璧山区文物管理所黄家院子

墓群位于璧山区璧城街道双龙村二社，地处一低矮丘陵半腰，中心地理坐标为北纬29°36′28.92″，东经106°12′45.27″，海拔高279米。为配合璧山区西部创新科技小镇项目建设，联合考古队对黄家院子墓群进行了抢救性发掘。此次共清理明代墓葬13座，发掘面积400平方米，出土随葬品合计56件。

墓葬见有砖室墓、石室墓两种。其中，砖室墓2座，石室墓11座。

砖室墓整体保存较好，其中M2为三室墓，M3为双室墓。墓室结构相同，由券顶、墓壁、后龛、棺床和墓门构成。墓壁由条形墓砖错缝平砌，后壁砌筑时留出后龛，砖缝之间用石灰浆作黏合剂，至一定高度开始起券，券顶由条砖和楔形砖垒砌，墓底用石板铺设棺床，棺床未抵拢墓壁，四周形成排水沟，墓口用墓砖错缝平砌封堵形成墓门。墓室内壁一般长2.7米、宽0.84米、高1.1米左右。随葬品一般在2—4件，类型主要为谷仓罐和瓷碗。

石室墓墓室结构亦相同，均为条石和石板搭建，有单室、双室和多室之分，以多室为主。各墓室由墓顶、墓壁、墓龛、棺床、排水沟、封门和挡土墙构成，大部分墓室仅残存部分墓壁与棺床。墓室内壁长一般在长2.5米、宽0.8米、高0.9米左右。绝大多数墓葬相邻墓壁共用，但个别另起一壁。部分墓室在相邻后壁处塞入几块"残砖断石"相隔，个别墓葬之间在交界处以"残砖断石"隔开。随葬品类别有陶瓷器和铜器，陶瓷器主要为谷仓罐、盏和碗；铜器仅见铜簪。随葬品组合方式以谷仓罐、盏、碗为主，其中谷仓罐和碗多成对出现。

黄家院子墓群是璧山地区继生基嘴、皂角湾、双朝门等墓群之后发现的又一规模相对较大的墓群。整体来看，这批墓葬有一定的布局规律，但各墓葬间排列紧凑，打破关系明显，推测其极可能是多个家族（家庭）合用的公共墓地。其石室墓墓室结构简单，尺寸规格较小，出土的谷仓罐与皂角湾墓群出土谷仓罐造型一致，后者有正德、嘉靖年间的纪年墓志材料，故其年代初步推断为明代中晚期。此次发掘对于认识和研究该地区明代墓葬制度，包括随葬器物的规格和内容，墓葬形制与社会民俗、历史背景、经济状况的关联情况等提供了重要的实物资料。

（黄　伟　娄　亮）

【涪陵区大屋基明代墓群】

发掘时间：2022年4月

工作单位：重庆市文物考古研究院　重庆师范大学山地考古与文化遗产保护研究中心

该墓群位于涪陵区白涛街道新立村四组（小地名大屋基），中心地理坐标为北纬29°34′50″，东经107°32′29″，海拔331米。墓地分布在长50米、宽25米的山坡地带，共有明代墓葬6座。

2022年4月，联合考古队对大屋基墓群进行了考古发掘，共计发掘面积312平方米。发掘的6座墓葬由北向南编号分别为2022FDM1—2022FDM6，皆为长方形多室石室墓，其中M1为七室并列，M2为三室并列，M3为四室并列，M4为四室并列，M5为二室并列，M6为六室并列。墓室皆用长方形石板构筑而成，封门石板多已被破坏。墓室宽多在68—120厘米、高96—120厘米、进深250—290厘米之间，砌筑墓室的石板厚多在20—32厘米之间，封门石板厚多在7—11厘米之间，盖板厚多在18—40厘米之间。墓室底部铺筑石板，石板大小、长度不一，厚度多在8—12厘米之间。整个墓葬两侧的壁板、墓室的盖板，挡板皆是朝内（墓室）的一面经过加工修理整平，朝外的一面没有加工（利用石板的自然面）。

墓葬中的随葬品，6座墓葬中除M5被盗不见随葬品外，其余的墓葬皆残留有随葬品，共30件。质地包括有陶器、釉陶（缸胎）、瓷器、银器、石刻画像等。器物主要有罐、碗、盖、盏、板瓦、耳饰，另有石刻画像等。

此次发掘的石室墓皆修建在一较缓的山坡基岩上，排列基本整齐，朝向基本一致，时代特征明显，推测该墓群可能是一家族墓地。从建筑墓室的石板较大，用料较多，可见当时修筑墓葬的墓主人是具有一定的经济基础的。大屋基明代石室墓群的发掘，为研究涪陵乃至三峡地区明代丧葬习俗提供了重要的实物资料。

（杨　华　杨　巧）

【合川区长土明清遗址】

发掘时间：2022年5—8月

工作单位：重庆市文物考古研究院　合川区文物管理所

长土遗址位于合川区钱塘镇湖塘村三社，地处嘉陵江左岸一级台地边缘。中心地理坐标为北纬30°11′14.2″，东经106°12′06.6″，海拔约220米。为配合嘉陵江利泽航运枢纽工程建设，重庆市文物考古研究院组织开展了抢救性考古发掘工作，发掘面积425平方米，清理出包括窑炉、房址、沟渠、堆积瓦砾、灰坑、柱洞在内的众多遗迹。

根据遗迹间平面布局、打破关系以及出土遗物特点可知，长土窑址可分为两期。

第一期遗存相对较少，主要有Y2、Y3、Y4等，其形制结构完全相同，时代为明代。现以Y2为例进行介绍。Y2前半部分被破坏，现存平面呈半圆形，由窑室、烟囱等组成。窑室，长2.2米、残宽1.6米、残高0.44—0.56米，窑壁略斜直，壁面可见灰黑色烧结面，烧结面厚薄不均。底部为窑床，残存着大量碳屑，局部可见大块木炭残块。烟囱位于窑室后部，略呈长方形，长0.2米、宽0.14米，与窑壁相接处残存两块竖立板瓦，其上抹有耐火泥，底部与窑床相接处有排烟孔。

第二期遗存主要有Y1、F1、G2、D1—D6等，其时代晚于第一期，可能为清代。其中，Y1保存较完整，由窑门、火膛、窑床、烟囱、烧火坑等组成。窑门面宽0.64米、进深1.38米、残高1.50米，两侧有八字挡墙，底部平铺六排青砖。火塘平面呈长方形，长0.90米、宽0.66米、高0.94米，壁面用条石和青砖砌筑，底部略呈内高外低的坡状，四角可见4个对称的椭圆形柱洞。窑床平面呈椭圆形，长3.80米、宽2.60米，床面较平整光滑，呈斜坡状，可见厚约0.04米的青灰色烧结面。窑壁用青砖侧筑，砖长0.25米、宽0.16米、厚0.1米。烟囱共3个，平面略呈长方形，长0.84—1.0米、宽0.5—0.58米、残高0.95—1.30米，底部呈弧形，低于窑床0.35米。烧火坑位于窑门前部，呈圆形锅底状，直径1.48—1.52米、深0.68米。

长土遗址出土的文化遗物中，分陶、瓷等类别。其中，陶器以板瓦为主，还有少量的砖块、滴水等。板瓦胎质较为细腻，多夹有细沙；陶色由于窑温不同呈深灰、灰、灰褐、红褐等色；纹饰一般外侧上端有捆绑留下的弦纹，中间有腰线，内壁多有布纹；尺寸长约21厘米、两端多宽17—19厘米、中间厚1厘米。砖发现不多，可分两种，一种长24厘米、宽16厘米、厚10厘米；一种长24厘米、宽18厘米、厚3厘米。前者主要为窑室用砖，后者为铺地砖。滴水仅发现1件。瓷器发现较少，主要为青花瓷器，多发现于窑址废弃后的地层堆积内，其种类既有较为精致的景德镇窑产品，又有本地窑口所烧制较为粗劣的青花瓷产品，其时代为明清。

近年来，考古人员在嘉陵江下游地区进行调查时，发现了较为丰富的明清时期砖瓦窑业遗存，长土遗址是该地区瓦窑遗存的典型代表。此次长土遗址的考古工作清理出来的众多窑业遗存，充实了该地区明清时期窑业遗存的考古材料。需要指出的是，以Y2、Y3为代表的烧制木炭的圆形窑为该地区的首次发现，在重庆地区也较为少见，为研究明代此类形制的窑炉提供了新材料。Y1保存较完整，在其周围分布着同时期诸多遗迹，其右侧为F1，左侧为G1，窑前为D1—D6，这些遗迹与Y1板瓦烧制关系密切，应为Y1的附属设施，并与其共同呈现了长土遗址板瓦烧制的生产流程。

（王洪领）

四川省

【稻城皮洛旧石器时代遗址】

发掘时间：2022年7—11月

工作单位：北京大学考古文博学院　四川省文物考古研究院

本年度，联合考古队继续对四川稻城皮洛遗址进行发掘工作。本年度发掘目标包括：遗址上部地层的更精细划分、地层精确年代及旧石器文化精细发展序列的确立等。为达到以上目标，本年度发掘面积共计100平方米。

发掘获得石核、石片、工具、断块残片、砾石等石制品5000余件。其中包括原手斧/手镐2件、典型手斧/薄刃斧4件、小型两面器3件，丰富了地层出土的典型标本。另外还采集光释光测年样品23份、粒度/磁化率/孢粉/植硅体研究样品137份，用于重建遗址年代框架和古环境背景。结合上一年度的发掘调查材料，从地层关系和石器类型学两个层面确认皮洛遗址三期文化中均存在两面加工工具，并可以构建出"原手斧/手镐—典型手斧/薄刃斧—小型两面器"的发展序列。通过发掘还发现，晚更新世阶段遗址南部已成为人类活动最为频繁的中心区域，为探讨皮洛遗址不同阶段的人类空间活动特征、栖居形态的变迁过程，提供了重要线索。本年度还在遗址周边开展了系统的调查工作，包括对遗址附近的地貌考察，了解埋藏及区域环境变迁过程；石器原料调查，明确原料来源及开发策略；继续开展旧石器遗址调查，新发现多处石器地点等。

【成都双流区王家堰旧石器时代遗址】

发掘时间：2022年5—10月

工作单位：成都文物考古研究院　双流区文物保护管理所

王家堰遗址位于成都市双流区黄甲街道青云寺社区三组。遗址位于牧马山台地之上，地理坐标为北纬30°26′45″，东经103°57′34″。2022年初，在开展牧马山区旧石器遗存专项调查中发现该遗址。成都文物考古研究院主持开展抢救性发掘工作，发掘面积约200平方米。根据微地貌的不同，遗址分为两个地点。第1地点位于牧马山台地北部缓丘之上。遗址发掘出土石制品82件，包括石核、石片、断块和工具等。此外，还有大量完整砾石出土。石制品原料主要来自附近河滩砾石及牧马山组下部砂砾石层，以石英岩为主，附少量脉石英。石核剥片均采用硬锤法。石片的尺寸范围变异较大，少量石片具有制作手斧等重型工具的潜力，石片台面以石皮为主。部分石片边缘可见明显的破损痕迹，可能为使用所致。工具以重型类为主，其中包括手斧和手镐等类似阿舍利技术风格的石器类型。初步光释光测年结果显示，王家堰遗址第1地点古人类活动的时间不晚于距今约8.9万年。遗址出土石制品多位于发掘区两处沟状堆积底部及其附近的成都黏土层中。

第2地点位于第1地点北部约100米的一处河床砾石中。由于前期施工破坏，目前河床残存长约50米，宽5—7米，河床整体呈东南—西北走向。石制品混杂于河床砾石之间，出土石制品的文化层厚度约10—60厘米。遗址出土石制品500余件。石制品类型有石核、石片、断块、刮削器、手镐、手斧、砍砸器等，工具比例比第一地点高。石制品原料与河床砾石基本一致，多为石英岩。石制品多有磨蚀，推测该地点石制品可能经过一定距离的水流搬运。

王家堰遗址的发掘进一步拓展了成都平原腹心地带人类活动的历史，该遗址与简阳龙垭遗址、眉山坛罐山遗址在石制品原料、类型、剥片技术上都有一定相似之处，也为进一步探讨和建立成都平原地区旧石器时代文化序列积累了新的材料。

（左志强　黄　明）

【成都市青羊区百仁社区新石器至唐宋时期遗址】

发掘时间：2021年12月—2022年11月

工作单位：成都文物考古研究院　青羊区文物管理所

百仁遗址位于成都市青羊区苏坡街道百仁社区，为金沙遗址聚落群的一部分，近年来为了配合基本建设进行了多次发掘。此次配合基本建设，从2021年12月到2022年11月对项目内遗址进行发掘。发掘区中心位置地理坐标北纬30°42′21″，东经103°59′57″，海拔469米。发现并清理遗迹现象322个，主体遗存包括新石器时代灰坑34个、墓葬4座、房址2座、窑址1座；商周时期灰坑130个、灰沟16条、墓葬7座、窑址1座。由于遗址分布范围较大且分布不连续，现场采取分区发掘，分为A—F区6个区。

根据各单位出土遗物及层位关系，此次发掘主要有唐宋时期、汉代时期、商周时期、新石器时期四个时期文化堆积。所有商周时期遗迹开口于5层下和6层下，出土陶器、石器等。陶器以夹砂灰陶、夹砂褐陶为主，有少量泥质陶，可辨器形包括尖底杯、尖底罐、陶盉、小平底罐、敛口罐、缸等。陶器所显示的文化面貌为十二桥文化，6层及6层下年代稍早可能为商代晚期—西周初期，5层及5层下年代稍晚约为西周早期—西周中期。所有新石器时期遗迹开口于7层下。出土陶器、石器等。可识别器形有绳纹花边口罐、宽沿尊、喇叭口高领罐等，为宝墩文化时期的典型器物。D区7层及7层下出土陶片包含了部分早于宝墩文化的元素，其年代初步判断可能宝墩文化一期早段或略早于宝墩文化。

Y2位于D区7层下，TN11W17北部，为横穴式，窑长6.4米，由窑室、火塘、操作坑组成。窑室长1.66米、宽1.58米，有一周环形火道，深0.18米。中间为窑床，窑床中部有圆形凹槽，可能为封窑支撑用。火塘深0.86米，操作坑长5.06米、宽3.72米、深0.24—0.8米，操作坑中部铺有宽1米、长2.5米一层卵石，可能为长期使用中整修而成。Y2出土陶片均集中于操作坑和火膛内，泥质陶占绝大多数，多饰弦纹和细绳纹。其年代初步判断，可能为宝墩文化一期或略早于宝墩文化，是成都平原罕见的保存较完好的新石器时期窑址。

此次发掘的先秦遗址对于研究成都地区先秦文化、金沙遗址聚落群分布、成都平原新石器时期陶器制作的发展和演变等相关问题有一定意义。

（向　导　仰飞龙　陈莉红）

【成都市高新西区西华村新石器时代至商周遗址】

发掘时间：2022年5—12月

工作单位：成都文物考古研究院

西华村遗址及墓地位于西华村3组，为一处新石器—明清时期遗址及墓地，中心位置地理坐标北纬30°46′30″，东经103°53′35″，海拔552米。发现并清理遗迹现象371个，主体遗存包括十二桥文化灰坑85个、灰沟27条、墓葬149座；宝墩文化灰坑28座、灰沟1条、房址5座。

发掘区内地层堆积由西北向东南倾斜成坡状堆积，根据土质土色、包含物，自上而下统一划分为7层。其中，所有商周时期遗迹开口于5层下和6层下。出土陶器以夹砂陶为主，泥质陶较少，夹砂陶以灰褐陶、灰黄陶为主，次为灰陶和黄陶。泥质陶主要有灰陶、褐陶，以素面陶为主，纹饰种类较少，以绳纹为主，另有戳印纹等。器型主要有高柄豆、陶瓮、绳纹敛口罐、尖底盏、尖底杯、小平底罐、器盖等。陶器所显示的文化面貌为十二桥文化，初步判断为西周早中期。所有新石器时期遗迹开口于7层下。陶器以夹砂陶为主，泥质陶较少，夹砂陶以灰褐陶为主，少量黑褐陶、红褐陶，泥质陶主要以灰陶为主，少量灰白陶、灰黄陶。陶片中以素面陶为主，纹饰种类较少，以绳纹多见。可辨器型主要有绳纹花边口沿罐、圈足、喇叭口高领罐等，为宝墩文化时期典型器物。

此次发掘的十二桥文化墓葬规格接近，都是小型墓，平面呈长方形，西北向，均为竖穴土坑墓，墓葬排列规律，数量较多，均开口于5层下，基本无打破关系。墓葬均为单人墓，人骨大多保存较差，葬式基本为仰身直肢葬，双手抱于胸前，不少墓葬有停丧现象。初步鉴定以成人为主，有少量婴幼儿个体，女性略多于男性。部分墓葬出土有随葬品，多数仅为1—2件陶器，为尖底杯、矮领罐等，有5座墓有玉石条随葬，墓主人可能与玉器工匠有关。

此次发掘，先秦遗址及墓地对于研究成都平原先秦遗址变迁、成都平原丧葬习俗等相关问题有一定意义。

（向　导　龙　隆　边相银）

【会理市东咀新石器时代遗址】

发掘时间：2022年2—9月

工作单位：四川省文物考古研究院

东咀遗址位于凉山州会理市城南街道南阁村5组，遗址地理位置为北纬26°36′49″，东经102°15′66″，海拔1719米±12米。遗址地处麻龙河和城河交汇之处，遗址西北面山坡上为雷家山墓地。因集中暴雨冲刷和洪水侵蚀，遗址东部断坎出现局部崩塌。为最大限度保护文物，考古队对东咀遗址进行了抢救性考古发掘工作，发掘面积1000平方米。

此次发掘共清理房址、墓葬、灰坑、灰沟、灶等各类遗迹现象131座，其中灰坑79个，房址42座，灰沟7条，灶3个。遗址主体文化内涵时代为新石器晚期至商周时期，共出土陶器、石器等小件623件（组）。此次发掘清理了新石器晚期房址42座，其中半地穴式建筑28座，地面建筑房址14座。

半地穴式房址大部为椭圆形和方形，小部分为不规则形；部分房址边缘发现有大小不一的柱洞；少量房址内发现有灶炕和用火痕迹。房内堆积清理了大量陶器残片和少量石器。地面建筑的房址平面形状大部分呈方形和长方形，仅有3座为圆形或椭圆形。柱洞主要为圆形和椭圆形，直径一般为0.15—0.3米、残存深0.12—0.3米，少量柱洞内发现有陶片或石块。

新石器晚期遗存出土的石器以生产工具为主，器类有斧、锛、刀、凿、纺轮等，另发现少量镞、网坠等渔猎工具。陶器以夹砂灰黑陶、橙红陶为主，夹砂灰褐陶、灰黄陶次之，泥质陶较少。纹饰以素面陶占比较高。纹饰种类丰富，包括戳印纹、刻划纹、附加堆纹、乳丁纹等，还有较多的复合纹饰。可辨器类包括罐、钵、盆等。罐的形制多样，包括喇叭口罐、侈口罐、盘口罐、平沿罐、直口罐、侈口小罐等。

东咀遗址此次发掘揭露了大量的房址、灰坑等，各类遗迹丰富，显示了该遗址是金沙江一级支流城河流域上游一处重要的新石器时代晚期聚落。此次发掘丰富了城河流域的考古学材料，有利于金沙江流域早期考古学文化序列的构建，对深入探索横断山区先秦时期人群的交流与互动提供了新的考古资料。

（李江涛　刘化石　唐　翔　邹海龙）

【昭觉县火博新石器时代至汉代遗址】

发掘时间：2022年8—11月

工作单位：成都文物考古研究院　凉山彝族自治州博物馆　昭觉县文物管理所

火博遗址位于凉山彝族自治州昭觉县竹核镇尼日村和木渣洛村，小地名"火博"为彝语音译。遗址地处竹核坝子内稍高的山丘顶部，山丘北面为省道S307段，南有一条名为始号来角的河流，自西北向东流入牛洛河，然后汇入溜筒河，最后注入金沙江。

经过考古勘探，火博遗址堆积状况较好，文化内涵丰富，是一处新石器时代晚期至汉代的遗存。遗址大致呈不规则的长条形，东西长约1200米，南北宽约560米，总面积约40万平方米。

2022年度进行200平方米的考古发掘工作，遗址内发现房址、墓葬、灰坑等各类遗存10余处，年代涵盖新石器时代晚期、商周和汉代。其中墓葬7座、房址4座、灰坑4个、柱洞20余个。墓葬包括土坑墓2座、石棺墓3座、砖室墓2座。出土遗物300余件，其中陶器270余件，石器20余件，铜器4件。

新石器时代遗存为1座土坑墓。出土遗物以陶器为主，器类有平底罐、小双耳罐、斜腹钵等，多为夹砂红褐陶，纹饰以刻划纹为主。其中M1长3.50米、宽0.94—1.3米、深0.4米，墓底人骨已腐朽，不见痕迹，葬具、葬式不明。墓底东、西两端分别放置随葬品，全部为陶器，共31件，可辨器形有罐、壶、双耳瓶、碗、钵、鸭形壶、纺轮等。

商周时期的遗存为房址4座、灰坑4座、石棺墓3座、土坑墓1座。出土遗物以陶器和石器为主，陶器以折沿平底罐为常见，大多素面，有少量绳纹，罐底可见叶脉纹，石器有石斧和砍砸器。

其中F3为半地穴式建筑，平面近似"凸"字形，由门道、穴坑、基槽及17个柱洞组成，长约3.4米，宽约3米，房址中部有密集的炭屑，略凹陷，可能是用火遗迹。值得注意的是F1至F3方向基本一致，排列有序，可能是一小型聚落。石棺墓M6墓口置石板一块，墓室长1.30米、宽1.1米、深0.32米，墓底发现7件随葬器物，6件陶罐、1件陶钵。

汉代遗存为2座砖室墓，出土遗物以陶器为主，另有少量铜器残件发现，陶器以泥质灰陶为主，包括甑、人俑、动物俑等，铜器仅发现有钱币及容器残片。其中M2为多室砖墓，长约7.7米、宽约7.6米，由墓道、墓门、墓室和两侧室构成，墓室内发现的随葬品有陶俑、陶棺残片及铜钱等。

火博遗址2022年度的考古发掘和勘探工作，初步建立了大凉山腹心地区先秦至汉代的年代框架。

（孙　策　田剑波　吉克依各）

【广汉三星堆遗址】

发掘时间：2022年1—11月

工作单位：北京大学三星堆考古队 四川省文物考古研究院

本年度联合考古队继续对三星堆遗址祭祀区8号坑进行田野发掘工作，重点清理了8号坑的象牙层和器物埋藏层。8号坑是目前三星堆祭祀坑中面积最大的一座，同时也是出土文物，特别是精品文物最多的一座，是取文物逾6000件。其中相对完整的青铜器1050余件、玉器410件、金器370件、象牙390根。新出土的多级青铜神坛、倒立顶尊神像、大型青铜立人神兽、黄金面具、墨会凤鸟柱头、裙装青铜立人像等一批大型器物，均是中国青铜时代的首次发现，具有极高的研究价值和重大文化影响力。目前8号坑的工作已进入室内整理和文物修复阶段。其后续研究成果，将是促进"中华文明探源""古蜀地区文明化与华夏化进程"等多项学术热点的支点性工作；将对研究中国青铜时代多元一体文明的形成过程、中国早期技术与跨地区文化交流，以及早期南方丝绸之路的人群移动等重大学术问题产生重要推动作用。

【彭州竹瓦街遗址】

发掘时间：2022年10月—2023年1月

工作单位：四川大学考古文博学院 成都文物考古研究院

竹瓦街遗址位于成都市彭州市濛阳街道，南依青白江，北界白土河，位于两河之间的冲积台地上。竹瓦街遗址北距三星堆遗址约12千米，西距彭州市约15千米，南距金沙遗址约30千米。

为进一步探索竹瓦街遗址的文化面貌、聚落形态与变迁过程等科学问题，同时，为推动四川大学考古文博学院田野考古教学的稳定开展，经国家文物局批准，2022年10月，联合考古队再次开展了对竹瓦街遗址的发掘。本年度发掘地点位于濛阳街道清江社区十组赵家大院子，发掘区距2021年度发掘地点西南约400米，西北距青铜器窖藏约800米。

本年度发掘，清理了商周时期、汉唐时期和明清时期的文化遗存，文化遗物包括陶器、石制品、青铜器残片、玉器等，遗迹现象包括沟、灰坑、房屋基槽、柱洞、陶片堆积等。收集浮选土样263袋，植硅体土样214份，同时采集了测年样品和序列环境样品，以待后期实验室分析。

发掘区堆积最深处约1.55米左右。发掘区南、中、北部地层堆积有所差异，总体来讲，中部地层最全，南部地层缺失较多，北部因为近现代农业生产活动等原因，第⑦、⑧、⑨层已完全被破坏。

本年度发掘出土的完整器相对较少，可辨器形主要包括尖底杯、尖底盏、豆、器座、尖底罐、圈足罐、小平底罐盆、鼎足、器盖、纺轮等，大中型陶器较少。出土少量铜器残件，保存状况较差。石制品包括石核、石片、刮削器、石锛、盘状器等。玉器仅发现三件，可能为玉璋和玉玦残件。

目前考古团队正在进行拼对、修复和整理工作，开展测年、植物、环境等实验室考古工作，并撰写年度发掘报告。期待为进一步探讨竹瓦街遗址群的性质、聚落布局和文化交流，为揭示三星堆遗址周边区域先秦时期的聚落形态及变迁过程等问题提供基础。

【盐源县老龙头商代至西汉墓地】

发掘时间：2020年4—12月

工作单位：成都文物考古研究院 四川省文物考古研究院 凉山彝族自治州

博物馆 盐源县文物管理所

经国家文物局批准，成都文物考古研究院等组成联合考古队，连续三年对凉山州盐源县老龙头墓地进行了发掘。已发掘面积约为3500平方米，清理墓葬1400余座。

老龙头墓地的墓葬层层叠压，墓底距地表深度从0.3米到4.5米不等。除瓮棺外，墓葬均为竖穴土坑墓。所有墓葬均为东西朝向，头向以向西为主；绝大部分有随葬品，多寡不一。按照形制及规模，可将老龙头墓地墓葬分为四类。第一类为带盖顶石的大中型墓葬，均有棺；第二类为不带盖顶石的中小型墓，均有棺；第三类为无木棺的小型墓；第四类为瓮棺葬。

目前出土各类遗物6000多件（套），包括铜器、金器、铁器、银器、玻璃器、陶器、石器等各类，其中铜器和陶器为大宗。陶器以各类双耳罐为主。铜器种类较为丰富，主要包括戈、剑、钺、矛、臂鞲、铠甲等兵器；刀、削、凿等工具；马衔、当卢、马镳、铃、角形饰等马具；杖首、树枝形饰、鸟形饰、圆形带饰等装饰礼仪用器；少量的纺织工具等。兵器、工具、马具多见。石器主要包括砺石、刀、箭镞、砭针、磨石、石范等。金器主要以金箔制品为主。玻璃器主要为费昂斯串珠。铁器以剑、镯等为主。银器主要有手镯等。此外，还有玛瑙珠、绿松石珠饰、滑石饰品及海贝、皮革制品等出土。

老龙头墓地的墓葬可分为三期，第一期为商至西周时期，主体为西周时期，主要包括了窄长方形土坑竖穴墓及瓮棺墓，大多不见木质葬具，随葬器物以陶器为主，铜器极为少见。第二期为春秋时期，以长方形土坑竖穴墓为主，大多有木质葬具。随葬器物以陶器、石器和铜器为主。第三期为战国至西汉早期，包括窄长方形竖穴土坑墓及带盖顶石的宽长方形土坑竖穴墓，墓葬规模呈现出较明显的分化，均有木质葬具，少数大型墓葬有椁。随葬器物以铜器、陶器、石器、玻璃器、金器等为主，种类非常丰富。

墓地发掘收获主要有以下几个方面 1. 厘清了老龙头墓地的布局与历时性墓葬形制及随葬器物组合特征。2. 完整建立了盐源盆地青铜时代商代晚期至西汉年代框架。3. 独特的丧葬习俗丰富了西南地区青铜时代文化内涵。4. 明确了以老龙头墓地为代表的盐源青铜文化是西南地区青铜时代一支独具地域特色和鲜明时代特征的青铜文化支脉。5. 盐源青铜文化面貌呈现出鲜明的多元性与复合性特征，是当地居民与西南及西北地区青铜文化交流交往交融历史的产物与典范。6. 为川西南地区青铜时代冶铸技术系统研究提供了重要的资料。

（田剑波　周志清　补　琦
刘灵鹤　孙　策　胡婷婷）

【汉源县桃坪商周及西汉时期遗址】

发掘时间：2022年2月—2022年8月
工作单位：四川省文物考古研究院

桃坪遗址位于雅安市汉源县富林镇市荣社区5组，地理坐标为北纬29°20′7″，东经102°39′45″，海拔860米。遗址分布于流沙河西岸、大渡河北岸的二级台地上，分布面积约160万平方米。遗址主体分布于瀑布沟消落区内，面积约为120万平方米。2022年2—8月，为最大限度地保护文物，四川省文物考古研究院对遗址消落区范围内存在的墓葬进行了调查和抢救性发掘，发掘面积3000平方米。主体文化内涵为商周及西汉时期墓葬，发现少量宋代墓葬。

此次发掘，共清理墓葬86座，其中商周土坑墓42座，西汉土坑墓40座。商周墓葬均为土坑竖穴墓，墓葬长约2.55—4.0米宽 0.75—1.55 米。墓葬骨骼保存较差，少量可见人体肢骨或牙齿，可辨葬式多为单人仰身直肢葬，发现少量双人合葬墓。随葬器物多为陶器，部分墓葬随葬少量石斧、石锛等石器。随葬器多为平底罐、钵、尖底罐、器座组合。常见墓葬的组合为脚部随葬钵、尖底罐、器座等，中部随葬纺轮或石斧，头部随葬平底大罐、豆形器等。西汉时期，墓葬形制以长方形竖穴土坑墓为主，发现部分刀把形、近方形竖穴土坑墓。墓葬多数被盗，但仍出土随葬器物 300 余件，包括铜、陶、铁、漆器等器类。陶器以素面罐类为主，另有钵、豆等；铜器器型丰富，有铜钱、饰品、镜、印章、钫、釜、车马器构件（车䡇、铜衔镳、当卢等）、鉴、勺、带钩、箭镞、镰斗等。

此次发掘，对探讨蜀文化的南向传播等学术研究具有重要意义，为深入探索大渡河流域的古代墓葬形制、埋葬习俗、手工业水平等增添了新的考古学资料。

（刘化石　刘家荣）

【西昌市羊耳坡遗址】

发掘时间：2021 年 9 月—2022 年 3 月
工作单位：四川省文物考古研究院

羊耳坡遗址位于西昌市裕隆回族乡兴华村与星宿村之间，地处安宁河西岸二级台地。2014 年四川省文物考古研究院在开展成昆铁路复线考古调查时发现该遗址。为配合成昆铁路复线建设，四川省文物考古研究院曾于 2016 年 8 月至 2017 年 7 月进行第一次考古发掘，发掘面积 6039 平方米。

为配合西昌市裕隆乡州级现代农业园产业道路的建设，四川省文物考古研究院联合西昌市文物管理所对羊耳坡遗址进行第二次考古发掘工作，发掘面积 1225 平方米。

此次发掘主要涵盖了东周、汉代及南诏大理国时期的遗存，已发掘了不同时期的房址、墓葬、灰坑、窖穴、水沟等各类遗迹现象 284 个，其中墓葬 146 座，灰坑 113 个，房址 13 个，水沟 8 个，灶 2 个，器物坑 2 个。出土各类陶、石、铜、铁、金银器等各类文物 472 件（套）。

房址共发现 13 座，均为半地穴式、平面呈近方形或长方形，直壁、平底。部分房址底部发现有用火痕迹。

墓葬方面，共发现不同时期的两个土坑墓地。槽子田墓地共发现墓葬 18 座，可分为大小两种形制，小型墓葬呈长方形，长 1.08—1.86 米、宽 0.36—0.76 米、深 0.22—0.72 米；大型墓葬呈甲字形，由墓道、墓室两部分组成，通长 2.7—8.12 米、宽 1.4—3 米、深 0.6—1.4 米。槽子田墓地的随葬品以陶器为主，主要器类有带流壶、圈足杯等；铜器发现有铜镯等。从出土器类来看，初步推测槽子田墓地的年代可能在东周时期。

蛮子沟墓地共发现墓葬 128 座，相互打破关系较多，均呈长方形，长 1.4—2.3 米、宽 0.5—1.1 米、深 0.2—1.1 米。绝大多数墓葬均有随葬品出土，1 件至 10 余件不等。出土随葬品种类齐全，兵器类的有铜柄铁剑、铁矛、铁斧、铁镞等；工具类的有铁削刀、铁锸等；饰品类的有环形金饰、金串饰、银串饰、铜牌饰、铜扣、铜手镯、玛瑙、绿松石等；陶器类的有陶双耳罐、陶单耳罐等。从出土器物来看，蛮子沟墓地的年代可能在战国晚期至西汉。

南诏大理时期遗迹主要为窖穴。共发现 36 座，呈圆形、椭圆形、圆角长方形等，坑壁、坑底均经过修整，平滑圆顺。填土分层现象明显。出土遗物较少，均为陶器残片、花纹砖残块，主要的器型为夹砂红陶绳纹罐，折沿、高领、平底，从口沿到底部均饰绳纹。该类器型与西昌地区出土的南诏大理时期火葬罐为同一器类。

羊耳坡遗址的考古发掘为研究安宁河流域青铜时代和南诏大理国时期的考古学文化提供了新资料。槽子田墓地中的"甲"字形墓葬形制是在该地区的首次发现。槽子田墓地出土器物丰富、文化面貌清晰，对构建安宁河流域青铜时代的文化序列提供了重要支撑。而蛮子沟墓地为首次在安宁河流域发现分布密集的青铜时代土坑墓地，其文化面貌也与已知的安宁河流域考古学文化不同，这对重新认识安宁河流域战国晚期至汉代的考古学文化格局提供了新的方向。

（连　锐　辛　文　王娅琴）

【宣汉县罗家坝遗址】

发掘时间：2022年4—12月

工作单位：四川省文物考古研究院　宣汉县文物管理所

为探索川东地区东周时期的文化面貌及与早期巴文化的关系，为探索族群变迁、生产技术和文化变迁等问题提供依据，并进一步推动罗家坝遗址大遗址保护与利用工作，同时配合推进"考古中国·川渝巴蜀文明进程"项目，2022年，经国家文物局批准，四川省文物考古研究院联合宣汉县文物管理所，继续对遗罗家坝遗址进行第八次主动性考古发掘，发掘面积500平方米。

本年度考古共分两个发掘区进行。墓葬发掘区位于罗家坝遗址外坝南部，2021年发掘区的东部。此次发掘旨在继续探寻罗家坝遗址东周墓地，此次发掘共清理战国至西汉时期墓葬34座。这批墓葬的形制、葬式、朝向以及随葬器物等，与以往几次发掘的墓葬显示出了较大差异。此次发掘的多座墓葬人骨保存较好，包括三座幼童人骨墓葬；新出土了楚式长剑、肖形印章、刻划巴蜀符号陶器等一批重要文物，为进一步研究罗家坝遗址东周墓葬族群来源及巴国境内复杂的族群关系提供了新的材料。在该发掘区还清理了一座西汉时期砖室墓，墓葬形制及随葬器物均较特殊，也是四川地区目前发现的时代较早的砖室墓。

此外，本年度还在罗家坝遗址张家坝区发掘了三条探沟，清理了一座西汉时期土坑墓，新发现包括一座大型建筑基址等在内的大量宋代遗存，为研究宋代普光寺提供了线索。这些发现也有助于深入认识罗家坝遗址的整体文化内涵与性质。

（郑禄红　陈卫东　龙　兵）

【渠县城坝汉晋时期遗址】

发掘时间：2022年3—12月

工作单位：四川省文物考古研究院　渠县历史博物馆

为进一步探寻巴文化面貌，了解晚期巴文化融入汉文化的过程及秦汉帝国对西南地区的开发与管理情况，2014—2022年，四川省文物考古研究院联合渠县历史博物馆，在城坝遗址开展了连续九年的系统性考古调查勘探和发掘工作，取得多项重大考古收获。

城坝遗址2022年度的考古工作分别于津关区、冶炼区、张家边区域展开，各区发掘情况如下。

津关区位于城坝村新六组，地处遗址北部。本年度发掘，旨在进一步确认津关区的东、西两侧分布范围及整体格局。本年度津关区东侧发掘点共清理西汉至东晋时期遗迹63处，其中沟15条，灰坑47处，井1处，出土各类遗物521件。津关区东侧发现西汉晚期壕沟G107，G107平面为"T"字形，壕沟北端延伸至渠江，南端向东西两侧延伸。本年度已发掘部分南北长31.1米、东西长22.5米，宽1.8—4.85米，沟深0.4—1.5米，沟内出土大量动植物标本、少量汉代简牍及与冶铜相关的鼓风管、炼渣等遗物。本年度发现的西汉晚期壕沟 G107 不仅明确了西汉时期津关区的东侧地理分布范围，同时也是城坝遗址继城址区灰坑、津关区中部房址后第三个简牍遗物发现地点，壕沟内出土的三行牍等简牍遗物有助于了解汉代当地简牍书写形式。壕沟内新发现的与冶铜相关遗物，对进一步探索遗址内早期冶金手工业布局及技术特征具有重要意义。津关区西侧发掘点位于 2020 年发掘点西南侧，清理遗迹 47 处，出土各类遗物 500 余件。本年度新发现西汉晚期壕坑 H730 及东汉时期大型柱洞式建筑 F24，西汉晚期壕坑的清理进一步明确了西汉晚期津关西侧的地理分布边界，新发现的柱洞式建筑 F24 为探讨汉晋津关西侧区域空间功能提供材料。

冶炼区位于城坝村五组，地处遗址西北部。本年度发掘点位于 2021 年发掘点北侧，本年度发掘工作旨在进一步了解该区域的冶铁遗存分布状况，并确认该区域冶铁手工业遗存特点和文化面貌。本年度共清理东汉至东晋时期遗迹 24 处，包含房址 1 座、灰沟 9 条、灰坑 14 个；出土陶、石、炼渣、锻片、鼓风管残件等各类遗物 113 件。遗存年代以东汉中晚期为主，与 2021 年发掘遗存年代基本一致。新发现一座东汉中、晚期建筑基址 F23。F23 平面东西向分布，由北侧柱洞与南侧柱洞及石墙构成，建筑北侧东西向柱洞 24 个，南侧东西向柱洞 42 个，石墙邻近柱洞，顶向平砌，残长 15.2 米；F23 已揭露部分南北长 27 米，东西宽 7.9 米，面积达 200 平方米。冶炼遗物及大型建筑基址的发现，有助于进一步理清该区域冶铁手工业遗存分布状况，也为探索史书记载"宕渠有铁"提供考古学材料。

本年度的发掘工作，进一步明确了西汉晚期以来当地政府为控扼渠江流域而设置的津关的重要性和多样的文化面貌；冶炼区的持续考古工作也为进一步探索渠江流域汉代铁器化进程提供重要材料。

（陈卫东　张兵圆）

【蓬溪县蛮洞山东汉崖墓群】

发掘时间：2022 年 3—4 月

工作单位：四川省文物考古研究院　四川宋
　　　　　瓷博物馆　蓬溪县文物保护中心

蛮洞山崖墓群位于遂宁市蓬溪县文井镇碧山村 4 组，小地名蛮洞坡，西南距文井镇 2.4 千米，东南距蓬溪县 15.4 千米。为配合蓬溪船山灌区工程，对该墓群进行了考古发掘，共清理墓葬 14 座。

崖墓分三层分布，开凿于山腰崖壁上，距山顶部 18—25 米，距山脚 11—17 米，发掘前均遭不同程度的盗扰、破坏。墓葬结构较为简单，主要结构包括墓道、墓门、甬道、主墓室、耳室，墓室内附属结构包括棺室、龛、灶、马厩等。

M10 位于墓群中部，方向 85 度，通长 11.95 米，其主要结构有墓道、墓门、甬道、墓室，墓室中部有一级高 0.3 米的台阶将其分为前墓室、后墓室，此外还有左侧龛、右侧龛、后龛室、灶等附属结构。其中前室宽 2.8 米、进深 2.9 米、高 2 米，后室宽 2.8 米、进深 2.75 米、高 1.95 米。未见葬具及人骨架。

出土的随葬品包括生活用具、明器和钱币等 61 件。生活用具类有陶碗、钵、杯、耳杯、盆、盘、罐、甑、豆、底座、器盖等，明器包括陶俑、动物模型、房、塘、案等，钱币有五铢钱和货泉两类，其中剪边五铢钱数量较多。

该墓群布局较整齐，间距较均匀，应为家族墓地。大部分墓葬均出土有剪边五铢钱，未见魏晋时期器物，年代应为东汉晚期。该墓群地处川东向川东北过渡区域，具有一定的典型性，为西南崖墓区域研究提供了重要的实物材料。

（金国林）

【安岳县学堂湾宋明时期墓群】

发掘时间：2022年6—8月

工作单位：四川省文物考古研究院

该墓群位于资阳市安岳县永顺镇玉康村2组，小地名学堂湾的一处山坡中部，该墓群为2021年9月川投集团资阳燃气电站新建工程项目文物调查勘探中发现。

此次发掘共清理墓葬10座，因墓葬较为分散，将其分为三个区域，墓葬Ⅰ区内墓葬为M1；墓葬Ⅱ区内墓葬为M2、M3；墓葬Ⅲ区内墓葬为M4—M10。

10座墓葬均为石室单室墓，其中9座规模较大，1座规模较小，可能为火葬墓。由于后期的滑坡，墓葬均整体向下移位，破坏严重。

此次发掘出土有小件15件，其中陶罐7件、瓷碗2件、瓷盏2件、陶执壶1件、铁钱2件、铁钉1件。墓葬内均未发现保存的葬具和人骨。

根据M1左壁石板"熙宁"纪年题记以及部分出土遗物及墓葬形制等基本能确定M1—M3、M6—M9的年代在北宋时期；M4、M5根据墓葬形制结合出土的青花瓷等遗物推断年代为明代。

此次学堂湾墓群发掘提供了一批新的基础资料，具有一定的文物和历史价值，为进一步探索和研究安岳乃至川东地区宋明时期的历史文化提供了新的线索与资料。

（李　飞）

【武胜县吴家坝宋至明清时期遗址】

发掘时间：2021年12月—2022年5月

工作单位：四川省文物考古研究院

吴家坝遗址位于广安市武胜县清平镇南溪村12组，遗址呈不规则形状，东西宽约90米，南北长约300米，总面积约30000平方米。为配合嘉陵江梯级渠化利泽航运枢纽工程的建设工作，四川省文物考古研究院对其实施了考古发掘工作，发掘面积1000平方米，共清理各类遗迹211个，出土各类陶、瓷、铜等小件797件。

发掘结果表明该遗址为宋至明清时期遗址，其中以宋代时期堆积为主，另有少量明清时期遗存。宋代遗存以灰坑为主，另有少量房址、柱洞、陶灶等，较为密集的分布在遗址中部；出土陶瓷器数量较多，以青釉瓷为主，另有少量黑釉、白釉瓷器，同时发现有耀州窑、景德镇窑等窑口的瓷器。从出土瓷器的形制来看，基本不见重庆涂山窑系的产品，因此可判断其年代大体在北宋至南宋早期。

吴家坝遗址位于嘉陵江右岸，唐宋时期的嘉陵江水道作为川渝地区重要的南北向交通要道，在商贸交流活动中起到了重要的作用，而在吴家坝遗址中发现外地窑口的瓷器也正是对其的验证。四川地区北宋时期遗址历来发掘的数量不多，吴家坝遗址中大量宋代陶瓷器的出土，对研究川渝地区宋代瓷业考古提供了新的实物资料，对研究嘉陵江下游地区宋至明清时期的考古学文化具有较为重要的意义。

（郑万泉　向云飞）

【自贡梁家坝明代墓葬群】

发掘时间：2022年11—12月

工作单位：四川省文物考古研究院　大安区文管所

自贡梁家坝墓葬群位于自贡市大安区新民镇燎原村十八组一山坡之上（原始地貌为

浅丘地带）。为配合当地基础设施项目建设，四川省文物考古研究院联合大安区文管所对该墓葬群进行了抢救性考古发掘工作。

该墓群分A、B两区，共23座墓，分布在一丘陵的西、南两侧。其中，A区17座墓位于发掘现场南部，呈阶梯状分布，墓向整体呈坐西北朝东南，由上往下共分三排。B区位于发掘现场北部，距A区约100米，有6座墓葬。墓向整体呈坐东北朝西南，呈一排分布。

该墓群有石室墓、砖室墓等，其中包括单室、双室三室、四室墓等结构。以双室石室墓为主，包括平顶、券顶等形式。墓葬较简单，体量较小，大部分单室宽度在1米、长度在2.6米左右，少量墓在后龛有纹饰装饰，大部分墓室内为素面。

葬俗方面，可辨者皆为仰身直肢葬，头顶部分附瓦，部分骨骼下方见有石灰层，以木棺为葬具，但骨骼及葬具大部分保存较差。

出土和采集文物小件28件，包括陶、瓷、铜、铁等质地，又以陶谷仓罐、碗为主，为四川地区常见明代墓中出土物品。

在墓葬群中，A区的券顶砖室墓（M2）较为重要。该墓左右两壁用模印几何花纹砖修建，以仿木结构花纹为主。中部为门、鱼门洞等图案，上部有卷草、斗拱等图案。券顶部分素面。后壁呈圆拱形，中部开龛，两侧为砖雕花瓶纹样，底部为鱼门洞图案。

梁家坝墓群是自贡近年来发现的一处较大的墓群，从明显分成两区且各墓室之间距离较近（0.3米左右）但主体部分未见打破现象来看，应该为两处家族墓地。该墓群对研究自贡地区历史文化有重要意义。

（刘　睿　代剑琴）

【南充市临江寺水下遗址】

发掘时间：2022年4月

发掘单位：四川省文物考古研究院　南充市博物馆　顺庆区文化馆

配合顺庆区永丰水库建设项目，联合考古队对南充市顺庆区临江寺水下遗址进行考古发掘工作，面积约200平方米。

临江寺水下遗址发掘面积约200平方米。未发现地层堆积，据当地村民介绍是"破四旧"期间，将临江寺寺庙中佛像损毁，搬运至此，分层堆放，用于过河跳蹬之用。后当地修建小型水库，水位提升，遂被淹没，现佛像构件上有近0.5米淤泥堆积。可粗略看出，当时堆放可分3层，损毁后形态较大者堆放下层，形态较小者堆放上层，期间有其它较小的石块做填充之用。此次发掘，共清理佛像2尊（无头），佛像基座等20余件。从出土莲花座基座、佛像身着服饰等初步判定这批佛像的年代为清代，亦和临江寺的主要存续年代相当。此次对临江寺水下遗址的发掘是四川省内第二次进行围堰考古发掘工作，也是南充地区首次进行水下考古发掘工作，为今后四川省内特别是南充境内水下考古工作提供了宝贵经验。此次发掘出土了一批清代佛教造像及基座等，是南充地区一次出土数量最多、保存最完好的一次水下考古发掘工作，为南充地区清代佛教考古提供了宝贵的实物资料。

（郭　富）

【成都双流牧马山区域旧石器时代遗存调查】

调查时间：2021年12月—2022年5月

工作单位：成都文物考古研究院

牧马山位于成都平原南部，该区域地势低缓，第四纪地层序列完整，发育有良好的成都黏土层和网纹红土层，自然环境适宜早期人类生存。为探明该区域旧石器时代遗存的分布情况，成都文物考古研究院组织调查人员首先对双流区牧马山进行旧石器遗存专项调查。

此次调查共发现 19 个石制品采集点，包括八角路、华秀路、环港路、凤凰路、活桤杆等地表采集点 13 个，王家堰、何家槽、二道沟、张家大塘等地层采集点 6 个。上述采集点多集中于牧马山北部区域，这些区域开展的基建项目较多，有较好的地层剖面和露头，更容易发现旧石器时代遗存。调查区地貌总体特征为缓丘台地，台地内沟壑纵横，所发现的旧石器遗存多分布于冲沟边缘的缓丘台地。地层采集点石制品均出自于晚更新世成都黏土层。石制品类型有石核/砍砸器、石片、刮削器、手斧、手镐等。石制品原料多以石英岩为主，毛坯多为磨圆度较好的河滩砾石。工具修理方式：一是选取扁平砾石，直接边缘加工成砍砸器，手镐等大型工具；二是利用剥取的石片边缘简单连续加工修理成锯齿状刮削器等。此次调查，所发现的石制品特征与眉山坛罐山遗址、龙垭遗址、重庆铜梁遗址、雅砻江干流采集石制品特征较为相似，总体属于华南地区砾石石器工业面貌。

此次调查实现了牧马山区域旧石器遗存从零到一的突破，更是首次在成都平原腹心地带发现旧石器时代原生地层堆积，这对于了解晚更新世成都平原旧石器时代文化面貌具有重要意义，也为后续开展系统旧石器遗存的发掘研究工作奠定了基础。

（黄　明　左志强）

【会东县陆家地梁子新石器时代遗址调查】

调查时间：2022 年 10—11 月
工作单位：四川省文物考古研究院　成都文物考古研究院　凉山彝族自治州博物馆　会东县文物管理所

陆家地梁子遗址位于会东县嘎吉镇乌龟塘村 3 组，鲹鱼河南岸二级台地。地理坐标北纬 26°30′16.6″，东经 102°36′43.7″，海拔 1586.11 米。该遗址地势北高南低，高出城河约 100 米，平面呈不规则形，东为冲沟，面积约 5 万平方米。遗址保存状况较差，现地表种植石榴、花椒、玉米等作物。

2022 年 10 月，联合考古队对乌东德水电站（四川境）库区淹没区以外的影响区域，即鲹鱼河流域，沿河的两岸台地进行考古调查，陆家地梁子遗址是此次调查的重要收获。

通过地面踏查，在地表采集有石器和一定数量的陶片，石器有石斧、石锛、石杵，陶片以夹砂灰褐陶、黄褐陶居多，另有少量夹砂红陶。纹饰以素面居多，还有弦纹、篦点纹等。据走访，当地居民也曾采集到磨制精细的石器等。遗址南部的缓坡曾发现大量石棺墓，因早年的大规模改土，已破坏殆尽，田埂、乡村小路均发现有构筑石棺墓的薄石板。为了了解该遗址的文化面貌与时代特征等信息，于遗址南部近坡顶处，随地形布设 2×4 米的探沟一条，方向 36 度，编号为 TG1。

G1 深约 0.5 米，共分三层。地层均呈水平状分布，探沟内发现灰坑 1 个。地层内出土遗物较为丰富。陶片以夹砂灰褐陶、黄褐陶、黑褐陶为主，可辨器类有带耳器、花边口沿罐、平底器等，纹饰以素面居多，可见戳印圆圈纹、篦点纹、刻划网格纹、附加堆纹，以口部压印花边、颈部饰附加堆纹最具特色，器表均有明显的修整痕迹。石器有斧、锛、杵、穿孔石刀、镞及石料片等。灰坑内发现大量石块，出土少量陶片以及石镞、穿孔骨器等，陶片以夹砂灰褐陶、黑褐陶为主，纹饰以素面为主、可见绳纹、刻划纹。还有一定数量的动物骨骼，可辨鹿角。

该遗址出土的这些遗物具有鲜明的新石器时代文化特征，推测时代应为新石器时晚期。

鲹鱼河是金沙江一级支流，由北向南，在洛左乡河门口汇入金沙江。该流域既往文物调查勘探工作较薄弱，2022年首次开展较为全面系统的调查。该遗址分布范围广，石棺墓和遗址均有发现，为了解鲹鱼河流域史前考古学文化面貌提供了新的考古资料，丰富了金沙江流域早期考古学文化的认识。

（胡婷婷　李晓玺　朱晓丹　刘　凯
邹海龙　王　楠　陈砚秋）

【会理市大队房子新石器时代遗址调查】

调查时间：2022年3月

工作单位：四川省文物考古研究院　成都文物考古研究院　凉山彝族自治州博物馆　会理市文物管理所

大队房子遗址位于会理市新安傣族乡田坝村2组，城河西岸一级台地。地理坐标北纬26°11′58.7″，东经102°6′41.0″，海拔970米。该遗址平面呈不规则形，东距城河约300米，南为冲沟，面积约4000平方米。整体地势呈东高西低，高出城河约5米。该遗址经历坡改梯工程，保存状况稍差，现地表有现代民居和农田，作物以玉米为主，另有时令蔬菜。

2022年3月，联合考古队对乌东德水电站（四川境）库区淹没区以外的影响区域，即城河中、下游地区流域进行考古调查与试掘。此次调查以新安乡普隆村、田坝村等地作为重点。

通过地面踏查，在地表、断坎处均采集有一定数量的陶片。经刮面，地层共分五层，其中文化层距地表0.55—0.7米，坡状堆积，灰黑色砂黏土，土质稍硬，结构较致密，厚0.15—0.25米。包含遗物较丰富，有陶片及烧土、炭粒，其中陶片以夹细砂灰褐陶为主，还有少量夹细砂红陶，纹饰以磨光素面为主，少量粗绳纹，零星烧土粒、炭粒。

依据出土陶片的特征，推测时代可能为新石器时代。该遗址的发现为研究城河流域早期人类生产生活、分布等提供了依据。

（胡婷婷　补　琦　李晓玺
邹海龙　李　银　李　坪）

【会理市龙地坎新石器时代遗址调查】

调查时间：2022年3月

工作单位：四川省文物考古研究院　成都文物考古研究院　凉山彝族自治州博物馆　会理市文物管理所

龙地坎遗址位于会理市新安傣族乡田坝村4组，城河东岸一级台地。地理位置为北纬26°12′15.2″，东经102°6′52.7″，海拔971米。该遗址地势东高西低，高出城河约5米，平面呈不规则形，东为城河，面积约8000平方米。遗址保存状况稍差，现地表有现代民居和农田，多种植时令蔬菜等。

2022年3月，联合考古队对乌东德水电站（四川境）库区淹没区以外的影响区域，即城河中、下游地区流域开展考古调查与试掘。此次调查以新安乡普隆村、田坝村等地作为重点。该遗址为此次调查的重要收获之一。

在地面采集到石斧、石锛及陶片等遗物，并于断坎处刮取剖面，发现厚约0.5米的文化层，包含有夹砂褐陶、夹砂黑灰陶片等。于遗址的西部布设2×4米的探沟1条，方向0度。编号为TG1。TG1深约1米，共分四层，呈水平状分布。探沟内的遗迹现象丰富，共发现灰坑3个，木骨泥墙一段以及大量的红烧土块。地层与灰坑内出土遗物数量丰富，包括陶片、石器，以及少量骨角器等。其中陶片质地以夹砂为主，可辨器形有敞口束颈罐、平底罐等，器型较大，陶胎较厚。陶片上的纹饰极为丰富，装饰手法有戳印、压印、刻划、附加堆纹，装饰图案有绳纹、斜方格纹、水波纹、折线纹、乳钉纹等，口沿常见压印花边。骨角类有蚌壳、骨锥等，地层里还出土一定数量的动物骨骼，可辨家猪的下颌骨和头骨等。

依据遗迹及出土器物的特点，可以推测时代大致为新石器时代晚期。

龙地坎遗址发现多个生活遗迹，并出土了大量遗物，是反映城河中下游地区早期人类活动的重要遗址之一，为了解城河流域早期人类的生产生活等提供了新的考古资料。

（胡婷婷　补　琦　唐　翔　
邹海龙　李　坪）

【会理市张狗地新石器时代石棺墓地调查】

调查时间：2022年3月

工作单位：四川省文物考古研究院　成都文物考古研究院　凉山彝族自治州博物馆　会理市文物管理所

张狗地石棺墓地位于会理市新安傣族乡田坝村4组，城河东岸的山前坡地。地理坐标北纬26°12′10.0″，东经102°6′56.3″，海拔956米。该地地势东高西低，高出城河约20米。墓地平面略呈扇形，北、南部均发现大冲沟，西距城河约500米，面积约2000平方米。地表原种植有花生，现有桉树、剑麻等。

2022年3月，联合考古队对乌东德水电站（四川境）库区淹没区以外的影响区域进行考古调查、试掘，本年度工作以城河下游地区的新安乡普隆村、田坝村等地作为重点，张狗地石棺墓地是本次调查的重要收获之一。

因此地山洪多发，石棺墓已遭到不同程度的破坏，大部分石棺葬已经被山洪冲毁，地表发现大量散落的薄石板，并于一条小冲水沟处发现数座石棺墓。联合考古队随即对已暴露的石棺墓进行抢救性发掘，共清理石棺墓7座。

石棺墓分布较为集中，墓室均为石板围砌而成，多由盖板、侧板、端板、底板等部分组成。墓室均为东西向，头朝坡顶，足向城河，依山势而建，剖面呈坡状，头高足低。墓内的骨架保存较好，多为仰身直肢葬。随葬品多寡不同，以装饰品最常见，如穿孔海贝、穿孔贝饰、滑石珠等，海贝发现时位于头骨附近，贝饰、滑石珠多见于颈部。值得注意的是，此次发掘的石棺墓中均未见陶器。

该墓地的墓葬形制及随葬器物的特征与会理猴子洞石棺墓地基本一致，因此年代也应为新石器时代晚期。

张狗地石棺墓的文化特征较为明显，为进一步了解城河下游地区石棺葬文化的分布、时代、丧葬习俗等提供新的考古资料。

（胡婷婷　补　琦　李晓玺　
朱晓丹　李　银）

【会理市马老奶地土坑青铜时代墓地调查】

调查时间：2022年3月11日—3月26日

工作单位：四川省文物考古研究院　成都文物考古研究院　凉山彝族自治州博物馆　会理市文物管理所

马老奶地土坑墓地位于会理市新安傣族乡田坝村2组，城河西岸二级台地。地理坐标北纬26°12′3.0″，东经102°6′24.7″，海拔1018米。该地地势西高东低，高出城河约100米。墓地平面略呈扇形，南为东西向的大冲沟，面积约8500平方米。周边为荒地，桉树林环绕，地表种植芒果为主，还有少量的木瓜、甘蔗等。

2022年3月，联合考古队对乌东德水电站（四川境）库区淹没区以外的影响区域进行考古调查、试掘，本年度工作以城河下游地区的新安乡普隆村、田坝村等地作为重点，马老奶地土坑墓地是此次调查的重要收获之一。

调查人员在地表采集夹砂黄陶片，于采集点附近的田埂处暴露堆叠的人骨，随即进行抢救性发掘，编号为 M1。

该墓为东西向，长方形竖穴土坑墓，南部残，残长 0.6—0.85 米、宽 0.45 米、深约 0.15 米。墓室仅见 3 具人的颅骨，上下堆叠，墓室西端发现部分肋骨、椎骨等。墓内随葬单耳小陶罐、束颈罐各 1 件，均为平底器，其中束颈罐的底部饰叶脉纹。

该墓出土的器物具有较为鲜明的特征，年代应为青铜时代。马老奶地土坑墓的二次捡骨葬为城河流域首次发现，丰富了城河流域的古代文化内涵、丧葬习俗等的认识，为进一步了解城河流域乃至金沙江流域的古代文化面貌提供了新的考古资料。

（胡婷婷　补琦　李晓玺　邹海龙　朱晓丹　李银　李坪　黄婉琳）

【甘孜藏族自治州力丘河下游考古调查】

调查时间：2022 年 4—5 月

工作单位：四川省文物考古研究院

为进一步了解川西高原先秦至秦汉时期遗存的分布情况，弄清该时期遗存的文化内涵，四川省文物考古研究院组织队伍先对甘孜藏族自治州康定市境内力丘河流域部分区域进行了考古调查，新发现哇母遗址、波达遗址、哇达遗址、冷古遗址、塔顶遗址等新石器至秦汉时期文物点共 17 处，均为古遗址。从采集陶器的陶质陶色上来看，遗址采集陶片以夹砂红褐陶为主，其次为黑褐陶；纹饰多为细绳纹；器型多为敞口罐、钵、盆、带耳罐等器类。这些遗址采集器物与康定市境内的汤坝遗址、高梧村遗址、舍联村遗址、庄上村遗址、为舍村遗址等采集陶片的陶质、陶色、纹饰基本类似，时代也相当。

此次康定市力丘河下游考古调查取得丰硕成果，采集了一批陶器、石器标本，虽然采集标本较碎，但是对研究雅砻江流域先秦时期遗存及石棺葬文化有着重要意义，填补了康定市按河流流域进行系统田野考古工作的空白。

新发现哇母遗址、波达遗址、哇达遗址、冷古遗址、塔顶遗址等其文化内涵均是遗址与石棺墓共存，应属于石棺墓人群居址遗址。同时遗址中采集器物多与石棺墓出土器物类似，对于研究石棺葬文化特别是石棺墓族群的研究提供了重要实物资料，对研究雅砻江流域的石棺葬文化序列也有着重要意义。

（李万涛　贾婉婷　刘帅）

【广安市大良城遗址考古调查】

调查时间：2022 年 5—7 月、9—12 月

工作单位：四川省文物考古研究院　广安市文物管理所　广安市博物馆　前锋区文物管理所

大良城遗址位于广安市前锋区观阁镇大良村的莲花山上。城内面积 68 万平方米，城墙保存较好，现存城门 9 座，城墙、城门为广安市文物保护单位。大良城为四川制置使余玠组织修筑的，始建于宋淳祐三年（1243），至元十三年（1276）沦陷。

本年度完成遗址城内的简单勘探，面积有 45 万平方米，还完成重点区域的普探，面积有 1.5 万平方米，初步确定邦田、碑梁子、斗篷梁子、大石坝等地点为遗址宋元时期堆积的重点区域。同时，还完成全部城墙的地面调查，发现城墙不同时期排水孔共 12 个。城内地面调查发现古井 11 口、时代偏早的蓄水堰塘 3 个、碾槽遗迹 6 处。聘请专业公司完成遗址及周边地形的测绘，以及遗址 2 处城门（北门、南门）、两段城墙（锁口丘段

城墙、斜土段城墙）的三维扫描工作。

本年度发现大良城城墙主要沿山体崖壁砌筑，在城墙边缘还有类似城墙马面的地点，为进一步认识遗址城墙砌筑及城防体系提供了重要依据。通过对遗址城内古水井、蓄水堰塘的调查，从水资源利用方面为遗址调查、研究提供了新的角度和线索。此外，现代科技手段介入遗址考古调查工作，有利于后期研究从宏观和微观两个角度分析该山城遗址。

（任　江　王浩辉　陈希源　邱　钊）

【神臂城及合江地区宋元山城考古勘探调查】

调查时间：2022年11—12月

工作单位：四川省文物考古研究院　泸州市文保中心　合江县博物馆

泸州市合江县位于四川盆地南缘，川渝黔结合部，长江、赤水河交汇处。宋元战争时期，以合江为中心，先后修建了大小城堡、寨子、水寨等各类型军民合一性质的城址。据统计，包括1座州治所神臂城、2座县治所——安乐山城、榕山城以及7处周边堡寨。

四川省文物考古研究院在2021年度调查的基础上，联合相关单位对神臂城重点区域开展考古勘探工作，并对境内其余山城堡寨进行了初步摸排调查。

此次调查有以下收获。一是基本探明了神臂城宋代城墙结构，其建法为两侧包石，中部填土粗夯而成。城墙现可探顶部宽度为5—6米，内侧残存高度在0.6—1.2米之间。城墙内侧局部区域还发现有踩踏面，或为道路等类型遗存。二是在神臂城南门内侧、南门洞等区域，发现有宋代墙体、大型柱础等遗存，并对南门洞区域进行勘探，发现有宋代文化堆积。三是在安乐山城初步发现有三层城墙、城门的防御设施形式，这在四川其他类型山城中较为少见，其城门结构亦不同于一般的石质拱形门，从残存遗迹来看，或为有台基的木门。四是对合江境内相关文献记载的宋元时期堡寨进行了全面的实地调查，对下一步细致调查，丰富以单个城为中心的山城防御体系认识提供了基础资料。

通过此次调查，对神臂城及合江境内其他山城有了更全面和深入的了解，为下一步考古发掘、调查勘探及申遗工作提供了基础资料。

（刘　睿　陈凤贵　王小波）

贵 州 省

【普定县穿洞旧石器时代遗址】

发掘时间：2022年7—10月

工作单位：贵州省文物考古研究所　中国科学院古脊椎与古人类研究所

穿洞遗址位于普定县城西南约5千米的一座孤山上。洞南北对穿，高9米，洞口高出洞前谷地约26米，洞长30米，最宽处13米。保存状况良好。

1978年春末，贵州省博物馆进行洞穴调查，确定其为旧石器时代洞穴遗址。1979年进行了试掘，获得石制品453件。1981年、1983年先后两次进行考古发掘，其中1981年发掘材料正式发表，本年度联合考古队对遗址进行第三次发掘。

经过四个月的发掘，对遗址的文化堆积状况获得进一步认识。本年度清理了1981年发掘区（S2）东壁、北壁，同时对北洞口（S1）、1981年发掘区东侧（S3）进行发掘，其目的是掌握南北洞口的人类活动强度。

发掘情况显示，S1区文化堆积不丰富，应该不是主要活动场所。S2区清壁时发现大量文化遗物。在S3区发现灰坑3座，皆开口于③层下。石器整体上看，与早年发现的穿洞晚期文化相符。初步完成了遗址出土动物骨骼材料的种属鉴定，目前已发现猕猴、豪猪、竹鼠、獾、熊、象、犀、野猪、水鹿、麂、牛、鸟、龟、鱼等多种动物类型。其中，豪猪、竹鼠、象、牛、鸟、龟、鱼等皆为本遗址首次发现。S2区在清理北壁和东壁剖面时，各发现一个破损的人类下颌，经初步鉴定，两个下颌均为6—12岁的未成年个体，年代尚未确定。在S3区的第①、②层时，发现近50颗的人类牙齿，这批牙齿大多保存完整，年代尚未确定。在S3区表土层筛选时发现海贝1件，可能提供了穿洞人与沿海地区之间交流的线索。发掘共发现近百件串珠装饰品，为研究史前人类的艺术、丧葬观念等方面提供了新的材料。

（张兴龙）

【赫章县辅处墓地】

发掘时间：2022年11月—2023年1月

工作单位：贵州省文物考古研究所　赫章县文物事业管理局

辅处墓地位于毕节市赫章县辅处彝族苗族乡辅处村，地处金沙江支流横江上游东岸，墓葬基本分布在山腰，墓地东北14千米为赫章可乐遗址。自1958年以来，因农耕或建设影响，辅处村当地时有文物出土，2020年开始，考古团队对辅处墓地及周边展开系统考古调查，报请国家文物局批准后，2022年11月启动了辅处墓地的考古发掘工作。

此次发掘，共清理墓葬100座，均为竖穴土坑墓，多数墓葬开凿至基岩上，也可称岩坑墓，分布在袁老林、高家地相邻两个山梁，因农耕和盗扰等原因，墓葬整体保存较差，空墓较多。此次发掘的墓葬非常典型的为套头葬，主要集中在袁老林地点，有8座墓，套头器物又可分铁釜、铜釜、铜洗等套头。

此次墓地发掘，墓葬出土器物80%以上为铜、铁器物，另有少量的骨器、漆木器、玉石器、陶器。陶器仅出土圜底罐1件。铜器以兵器为主，少量容器、饰品等，器形有铜剑、铜戈、铜矛、铜釜、铜洗、铜带钩、铜镯、鎏金铜铺首、鎏金贝币等，其中铜剑可分为柳叶形铜剑、蛇头形茎首剑、一字格铜剑，铜戈有素面铜戈和"W"内首饕餮纹铜戈等。铁器有铁环首刀、铁剑、铁釜、铁锸等。另有铜柄铁剑，铜柄基本为镂空人物形首。其他器形有骨镯、漆木耳杯、串珠、玉玦等。釜、洗类器物主要出土在套头葬。

此次发掘的墓葬，基本上在赫章可乐均可找到类似的墓葬形制或器物，两者文化面貌相同，年代也基本相同。再结合本次出土的柳叶形铜剑、蛇头形茎首铜剑、铁环首刀、铁剑、铁锸、铁釜、辫索纹耳铜釜等器物，可推断该批墓葬年代为战国中、晚期至西汉时期。

通过对该墓地的发掘，首先，初步认识了墓地的文化性质及年代，为可乐文化、夜郎文化的研究提供新材料，为建立该区域完善的文化谱系奠定了基础；其次，此次发掘成果突破了赫章可乐发现套头葬的唯一性，解决了可乐"套头葬"葬俗长期以来在周边区域无相同现象的问题；最后，辅处墓地地处秦汉时期南亚廊道的重要节点上，通过发掘为南亚廊道申遗提供了实物支撑。

（李　奎　彭　万）

云 南 省

【宣威高桥新石器时代两汉及明清时期遗址】

发掘时间：2022年8—12月

工作单位：云南省文物考古研究所　曲靖市文物管理所　宣威市文物管理所

宣威高桥遗址位于宣威市复兴街道浦山社区高桥村以北的山麓缓坡地带，因建设宣威市餐厨垃圾处理厂的需要，2021年，由宣威市文物管理所调查发现。

2022年，经国家文物局批准，云南省文物考古研究所等三家单位对该遗址进行了发掘，发掘面积5500平方米。宣威高桥遗址文化堆积划分为新石器时代、两汉和明清三个时期。

高桥遗址，西邻北盘江支流"东大河"、东靠东山，地势东高西低，遗址面积约1.5平方千米，东北距苏家坡青铜墓地600余米。遗存分布相对集中，整个遗址从山顶部分呈坡状由东南向西北河漫滩延伸，其文化堆积西南部相对较厚、东北部堆积浅薄，由于早年的农村梯改地，导致古代文化遭到严重破坏。部分区域耕土层下10—30厘米即为基岩。

从发现的堆积来看，遗址主要有新石器时代、汉代和明清三个时期的堆积。该遗址最为重要的堆积为新石器时代的堆积。

新石器时代遗存主要发现的遗迹现象有柱洞、沟、灰坑等遗迹。灰坑为圆形。沟的形状呈不规则形，其中G32呈南北走向，长90余米，沟内填土堆积厚70—180厘米，划分5层，沟口宽度40—258厘米，出土陶器、石器等遗物。就目前资料而言，还难以判断该沟的具体用途。G3呈东西走向，东高北低，长19米，东西两端均向外延伸。沟内填土堆积厚75—185厘米。

新石器时代遗物中陶器呈灰褐色、褐色，主要以圈足器为主，有少量平底器，不见圜底器。器类有罐、杯等，夹粗砂颗粒，烧制火候不高。可辨认的器形有：罐、瓶、带耳杯、纺轮、穿孔陶饼、网坠，纹饰以素面居多，纹饰占有一定比例。主要有戳印纹、方格印纹、附加堆纹和刻划纹等。纹饰主要施于罐类和杯类的腹部，有少量在器物的口沿部分压印花边口。此次发掘出土的作为生产生活工具的石器种类、数量较多，穿孔石刀、石锛、石箭镞、石斧、石砧和砺石等共计200余件。其中石镞、石刀所用的材质为玄武岩，石质细腻，遗址周边并不常见，其余石器材质以砂岩为主。有肩有段石锛、梯形石锛、石斧，其形制与格宜尖角洞相似，石箭镞，长3—4厘米，宽约1.5厘米，厚约0.5厘米，平面形状呈等边三角形，镞尖锐利、两刃中锋，底平且磨制光滑，无铤；镞身两侧呈镂空状，另有一件砺石，呈规整长方块状，形制规整，为叶脉纹化石所制，叶纹清晰可辩；一面磨制细腻光滑，另一面为叶脉纹化石，无磨痕及人工敲凿痕迹。

汉代遗迹主要有灰坑和墓葬，遗物主要有罐、汉砖和同心圆纹红陶盘等。

明清时期的遗迹主要有墓葬，土坑墓、砖石墓和火葬墓。主要器物为釉陶器和瓷器

（青花瓷）等。

宣威高桥遗址的发掘，是云南省在宣威境内的第一次正式考古发掘，由于该遗址早年遭到破坏，因此没有清理出有价值的遗迹现象。幸好G32和G3中残留下来的部分陶器和石器，为我们认识该文化提供了难得的资料。此次出土的早期遗物，尤其是陶器，无论陶质、陶色、纹饰，还是器形器类等，都与早年发现的宣威格宜尖角洞遗址相同，甚至比前者更为丰富。这表明他们可能是同一考古学文化的遗存。关于其年代，考古团队已经挑选了一些测年标本准备进行测年，暂将其年代定为新石器时代。

（蒋志龙　陆永富　王建宏）

【维西吉岔青铜至铁器时代遗址】

发掘时间：2022年2—10月

工作单位：云南省文物考古研究所　四川大学考古文博学院　迪庆藏族自治州文物管理所　维西傈僳族自治县文化遗产保护所

吉岔遗址地处横断山脉腹地南部，澜沧江干流与其支流吉岔河交汇处，临江江边二级台地上，属于云南省迪庆藏族自治州维西傈僳族自治县共乐村吉岔小组。为配合澜沧江干流托巴水电站建设，本年度联合考古队对该遗址进行了发掘，发掘面积4000平方米。

吉岔遗址为一处青铜时代至早期铁器时代的聚落遗址。根据地势分为Ⅰ区、Ⅱ区两区。Ⅰ区为台地周围的低地，部分区域堆积厚达5—6米，但形成年代较晚，其中①—④层为明清时期堆积，④层以下则为包含物较少的古代泥石流堆积，早期铁器时代的遗迹开口于泥石流堆积下、打破生土层。Ⅱ区位于台地上，文化堆积较复杂，分为17层，除①层为现代耕土层外，其余地层均为早期铁器时代至青铜时代地层；发掘过程中，尝试以活动面识别山地地形和坡状堆积背景下的古代人类行为和遗址使用、废弃历程，界定了5个面积较大的活动面。

总计揭露遗迹近200个。Ⅰ区遗迹主要为疑似环壕的环形沟，Ⅱ区发现有坑、沟、建筑、墓葬、窑、炉、火塘、烧土面等。石构建筑8座，平面均呈长方形，结构包括内柱、外柱、火塘、排水沟等，部分石构建筑沿用时间较长，有毁坏、修补、扩建等现象。半地穴建筑20座，均为柱洞环绕的椭圆形或方形地穴，与石构建筑交错布局，推测为畜养动物的畜栏。地穴式炉9座，炉壁、炉腔、鼓风口结构清楚，既有冶炼用炉，也有熔铸用炉。墓葬53座，均为婴幼儿墓，有石棺墓、竖穴土坑墓、瓮棺墓三类，葬式有仰身直肢葬、仰身曲肢葬、二次拣骨葬等，大多数有随葬品，基本组合为单耳罐、双耳罐。烧土面13处，规模较大的烧土面底部垫有一层木炭，推测为堆烧陶器或矿石形成的遗迹。

总计出土遗物5000余件，质地有陶、石、铜、铁、骨、木等六类。早期铁器时代陶片以夹粗砂陶占比最大，陶色以红褐、灰褐为主，烧成火候偏低；青铜时代陶片以夹细砂的灰褐、红褐、黑褐陶为主，少数磨光，纹饰多饰于耳部，以乳钉、刻划纹为主，偶见新石器时代晚期刻划、戳印纹陶片。出土陶器有单耳罐、双耳罐、杯、豆、碗、纺轮、铸范、鼓风管、坩埚等；石器有穿孔刀、网坠、杵、锤、臼、铸范等；骨器有牌饰、管饰等；铜器有凿、锥、针、镯、环、铃等。

田野发掘工作全过程引入了多学科、多门类的科技考古研究。动物考古研究表明，吉岔遗址出土动物骨骼中既有家养动物，如牛、羊、狗、鸡等，也有野生动物，如鹿、熊、猴、鱼等。植物考古已发现有炭化小麦、水稻等遗存，并在石刀等石器上观察到了禾本科植物的植硅体和淀粉粒。冶金考古已识别出铸造斧、刀、带柄铜镜等器物的陶、石质铸范近20件，鼓风管残块近50件，铜矿石若干，冶金活动散落的铜滴近十粒，炼渣百余块。

吉岔遗址是滇西北地区和横断山区目前揭露最完整的青铜时代至早期铁器时代的聚落遗址。根据初步测年和比较，石构建筑、陶器类型与维西宗咱近似，部分纹饰陶片与昌都卡若、剑川海门口新石器时代晚期遗存近似。经测年，吉岔遗址的年代为距今3500—2500年之间，其发现为横断山区青铜时代聚落形态、文化交流、人群迁移、西南山地与东南亚地区冶金技术的起源、传播，家鸡的驯化、起源等学术问题提供了重要参考。

（胡长城　付　杰）

【晋宁区古城村商周遗址】

发掘时间：2022年10月—2023年1月
工作单位：云南省文物考古研究所　昆明市博物馆　晋宁区文物管理所

古城村遗址是滇中地区目前已知保存最完整的高原湖滨型贝丘遗址，遗址主体堆积年代为商代晚期至战国早、中期。2020年10月至2021年10月，联合考古队对遗址进行了第一次配合基建的抢救性发掘，因发掘成果对研究石寨山文化起源以及构建云南滇中地区考古学年代框架和文化谱系具有较高学术价值，遗址最终通过原址整体保护的方式保存下来，目前正在进行考古遗址公园建设规划。

在新文物工作方针指导下，自2022年开始，经国家文物局批准，古城村遗址转变为主动性发掘项目。联合考古队围绕学术课题继续开展考古发掘和研究，同时积极探索如何更好地进行遗址的保护、展示和活化利用。此次发掘工作乃遗址的第二次发掘，发掘面积400平方米。发掘清理商代晚期文化层厚约80厘米，发现活动面、土坑墓、瓮棺葬、螺壳坑、灰坑、灰烬等遗迹48处，出土编号遗物108件，采集浮选、湿筛、植硅体等土样3617份，收集骨骼、陶片、烧土、石料等普通遗物322袋。

通过发掘获得以下认识。第一，早期文化层堆积特征与晚期明显有别。早期文化层中以胖圆大螺壳为主，尾部大部分未被敲破，而晚期文化层中以中型瘦长螺壳为主，尾部基本都被敲破，提示早期渔猎采集人群食用螺蛳的方式可能与晚期不同。另外，早期文化层中还包含较多磨圆度较好的小砾石、玛瑙粒以及灰岩、砂岩残块等，晚期文化层中则较少。第二，在瓮棺周围发现平面形状不规则，由小砾石和玛瑙构成的砾石堆，两次发掘共发现约20处，此类砾石堆是否与瓮棺埋葬时进行祭祀活动有关有待进一步分析。类似的砾石和玛瑙在早期文化层中也有较多发现，它们一般来自河漫滩，提示遗址周围应该有古河道，在后续的环境考古研究中需要加强遗址周围古河道的调查，或许可以解释遗址中砾石堆出现的原因。第三，通过对土坑墓中随葬陶器器形特征及墓葬开口层位的梳理对比，结合墓向、葬式、填土等方面表现出来的差异，认识到三个墓区土坑墓的年代并非全为同一时期，而有早、晚之别。后续需要通过系统碳十四测年，结合陶器的对比分析进行综合判断，厘清土坑墓的分区和分期。第四，此次发掘在早期文化层中发现不少碳化植物种子和果核，在数量和质量上弥补了第一次发掘早期地层测年标本不理想的缺憾，为完善和细化遗址各时期年代分期，建立客观可信的遗址年代序列奠定了基础。

（周然朝）

【晋宁河泊所遗址两汉时期遗存】

发掘时间：2021年3—12月

工作单位：云南省文物考古研究所　晋宁区文物管理所

河泊所遗址位于昆明市晋宁区东北的滇池东南岸冲积平原，2014年，经国家文物局批准，云南省文物考古研究所启动石寨山大遗址考古工作，开始在此区域进行系统的考古调查、勘探和发掘，勘探表明：河泊所遗址为台地和水域相间排列的遗址布局。目前，发掘了8处遗址，发掘面积7000余平方米，揭露早于滇文化、滇文化和两汉三个时期为主的灰坑、房屋、沟、水井、河道、灰烬、墓葬等遗存，对遗址范围、布局、年代、性质、古环境等有了较为清晰的认识。

河泊所遗址为一处商周—汉晋时期的大型遗址，总面积约12平方千米，西达滇池，其余三面有数座低矮山丘环绕，遗址内河泊所村至上蒜第一小学一线，遗存分布集中，为遗址核心区，面积约3平方千米，核心区北侧不足1千米处便是著名的出土"滇王之印"的石寨山墓地。

2021—2022年的发掘地点位于上蒜第一小学附近，分南、北、西三个发掘区，2021—2022年，发掘面积共计2600平方米。发掘过程中，秉承着区域考古和多学科合作的理念，除重要文物外，对陶片、建筑构件残件、动物骨骼、植物遗存、人类遗骸、炼渣、矿石、玉石、木材等人工遗存和自然遗存均进行了系统采集，文化层土样全部进行了湿筛，测年样本、浮选样本、土壤微环境样本也进行了专门有效的提取。

两年的发掘工作取得重要收获，揭露遗存以两汉时期为主，主要分为以下四项。

一、封泥。共出土封泥837枚，其中占比最大的为官印封泥，共358枚，印文包括"益州""犍为"等郡级区划和益州郡下辖的20个县级区划名称，涉及"太守、长史、长、令、丞、尉、仓"等职官名称10余种；其次为私印封泥，如"宋虞之印""君冯私印"等，这些封泥与官印封泥同出，表明这些私印的主人身份较为特殊，可能是当时的各级官员；另有少量道教封泥及无字封泥。

封泥几乎全部出土于北部发掘区古河道废弃堆积中，其中又以河道边缘的数层灰烬堆最为集中。灰烬堆积一般为炭屑和红烧土相堆叠，其形成可能和大量有机质材料燃烧有关，即封泥恰好在燃烧的时候发生陶化，然后被保留下来。

二、简牍。2022年的发掘中清理出一批汉代简牍，其中有字简牍1000余枚，无字简牍10000余枚，另出土有封泥匣和疑似蘸水笔等遗物。简牍主要出土于南部发掘区的H18内，东、北两侧延伸至发掘区外，已发掘部分堆积可分为五层，每层均有简牍出土，灰坑内还出土了大量的陶片、骨骼、木屑等。北部发掘区古河道内的几处堆积中也发现少量木牍残片，堆积尚未完全清理。

目前，部分简牍已进行了释读，由"滇池以亭行""始元四年十月丙戌朔辛丑史李时敢言之……赋十月十五日薄一编敢言之""建伶髡钳吴屯代杨闵""律令……"等内容推测这批简牍可能是当时的公文文书。

三、建筑基址及相关建筑遗存。在发掘区的南北两侧各发现了一处疑似建筑基槽。以南侧为例，揭露部分呈方形，面积约450平方米，东西长约30米，向南延伸至发掘区外。基槽底部有红烧土烧结面，不似二次堆积，可能是人为烧制，起到加固地基的作用。基槽北面有一层碎螺壳堆积，厚约3厘米，碎螺壳细碎均匀，表面干净平坦，应为人为铺垫形成的一个活动面。活动面与建筑基槽范围较一致，推测可能为建筑的附属设施。此外，在建筑基址的南面有集中分布的瓦砾及砖块，可能是房屋坍塌之后的遗留。从上述发现来看，此处可能为一处建筑基址。

此外，还发现一些相关建筑遗存，发掘采集的遗物中以瓦砾、砖块、瓦当等建筑构件为主，占比在80%以上。部分构件尺寸较大，从部分完整者来看，筒瓦和板瓦尺寸较大，长度可达50厘米，重达4公斤。部分瓦当和砖块纹饰考究，非一般建筑构件可比。瓦当当面均为圆形，当面有涂朱现象，卷云纹为主，部分当面有文字。花纹砖以菱格纹为主，也有少量文字砖。这些建筑构件的发现表明，发掘区或附近区域应该存在体量大、等级高的建筑遗存。

四、道路。道路发现于北部发掘区的中央，正东西走向，路面由绳纹瓦片、碎陶片及小石子铺设而成，局部板结成块，较为坚硬。原路面宽约12米，南北两侧均被晚期沟打破，中间残存主体路面宽4—5米。主体部分分层明显，为多次铺垫形成。道路尚未全部发掘，仅揭露出路面，路面出土有铜拴、泡钉、盖弓帽、铜箭镞等车马器及兵器。

上述发现为遗址性质的确认提供了证据。宽阔的道路、较高规格等级的相关建筑遗存，以及简牍、封泥等重要文书资料的发现充分说明此处应为一处官署遗址；从代表信件文书往来对象的封泥和出土简牍的内容来看，该地点在两汉时期承担着沟通周边各郡、联络郡内各县的职能，因此很可能就是汉代益州郡郡治。

两年度发掘出土的封泥和简牍是西南地区目前出土数量最大的一批汉代文书资料，为研究汉代西南边疆治理提供了直接的证据。封泥所记录的汉代西南边疆职官体系，简牍所记录的涉及政治、军事、律法、经济等方面的内容等均为首次发现，极大地弥补了汉代史书关于西南边疆历史记载的不足，对考古学、历史学、文献学、军事史等方面具有重要的学术价值，同时证明了从西汉时期开始中央政府对边疆云南地区实施了有效的治理和管辖。

河泊所遗址多年系统的考古工作构建了滇中地区商周—秦汉的考古学年代框架和文化演变序列，揭示了边疆云南地区从多元走向一体、最终融入统一多民族国家的历史发展进程，对凝聚中华民族共同体意识发挥了重要作用。

（谢霍敏　蒋志龙）

【昭通朱提故城遗址】

发掘时间：2022年9—12月

工作单位：中国社会科学院考古研究所　云南省文物考古研究所　昭通市文物保护考古研究所　昭阳区博物馆

朱提故城遗址地处滇东北昭鲁盆地东部，所在地行政隶属昭通市昭阳区太平街道永乐社区诸葛营村，东南侧紧邻昭通机场。遗址由城址和城外聚落及手工业区等构成，东南侧和西北侧各有一条河道，分别称前河和后河，两河在遗址西南侧交汇。2017年12月至2018年2月，在丝绸之路南亚廊道云南段重要遗存调查中，云南省文物考古研究所等单位对遗址进行了专门调查与勘探，大致确定了遗址的范围，还发现城墙、城壕以及冶铸遗迹等重要遗存。城址平面近长方形，南北轴线方向约40度，东西长约230米、南北长约140余米。据调查判断，遗址年代主要在汉晋时期，为汉代犍为郡朱提县（东汉末改设朱提郡）治所。2019年，遗址由国务院公布为（第八批）全国重点文物保护单位。

朱提故城遗址是云贵高原上为数不多的

保存相对较好的汉晋时期城址，对其进行发掘，可填补汉晋时期西南夷地区考古的一个重要学术空白——地方郡县城址的发掘。还将为考察汉晋时期中央王朝在西南夷地区的政治统治、揭示这一时期西南夷地区社会经济、文化的发展和演变、研究当时丝绸之路南亚廊道在云贵高原一带的兴衰等提供不可多得的实物资料。为此，2022年度经报请国家文物局批准，联合考古队对云南昭通朱提故城遗址进行了首次发掘。

首次发掘面积400余平方米，发现城墙、城门、城壕、夯土基址、磉墩、灰坑、排水沟、炼炉等遗迹。从南城墙和东城墙的解剖情况来看，城墙至少分两期。早期城墙夯筑而成，根据地层关系及包含物初步推测筑于东汉时期。晚期城墙在早期城墙两侧局部堆土增修，夹杂较多绳纹瓦片，年代可能晚至晋。南城墙早期厚约9米、晚期厚约14米。从南城壕和西城壕的解剖情况来看，城壕距城墙较近，宽约8米，剖面呈倒三角形，现存深度分别约2.4米和3.5米。在西城墙中部发现城门1座，但大部分延伸出发掘区并被现代坟叠压，已发掘部分为门内侧少许。门道宽约4.85米，南北两壁处可见包砖。从包砖及城墙土质来看，城门可能筑于东汉时期，并沿用至晋，亦可分为早、晚两期，与城墙对应。城门以内向东有道路延伸，土质较坚硬，两侧有方形磉墩分布。在城址南部靠近前河处，发现一沿河分布的土埂，高出现地表约0.8米，经解剖发现有明显夯层，为人工堆筑而成，可能是用于挡水的堤坝。在疑似堤坝上部，还发现炼炉和较多的炼渣。

出土遗物主要有大量砖瓦以及陶器、铜器、铁器、玻璃器、骨器、木简、炼渣等。瓦有筒瓦、板瓦两类，凸面一般施绳纹，凹面多见布纹。发现少量瓦当，当面施云纹和波折状芒纹，当心似为某种动物造型，颇具地方特色。陶器多泥质灰陶，也有一些夹砂黑陶或灰陶，器形可辨者主要有罐、钵、盆、瓮、网坠、丸等，除汉式陶器外，有些属本地土著文化陶器。铜器主要有箭镞、盏、铃、镜残片等，另外还见五铢、货泉等铜钱。玻璃器有珠子、耳珰等，骨器有簪等。在西城壕底部出土一些木质遗物，其中含少量木简，多残朽，个别带字。炼渣以铁渣为主，也见少量铜渣。此外，还出土较多的动物骨骼、木材等动植物遗存。

通过发掘并结合调查，进一步了解了遗址范围及功能区划，确定了朱提故城的四边城墙和城壕的具体位置。此前调查、勘探时未找到的北城墙，此次被发现。通过发掘，可知城址在东汉时即已修筑城墙，并沿用至晋，晚期有过修补。发现的西城门虽受发掘用地限制，暂时无法完整地揭露出来，但还是为了解当时城门的结构、规模等提供了重要信息，也有助于认识和判断城址的总体形制及布局。发掘出土的大量遗物，对判定遗址年代和性质、认识遗址文化面貌及内涵等也具有重要价值。

（杨　勇）

【昭通曹家松林墓地】

发掘时间：2022年8—12月

工作单位：云南省文物考古研究所　昭通市文物保护考古研究所　昭阳区博物馆

曹家松林墓地位于昭通市昭阳区太平街道黄竹林社区黄竹林自然村东600米的山坡上。该墓地在第二次、第三次全国不可移动文物普查中均被登录为文物点。墓地面积大，在约3平方千米的范围内均有墓葬分布。为配合新建重庆至昆明高速铁路工程（云贵段）建设，云南省文物考古研究所主持对该墓地被工程建设影响的区域进行了考古发掘，发掘面积10000平方米。

此次发掘共清理墓葬23座，其中20座为汉晋时期的墓葬，另有3座明清墓葬。20座早期墓葬可分大型、中型、小型三类，方向大体呈南北向。带墓道的墓葬中除规模最大的M1墓道朝北外，其余均向南。这三类墓葬在建造时均应堆筑有封土，但因历史上多次被盗和生产活动，发掘时地表已无明显封土。大、中型墓为砖室、石室或是砖石混砌墓。大型墓共12座，长一般在5米以上，均有墓道，平面形状有"十"字形、"甲"字形和"刀"字形等。中型墓共7座，形制相对较小，长一般在5米以下，无墓道，平面呈宽长方形。小型墓仅1座，为竖穴土坑墓。大型墓M1规模宏大，其特殊的形制在云南同时期墓葬中属首次发现。该墓位于发掘区西南角，建于东高西低的缓坡上，墓室已坍塌。墓葬建造时先在地表下挖一个南北长约16米、东西宽约14米的方形墓圹，墓圹残深0.2—1.2米。紧贴墓圹壁夯筑有一周厚约1米的夯土墙。平整圹底后在底部用砖起建平面呈"十"字形的墓室。墓室东西长度约11米，南北残长约8米。紧贴墓室外侧也夯筑有一周厚约80厘米的夯土墙，平面亦呈"十"字形，残高约1米。

随葬器物保存较差，除唯一一座小型墓保存较好随葬器物未被盗扰外，其余墓葬的随葬器物均零星散落在墓室扰土中。本次发掘共出土器物48件。其中陶器22件，器形有罐、釜、钵、盆等；铜器12件，器形有耳杯、带钩、扣饰等；铁器4件，器形有矛、环首削等；银器4件，器形有镯、耳环等。另外还有玻璃耳珰3件，瓦当1件，穿孔石器2件。

曹家松林墓地是昭通市一处重要的汉晋时期大型墓地。根据发掘出土的器物以及墓葬形制初步判断，20座早期墓葬的年代可能从东汉晚期延续到南北朝时期。墓地西面不远处是全国重点文物保护单位朱提古城遗址。该遗址是汉晋时期中央王朝在昭通地区设置行政机构的治所。曹家松林墓地与朱提古城遗址关系密切，对开展相关领域的研究有着重要意义。

（万　杨）

【罗平县圭山东汉墓群】

发掘时间：2021年10月—2022年1月

工作单位：中国社会科学院考古研究所　云南省文物考古研究所

圭山墓群位于罗平县罗雄街道圭山居委会，为汉晋时期的汉式墓遗存。经报请国家文物局批准，联合考古队对圭山墓群进行了发掘，取得重要收获。

圭山墓群地处罗平坝子（盆地）西南部，西边靠近群山，东边面朝坝子，东侧有一河流（大干河）自西南向东北流淌。墓群范围内零星分布有多个土岗，一般高出周围地面3—5米，古代墓葬即埋于土岗之上或土岗附近。2021年度的发掘位于墓群中部偏北的一号和二号土岗及其附近农田中，共揭露面积800平方米，清理墓葬9座，有砖室墓、石椁墓、石室墓、土圹墓等类型。砖室墓2座，长方形单室，南端带斜坡墓道，墓室四壁用菱形花纹砖砌筑，底部亦铺砖，上部原有券顶，但已遭破坏坍塌。石椁墓1座，平面呈长方形，南端带斜坡墓道，墓坑以片状页岩砌边，形成石椁。石室墓1座，为长方形单室，北端带甬道，墓室和甬道用加工过的近长方形石块砌筑，券顶。土圹墓5座，墓圹较宽近方形，一般于南端带斜坡墓道，其中M9规模较大，墓坑长、宽均超过5米，墓道长近4米。上述墓葬一般原有封土，但多被破坏不存。发掘时未见葬具和人骨，推测因土壤腐蚀而朽毁。

墓葬遭盗掘和破坏严重，出土遗物有陶器、瓷器、铜器、铁器、金器、银器、漆器、玉石器、玻璃器以及钱币等。陶器有泥质灰陶和红陶、夹砂黑陶、几何印纹硬陶等，器类主要为各种罐及釜等。瓷器主要见青釉白胎瓷罐。铜器有环形器、镜等，铁器有削刀、锯等，金银器有指环、镯等，漆器多残，有案、盘、盒、耳杯等，玉石器有管珠、玉璧残块等，玻璃器有兽形饰物等。钱币可辨钱文者，均为五铢。

墓葬年代主要在东汉时期，个别可能略晚，或可至晋。罗平一带在汉晋时期属牂柯郡（兴古郡）漏卧县，圭山汉晋墓群很可能为当时漏卧县居民的遗存，而漏卧县的治所推测就在墓群附近。从墓葬规模和出土遗物看，所发掘墓葬的墓主多有一定的社会地位和身份，有可能为漏卧县的官吏。

（杨　勇　庞　玲）

【大理太和城遗址】

发掘时间：2022年9月—2023年1月
工作单位：云南省文物考古研究所　大理州文物管理所　大理市文物保护管理所

2022年9月至2023年1月，联合考古队对太和城内城中部进行考古发掘，发掘面积800平方米。发掘揭露了七号建筑基址正殿及南廊道西段，出土有字瓦、瓦当、滴水等标本器物23066件。

七号建筑基址依地势坐西向东，面阔57.5米、进深94米，由正殿、南廊、北廊、天井、东廊及东门等部分组成一座独立院落。

正殿所处台基南北长24.3米、东西宽21.3米，高于东侧地表1.9米。台基东部为东西宽约5米的月台，地面斜铺绿釉方砖。从月台有南北两个阶道可通入正殿，阶道采用青砖铺砌而成，宽2.9米。正殿东半部有残缺，从现存结构来看，正殿由内圈小殿及外圈回廊组成，总体平面呈回字形。内圈小殿南北面阔14.3米、东西进深6.5米，南、北、西三面保留有厚达1.3米的石墙基础，石墙底部以红色黏土及白灰饰面。内圈小殿面阔三间，东侧发现一红砂岩柱础，上圆下方，上部东侧雕刻有莲花纹，中间有榫孔及卡槽。内圈小殿有上、下两层铺砖，分属早、晚两个时期。内圈小殿南、北、西三侧均有回廊，回廊宽3.1米，回廊西半部以青砖铺地，东半部残存部分斜铺绿釉方砖。回廊外侧有一圈厚1米的石墙。

南廊道宽4.8米，外侧有石墙，靠天井的内侧无墙。廊道地面斜铺绿釉方砖。正殿南侧、南廊道西侧有廊道将正殿与南廊道相连，连接部分宽4.8米，地面铺砖为青砖，中间正铺，两侧斜铺，铺砖方式与正殿回廊相同。连接廊内侧发现有磉墩，间距4.1米。

七号建筑基址上叠压大量砖瓦倒塌堆积，出土砖瓦40余吨。倒塌堆积内发现有纹饰为法轮纹、莲花纹、卷云纹、兽面纹等的瓦当，滴水多为卷云纹或凤鸟纹。瓦片中包含大量有字瓦，基址上发现少量石佛像、釉陶佛像。

根据建筑结构及出土遗物初步判断七号建筑基址年代应为南诏中、晚期，七号建筑基址的揭露为研究内城结构功能的变化提供了重要依据。

（朱忠华）

【丽江市龙泉明清时期墓地】

发掘时间：2021年11月—2022年1月
工作单位：云南省文物考古研究所　丽江市博物院　丽江市古城区文管所

龙泉火葬墓地位于丽江市束河古镇西北方的一个山坡上，该墓地仅靠束河古镇，周边从聚宝山至凤凰山山麓，方圆近2万平方千米均有火葬墓地，此次发掘的火葬墓地为埋藏最为集中的区域之一。

为配合古城至宁蒗高速公路建设，对丽江市古城区龙泉村的元、明、清火葬墓地进行了考古发掘，布 10×10 米探方 21 个，不规则探方 8 个，共计 2500 平方米。墓葬整体离生活区较近，受人扰动较为严重，墓地早期有取土炸石行为，葬墓地区域散落有大量的陶片及罐底。

该墓地延续时间较长、墓葬数量众多，分布密集，墓葬绝大多数开口在表土层。火葬墓地年代有早有晚，总体埋藏呈无序状态。本次发掘，共清理火葬墓 450 座，半数火葬墓为单个墓葬，也有合葬现象即一墓坑中有两套或更多组葬具出现，最多一个墓坑有 9 组葬具，可能存在家族区域墓地的情况。墓坑形制有土坑、石坑、土石坑等类型，坑内填土或数量不等的填石。火葬墓普遍采用罐底垫一块方砖或长砖，四周用板瓦隔土，上方安放一块小石板，有的火葬罐垫砖底部放数量不等的鹅卵石。部分火葬墓竖有墓碑，多朝南向，少数碑背刻有经文。葬具质地以陶制为主，灰陶、釉陶两种类型占比较高，同时也有少量小木棺葬。从内、外套罐的组合来看，主要有灰陶内外套罐组合；灰陶外罐内套黄釉、白釉罐组合；黄釉外罐套姜黄釉、青白釉内罐组合等。随葬品中，小瓷瓶、海贝、骨饰、铜钱、铜片等较为常见，属有意放置，少量铜片上有朱书符咒，部分有裹布痕迹。而头饰、耳环、手饰、珠饰等随葬品似死者生前所佩戴，火化后有的捡入葬具内，有的则遗留在烧灰中，在炭灰坑或炭灰层内采集有不少铜锡之类的器物。此次发掘，为研究该地区元明清时期社会文化习俗及人类活动提供了重要的实物资料。

（徐栋 杨帆）

【滇西北地区旧石器考古专项调查】

发掘时间：2022 年 7—12 月
工作单位：云南省文物考古研究所 中国科学院青藏高原研究所

滇西北地区位于青藏高原东南部，区域内地貌类型和气候环境复杂多样，南北向山脉和河流发育，在自然地理上形成通道效应，自古以来便成为古人类生存繁衍，早期人群迁徙和交流的重要地理廊道。本年度，在国家文物局长江流域文物资源调查和青藏高原第二次综合科学考察研究项目的支持下，联合科考队在滇西北迪庆州和大理州开展了系统的旧石器考古调查工作，以完善和丰富人们对滇西北乃至青藏高原东南部地区史前人类发展与演化的理解和认识。

由于此前在大理州鹤庆县发现天华洞、龙潭等一批重要的旧石器时代中期遗址，此次大理州境内的调查重点区域是宾川县，与鹤庆县接壤。联合调查队共在宾川县境内金沙江支流的桑园河和炼洞河流域新发现旧石器遗址和地点 34 处，采集有代表性的石制品标本 400 余件，其中代表性遗址包括彩凤遗址、大脑包遗址、洛尖山遗址和沙湾遗址等。这些遗址发现的石制品标本总体表现出明显的基纳型修理特征，与在鹤庆财丰河流域发现的石器技术面貌非常相近。基纳型修理技术是欧洲旧石器中期出现的一种特殊修理类型，在宾川盆地发现的此类技术，为认识该类技术在中国境内的时空分布范围，以及探索早期人群跨区域迁徙、扩散和文化交流等均具有重要意义。

迪庆州调查的重点区域为香格里拉市周边，金沙江支流的硕多岗河和腊普河流域，共调查发现旧石器遗址和地点 32 处，采集有代表性的石制品标本 200 余件，其中代表性遗址包括易司遗址、五凤山遗址、土司康岗遗址、申科丁遗址、各洛洞遗址等。根据石制品的技术与类型特征，可将这些遗址和地点大致分为两类。一类以细小型的石制品为特色，原料主要采用脉石英、燧石等质地细腻的硅质原料，工具类型中出现楔形析器等特殊类型，可能对应某种特定的技术适应方式和使用功能；一类以大型手斧类工具为特色，原料主要采用尺寸较大的砂岩和各种变质岩，整体表现出某些阿舍利技术的因素。结合近年来川西高原发现的多处含手斧遗址（如稻城皮洛遗址），香格里拉手斧遗存的发现，为探讨阿舍利技术在青藏高原的传播、扩散，以及阿舍利技术人群在高原高寒缺氧环境下的适应生存策略提供了新的、极为重要的材料。此外，上述不同技术类型的发现，很可能指示了滇西北地区旧石器时代人群构成的复杂性、多样性以及区域内文化发展的相对连续性。

（阮齐军　李　浩）

【沧源崖画遗址调查、勘探和试掘】
发掘时间：2021年11月—2022年12月
工作单位：云南省文物考古研究所　临沧市文物管理所　沧源县文物管理所　耿马县文物管理所　永德县文物管理所　双江县文物管理所　武汉大学　南京师范大学　中央民族大学　云南大学

沧源崖画及相关遗址主要分布于云南省临沧市沧源、耿马两县，永德县也有零星分布。目前，发现的沧源崖画群主要分布在沧源佤族自治县境内的勐省镇、勐莱乡、糯良乡、勐角乡区域内，小黑江及其支流勐董河、永安河流域河谷地带的山崖石壁上，为喀斯特岩溶地质，崖画点大都位于山腰上，海拔1000—2500米之间。崖画点前有的有能容二三十人站立的平台，方便举行祭祀活动。可辨认的图形内容以饰羽、饰角、饰尾、饰耳，以及有羽翼的人物为主；另外，还绘有月亮、树木、云朵、山、路、弓弩、长矛、盾、飞丸及一些图纹符号；所表现的内容有狩猎、战争、祭祀、巢居、迁徙、丧葬、歌舞等活动。截至2020年，沧源崖画共发现17个崖画点，其中16号点尚存争议，有待进一步研究判定，1200余个图形，有画面面积近600平方米。沧源崖画于1982年被沧源佤族自治县人民政府公布为县级文物保护单位；1983年，被云南省人民政府公布为省级文物保护单位；2001年6月25日，沧源崖画15个点被国务院公布为第五批全国重点文物保护单位。

2021—2022年，根据所掌握的线索，将岩画及相关遗址的调查范围扩大到南碧河—小黑江流域流经的耿马、永德、双江三县部分地区，新发现3处岩画点：耿马县贺派乡板羊山岩画点、耿马县四排山乡广弄岩画点、永德县永康镇黑龙行政村大平掌岩画点。这3处岩画绘画内容以人物为主，绘画风格与沧源崖画有所区别，均位于小黑江北侧。此次发现，进一步增加了该区域岩画群数量和文化内涵、扩大了岩画遗存分布范围。同时，该期调查再次复查了耿马县四排山乡芒关村芒关岩画点、耿马县贺派乡挡帕岩画点、永德县永康镇红岩崖画、永德县送吐岩画点，均采用国际通行的岩画调查方法，实地踏查、测量、摄影，将崖画本体信息进行了全面记录，对崖画周边环境开展了深入调查。此外，由云南省文物考古研究所、临沧市文物管理所、沧源县文物管理所组成的口述历史调查组设计问题信息，在此次调查的相关乡、镇及其下辖十余个民族村寨展开了人类学口述历史调查，整个调查过程紧紧围绕该地区少数民族人群的历史、生产、生活、传说及文化信仰来进行。此次调查，同步在耿马、永德、双江三县所涉地区开展了相关遗址调查、勘探工作。采用实地踏勘和钻探相结合方式进行。首先，对以往发现的考古遗存地点11处进行复查。其次，对崖画所在的洞穴、岩厦、河谷及河流二级阶地进行分组实地踏查，调查范围基本涵盖了所涉及岩画区域的所有乡、镇及南碧河-小黑江及其支流流域。2022年考古团队结合调查和勘探的情况选择堆积较厚、遗存较丰富、保存较完好的3个相关遗址开展了以科学研究为目的的保护性试掘。

在全国范围内，沧源崖画群所在地区是首个能在崖画周围找到一定数量同时期遗址并有望寻找到相关性遗存的区域。该项目为国家文物局重点考古勘探项目，自2018年项目实施以来，基本确定了沧源崖画及相关遗址分布范围，重新划定了沧源崖画所影响区域，为今后进一步的保护、利用工作提供了科学的范围依据。

（吴　沄）

【剑川古城址调查】

调查时间：2022年9—12月

工作单位：云南省文物考古研究所　剑川县文物管理所

为配合大理剑川县申报国家历史文化名城工作，云南省文物考古研究所联合剑川县文物管理所，对剑川县境内的罗鲁城、望德城和剑川古城三座古城进行了考古调查和勘探。经过调查发现了罗鲁城的具体位置，通过钻探和探沟勘探确认罗鲁城和望德城两座城址的范围、结构和堆积情况，也对剑川古城进行了调查。

罗鲁城位于剑川甸南镇海虹村、上登村坡地上，东邻海尾河。经调查及勘探，城址平面为东北—西南向长方形，现基本叠压于上登村之下，受晚近人类活动破坏较严重，仅确认夯筑的东城墙一段，其余部分城墙被破坏或叠压于民居下，结合文化堆积分布和走访村民所获信息，推测东城墙长158米、南城墙长201米、西城墙长177米、北城墙长204米，城址面积约34000平方米。城内文化堆积厚约0.6—1.7米，可分早、晚两期，早期堆积出土板瓦、筒瓦、有字瓦、瓦当、绿釉砖、泥质灰陶片和夹砂红陶片等遗物，年代约在唐宋时期；晚期堆积出土瓦片、砖块、青花瓷片、酱釉瓷片等遗物，年代为明清时期。

在城址以南发现寺庙遗址一处，遗址面积约6500平方米，采集到大量板瓦、筒瓦、有字瓦、瓦当、滴水、青砖、彩塑残块等遗物，出土遗物与城址内出土遗物相同。结合文献资料，推测该寺庙始建年代与城址修建年代基本相同，均为唐代，废弃于明代。

望德城位于剑川县金华镇向湖村，北距剑川县城约1.5千米，经调查、钻探和探沟勘探确认。城址平面为东北—西南向正方形，大部分为民居或道路叠压，城址边长约240米，城址面积约58000平方米。未发现城墙，可能后期扰动和破坏严重。城外有一周城壕，宽16—18米，西城壕于城址西北角处向北呈弧形延伸约340米。望德城城内文化堆积厚约0.4—1.5米，可分为宋至元代堆积和明清时期堆积，前者出土板瓦、筒瓦、有字瓦、瓦当、滴水、青砖、绿釉陶片、泥质灰陶片和夹砂红陶片等遗物；后者出土瓦片、砖块、青花瓷片、青瓷片、酱釉瓷片等遗物。望德城的主要使用时期约在宋至元代。

剑川古城位于剑川坝子西北部，元末剑川设州，从望德城移州治于此，明天顺年间，筑土城围州治，弘治年间，因地震，土城倒塌损坏。至明崇祯十六年（1643），剑川城重建完工。清代至民国剑川城历经多次修复，至1951年地震被破坏，后逐渐被拆除，但古城范围和城壕、街道、房屋得到了较完整的保留。古城平面基本呈长方形，仅南城墙中部略外凸，东城墙长 586.7 米，南城墙长 550 米，西城墙长 580 米，北城墙长 490 米，周长 2206.7 米，面积约 36 万平方米。有城门四座，东城门称嘉庆门，南城门称拱日门，西城门称金龙门，北城门称拱极门。调查时发现剑川县粮库修建时曾大量使用城墙砖和条石，剑川古城建设提升指挥部亦收藏较多城墙砖及其他明清时期建筑构件，如筒瓦、板瓦、铺地砖、石槽等。此外还在古城南城门附近采集到城墙砖、筒瓦、青花瓷片、酱釉瓷片等明清时期遗物。

此次调勘工作取得重要收获，找到唐代罗鲁城的位置并通过钻探、刮找剖面和探沟勘探确认城墙等遗迹，基本弄清城址范围和城外南部寺庙遗址堆积情况；通过调勘工作确认望德城具体位置，初步了解城址的范围、结构、堆积情况和其年代；对明代以来剑川古城址的情况也做了调查记录。通过这次调勘工作，基本厘清剑川 3 个时期古城址的位置、范围、年代、堆积情况和现状，为研究城址发展变迁情况提供了重要资料。

（周毅恒　闵　锐　张谷甲　赵剑文）

【江川县李家山大遗址调查勘探】

调查时间：2022 年 3—5 月

工作单位：云南省文物考古研究所　玉溪市文物管理所　江川区文物管理所

李家山古墓群位于玉溪市江川区龙街镇温泉村委会李家山上，是云南古滇青铜文化最重要的代表。李家山墓地第二次发掘被评为 1992 年全国十大考古新发现之一。2001 年，被国务院公布为全国重点文物保护单位。

为进一步研究、挖掘李家山古墓群的历史文化价值，更有效地保护李家山大遗址，当地政府部门积极推进李家山国家考古遗址公园的申报，云南省文物考古研究所积极配合申报工作，组织开展了李家山大遗址的调查与勘探。

此次调勘主要在以李家山古墓群所在的星云湖北岸和西岸为主，调勘面积约 15 平方千米，分为调查和勘探两部分。调查方法为徒步踏查、观察机井等，勘探工作委托陕西国为勘探公司完成。调勘最后阶段在龙街村南开设探沟一条，进一步确认了该区域为李家山大遗址的核心区。

李家山古墓群集墓地和遗址于一体，遗址类型为贝丘遗址，文化层内包含少量红陶盘残片、红烧土、炭屑等，遗址与墓葬有着叠压打破的早晚关系，所以调勘的重点也是贝丘遗址。此次调查及复查贝丘遗址点共 34 个，其中新发现遗址点有 7 个，主要分布在北岸及西岸两个相对独立的坝区内，另外，在星云湖东北岸连通抚仙湖的峡谷中，以及星云湖东南岸的半山坡上，也有一定数量遗址的分布。通过调勘初步确认了这 34 处贝丘遗址是与李家山古墓群相关联的聚落遗址，遗址面积大小不等，分为三个层级：最小的有 25 个遗址，面积约 300—9000 平方米；中级的有 8 个遗址，面积约 2 万—8 万平方米；面积最大的一个遗址位于李家山山体东侧，由李家山山脚向东分布，定名为李家山遗址。初步勘探表明李家山遗址以近邻龙街村南部耕地为核心分布区域，西北至云岩村南部，东南至龙街村与上西河村交接处，西至李家山山脚下早街村，东至环湖路，南北长约 700 米，东西宽约 1500 米，面积约 105 万平方米，文化层堆积厚度 1.5—5.5 米。调勘采集到与李家山墓地出土器型相同的铜削、夹砂红陶盘等遗物。测年结果显示遗址主体年代为距今 2400—2000 年前。李家山遗址极有可能是人们一直在寻找的埋葬于李家山墓地的古滇国王族或贵族人群生前的生活场所。

（李小瑞）

西藏自治区

【班戈县各听旧石器时代遗址】

发掘时间：2022年7—8月

工作单位：西藏自治区文物保护研究所　中国科学院古脊椎动物与古人类研究所　那曲市文物局　班戈县文物局

各听遗址位于那曲市班戈县门当乡加前村，距离班戈县驻地西约81千米。1983年，中国地质科学院钱方和吴锡浩在藏北高原进行第四纪地质与环境考察时，在各听山附近发现各听山遗址。2021年，西藏自治区文物保护研究所和中科院古脊椎动物与古人类研究所组成的联合考古队对该地点进行了复查，对各听山周边进行系统调查，认为这是一个面积超大、类型丰富的旧石器遗址群。

2022年，联合考古队以各听山第6地点、第5地点为发掘重点进行发掘。在第6地点低处布设T1探方，面积35平方米，在高处布设T3探方，面积1平方米；在第5地点布设T2探方，面积2平方米，布设TG1探沟，面积2平方米。发掘严格遵循《田野考古操作规程》，同时参照旧石器考古野外工作方法，按照1×1米探方开展；以自然层为主、在自然层内按照2—5厘米的水平层逐层发掘；记录所有遗物和遗迹的空间坐标，对重要遗迹与地层进行多视角三维重建，并对所有发掘出土的堆积进行细筛和浮选。同时对发掘剖面进行了系统的古环境样本采集和光释光年代样本采集，以求建立起该地点的年代框架和古环境背景。

第5、6地点的文化遗物均为石制品，第5地点原料丰富，包括各种颜色的燧石等相对较好的原料，石制品包括石核－石片技术产品和疑似细石叶技术产品；第6地点原料多为黑色板岩或角页岩，是典型的石核－石片技术产品。另外，本年度新发现的第8地点有明确的细石叶技术产品。

各听山遗址是青藏高原的腹地核心区域羌塘高原首次发现有明确地层堆积的石核－石片技术的遗址，遗址面积广大、石制品丰富，对于探讨色林错流域不同人群的迁徙流动有非常重大的意义，也为理解古人类在高原腹地的生存提供了丰富的材料。除了各听山遗址，色林错沿岸还发现有众多的石核－石片技术产品和细石叶技术产品，这表明，色林错沿岸在史前时代是古人类活动非常频繁的地方，其过程也是比较复杂的，未来还有很大的拓展空间。

（张晓凌　靳英帅　谭韵瑶）

【康马县玛不措新石器时代遗址】

发掘时间：2022年6—8月

工作单位：西藏自治区文物保护研究所　中国科学院青藏高原研究所　北京大学　康马县文化和旅游局（康马县文物局）

玛不措遗址位于康马县玛不措东南方向的湖岸阶地上，海拔4410米左右，是近年在西藏腹地新发现的新石器时代晚期重要的遗址。2019年夏，以中国科学院青藏高原研究所和西藏自治区文物保护研究所为主组成的第二次青藏高原综合科学考察研究人类活动历史及其影响科考分队，在年楚河河源区开展调查时首次发现该遗址。2020年夏开始，由多家单位组成联合考古工作队，对玛不措遗址进行正式考古发掘。

本年度继续在前两个年度工作的基础上，开展考古发掘和整理工作。主要在遗址的Ⅰ区南、北两部布设了17个探方，发掘面积300平方米。Ⅰ区北部湖滨阶地清理了12座墓葬、5座灰坑、8个柱洞、2个活动面等遗迹，其地层文化堆积与遗迹关系比较清楚。Ⅰ区南部山坡清理出9座墓葬（其中7座基本完成清理，2座墓葬刚清理至开口处），2个石构遗迹，1座沙坑，3个火塘等遗迹。墓葬形制有石板墓、竖穴土坑墓、石室墓（如ISM7，仅发现1座），葬式主要有俯身抬头直肢葬、二次捡骨葬、疑似的"乱葬"、侧身曲肢葬、仰身抱胸直肢葬等类型，葬具有木质葬具（尚不确定是否为标准的木棺）。遗址发掘获取陶质、石质、骨质、木质、玉质、贝饰等各类遗物1004件/袋，采集了纺织物、木炭、作物种子、植硅体、土壤微形态、沉积物古DNA土样、光释光等测年与检测分析样品184份。

2022年发掘的墓葬较之去年形制、葬式等方面均有新形式，墓葬随葬遗物数量也增多了。除墓葬遗迹外，Ⅰ区南北部文化层堆积厚度差别较大，北部文化层堆积厚，有明显人类活动面，发现有柱洞及大量炭屑烧灰坑，南部文化层堆积较薄，墓葬上层的石构遗迹随葬有大量动物骨、炭屑，石构遗迹外发现有灶的遗迹现象。

清理的墓葬中大部分都有随葬品，出土遗物包括有大量蚌饰、穿孔骨扁珠、骨镯、玉凿、陶罐、陶盘、重石、水晶石叶等。其中NM11、NM13、SM7墓葬随葬有完整陶器，共清理出12件完整陶器，包括11件大小不一的陶罐，1件陶盘。陶罐多数为单耳平底罐，表面有纹饰。陶盘为1件敞口斜腹平底盘。

根据对遗址周边调查和三个年度发掘出土物的初步分析来看，玛不措遗址是在距今5000—4000年前西藏中部区域最早的新石器时代遗址，文化层堆积厚、层次明显，以墓葬遗迹为主，墓葬类型、葬式较多样，出土遗物丰富，出土物特征与青藏高原东部人群文化有一定的相似性。该遗址性质是一处墓地与生活场所的遗址，出土物证实了史前人群在新石器时代晚期已定居于西藏高原腹心区域，反映出一种西藏高原独特的湖滨渔猎-狩猎考古学文化类型，可称为"玛不措文化"。同时丰富的出土物，表明玛不措遗址人群文化不是一个独立发展的史前文化，他们与周边地区文化人群有着频繁的交流互动，这一独特的文化类型极大地丰富了青藏高原乃至中国新石器时代考古学文化的内容。

（夏格旺堆　童艳）

【日土县夏达措遗址】

发掘时间：2022年7—8月

工作单位：四川大学考古文博学院　西藏自治区文物保护研究所

夏达措遗址位于阿里地区日土县夏达措湖泊北岸，为一处全新世早期的狩猎采集旷野遗址。2020年，四川大学考古文博学院、西藏自治区文物保护研究所联合考古队对该遗址首次开展了系统的田野发掘工作。2022年度，联合考古队对夏达措遗址开展第二次主动性发掘，发掘区域位于前一年度探方西侧约100米，共揭露100平方米。此次发掘采取1×1米布方，再将每个探方划分为四个象限作为筛土单位，并选用更细的 0.25 厘米孔径筛网筛选，以最大限度地收集全部出土物并记录空间信息。

此次发掘地点共有三个文化层，本年度已完成第一文化层的发掘，其深度约 50 厘米。在这一层中，共发现 5 处结构清晰的火塘，出土遗物包括石器 673 件、骨针 2 件、动物骨骼 1976 件以及烧石 862 块。石制品均为打制石器，包括细石叶技术产品以及普通石核-石片技术产品。其中普通石片主要以灰黑色硅质岩为原料，且不乏以石片为毛坯、二次加工精致的端刮器等工具；细石叶产品多以各类黑曜石为原料。本次工作还在夏达措北岸二级阶地范围内进行了较全面的考古调查，于发掘区域东侧约 1 千米处发现两处新堆积。

经过本年度的考古工作，考古团队对夏达措北岸遗址分布、遗址性质有了进一步了解。其一，该处可能并非狩猎采集者短暂的、一次性的营地，而更可能在长时段内被多次造访，遗址保留了狩猎采集者狩猎采集技术与生活历史性变化的证据。这种连续完整的旷野遗址在剥蚀严重的干旱地区较为罕见，具有重要的学术价值。其二，夏达措北岸的狩猎采集遗址并非孤立，而是呈多点散布状，这也为探讨西藏西部早期人类生活提供了尤为丰富的样本。夏达措遗址为西藏西部地区文化内涵最复杂、保存堆积最完整丰富的全新世时期狩猎采集旷野遗址，对于探究细石器技术分布扩散、高海拔适应、青藏高原全新世早期的狩猎采集者等前沿课题有重大价值。

（李梓嫣　赤列次仁　吕红亮）

【革吉县梅龙达普史前洞穴遗址】

发掘时间：2022 年 6—9 月

工作单位：西藏自治区文物保护研究所　中国科学院古脊椎动物与古人类研究所　阿里地区文物局　革吉县文物局

位于阿里革吉县的梅龙达普洞穴是青藏高原西部发现的首个大型洞穴遗址，也是目前海拔最高、面积最大的一处洞穴遗址，它的发现为西藏地区的洞穴类型的遗址考古工作提供了明确的线索。

梅龙达普洞穴发现于 2018 年，发掘工作至今历时 5 年，目前已基本掌握了山体洞穴的分布及 1 号洞的大致情况。2018—2021 四个年度的发掘工作集中在 1 号洞，在 1 号洞洞口及洞中共布设了 8 个探方，出土了动植物遗存、石器文化遗存及历史时期遗存上万件，其中发现的石制品包括普通石核-石片和细石器两种工业类型，代表了不同的文化面貌。

2022 年，梅龙达普考古队在 1 号洞继续发掘工作的基础上，将部分工作重心转移到 2 号洞。本年度，明确了 1 号洞中部 T8 的堆积状况和文化层位的叠压状况，发现了较洞口部位更为古老的地层堆积，该部位文化层堆积埋藏十分深，出露面距地表约 2.3 米，出土遗物与大量大角砾伴生，包括大量的动物骨骼和石制品。石制品类型主要为普通的石核-石片制品，原料为黑色板岩或角页岩。

对 2 号洞进行了首次系统发掘，发掘面积 12 平方米，探方布设在洞口处。2 号洞文化层出土了大量遗物，包括石制品、动物骨骼、木材、动物粪便等，石制品与 1 号洞中部文化层出土的石制品相似，均为石核-石片石器，原料为黑色板岩或角页岩。

2022 年梅龙达普 1 号洞及 2 号洞的发掘发现了技术更为原始的石制品，揭露了更为古老的文化层，进一步丰富了梅龙达普洞穴整体的文化面貌，指示出梅龙达普洞穴为古人类所利用的历史更为久远，过程更为复杂。

目前考古队已对梅龙达普1号洞及2号洞洞口部分的地层堆积和古人类遗存有一定了解，对两个洞穴的对比研究，对于探索青藏高原古人类进驻和扩散历史，完善青藏高原史前考古学文化面貌，尤其是西藏西部旧新石器过渡时期的考古学文化面貌，了解青藏高原史前农牧业的发展及其同周边区域的文化交流等具有重要意义。

（谭韵瑶　王社江　杨紫衣　张晓凌　靳英帅）

【山南市乃东区结桑史前墓地】

发掘时间：2022年7—8月

工作单位：西藏自治区文物保护研究所　四川大学考古文博学院　山南市文物局　乃东区文物局

结桑（རྒྱལ་བཟང་།）墓地位于山南市乃东区结巴乡格桑村一组西北方象山东麓的缓坡地带，海拔3685米。墓地整体呈南—北向的条形分布，面积约1.5万平方米。该墓地由西藏自治区文物普查队于1984年发现，同年清理了3座墓葬。经国家文物局批准，在西藏自治区文物局的安排部署下，联合考古队对该墓地进行了考古发掘。

此次采用探方法进行发掘，在墓地西南端设立了永久基点。因地形等限制，不保留隔梁，而是设立若干关键柱以控制地层。在墓地南部居中区域一处保存较好的缓坡地带集中布设了17个5×5米的探方，其中仅6个探方完整，其余探方因位于断坎而不完整，加上抢救性清理的墓葬面积，本年度总发掘面积约300平方米，清理墓葬40座。发掘区域的地层可分9层，均为坡状堆积。其中大部分墓葬开口于第5层，少数墓葬开口于6、8、9层位下。该墓地的墓葬分布较密集，存在小聚集的特征，墓葬类型较多样，形制颇具特色，以土坑石室墓为主，另有少量洞室墓和石棺墓。大部分墓葬的墓向基本一致，呈西北—东南向，表明该墓地应有一定规划。墓葬葬式亦基本一致，为屈肢葬，可能存在二次葬，表明该墓地可能已经形成了比较稳定的丧葬传统。出土器物标本包括陶器29件，铜器14件，铁器10件，玉石器6件，珠饰1681颗。其中，陶器颇具区域特色，与山南地区既往发掘和征集的一些陶器类似。上述器物主要出土于洞室墓，土坑石室墓和石棺墓随葬物品很少。从层位关系、墓葬类型和随葬品的风格和特征来看，洞室墓和土坑石室墓的年代可能有一些差异，但整体年代应该一致，为周秦汉时期，属于西藏的早期金属时代。在此期间，联合考古队还对结桑墓地所在的温曲河谷进行了区域调查，新发现了3处墓地、1处岩画点和1处冶铜遗址，丰富了该区域古代遗存的数量和类型。

结桑墓地是西藏腹心地区近年来科学系统发掘的一处重要的史前墓地。该发现表明，至少在周秦汉时期西藏中部应该已经形成一个相对稳定的文化区，这对构建西藏中部的考古学文化序列和年代框架、探索吐蕃文化起源等历史问题具有重要的价值。

（李帅　扎西次仁）

【曲水县温江多遗址】

发掘时间：2022年7—11月

工作单位：西藏自治区文物保护研究所　西北大学文化遗产学院　拉萨市文物局　曲水县文物局

温江多遗址位于萨拉市曲水县才纳乡，是西藏吐蕃王朝时期一处高等级离宫与寺院遗址。本年度对西南佛塔北侧塔基、东北佛塔基址进行了清理发掘，对遗址中区西部地层进行试掘了解，对遗址南部五峰山部分区或进行了调查。

西南佛塔基址可分为三期。早期塔基叠压于一层砖瓦倒塌堆积层下，现存一段高约1米的石基，顶部保存一层平整台面，北侧3米处清理出一道东西走向石砌墙基。中期塔基紧贴早期塔基倒塌堆积外侧建造，现存一层30—60厘米厚的石渣夯土，从结构来看，为早期塔基毁弃后一次维修工程留下的遗迹。晚期塔基为地表现存塔基，以一层石渣夯土为基础，其上以石块垒砌塔基。

东北佛塔结构、规格与西南塔基本一致。塔基平面呈"亚"字形，南北总长18米，东西复原宽度亦为18米。本年度，对塔基西南侧进行了清理，发现台壁为石块垒砌，残高40—50厘米，台明面已完全损毁，夯土直接暴露。塔基内发现有砧木坑、石砌坑道、基槽等结构。5座长方形砧木坑宽约35—45厘米、深约30—40厘米，叠压于夯土下，向东伸入塔基内，内填大量细小卵石，包含少量朽木。两段坑道规模一致，宽约1.2米、深约1.8米，可能为环绕塔基中央一圈的方形基槽，内填8层黄褐色花土和卵石层相间的夯土，包含少量骨渣。

遗址中区西部清理发现3道墙址，其中两道可能属于与西南塔晚期塔基同时期的建筑，一道属于与西南塔早期塔基同时期的建筑。第⑤层出土嘎巴拉碗1件。五峰山山顶周查发现修行洞、修行点、小型塔基等共8处遗迹，北麓发现依山修建的具有一定规模的居址、大型佛塔基址等共5处遗迹。

该遗址本年度的考古工作基本厘清了西南、东北两座佛塔的始建、维修和复建等分期关系，确定了西南塔早期塔基为吐蕃时期建筑遗迹，这一时期大量使用琉璃质砖、瓦等建筑材料，很可能和文献记载的赤热巴巾时期在温江多修建的高等级寺院有关。另外，中区西部墙址与周边居址、佛塔的发现为了解温江多遗址整体布局提供了重要线索。

（张　博　席　琳）

【阿里龙门卡古代游牧文化遗存考古调查】

调查时间：2022年7—10月

工作单位：阿里地区文物保护研究所　西藏自治区文物保护研究所　西北大学文化遗产学院　日土县文化和旅游局

本年度在龙门卡村东部山谷和洛布措西南岸区域共计调查遗存点13处，其中5处为新发现地点，另外8处在原有资料基础上有遗迹、遗物类型的新发现及原有遗迹数量的显著增加。遗迹包括岩画1935组、石构遗迹70座、墓葬40座。遗物类包括石器195件、陶器23件（片）、残铁器2件、珠饰1件。

岩画在13处地点均有分布，所在地海拔4600—5000米，数量以杰郎琼玛和亚热地点最多，分别为551组和576组。题材以牦牛、岩羊、人物为主，此外还有马、鹿、鹰、驴、水鸟、乌龟、鱼、车辆、盾牌、日、"卍"字图案、藏文等。其中，戴羽毛头饰人物、藏羚羊、盘羊比例有所提高；带翅膀、角、脚的群鹰图像，对鹿、带角鱼、菱格纹人物和动物、盾牌、云雷纹图案等是新发现的题材或图像特征。制作技法以敲凿法为主，少量为敲凿与磨刻、刻划相结合制作而成，凿点或磨划痕迹的大小、规整度、深浅不尽相同，反映了制作工具、制作者使用工具的习惯与熟练程度方面的差异。表现形式以剪影式和轮廓式为主，轮廓式图像内部装饰图案种类较丰富。

石构遗迹在10处地点有分布，类型以片石竖砌的中小型长方形、方形或圆形石框为主，还有少量规模较大的"石框+石片"图案和多重石圈。遗迹性质目前可以确定的有祭祀坑、灶坑两种。墓葬仅在2处地点有分布，均为土石封堆墓，中部凹陷，盗扰破坏严重。

龙门卡村东部山谷遗存区遗迹、遗物的类型与数量十分丰富，西与环湖遗存区呼应，东与狮泉河流域相接，为研究该区域古代游牧文化聚落群分布及其特征补充了大量重要基础资料。

（席　琳）

陕 西 省

【洛南赵湾旧石器时代遗址】

发掘时间：2022年9—11月

工作单位：陕西省考古研究院　中国科学院古脊椎动物与古人类研究所　洛南县博物馆

2021年2月，陕西省考古研究院在对洛南县晨光·英华府工程项目建设用地进行调查、勘探期间新发现了一处旧石器遗址——赵湾遗址。2022年9月，对该遗址进行了抢救性考古发掘，发掘面积300平方米，已出土各类石制品近600件，取得了阶段性重要收获。

遗址位于商洛市洛南县城关街道王塬村，处在南洛河与其南部支流县河之间第二级阶地部位的"四十里梁塬"地带。根据遗址堆积状况和保存现状，陕西省考古研究院分别在遗址西北部（编为A区）和东南部（编为B区）进行发掘。

A区布5×5米探方8个，发掘面积200平方米，目前发掘深度约2米。可见地层堆积分为4层，其中第1层为表土层，第2—4层为旧石器时代文化层。已出土石制品84件，主要出自第3层，类型多为断块、碎屑，还有少量的石核、石片和备料。此外，在发掘区北侧剖面的坍塌土中采集到1件手镐，对比发掘区地层，可大体判断其原生埋藏地层应为第3层。

B区布5×5米探方4个，发掘面积100平方米，目前遗址发掘深度约2米。该区域地层堆积分为4层，其中第1层为表土层，第2—4层为旧石器文化层。已出土石制品505件，主要出自第3层，类型以断块、碎屑为主，还有一些石核、石片和备料，经过第二步修理的工具仅有少量刮削器。值得注意的是，在第3层发现疑似用火遗迹3处，它们的共同特征是土质较致密、土色发灰，其中分布有较多大小不一的较致密的深黑褐色土块，遗迹周围石制品分布较密集，初步判断可能属于临时性用火的迹象。

赵湾遗址两处发掘区的地层堆积状况基本一致，根据古土壤地层序列对比，其时代约在中更新世晚期至晚更新世阶段，地层堆积的具体年代，有待后续测年工作来证实。从遗迹、遗物的分布情况来看，赵湾遗址应为一处古人类临时性活动场所，该遗址的发现和发掘，进一步丰富了洛南盆地古人类活动的空间类型，为研究洛南盆地内古人类生活习性和社会行为提供了新的材料，疑似用火遗迹的发现还对探索洛南盆地古人类空间利用和生产生活行为具有重要价值。

（张鑫荣　张改课　王社江）

【富平灰坡岭新石器时代遗址】

发掘时间：2022年7—12月

工作单位：陕西省考古研究院　渭南市博物馆　富平县文化和旅游局

遗址位于渭南市富平县刘集镇双王村西北的坡地上，西南距石川河约10千米，属富平县重点文物保护单位。据第三次全国文物普查资料显示,该遗址南北长约1500米、东西宽约1000米,总面积达150万平方米。遗址南部遗存较为丰富,从采集遗物判断时代主要为仰韶时期。

此次考古发掘前,考古队组织人员对遗址进行了较为全面的踏查,初步掌握遗址分布和文化内涵,确认遗址总面积约60万平方米,遗址内涵主要有仰韶早期半坡文化和仰韶晚期半坡四期文化遗存,还有少量汉代遗存。

考古队对高速公路拓宽区域进行大面积揭露发掘,清理仰韶时期灰坑47座、房址1座、灰沟3条,另有少量汉代灰坑、灰沟及清代墓葬等,出土各类文物50余件(组)。

房址共发现1座,破坏较为严重,仅残存房基和火塘部分。残存部分为长方形,南北残长5.2—5.3米、东西残宽2.2—3.4米。修筑时先下挖浅基槽,再整体铺设一层包含料礓石的垫土,垫土厚8—12厘米。火塘位于房址中部,平面近圆形,经二次修建与使用,初次掏挖的火塘直径1.26—1.28米、深1.12米,周壁红烧土较薄,推测使用时间较短;二次修建时首先将原火塘分层填满,并稍经夯实,再于其上缩建一处略小、略浅的火塘,直径0.62—0.7米、深0.62米,周壁烧结较为明显。

灰坑数量较多,平面形状包括圆形、椭圆形、圆角长方形、不规则形等,以椭圆形和不规则形居多,坑壁大多内收或较直,口略大于底或基本同大。灰坑内堆积较为丰富,出土较多的陶片、石器、骨器等文化遗存。其中,陶器以夹砂和泥质红陶居多,兼有少量灰陶和极少量的白陶,尤其白陶在同时期遗址中较为少见。纹饰除素面外,以绳纹为主,兼有附加堆纹、线纹、戳压纹等。彩陶数量极少,主要见于宽沿盆等器物的口沿部分,以红彩描绘直线、弧线等。可辨平折沿喇叭口尖底瓶、葫芦口尖底瓶、宽沿盆、带流盆、斜折沿鼓腹罐、敛口平底钵、瓮、器盖、环等。个别平唇口尖底瓶的口沿一周被有意打制出等距分布的缺口,整体呈现花边状,较为特殊。石器和骨器数量较少,其中石器有石纺轮、石球、石饼,还见有石笄等装饰品。

此次发掘,所获各类遗物的文化面貌、器物特征与杨官寨遗址半坡四期遗存、蓝田新街仰韶文化第一期遗存、米家崖第一期文化遗存等基本一致,属半坡四期文化遗存。通过此次考古发掘及调查工作,更为详尽地掌握了遗址的分布范围和文化内涵,初步了解遗址内各期遗存的大致分布。尤其是此次发掘明确了遗址北部的分布范围,为后期遗址保护提供了科学依据。

(杨利平　殷宇鹏)

【韩城西少梁新石器时代遗址】

发掘时间:2022年5—10月

工作单位:韩城市文化和旅游局

遗址位于韩城市芝川镇西少梁村西部,2021年2月发生盗掘案件,经勘探发现秦汉时期墓葬4座,2022年5月至10月进行抢救性发掘,共清理灰坑15座、房址1座、陶窑1座、墓葬4座。

灰坑主要位于发掘区中部,除H1平面为长方形外,其余多为椭圆形或近圆形。灰坑内包含陶片、石器、骨器等,其中陶片多为彩陶,可辨认器形有盆、钵、小口尖底瓶等,彩陶纹饰有鱼纹、鸟纹等。房址F1为窑洞式,坐北朝南,平面圆形,顶部已坍塌,现存壁面较直,南侧有一梯形门道,平底,底部有厚约2毫米的白灰硬面,门道南端有一高约10厘米的台阶。房址中央有一火塘痕迹。房址填土中发现有彩陶陶片、朴树籽等上述灰坑和房址的年代应为仰韶文化中期。

陶窑 Y1 为半倒焰式，东西向，平面呈长方形，由操作间、窑门、火膛、窑室、烟道组成。操作间位于西侧，平面近圆形，北部被汉墓墓道打破；窑门为近方形；火膛已经烧结成硬面；窑室呈长方形，顶部不存，四壁较直，平底；烟道位于窑室东端，共由三个方形小孔组成。窑室填土中包含完整及烧结的砖块、陶片等。根据窑室形状及包含物判断其年代可能为战国晚期。

墓葬 4 座，均为南北向洞室墓，由墓道和洞室构成，墓道在北，墓室在南。墓道开口均为长方形，直壁、平底；墓室呈长方形，拱形顶、直壁、平底。墓主均为仰身直肢葬。因盗扰严重，仅发现铜鼎、铜带钩、陶器残片等少量随葬品。根据墓葬形制、随葬器物等判断其年代为秦末汉初。

此次发掘摸清了被盗墓葬的结构、年代等要素，发掘区内的仰韶时期灰坑及房址，极大补充了韩城地区仰韶时期的文化内涵，丰富了韩城地区考古学文化的面貌。

（马　亮　孙斯羽）

【泾阳蒋刘新石器时代遗址】

发掘时间：2022 年 3—10 月
工作单位：陕西省考古研究院

2021 年，为配合"陕西省公安消防总队秦汉新城训练基地"和"秦汉新城汉韵三路"两项目的建设，陕西省考古研究院在项目用地内清理了丰富的仰韶晚期遗存，包括灰坑、窑址、瓮棺葬等遗迹 245 座以及大量陶、石、骨、玉等遗物，基本明确了蒋刘遗址的东南边界。2022 年，为配合秦汉新城土地储备工作（宗地编号：秦汉新城 2018—56），陕西省考古研究院在 2021 年度发掘区域西侧继续开展蒋刘遗址考古工作，在全面揭露的基础上，发现了仰韶晚期环壕和墓地，另外还发现灰坑、陶窑、房址等遗迹 100 多座。

此次发现应为环壕西南段，揭露长度约 100 米，呈西北—东南弧形走向，向北被泾河河谷截断，环壕剖面在断崖上较易辨出，向南越出地块范围。调查勘探显示，受泾河河谷垮塌影响，蒋刘仰韶环壕北部已不存，南部残留部分平面略呈半环形，长度约 1200 米，环壕内遗址残存面积约 20 万平方米。2021 年发掘遗迹均位于环壕内，2022 年发掘灰坑、窑址、房址等遗迹绝大多数亦位于环壕内。发掘表明，环壕西南段系人工挖掘而成，形制较为规整，口宽底窄，剖面呈倒梯形，口部宽约 16.5 米、底部宽约 7.5 米、最深约 7.5 米。环壕内堆积以黄褐色、灰黑色淤土为主，出土陶片较少，器型常见仰韶晚期典型的尖底瓶、敛口钵、夹砂罐等。

墓地位于环壕西南段外，距环壕最近约 15 米，发现集中分布的成人墓葬 58 座。墓葬间无打破关系，绝大多数为东北—西南向，墓主头向东北，朝向环壕。均为单人仰身直肢葬，形制可分为带二层台竖穴土坑墓、偏洞室墓和竖穴土坑墓三类，以带二层台的竖穴土坑墓数量最多。

带二层台竖穴土坑墓一般面积较大，平面呈长方形或近方形；偏洞室墓发现较少，墓室稍低于墓道底部，平面近长椭圆形，面积较小；竖穴土坑墓数量最少，面积较小，平面呈窄长方形。因上部遭现代取土破坏，不能排除其为带二层台竖穴土坑墓墓室的可能性。

58 座墓葬中均未明确发现葬具痕迹，但部分尸骨可能用编织物包裹后下葬。"割体"现象较为常见，手掌或手指被割离的情况较为多见。另外，还发现墓主头部套于陶罐中的"套头葬"以及墓主盆腔内留有胎儿碎骨的现象。

30 座墓葬中出土随葬品，数量较多，但

偏类严重，以筓形骨器占绝大多数。这些骨器出土位置比较固定，多位于墓主左臂外侧，数量由数件到三四十件不等，成束放置，长短不一，器型有别，功能尚不明了。

蒋刘遗址考古工作是陕西省考古研究院基本建设考古"片区制"的成功实践，学术目标明确的整合性、追踪性发掘基本廓清了蒋刘遗址的范围和布局，为进一步分析蒋刘仰韶聚落的功能区划奠定了重要基础；大型环壕和成人墓地是近年来仰韶考古特别是仰韶晚期考古的重大发现，为深入分析关中地区仰韶晚期聚落形态和社会结构提供了重要资料；蒋刘遗址的发掘和研究是陕西地区探索中华文明起源的重要考古收获。较之仰韶中期，蒋刘环壕规模更宏大、墓葬分级更明显，暗示着蒋刘仰韶晚期社会的进一步发展和深层次分化，是仰韶晚期社会更加迈向文明社会的重要物质体现。另外，墓葬中数量丰富的筓形骨器是仰韶考古的首次发现，出土位置明确，埋葬背景清晰，其功能或与早期纺织手工业有关，值得进一步深入研究。

（邵　晶　裴学松　王红英）

【西安市高新区东甘河新石器时代及商代遗址】

发掘时间：2022年4—7月

工作单位：陕西省考古研究院

遗址位于西安市高新区兴隆街道东甘河村（原属长安区管辖）西南古滈河南岸台地上，南邻兴隆一路，东邻西太路，北距羊元坊商代遗址约3千米，东距赤栏桥商代遗址约3.5千米。遗址现存面积约1万平方米，此次发掘发现了丰富的仰韶文化及商代文化遗存，出土陶、石、骨、蚌等各类遗物100余件。

仰韶文化遗迹211座，分布于整个发掘区，以灰坑为主。灰坑以圆形袋状平底居多，少量锅底状，坑壁和底部规整。袋状灰坑上部破坏严重，仅存下半部，残深0.2—2.5米，多数收分较小，有的在底部挖有小圆坑，推测为储藏物品的窖穴。出土陶器多见平折沿尖底瓶、宽折沿盆、敛口钵、敛口罐、带流盆、器盖等；骨器有锥、筓等；石器为球、钺、斧等。

商代遗迹29座，集中于发掘区北部，有灰坑、水井、陶窑三类，部分打破仰韶文化遗迹。遗迹以灰坑为主，形状不规则，上部被破坏严重，均较浅。水井3座，平面均为长方形，两侧有脚窝，底部多有完整陶器。陶窑3座，均为升焰窑，由操作坑、火膛、窑室等组成，窑室圆形，窑箅上分布5—7个火眼，部分火眼以烧土块封堵。出土陶器以鬲、甗、盆、罐为主，簋、豆较少，纹饰多为麦粒状绳纹、方格纹等；石器磨制，有镰、刀、凿等。

根据陶器形制特征判断，该遗址仰韶文化遗存与"半坡四期文化"遗存年代最为接近，文化面貌属于渭水流域仰韶文化晚期遗存的范畴。由于被破坏严重，该遗址的范围、地层堆积均不能完全了解，但通过目前发掘情况来看，发掘区遗迹分布均匀，相互之间极少有打破关系，器物年代集中、内涵较为单纯，应是一处沿用时间相对较短的小型仰韶聚落；商代遗存时代大致相当于洹北商城时期，与羊元坊、赤栏桥遗址年代相近。陶器中鬲足不见光足根，且出有先周文化风格陶鬲及方格纹盆、尊等，表明其受周边先周文化影响较大，为探讨商代中晚期关中地区商、周文化的交流、势力进退提供了新的资料。

（孙战伟　夏培朝）

【神木县石峁新石器时代遗址】

发掘时间：2022年3—12月

工作单位：陕西省考古研究院　榆林市文物
　　　　　考古勘探工作队　神木市石峁遗
　　　　　址管理处

石峁遗址位于榆林神木市高家堡镇石峁村的秃尾河北侧山峁上，面积425万平方米。本年度发掘区集中于皇城台顶的西部，经确认为一处石峁文化时期的高等级墓地，命名为"皇城台墓地"。因周围存在现代坟园，暂不具备对墓地进行全面揭露的条件，仅揭露出墓地一角。目前已发现确认石峁文化时期墓葬19座，其中土圹墓14座，石棺墓5座，石墙多道。

墓地由一道宽约4米的石墙与皇城台建筑分布区隔开，土圹墓集中分布于发掘区中部和西南部两处区域。西南区的7座墓葬连排分布，除一座为南北向外，其余均为东西向。墓葬结构相似，平面形状为圆角长方形，口小底大，墓室面积普遍超过10平方米，深3.5—4米。墓葬普遍使用木质棺椁，由榫卯套接而成，已朽为灰痕。墓内普遍有殉人，殉1—3人不等，还发现殉狗。因遭严重盗扰，墓主葬式已不详。在墓圹北壁中部普遍设置有壁龛，但多数器物已被盗，仅个别墓葬内壁龛未遭破坏，出土有整套完整陶器，器形较小，均已明器化，部分器表有红色彩绘。在个别墓葬棺内及盗洞中发现有少量玉器及残片，可辨识有钺、凿、环等。在西南区墓葬的周围发现存在建筑遗存，在连排墓葬两侧使用南北向的平行石墙界定墓葬的范围，似再与周边东西向石墙相连围成大规模的墓园。中部区域因原有现代村民坟园，遭现代墓破坏严重，墓葬形制多不完整，亦呈连排分布。中区墓葬规模略小于西南区墓葬，多有木质葬具，墓主人骨已无存，墓内多有殉人，一般仅殉葬1人，墓周未发现石墙及建筑遗迹，显示出等级低于西南区墓葬。石棺墓规模均较小，零星分布

于土圹墓之间，从层位判断，年代晚于土圹墓。石棺用扁平石板拼接而成，仅可容身，墓主人葬式为单人仰身直肢葬，均无随葬器物。

虽然本年度发掘的皇城台墓地仅揭露出一角，墓葬多遭严重盗掘、破坏，相较于之前在石峁韩家圪旦地点、府谷寨山遗址发现的墓葬，皇城台墓地发现的石峁文化墓葬规模更大，为目前所发现等级最高的石峁文化墓葬，确定为一处高等级贵族墓地。成排墓葬及围绕墓葬所建的整齐石墙表明，石峁文化的高等级墓葬已有成熟的规划意识和墓上标识性建筑，具有墓园的雏形。

考虑到对2018—2019年度已发掘的皇城台大台基南护墙进行整体保护，本年度还对大台基西南角进行补充发掘，完整地揭露出台基的南护墙。大台基西南角为圆弧转角，墙体由修琢规整的石块错缝砌筑，在转角处及两侧石墙上共发现石雕10件，少数仍保存在墙面上，其余均发现于倒塌堆积内，其中尤以仍嵌筑于转角的圆弧形神面石雕最为精美，为确认了解石雕的原生位置提供了重要依据。

（孙周勇　邸　楠　韩　倩）

【西安市西咸新区太平新石器时代遗址】

发掘时间：2022年3—12月

工作单位：中国社会科学院考古研究所　陕
　　　　　西省考古研究院　西安市文物保
　　　　　护考古研究院　西北大学文化遗
　　　　　产学院

遗址位于西安市西咸新区沣东新城斗门街道太平村东侧。本年度考古勘探工作主要在遗址东部进行，已完成勘探面积约8万平方米。依据目前勘探结果可初步认定，太平遗址是由东、西并列的两个环壕构成的聚落，面积应在100万平方米左右。

本年度发掘区域位于遗址北部，完成清理面积700平方米。在2021年度证实太平遗址西环壕是在客省庄二期文化遗存的基础上，本年度工作目标是确定东环壕的年代及其东北转角附近以及环壕内外的遗迹分布情况。共清理遗迹190余处，出土遗物600余件（套）。

遗迹主要以灰坑为主，也有少量房址、陶窑、灰沟和墓葬。TP0304发掘区内有一处客省庄二期文化时期的大型灰沟，为太平遗址东环壕的东北部，边界明显，保存完好，现存开口高度不一，北高南低，高差约1米。环壕宽度不一，西部平均宽度约14米，东部平均宽度约17米，最宽处约20米。

在TP0303发掘区清理了客省庄二期文化时期的一处半地穴院落建筑，为一处包含两个圆角方形的侧室及一个椭圆形前室的半地穴院落建筑，整体长约12米，最宽处约8米，残高0.6—1米，未见柱洞，在后室西南部有一处龟甲，较完整。

发现的两座竖穴土坑墓被破坏严重，其中M5墓内出土玉璧1枚，位于盆骨位置的右侧，中部接近人骨的填土范围内，有密集分布的红色颜料，尤其是玉璧下方的红色颜料最为明显。M20仅存墓底，墓底中部葬一人，骨骼整体轮廓较完整，右手腕处及右侧髋骨附近出土玉环两枚，墓葬填土中发现有黄色和红色颜料，附着于全身骨骼之上及墓底部分区域，呈片状分布。

遗物主要包括石（玉）器、陶器、骨角器三大类。石器主要器类有石刀、石斧、石锛、石镞等，皆为磨制石器，也有少量石英质打制石片和石核。出土有百余件为质地通透、加工精致的玉器，主要器类有璧、璜、环、臂钏等，还有大量有加工痕迹的玉料及毛坯，此外，还有少量半成品及玉璧芯等废料。骨角器主要为日常所用的镞、锥、笄、凿等，也有不少卜骨。陶器主要为客省庄二期文化中常见的单把鬲、斝、绳纹平底罐、喇叭口高领折肩篮纹罐、单耳罐（杯）、双耳罐、双大耳罐、三耳罐等，除此之外，还有数量众多的陶拍、纺轮等生产工具。

浮选出的植物遗存表明当时人们主要以粟、黍旱作农业为主，也部分种植或引入水稻等农作物，甚至还发现有小麦、皮大麦等遗存。肉食资源则主要依赖猪、狗、羊、牛等家畜，也狩猎和采集鹿科动物、田螺、河蚌等野生和水生动物。

出土的玉料、玉璧芯、半成品玉器、完整玉器反映出一套基本完整的玉器生产加工操作链，表明聚落内部很可能已经拥有了一定专业化程度的玉石器手工生产体系。

本年度发现的随葬玉礼器的墓葬、龟甲、卜骨结合上一年度出土的陶铃等遗存初步显示出太平遗址所代表的史前社会已经出现了以礼制为核心的早期文明特征。

（王小庆）

【黄陵县尧坡新石器时代遗址】

发掘时间：2022年6—10月

工作单位：陕西省考古研究院

遗址位于延安市黄陵县桥山街道尧坡村东南，处在洛河支流沮河南岸的山前缓坡上，东距中华文明的精神标识——黄帝陵约4.5千米。

陕西省考古研究院对建设用地范围内进行了全面揭露发掘，基本上确定了尧坡遗址的西北边界，清理了丰富的龙山晚期遗存，包括灰坑、灰沟、墓葬、房址等遗迹90余座，出土了大量陶、石、骨、玉等遗物。同时，对遗址范围进行了全面的调查，初步明确了遗址的范围及主要内涵。

灰坑常见圆形袋状，口小底大，底部平坦，壁面可见较为规整的工具齿痕，部分灰坑壁面经黄泥涂抹，底部偏一侧向下掏挖小坑，应为用于储藏的窖穴类遗迹；墓葬1座，仅剩墓室底部，竖穴土坑，墓主仰身直肢，头向西，腹部随葬玉钺1件，右腕戴玉环1件；房址平面多为"吕"字形，自内而外由后室、过道、前室组成。

出土遗物种类多样，数量丰富。陶器有鼓腹罐、折腹盆、喇叭口瓶、豆、斝、鬲等；石器多见斧、刀、锄、锛、矛等，还发现一些斧、刀等残玉器；骨器有锥、匕、镞、管等。已鉴定辨识出狍子、鹿、牛、猪、雉、兔、鼠、蚌等动物种属。

尧坡遗址位于关中盆地和渭北台塬交界地带，地理位置非常重要，是继甘泉史家湾、延安芦山峁、蒲城马坡等遗址后，洛水流域经大规模考古发掘的一处龙山晚期遗址，极大地丰富了区域考古学文化资料，为研究黄土高原社会复杂化、文明起源等课题提供了新的资料。另外，尧坡遗址出土的石器种类多样、数量可观，结合当地岩石分布情况分析，此次发掘点或与石器加工有关。

（邵　晶　于朋飞）

【府谷苍贺峁朱开沟文化遗址】

发掘时间：2022年7—9月

工作单位：陕西省考古研究院

遗址位于榆林市府谷县苍贺峁村北部的一座圆形山峁之上，东距黄河11千米，东南距府谷县城约4千米，处在陕、晋、内蒙古三省交界处。遗址地表沟壑纵横，黄土堆积丰厚，属于典型的黄土高原地貌。

此次发掘清理朱开沟文化灰坑、房址等遗迹48座，出土陶、石、骨、玉等各类遗物300余件。

灰坑平面形状以近椭圆形为主，其次为近圆形，少量为不规则形，剖面形状主要为袋状，其次为筒状，坑状最少。其中，2座灰坑内发现密集分布的陶片，可辨三足瓮、盆等，均可修复。房址数量较少，保存较差，活动面为火烤硬面。

苍贺峁遗址出土遗物丰富，以陶器为主，陶质以泥质陶为主，夹砂陶次之；陶色以灰陶居多，另有少量褐胎灰皮陶、褐陶等；纹饰以细密绳纹占绝大多数，其次为素面，另有少量蛇纹、刻划纹、附加堆纹等。蛇纹、细密绳纹最具特色。典型陶器有蛇纹鬲、蛇纹罐、带钮罐、鼓腹罐、盆形甗、三足瓮、盆、甑、杯、圆陶片、陶纺轮、陶拍等。

苍贺峁遗址发现的遗存全部集中于山峁的顶部和南坡之上，尤以南坡上的遗迹最为密集，体现了聚落选址时对向阳、避风等因素的考虑。另外，通过对灰坑内土样的浮选，发现了粟、黍、大豆等农作物和草木犀、胡枝子、锦葵等饲草遗存，其中粟、黍发现较多，可以初步确定苍贺峁遗址的生业模式为农业为主、畜牧为辅。

苍贺峁遗址是陕北地区一处内涵单纯、器类丰富、组合完整的夏商时期遗址，对于研究朱开沟文化的分布范围、文化面貌、生业形态具有重要意义。

（邵　晶　袁　媛）

【周至县郑家滩商代遗址】

发掘时间：2022年4—9月

工作单位：陕西省考古研究院　周至县文物局

遗址位于西安市周至县集贤镇郑家滩西，西距田峪河约2.6千米，北距黑河约10.3千米，南距秦岭约2.5千米，为秦岭山前冲积平原地带，地势平坦。发掘区东、北、南等均已为现代建筑，故无法确定遗址的具体范围。

此次发掘共清理遗迹731处，其中灰坑

679个、陶窑7座、墓葬37座、沟8条。除36座墓葬为宋、明清时期外，其他遗迹的年代均为早商时期。灰坑数量最多，占遗迹总数92.89%，形状有椭圆形、圆形、长方形、不规则形等，以椭圆形为最多，多数较规整。灰坑大小不一，大的口部长7.6米、残宽3.1米、深2.2—3.1米，小的口径不到1米。7座陶窑中两座保存较好，其余被破坏严重，Y5由操作间、窑室、窑床、火眼等组成，操作间残长2.06米、宽1.3米，窑室近圆形，直径约1.28米。沟数量较少，共8条，其中G2呈南北向，北到遗址北部边缘，南延伸至南部发掘范围外，平面呈不甚规则的长条形，口大底小，东、西壁为斜坡状，南北长75.45米、东西宽4.2—5.45米、深3.2米。此沟内堆积含有较多的粗砂砾，这与洪积扇前缘沉积有明显区别，表明当时存在较强烈的水运动，说明该沟的主要功能可能为保护遗址安全而设。

该遗址出土物较丰富，基本为灰陶，少量黑陶；陶器有鬲、罍、鼎、尊、罐、豆、盆等；小件器物有卜骨、陶纺轮、陶杯、石刀等。从出土物特征和组合看，遗址的年代应为商代早期。

郑家滩遗址位于关中平原、秦岭北麓。除蓝田老牛坡、怀珍坊、耀县北村等遗址外，关中地区早商遗址发现较少，郑家滩遗址出土的大量陶片、石器、骨器等及动植物遗存，丰富了这一时期的文化内涵，为更深入地研究早商时期文化的分布、分期、生业方式、手工业、聚落形态等提供了较丰富的资料。

（郭小宁）

【清涧县寨沟商代遗址】

发掘时间：2022年8—12月

工作单位：陕西省考古研究院　清涧县文化和旅游文物广电局

遗址位于榆林市清涧县解家沟镇寨沟村西南2千米处，面积约300万平方米。遗址核心区位于两沟交汇处的寨塬盖上，塬体高出沟谷约80米，塬顶平整开阔，面积约1万平方米。2016年陕西省考古研究院辛庄考古队在调查中发现，寨塬盖地表散布大量商代陶片，并勘探发现大面积夯土遗迹，加之遗址周边以往多有商代青铜器出土，初步判断该遗址是一处商代中心级聚落遗址。

2022年遗址周边墓葬遭盗扰，陕西省考古研究院报请国家文物局批准，对被盗墓葬（属后刘家塔长梁墓地）进行抢救性清理，同时组织专业技术人员对寨沟遗址所在区域开展大规模考古调查和勘探工作，得到了阶段性重要收获。

后刘家塔长梁墓地位于寨沟遗址东北2.6千米处的一座南北向长梁上，共有4座商代墓葬，南北一字排开。M1为"甲"字形墓，位于墓地最北边，M2—M4为竖穴土坑墓，依次向南分布。墓向均为南北向，未见腰坑和殉人。M1总长39.4米，墓道和墓室无明显分界，从墓道向墓室延伸变宽，墓道开口宽4.7—7.7米，墓室开口最宽12.9米、深11米；M3墓口长10米、宽9米、深11米；M4墓口长11.3米、宽7.3米、深7米。三座墓墓壁不规整，收分甚大，墓壁长边两侧内收有生土台，2—3级不等。在木椁之上均发现有殉车的迹象，M1殉车4辆，M3、M4殉车各1辆，但因椁室坍塌下沉及盗扰破坏，殉车保存不佳。四座墓葬具均为一木椁，未见棺，墓主人遗骨仅M3得以保存，且有移动迹象，葬式现状为一腿微曲的仰身葬，头向南。

共出土铜、金、玉、陶、石、骨、贝等随葬品200余件。较为重要的有M1出土的铜车马器，包括铜铃、铜轭首、马镳、镶绿松石铜八角形衡饰、衡末饰、缰绳铜泡等组合完整，位置清楚。燕形镶绿松石铜带扣，短喙、双翅外展，鱼尾形燕尾，满身镶嵌绿松石，尤为精美；M3出土兽面纹骨匕，长45厘米，正面雷纹衬地，由五组兽面纹组成，以绿松石点缀兽面角、目、鼻，工艺精湛，与殷墟王陵区M1001大墓出土器物极为相似。M4出土3件云形金耳饰，是极具地方特色的一类金器。此外，还有铜镞、铜斧、海贝、玉器、鳄鱼骨板等器物，种种迹象均显示出墓葬等级之高。

后刘家塔长梁墓地是陕北地区发现规模较大的一处晚商墓地，尤以M1"甲"字形墓葬最为重要，虽遭严重盗扰，但墓葬形制、葬俗等方面仍显示出与中原地区较大差异，部分随葬品亦为首次发现。对寨沟遗址周边区域的系统调查和勘探，进一步廓清了遗址范围和分布形态，为探讨区域商代聚落与社会提供了最新材料。

（孙战伟　于有光）

【周原遗址】

发掘时间：2022年3—12月

工作单位：中国社会科学院考古研究所　陕西省考古研究院　北京大学考古文博学院

周原遗址位于宝鸡市扶风、岐山一带，本年度的发掘继续2020年以来的工作思路和目标，寻找周原遗址西周晚期的城墙遗存，落实多学科参与的组织形式。

2020和2021年，在召陈村北、村南分别发现了可能是西周晚期外城的东墙和东南角基址，本年度继续对两处发掘区进行平面和剖面处理，并做了局部扩方。

村北基址发掘部分南北长92米，南段宽为4米，向北宽至10米，至最北端又收缩至4米。今年在其东侧新发现一座西周晚期的建筑基址，平面呈南北向长条状，已揭露部分长近20米、宽约7米。截至2022年底，发掘工作仍在进行中。

村南基址发掘部分平面外角接近直角，内角呈弧形，由29块大小不等的版块构成，东部宽8米左右，南部宽10米左右。基址下叠压有西周晚期的灰坑。通过对两处基址的解剖可知，版块内夯层不明晰，未见明确的夯窝，应是一种无夯层的版筑技术。

2022年考古工作开始前，考古团队分析了周原城墙与水渠的平面关系，对召陈村北G1和齐镇的另一剖面进行了发掘和清理，在获取平、剖面完整信息的基础之上，明确其性质应为水渠，同时开展了土壤微形态分析、植物遗存浮选、磁学分析和粒度分析等多学科研究。

本年度的发掘对城墙基址的营建工艺和沟渠剖面的层理信息有了更深刻的认识，有助于进一步探索周原遗址的城垣结构与水网系统，加深了对周原遗址聚落变迁与水源关系的理解认识，进而更深入地理解周人的城市规划理念。

（宋江宁　杨　磊）

【丰镐遗址】

发掘时间：2022年5—12月

工作单位：陕西省考古研究院

丰镐遗址位于西安市长安区马王街道、斗门街道一带的沣河两岸，丰在河西，镐在河东。本年度主要对花园村西的西周14号、11号和5号大型夯土建筑基址之间区域进行发掘，以厘清该处西周文化遗存的分布及附属建筑情况，进而探讨周王宫室或礼制建筑的布局及相互关系。还对宫殿区西侧夯土护坡进行追踪发掘，对南部区域勘探发现的夯土遗存做了解剖发掘。

发掘面积500平方米，揭露西周夯土护坡1处，发现残留的西周夯土台基1处、房屋踩踏面遗迹2处、西周大型渗井1眼；仰韶文化晚期半地穴式房址5座、地面房址2座、窖穴及灰坑56座。揭露出的西周夯土护坡，与去年发掘的夯土护坡北端相连，长6.8米、宽约3米，西边为外侧，较陡峭，东边与宫殿区台地相连。护坡系用木棍捆成束夯打而成，夯层厚6—8厘米，夯窝直径4—5厘米。西周渗井为圆形，深约6米，在深4.2米处井径缩小，口径2.2米、底径1.46米。井内出土大量西周陶器残片、板瓦残片及2件原始瓷片。仰韶文化晚期的房址为地面土墙式和半地穴式，形制有方形和圆形两种，其中半地穴圆形房址5座，地面方形房址2座；2座房址内带有灶坑，有的圆形房址上口外残留有少量柱洞。灰坑形制较大，绝大多数为圆形袋状，少数为不规则形，其中圆形灰坑坑壁光滑，底面平整，应为窖穴。

出土较多西周时期瓦、鬲、豆、罐等陶片以及少量原始瓷片等。发现的仰韶文化晚期遗物比较丰富，陶器以夹砂红（褐）陶、夹砂灰陶、泥质红（褐）陶、泥质灰陶和泥质黑皮陶为主，器形有罐、缸、盆、钵、碗、杯、纺轮等；石器有盘、斧、锛、球、环等；骨器有笄、锥、镞等；玉器有钺、环、璜等。

本年度发掘的西周夯土护坡与南端护坡连为一体，属于宫殿区西部河边台地边缘的加固和防护设施，为研究镐京宫殿区的范围、防卫及与河流的位置关系等提供了资料。西周渗井的发现，为研究宫殿区内部的地面排水防涝设施提供了实物资料。发现的仰韶文化晚期遗迹及遗物，表明该区域为仰韶晚期的一处小型聚落所在地，对研究这一时期关中中部地区仰韶文化遗址分布和文化特征等具有重要意义。

（岳连建　丁　岩）

【西安下北良西周及汉晋十六国墓地】

发掘时间：2022年1—4月

工作单位：陕西省考古研究院

遗址东为神禾塬，北为高阳塬，北距潏河和滈河交汇处1.8千米，东北距贾里村西周墓地约4千米，地处秦岭北麓山前冲积洪积扇裙区。发掘清理墓葬199座、灰坑84座、陶窑4座、井6座、沟5条。以西周、汉晋十六国墓葬的发现最为重要。

西周中晚期小型墓葬和灰坑集中分布于发掘区中北部。结合发掘情况可知该范围地层中的③、④层为湖沼沉积层，而西周遗存又打破③层，推测商周之前此处为一处湖沼。墓葬随葬品中既有典型的周式鬲、罐、盆，又有商式方唇分裆鬲、簋、小口瓮等，其文化面貌和特征与贾里村西周墓地较为一致，也当为殷遗民遗存。

汉晋到十六国时期墓葬均为带长斜坡墓道的砖室墓，朝向分为南、东、西向，被盗严重。

另外，发掘区东部发现战国晚期至秦代灰沟。沟底有多组完整人骨排布，出土有铜铍、铜箭镞、铁削、建筑材料等。根据发掘和钻探未见周边有相关同时期遗迹。灰沟属于该区域首次发现，性质尚不明确。

（胡春勃　于春雷）

【韩城市陶渠周代遗址】

发掘时间：2022年3—11月

工作单位：陕西省考古研究院　韩城市文化和旅游局

陶渠遗址位于韩城市芝阳镇陶渠村东北、西赵庄村西，跨芝水河南北两岸。

2022年完成"甲"字形墓M31、M29的发掘，墓道内分别发现有车7辆、5辆，M31、M29墓室内二层台上皆发现有殉人值得注意的是 M29 墓室东北部二层台殉人，葬式为"俯身葬"，或与殷商系统有关，其余皆为仰身直肢葬。

此外，"甲"字形大墓填土中发现有板瓦、筒瓦、陶器残片以及原始瓷片、制骨废料等，说明在大型墓葬建造之前，此区域为高等级居住区、制骨作坊等。

中型墓共发掘 5 座，均为东西向竖穴土圹墓。墓室长 4.5—5.5 米、宽 3—4 米，墓室四周有活土二层台。M20、M23、M32、M33 有 1—2 具殉人，多分布于西、北两侧的二层台上。M23、M32 墓室底部有腰坑，坑内殉狗。墓葬被盗掘严重，残存少量陶器、海贝、石磬、铜器残片等。

小型墓发掘一座（M35），亦为东西向竖穴土圹墓，长 3.2 米、宽 1.8 米、深 1.3 米。墓室四周有活土二层台，无殉人，墓室中部被汉墓洞室部分打破，墓主情况不明，出土陶器组合为鬲、豆、罐。

通过本年度考古发掘，对大、中、小型墓葬都有了更深层次的认识，立体展现了陶渠周代社会层级状况，为进一步研究陶渠遗址的聚落与布局、族群与社会提供了新的资料。

（耿庆刚　马　亮）

【富平县长春西周墓地】

发掘时间：2022 年 8—12 月

工作单位：陕西省考古研究院　渭南市博物馆（渭南市文物保护考古研究中心）　富平县文化和旅游局

遗址位于渭南市富平县庄里镇长春村后白组，西距石川河约 2.5 千米，北依北山，地势东北高、西南低。近年来被盗严重，初步勘探面积约 3 万平方米，共发现古墓葬 340 余座，其中 9 座为带墓道的"甲"字形墓，时代可能为周代。经国家文物局批准，陕西省考古研究院联合市县文物部门，从 8 月底开始对墓地展开抢救性发掘。

本年度发掘区位于已探明墓葬区的北部，揭露面积约 1600 平方米，发现遗迹 33 处，包括 2 座较大的"甲"字形墓、24 座中小型竖穴土坑墓、2 座车马坑、5 座马坑。所有遗迹均直接开口于耕土层下，在墓葬的打破中更新世早期至晚更新世晚期形成的马兰黄土和更深的古土壤层中发现少量石器制品，技术特征与石川河岸边朱黄堡旧石器发掘点所获石器相似。

揭露出的 2 座"甲"字形大墓，东西并排分布，距离较近，斜坡墓道朝南，墓室在北，方向 35 度。西侧 M1 墓口通长 20 米，墓室和墓道等宽，宽 3.1—3.5 米，墓室边长 5 米。东侧 M2 墓口通长 18 米，墓道口宽 3.1—3.5 米，墓室口长 4.5 米、宽 3.7 米。目前，2 座大墓清理至深 10 米处，均遭受严重盗扰破坏。

小型墓也多受盗扰，已发掘 7 座，出土器物有铜豆、陶鬲、陶罐、复合式柄形玉器、蚌饰及海贝，陶器以鬲罐组合为主。M3 保存完整，方向 37 度，墓圹口小底大，葬具一棺一椁，棺内遍洒朱砂。墓主仰身直肢，头北向，身似覆有织物。墓内随葬 2 件复合式柄形玉器，其中 1 件位于墓主腹部，附件部分由小玉片和绿松石片黏嵌而成，保存较好，制作精美。东侧椁外二层台内自上而下叠置铜豆、陶鬲、漆器各 1 件。铜豆和陶鬲具有西周晚期同类器的风格特征。

长春墓地规模较大，墓葬分布密集，数量较多，其中大型墓葬集中在北部区域。从墓地规模和大型墓葬数量来看，这里应是一处高等级贵族墓地，墓葬时代集中在西周晚期。

（李彦峰　王煜凡）

【澄城县刘家洼东周遗址】

发掘时间：2022 年 3—12 月

工作单位：陕西省考古研究院

遗址位于澄城县王庄镇刘家洼村西的鲁家河东岸塬边，为东周时期芮国国都遗址。刘家洼遗址东Ⅱ区墓地位于遗址东部，东距东Ⅰ区国君墓地约500米。共勘探发现墓葬74座、马坑11座、车马坑2座，是刘家洼遗址内一处重要墓地，2020—2021年已发掘墓葬17座。本年度共清理墓葬57座、马坑3座，出土各类文物1300余件（组）。墓葬保存完整、布局有序、等级分明、遗物丰富、因素多样。

57座墓葬中随葬青铜鼎墓共9座，面积9—20平方米，葬具多为一棺一椁，其中7鼎墓1座、3鼎墓1座、2鼎墓1座、1鼎墓6座。M11墓葬开口面积19.4平方米，深7.6米，随葬鼎7、簋6、鬲6、壶2、甗1、盘1、匜1、豆1，此外还有铜翣、车马器、兵器、玉石器等，是东Ⅱ区等级最高的墓葬。无青铜鼎等礼器，但包括有串饰、铜翣、青铜兵器、骨器、玉石器等随葬品的墓葬30座，面积多在3—10平方米，葬具多为一棺一椁或单棺。如M41开口面积8.2平方米，一棺一椁，随葬品有铜铃、石圭、石玦、骨笄。无随葬品的墓18座，面积在3平方米以下，葬具多为单棺或无。

3座墓葬随葬金耳环共5件，金丝缠绕3—5周，与刘家洼以往出土耳环相同。有2座墓葬随葬铜鍑，器壁较厚，当为实用器。M16为一座中型墓，墓室面积9.5平方米，一棺一椁，金耳环和铜鍑共存，此外还有铜翣、矛、戈、镞、马衔镳、带扣、石圭、蚌泡等随葬品。铜鍑和金耳环被普遍认为是非中原系统器物，与北方族群有关。M19出土双环首马衔，也是北方系青铜器的典型器物。此外，M11出土的7件列鼎，浅腹下垂，蹄形足下接矮台，具有明显的秦文化特征。部分小型墓葬未发现随葬品，墓为东西向，典型屈肢葬，墓主为秦人或受秦人影响较大。

墓地布局和墓位形态清晰，具有明显的规律性。高等级墓居于墓地中部，小型墓葬集中分布于西北和西南，东部偶见。最高等级的墓分布于中部偏南。出土铜鍑和金耳环的墓葬位于东部；高等级墓位形态清楚。如M11为最高等级墓葬，人骨鉴定为男性。M10位于其北侧，开口面积8平方米，一棺一椁，未随葬铜器，仅有石圭、玉玦和项饰，人骨鉴定为女性。二者可能为夫妻墓葬，其西侧为附葬的南北向车马坑。M1、M2墓位形态与之相似，M2随葬5鼎，随葬品丰富。其西侧的M1与M2大小相同，然未随葬铜器，仅有项饰和腕饰，二者也应为夫妻墓葬。东侧为附葬的南北向车马坑。3鼎及以下墓葬看不出明显的夫妻墓葬，且无车马坑；马坑分布于贵族墓葬区域，但似非所属某一墓葬，可能为公用所用。

刘家洼遗址东Ⅱ区墓地是仅次于芮国国君的一处贵族墓地。墓地范围清楚、等级分明，与其他几处墓地共同构成了遗址的墓地形态。墓地中芮、戎、秦多种文化因素并存，预示和显现出人群的多样性，这与芮人和戎人、秦人紧密互动的历史记载相吻合。总之，该墓地的发掘为研究遗址功能布局、墓地形态和人群互动等相关问题提供了最新材料。

（种建荣　孙战伟　夏培朝）

【宝鸡魏家崖东周遗址】

发掘时间：2022年8—12月

工作单位：西北大学文化遗产学院

魏家崖遗址属宝鸡市陈仓区，地跨魏家崖、陈家崖、冯家嘴村，其中魏家崖为行政村。遗址分布范围西至宝汉高速西侧的贺家崖村边，南至千河（古汧河）、渭河边一级阶地，东至冯家嘴、俱刘村，北至引渭渠以北约500米，长约1.5千米，宽约0.7千米，总面积近100万平方米。遗址年代从龙山跨至汉代，以春秋时期秦文化遗存为主。

2008—2009年由中国国家博物馆、陕西省考古研究院、北京大学考古文博学院组建的"关中秦汉时期离宫别馆考古队"对千河下游进行考古调查，其中魏家崖（陈家崖）遗址被认为很可能是秦都"汧渭之会"所在。

2021—2022年西北大学对遗址进行考古调查和局部勘探。在陈家崖村北350米处、引渭渠南侧发现春秋早期的城墙遗迹。城墙以南属城内，文化层堆积厚度2—3米；城墙以北属城外，不见文化层，为单纯的墓地。

2022年8—12月，西北大学等单位对魏家崖遗址进行考古发掘。选择四处发掘点。

A点位于引渭渠南侧、城墙遗迹西北约180米处，发掘探沟一处，为近现代堆积。

B点位于A点西北约100米，清理战国中期残墓（M1）一座。平面呈东西向长方形，长2.2米，宽1.45米；墓内一棺一椁，死者为头西足东的屈肢葬；随葬有陶鬲、铜削刀、铜环、铜片等。

C点位于城墙遗迹北约500米，发掘春秋早期墓葬（M2）一座，为东西向长方形竖穴土坑墓，墓口长5.1—5.3米，宽3.25—3.35米，口大底小，墓底长4.2米，宽2.2米。墓内填土经夯打，近墓口处有玉（石）圭13件，玉璜1件。墓内一椁二棺。二层台上及内部、椁盖板上随葬有铜鼎5件，以及兵器、车马器、玉笄、玉（石）圭、骨片、漆器等。二层台东南角有殉狗一只。棺、椁之间发现铜翣、翣角各4件，以及铜铃、漆碗等；沿木棺外围一周密布棺饰，由磬形饰、陶珠、铜鱼和海贝组成。外棺盖板上亦有棺饰，另有铜戈、玉（石）圭等。棺内人骨头向西。墓底有腰坑，坑内殉狗。

D点位于陕机厂西侧台地上、城墙遗迹西南约160米处，布设5×5米探方4个，共发掘灰坑44个，墓葬2座，灰沟2处。遗存年代包括龙山、两周之际或春秋早期、战国时期、汉代和近现代，以两周之际或春秋早期的秦文化遗存最丰富。其中H17发现有目前所见最早的秦瓦；M4年代为春秋早期，形制为东西向长方形竖穴土坑墓，墓口长4米，宽2.15米，口小底大，底部长4.2米，宽2.4米。墓内填土中包含大量两周之际陶片，近墓口处有30余枚玉（石）圭。墓坑西北角两侧各有一列脚窝。南北两壁偏东各有一壁龛及殉人，均为头向西的屈肢葬。二层台东南角有殉狗一只。墓室内西侧有头厢，随葬有5鼎、4簋、2方壶、1盘、1盉共13件铜礼器，以及11件陶器；东侧有一椁二棺，椁室内随葬数量丰富的棺饰，由陶珠、铜鱼、陶磬形饰和铜铃组成。棺盖板上还随葬有铜戈、玉圭、玉璜等器物。墓主人头向西。

魏家崖遗址开展的一系列考古工作，初步揭示了魏家崖遗址的文化发展序列和平面布局，为从考古学角度确认秦都"汧渭之会"提供了重要物证，也为研究当时的周、秦关系和文化融合、探讨秦瓦的起源和发展演变等问题提供了重要材料。

（梁　云　李伟为）

【宝鸡市陈仓区下站祭祀遗址】

发掘时间：2022年8—12月

工作单位：中国国家博物馆　陕西省考古研究院　宝鸡市考古研究所　陈仓区博物馆

下站遗址，位于宝鸡市陈仓区磻溪镇下站村，地处秦岭北麓渭河南岸的台塬之上，根据2020年考古发掘所获，已基本确认下站遗址应为秦汉两代在古雍地所设国家祭天遗址"雍五畤"之一的密畤。

本年度联合考古队对下站遗址进行第二次主动性考古发掘，发掘面积 800 平方米，共发掘祭祀坑、灰坑、盗洞等遗迹 90 余处。其中，祭祀坑共 20 座，依形制不同可分为三种类型。

A 型 平行排列的南北向长条形祭祀坑。宽约 0.4—0.6 米，坑内主要埋藏牺牲为牛，皆头向北，摆放较有序。在牛之下，每隔一段距离还埋有一只羊。此类祭祀坑在 2020 年度下站遗址发掘中已有较多发现。

B 型 平行排列的南北向窄长形祭祀坑。祭祀坑形制、动物牺牲种类及牺牲摆放方式与 A 型祭祀坑相似，唯长度较短，长 4.7—12.3 米不等。此类祭祀坑此前并不见于血池遗址、吴山遗址，是本年度新发现的祭祀坑类型。

C 型 东西向长方形祭祀坑，按照尺寸及埋葬牺牲种类的不同，可细分为四个亚型。

Ca 型 小型长方形祭祀坑，长 1.85 米，宽 1.4 米，坑底摆放 4 只幼年羊及 1 件铁甬，填土中出土有 2 件玉圭。

Cb 型 中型长方形祭祀坑，长度小于 3 米，坑底摆放 4 匹马。

Cc 型 坑内未发现动物牺牲的长方形祭祀坑。

Cd 型 大型长方形祭祀坑，长度大于 3 米，最大的祭祀坑长度达 4.7 米，宽 3.2—3.5 米。此类祭祀坑，皆被盗扰严重，但盗洞中仍出土有较丰富的遗物，包括金、玉车马饰件，青铜残件，漆皮，以及马的骨骼等。由此推测祭祀坑内原放置有高等级车马。坑底发现有板灰痕迹，推测车马原来应是放置在木箱中。

不同类型祭祀坑之间存在打破关系：Cd 型祭祀坑打破 A 型、B 型祭祀坑，Cb 型祭祀坑打破 A 型祭祀坑。

通过将 Cd 型长方形车马祭祀坑中出土器物与雍城秦公一号大墓车马坑、甘肃甘谷毛家坪春秋秦墓车马坑出土器物对比，基本可以确定长方形车马祭祀坑年代为春秋中晚期。这也进一步说明被车马祭祀坑打破的 A 型、B 型祭祀坑的年代，不晚于春秋中晚期。

此次发掘中新类型祭祀坑的发现，丰富了考古团队对密畤布局、内涵的认识。此前在血池遗址、吴山遗址发掘的祭祀坑，年代基本属战国晚期至西汉时期。本年度发掘的下站遗址祭祀坑，有的年代不晚于春秋中晚期，是目前发现年代最早的畤祭祀遗存。这为今后以下站祭祀遗址遗存为基础，建立秦汉国家祭祀的分期年代标尺，提供了重要依据。

（卢　一　游富祥）

【秦雍城遗址】

发掘时间：2022 年 6—12 月

工作单位：陕西省考古研究院　宝鸡市考古研究所　宝鸡先秦陵园博物馆　宝鸡市凤翔区博物馆

雍城遗址位于凤翔区南郊，雍城遗址本年度发掘重点为瓦窑头建筑遗址，位于秦雍城遗址城址区东部，南北长 182 米、东西宽 74 米。遗址现处于台地上，高出周边 2—6 米，东侧为东风水库，南、西、北侧由于早期取土形成断崖。勘探资料显示，遗址中有多组建筑，发现夯土、灰坑、水井及瓦片堆积等。

目前已发掘出春秋时期大型建筑遗址 1 处、战国时期灰坑 3 座、汉代墓葬 2 座以及明清时期房址 4 座、道路 1 条、水井 1 口、灰坑 15 座、墓葬 4 座。

春秋时期建筑南北贯通于整个发掘区，平面呈南北向长方形，已发掘长度 72.1 米、宽 14.16 米。有南北向平行的 3 道夯土墙，发掘长度分别为：西墙 18 米、中墙 54.8 米、东墙 72.1 米，两侧墙宽 1.3 米、中墙宽 0.96 米，间距均为 5.3 米。西墙与中墙之间发现东西向隔墙 2 道，宽 0.7—1 米。夯墙之间堆积有大量建筑材料，厚度 0.1—0.2 米。夯墙残高 0.1—0.24 米，墙基厚 0.4—0.9 米，夯层厚 0.06—0.08 米，土质密实、坚硬，土色为浅黄色五花土。在中墙东侧发现壁槽 10 个，平面形状为方形或东西向长方形，宽 0.3 米、进深 0.36—0.48 米、残深 0.35 米。

3 道夯墙南北各为一个整体，墙基底部北部较南部高 0.58 米，夯墙间瓦砾堆积北部较南部高出 0.93 米。推测原建筑应连为一体，由于地势北高南低，建筑北部可能较南部高 0.6 米，高差处在距南端约 32.5 米处。

遗址中出土各类器物及标本 100 余件，主要为春秋时期的建筑材料，有槽形板瓦、筒瓦、半圆形瓦当等，在板瓦、筒瓦表面有大量的刻划文字及符号，内容有"五""工"等。

根据出土的建筑材料，初步确定，瓦窑头建筑时代为春秋中期，和马家庄宗庙遗址的时代相近或略早。遗址规模大，结构清晰，未发现散水、廊道等设施，结合甘肃大堡子山府库遗址、秦咸阳城府库遗址的特点，推测该遗址原为雍城的一处府库建筑。

此次发掘工作，为了解瓦窑头建筑遗址的性质、用途提供了科学资料，修正了关于秦雍城城市布局、设施、历史沿革的认识，同时为遗址保护展示奠定了良好基础。

（杨武站　王志远）

【秦咸阳城遗址】

发掘时间：2022 年 1—12 月

工作单位：陕西省考古研究院　西咸新区秦汉新城文物局窑店文保中心

秦咸阳城位于咸阳市内渭河两岸，为中国战国后期至秦朝的都城遗址。2022 年度，考古发掘工作在两处地点进行。第一地点为宫区六号建筑遗址，对夯土高台南部边缘继续清理，确认高台夯土南部界限、东西转折角，发现壁柱、廊道等建筑结构，并对台基外沿部分进行解剖，了解建筑修造方式。

台基南侧中、东部现存壁柱 18 处，基本沿台基底层东西分布，间距 2.7—3.2 米，最东部两组壁柱间距达 5.7 米。柱坑平均尺寸 30×40 厘米，部分底部有不规则形础石。东西向廊道宽 2.8 米，位于壁柱所在主体台基立面以南，破坏较严重，现为夯土基础部分，低于壁柱开口 0.4 米，未见廊道表面铺砖或使用期踩踏迹象。廊道以南发现厚约 2 米的较纯净人工垫土，该层内还发现车辙、动物蹄印等建设过程中残留的迹象。根据壁柱分布与遗迹水平高程特点，现初步判断高台下层南部可能存在四处功能不同的建筑空间。偏西部推测有向上的入口，向东则依次分布低层附属建筑或攀爬廊道。

第二地点位于六号建筑遗址东南 400 米的台塬之下，发现少量战国晚期遗存，距现地表深 3.6—4.2 米，保存较差，出土较多筒瓦、板瓦为主的建筑材料，筒瓦瓦沟内均为麻点纹，另见有葵纹瓦当、云纹瓦当等，与北部台塬上宫殿建筑时代一致。本年度发掘厘清了秦咸阳城宫殿区南部，即渭河北岸一级台地之下的地层堆积状况，确认古今地貌变化极大。战国时期地层以上的晚期堆积内多夹杂北部台塬向下冲积形成的淤土，这为我们了解秦咸阳时期原始地貌特征、复原城址环境提供了客观资料。

（许卫红　张杨力铮）

【西安市秦汉新城贺家战国至汉代墓地】

发掘时间：2021 年 8 月—2022 年 12 月

工作单位：陕西省考古研究院　秦汉新城周

陵文物保护管理中心

墓地位于秦汉新城周陵镇贺家村（原属咸阳市渭城区管辖），距秦咸阳城遗址城址区西北约6千米，周陵镇秦陵以东1.2千米。发现墓葬、沟、灰坑、道路、灶等遗迹。目前共发掘墓葬1400余座，绝大多数为战国晚期至秦代墓葬。

墓葬形制分为竖穴土圹、直线洞室和偏洞室墓三类，基本都有壁龛。葬具主要为单棺，部分为棚木、立柱及单棺组合葬具，少量为一椁一棺和瓮棺。墓主葬式主要为屈肢葬和直肢葬，屈肢分为仰身和侧身两类，屈肢程度不同。人骨已鉴定800余副，以成年人为主。

出土随葬品2800余件（组），多放置在壁龛内，部分放置在墓主头部及身侧。以陶器为大宗，分为仿铜陶礼器和日用器。仿铜陶礼器主要为鼎、壶、盒，日用陶器主要为釜、盆、罐等，质地以泥质灰陶为主，釜均为夹砂灰陶或红陶。铜器主要为带钩，有少量镜和镞，另有煤精石制品和釉陶饰件等。个别墓葬内发现戎式铲足鬲和彩绘骑马俑。

墓葬在发掘区内分布较有规律，西部多为偏洞室墓和竖穴土圹墓，向东推进偏洞室墓则逐渐减少直至消失；东部以直线洞室墓为主，间以竖穴土圹墓。东部发掘区边缘有带围沟墓葬群，其中发现6座3组体量较大、等级较高的竖穴土圹墓，盗扰严重，出土铜容器、兵器、漆器等。

发掘区周边历年来发掘大量同时期秦墓，形制、规格相近，应属同一处大型平民墓地。本次发掘除对秦都咸阳的平民和基层官吏丧葬礼俗研究提供一批新资料外，也能够推动墓地形成的动态过程、居址与墓地功能区互动关系、大遗址整体布局形态等问题的研究走向深入。

（张煜珧　史砚忻　张杨力铮）

【高陵榆楚战国至汉代墓地】

发掘时间：2022年2—4月

工作单位：陕西省考古研究院

墓地位于高陵区榆楚村，以往在该墓地开展文物普查工作时曾发现有少量被破坏的汉代砖室墓。此次发掘共清理古墓葬66座，按时代可划分为秦、汉、隋唐、清等不同时期。

其中秦墓51座，包括竖穴土圹墓与直线式土洞墓两种形制，后者数量偏多。墓向以东西向为主，墓道填土多经夯实，葬具常见单木棺。除一座双人合葬外，其余均为单人葬，葬式分仰身直肢和屈肢葬两类，前者仅见3例。部分墓葬内设有壁龛或头坑，用于放置随葬器物。出土器物按质地可分为陶、铜、银、骨等四类，以陶器为主，包括罐、壶、盆、釜、鼎、盒、瓮、钵和碟；铜器数量较少，有镜、带钩、铃、环等；其他仅见1件银环和1件残损骨器。结合墓葬形制及出土器物来看，这批墓葬的时代应在战国晚期至秦代。

汉代墓葬6座，均为带斜坡墓道的砖室墓，包括4座南北向墓葬及2座东西向墓葬，形制相近，一般由青砖封门，砖砌墓室，前室一侧或两侧附带耳室，属东汉时期常见的墓葬结构。6座墓葬均受到不同程度的盗扰，出土器物数量不等，包括陶、铜、铁、铅等不同质地，以陶器为大宗，主要有罐、壶等贮藏器，案、耳杯、勺等祭祀器以及仓、井、灶、釜、甑等模型明器，M4中还出土了4件陶乐舞俑，造型精美。此外，亦有少量铜钱、铜镜、铜灯、铜弩机、铜铃、铅饰等器物出土。

此次发掘墓葬以秦墓数量最多，这批墓葬分布集中，排列较为有序，相互间不见叠压打破关系，墓葬规格普遍不高，应系一处经系统规划的平民墓地，为探讨高陵地区秦墓分布、葬制葬俗演变及战国晚期至秦汉之际的文化传承等积累了实物资料。

（杨利平　殷宇鹏）

【西安雁塔区翟家堡战国至汉代墓地】

发掘时间：2021年11月—2022年10月
工作单位：陕西省考古研究院

墓地位于西安市雁塔区杜城街道原翟家堡村南，共清理秦汉、北朝、隋、唐、北宋、明清等不同时期墓葬648座，最主要的收获是发现了分布规律明显的秦汉墓葬群与西汉时期道路。

战国末期至汉初墓葬36座，主要分布于墓地东南部，墓葬形制多为竖穴墓道单室土洞墓，墓道朝向多为西略偏南。大部分墓葬为单人葬，葬式为侧身屈肢葬，头向均与墓道朝向相同，人骨保存较差。随葬品多置于壁龛内，以陶器为主，常见罐、鼎、盆、钵、盛、蒜头壶、釜等。

西汉墓288座，其中大部分为西汉早期墓，主要分布于墓地的南部、中部以及北侧边缘，墓葬形制多为竖穴墓道单室土洞墓，墓道朝向多为西略偏南。大部分墓葬为单人葬，葬式为仰身直肢葬，头向均与墓道朝向相同，人骨保存较差。随葬品或置于壁龛内，或置于墓室头端，以陶器为主，常见罐、缶、鼎、盛、壶、灶、釜、璧等，罐、缶常见"杜市"等戳印文字。

墓地东南部西汉早期墓集中分布区域，见有两组东北—西南向的平行主围沟，以及连通主围沟的支围沟。在两组主围沟之间，未见秦汉时期墓葬分布，但有道路踩踏面及车辙痕迹，推测为西汉时期与墓地关系密切的道路。道路东北方向约4千米即为秦汉杜县县城所在，推测该道路向东北可延伸至杜县县城。支围沟或为全包围结构，或为半包围结构，围沟内为西汉早期墓葬，多为2—3座为一组。

北朝墓25座，主要分布于墓地的东南部和西北部，墓葬形制多为长斜坡墓道单室土洞墓，墓道朝南，单人葬和多人合葬均见，墓室基本被盗掘一空。隋墓15座，主要分布于墓地的东南部，墓葬形制多为短斜坡墓道单室土洞墓，墓道朝南，以多人合葬为主，随葬品极少，主要为陶罐、铜钱、铜钗等。唐墓178座，小规模成片集中分布，部分墓葬打破秦汉时期墓葬。墓葬形制以斜坡墓道单室土洞墓为主，另有少量竖穴墓道单室土洞墓，墓道朝向以南为主，规格普遍较低，只有个别墓葬带有1到3个天井。墓葬以单人葬为主，被盗严重，随葬品较少，个别墓葬随葬有陶俑、铜镜。有3座墓葬各出土一合砖墓志，或仅见漫漶不清的朱书文字，或仅志盖刻有文字；另有1座墓葬出土两合石墓志，志主分别为唐代奉医大夫许孝崇及其夫人慕容昭明。

此外，还发现有少量东汉、北宋、明清时期小型墓葬，呈零散分布状态。

该墓地处于西安南郊，周边以往多有秦汉和隋唐墓葬发现，是汉唐长安城周边的墓葬集中分布区之一。此次大量集中秦汉墓葬的发掘，结合出土"杜市"等戳印陶文以及与杜县位置关系，推断其当为杜县或附近的大型平民墓地。

（孙战伟　魏　铖）

【商洛市刘塬战国至西汉秦墓】

发掘时间：2022年7—10月
工作单位：陕西省考古研究院

墓地位于商洛市商州区北新街以北、大赵峪街道刘塬村，在有关项目用地范围内共发掘墓葬55座，其中秦墓40座、宋墓6座、明清墓9座，出土陶器、铜器、铁器等共计

330余件。

秦墓多为竖穴墓道洞室墓，少量为竖穴土坑墓。墓地东部墓葬方向以南北向为主，墓地西部墓葬方向以东西向为主。葬具多为一棺一椁，墓壁及墓底有残存椁板壁柱、柱洞的痕迹；少部分为木质单棺。葬式以仰身直肢为主，少量屈肢。

竖穴土坑墓在墓室底部两侧有生土二层台。洞室墓的竖穴墓道部分多放置器物箱，仅存灰痕或木柱痕迹。随葬器物有铜器、铁器、陶器。铜器有鍪、壶、钫、鼎、镜、带钩、"半两"钱等；铁器有釜、鼎、剑等；陶器主要有壶、罐、盆、甑等组合，还有少量鼎、盒、钫、蒜头壶、茧型壶、缶等，多素面，有个别彩绘陶。

根据墓葬形制及出土器物判断，秦墓的年代应为战国晚期至西汉早期。刘塬墓地集中分布的秦墓保存较好，为研究商洛地区秦文化、秦楚文化的融合与交流提供了重要资料，对研究汉文化的形成过程同样具有重要价值。

（孙斯羽　马　亮）

【秦始皇帝陵兵马俑一号坑】

发掘时间：2022年3—12月
工作单位：秦始皇兵马俑博物馆

本年度发掘地点位于一号坑北侧中段，原编号T24方，国家文物局批准发掘面积为30平方米，具体区域为G8、G10两个过洞。

主要收获如下。

陶俑。2022年，T24G8出土陶俑16件，提取陶俑13件，拼对陶俑12件。T24G10出土陶俑12件，提取陶俑10件，拼对陶俑7件。

小件。G8清理提取出小件21件，分别为铜镞9件、铜2件、剑琫1件、矛4件、铜环销钉1件、铜镦3件。G10清理提取出小件15件，分别为铜镞12件，铜2件，铜环1件。

重要遗迹。完成G8、G10两个过洞内的战车的清理。G8战车位于T24与T23的交接处。车破坏严重，车辕残，残长2.3米，断面为椭圆形，径8—9厘米。车舆东西残长约2.3米，南北宽约1.8米。舆底可见竹编织纹，距车西南角约3米处。于距铺地砖上高约5—15厘米的淤土中，呈坡状南高北低，面积东西约50厘米，南北约40厘米，可见由三个不同方向的竹条编织而成，竹条表面呈褐色，编织条上可见粉白色彩绘及零星朱红色彩绘。编织物竹条宽度不一，约0.8—1厘米，可见车上部件经火焚烧为烧后炭迹及朽迹，但因残破太甚无法辨认其归属于车上哪个部分。

G10战车破坏严重。车辕残长约2.0米，直径约9厘米。舆底及车輢等均为炭迹、朽迹，舆底已朽，朽迹凌乱不明，舆底大小仍不清楚。在车右侧清出右车輢炭迹一段，残长约105厘米，宽约4—6厘米，应为輢柱，呈东西向。表面存黑色漆皮，漆皮由于空气原因均裂开。在东部可见漆皮上花纹，不是很清楚。在车輢前角处可见南北残长20厘米、宽15厘米的炭迹，可能是车輢拐角处。在车輢西部，西约10厘米处清出残长约18厘米、宽约1.5厘米木质朽迹，表面存白色物质。车中部、北部有诸多朽迹，清出东西约30—40厘米，南北约60厘米的褐色、黑色漆皮，怀疑是车上箱子朽迹，在其周围及上部有铜镞及箭笴，较凌乱，箭笴存朱红色彩绘。在箱子北部清出布纹一处，挤压变形，清出东西约60厘米，南北约20—30厘米，表面存褐色漆皮。车西北部暂未清理完毕。已清理出一长方形木框，从原报告参考应为车"轫"，因为在车左右都有一个，是相对应的。"轫"残长约21.5厘米，残宽约3

厘米。

（申茂盛）

清理。

（蒋文孝　冯锴　邵文斌）

【秦始皇帝陵C区1号墓】

发掘时间：2022年8—12月

工作单位：秦始皇帝陵博物院

秦始皇帝陵C区1号墓位于秦始皇帝陵园外城西侧约440米处，南距原临马公路约250米，是带有两条斜坡墓道的南北向中字形墓葬。

本年度对墓葬北侧两个陪葬坑P2、P3进行了发掘。坑内堆积单一，全为深色五花土。根据残留迹象判断，坑内原始结构为：四周距坑壁约0.6—1米处有木箱，上搭木板（未见底板），形似一个倒扣的方盒子。上面覆土填埋，盒内放置车马。

P2南北长9米、东西宽6米、深4米，面积54平方米。已出土四马木车1辆，马骨保存基本完整，均佩带马勒等马具；车已朽，可见盖弓帽、辖䌫、弩辄、角柱饰等青铜构件，车舆部分保留有较多的彩绘遗迹。

P3位于P2东侧，上层约2米的填土部分已被破坏。南北长27米、东西宽5米，面积135平方米，为三个陪葬坑中面积最大的一个，残存深约2米。发现盗洞类遗迹13处，大多数在底部连为一体，对陪葬坑造成巨大破坏。清理木车残迹4处，基本完整车轮遗迹1处；马骨遗迹13具，羊骨遗迹6具。根据残留遗迹来判断，埋藏4组马车及1组羊车。

此外，考古团队对北墓道也进行了发掘。墓道内堆积单一，为深色五花土，经过夯筑，上层为细夯，层厚约10厘米，下部为粗夯，厚约20—50厘米。

2022年10月底，按照既定方案，考古团队顺利完成墓葬棺椁的整体打包和提取，并迁移其到文物库房进行保护和后期室内

【秦始皇帝陵园内外城东门之间附属建筑】

发掘时间：2022年3—12月

工作单位：秦始皇帝陵博物院

秦始皇帝陵园内，外城东门之间附属建筑遗址（以下简称"附属建筑"）位于秦始皇帝陵园中部偏南，陵墓东西轴线的正东，内、外城东门之间，东距秦始皇帝陵园外城东门约150米，西距秦始皇帝陵封土约300米。为配合秦始皇帝陵园外城垣保护工程项目以及解决秦始皇帝陵园重大学术问题，秦始皇帝陵博物院考古工作部对附属建筑的南半部分进行了考古发掘，共布设10个探方，发掘面积共计1000平方米。

经发掘，遗址的地层堆积较为简单，共分为3层：①现代保护层堆积；②明清时期平整土地形成的堆积；③秦代文化层。除秦代遗存外，此次发掘共清理4条晚期自然冲积沟，9座现代墓葬和17个明清和现代灰坑，这些遗迹均打破附属建筑的倒塌堆积或夯土层。

附属建筑遗存除倒塌堆积外，主要残存4处建筑夯土遗存，平面整体呈"凸"字形，在夯土之上发现柱洞，其中2个仍残存有柱础石，呈方形，上半部分遭到破坏，下半部分保存完整。在凸出的夯土两侧发现有包砖现象。遗址内出土有大量的板瓦、筒瓦、瓦当、铁质构件等。其中提取较完整的瓦当20余件，多为云纹圆瓦当，少量为云纹半瓦当，另有4件大夔纹瓦当残块；提取铁器20余件，绝大多数是连接木头的八角、铁钉等建筑构件；提取筒瓦、板瓦500余袋，个别筒瓦和板瓦上有戳印的"左司""左水"，与秦陵其他地区出土的陶文基本一致。

根据夯土堆积的形制以及柱础、倒塌堆

积的分布情况等推测，附属建筑可能是一处廊庑式高台建筑，可能为秦始皇帝陵内、外东门之间的一组礼制建筑。此次发掘为研究秦代帝陵形制、丧葬礼制和帝陵的功能朝向等问题提供了资料。

（付　建　和菲菲　王红艳　邵文斌）

【西安市雁塔区杜城秦汉遗址】

发掘时间：2022年7—9月

工作单位：陕西省考古研究院

遗址位于西安市雁塔区杜城街道杜城村北，西距皂河0.8千米。清理秦汉时期遗迹114处，包括灰坑92座、水井18座、陶窑4座，出土石器、陶器、铜器、铁器等各类文物标本853件（组）。此次发掘最为重要的收获是发现了丰富的西汉制陶遗存。

灰坑现存坑口形状以椭圆形居多，长方形或方形次之，坑壁均直壁内收，坑底有平底和圜底两种，以平底居多。根据填土及包含物推测绝大多数为垃圾堆积坑，部分灰坑从相对位置和出土物来看还可能与陶窑有关。水井主要为圆形或椭圆形，部分水井发现有陶质井圈。根据水井内所出土的大量较完整的陶器残次品来看，大部分水井在废弃后被直接用作垃圾堆积坑。陶窑均为马蹄形半倒焰式窑，其中Y4保存状况稍好，由操作坑、窑门、火膛、窑床和排烟设施组成。

出土遗物以陶器为大宗，器类有罐、釜、盆、甑等日用陶器以及筒瓦、板瓦、瓦当、铺地砖、水管道等建筑材料。发现有大量陶支垫、陶垫盘、陶拍等与制陶相关的生产工具，还有人物俑范、动物俑范以及用于制作特殊器物的内外模。陶窑、部分灰坑和水井中更是发现了大量烧成的日用陶器和建筑材料的残次品，以罐和铺地砖为主。

根据出土陶釜、盆、甑以及板瓦、瓦当、俑范等典型陶器判定，遗址年代集中于秦汉时期，同时根据"建平""四年""平四"等纪年材料推断，该制陶作坊至少延用至西汉哀帝建平四年（公元前3年）前后。上述重要遗迹及制陶工具的集中出土，暗示着这一区域或与陶器生产有密切关系，当为一处以烧制日用陶器和建材类产品为主的制陶作坊。

结合2021年度在该作坊西南部500米处发掘的西汉早期铸铁作坊遗址，可见两处作坊遗址位置相邻、年代相近、规模较大、遗存丰富、内涵完整，是秦汉时期一处大型手工业生产区。遗址区距离秦汉杜县县治较近，特别是所出有"杜市""杜亭""杜"等陶文，可知该手工业区可能从属杜县，为官方所有。遗址规模大，产品种类丰富、产量多，除生产大量日用陶器和农用工具外，还生产陶俑、建材、釉陶、铜铁容器、车马器等高级产品，其服务范围除满足杜县及周边地区需求外，极有可能辐射至汉长安城内。

杜城制陶、铸铁手工业遗址连片、集中分布的特征，与商周时期的手工业区分布特征一致。通过对该遗址的科学发掘，极大地丰富了关中地区秦汉时期与铸铁、制陶相关的实物资料，经大面积揭露、系统化发掘所获的丰富信息，为研究秦汉时期的生产技术与组织结构、聚落布局乃至社会面貌等问题提供了重要依据，也为进一步探索城市手工业考古理论与方法提供了全新思路，是近年秦汉手工业考古的一次重要发现。

（强玉为）

【西安市西咸新区西坡秦汉遗址】

发掘时间：2021年12月—2022年5月

工作单位：陕西省考古研究院

遗址位于西咸新区沣东新城建章路街道西坡村（原属西安市未央区）以北。陕西省考古研究院在项目用地范围内清理灰坑55座、墓葬1座、水井1眼、灰沟6条。出土绳纹板瓦、瓦当、陶瓮、瓷碗、瓷罐等文物32件。根据出土器物判断，遗迹年代主要分为秦汉、明清两个时期。遗址中还发现大量地震造成的沙脉迹象。

此次发掘秦汉时期遗迹中出土较多建筑用瓦，其中以板瓦数量最多，筒瓦较少，另有少量瓦当（卷云纹及文字瓦当），少见秦汉时期日用陶器。

西坡遗址北距渭河2.5千米，东南距汉长安城3.6千米，应处于秦汉时期上林苑范围内。发掘出土的秦汉建筑材料应属具有一定规模的宫殿建筑，可能是上林苑内的离宫别馆。

明清时期遗迹为灰坑、灰沟，出土器物以灰陶罐、盆、黑釉瓷器、青花瓷器为主，多为日用器物。明清时期该区域应为一处普通居址。

遗址所在地原为古河道，现地表1.2米以下为淤泥层，其下全部为细沙。此次发掘清理出大量地震喷沙——沙脉迹象。地震喷沙打破秦汉时期遗迹，同时被明清灰坑打破，可知这是一次发生在西汉之后、清代之前的较强震级的地震，为研究关中地区地震史提供了实物资料。

（杨 磊）

【西安三殿汉代古桥遗址】

发掘时间：2022年9—11月

工作单位：陕西省考古研究院

遗址位于西安市半引路西侧，东三环东侧，红旗社区卫生服务中心西北侧，西距现浐河约400米。发现桥桩874根，桥桩范围在发掘区内残长74.64米、残宽20.54米。

桥桩成排分布，呈西北—东南走向。形制可分为方形木桩、圆形粗木桩、圆形细木桩三种。根据木桩布局情况及碳十四测年数据分析，方形木桩和圆形粗木桩年代较早，布局较规整，应为西汉早期始建桥梁时栽设。大部分圆形细木桩位于方形木桩、圆形粗木桩之间，分布规律性不强，且年代较晚，或为西汉至东汉时期修补桥梁时所立。在桥梁南侧有一排较稀疏的圆形木桩，距离其他木桩较远，应具有一定特殊意义。

通过观察解剖沟剖面，发现桥桩之上存在着多层水成砂层和卵石层，说明在桥梁废弃后，该区域经历了多次河水冲刷，甚至河流改道。因此，除木桩外，其他桥梁结构及周边遗物已完全不存。

自古桥发现起，现场文保工作和各类科技测试一直有序进行。采用覆膜保护的手段对木桩进行现场保护；对木材含水率、土壤温湿度、空气温湿度等进行人工监测，为后续预防性保护提供依据；通过碳十四测年、堆积层沙石热释光测年、树木年轮分析、树木种属鉴定等综合手段分析古桥建造、使用及废弃过程。

西安三殿汉代古桥是迄今为止在浐河流域考古发现的唯一一座汉代古桥，东西跨度大，南北宽度宽，桥桩密集，是汉代高等级桥梁的代表，为研究汉代桥梁构造及修补过程提供了丰富的材料。该桥东正对西汉薄太后南陵及汉文帝霸陵，可能为帝陵营建这一汉代重大国家工程的重要组成部分。又因其位置在南陵、霸陵与汉长安城之间，也为研究汉代道路交通路线提供了重要参考。根据文献"南陵桥坏，衣冠道绝"的记载，推测其可能为"南陵桥"，进而为寻找汉文帝"顾成庙"提供了重要线索，同时也对研究西汉衣冠道及早期陵庙制度变化具有重要意义。

（陈爱东　王 曾）

【西汉霸陵遗址】

发掘时间：2022年1—12月

工作单位：陕西省考古研究院　西安市文物

保护考古研究院

霸陵位于西安市灞桥区狄寨街道江村东部的台塬上，北距世传为汉文帝霸陵的"凤凰嘴"约2000米，东距窦皇后陵800米。2022年，西汉帝陵项目延续2021年汉霸陵的考古发掘工作。发掘区域共计4处，其中霸陵3处，南陵1处。发掘、清理外藏坑1座、动物殉葬坑78座、墓葬2座。

外藏坑K15位于汉文帝霸陵东北，总长32.5米，目前发掘深度约2.5—3米。该坑盗扰严重，盗洞内出土有板瓦、瓦当等建筑材料。

霸陵动物殉葬坑共发掘23座，均为竖穴土圹结构，一般长1.2—3.3米、宽0.8—2.2米、深0.5—1.9米。椁具可分砖栏、陶棺、木椁三类，放置虎、貘、牦牛、印度野牛等12个属种的动物骨骼，另外还随葬陶俑、陶罐等。

霸陵祔葬墓FM1平面呈"甲"字形，东西向，总长56.5米，无封土。其中墓道长37.0米、宽4.0—14.6米，两侧设有"之"字形台阶，部分台阶存有柱洞。墓室平面呈正方形，边长19.5米、深约13.5米。目前正在清理墓内填土，发掘深度5.7—6.2米。填土以五花夯土为主，厚0.10—0.25米，夯窝直径0.06米，填土内发现铁夯头、铁钎等。在FM1墓室南部发现一晚期墓葬（M2），坐北面南，平面呈"甲"字形，通长23米，其部分墓道和墓室打破FM1墓室。现发掘深度约7米左右，在墓室填土夯层上发现动物骨骼遗迹2处，另有木炭、植物种子遗存等。

南陵动物殉葬坑共发掘55座，一般长1.3—2.6米、宽0.8—1.8米、深0.6—2.5米。坑底椁具为砖栏和陶棺，部分随葬陶俑、陶器等。经鉴定动物属种有金丝猴、靴脚陆龟、丹顶鹤等30类。

本年度考古发掘的动物殉葬坑，应当是皇家苑囿在地下的再现，是西汉帝陵外藏系统的一种新的遗存类型，对研究西汉帝陵制度、秦汉皇家苑囿文化等具有重要的学术价值。

（马永嬴　曹龙　朱晨露　张婉婉）

【蓝田县青羊庄汉墓】

发掘时间：2022年9—11月

工作单位：陕西省考古研究院　蓝田县文物旅游局

墓地位于西安市蓝田县三里镇青羊庄村，陕西省考古研究院在项目范围内共发掘墓葬2座、灰坑3座，墓葬年代均为西汉中期，出土铜器、玉器、铁器等共计40余件。

M1为斜坡墓道竖穴积沙墓室，平面呈"甲"字形，坐西向东。墓葬全长27.3米，由墓道、封门、甬道、墓室等组成。甬道位于墓道西端，平面呈长方形；封门为砖砌封门；墓室平面呈长方形，口大底小；葬具为一椁双棺，棺椁结构清晰，整个墓室似经火焚，椁内有隔板分室，棺室南、北两侧各置一具木棺；头箱内置铜鼎、铜灯、漆器等，墓室及棺椁外均积沙。随葬器物有铜器、铁器、玉器、漆器等，漆器均为铜釦木胎。

M2为斜坡墓道土洞墓，坐北向南。墓葬全长26.6米，由墓道、前室、后室三部分组成。前室平面略呈方形，竖穴土圹。后室为土洞，拱顶坍塌，平面呈长方形，根据残存木痕推测，前后室原均应有棺椁结构。因早期被盗，随葬品仅存少量"五铢"钱及陶钫盖、陶囷盖、残铁锛等。

M1是目前西汉时期保存较为完整的中小型积沙墓，在椁底填白膏泥葬俗具有楚文化因素，对研究汉代积沙墓提供了重要资料。

（孙斯羽　马亮）

【西安市灞桥区水沟汉唐墓地】

发掘时间：2022年1—4月

工作单位：陕西省考古研究院

墓地位于西安市灞桥区纺一路以南、纺科路以北、纺纪路以东区域。位于白鹿原北端，西北距汉长安城约15千米，西距唐长安城约10千米，西距浐河约3千米，东南距汉文帝霸陵5.4千米，地势东南高、西北低，发掘区内墓葬密集，时代跨度较大，包含汉、唐、宋、明清等时期墓葬。共发掘墓葬136座，出土器物1288件。

汉墓年代跨度较大，西汉墓葬形制多为长斜坡墓道土洞墓，墓室面积较大，等级较高；东汉墓葬多为斜坡墓道多室墓，墓室有土洞墓和砖室墓两种。发掘区中部残存一处带封土大墓，为"三普"文物点"水沟古墓"，经专家论证，予以原址保护，未发掘。"水沟古墓"附近发现西汉早期斜坡墓道土洞墓1座，出土有数量众多、种类丰富的青铜器、玉石器、骨器等。其中出土的四联瓷罐，其风格形制与岭南地区出土器型一致；出土铜灯2件，形制与满城汉墓所出"当户锭"铜灯相近；出土铜鼎7件、带盖铜壶8件，部分具"橐邑家"铭文。

该墓内未见人骨、钱币、陶器等汉代墓葬所常见的遗物，或为大墓之陪葬坑。大墓周边发现有四座较大的长斜坡墓道土洞墓，垂直于大墓分布，于大墓同处于一个大的围沟之内，中间有小围沟分割，可能为大墓的陪葬墓。

唐代墓葬53座，均为南北向，以斜坡墓道土洞墓为主，发现一座斜坡墓道带四过洞四天井的砖室墓，过洞两侧共有6个壁龛，龛内出土有侍女俑、风帽俑、陶骆驼、陶牛、陶狗等陶俑600余件；墓室平面近圆角方形，墓室为竖穴土圹式，墓室总体保存较差，墓顶已毁，直壁部分仅存四边折角。折角处残存有少量壁画，保存极差，仅能辨认出两人，为坐姿，吹奏乐器，判断其整幅画面应为宴饮类图像。宋代墓葬11座，均保存较差，盗扰严重，出土有铁牛、铁猪、"宋元通宝"铜钱等。

水沟墓地位于白鹿原北端，地势较高，各时期墓葬分布密集，形制多样，规格差异明显，出土器物丰富，为研究该区域汉、唐、宋时期墓葬发展演变规律提供了重要研究材料。"三普"文物点"水沟古墓"虽未发掘，但从其周边陪葬墓及围沟规模上来看其等级较高，"橐邑家"铭文的发现为推测墓主身份提供重要参考，其与文帝霸陵同处于白鹿原之上，可能为霸陵陪葬墓，为寻找霸陵陪葬墓范围提供了重要材料。唐代长安城东郊，中小型墓葬密集，此次发现的四天井唐墓为该区域近年来少见，对研究唐长安城东郊及白鹿原上不同等级墓葬分布规律具有重要意义。

（陈爱东　王　曾）

【西安市未央区新光汉代墓地】

发掘时间：2022年3—9月

工作单位：陕西省考古研究院

墓地位于西安市未央区北三环大明宫建材市场东侧，未央区北绕城高速以北、昭远门路以南。处在汉长安城东北、唐长安城正北。共发掘墓葬283座、灰坑13座、沟1条、井4眼、窑址4座，出土器物1870件。

汉代遗迹可分为墓葬、灰坑、窑址、井等几类，墓葬可分为竖穴墓道土洞墓、斜坡墓道土洞墓、长斜坡墓道砖室墓三种。竖穴墓道土洞墓，墓向不一，墓室较小，出土陶器多为罐、壶、灶、钫、盒等；长斜坡墓道土洞墓，墓向不一，墓室面积大于竖穴墓道土洞墓，部分墓葬存在纵向或横向天井，出土器物有陶罐、陶盒、陶鼎、陶仓、陶灶、铜器等；长斜坡墓道砖室墓，多为南北向，墓室面积较大，可分为单室券顶墓和多室墓两种，出土器物中釉陶器较多，有罐、仓、壶、单孔灶、鼎等，其年代为西汉晚期至东汉时期。砖室墓部分在墓室上方开有长方形天井，较为特殊。

值得一提的是，未发现任何唐代遗迹，应与该区域处在唐代禁苑范围内、平民难以涉足有关。

新光墓地墓葬较为密集，出土器物较为丰富，墓葬以汉代墓葬为主，形制多样，年代持续时间较长，为研究西汉至东汉墓葬形制变化，随葬品变化等内容提供了丰富的材料；有隋墓而无唐墓说明此区域属于唐代禁苑范围内，对进一步明确唐代禁苑北部边界具有重要参考意义。

（陈爱东　王　曾）

【西安市浐灞生态区白杨寨汉唐时期墓地】

发掘时间：2022年1—12月
工作单位：陕西省考古研究院

墓地位于浐灞生态区白杨寨村（原属西安市灞桥区）南，处在浐河西岸二级台地上，东距浐河1.3千米。该区域墓葬密集，时代跨度较大，包含汉、唐、明、清各时期墓葬。本年度继续延续2020、2021年度工作，发掘汉墓、隋墓、唐墓、明清墓655座，出土器物2757件。

汉代遗迹可分为墓葬、灰坑、窑址、沟等几类，其中墓葬主要分布于发掘区南侧，有竖穴墓道土洞墓、长斜坡墓道土洞墓、竖穴墓道砖室墓、长斜坡墓道砖室墓四种。竖穴墓道土洞墓，墓向不一，墓室较小，出土器物多为罐、缶、壶、灶等；长斜坡墓道土洞墓，墓向不一，墓室面积大于竖穴墓道土洞墓，部分墓葬存在纵向或横向天井，出土器物有罐、盒、鼎、仓、灶、铜器等；砖室墓多为南北向，墓室面积较大，可分为单室券顶墓和多室墓两种，出土器物多为罐、囷、单孔灶、釉陶壶等，其年代为西汉晚期至东汉时期。其他遗址主要分布于发掘区中部偏北位置，与墓葬区有明显间隔。

隋墓均为南北向，形制种类较多，可分为靴形、梭形、梯形、"一"字形、刀形、"甲"字形等形制，年代自隋初延续至隋末。出土有"五铢"铜钱、釉陶四系罐、陶牛、陶俑、铜镜、瓷器等。

唐墓均为南北向，可分为竖穴墓道和斜坡墓道两类，其中斜坡墓道年代较早，竖穴墓道多为晚唐时期。发现中晚唐时期宦官家族墓地一处，目前发现6座墓葬，根据墓志信息及墓葬分布，推测最西侧2座为刘弘规及其夫人，中部为刘弘规二子刘行深，东侧3座分别为刘行深四子刘崇礼及夫人、六子刘殷礼，推测其祖孙三代呈东西向排列，兄弟间呈南北向分布。家族墓地中部的M1373虽盗扰严重，但甬道和墓室内残存部分壁画保存较好，画面丰富。甬道两侧绘有八人抬轿、牛车、侍女等仪仗内容，墓室内则绘有乐舞杂戏、宴饮等题材，画面紧凑丰富，人物惟妙惟肖，颜色艳丽多样，风格上体现出明显的唐末期多种风格变化杂糅的特征。

白杨寨墓地是近年来西安地区浐河西岸发现的重要汉—唐时期墓葬群，墓葬数量密集，形制多样，出土器物丰富，为研究该区域汉至隋、唐墓葬发展演变规律提供重要研究材料；唐代墓葬中出土有较多的经幢、经牌等佛教相关物品，为研究唐代佛教信仰提供了重要资料。由6座墓葬组成的刘弘规家族墓地布局清晰，排列有序，是目前首次全面揭露、科学发掘的中晚唐时期的宦官家族墓地，为研究唐代家族墓地墓葬布局排列提供了难得的资料；出土的墓志材料不仅为刘弘规家族补充了新成员，增添了新资料，更为研究晚唐时期政治变迁提供了重要资料。

（陈爱东　王　曾）

【西安市长安区贾里汉唐及宋代墓地】

发掘时间：2021年11月—2022年12月

工作单位：陕西省考古研究院

贾里村位于神禾塬，西距香积寺2千米，北距长安区政府4.5千米，是一大型村落。该村东南侧曾发掘西周遗址、秦"夏太后"墓，此次发掘墓地位于村庄北部，与前两者相距约2千米。陕西省考古研究院主持对项目用地进行大面积揭露式发掘。目前，已清理汉、唐等时期墓葬786座，出土陶、铜、金等各类器物2000余件（组）。

汉墓96座，主要集中于发掘区东北隅。多数为西向中小型竖穴墓道洞室墓，与以往关中地区常见中小型汉墓类同。以单人葬为主，仰身直肢，木棺。随葬品中陶器占比最多，生活陶器有罐、盆、缶等，陶礼器组合多为鼎、钫、盒。铜镜、铁剑、绿松石印等也有发现。另外，19座墓葬共出土64件陶壁，为以往关中少见。陶壁直径约20—22厘米，正面谷纹，背部素面，均位于棺之四周，应是棺上装饰物。墓葬年代从西汉早期延续至两汉之际。

唐墓53座，15座为天井墓，墓葬特征、随葬器物与以往关中唐墓类同。共出土10合石刻墓志。据墓志内容与墓葬分布，确认为"董氏"与"梁氏"两家族墓地。

"董氏家族"墓共5座，均为天井墓，规格最高为5天井，墓主董九思及夫人。出土塔式罐、雀绕花枝镜等典型盛唐之物；另有一套银质筷、碗、勺等餐具。董九思墓北，为其嫡子董昌龄墓，该墓为4天井。董九思墓西侧南、北，有3天井、2天井墓各一，为董九思兄弟墓葬；2天井墓之北，为董九思侄孙女墓（单天井）。

"梁氏家族"墓仅3座，均为3天井砖室墓，整体呈"品"字形分布。两座墓东西并排落于南侧，方形围沟环绕。两墓中间隔有一道南北向支沟，将墓园等分。西侧为文明元年（684）"司农主簿"梁幹与两妾三人合葬墓，东侧为夫人冯宝墓。出土同期少有的汉白玉俑、青石俑、青石马等。其子梁景猷与妻合葬于两墓北部、围沟以外，墓葬形制相仿。

宋墓359座，主要集中于发掘区中北部，排列整齐有序，据中间空白地带，可分为东西墓区，或代表不同社会组织单元。多见小型竖穴墓道洞室墓，朝南，多数未见随葬品，仅少数出土钱币、瓷器。该处应是宋代平民墓地。

贾里墓地的发现与发掘，为进一步厘清神禾塬古代聚落变迁提供了新材料。不同时期的墓葬发现，为研究汉唐宋长安城周边的历史与人文提供了新素材。

（种建荣　史　晟）

【西安市莲湖区三民西晋至隋唐墓地】

发掘时间：2022年1—6月

工作单位：陕西省考古研究院

墓地位于西安市莲湖区枣园街道三民村，地处汉长安城未央宫正南、隋唐长安城西北，属龙首塬西南缘，亦称"龙尾塬"。本年度，继续发掘北朝至隋唐时期墓葬128座，出土文物300余件（组）。其中，唐天宝十年（751）武官曹僧度墓园为本年度重要发现。

曹僧度墓园（M198）由南北向长方形围沟和围沟中部的长斜坡墓道三天井土洞墓组成，出土墓志和陶质彩绘文物130件（组），尤以6件大型镇墓俑和1件匍匐跪拜俑最为精美，为近年来唐墓发掘所少见。墓主曾追随玄宗李隆基参与重要政治事件，卒后得"天恩怀旧，礼物赠之；太常羽仪，葬日陈送"的殊荣。

三民墓地两年度共清理西晋至明清时期墓葬285座，墓地西侧为57座唐初宫人葬地。墓地东部以唐代中、小型墓葬为主，墓主有唐王朝宫廷内侍、低级官吏及庶民等，间或分布有西晋、北魏、西魏、隋唐之际及明清时期墓葬。此外，发掘一座长斜坡墓道三天井墓葬（M167），墓道与天井壁面修理规整，而过洞壁面却显粗糙，不见修整痕迹，且各过洞口与墓底地面形成落差，又不见墓室，初步推测系废弃墓葬，其废弃现象及原因值得关注。

另在墓地最东部发掘区清理1处道路遗迹，呈南北走向。道路保存较好，路面紧实坚硬，部分位置车辙密集，东侧留有排水沟，排水沟内发现较多汉代砖瓦，宽约5米。该道路被北魏和隋唐墓葬打破，又因其向北正对汉长安城西安门，故该道路或为汉长安城西安门外大街。

（苗轶飞　梁依倩）

【西安市长安区等驾坡魏晋十六国时期墓地】

发掘时间：2022年7—9月

工作单位：陕西省考古研究院

墓地位于西安市长安区细柳街道等驾坡村。此次考古发掘共清理魏晋、十六国、隋、北宋、明清墓葬87座，最主要的收获是发现了集中分布、排列有序的魏晋、十六国时期墓葬。

魏晋墓11座，均为斜坡墓道土洞墓，单室墓4座，前后室墓7座，部分墓葬带有侧室。11座墓葬中9座位于发掘区北部，南北向有序排列，其中M3、M10为二次葬。出土陶罐、陶盆、铜镜、"五铢"铜钱、"大泉五十"铜钱、"货泉"铜钱、"部曲都印"铜印，时代为魏晋时期。2座位于发掘区西南部，东西向，出土陶罐、陶盆、陶盘、陶俑、陶灶、陶井、陶猪、陶鸡、陶狗、铜镜、"五铢"铜钱、"货泉"铜钱，时代为西晋时期。

十六国时期墓葬19座，均为斜坡墓道土洞墓，单室墓8座，前后室墓11座，部分墓葬带有侧室。19座墓中1座位于发掘区北部，南北向，18座位于发掘区西部，东西向有序排列，其中M17为二次葬。出土陶罐、陶车、陶俑、陶鸡、陶猪、陶灶、陶仓、陶井、铜熨斗、"丰货"铜钱。M19、M20、M21、M22、M23墓室有生土台作为棺床，M19、M20有土雕箱子、柱子等遗迹。

此次发掘的魏晋、十六国墓葬均为斜坡墓道土洞墓，出土器物类型相似，说明该区域作为葬地具有延续性；墓葬排布有序、器物组合基本相同，应为家族墓地。

等驾坡墓地地处细柳塬，为长安城周边墓葬集中分布区之一，此次发掘的集中分布、排列有序的魏晋、十六国墓葬，为研究长安地区魏晋十六国时期中小型墓葬的选址、布局等问题提供重要资料。

（陈徐玮）

【咸阳洪渎塬十六国大墓】

发掘时间：2022年1—6月

工作单位：陕西省考古研究院　顺陵文管所

墓葬位于咸阳市底张街道布里村（现属空港新城管辖），西距机场二期发现的十六国大墓M298约3千米，西南5千米为雷家村十六国墓地，东北2千米为唐顺陵。

该墓系斜坡墓道带两个天井的前后室土洞墓，平面近"中"字形。坐北向南，水平总长98米，墓室底距地表深16米。由斜坡墓道、2个过洞、2个天井、6道砖封门、2个壁龛、前后甬道和前后室组成。墓道呈斜坡状，坡度较小，东、西、北三壁各留有三级台阶。在墓道北端靠近砖封门的两侧壁面上，均刷白灰。墓道内填土较硬，逐层夯打。两个过洞长约 10 米。两个天井近方形，长 3.6 米、宽 3.5—3.8 米。在第一天井的东西两壁下各开一壁龛，龛内随葬模型明器和动物俑等。墓葬前、后室均近方形，顶部较平。该墓盗扰严重。在前室东部发现一套乐俑，东、西两侧各 10 位跪坐女乐俑，分别持有不同乐器。中间偏南为坐在方形薄板上 4 位乐人，南北两端各站立 2 名女乐人。墓葬内未发现人骨、葬具痕迹。共出土各类随葬遗物 127 件（组），主要集中在壁龛和前室内，以各类陶俑和灰陶器为主。据墓葬形制及出土文物，初步判断墓葬的时代为前秦时期。

该墓规模与西安少陵原发现的 3 座十六国大墓、机场二期 M298 接近，均为十六国时期大型墓葬，墓主身份较高。该墓中的乐俑组合是此次考古发掘的重要发现，乐俑数量多、组合完整。经室内复原修复，所有乐俑的手持乐器基本一一对应，不仅完整再现当时乐舞场面，同时也可体现墓主身份尊贵。该墓的发现，不仅为关中地区十六国大型墓葬的研究提供了新的考古资料，同时也为十六国丧葬礼乐中的乐器、参与者、场景等内容研究提供了实物参考。

（赵占锐）

【咸阳北周宇文觉墓】

发掘时间：2022 年 7—11 月

工作单位：陕西省考古研究院　北杜文管所

墓地位于咸阳市北杜街道北贺村，北临机场高速。墓葬地处北朝至隋唐时期高等级墓葬的集中分布地——洪渎塬。其东约 1 千米为北周谯孝王宇文俭墓，东北约 7.8 千米为北周武帝宇文邕孝陵，西北约 3.5 千米为北周重臣豆卢恩家族墓地。

发掘表明，该墓坐北向南，为长斜坡墓道带四天井的单室土洞墓，盗扰和破坏严重。墓葬水平总长 56.84 米、墓室底距地表深 10 米。墓道长 29.84 米、宽约 1.5 米；天井 4 个，均为长方形，尺寸一致，长 3.4 米、宽约 1.5 米；甬道进深 2.4 米、宽 1.48 米，砖封门位于甬道中部，盗扰后仅存西部。墓室顶部应为较平的穹窿状，平面近方形，底部以灰色、红色的条砖错缝平铺。南北长 3.2—3.6 米、东西宽 3.3—3.4 米，直壁高 1.38 米，四壁残存很薄的白灰面，底部有红色宽边栏，白灰面直接涂绘于生土墓壁上，脱落严重。在墓室西北部填土内清理出大量料珠、玉块残块，东北部出土鎏金铜剑首，推测原有佩剑、玉组佩随葬。在墓室北部填土内有木屑、人骨，判断葬具为木棺，横置在北壁下。

墓葬内现出土随葬遗物 146 件（组），集中在墓室东南部。以各类陶俑为主，与西魏、北周墓葬出土陶俑基本一致。墓志置于墓室入口东侧，盖盝顶，无字无装饰，志方形，正面界格楷书大字"周故略阳公/宇文觉墓/二年十月/壬申"，志文以朱砂描红。

根据志文及周边考古发现，该墓墓主应为北周开国君主孝闵帝——宇文觉。《周书·孝闵帝》记载，宇文觉为宇文泰嫡子，九岁获封略阳郡公，周元年（557）正月即位，受权臣宇文护迫害，十月驾崩，年十六。建德元年（572）武帝宇文邕诛杀宇文护后，谥宇文觉"孝闵帝"，陵曰静陵。此次发掘表明北周孝闵帝于周二年（558）以"略阳公"的身份安葬。

新发现的北周宇文觉墓是北朝考古的重要发现，该墓是继武帝孝陵之后，确认的第二座北周帝陵——静陵。不仅补充了宇文觉个人史料、北朝史，且为北周其余三座帝陵分布位置提供了重要信息。

（赵占锐）

【咸阳龙枣村北周大墓】

发掘时间：2021年5月—2022年6月

工作单位：陕西省考古研究院

墓地位于咸阳市底张街道龙枣村（现属空港新城管辖）西北、韩家村东南，地处洪渎塬上。在上年度工作的基础上，2022年继续对建设用地区域进行全揭露式考古发掘，共清理墓葬117座，以汉代墓葬最多，共93座，另有少量北周墓、唐宋墓、明清墓，出土各类文物1293件（组）。最为重要的收获是发掘了一座北周时期大型墓葬。

该墓为长斜坡墓道单室土洞墓，由墓道、5座天井、2座壁龛、甬道、墓室组成，总长60.2米。墓葬被盗非常严重，墓室内的随葬品及墓主人遗骸几乎不存，也未发现墓志，仅见到少量串珠、铜饰片、陶瓶及一块石门残块。第五天井处两座壁龛保存完好，出土了207件陶俑及陶罐、陶灯、模型明器等随葬品。墓葬所在区域晚期破坏较大，未找到围沟等地面遗迹。从墓葬位置、形制及随葬品风格来看，该墓时代应在北周天和年间，墓主人为九命以上的高级别贵族。

洪渎塬在北周时期是皇室成员等高阶贵族的集中埋葬区，此次发现的北周大墓具有规模大、使用石封门、设置壁龛、出土陶俑数量巨大等特点，对研究洪渎塬北周贵族的墓地结构、更全面地认识北周墓葬制度、探讨陶俑风格的演变等问题具有重要意义。

（于有光）

【铜川华原北朝至隋代壁画墓】

发掘时间：2022年1—8月

工作单位：陕西省考古研究院

该墓位于铜川市耀州区坡头镇复兴路。2021年12月，因铜川市政热力管道的修建被发现，陕西省考古研究院随即对其进行了抢救性发掘。

该墓为一座带有斜坡墓道的单室土洞墓，由墓道、封门、甬道、墓室四部分组成。墓道开口向南，底部坡面较缓，部分延伸至水泥道路下。墓道北端为土坯封门，封门后有甬道连接墓室。墓室整体压在现代水泥道路之下，平面基本呈正方形，边长约2.7米。拱顶大面积坍塌，仅西北角残留白灰绘制的星象图。墓室北、西、东三面为土质棺床，棺椁应为木质，已经全部腐朽，仅在东侧棺床上残存部分痕迹。墓葬内仅出土有1件陶碗、1枚"五铢"钱等极少量遗物。

墓室四壁均有壁画，绘制于极薄的一层白灰地仗层之上。北壁壁画中部被破坏，左右绘制有建筑、牵马人、花草等形象。东、西壁壁画保存较好，东壁绘制有青龙、侍从、仪卫等形象，其中一位立于伞盖之下的人物旁墨书有"大将军开国公"题记，西壁绘制有白虎等形象。

根据壁画风格和内容判断，该墓葬应为一座关中地区少见的北朝至隋代壁画墓，对研究铜川地区北朝至隋代的政治、文化和艺术等有着较为重要的意义。

（李 坤 席 琳）

【西安市西咸新区北城村北朝至隋唐墓葬群】

发掘时间：2022年4月—2023年1月

工作单位：西安市文物保护考古研究院

空港新城北城村墓葬群位于西咸新区北杜街办、北城村、后村旧址，自贸大道以东，景平大街以南。为配合空港新城自贸区建设，经国家文物局批准，西安市文物保护考古研究院承担了该项目的发掘工作。

001地块二位于空港新城北杜镇北城村东南，南邻北杜大街，北邻圆通快递物流园。共发掘遗迹167处。其中墓葬38座，灰坑118个，窑址5座，灰沟6条。出土器物 50 件（组）。墓葬以北朝时期为主，多斜坡墓道洞室墓，墓室近椭圆形，横置生土棺床，出土泥饼、陶罐等随葬品。另有一座墓葬墓室中未葬人，葬犬科动物一只，并有葬具。遗址以窑址、灰坑为主。墓葬以北朝墓为主，唐墓少量。遗址以北朝－隋唐时期为主，或为墓葬或聚落提供建筑材料。

002 地块位于空港新城北杜镇北杜后村，北临正平大街，东临北太路。此地块共发掘遗迹 40 处，皆为墓葬。斜坡墓道墓葬 7 座，其中 1 座为带围沟 5 天井（M21），2 座为 3 天井（M11、M35）；竖穴墓道墓葬 33 座，其中 30 座土洞墓，2 座偏洞室墓，1 座土坑墓。出土器物 412 件（组）。其中唐墓 M21，根据出土墓志可知，墓主为游骑将军守右监门卫中郎上柱国神鸟县开国男段怀彦，为褒国公段志玄之孙，段瓘之子，为研究隋唐时期著名的段氏家族提供了新材料。该墓地墓葬可分为三期。第一期为北周时期，共计 1 座，为 M35，与已发掘的独孤宾墓、拓跋迪夫妇合葬墓等形制相似。第二期为唐代，共计 4 座，典型墓葬为 M21、M11，出土有明确纪年的墓志、陶俑、开元通宝、双耳陶罐等。第三期为唐以后各时期，以宋代、清代为主，共计 35 座，墓葬朝向不同，出土有砖志、铜制烟锅等。

004 地块位于北村西，南邻北杜大街。本年度 004 地块主要发掘围沟 G5 内墓葬东区的一、二、三列墓葬，共发掘 11 座十六国时期墓葬，34 座北朝时期墓，墓葬朝向均为东向，4 座明清墓，以及部分东围沟，出土器物 175 件（组）。新发现的十六国时期墓葬均为长斜坡墓道土洞墓，墓室多为前后室，前后室近方形，前室放置陶俑、牛车、甲马等典型十六国时期文物；北朝墓墓葬特征与上一年度发掘的墓葬特征一致，长斜坡墓道，墓室近圆形，墓内葬多人；新发现一座北朝时期砖室墓，砖砌穹窿顶，未发现人骨和随葬品；一座北朝时期土洞墓出土"太始"年号纪年砖。该墓群是一处具有完整围沟、围沟内墓葬分布有序、排列整齐，有着明显的规划布局的墓群，应是一座大型的独立墓园。其墓葬形制与同时期其他已发现的墓葬存在明显差异（均为东向），葬式特殊（多墓室、多人合葬），墓葬排列齐整（大型墓葬位于东侧，中小型墓葬位于西侧），延续时间较长，但发现的陪葬品较少，这些差异使其具有了很强的独特性。其性质可能为北朝时期前所未见的大型族葬地或具有某类特殊身份人群的集中丧葬地。此次发掘，是北朝时期墓葬考古发现中所少见的，对研究北朝时期的墓葬形制演变、墓地规划设置和相关祭祀制度及该时期人群构成、民族交汇融合均有重要意义。

（柴 怡 赵 兆）

【西安航天基地国家授时中心北魏至清代墓葬】

发掘时间：2022 年 1—3 月

工作单位：西安市文物保护考古研究院

中国科学院国家授时中心位于西安市航天基地新寨子村西。此次共发掘西晋至清代墓葬 15 座，其中西晋墓葬 2 座，北魏墓葬 2 座，隋代墓葬 1 座、唐代墓葬 2 座，宋代墓葬 7 座，清代墓葬 1 座，出土文物 40 件。

2 座西晋墓葬（编号 M13、M14）坐西朝东，形制为长斜坡墓道多室土洞墓，墓室由前室，后室，左、右侧室及墓室壁龛组成，前后室之间以甬道连通，出土器物主要为陶小口扁腹罐和双系罐。2 座北魏墓葬（编号 M11、M12）坐西朝东，形制为长斜坡墓道单室土洞墓，均为夫妻合葬，没有随葬器物。1 座隋代墓葬（编号 M15），坐北朝南，形制为长斜坡墓道横式土洞墓，随葬器物有陶罐、陶壶、盘口双系罐。2座唐代墓葬（M4、M1），坐北朝南，形制分别为斜坡墓道单天井土洞墓、梯形竖穴墓道土洞墓，随葬有塔式罐、镇墓兽、天王俑、铜镜、墓志等。其中M1出土墓志1合，据此可知墓主为襄州司法参军相里友约，卒于文宗开成二年（837年），开成三年（838年）葬于万年县高平乡长杨村凤栖原。7座宋代墓葬（M2、M3、M5—M9）集中于发掘区中部偏西，均坐北朝南，形制为竖穴墓道土洞墓，出土陶罐、陶俑、铜钱等。1座清代墓葬（M10）为竖穴土坑墓，墓主为男性，身高约170厘米，无随葬器物。

（张小丽　郭　辉）

【咸阳陶家隋段文振家族墓地】

发掘时间：2022年5—9月

工作单位：陕西省考古研究院

墓地位于咸阳市渭城区底张街道陶家村（现属空港新城管辖）西北，地处今西安咸阳国际机场所在的洪渎塬，地势北高南低，墓地南紧邻薛绍墓。项目用地范围内共发现并发掘墓葬、陶窑、灰坑等各类遗迹单位162座。此次考古工作最为重要的收获是发现"隋尚书右仆射、兵部尚书、左候卫大将军、光禄大夫、北平襄侯"段文振家族墓地。

该家族墓地包括段文振和其夫人以及子辈、重孙等墓葬6座，下葬年代从隋大业八年（612年）至大约唐景云元年（710年），自南向北辈分递减，排列有序。墓葬均为南北向带天井的长斜坡墓道单室土洞墓，其中以段文振和其夫人墓位于墓地最南部，辈分最高、规模最大，惜遭严重盗掘。

段文振墓水平总长近60米，带有5个天井，天井平面均呈长方形，规格相同，长约3.6、宽约2米，墓室平面呈正方形，面积约4平方米，底铺条砖，深近15米，残留墓志、石门、陶俑等随葬器物。第5天井下对称分布两座壁龛，龛内出土骑马俑、男立俑、侍女俑以及家畜、家禽等陶俑。墓室四壁原应绘有壁画，但已破坏殆尽，仅留较薄的白灰面。墓道两壁、过洞正面及天井下两壁均绘有壁画，其中墓道两壁壁画保存较好，内容多与军旅有关，均为人物形像，包括将军、骑兵、步兵、牵马侍从等，色彩鲜亮、描绘精细、形神兼备。

段文振墓东为一座七天井墓，两墓相距近8米，平行布置。该墓水平总长约50米，天井平面多呈正方形，规格相近，约2.3平方米，墓室平面略呈正方形，面积约4.2平方米，深约12米，底铺条砖，但遭严重破坏，残留玉佩饰、玻璃小瓶、陶俑等随葬器物。第6、7天井下各有两座壁龛，对称分布，龛内出土骑马俑、男立俑、侍女俑、胡人牵驼以及家畜、家禽等陶俑。墓道两壁、过洞正面及天井下两壁均绘有壁画，其中墓室四壁壁画保存较好，均为侍女和宦官形象。该墓虽未出土墓志，但据其与段文振墓的紧密位置以及壁画、俑群显示的下葬年代，很可能为段文振长子段诠墓志中所载逝于唐贞观五年（631）的"太夫人"，即段文振夫人墓。另外，上述两墓墓道南端还发现盘龙状碑座。

子辈墓葬位于段文振和其夫人墓北部，包括世雅、世端等三子。重孙孝逸夫妇墓位于更北部。上述墓葬亦被盗扰严重，残留随葬品主要有墓志和陶俑。

段振，字文振（史载字"元起"），仕于周隋，是当时的著名将领，《北史》《隋书》均有传，但却寥寥，此次发掘为研究段文振生平及其家族历史提供了翔实可靠的考古资料。段文振一生戎马倥偬，参与了北周伐北齐、平定尉迟迥之乱、隋灭陈、北逐突厥、南定越嶲、西围吐谷浑等重要战役，最终病逝于东征高句丽途中，可谓起于军旅、终于军旅，为维护统一、定边安塞做出了重要的历史贡献。段文振家族墓地虽遭严重盗掘破坏，但其墓葬结构以及劫后残留的墓志、石门、壁画、玉器、玻璃器和陶俑群为研究周隋之际的礼制、官职、文化、经济及其所反映的朝代更迭、社会变化和门阀制度提供了重要的实物资料。

（邵　晶　朱瑛培　陈少兰　冯　丹）

【西安市高新区东祝隋唐墓地】

发掘时间：2022年5—8月

工作单位：陕西省考古研究院

位于西安市高新区细柳街道东祝村（原属长安区管辖）东，东邻经二十路、南邻纬二十六路，北距唐长安城外郭城约6千米。本次发掘墓葬102座，其中西晋时期墓葬2座、隋墓1座、唐墓20座、明清墓79座，出土遗物450件（组）。

该墓地以隋唐时期的围沟墓较为重要。隋唐墓均为中、小型墓葬，形制以南北向斜坡墓道洞室墓为主，竖穴墓道洞室墓仅1座，斜坡墓道墓葬多带有1—3个天井。墓葬均盗扰严重，残存少量陶俑、陶罐、瓷瓶等。

隋墓（M2）为斜坡墓道三天井前后室洞室墓，墓道水平全长17.5米、宽1.3米，天井长2.5—2.8米、宽0.9米。过洞两侧有彩绘人物壁画，保存较差。墓室前室呈方形，边长2.3米；后室略呈梯形，南北长2.4米、东西宽1—1.2米。围沟平面呈长方形，南北长67米、东西宽46.8米，剖面上宽下窄，口宽0.6米、底宽0.45米、深0.4米。该墓被盗扰，出土残陶俑90余件。根据墓志内容，M2墓主为冯亮，隋开皇六年（586）下葬。

唐代墓葬以M1和M4为代表，均为斜坡墓道三天井单室洞室墓。M1外围有"凸"字形围沟，南北长60米、东西宽43米，南部中间向南凸出约20米，围沟剖面上宽下窄，口宽0.86米、底宽0.64米、深0.4—0.5米。墓道水平全长19.5米、宽1.1米，天井长2.7米、宽0.9米。墓室略呈方形，南北长2.9米、东西宽2.8米。墓葬被盗扰严重，出土残陶俑、残陶罐等20余件。墓主为张允，卒于隋大业七年（611），贞观六年（632）迁葬于高阳原；M4围沟平面呈长方形，南北长47.2米、东西宽31.9米，剖面上宽下窄，口宽0.7米、底宽0.52米、深0.8米。墓道水平全长18米、宽1.02米，天井长1.8米、宽0.6米。墓室略呈方形，南北长3.5米、东西宽3.28—3.3米。该墓第一过洞东西两侧各有一壁龛，内置骑马俑、仕女俑等60余件。墓主吕感师夫妇，上元三年（676）合葬于此。

此次发掘的隋唐墓规划整齐有序，按围沟可分为7组，根据出土的墓志所载纪年，可以看出墓地自西向东、由北向南埋葬，西部、北部年代较早，墓主之间无血缘关系，并非家族墓地。此次发掘为研究隋唐时期墓地分布规划以及形成过程等增添了新资料，同时年代明确的纪年墓志对长安城西南郊乡里地望、地名变迁等提供了重要材料。

（陈　钢　夏培朝）

【西安西咸新区贺家村隋唐墓地】

发掘时间：2022年1—11月

工作单位：陕西省考古研究院

墓地位于西咸新区沣东新城三桥街道贺家村（原属未央区管辖）北部，地处龙首塬西南缘、皂河东岸。去年发掘墓葬113座，本年度继续发掘墓葬228座、围沟4处，出土各类文物600余件（组）。根据墓葬形制和随葬品特征判断，包含魏晋墓1座、隋墓13

座、唐墓190座、金墓1座，另有17座墓葬兼具隋唐特征，可能为隋末、唐初时期。此外，还有6座墓葬不确定时代。

目前，贺家墓地时代最早的墓葬为M330，坐西朝东，系"十"字形长斜坡墓道土洞墓，前室南、北两侧各有1个壁龛。出土朱书陶罐、陶灶、釜、甑、勺、耳杯以及陶猪、陶狗等。在朱书陶罐中发现铅人、石块和鸡蛋壳等物品。根据墓葬形制和随葬品判断时代应在曹魏至西晋时期。

值得注意的是，新发现两座未经使用的废弃唐墓。M281为单天井斜坡墓道土洞墓，墓葬基本结构已经完成，墓道西壁修整平滑、东壁却明显粗糙未做修整，墓室内北部地面尚未铲平，四壁未做修整，且未见任何使用痕迹，当属废弃于修整阶段的墓葬。M316为直线式斜坡墓道土洞墓，墓室北端高度仅40厘米，无法容棺，且墓室顶部中段洞顶高度陡然下降，故判断墓室北段顶部尚未建造完成，因此推测该墓废弃于修建墓室顶部阶段。这两座墓葬为研究唐代中小型墓葬的营建过程提供了有力实例。

本年度贺家墓地发掘墓葬主要为中小型墓葬，时代从魏晋、隋唐至金代，进一步完善了该区域墓葬发展演变序列。此外，通过发掘，发现该墓地东侧墓葬时代较早，且墓葬规模更大，结合地层可知该墓地内地理面貌呈东高西低，早期墓葬和较高级别的墓葬应首先择高而葬。

（苗轶飞　梁依倩）

【西安市隋唐长安城朱雀大街五桥并列遗址】

发掘时间：2021年5—12月
工作单位：西安市文物保护考古研究院

发掘项目位于西安小雁塔西北角，北临友谊西路，西临朱雀大街。截至目前已发现隋唐长安城朱雀大街、外郭城第七横街、横穿朱雀大街的水渠及渠上5座桥梁基址、朱雀大街东侧水沟及其上2座桥梁基址、安仁坊西北墙角、角门及其外侧水渠上的涵洞遗址，还发现明清时期荐福寺西北角院墙及院外2处骨灰瘗埋遗迹。出土各类文物350余件，包括陶器、釉陶器、唐三彩、瓷器、铜器、铜钱、铁器及建筑构件等。

隋唐朱雀大街是连接皇城朱雀门与外郭城明德门的南北向大街，是隋大兴唐长安城的中轴线。在工地范围内揭露出朱雀大街遗址残宽达101米。发现朱雀大街东侧水沟，土壁，呈口大底小的梯形，口宽3.5—4.0米、底宽1.0—1.3米、深2.4—2.8米。沟内发现连接朱雀大街与外郭城第七横街的2座桥梁基址，两壁中部可见成排的木柱遗迹，其上沟壁残存包砖。每座木桥原立有木柱4对，下承砖础。

发现横穿朱雀大街的水渠1条，土壁，截面为口大底小的梯形。口宽4.0—4.7米、底宽1.0—1.2米、深2.8—3.3米。渠内发现5座东西并列的砖砌桥基，筑于生土二层台上，皆为南北走向，等距离排列，间距11米多。桥基下的渠岸两侧叠涩砌砖，砖基与渠岸之间开挖有生土槽，其下铺设石础，上原安置木柱，建有木桥。居中桥基最宽，砖基残长7.35米。桥基北侧发现5个础坑遗迹，其中尚存3个础石。两侧4处桥基略窄，保存完整者南北两侧各存4对础石。据考古实测，中桥位于隋唐长安城朱雀大街的中轴线上，恰与外郭城明德门五门道的中门道南北相对。

发掘出隋唐安仁坊西北角墙基，在安仁坊北墙发现1座角门遗址，门外水渠上发现砖砌涵洞。根据涵洞使用的手印砖等材料，推测大致为盛唐时期。

关于朱雀大街的宽度，据《长安志》等文献记载，广百步，折合今150米。根据20

世纪五六十年代的考古勘探资料，朱雀大街的宽度达150—155米。根据本次发掘的朱雀大街中桥位置及与东侧水沟边界的测量，推算朱雀大街的实际宽度约为130米（不含路沟），这与近年中国社会科学院考古研究所西安唐城队在明德门附近的考古推测数据相近。

朱雀大街五桥并列遗址位于皇城朱雀门外1200多米外，与朱雀门和明德门遥相呼应，体现了都城礼制的最高等级，对于隋唐长安城形制布局及礼仪制度的研究具有重要意义。这是目前经考古发掘出土的我国古代最早的五桥并列遗址，是明清都城、帝陵中轴线上设置五桥的滥觞，也是中国都城礼制文化起源、传承和发展的实物见证。

（张全民　冯　健　吕　帆）

【西安肖里唐代墓地】

发掘时间：2021年12月—2022年4月

工作单位：陕西省考古研究院

位于陕西省西安市高新区（原属长安区）细柳街道肖里村北部细柳塬上，东邻上林苑七路，南邻祝秦路，北距唐长安城外郭城约10千米，周边多有隋唐墓葬分布。本次发掘唐墓8座、明清墓16座，出土遗物91件（组）。

唐墓多为中小型墓葬，形制均为斜坡墓道洞室墓，部分墓葬带有1—3个天井，其中6座墓葬带有围沟。M4与M16为规模最大的一组，两座墓四周由围沟组成兆域，围沟平面呈南北向长方形，北部延伸至用地范围外，发掘区内南北长84米、东西宽50米，剖面上宽下窄，口宽0.9米、底宽0.75米、深0.5—0.75米。

M4位于围沟内南部偏西，M16位于M4东南方向、围沟内南部稍偏东。两座墓葬形制相同，均由斜坡墓道、3过洞、3天井、土坯封门、甬道和墓室组成，其棺床皆砖砌。且M4与M16随葬品基本一致，出土有墓志、塔式罐及陶俑。陶俑均为大小两组，小俑为仕女俑、骑马俑及门吏俑，大俑为镇墓兽、天王俑、鞍马俑、骆驼俑、牵马或牵驼俑。其中大俑造型生动，彩绘丰富饱满、色彩鲜艳，尤其是天王俑、镇墓兽及马俑、骆驼俑，形制高大，工艺精湛。人骨均为两具。据墓志可知，M4与M16为父子关系，M4墓主为宋参，M16墓主为宋子，乃宋参之父，两座墓于神龙二年（706）同时与夫人迁葬于此。

两座墓葬保存完好，未遭盗扰。墓主官职均为从六品上，其随葬的陶俑形制高大，规格较高，似与官阶不符，对研究唐代丧葬制度的时代特征及演变提供了参考。同时，墓志所记葬地位置对明确唐代细柳塬与高阳塬的分界具有重要指示意义。

（陈　钢　夏培朝）

【神木杨家城唐宋时期城址】

发掘时间：2022年9—11月

工作单位：陕西省考古研究院　榆林市文物考古勘探工作队

城址位于神木市店塔街道杨家城村西北的杨城山上，传为北宋杨家将故里并由其驻守，故俗称"杨家城"，又据文献、地望和相关实物考证，应为唐宋时期麟州城之所在，故又被称为"麟州故城"。

城址临河呈高悬之姿，在山顶依地势而建，据原有资料，城墙多夯土筑成，主要由东城、内城（俗称"紫锦城"）、西城既相对独立，又互相联系的3座小城组成，整体呈不规则长条形分布。2020年，榆林市文物考古勘探工作队联合相关单位对杨家城城址进行考古调查和勘探测绘工作，在原有认识的基础上，于西城北部新发现小城1座，暂名为"北城"。至此，杨家城城址的结构布局基本明确，总面积逾 70 万平方米。

2022 年，经国家文物局批准，陕西省考古研究院联合榆林市文物考古勘探工作队对杨家城内城南门区域展开抢救性考古发掘，主要清理了内城南门及其瓮城，取得了重要收获。

内城南门位于内城南墙西部，现存门道及东西两侧墩台。门道开于内城南墙上，宽 3.6 米，单门道，两壁近直，残高 3.2 米。门道南口以砖石包砌，门道地面原应坚实平整，现遭破坏严重。瓮城位于内城南门之外，将内城南门完全包围封闭，平面呈圆角方环形，主要由城墙、门道、城内建筑和储排水系统等组成。瓮城内地势低洼，四角各坐落一组石砌建筑，1 号建筑整体平面呈长方形，主门道朝南，南北长 10.15 米、东西宽 11.5 米，总面积约 117 平方米。内部以土坯墙或小石块砌墙分隔出 7 个小房间，房间内多见火炕和灶台，已使用煤炭燃料。四组建筑之间发现完备的储排水系统，由导水沟和储水坑组成。

此次发掘出土遗物非常丰富，包括砖瓦、瓷、铁、陶、石、骨、铜等种类，其中砖瓦、瓷器、铁器、石器及钱币数量最多。砖瓦常见"官"字条砖、手印纹条砖、纪年条砖、兽头鸱吻、莲花纹瓦当等；瓷器常见黑、褐、青色釉；铁器多见镞、矛、甲片、蒺藜等；石器多见礌石；钱币除少量"开元通宝"外，其年号多为淳化、景德、天禧、熙宁、庆历、至和、治平、元丰、大观、政和、宣和等北宋年号，不见北宋以后年号。

杨家城城址地势险峻、墙固城坚，防御功能突出，加之其规模应非一般军事堡寨所能比。结合已有研究成果，考古团队认同杨家城城址为唐宋时期麟州城所在的观点。

（邵　晶　裴学松　郝志国）

【西安市长安区高阳塬北宋范氏家族墓地】

发掘时间：2022 年 4—5 月

工作单位：陕西省考古研究院

墓地在高阳塬上，位于陕西师范大学长安校区东南角，昆明湖路以南，竹园以北，兰园以东，书香路以西。陕西省考古研究院对项目用地范围进行了全面发掘，共清理墓葬 25 座、沟 2 条，墓葬年代分为汉、唐、北宋、明清时期。本次发掘最主要的收获是发现北宋范氏家族墓地。

北宋范氏家族墓共 5 座，分布于发掘区东南部，均为竖穴墓道土洞墓，墓道朝西，其中 2 座为合葬墓，3 座为单人葬墓，葬具均为木棺，葬式均为仰身直肢。出土石墓志、瓷瓶、铜钱、铜镜、围棋子、石砚等随葬品。根据墓中出土的 5 方墓志，确定这 5 座墓为北宋高平范氏家族祖孙三代墓葬，葬于"长安县居安乡居安里"。墓葬的选址与墓位排布符合北宋时期流行的"五音姓利"学说，为一处典型的按照"五音姓利"原则选址布局的家族墓地。

汉墓 10 座，主要分布于发掘区西部，为竖穴或斜坡墓道土洞墓，墓道朝向不一，有南、东、北向，其中 4 座为合葬墓，5 座为单人葬墓，葬具均为木棺，葬式以仰身直肢葬为主。墓葬保存完好，器物组合完整，出土陶罐、陶仓、陶鼎、陶灶、陶井、铜镜、铜钱、铜带钩等随葬品，根据墓葬形制及出土器物，判断这 10 座汉墓的时代为新莽时期至东汉晚期。

唐墓 6 座，主要分布于发掘区中部，为竖穴或斜坡墓道单室土洞墓，墓道均朝南，其中 1 座带有 2 个天井。墓葬被盗扰严重，无法确定葬式、头向等。出土陶罐、铜钱、陶俑等随葬品。

明清墓 1 座，位于发掘区西南部，为竖

穴墓道偏洞室墓，葬式为仰身直肢。出土铜镜、铜簪等随葬品。此外，另有3座墓时代不明。

2条沟分别位于发掘区西部、东北部，出土汉代瓦当、板瓦、筒瓦等。

（陈徐玮）

【靖边县清平堡明代遗址】

发掘时间：2022年4—12月

工作单位：陕西省考古研究院　榆林市文物考古勘探工作队　靖边县文管所

遗址位于靖边县杨桥畔镇东门沟村，南北长约600米，东西长约300米，为明代长城三十六营堡之一，同时也是明蒙之间互市的场所之一。2022年清平堡遗址考古工作主要清理了城址南门和城外西侧护城墩区域，对城内开展了全面勘探工作。同时，对显应宫内部出土的彩绘泥塑、中心楼墙体开展了抢救性保护、加固工作。

南门位于清平堡南城墙中部，整体破坏严重，残存门道宽约3.3米。城门洞内可见两层紫红砂岩石条砌筑的西侧墙基。在南门外有瓮城，利用城墙的东向南拐折部分，增筑东侧和南侧瓮城墙，形成平面基本呈长方形的瓮城。瓮城墙体保存相对完整，瓮城现存墙体最高处残高6米，顶部残宽1.2—2.1米，墙体底宽4.6米。整个墙体材质为含沙量较高的土夯筑而成，表层风化破坏严重，夯层不明显。墙体顶部残留0.15—0.25米厚三合土防水层。瓮城门朝东开，门道宽4米，门洞内部两侧墙体保存完整，残高2.1—2.3米，顶部券洞已坍塌，坍塌后原状保存。瓮城内出土有大量砖瓦残块、少量青花瓷片、黑釉瓷片、残损铁器及动物骨骼等遗物。

清平堡城西侧1号护城墩位于二层台地顶部，距清平堡西城约200米。发掘区位于护城墩台地东南，清理出一组南北向长方形建筑群，该建筑群由院墙、道路以及数座单体建筑组成。其中西侧和北侧建筑为庙宇，均残留有塑像台基，北侧建筑内西侧台基上仍残存泥塑足部3组。据此推断该遗址性质应为明清时期寺庙建筑，属于清平堡外附属建筑的一部分。

通过2022年考古发掘工作，对清平堡遗址的南门及瓮城结构、护城墩与附属建筑有了初步的认识；通过对城内的钻探和局部发掘工作，对于清平堡遗址的整体布局和结构、保存情况有了进一步的认识。清平堡在修建之初的自我定位是军事和商贸二重的，在使用过程中，营堡内及周边发生更多的是文化交流和民族融合。明朝政府为了防御河套蒙古的军事攻击，选择此地修建清平堡，其封闭的城墙、城门、瓮城的建筑格局均体现了这一军事防御的目的；在堡内十字街交叉处设置中心楼的建筑布局，最早可追溯到汉代市场，体现了清平堡作为商贸场所而修建的另一个目的；城内院落等小型建筑结构以及其中所包含的碾房等设施均为极为典型的中原农耕文化建筑风格，火炕设施为体现北方民族文化的建筑设施。显应宫清理出土的典型蒙古服饰泥塑与典型汉族服饰泥塑则体现了北方文化和中原文化的融合；营堡外侧与护城墩并立的寺庙，也进一步说明以清平堡为代表的长城遗址在使用过程中具有促进文化交流与民族融合的功能。

（李　坤　于春雷）

【神木市神木营明清时期遗址】

发掘时间：2022年6—11月

工作单位：榆林市文物考古勘探工作队

遗址位于神木市麟州街道，据相关文献记载，明代称神木堡，明清为神木县城，又称神木营。

2022年抢救性发掘重点选定南北门瓮城

及南北城墙区域，基本厘清了南北瓮城及城墙的布局结构和大致年代，对神木营遗址的年代和性质取得了一定认识。

北门瓮城平面呈长方形，东西长35米、南北宽23米，城墙残高1—6.2米，西墙中部设有进入瓮城的东西向门道。瓮城主墙体为黄土夯筑，外墙底部包砌石条、上部包砌青砖；内墙包砌石条，北内墙及东内墙石条无存。南门瓮城平面呈长方形，东西长约33米、南北宽约20米，城墙残高0.3—2米，瓮城东墙设有进入瓮城的东西向门道。瓮城西墙中部可能早期有过门道，可清晰看出修筑痕迹，瓮城包砖石后封堵。南门瓮城内西南角距西墙和南墙4米处有黄土夯筑的方形台基，高0.7米，台基上有一石龟碑座，石碑及龟首无存。

南北城墙残高1—10.5米、宽11米，外侧城墙底部包砌石条、上部包砌青砖。内侧黄土夯筑，无包砖、包石。墙基由三层长方形条石错缝平砌，高0.9米，墙基下为原始沙层，沙质纯净。散水位于墙基外侧，厚0.25—0.3米、宽0.8—1米，为红胶泥夯筑。墙基之上为青砖墙体，砌法为一顺一丁，最外层错缝平砌。

出土遗物主要以明清陶器、瓷器碎片为主，夹杂少量石器、金属器以及骨器。

本年度的抢救性发掘为神木营遗址下一步科学保护提供了重要的考古支撑，同时也迈开了该遗址系统考古的第一步，为下一步深入研究、保护和利用打下了坚实基础。

（邵　晶　任振宇）

【富平石川河流域旧石器时代遗址调查】

调查时间：2022年3—6月
工作单位：陕西省考古研究院　中国科学院古脊椎动物与古人类研究所　渭南市博物馆　南京大学地理与海洋科学学院

2019年以来，基于恢复和发展陕西中北部地区的旧石器考古工作，进一步推动黄河流域文化遗产保护，陕西省考古研究院有计划地在黄河及其一、二级支流沿岸开展了旧石器考古调查。在陆续开展了黄河干流、黄河一级支流无定河、二级支流北洛河流域的野外调查后，本年度陕西省考古研究院在黄河二级支流石川河流域开展了初步调查。

石川河发源于铜川市耀州区北山，上源二支，东支漆水，西支沮河，以沮河为正源，两源汇合后称石川河，因盛产细砂、鹅卵石，为石头之川，故名。石川河主要流经铜川市耀州区、王益区，渭南市富平县，西安市阎良区、临潼区，最后于西安市临潼区的交口镇注入渭河。本年度的野外调查工作主要在石川河富平段开展，调查面积约20万平方千米，在石川河两岸的黄土台塬地带新发现旧石器遗址12处，发现石制品400余件。

石川河右岸遗址分布较为密集，地层堆积较厚，以梅家坪镇庙沟遗址为代表。该遗址地层堆积厚度超过40米，从下部的S5古土壤层到上部的L1黄土层中均有旧石器发现，顶部断面上还见有新石器时代的白灰地面房址，顶部地表亦见有素面红陶片与灰陶片。对比洛川黄土－古土壤序列可知，至迟在距今60万年前已有古人类在此活动。庙沟遗址发现的石制品100余件，原料以源自河滩的石英、石英岩砾石为主，类型包括石核、石片、断块、刮削器等，多属于"简单石核－石片技术"的产品。

石川河左岸遗址相对较少，地层堆积厚度不及右岸，以庄里镇朱黄堡遗址为代表。该遗址地层堆积厚约15米，从下部的河漫滩相砾石层到中部的L1黄土层中均有旧石器发现，上部还有新石器时代的堆积。根据遗址所处的地貌部位和地层堆积特点初步判断，至迟在距今 7 万年前古人类已开始在此活动，距今 5—3 万年期间是人类活动的繁盛期。朱黄堡遗址调查发现的石制品近 200 件，原料以源自河滩的石英、石英岩砾石为主，类型包括石核、石片、断块、刮削器、凹缺器、尖状器、小型两面器、有铤石矛等，文化面貌颇为特殊，很可能与晚更新世中晚期北方人群的南迁具有密切关系。

通过本年度的野外工作，填补了石川河流域旧石器时代遗存的空白，进一步丰富了黄河中游地区旧石器时代遗址的数量，扩大了遗址的分布范围，进一步明晰了黄河支流地区旧石器遗址的分布规律和埋藏地层，有助于黄河中游地区旧石器时代考古工作的深入开展。特别是庙沟、朱黄堡两处遗址文化遗物众多，文化内涵丰富，对于构建石川河流域旧石器时代文化的发展脉络、探究晚更新世中晚期北方人群的扩散与技术传播具有重要的价值。

（张改课　景玉薇　王社江）

【安康旬阳先秦两汉时期朱砂（汞）矿冶遗存考古调查】

调查时间：2022 年 7—8 月

工作单位：陕西省考古研究院　西北大学文化遗产学院　秦始皇帝陵博物院　陕西省地质调查实验中心　旬阳市文化和旅游广电局　旬阳市博物馆

本年度由陕西省考古研究院等单位组成联合考古队，重启旬阳古代朱砂（汞）矿冶遗存考古调查工作。经前期调查，旬阳的古代朱砂（汞）矿洞主要分布于该市北部的小河镇与红军镇交界处的阴山区域。该区域以阴山南侧的公馆河—竹筒河一线为南界，以阴山北侧的落驾河—圣驾河为北界，东界到达红军镇青铜沟的铁山寨区域，西界到小河镇公馆村的北沟一线，面积大约 100 平方千米。

此次调查工作在矿业资源考古学理念指导下，将研究区域划分为矿内、矿区外围区域和矿业资源流通路线三个层次，经过近两个月的实地调查，新发现 44 处先秦两汉时期古遗址，主要收获可以归纳为以下三个方面。

1. 在公馆—青铜沟矿区新发现 5 处新石器时代至两汉时期遗址。填补了该区域先秦两汉时期考古遗存的空白，为认识旬阳朱砂的开采年代提供了重要线索。根据我国新石器时代至汉代遗址的分布规律，在这种远离大江大河的大山深处，一般不存在普通聚落遗址，考虑到上述遗址紧邻古代矿洞集中分布区，且遗址区内有朱砂矿石或红烧土块存在，考古团队认为这些遗址极有可能与朱砂矿的开采加工有关，旬阳朱砂矿的开采年代很可能早至新石器时代晚期（不晚于距今 4500 年）。

2. 在矿区外围发现了一批新石器时代至两汉时期遗址。新发现 13 处新石器时代至两汉时期遗址，其中公馆矿区附近的康家坪遗址、青铜沟矿区外围的川堂坪遗址和郭家湾遗址，处于交通线路的重要节点，工作潜力较大，这些发现为探寻旬阳市古代朱砂资源可能的外运路线提供了重要线索。

3. 为了探寻朱砂资源在更大范围的消费流通网络，考古队以乾佑河、旬河、蜀河、汉江等水系为主线，比较系统地调查了旬阳市境内的先秦两汉时期遗存，总结了旬阳地区古代人群和聚落的分布特征。新发现旧石器时代遗址 4 处，填补了旬阳市旧石器时代遗存的空白，延伸了旬阳的历史轴线。

（崔启龙　张鑫荣　张改课）

【西安航天基地空天小镇隋代至清代墓葬】

发掘时间：2022 年 4—6 月

工作单位：西安市文物保护考古研究院

空天小镇位于西安市航天基地朱坡村，共发掘隋代至清代墓葬27座，其中隋代墓葬1座，唐代墓葬16座，宋金墓葬2座，清代墓葬2座，余6座时代不详，出土各类文物200余件。

16座唐代墓葬中，竖穴墓道土洞墓3座，斜坡墓道土洞墓13座，时代集中于盛唐和中唐时期。其中2座出土有墓志，纪年明确。M22为斜坡墓道（带3天井）土洞墓，墓志记载墓主为唐代龙州江油县令王宗，卒于高宗永徽四年（653），同年葬于万年县高平乡之原。M27为斜坡墓道（带3天井）土洞墓，墓志记载墓主为岭南节度行军司马、检校都官郎中兼侍御史韦迢，大历七年（772）卒于位，大历九年（774）附葬于大茔。M2为金代墓葬，坐北朝南，为竖穴墓道土洞墓，出土砖质买地券一方，可知墓主杨氏葬于大定二十四年（1184）。2座清代墓葬坐西朝东，出土有板瓦、瓷碗、铜钱等，铜钱为顺治通宝。

（张小丽　郭　辉）

甘 肃 省

【张家川回族自治县圪垯川仰韶文化遗址】

发掘时间：2022年8—11月

工作单位：甘肃省文物考古研究所

圪垯川遗址位于张家川回族自治县大阳镇闫庄村，渭河支流南河和松树河交汇处。2022年度，对仰韶文化早期环壕聚落的西侧环壕进行解剖发掘，共发掘400平方米。发掘仰韶早期环壕6段、灰坑5处、汉代壕沟1段、汉代墓葬3座、宋代墓葬1座。

经解剖发掘，发现仰韶文化聚落遗址被三重环壕围绕，发现了环壕"出入口"一处。三重环壕系人工挖掘形成，形制较为规整，局部坍塌，周长约1500余米。内、中、外三层环壕呈"同心圆"式分布，内侧环壕窄且浅，外侧环壕最深且宽，壕沟剖面基本呈"U"型。此次发现的"出入口"是人为保留的生土台，之上局部可见明显的踩踏面，是连接环壕聚落内外的重要通道。"出入口"南北两侧环壕对称分布。壕沟内出土了大量陶片、动物骨骼和少量石器等。陶器主要有尖底瓶、圜底盆、圜底钵、深腹罐、尖底罐、葫芦瓶、器盖、陶锉及陶球等；骨器有骨锥、骨笄、骨针、骨镞及骨凿等；石器有石刀、石镞、石铲、石斧及石球等。

圪垯川遗址环壕聚落是黄河流域目前发现的面积最大、保存较完整、内涵最丰富的仰韶文化早期环壕聚落之一。陇西黄土高原地区与关中地区、中原地区一样是仰韶文化的中心，在中华文明起源过程中具有极为重要的地位。此次发掘的圪垯川三重环壕深浅不一，局部有塌陷迹象，根据堆积和出土遗物初步判断，三条环壕时代基本一致。根据环壕的宽窄、深浅及出土物等推测，每条环壕的功能不尽相同。外侧壕沟内发现石镞和人骨，推测外侧环壕可能存在防御功能。壕沟局部可见明显人为修筑痕迹，证实环壕为人为挖掘而成。环壕出入口的发现说明聚落有系统的道路系统，出入口处距离遗址区西侧松树河最近，进一步证实环壕聚落的营建是经过人为系统规划的，体现出集方便生活和防御为一体的设计理念。

（杨谊时　陈国科）

【庆阳市南佐新石器时代遗址】

发掘时间：2022年3—12月

工作单位：甘肃省文物考古研究所　中国人民大学　西北工业大学　兰州大学

南佐遗址位于庆阳市西峰区后官寨镇南佐村，坐落于泾河一级支流蒲河左岸的董志塬西部，地理上属于泾河上游的陇东黄土高原，董志塬是黄土高原上最大的一块塬地。本年度，对南佐遗址开展了新一轮的调查、勘探和主动性发掘工作。2022年发掘面积600平方米，接2021年度发掘继续在遗址宫殿区内，主要集中在F1的南部和西部。在"九台"中央偏北的宫殿区发现一座面积3600多平方米的长方形宫城，东西宽约55米，南北长约67米，外围有宫墙环绕，西墙外发现东西向夯土条带自南向北延伸，可能为外宫墙，宫墙外为大型环壕，宽约15米、深达5—12.5米。宫墙南门正对主殿F1中门，南门外还有瓮城结构及其错位的大门。"宫城"以主殿F1为中心，东西两侧分布两排侧室（侧殿），东侧从北往南为F3、F5、F6、F16等，西侧从南至北为F11、F9、F8、F10、F12、F13、F14等。西侧殿共用西墙，墙体均为夯筑，墙体保存高度1.3—1.8米，地面和墙壁也涂抹草拌泥和白灰面，房屋都有门道可以通行。房屋室内面积12—23平方米，建筑面积20—46平方米。F5、F11、F8、F10、F12地面还发现涂抹白灰的圆形火塘。F9东门外侧空间也发现圆形火塘。

遗址中出土了陶器、骨器、蚌饰等器物，还有较多的动植物遗存。植物遗存中有大量的水稻遗存、粟黍和木炭，动物遗存也很丰富，发现大量猪骨和猪下颌骨。

联合考古队在遗址所在的30平方千米的范围内进行了全覆盖式区域系统调查，调查发现有仰韶晚期、龙山时代、商周时期遗存。在遗址周围进行了大面积勘探，发现遗址核心区外围还有几个面积较大的居住区，内有夯土基址和白灰面房址、灰坑等。最重要的勘探发现是，在遗址东西两侧的自然冲沟北部都发现冲沟向北一直通向北部的南小河沟，向南通向遗址南部的东西向沟，因此推测两条冲沟有可能就是聚落的外环壕，综合勘探和调查南佐遗址面积当超过600万平方米。

南佐遗址考古工作一开始就将多学科合作研究作为重要组成部分，取得了重大进展。包括碳十四测年、动植物考古、同位素考古、陶器残留物分析、陶器科技分析等诸多方面，表明南佐与长江流域和黄河下游存在远距离联系。

南佐聚落如此巨大的体量和规模，"九台"、壕沟和宫殿建造所需要的强大组织调动能力，是黄土高原区域公共权力或者区域王权出现的最有力证明。南佐"宫城"区出土物还体现出与长江中游、黄河下游等地区的远距离联系或存在稀缺资源贸易。南佐都邑及"宫城"中轴对称、布局严整，新发现的"宫城"更是开后世古典建筑格局之先河。表明距今5000年前后黄土高原已经进入早期国家或文明社会阶段，这对于客观认识黄河上、中游、黄土高原尤其是陇东地区在中华文明起源和形成过程中的关键地位，对于实证中华五千年文明史，都具有极为重要的意义。

（张小宁　韩建业）

【临洮县寺洼新石器时代至青铜时代遗址】

发掘时间：2022年5—11月

工作单位：中国社会科学院考古研究所　甘肃省文物考古研究所

寺洼遗址位于临洮县衙下集镇，东临洮河，东北距县城约20千米。20世纪20—40年代，安特生、夏鼐、裴文中等先后在寺洼遗址开展考古工作。1949年，夏鼐依据该遗址的考古发现，命名了寺洼文化。2006年寺洼遗址被国务院公布为第六批全国重点文物保护单位。2018—2021年，中国社会科学院考古研究所联合甘肃省文物考古研究所启动"洮河流域新石器时代晚期至青铜时代聚落与社会"项目，并选择寺洼遗址作为考古发掘地点，重点探寻马家窑文化大型聚落及墓地、寺洼文化居址及墓地，以及一些关键生业技术在西北地区的发展与演变等诸多学术课题。

2022年度，寺洼遗址的田野发掘地点选在遗址北部，鸦沟西侧台地上，新揭露面积400余平方米，清理出马家窑文化（半山期）房址27座、墓葬2座，不同时期灰坑116处出土大量陶、石、骨等人工遗物，并收集了丰富的多学科检测样品。以下择要介绍本年度考古发掘的重要收获。

H771：位于鸦沟西侧，发掘区东南部。平面形状近圆形，口小底大，剖面呈袋状，底部平。口部直径60—80厘米、底部直径170—175厘米、坑深212厘米。坑壁和底面较为光滑，局部见有加工痕迹。坑内堆积可分为6层，第4层堆积下发现一层硬面，似长期踩踏形成。踩踏面上清理出大量兽骨，包含一具较完整个体，头骨和躯干分离，背向北，四肢朝南伸直，尾朝东。兽骨种属、年龄等信息有待后续鉴定。坑内出土陶、石、骨等各类遗物，初步判断灰坑时代应为马家窑文化时期。

寺洼遗址在中国考古学史、西北地区文明化进程、早期中西文化交流等研究领域具有重要地位。2018—2020年的考古工作在遗址北部三处不同台地揭露面积1500余平方米，清理出一批马家窑文化、寺洼文化时期的房址、墓葬、灰坑、窑炉、灰沟、祭祀坑等遗迹，并发现有齐家文化、辛店文化的遗存。2021—2022年的工作则确认了遗址北部存在一处半山时期的聚落，现揭露部分可能与手工业生产有关，同时也可能存在半山墓地。上述发现对探讨马家窑文化、寺洼文化自身的诸多问题具有重要意义；对讨论一些关键生业技术如农作物种植、家畜驯养、冶金术等在西北地区的发展和传播，以及早期中西文化交流具有重要意义；对讨论西北地区，尤其是青藏高原东北边缘地带的文明化进程及其模式也具有重要意义。

（郭志委　周　静）

【兰州市七里河区牟家坪新石器时代遗址】

发掘时间：2022年6—10月
工作单位：甘肃省文物考古研究所

牟家坪遗址为市级文物保护单位，位于七里河区西果园镇牟家坪自然村东400米、柴家河村西侧的二级台地上。台地南北狭长，东北较低，西南渐高成缓坡。遗址主要分布于台地的东南部，分布面积约3万平方米。

2022年2月，甘肃省文物考古研究所对工程涉及牟家坪遗址范围内的9500平方米进行了考古勘探，发现古遗迹100余处。2022年6月，对勘探发现的遗迹进行了考古发掘，开10×10米的探方42个，发掘总面积4200平方米，共清理遗迹124处，其中墓葬105座，灰坑17处，沟2条。此次发掘的遗存分为早、中、晚三期，分别对应半山类型早期、中期、晚期三个阶段，其中半山类型早期墓葬以M8、M14为代表，半山类型中期遗迹以M52为代表，半山类型晚期遗迹以M25为代表。

因被盗扰严重，此次发掘出土遗物较少，仅81件（组），另有一定数量的盗洞采集物和动植物遗存等标本。出土遗物以其质地可分为陶器、石器和骨器三种，按其用途又可分为生活用具和生产工具两类。陶器可分为泥质陶和夹砂陶两类，多数夹砂陶表面饰数道平行线、折线、三角或交错的附加堆纹，少数饰戳印纹或素面；泥质陶内也多见夹有不同程度的砂粒，并不纯净，只是在器物表面涂以细泥或打磨光滑。陶器陶色以灰、黄陶为主；彩绘花纹以红黑彩为主，在器表饰锯齿纹、网纹、弦纹、漩涡纹等纹饰，少数陶器器表为素面，内壁饰"回"字型纹饰等。

半山时期大部分墓地中墓葬所包含的随葬品数量及种类差异不大，主要以陶器为主，彩陶所占比例很大，陶器器形多为壶、罐、瓶、盆、盂、瓮、碗、钵等，骨、石器较少，一般是生活用具和生产工具，如骨刃、石斧、石凿等，骨珠一类装饰品数量较多。牟家坪遗址的发掘为甘肃地区马家窑文化半山类型墓葬研究提供了一批实物资料。

（王　山）

【灵台县桥村新石器时代遗址】

发掘时间：2022年6—12月

工作单位：甘肃省文物考古研究所　北京大学考古文博学院

"考古中国·河套地区聚落与社会研究"项目是国家大遗址保护"十三五"专项规划重大课题之一，是跨区域的综合性考古研究项目。为配合项目总体学术目标的落实，并为构建甘肃陇东地区史前考古学文化谱系和框架，本年度联合考古队继续对甘肃省平凉市灵台县桥村遗址进行了第五次发掘。

此次是在前期考古工作的基础上，继续对桥村遗址现有发掘区域内的局部堆积进行了补充性发掘。发掘区域集中在Ⅰ区西侧，发掘面积约400平方米，主要是对该区域第③、④层下开口的龙山时期遗迹进行清理，现已将该区域大部分清理至生土，发掘清理方坑、灰坑、沟及房址等各类遗迹95处。出土遗物以龙山时代泥质、夹砂陶片为大宗，同时出土龙山时期的陶、玉石、骨、角、贝蚌等各类遗物130余件（组），发掘过程中采集了大量的多学科研究样品。

通过本年度的发掘，基本明确了Ⅰ区的地层堆积序列和主要遗存内涵。初步研究显示，桥村遗址的主要文化内涵与以岐山双庵遗址为代表的客省庄文化遗存面貌较为相似。然而，通过对桥村遗址前几个年度及本年度出土陶器对比研究，该遗址早期灰坑等遗迹中出现了以横篮纹高领罐、竖线刻划纹三耳罐等具有常山下层文化特征的陶器，晚期灰坑等遗迹中发现了以双大耳罐、双耳罐、单耳罐等具有齐家文化风格的陶器。这一发现，对于揭示常山下层文化与齐家文化的关系提供了新的佐证。因此，目前来看，陇东地区及其周边区域依然是探索齐家文化来源的最重要区域。

（周　静　李　文）

【永登县大沙沟新石器时代及汉代遗址】

发掘时间：2021年12月—2022年6月

工作单位：甘肃省文物考古研究所

大沙沟遗址位于永登县城关镇五渠村西北约800米处，庄浪河西岸二级台地上，北临大沙沟，西依将军山。遗址南北长500米、东西宽400米，总面积约20万平方米。

因新建兰州至张掖三四线铁路中川机场至武威段项目工程建设，设计路线穿越大沙沟遗址保护范围，为摸清项目范围内地下遗存分布情况，2020年5月26日至6月28日，甘肃省文物考古研究所组织人员，就该工程涉及大沙沟遗址建设控制地带进行了考古勘探。随后对项目沿线涉及遗迹进行了考古发掘。

此次考古发掘共开10×10米的探方39个，发掘总面积为3900平方米。此次发掘的遗存分为早、晚两期，早期遗存有房址、灰坑、沟等遗迹，结合房址形制、灰坑出土器物，参考聚落遗址的相关研究，推测此次发掘的早期遗存为马家窑文化马厂类型晚期的一处聚落遗址。晚期遗存均为墓葬，根据墓葬形制、出土器物特征，并结合周边地区汉墓的分期与断代相关研究成果，将此次发现的晚期墓葬分为两期，第一期为西汉晚期，第二期为王莽—东汉晚期。

此次发掘共清理早期遗迹311处，其中包括房址11座，灰坑297处，沟3条。从遗迹现象及出土器物形制演变规律判断，大沙沟遗址中所出土的文化遗存属马厂类型晚期阶段的一类遗存。

早期遗物以其质地可分为陶器、石器和骨器。陶器可分为泥质陶和夹砂陶两类。陶色以橙黄色陶为主，灰黑陶较少。陶器以素面抹光为主，彩绘花纹次之，并有少量的绳纹、附加堆纹、戳印纹等。彩陶花纹主要以黑彩为主，主题花纹是以圆圈、三角、网格以及折线、平行线、垂弧线等组合构成复杂多变的几何形图案。生产工具主要有石器、骨器等，石器有刀、斧、铲、凿、锤、镞等；骨器有骨锥、骨铲、骨针等。

晚期墓葬大多遭盗掘严重，出土遗物较少。长斜坡墓道土洞墓中随葬器物多为灰陶，个别为红陶，器类有罐、瓮、盆、灶等；长斜坡墓道竖穴土坑墓中多数墓葬被盗扰，仅M7、M8随葬器物较为完整，随葬陶器组合以釉陶壶、鼎、樽、仓、井、灶为主，M7还随葬有盘、耳杯、博山炉、勺、汲水罐等；铜器以铜钱为主，部分墓葬还随葬有铜环、铜镜。

大沙沟遗址考古发掘丰富了陇东的考古学文化，为讨论马家窑文化马厂类型晚期文化的传播与发展提供了考古学资料，也为甘青地区汉代墓葬分期断代提供了新的资料。

（沈　磊）

【灵台县西坪山遗址】

发掘时间：2022年1—6月

工作单位：甘肃省文物考古研究所

西坪山遗址位于灵台县梁原乡马家沟村店子社西坪山上，北至西坪山上部、南至黑河北岸一级台地上、东至马家沟西侧、西至鬼沟东侧，南北长250米，东西宽200米，面积约5万平方米。

本年度，甘肃省文物考古研究所对S28灵台至华亭高速公路工程涉及西坪山遗址区域进行了抢救性发掘，发掘总面积为1600平方米，共清理遗迹20处，其中墓葬16座，灰坑4处。

西坪山遗址共发掘早期遗迹4处，均为灰坑类遗迹，编号H1—H4。平面多为近圆形，出土物较丰富，包括陶器、石器、动物骨骼等。出土遗物按其用途可分为生活用具和生产工具两类。生活用具主要有双耳罐、缸、盆等；生产工具有石铲等。结合所出器物判断，此次发掘的早期遗存为齐家文化遗存。

此次发掘的16座墓葬均为晚期遗存，保存状况一般。墓葬均带墓道。以墓道方向为准，南向墓15座，北向墓1座；依墓葬形制差异分为长斜坡墓道土洞墓12座、长斜坡墓道砖室墓1座、竖穴墓道土坑墓2座和竖穴墓道土洞墓1座。根据墓葬形制，出土器物组合及特征，以及出土铜镜、钱币的特征，并结合周边地区汉墓的分期与断代相关研究成果，将此次发现的墓葬分为三期，第一期为西汉早期，仅见M1一座；第二期为西汉中期，包括M2、M7、M9、M11、M15；第三期为西汉晚期—王莽时期，包括M3、M5、M6、M8、M10、M13、M14、M16。

所发掘墓葬出土遗物按质地分类，主要有陶器、釉陶器、铜器、铁器、木器、玻璃器、石器等100件组。另外，一些铜器和石器上出现了文字材料。

西坪山遗址史前遗存的发现丰富了陇东的考古学文化，为讨论齐家文化的传播与发展提供了一定的考古学资料。此次发掘的16座墓葬为甘青地区汉代墓葬分期断代提供了新的资料。

（蒋超年）

【宁县石家及遇村遗址】

发掘时间：2022年5—12月

工作单位：甘肃省文物考古研究所　南京大学历史学院　西北师范大学历史

文化学院

石家及遇村遗址位于庆阳市马莲河以东、九龙河以南的早胜塬上，现隶属于宁县早胜镇。通过近几年考古勘探及发掘，已初步表明该遗址为一处两周时期大型聚落。2022年考古工作重心主要围绕聚落重要构成要素——高等级建筑基址区、城南墓地等展开，完成发掘面积约600平方米。

高等级建筑基址区在2019—2021年考古勘探及发掘原区域开展，清理面积约200平方米。通过资料梳理，目前明确该区域存在三期房址。第一期为半地穴式房址，本年度发现1座，其平面大致呈方形，门道朝南。出土遗物显示年代下限在西周晚期。第二期为夯筑高台房址，即高等级建筑基址，目前已揭露4座，单体面积均超过100平方米，平面呈南北向长方形或东西向长方形，它是利用红胶泥伴黄土逐层夯打。出土器物显示年代大致在春秋早期。第三期为平面立柱房址，目前已清理5座。保存较好者，发现有墙体，墙内存在若干柱洞，属典型的木骨泥墙结构。部分房址构筑于二期基址之上，其地基多利用前期废弃堆积进行重新夯筑。房址内多见灶，个别灶面上发现有陶鬲。出土器物显示其年代大致在春秋中期。

城南墓地本年度展开对C、E两区考古发掘，清理面积约400平方米。城南墓地整体分布于古峪沟以北、遇村南沟西侧梁峁之上，与石家两周时期贵族墓地尚未重合，应是独立的一处战国秦汉时期墓地。C区本年度清理墓葬22座，E区清理墓葬1座。墓葬形制皆为直线式洞室墓。墓葬多发现殉牲，多置于墓主人周围，种属基本为羊头。随葬品基本位于墓室近墓门处及墓主近身。陶器基本组合为釜、甑、罐、盆；铁器多见环首削刀，另有釜、锯、带钩等；铜器少见，主要为铜钱，鉴、印章、镜有零星发现。

本年度遇村遗址新揭示的三期房址，与石家墓地西周晚期至春秋中期墓葬存在一定对应关系，有助于深化认识石家墓地和遇村遗址"葬"与"居"关系。新发现战国秦汉墓葬及居址，进一步丰富了石家及遇村遗址聚落形态内涵，亦对于探讨秦汉帝国北地郡辖下泥阳县境内西戎族群后期发展提供了绝佳的考古学材料。

（王永安　孙　锋）

【金昌市八冶农场墓地】

发掘时间：2022年4月

工作单位：甘肃省文物考古研究所

2022年3月，国营八冶农场修建地下滴灌管道时发现一墓地，该墓地位于金昌市金川区双湾镇三角城村八冶农场内，西南距金昌市15千米，东距双湾镇政府4千米，东南距金川区博物馆2千米、三角城遗址590米，地理坐标：北纬38°37′14″，东经102°17′22″。

甘肃省文物考古研究所对墓葬进行清理，共清理已暴露墓葬9座。墓葬填土均为棕色颗粒状沙土，土质较硬。墓葬南端较窄，北端较宽。由于墓葬上部已毁，仅存底部，墓葬形制不明。人骨破坏严重，从残存的情况来看，以仰身直肢为主。

M1位于发掘区西部。残存部分平面呈圆角长方形，长2.06米、宽0.7—0.92米、残深0.1—0.65米。方向310度，开口距现地表约1.5米。

墓葬北端、距墓底0.6米处，左右各殉葬1马颅骨。马骨的范围已超出现存墓葬范围，推测墓葬可能存在生土二层台。人骨仅剩头骨和下肢骨。头向北，面朝上，下肢骨呈八字形，为仰身屈肢葬。头骨周围随葬有较多马的蹄骨，其他部位不见。墓葬出土陶、铜器共18件，随葬品大多位于颅骨周围。

M3 位于 M1 北侧 1 米处。墓葬平面已破坏，从残存的情况来看为圆角长方形。残长 1.57 米、宽 0.44—0.71 米、残深 0.37 米。方向 315 度。开口距现地表 1.2 米。人骨仅剩上半身，为仰身直肢葬，头朝北，面朝上。人骨上部覆盖一层木棍，范围超出墓葬平面，似为椁室。颅骨右侧填土中清理出铜饰件 1 件。

M5 位于 M1 西侧 2.2 米处。墓葬大部分已被毁，仅剩墓底。南端已毁，方向 310 度。开口距现地表 0.6 米。人骨仅剩上半身，头向北，面朝西，为仰身直肢葬。墓主人颅骨两侧各清理出一件陶器。

三角城遗址周围目前发现有西岗、柴湾岗、蛤蟆墩、上土沟岗等墓地，八冶农场墓地位于三角城遗址西北，为一处新发现的墓地。根据墓葬形制、出土文物来看，该墓地属于沙井文化时期。墓葬均为单人葬，南北向，以仰身直肢葬为主，随葬品有陶器、铜器和骨器等，并存在殉人和殉牲现象，为沙井文化的深入研究提供了新的材料。

（张奋强）

【礼县四角坪秦代遗址】

发掘时间：2022 年 7—11 月

工作单位：甘肃省文物考古研究所　复旦大学文物与博物馆学系　北京大学考古文博学院

礼县四角坪遗址位于县城东北 2.5 千米处的四格子山顶，遗址总面积约 28000 平方米。建筑形制规整，错落有序，从采集遗物初步判断为一处秦代建筑群遗存。

本年度联合考古队对该遗址北西一、西二以及西北角建筑进行发掘，基本廓清了第一庭院的建筑布局。

中心夯土台为边长 27.5 米的正方形台基，四壁有贴砖包裹。土台四边各夯筑两个二级台阶。台基边缘外发现散水，围绕整个中心夯土台。中心夯土台西半部发现截面为方形的柱洞紧靠于台缘，底部均垫有柱础石。

夯土台中心位置有边长为 6.5 米的方形半地穴式建筑。该建筑四角各有一个柱坑，包含两个截面为方形的柱洞，四壁中点处各有一个柱洞，柱洞底部均有柱础石。其地面铺设素面地砖，部分方形地砖被切割形成对角线相交的图案，交点位于房屋中心，交点处被坑 H1 破坏。地砖砖缝采用了较高超的填缝技术，形成了密封的地面。H1 北壁可见被破坏的陶水管接口，说明该建筑中心的地砖下埋设陶水管，并向北穿过夯土高台。半地穴建筑的四壁均布有上下两排整齐排列的铁钉，垂直钉在夯土壁上，可能为固定壁砖之用。

除此之外，2022 年还发掘了北西一、西二以及西北角附属建筑。北一建筑为东西向，北西一为其西侧部分，主要由方形夯土台基及连接墙体组成。西二建筑为南北向，由南北两组块夯土台基组成，南北两头中部有夯土墙体与西南角及西北角附属建筑连接。西一、西二建筑形制规模与北一、南一等建筑相同。西南角附属建筑为连接西一与南一建筑的曲尺形夯土台基。夯土台基边缘均规律分布着柱洞、底部垫有柱础石，外围铺设散水，散水两侧铺有回纹地砖，以及散落在台基周围的瓦砾堆积。

四角坪遗址性质单纯，出土遗物主要以建筑用材为主，包括云纹瓦当，绳纹筒瓦、板瓦以及回纹地砖、空心砖、素面砖、陶水管等，年代判断为秦代。

此次发掘的建筑群，基本揭露了西二、西南角、北西一建筑基址，以及中心高台西半部。如此等级、规模以及保存程度，在国内同时期非常罕见。

四角坪遗址的发掘对全面认识西汉水上

游地区祭祀遗存和研究秦汉国家祭祀制度提供了田野考古资料，也完善和补充了中国古代祭祀建筑体系的链条，对研究中国早期祭祀制度具有重要意义。

（侯红伟　裴建陇）

【成县北大街汉代遗址】

发掘时间：2022年6—7月

工作单位：甘肃省文物考古研究所　成县文体广电和旅游局

2022年6月初，成县北大街府谷家园安置房项目在建设基坑挖土过程中发现古代遗迹和青砖。甘肃省文物考古研究所联合成县文体广电和旅游局对古迹进行清理，出土3口东汉水井及大量模印砖。

古井集中出土于施工基坑西部偏南的上城东侧护坡下东约25米处，J1在北，J2靠南，直线排列，南北间隔5.9米，J3位于J1东北约4米。

J1、J2为圆形竖穴土圹砖石混筑井，形制接近，下半部略有不同。以J1为例：先挖圆形竖穴土圹，内收33—36厘米后，以青砖、卵石与圆木砌筑圆形井圈，土圹与井圈之间以细黄土填埋、夯实。井底大致呈平底，底面铺就卵石以澄清水质。井圈由下至上依次为大卵石堆砌4层，青砖短棱面朝内并缝，平铺4层，这段井壁除卵石堆砌留下的渗水眼之外，还在南北壁对称处设有长方形水眼，水眼以卵石做底、青砖为框、圆木立于两侧、木上叠涩木板一层；再上青砖短棱面朝内齐缝分层立砌，残存17层，残高3米，每层由下至上略向内出沿，即井圈向上逐渐收小，再上不存。现开口土圹径3.68米、井圈内径2.30米、残深3.90米。现开口下南壁第三层立砌铭文砖"富贵后"，倒置。J2与J1不同之处在下部井壁成六边形。J3为圆形竖穴土井，井口青砖平铺一层为井沿，其下青砖侧立并缝圈砌一层，再下于原生沙砾上挖坑，直壁，圜底。外径1.40米、内径0.7米、深1.52米。根据J3口部形制推测，J1、J2上部应收口成小圆形，进而推测其整体形制应近似口小底大的斗瓶状。

出土遗物以砌筑水井的青砖为主，另有个别陶、木器残片等。青砖，烧制，长方体。一般长33—38厘米、宽16—18厘米、厚6—7厘米，存在部分梯形砖。青砖棱面有记年、吉语、姓氏和花纹等内容，阳纹模印。吉语有"富贵后""炅利后"，姓氏吉语有"李氏吉祥"。笔体有篆、隶两种。花纹砖以折线、斜线、弧线等组成不同图案，种类有20多种。

J2内出土"延光元年十月造"纪年砖，为判定这批水井的相对年代提供了重要依据。"延光"为东汉安帝刘祜第五个年号，延光元年即122年，J2的建造和使用年代应不早于122年。结合水井形制以及模印砖铭文书写体势和花纹图案判断，这批水井的使用时代应在东汉年间。

成县北大街古井是甘肃境内首次通过考古发掘的东汉水井，且集中分布3眼，较为罕见，此次发掘填补了甘肃此前未见汉代水井之空白。出土古砖具有较高的历史、文化与艺术价值，为研究古文字和甘肃陇南地区水井的发展演变及汉武都郡治变迁等提供了重要实物资料。

（谢　焱）

【酒泉市肃州区东关外汉代墓群】

发掘时间：2022年11—12月

工作单位：甘肃省文物考古研究所

东关外墓群位于酒泉市肃州区，是汉至魏晋时期墓葬群，其范围东至泉湖乡泉湖村八组居民点、西至东环路、南至祁连路、北至87120部队北围墙，面积约1.5平方千米。

酒泉1969文化艺术创意园及配建立体停车库项目设计施工范围涉及东关外墓群的文物保护范围，甘肃省文物考古研究所对该墓群进行了考古发掘，发掘面积400平方米，共清理墓葬5座，编号M1—M5。

M1—M4均带有长斜坡墓道，M1在发掘区内仅分布墓道部分，未见随葬品，M2—M4为砖室墓，出土少量随葬品。M5仅发现竖穴土坑与少量散乱人骨，性质与年代暂无法判断。出土的随葬器物主要为陶器、铜器。陶器分为日用器皿与随葬明器，日用品主要为壶、罐、碗等；明器有陶仓等；铜器有铜钱、铜车马件、铜饰件等。

此次发掘的东关外墓群根据墓葬性质和出土器物初步推测，M2—M4年代大致处于东汉晚期。M1仅发掘墓道，年代暂不可判断。M5较为特殊，且仅发现少量散乱人骨，未发现出土器物，与此次发掘的其余几处墓葬均不相同，具体年代与性质需进一步判断。该墓群于1957年发掘清理墓葬56座，但其发掘资料尚未完全公布，此次发掘是近年来首次对东关外墓群进行科学发掘、整理，与早年间的发掘资料相互印证，对完善该墓群的认识提供了新的资料。

（曾宗龙）

【武威凉州区牌楼村汉晋墓】

发掘时间：2022年4—5月

工作单位：甘肃省文物考古研究所　武威市文物考古研究所

牌楼村位于武威市凉州区和平镇牌楼村一组，因村镇环境改造施工发现砖室墓座。该墓西北方向1.5千米处为臧家庄，1988年武威市博物馆抢救性清理2座魏晋时期砖室墓。

牌楼村砖室墓由斜坡墓道、照墙、甬道、前室和双后室组成。墓道朝北，墓向5度。地表未见封堆，现存地表1.4米下为砂砾层，墓室主体填埋其中。墓道呈斜坡状，上部被破坏，残长1.18米、宽约2.32米，墓道填土为砂砾卵石等。墓门前地面平铺青砖，门外错缝平砌一层砖封门，甬道口用立砖斜砌三层封门砖，呈竖波浪形。甬道顶部为三层砖券顶，高1.87米、宽1.25米、进深3.32米。墓门口上部沿券顶堆砌立砖13层，形成上宽下窄的扇面状照墙。前室平面形状为横长方形，东西长9.3米、南北宽3米，拱形券顶，顶部损毁。前室西区砌砖形成高0.24米的台面，台面近西壁处残留棺灰。前室、甬道、台面铺设人字形立砖。前室南壁开挖东西双后室，形制相同。前后室之间有甬道连接，甬道进深1.11米、宽1米、高1.3米。后室平面为竖长方形，三层砖券顶。两后室前部有通道联通，通道顶为双层券顶。两后室四角距地面1.2米处用砖砌出灯台，后室内均发现棺灰痕迹和散乱人骨。

该砖室墓多次被盗，前后室清理至底层发现大片灰烬，人骨扰乱且被烧灼，在底层灰烬中发现五铢钱十余枚、铜弩机构件、铜连枝灯残片、残铁器等，以及数量不多的碎陶片。前室甬道口有一具头骨，口内发现琥珀口含1个，头骨附近散落人骨残肢。建造该墓的青砖尺寸一致，长36厘米、宽18厘米、厚5厘米。

从墓葬形制看，该墓葬年代在东汉晚期到魏晋初期。前室为面积较大的横长方形，双后室有通道相连，此类墓葬形制在以往河西地区的发掘材料中较少见。该砖室墓的发现也为河西地区汉晋墓葬研究提供了新的资料。

（裴建陇）

【莫高窟南区北端崖顶天王堂遗址】

发掘时间：2022年3—11月

工作单位：敦煌研究院

2022年度，为配合莫高窟佛塔保护天王堂加固修缮工程，敦煌研究院考古研究所相关人员对其塔体外围进行抢救性考古发掘，围绕天王堂主体佛塔布8个10×10米的探方，实际发掘面积共700平方米。经科学发掘，发现遗迹单位20余处，包括5段墙体，3处花砖铺地，20处柱础石和础坑，1处长方形建筑残迹。出土遗物共2000余件，主要为壁画残块，其余包括塑像残块1件，木构件25件，木器、铁器、花砖、陶片、瓷片、竹条等。

通过此次发掘，在天王堂外围发现墙基，对重新认识天王堂遗址建筑布局提供了重要资料，发现的铺地花砖与洞窟内曹氏时期花砖相同，为天王堂遗址断代提供了依据。总体来说，经过此次发掘，基本厘清了天王堂遗址布局和结构，了解了遗存堆积情况，为其保护工程方案制定和实施提供了科学的资料。

（王鹏飞　杨麒玉）

【瓜州锁阳城遗址】

发掘时间：2022年3—11月

工作单位：敦煌研究院　中国社会科学院考古研究所

锁阳城遗址位于瓜州县锁阳城镇，又称苦峪城，是迄今河西走廊规模最大、保存最完整的一座古城，在河西古代政治、经济、文化及军事诸方面曾起过非常重要的作用。

本年度，联合考古队对塔尔寺遗址大塔和北部小塔群进行发掘，于塔尔寺中心建筑台基布2个10×10米的探方，北部小塔群处布3个10×10米的探方，发掘面积共500平方米，经过科学的发掘，发现遗迹单位14处，包括3段墙体，10处塔，1处房址；出土遗物35件，包括滴水、瓦当、纺轮、脱塔脱佛等。

通过发掘，对塔尔寺遗址区的地面堆积情况基本了解，主要是建筑倒塌后风积浮沙形成堆积。在清理发掘过程中，地面铺砖仅有少量存在。锁阳城遗址区塔尔寺遗址北部大塔及台基、小塔群及台基的分布范围、建筑形制基本明晰，基本弄清塔的构造和小塔分布情况等问题。发现的房址遗迹已不完整，目前还不能确定房址的具体用途和功能。出土遗物中主要是建筑构件，还有大量的脱塔脱佛，反映了佛塔存在装藏。

（王建军　王　娇）

【武威市喇嘛湾唐代吐谷浑墓葬群】

发掘时间：2022年6—12月

工作单位：甘肃省文物考古研究所　武威市文物考古研究所

喇嘛湾唐代吐谷浑墓葬群位于武威市凉州区新华镇青咀村西湾组北侧的山岗之上，面积约45万平方米，为武威唐代吐谷浑王族墓葬群的重要组成部分。2022年，为进一步研究唐代吐谷浑王族墓葬群的文化内涵，甘肃省文物考古研究所等对该墓群进行了主动性考古发掘，清理吐谷浑王族大型墓葬2座（M2和M3），另在发掘过程中发现并清理了史前、汉晋时期小型墓葬13座。

M2、M3比邻而葬，坐北朝南，皆于1927年武威古浪大地震时被震塌，此后多次被盗，M3被盗出土墓志一合，可确认是于武周圣历二年（699年）下葬的唐敕封青海国王、乌地也拔勤豆可汗慕容忠之墓。M2被盗后由夏鼐和阎文儒两位先生于1945年10月对该墓的墓室进行了清理发掘，出土各类器物数十件及石墓志1合，可确认是慕容忠之妻、于开元七年（719年）下葬的金城县主李季英之墓。经2022年发掘可知，两座墓葬均为带长墓道的大型"甲"字形双室砖室墓，由墓道、墓门及照墙、甬道、前室及东西耳室、后室几部分组成。其中，前室较小，两侧各带有一耳室，后室较大，北侧设有棺床。墓道内皆有整马殉葬，M2殉马4匹，M3殉马1匹，亦见有明显的烧物现象。墓葬内出土有漆木器、陶瓷器、金属器、玉石器、玻璃器等各类遗物百余件，以漆木器和彩绘陶器为多。M3甬道口及墓室壁面中下部还残存有大量壁画，以人物图和门楼图为主，布局疏朗，绘制精美。两座墓葬的发掘，为研究入唐后吐谷浑高级别墓葬的形制、葬制葬俗及布局等提供了最新的资料。

清理汉晋时期墓葬6座（M7、M16、M17、M25—M27），形制有竖穴墓道土洞墓、斜坡墓道土洞墓、竖穴土坑墓三类。均单人葬，葬式见有仰身直肢、仰身屈肢、解肢葬等，部分墓葬殉羊头、马头等，出土器物有陶罐、陶灶、漆木盒、琉璃耳珰、五铢钱、货泉等。根据出土随葬品、葬制葬俗等情况，初步判断这批墓葬应是鲜卑等游牧民族墓葬。清理史前墓葬7座（M18—M24），6座为长方形竖穴土坑墓，1座为瓮棺葬。皆单人葬，葬式仰身直肢，随葬器物以彩陶罐、夹砂灰陶罐为主，另有彩陶杯、陶纺轮、石刀、矿石等。从特征判断，这批墓葬均属马厂文化时期墓葬。史前及汉晋墓葬的发现，为探讨唐代吐谷浑王族墓群的文化背景，以及史前、汉晋时期河西地区多民族交往、交流、交融的情况提供了重要资料。

（刘兵兵　沙琛乔）

【兰州市高新区宋金砖室墓】

发掘时间：2022年7月

工作单位：甘肃省文物考古研究所　榆中县博物馆

兰州市高新区宋金墓位于兰州市榆中县连搭镇孙家坡村的兰州高新技术开发区兰州真空设备产业园内。该墓葬呈南北向，为仿木结构单室砖室墓，由墓道、甬道、墓室三部分组成。墓道位于墓室北侧，施工过程中遭破坏，形制及尺寸不明。甬道位于墓道与墓室之间，为方拱形顶，甬道两壁结构与墓室北壁结构相同，镶嵌花卉纹砖雕，进深约0.6米、宽约0.3—0.6米、宽高约1.15米。墓室位于墓道南端，平面呈长方形。墓室地面用方砖和条砖错缝平铺。墓室四壁由上而下分层嵌入砖雕，可分为三层。第一层为仿木斗拱结构；第二层镶嵌孝子和吉祥花卉、动物题材砖雕；第三层以突出的仰、覆莲，飞天及吉祥花草砖雕构成近似束腰须弥座的墙基基座。墓室顶部为四角叠涩攒尖顶，东壁自下而上分为三个部分。第一部分为须弥座，从地面起条砖错缝平砌三层，其上为三层立砌的砖雕。第一层题材以牡丹纹为主，两砖雕间以壸门砖间隔；第二层穿插花卉纹、重钱文、飞天、童子戏莲等题材砖雕，砖雕间以人物立像砖间隔；第三层为花卉纹砖雕。第二部分为正方形砖雕，题材主要为孝子图和吉祥动物及花卉。第三部分为仿木斗拱结构，斗拱上为房檐建筑。西壁遭破坏严重，仅存须弥座底部，与东壁结构相同。南壁正中向外凸出做成仿木结构门楼式建筑，该建筑共分三部分，建筑底层形制与墓室其他三壁相同；紧接着是仿木斗拱结构；最上面为仿木构杆栏式建筑。仿木杆栏式建筑则又由三部分组成，杆栏式建筑的下部为仿木双扇门形龛，门扇中心偏上饰铺首；门形龛的上方为斗拱，斗拱上砌有仿木方形檐椽；檐椽上置仿歇山式屋顶。北壁、东壁正中辟墓门，墓门两侧结构与其他三壁相同。

该墓为双人合葬墓，由于墓室积水和遭施工破坏严重，人骨凌乱不堪，葬式不详。出土黑釉罐1件，敛口，圆唇，束颈，圆鼓腹，平底，外壁施黑釉。

此次发掘的仿木结构砖室墓，除西壁外其他三壁结构完整，砖雕保存较好，其仿木结构门楼式建筑、孝子图、吉祥动物及花卉等砖雕装饰题材，反映出该地区宋金时期墓葬的时代特征和地域性特点，为研究该地区宋金墓葬提供了一批重要的材料。

（马洪连　郑国穆）

【清水县金代砖室壁画墓】

发掘时间：2022 年 3 月

工作单位：甘肃省文物考古研究所　清水县博物馆

2022 年 3 月，天水市清水县红堡镇东沟河建筑用石料厂工程施工过程中发现两座仿木结构砖室墓。甘肃省文物考古研究所随即对这两座墓葬进行了抢救性发掘，并对墓葬周围 1100 平方米范围进行了勘探。建筑施工致使墓葬上方地形地貌及墓道、墓室顶部有所破坏，墓葬自南向北依次编号 M1、M2。

两墓基本呈东—西向，主要由墓道、甬道、墓室三部分组成。墓道位于墓室西端，平面梯形，竖穴土坑结构，底部基本平整。M1 墓道长 3.3 米、宽 1—1.3 米，残深约 1 米。甬道直壁券顶结构，长 0.6 米、宽 0.75 米、高 1.72 米。墓室平面近方形，南北长约 2.5 米、东西宽约 2.4 米。底部砌筑棺床，与北壁相接，长 1.95 米、宽 1.2 米、高 0.3 米。四壁下层为砖砌须弥座结构，上层以壁面中间砌筑门楼结构为主体，两侧间隔画像砖装饰。墓室顶部为条砖多层叠涩八角攒尖结构。M2 位于 M1 北部，墓道长 2.1 米、宽 0.6—1.06 米，残深约 1 米。甬道直壁券顶结构，长 0.7 米、宽 0.75 米、高 1.42 米。墓室平面矩形，东西长约 2.1 米、南北长约 1.6 米。底部整体平铺青砖为棺床，高出甬道底面 0.3 米。四壁及顶部砌筑结构大体与 M1 相近。葬具不明，M1，单人仰身直肢葬，头东脚西，面向上。M2，被盗严重，葬式不明。

两墓在砌筑中嵌入大量模印砖作为装饰，甬道嵌画像砖分别有明窗、备马出行、花卉图案。墓室四壁嵌画像砖分别有花卉、侍者、舂米、推磨、屏门、鹿衔枝莲、婴戏莲、孝行故事图案。M2 整体先以白灰水打底，涂抹整个墓室内部，再在不同图案处以红、黑、白三色略作区别。

两墓共出土遗物 4 件。M1 出土陶罐 2 件，为素面灰陶，圆唇、折沿、短束颈、圆肩鼓腹、平底。买地券 1 件，为方形灰砖，边长 29 厘米、厚 5 厘米。刻划铭文，共 17 列。M2 出土调色石一块，砂石质，扁平状，边缘不规则，一端略圆，通体涂有朱红色，长 18 厘米、宽 9 厘米。

据 M1 出土买地券记载可知，此次发掘墓葬为金代时期毛姓者的家族墓地。券文基本符合宋仁宗时官方编纂《重校正地理新书》行文规范，因此可知北宋之后清水地区虽为辽、金统治，但民间丧葬等文化形式基本保持宋地传统。清水县境内在宋金政权争夺中处于交战之地，因而保留下宋金时期的历史遗迹数量丰富。此次发掘墓葬明确的纪年及其墓葬形制为清水县境内已发现宋、金、元时期 10 余座墓葬的时代判定起到了参考作用，也为了解宋金时期陇东地区的丧葬观念、政治、经济等提供了重要资料，具有重要的历史文化价值。

（黄飞翔　王　山）

青海省

【共和县江西沟旧石器时代遗址】

发掘时间：2022年6—8月

工作单位：青海省文物考古研究所　兰州大学

江西沟遗址位于青藏高原东北部的青海湖南岸，隶属共和县江西沟镇达仓村，地理坐标北纬36°35′25″，东经100°17′47″，海拔3312米，北距青海湖约4.5千米，包括江西沟1号和2号两个地点，前人初步测年结果显示遗址主要形成于距今15000—6000年。

发掘初期，联合考古队对江西沟河流域及附近沿河沟谷区域进行了初步的调查，在江西沟河东西两岸的坡地上新发现六处细石器点，并依次进行编号。根据调查、勘探和前人研究成果，在充分考虑各地点现状和文化堆积的情况下，考古队在1号、2号、3号地点共布探方4个，发掘面积42平方米，发掘过程中同步采集测年、浮选、微形态、环境重建、古DNA等分析样品。

此次发掘发现从旧石器时代晚期至新石器时代连续、保存较好、遗存丰富的文化堆积，清理火塘3处，灰坑2个，石堆遗迹2处，收集3000余件石制品，丰富的动物骨骼、炭屑和较多陶片。出土的石制品以典型的细石叶工艺为主，包括细石叶、细石核、石片、石料、断块、碎屑等，从早期到晚期，石器类型、尺寸和石料有较为明显的变化，特别是2号点发现早、中、晚三期文化遗存，对于理解该地区不同时期史前人类的扩散机制、占据方式、流动性，石制品的形态特征和原料选择，遗址的功能演化具有重要的研究价值。在晚期文化层内，均发现与石制品共存的陶片，这些陶片具有甘青地区马家窑文化和齐家文化的典型特征，对于探讨狩猎采集人群和农业人群的关系、交流和互动模式等具有重要意义。

江西沟遗址的多学科考古工作，为重建江西沟遗址沉积形成过程、古环境背景、年代序列等研究提供了学术支撑，为深入分析江西沟遗址的文化内涵与功能，理解江西沟古人类的行为与生存模式提供了重要的实物资料，对理解青藏高原史前人类扩散和高海拔环境适应机制等问题具有深远的意义。

（甄　强　王倩倩　张东菊）

【兴海县东果滩新石器时代及青铜时代遗址】

发掘时间：2022年6—10月

工作单位：青海省文物考古研究所　四川大学考古文博学院

东果滩遗址位于海南藏族自治州兴海县河卡镇羊曲却什旦村南的东果滩台地上，坐落在黄河北岸的二级阶地，高出河面约40米，西连羊曲大沟。地理坐标为北纬35°40′39.6″、东经100°13′55.8″，海拔高约2647米。遗址东西长500多米，南北宽约45—55米；核心区平面近似长条形，东西长约233米，南北宽约20—22米，面积约4516平方米。为配合黄河羊曲水电站工程建设，联合考古队对该遗址进行了首次发掘，发掘面积1102平方米。

发掘区域分东、西两区，西区堆积较浅，深度普遍不足1米；东区堆积较深，深度普遍超过1.5米，尚未发掘到底。该年度的发掘遗存从时间早、晚分别属于细石器遗存、宗日文化、卡约文化。

细石器遗存仅见于东区，发现火塘、灰堆、疑似柱洞等遗迹，其中火塘13处，灰堆3处，疑似柱洞14处，出土遗物包括石制品7517件，串珠1件，蛋壳碎片若干，另有一些碎小动物骨骼。石制品可分为人工制品和自然砾石。自然砾石大多用来建造火塘；人工制品包括细石叶工艺产品和简单石核-石片技术体系产品，其中细石叶工艺产品主要为细石核、细石叶、细石核更新石片等；简单石核-石片技术体系产品主要为石片石核和大量废片类产品。工具类产品相对较少，包括少量的端刮器、边刮器等。

宗日文化遗存最为丰富，在两个区域均有发现。遗迹包括房址2座，基槽1座，柱洞31个，灰坑67座，灰沟1条，石堆1座，另出土大量陶、石、骨角、蚌材质遗物。陶器以夹砂乳白陶、灰褐陶、红褐陶为主，也见有部分泥质红陶和黄陶。纹饰以绳纹和附加堆纹为主，且二者存在多种组合方式。彩陶占有一定比例，在泥制陶和夹砂陶上均有施彩的现象，既存在外彩，亦有内彩；以褐、浅紫、黑彩为主，纹样包括变形鸟纹、条带纹、折线纹、圆点纹、弧边三角纹等。器形见有罐、壶、钵、碗、盆、带流器、器盖、陶环、陶饼等。石制品以磨制石制品为主，亦包含少量打制、压制石制品，出土有穿孔石刀、石杵、石锥、石环、磨盘、盘状器、砍砸器、石片、刮削器、细石叶、细石核等。骨角器有锥、针、珠、鹿角器等，蚌器仅见穿孔蚌饰。

卡约文化遗存较少，仅见于东区，以灰坑H33和H63为代表。出土遗物极少，其中H63出土的陶鬲、双耳罐特征鲜明。

细石器遗存发掘面积大，原生堆积层位清晰，遗存丰富，测年数据表明其年代为距今六七千年，为探索共和盆地史前狩猎采集者的生存适应问题提供了新资料，也为探讨细石器技术在青藏高原的传播与史前人群扩散提供了重要依据。宗日文化遗存特征鲜明，文化内涵丰富。基槽式的房址在该文化遗存中尚属首次发现。所包含的丰富马家窑文化因素，反映出二者之间曾存在密切的文化交流。卡约文化遗存出土较少，但出土的完整陶鬲在该文化遗存中极为少见。此外，H63形制较小，但出土3件完整陶器，其性质应较为特殊。总之，此次发掘的细石器遗存、宗日文化、卡约文化三叠层，为深入探索共和盆地先秦时期遗存提供了极为难得的新资料。

（杜战伟　孟　琦　韩　芳　宋吉香
　　吕红亮　乔　虹　李冀源　王倩倩）

【同德县宗日新石器时代遗址】

发掘时间：2022年5—10月

工作单位：青海省文物考古研究所　河北师范大学　南京大学

宗日遗址位于海南藏族自治州同德县巴沟乡班多村和卡力岗村之间黄河北岸的二级台地上，海拔2800米，处于季节性河流曲什安河汇黄河入口之东北侧。整个遗址沿台地呈带状分布，东西长度达1500米以上，面积达8万平方米。

在2020—2021年考古工作的基础上，宗日联合考古队选定宗日遗址东四台地南部作为主要发掘区域，编号2022QTZ Ⅴ区，揭露面积为614平方米，发现了较为丰富的生活遗迹和文化遗物。新发现宗日文化至齐家文化时期居址1处，清理房址4座，柱洞

296个，灰坑109个，墓葬2座，出土有陶器、石器、骨器遗物。房址由柱洞围构或以石块围砌。灰坑平面形制可分为圆形与不规则形，剖面形制见有筒形、袋形平底或弧形圜底三种。墓葬均为竖穴土坑墓，葬式皆呈俯身直肢葬，有二次扰乱现象。

本年度继续对遗址东二台地壕沟（编号2021QTZⅢG1）进行解剖式发掘，发掘面积为130平方米。2021年对壕沟东部进行发掘，本年度重点对其西部进行发掘。通过清理，进一步明确了壕沟大致呈西北—东南向，横贯整个东二台地，系人工挖掘而成，并非利用自然沟渠修建。沟内堆积分为7层，均呈北高南低的坡状。出土物包括陶、石、骨器三大类，此外，还发现大量动物骨骸。陶器以宗日式陶器、马家窑文化彩陶残片为主。石器则以石球、穿孔石刀、石锛、石斧较为常见。骨器包括针、锥、穿孔珠饰、片饰等。

通过本年度的发掘，至少发现有4处房址外，还发现了集中分布的200多个柱洞，且开口于不同的层位，可能存在有多座房屋，并伴随有毁坏重建的现象，这足以证明当时该居址的建筑密度与较长延用时间。石砌房屋的发现更是刷新了人们对共和盆地史前建筑的认识，为探讨黄河上游史前时期房屋建筑形制增添了重要新材料。在宗日遗址首次发现宗日文化不同形制的房址等居址遗存，将有助于深化人们对青藏高原东北部先秦时期考古学文化、聚落形态、生业模式、人群迁徙与文化交流等方面的研究和认识。

（乔　虹　李冀源　马　骞　姜法春）

【兴海县南坎沿宗日文化遗址】
发掘时间：2022年5—12月
工作单位：青海省文物考古研究所　四川大学　西北大学　洛阳市文物考古研究院　河北师范大学　山东大学　上海博物馆

南坎沿遗址位于兴海县河卡镇羊曲村东南约3千米处，坐落于羊曲盆地中南部黄河北岸的二级台地上，海拔2690米，处于季节性河流香让沟汇黄河入口之南。遗址东、南面邻黄河，北隔香让沟与十八档、香让沟北遗址相望。

为配合黄河羊曲水电站的建设，2022年度对该遗址东南部进行了10000平方米的考古发掘工作。经本年度的发掘，揭露宗日文化时期环壕聚落1处，清理房址、灶址、壕沟、灰坑等各类遗迹300余处。壕沟位于居址北侧，自西北向东南对居址区呈环绕状，总长约84米，宽7米，深2米。沟内为大量多次短期形成的局部堆积。壕沟内侧发现房址14座，形制包括半地穴式与地面式两类。灶址共17个，分为石器长方形与圆形土坑两种。灰坑共119个，依平面形状可分为圆形、方形与不规则形三种。遗址内出土包括陶器、石器、骨角器、贝蚌器、玉器等各类文物标本近1200件。陶器以宗日式陶器与马家窑文化彩陶为主，器类有壶、罐、盆、碗、铃等。石器包括磨制与打制石器两类，器类包括斧、锛、凿、刀、研磨器、盘状器等，还发现一定数量的细石器。骨角器多为工具，器类主要有锥、针、笄等。此外，还发现大量动物骨骸。

该遗址是首次发现的较为完整的宗日文化时期的环壕聚落遗址。此次发掘清理了形制较为完整的房屋、灶坑、窖穴、壕沟等共存遗迹，为探讨宗日文化分期研究提供了更加丰富的考古学依据。南坎沿环壕居址的发现对研究宗日文化聚落形态、生业模式，黄河流域上游、青南高原的文化交流、技术传播以及古代人群的迁徙与融合具有重要意义。

（李冀源　乔　虹　任炳萃　夏艳平　马　骞　姜法春）

【兴海县香让沟北宗日文化及卡约文化遗址】

发掘时间：2022年6—9月

工作单位：青海省文物考古研究所　洛阳市考古研究院　上海博物院

香让沟北遗址位于海南州兴海县河卡镇羊曲村（新村）东南约1千米处，海拔2670米。遗址坐落在共和盆地南缘，地处黄河与香让沟交汇处的三阶台地上，地势呈缓坡状，西北高东南低。遗址西北—东南向长约500米，西南—东北向宽约200米，面积近10万平方米。

为配合黄河羊曲水电站工程建设，做好库区文物保护工作，青海省文物考古研究所于2005年、2009年、2013年、2014年对香让沟北等库区遗址进行了多次考古调查和勘探工作，确定了各遗址的分布范围和核心区。本年度联合考古队对香让沟北遗址再次进行考古发掘，发掘面积3600平方米。

此次发掘区域的地层堆积较简单，文化层只有一层，分布于发掘区的东北部，面积不大，属于齐家文化时期堆积。

遗迹有灰坑66个、沟12条、墓葬1座。灰坑口部形状分为圆形、椭圆形和不规则形三种，剖面形状多为弧形圜底，另有少量为袋状坑。沟均为西北—东南走向，分布于整个发掘区。这些沟分自然沟、人工沟和自然+人工沟三种。自然沟分布于发掘区的东部和南部，宽度较大，沟岸弯曲，有很多小支流汇合，是自然流水形成的。人工沟较长，沟口宽度较窄，虽然没有发现人工修筑的痕迹，但是根据沟口的宽度变化不大、沟壁规整来判断，应该是人工修筑的引水沟。自然+人工沟在发掘区的西北部，沟口宽度较大，宽2—8米不等，沟的西壁稍有坡度和弯曲，而东壁很直、很规整，推测是在自然沟的基础上，经过人工修筑形成，以作为北部聚落的排水沟使用。墓葬1座，开口于②层下，墓口距地表深28厘米，平面形状呈长方形，方向220度。南北长188厘米、宽80厘米、深14—28厘米。墓圹直壁，平底，壁面规整，墓内填花土，土质疏松，内葬一人，头向西南，面向下，为俯身直肢葬，下肢骨向两侧外张，骨架保存较完整。出土随葬品共计17件，其中陶碗2件、陶罐2件、陶壶1件、绿松石4件、小石球1件、石珠数千件、水晶石叶1件。

遗物十分丰富，种类多样，有陶器、石器、骨角器、铜器等。陶器数量较多，多为灰白色、灰色、红色的夹砂陶，少量泥质陶，部分彩陶残片。纹饰主要有绳纹、附加堆纹、戳印纹等。器型主要有罐、碗、壶、钵和器盖等。另外，在G4中发现有草拌泥块。石器以打制石器和磨制石器为主，种类多样，包括石刀、石斧、石锛、石凿、石球、研磨器、石磨棒、石核、石片等。其中多件石刀制作精美，多有钻孔。骨角器有骨锥、笄、骨柄石刃刀等。铜器仅在H19的近底部发现2颗铜粒，很小，锈蚀严重，无法辨别器形。

从地层堆积和遗物判断，初步认为香让沟北遗址的时代是宗日文化和齐家文化时期。本次发掘为研究宗日文化和齐家文化提供了丰富的资料，对于研究宗日文化与齐家文化的聚落形态、丧葬习俗、社会经济、手工业技术等方面均具有重要意义。

（俞凉亘　於永逸　王倩倩）

【兴海县羊曲十八档宗日文化及卡约文化遗址】

发掘时间：2022年5—9月

工作单位：青海省文物考古研究所　西北大学

羊曲十八档遗址位于海南藏族自治州兴

海县河卡镇羊曲村（新村）东南约1千米处，海拔2670米，南距同德县宗日遗址约40.6千米，东距贵南县尕马台遗址40.5千米。遗址坐落于共和盆地南缘，地处黄河与香让沟交汇的三阶台地上。

为了配合羊曲水电站基础建设，进一步认识羊曲十八档遗址的文化内涵，2022年联合考古队对羊曲十八档遗址进行了为期5个月的考古发掘工作，获得了一些具有重要价值的成果。此次发掘面积约1000平方米，清理各类遗迹共计157处，其中灰坑127个，灰沟15条，墓葬2座，瓮棺12座，灶1个。发掘出土陶器、石（玉）器、骨角器、铜器等诸类标本上千件。据层位关系和出土遗物判断，此次发掘的遗存主要属于宗日文化和齐家文化。其中，属宗日文化墓葬2座，瓮棺葬11座，灰沟14条，灰坑71个，出土陶器以罐、碗、壶和瓮等为基本组合，陶色普遍偏白，流行变形鸟纹、折线纹等彩陶图案，彰显出独特的宗日文化特色。属齐家文化瓮棺葬1座，器物坑1个，灰坑55个，灶1个，出土有泥质双大耳罐、高领罐等陶器。此外，此次发掘的宗日和齐家文化遗存中都发现了少量铜片和铜环等小件铜器，为探讨共和盆地铜器的起源与发展提供了重要资料。

羊曲十八档遗址的发掘，确定了遗址存在专门的未成年人墓区，明晰了宗日文化晚期瓮棺葬墓葬形制和丧葬习俗，确认了遗址包含宗日文化与齐家文化两种前后相继的文化遗存，不仅使考古队认识到该遗址的文化内涵，还对不同阶段聚落布局演变有了初步了解。

（王　振　李冀源　胡晓军）

【兴海县香让沟南宗日文化及卡约文化遗址】

发掘时间：2022年6—10月

工作单位：青海省文物考古研究所　四川大学考古文博学院

香让沟南遗址位于兴海县羊曲村（新村）西南，地处黄河北岸，香让沟南侧，是羊曲盆地先秦遗址群的重要组成部分。古文化遗存以本年度发掘的Ⅰ、Ⅱ、Ⅲ号地点最为丰富，实际发掘面积共计1564.9平方米。

该遗址发现了宗日文化和卡约文化两类遗存。宗日文化仅发现于Ⅰ地点，共发掘9座灰坑。其中，H7为规整的椭圆形袋状灰坑，底部发现大量石器与砾石，其性质应较为特殊。宗日文化遗物出土数量不多，以陶器残片和石器为主。陶器以夹砂红褐、灰褐陶及乳白陶居多，纹饰多为绳纹，包括竖绳纹、斜绳纹和交错绳纹，部分器表饰附加堆纹，亦包含少量泥质彩陶，多为红/橙黄底黑彩。石器集中发现于灰坑H7内，包括盘状器、砺石、石片、石饰等。

卡约文化是香让沟南遗址的主体遗存，发现了包括14座房址、5道石墙、1处活动面、66座灰坑、2座灰堆、4座石构遗迹、1座石圈遗迹、1座器物坑在内的不同阶段的聚落遗存。房址分为半地穴式、柱洞式和石构式等三类房址，揭露出多处后者叠压前两者的层位关系。灰坑形制多样，包括圆形、椭圆形、圆角长方形、袋状和不规则形等。石构遗迹形制差别较大，结构较为复杂，部分遗迹包含用火迹象，初步判断与祭祀活动有关。遗物以陶器和石器为主。陶器以素面夹砂褐陶系占绝对大宗，大部分器表较为斑驳，内外壁颜色不一致的情况非常普遍；器表多素面，少量饰附加堆纹。可辨器形以带耳罐、壶、盆为主。石器分为磨制和打制两类，包括砍砸器、刮削器、盘状器、石刀、磨盘、磨棒、石杵、石锤、石臼、石片等。铜器共发现3件，包括铜锥、铜片各1件，另1件推测为器柄残件。骨器数量不多，见有锥、簪、器柄、珠等。

香让沟南遗址宗日遗存虽然较少，但分布相对集中，对于认识羊曲遗址群宗日文化时期的聚落分布及等级等问题具有一定价值。该遗址发现了迄今为止规模最大、内涵最为丰富的卡约文化居址，在一定程度上弥补了以往该文化发掘资料中墓地居多、居址极少的不足。其中半地穴式和石构多间结构房址及其他一些结构较为复杂的石构遗迹，均系该文化的首次发现，为研究其地域特征、聚落形态和人地关系演变提供了重要的新资料。

（孟　琦　杜战伟　宋吉香　吕红亮　乔　虹　李冀源　王倩倩）

【兴海县二台卡约文化遗址】

发掘时间：2022年6—9月

发掘单位：青海省文物考古研究所　河北师范大学历史文化学院

遗址位于海南藏族自治州兴海县河卡镇羊曲村东约3.5千米，地处黄河北岸二级台地上，北面为玛曲大沟，西部为草场，共和－贵南公路自遗址西面穿过。GPS坐标为北纬35°41′16.5″、东经100°15′25.1″，海拔2658.3米。早在1982年，青海省文物考古研究所便进行了文物普查，1987年又进行了考古调查。2022年发掘前夕再次进行调查，地表发现大量夹砂粗陶陶片、少量石制品。

遗址所处台地较为平缓，东西120米，南北160米。总面积为19200平方米。发掘区位于遗址东部，共布设10×10米探方6个，发掘面积600平方米。

发掘区堆积共五层。发现遗迹单位119处，主要为灰坑、窑址、柱洞等。从分布情况来看，遗迹单位主要发现于发掘区东部；从层位来看，主要发现于二层下，可能为同一时期堆积。同层位出土的遗迹单位有窑址、袋状坑、柱洞、灰坑等。

出土遗物，按质地主要分为陶器、石器、铜器、骨器等，以陶器为主，近百件。

陶器多为夹砂陶，以夹粗砂陶为主，有少量泥质陶。陶色以红陶为主，少量灰陶。器表普遍为素面，部分口沿外侧饰附加堆纹。器类较少，有堆纹口沿罐、单耳罐、双耳罐等，另有少量器底和器耳。陶器表面均有烟炱痕迹。

从碳十四测年及包含物判定，此处为卡约文化时期的堆积。窑址及周围相关遗存的发现，对于研究卡约文化时期的社会生活具有重要价值。

（施兰英　李冀源　杜　玮）

【兴海县羊曲东卡约文化遗址】

发掘时间：2022年6—9月

工作单位：青海省文物考古研究所　河北师范大学历史文化学院

遗址位于海南州兴海县河卡镇羊曲村东约3千米处，地处黄河北岸二级台地上，北面为玛曲大沟，西部为草场，共和—贵南公路自遗址西面穿过。GPS坐标为北纬35°41′17.7″，东经100°15′11.4″，海拔2679.3米。早在1982年，青海省文物考古研究所便进行了文物普查，1987年又进行了考古调查。2022年发掘前夕再次进行调查，地表发现大量夹砂粗陶陶片、少量石制品。

遗址所处台地较为平缓，东西81米，南北6—9米，面积633平方米。发掘区位于遗址东南部，共布设10×10米探方5个，发掘面积500平方米。

发掘区内地层堆积共五层。共发现遗迹单位47处，包括灰坑、灰沟、墓葬、柱洞等。

出土遗物，从材质来看主要为陶器、石器。陶器主要为夹粗砂，有少量泥质陶。陶色以红陶为主，少量灰陶。器表普遍为素面，部分口沿外侧饰附加堆纹。器类较少，主要为罐、大瓮等。石器包括打制和磨制两种，器类有石斧、石球、石磨棒、细石叶、石核、石片等。

从碳十四测年及器物类型来看，此处主要为卡约文化时期堆积。此次发掘为卡约文化的研究提供了新的材料，部分遗迹单位特色鲜明，其性质和功能值得进一步探讨。

（施兰英　马骞　杜玮）

【都兰县夏尔雅玛可布诺木洪文化居址和墓葬】

发掘时间：2022年5—11月

工作单位：青海省文物考古研究所　西北大学文化遗产学院

夏尔雅玛可布遗址位于海西蒙古族藏族自治州都兰县巴隆乡河东村西3千米处，海拔2990米。遗址坐落在柴达木盆地东南边缘昆仑山脉支系布尔汗布达山北麓，地处伊克高里河与哈图河交汇处的临河台地上，哈图河横穿而过将其分为两个台地，东南台地为居址区，西北台地为墓葬区。

2022年联合考古队接续上年工作对该遗址进行发掘。发掘面积800平方米，其中居址区发掘面积约200平方米，墓葬区中部和北部共发掘面积600平方米。居址区共清理遗迹11处，其中内圈石围墙1座，房址3座，瓮棺1座，灰坑5个，沟1条，继续清理2021年未发掘完成木构建筑1座，土坯墙1堵。墓葬发掘区分为中部和北部两处，中部发现墓葬10座，黄土坑9座，祭祀坑3座；北部发现墓葬3座，黄土坑3座。

居址区中部发现内圈石围墙，局部地表隐约可见，部分石墙倒塌严重。现存石围墙整体略成"U"字形，西部、东部石墙整体呈东南—西北走向，一直延伸至哈图河边断崖。西北处为哈图河断崖所冲毁，西南部有近圆形石围墙。西部石墙长约100米，东部南部石墙长约50余米，东部石墙长约120余米。南部圆圈石墙直径约25米。仅对石墙保存较好地段进行初步清理，在东部和南部发现明显垒砌痕迹，在东南角石墙下还发现一横置木头，推测可能作枕木之用。

在居址区东部发现3座房址，房屋紧密相连，因发掘面积有限，暂未完全揭露。房屋为地面起建式房屋，局部保存有较好的石墙墙体和房屋活动面，有的还有成排柱洞，部分房屋地表有坑洞遗迹，还发现有圆陶片集聚土台。

墓葬区地表依稀可见近圆形"墓葬石围"，部分石围还有叠压打破关系。墓葬均开口于①层下，已发掘墓葬整体布局规律明显，墓葬均为东北—西南向，排列整齐且分布密集，墓葬之间少有打破关系。石围中部一般还有与其关系密切的"沉积黄土坑"。沉积黄土坑位于墓葬顶部，叠压墓葬。平面形状呈椭圆形，斜壁锅底状。坑内堆积为浅黄色细沙土，土质致密，较为纯净，无明显包含物。

墓葬均为长方形竖穴土坑木椁墓，多数为内外双重木椁，少数仅有内椁。外椁多由原木垒砌而成，内椁由木板拼接制作而成。有的葬具有榫卯结构，部分椁板还有彩绘痕迹。已发掘墓葬人骨皆被扰乱，均为"二次扰乱葬"。随葬品一般位于外椁北部，有的因扰乱分布较为零散。多见双耳罐、无耳束颈罐、腹耳罐、带耳盆等陶器，较多铜泡、铜铃及较为特殊的铜牛，大量滑石珠、红玉髓珠、牙坠饰、海贝、绿松石珠等组成的装饰品，以及牛角、羊肩胛骨和羊排（肋骨）等动物骨骼等。

另外，在居址区南部台地地面踏查新发现疑似多处墓葬，推测可能系居址区南侧墓地。此处墓地的发现对于研究居址区的分布范围、功能结构以及与已发掘居址、墓葬的关系提供了新线索。

此次发掘在居址区发现内圈垒砌石墙，居址区东部发现3座房屋建筑，并继续清理了土坯墙、木构建筑等遗迹，为进一步厘清居址区堆积状况和聚落演变提供了丰富的资料。在墓葬区中部和北部新发现13座墓葬，从其出土陶器来看，与2021年墓葬发掘区陶器风格有所差异，初步判断中部和北部年代应该稍早，为进一步厘清墓葬区墓葬结构、葬仪葬俗和布局形态增加了新资料。尤其是墓葬地表石围之间叠压打破关系的发现，为厘清墓葬早晚关系提供了重要物证。

夏尔雅玛可布遗址的连续考古发掘，逐渐揭开柴达木盆地诺木洪文化大型墓地和居址的面纱，为柴达木盆地史前文化和人群研究提供了大量的实物资料，也必将极大拓展青藏高原史前文化研究的内容与空间。

（杜　玮　向金辉　郭　梦　王飞虎）

【大通县杨家寨汉晋时期墓地】

发掘时间：2022年6—11月

工作单位：青海省文物考古研究所　大通县文物局

杨家寨墓地位于大通县黄家寨镇杨家寨村南部的西宁综合保税区内。此次共清理遗迹单位94处，包括古代墓葬76座、壕沟1条、窑址1个、灰坑8个、柱洞5个、红烧土遗迹1处、灶址1处、窑址相关遗迹1处。其中，窑址、壕沟、22座木椁墓、33座砖室墓属于东汉至魏晋时期；灰坑、柱洞及红烧土遗迹属于宋代文化遗存；灶址、窑址相关遗迹、8座土洞墓、13座长方形竖穴土坑墓属明清时期遗存。

共出土文物约530件（套），除石磨盘、石磨棒等为宋代遗物外，其余约520件（套）器物均属东汉至魏晋时期，可分为陶器、石器、金银器、铜铁器、骨角器、漆木器、珠饰几大类。其中，陶器有罐、壶、仓、灶、井、灯、釜、甗、瓶、盆、碗、釉陶甑等；石器有研石、砚板等；金银器有金耳环、金叶片、银印、银手镯、银指环、银饰件等；铜铁器有铜虎子、铜壶、铜盆、铜镜、铜钱、铜刀、铜镞、铜泡、柿蒂形铜片饰、铁刀、铁钉等；骨角器有骨管、骨饰、牛角扣等；漆木器有漆奁、漆耳杯、铜扣木碗等；珠饰包含琉璃耳珰、琥珀珠、玛瑙珠、绿松石珠、琉璃珠、煤精珠等。

此次发掘的M20为一前室三后室的砖室墓，前室西壁下设一棺床，棺床上置一朱漆木棺，木棺底部出土1枚驼钮银印。前室中部出有铜盆及彩绘陶仓、陶灶、陶井各1件，后室出土4件彩绘陶壶。驼钮银印印文为"汉破虏羌君"，系青海境内出土的首枚羌族部落首领官印。彩绘陶壶的上腹部彩绘"四神"图像，应具仿铜陶礼器性质。M20系青海境内首次发现的东汉时期明确的古羌人墓葬，为汉羌关系研究提供了新的材料。此外，还首次发现了东汉时期家族墓葬及茔壕建筑，发现了罕见的祔葬墓及墓室内火烧现象，出土了可能具有中亚、西亚文化特征的铜镜，出土了生活用器铜虎子。

此次杨家寨墓地的发掘，为青海地区古代历史文化演变与传承研究提供了新的材料，为汉晋时期墓葬形制、丧葬习俗、汉羌关系、生产技术水平等方面的研究补充了新的资料，也为研究青海地区这一时期的丧葬观念、民族关系、文化交流与融合、社会生活、社会组织结构等方面提出了新的课题，对青海地区汉晋时期历史研究与社会研究具有重要意义。

（梁官锦　胡晓军）

【兴海县清代羊曲城址】

发掘时间：2022年6—8月

工作单位：青海省文物考古研究所　山东大学考古学系

羊曲城址有2处地点，分处黄河两岸台地上，分属于兴海、贵南两县。羊曲城址（兴海）位于兴海县羊曲村东南约1千米处，地处黄河北岸，东南为羊曲黄河大桥，该城址与黄河南岸贵南县境内的羊曲城址隔河相望。城址平面呈近方形，总面积约2025平方米，保存较好，年代初步判断为清代。羊曲城址（贵南）位于羊曲村东南约1.5千米处的黄河东南岸，东邻高山，与黄河西北岸兴海县境内的羊曲城址隔河相望。城址平面呈近方形，边长约60米，总面积约3600平方米，保存较差，海南—贵南公路从城址中部穿过，地表经幡满布，城址被严重破坏。为配合黄河羊曲水电站的工程建设，青海省文物考古研究所联合山东大学考古学系对羊曲城址（兴海、贵南）进行发掘。探方规格10×10米，探沟规格不一，发掘面积共计302平方米，发掘深度0.06—2.2米。

羊曲城址（兴海）的堆积主要分为2层，第①层为表土层，第②层为清代文化层。第②层下为黄土，第②层下发现若干卡约文化灰坑。羊曲城址（贵南）的堆积后期破坏严重，仅见1层表土。

此次共发掘灰坑29个、房址5座、城门2处、灶7个、石槽16个、沟1条。绝大部分遗迹集中分布于兴海发掘区，贵南发掘区仅发现1处土坯房。

此次发掘确定了羊曲城址（羊曲）是一座由三圈规模较小的石头城墙围合而成的带有防御设施性质的小型城址。在城内台地之上还发现有4座石砌房址及灶坑、灰坑若干，城址、房址的建造和使用年代均为清代。羊曲城址（贵南）破坏较为严重，调查记录中的石头墙已基本不存，发掘区内表土下即为生土，表土下发现了1处土坯墙房址，年代约与羊曲城址（兴海）一致或更晚。城址中出土的遗物主要为瓷器、瓷片、酱釉陶片，另外出土若干铜饰、铜钱、铁器、骨制品等。

在第②层下发现有卡约时期灰坑7处。灰坑中出土较多陶片、动物骨骼、骨器、石料、石器等。陶片主要为夹砂灰陶和夹砂红陶，陶胎较厚，均为素面，包括沿下饰附加堆纹的花边罐、耳部、罐底、腹片等。

（王　芬　吴　倩　胡晓军）

宁夏回族自治区

【石嘴山市雁窝池汉代墓地】

发掘时间：2022年4—5月

工作单位：宁夏回族自治区文物考古研究所

雁窝池墓地位于石嘴山市惠农区燕子墩乡雁窝池村西南的耕地中。耕地因为早年平田整地地势高低不平，村民多种植玉米和苜蓿。乌玛高速惠农段在进行施工时发现了1座汉代砖室墓，经勘探后发现施工路段内存在有5座汉代砖室墓，宁夏文物考古研究所遂对该墓地进行了发掘清理。清理出羊骨坑1座，清理出较为完整的山羊骨7具，残碎的山羊个体3具。另外，还发现有部分猪骨和大雁骨，其年代不详。

5座墓葬彼此相距较远，表明当时此处地广人稀，埋葬时应有封土，所以不存在墓葬之间的打破关系；也有可能这片区域埋葬有一定的规划，墓葬年代应该相同或相近。5座墓葬均为砖室墓应和当地所处环境有关，墓地所处位置为贺兰山冲积扇平原，含沙量极大，土壤直立性较差，土圹墓和土洞墓在本地并不适用，容易坍塌，而砖室墓则完全适应了这种沙土环境。墓葬开口层位之上有一层厚约0.4—1.2米不等的砂石层，包含有较多大小不一的砾石。

5座墓葬均为带墓道的土圹砖室墓，除M2为竖穴墓道外，其余4座均为带斜坡墓道。M1形制较大，顶部采用双层子母砖券顶，墓室内发现有一棺一椁，人骨2具，其余墓室均较小，顶层单层子母砖券顶，单人葬。M4未被盗扰，M2因顶部被破坏，无法判别是否被盗，其余3座墓葬均曾被盗。墓葬整体南北向，墓室位于北侧，背靠贺兰山，人骨头部朝向南侧。

除M5因盗扰未发现随葬品外，其余4座墓葬均有随葬器物出土，随葬器物以陶器为主，铜、铁、石、漆器等类别较少，随葬陶器主要为罐、壶、灶、灯；铜器主要为铜钱和盖弓帽；铁器仅有铁削一类；石器主要为长条石砚；漆器仅余少量的漆皮。用以垒砌墓室的榫卯砖和长条砖尺寸不一，加之墓室面积较小，表明雁窝池汉墓规格不高，应为平民墓地。但M3、M4中均出土有石砚，这一现象值得注意。

出土的陶器在灵武横城汉墓、盐池宛记沟汉墓、吴忠韩桥汉墓、张家场汉墓、沙金套海、纳林套海、昭潭汉墓均有类似器型。墓葬内出土铜钱多为五铢，"五"字多较瘦长，部分"五"字上侧一横左右出头，"朱"字头多方折，少量圆折，五铢钱文与烧沟汉墓的Ⅱ、Ⅲ型五铢相同，加之M3中出土有王莽时期的契刀，表明墓葬的年代应为西汉末年至东汉初年。

雁窝池汉墓是宁夏已知并发掘的最北侧的汉墓群，或和汉代的廉县有一定的关系。此次发掘扩展了宁夏地区汉代墓葬的分布范围，为了解惠农以及石嘴山地区两汉时期的丧葬习俗提供了新的材料，对研究宁夏和内蒙古地区的文化交流也具有重要意义。

（王晓阳　王静竹）

新疆维吾尔自治区

【沙湾市红山水库墓地】

发掘时间：2021年7—8月　2022年4—6月

工作单位：新疆维吾尔自治区文物考古研究所　沙湾市文旅局

为配合新疆沙湾市红山水库建设项目，新疆维吾尔自治区文物考古研究所对水库淹没区以及料场范围内的墓葬进行了考古发掘，两年度共清理墓葬61座。

沙湾市红山水库墓地位于沙湾市西南约20千米，金沟河东西两岸的山前冲击台地上。墓地西南距博尔通古乡约15千米，东南距西戈壁镇约13千米。

墓葬地表封堆除圆形石堆墓、石圈石堆墓外还有少量圆形石圈墓，地表石封堆多为由卵石构筑的圆形石堆，部分石堆因雨水冲刷或人为原因已遭到损坏。

墓葬形制大多为东西向的竖穴土坑墓，个别竖穴偏室墓，墓室深度0.2—2米不等。人骨葬式较为多样，流行头西足东的仰身直肢葬外，还发现少量的侧身直肢葬、仰身屈肢葬以及少量火葬墓。墓葬出土的随葬品数量较少，主要有陶器、铜器、铁器、石器等。两年度进行的考古发掘来看，可将墓地分为三个时期。

第一个时期墓葬以小型的石堆墓为主，墓葬形制主要有竖穴土坑墓等，葬式为头西足东的仰身曲肢葬，出土陶器以带戳印纹的夹砂黑陶小平底罐为代表，带有明显的阿凡纳谢沃文化的因素，从陶器器形判断当属于青铜时代早期文化，时间约在公元前3500年—前2500年左右。

第二个时期墓葬则是以小型的土堆石圈墓为代表，墓内基本不见人骨，仅能见到少量烧骨。出土陶器以夹砂黑陶的平底折肩罐为代表，带有明显的安德罗诺沃文化的因素，从陶器器型判断当属于青铜时代文化，时间约在公元前2000—前1000年左右。

第三个时期墓葬则是以圆形石堆墓为代表，流行头西足东的仰身直肢葬。出土陶器以夹砂红陶的小型圜底罐为主，带有明显的早期铁器时代的文化因素，时间约在公元前800年—公元2世纪左右。

（朱永明）

【尼勒克县阿夏勒墓地】

发掘时间：2022年5月

工作单位：新疆维吾尔自治区文物考古研究所　尼勒克县文博院

墓地位于苏布台乡套苏布台村阿夏勒河南、北岸一级和二级台地上，共清理发掘墓葬16座，多数遭到破坏。河谷内气候夏季温凉多雨、大风，冬季少雪，海拔较高，地势险陡、河谷狭窄，属典型的山地气候。河两岸草木稀疏，生长有灰胡杨、柳树等，山沟内有为数不多的牧民帐篷和简易房屋，为牧民的春夏秋季草场。

出土均为小型墓葬，分布较为分散，以数量不等小规模的集聚分布于河南、北两岸。墓葬地表有圆形石堆，直径在5—10米、高 0.3—0.6 米不等，夹杂草木和风积土，痕迹明显，部分遭到破坏。

墓葬按形制可分为地表石棺墓（M3、M6、M12、M16）、竖穴土坑石棺墓（M1）和竖穴土坑墓。葬式皆为仰身直肢，头西脚东，单人葬。墓葬中出土陶、铜、骨、石、铁器等。根据出土器物特征及随葬品组合，可以将此次发掘的墓葬分为三类。

第一类墓葬随葬品简单，只在 M6 石棺西外侧发现一陶罐及少许陶片。陶器为素面，夹砂灰陶，手制，口沿稍残，素面，微敛口，圆唇，微鼓腹，寰底，见使用痕迹。此类墓葬基于其埋葬较浅的特性，遭到破坏较大，出土遗物较少，人骨扰动严重，该类墓葬在伊犁尼勒克乌吐兰墓地、吉仁台沟口墓地，以及北疆地区均有分布并经过考古发掘。结合其他地区的同类墓葬，推测其大致为青铜时代晚期的墓葬。

第二类墓葬数量较少，只发掘 1 座（M1），棺内葬单人，仰身直肢，头西脚东，人骨保存较差。墓室出土羊距骨，未见其它遗存。从出土遗物来判断，此类墓葬从社会形态来看处于畜牧社会，人们的主要食物来源可能是羊肉，同类墓葬形制与阜康市白杨河上游墓葬等相似，推断年代大致在汉代。应为这一时期乌孙一般人群的墓葬。

第三类墓葬墓主头部外侧出土铁刀和铜坠饰（M5）；颈部左侧发现数枚料珠，左手内侧靠近盆骨处放置一石纺轮（M7）；还出土有铜器、骨器、砺石，较其他两类墓葬随葬品较丰富，年代大致为早期铁器时代至汉晋时期。

（王新平　黄　奋）

【疏附县阿克塔拉遗址】

发掘时间：2022 年

工作单位：南京大学　新疆维吾尔自治区文物考古研究所

阿克塔拉遗址群位于疏附县乌帕尔镇乌普拉特村西约 4 千米处，地处帕米尔高原东麓的山前地带，地势西高东低，海拔 1512 米。地貌类型属于由风蚀和水流侵蚀作用形成的雅丹地貌，雅丹台地排列方式为西北—东南向。阿克塔拉遗址群分布范围大而分散，遗迹点较多，目前正式编号的遗址点达 38 处，总分布面积超 10 平方千米。

本年度选择在遗址点 4、5、6、9 进行发掘，各遗址点清理文化层共 6 层、灰坑 9 个、灰堆 6 处、灶 1 个、活土坑 2 个、活动面 1 处。

遗址点 4 发掘至第 11 层，第①层为表土层，第⑦层、第⑨层为文化层，其余为自然层。第⑦层陶器以加粗砂红陶为主，出土少量的夹细砂灰陶。陶器类型主要是颈部戳孔的陶罐，器壁较厚，器形较大。而第⑨层陶器以夹细砂的灰陶为主，有极少量的加粗砂红陶，夹细砂的灰陶可辨器形为小型陶罐，器壁很薄，做工精细。遗址点 5 第⑤层和第⑧层是文化层，其余层位是自然层。第⑤层包含大量的木炭、红烧土、白色石灰石，出土有大量陶片、动物骨骼以及少量石器和铜器。第⑧层发现了 3 个灰坑，出土了少量陶片、矿石和动物骨骼。遗址点 6 第⑤层为文化层，堆积情况和出土器物与遗址点 1、遗址点 5 第⑤层很相似，可能为同一个时期的遗存。遗址点 9 第②层为文化层，出土大量陶片、动物骨骼以及少量铜炼渣，陶器与遗址点 1、5、6 相似。

陶器类型上，遗址点 4 与遗址点 1、5、6、9 出土的陶片在陶系和制作工艺上具有较大差异，这说明阿克塔拉遗址群可能存在多个时期的遗存堆积。遗址点 5、6、9 与遗址点 1 陶器的器型、陶系非常相似，说明 4 个遗址点可能属于同一时期。值得注意的是，遗址点 5、6 文化层下都有两层间歇层，间歇层下还有遗迹，出土了少量的陶片、铜矿石、动物骨骼，这一现象说明阿克塔拉遗址群可能存在更早阶段的遗存。遗址点4第⑨层及开口于该层的遗迹出土了器壁薄、器型小、做工精细的夹细砂灰陶罐，这在以往的研究中并未发现，需要在今后进一步的考古工作中揭示此类遗存的面貌。

本年度阿克塔拉遗址群发掘的4处遗址点都发现了完整的文化层，而且各文化层有明确和准确的早晚叠压关系，各遗址点出土的遗物特征明显，这说明阿克塔拉遗址群存在多个时期的遗存堆积，并可能存在更早的遗存。今年的考古发现对完善喀什地区的考古学文化年代序列，进而构建喀什绿洲乃至整个塔里木盆地青铜时代考古学文化的时空框架具有重要的学术意义。

（曹　凯　水　涛）

【尼勒克县吉仁台沟口遗址高台遗存】

发掘时间：2022年5—10月

工作单位：新疆维吾尔自治区文物考古研究所　中国人民大学历史学院考古文博系　国家文物局考古研究中心

此次高台遗存考古发掘是在往年发掘基础上的继续，本着解剖四分之一的发掘理念，对高台遗存的东北部进行逐层清理。基本弄清高台遗存地上高冢由上下两层梯形石墙构成，上层与下层石墙之间有一层垫土层。本年度发掘工作主要是清理了上层石墙和垫土层。

共计清理上层石包土墙体17段，先对墙与墙之间的填土进行清理（暂编号为G），将石墙整体清理出来，进行三维数据采集，再对每道墙体进行分段解剖。了解了上层墙体的具体结构：上层石墙均为石包土结构的墙体，平面为锥状三角形，由外围向中心墓室汇聚，且缓慢抬升，横截面呈上窄下宽的梯形（墙高约1米左右）。包墙的石块大小均匀，为河中小卵石和山脚砸碎的小山石，墙体宽窄不一，有的墙体一侧有1—2道护墙（甚至有墙中墙的现象），个别墙体之间有横向石墙相连，形成大小不一的隔断。石包墙内的填土主要是纯黄土，个别也有填灰烬土和砂石现象。

垫土层主要由较为纯净的黄土，其上覆盖一层厚约10厘米的青灰层，厚度由外围向中心逐渐增厚（0—100厘米），它也是上层石墙逐步抬升的原因，在靠近中心的局部区域见6—8层均匀夯层。

清理完垫土层，在编号G33灰沟中显露残损木质车轮，随即对G33进行了详细清理。清理木质车轮及构件两组共40余件，其中实心木车轮11件，车辕、车轴、车厢等木构件30余件，初步判断应该是在营建高台坟冢过程中使用，被废弃后进行了拆卸并有意识集中埋藏于G33（摆放有序），由于埋藏于灰烬土中，保存状况良好。

此次发掘出土各类遗物200余件，主要是陶片和石器、兽骨及少量铜器、骨器及40余件组的木质车辆构件。发现的木质车辆出土背景明确，特征鲜明，为国内迄今为止发现年代最早、数量最多、保存最完整的木质车轮实物资料，填补了国内早期车辆发现的空白，对古代车辆的起源、传播等研究具有重大学术价值和意义。出土的骨质冰鞋，其形制与欧洲早期兴起的骨制冰鞋一致，也属于国内首次发现，对推进中国冰雪运动起源、发展研究意义重大。

（阮秋荣　郭瑶丽　李晓哲）

【富蕴县达尔肯墓群及阿克沃巴墓群】

发掘时间：2021年8月—2022年5月

工作单位：新疆维吾尔自治区文物考古研究所

G331 富蕴段涉及吐尔洪乡达尔肯墓群和铁买克乡的阿克沃巴墓群。新疆维吾尔自治区文物考古研究所对线路经过该地段的谷墓葬进行了抢救性发掘工作，共清理墓葬和石堆遗迹 74 座。其中，达尔肯墓群共发掘 23 座，石堆遗迹 10 处；阿克沃巴墓群发掘 34 座，石堆遗迹 7 处。出土陶、铜、铁、金、石、骨器 50 余件（组）。

两处墓群的墓葬位于山间谷地或山前坡地。墓葬地表封土依其形制特征可见圆形的石围、石堆和石围石堆三类。墓室依据其空间位置分为竖穴墓和地表墓。竖穴墓依据墓室的空间结构，可分为竖穴土坑墓、竖穴（石、木）椁室墓、竖穴偏室墓四类。地表墓均为地表石室墓。

地表石室墓构筑方式为：用石块或石板在原地表自下而上逐层叠垒形成一个相对封闭的长方形或橄榄形的石室（少数墓葬由地表向下挖 0.1—0.2 米深的浅坑），其内壁参差不齐，不甚规整，顶部用长条形石板封盖。随后以大小不一的山石覆盖石室，整体形成石堆，石堆外缘用体积较大、相对平整的石块围砌石堆，最终形成石围石堆的封土结构。墓向以东西向为主。多不见人骨，葬式不详，无随葬品。竖穴墓开口于原生地表层上，墓坑平面大多呈圆角长方形，竖穴、直壁、近平底。墓向东西向为主，随葬品普遍较少。部分墓葬有殉马现象。竖穴土坑墓深约 0.6—1.1 米，坑内填黄褐色花土，坑口以填土封盖。竖穴（石、木）椁室墓墓坑底依坑壁用数块石板搭建平面略呈长方形的椁室，顶部封盖石板，无底。椁室内多见凌乱放置的人骨，相对完整的个体或仰身直肢，或侧身屈肢。竖穴偏室墓墓坑坑底北侧留生土二层台，南壁掏挖偏室。17 处石堆遗迹呈圆丘状，形似墓葬的地表封土。清理后未发现其它现象，其营建背景、目的、过程及用途有待于进一步研究。

结合遗存组合和以往考古材料，以 2021FAM38、2021FDM24 等为代表的地表石室墓年代当在距今 3000—2600 年。以 2021FAM6、2021FD M28 等为代表的竖穴土坑墓、竖穴（石、木）椁室墓和竖穴偏室墓年代在距今 2800—2200 年。达尔肯墓群和阿克沃巴墓群已发掘墓葬代表了阿勒泰地区早期铁器时代墓葬的主要类型和文化序列。他们在空间选址、分布态势、封土结构、墓室构筑等方面具有一定的传承性特征。

（张　杰）

【阿勒泰市塔尔浪—冲乎尔墓群】

发掘时间：2021 年 9—10 月
　　　　　2022 年 5—7 月
工作单位：新疆维吾尔自治区文物考古研究所

塔尔浪墓群位于阿勒泰市阿拉哈克镇塔尔浪村，邻近冲乎尔镇，地处阿勒泰山脉南麓，地势北高南低，属于盆地地形，平均海拔 1000 米左右。

为配合塔尔浪村—冲乎尔镇的道路建设，新疆维吾尔自治区文物考古研究所对道路涉及的 70 座古墓葬进行考古发掘，于 2021 年清理 21 座，2022 年清理 49 座。

墓葬根据地表封堆可分为石圈石堆墓及石碓墓两种，封堆形状近圆形，直径 1.2—16.3 米，高 0.2—0.4 米。按墓室形制可将墓葬分为竖穴土坑、竖穴偏室、竖穴石棺及竖穴木棺四类，另有部分墓葬有封堆无墓室。其中竖穴土坑墓 42 座，竖穴偏室墓 4 座，竖穴石棺墓 11 座，竖穴木棺墓 3 座，10 座墓葬有封堆无墓室。

竖穴土坑和竖穴偏室墓封堆为近圆形石堆，石块体型较小，部分封堆中部石块不存。墓室位于封堆下中心区域，墓圹呈圆角长方形，四壁及墓室底部较平整，填土为浅灰色沙土混合体积较大的石块。竖穴土坑墓的葬式为仰身直肢，两座偏室墓为侧身直肢葬，偏室均在北侧，竖穴及偏室墓的墓主头向均向东。

竖穴石棺墓和竖穴木棺墓封堆为近圆形石堆，部分石块不存。墓室位于封堆下中心区域，墓圹呈圆角长方形，四壁及墓室底部较粗糙，填土为浅灰色沙土混合较多小型石块。石棺所用石板未经修整，无盖板，平面呈方形。木棺所用木材为原木，无盖板及拼接榫卯结构，仅用原木围放，平面呈长方形。石棺中葬式多为侧身曲肢，墓主头向西。木棺中葬式为仰身直肢，墓主头向北。

出土器物。陶器，多随葬实用器，破损严重；陶质多为夹砂陶，陶色主要以灰陶和红陶为主；器形有罐、钵两种。骨器出土三枚三翼骨箭镞和三件羊距骨。金器出土一件豹形金箔，保存较好，在被盗墓填土中发现。还有少量金箔保存情况差，无法辨认器形。铁器出土两件铁刀，一般与动物骨骼及陶器共同随葬。

塔尔浪—冲乎尔沿线墓群的墓葬总体呈线性分布于山麓平地，三、四座墓葬在一处地点集中分布。由出土器物结合墓葬形制分析，该墓群年代应该在春秋晚期至战国时期。不同的葬俗、葬具反映出几片区域的墓葬可能来自于不同的人群。塔尔浪—冲乎尔沿线墓群的考古发掘对于进一步积累阿勒泰地区春秋战国时期考古材料，研究该时段丧葬习俗、文化面貌和社会发展等具有一定意义。

（明　德　于建军　支宇石　周宗健
阿力木江·阿卜杜热合曼　胡　万）

【青河县强坎河墓群】

发掘时间：2022 年 5—8 月

工作单位：新疆维吾尔自治区文物考古研究所

强坎河墓群位于青河县阿热勒托别镇阿亚克阿克哈仁村春秋牧场。普查资料显示，该墓群分为两处墓地。其中一号墓群 51 座墓葬，二号墓群 11 座墓葬，共计 62 座。

为了配合 G331 工程沿线的文物保护工作，新疆维吾尔自治区文物考古研究所在 G331 沿线约 50 米范围内的一、二号墓群进行了考古发掘，发掘 30 座墓葬，8 处形似墓葬地表封堆的石堆，4 处坑体。与该县以往考古相较，出土了一批数量可观的遗物，包括金、铜、铁、陶、骨、角、木、石器和皮革、织物共 130 余件，采集人骨 26 个、马骨骼标本个体 40 余具，提取木棺椁样本若干。

根据典型墓葬和遗物的形制特征，并结合周邻地区以往考古材料信息，认为此次发掘的墓葬分属切木尔切克、乌尤克、巴泽雷克和隋唐四个时期。

切木尔切克时期的墓葬 2 座。以 2022XQQⅠM13 为代表，为半地穴石椁室墓。竖井式半地穴为平面近方形的土坑、直壁、近平底。土坑四壁竖立大石板，石板上半部高出地表，构成石椁，椁顶有一块移位且残断的盖板石。石椁外侧的原地表围砌山石，形成圆形石堆。石堆外围构筑方形石围，石围与石堆之间形成环形空白区。椁室内埋葬多个个体和大量羊距骨，因扰动，这些骨骸凌乱不堪。此外，椁室外的石堆上也采集到大量的人骨和羊距骨。椁室底出土臼或罐的石器残片，东南角还发现砖红色的粉状物。

乌尤克时期的墓葬以 2022XQQⅠM21、2022XQQⅠM7 等为代表。墓葬地表流行石围石堆。封堆直径 6—30 米、高 0.3—1.2 米。外部石围以较大型石块平铺围砌而成，且紧贴中心石堆边缘。石堆近圆形，直径 5.7—24 米、高 0.3—0.4 米。层位显示，石围石堆非一次性形成。乌尤克时期墓葬的墓室或为石室，或为石椁室。这些石室或石椁室绝大多数构筑在原地表上，极个别墓室向下掏挖浅竖穴，深度不足50厘米。部分室内仅出土零星人骨，不见随葬品。

巴泽雷克时期的墓葬以2022XQQⅠM2等为代表。墓葬封土流行丘状石堆。地表封土普遍由内、外双层石堆构成，内部石堆范围大致以墓室为中心、半径2—6米。石堆外缘用较大的石块或片石，或平铺、或竖立；外部石堆在覆盖土层的内部石堆上随意摆放石块，其半径大于内层石堆1—2米。墓室位于封土下中部或略偏于中部处，形制为竖穴土坑，开口于黄色或红褐色生土层上，平面形状呈东西向圆角长方形。坑体竖穴、直壁、平底。坑内填充土石，坑口处一般由花土或山石覆盖，少见片石，坑内填黄土或红土、戈壁砂砾、石头。坑底见棺椁与马。一般北侧殉马，南侧放置棺椁。椁有石、木质之分，棺均为独木棺。墓主大多头西脚东，部分头东脚西。直肢葬较多、部分墓主为屈肢葬。单人葬居多，少数同穴合葬墓。随葬品以陶壶、木盘、铁刀、羊尾为基本组合。此外，还出土鹤嘴斧、金饰件、包金木马等遗物。巴泽雷克时期墓葬用牲现象比较普遍，皆有随葬牲骨现象，牲畜种类有羊、马、鹿等，其中殉马现象相当普遍。

以2022XQQⅠM16、2022XQQⅠM25等为代表的隋唐时期墓葬，地表封土系山石堆筑、平面近圆形。墓坑（或坑）形制为竖穴土坑，位于石堆下中部，竖穴、直壁、近平底，随葬品有铁马蹬、铁马镳、铁镞等，葬马头朝南尾朝西。

强坎河墓群所在地是春秋之季牧业部族在此从事生产活动的重要场所，这批材料为研究古代牧业部族的埋葬习俗、信仰传统、经济生产、社会组织等问题提供了珍贵的材料信息。

（张　杰）

【和静县国道 G218 那巴公路沿线墓地】

发掘时间：2002 年 5—9 月

工作单位：新疆维吾尔自治区文物考古研究所

为配合基本建设在国道G218线新源县那拉提镇至和静县巴伦台镇的公路施工，新疆维吾尔自治区文物考古研究所发掘古墓葬147座、聚落遗迹2处、祭祀遗址2处、马坑1座。

国道G218线那拉提至巴仑台公路项目起点位于那拉提镇东侧阿尔善山口，终点位于巴仑台镇北侧火车站附近，线路全长216.97千米，涉及的墓葬从东往西主要分布在巴音沟墓地、哈尔萨拉墓地、巩乃斯林场墓地等3处。此次发掘墓葬比较分散，类型多样，年代跨度大。下面根据墓葬特征对三片墓地进行简介。

巴音沟墓地涉及墓葬104座、居住遗址2处、祭祀遗址2处、马坑1座，墓葬特征多样，封堆有圆形石围、椭圆形石围、马蹄形石围、方形石围和圆形石碓等；墓室有竖穴土坑、竖穴土坑长方形石室、竖穴土坑穹窿顶石室墓等；葬式有仰身屈肢葬、侧身屈肢葬、仰身直肢葬，少有俯身葬等；以单人葬为主，少量多人葬。随葬器物有陶釜、单耳杯、单耳高领罐、罐、单耳带流罐、单耳钵、豆、双耳罐、铜刀、铜扣、铜针、砺石、铜耳环、铁刀、木盘、木碗、钻木取火器、木柄铜锥、箭镞（铜、骨、铁）、箭杆砺石、铜马衔、纺轮、马鞭、骨马镳、玛瑙珠、羊骨等。年代为青铜时代晚期至汉代。

哈尔萨拉墓地涉及墓葬共14座，多数墓葬保存较差，出土文物较少，墓葬封堆以石堆为主，墓室以竖穴土坑为主，仅存一座竖穴土坑偏室，仰身直肢葬为主，共出土单耳钵1件，铁刀1件，年代为战国至秦汉。

巩乃斯林场墓地涉及墓葬26座，位于伊犁河谷的巩乃斯河北岸台地上。巩乃斯林场墓地文化面貌相对清晰，上至战国秦汉时期，下至元明（察合台汗国）时期。封堆以圆形石堆为主，少量圆形土堆；墓室有竖穴土坑和竖穴土坑木椁，部分墓葬有二层台；葬式以仰身直肢葬为主；头向西；以单人葬为主，少量多人葬。随葬品较为丰富，有铜、铁、骨等不同材质随葬品，生活用具有刀；装饰品有铜镜、耳环、铃铛、带扣、金箔片、珍珠、铁簪、绿松石珠、铜饰、骨珈、兽纹金饰等；马具有马镫、马衔、马衔镳、各类带具等；兵器有箭镞、弓组件等；另出土两枚察合台钱币。

这次发掘区域属于山地峡谷与山前草原，自古以来为文化交流、商业往来、人群迁徙扩散的重要通道，地理位置十分重要。本次考古发掘墓葬类型多样、出土文物数量多、时空跨度大、文化内涵丰富。为研究中天山河谷草原地带古代历史文化内涵提供了参贵材料，具有重要价值和意义。

（阿里甫江·尼亚孜　阿力木·阿卜杜）

【疏附县吐格曼贝希墓葬】

发掘时间：2022年5—6月

工作单位：新疆维吾尔自治区文物考古研究所

吐格曼贝希墓葬位于喀什地区疏附县站敏乡库恰村西南的引克济盖调水渠两岸戈壁台地上，分布面积较大，现地表可分辨的墓葬有数十座，墓葬多以石块或卵石平铺于地表，封堆低平，直径2—8米，高0.2—0.6米不等。部分墓葬有被盗挖的痕迹，在2009年第三次全国文物普查中在墓葬西北部崖边发现一个残骨灰罐，表面绘有莲花。为配合314线喀什出境段公路建设，新疆维吾尔自治区文物考古研究所对施工涉及的8座古墓葬进行了抢救性考古发掘。

根据墓葬特征可分为竖穴土坑墓、无墓室和火葬墓，竖穴土坑墓共6座，相对集中于偏西的位置，编号M1至M6，其中多人葬3座，单人葬3座。封堆直径约4—6米、高0.3—0.6米，封堆外形不规整，土石较乱，中部有明显凹坑。墓室深浅不一，深度0.5—1.9米。有一次葬也有二次葬，保存较好的人骨架仰身直肢，头多大致向西，其余散乱的长骨也大致呈现头西脚东的葬式。出土文物较少，有陶器、铜器、石器、耳珰、料珠等，其中料珠的数量较多，出土的折沿钵在阿合奇县库兰萨日克墓地、温宿县包孜东墓群、乌什县亚科瑞克等地也有出土。出土的耳珰流行于汉代，扎滚鲁克墓地晚期墓葬中也有发现，据此暂定这些墓葬的年代为战国至汉晋时期。

M7位于相对集中的M1—M6和M8之间，和其他墓葬相比封堆明显偏小，封堆直径2.5米、高0.2米，封堆下无墓室，可能并非墓葬而是祭祀建筑。

火葬墓共1座，编号M8，是此次发掘最靠东的墓葬，封堆直径约7米、高0.5米，和其余7座竖穴土坑墓葬相比，中部无较大的凹坑，但封堆表面也有小土坑，此外封堆表面有较多的红陶片。封堆下无墓室，封堆土上质较杂，有较多的陶片、烧土、木炭，其中有火葬罐4个，均为红陶，上部缺失或破碎，其中有较多火化过的人骨碎片，从新疆火葬的流行时间和陶罐的特征初步判断M8的年代为唐代前后。

吐格曼贝希墓葬位于喀什绿洲西侧戈壁滩上，是喀什具有代表性的古墓葬，此次发掘填补了这一时期古墓葬考古发掘的空白，有助于人们了解古代居民的生活状况和丧葬习俗，对研究喀什的历史文化、古丝绸之路的兴衰变迁以及东西方文化的交流影响也具有一定的价值。

（艾　涛　德里格尔加甫）

【伊吾尖甲坡墓群】

发掘时间：2022年7—10月
工作单位：西北大学文化遗产学院

尖甲坡墓群位于伊吾县前山乡喀拉乌勒村尖甲坡北980米的楞格尔草原南部，哈—伊公路北侧约250米处。东距前山乡乡政府12千米，东南距伊吾县城102千米。

该墓群以往未见记载，为2007年第三次全国文物普查首次发现。2017年，西北大学文化遗产学院曾对该墓群进行过详细的调查与测绘，初步掌握了该墓群的遗迹种类、数量、分布情况。本年度联合考古队对该墓群首次进行了考古发掘，共发掘墓葬4座、殉牲坑4座、石堆1座。

墓群分布总面积约1.35平方千米，是目前在东天山地区发现的战国晚期至西汉时期规模最大、布局最为清晰、保存最完好的一处高等级贵族墓葬群。主墓（M1）封堆直径达到54米，封堆东部地表现存长有1.4千米、约250块立石，西北部分布有殉牲坑38座、陪葬墓8座。根据地表遗迹现状以及往年工作经验，判断墓群主体年代在战国晚期至秦汉时期。

本年度发掘的4座墓葬，3座为战国时期，1座为隋唐时期。战国时期3座墓葬位于M1西侧陪葬墓区，地表均有圆形石构封堆，直径8.5—12米，中央略下陷。封堆下墓口北部均发现殉马坑1座，椭圆形竖穴，葬完整马骨1具，其中2座马坑出土有青铜马具。墓葬均为竖穴土坑，墓口平面呈近圆角长方形，内部结构各异。3座墓葬中2座为东西向扰乱葬，1座为头向西北的仰身直肢葬。出土遗物以骨镞为大宗，还有少量陶器、金箔、木器等。隋唐时期墓葬位于主墓M1东南侧约40米处，与新疆已发现同时期墓葬类同，地表为低矮圆形石封堆，未见下陷。墓口位于封堆中部，平面近圆角长方形，竖穴墓道，底部殉马1匹，墓室位于墓道北侧，为条石封门的偏室墓，墓主东西向仰身直肢。出土金头饰、铁马具、铜带扣、铜带钩、弓、箭囊、丝织物等。

清理殉牲坑4座，其中3座分布于M1西北部，1座分布于M1西侧南北向陪葬墓北部。其中K3为殉马坑，出土马骨1具；K4为殉羊坑，出土个体较大的幼年野羊骨骼2具；K5为殉驼坑，出土骆驼骨骼2具。陪葬墓区北部殉马坑，共出土可辨马骨6具。4座殉牲坑多数出土有铜马具、包金铁驼具、骨马具、金箔等遗物。

本年度发掘遗迹中的出土器物包括骨器、铁器、金器、铜器、木器和陶器等六类。其中骨器67件（套），主要器形有骨镞、带扣、节约等，以骨镞为大宗；铁器28件（套），器形有马镳、马衔、马镫、铁环、铁刀、铁泡、铁镞等；金器22件，器形有金头饰、金箔片和包金铁器等；铜器19件，器形有马衔、铜带扣、铜环、铜镞等；木器9件（套），器形有马鞍、箭箙、木盘、木锨等；陶器2件，包括双耳彩陶罐和单耳陶杯各1件。清理封堆时发现大量植物化石，其中已发掘遗迹采集共39块，多以植物茎秆鳞状树皮痕迹为主。

2022年度伊吾尖甲坡墓群的发掘工作包括对尖甲坡墓群主墓M1西侧陪葬墓、西北侧殉牲坑、南侧祭祀堆等遗迹进行清理，通过发掘了解该墓群平面布局、功能分区，并基本确认了该墓葬群的年代及文化特征。

通过本年度的发掘，确认了尖甲坡墓群主体为战国晚期至西汉时期、隋唐时期两个阶段的遗存。墓群主墓M1及其陪葬墓、殉牲坑、立石等相关遗迹为战国晚期遗存，同时墓群内分布有少量隋唐时期墓葬。

发掘工作进行的同时，对遗址区附近进行了进一步详细调查，发现了修建墓群过程中的采石场、房址等相关遗存。已基本厘清遗址分布范围及布局特征，明确了遗迹类型、数量，通过小范围发掘明确了墓群年代、遗迹类别、文化性质。

从本年度发掘情况来看，墓葬所体现的文化特征及出土随葬品，与巴里坤泉儿沟墓地M135、吐鲁番交河故城一号台地墓地、洋海墓地部分墓葬、伊吾县沙梁子墓地等在墓葬形制和葬俗上具有一定相似性。初步推测尖甲坡墓群与车师文化、巴泽雷克文化等存在紧密联系，是探寻我国西北地区匈奴文化、月氏文化、车师文化及文献记载的山北诸国的重要遗存，为研究新疆东天山北麓早期铁器时代游牧文化的面貌、东西方文化交流提供了新的材料，具有重要的学术意义。

（习通源　任　萌　马　健）

【霍城县切德克苏水库墓地】

发掘时间：2021年8—10月　2022年11月
工作单位：新疆维吾尔自治区文物考古研究所

墓地位于大西沟乡切德克苏河西岸一级和二级台地上，除了属于近代的伊斯兰墓葬以外，共清理发掘墓葬35座。河谷内气候较为干燥，近河两岸有榆树、白杨等，在周围沟壑和梁上有野山楂、野杏子、野李子以及低矮灌木，草木稀疏。山沟内有牧民的房屋和农田，已经形成不小的村落，古墓葬多数遭到破坏。

墓葬整体呈分散态势，按不同数量小规模的聚集在一起。墓葬地表有圆形石堆，直径在1—10米不等，高0.3—0.8米不等，多数被草木和风积土覆盖，或因盖房屋、耕地而破坏。

墓葬按形制可分为竖穴土坑墓和竖穴土坑二层台墓（M2和M16）。葬式皆为仰身直肢，头向偏东或偏西，单人葬为主，可明确的有一座双人合葬（M14）。墓葬中出土陶、铜、铁、骨、石器，随葬有羊骨，殉葬马匹。根据出土器物特征及随葬品组合，可以将此次发掘的墓葬分为两类。

第一类墓葬随葬品简单，以小铁刀、羊骨（骶骨）、陶器为组合形式出现，放置于墓主头端，陶器最多只随葬2件，小铁刀和羊骨置于陶器内或旁边。陶器为素面，夹砂红陶或泥质红陶，有轮制有手制，单耳罐为主，还有陶壶、陶盆、陶钵，平底或小平底，部分陶器未见使用痕迹，单耳罐器耳在埋葬前已被毁，陶盆表面有弦纹、底部有"↑"符号。除此之外，还见少量其他器物，比如铁发簪、砺石、铜针等。这一类墓葬从生业形态来看处于畜牧社会，羊肉可能是主要的食物来源，在宗教祭祀类活动中可能主要使用羊骶骨祭祀。有制陶业，从轮制和刻划符号来看可能有少量专门化的制陶作坊。同类墓葬形制及器物特征与组合形式见于伊犁河流域，如巩留县山口水库墓地、恰普其海水库墓地等，年代大致在汉代前后。当时此处有乌孙人活动，这一类墓葬可能是乌孙普通百姓墓葬。

第二类墓葬殉葬整匹马、人马同坑（M2和M4）。人身上有铜带具、铁刀，身边随葬铁箭镞、骨弓组件。马嘴部出土铁马衔、头部出土铜带饰、腹部两侧有铁马镫。马是他们生活中重要的伙伴，随葬品具有明显的游牧风格，骑马射箭打猎是他们重要的生活活动。同类墓葬见于天山山区及山麓草原地带，年代大致在唐代。

（阿力木·阿卜杜　阿里甫江·尼亚孜）

【喀什市莫尔寺遗址】

发掘时间：2022年7—8月

工作单位：中央民族大学　新疆维吾尔自治区考古研究所

莫尔寺遗址位于喀什市中心东北约33千米处，为第五批全国重点文物保护单位。2019—2021年进行了两次发掘，先后清理出Ⅰ号、Ⅱ号、Ⅲ号、Ⅳ号建筑遗址。2022年在此基础上对圆形佛塔东部区域和Ⅱ、Ⅲ号建筑遗址附近区域进行发掘，发现Ⅴ、Ⅵ号建筑并进行了部分清理。此外，对方形塔西侧进行试掘，确定了方塔塔基西面的位置。

在以前的发掘中，Ⅱ号建筑遗址的F14、F15、F16三个房间仅进行了部分清理，本次发掘F14被完全清理出来。该房间位于Ⅱ号建筑东南部，平面呈长方形，室内面积约7.35平方米，门朝西南，通F15。室内地面铺设土坯，土坯之间沟缝中的灰浆夹杂小石子。房间内西北角铺地土坯之下压着一口陶罐。F15和F16尚未完全揭露。

Ⅲ号建筑遗址西北部为"回"字形佛殿，佛殿的东、南两面环绕3个房间。其中F3尚余西南角未揭露，此次进行了清理，发现紧靠房间西南角砌高约70厘米的土坯台，疑为灶，结合房间内沿西北壁分布的坐台，推测该房间可能为僧房。

Ⅴ号建筑遗址位于圆形塔东侧台地上，保存较差，大部分仅存基槽痕迹。从残存的少量墙基和基槽痕迹，可以判断出4个房间，整体呈东北至西南走向。其中F1位于西南部，平面呈长方形，房间内沿东北壁砌供台，长约4米，宽约0.9米。供台下有分布较规整的灰烬层，推断为供奉礼拜所产生的香灰。从供台的位置可以推断，该房间门朝西南。其余房间内多沿一或两面墙有用土坯砌的台子，判断为坐台或卧台。初步推断，该建筑可能是一处带有礼拜堂的僧房。

Ⅵ号建筑遗址位于Ⅱ号建筑东南，与Ⅱ号建筑连接，平面近似长方形，整体呈东北至西南走向，已发现4个房间。其中F1位于整个建筑的西北部，平面呈长方形，门朝西北。房间内依东南壁砌土坯台，东北角地面下发现大陶瓮一个。F2位于F1东南，未完全揭露，分别于东南壁中部和西北壁中部砌壁炉，炉壁经长期火烧而呈红色。F3位于F1和F2的东北部，东南部未清理，已清理的部分显示平面呈长方形，房间内沿西南壁和西北壁有土坯坐台，判断为僧房。F4位于F3东北，仅清理出西北角，沿西北壁有坐台，紧挨西北角以土坯和小量石块砌炉灶，灶内及周围布满烧灰，也见有从房屋上部塌落的未烧尽的木结构材料。

遗址中出土少量石器、陶器、木器、纺织品、石膏塑像残片、铜钱，也有少量动、植物等遗存。较重要的有石纺轮、陶纺轮、陶印章和木篦及棉、麻、绢、毛织物残件。

此次发掘，新发现了两处重要寺院建筑遗址，进一步丰富了莫尔寺遗址寺院建筑的类型，为进一步揭示莫尔寺遗址的建筑布局及其内部结构提供了新的资料。确定了方形塔塔基的西面位置，为复原方形塔塔基形制奠定了基础。

（肖小勇　史浩成）

【库车县乌什吐尔遗址】

发掘时间：2022年8—9月

工作单位：中国国家博物馆　新疆维吾尔自治区文物考古研究所

乌什吐尔古城遗址位于阿克苏地区库车市玉奇吾斯塘乡西5千米处，坐落于天山南麓、塔里木盆地北缘、渭干河东岸的绿洲台地之上。其西与新和县的夏合吐尔遗址隔河相望，其北约1千米处为库木土喇石窟。2019年开始，由中国国家博物馆牵头，联合新疆维吾尔自治区文物考古研究所等单位对乌什吐尔遗址进行了正式考古发掘，至2022

年底已进行了四年。

2022年乌什吐尔古城的发掘区域位于遗址东南部，发掘的遗迹主要为外城东南部的瞭望台建筑和外城东墙南段内侧的建筑，共计清理房址12座，灰坑、灶坑和火塘各1个，道路1条，柱洞（础）29个。瞭望台剖面呈梯形，平面呈长方形，以土坯垒砌而成，北墙西端有一处门道。瞭望台顶部有一座大型房址。房址内发现有大量柱洞和三道隔墙，基本能够复原出房址内的柱网结构。此外，清理过程中发现房址内存在多层地面和明显的过火痕迹，结合瞭望台外立面上存在的多处修补痕迹，可知这一建筑在使用过程中经历了多次的损毁和重建。

另外，在外城东墙南段内侧发现一组南北向的排房，由8间房址组成，均为地面起建式建筑，平面呈长方形。排房倚靠外城东墙而建，在外城东墙的墙面上暴露有椽洞、垫木槽和柱洞等遗迹，由此可辨识出房址之间的隔墙。排房的西半部分已有不同程度的坍塌，西墙仅存墙基，在南端残存一处斜坡门道。清理过程中，在排房内的倒塌堆积之下揭露出大片的马粪和草料堆积层，以排房中部的堆积最厚。根据这些线索判断排房应当是马厩一类的建筑。

本年度发掘出土的重要遗物包括文书残件、毛毡、棉布和织物、金属器、铜钱、龟兹文陶片、骨角器、玻璃和料珠等。其中文书的发现是乌什吐尔遗址自2019年开始正式发掘后的首次，为进一步探讨遗址的性质问题提供了宝贵的材料。此外，还出土了大量一般标本，包括陶片、木制品、土坯砖、烧流物、铁块、果核、兽骨、动物粪便等。

通过本年度对瞭望台和马厩的发掘和确认，为乌什吐尔遗址为一处军事戍堡性质的判断提供了新的有力证据。

（牛健哲　钱静轩）

【奇台县唐朝墩古城遗址】

发掘时间：2022年7—9月

工作单位：中国人民大学　新疆维吾尔自治区文物考古研究所

唐朝墩古城遗址位于昌吉回族自治州奇台县县城东北，东临水磨河，西、南、北紧邻县城居民区，2013年被公布为全国重点文物保护单位。唐朝墩古城遗址考古发掘工作始于2018年，2022年度发掘面积共862平方米，清理灰坑116个、灰沟9条、房址2组（17间），灶址8个，墓葬5座；出土文物标本包括陶器123件、瓷器7件、铜器26件、铁器39件、石器55件、骨器57件、木器3件、玻璃器2件、绿松石饰6件、琉璃器2件、砖2件、贝类1件、壁画3块，合计326件，另挑选陶器残片标本969件。

本年度，工作重点围绕景教寺院遗址外围及东侧建筑展开。发现并清理出景教寺院西侧、南侧和北侧的部分围墙，确认了景教寺院主体外围建有围墙围护，在南侧围墙西端和中部发现2处门道，加深了对景教寺院整体布局结构的认识。在景教寺院主体以东清理出庭院和多处房址，存在明确的叠压关系，可以判断该区域至少包括唐、高昌回鹘和西辽至蒙元三个时段的遗存。结合景教寺院主体建筑情况，可以判断该寺院始建于公元8世纪上半叶的唐代，至高昌回鹘时期经过大规模的扩建，并在使用过程中进行了多次修缮。西辽至蒙元时期该寺院经过重修后继续沿用，至14世纪中后期废弃。在景教寺院东侧生活区清理出结构不一、性质各异的多间房屋，具有居住、储藏、生产等功能。同时，出土了丰富的遗物，包括宗教用具、生活和生产工具，并有不同种类的饰品，为考察景教寺院内人员的构成和各类活动情况提供了丰富的实物资料。

从目前考古工作的情况来看，唐朝墩古

城景教寺院遗址结构规整复杂，沿用时间较长，出土的景教壁画题材珍贵、绘制精美，印证了自唐代至蒙元时期，当地多民族融合、多宗教并存、多文化兼容的历史事实，更为研究和阐释丝绸之路上东西文化交流、多民族融合到大一统格局形成和发展历程等问题，提供了生动而坚实的实物史料。

（任　冠　魏　坚）

【哈密市拉甫却克古城】

发掘时间：2022年8—11月

工作单位：新疆维吾尔自治区文物考古研究所　西北大学文化遗产学院　哈密市文博院

为配合拉甫却克古城西城墙保护修缮工程，联合考古队对古城西城墙进行了考古发掘，共清理建筑3组、灰坑100座、水井2座。出土铜镜、陶灯、陶兽头、石磨盘、石杵等遗物29件及较多的陶片和兽骨。

拉甫却克古城位于哈密市伊州区五堡镇博斯坦村内，地处东天山南麓、白杨河中游东岸，建筑于一处雅丹台地上，整体北高南低。古城平面大致呈长方形，南北314—352米、东西107—130米。方向为北偏东20度。雅丹周缘因流水冲蚀等原因下陷，再经人为修缮，形成陡立墙体，落差约2—4米。中部被一条东北—西南向冲沟分割为两部。城内建筑采用减地留墙法修筑基底，上部砌筑土坯或夯筑。北部保存稍好，保留有城墙、马面及8组城内建筑；南部村庄、田地错落分布，建筑基本被毁，仅见南门墩、东墙南段和角楼。

城墙保存有西墙北段、东墙南段和北墙大部。从古城西北角墙体看，墙体下部为减地留墙法保留的生土基底，上部土坯砌筑。东墙均为夯筑而成，断续分布，总长79米。发掘显示，西墙外侧堆积厚约0.5米，均为晚期坍塌堆积。西墙内侧由于近代取土肥田，堆积厚度一般不足0.1米。

7号建筑总体呈南北向长方形，东西宽20米、南北长40米，是城内保存较好的一组院落，由南部小高台、高台通道及房屋等遗迹共同组成。其内部可辨形制的房屋共13座。房屋内部发现有大小不等、形制不一的灰坑，少数灰坑内安置有陶缸，与坑的大小尺寸相适应，推测其应为储物之用。

8号建筑，中部为近方形基底，呈近方形台地，南北11.2—11.5米、东西10.2—11.5米，四周筑墙。或为佛寺塔基。

西城墙发掘区共发现灰坑99座，其集中分布于7号建筑、8号建筑及其附近。灰坑类型根据其平面开口可分为圆形和长方形两类，坑内放置陶器的现象均发现于圆形灰坑。

史载贞观四年（630年），唐在哈密置西伊州，后改为伊州，下辖伊吾、柔远、纳职三县。关于纳职地望，伯希和、王仲荦、孟凡人等均认可拉甫却克古城即唐纳职城这一观点。根据在古城西北墙体、内部建筑等处采集的7个测年样品的检测结果，古城年代区间在590—1121年，集中在唐初和唐中期，高昌回鹘时期沿用并修缮，测年数据与文献记载基本一致。此外，在拉甫却克古城北侧70米处，新疆文物考古研究所发掘了古城居民的墓葬区，墓地年代也集中在唐至宋元，为古城沿革提供了佐证。

（徐佑成　朱剑兰）

【吐鲁番市巴达木东墓群】

发掘时间：2022年5—9月

工作单位：新疆维吾尔自治区文物考古研究所　吐鲁番学研究院

巴达木东墓群位于吐鲁番市火焰山镇巴达木村，西距吐鲁番市45千米，西南距高昌故城约5千米，东距鄯善吐峪沟乡9.5千米，北面正对火焰山，南面为大片农田。墓葬分布于火焰山南麓黑沟河流域山前冲击荒漠地带，地表为沙质黏土，无任何遗迹现象。经国家文物局批准，联合考古队对巴达木东墓群进行抢救性考古发掘。

此次共发掘唐代墓葬11座。墓葬形制为斜坡道洞室墓，其中M11带1天井。墓葬由于水毁严重，墓室坍塌，加之早期盗扰，出土遗物较少，多为残碎，可拼对复原能辨识的个体器物89件，其中陶器12件、泥俑44件、木器3件、铜器8件、玉器1件，另有墓志1合。志盖大篆阴刻"大唐故程府君墓志铭"，初步识读志文可以确定墓主人为程奂，系唐代宗时期官员，卒官为中散大夫恒王府长史摄北庭副都护，为正五品上。

M11是此次发掘的一座规模较大的高等级墓葬。墓葬位于墓群北区，墓向185度，为长斜坡墓道单天井洞室墓，坐北朝南，由地面建筑、墓道、过洞、天井、封门、前室（耳室）和主墓室等组成。整体平面近刀形，通长23.4米、深7.6米。墓葬年代明确，属于重要的纪年标型墓，据志文记载，志主薨于大历十三年（778年）。

长安二年（702年），武则天置北庭都护府于庭州，与安西都护府以天山为界，分治南北。吐鲁番盆地连接天山南北，是两大都护府往来交通的枢纽，是唐朝经营西域的重要基地。此次墓葬的发掘对于研究唐王朝对西域的有效治理及北庭都护府所辖西州军政建置具有重要的史料价值。

（尚玉平　张海龙）

【巴里坤县大河古城城址】

发掘时间：2021年10—11月
　　　　　2022年5—11月
工作单位：新疆维吾尔自治区文物考古研究
　　　　　所　西北大学文化遗产学院　哈
　　　　　密市文博院　兰州大学考古学及
博物馆学研究所

大河古城位于巴里坤县大河镇东头渠村东南，由东、西两座相连的城址组成。围绕西城东墙开展的首次考古发掘，揭露遗址面积6100余平方米（含城墙本体），西城揭露遗迹有东墙、东门、东北角台、东南角台及东墙北、南马面；内城揭露遗迹为北门和东侧排房；东城揭露遗迹有南墙局部、南门等。出土陶、铜、铁、骨、石、木等各类器物200余件，陶片、兽骨等标本1万余件。考古工作基本厘清古城堆积情况，明确了大河古城形制、布局、营建过程、建筑特点和年代等信息。

西城东墙整体夯筑而成，局部加筑土坯。总长212米，横截面呈梯形，生土基底宽13.2米，夯筑墙体底宽10.4米、上宽5.1米、残高9.3米。墙体中部修筑城门一座，两端各有一座角台，城门南、北各筑一座马面。东北角台南侧、东门北侧各有一豁口，为近现代开凿水渠形成。从墙体断面观察，东墙经三次修建而成。

西城东门建筑于东墙中部，外凸于城墙。城门处堆积分为6层。根据遗迹间叠压打破关系和出土遗物情况分析，城门也有三次大的营建过程，与西城东墙对应。城门为单门道过梁式木结构建筑，其北建有瓮城。第一次修筑遗存多已毁或被晚期遗存叠压，保存有墩台、门道、地栿、排叉柱、瓮城等遗迹。第二次营建是在第一次的基础上改建而来，包括两次小的修建过程：先是基本保持原有形制；后期在西段门道内挖灰坑、北段门道筑门墩，门道大幅收窄。第三次营建是在城门顶部和北侧加以改筑而成，已摒弃了前期形制，与第一、二次区别较大。

东北角台建筑于原地面之上，整体垮塌较甚。角台外凸于西城，总体为西南—东北走向，与东墙夹角为114度。北部被东城城墙叠压；南小部被一现代水渠所挖形成的豁口破坏。从发掘情况来看，角台为两次修筑而成。第一次修筑大部被叠压，从顶部显露的部分看，平面大致呈长方形，整体较小，内部夯筑，土坯包边。二次修筑为夯筑，在第一次修筑的西北、东北、东南三侧进行了加筑。加筑部分与城墙接缝明显，从发掘情况看，先加筑墙体，后加筑角台。上半部坍塌严重，南侧被近现代水渠破坏。底边清晰，平面呈长方形。加筑部分厚4.1米。角台的北端边角呈斜边状，或是有意建设，或是修筑东城城墙时拆去，长约2.1米。

内城排房位于内城东部，贴主城东墙而建。揭露出较为完整的屋顶建筑，南北最长22.3米，东西最宽约6.62米。在该排房的北部，是由3根南北向横梁和12根东西向木板组成的屋顶，其西侧有11根东西成列以及12根南北成行的立柱；在排房中南部，由10根东西向的木梁和若干根南北向的木柱组合成棚顶，分隔成9个小间。每根横梁的木柱直径约0.20—0.25米，由于后期受到破坏，长短不一，长约1.2—4.8米，棚顶的每根木柱直径约0.09—0.12米，每根东西向的横梁间距离即每个小隔间的宽度约为1.5—1.6米，东西长约4.3—4.6米。

东城城墙考古工作涉及东城西墙和南墙小部，从发掘情况来看，东城城墙（不包括与西墙共用的墙体）分两次修筑而成。均为夯筑。以南墙为例，第一次修筑部分位于内侧，夯土为黄土，较为致密，坚硬，包含物少，层厚10厘米左右。二次修筑时于第一次修筑的外侧进行加筑。两次修筑的墙体之间混杂坍塌土层，应当间隔一定时间。夯土为灰褐色土，含有少量细砾，颗粒较大，质地较为疏松。加筑部分横截面呈梯形。南墙外侧还发现夯筑所留的木模板。

学者多认为大河古城即唐伊吾军所驻之甘露川。通过两年的考古发掘，对大河古城的营建过程、年代和布局有了更为清晰的认识，进一步推进了伊吾军研究。发现的遗迹中，又以西城东门的发现较为重要，是研究唐代城市建设不可多得的材料。

综合对大河古城西城东墙、东门、角台、马面和东城西墙、南墙、南门等关键遗迹的堆积情况和叠压打破关系，可判断大河古城经过五次大的营建过程。五次营建分别对应西城东墙、东门第一、二次修筑，东城第一、二次修筑，以及西城东墙、东门的第三次修筑。

在对古城的第一、第二次营建遗存的发掘过程中，均出土有开元通宝，且有十几枚开元通宝同出的现象。古城东北角台处底层、第一次营建层位采集的2个兽骨样品，经测定，绝对年代分别为1350±30BP、1280±30BP，校正后的年代范围在公元641—821年。据此可知，古城的上限年代不早于唐代。

大河古城墙体高大，筑有马面、角台，防御体系完备。城门未采用对称布局，而是建在东、南两侧，主要也是出于防御考量，具有明显的军事性质。遗址还出土较多的铁铠甲片、礌石等。已完成统计的兽骨中，马骨所占比例达到46%，为新疆城址考古所仅见。

（王永强　罗尔璨　郭艳荣）

【新疆东部天山地区石器调查】

调查时间：2022年5—8月

工作单位：新疆维吾尔自治区文物考古研究所　西北大学文化遗产学院　哈密市文博院　兰州大学资源环境学院

东部天山地区位于天山山系东端，是新疆史前文化形成和发展的中心之一。在此区域开展的石器调查，共发现石器地点108处包括巴里坤县 90 处、伊州区 9 处、木垒哈萨克自治县 8 处、伊吾县 1 处。各石器地点发现石制品数量不一，少则几件，多则 2000 余件，总计采集石制品 10000 余件。

石器地点主要分布于东部天山北麓、木垒—巴里坤之间的矮山地带，少量石器地点分布在荒漠戈壁处的绿洲地带。石器地点附近多有水源地，植被较好。各石器地点分布面积不等，如条湖区域，共计有 30 处石器地点，各地点之间相距较近，石制品呈群聚状态分布，面积达 6 平方千米。

此次调查未发现地层堆积，石制品均为地表采集，风化磨蚀程度较轻，基本为原地埋藏，无明显流水等外力移动迹象。有 22 处石器地点周边分布有清代遗址，有 4 处地点与早期铁器时代遗址同处。其余各石器地点中的文化遗物均为石制品。

从技术风格来看，新发现的这 108 处地点中的石器遗存大致体现出两种风格，即盘状石核技术组合与细石叶技术组合。

盘状石核技术组合以南湖地点为代表，该地点共发现 35 件石核，其中 33 件为盘状石核。石片全部为普通锤击石片，不见石叶、细石叶等特殊技术产品。该地点的盘状石核基本采用了单台面定向剥片技术和双台面对向剥片技术，与新疆塔城骆驼石遗址中的盘状石核技术具有一定的可比性，从技术风格上来看较骆驼石遗址原始。

细石叶技术组合又可分为三种风格。第一种风格，细石核发现的数量非常少，核身不预制，剥片效率低，风格原始。石片以普通石片为主，未见细石叶。工具规范化程度低。第二种风格，细石核数量增多，出现涌别类细石叶技术风格的楔形细石核，包括忍路子技法（桑干技法）、兰越技法、峙下技法（阳原技法）、福井技法（虎头梁技法）等多种形式。存在细石叶，工具规范程度较高。第三种风格，细石核数量丰富，但以两面器为毛坯的细石核已不多见，精致的锥、柱状细石核占有一定的比例。细石叶数量多，工具多样、规范化程度高。

另外，调查中还发现了勒瓦娄哇石核、勒瓦娄哇尖状器和石叶技术产品，它们主要存在于细石器地点中。

此次调查，极大地丰富了东部天山地区石器时代的研究内容。初步认为，东部天山地区石器时代经历了盘状石核技术组合和细石叶技术组合两个阶段。这批材料的公布将极大改变学术界对该地区石器时代人类活动的认识，提高对新疆全区内石器地点分布数量的预期。对构建新疆东部石器时代文化体系，探索早期东西方文化交流，新疆细石器起源等学术问题有着重要的价值。

（朱之勇　徐佑成　王永强　孙建华）

赴外考古

【吴哥古迹王宫遗址】

发掘时间：2022 年 7—12 月

工作单位：中国文化遗产研究院　柬埔寨吴哥古迹保护与发展管理局（APSARA 局）

2022 年中国文化遗产研究院与柬埔寨吴哥古迹保护与发展管理局联合对王宫遗址西北塔门内外的区域进行持续的考古发掘工作。

项目组在王宫遗址西北塔门内外共布设 7 个探方（其中塔门内布设 1 个探方，塔门外布设 6 个探方），发掘面积 500 平方米。发现建筑遗迹包括建筑基础、大量的建筑柱洞、王宫墙体上的排水涵洞和五条排水渠。

建筑基础，揭露出瓮城东西两侧塔门的建筑基础，东塔门保存较好，西塔门保存较差，东西塔门均为砂岩建造且东西塔门均被 G2 打破。东塔门南北长 5.3 米，东西宽 3.2 米，东塔门东侧为角砾岩铺地，靠近基础部分有对称分布的柱洞，直径 60 厘米。西塔门倒塌严重，仅存基础部分，石构件散落在周围。

建筑柱洞集中分布在探方 T0711，即环壕南侧的驳岸之上，驳岸之上均为角砾岩铺砌，柱洞直接开凿在角砾岩之上，平面呈圆形，直径在 0.3—0.5 米之间。同时，在瓮城东西塔门两侧均发现直径在 60 厘米左右的柱洞（个别柱洞内有磉礅）。

王宫墙体上的排水涵洞，仅在塔门内侧的 T7010 内发现，即王宫北侧墙体之下（内外两侧），排水涵洞东西长 1.3 米，共有 5 个涵洞，宽 7—9 厘米不等。

五条排水渠，其中两条（G1、G2）分布在塔门外侧，另外三条（G3、G4、G5）分布在塔门内侧（T0710 内），分别介绍如下。

G1 分布在 T0612、T0712、T0312、T0412 四个探方内，为角砾岩砌筑的排水渠，平面呈直线形，剖面呈"凹"字形，东西走向，南北两壁和底部均用角砾岩石块铺设。G2 分布在 T0611、T0312，为砂岩砌筑的排水渠，平面呈直线形，剖面呈"U"形，东西走向，两侧壁及底部均为砂岩铺设。G3 为石砌的排水渠，平面呈"L"型，剖面呈"凹"字形，分为两部分，东西走向和南北走向。东西走向：底部和北壁借用王宫北墙的基座和墙体，南壁用角砾岩石块铺设。南北走向：两壁用角砾岩石块铺设，底部用砂岩石板平铺。G4 被 G3 叠压为石砌排水渠，平面呈长条形，剖面呈"凹"字形，底部和南壁用角砾岩石块铺设，北壁借用王宫北墙体。G5 被 G4 叠压为石砌排水沟，北部延伸至宫墙底部排水孔。平面呈长条形，剖面呈"凹"字形，两壁和底部均用角砾岩石块铺设。

此次发掘出土了陶瓷质、石质、铁质、釉陶等大量遗物。陶瓷质地的遗物较为丰富，包括大量的本地陶器和建筑构件，器形有罐、壶、釜，筒瓦、板瓦、瓦当、尖脊饰。瓷器产地具备多元性，包含了中国瓷器（青瓷、青白瓷、青花瓷）、泰国瓷器（器形较为笨重，常见器形以瓷碗为主，表面有冰裂纹）和本地瓷器。石质遗物包括了各种石刻造像及建筑构件，还有生活器具——石杵、石磨盘、陶支脚。铁质遗物主要有铁钉、铁凿，可能为当时建造建筑时所遗弃。釉陶器均为本地生产的高棉釉陶器，器形以大型罐为主，个别陶质建筑构件（筒瓦、瓦当）表面亦施有釉，陶色为酱釉或绿釉，施釉不均匀，局部有流釉现象。

此次考古发掘清理出来的遗迹为研究王宫遗址西北塔门北侧的建筑结构、地层堆积和年代框架提供了重要的线索。出土的遗物既反映了 9—15 世纪的吴哥城（王宫遗址）在海上贸易中的地位，又实证了在吴哥城周围存在陶瓷生产等本地手工业生产活动。而清理出来的遗迹涵盖了11—19世纪时间段，充分说明了王宫遗址自营建之始一直存在不断的修改和扩建的过程，尤其是在1431年之后，吴哥王室搬离吴哥地区迁往东南地区之后。传统的观点认为，随着王室的离开吴哥古迹尤其是王宫遗址也遭到废弃，但是结合发掘清理的遗迹和遗物可知，吴哥王室离开之后仍有人在此地居住和生活，发现的生活陶器（罐、壶、釜）和石杵、石磨盘、陶支脚足以说明这一切。同时也有利地反驳了法国探险家所谓"失落的城市"的观点，通过此次考古发掘证明吴哥古迹从来不是一座"失落的城市"。

而在此次的考古发掘中最重要的发现当属建筑遗迹和五条不同时期的排水渠。这些遗迹的发现为研究王宫内部的排水系统提供了基础，也为人们了解建筑历史沿革提供了证据，另外也为下一步建筑本体的修复提供了基础材料。此次考古发掘只是揭露了王宫遗址水利系统的"冰山一角"，今后有系统地对王宫遗址内水利系统的发掘，将对人们全面认识王宫遗址起到很重要的作用。

（刘汉兴）

【缅甸蒲甘他冰瑜寺考古调查】

发掘时间：2022年4—6月
工作单位：陕西省考古研究院

本年度考古调查是中国援缅甸蒲甘他冰瑜寺修复项目的重要组成部分，重点对他冰瑜寺现状、布局、遗存特征等进行了较为全面的调查。同时，对蒲甘古城和蒲甘佛塔群进行了初步踏查，为项目考古发掘、修复和展示方案制定提供了重要依据。

他冰瑜寺位于缅甸曼德勒省良乌县蒲甘古城东南部，由蒲甘王朝鼎盛时期的第十二代国王阿隆悉都（1112—1167年）于1144年修建，是一座由主塔、附塔、院墙及四门、附属佛堂、附属僧房等构成的大型综合佛学院。

主塔基座东西长102.26米、南北宽86.43米，塔高63.75米，是蒲甘地区最高的佛塔。塔坐西向东，采用红砖砌筑的多层拱券结构，由多层塔台、塔座、塔身、塔顶、金属伞盖塔刹组成。塔内一层、三层塑有佛像，主要为佛陀释迦牟尼像，结跏趺坐，左手禅定印、右手触地印，仅在一层北侧回廊内有一尊倚坐佛像。壁画发现较少，主要集中在一层西侧中部拱券门内，可辨人物、佛塔、花卉与连珠纹等题材。此外，四层东南入口内北壁上发现一组汉文礼佛题记。

附塔位于主塔东北侧，主塔修建每使用一万块砖就用一块砖修建附塔，所以附塔兼有计数功能。塔基平面呈正方形，边长26米，东、南侧塔基设有台阶通道。塔单层，四面拱券开门，中间背屏佛座东面和西面各塑一尊佛陀释迦牟尼结跏趺坐像。

寺院门址仅北门保存较好，呈过洞式尖拱形，内宽3.7米、进深10.7米，内侧距塔北门37米。过洞顶部和两侧壁上部局部可见残留的壁画，表面呈灰黑色，顶部为圆形花卉，顶部和侧壁过渡处为横向连珠花卉纹带，装饰带下部残存部分图案无法辨识。围墙地表均无迹象。围墙与主塔之间地表可见迹象仅有西南角的僧住房遗址。围墙外侧东北和西北侧地表可见两组学徒僧房遗址。围墙内、外地表可见较多陶片，夹细砂红陶为主。

此外，通过对蒲甘古城和周边佛塔进行初步踏查，初步了解了蒲甘古城城墙、王宫遗址的布局、形制以及蒲甘佛塔群的分布与类型。蒲甘古城出土的公元10世纪骠-汉文对照石碑、北宋"崇宁重宝"钱纹釉陶片和青瓷片等遗物是中缅古代文化交流的重要实证。

（李　坤　席　琳）

学术会议

【中国社会科学院考古研究所 2021 年度田野考古汇报会在北京召开】

2022 年 1 月 4—5 日，为期两天的"中国社会科学院考古研究所 2021 年度田野考古汇报会"在中国历史研究院以线上、线下相结合的方式举行。考古所各研究室的 39 位学者对 2021 年度 40 项田野考古发掘项目进行了汇报。此次汇报涉及的遗址覆盖面广、时代跨度大，田野考古成果丰硕。与会专家学者在聆听报告的同时，提出问题，相互探讨并发表自己的观点。报告会思想碰撞、精彩纷呈。此次汇报的项目从地域上看，分布在全国 16 个省区；从时代上看，涵盖了史前到历史时期；从内容上来看，涵盖了现代人类起源、农业起源、统一多民族国家的形成和发展、中外文化交流等，发掘成果十分丰硕。许多的考古发掘都取得突破性的成果，为填补空白、解决遗址的布局和其他重大历史问题提供了重要的线索。

（中国考古网）

【第二届山西考古新发现论坛在山西省太原市召开】

2022 年 1 月 11 日，由山西省考古学会、山西晚报共同举办的"第二届山西考古新发现论坛"在太原市举行。12 个候选项目负责人采用线上、线下相结合的形式进行了项目汇报，经山西省考古学会常务理事、特邀专家、媒体评议和投票，最终评选出 2021 年度山西重要考古发现入选项目 6 项：太原尖草坪镇城新石器时代遗址、临汾襄汾陶寺新石器时代遗址、运城垣曲北白鹅两周墓地、大同市平城区智家堡北魏吕续浮雕彩绘石椁墓、临汾霍州千佛崖摩崖造像及窟前遗址、太原小店区明代藩王墓。根据公众网络投票的票选数量，推出了 2021 年度最受公众关注的山西考古新发现 3 项：太原小店区明代藩王墓、大同市平城区智家堡北魏吕续浮雕彩绘石椁墓、运城垣曲北白鹅两周墓地。

（段双龙）

【根与魂：考古学视野下不断裂中华文明学术研讨会在河南省郑州市举办】

2022 年 3 月 12—13 日，"根与魂：考古学视野下不断裂中华文明学术研讨会"在郑州大学举办。全国 29 所高校、39 家文物考古研究机构的 70 余名专家学者通过线上和线下相结合的方式参会。与会专家在学术研讨会和座谈会上围绕会议主题，就考古遗存背后体现出的文化延续性、中华文明不断裂发展进程与文化交流互动、探讨不断裂中华文明需要的新概念和新方法等重大学术问题，进行了系统深入的探讨，对文明根系研究课题发表诸多真知灼见。大家一致认为此次研讨会内容丰富，题材广泛，从多个角度深入阐释了中华文明不断裂这一重要课题，并进一步揭示出中华文明的不断裂不止于中国境内的历史事实。

（李　凡）

【中国社会科学院考古学论坛·2021 年中国考古新发现在北京举办】

2022 年 3 月 18 日，"中国社会科学院考古学论坛·2021 年中国考古新发现"在中国历史研究院举行。论坛由中国社会科学院主办，中国社会科学院考古研究所和考古杂志社承办，中国社会科学出版社协办。中国历史研究院副院长李国强、中国社会科学院考古研究所党委书记王立峰等出席会议。此次入选六个项目包括：四川省稻城县皮洛旧石器时代遗址、河南省南阳市黄山新石器时代遗址、四川省广汉市三星堆商代遗址、江西省樟树市国字山战国墓葬、湖北省云梦县郑家湖战国秦汉墓地、甘肃省武威市唐代吐谷浑王族墓葬群。入围六个项目包括：浙江省余姚市施岙新石器时代稻田遗址、甘肃省张家川县圪垯川新石器时代遗址、湖南省澧县鸡叫城新石器时代遗址、陕西省西安市江村大墓、江苏省南京市西营村南朝佛寺遗址、新疆吉木萨尔县北庭故城遗。

（中国考古网）

【唐宋时期的中国制瓷业学术研讨会在浙江省慈溪市举办】

2022年3月19日，由浙江省文物考古研究所、宁波市文化遗产管理研究院、慈溪市文物局主办，故宫研究院中外文化交流研究所、北京师范大学历史学院陶瓷考古与艺术研究中心协办，慈溪市文物保护中心承办的"唐宋时期的中国制瓷业"学术研讨会在慈溪市举办。会议采用线上会议模式，来自北京大学、国家文物局考古研究中心、山东省文物考古研究院等单位的30余位专家学者参加会议。专家们探讨了明州窑的发展始末、宋代宫廷瓷器的来源、越窑与南宋初年宫廷陶祭器的关系、宁波东钱湖窑场的考古新发现等内容，进一步拓展了对越窑青瓷的认识。此外，专家们还就山东淄川寨里窑、浙江台州黄岩窑、金华婺州窑等窑口的基本面貌，肯尼亚地区出土中国陶瓷的特点，宋代中国和东南海上贸易的时代特点等展开论述。

（谢西营）

【2021年度全国考古十大新发现终评会在北京举行】

2022年3月30—31日，由中国文物报社、中国考古学会主办的"2021年度全国十大考古新发现终评会"以线上、线下结合的会议形式在京举行。经项目汇报、综合评议，评委投票选出四川稻城皮洛遗址、河南南阳黄山遗址、湖南澧县鸡叫城遗址、山东滕州岗上遗址、四川广汉三星堆遗址祭祀区、湖北云梦郑家湖墓地、陕西西安江村大墓、甘肃武威唐代吐谷浑王族墓葬群、新疆尉犁克亚克库都克烽燧遗址、安徽凤阳明中都遗址等十个项目入选2021年度全国十大考古新发现。入选的2021年度全国十大考古新发现的项目，是我国早期人类起源、史前文化与中华文明发展、统一多民族国家历史进程的生动诠释，展现了绚丽多彩、源远流长、博大精深的中华文明风采。

（中国考古网）

【秦俑学及秦代文明学术研讨会在陕西省西安市召开】

2022年6月11—12日，由陕西省文物局、陕西省社科联指导，秦始皇帝陵博物院、陕西省考古研究院、西安市临潼区人民政府承办，陕西省秦俑学研究会、陕西省考古学会协办的"秦俑学及秦代文明学术研讨会"在秦陵博物院召开；此次会议是2022年"文化和自然遗产日"陕西省主会场活动之一，会议贯彻落实习近平总书记关于深化中华文明探源工程重要讲话精神，共同探讨秦人以传承、融合、吸纳、创新所凝练与塑造出的秦文明，为中华文明探源工程提供秦陵秦俑及秦文明方面的新资料。

【2022夏文化论坛在河南省禹州市召开】

2022年6月24—26日，"2022夏文化论坛——多学科视野下的夏文化探索"在禹州市召开，该论坛由河南省文化和旅游厅、河南省文物局指导，中国社会科学院考古研究所、河南省文物考古研究院、中国考古学会夏商考古专业委员会、中华炎黄文化研究会史前文化研究分会、河南省文物考古学会及郑州中华之源与嵩山文明研究会主办，河南省夏文化研究中心承办。中国考古学会、河南省文物局等相关负责人参加论坛。来自全国各地的26位专家学者围绕史籍上的夏、夏文化的考古学探讨、夏文化的多学科研究、夏文化的物质遗存研究等方面进行了学术交流，展示了最新研究成果。不少专家学者采用多学科融合方式和多种科技手段开展研究，涉及动物考古学、植物考古学、环境考古学等科技考古方式，对夏代都邑布局、祭祀与宴享、人群的身高和饮食、夷夏商关系等进行了多角度深入探讨。一些学者介绍了夏文化的起源与周边文化的关系、夏文化遗址的发掘收获、夏文化遗址中出土重点文物的对比分析、夏文化研究的回顾和思考等，进一步丰富了夏文化研究的内容。

【青铜器与文明交流——第三届中国古代青铜器研究论坛在北京举办】

2022年6月28—29日，为庆祝中国国家博物馆创建110周年，中国国家博物馆举办了"青铜器与文明交流——第三届中国古代青铜器研究论坛"。该论坛由国家博物馆研究院、国家博物馆馆刊编辑部与北京大学出土文献与古代文明研究所联合承办。论坛邀请了海内外青铜器研究领域的36位专家、学者参会。论坛紧扣主题"青铜器与文明交流"，以线上、线下相结合的方式进行深入研讨。学者发言内容可分为四个方面，即"海内外博物馆藏青铜器研究""结合近年考古新发现推进对青铜器与商周史的研究""对青铜器制作工艺的探索""对青铜器铭文及其历史内涵的考证"。

（孙思雅　韩　雪　霍宏伟）

【手工业考古·山东大学青岛国际论坛——以史前至商周玉器和石器手工业考古为中心学术会议在山东省青岛市召开】

2022年7月8—11日，山东大学历史文化学院、文化遗产研究院于青岛市即墨区联合举办"手工业考古·山东大学青岛国际论坛——以史前至商周玉器和石器手工业考古为中心"学术会议。此次会议现场参会国内代表14人，以视频会议形式线上参会国内代表17人、国外代表6人。会议围绕史前至商周玉器和石器手工业考古议题进行研讨。会议共收到中、外学者论文（含论文提要）33篇，会议论文拟后续择优在《东方考古》集中刊发。

（付龙腾）

【激扬学术　共话文明——考古学视野下的中华文明形成与早期发展学术论坛在北京举办】

2022年7月10日，中国国家博物馆举办了"激扬学术　共话文明——考古学视野下的中华文明形成与早期发展学术论坛"，来自国内外考古机构和大学的约70名学者通过线上和线下两种方式参加了论坛，共21位学者发表演讲。会议研讨围绕"中华文明形成与早期发展"这一议题展开，与会学者或从国际化的视野来探讨中华文明起源和发展；或从对中华文明形成过程的总体把握，研究的理论与方法的角度进行讨论；或从生业经济、区域文明对中华文明多元一体格局形成的贡献，及文字、信仰和宇宙观等角度展开精彩演讲。此次论坛对深入开展中华文明研究起到一定的学术引领和促进作用。

（庄丽娜）

【经天纬地　照临四方——中国文明起源的陶寺模式十人谈在山西省太原市召开】

2022年7月20—22日，"经天纬地　照临四方——中国文明起源的陶寺模式"十人谈在山西省太原市召开。此次会议由山西省文物局、中国社会科学院考古研究所主办，山西省考古研究院、中国社会科学院考古研究所山西队承办。来自国家文物局考古研究中心、中国社会科学院考古研究所、中国社会科学院历史研究所等科研单位十名专家，围绕与谈主题，从考古、文献、天文、建筑等方面进行了阐释，凝练文明起源的陶寺模式，思辨文明论证的哲学逻辑，以进一步将中华文明探源研究中一些关键问题引向深入。

（张光辉）

【科技赋能·交叉融合——文物科技保护学术论坛在北京召开】

2022年7月27日，"科技赋能·交叉融合——文物科技保护学术论坛"在中国国家博物馆成功召开。此次论坛是中国国家博物馆创建110周年系列学术论坛之一。参会专家学者围绕"科技赋能·交叉融合"的主题，探讨文物保护修复标准化、文物保护新材料与新技术、腐蚀劣化机理、科学认知与保护案例、传统技艺、多学科交叉和预防性保护等方面的最新研究成果和经验。这些成果和经验对文物保护理论和实践具有重要的借鉴意义。论坛也为文物保护同行发挥各自优势，开展深度合作起到积极的促进作用。

（柳敏　唐铭　成小林）

【理论·方法·前景——敦煌十六国北朝石窟研究论坛在甘肃省敦煌市召开】

2022年8月6—8日，"理论·方法·前景——敦煌十六国北朝石窟研究论坛"在甘肃省敦煌市莫高窟召开。此次研讨会由敦煌研究院主办，来自北京大学、中国社会科学院、中国人民大学、中央美术学院、兰州大学、敦煌研究院等研究机构的20位专家学者参会。与会学者围绕莫高窟北朝洞窟从空间布局、佛学思想、营造过程等角度进行了讨论。会议对推动莫高窟早期洞窟研究具有重要意义。

（王娇）

【纪念云南李家山古墓群考古发现50周年学术研讨会在云南省玉溪市举办】

2022年8月12—15日，"纪念云南李家山古墓群考古发现50周年学术研讨会"在云南省玉溪市举办。此次研讨会由中国考古学会，云南省文化和旅游厅（云南省文物局），玉溪市委、市政府主办；中国考古学会秦汉考古专业委员会、云南省文物考古研究所等承办。来自国内外的30余家科研院所、高校，的百余位知名专家学者，围绕秦汉时期西南地区考古学文化从多元到一体的历史进程、滇文化考古学内涵、李家山考古学文化内涵等主题进行了热烈的讨论。会议期间还讨论通过了《李家山宣言》，认为李家山全方位的反映了古滇国社会生活的面貌，既是云南多民族多元文化早期格局的真实写照，又是中华文化从多元到一体形成过程的重要例证，对于研究探索西南边疆历史文化具有重要价值。

（李小瑞）

【新时代考古发现与研究论坛在广东省广州市召开】

2022年8月24—26日，由国家文物局指导，中国考古学会、中国文物报社、广东省文化和旅游厅主办，广东省文物考古研究院承办，广州市南沙区人民政府支持的"新时代考古发现与研究论坛"在广州市召开。国家文物局有关司处，国家文物局直属单位，中国社会科学院考古研究所，中国考古学会，广东省文化和旅游厅，部分省、自治区、直辖市考古研究院（所），部分高校考古院系负责同志参加了论坛。此次论坛，近

40位专家学者围绕新时代考古成就、中华文明探源、考古中国、多学科合作等议题，进行了跨学科、宽领域、多维度的交流和研讨，回顾和总结新时代中国考古取得的巨大进步和辉煌成就，研讨新时代考古工作提升战略，提出了很多具有启发性、建设性的新概括、新阐述、新思想。

（赵梦沙）

【第三届江苏青年考古论坛在江苏省连云港市举办】

2022年9月2—5日，由江苏省考古学会、南京博物院主办，连云港市文物保护和考古研究所、连云港市博物馆承办的第三届"江苏青年考古论坛"在连云港市举办。该论坛主题为"文明探源与文化自信"，共有来自江苏全省考古单位、博物馆及高校等十余家学会理事单位的90余名青年学者与会。学术研讨汇报阶段，17位青年学者围绕"文明探源与文化自信"主题分享了各自的研究成果。江苏青年考古论坛旨在充分发挥江苏省考古学会组织作用，努力搭建全省青年考古学者交流平台，通过国内知名考古专家分享学术报告、点评研究成果，进一步拓宽青年考古学者的研究思路、提升研究水平、培育学术增长点。同时，该论坛旨在鼓舞青年考古学者赓续前辈踏实肯干、求实创新的优良传统，为江苏考古高质量发展贡献青年智慧和力量。

（朱良赛　杜　平　陈渊明）

【首届岭南青年考古论坛在广东省广州市召开】

2022年9月16—19日，"首届岭南青年考古论坛"在广州市顺利召开。此次论坛由暨南大学历史学系主办，广东省文物考古研究院、广东省博物馆协办。来自北京大学、中山大学、广东省博物馆等单位40余位学者参与了此次论坛。18位青年学者围绕岭南地区史前考古新发现、文明进程、生业模式、与周边文化互动等课题进行了研讨。研讨结束后，参会代表赴英德岩山寨遗址、青塘遗址考察学习。

（熊增珑）

【曲成天籁　沃灌华章　曲村—天马遗址发现60周年暨晋侯墓地发掘30周年系列纪念活动在山西省曲沃县召开】

2022年9月17—18日，曲沃县委县政府联合北京大学考古文博学院、山西省考古研究院，在山西省临汾市曲沃县共同举办了"曲成天籁　沃灌华章"曲村—天马遗址发现60周年暨晋侯墓地发掘30周年系列纪念活动。活动邀请了曾在曲村—天马遗址实习、工作的各界人士、相关领域专家学者等60余人参会。会议组织考察了晋国博物馆、曲村工作站及田野考古现场，并围绕晋文化、晋侯墓地，从考古学、历史地理学、天文学、青铜铸造等多方面围绕曲村—天马遗址及周边遗址和城邑性质、晋侯墓地年代及人群构成、文化因素、铸造工艺等开展了学术研讨。

（武俊华）

【中国东北边疆古代渔猎文化与社会学术研讨会在吉林省长春市召开】

2022年9月28—29日，由吉林大学边疆考古研究中心与黑龙江省文物考古研究所主办，中国考古学会边疆考古专业委员会、齐齐哈尔市文化广电和旅游局协办的"中国东北边疆古代渔猎文化与社会"学术研讨会在吉林省长春市召开。会议主题为：嫩江流域史前考古发现与研究历程、学术价值与历史意义，中国东北地区史前考古学文化编年谱系、东北亚区域文化互动、生业模式与文明互鉴，文物与文化遗产保护传承工作的思考与建议。本次会议的正式参会代表包括来自国内 10 余所高校与科研院所的 30 余位学者。部分学者通过线上平台参与讨论。

（李首龙　任　平）

【当代考古学与中国南方古代民族文化研究·百越民族史研究会第二十次年会在福建省厦门市举办】

2022 年 10 月 28—31 日，由百越民族史研究会主办、厦门大学历史与文化遗产学院承办的"当代考古学与中国南方古代民族文化研究·百越民族史研究会第二十次年会"在厦门市举行，此次研讨会主题为"当代考古学与中国南方古代民族文化研究"。会议采取线上、线下相结合的方式举行。来自中国社会科学院、中国人民大学、复旦大学等高校及科研机构的 40 余位专家学者，十余名在校本科生、硕士博士研究生参与了本次会议。此次会议受到学界同仁的广泛支持与关注，共收到投稿论文 45 篇，会议学术报告 35 场。主题演讲后，会议以分组报告的形式，按"考古学"和"民族学与历史学"两个领域共进行十场报告。与会专家学者从百越研究的诸多议题入手，展示了丰富的研究材料与最新的发现成果，显示出多元的研究视角与多学科的思想交锋。

【考古学视野下的海洋文明探索——暨漳州圣杯屿元代沉船发现十周年学术研讨会在福建省漳州市举办】

2022 年 11 月 9 日，由国家文物局考古研究中心、福建省考古研究院、厦门大学历史与文化遗产学院、漳州市文化和旅游局主办的"考古学视野下的海洋文明探索——暨漳州圣杯屿元代沉船发现十周年学术研讨会"在漳州市博物馆举行。30 余位与会专家围绕"沉船、船货与贸易网络研究""港市与海洋聚落考古"两大主题，依次作报告，并进行现场交流。研讨会为漳州圣杯屿元代沉船遗址提供了多方位的研究视角，助力圣杯屿元代沉船遗址历史、文化和科学价值更好地挖掘、阐释，为中国水下考古工作进一步厘清了思路方向。

【长三角科技考古科研交流会在江苏省南京市召开】

2022 年 11 月 20 日，为庆祝南京大学历史学科成立 120 周年暨考古专业成立 50 周年，"长三角科技考古科研交流会"在南京大学国际会议中心顺利召开。会议由江苏省文物局主办，南京大学历史学院承办，来自长三角地区诸多高校、科研院所、文博单位的专家学者通过线上或线下的形式参会，江苏省文物局有关人员、考古文物系师生线下参会。此次会议主要聚焦于长三角地区科技考古的重要进展与展望。来自复旦大学、浙江大学、中国科学技术大学等高校和文博单位的 11 位科技考古研究专家做了大会主题报告，围绕多学科在考古遗址中的应用、科技考古的定位、陶瓷考古、冶金考古、植物考古、空间考古、人骨研究、食谱分析等领域进行了分享。

（王晓琪　张敬雷）

【"中山大学考古专业创建五十周年暨学科建设研讨会：华南田野考古"在广东省英德市举行】

2022 年 11 月 26 日，由中山大学社会学与人类学学院主办的"中山大学考古专业创建五十周年暨学科建设研讨会：华南田野考古"在广东省英德市举行。来自北京大学、复旦大学、厦门大学、南方科技大学、广东省文物考古研究院、广西文物保护与考古研究所等省内外的30余位专家参与此次论坛。此次研讨会以英德岩山寨遗址的考古发掘为契机，结合中山大学考古专业创办五十周年，就华南田野考古之理论、方法、技术以及高校考古教学实习等进行发言并深入讨论。

【第四届古代玉器青年学术论坛在江苏省南京市召开】

2022年11月26—27日，南京博物院与复旦大学文物与博物馆学系联合主办的"第四届古代玉器青年学术论坛"在南京博物院顺利召开。该论坛的主题是"多学科视野下的中国南方史前至明清玉器研究"。论坛采取线上和线下相结合的方式，来自国内高校、研究所、博物馆及其他文博系统的60余位代表参与此次论坛。共有50余位学者进行了专题报告，分享了玉器领域的众多考古发现、最新成果与前沿研究。论坛期间，线上会议采取严格的审核邀请制，共有200余位国内外玉器领域研究学者在线参与了此次学术活动。学者们开展了多学科、多视野研究讨论，进行了广泛而深入的学术交流。该论坛旨在增进青年玉器研究学者间的沟通与了解，搭建长期学术交流平台，深入发掘古代玉器在历史、文化、艺术和科技等方面的价值及内涵。

【2022丝绸之路传统文化保护开发利用国际产学研用合作研讨会在陕西省西安市召开】

2022年12月8日，"2022丝绸之路传统文化保护开发利用国际产学研用合作研讨会"以线上和线下相结合的方式在西北大学顺利召开。本次会议是在教育部、陕西省人民政府指导下，由教育部规划建设发展中心主办，陕西省教育厅、陕西省文物局和西北大学共同承办，陕西师范大学、陕西科技大学等单位协办。与会专家围绕丝绸之路国际联合考古项目工作的相关成果和未来发展方向，丝绸之路国际联合考古人才培养，文化遗产的保护、管理、开发、展示、利用，丝绸之路产学研用工作等方面进行讨论交流。

（付增祺）

【首届考古现场文物保护科技论坛在陕西省举办】

2022年12月9日，"首届考古现场文物保护科技论坛"在陕西省考古研究院（陕西考古博物馆）成功举办。论坛由陕西省考古研究院、秦始皇帝陵博物院联合主办，依托考古发掘现场文物保护国家文物局重点科研基地、陶质彩绘文物保护国家文物局重点科研基地、陕西省考古现场文物保护重点实验室平台，旨在进一步加强文物现场保护学术交流，充分发挥科技资源优势，促进青年文博人才成长。

【北京论坛分论坛 万年以前的全球化——早期现代人的扩散、交流和适应在线上召开】

2022年12月10日，由北京论坛主办，北京大学考古文博学院、北京大学中国考古学研究中心承办的2022北京论坛分论坛："万年以前的全球化——早期现代人的扩散、交流和适应"在线上成功召开。来自德国、以色列、俄罗斯、日本以及国内的11名学者作学术报告，国内外200余名业界人员参加线上论坛。报告结束后，与会专家学者就现代人在欧亚大陆的扩散、适应，旧石器时代考古学方法，旧石器时代东西方技术对比等问题进行了充分的交流。

【元大都与草原都城考古国际学术研讨会在线上举办】

2022年12月10—11日，由北京联合大学考古研究院主办的"元大都与草原都城考古国际学术研讨会"在线上举行。来自美国宾夕法尼亚大学、英国杜伦大学、北京联合大学、中国社会科学院考古研究所、故宫博物院等高校和科研院所的29位专家学者与会。此次研讨会就"元大都考古""辽金元时期的社会生活""草原城市与物质文化""唐宋漠北与西域"四个主题进行了讨论。

【沙埠窑学术研讨会暨宋瓷论坛在浙江省杭州市召开】

2022年12月11日，由浙江省文物局指导、浙江省文物考古研究所和台州市黄岩区人民政府主办的"沙埠窑学术研讨会暨宋瓷论坛"在杭州市召开。会议采用线上和线下相结合的方式。来自北京大学、复旦大学、厦门大学、国家文物考古研究中心等单位的19位学者发言。此次学术研讨会主题围绕两宋时期的沙埠窑、越窑、龙泉窑、耀州窑、福建北部窑场、定窑、南宋官窑等著名窑口的生产面貌与分期、宫廷用瓷、瓷器内销、瓷器外销等议题展开。

（谢西营）

【第二届中国古代都城及城市考古新发现交流研讨会在江苏省南京市举行】

2022年12月24—25日，由中国考古学会、南京大学历史学院主办，南京大学历史学院考古文物系、南京大学文化与自然遗产研究所等单位承办的"第二届中国古代都城及城市考古新发现交流研讨会"在南京大学举行。40余位专家学者参与交流研讨。会议展示了陶寺古城、偃师商城、商丘宋国古城、临淄齐国故城、郑韩故城、无锡吴家浜古城、岳阳罗城、汉魏洛阳城、东阳城、建康城、溧阳古县、马鞍山市翠螺山山城、宝应古射阳城、盖州青石岭山城、浦北县越城故城、吐谷浑伏俟城、交趾羸娄城、雄县鄚州城、唐宋袁州城、唐宋如皋城、北宋东京州桥、正定古城、衣锦城、辽上京、金上京、金中京、元中都、明都凤阳城等近年来古代城市考古勘探发掘的新成果，并围绕古代都城的郭城问题、都城规划与建设、大运河城市考古等相关内容作了深入探讨。

（方亚楠　贺云翱）

考古教学

2022 年毕业本科生人数

北京大学考古文博学院考古学专业 27 人
北京大学考古文博学院文物与博物馆学专业 4 人
北京大学考古文博学院文物保护技术专业 3 人
北京大学考古文博学院外国语言与外国历史专业 4 人
吉林大学考古学院考古学专业 55 人
吉林大学考古学院文物与博物馆学专业 16 人
山东大学历史文化学院考古与博物馆学系考古学专业 25 人
山东大学历史文化学院考古与博物馆学系文物与博物馆学专业 16 人
西北大学文化遗产学院考古学专业 37 人
西北大学文化遗产学院文物保护技术专业 38 人
西北大学文化遗产学院文物与博物馆学专业 21 人
四川大学考古文博学院考古系考古学专业 26 人
四川大学考古文博学院考古系文物与博物馆学专业 10 人
郑州大学历史学院考古系考古学专业 28 人
南京大学历史学院考古文物系考古学专业 6 人
南京大学历史学院考古文物系考古学专业（文物鉴定方向）9 人
厦门大学人文学院历史系考古学专业 11 人
中山大学社会学与人类学学院人类学系考古专业 18 人
武汉大学历史学院考古系考古学专业 15 人
山西大学历史文化学院考古学系考古学专业 30 人
山西大学历史文化学院考古学系文物与博物馆学专业 21 人
南开大学历史学院考古学与博物馆学系文物与博物馆学专业 24 人（不含双修）
复旦大学文物与博物馆学系文物与博物馆学专业 30 人
北京联合大学应用文理学院历史文博系文物与博物馆学专业 29 人
中央民族大学民族学与社会学学院考古文博系文物与博物馆学专业 33 人
首都师范大学历史学院考古学与博物馆学系考古学专业 15 人
河南大学历史文化学院考古文博系考古学专业 27 人
河南大学历史文化学院考古文博系文物与博物馆学专业 30 人
辽宁师范大学历史文化旅游学院文物博物馆专业 18 人
辽宁大学历史学院考古学系考古学专业 9 人

黑龙江大学历史文化旅游学院考古学专业 7 人
重庆师范大学历史与社会学院文物与博物馆学专业 33 人
中国人民大学历史学院考古文博系考古学专业 9 人
西南民族大学旅游与历史文化学院文物与博物馆学专业 50 人
安徽大学历史学院考古学系考古学专业 18 人
陕西师范大学历史文化学院文物与博物馆学专业 16 人

注：西北师范大学历史文化学院文物与博物馆学系、广西师范大学历史文化与旅游学院、中国科学技术大学科技史与科技考古系、暨南大学文学院历史学系、中国社会科学院大学历史学院考古系未招收本科生。

2022 年毕业的硕士研究生

北京大学考古文博学院（含同力，不含补授、结业、肄业）
文物与博物馆专业硕士
　　张雅榛：《中国史前猪骨仪式性埋藏研究》
　　王楚喻：《大型土遗址的公共考古实践：基于良渚古城遗址的个案分析》
指导教师：秦　岭
　　姚睿彤：《施岙遗址有机残留物研究——脂质生物标记物视角下的古稻田判别方法初探》
指导教师：吴小红
　　钟静益：《三星堆 8 号埋藏坑的玉、石器研究》
指导教师：曹大志
　　杜　桥：《统计学视角下的考古学："周人不用日名说"的科学表述》
指导教师：孙庆伟
　　成芷菡：《洛川月家庄秦人墓地出土人骨的肢骨研究》
指导教师：何嘉宁
　　陆敏慎：《陕甘秦文化墓位形态初探》
指导教师：雷兴山
　　杜星雨：《战国时期国产玻璃的科技考古研究——以黄河中上游若干遗址出土玻璃珠饰为例》
　　吴寒筠：《明代广东仿龙泉青瓷研究——以白马窑、余里窑为例》
指导教师：崔剑锋
　　杨丹侠：《秦汉时期关中地区砖石结构墓葬形制研究》
指导教师：杨哲峰
　　赵玉琦：《汉长安城未央宫三号建筑复原探讨》
　　铁　莹：《〈营造法式〉小木作"门、窗"制度等级研究》
　　王子寒：《建筑考古视角下文庙与官学建筑规制关系研究——以浙江地区为例》
指导教师：徐怡涛
　　羽紫琪：《5—10 世纪泽拉夫善河流域城址研究综述》
指导教师：陈　凌
　　曹　羽：《唐北都壁画墓研究》
指导教师：韦　正
　　周珂帆：《云冈石窟辽金窟前建筑复原研究》

指导教师：彭明浩
　　李博含：《裂纹釉瓷相关问题再思考》
指导教师：沈睿文
　　汪　慧：《细读白鹤梁——从中国传统山水观审视白鹤梁水文遗产价值》
指导教师：黎婉欣
　　王　卓：《圆明园"澹泊宁静"建筑复原研究》
　　周　钰：《故宫灵沼轩瓷砖复原及其材料观念研究》
指导教师：张剑葳
　　丁子慧：《论沉浸式手段在博物馆展览中的运用》
指导教师：杭　侃
　　连泳欣：《从公营和私营博物馆看香港人身份认同》
指导教师：徐天进
　　常睿婕：《布达拉宫藏脆化贝叶经病害机理与保护对策分析》
指导教师：胡东波
　　安　玉：《传统天然矿物颜料对手工纸老化的影响》
指导教师：周双林

吉林大学考古学院
毕业硕士研究生
专业方向：旧石器时代考古
　　窦佳欣：《云南省武定新村遗址出土石制品研究》
指导教师：王春雪
　　李　萌：《东亚细石器遗存初探》
　　武进新：《蒙古国杭爱—肯特山以南的旧石器考古发现与研究》
指导教师：方　启

专业方向：新石器时代考古
　　潘璐瑶：《淮河中游地区双墩文化研究》
　　王宇慧：《闽江中下游地区的新石器时代考古学文化研究》
指导教师：赵宾福
　　徐子莹：《秦王寨文化再探讨》
指导教师：段天璟

专业方向：夏商周考古
　　刘莹雪：《东周齐墓仿铜陶礼器研究》
　　刘振起：《先秦时期盾牌/锡研究》
指导教师：井中伟

孟　淼：《商代有领璧环再分析》
张梦圆：《商周青铜车軎研究》
指导教师：王立新

专业方向：秦汉考古
郭丽娜：《河西走廊东区汉墓研究》
指导教师：潘　玲

专业方向：魏晋隋唐考古
王　玥：《北魏邙山陵区墓葬葬地研究》
张宛玉：《杭州圣果寺千佛阁遗址及寺院布局研究》
指导教师：赵俊杰

专业方向：高句丽渤海考古
李　鹏：《渤海国人形遗物研究》
指导教师：冯恩学
任嘉敏：《高句丽复合主题纹饰瓦当研究》
王晨晖：《三燕与高句丽文化交流问题》
指导教师：宋玉彬

专业方向：宋元明考古
李恬欣：《元明时期仿古器皿的考古学观察》
李晓杰：《东北地区辽金时期寺庙遗址的考古学观察——以吉林省考古资料为中心》
潘雨娟：《宁波市奉化区尚桥墓地的初步研究》
王　玙：《南方地区出土宋元明铜镜研究》
指导教师：吴　敬
刘　琪：《唐至元陶瓷扁壶若干问题研究》
刘一凝：《洮儿河沿岸城址2020—2021年调查资料研究》
指导教师：冯恩学

专业方向：分子考古
李　鹭：《包头燕家梁遗址出土古代马属动物的线粒体全基因组分析》
张新雨：《陕西靖边庙梁遗址出土古代马属动物的分子考古学研究》
郑　颖：《内蒙古乃仁陶力盖墓地出土人骨的线粒体全基因组研究》
指导教师：蔡大伟

专业方向：人类骨骼考古

费　晔：《浙江良渚钟家港新石器时代遗址出土人骨研究》
阮孙子凤：《山西大同御昌佳园墓地北魏时期人骨研究》
由　森：《吐鲁番加依墓地古代人群牙齿残留物的淀粉粒分析》
指导教师：张全超

专业方向：陶瓷考古
王冬娟：《中国北方蒙元时期陶瓷建筑构件研究》
吴　慧：《中国古陶瓷的研究历程（1900—1982年）》
指导教师：彭善国

专业方向：博物馆学
蔡　雪：《沈阳故宫博物院早期历史研究》
指导教师：张文立

专业方向：文化遗产
张　洵：《遗产区域视野下的革命文物保护与利用研究——以湘西州为例》
指导教师：段天璟

文物与博物馆专业硕士
专业方向：旧石器时代考古
郭云浩：《西黄泥河与黄泥河流域打制石器研究》
侯月新：《吉林省长白山地区含砾石石器遗存研究》
赵若辰：《吉林汪清新兴遗址第Ⅰ地点石制品研究》
指导教师：方　启

专业方向：夏商周考古
冯坤勇：《金沙江中游早期石棺墓研究——以会理猴子洞遗址石棺墓为中心》
指导教师：井中伟
李　典：《楚墓出土铜镜研究》
指导教师：王立新
刘一诺：《商周时期中原地区所见的北方式动物纹研究》
指导教师：邵会秋

专业方向：先秦考古
卢月珊：《中国北方地区先秦时期葬马遗存研究》
指导教师：邵会秋

专业方向：魏晋隋唐考古
  戴晓旭：《北朝隋唐时期墓葬中屏风榻研究》
  孙耀东：《两汉钱范相关问题研究》
  赵偌楠：《洛阳东汉魏晋帝陵制度变迁的考古学研究》
指导教师：赵俊杰

专业方向：高句丽渤海考古
  王敬乔：《西古城的发现、研究与保护》
指导教师：宋玉彬

专业方向：分子考古
  康　宁：《嫩江流域两个遗址出土鱼骨的分子考古学研究》
指导教师：蔡大伟

专业方向：动植物考古
  刘海琳：《云南武定新村遗址出土动物遗存研究》
  吕小红：《吉林省梨树县长山遗址 2016 年出土动物遗存研究》
  于　昕：《云南省武定县长田遗址出土的动物遗存研究》
  于新月：《长春市农安县围子里遗址出土动物遗存研究》
指导教师：王春雪

专业方向：人类骨骼考古
  高　婷：《内蒙古锡林郭勒盟乃仁陶力盖遗址出土人骨研究》
指导教师：张全超
  王艳如：《哈密天山北路墓地出土人类遗骸再研究》
指导教师：魏　东

专业方向：陶瓷考古
  刘欣源：《寿州窑瓷器初步研究》
  史　未：《洛阳城出土陶瓷器的考古学研究》
指导教师：彭善国

专业方向：外国考古
  张静雯：《俄罗斯境内渤海佛教遗存的发现与研究》
指导教师：宋玉彬

专业方向：博物馆学

陆奕文：《西方博物馆"超级大展"现象初步研究》
孙卓钰：《清末民初旅日游记中博物馆资料整理与研究》
指导教师：张文立
孙慧鑫：《吉林省市县博物馆现状调查及发展策略研究——以若干博物馆为例》
指导教师：吴　敬
庄隽璇：《"符光星影——良渚文化刻画符号展"展示设计研究》
指导教师：段天璟

专业方向：文化遗产
娄　莉：《良渚古城遗址公园的运营研究》
孙　天：《大河村遗址展示利用研究》
指导教师：段天璟
廉志红：《鲁国故城国家考古遗址公园存在的问题分析及对策研究》
指导教师：赵宾福

专业方向：古文字学
陈钰茜：《山东博物馆藏先秦时期有铭青铜器研究》
张　骞：《吉林大学考古与艺术博物馆藏战国玺印整理》
指导教师：李春桃、魏　东
张　云：《河南博物院藏先秦时期有铭青铜器铭文校释及图像整理》
指导教师：单育辰、魏　东

山东大学历史文化学院考古与博物馆学系
毕业硕士研究生
专业方向：旧石器时代考古
王群星：《河南灵井许昌人遗址第5层细石器研究》
指导教师：李占杨
范宥彬：《广西浦北莫村洞晚更新世哺乳动物群研究》
宫瑞博：《广西百色盆地南半山遗址中更新世早期阿舍利石器组合研究》
指导教师：王　伟

专业方向：新石器时代考古
刘　蒙：《焦家墓地与大汶口墓地比较研究——基于人骨碳氮稳定同位素分析》
指导教师：栾丰实
武笑迎：《石峁遗址出土纺轮研究》
指导教师：方　辉
陈　凯：《肖家屋脊文化玉器研究》

指导教师：王　青
　戴敬一：《海岱地区出土史前绿松石分析》
　梁　坤：《鲁中南地区大汶口文化的性别考古分析》
　王振宇：《比较视野下的史前棺椁遗存分析——以海岱地区为中心》
指导教师：王　芬
　李志伟：《身份构建与文化认同：玉器视野下的良渚文化社会研究》
指导教师：王　强

专业方向：商周考古
　彭富仁：《鲁西南豫东地区龙山至二里头时代考古学文化初探——以菏泽青邱堌堆遗址为中心》
　司丽媛：《鲁北与胶东地区西周时期王朝一体化进程——基于陶器和墓葬研究的视角》
指导教师：方　辉
　冯令儒：《东周平阳邑四处墓地的分期与年代分析》
指导教师：王　青
　丁昊阳：《莒国东周青铜器研究——以沂水刘家店子和纪王崮出土青铜器为中心》
指导教师：郎剑锋
　李凤翔：《楚文化谱系的动态考察——以楚系青铜器及墓葬为中心》
指导教师：高继习

专业方向：宋元考古
　秦旭彤：《北方宋墓动物图像研究》
指导教师：陈章龙

专业方向：动植物考古
　段绮梦：《龙山文化复杂社会研究——来自两城镇遗址的植硅体证据》
指导教师：靳桂云
　丁方婕：《山东滕州市大韩东周墓地出土动物遗存研究》
指导教师：宋艳波
　李怡晓：《GIS视图分析方法研究古人类动物利用策略——来自灵井动物群的证据》
指导教师：王　华

专业方向：科技考古与文物保护技术
　李张驰：《鲁西南地区家畜饲养方式研究——来自稳定同位素的视角》
指导教师：董　豫
　阚颖浩：《山东博山元末明初玻璃作坊出土玻璃科技分析》
指导教师：马清林

杜婷婷：《湖北随州枣树林墓地 M168 随葬漆皮马甲的实验室考古研究》
指导教师：朱 磊

文物与博物馆专业硕士

田佳艳：《五莲丹土遗址史前陶器生产及相关问题研究》
指导教师：栾丰实
赵宋园：《颍河上游龙山晚期遗址资源域调查与分析》
指导教师：王 青
许森森：《薛家岗文化玉器研究》
指导教师：王 强
牛玉琦：《日照苏家村遗址聚落形态演变研究》
指导教师：宋艳波
武 卿：《环太湖地区两周时期原始瓷豆研究》
李 伟：《浙江地区明代墓葬研究》
余蕾希：《将乐地区两宋时期古瓷窑址初步研究》
指导教师：陈章龙
贾楠楠：《西周青铜盘、盉、匜综合研究》
王星皓：《商周时期青铜扁足鼎研究》
指导教师：路国权
雷嘉柔：《长江中下游地区唐五代女性墓研究》
指导教师：唐仲明
白彩霞：《山西吕梁后石墓地人骨研究》
指导教师：赵永生
孙田璐：《东平陵城古代居民生存压力和行为模式研究——以孙家东遗址出土人骨为例》
指导教师：曾 雯
王晓静：《长江三角洲汉代农业的研究——来自植物考古的证据》
指导教师：靳桂云
文皓月：《湖南华容七星墩遗址（2018—2020）植物大遗存研究》
于佳静：《山东曲阜西陈遗址商周时期炭化植物遗存研究》
指导教师：陈雪香
王 欣：《山西吕梁地区东周时期的人群互动——以离石后石墓地的同位素分析为例》
指导教师：董 豫
伍招霞：《山西翼城大河口 M5010 玉覆面研究》
指导教师：朱 磊
栾燕菲：《丝绸文物磁性纳米银粒子抗菌材料研究》
陈 楠：《出土丝绸文物热老化程度量化评估方法研究》
指导教师：李 力

高　月：《浙江安吉古城国家考古遗址公园建设实践与启示》
指导教师：郎剑锋
白　桐：《太原兵工厂遗产保护与适应性再利用研究》
指导教师：高继习
谷天骄：《烟台奇山所城、朝阳街历史文化街区保护工程中的遗产真实性研究》
指导教师：王建波
陈　娟：《博物馆行销模式分析——以山东博物馆为例》
指导教师：蔡静野
梁　菡：《"以评促建"视角下山东地区博物馆发展路径探究——以山东省第四批全国博物馆定级评估实践为例》
指导教师：肖贵田
王正辉：《焦点小组在博物馆观众评估领域的应用》
曹　旻：《高校博物馆展览效果研究——以"文韵齐鲁——文物考古成果展"为例》
杨　露：《高校博物馆学生非观众参观障碍研究——以山东大学博物馆（青岛）为例》
指导教师：陈淑卿
陈　娜：《博物馆展览评估理念、类型与实践》
祁静怡：《作为媒介的博物馆：理论、实践与应用》
徐明亮：《博物馆定义演变的研究》
指导教师：尹　凯

西北大学文化遗产学院

专业方向：新石器时代考古
徐　敏：《海岱地区史前未成年人土坑墓研究》
指导教师：钱耀鹏
顾　慰：《环太湖地区史前陶鬶研究》
陈秋菊：《东南沿海地区史前陶器贝制纹样研究》
指导教师：陈洪海
张鑫荣：《新疆阿勒泰红房子遗址石制品研究》
指导教师：朱之勇

专业方向：商周考古
郭光义：《先秦时期弓体形制研究》
指导教师：钱耀鹏
赵珂艺：《陇山东西两侧"春秋型"中小型秦墓陶器组合研究》
李　鑫：《西周晚至战国早期秦墓地结构研究》
指导教师：梁　云
刘轩声：《湖北襄阳欧庙遗址东周时期遗存研究》

刘　蕾：《楚式镇墓兽的镇祖功能研究》
指导教师：赵丛苍
　叶之童：《关中地区晚商时期青铜容器研究》
　李柯璇：《关中地区商周时期居葬关系研究》
　李　怡：《枣林河滩遗址商周时期制陶工艺研究》
指导教师：豆海锋

专业方向：秦汉考古
　高嘉珩：《宝鸡郭家崖秦墓研究》
指导教师：梁　云
　李昌宏：《西汉上林苑空间范围的考古学研究》
指导教师：徐卫民

专业方向：魏晋隋唐考古
　高　悦：《北朝至隋入华粟特人乐舞研究》
指导教师：刘卫鹏

专业方向：科技考古
　魏潇洋：《杨官寨墓地考古发掘现场人骨保存的微生物多样性分析》
指导教师：凌　雪
　任雪杰：《陕西澄城县鲁家河西塬墓地出土人骨的骨骼考古研究》
指导教师：陈　靓
　傅文彬：《宁夏彭阳姚河塬遗址炭化植物遗存研究》
指导教师：赵志军
　石若瑀：《元代都城建筑琉璃工艺特征与产地研究》
指导教师：温　睿

专业方向：边疆考古
　邓　晨：《萨帕利特佩遗址研究》
指导教师：王建新
　牟俊杰：《乌拉台遗址岩画研究》
指导教师：马　健
　汪　楠：《西藏阿里地区石构遗迹的初步研究》
指导教师：于　春

专业方向：文化遗产管理
　杨　鹏：《基于扎根理论的综合博物馆展览评价体系研究》

贾淯雁：《圣埃米利翁管辖区农业文化遗产参与机制研究》
指导教师：周剑虹
李静宜：《公众考古视角下中央电视台文博类节目发展策略研究》
指导教师：徐卫民
吴青军：《安康革命旧址空间分异和保护利用研究》
程　诚：《利益相关者视角下桥陵遗址保护利用研究》
指导教师：刘卫红
李　亮：《麦积山石窟保护管理机制研究》
指导教师：吴峥争、王旭东

专业方向：文物保护学
刘杨幸和：《陕西甘泉阎家沟墓地出土商代晚期青铜器的科学分析及相关问题探讨》
贺　源：《古代脆弱青铜器劣化程度的量化表征研究》
指导教师：刘　成
刘璇清：《甘肃砂岩石窟浅表层风化病害特征研究》
指导教师：孙满利
严青青：《中国古代人造颜料硅酸铜钡的热稳定性研究》
指导教师：孙　凤
房可悠：《出土现场陶器典型病害和提取技术研究》
指导教师：周伟强
葛若晨：《秦俑表面古代多功能复合材料研究》
指导教师：杨　璐

文物与博物馆专业硕士
唐　睿：《西藏阿里地区日有仔细石器地点石制品研究》
指导教师：朱之勇
李明珠：《郑洛地区史前镞的发展与演变》
刘琳琳：《从陶器上的指纹痕迹看西头遗址的古代陶工》
指导教师：刘　斌
王译绅：《内蒙古中南部新石器时代聚落研究》
袁圣涛：《太湖流域崧泽中期至良渚早期社会复杂化研究》
纪岳奇：《洛南县河口遗址出土石质采矿工具功能分析与传播应用》
指导教师：于　春
刘　舒：《延安吴起洛河上游地区新石器时代中晚期植物资源利用研究》
指导教师：马志坤
张冰俏：《杭州湾地区新石器时代晚期制陶技术》
韦其坚：《先秦时期长江流域独木棺研究》

指导教师：郭　梦
　　张　萌：《仰韶文化陶片改制研究》
指导教师：陈洪海
　　韩　凯：《关中地区仰韶文化遗址农作物资源利用研究》
指导教师：唐丽雅
　　韩如月：《陕西咸阳蒲家寨墓地出土人骨研究》
指导教师：陈　靓
　　胡丹阳：《长安进步遗址西周墓葬考古发掘与研究》
指导教师：翟霖林
　　任振宇：《两周时期铜戈的制作与使用研究》
　　杨　硕：《黄土高原史前时期土洞墓研究》
指导教师：钱耀鹏
　　张志丹：《春秋时期秦车马器研究》
指导教师：梁　云
　　宗天宇：《甘肃宁县遇村遗址出土春秋时期动物遗存研究》
指导教师：李　悦
　　王晨露：《成都青白江五里村出土战国铜钺综合研究》
指导教师：凌　雪
　　刘雅馨：《新疆吐鲁番—哈密盆地青铜至早期铁器时代服装妆饰研究》
指导教师：马　健
　　李旭飞：《公元前2千纪至公元前1千纪东天山地区与甘青地区考古学文化交流与互动》
　　李世琦：《青铜时代至早期铁器时代东天山地区与欧亚草原中部地区的文化交流研究》
指导教师：任　萌
　　刘秋彤：《新疆地区青铜时代至早期铁器时代祭祀遗存初探》
指导教师：习通源
　　吕　正：《云南昭通段家坪子墓地出土人骨颅面形态研究》
指导教师：赵东月
　　王　岩：《新疆黑山岭遗址出土纺织品的工艺研究》
指导教师：先怡衡
　　董晓凤：《新疆黑山岭矿业遗址出土皮质文物功能研究及保护对策》
指导教师：孙丽娟
　　李潋洋：《汉惠帝安陵初步研究》
指导教师：徐卫民、焦南峰
　　邱雅暄：《汉代民间信仰习俗在墓葬星象图中的反映》
　　魏嘉黎：《汉晋祥瑞图像考——基于墓葬壁画与画像石》
指导教师：刘卫鹏
　　宋会宇：《新疆尼雅遗址出土红色毛褐刺绣几何纹短勒毡靴的复原研究》

李梓轩：《沈阳康平张家窑林场1号辽代贵族墓葬实验室考古研究》
指导教师：杨　璐
洪　玉：《中古时期佛教华盖形象研究》
佘永通：《北魏迁洛后墓葬研究——以纪年墓为核心》
指导教师：冉万里
李星宇：《关中地区北朝造像碑所见民族交流——以药王山荔非氏为例》
谢泳琳：《隋唐两京粟特人居葬地研究》
指导教师：罗　丰
张译文：《关中地区西魏北周墓葬出土器物研究》
王乐斌：《陕西省国有可移动革命文物资源管理研究》
指导教师：尹夏清
宋　歌：《佛教造像的"长安模式"研究》
指导教师：王建新
马成思：《蚌埠市工业遗产保护与再利用研究——以宝兴面粉厂为例》
刘强宁：《西河滩遗址保护利用与区域发展相关问题研究》
杨英丽：《基于价值解读的遗产展示策略研究——以易俗社为例》
指导教师：赵丛苍
黄弘毅：《闽南粤东地区商周时期文化与社会的考古学观察——以墓葬为中心》
施连喜：《长江中游地区公元前三千纪至公元前两千纪陶窑研究》
金玉桥：《西头遗址上庙墓地商周时期墓葬研究》
指导教师：豆海锋
袁佩佩：《人口老龄化背景下博物馆空间拓展路径探索》
穆婉仪：《世界遗产视角下汉长安城未央宫遗址旅游发展探究》
指导教师：徐卫民
董讨玲：《表面石膏化碳酸盐岩文物的防护处理研究》
指导教师：杨富巍
邝玲华：《重庆钓鱼城范家堰遗址出土砂岩文物病害调查与加固试验研究》
孙博奇：《脆弱青铜器标本库与研究数据库的联动机制研究》
指导教师：刘　成
刘晓颖：《北石窟寺砂岩防风化加固材料的筛选研究》
陈彦榕：《陕西商洛市石窟岩体病害研究》
指导教师：孙满利
王　璐：《中国古代硅酸铜钡颜料的纯品制备及其应用研究》
指导教师：孙　凤
张　淞：《基于物联网技术的出土现场文物保存数据库建设与应用》
指导教师：周伟强
王彦超：《青海省博物馆馆藏唐卡文物材质分析与工艺研究》

指导教师：惠　任
　　肖　晓：《潼关十二连城烽火台遗址保护与利用研究》
指导教师：吴铮争
　　马玲玲：《小峪口村非物质文化遗产乡集发展策略研究》
　　许欣月：《中山古城国家考古遗址公园展示利用研究》
　　张小双：《"互联网"背景下陕西历史博物馆文创营销研究》
指导教师：周剑虹
　　汪子菡：《天水古城区保护利用研究》
　　周瑞程：《山西平顺浊漳河谷传统村落保护与活化研究》
指导教师：刘军民
　　原　媛：《高校博物馆共建共享发展机制研究》
　　范木珍：《"双一流"大学博物馆发展现状、存在问题及对策研究》
指导教师：陈理娟

四川大学考古文博学院考古系
毕业硕士研究生
专业方向：先秦考古学
　　郑　爽：《官亭盆地先秦时期考古学文化探究》
指导教师：杜战伟
　　秦亚萍：《2020年贵州省贵安新区招果洞出土石器的技术分析》
　　陈　云：《西藏夏达错遗址石制品研究》
指导教师：吕红亮
　　李潇檬：《成都市新都区龙虎礼拜村遗址夏代遗存研究》
　　李　蒙：《临淄地区东周时期仿铜陶礼器墓研究》
指导教师：于孟洲

专业方向：秦汉至元明考古
　　叶小青：《盐源盆地出土青铜刀研究》
　　淡　雅：《东晋南朝出土墓志研究》
　　冯宇君：《关中地区十六国时期出土陶俑研究》
指导教师：霍　巍
　　黄甜雪：《东周器物绘画性装饰研究——以陶器、漆器、非容器金属器为主》
指导教师：罗二虎
　　杜京城：《北朝墓葬出行俑群的研究》
指导教师：王　煜
　　黄　雯：《滇文化的鸟形象与蛇形象研究》
　　张南金：《成都平原宋代墓葬与丧葬实践》

指导教师：赵德云

专业方向：文化遗产与博物馆学
　冼懿纬：《观众研究视野下的"物"与"史"——历史类展览中的文物阐释方法探究》
指导教师：董华锋、李　林

文物与博物馆专业硕士
专业方向：考古学研究
　陈思洁：《成都成华区双成五路唐宋墓葬初步研究》
指导教师：白　彬、李　帅
　李　蓉：《成都市城市音乐厅配套幼儿园唐宋墓研究》
　李　芮：《成都金像寺明蜀宦官墓出土墓券研究》
指导教师：白　彬、张　亮
　刘志强：《成都正科甲巷遗址初步研究——以出土瓷器为中心》
　刘泽旭：《成都市正府街唐宋遗存初步研究》
　谭林怀：《四川眉山法宝寺摩崖造像初步研究》
　王作丹：《成都高新区新川创新科技园王家山崖墓研究》
指导教师：白　彬
　黎媛媛：《北朝随葬陶俑组合与位置研究》
　霍嘉兴：《从宅到域——东魏北齐壁画墓的空间研究》
指导教师：霍　巍
　徐鹏程：《果洞遗址出土陶片的初步研究》
指导教师：吕红亮
　牛晓倩：《盐源皈家堡遗址2016年出土植物遗存研究》
指导教师：吕红亮、宋吉香
　陈佳丽：《宋代绘画中所见建筑木作研究》
指导教师：吕红亮、马晓亮
　黄华姣：《重庆忠县王家堡墓地汉墓的初步研究》
　雷　蕾：《陕西西安西咸新区西石羊汉墓的发现与研究》
　叶　攀：《广西百色林屋窑址初步研究》
　李洵仪：《成都高新区中和镇墓群出土铁器的分析与研究》
指导教师：李映福
　沈　蔚：《四川盆地汉代建筑明器所见建筑做法研究》
指导教师：李映福、马晓亮
　李悠然：《唐代漆容器初步研究》
指导教师：罗二虎、范佳楠
　任　倩：《四川双流广福村崖墓群的发掘与初步研究》

王梦雨：《三峡地区六朝墓研究》
指导教师：索德浩
左紫薇：《汉代回廊墓综合研究》
皮艾琳：《山东地区汉画像石墓图像整体研究》
指导教师：王　煜
李泱泱：《商周时期四川盆地与川西北高原的文化交流》
指导教师：于孟洲
彭　悦：《川渝地区宋墓中的仿木构建筑做法研究》
指导教师：于孟洲、马晓亮
钟　毅：《四川马尔康石达秋遗址出土植物遗存研究》
指导教师：于孟洲、杜战伟

专业方向：文化遗产与文物保护
徐小桐：《四川出土南朝背屏式造像研究》
指导教师：董华锋
陈　程：《邛窑国家考古遗址公园运营现状、问题及对策研究》
指导教师：范佳楠
杨　露：《成都青白江光明村保护发展研究》
指导教师：吕红亮、原海兵
吴媛媛：《非物质文化遗产保护视野下的四川传统影戏与乡村礼俗文化变迁》
指导教师：罗二虎、李倩倩
郭建波：《三星堆一、二号坑部分出土青铜器表面丝绸残留物的分析研究》
钱　雯：《成都双龙村M5出土青铜器保护修复研究》
指导教师：罗雁冰
黄梦雨：《西藏阿里地区香孜饶丹强巴林寺石窟壁画研究》
吴　莎：《西藏札达县洛当寺藏〈八千颂〉常啼菩萨故事插图的图像识别与构图研究》
指导教师：熊文彬
宋蕾杰：《斯里兰卡曼泰港遗址出土青瓷科技分析》
指导教师：黎海超、范佳楠

专业方向：博物馆研究与管理
解莉莉：《历史类主题型展览重点展项的故事性阐释研究》
刘庄严：《时空的镜像：博物馆纪实性展览中的个体记忆构建》
郝明宇：《考古文物展示中互动多媒体的应用研究》
指导教师：董华锋、李　林
陈思妤：《基于观众体验对工业类博物馆陈列展览中情境设计的研究与探索》
晏　梓：《口述历史在近现代史专题博物馆中的应用研究——以建川博物馆为例》

刘　磊：《基于四川地区博物馆革命文物的儿童教育研究》
赵春玲：《诠释女性：国内古代女性主题展览研究》
指导教师：霍　巍、周　静
蒋　畅：《博物馆与社区：金沙遗址博物馆老年观众群体调查》
陈燕华：《基于视障观众群体的博物馆教育活动实践与效果研究》
指导教师：罗二虎、李倩倩

郑州大学历史学院考古系
毕业硕士研究生
专业方向：先秦考古
　刘建新：《洛阳盆地中东部二里头文化时期遗址资源域研究》
指导教师：惠夕平
　周佳雯：《周代前期晋国贵族墓葬分期与等级探析》
指导教师：张继华
　李慢迪：《龙山晚期到二里头早期晋南地区和洛阳地区的文化交流与互动研究》
　刘逸鑫：《交通视域下西周东土研究》
指导教师：张国硕

专业方向：汉唐宋元考古
　葛　瑶：《郑州地区战国陶文的考古学研究》
　刘绅玲：《西安地区战国晚期至汉代墓地布局研究》
指导教师：韩国河
　杨潇雨：《西汉时期中原地区铁农具研究》
　韩佰伟：《甘宁地区宋金西夏墓葬研究》
　张新凯：《汉代弘农郡墓葬研究》
指导教师：赵海洲
　赵勇涛：《室韦葬俗初步研究》
　邱钰茹：《中原地区唐代小型墓葬研究》
指导教师：李　锋

专业方向：出土文献整理与研究
　周　荣：《宾组所见手工业材料的整理与研究》
指导教师：王建军

专业方向：科技考古（含文物保护）
　宋炜玮：《山东淄博后李遗址史前遗存研究》
　孙毅彬：《中原地区史前陶容器内壁胶结残留物研究》

指导教师：崔天兴
　付荣玉：《双槐树遗址仰韶文化颅骨研究》
　周雪艳：《河南安阳洹北商城墓地出土商代人骨研究》
指导教师：周亚威

专业方向：历史文化遗产与博物馆
　刘许艳：《国内博物馆传统节日类临时展览研究（2006—2022）》
指导教师：徐　玲
　李耀辉：《室韦葬俗初步研究》
指导教师：孙　危

文物与博物馆专业硕士
　牛雪纯：《卢氏盆地旧石器调查的新发现及相关问题研究》
指导教师：林　壹
　谭　琪：《新石器时代至西周时期玉石钺研究》
指导教师：张　莉、丁思聪
　李宏源：《河南鹤壁鹿台遗址2018年度西区龙山文化遗存发掘简报》
　姚吉馨：《河南灵宝底董遗址2019年度仰韶文化遗存发掘简报》
指导教师：靳松安
　肖艺琦：《大河村遗址仰韶文化晚期炭化植物遗存研究》
　刘雪玲：《安徽庐江杨墩遗址周代植物遗存研究》
指导教师：陶大卫
　宋　倩：《仰韶—龙山时代浐灞河流域石制品研究》
　贾永强：《豫西晋南地区史前镞类制品研究》
　赵　琪：《中国考古制图实践研究——以考古发掘报告为例》
指导教师：崔天兴
　邱田宇：《陕北地区商周时期墓葬殉牲研究》
　邱洁琼：《安阳郭家湾新村商代聚落与社会研究》
　赵彬彬：《海岱地区周代仿铜陶礼器墓研究》
　宋　婷：《关中地区出土东周时期带钩研究》
指导教师：惠夕平
　李珊珊：《郑韩故城制骨手工业的技术与组织研究》
　刘　欣：《郑韩故城马政的动物考古学研究》
指导教师：赵　昊
　陈　毅：《二里头遗址宫殿建筑基址研究》
　周要港：《夏商时代墓葬葬钺研究》
　贾正言：《商代墓葬制度研究》

指导教师：张国硕
　　姬心奕：《河南淅川门伙遗址出土炭化植物遗存研究》
　　温　璇：《荥阳官庄遗址两周时期陶泥料、陶坯与加工工艺研究》
指导教师：许俊杰
　　史文斌：《三门峡李家窑上阳城遗址西区海洋工地 2002 年度发掘简报》
　　高睿瑾：《三门峡李家窑交通局工地 2001—2004 年发掘简报》
　　崔芳棋：《三门峡李家窑遗址移民新区 2000 年度发掘简报》
指导教师：郜向平
　　屈璐璐：《论二里头文化向江汉地区的传播》
　　刘　琪：《安徽省庐江坝埂遗址发掘简报》
　　谢书琴：《襄阳贾巷墓地战国秦汉墓第七次发掘报告》
指导教师：张继华
　　魏增玲：《河南鲁山望城岗冶铁遗址东周遗存发掘简报》
　　陈　瑜：《隋唐时期中原地区的异域文化因素研究》
指导教师：陈朝云
　　姬翔宇：《晋东南东周至秦汉时期聚落体系的考古学研究》
指导教师：韩国河
　　王佳嫒：《关中地区东周至秦汉时期聚落分布研究》
　　胡亚楠：《新莽时期铸币初步研究》
　　赵紫晗：《江西地区六朝墓葬及相关问题研究》
　　杨　芸：《河南汉画像砖石图像题材内容研究》
指导教师：赵海洲
　　贾欣雨：《周代非容器类青铜器自名限定语研究》
　　高平平：《汉唐时期郑州地区粮食结构研究》
指导教师：田成方
　　杨发灿：《关中秦汉帝国都城宫殿建筑技术初步研究》
　　李忠成：《荥阳官庄遗址铸铜遗存的空间分布与生产组织研究》
指导教师：陈　博
　　顾梓译：《西安大白杨汉墓 2019 年度发掘简报》
　　雷冬梅：《宁夏地区北朝至隋唐墓葬研究》
　　吴静文：《西安缪家寨唐墓的整理与研究》
　　付明燕：《西安明代秦藩辅国将军朱公铠夫妇墓发掘简报》
　　董晓晓：《西安缪家寨唐代合葬墓发掘简报》
指导教师：陈钦龙
　　李依凡：《西安刘家庄西汉墓葬发掘简报》
　　张　嫒：《西安刘家庄新莽、东汉墓葬发掘简报》
指导教师：李　锋

芦一平：《雄安东小李汉代墓地人骨研究》
牛晓慧：《双槐树遗址仰韶文化人群的疾病》
吕风仪：《陕西西安郭家村北魏墓地人骨研究》
王　舒：《西安北沈家桥秦人墓地颅骨研究》
张加莉：《河南荥阳官庄遗址两周时期人骨研究》
指导教师：周亚威
史佳欣：《三门峡地区汉墓出土陶器研究》
指导教师：史家珍
赵　丹：《安徽地区汉墓出土玉器研究》
郭玟瑾：《明清晋东南民居建筑装饰图案研究》
指导教师：王　琳
栾国荣：《豫西北地区北朝中小型石窟寺研究》
宋沂航：《中印"舍卫城大神变"图像对比研究》
梁翠婷：《列里赫女性观对我国女性在文化遗产保护领域发展的启示研究》
指导教师：孙　危、王景荃
王玉蝶：《隋唐至明出土玉带研究》
刘雪瑶：《中原地区出土西周至两汉葬玉研究》
指导教师：王　琳、李素婷
完颜莹莹：《宾组卜辞所见气象的材料整理与研究》
刘　丹：《宾组卜辞所见否定词的系统整理与研究》
指导教师：王建军
甘俊伟：《布尔霍图伊文化的初步研究——兼论蒙古族源的相关问题》
指导教师：孙　危
钱正一：《从"大众"到"分众"——对中国博物馆老龄服务的思考》
指导教师：徐　玲、武　玮
王琪琪：《以儿童为受众的国内博物馆分龄化教育探索》
罗显豪：《隋唐洛阳城国家历史文化公园规划研究》
指导教师：武　玮
郑克真：《文旅融合背景下河南省博物馆研学活动现状研究》
顾瑞瑞：《博物馆社交媒体与网站的对比研究——以河南地区博物馆为例》
指导教师：李　琴
宋海霞：《博物馆智慧导览系统的应用研究——基于河南博物院的实地调研》
刘兆年：《洛阳考古遗址博物馆陈列展览的调查与研究》
指导教师：张得水
尚泽雅：《低温等离子体表面效应对青铜器"粉状锈"的稳定化作用研究》
指导教师：陈家昌
尚元博：《郑州铁路遗产保护利用模式研究》

指导教师：任　伟

南京大学历史学院考古文物系
毕业硕士研究生
专业方向：新石器时代考古
　梁尚宁：《山东茌平教场铺遗址骨制品的痕迹考古研究》
　马志林：《无锡杨家遗址马家浜文化时期陶器多学科研究》
指导教师：黄建秋

专业方向：商周考古
　刘　硕：《商周到秦汉时期出土文献中的风角占研究》
指导教师：周　言

专业方向：战国秦汉考古
　官子木：《汉代土墩类型家族葬研究》
　赵程程：《汉墓随葬器物生活化的考古学观察——以苏北汉墓为中心》
指导教师：刘兴林

专业方向：汉唐考古
　朱智立：《漠北回鹘都城研究》
　张雪萌：《北齐崔芬墓研究》
指导教师：张学锋

专业方向：魏晋南北朝考古
　叶雪梅：《河西地区魏晋未成年人墓葬研究》
指导教师：吴桂兵

专业方向：城市考古
　陈志远：《唐宋时期沿海城市的港城关系初探——以广州、明州和泉州为例》
指导教师：贺云翱

专业方向：外国考古
　努尔艾合麦提·艾亥提：《公元前1世纪至公元4世纪尼雅遗址群的农业经济》
指导教师：张良仁

专业方向：建筑考古
　王　珣：《河南地区汉代中小型砖室墓砌筑工艺研究》

指导教师：马　晓

专业方向：文物与博物馆
　　张书涵：《考古出土北朝石墓志研究》
指导教师：贺云翱

专业方向：体质人类学
　　苏　丹：《新砦遗址出土人骨研究》
指导教师：张敬雷、王晓琪

文物与博物馆专业硕士
专业方向：新石器时代考古
　　毛欣琳：《藤花落遗址和教场铺遗址石斧的痕迹考古研究》
指导教师：黄建秋

专业方向：商周考古
　　邓　超：《新疆青铜时代至早期铁器时代铜镜研究》
　　刘鹤群：《渭河上游仰韶时期社会复杂化早期进程研究——以大地湾遗址为例》
指导教师：水　涛
　　赵菁蕙：《马桥文化源流及相关问题研究》
　　程依婷：《三星堆遗址器物埋藏坑性质探讨》
指导教师：赵东升

专业方向：战国秦汉考古
　　李梓萌：《川渝地区出土东汉日月图像研究》
指导教师：贺云翱
　　程心怡：《汉代随葬品来源及相关问题研究——以出土遣策为中心》
指导教师：刘兴林

专业方向：魏晋南北朝考古
　　白　宇：《魏晋南北朝青兖徐地区墓葬考古学研究》
指导教师：贺云翱
　　赵庆宜：《东北地区汉魏十六国时期石室墓形制文化因素分析》
　　韩琪雨：《南朝墓内小冠文吏俑的来源和功能研究》
指导教师：吴桂兵

专业方向：石窟寺考古

陈　佩：《北朝佛教石窟造像中的"龙门模式"初探》
指导教师：贺云翱
　高双双：《云冈石窟壁面浮雕佛塔的布局研究》
指导教师：吴桂兵

专业方向：建筑考古
　贵　琳：《汉至南北朝碑刻形制研究：以石碑、墓志为例》
　彭金荣：《东阳明清建筑木雕技艺研究》
指导教师：周学鹰
　芦文俊：《环太湖及杭州湾地区新石器时代建筑遗存研究》
指导教师：马　晓

专业方向：科技考古与文物保护
　余露冰：《西周至西汉时期陕西地区木质车构件分布与用材初步研究》
指导教师：王晓琪

专业方向：书画鉴定
　陶　李：《蒋廷锡花鸟画鉴定研究》
指导教师：杨　休

专业方向：陶瓷鉴定
　罗　娇：《明代青花瓷上的吉祥纹饰研究》
　吴　琦：《明代青花瓷上的儿童形象研究》
指导教师：周晓陆

专业方向：文物鉴定
　冯馨婵：《南北朝铜佛像铭文研究与鉴定》
　李　墁：《新疆图形印研究》
指导教师：周晓陆

专业方向：非物质文化遗产
　丁永霞：《泰州锡作研究——以兴化锡作技艺为例》
　沈湘杭：《潮州装饰性木雕技艺研究》
　颜玮婷：《南京绒花的传承与发展研究》
　周洁楠：《明代硬木对家具的影响》
指导教师：徐艺乙

厦门大学人文学院历史系
毕业硕士研究生
专业方向：中国考古学
　　关欣玉：《中国东部地区新石器时代玉锥形器研究》
指导教师：付　琳
　　叶　恒：《战国楚墓遣策礼制初探》
　　陈世展：《蓝田吕氏家族墓地礼制分析》
指导教师：张闻捷

专业方向：专门考古（海洋考古、陶瓷考古、民族考古）
　　陈　洁：《东南地区夏商原始瓷区域特征及生产工艺研究》
指导教师：王新天

文物与博物馆专业硕士
专业方向：文物与考古
　　李若凡：《江苏兴化蒋庄遗址人骨稳定同位素研究》
　　徐　萱：《闽侯庄边山遗址生业形态初步研究——以贝类资源为中心》
指导教师：葛　威
　　赵　虎：《淮河中上游出土东周青铜容器研究》
　　梅依洁：《东周时期鲁东南地区青铜礼乐器制度研究》
　　陈志涛：《中国东南沿海城市遗址及沉船出土（水）宋元瓷器墨书的初步研究》
　　徐钦蒙：《宋清吉金著录所见周代乐钟研究》
指导教师：张闻捷
　　张晓坤：《太湖—杭州湾地区东周遗址初步研究》
指导教师：付　琳
　　刘　朋：《唐至元代南方地区分室龙窑的初步研究》
　　刘秋城：《明州罗城城墙遗址（望京门段）出土青白瓷研究》
指导教师：王新天
　　何伊依：《宁波镇海区吕岙遗址出土宋元陶瓷器初步研究》
　　王心燚：《事象与空间：宋元墓葬香花供祀研究》
指导教师：刘　淼

专业方向：博物馆学
　　贾媛凯：《近五年我国博物馆女性主题展困境研究》
指导教师：葛　威
　　李嘉旭：《博物馆语境下民族记忆建构与认同——以内蒙古博物院为例》
　　王　璐：《创伤体验：我国创伤博物馆的情绪氛围设置研究》

指导教师：刘　淼

专业方向：文化遗产
　　李思佳：《基于游客与居民感知的鼓浪屿遗产社区保护性利用策略研究》
指导教师：李　渊

中山大学社会学与人类学学院人类学系（含同力，不含补授、结业、肄业）
毕业硕士研究生
　　杜静敏：《乌兰木伦河上游旧石器时代遗存的空间分布及其文化背景初步研究》
指导教师：刘　扬
　　林思敏：《钱山漾文化来源及性质研究》
指导教师：郭立新
　　肖　晖：《流溪河流域新石器时代晚期考古学文化谱系的初步研究》
指导教师：金志伟
　　陈代诗：《从袋足鬶看袋足器的起源与发展》
指导教师：郭立新
　　陶　婷：《太湖平原汉墓研究》
指导教师：郑君雷
　　付佳辰：《汉代岭南熏炉与香料使用初探》
指导教师：刘文锁
　　杨雪莹：《桂林地区唐代佛教摩崖造像再研究》
　　赵子健：《吐鲁番三至五世纪墓葬研究》
指导教师：姚崇新

文物与博物馆专业硕士
　　危尉华：《基于三维激光扫描技术的形变头骨重建初探——以顶蛳山遗址 M35 个体头骨为例》
指导教师：李法军
　　邓　鑫：《新疆地区出土蚀花红玉髓珠研究》
　　毛　敏：《岭南地区汉墓出土玻璃珠研究》
指导教师：刘文锁
　　马敏行：《汉代梳妆用具研究》
　　王春琳：《中国高校文物类博物馆研究》
　　王香媛：《西汉南越国墓葬等级研究》
　　邓颖瑜：《清代广珐琅相关问题研究》
指导教师：周繁文
　　靳舒雨：《阳山县韩愈遗墨及历代景韩石刻初步研究与保护利用》

潘　卓：《博物馆文化扶贫的实践研究——以广西壮族自治区博物馆为例》
指导教师：刘　扬
　　蔡　昀：《佛山烟桥古村落调查与研究》
　　彭晓杰：《广州高校医学类博物馆的调查与研究》
指导教师：郑君雷
　　李佳骏：《文物收藏视角下的"宣德炉"研究》
　　廖思奇：《申遗后"福建土楼"的保护与利用再思考——以永定洪坑村土楼群为例》
　　黎家豪：《"澳门七千年"——澳门博物馆通史陈列设计大纲》
　　陈　暖：《潮汕地区的古塔类型及其人文背景研究》
指导教师：王　宏
　　谢雨辰：《文旅融合视野下的深圳市"妈祖信俗"文化遗产研究》
　　何华俏：《明清时期广海卫城遗迹研究》
　　李成玲：《民国初年报纸连载百美图研究——以〈大共和日报〉为中心》
指导教师：李宁利
　　孙寅淞：《综合类博物馆通史陈列中生产工具陈列现状思考》
指导教师：金志伟
　　苔雪娇：《国立中山大学坪石旧址活化利用研究》
指导教师：郭立新

武汉大学历史学院考古系
毕业硕士研究生
专业方向：旧石器时代考古
　　梁婷婷：《泰国史前考古学史》
指导教师：李英华

专业方向：新石器时代考古
　　贺成坡：《湖北石首走马岭遗址石器工业分析》
指导教师：李英华

专业方向：夏商周考古
　　宋　宇：《西周至春秋中期长江中游地区楚文化相关遗存研究》
　　刘云松：《盘龙城遗址陶器制作工艺及相关问题研究》
指导教师：张昌平

专业方向：秦汉考古
　　崔瑞阳：《新郑汉墓研究》
　　常宏杰：《新郑汉墓出土钱币研究》

指导教师：徐承泰

专业方向：田野考古方法论
    李宗洋：《红山文化分期研究》
指导教师：余西云

专业方向：科技考古
    伍腾飞：《陶寺文化初步研究》
指导教师：余西云

文物与博物馆专业硕士
专业方向：新石器时代考古
    刘贝贝：《长江中游新石器时代白陶研究》
指导教师：李清临

专业方向：夏商周考古
    泥　辰：《海岱地区周文化区系的学术史研究》
指导教师：张昌平
    张华玲：《河南南阳夏饷铺周代墓葬出土器物研究》
    李梦杰：《罗城遗址小洲罗地点出土陶器研究》
指导教师：何晓琳
    娄议峰：《宁波应家遗址商周遗存研究》
指导教师：余西云

专业方向：秦汉考古
    刘晓菁：《长江中下游地区战国秦汉玻璃器研究》
    王裕宁：《郑州地区出土汉代铜镜研究》
    苏春莲：《成都平原汉墓研究——以竖穴墓为对象》
指导教师：徐承泰

专业方向：隋唐宋元考古
    李　丛：《蓝田吕氏家族墓葬文化研究》
指导教师：贺世伟
    张新秋：《东北地区辽金时期瓷业技术及相关问题研究》
指导教师：李清临

专业方向：明清考古

贾江鑫：《明代墓志的考古学研究》
指导教师：晏昌贵
易彬清：《湖北明清石窟寺分期研究》
指导教师：贺世伟

专业方向：科技考古
于红鹏：《佛山青峰岭、盐步、林岳汉墓陶器化学成分研究初探》
陈　容：《郧阳地区古代陶器的化学成分分析——以刘湾、三明寺、庹家洲遗址为例》
于冬雪：《郧阳地区汉代陶器的 hhXRF 分析与研究》
指导教师：李　涛
姜　艳：《河北地区 6—13 世纪瓷业技术研究》
余　灿：《河南地区 6 世纪末—14 世纪瓷业技术研究》
指导教师：李清临

专业方向：博物馆学
李　滋：《人物专题展览探微——以"东方欲晓：毛泽东主席艺术形象主题展"为例》
郭思汝：《英山段氏宅展览大纲设计》
指导教师：宋海超
陈心怡：《武汉大学万林艺术博物馆观众研究——以毛泽东主席艺术形象主题展为例》
指导教师：余西云
苏　丹：《武汉非物质文化遗产展示馆展示研究》
指导教师：谢贵安

专业方向：文化遗产学
杜科泉：《汉魏洛阳故城大遗址的保护与利用方式研究》
指导教师：余西云
陈颖颖：《川藏茶马古道文化遗产保护初探》
指导教师：刘礼堂
闫星月：《〈红楼梦〉续书中的西方器物呈现》
时子璐：《武汉文博资源在初中历史教学中的应用探究》
指导教师：谢贵安

专业方向：文物学
梁彧嘉：《洪江古商城的四大价值研究》
指导教师：李清临

山西大学历史文化学院考古学系
毕业硕士研究生

专业方向：旧石器时代考古
  申如梦：《山西吉县柿子滩遗址 ca.13ka BP 石制品"技术—功能"研究》
指导教师：宋艳花

专业方向：夏商周考古
  王轶群：《山西翼城大河口墓地陶器墓葬研究》
指导教师：谢尧亭

专业方向：动物考古
  李韶洁：《内蒙古准格尔旗福路塔墓地 2017—2018 年出土动物遗存鉴定及研究》
指导教师：邓　惠

文物与博物馆专业硕士
  李志霞：《大同盆地仰韶时期遗存研究》
  郭妍如：《北京平谷白各庄汉代墓地研究》
指导教师：霍东峰
  贾慧琼：《庙底沟文化彩陶盆口沿图案研究》
指导教师：王小娟
  胡蔚波：《晋西地区晚商铜器群年代研究》
  张靖爽：《汉中城洋青铜器年代研究》
  宋子良：《陕北出土晚商青铜器年代研究》
  张　肖：《宣汉罗家坝东周时期墓葬研究》
指导教师：陈小三
  温　婧：《山西翼城大河口墓地出土口含研究》
  高诗雨：《山西翼城大河口墓地出土海贝研究》
  游　恺：《山西翼城大河口墓地出土车马器研究》
指导教师：谢尧亭
  裴艳萍：《新见木质匾额及相关问题研究》
  高星宇：《中国西南地区晚更新世的技术革新：以骨器研究为线索》
指导教师：宋艳花
  张　琪：《雁北地区东周墓葬研究》
  史　芮：《吴越地区东周贵族墓葬制度研究》
  马娟莉：《临泽汉晋墓群研究》
指导教师：张　亮
  宋　灿：《日本世界文化遗产研究》

指导教师：王　炜
　李伟加：《山西省晋中市左权县抗日战争时期遗址调查与保护研究》
　阴雪融：《太原近代教育建筑研究》
　孙永昌：《长治红色文化遗址保护利用研究》
指导教师：李　君
　梁　伟：《河津固镇瓷窑址金代四号作坊出土器盖初探》
指导教师：王晓毅
　张　晶：《陕西地区蒙元墓葬研究》
　郭　雨：《汪世显家族墓出土器物研究》
指导教师：郝军军
　张志羽：《山西省汾阳市明清时期堡址调查与研究》
　吕浩东：《吕梁山脉沿线明代烽燧研究》
　王　灏：《明代临汾盆地烽传体系研究》
　段宇峰：《明代黄河东岸外长城防御体系研究》
指导教师：赵　杰
　李懿洲：《云冈石窟与响堂山石窟比较研究》
指导教师：张　焊
　肖秋雨：《大同吉家庄遗址炭化植物遗存分析》
　张惠宜：《山西原平辛章遗址植物遗存分析》
指导教师：陈　涛
　刘　珊：《丝绸之路东端大都会粮仓中的谷物：大同操场城北魏太官粮储遗址炭化粟的 C、N 稳定同位素分析》
　周丽琴：《山西大同金茂府北魏墓群人和动物的 C、N 稳定同位素分析》
　王彬馨：《碧村遗址人骨和动物骨骼同位素分析》
　杨　健：《内蒙古十二连城唐墓人骨的 C、N 稳定同位素分析》
指导教师：侯亮亮
　李　敏：《太行抗日根据地兵工旧址调查报告——以武乡县、黎城县为例》
指导教师：晏雪莲
　穆　颖：《王家峪八路军总部革命旧址调查研究》
指导教师：杨　波
　王海旭：《黎城县英烈碑调查研究》
指导教师：杨建庭
　胡昕霞：《区域抗战遗址调查研究——以武乡县韩北镇、蟠龙镇为例》
　岳志刚：《太行山纸质革命文物调查研究——以山西省黎城县、武乡县为例》
指导教师：周　亚

南开大学历史学院考古学与博物馆学系
毕业硕士研究生
专业方向：夏商周考古与物质文化研究
　梁璟怡：《秦陵墓研究——从公墓到帝陵》
指导教师：贾洪波

专业方向：秦汉魏晋南北朝考古与物质文化研究
　楚展鹏：《川渝地区汉至南朝多人合葬墓研究》
指导教师：刘尊志

专业方向：中国考古与古代物质文化
　郝亚婷：《宋元时期女性头饰与发型的搭配》
指导教师：袁胜文

专业方向：中国古代墓葬研究
　梁　霓：《明代墓内设祭现象研究》
指导教师：刘　毅

文物与博物馆专业硕士
专业方向：新石器时代考古与物质文化研究
　李翊菲：《黄河流域新石器时代动物形陶器研究》
指导教师：陈　畅、任　伟（校外导师）
　王　钰：《军都山玉皇庙墓地南区葬俗研究》
指导教师：陈　畅、张翔宇（校外导师）
　陈艳玲：《白音长汗二期乙类A区聚落研究》
指导教师：陈　畅、杨文胜（校外导师）

专业方向：夏商周考古与物质文化研究
　付凤雯琦：《战国楚祭祷简和祷辞简研究》
指导教师：贾洪波、万全文（校外导师）
　孙慧敏：《东周晋系青铜器的北方文化因素》
指导教师：贾洪波、杨文胜（校外导师）
　王艳秋：《夏家店上层文化分期年代及南进过程研究》
指导教师：贾洪波、任　伟（校外导师）

专业方向：秦汉考古与物质文化研究
　高　利：《川渝地区汉代画像中马图像研究》

指导教师：刘尊志、张翔宇（校外导师）
　　石望辰：《苏北鲁南地区汉至南北朝墓室中的佛教因素》
　　龚　裕：《魏晋时期再用汉画像石的墓葬研究》
指导教师：刘尊志、张卫星（校外导师）

专业方向：陶瓷考古
　　缪佳芮：《十国墓葬出土陶瓷器研究》
　　徐黄星：《江西地区宋元墓葬出土瓷器研究》
指导教师：袁胜文、张文江（校外导师）

专业方向：玉器考古
　　张钰婕：《徐州西汉墓葬出土玉器研究》
指导教师：袁胜文、万全文（校外导师）

专业方向：博物馆理论与实践
　　高玉娜：《提升文博专业学生创新能力的虚拟社区搭建》
指导教师：刘　毅、万全文（校外导师）
　　彭惟真：《深圳博物馆教育活动研究》
指导教师：黄春雨、冯乃恩（校外导师）

　　邢凌云：《"中华百年看天津"陈列观众调查研究》
指导教师：黄春雨、陈　卓（校外导师）
　　张紫媛：《沉浸式体验在博物馆展示中的应用研究》
指导教师：黄春雨、张彩欣（校外导师）
　　郭美廷：《数字人文视角下的高校博物馆发展路径探究》
指导教师：张婧文、钱　铃（校外导师）
　　廖　琳：《大数据背景下的博物馆数字展示观众研究》
指导教师：张婧文、陈　卓（校外导师）

专业方向：科技考古
　　李晨然：《匈奴生业经济研究》
指导教师：张国文、任　伟（校外导师）
　　魏　薇：《鲜卑葬俗研究》
指导教师：张国文、张卫星（校外导师）

复旦大学文物与博物馆学系
毕业硕士研究生

专业方向：考古学及博物馆学
　琚香宁：《长江下游新石器时代陶器的无窑堆烧技术研究》
指导教师：秦小丽
　赵子豪：《隋代前后北方地区施釉陶瓷器的考古学研究——以窑址材料为中心》
指导教师：郑建明
　焦乐晖：《广西宋代瓷业的外来影响研究》
指导教师：朱顺龙
　薄小钧：《明末清初景德镇瓷器制作款研究》
指导教师：刘朝晖
　任心禾：《博物馆学习单的编写研究》
指导教师：陆建松
　马梦媛：《历史类博物馆基于青少年体验偏好的展览策略研究》
指导教师：周婧景

文物与博物馆专业硕士
专业方向：考古学及博物馆学
　孟凡宁：《陕西临潼康家遗址石制品研究——以T26出土石制品为例》
指导教师：秦小丽
　王闯子：《湖北荆门龙王山遗址玉器研究》
　罗炽瑛：《山西绛县雎村墓地出土玉器研究》
指导教师：王　荣
　梁威威：《上海广富林遗址2014年上半年度复旦大学分区发掘资料的整理与研究》
指导教师：潘碧华
　罗亚豪：《井头山遗址大植物遗存研究》
指导教师：潘　艳
　杨倪帆：《杭州萧山祝家桥遗址出土的西周至六朝陶瓷器研究》
　肖洛瑶：《浮扶岭墓地出土先秦原始瓷研究》
　程海娇：《南京西街遗址出土六朝瓷器研究》
　罗　丹：《南北朝至初唐高足盘研究》
指导教师：郑建明
　吴丽丽：《汉晋时期新疆服饰文化的多元化研究》
指导教师：王　辉
　张思宁：《北朝石窟中心柱窟形制发展研究》
指导教师：祁姿妤
　王孟珂：《张公巷窑址研究》
　陈冠亨：《清末民国时期醴陵瓷业社会研究》
指导教师：沈岳明

陈予惠：《近现代上海漆器工艺特色及其发展研究》
指导教师：吕　静
　　王　军：《近代化视野下中国银行历史建筑价值研究》
指导教师：杜晓帆
　　宁小茜：《上海泗泾古镇保护利用现状和问题研究》
　　屠纯洁：《上海枫泾古镇文化遗产阐释现状与问题研究》
指导教师：石　鼎
　　李　玥：《浙江芝英遗产实践与遗产话语研究》
指导教师：赵晓梅
　　缪慧妍：《国立西南联合大学文化遗产价值与展示利用研究》
　　韩泽玉：《浦东盐业文化遗产调查与价值研究》
指导教师：侯　实
　　吴　昊：《贵州毛边纸制作工艺的调查与研究》
　　杨靖怡：《复原开化纸的性能和古籍修复应用研究》
　　弓雨晨：《唐代硬黄纸加工工艺研究》
　　杨淑蘅：《天然挥发性防虫材料对手工纸耐久性的影响》
指导教师：陈　刚
　　陈晓瑜：《须弥山石窟保护工作效果评估与保护对策研究》
　　马　荣：《杭州宝石山石刻价值与展示利用研究》
指导教师：王金华
　　刘燕宏：《殷墟遗址博物馆"殷玉流灿"展览内容大纲设计方案》
　　卢　颖：《殷墟遗址博物馆基本陈列"青铜王国"展览内容策划方案》
　　赵婉辰：《安阳殷墟遗址博物馆基本陈列文字厅展览内容设计方案》
　　吴玥瑶：《上海松江博物馆新馆基本陈列展览内容设计方案》
指导教师：陆建松
　　卢心仪：《博物馆数字文创产品应用研究》
　　吴叶菲：《基于心流理论的博物馆游戏化实践探索》
　　姜琳馨：《墓葬类不可移动文物在博物馆中的数字化展示——以打虎亭汉墓展示策划为例》
　　徐　杨：《博物馆数字化展示中沉浸式体验的实践探索》
指导教师：柴秋霞
　　谢雅婷：《基于整体经济价值评估法的中国博物馆经济贡献力评估研究》
　　林得菊：《中国博物馆总分馆制建设研究》
　　邹铭佳：《中国博物馆基金会建设研究》
指导教师：魏　峻
　　孙　逊：《我国博物馆在地举办国际奢侈品牌展览研究》
　　王雪晴：《国家一级博物馆举办抗疫展览的优化研究》

贾心语：《基于校园文化建设的上海市高校博物馆发展策略研究》
陈可笛：《我国博物馆融入城市公共交通空间的优化研究》
指导教师：郑　奕
魏笑颜：《博物馆多媒体展项内容创作研究》
指导教师：高蒙河
姚　辉：《自然历史博物馆的经常性与非经常性学前儿童观众亲子互动策略研究——以上海自然博物馆为例》
赖颖滢：《历史类博物馆老年观众的"博物馆疲劳"改善研究——以上海地区为例》
远　真：《自然科学类博物馆7—12岁儿童互动导览应用研究》
余佩弦：《纪念类博物馆观众的情绪激发研究——以上海地区为例》
黄俊仪：《中国博物馆历史类女性主题展览的内容策划研究（2010—2021）》
指导教师：周婧景
方淑芬：《中央地方共建国家级博物馆网站藏品数字信息共享研究》
杨　薇：《中国近现代新闻出版博物馆藏品征集数字信息管理研究》
指导教师：姚一青
徐俊杰：《博物馆国际展览保险模式研究》
蓝　怡：《博物馆文物与当代艺术作品并置展览的应用研究》
指导教师：孔　达

北京联合大学应用文理学院历史文博系
毕业硕士研究生
专业方向：先秦考古
周天媛：《广西百都河流域旧石器时代遗址调查与研究》
指导教师：冯小波

专业方向：汉唐宋元考古
高肖肖：《北京地区中小型汉墓分布研究》
孟璐璐：《圆明园长春园遗址建筑遗迹研究》
张嘉毅：《北京孔庙进士题名碑的考古学研究》
指导教师：陈悦新

专业方向：科技考古
张　璐：《湖北云盖寺绿松石矿源特征研究——以盘龙城和后套木嘎遗址为例》
指导教师：张登毅

文物与博物馆专业硕士
孙乐晨：《江口明末战场遗址出水部分金银文物修复过程中焊接工艺概述》

王柏轶：《江口明末战场遗址出水帽顶的工艺初探》
　指导教师：马燕如、周　华
　　耿雨舟：《PEG材料在"南海Ⅰ号"出水木材加固中的耐老化性研究》
　　牛晓萱：《"南海Ⅰ号"船木脱盐保护研究》
　指导教师：李乃胜、周　华
　　刘　婕：《山西晋阳古城鎏金青铜器腐蚀特征与清洗保护研究》
　指导教师：胡　钢、周　华
　　韩子楠：《四川广汉三星堆遗址四号坑埋藏学研究》
　指导教师：张俊娜
　　蔚金凝：《乾隆朝造办处"广木作"广式木制家具研究》
　　刘宏帅：《乾隆时期清宫造办处灯作研究》
　　孙铭心：《雍乾时期清宫造办处兵器研究——以炮枪处所承活计为中心》
　指导教师：章宏伟、李　扬
　　安　欣：《酸性脆化古籍的修复保护研究》
　　程　倩：《突发公共安全背景下北京市不可移动文物防灾减灾研究》
　　贾涵辉：《陶瓷文物修复粘接材料筛选和性能研究》
　指导教师：周　华
　　柳　凯：《基于低场核磁及物化性能分析的书画手工纸老化性能评估研究》
　指导教师：何秋菊、周　华
　　苏子华：《常熟翁氏家仆研究——以翁心存、翁同龢为中心》
　指导教师：李文君、李　扬
　　赖子阳：《隋唐城市里坊研究》
　指导教师：陈悦新
　　孙孝男：《唐宋辽金中原北方地区建筑柱础研究》
　指导教师：李若水、顾　军

中央民族大学民族学与社会学学院考古文博系
毕业硕士研究生
专业方向：考古学及博物馆学
　　浣发祥：《四川汉源县富林遗址石制品分析》
　指导教师：陈伟驹
　　胡允港：《试析北辛文化来源》
　指导教师：戴成萍
　　曹攀攀：《先秦蚕形器物分期与演变探讨》
　　曾　旭：《岭南地区出土汉代熏炉研究》
　指导教师：肖小勇
　　陈泽钰：《商周青铜容器铭文位置研究》

指导教师：马　赛
　黄玉清：《新疆柴窝堡墓地颅骨孔洞研究》
指导教师：李海军
　黄　姗：《魏晋至隋唐墓葬出土耳杯演变探讨》
指导教师：刘连香
　隆　夒：《山西岢岚城空间格局复原研究》
指导教师：张薇薇

文物与博物馆专业硕士

专业方向：文物与博物馆学
　霍蒙亚：《中国北方旧石器时代晚期装饰品及相关遗存研究》
　薛艺伟：《晚更新世末期至全新世早期河套地区西部气候变化与文化演化》
指导教师：彭　菲、孙国平
　韩　晶：《黄河中上游地区新石器时代玉器的分期与分区研究》
指导教师：陈伟驹、孙周勇
　韩　静：《清凉寺墓地出土玉石器探析》
指导教师：戴成萍、冯　好
　黄应飞：《尉迟寺遗址大汶口文化聚落废弃过程探析》
　李书蓓：《宁波东门村遗址广富林文化和马桥文化制陶工艺研究》
指导教师：朱　萍、仝　涛
　杨潇涵：《山东汶泗河流域大汶口文化—龙山文化时期窖穴研究》
指导教师：李冬冬、魏兴涛
　喻明玥：《系统调查视野下的石家河城址人口及聚落形态研究》
指导教师：李冬冬、孙周勇
　王　晶：《凌家滩文化的来源研究》
指导教师：陈伟驹、孙国平
　周忻雨：《红山文化晚期性别考古初探》
指导教师：戴成萍、曹兵武
　孙艺萌：《关中地区商周骨镞的初步研究》
指导教师：马　赛、孙周勇
　陈慧敏：《基于CT扫描重建的新疆扎滚鲁克古代儿童头骨三维测量及年龄变化研究》
　杨尚冰：《新疆扎滚鲁克古代儿童乳牙磨耗渐进变化及生命史研究》
指导教师：李海军、王明辉
　汪　勇：《新疆莫尔寺遗址Ⅲ号、Ⅳ号建筑基址的发掘与初步研究》
　娇哈尔·巴克提别克：《新疆莫尔寺遗址2号发掘与初步收获》
　李沛航：《新疆莫尔寺Ⅱ号建筑发掘与形制研究》
指导教师：肖小勇、李文瑛

许丹凤：《西汉贵族墓葬出土器乐类文物研究》
　指导教师：刘连香、王飞峰
　　郝文丽：《汉代中原地区屋顶特征及分期研究》
　　孙雪孟：《明代藩王陵园布局分期研究》
　指导教师：张薇薇、张　荣
　　张嘉琳：《南北朝墓葬出土灯具研究》
　指导教师：刘连香、冯　好
　　赵　莹：《山西浑源大云寺壁画病害调查及制作工艺研究》
　指导教师：马赞峰、尹　刚
　　周逸泽：《北京崇善寺与香光寺壁画揭取工艺研究》
　指导教师：袁凯铮、李　博
　　张　迪：《乾隆时期宫廷唐卡镶做工艺研究》
　指导教师：袁凯铮、成　倩
　　李京谦：《清光绪时期宫廷高底鞋研究》
　　翁敏洁：《彝族服饰中的虎纹样研究》
　指导教师：祁春英、们发延
　　范氏玉梅：《越南北部地区的木版年画研究》
　指导教师：李冬冬、梁宏刚
　　Akhmed Mongush（蒙文杰）：《俄罗斯南西伯利亚地区萨满神鼓研究》
　　贾慧敏：《中央民族大学民族博物馆馆藏刀具研究》
　指导教师：郑喜淑、祁庆国
　　许博文：《罗城仫佬族博物馆馆藏傩面具研究》
　指导教师：郑喜淑、们发延

首都师范大学历史学院考古学与博物馆学系
毕业硕士研究生
专业方向：新石器时代考古
　　秦　昱：《河南中牟业王遗址龙山文化遗存研究》
　指导教师：王　涛
　　王　朝：《济源盆地新石器时代文化研究》
　　李晓敏：《河南武陟东石寺遗址新石器时代遗存研究》
　指导教师：袁广阔

专业方向：夏商周考古与青铜器研究
　　邹小宇：《昆山墓地研究》
　指导教师：钱益汇
　　王秋雨：《商周时期青铜器虎形装饰研究》

冉祥芮：《中国东北地区细形曲刃短茎铜剑浅析》
指导教师：朱光华

专业方向：汉唐考古
　温梦砥：《隋唐五代时期考古发现中的铭文题记整理研究》
指导教师：后晓荣

专业方向：宋元考古
　师　俏：《东南地区宋代夫妇合葬墓研究》
指导教师：袁　泉

专业方向：科技考古
　徐小亚：《河南渑池关家遗址裴李岗文化制陶工艺研究》
指导教师：王　涛

专业方向：博物馆学
　樊昭璇：《工艺美术阐释与展示的实验性研究——以杭州工艺美术博物馆为例》
指导教师：钱益汇

专业方向：艺术考古
　邹　钰：《麦积山石窟第43窟研究》
指导教师：钱益汇

文物与博物馆专业硕士
专业方向：中国考古
　陈东川：《新石器时代晋豫间聚落的分布与考古学文化传播孔道》
　李　超：《试论新石器时代中原文化向宁镇地区的传播》
指导教师：袁广阔
　李　竹：《西周时期燕国跨区域文化交流研究——以青铜兵器为例》
　信泽民：《田野考古发掘现场出土脆弱漆木器异地迁移研究——以南昌西汉海昏侯刘贺
　　　　墓为例》
指导教师：钱益汇、陈北辰
　叶田育：《中国北方地区出土先秦时期金属臂钏研究》
　李思瑶：《齐鲁地区东周青铜镞研究》
指导教师：朱光华
　刘　凡：《徐州地区汉代日常生活研究——以"衣食住行"的文物为中心》
　刘云辉：《秦考古学文献的整理与研究》

指导教师：后晓荣
　　李　帅：《宋代墓葬出土金银首饰研究》
　　王　辉：《11至14世纪北方墓葬出土家具研究》
　　药　鑫：《宋元陶瓷中的儿童世界——以北方地区出土文物为中心》
指导教师：袁　泉

专业方向：博物馆学
　　王玉琳：《博物馆视域下的非物质文化遗产保护研究——以表演艺术类遗产为例》
　　韩连波：《增强现实技术在博物馆展示中的应用研究——以良渚博物院为例》
指导教师：钱益汇
　　张艳丽：《观众参与视角下的博物馆说明文字研究》
指导教师：闫　志
　　吴宜洁：《河南省地市级综合征博物馆公共文化服务建设研究》
指导教师：范佳翎

专业方向：文化遗产
　　杨宇茜：《故宫博物院无障碍建设研究》
　　王　倩：《殷墟考古遗产的阐释与展示研究》
　　石　含：《北京市西城区名人故居保护管理研究》
指导教师：范佳翎
　　刘蕴博：《雍和宫—国子监文化精华区遗产研究》
　　陈纪童：《法源寺历史文化街区文化遗产研究》
指导教师：郄志群
　　刘　爽：《张家湾漕运古镇历史记忆建构与保护利用研究》
　　陈宏丽：《大运河文化空间和文化记忆中的妈祖信俗研究》
指导教师：王　铭
　　李瑛瑛：《遗产地社区参与问题研究——以北京密云区古北口村为例》
指导教师：符　静

专业方向：艺术考古
　　孔霞莉：《钱贡〈沧洲渔乐图〉研究》
指导教师：闫　志、朱万章
　　唐晓雯：《性别考古学视野下的哈拉和卓古墓群》
指导教师：袁　泉

专业方向：科技考古
　　张嘉欣：《河南渑池关家遗址裴李岗文化时期出土的动物骨骼及其相关问题研究》

刘天洋：《河南濮阳马庄遗址出土骨骼的碳氮稳定同位素研究》
指导教师：尤　悦

专业方向：公众考古
　李楠迪娜：《考古学与中学历史教育有效融合路径研究》
　宁　琦：《在地社区公众考古教育研究——以业王遗址为中心》
指导教师：王　涛

专业方向：文物保护
　史文平：《浙江平湖乍浦炮台遗址病害调查与保护策略研究》
指导教师：钱益汇、周双林
　黄雪琴：《石家庄市周家庄墓地出土青铜器的保护与修复研究》
指导教师：王　涛、周双林

河南大学历史文化学院考古文博系
毕业硕士研究生
专业方向：新石器时代考古
　朱云风：《青墩类遗存研究》
指导教师：魏继印
　李寒冰：《三门峡地区仰韶文化研究》
　刘春洋：《中原地区龙山晚期陶器残留物分析和研究》
指导教师：李丽娜

专业方向：夏商周考古
　丁福林：《先秦低温贮藏遗存研究》
指导教师：涂白奎
　郑晓娟：《二里头文化的玉礼器研究》
　邓皓凡：《夏商周军事发令器研究》
　李立远：《豫北黄河故堤的多学科研究》
指导教师：张立东
　孔　品：《太行山东南麓夏商时期聚落考古研究》
　周小梅：《郑州商城祭祀遗存研究》
　尹彩彩：《商丘及周邻地区仰韶到东周时期聚落考古研究》
指导教师：侯卫东
　贡乾坤：《东周青铜器人物画像纹研究》
指导教师：袁俊杰
　华佳莹：《战国时期楚国都城变迁研究》

指导教师：李溯源

专业方向：边疆考古
  付嘉宁：《新疆安德罗诺沃文化铜器综合研究》
指导教师：李溯源

专业方向：科技考古
  王志远：《殷墟王裕口南地出土陶鬲制法及产地分析》
指导教师：魏继印

专业方向：建筑考古
  王彦珺：《中国古代浮桥研究》
指导教师：李合群

文物与博物馆专业硕士
  叶梦晓：《郑州商城仿铜陶器研究》
指导教师：侯卫东
  林泽生：《吴越货币研究》
指导教师：袁俊杰
  牛青青：《河南省域博物馆中小学课程资源开发利用研究》
指导教师：王运良、曾广庆
  王思佳：《河南新安煤矿工业遗产展示体系建构研究》
指导教师：王运良、李建新

辽宁师范大学历史文化旅游学院
毕业硕士研究生
专业方向：辽海古代文明研究
  白雪妍：《辽东半岛四平山积石冢研究》
指导教师：田　野

专业方向：环渤海考古
  任笑羽：《东北地区陶斜口器研究》
  许瑞祺：《长城地带史前人面岩画研究》
指导教师：徐昭峰

专业方向：辽宋金元考古
  郭澳博：《清代萨满教文物研究》

于卓尔：《金代铜镜探析》
指导教师：徐学琳

专业方向：青铜器与古文字
　冯雅楠：《商周时期中国北方青铜器虎纹综合研究》
指导教师：张德良

专业方向：科技考古
　韩莹莹：《新石器时代晚期至末期江淮地区的生业研究》
　卢　语：《内蒙古地区蒙元时期城址防御设施研究》
指导教师：戴玲玲

文物与博物馆专业硕士
　郭岩春：《淮河上游地区新石器时代生业研究》
　沈东亚：《淮河中下游地区大汶口至龙山文化时期的生业研究》
指导教师：戴玲玲
　陈识宇：《赵宝沟遗址出土陶器纹饰研究》
　张思琦：《齐家文化出土玉器整理与研究》
指导教师：田　野
　刘文芳：《山西地区辽宋金墓葬装饰研究》
指导教师：徐学琳
　刘雨奇：《利用图像搜索辅助文物影像数据分类研究》
　吴静静：《博物馆精品陈列展览研究——以第十二届—第十八届"十大精品"展为例》
　张佩衡：《博物馆开展馆校合作研究——以大连地区博物馆为例》
指导教师：徐昭峰
　崔　琨：《烟台市博物馆陈列展览研究》
　黄小霞：《三星堆文化公众考古研究》
指导教师：张德良

辽宁大学历史学院考古学系
专业方向：史前及夏商周考古
　扈海滨：《史家期半坡文化研究》
　徐辰熠：《红山文化类型研究》
指导教师：张星德
　蒲双能：《朝鲜半岛北部青铜时代考古学文化编年序列》
指导教师：华玉冰

专业方向：秦汉至元明清考古
  杨豪杰：《叶茂台辽墓群研究》
指导教师：赵晓刚

专业方向：文化遗产与博物馆
  任重重：《公众考古新媒体运用观察与分析》
指导教师：华玉冰

文物与博物馆专业硕士
专业方向：文物与文化遗产
  闫 烁：《先秦时期牙璧研究》
指导教师：郑钧夫
  马银笛：《东北地区出土的高句丽瓦当分类研究》
  宋筱筱：《江西先秦遗址类遗产保护与利用综合研究》
指导教师：华玉冰
  刘 伟：《辽代金属捍腰研究》
  单 思：《北京地区出土的辽代白瓷研究》
指导教师：肖晓鸣
  郑 寒：《出土画像石辽墓研究》
指导教师：王 闯
  王 淦：《清入关前盛京皇家宗教祭祀建筑综合研究》
  赵晓英：《清代满族碑刻文体结构初探》
指导教师：赵晓刚
  牛宇鑫：《沈阳重工业遗产保护利用研究》
指导教师：陈 山

专业方向：博物馆学
  周 燕：《新媒体在博物馆中的应用探析——以辽宁省博物馆为例》
  胡嘉男：《博物馆中小学教育研究——以辽宁省博物馆为例》
  张 刚：《博物馆因人施讲的讲解内容及其拓展——以〈古代辽宁·辽金时期〉为例》
指导教师：张星德
  齐佳望：《史前遗址博物馆陈列展览中的互动体验研究》
指导教师：王 闯

专业方向：考古学
  韦 娜：《新乐上层文化的分期年代及相关问题研究》
指导教师：郑钧夫

吴　静：《沈阳孝信汉村墓地人骨研究》
指导教师：陈　山

黑龙江大学历史文化旅游学院
毕业硕士研究生
专业方向：中国考古
　　王　燕：《伊春桦阳遗址石制品拼合及相关问题研究》
指导教师：李有骞
　　郎　莉：《古邓城地区楚墓研究》
　　王玺玥：《晋南地区先秦墓葬用玉研究》
指导教师：王乐文
　　钟朗然：《商文化铸铜作坊研究》
指导教师：石　岩

专业方向：专门考古
　　杜　晓：《金代铜镜的形制及刻款研究》
指导教师：赵永军
　　李立志：《辽代瓦当研究》
指导教师：梁会丽

专业方向：外国考古
　　王禹夫：《卡拉苏克文化初步研究》
指导教师：包曙光

重庆师范大学历史与社会学院
毕业硕士研究生
专业方向：先秦考古
　　蒋航昌：《左江流域先秦时期墓葬研究》
　　周　林：《十二桥文化初期陶器研究——以束颈罐和敛口罐为例》
　　娄　亮：《成都平原十二桥文化墓葬初步研究》
指导教师：蒋　刚
　　王　婷：《川南黔西北地区巴文化遗存发现与研究》
指导教师：杨　华
　　罗庆庆：《两周时期巴蜀地区青铜兵器组合研究》
指导教师：袁艳玲
　　黄彤彤：《三星堆遗址分期与城墙建设研究》
指导教师：邓　晓

专业方向：科技考古
 陈明良：《重庆地区宋代墓葬考古初步研究》
 胡 鑫：《杭州德寿宫遗址出土菲律宾蛤仔研究》
指导教师：武仙竹

文物与博物馆专业硕士
专业方向：文物研究
 黄 睿：《夕佳山民居匾额研究》
 袁彬鑫：《巴渝地区馆藏匾额文化研究》
指导教师：郑利平
 侯英捷：《齐侯镈器铭补释》
指导教师：孔令远
 谭青青：《馆藏清代金漆木雕看枋保护修复前期研究》
指导教师：凡小盼

专业方向：博物馆
 李亚男：《北京市古陶文明博物馆现状调查与发展思考》
 兰丝婷：《公共卫生视域下我国博物馆发展思考——以新冠肺炎疫情影响为例》
指导教师：郑利平
 王 轶：《苏州吴文化博物馆公共教育活动研究》
 王 会：《巫山博物馆巫文化展品研究》
指导教师：武仙竹
 翟佳慧：《淄博市乡村记忆博物馆建设现状研究》
 贺 玲：《重庆市高校博物馆调查与建设现状分析》
 王 琴：《非国有博物馆视域下重庆建川博物馆研究》
指导教师：马江波

专业方向：考古学
 戴高场：《我国公众考古的实践与发展——基于融媒体传播视角的研究》
指导教师：邹后曦
 郭西娅：《成都杨家山西汉岩坑墓整理与研究》
 陈添鸽：《巫山高唐观遗址（2016年）东周至汉代墓葬整理与初步研究》
 宣 蕾：《成都杨家山汉六朝崖墓整理与研究》
指导教师：袁艳玲
 严书凡：《半坡类型儿童墓葬研究》
 周峻可：《GIS支持下梁平赤牛城遗址可视域及步行可达区域探索》

指导教师：蒋　刚

专业方向：文化遗产保护
　王怀玉：《大同市得胜堡的现状及保护利用调查》
指导教师：蒋　刚
　陈金格：《萍乡市红色文化遗产保护利用研究》
指导教师：邹后曦
　李济海：《川陕地区红军石刻研究及保护利用》
　李　雁：《民国时期洛阳地区的墓葬盗掘及古物买卖》
指导教师：白九江、蒋　刚
　肖忠来：《非物质文化遗产重庆石溪板凳龙舞研究》
指导教师：武仙竹
　谢云鹏：《抗战时期重庆市名人旧居的保护与利用》
指导教师：孔令远
　吴俊杰：《明蜀王陵的价值与利用研究》
指导教师：马江波

浙江大学艺术与考古学院考古与文博系
毕业硕士研究生
专业方向：考古学
　林楚枰：《吴晋青瓷堆塑罐造物思维的展览阐释研究》
指导教师：严建强

文物与博物馆专业硕士
　唐伊雪：《浙江嘉兴西曹墩遗址磨制石器研究》
指导教师：陈　虹
　施鑫莹：《唐、宋金银头饰比较研究》
　杨　虹：《宋辽金时期人物镜的图像研究》
　黄　超：《浙江石拱古桥营造技艺研究》
　朱伊凡：《浙南闽东闽北乡土建筑唐宋古制研究》
　尚　静：《浙江五代、两宋楼阁式塔形制特征研究》
　白宇璇：《博物馆利用新媒体平台传播效果与对策研究——以杭州地区一级博物馆为例》
　李昀洁：《地域文化视角下地方博物馆阐释传播探析——以杭州博物馆为例》
指导教师：项隆元
　俞　怡：《"上虞窑"及相关问题研究》
　许福康：《"裸坯入窑，落灰成釉，满釉出窑"现代柴烧技术机理研究——兼论中国传统高温釉起源问题》

张恒源：《武义宋元窑址调查与工艺技术研究》
指导教师：周少华
郭贵诚：《稳定同位素视角下新石器时代晚期凉山地区粟黍消费状况研究——来自乌东德地区的证据》
施崇阳：《杭州天目窑遗址群敖干二号窑出土瓷器科技分析》
指导教师：郭　怡
潘力伟：《飞来峰石窟微生物病害绿色防治技术的初步研究》
刘静轩：《浙江金华地区传统壁画保护前期研究——以俞源古民居壁画和兰溪墓壁画为例》
指导教师：胡瑜兰
李晨璐：《紫胶在壁画中的应用及其制作技法研究——以克孜尔石窟壁画为例》
指导教师：张　晖
蔡贻杭：《浙江温州拔五更的保护现状及保护策略提升研究》
指导教师：傅　翼
吴雨歆：《博物馆主题展览的色彩运用研究》
侯雅涵：《西方博物馆权力模式的现代化路径及"后博物馆"时代的迷思与困境》
翟云倩：《博物馆历史叙事类展览的参观动线研究》
朱泽昀：《地方博物馆展览叙事中的历史现象展示研究》
陈最锋：《基于头戴式眼动仪的博物馆观众行为与认知分析——以杭州五四宪法历史资料纪念馆为例》
曹若琛：《博物馆展览视觉传达系统类型和构建研究》
指导教师：严建强
张卜巾：《世界遗产视角下杭州龙井村遗产地可持续发展研究》
陆余可：《数字经济背景下特色小（城）镇文旅融合发展路径研究——以浙江莫干山为例》
王怡静：《杭州西湖文化景观价值阐释模式研究》
指导教师：张颖岚
李丹芳：《基于眼动实验的中国水墨画观众审美体验研究》
王竹君：《作为虚拟画展阐释工具的背景音乐对观众体验的影响研究——以〈细看常玉〉展览为例》
许祯津：《文物三维模型视觉真实感影响因素研究》
指导教师：郑　霞
马　超：《日本博物馆法律制度体系研究》
指导教师：郑　瑾

中国人民大学历史学院考古文博系
毕业硕士研究生
专业方向：史前考古
马梦乔：《"文明"概念和理论在考古学中的应用与反思》

指导教师：韩建业

专业方向：历史考古
　闵　婕：《汉代墓门装饰与礼仪功能研究》
指导教师：李梅田
　汪香宇：《苏巴什佛寺营建研究》
指导教师：陈晓露

专业方向：北方民族考古
　陈卓尔：《山西金元时期墓葬道教文化因素研究》
指导教师：魏　坚

文物与博物馆专业硕士
专业方向：考古学研究
　刘雨婧：《疏勒河流域汉代城址的考古学研究》
指导教师：魏　坚
　胡永强：《渭河流域仰韶文化生产工具研究》
指导教师：韩建业
　倪伊瑶：《汉代丧葬空间视域下的阙图像研究》
指导教师：李梅田

专业方向：文物与博物馆学研究
　王祯哲：《关于中国考古影像的反思——多元化表达的探索》
指导教师：张林虎
　彭如嫣：《追寻中国的过去：拓片的多重身份》
指导教师：陈晓露

专业方向：文化遗产保护与研究
　陈婷婷：《考古学公共文化生产过程研究》
指导教师：陈胜前

中国科学技术大学科技史与科技考古系
毕业硕士研究生
专业方向：科技考古
　张茂林：《钱塘江上游金衢盆地新石器时代早期制陶工艺研究》
指导教师：杨玉璋

专业方向：文化遗产保护
　　黄　晶：《安徽泾县楮皮纸技艺与性能研究》
指导教师：陈　彪
　　范昀劼：《一次性多层纸电吸附法脱酸加固技术研究》
指导教师：秦　颖

文物与博物馆专业硕士
专业方向：科技考古
　　马亮亮：《伊朗东北部 Borj 遗址与中国甘青地区马家窑文化彩陶制作工艺比较研究》
　　唐　欢：《巢湖流域商周时期农业结构研究》
指导教师：杨玉璋、姚　凌
　　王　夏：《固体还原炼铜模拟实验及相关问题讨论》
　　王紫璇：《九连墩楚墓出土金属器科技考古分析及相关问题讨论》
指导教师：秦　颖
　　杨　敏：《阜阳地区部分商周青铜器的科技分析与研究》
指导教师：范安川

专业方向：文物保护
　　闻　豪：《非遗传统工艺的科学化研究——以安徽泗县药物布鞋为例》
　　李　政：《丝织品文物劣化表征及热分析动力学研究》
　　赵　颖：《荆州博物馆馆藏饱水木漆器木胎的抑菌研究》
指导教师：龚德才
　　李　谦：《津浦铁路固镇老火车站遗址价值研究与保护利用》
指导教师：龚钰轩
　　周概明：《可用于文物修复的蓝铜矿颜料的合成及其应用效果评价》
指导教师：秦　颖、姚政权

专业方向：博物馆
　　王雨夕：《博物馆文化创意产品现状研究及发展策略分析》
指导教师：龚钰轩
　　聂宗芳：《新冠肺炎疫情影响下的博物馆新媒体应用模式研究》
指导教师：黄文川

西南民族大学旅游与历史文化学院
毕业硕士研究生
专业方向：汉唐考古
　　罗艳丽：《成都新川创新科技园刘家大堰六朝崖墓的初步研究》

指导教师：乔　栋

专业方向：专门考古
　　张嘉桐：《三星村遗址出土植物大遗存的初步研究》
指导教师：王建华

安徽大学历史学院考古学系
毕业硕士研究生
专业方向：新石器时代考古
　　杨　朴：《凌家滩遗址分期研究》
　　张乃博：《基于区域系统调查的裕溪河流域先秦聚落研究》
指导教师：吴卫红

专业方向：历史时期考古
　　黄　婷：《岭南地区汉墓出土舟船模型及相关问题研究》
指导教师：周崇云
　　郭欣怡：《皖江流域出土汉代铜镜研究》
指导教师：朱华东
　　夏四达：《小砖墓的起源及早期传播》
指导教师：蒋晓春

专业方向：科技考古
　　李　强：《湖北襄阳出土汉代青铜器的科技分析》
指导教师：魏国锋
　　孙天强：《新密新砦遗址出土陶器的科技研究》
指导教师：吴卫红、魏国锋

文物与博物馆专业硕士
　　宫晓君：《器物组合视角下凌家滩墓地的性别与等级研究》
指导教师：吴卫红
　　方家领：《安徽萧县金寨遗址文化因素分析》
指导教师：张小雷
　　杨　盼：《芜湖楚王城遗址调查及相关问题研究》
　　周　杨：《资源枯竭型城市经济转型背景下铜陵市铜文化活态保护研究》
　　孙阳洋：《安徽博物馆智慧服务发展研究》
　　李如雪：《世界遗产视角下安徽沿江地区矿冶遗产价值研究》
　　王志文：《南陵地区古矿冶遗产保护与利用研究》

张文利：《2020年度南陵漳河——大工山区域系统调查简报》
指导教师：张爱冰
谢秋惠：《池州地区矿冶遗址调查及保护利用研究》
伏金兰：《南陵漳河—大工山区域古铜矿冶遗址调查及其冶炼技术研究》
指导教师：魏国锋
张雯洁：《皖北地区汉墓出土陶灶研究》
胡　阳：《红色文化视域下革命纪念馆宣教功能的实现——以渡江战役纪念馆为例》
丛　言：《巢湖博物馆展陈大纲（文本）设计及相关问题研究》
张　甦：《大运河通济渠泗县段文化遗产保护利用研究》
李琳琳：《在地化视域下的绩溪博物馆研究探析》
指导教师：周崇云
王　悦：《曹魏合肥新城遗址研究》
邢变利：《宋元明清瓮城形制研究》
指导教师：蒋晓春
冯雅晴：《徽州祠堂匾额的文化内涵及当代价值研究》
指导教师：朱华东
肇晗宇：《地域文化视角下兴安盟博物馆的展陈研究》
指导教师：单晓伟
王凯欣：《安徽博物院地域文化特色教育活动的研究与策划》
郭亚会：《合肥工业遗产价值评价和保护利用研究——以合钢和安纺为例》
指导教师：黄　凰
李迎港：《苏州派青铜器修复技艺的传承与发展研究》
指导教师：李瑞亮

西北师范大学历史文化学院文物与博物馆学系
毕业硕士研究生

专业方向：考古学史
邹靖才：《三峡地区新石器时代考古学史研究》
指导教师：秦丙坤
赵　凯：《甘肃西汉水流域考古史研究》
指导教师：刘再聪
李　佳：《新疆出土汉唐丝织品研究史（1949—2000年）》
指导教师：王新春

专业方向：商周考古
康文琼：《出土西周时期马冠研究》
指导教师：潘春辉

邓景丽：《商周弓形器整理与研究》
指导教师：田　河

专业方向：秦汉考古
　陕芳芳：《山西地区汉墓出土陶灶研究》
指导教师：李迎春

文物与博物馆专业硕士
　麻　慧：《甘肃地区出土史前玉石器整理与研究》
　杨雅洁：《王去非〈麦积山题记〉整理与研究》
　黄俊俊：《李浴〈麦积山石窟调查报告〉研究》
　念文通：《环县战国秦长城调查与研究》
指导教师：刘再聪
　李彦桃：《寺洼文化丧葬问题研究》
　柳芳英：《甘肃秦物质文化遗产整理与研究》
指导教师：陶兴华
　石　鑫：《余杭跳头遗址出土资料整理与研究》
　魏宝祯：《汉画像石鹤图像研究》
　张芳妮：《"三礼"所记饰棺的考古学观察》
指导教师：李迎春
　邓　芳：《白草坡西周墓出土玉人研究》
指导教师：郑　峰
　朱雨薇：《先秦至魏晋时期墓葬所见鸠杖研究》
　田家驹：《先秦至隋唐时期中国北方地区出土兜鍪研究》
指导教师：潘春辉
　艾　菲：《汉画像石所见山形冠研究》
　柴　迎：《宋金时期河南瓷器装饰艺术研究》
指导教师：张继刚
　张许靳：《河西地区汉晋墓葬出土陶仓的整理与研究》
　南苗苗：《河西汉晋墓出土马图像整理与研究》
指导教师：张　荣
　董佩东：《河西魏晋十六国壁画墓农作图的整理与研究》
　贠　佳：《武威市凉州区佛教寺院资料整理与研究》
　鲁雪艳：《甘青地区所出土三至九世纪出行仪卫图的整理与研究》
　冯雅颂：《陶鼓在礼制文化形成中的功能研究》
指导教师：黄兆宏
　杨紫雁：《炳灵寺石窟北魏洞窟调查与研究》

李龙飞：《河南省宝丰县翟集村文化遗产调查与研究》
指导教师：秦丙坤
段梦娣：《敦煌佛传故事画的二次绘画研究》
指导教师：梁姗姗
王博宏：《粟特仿唐钱币所见中外文化交流》
马万里：《永登连城文化遗产调查与研究》
马慧敏：《甘肃省非国有博物馆现状调查与研究》
指导教师：张连银
邵佳高娃：《祖厉河流域北宋堡寨调查与研究》
李　力：《甘肃馆藏宋金花卉纹铜镜研究》
指导教师：杨　芳
马　琴：《明代古浪所城堡的调查与研究》
施惠芳：《兴隆山道教建筑调查研究》
指导教师：连菊霞
梁秦毓：《山西平定县清代民居建筑雕刻调查研究》
陈　阵：《清代"五礼"中的皇帝礼仪服饰研究》
指导教师：李顺庆
魏凡汶：《陇南地区文庙调查与研究》
杨成菊：《明清时期青海河湟地区教育类碑刻整理与研究》
罗　川：《新疆巴仑台黄庙调查与研究》
指导教师：何玉红
王　超：《淮安市河下古镇文化遗产调查与研究》
范晓锦：《山西省永济市明清祠庙调查研究》
指导教师：李晓英
吴攀钰：《眉山地区明清时期祠庙建筑调查与研究》
指导教师：张　嵘
马亮亮：《甘肃张家川县境内关陇古道遗址调查与研究》
王　昆：《抗战时期陕甘宁地区红军标语口号整理研究（1931—1937）》
指导教师：尚季芳
吴官祝：《中华教育文化基金董事会与中国考古文博事业之兴起》
吴　滢：《〈远东古物博物馆馆刊〉与中国考古研究》
指导教师：王新春

暨南大学文学院历史学系
文物与博物馆专业硕士
专业方向：考古学
高雅青：《先秦两广地区玉石玦的初步研究》

刘秉堂：《珠江三角洲地区距今六千年后新石器时代遗存研究》
指导教师：熊增珑
　钟意灵：《河北康保县兴隆遗址细石核研究》
　李天月：《兴隆遗址房址研究》
　黄文艳：《环白洋淀地区新石器时代的聚落分布与环境背景》
指导教师：郭明建
　唐苏捷：《试论石峡遗址石峡文化墓地年代与分期》
　刘亚琪：《广西漓江——桂江流域出土先秦青铜器研究》
指导教师：谢　肃
　郑雅文：《8—10世纪波斯孔雀蓝釉陶器海上传输研究》
指导教师：马建春
　孙婉仪：《唐宋时期潮州窑外销瓷研究》
　李承坤：《18世纪中国外销瓷与英国饮食文化研究》
指导教师：崔世平
　董书珩：《元明景德镇官窑青花凤纹演变研究》
指导教师：刘增合

专业方向：文化遗产保护
　杨　萌：《广州市旧当铺文化遗产的保护利用研究》
指导教师：刘正刚
　郭文昱：《惠州白马窑址保护与利用路径研究——以考古调查资料为中心》
指导教师：刘增合
　钟雯瑞：《阳江漆艺的传承与保护研究》
指导教师：梁敏玲
　林　澍：《清代广东海防炮台遗址与国防教育——以广州南沙区炮台遗址为中心》
　谢绮盈：《东莞市虎门镇海防炮台遗存的海权教育价值研究》
指导教师：吴宏岐
　梁芷晴：《民间海防聚落遗产的价值与保护》
指导教师：黄忠鑫

专业方向：博物馆
　王晨希：《博物馆文化授权研究——以重庆中国三峡博物馆为例》
指导教师：张小贵
　沈泽婷：《广州市非国有博物馆现状调查与研究》
指导教师：刘增合

广西师范大学历史文化与旅游学院
文物与博物馆专业硕士
专业方向：旧石器考古
  刘 恒：《广西田东高岭坡遗址石制品研究》
指导教师：陈洪波、谢光茂

专业方向：区域考古
  罗晓东：《顶蛳山文化蚌器初步研究》
指导教师：陈洪波
  李中阳：《明代山西镇长城研究》
指导教师：周长山、林 强
  任诗仪：《岭南地区出土先秦时期印纹硬陶初探》
指导教师：吴 双、唐春松
  石湘玉：《桂东南地区宋代窑业遗存的考古学研究》
指导教师：廖国一、黄启善

专业方向：博物馆学
  李晓羽：《智慧博物馆语境下博物馆安全防范体系构建的研究与实践——以广西壮族自治区博物馆改扩建为例》
指导教师：袁俊杰、黄启善

专业方向：文物学
  隋 华：《桂林古代背"桂"字钱及其相关问题研究》
指导教师：廖国一

陕西师范大学历史文化学院
毕业硕士研究生
专业方向：商周考古与青铜器
  张云龙：《殷墟文化一期遗存研究》
  卢嘉媛：《鄂东地区商代文化研究》
指导教师：郭艳利
  吕 琦：《东周青铜器兽面纹初探》
指导教师：毕经纬
  李 震：《豫东地区两周青铜容器研究》
  毛凯民：《淅川出土东周青铜器研究》
指导教师：曹 玮

专业方向：文物与博物馆学
  侯晋雄：《魏晋至唐代墓葬出土陶灶研究》
  张雨婷：《后参与时代博物馆参与新模式研究》
指导教师：杨 瑾

专业方向：科技考古、文化遗产研究
  李 腾：《米家崖遗址庙底沟二期文化制陶工艺研究》
  王雪雯：《客省庄文化陶斝研究》
指导教师：朱君孝

文物与博物馆专业硕士
专业方向：商周考古与青铜器
  马骁驭：《陕西省社区博物馆研究》
  曾晴娜：《基于图像主题的社会标签在博物馆历史文物藏品开发中的应用》
  于志蕾：《新冠肺炎疫情影响下的博物馆微信公众号研究——以中央地方共建国家级博物馆为例》
  杨 蕾：《博物馆"剧本杀"现象研究》
指导教师：郭艳利
  郭守琴：《山西出土青铜器所见商周时期中原与北方青铜文化的交流》
  王瑞敏：《祭器与葬器——周原出土西周青铜器文化属性初步研究》
  黄 宇：《中国青铜器辨伪史》
指导教师：毕经纬
  张亚弟：《西安市长安博物馆藏铜镜资料整理与展览策划》
  刘中央：《西安市鱼包头遗址西周墓葬资料的整理与研究》
指导教师：胡保华

专业方向：文物与博物馆学
  梁皓喆：《北朝至隋北方地区瓷器研究》
  赵 晋：《中国博物馆外交：概念、历史与诠释》
  张 杰：《宝鸡地区不可移动革命文物的保护利用研究》
指导教师：杨 瑾
  童睿研：《人工智能技术视角下博物馆的发展探究》
  张婧艺：《包头市博物馆研学基地发展路径研究》
  白 萌：《跨文化语境下中国文物出境展览策划研究——以秦汉文明展和汉风展为例》
指导教师：卜 琳

专业方向：文化遗产保护、利用与管理

刘思宇：《唐代长安与敦煌卷草纹边饰比较研究》
张　祎：《中国古代服饰中的山水纹样》
指导教师：徐　涛

专业方向：科技考古、文化遗产研究
彭　龙：《论考古成果的社会价值及其实现路径》
袁诗琴：《客省庄文化圆腹罐研究》
吴闻波：《红光沟航天六院旧址的保护与利用研究——兼谈革命文化遗产的概念与分类》
指导教师：朱君孝

中国社会科学院大学历史学院考古系

专业方向：中国新石器时代考古
金秀妍：《庙底沟类型彩陶鸟纹的解读与研究》
指导教师：李新伟
高范翔：《站马屯史前家户与聚落研究》
指导教师：赵春青

专业方向：夏商周考古
王　雪：《洹北商城制骨手工业遗存的埋藏学研究》
指导教师：施劲松
王煜凡：《试论二里头文化玉器群的考古背景——以来源构成为中心》
指导教师：许　宏
武钰娟：《葬仪与陶寺社会——以陶寺墓葬的存在背景关系研究为中心》
黄　磊：《陶寺遗址 1978—1985 年发掘墓地分析》
指导教师：何　努

专业方向：汉唐考古
王贠赟：《战国秦汉云纹瓦当的考古学研究》
指导教师：刘　瑞
陈泽宇：《辽代林东窑初步研究》
指导教师：董新林

2022 年毕业的博士研究生及出站博士后

北京大学考古文博学院
毕业博士研究生
专业方向：新石器及夏商周考古
　韩蕙如：《三代夯土建筑基址结构与形态研究》
指导教师：雷兴山
　曹芳芳：《玉成中国：文明化进程中的玉器与玉文化》
指导教师：孙庆伟
　杨月光：《甘青地区先秦时期的文化格局与生业经济研究》
指导教师：张　弛

专业方向：汉唐考古
　何　康：《制宜以革礼：中原北方唐后期墓葬中的礼与俗》
　贺逸云：《北宋四京地区墓葬研究》
指导教师：沈睿文
　周　静：《河套地区战国至北魏墓葬研究》
指导教师：杨哲峰

专业方向：宋元考古
　常钰熙：《考古学视野下北宋洛阳盆地的城市与人群》
　刘天歌：《明代山西城市的考古学研究》
　王静雪：《宋代漆器研究》
指导教师：杭　侃

专业方向：科技考古
　胡毅捷：《鄂北地区出土两周时期青铜器腐蚀研究》
　刘　薇：《青铜文物保存状况评估方法研究》
指导教师：陈建立
　陈天然：《"剖璞辨玉"——环太湖地区新石器时代晚期玉器材质及价值判断研究》
　刘　念：《新疆天山地区史前玻璃质珠饰研究》
指导教师：崔剑锋

林怡娴：《公元前 3500—前 1500 年中原核心区食谱与生业活动研究——基于稳定同位素贝叶斯统计分析》

王　玥：《陕西神木石峁遗址年代学研究》

指导教师：吴小红

专业方向：陶瓷考古

李　凯：《宋元时期长江中游青白瓷的考古学研究》

指导教师：秦大树

专业方向：文物保护科学

刘逸堃：《石窟环境监测中异常与风险的模式识别方法研究》

周逸航：《SI—ARGET ATRP 加固饱水木质文物研究》

指导教师：胡东波

专业方向：中外文化交流考古

娃斯玛·塔拉提：《汉唐时期于阗城镇考古学研究》

指导教师：陈　凌

郝春阳：《汉魏南北朝于阗沙漠绿洲王国考古》

指导教师：林梅村

出站博士后

专业方向：夏商周考古

李　楠：《清华大学明代宦官人骨的古病理学研究》

合作导师：何嘉宁

蔡　宁：《周原遗址凤雏城址区 2014 年发掘报告》

合作导师：雷兴山

专业方向：佛教考古

张　铭：《麦积山石窟第 74、78 窟考古报告》

合作导师：孙　华

专业方向：科技考古

张　吉：《公元前九至前二世纪中原与周边地区青铜器的技术、资源与文化》

合作导师：陈建立

专业方向：文化遗产保护

鲁　昊：《三星堆与金沙玉器的数字人文观察》

合作导师：张剑葳

补遗：
　　2021年出站博士后
专业方向：宋元考古
　　张保卿：《营造视野下的唐宋简单仿木构砖室墓研究》
合作导师：杭　侃

专业方向：科技考古
　　姜晓晨阳：《中国古代青花瓷的科技考古研究》
合作导师：吴小红
　　Ieong Siu：《科技考古11至16世纪肯亚马林迪玻璃分析和研究》
合作导师：崔剑锋

吉林大学考古学院
毕业博士研究生
专业方向：旧石器时代考古
　　李万博：《东北地区东部旧石器时代晚期石器工业及相关问题研究》
指导教师：陈全家

专业方向：新石器时代考古
　　卢瑞宇：《海岱地区新石器时代考古学文化研究》
指导教师：赵宾福

专业方向：夏商周考古
　　刘晓溪：《嫩江流域新石器至早期铁器时代聚落考古研究》
　　李　朵：《长江中上游地区商代青铜器器用形态研究》
指导教师：王立新
　　胡子尧：《西周时期商系墓葬研究》
　　王建峰：《东迁：两周之际政局变革的考古学观察》
指导教师：井中伟

专业方向：战国秦汉考古
　　萨仁毕力格：《漠北匈奴城址的考古学研究》
指导教师：潘　玲

专业方向：外国考古

彭　博：《"渗透—整合"模型：两河流域文明起源的过程与机制》
指导教师：邵会秋

专业方向：体质人类学
　聂　颖：《新疆石河子十户窑墓群青铜——铁器时代人骨研究》
指导教师：朱　泓
　王安琦：《新疆吐鲁番加依墓地青铜——早期铁器时代人骨研究》
指导教师：张全超

出站博士后
专业方向：考古学
　任进成：《吉林抚松枫林遗址东山坡发掘区出土石制品的整理与研究》
合作导师：赵宾福

专业方向：中国史
　陈　醉：《聚落形态视角下辽西地区新石器时代社会复杂化进程研究》
合作导师：沈　刚
　武　松：《渤海文化吸纳唐文化的考察——以考古资料为中心》
　赵里萌：《辽代城市的考古学研究》
合作导师：王连龙

山东大学历史文化学院考古与博物馆学系
毕业博士研究生
专业方向：新石器时代考古
　程保增：《郑洛地区史前社会复杂化进程研究》
指导教师：栾丰实
　王良智：《长江中游新石器文化时空框架与谱系研究》
指导教师：王　青

专业方向：商周考古
　王　亚：《周代临淄齐都的聚落与社会》
指导教师：许　宏
　刘艳菲：《山东地区东周贵族埋葬制度研究》
　李京震：《周代装饰用玉研究》
指导教师：王　青

专业方向：体质人类学

张晓雯：《鲁北地区史前至汉代居民生存压力与行为模式研究——来自人骨遗骸的证据》
指导教师：王　芬

专业方向：植物考古
　赵珍珍：《淮河中游龙山文化到商周时期农业研究》
指导教师：靳桂云

专业方向：博物馆学
　赵星宇：《博物馆观众研究与观众评估体系探究》
指导教师：方　辉

专业方向：公众考古
　张洁：《公共财政视角下的文物领域公共服务研究》
指导教师：方　辉

专业方向：文化遗产学
　赵慧君：《过程性与关系性：基于中国视角的世界遗产研究》
指导教师：李占杨

出站博士后
专业方向：新石器时代考古
　陆青玉：《海岱地区史前陶器研究——从6000BC—2000BC》
合作导师：王　芬

专业方向：文物保护技术
　李天晓：《微生物技术在灵岩寺石质文物保护中的应用》
合作导师：马清林

西北大学文化遗产学院
毕业博士研究生
专业方向：考古学
　赵　晶：《唐长安城郊区中小型墓葬研究——以上塔坡唐代墓葬为例》
指导教师：冉万里
　热娜古丽·玉素甫：《东天山地区史前墓葬研究》
　唐云鹏：《北巴克特里地区公元前2世纪至公元2世纪考古遗存研究》
　王　毅：《基于文明交往的跨国考古研究——以亚洲地区为例》
指导教师：王建新

李　娜：《陶器视角下的良渚文化晚期社会观察》
　指导教师：钱耀鹏

　专业方向：文化遗产管理
　　段春娥：《秦直道文化线路保护利用研究》
　　陈中慧：《我国考古遗址博物馆建设与管理研究》
　指导教师：徐卫民

　专业方向：文物保护
　　王　栋：《新疆环塔里木盆地地区出土汉晋时期玻璃珠研究》
　指导教师：温　睿

四川大学考古文博学院考古系（不含补授、结业）
毕业博士研究生
　专业方向：秦汉至元明考古
　　田剑波：《成都平原商周墓葬研究》
　指导教师：白　彬
　　王文波：《宋辽金时期的舍利瘗埋研究》
　指导教师：霍　巍
　　陈亚军：《齐家文化研究》
　　毕　洋：《云贵高原东周秦汉时期戈、矛研究》
　　刘文强：《中国古代玉琮研究》
　　宋　丹：《中国北方先秦时期石棺葬的发展演变》
　　原　媛：《陕北晋西汉代画像石墓研究》
　　李　鹏：《山东沂南北寨汉墓画像研究》
　指导教师：罗二虎

郑州大学历史学院考古系
毕业博士研究生
　专业方向：秦汉考古
　　张文硕：《希腊城邦时期城市的考古学研究——兼与东周都城的比较》
　　周阵锋：《战国晚期至汉初墓葬的考古学研究——以关中、中原、江汉、巴蜀地区为中心》
　　王咸秋：《汉晋墓葬出土物疏与楬的考古学研究》
　　王祖远：《汉唐时期储粮遗存考古学研究》
　指导教师：韩国河

专业方向：隋唐考古
　　付江凤：《北朝隋唐家族墓地研究——以纪年家族墓地为中心》
指导教师：李　锋

专业方向：音乐考古
　　陈南南：《中原地区两周随葬编钟研究》
指导教师：王子初

专业方向：文化遗产保护与研究
　　刘秀娟：《第一批全国重点文物保护单位的历史考察（1949—1966）》
指导教师：刘庆柱

南京大学历史学院考古文物系
毕业博士研究生
专业方向：商周考古
　　杜博瑞：《陇东地区两周时期族群与社会的考古学研究》
指导教师：水　涛

专业方向：汉唐考古
　　林泽洋：《关中地区十六国墓葬研究》
指导教师：张学锋

专业方向：魏晋南北朝考古
　　朱　棒：《三国两晋南北朝官印研究》
指导教师：贺云翱
　　洪　薇：《六朝出土书迹的书法研究》
指导教师：周晓陆

专业方向：建筑考古
　　何乐君：《黄河中游地区龙山时代的建筑图景——以芦山峁遗址为中心》
指导教师：周学鹰

专业方向：中国古代玉器
　　吴　桐：《战国秦汉玉璧研究》
指导教师：周晓陆

中山大学社会学与人类学学院人类学系（不含补授、结业）
毕业博士研究生

赵柏熹：《长江中游彭头山文化至大溪文化时期陶支座及相关信仰研究》

王鸿洋：《汉代南襄盆地手工业遗存研究》

指导教师：郭立新

张　伟：《岭南伏波庙研究》

指导教师：郑君雷

杨国才：《闽广地区的唐宋墓葬研究》

指导教师：刘文锁

武汉大学历史学院考古系
毕业博士研究生

专业方向：文化遗产保护

赵春光：《环南中国海北岸新石器时代文化研究（7000—5000BP）》

秦静静：《考古学视域下的楚文化展示内容研究》

指导教师：余西云

山西大学历史文化学院考古学系
毕业博士研究生

专业方向：新石器时代考古

安　婧：《姜家梁墓地研究》

指导教师：李　君

专业方向：夏商周考古

靳　健：《西周青铜器生产体系研究》

指导教师：谢尧亭

南开大学历史学院考古学与博物馆学系
毕业博士研究生

专业方向：夏商周考古

艾　虹：《东周时期燕、赵、中山国城市的考古学研究》

指导教师：贾洪波

专业方向：秦汉考古

谢佳芮：《两汉魏晋南北朝医疗的考古学研究》

指导教师：刘尊志

专业方向：宋元明考古
　　曹永歌：《中唐至北宋都城及周边墓葬考古学研究》
　　孙怡杰：《宋代家族墓地的考古学研究》
指导教师：刘　毅

专业方向：陶瓷考古
　　余金保：《元代卵白釉瓷研究》
　　陈　扬：《明代景德镇以外瓷器研究》
指导教师：刘　毅

专业方向：博物馆学理论与博物馆实务
　　李明辉：《新媒体环境中博物馆陶瓷类藏品数字化研究》
指导教师：刘　毅

复旦大学文物与博物馆学系
毕业博士研究生
专业方向：考古学及博物馆学
　　刘　奥：《恽寿平书画风格研究》
　　施宇莉：《汉代漆器制作工艺研究——以川鲁苏地区为例》
指导教师：吕　静
　　张学津：《印谱类文献的病害研究》
　　黄献源：《民间纸质文献油渍病害的研究——以广西皮纸类文献为中心》
指导教师：陈　刚
　　周孟圆：《中国文物古迹保护价值理念演变研究——以石窟寺为中心》
指导教师：杜晓帆
　　寸云激：《大理白族乡土建筑研究》
指导教师：蔡达峰

出站博士后
专业方向：考古学
　　戴玲玲：《淮河中游地区新石器时代的动物利用和家畜饲养研究》
合作导师：袁　靖

首都师范大学历史学院考古学与博物馆学系
毕业博士研究生
专业方向：新石器时代考古
　　秦存誉：《秦王寨文化研究》

指导教师：袁广阔
  郭小兰：《庙底沟二期文化相关问题研究》
指导教师：袁广阔、欧阳启明

专业方向：艺术考古
  郭文芳：《吐峪沟第20窟研究》
指导教师：刘　屹

河南大学历史文化学院考古文博系
毕业博士研究生
专业方向：先秦考古
  张超华：《龙山时代礼制遗存研究》
指导教师：王　巍

专业方向：建筑考古
  张清文：《宋以前窗牖研究》
指导教师：李合群

出站博士后
专业方向：先秦青铜器
  孙海宁：《战国青铜乐钟研究》
合作导师：王　巍

专业方向：古文字
  赵　伟：《殷墟甲骨语词研究》
合作导师：王蕴智

重庆师范大学历史与社会学院
出站博士后
专业方向：科技考古
  余俊彤：《重庆老鼓楼衙署遗址古环境与古生态研究》
合作导师：武仙竹

浙江大学艺术与考古学院考古与文博系
毕业博士研究生
专业方向：考古学
  张翠松：《浙江地区三合土文物遗存认知与保护研究》

谢丽娜：《露天砂岩类石质文物无机镁基加固材料研究》
伍　洋：《碳酸盐石质文物构件劣化机理研究》
指导教师：张秉坚
孔叙仁：《吴历绘画研究》
指导教师：黄厚明
王旖旎：《博物馆展览中的体验式学习研究》
指导教师：严建强
黄心馨：《博物馆场域中的社会记忆建构研究》
指导教师：张颖岚
唐可星：《博物馆"策展人"的理论与实践研究》
指导教师：项隆元
马明宗：《出土文献与〈易〉学研究》
指导教师：曹锦炎
刘吉颖：《以色列 Ohalo Ⅱ 遗址后旧石器时代小石叶组合的破损模式和情境埋藏研究》
指导教师：陈　虹

中国人民大学历史学院考古文博系
毕业博士研究生
专业方向：史前考古
　朱彦臻：《中国北方地区新石器时代至夏商时期聚落形态研究》
指导教师：魏　坚
　袁　晓：《伊犁河流域青铜时代至早期铁器时代文化与社会的考古学研究》
指导教师：韩建业

专业方向：北方民族考古
　孟燕云：《中国汉长城与古罗马哈德良长城军事防御体系的比较研究》
　张　倩：《东周中山国墓葬的考古学研究》
指导教师：魏　坚

专业方向：历史考古
　严辉发：《东周淮汉地区文化交流的考古学观察——以铜器材料为基础》
　赵凌烟：《京津冀地区晚商至战国时期考古学文化研究》
指导教师：吕学明
　郭东珺：《中国北方地区十六国墓葬的考古学研究》
指导教师：李梅田

中国科学技术大学科技史与科技考古系
毕业博士研究生

专业方向：科技考古

  顾纯光：《基于植硅体分析的淮河中游新石器时代（8.8—4.0 ka BP）农业结构演化研究》

指导教师：杨玉璋、罗武宏

  杨苗苗：《环嵩山地区仰韶时代至龙山时代早期农业结构及其演化研究》

指导教师：杨玉璋

  高　军：《甘新地区史前绿洲社会金属资源流通模式及冶铜术传播——以哈密盆地铜器科学分析为中心》

指导教师：金正耀

  黄　梅：《两汉时期云贵高原汉式青铜器的科技分析及相关问题研究》

指导教师：金正耀、张兴香

专业方向：文物保护

  乔成全：《传统书画装裱工艺上墙工序的科学研究》

指导教师：龚德才、龚钰轩

安徽大学历史学院考古学系
出站博士后

专业方向：夏商周考古

  胡平平：《江汉淮地区东周时期楚、越文化融合的考古学观察》

合作导师：吴卫红

中国社会科学院大学历史学院考古系
毕业博士研究生

专业方向：汉唐考古

  汪　盈：《中国古代建筑遗迹的考古学研究——以汉唐时期都城城门遗址为中心》

指导教师：朱岩石

  蔡瑞珍：《辽代木质葬具研究》

指导教师：董新林

专业方向：古文字学

  刘婧妍：《金文所见西周诸王研究》

指导教师：冯　时

专业方向：中国古代玉器研究

  刘江涛：《兴隆洼文化玉器研究》

指导教师：刘国祥

逝世考古学家

石兴邦

陕西省考古研究所原所长、陕西省社会科学院原副院长石兴邦先生，于2022年10月21日16时45分在西安逝世，享年100岁。

石兴邦先生1923年10月出生于陕西省铜川市耀县石柱乡一个富农家庭，少年时代在家乡和县城读小学，1938年后分别在西安力行中学、省立西安第一中学、省立三原第三中学学习。1944年高中毕业时参加全省，会考，取得了全省第一名、全国第九名的成绩。是年考入重庆中央政治大学分校青年干校。1945年秋转入国立中央大学（1950年更名为"南京大学"）边政系学习，1949年夏毕业，获法学学士学位，同年秋，考入浙江大学人类学系，师从吴定良教授，攻读硕士研究生学位，选修了史前史、考古学、体质人类学、统计学等几门课程。读研期间，石兴邦师从英国留学归来的著名考古学家夏鼐先生，学习自己尤为喜欢的考古知识，随之参与了杭州玉泉山晋墓的发掘，这也成为他的首次田野实习。除了考古专业以外，他还学习了俄文版、英文版马列主义著作，强化了历史观的培养塑造。

1950年9月，学业未满的石兴邦先生随导师夏鼐先生到中国科学院考古研究所工作，先后任所务秘书、长江流域考古队直属队队长。1961年任陕西省考古研究所副所长，1976—1984年又返回中国社会科学院考古研究所工作，先后任副研究员、研究员，兼第一研究室副主任。1984年8月任陕西省考古研究所所长，1984年12月加入中国共产党，1985年6月任陕西省社会科学院副院长，兼任西北大学历史系教授。1993年12月退休。

石兴邦先生一生孜孜以求，不断吸收人类学、历史学、民族学等相关学科的成果与方法，大力拓展学科的思维空间和课题视野。在考古探索过程中，石兴邦先生注重方法论和实践的检验，奠定了扎实的专业知识和理论基础。

石兴邦先生是陕西考古事业的重要奠基人。他在重大项目发掘、田野工作布局、学术机构创新、学科体系完善、硬件设施改善、人才队伍培养等多方面作出了重大贡献。在中国科学院考古研究所和陕西省考古研究所工作期间，石兴邦先生主要负责西安半坡遗址发掘、关中地区考古调查等田野考古工作，后来又主持发掘了山西沁水下川和陕西临潼白家村两处重要遗址的发掘。同时还参加了《中国史稿》第一卷和《中国大百科全书·考古卷》的编写工作。在陕西工作期间，他重点发掘了秦咸阳、杨家湾、雍城、秦始皇陵兵马俑一号坑、周原等重大考古项目，以及李家村、下孟村等新石器时代遗存；建立了铜川、汉阴、绥德等数十个工作站；完善了全省的考古体制；培养了一大批高级研究人员；强化了省考古所的硬件建设；加强了陕西考古界与国际考古界的交流与合作；提升了陕西考古界在国内外同行中的知名度。从1979年起，他先后应邀或被派赴美国、德国、埃及、印度和日本等国及我国香港、台湾等地区访问、讲学和考察。

1989年访问德国时，与德国技研部合作在陕西省考古所建立了文物修复保护室，取得了丰硕的成果。经过双方十年的共同努力，在陕西建立了一座现代化的科学实验室。

石先生一生倾注心力最多、贡献最为突出的是中国史前考古研究，他对史前史及方法论、中国新石器文化体系、史前环境与生业形态考古、史前信仰与传说考古、中国文明起源形成与发展的考古研究都有独到的见解。石先生一生学术成就卓著，代表性著作有《西安半坡——原始氏族公社聚落遗址》《半坡氏族公社》《临潼白家村》《法门寺地宫珍宝》等，重要学术论文都收录在2015年出版的个人研究文集《石兴邦考古论文集》中。

1954年9月至1957年夏由石兴邦先生领导发掘的半坡遗址，开创了对史前遗址大规模科学发掘的范式。半坡遗址发掘中对聚落布局、生业方式、农业起源、氏族制度、灵魂崇拜、彩陶纹饰等问题系统研究，以及与自然科学结合的研究视野使之当之无愧的成为中国考古学发展史上的一个里程碑。同时半坡的发掘还促使我国首座遗址类博物馆——半坡遗址博物馆诞生。作为西安半坡遗址发掘的主持人，他用一柄手铲，发掘出了史前文明的秘密和未知细节。至今西安半坡遗址博物馆的台阶前，巍然屹立着石兴邦先生的半身塑像。

半坡遗址的考古成果被学界称为中国考古的"半坡范式"，潜移默化地引领了中国考古学发展态势。半坡范式首先是大型聚落址发掘范式的创立，成为中国全景式聚落考古的开端。其次，《西安半坡》考古报告的结构、主要章节内容、插图编排、表格与附录样式均具有创新，且信息量大、研究结论富于启发性，在当时创立了史前考古报告的范本，成为后来学者写作的模板。报告中的遗迹与遗物线描图，成为考古绘图的经典之作。此外，半坡博物馆是中国首座史前遗址博物馆，开创了中国大型考古遗址保护与展示范式的建立。

半坡的发掘开启了仰韶文化分期和分型研究的开端。半坡的发掘，第一次发现了丰富的仰韶文化资料，也是第一次比较全面揭露的一处仰韶文化遗址，使学者们有了重新全面细致认识仰韶文化内涵的可能，并最终确立了仰韶文化早期的半坡类型。1959年石兴邦先生就提出了仰韶文化的类型划分意见，确立了半坡类型和庙底沟类型。石兴邦先生正是由半坡出发，一步一步接近史前时代，经过不懈努力，对中国史前文化整体框架和中国文明形成的研究，提出了独到的见解与理论，逐渐攀上学术顶峰。

石兴邦先生对中国新石器文化体系的研究，有自己的理论支撑和方法论。他强调由自然环境史和大经济史的研究出发，考察人类社会的发展史和文化史，重视神话传说提供的线索，重构信仰传统，进一步探索文明起源与国家形成。这样的史前史研究思路与实践，为后人展示了完整的方法论，是石先生在学术上非常重要的贡献。

石兴邦先生立足中国考古实践，一生研究涉猎广泛，在仰韶文化、马家窑文化、齐家文化、河姆渡文化，以及黄河上游、东南沿海、珠江流域的史前文化等领域的研究上均有独到见解，在此基础上为区系类型理论的提出作出了诸多尝试和有效探索。20世纪70年代初，通过对长江流域的史前文化进行数次系统考察，并与黄河流域文化做了比较，结合民族文化史的角度进行整合考察，石兴邦先生开始构建中国新石器文化体系的轮廓，提出中国新石器文化体系可以概括为三大板块的观点和认识。1980年首先问世的《关于中国新石器文化体系的问题》一文，石兴邦先生开始由环境与经济模式观察史前，划分出旧石器时代山林采集经济、中石器时代山麓过渡经济和新石器时代河谷农畜经济，这三个环境与经济模式的确立，构建起最基本的认识框架。这些深刻认识，引领了后来中国考古学对于史前考古的宏观研究架构体系。

石兴邦先生一生坚持以考古资料为切入点，致力于古史探索和社会复原，并形成了《女娲氏族起源》《论"炎黄文化研究"及相关问题》《黄帝与中华民族的形成和发展》《中华龙的母体和原型是"鱼"——从考古资料探"中华龙"的起源和发展》《试论尧、舜、禹对蛮苗的战争》《黄河上游的父系氏族社会——齐家文化社会经济形态的探索》《从考古学文化探讨我国私有制和国家的起源问题——纪念摩尔根逝世100周年》等一系列重要成果，通过考古学材料的系统梳理和深入研究，通过有限的考古材料，重建中国史前史。

石先生在细石器研究方面也颇有建树。他在20世纪70年代组织了一支考古队，在山西中条山一线开展调查发掘，连续几年的工作获得丰硕成果。他根据考古实践提出21世纪的重点课题首要的是细石器革命与农业起源问题研究，其次是考古文化与历史文化的整合研究工作，还有中国文明起源和形成的研究等。

在学界习惯于将细石器仅作为一项石器制作技术传统研究的时候，石先生根据山西夏县下川细石器遗址的发现进行研究，提出中国细石器革命完成于2万年前，发生在中国腹地的山林原野之间，它的传播发展导致种植农业的出现，之后为北部沙漠草原地带不适宜农业文化的采集狩猎文化部族保留。这样的认识，使得中国细石器文化研究有了更开阔的视野。这样的认识，并不是从书本到书本，亦非是简单搬运过来的洋理论，而是石兴邦先生拿着手铲和毛刷一点点揭示出的真相。他接着又领导了陕西临潼白家村遗址的数年发掘，认为白家村初具规模的农业文化，与以采集文化为主的下川文化大约有1万年的时间之差和1000米的高程之差，这正是采集向农业转变的时空段，明确指出了农业起源研究的方向。

石兴邦先生一生为人师表，一直注重培养专业考古人才队伍。尤其是主持发掘半坡遗址期间，恰逢"第一届全国考古工作人员训练班"，石兴邦先生代夏鼐先生讲授大部分课程，并于1954年起将训练班的学员带至半坡遗址进行田野实习，将科学的发掘方法迅速普及到全国各地，使田野考古成为中国考古研究的主流。四届考古训练班共计培养了田野考古骨干340多人，其中许多学员成为20世纪五六十年代各地田野考古的领军人物，为中国考古、陕西考古事业发展打下了良好的基础，在新中国考古史上留下了光辉的一页，被称为考古界的"黄埔四期"。石兴邦先生和蔼可亲的为人，学风严谨、以身作则的教学风格，严于律己、严格要求学生的教学态度，为中国考古事业培养出了一批优秀的考古学者。

石兴邦先生先后工作于中国科学院考古研究所（1977年改为中国社会科学院考古研究所）、陕西省考古研究所、陕西省社会科学院，为中国史前考古作出了重大贡献，是陕西省考古事业的重要奠基人之一。曾任中国考古学会常务理事、陕西省考古学会会长、第七届全国人大代表，入选首届"陕西省社科名家"，享受国务院政府特殊津贴。2018年10月在成都举行的第二届中国考古学大会上，石兴邦先生荣获"中国考古学大会终身成就奖"，这是考古界对为中国考古事业作出巨大贡献的先生们致以的最高敬意。

石兴邦先生自小受到良好的教育，后深

受导师夏鼐先生影响，一生敦厚务实，行事低调，为人师表；他敏而好学，潜心钻研，孜孜不倦；他胸襟广阔，立意高远，知行合一。石兴邦先生光明磊落的为人处事风格，一丝不苟的治学精神，不拘一格的个人魅力，永远是我们学习的榜样，他贯通古今、积极探索、勇于创新的学术成就永远被中国考古学界和中国古史学界所敬仰和铭记！

（作者：种建荣；作者单位：陕西省考古研究院）

谢端琚

著名考古学家，中国社会科学院考古研究所研究员、考古所第一研究室原主任、考古所甘青队老队长谢端琚先生，2022年12月22日在北京因病去世，享年90岁。

谢端琚，1932年12月21日生于福建省闽清县。1955年厦门大学历史系毕业，分配到中国科学院（1977年后改属中国社会科学院）考古研究所工作，一直在田野考古第一线从事考古发掘调查和研究。谢端琚从一名考古的新手，很快成长为考古队长，又一步步成长为研究员，成为研究室主任，还曾任研究所高级专业技术职务职称评审委员、中国社会科学院古代文明研究中心专家委员会委员，担任中华伏羲文化研究会常务理事，获得国务院对突出贡献者的政府特殊津贴。谢端琚主编的考古报告，荣获夏鼐考古学奖和中国社会科学院优秀科研成果奖。

谢端琚到考古所最初就是在黄河水库考古工作队。1956—1957年他参加了黄河三门峡水库区的考古调查和发掘，在安志敏指导下进行田野考古。同时安志敏带领黄河水库考古队在河南工作之余，开始进入黄河上游的甘肃和青海，开展黄河库区考古调查。1958年谢端琚即受命担任了考古所甘肃队的队长（时称黄河水库考古队甘肃分队），在甘肃黄河刘家峡水库区，连续进行考古发掘调查工作。谢端琚带领甘肃队，首先发掘了张家咀遗址，1959年又相继发掘秦魏家和大何庄遗址，同时对刘家峡下游的黄河盐锅峡和八盘峡水库区，也进行了系列考古调查，还发掘了莲花台遗址。1960年甘肃队又分别发掘姬家川和马家湾遗址。谢端琚率领的甘肃队在刘家峡库区工作到1962年，较好完成了库区的重要考古发掘和调查任务，为刘家峡水电站建设作出了很大贡献。

在甘肃临夏盆地的刘家峡水库区的黄河谷地，从古至今，这里就是理想的人类活动和聚居区域。秦魏家、大何庄、张家咀、莲花台、马家湾等著名遗址，都分布在黄河与大夏河交汇的原永靖县的老县城莲花城附近地域范围，遗址多分布在黄河河谷的不同台地上。姬家川遗址位于刘家峡的峡口附近，地理环境优良。库区考古工作，几乎是连续不断展开，繁忙而紧张。谢端琚有序协调和主持了各项发掘与调查，并及时整理和执笔了相关发掘简报，由此得到锻炼提高，打下了他对黄河上游甘青地区古文化的最初认识和考古研究的扎实基础。多篇系列考古简报和中型报告，成为很长时间里，学术界对齐家文化和辛店文化认识和分析的基本资料，不断引起讨论和研究。谢端琚在田野积累的基础上，也在深入思考，深化认识，他的学术研究和思想起步于这些田野考古工作。

秦魏家和大何庄遗址发掘，解决了齐家文化年代、分期和性质归属等问题，墓地发现的诸多现象和铜器出土资料，让人们重新认识了齐家文化社会和发展水平。安特生提出六期说之后，夏鼐首先从齐家墓葬清理中，发现半山彩陶片，提出齐家期晚于仰韶期的新认识，动摇了安特生理论的基础。谢端琚带领甘肃队在刘家峡库区的考古工作，使新中国考古学家，重新对齐家文化作出全新认识和细致解读，不仅提出齐家文化分期，还对齐家文化建立了更多新认知。男女合葬墓的发现，并非最先报道却因简报的图像清晰、描绘准确，有判断解释，也有理论启发，而引起郭沫若院长带有文学感性色彩的解读。郭沫若"一点说明"文字不多，影响很大，让人充满想象，是对考古田野工作和考古新发现的价值肯定，激发了学者们讨论史前婚姻形态和社会发展，对考古学有了新的理解。张家咀和姬家川遗址的发掘，获得辛店文化的新资料，认识了辛店文化新类型，对唐汪类型陶器也重新有了新的认识。通过多处遗址包括莲花台遗址的发掘，谢端琚对辛店文化的内涵和发展有新的了解，提出了辛店文化不同类型划分的看法。在马家湾遗址发掘中，还新发现了马厂类型房址和窖穴遗迹，以事实否定了安特生所谓马厂为葬地的说法。

之后，谢端琚到东北和西南，参加了相关考古工作。1963—1964年在吉林和黑龙江的渤海国遗址调查发掘，1972—1973年协助云南省元谋大墩子遗址发掘，1973年参加黑龙江流域考古队，发掘绥滨同仁遗址。这些工作增加了他的考古见识。

1975年谢端琚率队到青海省，与青海省文物管理处长赵生琛一起，共同主持乐都柳湾墓地的考古发掘。他实际负责了考古发掘的学术，指导了发掘现场。他与赵生琛筹划把柳湾考古工地办成培训青海地方文物考古人员的实习训练基地。多年以后，青海省仍念念不忘柳湾的成功模式。谢端琚与地方结成深厚情谊，他热心关照青海，深受地方同志们爱戴。

谢端琚为队长的考古所甘肃队和青海队，成为后来甘青队的来源和基础。由他主编的《青海柳湾》发掘报告还在出版前的紧张阶段，他就思考重返甘肃开展有学术课题追求的考古探寻。在天水地区做了考古调查之后，1981年谢端琚主持了天水师赵村遗址发掘。从师赵村考古开始，甘青工作队的名称启用。甘青队也随之成为推动甘青地区史前考古发展的重要力量。谢端琚也逐渐成为甘青史前考古的重量级人物。

从甘青队开始，他有了明确学术目标，要做有课题意识的考古。身为队长，他也在塑造和传递着甘青队的探索方向和学术理念。在师赵村遗址，发现了从早到晚几乎连续不断的各类不同文化遗存，形成区域考古学序列的完整编年，这是难得的考古成果。谢端琚还敏锐抓住了师赵村遗址的齐家文化聚落，对于房址与聚落布局等有了初步认识。师赵村还出土一批齐家文化玉器，师赵村齐家文化明显具有较早期特征，这些都是师赵村考古发现的亮点。随后发掘西山坪遗址，更发现了前仰韶文化两个发展阶段的地层叠压关系，解决了大地湾一期和师赵村一期相对年代问题。在师赵村和西山坪之后，谢端琚又主持傅家门遗址发掘，终于解开他对田野考古工作探索的心结。傅家门遗址发现了较理想的石岭下类型考古遗存，还发现疑似刻划符号的卜骨，他总算有些心满意足把田野考古工作画上了一个圆满句号。谢端琚的考古一生，都是在田野的第一线，甘青队是他一生伴随、引以为骄傲的所在。

谢端琚主编《师赵村与西山坪》考古发掘报告，让年轻人都参与整理和编写，多方面培养他们的考古技能和实践。尽管没有青海柳湾那样的刻意培训，但甘青队也确实通过田野工作及室内报告的整理造就了一批考古绘图和修复的技能人才，有的还成了高级技师。他们都在更多地方发挥着更好的作用。从甘青队中走出来的晚辈学者，继承了他的品格和学风，继续发扬甘青队传统。甘青队和齐家文化的不解之缘也和他密不可分。在不同的田野工作中，甘青队都敏锐注意到齐家文化在黄河上游地区的特殊关键地位。只要和齐家文化相遇，就紧盯不放，必有新发现和新成果。甘肃齐家文化博物馆以齐家文化为特色和主题，他们对甘青队倍加推崇，认为甘青队几十年来从未间断过对齐家文化的田野探索，把齐家文化发现研究与考古所和甘青队田野工作紧密联系起来。这正是谢端琚主导甘青队的理念和意识。齐家文化博物馆执意寻求甘青队在学术上帮助指导地方考古工作的点点滴滴，其实，这是谢端琚在甘青地区巨大的影响力在起作用。

在大西北黄河上游甘青地区，谢端琚的史前考古事业达到了极致。他的研究，几乎包罗了甘青地区各个史前文化，许多重要方面他都提出了独到见解。他出版的《甘青地区史前考古》，简明扼要概述了各个考古学文化发现以及他的基本观点，是每一个研究甘青考古的学者和学生的必读书目。在他做研究室主任后，拓宽了更广阔的学术视野，也把所带的考古队伍拓展到了更多新地方。他是一个让人敬仰的学术大师，从不计名利，高风亮节，平易近人，宽厚待人也乐于助人。对于地方上的求助、年轻人的请教，他有求必应，满腔热忱。谢端琚生长在东南沿海，毕生献给了大西北荒野，他把论文都写在黄河上游的大地上。

（作者：叶茂林；作者单位：中国社会科学院考古研究所）

邹厚本

著名考古学家，南京博物院原考古部主任、研究馆员，江苏省考古学会原理事长邹厚本先生于2022年5月26日在南京逝世，享年87岁。邹先生是江苏考古学界的领军人物，是20世纪江苏考古事业的中流砥柱，为江苏考古事业的发展和文化遗产的保护作出了卓越的贡献。

邹厚本先生1936年10月出生于苏州。1955年9月考入北京大学历史系考古专业，师从苏秉琦先生。1964年4月入职南京博物院，5月即与赵青芳、尹焕章、纪仲庆、汪遵国等人前往邳州刘林遗址进行发掘，这是邹先生考古生涯的起点。这次发掘共发现145座新石器时代墓葬，成为后来学界探讨大汶口早期文化面貌和社会性质的重要资料。同年8月，他又与汪遵国、尤振尧一起参加了南京六合程桥东周墓的发掘，发掘出土了臧孙编钟等有铭文的青铜器。1965年2月，邹先生与赵青芳、纪仲庆参加涟水三里墩西汉墓的发掘，出土了错金银嵌绿松石飞鸟铜壶、错金银盘龙纹铜鼎、牺尊、镂空透雕盘蛇纹铜架、透雕蟠螭纹铜镜等精美青铜器。1965年冬，尹焕章带队，邹先生与赵青芳、钱锋等人又到徐州发掘丘湾遗址，发现了社祀现象。报告送中国社会科学院考古所后，夏鼐所长认为这个报告很重要，给予了充分的肯定。

邹厚本先生是江南"土墩墓"的发现者和命名者。土墩墓在20世纪50年代已被发现，但当时并不认识，不知道怎么定名，称其为"印纹陶遗存"。1974年11月镇江博物馆在句容浮山果园发掘的土墩墓，形制特殊、内涵丰富，引起了重视。邹先生和姚迁、赵青芳到现场考察后，决定由南京博物院再次进行发掘。1975年春，先生们用开探方的方法发掘了一座土墩墓，清理西周时期的墓葬八座，取得了重要的收获和认识。随后又发掘了高淳顾陇、永宁土墩墓，对墓葬制度、文化内涵特征和时代获得了新的认识。1978年8月24日，在江西庐山举办的"江南地区印纹陶问题学术讨论会"上，邹先生就湖熟文化和土墩墓问题作了发言，第一次正式在会议上用"土墩墓"命名这类墓葬遗存，得到了与会学者的认可。

自1986年起，邹先生开始担任南京博物院考古部主任，安排布置了新沂花厅、昆山赵陵山、苏州草鞋山、徐州狮子山楚王陵、宜兴古窑址调查与发掘等。

自20世纪90年代起，邹先生将视角投向了广阔的国际。1992年至1995年，邹先生与李民昌、谷建祥、丁金龙、姚德勤，江苏省农科院孙加祥、汤陵华以及日本宫崎大学农学部藤原宏志、佐佐木高明、工乐善通等人齐聚苏州草鞋山遗址，组成联合考古队，首次在国内进行水田考古的实践。发现马家浜文化时期水田44块以及与水田配套的水沟、蓄水坑（水井）、水口等农田灌溉系统。这是探索我国早期稻作农业文化的一次突破性进展，完成了从关注大遗存到关注微遗存、从关注人工遗存到关注自然遗存的转变，为田野考古水田遗构的标准化提供了依据；完成了从稻到稻作农业研究的转折，推动了农耕文明、聚落考古、生业环境等研究。1996年11月在日本宫崎县举办草鞋山遗址稻作起源探索的学术研讨会，产生了广泛的国际学术影响。

1994年7月14日，国家文物局批复同意狮子山楚王墓的考古发掘工作，同时要求发掘工作由南京博物院和徐州汉兵马俑博物馆联合组队，共同拟定发掘和保护方案。南京博物院派邹先生与徐州汉兵马俑博物馆的王凯老师共同领队主持狮子山楚王墓的发掘工作，同时邹先生还任发掘专家组成员。从1994年12月中旬至1995年4月，在三个多月的发掘过程中，邹先生坐镇徐州，全力投入发掘工作中，从发掘方案的制定到重要遗迹的清理，亲力亲为，圆满完成了考古任务。狮子山楚王陵被评为1995年度全国十大考古新发现。

此外，邹先生主持或参与发掘的考古项目还有沭阳万北遗址、丹徒断山墩遗址、高邮天山汉墓等。除发掘工作外，他的足迹遍布全省各市区县，熟悉各地区的地域文明，对全省的文物考古资源了然于胸，能够高屋建瓴、抓住重点，在不同层面上呼吁和建议地方政府加强文物保护工作。除田野工作外，邹先生的主要论著有：《江苏盱眙东阳汉墓》《略论宁镇地区青铜文化序列》《江苏考古的回顾与思考》《青莲岗文化再研究》《江苏徐州市狮子山西汉墓的发掘与收获》。主持编撰《江苏考古五十年》。

21世纪以来，邹先生工作上虽退居二线，但退而不休，花甲之年后仍长期在江苏田野考古一线指导和参与考古工作。从苏北到苏南，邳州梁王城、睢宁下邳故城、泗洪顺山集、兴化蒋庄、淮安黄岗、宁镇－扬溧周代土墩墓群、常州寺墩、宜兴骆驼墩、张家港东山村和黄泗浦等遗址，都留下了邹先生不辞劳苦、谆谆教导的影像。如自2014年起，徐州土山汉墓永久性保护建筑完工，土山二号墓考古工作进入室内阶段，由徐州博物馆主持发掘工作。为提高发掘工作质量，江苏省文物局组织成立了考古发掘专家组，指导发掘工作，专家组成员中以邹先生最为年长，大家都推举他担任组长，邹先生坚辞不受，坚持要由信立祥先生任组长，自己任副组长。从2014—2021年，土山二号墓持续进行了7年有余的考古工作，每遇重要发现或每年年底，都会举行年度考古成果专家会，邹先生都会如期参加并提出自己的见解和指导意见。除此之外，邹先生还经常致电询问发掘进展情况，提醒发掘应该注意的问题。正是在邹先生以及专家组细致入微的指导下，徐州土山二号墓获评2020年度"全国十大考古新发现"。

2015年，在谈及新时期南京博物院乃至江苏省的考古事业应如何发展时，邹先生结合自己半个多世纪江苏考古工作的经验，提出了应着重探索诸如史前考古学文化的命名与研究，先秦时期吴、徐等诸侯国的界定与研究以及中古时期江苏地域文明的发展进程研究等课题，建立考古工作站和考古资料数据库，培养更多更权威的专业人才，推进科技考古、水下考古、公众考古等各分支学科的建设与发展等诸多中肯的意见，以促进江苏考古事业取得更大的发展。

邹先生德高望重、平易近人，不遗余力提携后进。他要求刚参加工作的年轻人首先要扎根田野，在考古工地上摸爬滚打三五年。他指出："考古人才的培养是个积累过程，要把他们放到第一线去锻炼，稍有资历和发展潜力的要放在专业岗位上，不要急于提拔到行政领导岗位上。"上至省内各地考古所的所长、下至新入职的年轻人，乃至尚未工作的实习学生，邹先生均一视同仁，学问上倾囊相授，学术上平等对待，生活上关怀备至，深受江苏考古界每一个年轻晚辈的尊敬和爱戴。

邹厚本先生将毕生精力贡献给了江苏的考古事业，呕心沥血，殚精竭虑。邹先生的离去，是江苏考古学界的重大损失。我们永远怀念他。

（作者：周润垦；作者单位：江苏省文物考古研究院）

陈旭

考古学家、教育家、郑州大学历史学院教授陈旭先生，于2022年12月28日13时45分因病医治无效在郑州逝世，享年85岁。

陈旭先生，1938年出生于北京，1963年毕业于北京大学历史系考古专业，同年分配至河南省文化局文物工作队工作。1974年任教于郑州大学，是郑州大学考古专业的主要创办者之一，曾任郑州大学文博学院副院长、教授、博士生导师。

早在20世纪60年代初，陈旭先生从北京大学考古专业毕业后，便毅然选择从京城赴河南从事田野考古工作。她在河南省文化局文物工作队、河南省博物馆工作期间便参加了裴李岗、洛达庙、郑州商城等遗址的考古发掘工作，尤其是系统整理过郑州洛达庙遗址、郑州商城遗址的发掘资料，为以后从事夏商考古研究奠定了坚实的基础。调入郑州大学后，陈旭先生主要承担商周考古的教学工作，这无疑促进并深化了她对夏商周考古学术问题的认识及研究。陈旭先生作为一个女同志，致力于我国的考古事业，桃李满天下，而且巾帼不让须眉，在夏商考古研究特别是商文化研究中独树一帜，提出了许多独到的见解，因而成为学术界知名的女考古学家。

陈旭先生的主要学术贡献，首先是郑州商文化和郑州商城的系统研究，包括分期、年代及性质。关于郑州商城的始建年代，陈旭先生通过郑州商城城墙的地层堆积及叠压打破关系结合城墙内的出土陶片首倡郑州商城始建于南关外期，而非学术界当时普遍认为的二里岗下层期（《郑州商文化的发现与研究》）。关于郑州商城的宫殿基址，陈旭先生通过认真分析和缜密论证，提出宫殿基址的建造可分三个时期：第一组宫殿基址始建于南关外期，第二组和第三组宫殿基址分别建造于二里岗下层和二里岗上层，至迟到白家庄期宫殿基址全部遭到破坏而废弃（《郑州商城宫殿基址的年代及其相关问题》）。关于铸铜作坊遗址的年代，通过分析，陈旭先生认为南关外铸铜作坊的兴建和使用年代始于南关外期，经历二里岗下层和上层期，到白家庄期终止；紫荆山北铸铜作坊的兴建和使用年代，始于二里岗上层，延续到白家庄期为止（《郑州商代铸铜遗址的年代及相关问题》）。关于青铜器窖藏坑内青铜器的制作年代和埋藏年代，通过对杜岭街和向阳回民食品厂两处窖藏坑内出土青铜器的逐一形态分析，陈旭先生认为这些青铜器的制作年代少数在二里岗期下层偏晚，多数属二里岗上层期。杜岭街窖藏坑的埋藏时代在白家庄期，向阳回民食品厂窖藏坑的埋藏时代在白家庄前期（《郑州杜岭和回民食品厂出土青铜器的分析》）。通过以上诸遗存的论定，最终确定了郑州商城的历史年代：即郑州商城作为王都始建于南关外期，在历史年代上应是商汤灭夏前后；历经二里岗下层和上层期的繁荣，最终废弃于白家庄期（《郑州商代王都的兴与废》）。这一综合的论定，对研究郑州商城的年代和性质是有重要意义的。正如邹衡先生在为陈旭先生《夏商文化论集》所作的序中指出的那样："她研究商城与其他诸多学者不同的是，她不是孤立地就商城而论商城，而是对商城内的宫殿基址、商城内外的铸铜遗址、铜器窖藏坑、陶器作坊遗址和墓葬等诸多遗迹现象综合起来进行分析的，因而可达到相互印证、相互补充的效果。一般学者都认为郑州商城起始并终止于二里岗期，陈旭教授则认为郑州商城起始于南关外期，终止于白家庄期，使郑州商城的许多现象都可得到圆满的解释。"

陈旭先生提出的郑州商城始建于南关外期的观点最终得到学界的广泛认同。这一论定不但有力地支持了郑州商城亳都说，实际上也成为研究夏商分界和追溯先商文化的支点。

其次，陈旭先生首倡并论证了郑州小双桥隞都说。商代隞都问题，一直是个悬而未决的问题。郑州商城的发现，使学术界普遍认为其即隞都。在20世纪70年代末郑亳说提出后，隞都说遂成了悬案。小双桥遗址的发现，使一直思考此问题并有敏锐学术洞察力的陈旭先生意识到：小双桥遗址很可能就是隞都遗址。原因有四：其一，小双桥遗址具有王都的内涵和规模；其二，小双桥遗址与隞都地望基本相合；其三，小双桥遗址的文化年代与隞都的年代相近；其四，小双桥遗址的文化内涵单纯，与隞都的历史年代短也相吻合（《商代隞都探寻》《小双桥遗址的年代和性质》）。随后的发掘进一步证实了陈旭先生的判断，陈先生据此进一步阐述了小双桥遗址的年代与性质。如进一步确定了小双桥遗址的面积达144万平方米，发现有夯土建筑基址、祭祀坑、铸铜遗存以及青铜器、玉器、原始瓷器、象牙器、石磬和朱书陶文等，说明小双桥遗址完全具备都邑的条件和性质。小双桥遗址商文化的年代属白家庄期，而郑州商城废弃于白家庄期，二者年代前后衔接，又有此兴彼废的关系，郑州商城是亳都，则小双桥无疑是隞都。此外，小双桥遗址发现有大量的岳石文化因素，当是仲丁征蓝夷这一历史事件的反映。这些新的阐述，使得小双桥遗址隞都说的论证更加扎实而缜密（《小双桥遗址的发掘和隞都问题》《郑州小双桥遗址即隞都说》）。邹衡先生评价说，"陈旭教授最大的学术贡献就是她首次提出并周密地论证了小双桥隞都说"。小双桥遗址隞都说的提出和论定解决了学界悬而未决的问题，极大地推动了商代考古和商史研究。

陈旭先生也十分关注先商时期的南亳问题与商文化渊源的探索。她先后主持了1998年河南新乡长垣宜丘遗址考古发掘、2002年河南商丘地区考古调查，通过系统的考古工作与综合研究论证了夏商之际豫东地区的考古学文化面貌，指出自西晋皇甫谧以来的所谓"汤居南亳"并不能得到考古学材料的支持，而从考古学文化来看漳河型先商文化由冀南地区经河南安阳、新乡，抵达今商丘西部的惠济河流域。陈旭先生的上述研究成果与学术观点，为商汤亳都的最终论定及商人南下路线的探讨作出了积极的贡献，同时得到学术界较为普遍的肯定。

当然，陈旭先生的学术贡献不止于此，她的研究还涉及二里头夏文化、偃师商城、夏商文化分界、盘庚迁殷问题、南亳问题、商代青铜器、商代的冶铸业、农业、手工业、商业与贸易等。特别值得一提的是她的《邹衡先生与夏文化探索》一文，全面、客观、公平、公正地介绍了邹先生的主要学术贡献和学术功绩，并给予了恰如其分的评价，是了解邹先生学术贡献和学术历程的一篇必读佳作。

陈旭先生的另一个重要贡献是策划了郑州商城亳都说的大型系列宣传推介活动，即2003年与《东方家庭报》联合推出"启封郑州灿烂古代文明暨郑州商城之谜系列报道"。这一切源于当时记者采访陈旭教授时，对她所讲的郑州有3600年建都史等学术常识表示出惊讶与不解，陈旭教授受到极大震动，意识到科研成果与社会公众的隔阂，并决心尝试改变这一现状，决定身体力行地将郑州商城的研究成果推向社会。是年陈旭教授不顾年老体弱与《东方家庭报》记者赴京先后拜访了宿白、邹衡、李伯谦、张文彬、刘绪、董琦、李维明等国内知名的考古学家，又联络安排了报社记者对郑州文物界的许顺湛、郑杰祥、孙英民、秦文生、张松林、张新斌、海萌辉、王文华、李立新、焦金荣等先生的专访。该报道从2003年5月延续至9月，先后刊发特别报道23期，从而使郑州商城亳都说与3600年建都史等科研成果为社会大众熟知，极大地促进了科学研究服务于社会，较为前瞻性地践行了公众考古的理念。这一活动在社会上特别是在郑州地区引起了极大的反响，成为推动郑州申报中国第八大古都的动力，并引起郑州市有关领导的关注，最终促成郑州加入中国八大古都的行列。

陈旭教授作为一个考古学家，在她担任郑州大学文博学院副院长期间，由她带领郑州大学本科生、研究生先后与河南省文物研究所（现河南省文物考古研究院）、洛阳市文物工作队（现洛阳市文物考古研究院）联合发掘的郑州石佛乡小双桥商代遗址、河南孟津妯娌新石器时代聚落遗址均荣获当年的"全国十大考古新发现"，作为一名考古工作者，这不能不算一件幸事，但无疑也与她的工作态度、她的学术意识是分不开的。

陈旭教授是郑州大学考古专业的主要创办者。作为一名教师，陈旭教授桃李满天下，她的教学、她的科研无不得到大家的认同与好评。同时，作为一名有领导职务的教师，陈旭先生在她的任内，有力地推动了郑州大学历史系特别是考古专业的学科发展——成功举办了郑州大学考古专业20年庆，圆满完成了郑州大学申报"211工程"的郑州大学博物馆的文物陈列规划与设计，圆满完成了"211工程"专家组对郑州大学考古专业检查的接待工作，为郑州大学圆满申报"211工程"尽了她的一份力量。

陈旭先生虽然出生于北京，却与河南的考古事业结下了不解之缘。她参与编著了《中国考古学通论》（河南大学出版社1990年版）。她的主要研究成果《夏商文化论集》（科学出版社2000年版）、《夏商文化研究续集》（科学出版社2017年版）已结集出版。她的另一本学术专著《夏商考古》（文物出版社2001年版）可以说是对20世纪夏商考古工作的回顾与总结，资料翔实，内容丰富，具有较高的学术价值。听闻《夏商考古》已进行了修订，新版应该代表着陈旭先生对夏商考古最新发现和研究成果的总结与归纳。

陈旭先生一生潜心治学，视学术如生命，简单而纯粹。先生做事勤勉，淡泊名利，生活简朴，有社会责任感。她尊师重长，提携后学，有长者风范。虽然先生离开了我们，但她光明磊落的为人处事，求真求实的治学精神，永远值得我们铭记、学习并发扬！

（作者：徐昭峰、朱光华；作者单位：辽宁师范大学研究生院、首都师范大学历史学院）

考古学文献资料目录

考古学书目

壹　总类

一　考古学通论

中国百年百大考古发现　中国文物报社、中国考古学会编　文物出版社　2022年11月　目录、概述12页　文406页　插图1623幅　16开

考古学：理论、方法与实践［第八版］　［英］科林·伦福儒（Colin Renfrew）、［英］保罗·巴恩（Paul Bahn）著　陈淳、董宁宁、薛轶宁、郭璐莎译　上海古籍出版社　2022年11月　652页　插图792幅　16开

考古学研究入门［修订版］（历史学研究入门丛书）　陈淳著　北京大学出版社　2022年9月　337页　16开

中国考古学十八讲［第二版］（西北大学考古学系列教材）　张宏彦、翟霖林著　科学出版社　2022年9月　536页　插图341幅　插表19幅　16开

张忠培考古学讲义（中国考古学）　张忠培著　高蒙河、赵宾福、段天璟整理　吉林大学出版社　2022年7月　目录8页　文319页　插图107幅　附图13幅　32开

考古学研究指要（国家社科基金后期资助项目）　陈胜前著　中国人民大学出版社　2022年12月　目录5页　文324页　16开

北京大学考古百年（1922—2022）　北京大学考古文博学院编　沈睿文、陈冲主编　文物出版社　2022年4月　全二册　前言、目录13页　文、照片961页　16开

从考古看中国　全国哲学社会科学工作办公室编　中华书局　2022年4月　284页　插图145幅　16开

考古中国：15位考古学家说上下五千年　许宏、魏兴涛、唐际根、雷雨、刘瑞、王宁远、孙周勇、赵海涛、蒋文孝、全洪、齐东方、李岩、李军、郑建明、于春雷著　中信出版社　2022年1月　393页　插图375幅　16开

伟大的考古学家　［英］布赖恩·费根（Brian Fagan）著　李志鹏、李凡译　商务印书馆　2022年1月　目录7页　文364页　插图203幅　16开　译自 The Great Archaeologists, Thomas and Hudson Ltd.,2014

中国考古学：走进历史真实之道［增订版］　张忠培著　文物出版社　2022年7月　序、目录8页　文255页　插图11幅　16开

早期中国：社会与文化史　李峰著　刘晓霞译　生活·读书·新知三联书店　2022年2月　303页　插图85幅　16开　译自 Early China, a Social and Cultural History, Cambridge University Press, 2013

夏鼐书信集　夏鼐著　王世民、汤超编　社会科学文献出版社　2022年8月　前言、凡例、目录8页　文467页　手稿8页　16开

国宝流失百年祭　常青、黄山著　浙江古籍出版社　2022年6月　391页　插图301幅　16开

考古何为（天津市文史研究馆馆员著述系列）　陈雍著　天津人民出版社　2022年8月　序、目录7页　文438页　插图138幅　16开

中国古代高等级贵族陵墓区规划制度研究（"通古察今"系列丛书）　胡进驻著　河南人民出版社　2022年5月　156

页 32 开

考古人眼中的世界（浙江省文物考古研究所公共考古与图录，第四十五号） 浙江省文物考古研究所编 张琦主编 浙江大学出版社 2022 年 6 月 157 页 彩版 89 幅 16 开

纠缠小史：人与物的演化 ［英］伊恩·霍德（Ian Hodder）著 陈国鹏译 文汇出版社 2022 年 4 月 201 页 插图 16 幅 32 开 译自 Where are We Heading, the Evolution of Human and Things, 2018

二 各地考古综述

洛阳考古百年 洛阳市文物考古研究院编著 赵晓军主编 科学出版社 2022 年 9 月 序、目录 11 页 文、彩版、照片 304 页 16 开

考古商丘（河南大学考古中原系列丛书） 王良田著 科学出版社 2022 年 11 月 序、目录 6 页 文 278 页 插图 308 幅 16 开

三峡考古文化教程 杨华、唐春生著 科学出版社 2022 年 10 月 目录 13 页 文 416 页 插图 138 幅 彩版 20 页 16 开

中国东南沿海沙丘遗址考古先锋：意大利麦兆良粤东考古的研究 邱立诚、邓聪著 汕尾市博物馆编 科学出版社 2022 年 8 月 序、前言、目录 9 页 文 140 页 插图 67 幅 16 开

成都考古史 成都文物考古研究院编著 颜劲松主编 科学出版社 2022 年 9 月 文 258 页 彩版、图版 174 页 16 开

青海文物考古研究 青海省文物考古研究所编 武国龙主编 科学出版社 2022 年 10 月 315 页 插图 221 幅 插表 12 幅 16 开

新疆考古论稿（中山大学人类学文库） 刘文锁著 商务印书馆 2022 年 9 月 455 页 插图 157 幅 插表 5 幅 16 开

三 论文集

丝绸之路考古（第六辑） 中国考古学会丝绸之路考古专业委员会、西北大学文化遗产学院、宁夏文物考古研究所编 罗丰主编 科学出版社 2022 年 12 月 244 页 插图 131 幅 插表 12 幅 16 开

郑州文物考古与研究（四）（中国·郑州考古，二十六） 郑州市文物考古研究院编 顾万发主编 文物出版社 2022 年 11 月 全二册 目录 6 页 文 1345 页 插图 1636 幅 插表 33 幅 16 开

共辉集：辉县考古发掘 70 周年暨古代文明研讨会纪念文萃 新乡市文物考古研究所编 科学出版社 2022 年 5 月 序、目录 12 页 文 264 页 插图 55 幅 插表 8 幅 彩版 8 幅 16 开

沈阳考古文集（第 8 辑）：沈阳市文物考古研究所建所二十周年纪念文集 沈阳市文物考古研究所编 丛丽莉主编 科学出版社 2022 年 5 月 序、目录 6 页 文 422 页 插图 232 幅 插表 22 幅 彩版 8 页 16 开

西藏文物考古研究（第四辑） 西藏自治区文物保护研究所编著 李林辉、罗布扎西主编 科学出版社 2022 年 4 月 文 370 页 插图 238 幅 插表 59 幅 彩版 40 页 16 开

考古学研究（十三） 北京大学考古文博学院、北京大学中国考古学研究中心编 文物出版社 2022 年 4 月 全二册 826 页 插图 384 幅 插表 45 幅 16 开

考古学研究（十四）：科技考古研究专号 北京大学考古文博学院、北京大学中国考古学研究中心编 崔剑锋、姜晓晨阳主编 科学出版社 2022 年 10 月 376 页 插图 140 幅 插表 56 幅 16 开

考古学研究（十五）：庆祝严文明先生九十寿辰论文集 北京大学考古文博学院、北京大学中国考古学研究中心编 文物出版社 2022 年 9 月 全二册 文 660 页 插图 304 幅 插表 10 幅 照片 12 页 16 开

古代文明（第十六卷） 北京大学中国考古学研究中心、北京大学震旦古代文明研究中心编 上海古籍出版社 2022年7月 357页 插图185幅 插表45幅 16开

宿白纪念文集 北京大学文博考古学院编 文物出版社 2022年1月 518页 插图336幅 插表8幅 16开

边疆考古研究（第31辑） 吉林大学边疆考古研究中心编 王立新、彭善国主编 科学出版社 2022年7月 文356页 插图182幅 插表23幅 彩版12页 16开

边疆考古研究（第32辑） 吉林大学边疆考古研究中心编 王立新、彭善国主编 科学出版社 2022年12月 文438页 插图263幅 插表60幅 彩版7页 16开

东方考古（第十九集） 山东大学《东方考古》编辑部编 科学出版社 2022年6月 文330页 插图175幅 插表26幅 彩版8页 16开

东方考古（第二十集） 山东大学《东方考古》编辑部编 科学出版社 2022年12月 文336页 插图169幅 插表28幅 彩版8页 16开

北方民族考古（第十三辑） 中国人民大学北方民族考古研究所、中国人民大学历史学院考古文博系编 魏坚主编 科学出版社 2022年6月 文379页 插图201幅 插表23幅 彩版16页 16开

北方民族考古（第十四辑） 中国人民大学北方民族考古研究所、中国人民大学历史学院考古文博系编 魏坚主编 科学出版社 2022年12月 文347页 插图161幅 插表22幅 彩版4页 16开

南方民族考古（第二十四辑） 四川大学博物馆、四川大学考古文博学院、成都文物考古研究院编 霍巍、颜劲松主编 科学出版社 2022年12月 文325页 插图156幅 插表34幅 彩版8页 16开

南方民族考古（第二十五辑） 四川大学博物馆、四川大学考古文博学院、成都文物考古研究院编 霍巍、颜劲松主编 科学出版社 2022年12月 文360页 插图223幅 插表13幅 彩版24页 16开

西部考古（第23辑） 文化遗产研究与保护技术教育部重点实验室、西北大学丝绸之路文化遗产保护与考古学研究中心、边疆考古与中国文化认同协同创新中心、西北大学唐仲英文化遗产研究与保护技术实验室编 冉万里主编 科学出版社 2022年10月 462页 插图585幅 插表10幅 16开

西部考古（第24辑） 文化遗产研究与保护技术教育部重点实验室、西北大学丝绸之路文化遗产保护与考古学研究中心、边疆考古与中国文化认同协同创新中心、西北大学唐仲英文化遗产研究与保护技术实验室编 冉万里主编 科学出版社 2022年12月 297页 插图280幅 插表36幅 16开

根与魂：考古学视野下不断裂中华文明研究（郑州大学"中原历史文化研究丛书"第14-1-5卷） 韩国河主编 科学出版社 2022年7月 序、目录8页 文450页 插图127幅 插表23幅 16开

复旦大学文化遗产研究 复旦大学博物馆、复旦大学文物与博物馆学系编 复旦大学出版社 2022年6月 文377页 插图71幅 插表22幅 彩版22页 32开

南雍问道：南京大学考古专业成立50周年纪念文集 南京大学历史学院考古文物系编 科学出版社 2022年10月 全三册 绪论、目录19页 文1607页 插图703幅 插表78幅 16开

南雍史学一百二十年（卷四）：考古与文物 南京大学历史学院主编 张生选辑 南京大学出版社 2022年11月 709页 插图259幅 插表37幅 16开

东亚文明（第三辑） 南京师范大学文物与博物馆学系编 社会科学文献出版社 2022年12月 361页 插图203幅 插表13幅 16开

河南博物院院刊（第六辑） 河南博物院编 马萧林主编 大象出版社 2022年7月 154页 插图131幅 插表20幅 16开

山东博物馆辑刊（2022 年） 山东博物馆编 于秋伟主编 文物出版社 2022 年 12 月 293 页 插图 508 幅 插表 10 幅 16 开

陕西历史博物馆论丛（29）：文本、图像与中国古代文化研究 陕西历史博物馆编 侯宁彬主编 三秦出版社 2022 年 12 月 411 页 16 开

上海博物馆集刊（第十三期）：上海博物馆建馆七十周年 上海博物馆编 上海书画出版社 2022 年 12 月 517 页 插图 433 幅 插表 76 幅 16 开

淮海文博（第三辑） 徐州博物馆编 李晓军、陈钊主编 科学出版社 2022 年 10 月 文 242 页 插图 117 幅 插表 19 幅 彩版 6 页 16 开

苏州文博论丛（2021 年，总第 12 辑） 苏州博物馆编 文物出版社 2022 年 5 月 167 页 插图 83 幅 插表 5 幅 16 开

湖南省博物馆馆刊（第十七辑） 湖南省博物馆编 段晓明主编 岳麓书社 2022 年 文 717 页 彩版 22 页 16 开

博物馆学刊（第八辑） 四川博物院编 韦荃主编 巴蜀书社 2022 年 6 月 文 227 页 插图 137 幅 插表 15 幅 彩版 18 页 16 开

文物中的鸟兽草木（中华文化新读） 刘敦愿著 郑岩编 四川人民出版社 2022 年 11 月 305 页 插图 126 幅 32 开

张长寿、陈公柔先生纪念文集 李峰、施劲松主编 中西书局 2022 年 12 月 文 664 页 插图 251 幅 插表 18 幅 照片 6 页 16 开

国博名家丛书：俞伟超卷 俞伟超著 北京时代华文书局 2022 年 11 月 全二册 887 页 插图 155 幅 插表 5 幅 16 开

学而述而里仁：李伯谦先生从事教学考古 60 周年暨学术思想研讨会文集（中华之源与嵩山文明研究系列丛书） 王文超、何驽主编 大象出版社 2022 年 12 月 序、前言、目录 13 页 文 668 页 插图 238 幅 插表 13 幅 16 开

庆芳华：刘庆柱、李毓芳考古五十年文集 刘庆柱、李毓芳著 科学出版社 2022 年 9 月 前言、目录 10 页 文 721 页 插图 149 幅 插表 4 幅 照片 32 页 16 开

历史记忆与考古发现 李零主编 商务印书馆 2022 年 5 月 272 页 插图 144 幅 插表 10 幅 16 开

问道：当代中国考古字现状的反思与前瞻（古代历史文化研究辑刊，二八编） 裴安平著 花木兰文化事业公司 2022 年 9 月 全二册 序 19 页 文 404 页 插图 82 幅 16 开

多维视野的考古求索（北京大学考古学丛书） 李水城著 上海古籍出版社 2022 年 8 月 481 页 插图 151 幅 插表 10 幅 16 开

邱永生文集（南京博物院学人丛书） 邱永生著 南京博物院编 文物出版社 2022 年 8 月 文 376 页 插图 25 幅 插表 9 幅 照片 12 页 16 开

墓葬中的礼与俗（北京大学考古学丛书） 沈睿文著 上海古籍出版社 2022 年 8 月 395 页 插图 166 幅 插表 13 幅 附图 10 幅 16 开

考古地理论集 王妙发著 复旦大学出版社 2022 年 3 月 385 页 32 开

建康问学：麦舟和他的弟子们 《建康问学》编委会编 凤凰出版社 2022 年 11 月 序、目录 22 页 文 694 页 插图 178 幅 插表 25 幅 32 开

书写·图像·景观——汪涛自选集（六零学人文集） 汪涛著 中西书局 2022 年 11 月 目录、序 18 页 文 373 页 插图 78 幅 插表 3 幅 16 开

补遗

辽宁省博物馆馆刊（2021） 辽宁省博物馆编 王筱雯主编 科学出版社 2021年12月 文409页 插图263幅 插表19幅 彩版4页 16开

益阳先秦考古文集 潘茂辉著 岳麓书社 2021年9月 文348页 彩版24页 16开

四　博物馆藏品、陈列和展览图录

中国国家博物馆馆藏精粹 王春法主编 北京时代华文书局 2022年1月 235页 彩版100幅 20开

何以中国 故宫博物院编 故宫出版社 2022年9月 232页 插图47幅 彩版133幅（组） 16开

和合共生：故宫·国博藏文物联展（中国国家博物馆国内交流系列丛书） 故宫博物院、中国国家博物馆编 故宫出版社 2022年10月 全二册 569页 彩版308幅 8开

山西珍贵文物档案（17）：临汾卷 山西省文物局编 科学出版社 2022年11月 凡例、前言、目录8页 彩版207页 16开

山西珍贵文物档案（18）：忻州、晋城、阳泉卷 山西省文物局编 科学出版社 2022年11月 凡例、前言、目录8页 彩版182页 16开

山西珍贵文物档案（19）：吕梁综合卷 山西省文物局编 科学出版社 2022年11月 凡例、前言、目录14页 彩版218页 16开

山西珍贵文物档案（20）：吕梁画像石卷 山西省文物局编 科学出版社 2022年11月 凡例、前言、目录8页 彩版、拓图217页 16开

长城内外皆故乡：内蒙古文物菁华展（中国国家博物馆国内交流系列丛书） 中国国家博物馆编 王春法主编 北京时代华文书局 2022年3月 323页 彩版257幅 16开

和合中国 辽宁省博物馆编 甄杰主编 辽宁美术出版社 2022年9月 597页 彩版270幅（组） 8开

泱泱华夏，择中建都 河南博物院编 马萧林主编 文物出版社 2022年8月 420页 文物彩版440幅 辅助说明图版165幅 16开

国宝中的黄河文明 张得水、武玮主编 大象出版社 2022年3月 前言、目录10页 文285页 插图173幅 16开

文明在宛：南阳出土国宝文物集粹 南阳市博物馆编著 尹俊敏主编 文物出版社 2022年9月 228页 彩版184幅 16开

崤函遗珍品鉴 三门峡市博物馆编 李书谦、崔松林主编 大象出版社 2022年12月 序、目录6页 文420页 插图362幅 16开

榆阳瑰宝《榆林藏珍》编委会、榆阳区文化和旅游文物广电局编 徐亚平、徐涛主编 文物出版社 2022年6月 293页 彩版 16开

考古里的长江文明：新时代·新发现 中国文物报社、张家港市人民政府编 周颖、李晨主编 江苏凤凰文艺出版社 2022年12月 163页 彩版142幅 16开

长江文明考古纪 张家港市人民政府、中国文物报社编 江苏凤凰文艺出版社 2022年12月 150页 彩版 16开

盛世芳华：上海博物馆受赠文物精粹 上海博物馆编 杨志刚主编 上海书画出版社 2022年3月 234页 彩版 8开

美美与共：上海博物馆特别展览集萃 上海博物馆编 褚晓波主编 上海书画出版社 2022年12月 269页 彩版638幅 8开

金色华章：上海博物馆文化交流展览集萃 上海博物馆编 褚晓波主编 上海书画出版社 2022年12月 188页 彩版

404幅 8开

见器如晤：80件文物里的镇江三千年 镇江博物馆编 张剑、马彦如撰 江苏大学出版社 2022年11月 目录10页 文325页 插图129幅 32开

湖北省博物馆馆藏珍品 《湖北省博物馆馆藏珍品》编委会编 方勤、万全文主编 湖北科学技术出版社 2022年3月 291页 插图44幅 彩版305幅 16开

八闽物语：福建馆藏文物精品 福建省文物局、福建画报社编 傅柒生主编 海峡书局 2022年5月 329页 彩版166组 16开

广东省博物馆藏品大系：出土出水文物卷 广东省博物馆编 蔡奕芝主编 文物出版社 2022年12月 319页 插图29幅 彩版188幅 16开

广西古代文明陈列 广西壮族自治区博物馆编 韦江主编 广西师范大学出版社 2022年11月 445页 彩版386幅 16开

看展去：博物馆里的中国与世界 丁雨著 广西师范大学出版社 2022年5月 254页 插图253幅 16开

海外藏中国古代文物精粹：韩国国立中央博物馆卷（中国国家博物馆国际交流系列丛书） 中国国家博物馆编 姜舜源、李妊恩主编 安徽美术出版社 2022年12月 序、目录5页专论、彩版、图版索引419页 插图13幅 彩版178幅 8开

补遗

陕西古代文明 陕西历史博物馆编 强跃主编 三秦出版社 2021年10月 269页 8开

钱唐古物志 杭州博物馆编 文物出版社 2021年11月 337页 16开

以物话史：历史文化陈列中的长沙故事 长沙博物馆编 王立华主编 文物出版社 2021年12月 212页 插图108幅 16开

五 田野考古方法

田野考古学（北京大学考古文博学院教材系列） 赵辉、张海、秦岭著 北京大学出版社 2022年6月 序、目录7页 文312页 插图90幅 插表7幅 16开

田野考古学［第五版］（吉林大学考古学院系列教材） 冯恩学、张全超、武松著 吉林大学出版社 2022年10月 370页 16开

地学考古：方法与实践 靳桂云、宿凯编著 文物出版社 2022年10月 序、目录10页 文337页 插图121幅 插表39幅 16开

六 科技考古

科技考古与文物保护技术（第四辑） 武仙竹主编 科学出版社 2022年10月 366页 插图230幅 插表53幅 16开

科技考古与文物保护：原思训自选集（北京大学考古学丛书） 原思训著 上海古籍出版社 2022年10月 序、目录8页 文582页 插图171幅 插表136幅 16开

新疆吐鲁番洋海先民的农业活动与植物利用 蒋洪恩著 科学出版社 2022年3月 序、前言、目录12页 文195页 插图94幅 插表18幅 16开

农业起源和人类活动与环境关系研究（环境考古与古代人地关系研究丛书） 王灿、吕厚远著 科学出版社 2022年11月 序、前言、目录13页 文254页 插图85幅 插表29幅 图版4页 16开

海岱地区新石器时代动物考古研究　宋艳波著　上海古籍出版社　2022 年 7 月　序、目录 16 页　文 281 页　插图 120 幅　插表 32 幅　16 开

疾病医疗考古初探：新疆青铜时代至早期铁器时代　张弛著　商务印书馆　2022 年 10 月　244 页　彩版、图版 70 幅　32 开

宁夏水洞沟遗址石制品热处理实验研究（考古新视野）　周振宇著　文物出版社　2022 年 4 月　专家推荐意见、目录 12 页　文 202 页　插图 87 幅　彩版 6 页　16 开

芜申运河所经古中江流域环境考古研究　朱诚、姚付龙、贺云翱、蒋小芳、刘万青、陈刚、王坤华、蔡天敖著　南京大学出版社　2022 年 5 月　序、前言、目录 16 页　文 359 页　插图 165 幅　插表 55 幅　16 开

万里古道瀚海沙：环境考古视角下的中国沙漠及其毗邻地区的人类活动（中国沙漠变迁的地质记录和人类活动遗址调查成果丛书）　安成邦著　科学出版社　2022 年 10 月　序、前言、目录 10 页　文 178 页　插图 52 幅　插表 6 幅　16 开

七　公共考古

十件文物里的中国故事　中国历史研究院编　巩文等撰稿　中国社会科学出版社　2022 年 10 月　321 页　插图 232 幅　16 开

中国古代物质文化常识：初编　姜萌主编　李梅田、张建宇、秦岭、徐怡涛、夏炎、韩建业著　生活·读书·新知三联书店　2022 年 7 月　285 页　插图 224 幅　16 开

如果国宝会说话（第三季）　CCTV9《如果国宝会说话》节目组编著　五洲传播出版社　2022 年 10 月　265 页　16 开

豫地有声："考古百年中原行"公众讲座文集（河南省文物考古研究院综合类图书，丙种第四十一号）　河南省文物考古研究院、郑州图书馆、河南日报社编　刘海旺主编　中州古籍出版社　2022 年 12 月　333 页　插图 225 幅　16 开

重庆公众考古：辛丑集（重庆公众考古系列丛书）　重庆市文物考古研究院、重庆市文化遗产保护中心编　文化发展出版社　2022 年 12 月　540 页　16 开

风雅中国：杨泓说文物　杨泓著　文物出版社　2022 年 3 月　239 页　插图 240 幅　32 开

溯源中国（中华文脉：从中原到中国）　许宏著　河南文艺出版社 2022 年 3 月　389 页　插图 78 幅　插表 6 幅　32 开

聊聊考古那些事儿　许宏著　河南文艺出版社 2022 年 6 月　自述、目录 16 页　文 414 页　插图 182 幅　32 开

透物见人：浅考古与非考古随笔　许宏著　河南文艺出版社　2022 年 8 月　289 页　32 开

装作有闲：浅考古与非考古随笔　许宏著　河南文艺出版社　2022 年 8 月　320 页　32 开

科学发现历史：科技考古的故事（北京开放大学科学教育丛书）　后晓荣、王涛著　清华大学出版社　2022 年 2 月　174 页　16 开

考古学：发现世界的秘密　[英] 盖纳·艾尔特南（Gaynor Aaltonen）著　胡群琼、白芸子译　重庆出版社　2022 年 1 月　255 页　插图 314 幅　16 开　译自 *Archaeology: Discovering the World's Past*, 2021

八　工具书

中国考古学年鉴 2021　中国考古学会编　王巍主编　中国社会科学出版社　2022 年 9 月　目录 23 页　文 797 页　彩版 22 页　16 开

湖北省博物馆、考古院（2021）　湖北省博物馆、湖北省文物考古研究院编著　方勤、万全文主编　湖北美术出版社

2022年 205页 16开

贰 田野考古资料

一 调查发掘报告

通州东石村与北小营村：北京轻轨L2线通州段次渠站等土地开发项目考古发掘报告（北京市考古研究院田野考古报告，第四十一号） 北京市考古研究院编著 上海古籍出版社 2022年12月 目录9页 文209页 插图139幅 彩版72页 16开

磁县南营遗址、墓地考古发掘报告（南水北调中线一期工程文物保护项目，河北省考古发掘报告，第十五号） 河北省文物考古研究院编著 张晓峥主编 中国社会科学出版社 2022年1月 目录15页 文305页 插图214幅 插表4幅 彩版108页 16开

金帝夏宫：崇礼太子城遗址考古发掘 河北省文物考古研究院、张家口市文物考古研究所、张家口市崇礼区文化广电和旅游局编著 黄信、胡强、姚庆主编 文物出版社 2022年1月 目录4页 专论、彩版221页 插图15幅 彩版227幅 16开

雄安·容城考古与历史文化研究文辑 张丽主编 科学出版社 2022年4月 303页 插图190幅 图版24幅 16开

下靳史前墓地（国家社科基金后期资助项目） 山西省考古研究院、山西博物院编著 上海古籍出版社 2022年11月 序、目录16页 文522页 插图459幅 彩版104页 16开

黎城楷侯墓地 山西省考古研究院、长治市文物旅游局、黎城县文博馆编著 张崇宁主编 文物出版社 2022年1月 全二册 目录16页 文225页 插图154幅 彩版206页 16开

白敖包遗址发掘报告 内蒙古自治区文物考古研究院、内蒙古博物院编著 文物出版社 2022年1月 全二册 目录14页 文303页 插图253幅 彩版48页 16开

浑河考古（河套地区先秦两汉时期文化、生业与环境研究系列报告，五） 内蒙古自治区文物考古研究院编著 曹建恩主编 故宫出版社 2022年10月 目录26页 文412页 插图314幅 彩版40页 16开

大山前第Ⅰ、Ⅱ地点发掘报告（赤峰考古队田野工作报告之二） 国家文物局合组（中国社会科学院考古研究所、内蒙古自治区文物考古研究所、吉林大学边疆考古研究中心）赤峰考古队编著 故宫出版社 2022年10月 目录30页 文860页 插图527幅 彩版145页 图版32页 附图1袋 16开

内蒙古和林格尔土城子（一）：城址发掘报告 内蒙古师范大学、内蒙古自治区文物考古研究院、内蒙古博物院、盛乐博物馆、和林格尔县文物保护管理所编著 陈永志主编 科学出版社 2022年11月 目录32页 文778页 插图781幅 插表55幅 彩版44页 16开

内蒙古和林格尔土城子（五）：辽、金、清代墓葬发掘报告：1997—2007 内蒙古师范大学、内蒙古自治区文物考古研究院、内蒙古博物院、盛乐博物馆、和林格尔县文物保管所编著 陈永志主编 科学出版社 2022年11月 前言、目录9页 文143页 插图91幅 插表3幅 彩版32页 16开

辽祖陵：2003—2010年考古调查发掘报告（中国田野考古报告集，考古学专刊，丁种第一〇九号） 中国社会科学院考古研究所、内蒙古自治区文物考古研究院编著 文物出版社 2022年3月 全五册 目录49页 文916页 插图558幅 彩版708页 16开

西丰西岔沟：西汉时期东北民族墓地 辽宁省博物馆、辽宁省文物考古研究院、吉林大学边疆考古研究中心编著 潘玲、田立坤、刘宁、李新全主编 文物出版社 2022年1月 全三册 目录33页 文920页 插图446幅 彩版248

页　图版 35 页　16 开

济南刘家庄商代墓葬　济南市考古研究院编著　李铭主编　线装书局　2022 年 7 月　目录 8 页　文 261 页　插图 165 幅　彩版 107 页　16 开

荥阳小胡村商周墓地（国家社科基金后期资助项目）　河南省文物考古研究院著　中华书局　2022 年 3 月　目录 7 页　文 491 页　插图 245 幅　彩版 201 页　16 开

博爱西金城（南水北调中线工程河南省考古发掘报告，第四十六号）　山东大学考古系编著　王青主编　科学出版社　2022 年 8 月　目录 34 页　文 416 页　插图 379 幅　插表 9 幅　彩版 52 页　16 开

鹿邑崔寨墓地　河南省文物考古研究院编著　朱树政主编　中州古籍出版社　2022 年 7 月　目录 11 页　文 149 页　插图 123 幅　彩版 16 页　图版 36 页　16 开

洛阳汉唐运河遗址调查与古沉船发掘报告　洛阳市文物考古研究院编著　赵晓军主编　科学出版社　2022 年 11 月　目录 20 页　文 201 页　插图 100 幅　彩版 107 页　16 开

淅川申明铺：2007—2009 年度考古发掘报告（南水北调中线工程河南省考古发掘报告，第四十七号）　中国科学院大学编著　宋国定主编　科学出版社　2022 年 12 月　前言、目录 28 页　文 739 页　插图 638 幅　彩版 64 页　16 开

青龙镇 2010—2015 年发掘报告（青龙镇遗址系列考古报告之一）　上海博物馆编著　上海古籍出版社　2022 年 12 月　目录 23 页　文 313 页　插图 1219 幅　16 开

溧阳天目湖考古发掘报告　南京博物院、常州博物馆编　林留根主编　文物出版社　2022 年 7 月　文 146 页　插图 129 幅　插表 2 幅　彩版 97 页　16 开

虎丘黑松林墓地（苏州地域文明丛书）　苏州市考古研究所、苏州博物馆编著　文物出版社　2022 年 9 月　目录 6 页　文 86 页　插图 28 幅　彩版 48 页　16 开

镇江孙家村遗址发掘报告　镇江博物馆、南京博物院、浙大城市学院编著　何汉生、周明磊主编　文物出版社　2022 年 11 月　目录 18 页　文 368 页　插图 346 幅　彩版 152 页　16 开

宁国灰山土墩墓　安徽省文物考古研究所、宁国市文物管理所编著　王峰主编　科学出版社　2022 年 9 月　目录 18 页　文 261 页　插图 217 幅　彩版 99 页　16 开

定远侯家寨　安徽省文物考古研究所编著　阚绪杭主编　文物出版社　2022 年 12 月　全三册　考古报告（序、目录 16 页　文 320 页　插图 187 幅　插表 33 幅）　附录、彩版（目录 6 页　文 115 页　插图 32 幅　彩版 123 页）　综合研究（目录 14 页　文 332 页　插图 160 幅　插表 31 幅）　16 开

阜阳双古堆汉墓　阜阳市博物馆编著　中华书局　2022 年 11 月　目录、前言 10 页　文 96 页　插图 20 幅　彩版、图版 44 页　线图 76 页　16 开

淮北烈山窑址　安徽省文物考古研究所、淮北市文物局、淮北市博物馆编著　陈超、解华顶主编　文物出版社　2022 年 8 月　全二册　目录 33 页　文、彩版 781 页　插图 472 幅　插表 32 幅　彩版 1139 幅　16 开

浙江省文物考古研究所学刊（第十二辑）　浙江省文物考古研究所编　文物出版社　2022 年 10 月　文 347 页　插图 281 幅　插表 7 幅　彩版 88 页　16 开

反山（良渚遗址群考古报告之二）[修订版]　浙江省文物考古研究所编著　方向明修订　文物出版社　2022 年 1 月　全二册　序、目录 33 页　文 442 页　插图 295 幅　彩版 378 页　16 开

曹湾山（浙江省文物考古研究所田野考古报告，第四十八号）　浙江省文物考古研究所、温州市文物考古研究所、温州博物馆编著　文物出版社　2022 年 11 月　目录 14 页　文 298 页　插图 228 幅　彩版 170 页　16 开

鄞县故城：考古调查与勘探报告（宁波文物考古研究丛书，乙种第七号）　宁波市文化遗产管理研究院、奉化区文

713

物保护管理所编著　科学出版社　2022年9月　目录20页　文182页　插图75幅　彩版96页　16开

江西抚河流域先秦时期遗址考古调查报告Ⅳ：资溪县·东乡县　江西省文物考古研究院、西北大学文化遗产学院、西安弘道文化遗产保护工程有限公司、抚州市文物博物管理所、资溪县博物馆、东乡县博物馆编著　文物出版社　2022年1月　目录16页　文、彩版377页　插图408幅　彩版27幅　16开

江西抚河流域先秦时期遗址考古调查报告Ⅴ：广昌县·南丰县　江西省文物考古研究院、西北大学文化遗产学院、西安弘道文化遗产保护工程有限公司、抚州市文物博物管理所、广昌县博物馆、南丰县博物馆编著　文物出版社　2022年12月　目录16页　文305页　插图386幅　彩版58幅　附图29幅　16开

赣州七里镇窑址考古发掘报告（1985—2018）　江西省文物考古研究院编著　肖发标主编　科学出版社　2022年10月　358页　插图679幅　16开

泉州城遗址考古发掘报告：泉州南外宗正司遗址2020年·泉州市舶司遗址2019—2021年（中国田野考古报告集，考古学专刊，丁种第一〇一号）　中国社会科学院考古研究所、福建博物院、福建省考古研究院、泉州市海上丝绸之路申遗中心编著　科学出版社　2022年11月　目录31页　文450页　插图827幅　插表4幅　16开

学堂梁子－郧县人遗址考古发掘报告（1989—1995年）：石制品研究　湖北省文物考古研究院编著　冯小波主编　中国社会科学出版社　2022年10月　序、前言、目录18页　文、附表542页　插图342幅　插表39幅　16开

荆门新宏与余湾楚墓　荆门市博物馆、四川大学历史文化学院编著　黄文进、白彬主编　科学出版社　2022年9月　目录14页　文246页　插图174幅　插表7幅　彩版116页　16开

开县故城：2006—2008年考古发掘报告（长江三峡工程文物保护项目报告，乙种第三十八号）　中山大学人类学系、宜昌博物馆编著　科学出版社　2022年10月　目录11页　文204页　插图111幅　彩版88页　16开

湖南考古辑刊（第16辑）　湖南省文物考古研究院编　姜猛主编　科学出版社　2022年12月　文382页　插图254幅　插表27幅　彩版44页　16开

桂阳千家坪　湖南省文物考古研究院、科技考古与文物保护利用湖南省重点实验室编著　尹检顺主编　科学出版社　2022年9月　目录29页　文603页　插图411幅　插表31幅　彩版128页　图版140页　16开

洪江高庙　湖南省文物考古研究所编著　科学出版社　2022年1月　全四册　目录72页　文1670页　插图1136幅　插表176幅　附表13幅　附录9种　彩版592页　16开

成都考古发现（2020）　成都文物考古研究院编著　科学出版社　2022年12月　文591页　插图623幅　插表15幅　彩版12页　16开

金沙遗址：祭祀区发掘报告（"考古中国重大项目"，甲编第001号）　成都文物考古研究院、成都金沙遗址博物馆编著　文物出版社　2022年12月　全五册　目录51页　文1567页　插图914幅　彩版473页　16开

成都新一村遗址发掘报告　成都文物考古研究院编著　上海古籍出版社　2022年9月　目录7页　文385页　插图263幅　彩版40页　图版6页　16开

成都天府国际机场一期考古发掘报告（一）　成都文物考古研究院编著　谢林主编　科学出版社　2022年10月　目录20页　文323页　插图248幅　插表23幅　彩版60页　16开

乐山崖墓：乐山大佛遗产范围内崖墓调查报告　四川省文物考古研究院、四川石窟寺保护研究院、乐山大佛石窟研究院编著　文物出版社　2022年4月　目录15页　文305页　插图242幅　彩版154页　16开

阆中灵山　四川省文物考古研究院、南充市文物保护管理所、阆中市文物局编著　文物出版社　2022年9月　目录11页　文178页　插图77幅　彩版39页　16开

渝西长江流域考古报告集（重庆文物考古报告系列）　重庆市文物考古研究院、重庆文化遗产保护中心编著　白九

江主编　科学出版社　2022年10月　文610页　插图523幅　插表12幅　彩版40页　16开

重庆三峡后续工作考古报告集（第三辑）　重庆市文物局、重庆市文物考古研究院编著　幸军主编　科学出版社　2022年11月　文664页　插图632幅　彩版22页　16开

三峡后续考古发现（第一卷）（重庆文化遗产保护系列丛书）　重庆市文物考古研究院、重庆文化遗产保护中心编著　范鹏主编　四川大学出版社　2022年10月　242页　插图162幅　彩版381幅　16开

开州余家坝（长江三峡工程文物保护项目报告，乙种第三十七号）　山东大学历史文化学院考古学系、重庆市开州区文物管理所编著　栾丰实主编　科学出版社　2022年9月　全二册　目录25页　文538页　插图453幅　彩版284页　16开

海龙囤（考古贵州之报告系列）　贵州省文物考古研究所、贵州省博物馆、遵义海龙囤文化遗产管理局编著　科学出版社　2022年7月　全四册　序、目录35页　文1203页　插图261幅　插表68幅　彩版364页　16开

华光礁一号沉船遗址发掘报告（国家文物局考古研究中心·考古报告系列-5）　国家文物局考古研究中心、海南省文物局、海南省文物考古研究所编著　文物出版社　2022年10月　全三册　目录30页　文856页　插图765幅　附图12幅　插表7幅　彩版809幅　16开　附折页图1袋4幅

合浦大浪古城2019—2021年考古发掘报告　广西文物保护与考古研究所、北海市博物馆、合浦县申报海上丝绸之路世界文化遗产中心编著　文物出版社　2022年9月　目录20页　文258页　插图427幅　16开

米脂卧虎湾：战国、秦汉墓地考古发掘报告　榆林市文物考古勘探工作队、西北大学文化遗产学院、陕西省考古研究院、米脂县博物馆编著　文物出版社　2022年8月　全三册　目录41页　文1085页　插图810幅　彩版206页　16开

秦汉栎阳城：1980—1981年考古报告（中国田野考古报告集，考古学专刊，丁种第一〇七号）　中国社会科学院考古研究所编著　李毓芳、刘瑞主编　科学出版社　2022年4月　全三册　序、目录53页　文444页　插图905幅　彩版392页　图版392页　16开

秦汉栎阳城：2012—2018年考古报告（第一卷）（中国田野考古报告集，考古学专刊，丁种第一〇八号）　中国社会科学院考古研究所、西安市文物保护考古研究所编著　刘瑞主编　科学出版社　2022年6月　全二册　目录45页　文559页　插图1201幅　插表59幅　彩版82页　图版82页　16开

富县石泓寺石窟：2017—2019年考古调查报告（陕西省考古研究院田野考古报告，第九十五号）　陕西省考古研究院、富县文物局编著　文物出版社　2022年11月　前言、目录25页　文233页　插图237幅　彩版114页（351幅）　16开

民乐五坝墓地发掘报告　甘肃省文物考古研究所编著　文物出版社　2022年12月　目录11页　文189页　插图68幅　彩版72页　16开

渭河上游天水段考古调查报告　甘肃省文物考古研究所、天水市文物保护和考古研究中心编著　文物出版社　2022年11月　目录27页　文359页　插图423幅　彩版104页　16开

宁夏海原南华山地区史前遗存考古调查报告（宁夏回族自治区文物考古研究所丛刊之三十六）　宁夏回族自治区文物考古研究所、海原县文物管理所编著　杨剑主编　文物出版社　2022年11月　目录22页　文322页　插图181幅　插表182幅　彩版64页　16开

登额曲细石器遗存（青海玉树田野考古报告集，二）　青海省文物考古研究所、四川大学考古文博学院、四川大学中国藏学研究所、成都文物考古研究院编著　文物出版社　2022年12月　目录9页　文159页　插图103幅　插表26幅　附表20幅　16开

青海都兰哇沿水库2014年考古发掘报告 青海省文物考古研究所、陕西省考古研究院编著 科学出版社 2022年4月 目录12页 文462页 插图174幅 彩版40页 16开

亚洲腹地考古图记 [修订版] [英]奥雷尔·斯坦因（Aurel Stein）著 巫新华、秦立彦、龚国强、艾力江译 广西师范大学出版社 2022年3月 全五卷 卷一——卷四 序9页 引言26页 名称缩略表19页 目录28页 文2654页 插图505幅 卷五：目录7页 图版、附图333页 图版137幅 附图39幅 16开 译自 *Innermost Asia: Detailed Report of Explorations in Central Asia, Kan-su and Eastern Iran*, 1928

楼兰考古调查与发掘报告（新疆师范大学黄文弼中心丛刊） 侯灿编著 凤凰出版社 2022年3月 文132页 彩版30页（59幅） 图版48页（65幅） 后记11页 16开

新疆石城子遗址（一）（新疆文物考古研究所丛刊之十一） 新疆维吾尔自治区文物考古研究所编著 科学出版社 2022年10月 目录21页 文355页 插图475幅 彩版114页 拓片11页 16开

高勒毛都2号墓地：2017—2019中蒙联合考古报告（河南省文物考古研究院田野考古报告，甲种第六十三号） 河南省文物考古研究院、洛阳市文物考古研究院、蒙古国乌兰巴托大学考古学系编著 周立刚主编 科学出版社 2022年9月 序、目录21页 文276页 插图417幅 插表5幅 16开

故宫考古报告集（一）（故宫考古研究所著作，丁种第一号） 故宫博物院考古部、故宫考古研究所编 徐海峰主编 故宫出版社 2022年10月 序、目录5页 文376页 插图569幅 插表、附表9幅 16开

补遗

三门峡庙底沟（河南省文物考古研究院田野考古报告，甲种第六○号） 河南省文物考古研究院、三门峡市文物考古研究所、武汉大学历史学院考古系编著 文物出版社 2021年12月 全三册 目录37页 文760页 插图680幅 插表8幅 附表13幅 图版216页 彩版306页 16开

《江汉考古》增刊：湖北荆门考古报告及论文集 汤学锋主编 《江汉考古》编辑部 2020年5月 218页 16开

二 出土文物图录

新世纪中国考古新发现（2011—2020）（考古学专刊，乙种第五十号） 考古杂志社编著 陈星灿、曹楠主编 社会科学文献出版社 2022年1月 362页 彩版746幅 16开

2021中国重要考古发现 国家文物局主编 文物出版社 2022年5月 文、彩版197页 16开

考古中国重大项目成果（2021） 国家文物局主编 文物出版社 2022年9月 203页 插图291幅 16开

黄淮七省考古新发现（2019年） 山东省文物考古研究院、河南省文物考古研究院、安徽省文物考古研究所、江苏省考古研究所、河北省文物考古研究院、陕西省考古研究院、山西省考古研究院编著 科学出版社 2022年10月 420页 插图683幅 16开

南水北调中线工程重要考古发现：河北卷 张文瑞编著 文物出版社 2022年12月 文336页 彩版717幅 16开

山西"十三五"重要考古发现出土文物 山西省考古研究院、山西省考古学会编 刘岩主编 山西人民出版社 2022年9月 303页 插图64幅 彩版378幅 16开

文物考古年报（2020） 河南省文物考古研究院编著 大象出版社 2022年8月 57页 彩版92幅 16开

长渠遗珍：南水北调中线工程河南省文物保护成果撷英：综述 河南省文物考古研究所编著 董睿主编 河南人民出版社 2022年9月 297页 彩版548幅 插表16幅 16开

濑水汤汤：溧阳考古成果集 南京博物院、溧阳市文体广电和旅游局、溧阳市博物馆编 李民昌、林留根主编 上海

古籍出版社 2022 年 9 月 193 页 彩版 340 幅 16 开

凤飞于吴：鸿山遗址出土文物珍品图录 无锡市鸿山遗址博物馆编 逯俊宁主编 生活·读书·新知三联书店 2022 年 9 月 序、目录 8 页 彩版 118 页（62 幅/组） 16 开

石坊撷珍：嘉兴西曹墩遗址出土文物集萃 浙江省文物考古研究所、嘉兴市文物保护所编著 赵晔、张青主编 科学出版社 2022 年 9 月 序、目录 9 页 综述、彩版、索引 243 页 插图 11 幅 彩版 233 幅 16 开

王国的背影：吐谷浑慕容智墓出土文物 甘肃省文物考古研究所编著 陈国科主编 文物出版社 2022 年 12 月 259 页 插图 52 幅 彩版 123 幅 16 开

宗日遗珍 青海省文物考古研究所、海南藏族自治州民族博物馆编著 乔虹主编 科学出版社 2022 年 9 月 204 页 插图 41 幅 彩版 211 幅 16 开

八桂遗珍：广西出土文物概览（广西文物保护与考古研究所学术丛书） 蒋廷瑜、林强编著 广西科学技术出版社 2022 年 12 月 248 页 插图 657 幅 16 开

叁 考古学分论

一 人类起源与旧石器时代

路石：张森水旧石器考古学术之路（浙江省文物考古研究所专著与文集，第二十五号） 张森水著 浙江省文物考古研究所编 文物出版社 2022 年 9 月 文 252 页 插图 44 幅 插表 24 幅 手稿、照片 55 页 16 开

拼合的石器：高星考古论文选集 高星著 科学出版社 2022 年 2 月 587 页 插图 149 幅 插表 37 幅 16 开

旧石器时代考古 方启主编 李萌、丁伯涛、刘颖杰、武进新参编 高等教育出版社 2022 年 3 月 目录 6 页 文 414 页 插图 421 幅 插表 29 幅 16 开

旧石器时代考古研究（北京大学考古学丛书） 王幼平著 上海古籍出版社 2022 年 10 月 序、目录 5 页 文 463 页 插图 54 幅 插表 26 幅 16 开

旧石器时代埋藏学（北京大学中国考古学教材书系） 曲彤丽著 北京大学出版社 2022 年 10 月 283 页 插图 61 幅 插表 2 幅 16 开

中原地区晚更新世古人类文化发展研究 王幼平、顾万发、夏正楷、张俊娜、何嘉宁、曲彤丽、陈宥成、赵静芳、林壹、高霄旭、汪松枝、吴小红著 科学出版社 2022 年 7 月 序、前言、目录 30 页 文 544 页 插图 311 幅 插表 112 幅 16 开

鄂尔多斯乌兰木伦河流域旧石器考古调查与试掘报告 鄂尔多斯市文物考古研究院、中国科学院古脊椎动物与古人类研究所、中山大学社会学与人类学学院编著 尹春雷、侯亚梅、刘扬主编 科学出版社 2022 年 6 月 序、目录 13 页 文 217 页 插图 88 幅 插表 39 幅 彩版 24 幅 16 开

江水流长，繁华竞逐：鄂尔多斯乌兰木伦河旧石器考古发现精选 鄂尔多斯市文物考古研究院、中山大学社会学与人类学学院、中国科学院古脊椎动物与古人类研究所编著 秦旭光、刘扬、侯亚梅主编 文物出版社 2022 年 12 月 215 页 彩版 341 幅 16 开

人类的第一步 [美]杰里米·德·席尔瓦（Jeremy De Silva）著 胡小锐、钟毅译 中信出版社 2022 年 11 月 文 349 页 彩版 8 页 32 开 译自 *First Steps: How Upright Walking Made Us Human*, 2022

人类史前史 [法]马克·阿泽马（Marc Azema）、洛朗·布拉维耶（Laurent Brasier）著 李英华译 生活·读书·新知三联书店 2022 年 12 月 序、目录 14 页 文、彩版、图版 406 页 16 开 译自 *Le Beau livre de la Préhistoire,*

2016

七个骨架：走出发掘地和实验室的古人类化石明星 ［美］莉迪亚·派恩（Lydia Pyne）著 秦鹏译 海峡书局 2022年8月 220页 插图53幅 16开 译自 Seven Skeletons: The Evolution of the World's Most Famous Human Fossils, 2016

二 新石器时代

中国史前艺术 严文明著 文物出版社 2022年9月 159页 彩版、线图172幅 16开

史前文化与社会的探索（北京大学考古学丛书） 赵辉著 上海古籍出版社 2022年8月 510页 插图99幅 插表28幅 16开

史前区域经济与文化（北京大学考古学丛书） 张弛著 上海古籍出版社 2022年11月 序、目录5页 文329页 插图72幅 插表9幅 16开

半山与马厂彩陶研究（欧亚备要） 李水城著 商务印书馆 2022年5月 序、目录6页 文335页 插图75幅 插表24幅 彩版4页 16开

半山马厂彩陶蛙人纹研究 庄会秀著 中国社会科学出版社 2022年2月 248页 插图301幅 插表8幅 16开

中国彩陶：庙底沟文化图谱 王仁湘著 巴蜀书社 2022年8月 460页 彩版79幅 纹饰图案313幅 16开

裴李岗文化：中国文明的奠基（国家社科基金后期资助项目） 蔡金英著 科学出版社 2022年10月 194页 插图108幅 16开

哈民忙哈：新石器时代遗址综合研究（吉林大学边疆考古研究中心系列学术文集） "哈民忙哈—科尔沁沙地新石器时代遗址发掘与综合研究"项目组编 陈醉、陈全家、张全超、汤卓炜主编 科学出版社 2022年10月 文424页 插图147幅 插表69幅 彩版6幅 16开

凌家滩：中国文明的先锋（中国早期文明丛书） 吴卫红、刘越著 上海古籍出版社 2022年11月 350页 插图202幅 16开

凌家滩与中华文明探源 安徽博物院编 胡敏、叶润清、唐军主编 安徽美术出版社 2022年12月 188页 彩版145幅 8开

环太湖地区新石器时代考古学文化研究 许鹏飞著 文物出版社 2022年11月 285页 插图66幅 插表22幅 16开

浙江新石器时代考古（浙江考古与中华文明丛书） 蒋乐平、陈明辉、王永磊著 浙江人民出版社 2022年10月 目录8页 文410页 插图244幅 插表14幅 16开

稻作文明探源（浙江考古与中华文明丛书） 郑云飞著 浙江人民出版社 2022年10月 目录5页 文278页 插图88幅 插表18幅 16开

浙江史前陶器（浙江考古与中华文明丛书） 孙瀚龙、赵晔著 浙江人民出版社 2022年10月 目录6页 文276页 插图90幅 插表12幅 16开

寻找失落的文明：良渚古城考古记 刘斌著 浙江古籍出版社 2022年7月 序、目录19页 文267页 插图158幅 32开

良渚侧影：卞家山（良渚文明丛书） 赵晔著 浙江大学出版社 2022年7月 序、目录14页 文222页 插图108幅 32开

良渚古城与中华文明（浙江考古与中华文明丛书） 刘斌、王宁远、陈明辉著 浙江人民出版社 2022年10月 目录6页 文297页 插图159幅 插表2幅 16开

良渚墓葬（杭州全书·良渚丛书） 方向明著 浙江古籍出版社 2022年11月 348页 插图271幅 16开

王陵和祭坛：瑶山遗址（良渚文明丛书） 方向明著 浙江大学出版社 2022年7月 序、图版29页 文286页 插图162幅 插表2幅 图版27幅 32开

良渚文明手册（良渚文明丛书） 陈明辉著 浙江大学出版社 2022年7月 全二册 655页 插图202幅 插表4幅 32开

双璧同辉：红山·良渚文化展 赤峰文博院编 陶建英主编 文物出版社 2022年1月 151页 彩版125幅 16开

红山：中国文化的直根系（中国早期文明丛书） 郭明著 上海古籍出版社 2022年11月 序、目录8页 文206页 插图80幅 16开

传说时代的南土文明：屈家岭文化 单思伟著 科学出版社 2022年12月 序、目录15页 文306页 插图171幅 插表23幅 16开

吾道南来：中华民族共同体中的史前湖南 郭伟民著 科学出版社 2022年6月 168页 插图97幅 16开

云南地区新石器时代考古学文化研究（考古新视野） 罗伊著 文物出版社 2022年4月 专家推荐意见、目录10页 文224页 插图76幅 16开

陶器研究的理论与方法（复旦科技考古文库） 秦小丽、张萌编著 复旦大学出版社 2022年8月 451页 插表4幅 16开

中国新石器时代纺轮再研究 饶崛、程隆棣著 中国纺织出版社 2022年4月 186页 插图192幅 插表68幅 16开

补遗

郑州大河村陶器集萃（中国·郑州考古，二十五） 郑州市文物考古研究院、郑州大河村遗址博物馆编 顾万发、胡继忠主编 郑州大学出版社 2021年6月 彩版364页 8开

圣地百年：仰韶村遗址发现百年纪事（仰韶文化发现暨中国现代考古学诞生100周年纪念丛书） 侯俊杰主编 文物出版社 2021年10月 序、目录12页 文152页 插图38幅 16开

仰韶文化与酒（仰韶文化发现暨中国现代考古学诞生100周年纪念丛书） 刘莉编著 文物出版社 2021年10月 序、前言、目录12页 文308页 插图96幅 插表36幅 16开

城子崖：一朝醒来惊天下 赵燕姣著 济南出版社 2021年7月 168页 插图60幅 16开

三 夏商周时代

夏商周断代工程报告 夏商周断代工程专家组编 科学出版社 2022年6月 目录15页 文545页 插图114幅 插表114幅 16开

宅兹中国：河南夏商周三代文明（"何以中国"文物考古大展系列） 上海博物馆编 上海书画出版社 2022年7月 303页 插图40幅 彩版217幅 8开

夏商周文化与田野考古（北京大学考古学丛书） 刘绪著 上海古籍出版社 2022年8月 606页 插图161幅 插表25幅 16开

夏文化考古文献存目（夏文化研究大系） 河南省文物考古研究院、河南省夏文化研究中心编 刘海旺主编 大象出版社 2022年6月 275页 16开

中国文明起源陶寺模式十人谈 山西省文物局、中国社会科学院考古研究所编著 刘润民、陈星灿主编 科学出版社 2022年9月 224页 插图78幅 32开

陶寺：中国文明核心形成的起点（中国早期文明丛书） 何努著 上海古籍出版社 2022年11月 序、目录10页 文

238页 插图116幅 16开

陶寺物华：陶寺遗址出土文物类全概览　中国社会科学院考古研究所编著　何努主编　科学出版社　2022年8月　彩版224页　16开

何以中国：陶寺遗址考古精华良渚巡展　临汾市博物馆、良渚博物院编著　狄跟飞、高江涛主编　山西人民出版社　2022年10月　200页　插图45幅　彩版、线图、示意图170幅　16开

焦点二里头（考古学经典丛书）　许宏著　巴蜀书社　2022年4月　文255页　插图16幅　插表6幅　彩版24页　16开

稽古夏朝：解读《试论夏文化》　李宏飞著　中国社会科学出版社　2022年4月　文301页　插图177幅　彩版6页　16开

殷土芒芒：先商文化人群的生业及迁移活动研究　侯亮亮著　上海古籍出版社　2022年9月　序、目录13页　文252页　插图50幅　插表52幅　16开

甲骨与青铜的王朝　朱凤瀚著　上海古籍出版社　2022年1月　全三册　目录5页　文1190页　插图501幅　插表33幅　16开

珠出周原：西周手工业生产形态管窥　孙周勇著　上海古籍出版社　2022年8月　序、目录17页　文269页　插图76幅　插表23幅　彩版12页　16开

夏商时期古冀州的考古学研究：文化谱系篇（北京大学震旦古代文明研究中心学术丛书之四十三）　常怀颖著　上海古籍出版社　2022年5月　全二册　序、目录19页　文788页　插图322幅　插表73幅　16开

于沃集：曲村—天马遗址发现60周年暨晋侯墓地发掘30周年纪念文集　山西省考古研究院、北京大学考古文博学院、曲沃县文化和旅游局编　沈睿文、石前进、王晓毅主编　三晋出版社　2022年8月　410页　插图156幅　插表38幅　照片56幅　16开

长子西南呈西周墓地综合研究　山西省考古研究院编　韩炳华主编　上海古籍出版社　2022年8月　文145页　插图100幅　插表30幅　附表12幅　彩版23页　16开

海岱地区商周考古与齐鲁文化研究（北京大学震旦古代文明研究中心丛书之四十四）　刘延常著　上海古籍出版社　2022年11月　序、目录5页　文441页　插图178幅　插表8幅　16开

周代的东土：山东地区西周时期的考古学文化谱系　曹斌著　文物出版社　2022年5月　目录7页　文233页　插图74幅　插表14幅　16开

环嵩山地区三代城市水利系统的考古学研究（中华之源与嵩山文明研究系列丛书）　刘亦方、宋国定著　中国社会科学出版社　2022年3月　序、目录5页　文243页　插图103幅　彩版5页　16开

长江中游西周时期考古学文化研究（国家社科基金后期资助项目）　傅玥著　文物出版社　2022年8月　序、目录12页　文362页　插图74幅　插表13幅　16开

铁岭地区青铜时代考古遗址调查（辽宁省"第三次全国文物普查"专题调查报告之一）　周向永著　辽宁人民出版社　2022年4月　凡例、目录5页　文235页　插图319幅　16开

长白山地及其延伸地带青铜时代墓葬研究　唐淼著　科学出版社　2022年9月　摘要、目录8页　文312页　插图66幅　插表4幅　附表5幅　16开

遇见三星堆　四川广汉三星堆博物馆编著　巴蜀书社　2022年2月　101页　彩版103幅　16开

三星堆之惑（考古纪事本末，贰）　许宏著　郑州大学出版社　2022年6月　216页　插图124幅　32开

三星：青铜铸成的神话　王仁湘著　巴蜀书社　2022年9月　330页　插图314幅　插表4幅　16开

三星堆：人与神的世界　上海大学博物馆编　李明斌、马琳主编　上海大学出版社　2022年10月　彩版、照片、专论

201 页 16 开

金沙考古：探寻古蜀人的信仰世界　王仁湘、张征雁著　巴蜀书社　2022 年 7 月　218 页　插图 132 幅　16 开

晋国霸业：从晋之分封到文公称霸　［韩］沈载勋著　［韩］郑兴洙译　上海古籍出版社　2022 年 7 月　序、前言、目录 14 页　文 311 页　插图 79 幅　插表 7 幅　16 开　译自 The Development of the Regional State of Early China: from the Enfeoffment of the State of Jin to the Hegemony of Wen Gong, 2018

晋侯晋都晋文化　李伯谦著　三晋出版社　2022 年 8 月　275 页　插图 59 幅　16 开

楚国八百年　湖北省博物馆编　方勤、万全文主编　文物出版社　2022 年 5 月　专论、彩版 247 页　彩版 325 幅　16 开

炭河里古国文化探源与宁乡铜器群研究　宁乡市炭河里文物管理处组编　向桃初主编　中南大学出版社　2022 年 7 月　文 445 页　插图 228 幅　插表 13 幅　彩版、照片 6 页　16 开

越国考古（浙江考古与中华文明丛书）　黄昊德、田正标、游晓蕾著　浙江人民出版社　2022 年 10 月　目录 10 页　文 474 页　插图 310 幅　插表 13 幅　16 开

补遗

楚系家族墓葬研究（楚地出土文献：文本、地方社会与思想文化研究）　田成方著　武汉大学出版社　2021 年 11 月　序、目录 10 页　文 260 页　插图 45 幅　插表 8 幅　16 开

四　秦汉及汉以后各代

列备五都：秦汉时期的中国都市　成都博物馆编著　任舸主编　文物出版社　2022 年 8 月　310 页　插图 39 幅　彩版 224 幅　16 开

秦与"戎狄"文化的关系研究（秦文明新探丛书）　史党社著　上海古籍出版社　2022 年 6 月　序、目录 9 页　文 242 页　插图 17 幅　16 开

秦陵兵马俑　秦始皇帝陵博物院编著　西安出版社　2022 年 12 月　282 页　彩版　16 开

秦始皇帝陵博物院论丛（2022）　秦始皇帝陵博物院编　李岗主编　西安地图出版社　2022 年 10 月　384 页　16 开

物宜人和：考古学视角下的秦汉家庭　刘尊志著　科学出版社　2022 年 11 月　全三册　序、摘要、目录 24 页　文 1333 页　插图 609 幅　16 开

汉长安城研究（2006—2021）　中国社会科学院考古研究所编　商务印书馆　2022 年 12 月　830 页　插图 486 幅　插表 11 幅　图版 44 幅　16 开

天下惟宁：汉代文明的四张面孔　苏州博物馆编　江苏凤凰文艺出版社　2022 年 7 月　252 页　插图 15 幅　彩版 192 幅　16 开

走向强汉：100 件文物中的文景时代　汉景帝阳陵博物院编　白冬梅主编　陕西人民美术出版社　2022 年　303 页　16 开

大葆台西汉墓出土文物研究文集　北京考古遗址博物馆编　杨志国主编　文物出版社　2022 年 10 月　序、目录 5 页　文 155 页　插图 70 幅　16 开

海昏藏美　彭明瀚编著　文物出版社　2022 年 7 月　247 页　插图 263 幅　16 开

南昌汉代海昏侯国遗址博物馆　南昌汉代海昏侯国遗址博物馆编著　彭明瀚主编　文物出版社　2022 年 12 月　141 页　插图 10 幅　彩版 120 幅　16 开

南藩海昏侯　王仁湘著　生活·读书·新知三联书店　2022 年 5 月　216 页　插图 118 幅　16 开

古老的葬具：重庆璧山汉代画像石棺的发现与保护纪实　蓝开衡著　重庆市文物考古研究院、重庆市文化遗产保护中心编　重庆出版社　2022 年 12 月　452 页　16 开

都城与陵墓研究：段鹏琦考古文集　段鹏琦著　文物出版社　2022 年 3 月　文 360 页　插图 124 幅　插表 9 幅　照片 8 页　16 开

行走在汉唐之间（北京大学考古学丛书）　齐东方著　上海古籍出版社　2022 年 11 月　249 页　插图 213 幅　插表 3 幅　16 开

洛阳邙山陵墓群论文选辑（洛阳文物考古丛书）　杜鹃花主编　上海交通大学出版社　2022 年 8 月　348 页　16 开

光宅中原：拓跋至北魏墓葬文化与社会演进[第三版]　倪润安著　上海古籍出版社　2022 年 10 月　目录 10 页　文 350 页　插图 120 幅　插表 15 幅　彩版 4 页　16 开

浙江汉六朝考古（浙江考古与中华文明丛书）　刘建安著　浙江人民出版社　2022 年 10 月　目录 5 页　文 282 页　插图 135 幅　插表 2 幅　16 开

南北朝墓葬礼制研究（北京大学震旦古代文明研究中心学术丛书之四十二）　韦正著　上海古籍出版社　2022 年 8 月　230 页　插图 126 幅　插表 5 幅　16 开

葬之以礼：魏晋南北朝丧葬礼俗与文化变迁　李梅田著　上海古籍出版社　2022 年 11 月　285 页　插图 41 幅　插表 33 幅　16 开

翟门生的世界：丝绸之路上的使者　吴强华、赵超编著　文物出版社　2022 年 8 月　337 页　彩版 16 开

大唐遗宝：何家村窖藏　陕西历史博物馆编　侯宁彬、申秦雁主编　文物出版社　2022 年 6 月　399 页　插图、彩版 222 幅　8 开

长安：考古所见唐代生活与艺术　吴中博物馆（吴文化博物馆）编　陈曾路、陈小玲主编　上海古籍出版社　2022 年 8 月　183 页　插图 45 幅　彩版 81 幅　16 开

回望长安：陕西唐代文物精华展　成都金沙遗址博物馆、陕西历史博物馆编　朱章义主编　成都地图出版社　2022 年 8 月　229 页　16 开

中兹神州：绚烂的唐代洛阳城　中国大运河博物馆编　郑晶主编　江苏凤凰文艺出版社　2022 年 3 月　250 页　插图 34 幅　彩版 128 组　16 开

隋唐洛阳城城门遗址研究　洛阳市文物考古研究院编　李鑫、赵晓军、屈昆杰、李德方主编　三秦出版社　2022 年 8 月　190 页　插图 16 开

唐宋之际：五代十国墓葬研究（国家社科基金后期资助项目）　崔世平著　上海古籍出版社　2022 年 11 月　324 页　插图 81 幅　插表 11 幅　16 开

五至十世纪统万城夏州城考古发现与研究　陕西省考古研究院编著　邢福来、侯甬坚主编　三秦出版社　2022 年 12 月　全四册　考古编（338 页　插图 293 幅）　研究编（228 页　插图 31 幅　插表 30 幅）　图版编·统万城勘察发掘掠影图册（彩版 392 页）　图版编·统万城周边墓葬出土文物图册（图版、彩版 297 页）　16 开

吴越国考古（浙江考古与中华文明丛书）　李晖达著　浙江人民出版社　2022 年 10 月　目录 5 页　文 184 页　插图 129 幅　16 开

风雅宋：宋代文物展　开封市博物馆　曾广庆主编　文物出版社　2022 年 4 月　287 页　插图 46 幅　彩版 262 幅　16 开

南宋墓葬研究（浙江考古与中华文明丛书）　郑嘉励著　浙江人民出版社　2022 年 10 月　目录 5 页　文 283 页　插图 112 幅　插表 2 幅　16 开

在田野看见宋朝　包伟民等著　浙江古籍出版社　2022 年 8 月　340 页　插图 128 幅　32 开

他是谁：探秘兰若寺大墓（浙江省文物考古研究所公共考古与图录，第四十二号）　浙江省文物考古研究所、杭州西湖博物馆总馆、北京大学考古文博学院编著　罗汝鹏、方忆、李松阳主编　浙江人民美术出版社　2022年6月　序、目录8页　文、彩版209页　插图92幅　插表4幅　彩版150幅　16开

宋雅：杭州南宋皇城探秘　杜正贤著　西泠印社　2022年6月　文172页　插图130幅　彩版28页　16开

读墓：南宋的墓葬与礼俗　郑嘉励著　浙江人民出版社　2022年10月　320页　插图99幅　插表2幅　32开

回望桑干：北朝、辽金考古研究　王银田著　上海古籍出版社　2022年6月　文334页　插图111幅　插表4幅　彩版16页（47幅）　16开

巴彦塔拉辽墓研究（学术近知丛书·历史与文化系列）　李明华著　人民出版社　2022年5月　目录7页　文116页　插图90幅　插表16幅　彩版、图版42页　16开

辽代墓葬考古新发现与研究　林栋著　辽宁大学出版社　2022年8月　253页　16开

武威西夏木板画墓研究（西夏学文库·著作卷）　于光建著　甘肃文化出版社　2022年11月　214页　插图110幅　插表32幅　16开

琼中水会所明代城址考古与研究（海南省博物馆出版物，甲种）　何国俊、寿佳琦著　海南省博物馆编　南京出版社　2022年10月　169页　16开

补遗

山东馆藏汉代石椁调查与研究　山东博物馆编著　于秋伟、胡广跃、管东华著　青岛出版社　2021年8月　全二卷　197页　178页　16开

元代的江南　苏州博物馆编　江苏凤凰文艺出版社　2021年12月　253页　插图11幅　彩版104幅　16开

肆　考古学专论

一　甲骨卜辞　附：古文字研究

甲骨文摹本大系　黄天树主编　王子扬、莫伯峰、刘影、李爱辉、方稚松、赵鹏、连佳鹏、何会、李延彦编著　北京大学出版社　2022年11月　全四十三册（第一—廿八册：图版，第廿九—卅八册：释文，第卅九—册三册：索引）　前言、凡例、引用文献表28页　图版9059页　释文4367页　索引2299页　8开

故宫博物院藏殷墟甲骨文（01—03）：马衡卷　故宫博物院编　单霁翔、王素主编　韦心滢、杨杨、韩宇娇、李延颜编著　中华书局　2022年12月　全三册　[壹]　总叙、凡例、书影、总目录、前言16页　目录15页　图版、索引表等480页　[贰]　附编：凡将斋甲骨刻辞拓本　书影、叙、目录9页　拓本、索引表、引书表142页　附编：国学门甲骨刻辞拓本（上）　目录18页　拓本1—186页　[叁]　附编：国学门甲骨刻辞拓本（下）　拓本、索引表187—541页　8开

故宫博物院藏殷墟甲骨文（04—06）：谢伯殳卷　故宫博物院编　单霁翔、王素主编　韦心滢、杨杨、韩宇娇、李延颜编著　中华书局　2022年12月　全三册　[壹]　总叙、凡例、书影、总目录、前言13页　目录20页　图版1—290页　[贰]　图版、索引表291—612页　[叁]　附编：华东师范大学藏谢伯殳等甲骨　照片、叙、目录8页　图版、索引表166页　8开

甲骨文与殷商史（新十二辑）　宋镇豪主编　上海古籍出版社　2022年10月　523页　插图86幅　插表37幅　16开

契学初曙：天津甲骨学论集　朱彦民著　天津古籍出版社　2022年3月　481页　插图80幅　32开

甲骨缀合三集（中研院历史语言研究所专刊之一一二） 蔡哲茂编著 中研院历史语言研究所 2022年2月 图版、释文考释611页 16开

殷墟甲骨断代综述（出土文献译著研析丛刊） 吴俊德著 万卷楼 2022年12月 序、前言、著录简称对照表、目录26页 文717页 插图67幅 插表71幅 16开

古文字研究（第三十四辑） 中国古文字研究会、西南大学汉语言文献研究所、西南大学出土文献综合研究中心编 中华书局 2022年9月 599页 插图131幅 插表33幅 16开

出土文献与古文字研究（第十辑） 复旦大学出土文献与古文字研究中心编 刘钊主编 上海古籍出版社 2022年7月 356页 16开

日就月将：出土文献与古文字研究青年学者访谈录 复旦大学出土文献与古文字研究中心编 中西书局 2022年10月 全二册 965页 16开

相观而善集（第一辑） 冯时主编 中国社会科学出版社 2022年8月 291页 插图262幅 插表11幅 16开

古文字与出土文献青年学者西湖论坛（2021） 论文集（中国美术学院汉字文化研究所丛书） 曹锦炎主编 上海古籍出版社 2022年12月 208页 插图60幅 插表20幅 16开

二 青铜器及铭文

殷周青铜器综览（第三卷）：春秋战国时代青铜器之研究 ［日］林巳奈夫著 ［日］广濑薰雄、［日］近藤晴香译 郭永秉润文 上海古籍出版社 2022年10月 全二册 目录5页 文、图表、演变图306页 插图55幅 彩版4页 图版、图版出处目录474页 8开 译自『殷周青銅器綜覧（三）：春秋戰國時代青銅器の研究』（吉川弘文館，1989年）

吉林大学考古与艺术博物馆馆藏文物丛书·青铜器卷 吉林大学考古与艺术博物馆编 唐淼主编 上海古籍出版社 2022年11月 前言、凡例、目录10页 彩版232页（136幅） 16开

长江万里青：长江流域青铜器精品展图录 盘龙城遗址博物院编 万琳主编 上海古籍出版社 2022年9月 序、目录10页 专论、彩版186页 插图11幅 彩版116幅 16开

山西出土青铜器全集：闻喜酒务头卷 山西省考古研究院编 高振华主编 三晋出版社 2022年9月 全二册 序、目录21页 专论、彩版416页 彩版101组 8开

晋公盘研究（"山西博物院藏铸铜遗物综合研究"系列丛书） 山西博物院编 张元成、苏荣誉主编 科学出版社 2022年11月 241页 插图327幅 16开

山西博物院青铜器CT扫描分析研究报告（"山西博物院藏铸铜遗物综合研究"系列丛书） 山西博物院编 张元成、苏荣誉主编 科学出版社 2022年11月 249页 插图348幅 插表37幅 16开

陕西历史博物馆藏古器物全形拓整理与研究 《陕西历史博物馆藏古器物全形拓整理与研究》编纂工作委员会编 万晓、李文怡、王晶晶、杨洁编著 三秦出版社 2022年10月 211页 拓片54幅 8开

繁简之间：宝鸡出土青铜器纹饰艺术展 杭州市临平博物馆、宝鸡青铜器博物院编 西泠印社出版社 2022年5月 309页 8开

吉金羽光：洛阳出土商周青铜器线图集 洛阳市文物考古研究院编 陈谊、赵晓军主编 三秦出版社 2022年9月 目录6页 线图266页 16开

吉金怀古：淮海地区的青铜时代 徐州博物馆编著 李晓军、原丰主编 科学出版社 2022年10月 190页 彩版80幅 16开

越地藏珍：金属器卷（浙江馆藏文物大典） 浙江省文物局编 王牧主编 浙江古籍出版社 2022年5月 概述、目录15页 彩版303页 8开

青铜器与金文（第八辑） 北京大学出土文献与古代文明研究所编 朱凤瀚主编 上海古籍出版社 2022年6月 276页 插图84幅 插表17幅 16开

青铜器与金文（第九辑） 北京大学出土文献与古代文明研究所编 朱凤瀚主编 上海古籍出版社 2022年12月 308页 插图298幅 插表14幅 16开

东周王城出土战国铜器铭文整理与研究 刘余力著 文物出版社 2022年1月 148页 插图76幅 32开

青铜器与周史论丛 韩巍著 上海古籍出版社 2022年6月 序19页 文355页 插图130幅 插表19幅 16开

中国古代青铜器整理与研究·青铜觥卷 张翀、刘莹莹著 科学出版社 2022年9月 226页 插图161幅 插表3幅 附表3幅 16开

君子之兵：青铜剑与草原文化 邵会秋著 上海古籍出版社 2022年7月 219页 插图105幅 32开

礼与礼器：中国古代礼器研究论集（北京大学考古学丛书） 张辛著 上海古籍出版社 2022年8月 314页 插图26幅 16开

商代金文研究（复旦出土文献与古文字研究博士丛书） 谢明文著 中西书局 2022年10月 全二册 序、凡例、目录17页 文918页 插图220幅 插表16幅 彩版46页 16开

周王畿：关中出土西周金文整理与研究 王晖主编 三秦出版社 2022年10月 全五卷六册 16开 第一卷：西安地区 吕亚虎编著 序、前言11页 目录13页 文554页 插图1—318幅 第二卷：周原地区（扶风、岐山） 王帅编著 全二册 目录21页 文1023页 插图319—901幅 第三卷：宝鸡地区 任雪莉编著 目录12页 文514页 插图902—1207幅 第四卷：咸阳、渭南、铜川地区 邵英编著 目录9页 文298页 插图1208—1358幅 第五卷：出土金文与周王畿社会结构政治体制研究 王晖等著 目录5页 文545页

《金文编》稿本 容庚撰集 中华书局 2022年7月 出版说明、前言14页 目录5页 原大彩色影印手稿696页 检字表15页 书影4页 16开

澂秋馆吉金图 陈宝琛辑 孙壮编次 北京市文物研究所整理 北京出版社 2022年6月 影印本 177页 16开 据北平商务印书分馆民国十九年（1930）版影印。

澂秋馆汇集吉金文字拓本 陈宝琛辑 北京市文物研究所整理 北京出版社 2022年6月 全二册 影印本 203页 240页 8开

商周文字论集续编 谢明文著 上海古籍出版社 2022年7月 377页 插图6幅 16开

齐系金文研究（曲阜师范大学洙泗史学文库） 张俊成著 上海古籍出版社 2022年12月 524页 插图179幅 插表13幅 16开

汉中出土商代铜器的科学分析与制作技术研究（科学技术与文明研究丛书） 陈坤龙、梅建军著 科学出版社 2022年12月 序、前言、目录16页 文202页 插图107幅 插表30幅 彩版4页 16开

吉金藏礼：山东济南刘家庄商代青铜器保护修复与研究（山东文物保护修复与研究系列丛书） 蔡友振、王云鹏、郭俊峰著 文物出版社 2022年9月 302页 插图262幅 插表68幅 彩版15组 16开

补遗

浙江出土商周青铜器研究（浙江省博物馆学人丛书） 俞珊瑛著 浙江人民美术出版社 2021年12月 328页 插图472幅 16开

三　简牍、帛书、文书写本

简帛（第二十四辑）　武汉大学简帛研究中心主办　陈伟主编　上海古籍出版社　2022年5月　302页　16开

简帛（第二十五辑）　武汉大学简帛研究中心主办　陈伟主编　上海古籍出版社　2022年12月　296页　16开

简牍学研究（第十一辑）　西北师范大学历史文化学院、甘肃简牍博物馆、河西学院河西史地与文化研究中心、兰州城市学院简牍研究所编　杨振红主编　甘肃人民出版社　2022年3月　207页　插图5幅　插表17幅　16开

简牍学与出土文献研究（第一辑）　西北师范大学文学院简牍研究中心主办　刘钊、洪帅主编　商务印书馆　2022年11月　213页　16开

清华大学藏战国竹简（拾贰）　清华大学出土文献研究与保护中心编　黄德宽主编　中西书局　2022年10月　全二册　彩版、释文·注释、字形表、信息表207页　8开

清华简《楚居》与楚国都城探研（湖北省博物馆、湖北省文物考古研究所学术文库）　笪浩波著　武汉大学出版社　2022年1月　序、前言、目录7页　文286页　插图13幅　16开

安徽大学藏战国竹简（二）　安徽大学汉字发展与应用研究中心编　黄德宽、徐在国主编　中西书局　2022年7月　凡例、放大图版、释文注释、字形表、竹简信息表217页　8开　附原大图版1袋

望山楚简普及本（湖北省博物馆藏简牍丛书）　罗恰编著　上海古籍出版社　2022年11月　序、目录9页　文255页　图版4页　16开

张家山汉墓竹简〔三三六号墓〕　荆州博物馆编　彭浩主编　文物出版社　2022年11月　全二册　目录、前言、凡例6页　图版、释文注释259页　放大图版196页　8开

岳麓书院藏秦简（柒）　陈松长主编　上海辞书出版社　2022年1月　全二册　彩版、红外线图版、附录289页　放大本68页　8开

五一广场东汉简牍册书复原研究（复旦出土文献与古文字研究博士丛书）　杨小亮著　中西书局　2022年4月　序、目录11页　文238页　插图12幅　插表17幅　16开

乌程汉简（中国美术学院汉字文化研究所丛书）　中国美术学院汉字文化研究所编　曹锦炎、石连坤、周同祥、鲍强主编　上海书画出版社　2022年10月　专论、图版、释文390页　8开

天回医简　中国中医科学院中国医史文献研究所、成都中医药大学、成都文物考古研究院、荆州文物保护中心天回医简整理组编著　柳长华主编　文物出版社　2022年11月　全二册　前言、目录、整理说明、凡例27页　彩版251页　释文注释、附录320页　8开

南越木简（中国田野考古报告集，考古学专刊，丁种第一〇六号；广州田野考古报告之八；南越国宫署遗址考古发掘报告之二）　广州市文物考古研究院、中国社会科学院考古研究所、南越王博物院编著　文物出版社　2022年12月　序、目录14页　420页　插图38幅　插表8幅　图版136幅　16开

简牍楼札记（凤凰枝文丛）　张德芳著　凤凰出版社　2022年5月　307页　插图　32开

简帛学论稿（中外文明传承与交流研究书系）　蔡万进著　商务印书馆　2022年8月　272页　16开

季旭昇学术论文集（中国语言文字研究辑刊，二三编，第十四册）　季旭昇著　花木兰文化出版社　2022年　全五册　895页　16开

吐鲁番出土文书补编　朱雷著　新疆维吾尔自治区博物馆编　巴蜀书社　2022年4月　序、目录5页　彩版、录文、注释、手稿188页　8开

和田出土唐代于阗汉语文书　荣新江编著　中华书局　2022年9月　目录、序22页　文、索引223页　彩版、图版17

页 32 开

新疆库木吐喇佛塔出土鲍威尔写本研究（敦煌与丝绸之路研究丛书） 任曜新著 甘肃文化出版社 2022 年 12 月 410 页 16 开

马王堆汉墓遣策整理与研究（湖南博物院藏品研究大系） 郑曙斌著 中华书局 2022 年 11 月 文、彩版 259 页 插图 185 幅 8 开

补遗

出土文献研究（第二十辑） 中国文化遗产研究院编 杨小亮主编 中西书局 2021 年 12 月 文 602 页 图版 1 页 16 开

四 古代碑刻、墓志

碑林集刊（第二十七辑）：碑志考释与文化解读 西安碑林博物馆编 裴建平主编 三秦出版社 2022 年 12 月 344 页 插图 80 幅 插表 15 幅 16 开

北京石刻史话 刘卫东、刘语寒著 北京燕山出版社 2022 年 3 月 概述、目录 21 页 文 226 页 图版、彩版 54 页 16 开

凉州金石录（河西碑铭整理研究） 魏迎春、马振颖编著 甘肃文化出版社 2022 年 3 月 序、凡例、目录 19 页 文 875 页 16 开

党项与西夏碑刻题记 杜建录、邓文韬主编 三秦出版社 2022 年 8 月 全三册 目录 7 页 前言、编例 14 页 叙录、图版、录文、参考书目 433 页 彩版 146 页 8 开

穆穆之容，晖晖之业：大金得胜陀颂碑的大千世界 吉林省文物考古研究所、松原市博物馆编著 吴辉、郑新城主编 科学出版社 2022 年 10 月 251 页 插图 330 幅 16 开

七至十世纪朝鲜半岛石刻碑志整理研究 拜根兴著 社会科学文献出版社 2022 年 12 月 序、目录等 10 页 文 567 页 插图 23 幅 插表 4 幅 16 开

石铭江南：钱氏吴越碑拓 杭州市文物遗产与历史建筑保护中心编 钮因莉、黎毓馨主编 文物出版社 2022 年 2 月 150 页 插图 58 幅 图版 66 幅（组） 横 16 开

陕西新见唐朝墓志 刘文、杜镇编著 三秦出版社 2022 年 2 月 序、凡例、目录 12 页 图版、录文 475 页 拓片图版 223 幅 8 开

隋唐崔氏家族墓志疏证 张应桥著 上海交通大学出版社 2022 年 11 月 全二册 前言、凡例、目录 24 页 文 913 页 16 开

五代十国墓志汇编（历代墓志汇编） 仇鹿鸣、夏婧辑校 上海古籍出版社 2022 年 8 月 全二册 目录 29 页 文 729 页 索引 104 页 16 开

扬州新出土宋元明清墓志 扬州市文物考古研究所编 王小迎主编 上海古籍出版社 2022 年 12 月 202 页 拓片 92 幅 8 开

出土宋代砖志辑释 贾文龙、王晓薇主编 凤凰出版社 2022 年 12 月 324 页 图版、拓片 88 幅 16 开

中国佛教石经：山东省（第四卷）：泰山—经石峪 山东省石刻艺术博物馆、德国海德堡科学院编 王永波、雷德侯（Lothar Ledderose）主编 中国美术学院出版社 2022 年 6 月 全二册 文、图版 717 页 图版 293 幅 8 开

中国佛教石经：四川省（第五卷）：卧佛院 E—F 区 北京大学考古文博学院、成都市文物考古研究所、四川省文物

考古研究院、安岳县文物管理局、德国海德堡科学院编 王平国、孙华主编 中国美术学院出版社 2022 年 3 月 文、图版 557 页 插图 32 幅 8 开

补遗

汉魏六朝墓砖铭文辑录校释（一）（厦门大学南强丛书） 林昌丈著 厦门大学出版社 2021 年 12 月 508 页 16 开

辽金西夏碑刻研究（西夏学文库，第一辑：论集卷） 周峰著 甘肃文化出版社 2020 年 12 月 259 页 插图 84 幅 16 开

白水碑刻 党斌主编 范志鹏、杜永智、王志勇、魏亚飞编著 三秦出版社 2021 年 12 月 前言、凡例、目录 21 页 图版、录文 366 页 图版 242 幅 8 开

五　古代玉器

玉器研究（第一辑） 中国文物学会玉器专业委员会、郑州市文物考古研究院编 徐琳、顾万发主编 科学出版社 2022 年 9 月 392 页 插图 417 幅 插表 11 幅 16 开

玉魂：中国古代玉文化 长沙博物馆编 喻燕姣主编 湖南人民出版社 2022 年 2 月 224 页 插图 11 幅 彩版 139 幅（组） 16 开

玉文化论丛（八）（杨建芳师生古玉研究会玉文化论丛系列之八） 杨建芳师生古玉研究会编 众志美术出版社 2022 年 3 月 254 页 插图 566 幅 16 开

古代玉器研究 王荣主编 上海书画出版社 2022 年 12 月 330 页 插图 93 幅 插表 15 幅 16 开

礼以玉成：早期玉器与用玉制度研究（北大考古学研究丛书） 孙庆伟著 北京大学出版社 2022 年 5 月 471 页 插图 59 幅 插表 51 幅 16 开

越地藏珍：玉器卷（浙江馆藏文物大典） 浙江省文物局编 周刃主编 浙江古籍出版社 2022 年 5 月 概述、目录 11 页 插图 4 幅 彩版 329 页 8 开

良渚玉器与中华文明（浙江考古与中华文明丛书） 方向明著 浙江人民出版社 2022 年 10 月 目录 6 页 文 356 页 插图 194 幅 插表 2 幅 16 开

良渚玉器线描［第三版］ 方向明著 浙江古籍出版社 2022 年 11 月 232 页 16 开

红山文化玉雕工艺（杨建芳师生古玉研究会图集系列之一；玉雕工艺显微痕迹研究图集，第一卷） 陈启贤编著 众志美术出版社 2022 年 4 月 文 75 页 插图 272 幅 彩版 193 页 16 开

安徽史前玉雕工艺（杨建芳师生古玉研究会图集系列之二；玉雕工艺显微痕迹研究图集，第二卷） 陈启贤编著 众志美术出版社 2022 年 9 月 文 44 页 插图 203 幅 彩版 196 页 16 开

崧泽文化玉雕工艺（杨建芳师生古玉研究会图集系列之三；玉雕工艺显微痕迹研究图集，第三卷） 陈启贤编著 众志美术出版社 2022 年 9 月 文 38 页 插图 168 幅 彩版 165 页 16 开

玉见月河：桐柏月河墓出土玉器（中国古玉科学研究丛书） 张友来、乔保同主编 河南大学出版社 2022 年 12 月 序、前言、目录 9 页 彩版 231 页 16 开

六　古代钱币

中国历史货币（中国钱币学会、中国钱币博物馆丛书） 杨君、周卫荣编著 科学出版社 2022 年 9 月 序、目录 10 页 文、彩版 269 页 插图 147 幅 彩版 271 幅 16 开

中国古代钱币铸造工艺研究（中国钱币学会、中国钱币博物馆丛书） 周卫荣、孟祥伟、杨君、陈旭著 科学出版社 2022年9月 序、目录7页 文216页 插图326幅 插表14幅 彩版8页 16开

泉流问源：中国钱币学与货币史论集 周祥著 文物出版社 2022年9月 392页 插图327幅 插表66幅 16开

周口运粮河畔古钱币窖藏 韩严振、李全立主编 科学出版社 2022年2月 序、专论、目录12页 彩版168页 16开

三门峡丰阳村春秋空首布窖藏 三门峡市博物馆编 李书谦、崔松林主编 大象出版社 2022年12月 424页 插图38幅（组） 彩版、钱拓155组 16开

罗马—拜占庭帝国嬗变与丝绸之路：以考古发现钱币为中心（国家社科基金后期资助项目） 郭云艳著 中央编译出版社 2022年4月 目录6页 文422页 插图4幅 插表16幅 彩版6页 16开

思古楼藏泉：唐钱图录（古泉文库系列丛书） 杜维善著 韩英、杨槐整理 世界图书出版公司 2022年9月 16开

南宋钱汇·金银铤编 李晓萍、钟旭洲主编 文物出版社 2022年12月 概论、凡例、综述49页 彩版288页 16开

圣宝太平：太平天国钱币特展 金华市文物保护与考古研究所（太平天国侍王府纪念馆）编 西泠印社出版社 2022年12月 151页 16开

七 铜镜

中国国家博物馆馆藏文物研究丛书：铜镜卷 中国国家博物馆编 盛为人、霍宏伟主编 上海古籍出版社 2022年11月 全二册 序、前言、目录10页 专论、彩版499页 插图166幅 插表4幅 彩版293幅 16开

徐州博物馆藏铜镜 徐州博物馆编著 孟强主编 科学出版社 2022年9月 目录5页 概论、彩版285页 插图14幅 彩版187幅 16开

镜鉴古今：馆藏铜镜鉴赏 运城博物馆编 周文全主编 山西人民出版社 2022年1月 127页 彩版111幅 16开

淮南市博物馆馆藏战国铜镜 淮南市博物馆编著 汪茂东主编 文物出版社 2022年11月 243页 插图2幅 彩版、镜拓110组 16开

辉县汉墓群出土铜镜修复、保护与研究：河南省南水北调中线工程文物保护研究项目（考古学专刊，乙种第五十一号） 中国社会科学院考古研究所、河南省文物考古研究院编著 岳洪彬、梁法伟、苗霞、岳占伟、王浩天、赵艳利、王涛主编 文物出版社 2022年1月 序、目录12页 论文、彩版384页 插图98幅 插表5幅 彩版292幅 16开

八 玺印、封泥

中国印章学教程（南京大学考古文物系系列教材） 周晓陆、付威、王安祺、刘东芹编著 南京大学出版社 2022年4月 文294页 插图776幅 彩版12页 16开

山西博物院藏品概览：印章卷 山西博物院编 张慧国主编 文物出版社 2022年7月 序、综述、目录10页 彩版258页 16开

狮子山楚王陵出土西汉官印 邱永生、刘聪、周波主编 西泠印社出版社 2022年9月 256页 彩版226幅 16开

中國古代封泥全集 孙慰祖主编 吉林美术出版社 2022年9月 全十五册 专论73页 品目156页 彩版1842页 文1087页 16开

九 明器

广州博物馆藏汉代模型明器（广州博物馆丛书·藏品系列） 广州博物馆编 吴凌云、宋平主编 广东人民出版社

2022年12月 279页 彩版220幅 16开

伍　美术考古

一　通论

浙江大学艺术与考古研究（第五辑）　浙江大学艺术与考古研究中心编　缪哲主编　浙江大学出版社 2022年6月　文300页 插图201幅 彩版8页 16开

古代墓葬美术研究（第五辑）　巫鸿、郑岩、朱青生主编　湖南美术出版社 2022年7月 244页 插图230幅 插表3幅 16开

中国美术的图像与风格（I）：古代美术史研究　[日]曾布川宽著　林保尧、林圣智、龚诗文译　新文丰出版公司 2022年12月 目录、序16页 文1—350页 插图405幅 16开

中国美术的图像与风格（II）：中古美术史研究　[日]曾布川宽著　林保尧、傅江、颜娟英、苏玲怡、龚诗文译　新文丰出版公司 2022年12月 文351—870页 插图593幅 16开

浙江史前美术（浙江考古与中华文明丛书）　朱雪菲著　浙江人民出版社 2022年10月 目录5页 文220页 插图172幅 插表1幅 16开

探掘梵迹：中国佛教美术考古概说　杨泓著　生活·读书·新知三联书店 2022年1月 432页 插图455幅 32开

比较场所：巫鸿美术史文集（卷六）　巫鸿著　郑岩编　上海人民出版社 2022年10月 394页 插图 16开

铁袈裟：艺术史中的毁灭与重生　郑岩著　生活·读书·新知三联书店 2022年1月 400页 插图208幅 16开

美术史的手铲（文艺研究小丛书）　郑岩著　王伟编　文化艺术出版社 2022年12月 导言、序、目录16页 文131页 插图53幅 32开

读图观史：考古发现与汉唐视觉文化研究（艺术史丛书）　贺西林著　北京大学出版社 2022年4月 252页 插图173幅 16开

汉唐之际丝绸之路上的遗址美术　高明主编　陕西师范大学出版社 2022年5月 324页 16开

补遗

艺术史研究（第二十六辑）　中山大学艺术史研究中心编　李清泉主编　中山大学出版社 2021年12月 文245页 插图217幅 插表6幅 彩版10页 16开

吐鲁番阿斯塔那古墓人首蛇身交尾图像研究（丝绸之路历史文化研究书系）　王晓玲著　甘肃文化出版社 2021年12月 序、目录11页 文387页 插图171幅 插表2幅 附表4幅 16开

二　古代雕塑　附：汉画像石

南涅水石刻　山西省考古研究院、沁县博物馆编著　刘永生、郭海林、刘同廉主编　文物出版社 2022年3月 全三册 目录14页 文524页 插图323幅 彩版80页 图版710页 16开

南涅水石刻艺术　山西省考古研究院、沁县文物馆编著　刘永生、郭海林主编　文物出版社 2022年2月 129页 彩版77幅 16开

山西博物院藏品概览：石造像卷　山西博物院编　张慧国主编　文物出版社 2022年7月 综述、目录14页 彩版、拓片226页 16开

北朝中晚期石刻佛像的造型特征与文化内涵　黄文智著　天津人民美术出版社　2022年11月　249页　插图315幅　16开

砖石为骨，图像为魂：汉画像砖石的营建与装饰　黄续著　文化艺术出版社　2022年4月　前言、目录7页　文203页　插图51幅　插表2幅　16开

南阳汉代画像石综合研究（浙江省哲学社会科学规划后期资助课题成果文库）　卜常友著　中国社会科学出版社　2022年6月　全二册　前言、目录16页　文923页　插图295幅　插表12幅　图版580幅　16开

汉画的世界：沂南北寨汉墓画像释读　王培永著　齐鲁书社　2022年4月　323页　插图331幅　16开

沂南汉画像石　王培永编著　齐鲁书社　2022年7月　187页　插图20幅　图版173幅　8开

宿州市汉画像石撷珍　宿州市博物馆编　刘林主编　文物出版社　2022年8月　215页　插图12幅　彩版126幅　16开

三　石窟寺

石窟寺研究（第十三辑）　中国古迹遗址保护协会石窟专业委员会、龙门石窟研究院编　孙英民、史家珍主编　科学出版社　2022年10月　233页　插图240幅　插表16幅　16开

中国石窟寺（龙门石窟文库）　李裕群著　科学出版社　2022年7月　447页　插图549幅　16开

中国石窟艺术精讲　常青著　东方出版中心　2022年8月　365页　插图100幅　16开

吐鲁番中小型石窟内容总录（吐鲁番学研究丛书，甲种本之七）　吐鲁番学研究院编　陈爱峰主编　上海古籍出版社　2022年12月　文、彩版280页　插图214幅　彩版38幅　16开

空间的教程：走近莫高窟　巫鸿著　生活·读书·新知三联书店　2022年1月　325页　插图193幅　16开

敦煌石窟艺术（浙江学者丝路敦煌学术书系）　常书鸿著　刘进宝、宋翔编　浙江大学出版社　2022年1月　299页　插图28幅　插表7幅　32开

大漠明珠：敦煌莫高窟（考古与文明丛书）　常青著　文物出版社　2022年6月　295页　插图258幅　16开

甘肃中小石窟调查报告·天水卷（敦煌研究院学术文库）　敦煌研究院、甘肃省文物局编著　科学出版社　2022年6月　目录22页　文246页　插图280幅　彩版80页（193幅）　16开

敦煌西夏石窟艺术新论（西夏学文库，第三辑：著作卷）　沙武田等编著　甘肃文化出版社　2022年11月　序、目录19页　文402页　插图296幅　16开

西夏石窟艺术研究（西夏学文库，第三辑：论集卷）　刘玉权著　甘肃文化出版社　2022年11月　文192页　插图44幅　插表19幅　彩版36页　16开

马蹄寺石窟群汉传佛教图像研究（敦煌与丝绸之路石窟艺术丛书，第二辑）　张善庆著　甘肃教育出版社　2022年10月　498页　16开

文殊山石窟研究（敦煌与丝绸之路石窟艺术）　李甜著　甘肃教育出版社　2022年2月　462页　插图372幅　插表5幅　图版86幅　16开

20世纪50年代文化部麦积山石窟勘察文献研究　何鸿著　中国美术学院出版社　2022年10月　文、图版267页　图版225幅　16开

石窟艺术研究（第六辑）　麦积山石窟艺术研究所编　李天铭、孙晓峰主编　文物出版社　2022年4月　335页　插图339幅　插表17幅　16开

北石窟寺史话　甘肃北石窟寺文物保护研究所编　江苏凤凰美术出版社　2022年9月　171页　插图158幅　16开

庆阳北石窟寺内容总录　甘肃北石窟寺文物保护研究所编著　文物出版社　2022年12月　全二册　目录14页　文、彩版519页　插图471幅　彩版365幅　16开

云冈石窟申遗成功 20 周年纪念文集（2001—2021） 云冈研究院编 王雁卿主编 江苏凤凰美术出版社 2022 年 7 月 全二册 研究卷（695 页 插图 991 幅 插表 33 幅） 保护卷（394 页 插图 488 幅 插表 122 幅）16 开

固原古代石窟佛像概览（六盘山文库） 冯敏著 中国社会科学出版社 2022 年 4 月 211 页 16 开

彬县大佛寺：唐代佛教石窟的考古学报告与研究 常青著 觉风佛教艺术文化基金会 2022 年 5 月 全二册 本文编 339 页 插图 188 幅 图版编 229 页 彩版 282 幅 16 开

龙门石窟纪年造像图典简编 龙门石窟研究院编 杨超杰、陈莉、朱佩著 河南文艺出版社 2022 年 10 月 332 页 插图 244 幅 16 开

铭心妙相：龙门石窟艺术对话 上海大学博物馆 李明斌、马琳主编 上海大学出版社 2022 年 12 月 彩版 167 页 专论 49 页 插图 56 幅 16 开

殊胜大足：大足石刻特展（中国国家博物馆全国考古发现系列丛书）《殊胜大足》图录编辑委员会编 王春法主编 山东美术出版社 2022 年 1 月 255 页 彩版、图版 142 幅／组 16 开

安岳唐宋石窟研究（光明社科文库·历史与文化书系） 陈晶鑫著 光明日报出版社 2022 年 1 月 276 页 插图 197 幅 16 开

桂林摩崖造像（广西文物保护与考古研究所学术丛书） 广西文物保护与考古研究所编 刘勇编著 上海古籍出版社 2022 年 10 月 文 244 页 插图 262 幅 彩版 227 页（234 幅） 16 开

浙江省石窟寺与摩崖造像病害调查报告 浙江省文物局、浙江省文物考古研究所、浙江科技学院编 浙江古籍出版社 2022 年 12 月 324 页 插图 16 开

补遗

东千佛洞西夏壁画研究（西夏学文库，第二辑：著作卷） 史伟著 甘肃文化出版社 2021 年 12 月 261 页 插图 150 幅 插表 10 幅 16 开

四　古代建筑

中国古代宫殿 傅熹年著 中国建筑工业出版社 2022 年 11 月 367 页 插图 132 幅 16 开

山西古建筑保护研究 70 年 山西省古建筑与彩塑壁画保护研究院编 任毅敏主编 科学出版社 2022 年 8 月 278 页 插图 261 幅 16 开

浑源永安寺文物保护与研究 山西省古建筑与彩塑壁画保护研究院、浑源县文化和旅游局编著 吴锐主编 吴锐、郝维和、吴扬、张昕、陈捷著 文物出版社 2022 年 6 月 全三册 序、目录 32 页 文、图 1001 页 插图 316 幅 插表 66 幅 实测图、分析图与竣工图 194 幅 彩版 159 幅 16 开

清西陵（中国古建筑测绘大系·陵寝建筑） 天津大学建筑学院、易县清西陵文物管理处编 王其亨主编 朱蕾、陈书砚、王其亨编著 中国建筑工业出版社 2022 年 2 月 文、测绘图 307 页 彩版 23 页 横 8 开

肇庆古城墙与府城文物考古：2017—2018 年肇庆古城墙与府城考古工作成果（肇庆古城墙申报世界文化遗产系列丛书） 广东省文物考古研究院、肇庆古城墙申遗办编 陈雨生主编 中山大学出版社 2022 年 12 月 125 页 彩版 140 幅 16 开

补遗

1965 年西安小雁塔整修工程报告 西安博物院编 王梅主编 陕西人民出版社 2021 年 8 月 序、目录 10 页 文、图

版 292 页 插图 37 幅 实测图 17 幅 图版、彩版 74 幅 16 开

五　陶瓷与窑址

瓷器改变世界　江建新主编　四川人民出版社　2022 年 9 月　序、目录 14 页　文 399 页　插图 522 幅　16 开

故宫的古窑址调查研究（1949—1999）（故宫博物院博士后文库）　徐华烽著　文物出版社　2022 年 10 月　序、目录 13 页　文 160 页　插图 68 幅　16 开

汉唐陶瓷考古初学集（北京大学考古学丛书）　杨哲峰著　上海古籍出版社　2022 年 8 月　306 页　插图 80 幅　插表 15 幅　16 开

片羽吉光：两宋之际代表性窑址出土瓷器　复旦大学科技考古研究院、慈溪市文物保护中心编著　郑建明、沈岳明主编　文物出版社　2022 年 11 月　172 页　插图 24 幅　彩版 177 幅　16 开

汝窑为魁：宝丰清凉寺汝官窑遗址出土文物展　宝丰县清凉寺汝官窑遗址管理处、宝丰汝窑博物馆编著　王团乐主编　科学出版社　2022 年 3 月　前言、目录 8 页　彩版、专论 255 页　插图 57 幅　彩版 241 幅　8 开

繁昌窑研究　汪发志编著　安徽师范大学出版社　2022 年 8 月　244 页　插图 74 幅　插表 10 幅　彩版 48 幅　16 开

越地藏珍：陶瓷卷（浙江馆藏文物大典）　浙江省文物局编　马争鸣主编　浙江古籍出版社　2022 年 5 月　概述、彩版 11 页　彩版 311 页　8 开

浙江古代青瓷（浙江考古与中华文明丛书）　郑建华、谢西营、张馨月著　浙江人民出版社　2022 年 10 月　全二册　目录 21 页　文 695 页　插图 775 幅　插表 2 幅　16 开

台州市博物馆馆藏陶瓷精品集　台州市博物馆编　李妍嘉、王佳主编　西泠印社出版社　2022 年 3 月　序、目录 12 页　插图 20 幅　彩版 182 页（172 幅 / 组）　16 开

马口窑：汉川马口窑址群考古工作报告（孝感文化遗产集萃）　湖北省孝感市博物馆编　武汉大学出版社　2022 年 8 月　275 页　插图 35 幅　附图 241 幅　16 开

枫林瓷印：醴陵窑唐家坳窑址出土瓷器精粹　湖南省文物考古研究院、株州博物馆、醴陵窑管理所编著　文物出版社　2022 年 10 月　专论、彩版 256 页　插图 60 幅　彩版 301 幅　16 开

吉光片羽：湖南考古出土陶瓷特展　长沙博物馆编著　周慧雯主编　岳麓书社　2022 年 12 月　致辞、策展前言 19 页　彩版 221 页　16 开

邛窑出土瓷器选粹　成都文物考古研究院编著　文物出版社　2022 年 5 月　315 页　插图 3 幅　彩版 165 幅　16 开

成都东华门明代蜀王府遗址出土瓷器　成都文物考古研究院、景德镇陶瓷大学考古文博学院编著　易立、陈宁主编　科学出版社　2022 年 12 月　382 页　彩版 189 幅　插图 141 幅　16 开

重庆涂山窑图集（重庆文化遗产保护系列丛书）　重庆市文物考古研究院、重庆文化遗产保护中心编著　重庆出版社　2022 年 12 月　243 页　彩版　16 开

中国古陶瓷研究（第二十七辑）：元明景德镇窑业与技术交流　中国古陶瓷学会、景德镇陶瓷大学、景德镇御窑博物院编　孙新民、吕品昌主编　科学出版社　2022 年 12 月　427 页　插图 754 幅　插表 19 幅　16 开

御瓷新见：景德镇明代御窑遗址出土与故宫博物院藏传世瓷器对比　故宫博物院、景德镇市陶瓷考古研究所编　吕成龙、江建新主编　故宫出版社　2022 年 5 月　目录 15 页　彩版、专论 405 页　插图 92 幅　彩版 197 幅　12 开

青出于蓝：青花瓷的起源发展与交流　上海博物馆编　褚晓波主编　上海书画出版社　2022 年 12 月　199 页　插图 24 幅　彩版 78 幅　16 开

连江浦口窑址（福建省考古研究院考古报告系列 –1）　福建省考古研究院、连江县文化体育和旅游局编　羊泽林主

编　海峡文艺出版社　2022 年 10 月　338 页　线图 100 幅　彩版 718 幅　插表 7 幅　附图 40 幅（组）　16 开

静江瓷音：广西永福窑田岭窑址出土腰鼓（广西文物保护与考古研究所学术丛书）　广西文物保护与考古研究所编著　林强主编　广西科学技术出版社　2022 年 3 月　前言、目录 16 页　文 338 页　16 开

大明宫瓷：十五世纪的明代宫廷用瓷　深圳博物馆编　郭学雷主编　文物出版社　2022 年 10 月　321 页　插图 190 幅　彩版 293 幅　8 开

如何读中国瓷：大都会艺术博物馆藏中国陶瓷精品导览（培文·艺术史）　[美]李丹丽（Denise Patry Leidy）著　丁雨译　北京大学出版社　2022 年 1 月　140 页　插图 15 幅　彩版 41 组　16 开　译自 How to Read Chinese Ceramics，2015

六　古代绘画

中国绘画：远古至唐（巫鸿作品集）　巫鸿著　上海人民出版社　2022 年 3 月　217 页　插图 134 幅　32 开

蓦然回首现光华：第四届曲江壁画论坛论文集　周天游主编　文物出版社　2022 年 6 月　序、目录 15 页　文 348 页　插图 357 幅　插表 13 幅　16 开

汉代壁画的艺术考古研究（国家社科基金后期资助项目）　练春海著　科学出版社　2022 年 6 月　前言、目录 31 页　文 295 页　插图 218 幅　16 开

北魏平城墓葬壁画研究　尹刚著　山西人民出版社　2022 年 7 月　269 页　插图 186 幅　16 开

辽代墓室壁画人马图研究　包图雅著　吉林出版集团　2022 年 7 月　194 页　插图 86 幅　16 开

西域古代绘画研究　顾颖著　上海人民出版社　2022 年 6 月　文 254 页　插图 174 幅　彩版 24 页　16 开

北岳庙壁画　曲阳县文物局编　张立方、刘斌主编　科学出版社　2022 年 1 月　序、目录 9 页　专论、彩版、附录 260 页　插图 41 幅　彩版 241 幅　8 开

赤峰岩画　周玉树、吴甲才主编　科学出版社　2022 年 11 月　全三册　序、目录 15 页　彩版 947 页　16 开

补遗

西北岩画艺术史　杨惠玲著　宁夏人民出版社　2021 年 11 月　340 页　插图　16 开

七　古代书法

南朝气韵：六朝石刻碑帖讲演录　南京大学博物馆编著　程章灿、张学锋、童岭解说　凤凰出版社　2022 年 3 月　244 页　插图 63 幅　图版 29 幅　16 开

补遗

宝鸡青铜器书法菁华　宝鸡青铜器博物院编　陈亮、张永强主编　西泠印社出版社　2021 年 11 月　403 页　插图 10 幅　彩版 95 组　8 开

八　古代工艺美术

中国金银器　扬之水著　生活书店　2022 年 8 月　全五册　总目、序 22 页　文 2040 页　插图 1531 幅　附图 8 组　32 开

唐代金银器研究　齐东方著　上海古籍出版社　2022 年 12 月　目录、序 15 页　文 458 页　插图 920 幅　彩版 24 页（71 幅）　图版 24 页（113 幅）　16 开

法门寺金银器艺术研究（光明社科文库） 沈磊著 光明日报出版社 2022 年 1 月 262 页 插图 113 幅 16 开

易水寒光：宋代宫廷金银器窖藏 绍兴市上虞博物馆、易县博物馆编 黎毓馨、熊玮、方华主编 文物出版社 2022 年 5 月 281 页 插图 107 幅 彩版 103 幅 8 开

八婺宋韵·金熠银辉 兰溪市博物馆编 郑建明主编 文物出版社 2022 年 11 月 109 页 插图 16 幅 彩版 88 幅 16 开

中华早期漆器研究 洪石著 社会科学文献出版社 2022 年 4 月 序、目录 10 页 文 243 页 插图 112 幅 插表 5 幅 彩版 16 页 16 开

汉代纪年漆器铭文汇考 郑巨欣、王树明著 文物出版社 2022 年 12 月 目录 9 页 文 276 页 插图 151 幅 彩版 16 页 16 开

丝路之光：2019 敦煌服饰文化论文集 刘元风主编 中国纺织出版社 2022 年 1 月 253 页 插图 523 幅 16 开

丝路之光：2021 敦煌服饰文化论文集 刘元风主编 中国纺织出版社 2022 年 1 月 227 页 插图 277 幅 插表 21 幅 16 开

束带矜庄：古代带钩与带扣 王仁湘著 文物出版社 2022 年 11 月 前言、目录 7 页 文 289 页 插图 287 幅 插表 3 幅 16 开

陆　古代科学技术与手工业

铜绿山古铜矿遗址与中国青铜文明研究（中国矿冶考古） 大冶市铜绿山古铜矿遗址保护管理委员会编 张茂林主编 长江出版社 2022 年 8 月 致辞、序、前言、目录 20 页 文 300 页 插图 124 幅 插表 27 幅 照片 10 页 16 开

中国古代冶铁竖炉炉型研究（科学技术与文明研究丛书） 黄兴、潜伟著 科学出版社 2022 年 1 月 序、目录 10 页 文 280 页 插图 255 幅 插表 15 幅 16 开

色如天相，器传千秋：中国古代绿松石文化展 盘龙城遗址博物院编 万琳主编 科学出版社 2022 年 9 月 229 页 彩版 157 幅 16 开

盐业考古与古代社会研究：手工业考古·黄骅论坛——以盐业考古为中心论文集 黄骅市博物馆、河北省文物考古研究院、山东大学历史文化学院编 王青、张宝刚、雷建红主编 科学出版社 2022 年 12 月 文 408 页 插图 361 幅 插表 18 幅 照片 6 页 16 开

从妇好汽柱甑到海昏侯套合器：对中国古代蒸馏器的再认识 姚智辉著 中国社会科学出版社 2022 年 3 月 236 页 插图 117 幅 插表 12 幅 16 开

补遗

汉代星空：西汉汝阴侯墓天文仪器探秘 安徽博物院编 安徽美术出版社 2021 年 9 月 131 页 插图 16 开

柒　古代文化生活

天地同和：中国古代乐器精粹（中国国家博物馆展览系列丛书） 中国国家博物馆编 王春法主编 人民音乐出版社 2022 年 6 月 序、目录 10 页 彩版、专论 363 页 插图 64 幅 插表 8 幅 彩版 134 幅 8 开

中国音乐考古论纲（上编·上册）（国家社科基金后期资助项目） 王子初著 科学出版社 2022 年 3 月 序、目录 30 页 文 449 页 插图 426 幅 插表 105 幅 16 开

中国音乐考古论纲（上编·下册）（国家社科基金后期资助项目） 王子初著 科学出版社 2022 年 5 月 目录 18 页 文 586 页 插图 274 幅 插表 105 幅 16 开

音乐考古学：理论研究与资料汇编 邵晓洁著 文化艺术出版社 2022 年 6 月 269 页 插图 10 幅 插表 8 幅 32 开

楚乐器研究 邵晓洁著 湖北教育出版社 2022 年 5 月 序、目录 18 页 文 452 页 插图 160 幅 插表 100 幅 16 开

饮食与中国文化 王仁湘著 广西师范大学出版社 2022 年 10 月 639 页 插图 325 幅 16 开

竞出东方：中国古代体育文化特展 四川博物院、成都体育大学博物馆编 谢丹主编 巴蜀书社 2022 年 12 月 289 页 彩版 319 幅 16 开

捌　民族考古和边疆地区考古

长白山区系考古与民族要论 王绵厚著 辽宁人民出版社 2022 年 2 月 文 203 页 插图 5 幅 照片、图版 10 页 16 开

东北考古六十年 王绵厚著 张松、温科学等整理 辽海出版社 2022 年 11 月 序、前言、目录 11 页 文 342 页 插图 14 幅 照片 8 页 16 开

匈奴平民墓葬研究（"一带一路"考古学研究译丛） ［蒙］策·图尔巴特著 萨仁毕力格、特尔巴伊尔译 社会科学文献出版社 2022 年 12 月 文 261 页 插图 22 幅 插表 15 幅 彩版 10 页 16 开

呼伦贝尔民族文物考古大系：新巴尔虎右旗卷 中国社会科学院考古研究所、中国社会科学院蒙古族源研究中心、内蒙古自治区文物局、内蒙古蒙古族源博物馆、北京大学考古文博学院、呼伦贝尔民族博物馆编 文物出版社 2022 年 12 月 概述、彩版 287 页 16 开

无问西东：锡林郭勒考古所见的文化交流与互动 王晓琨著 中国社会科学出版社 2022 年 6 月 227 页 插图 161 幅 16 开

坚固万岁人民喜：刘平国刻石与西域文明学术研讨会论文集 拜城县文化体育广播电视和旅游局、北京大学中国古代史研究中心、中国人民大学古代中国与丝路文明研究中心编 朱玉麒、李肖主编 凤凰出版社 2022 年 4 月 文 462 页 插图 165 幅 插表 25 幅 图版、照片 8 页 16 开

西域之路（斯坦因西域考古探险记） ［英］奥雷尔·斯坦因（Aurel Stein）著 巫新华译 商务印书馆 2022 年 3 月 译序、目录 16 页 文 435 页 插图 143 幅 32 开 译自 On Ancient Central Asian Tracks: Brief Narrative of Three Expeditions in Innermost Asia and North-Western China, 1933

敦煌发现（斯坦因西域考古探险记） ［英］奥雷尔·斯坦因（M. Aurel Stein）著 巫新华译 商务印书馆 2022 年 2 月 译序、目录 16 页 前言、正文 380 页 插图 58 幅 32 开 译自 Ruins of Desert Cathay, Personal Narrative of Explorations in Central Asia and Westernmost China, 1912

罗布泊考古研究 陈晓露著 上海古籍出版社 2022 年 1 月 目录 21 页 文 341 页 插图 184 幅 16 开

重走天山路：东天山吐鲁番古道考察与研究 巫新华著 广西师范大学出版社 2022 年 9 月 410 页 插图 159 幅 32 开

疾病医疗考古初探：新疆青铜时代至早期铁器时代 张驰著 商务印书馆 2022 年 10 月 244 页 插表 8 幅 图版 70 幅 32 开

丝路彩陶·天山卷 刘学堂著 三秦出版社 2022 年 3 月 全二册 总序 42 页 目录 27 页 文 721 页 插图 658 幅 彩版 413 页 16 开

历史铸就统一体：考古与文物所见西藏和中原关系资料研究 《历史铸就统一体》编辑出版委员会编 霍巍主编 霍

魏、王煜、李帅、张延清、朱德涛、马轩著 中国藏学出版社 2022 年 10 月 全九册 16 开
 第一册：基础资料（史前、吐蕃） 绪论、凡例、目录 20 页 文 181 页 插图 97 幅
 第二册：基础资料（五代、宋、元） 目录 7 页 文 258 页 插图 214 幅
 第三册：基础资料（明代） 目录 11 页 文 404 页 插图 333 幅
 第四—五册：基础资料（清代） 目录 22 页 文 747 页 插图 700 幅
 第六册：综合研究（史前、吐蕃、宋、元） 目录 2 页 文 308 页 插图 246 幅
 第七册：综合研究（明代） 目录 2 页 文 330 页 插图 575 幅
 第八册：综合研究（清代） 目录 2 页 文 261 页 插图 340 幅
 第九册：专题研究 目录 2 页 文 244 页 插图 66 幅
探寻第三极：西藏考古手记 霍巍著 天地出版社 2022 年 5 月 文 359 页 插图 315 幅 彩版 12 页 16 开
探寻古蜀国：从三星堆看中华文明 黄剑华著 研究出版社 2022 年 3 月 序、目录 8 页 文 360 页 插图 332 幅 16 开
南方丝绸之路研究丛书：文物考古卷 刘西诺、何兆阳著 安徽人民出版社 2022 年 2 月 356 页 16 开

玖　宗教遗迹与遗物

洛阳散存佛教文物（龙门石窟文库） 龙门石窟研究院编 史家珍主编 上海交通大学出版社 2022 年 12 月 244 页 彩版、拓片 74 幅/组 16 开
浮屠高耸：中国古塔（考古与文明丛书） 常青著 文物出版社 2022 年 5 月 261 页 插图 241 幅 16 开
庄严佛国：中国石窟寺（考古与文明丛书） 常青著 文物出版社 2022 年 5 月 285 页 插图 232 幅 16 开
尘外千年：定州静志寺、净众院塔基地宫出土文物展 深圳市南山博物馆、定州市博物馆编 戚鑫、齐增玲主编 文物出版社 2022 年 5 月 239 页 文物彩版 148 幅 壁画彩版 10 幅 墓志图版 4 幅 地宫图版 4 幅 16 开
吴越国塔幢研究（浙江省博物馆学人丛书） 魏祝挺著 浙江古籍出版社 2022 年 12 月 343 页 插图 323 幅 16 开
印度佛像服饰史 费泳编著 湖北美术出版社 2022 年 8 月 321 页 插图 265 幅 16 开

补遗

梵寺钟声：探寻伊阙河畔的山寺（龙门石窟文库） 路伟编著 龙门石窟研究院编 上海交通大学出版社 2021 年 12 月 文 238 页 插图 16 开

拾　文物保护单位、文物志与历史地理

北京三千年：从考古发现看北京建城史 北京日报特别报道部著 北京联合出版公司 2022 年 9 月 序、目录 8 页 文 371 页 插图 93 幅 32 开
北京市级文物保护单位志 《北京市级文物保护单位志》编委会编 北京出版社 2022 年 10 月 1209 页 16 开
天津市志·文物博物馆志 天津市地方志编修委员会编 江苏人民出版社 2022 年 10 月 781 页 16 开
文物中的内蒙古 内蒙古自治区文物考古研究院编 张文平主编 内蒙古大学出版社 2022 年 7 月 197 页 32 开
郑州文化遗产之光 郑州市文物局编著 任伟主编 科学出版社 2022 年 11 月 序、目录 9 页 彩版 358 页 16 开

孟知祥墓与后蜀　成都市成华区文化体育和旅游局、成都市成华区文物保护管理所编　四川科技出版社　2022年9月　248页　16开

广东文化遗产：古遗址卷　广东省文物局编　魏峻、陈以琴主编　科学出版社　2022年9月　序、目录11页　文309页　彩版864幅　16开

广州城防史迹调查与研究（广州文物考古研究丛书）　广州市文物考古研究院、广东省珠江文化研究会编著　李克义主编　暨南大学出版社　2022年1月　目录10页　文301页　插图257幅　16开

补遗

郑州古都文化研究　郑州古都学会、郑州嵩山文明研究院编　任伟主编　大象出版社　2021年12月　序、目录9页　文488页　插图154幅　插表7幅　16开

石峁遗址志　《石峁遗址志》编纂委员会编　范林虎主编　方志出版社　2021年12月　序、凡例、目录25页　文353页　插图365幅　插表19幅　地图、彩版12幅　16开

拾壹　中外关系与中外文化交流

丝绸之路上的中华文明（中华文明传播史研究丛刊）　荣新江主编　商务印书馆　2022年3月　470页　插图215幅　插表18幅　16开

众望同归：丝绸之路的前世今生　赵丰主编　商务印书馆　2022年6月　283页　彩版50幅　插图158幅　16开

四海通达：海上丝绸之路（中国段）文物联展　海丝保护和联合申遗城市联盟、中国文化遗产研究院、中国博物馆协会、南越王博物院（西汉南越国史研究中心）编　李民涌主编　岭南美术出版社　2022年11月　395页　彩版439幅　16开

丝从东方来：隋唐洛阳城东运河两岸的胡人部落与丝绸之路的东方起点　张成渝、张乃翥著　文物出版社　2022年12月　399页　插图333幅　16开

拾贰　文物保护、大遗址和文化遗产保护

一　文物保护工作

中国文物年鉴（2021）　国家文物局编　文物出版社　2022年12月　目录7页　文349页　照片7页　16开

中国考古遗址博物馆　中国博物馆学会编　江苏凤凰文艺出版社　2022年8月　全二册　史前遗址博物馆卷　吴健主编　1—264页　插图238幅　历史时期遗址博物馆卷　李岗主编　265—595页　插图386幅　16开

保护与发展：文化遗产学术论丛（第一辑）　滕磊、王时伟主编　科学出版社　2022年9月　378页　插图250幅　插表22幅　16开

文化遗产防灾减灾概论（中国文化遗产研究院·培训系列教材）　中国文化遗产研究院编　乔云飞、郭小东、王志涛编著　文物出版社　2022年4月　327页　插图120幅　插表33幅　16开

走进文物保护新时代：山东省可移动文物保护状况调查研究　山东省文物保护修复中心编　王传昌　齐鲁书社　2022年12月

时代的脉动与文明的记忆：南水北调东线一期工程山东段·文物保护卷　山东省文物局、山东省文物考古研究院编

王永波、王守功主编 文物出版社 2022年8月 序、目录8页 文396页 插图182幅 插表9幅 彩版11页 16开

陕西文物年鉴（2020） 陕西省文物局编 谭前学主编 陕西人民出版社 2022年5月 文357页 照片16页 16开

交流与互鉴：陕西文物对外交流（1965—2020） 陕西省文物局编 罗文利主编 三秦出版社 2022年12月 371页 插图683幅 16开

浙江文物年鉴（2022）《浙江文物年鉴》编委会编 杨建武主编 杭州出版社 2022年12月 文567页 彩版16页 16开

前瞻与全局：湖北文物事业"十四五"发展研究 张晓云主编 科学出版社 2022年4月 233页 16开

湖北省文物保护工作印记（2015—2018）（湖北文物保护系列图书） 汤强松主编 科学出版社 2022年10月 前言、目录13页 文355页 插图164幅 16开

文物保护专项资金绩效管理探索与实践：以湖北省为例（湖北文物保护系列图书） 柯凌等编著 科学出版社 2022年4月 文188页 16开

遗址博物馆保护与利用学术研讨会论文集 汉景帝阳陵博物院编 三秦出版社 2022年5月 151页 16开

百川归海：《世界遗产公约》的诞生和早期发展 [加]克里斯蒂娜·卡梅伦（Christina Cameron）、[德]梅希蒂尔德·罗斯勒（Mechtild Rössler）著 申玉彪、魏侠译 南京大学出版社 2022年11月 16开 译自 *Many Voices, One Vision: The Early Years of the World Heritage Convention*, 2016

中法文化遗产法的新发展 王云霞、胡姗辰主编 文物出版社 2022年9月 201页 16开

古迹新生：中国和意大利考古遗址保护利用理念与实践（中国文化遗产研究院·人文社会科学系列·2022年） 中国文化遗产研究院、意大利国家研究委员会编 文物出版社 2022年12月 目录、序、前言7页 文143页 插图40幅 插表5幅 16开

补遗

怀此颇有年，登高赋新诗：陕西文博事业70年（1949—2019） 陕西省文物局编 陕西旅游出版社 2020年11月 390页 插图572幅 附表6幅 16开

二 文物保护技术与文物修复

文物保护技术 张立乾编著 文物出版社 2022年4月 序、目录16页 文253页 插图348幅 16开

文物保护技术（文物保护基础理论及先进技术丛书） 龚钰轩编著 中国科学技术大学出版社 2022年6月 文266页 16开

风华再现：邹平市博物馆藏文物保护修复与研究 山东博物馆、邹平市博物馆编 马瑞文、张玉静、黄瀚东著 齐鲁书社 2022年9月 241页 彩版、插图150幅 插表21幅 16开

驻马店闰楼商代墓地出土金属文物保护修复报告 驻马店市文物考古研究所编著 李安娜、张华主编 中州古籍出版社 2022年7月 文265页 插图98幅 插表37幅 彩版32页 16开

云阳博物馆馆藏青铜器保护与修复 云阳县博物馆编 陈昀主编 文物出版社 2022年10月 180页 插图54幅 插表7幅 16开

丰都县馆藏金属文物保护修复研究（重庆文化遗产保护系列丛书） 重庆市文物考古研究院、重庆文化遗产保护中心、丰都县文物管理所编著 新华出版社 2022年12月 340页 16开

陶瓷文物修复理论与方法　周华、季子薇著　文物出版社　2022年4月　目录、序7页　文335页　插图222幅　插表57幅　16开

隋代史射勿墓葬壁画修复研究　宁夏回族自治区固原博物馆、陕西历史博物馆编著　王泽华、李文宗、王效军主编　科学出版社　2022年7月　序、前言、目录11页　文226页　插图264幅　插表66幅　附表2幅　彩版34页　16开

馆藏墓室壁画数字修复技术　吴萌、王慧琴、杨文宗著　电子工业出版社　2022年9月　全二册　289页　16开

四川古代壁画保护技术研究　白玉川著　四川科学技术出版社　2022年5月　279页　插图529幅　插表44幅　16开

陶质彩绘文物保护修复材料性能及应用效果评价　容波、赵静著　科学出版社　2022年10月　序、目录8页　文274页　插图227幅　插表59幅　16开

沉船遗珍：菏泽元代古船出土文物保护修复与研究（山东文物保护修复与研究系列丛书）　白广珍、王笑、秦杰著　齐鲁书社　2022年5月　文、附录310页　插图267幅　插表17幅　16开

汉韵传承：定陶汉墓出土彩绘文字陶砖的保护修复与研究　王玲著　山东大学出版社　2022年8月　前言、目录6页　文228页　插图115幅　插表14幅　16开

石质文物保护与纳米材料　朱一青主编　安徽科学技术出版社　2022年1月　215页　16开

补遗

文物修复研究：文物医院的理念与实践　沈军著　江苏凤凰美术出版社　2021年8月　294页　插图71幅　插表5幅　32开

三　文物保护工程

龙门石窟保护工程实录（龙门石窟文库）　龙门石窟研究院编　陈建平主编　科学出版社　2022年8月　前言、目录5页　文396页　插图252幅　插表51幅　16开

古格遗址壁画保护项目竣工报告　傅鹏、唐伟、黄伟、乔兆广、郝尚飞著　敦煌研究院编　文物出版社　2022年8月　344页　插图450幅　插表44幅　16开

四　遗址保护

价值再现：统万城国家考古遗址公园规划研究　王新文著　社会科学文献出版社　2022年12月　文374页　插图143幅　插表46幅　彩版8页　16开

石窟保护野外调查实习教程（西北大学文物保护技术专业系列教材）　孙满利、沈云霞、毛维佳编　科学出版社　2022年11月　前言、目录6页　文229页　插图169幅　插表42幅　16开

红烧土遗址保护技术研究初探　闫海涛著　河南省文物考古研究院编　科学出版社　2022年11月　序、前言、目录15页　文208页　插图87幅　插表74幅　16开

云南江川李家山古墓群规划与保护研究　朱宇华著　学苑出版社　2022年4月　211页　插图106幅　插表39幅　16开

顶蛳山遗址文化价值挖掘与保护利用研究　张伟、黄强主编　广西科学技术出版社　2022年1月　209页　16开

补遗

河南巩义北宋皇陵文化遗迹数字化保护与利用研究（文化遗产阐释与展示丛书）　薛峰、李芳著　学苑出版社　2021年9月　217页　插图81幅　插表10幅　16开

河南义马鸿庆寺石窟规划与保护研究　孙锦、李芳著　学苑出版社　2022 年 5 月　205 页　实测图、图版 115 幅　16 开

拾叁　水下考古

水下沉船遗址形成过程（上海市文物保护研究中心水下考古译丛）　[美] 马修·基思（Matthew E.Keith）著　赵荦译　上海交通大学出版社　2022 年 7 月　299 页　插图 69 幅　插表 9 幅　16 开　译自 *Site Formation Processes of Submerged Shipwrecks*, 2016

远帆归航："泰兴"号沉船出水文物特展图录　中国航海博物馆编著　张东苏主编　文物出版社　2022 年 9 月　323 页　插图 48 幅　插表 6 幅　彩版 98 幅　16 开

拾肆　世界古代文明与考古

大美亚细亚：亚洲六国文物特展　四川博物院编　谢丹主编　巴蜀书社　2022 年 10 月　文 317 页　插图 40 幅　彩版 268 幅　16 开

正仓院：宝物与交流　[日] 东野治之著　龚婷译　社会科学文献出版社　2022 年 8 月　文 237 页　插图 69 幅　彩版 16 页　32 开　译自：『正倉院』（岩波书店，1988）

唐嘎：草原民族的"纹章"（北京市文化遗产研究院外国考古译丛）　[法] 雅罗斯拉夫·莱贝丁斯基（Iaroslav lebedynsky）著　王策译　故宫出版社　2022 年 2 月　文 270 页　插图 210 幅　图版、彩版 9 页　16 开　译自 *Les Tamgas: Une "héraldique" de la steppe*, 2011

12—13 世纪俄罗斯滨海边疆区女真人的房屋建筑　吉林省文物考古研究所、俄罗斯科学院远东分院远东民族历史·考古·民族研究所编著　安文荣、Н.Г.阿尔杰米耶娃主编　科学出版社　2022 年 11 月　307 页　附表 22 幅　附图 154 幅　16 开

大使厅壁画研究　王静、沈睿文著　文物出版社　2022 年 12 月　序 7 页　目录 11 页　文 288 页　插图 137 幅　插表 2 幅　16 开

器服物佩好无疆：东西文明交汇的阿富汗国家宝藏 [增订典藏版]　清华大学艺术博物馆编　谈晟广主编　上海书画出版社　2022 年 8 月　447 页　插图 357 幅　彩版 231 幅（组）　16 开

东南亚铜鼓：青铜时代的世界及其余绪（广西文物保护与考古研究所学术丛书）　[荷] 贝尼特·肯珀斯（A.J.Bernet Kempers）著　谢光茂、宋秋莲、杜芳芳等译　上海古籍出版社　2022 年 11 月　目录、序、前言 30 页　文 550 页　插图 110 幅　彩版 4 页　16 开　译自 *The Kettledrums of Southeast Asia: a Bronze Age World and Its Aftermath*, 1988

失落的神秘之地：古印度河文明（世界古文明译丛）　[英] 简·R.麦金托什（Jane R.McIntosh）著　陈明辉、林森译　浙江大学出版社　2022 年 9 月　序、前言、目录 16 页　文 404 页　插图 8 幅　16 开　译自 *The Ancient Indus Valley, New Perspective*, 2008

美索不达米亚的遗产（新丝路艺丛）　[英] 斯蒂芬妮·达利（Stephanie Dalley）编　[英] 斯蒂芬妮·达利（Stephanie Dalley）等著　左连凯译　广西师范大学出版社　2022 年 8 月　目录、说明等 16 页　文、译名对照 433 页　插图 96 幅　地图 5 幅　16 开　译自 *The Legacy of Mesopotamia*, 1998

楔形传说：被"建构"的苏美尔　[英] 保罗·柯林斯（Paul Collins）著　曹磊译　中国社会科学出版社　2022 年 5 月　351 页　插图 51 幅　32 开　译自 *The Sumerians, Lost Civilizations*, 2021

复活的权杖：古埃及早期的国王与王后（世界古文明译丛）［英］乔伊斯·泰德斯利（Joyce Tyldesley）、［英］皮特·A.克莱顿（Peter A.Clayton）著 陈明辉等译 浙江大学出版社 2022年8月 116页 插图36幅 16开 "国王篇"节译自 Chronicle of the Pharaohs, by Peter A.Clayton,1994；"王后篇"节译自 Chronicle of the Queens of Egypt, by Peter A.Clayton, 2006

永恒的面孔：古埃及的黄金木乃伊 深圳市南山博物馆编 文物出版社 2022年5月 255页 插图56幅 彩版101幅 16开

埃及的文物珍藏（游历古文明）［意］亚历山德罗·邦焦安尼（Alessandro Bongioanni）著 华中科技大学出版社 2022年2月 624页 32开

牛津史前欧洲史 ［英］巴里·坎利夫（Barry Cunliffe）著 陈伟功、陈灼灼译 北京日报出版社 2022年1月 399页 16开 译自 The Oxford History of Prehistoric Europe,1994

意大利之源：古罗马文明展（中国国家博物馆国际交流系列丛书） 中国国家博物馆编 王春法主编 北京时代华文书局 2022年7月 399页 插图30幅 彩版148幅 16开

罗马尼亚珍宝展图录 四川博物院编 谢志成主编 巴蜀书社 2022年11月 568页 插图85幅 彩版341幅（组）16开

书写者、武士和国王：科潘城邦和古代玛雅（世界古文明译丛）［美］威廉·L.费什（William L.Fash）著 孙瀚龙、张森译 浙江大学出版社 2022年8月 序、前言、目录16页 文200页 插图111幅 16开 译自 Scribes,Warriors and Kings: the City of Copán and the Ancient Maya, ©1991

补遗

吴哥考古与保护史（中国文化遗产研究院·博士后研究系列·2021年） 刘汉兴著 文物出版社 2021年10月 目录14页 文422页 插图148幅 附录插图40幅 彩版26页 16开

拾伍 金石学

愙斋集古录十二卷（嘉德文库）［清］吴大澂编 吴湖帆重编 中华书局 2022年8月 全四册 仿真影印本 序18页 目录23页 书影、索引1726页 8开

陈介祺藏吴大澂考释古封泥（金石珍本丛刊）［清］陈介祺、［清］吴大澂辑 上海书画出版社 2022年5月 影印本 序、出版说明8页 拓本231页 12开

结古欢：吴大澂的访古与传古 李军著 浙江人民美术出版社 2022年7月 引言、目录8页 文274页 插图80幅 32开

稿本语石 ［清］叶昌炽著 浙江古籍出版社 2022年3月 影印本 全二册 出版说明、目录15页 书影921页 32开 据上海图书馆藏《语石》初稿本和《语石》誊清稿本影印

金石：宋朝的崇古之风 ［美］陈云倩（Yunchiahn C. Sena）著 梁民译 社会科学文献出版社 2022年8月 218页 插图69幅 16开 译自 Bronze and Stone: the Cult of Antiquity in Song Dynasty China, University of Washington Press, 2019

长安学研究文献汇刊：考古编·金石卷（第二十二辑） 贾二强主编 科学出版社 2022年9月 影印本 486页 16开

长安学研究文献汇刊：考古编·金石卷（第二十三辑） 贾二强主编 科学出版社 2022 年 11 月 影印本 329 页 16 开

清代陕西金石学著作十种 李向菲、贾三强点校 陕西人民出版社 2022 年 12 月 文 805 页 书影 2 页 16 开 子目：一、唐昭陵石迹考略，二、汉甘泉宫瓦记，三、雍州金石记，四、秦汉瓦图记，五、关中金石记，六、秦汉瓦当图，七、吉金贞石录，八、秦汉瓦当文字，九、十六长乐堂古器款识考，十、浣花拜石轩镜铭集录，[补]隋唐石刻拾遗。

美国哈佛大学哈佛燕京图书馆藏金石拓片图集（哈佛燕京图书馆文献丛刊第二十六种） 姚伯岳、邱玉芬编撰 广西师范大学出版社 2022 年 6 月 全九册 前言、目录 19 页 图版 3921 页 拓片全目 28 页 8 开

墨影春秋：山东博物馆藏全形拓片保护修复与研究 山东博物馆编 鲁元良、孔梅仙、张祖伟著 齐鲁书社 2022 年 9 月 目录 6 页 文 248 页 插图 133 幅 插表 23 幅 附图 55 幅 附表 20 幅 16 开

补遗

柯昌济先生手稿集 柯健生主编 巴蜀书社 2020 年 10 月 影印本 全十册 前言、目录 7 页 手稿 3742 页 16 开

（编辑者：张文辉）

考古学论文资料索引

（刊后第一个数字是期号，第二个是页码；2022年）

壹 总论

一 综述

作为文化的考古学 徐紫瑾、杨林旭 中国社会科学报 3月2日10版

建立历史、科技和人文整合的考古学 陈淳 中国社会科学报 7月7日6版

以科学的态度发掘遗存，以人文的精神敬畏遗产——对考古学学科性质和中国考古学学科发展的思考之三 宋江宁 南方文物 6：15—18

以"铸牢"为纲本 展"考古"之目末——兼谈考古学在铸牢中华民族共同体意识中的作用 孙金松 草原文物 1：1—10

考古与世界遗产 郭旃 考古学研究（十三）（下册）：北京大学考古百年考古专业七十年论文集 758—777

大九州——中国考古学的世界性 李新伟 考古学研究（十三）（下册）：北京大学考古百年考古专业七十年论文集 817—825

世界体系理论对考古学的启示 温成浩 中国社会科学报 12月14日9版

笔谈：突出普遍价值命题下的中国考古学话语建构 陈同滨等 中国文化遗产 6：4—17

再论苏秉琦中国古代社会演进"三历程"理论 杨林旭 南方文物 3：248—255

马克思主义的范式 兰德尔·H.麦圭尔 陈胜前（译） 南方文物 5：30—42

科学方法、学术发现及考古学道德问题——续论敦煌学起始之"叶裴联合发现说"的重要意义 任光宇 社会科学论坛 1：56—68

层位学、类型学在年代研究上的思考 闫付海 郑州文物考古与研究（四）（下） 991—998

考古材料形成过程研究与中国考古学的实践 李彬森 华夏考古 6：119—125

文明论 冯时 根与魂：考古学视野下不断裂中华文明研究 30—43

考古学文化传统与考古学文化因素分析 王文华 学而述而里仁：李伯谦先生从事教学考古60周年暨学术思想研讨会文集 185—193

文化因素分析方法与人文社会科学研究 牛世山 学而述而里仁：李伯谦先生从事教学考古60周年暨学术思想研讨会文集 194—205

考古学文化因素分析方法新理解 雷兴山、王洋 学而述而里仁：李伯谦先生从事教学考古60周年暨学术思想研讨会文集 206—217

论文化因素分析与文化变迁 闫付海 郑州文物考古与研究（四）（下） 999—1008

前资本主义社会形态理论概念的考古视角新思考 何努 南方文物 5：43—64

聚落、城址与早期都邑研究的理论方法与实践　张国硕　南方文物2：174—180

聚落考古研究的理念与方法——以严文明学术实践为中心　张弛　考古学研究（十五）：庆祝严文明先生九十寿辰论文集（上册）　197—207

从"游群"到"城市"："聚落考古"的自然基础　崔天兴　南方文物5：248—256

中国海洋聚落考古的再思考　焦天龙　考古学研究（十五）：庆祝严文明先生九十寿辰论文集（上册）　208—216

瓷窑遗址的组成与地层学　秦大树　考古学研究（十三）（下册）：北京大学考古百年考古专业七十年论文集　534—558

描述、推理和想象——考古故事的合理性　孙瀚龙　博物院3：6—10

释"能动性理论"——与理性选择理论的比较研究　张萌　复旦大学文化遗产研究　37—54

浅谈大陆架考古及其意义　丁见祥　中国文化遗产5：79—89

精耕细作——姚河塬城址田野考古工作理念探讨　马强　南方文物1：14—29

灰坑发掘方法与所蕴信息获取——以新砦18H84为例　甘创业、袁广阔　黄河·黄土·黄种人8：44—50

虚拟布方技术在田野考古工作中的应用——以卧龙山山城考古发掘为例　图旭刚等　辽宁省博物馆馆刊（2021）　251—258

中国考古的国际化分析——从中外考古期刊论文数据出发　韦璇等　南方文物1：30—40

考古教学中的中华文明传承与表达　冉万里　文博1：29—38

构建中国气派敦煌学刍议　胡潇　敦煌学辑刊4：195—199

进一步开创敦煌研究的新局面　马德、马高强　敦煌研究1：137—142

深化边疆考古研究　班晓悦　中国社会科学报　12月23日2版

试论考古学与中国边疆历史研究结合的三个重点领域及其原则　范恩实　中国边疆史地研究4：31—43

科技考古助推中国考古学新发展　陈相龙　中国社会科学报　7月7日6版

科技考古的思考和研究　袁靖　考古学研究（十三）（下册）：北京大学考古百年考古专业七十年论文集　572—591

科技考古研究范式之思考　胡耀武　人类学学报5：952—958

科技考古与范式变迁的思考　董宁宁　复旦大学文化遗产研究　55—66

中国动物考古学的思考与研究　袁靖　南方文物4：34—43

欧美生物考古学的进展与思考　贝丽姿（Elizabeth Berger）　詹小雅（译）　任晓莹（校）　南方文物4：44—52

水下考古学理论的发展与变迁——兼谈对水下文化遗产保护的启示　丁见祥　自然与文化遗产研究5：1—10

孟原召：乐在水下做考古　厚积薄发行致远　杨亚鹏　中国文物报　12月23日1版

试论作为建筑遗产保护学术根基的建筑考古学　徐怡涛　保护与发展——文化遗产学术论丛（第1辑）　16—23

建筑考古视野下建筑遗址复原研究的目的、意义与方法　徐怡涛　考古学研究（十三）（下册）：北京大学考古百年考古专业七十年论文集　791—800

拓展艺术考古研究的深度与广度　张杰　中国社会科学报　5月6日1版

笔谈：公共考古/公众考古概念下的考古学教育思辨　高蒙河等　中国文化遗产2：4—20

公共考古学视角下考古文化的阐释与传播　张婧文　南开学报（哲学社会科学版）3：78—85

作为文化表征的"考古学想像"——文化研究式公众考古学案例研究　奚牧凉　中国文化遗产2：41—51

考古发掘现场的公众考古活动机制探析　康予虎等　中国文化遗产2：52—57

考古学的公共性及其时代价值　曹兵武　中国文化遗产2：21—24

记忆、"遗产"、历史：遗产继承的兴起与"遗产继承研究"流派的学术成果 陆地 中国文化遗产 2：58—75
亚洲文化遗产保护行动：基于区域公共产品的思考 王毅 东南文化 3：18—25
试论"文化遗产学"的学科理论建设问题 王刃馀 东南文化 5：6—12
区块链在文化遗产领域的应用现状与发展趋势研究 张颖岚等 中国文物科学研究 4：41—49
聚落型文化遗产的三种理想叠加 施春煜 中国文物报 1月14日6版
作为"中国故事"的关圣文化史迹——世界遗产范式的中国方案 张正秋、燕海鸣 东南文化 6：14—21
国外非物质文化遗产数字化保护与传承实践借鉴 姚国章、刘增燕 东南文化 6：179—185
中国语境下的"工业遗产"概念内涵刍议——兼议中日对 Industrial Heritage 的不同译介 白松强、陈艳 东南文化 2：15—23
中国工业遗产话语变迁的背景历程、话语特质及文化条件分析 曹福然、马雨墨 东南文化 2：24—32
笔谈：变"锈"为"秀"，工业遗产保护和再利用新思路新发展 徐苏斌等 中国文化遗产 3：4—18
多学科视域下三线建设工业遗产保护与利用路径研究框架 吕建昌 东南文化 2：33—39
再论"新博物馆学" 汪彬、尹凯 东南文化 5：130—137
再议博物馆外向化 王思渝、阮可欣 考古学研究（十三）（下册）：北京大学考古百年考古专业七十年论文集 809—817
变革环境下博物馆关键性认知的最大公约数——ICOM 2019年京都大会以来博物馆定义修订的回溯 安来顺 东南文化 4：6—13
浅谈当下博物馆几种常见的对象型公共关系 李李 中国文物科学研究 2：2—6
博物馆对城市化建设的作用和影响 刘强宁 陇右文博 1：80—84
博物馆融入多元人群的理论建构与现实实践 王思渝 东南文化 1：159—164
试论博物馆与公众关系的四种研究路径 尹凯 东南文化 1：152—158
博物馆场域中符号权力与公共性理念的张力——基于布迪厄文化再生产理论的考察 刘沙 东南文化 1：165—170
博物馆联盟：基于亚文化视角的现状观察与建设原则 杨瑾 博物院 3：33—39
数字时代博物馆版权例外制度的困境与出路 付丽霞 东南文化 1：185—192
长三角博物馆协同发展机制研究 郑奕 东南文化 2：6—14
加强"四位一体"的博物馆传播利用体系建设 陆建松 东南文化 3：6—12
以碎立通：博物馆器物展示的史学传统 关昕 东南文化 2：147—154
全链条格局下博物馆文保科研高质量发展对策研究——以南京博物院为例 徐森 东南文化 3：13—17
试论"物"的能动性及其在博物馆藏品研究中的应用 沈辰、商阳子 故宫博物院院刊 5：4—15
遗址博物馆的特点与规建 孙华 东南文化 4：14—24
"博物馆之城"建设的主要内容与基本路径研究 李晨、耿坤 东南文化 4：184—190
信息视角下的博物馆学——基于苏东海先生"生态博物馆之惑"的一点思考 曹兵武 东南文化 6：6—7
由下至上：遗产话语构建背景下博物馆与少数民族群体相互关系研究——以龙胜龙脊壮族生态博物馆为例 王雅豪 东南文化 6：8—13
考古成果在博物馆中的传播阶段与模型 黄洋 东南文化 6：160—165
知识服务在博物馆创新发展中的整合价值及其实践逻辑 郝振国 文物春秋 5：55—63
去中心化——博物馆总分馆制研究 刘珂菁 文物季刊 2：123—128

中国博物馆集群发展模式探析 罗小力 博物院 1：86—93

理念与实践：关于中国"博物馆之城"发展的思考 宋珂欣等 博物院 4：5—17

中国考古博物馆的定义、类型与特点 高义夫、徐婧 博物院 3：18—25

浅论考古遗址博物馆（公园）的功能与发展方向 黎婉欣 考古学研究（十三）（下册）：北京大学考古百年考古专业七十年论文集 801—808

国家文化公园：理论溯源、现实问题与制度探索 邹统钎等 东南文化 1：8—15

试论遗址博物馆与遗址公园的关系 孙华 博物院 3：26—32

紧扣中国历史时期考古的主脉络与大方向——读刘庆柱先生近作有感并贺先生八十华诞 霍巍 根与魂：考古学视野下不断裂中华文明研究 24—29

中国传统钱币学的学术定位与类属研究 潘胜强 中国钱币 2：10—18

构建中国特色、中国风格、中国气派的铜鼓学刍论 李富强、李昆声 思想战线 3：140—145

浅析"特修斯之船"悖论视角下的文物 龚钰轩等 东南文化 5：13—18

不可移动文物脆弱性的概念及内涵 孙延忠、乔云飞 自然与文化遗产研究 5：26—31

二 考古学史和考古学家传记

20世纪中国马克思主义考古学的发展阶段性 张爱冰 根与魂：考古学视野下不断裂中华文明研究 88—91

中国考古学与世界古代文明图景 施劲松 历史研究 1：22—29

仰韶文化百年学术史（1921—2021年） 马龙 华夏考古 3：115—124

中国考古学百年的河南历程 魏兴涛 根与魂：考古学视野下不断裂中华文明研究 52—87

百年考古中的郑州灿烂篇章 阎铁成 黄河·黄土·黄种人 6：3—5

是非曲折六十年——《宝鸡北首岭》的学术贡献与失误 朱乃诚 文物春秋 6：3—12

早期考古制图史概略 何文竞、牛煜龙 大众考古 7：19—23

深猷远计：《考古学研究工作十二年远景规划草案》的制定——中国考古学发展规划研究之二 常怀颖 南方文物 3：16—28

北美甲骨学研究的回顾与反思 邢文 中国研究史动态 1：73—78

涵古融今谈苏轼的古器物学 沈宝春 中国文字 7：1—35

乾隆朝京城金石学圈的形成与发展 蒋润 南京艺术学院学报（美术与设计）1：20—27

清代古泉学者瞿中溶及其《泉志补政》考述 李飞 中国钱币 5：27—32

谢无量与四川博物院文物保护工作 刘振宁 博物馆学刊（第8集） 200—208

李瑞清金石法书浅析（上）（下） 黄华清、应宗华 中国文物报 12月13日7版、12月27日6版

现代考古学背景下的考古学社 查晓英 考古 9：110—120

克列门茨1898年的吐鲁番考察及其影响 丁淑琴、王萍 敦煌学辑刊 3：185—194

俄国外交官员在新疆的考古活动及影响——以19世纪末20世纪初为例 郑丽颖 西域研究 4：107—119

飞越燕下都——1923年中国首次航空考古始末 刘斌、徐敏 西部考古（第24辑） 281—295

1931年举行的"中央研究院考古成绩展览会" 黄洋 大众考古 12：58—63

中国旧石器时代考古史上的三个重要事件 刘扬 北方文物 3：39—44

后冈考古九十年（1931—2021）——以后冈遗址为中心的考古学史 段宏振 北方文物 5：47—56

齐家文化内涵变迁的学术史考察 蒋辉、钟毅 北方文物 4：47—61

山东考古的回顾 孙波 南方文物 1：132—139

饶应祺与斯坦因之交往——兼及斯坦因著作的第一个中译本 王冀青 西域研究 4：120—127

建筑史研究与敦煌石窟——从新史料看梁思成和伯希和的交往 韩琦 敦煌研究 1：143—149

中国西北科学考查团新疆考察述略 刘长星 坚固万岁人民喜：刘平国刻石与西域文明学术研讨会论文集 435—444

1949—1966 年陕西省博物馆的变革与发展 徐玲 文博 1：107—112

河南博物馆 20 世纪初考古活动资料探研 王宁 中原文物 5：92—96

山东沂水跋山遗址发掘记 李罡 大众考古 11：19—28

崧泽、马桥、广富林——我所参与的发掘、研究、保护和利用 宋建 南雍问道：南京大学考古专业成立 50 周年纪念文集（上卷）79—91

凌家滩遗址出土文物二三事 张敬国（口述）、徐红霞（记录）玉器研究（第一辑）366—375

呼斯塔草原考古记 张娟 大众考古 6：62—66

让五千多年中华文明发展史的主轴更加充实和丰满——从辉县发掘到巩义河洛古国的发现 李伯谦 共辉集：辉县考古发掘 70 周年暨古代文明研讨会纪念文萃 49—54

重温《辉县发掘报告》有感——纪念中华人民共和国辉县发掘 70 周年 孟宪武、李贵昌 共辉集：辉县考古发掘 70 周年暨古代文明研讨会纪念文萃 27—34

辉县发掘——中国考古学发展的转折点 张新斌 共辉集：辉县考古发掘 70 周年暨古代文明研讨会纪念文萃 35—42

辉县发掘在中国考古学史上的重要意义 郭强 共辉集：辉县考古发掘 70 周年暨古代文明研讨会纪念文萃 43—48

"天子驾六"车马坑发现 20 周年记 潘付生 大众考古 9：19—24

冬笋坝遗址考古札记 代玉彪 大众考古 2：55—58

湖南攸县里旺城遗址发掘记 文国勋、陈帅钦 大众考古 6：67—71

呼伦贝尔草原哈乌拉石板墓地踏查记 冯恩学、侯璇 边疆考古研究（第 32 辑）56—64

汉长安城考古的收获、进展与思考 徐龙国 南方文物 2：11—27

夕拾考古佚事——甘肃张掖古城试掘偶遇三国题材壁画 马建华 陇右文博 4：63—65

思敬原始巧匠 鲁因实验考古记 赵里萌、田玉峰 大众考古 8：45—51

千年龙泉窑的百年求索路——龙泉窑考古学研究的回顾与展望 沈岳明、周雪妍 故宫博物院院刊 11：98—111

山重水复疑无路，柳暗花明又一村——绍兴平水兰若寺宋代墓园考古记 罗汝鹏 他是谁：探秘兰若寺大墓 1—17

山东滕州莲青山明藩王陵考古记 魏慎玉、葛海洋 大众考古 2：66—70

北京地方文物管理机构的变迁：初建时期——《北京志·文物卷·文物志》补述 白岩 中国文化遗产 6：70—78

海上丝绸之路考古的新进展——上海博物馆赴斯里兰卡考古记 王建文 文物天地 12：110—115

黄文弼与敖伦苏木古城 柴丽 大众考古 10：19—26

黄文弼与傅斯年——以史语所傅斯年档案为中心 朱玉麒 敦煌学辑刊 4：159—173

裴文中先生与甘青地区史前考古 俄钦淇 丝绸之路 4：30—33

六十年前曾昭燏先生的江石考古行 彭适凡 大众考古 1：34—37

苏秉琦与西北史前考古 任瑞波 北方文物 4：107—112

关于苏秉琦先生的两件事 童明康 四川文物 4：113—120

夏鼐师承记 李零 丝绸之路考古（第 6 辑）1—26

夏鼐与中国历史博物馆 王兴 考古学集刊（第27集） 201—217

夏鼐先生与仰韶文化研究 袁博 西部考古（第23辑） 445—454

夏鼐留英时与查令十字街旧书肆的书缘 卢守晔 大众考古 7：24—28

夏鼐与梁思永：两代考古学人的交往与传承 王兴 考古 7：109—120

夏鼐与惠勒博士——追溯一段学术史 王齐 南方文物 5：241—247

何时与君共考古 夏鼐与吴金鼎的交往 袁博、徐小亚 大众考古 6：28—33

考古启蒙之师——蒋若是先生诞辰百年纪念 霍宏伟 文物天地 1：76—80

宿白先生的精神遗产值得永远珍惜 单霁翔 宿白纪念文集 353—356

宿白先生与中国佛教考古学 李崇峰 宿白纪念文集 418—432

宿白先生与藏传佛教考古 霍巍 宿白纪念文集 433—438

宿白先生与北京大学陶瓷考古学科的建立 秦大树 宿白纪念文集 449—454

行走中原：宿白先生与河南考古 田凯、陈彦堂 宿白纪念文集 455—461

忆宿白先生 郭大顺 宿白纪念文集 357—371

宿白先生的人格魅力 安家瑶 宿白纪念文集 372—377

忆宿白先生二三事 崔学谙 宿白纪念文集 465—466

深切缅怀恩师宿白先生 吴梦麟 宿白纪念文集 378—380

缅怀宿白先生 曹玮 宿白纪念文集 383—386

老少倔强的碰撞——回忆1982至1998年间的宿白先生 常青 宿白纪念文集 387—403

一杯茶水一生情——怀念敬爱的宿白先生 田建文 宿白纪念文集 408—411

考古撼大地 文献理遗编——纪念宿白先生 荣新江 宿白纪念文集 412—417

永远的大师——忆宿白师与晚生的几桩往事 靳枫毅 宿白纪念文集 467—470

回忆跟随恩师宿白先生进修的日子 王维坤 宿白纪念文集 471—482

宿白先生琐忆 陈彦堂 宿白纪念文集 483—488

怀念同宿白先生在一起的美好时光 梁子明 宿白纪念文集 489—491

学恩如海 表路明灯——追念宿白先生 阎焰 宿白纪念文集 497—503

宿白先生的遗产 李梅田 宿白纪念文集 504—507

一日受教，终身受益 李水城 宿白纪念文集 404—407

永远的老师——回忆向宿白先生亲历聆教的几件往事 王绵厚 宿白纪念文集 462—464

考古之道，人师难求——纪念恩师宿白先生 徐怡涛 宿白纪念文集 508—512

从宿白师学习二三事 陈悦新 宿白纪念文集 513—518

张长寿先生与"夏商周断代工程" 仇士华 张长寿、陈公柔先生纪念文集 661—663

张长寿先生与中美"商丘计划" 唐际根、荆志淳 张长寿、陈公柔先生纪念文集 664—673

建树留芳，继往开来——怀念恩师杨建芳先生 林继来 玉文化论丛八 1—8

李学勤先生与甲骨学研究 任会斌 殷都学刊 3：29—36

关于夏文化研究——对刘绪先生的访谈 江汉考古 1：122—144

杨效雷易学考古研究方法述论 王朝辉 洛阳考古（总第34期） 31—36

废墟上的足迹——徐光冀先生访谈录 徐光冀等 南方文物 1：41—56

师恩尽透些微处——写在李伯谦老师从教六十周年时 周晓陆 学而述而里仁：李伯谦先生从事教学考古60周年暨学术思想研讨会文集 59—70

我所了解的李伯谦先生 张国硕 学而述而里仁：李伯谦先生从事教学考古60周年暨学术思想研讨会文集 77—80

虚怀若谷，海纳百川——向李伯谦先生从事教学考古60周年致敬 宋玲平 学而述而里仁：李伯谦先生从事教学考古60周年暨学术思想研讨会文集 81—86

一朝沐杏雨，一生念师恩 秦文波 学而述而里仁：李伯谦先生从事教学考古60周年暨学术思想研讨会文集 87—94

李伯谦先生与郑州旧石器考古 王幼平 学而述而里仁：李伯谦先生从事教学考古60周年暨学术思想研讨会文集 95—112

李伯谦先生对岭南考古的研究及其贡献 李海荣 学而述而里仁：李伯谦先生从事教学考古60周年暨学术思想研讨会文集 113—139

李伯谦老师与山西夏商周晋文化考古 吉琨璋 学而述而里仁：李伯谦先生从事教学考古60周年暨学术思想研讨会文集 140—153

试论李伯谦先生考古学术思想体系 何驽 学而述而里仁：李伯谦先生从事教学考古60周年暨学术思想研讨会文集 168—184

站起来了，又能继续在人生的轨道上行走了 李毓芳 庆芳华：刘庆柱、李毓芳考古五十年文集 649—653

退休后10年的精彩生活——为考古事业继续努力工作 李毓芳 庆芳华：刘庆柱、李毓芳考古五十年文集 654—667

李毓芳：纯粹的考古人 赵炜 庆芳华：刘庆柱、李毓芳考古五十年文集 668—680

植根边疆、努力奉献——李昆声先生访谈录 李昆声、陈果 南方文物 4：53—59

晋宏逵先生学术访谈 晋宏逵、刘畅 故宫博物院院刊 12：120—130

齐东方教授访谈录 耿朔、齐东方 故宫博物院院刊 9：119—129

学术创新无止境，只把新知当旧学——杜金鹏访谈录 杜金鹏、赵海涛 南方文物 2：50—72

坎宁汉与印度佛教考古 汤移平 石窟艺术研究（第六辑） 275—281

斯文·赫定与俄罗斯中亚探险家 波波娃 丝绸之路上的中华文明 413—420

桑志华 中国旧石器时代考古的揭幕人 周静、李文 大众考古 5：19—21

从东洋史到考古学——原田淑人的"东洋考古学" 刘可维 东亚文明（第3辑） 280—288

格"物"的考古学——梅原末治和他的时代 韩茗 东亚文明（第3辑） 267—279

石器打制模拟实验的先行者 唐纳德·尤金·克雷布特利 曾荣昌、全广 大众考古 6：34—39

我所了解的布威纳先生——写在《清钱编年谱》汉译本出版之际 吴元丰 中国钱币 6：65—68

查尔斯·海厄姆教授访谈录 [新西兰]查尔斯·海厄姆（Charles Higham）等 南方文物 1：57—61

基思马克尔瑞及其《海洋考古学》的学术价值 邱克 东方考古（第20集） 1—17

贰 考古学分论

一 综述

中国古代的时空模式——从"重瓣花朵"说想起的 李零 考古学研究（十五）：庆祝严文明先生九十寿辰论文集（上册） 15—27

"大一统"思想的南来与演进 王震中 考古学研究（十五）：庆祝严文明先生九十寿辰论文集（上册） 57—69

夷夏互化融合说 王震中 中国社会科学 1：132—157

"前丝绸之路"与中华民族共同体的历史建构 李文瑛 根与魂：考古学视野下不断裂中华文明研究 144—150

有关中国考古学中铁器时代问题的若干思考 [美]罗泰 考古学研究（十五）：庆祝严文明先生九十寿辰论文集（上册）71—75

简论天命与腾格里 巫新华 张长寿、陈公柔先生纪念文集 503—516

沈阳考古20年发现与研究综述 丛丽莉、张树范 沈阳考古文集（第8集）307—345

考古遗存反映的贵州历史进程 周必素、张合荣 贵州文史丛刊 3：95—101

论中国早期都邑的形成过程 张国硕 南方文物 5：1—7

城郭的出现及其形态演进 徐昭峰、曹鹏 根与魂：考古学视野下不断裂中华文明研究 151—159

东亚文明视野下的都市景观 黄晓芬 历史记忆与考古发现 67—92

陵墓考古对中华文明史构建的贡献 刘毅 根与魂：考古学视野下不断裂中华文明研究 277—293

新石器、青铜：谱系——描摹中华文明发展的脉络 中国文物报 10月14日7版

先秦"不封不树"葬仪的考古学辨析 钱耀鹏、李娜 西北大学学报：哲学社会科学版 5：18—28

"古不墓祭"问题的考古学解读 焦南峰、李澔洋 西部考古（第24辑）163—170

殇礼与殇子埋葬现象的初步考察 钱耀鹏、徐敏 西部考古（第24辑）171—184

先秦时期的研和砚 黄家豪 复旦大学文化遗产研究 142—152

中国少数民族陶器制作与烧制技术给考古学的启示 秦小丽 古代文明（第16卷）325—357

郑州地区新石器时代至青铜时代早期动物陶塑简论 周一峥、魏一晋 黄河·黄土·黄种人 6：36—40

中国古代竞舟与龙舟文化研究 崔乐泉 张长寿、陈公柔先生纪念文集 517—532

从渔猎到畜牧：动物图腾神话的发生与演进——以出土图像为中心 叶庆兵 农业考古 4：37—44

二 人类起源及旧石器时代

总述

多维视角下的中国旧石器时代 王幼平 考古学研究（十三）（上册）：北京大学考古百年考古专业七十年论文集 1—17

旧石器考古类型学及其在中国的实践 高星 人类学学报 4：618—629

考古学"透物见人"的概念构建——以旧石器考古为例 陈胜前 考古学研究（十三）（上册）：北京大学考古百年考古专业七十年论文集 18—27

从石制品技术特征视角探讨史前狩猎采集者的流动性 赵潮 人类学学报 2：370—380

史前骨柄石刃器与复合工具技术相关讨论 曲彤丽、陈宥成 华夏考古 2：42—49

操作链：概念及其应用 [美]弗雷德里克·塞勒特 陈淳（译） 文物季刊 2：86—91

有关旧—新石器时代过渡的考古学问题探讨 高星 根与魂：考古学视野下不断裂中华文明研究 123—129

锐棱砸击技术与旧新石器时代过渡 陈胜前等 江汉考古 3：59—69

人类起源

中更新世晚期中国古人类化石的形态多样性及其演化意义 刘武、吴秀杰 人类学学报 4：563—575

古人类对赭石的利用行为在其演化中的意义 杨石霞等 人类学学报 4：649—658

华北地区·东北地区

河东地区早期文化遗址时空分布研究 高明灿等 地域研究与开发 1：175—180

泥河湾考古新发现与研究追溯东亚地区早期现代人类起源、发展、演化轨迹 李瑞 中国文物报 3月8日1版
盘状石核剥片实验及对华北石片石器研究的启示 李文成 人类学学报 3：514—522
泥河湾盆地野牛坡发现早更新世旧石器 李凯清等 第四纪研究 2：552—561
鄂尔多斯乌兰木伦遗址石器工业及其文化意义 刘扬等 考古学报 4：423—440
试论华北旧石器时代晚期细石核的类型、组合与分期 陈宥成、曲彤丽 考古 1：75—83
华北早期细石叶工艺遗存的分期与相关问题研究 赵潮等 考古 8：70—83
华北旧石器晚期到新石器时代的转变 王幼平 考古学研究（十五）：庆祝严文明先生九十寿辰论文集（上册） 1—14
旧石器：长白山——深植中华文明根系的沃土 中国文物报 10月14日7版
黑龙江查哈阳农场石制品的剥片与修理技术 张雪微等 人类学学报 6：967—981
黑龙江查哈阳农场太平湖第八作业区东北地点石器工业面貌分析 张雪微等 边疆考古研究（第32辑） 65—85
辽宁朝阳木头城子车杖子南山旧石器地点出土石制品研究 张垚等 科技考古与文物保护技术（第四辑） 1—12
中国东北北部地区旧–新石器时代过渡的文化生态研究 岳健平等 考古 3：59—68

华东地区·华中地区·华南地区

安徽东至华龙洞遗址洞穴演化与古人类活动 裴树文等 人类学学报 4：593—607
从考古发现看安徽在长江文化研究中的重要地位 叶润清 根与魂：考古学视野下不断裂中华文明研究 130—137
东秦岭卢氏盆地新发现的旧石器 林壹等 人类学学报 3：481—490
河南淅川丹江口库区马岭2号地点B区发现的石制品 中国人民大学历史学院等 仪明洁等 江汉考古 6：3—12
丹江口库区王庄、吴家外和岳沟地点发现的石制品 仪明洁等 人类学学报 6：959—966
广东西樵山细石叶石核的开发策略 杨石霞等 人类学学报 5：804—815

西南地区·西北地区

西藏旧石器考古综述 谭韵瑶 西藏文物考古研究（第4辑） 105—111
西藏革吉县几处石器地点的石制品 朱之勇等 西部考古（第23辑） 279—290
试论重庆地区旷野与洞穴遗址的旧石器工业 高磊 文博 4：31—37
贵州旧石器时代零台面石片及相关问题的初步研究 张改课 文博 5：44—53
贵州马鞍山遗址1986年出土石制品初步研究 胡晓纯、高星 人类学学报 5：788—803
聚焦大秦岭地区的古人类与旧石器考古——历史、现状及问题 王社江 考古学研究（十三）（上册）：北京大学考古百年考古专业七十年论文集 28—39
黄河中游晋陕峡谷陕西侧龙门至壶口段新发现的石制品 张改课等 人类学学报 3：470—480
汉中盆地洋县范坝旧石器地点出土石制品研究 夏文婷等 人类学学报 3：381—393

三 新石器时代

总述

史前文化格局的一点思考——为庆祝严文明先生九十华诞而作 郭大顺 考古学研究（十五）：庆祝严文明先生九十寿辰论文集（上册） 28—39
中国铜石并用时代和青铜器的起源 [日]宫本一夫 考古学研究（十五）：庆祝严文明先生九十寿辰论文集（上册） 40—56
浅析集体行动理论与早期国家政治实践 王政良 东方考古（第20集） 18—28

天下之九州：龙山社会与龙山世界 李旻 考古学研究（十五）：庆祝严文明先生九十寿辰论文集（上册） 330—350
"龙"形象与史前环境生计关系浅议 甘创业 洛阳考古（总第33期） 15—23
试论中原腹地与周邻地区新石器文化的互动交融 鲍颖建 共辉集：辉县考古发掘70周年暨古代文明研讨会纪念文萃 104—118
柳烟与狗尾——狩猎采集者的栖居系统与考古遗址的形成 宾福德 吕洪亮、徐海伦（译） 南方民族考古（第二十四辑） 303—321
中国最早城市体系研究（三） 郭立新、郭静云 南方文物 3：1—15
中国早期城址闭合性城墙平面形态研究 缪小荣 南方文物 2：181—189
早期瓮城结构试析 于有光 西部考古（第23辑） 291—301
渭水流域新石器时代火种保存设施研究 李成、林晓宜 西部考古（第24辑） 105—120
新疆史前火葬墓研究 王艺霖 西域研究 2：89—98
古代宴饮陶器研究述评 潘可欣 黄河·黄土·黄种人 8：29—33
中国史前陶器专业化生产的几点思考 李新伟 中原文物 3：46—48
陶器专业化大生产的民族考古学调查与研究 付永旭 中原文物 3：67—77
云南西双版纳傣族制陶的多视角观察 王涛等 中原文物 5：97—103
新石器时代黑陶呈色原理研究综述 肖芮、崔剑锋 考古学研究（十四）：科技考古研究专号 216—223
转动装置与陶轮初识 邓玲玲、田苗 中原文物 3：78—91
新石器时代泥片贴筑制陶法及相关问题研究 蒋辉 中国国家博物馆馆刊 11：66—77
古代陶器上的痕迹、现象与制陶操作方法的联系 李文杰 文物春秋 5：3—11
涂栋抹室 新石器时代的泥抹子 陈辅泰、金凤 大众考古 3：58—61
近二十年磨制石器研究的新趋势和新方法 庄丽娜 考古学研究（十五）：庆祝严文明先生九十寿辰论文集（下册） 625—637
透物见人：从几则案例谈精神文化考古中的"情境"问题 徐峰 东亚文明（第3辑） 58—69

黄河中上游地区

磁山文化探索的反思与新释 段宏振 南方文物 3：43—57
磁山遗址废弃原因的再探讨 李彬森 江汉考古 2：61—68
论裴李岗时代 赵春青、王怡珩 考古学研究（十五）：庆祝严文明先生九十寿辰论文集（上册） 76—86
裴李岗文化班村类型研究 贺传凯 文物春秋 4：3—13
裴李岗文化甑形器的发现及意义 宋瑞 黄河·黄土·黄种人 2：13—15
大地湾一期文化的经济与社会结构 苏海洋 农业考古 3：50—55
贾湖一期遗存的认识 宋瑞 文博 4：38—49
试探贾湖遗址墓葬出土龟甲的用途 李耀辉、尚泽雅 黄河·黄土·黄种人 20：19—26
淮河中下游地区史前遗址出土动物陶塑研究 王爱民 文物春秋 2：16—24
郑州地区早期文化交流与交融 吴倩、刘彦锋 黄河·黄土·黄种人 24：7—12
与仰韶人同行的动物圣灵 王仁湘 南方文物 2：242—249
半地穴房屋"窄长门道"功能初探 马晓 考古 10：79—89
中国氏族聚落考古的典范——姜寨遗址发掘的主要成就与研究的反思 朱乃诚 南方文物 4：60—66

千阳丰头遗址研究 葛衍泽等 考古与文物 4：58—64

西安米家崖遗址出土骨器初步研究 朱君孝等 中原文物 4：78—86

仰韶文化庙底沟期年代的区域性差异 韩建业 考古学研究（十五）：庆祝严文明先生九十寿辰论文集（上册） 98—110

庙底沟文化与天鼋 许永杰 华夏考古 2：50—61

陇山以西庙底沟文化的几个基本问题 任瑞波 华夏考古 4：63—73

"大同之世"与庙底沟文化 赵春青 共辉集：辉县考古发掘70周年暨古代文明研讨会纪念文萃 119—133

中国北方早期石城兴起的历史背景——涿鹿之战再探索 韩建业 考古与文物 2：94—101

庙底沟遗址出土陶鼓的初步研究 郑志强 华夏考古 4：74—77

山西芮城桃花涧遗址分期研究 胡亚毅 考古与文物 5：47—54

枣园零口南交口——6000年前晋陕豫交汇处考古学文化的格局 田建文 边疆考古研究（第31辑） 112—126

仰韶文化"陶鹰鼎"的定名及相关问题研究 马萧林、刘丁辉 中原文物 6：81—90

郑州仰韶时期石纺轮的类型与加工技术 任文勋等 人类学学报 6：1058—1068

郑州地区小口尖底瓶分期研究 胡亚毅 黄河·黄土·黄种人 22：15—21

从考古发现看古河济地区的环境变迁 袁广阔 根与魂：考古学视野下不断裂中华文明研究 138—143

嵩山地区仰韶文化的多元融合与社会演进 刘青彬 黄河·黄土·黄种人 24：21—25

扩张、变异与创新：黄河上游彩陶演化的模式 陈洪海 考古学研究（十五）：庆祝严文明先生九十寿辰论文集（上册） 87—97

黄土高原史前用火技术成就考察 钱耀鹏 考古学研究（十五）：庆祝严文明先生九十寿辰论文集（下册） 363—376

中国史前英雄历险"单一神话"考古二例 何努 东亚文明（第3辑） 3—28

从史前聚落看中国古代礼制的形成 张远 南方文物 2：201—206

豫北南部仰韶晚期遗存及相关问题研究 秦存誉、郭强 共辉集：辉县考古发掘70周年暨古代文明研讨会纪念文萃 158—176

聚落与地貌：老牛坡遗址研究的新角度 李彦峰 考古 8：98—106

由圆到方：中原地区仰韶时期与龙山时期聚落规划对比研究 陈子煜 黄河·黄土·黄种人 22：11—14

大仰韶与龙山化——管窥史前中国文化格局的关键性演变 曹兵武 中原文化研究 1：5—11

黄河中下游地区龙山时代铜器及相关遗存研究 田伟 古代文明（第16卷） 1—17

论后冈二期文化与周邻文化的关系 李世伟、靳松安 共辉集：辉县考古发掘70周年暨古代文明研讨会纪念文萃 134—157

从陶寺两次巨变看龙山时代黄土地区的文化与社会 戴向明 考古学研究（十五）：庆祝严文明先生九十寿辰论文集（上册） 281—304

中原龙山文化时期的文明化观察 刘丁辉 黄河·黄土·黄种人 20：7—13

豫北新乡地区龙山文化聚落相关问题研究 李慧萍、秦存誉 黄河·黄土·黄种人 16：9—14

龙山晚期——二里头时期的关中——陕南与伊洛地区的考古遗存分析 秦小丽、赵潇涵 考古学研究（十五）：庆祝严文明先生九十寿辰论文集（上册） 135—149

经天纬地的陶寺模式：尧舜"时空政治文明"何努 中国文明起源陶寺模式十人谈 2—20

陶寺文明的"两大特征"和"三种精神"高江涛 中国文明起源陶寺模式十人谈 102—125

第一性原理与陶寺考古实践　宋建忠　中国文明起源陶寺模式十人谈　127—144
从良渚到陶寺："熔合"发展的两个范例　李新伟　中国文明起源陶寺模式十人谈　199—222
试析中原地区龙山时代城址的分期和年代　李丽娜　南方文物 2：190—200
地缘结合：中原龙山时代城市化进程新探　李唯　考古学研究（十五）：庆祝严文明先生九十寿辰论文集（上册）305—329
试析蚌埠禹会村遗址和豫东龙山文化的关系——兼谈夏商文化探索中的相关问题　高天麟　张长寿、陈公柔先生纪念文集 41—59
陶寺城址：尧舜禹时代步入文明社会的标志　梁星彭　张长寿、陈公柔先生纪念文集 33—40
窑洞征服史前黄土高原　张弛　考古与文物 2：102—118
农牧交错地带视角下史前马面研究　张瑞强　辽宁省博物馆馆刊（2021）38—47
从宫城看陶寺都邑空间规划理念　王璐　中国文明起源陶寺模式十人谈　146—176
土与石：陶寺和石峁的建筑传统　张光辉　中国文明起源陶寺模式十人谈　178—197
石峁皇城台城门复原和早期城建技术　国庆华等　考古学研究（十三）（上册）：北京大学考古百年考古专业七十年论文集 132—155
石峁古城石质建筑材料来源探讨　贺黎民等　考古与文物 2：138—145
石峁皇城台石雕的几点认识　陈小三　考古与文物 2：86—93
论石峁皇城台 26 号石雕　顾万发　玉器研究（第一辑）279—291
陶寺与清凉寺墓地关系研究　翟少冬　考古学报 4：441—460
石峁文化墓葬初探　裴学松　考古与文物 2：78—85
陶寺文化火葬墓试析　闫红贤　文博 2：41—47
试析陶寺墓地随葬猪下颌骨现象　夏宏茹、高江涛　中原文物 5：52—60
中国史前陶鬶初论　秦存誉、王涛　北方文物 5：57—63
黄土高原地区龙山时代陶瓦研究　宋江宁等　考古与文物 2：119—131
晋南地区新石器时代末期陶器制作技术　王小娟　中原文物 3：58—66
石峁遗址出土陶、石器功能反映的礼仪和生计活动　刘莉等　中原文物 5：31—51
最早的"水准仪"：来自襄汾陶寺遗址的证据　崔天兴、柴怡　华夏考古 3：56—62

黄河下游地区

后李文化的分期年代与地方类型　卢瑞宇　东南文化 1：91—103
北辛文化简论　何德亮　文物春秋 6：13—21
山东菏泽地区史前文化的谱系及相关问题研究　袁广阔　共辉集：辉县考古发掘 70 周年暨古代文明研讨会纪念文萃 150—157
山东菏泽地区史前文化的谱系研究　袁广阔　黄河·黄土·黄种人 12：13—17
海岱考古与古史新证　张溯　南方文物 1：160—166
桐林遗址龙山文化年代分析　孙波、高明奎　根与魂：考古学视野下不断裂中华文明研究 160—166
大汶口文化晚期的丧葬仪式与社会身份　董豫等　张茜（译）　董豫（校）　东方考古（第 19 集）49—62
内外两重城址的兴起——鲁苏沿海地区的史前城市化进程及相关问题　栾丰实　考古学研究（十五）：庆祝严文明先生九十寿辰论文集（上册）250—265

山东滕州西康留大汶口文化城址探析 葛海洋 淮海文博（第3辑）38—43
焦家遗址大汶口文化城墙与壕沟使用过程的地学考古观察 饶宗岳等 南方文物1：140—151
黄河对鲁西南堌堆文化的影响 任庆山 淮海文博（第3辑）115—120
菏泽市堌堆遗址形成、分布与现状探析 李悦耕 淮海文博（第3辑）34—37
史前文化中的"毁墓"逢群 大众考古2：19—24
海岱地区史前时期的瓮棺和陶棺墓 栾丰实 考古学研究（十三）（上册）：北京大学考古百年考古专业七十年论文集 54—67
海岱地区先秦时期器物箱葬俗初探 井中伟、隗元丽 边疆考古研究（第31辑）146—158
定量方法在古墓葬研究中的运用——以邹县野店墓地为例 郭林等 洛阳考古（总第33期）24—29
大汶口文化觚形杯考古学研究 张超华 北方文物4：38—46
原始社会陶礼器的造物设计——以海岱地区陶为例 刘静、吕金泉 中国陶瓷10：92—98
高古墩遗址制陶工艺研究 吉林大学考古学院、安徽省文物考古研究所 古莉莎 科技考古与文物保护技术（第四辑）24—31
海岱地区龙山文化聚落中劳动密集型陶器的消费模式试析 文德安、武昊 考古学研究（十五）：庆祝严文明先生九十寿辰论文集（上册）266—280
基于类型学研究的大汶口文化晚期两类特殊符号解析 吴卫红 考古学研究（十五）：庆祝严文明先生九十寿辰论文集（下册）377—401
莒县陵阳河遗址的天文考古研究 武家璧 学而述而里仁：李伯谦先生从事教学考古60周年暨学术思想研讨会文集 249—280

长江中游地区

走向复杂社会——长江中游史前文明化进程前期阶段的考古学观察 郭伟民 南雍问道：南京大学考古专业成立50周年纪念文集（上卷）128—149
大溪文化的出现及其形成背景 郭伟民 考古学研究（十五）：庆祝严文明先生九十寿辰论文集（上册）111—134
阳新大路铺遗址新石器时代遗存试析 单思伟等 华夏考古1：43—48
基于GIS的江汉地区史前聚落遗址时空分布特征研究 欧阳禹、胡飞 科技考古与文物保护技术（第四辑）75—83
雕龙碑遗址的再研究 许鹏飞、史为征 文物季刊3：48—55
走马岭史前城址结构与功能探索 单思伟、彭蛟 南方文物6：40—48
七星墩遗址城垣的建筑方式和年代初探 王良智、曲新楠 南方文物6：59—70
两城之际的文化扩张及石家河城的崛起 刘辉 南方文物6：49—58
石家河早期聚落营建的地方性与适应性 汪芳、方勤 江汉考古6：49—56
试析屈家岭文化城址的人口增长方式 彭小军 南方文物6：35—39
蚌埠双墩遗址陶塑人头像的发现与观察 阚绪杭 南雍问道：南京大学考古专业成立50周年纪念文集（上卷）57—68
屈家岭遗址史前黑釉蛋壳陶研究 肖芮等 江汉考古2：114—122
屈家岭文化扣碗与扣豆分析 彭小军 中原文物2：96—101
从新石器考古学文化看长江中游地区的原始宗教 刘礼堂等 江汉考古1：56—62

长江下游地区

长江下游史前文化格局与文化特质的形成 刘越、吴卫红 中国文化研究3：39—55

万年上山文化，奠定文明基础 王巍 自然与文化遗产研究 6：1

上山文化：长江下游的稻作社会与农业文明 孙瀚龙 自然与文化遗产研究 6：34—43

论草鞋山遗址的地层堆积与文化发展 丁金龙、王霞 南雍问道：南京大学考古专业成立50周年纪念文集（上卷） 69—78

从东山村遗址看崧泽文化早、中期社会权力的来源 郑铎 考古 5：74—85

无锡地区台形遗址的成因及性质初探 邵栋、熊翠燕 无锡文博（壬寅撷英） 16—24

江南地区早期土台遗迹的溯源和演变 彭辉 南雍问道：南京大学考古专业成立50周年纪念文集（上卷） 173—183

宁镇地区早期宁镇地区史前遗存研究 黄督军 南雍问道：南京大学考古专业成立50周年纪念文集（上卷） 184—200

良渚与早期中国文明模式 方向明 考古学研究（十五）：庆祝严文明先生九十寿辰论文集（上册） 229—249

良渚古城、福泉山与寺墩——由宏观聚落、高端产品与对外交流看良渚文化的三个阶段 郭明建 考古 12：58—71

舜窜三苗与禹征三苗再认识——兼谈良渚文化族属 常兴照 东方考古（第19集） 19—38

良渚古城的"异乡人" [日]中村慎一 吕梦（译） 考古学研究（十五）：庆祝严文明先生九十寿辰论文集（上册） 217—228

从考古资料看良渚文化的北进路线 陈声波 东亚文明（第3辑） 70—80

藤花落遗址研究综述 赵旭 淮海文博（第3辑） 25—33

藤花落遗址大型公共活动遗迹试析 朱良赛 苏州文博论丛.2021年（总第12辑） 9—15

藤花落古城的社会形态 刘芳 大众考古 11：75—80

南河浜遗址崧泽文化晚期墓地试析 单思伟 江汉考古 5：64—72

凌家滩墓葬的葬仪研究 甘创业 东南文化 3：68—79

圩墩遗址出土史前动物陶塑及其社会功能考辨 郑铎 南方文物 1：258—265

安徽地区史前彩陶的初步认识 张爱冰 考古 4：78—89

骆驼墩遗址出土平底腰檐釜身筒成型工艺浅析 朱轩林 无锡文博（壬寅撷英） 208—212

良渚文化晚期侧扁足鼎及相关问题 李娜、丁品 东南文化 3：88—99

崧泽文化的带镦石斧 戎静侃 大众考古 11：46—48

试析良渚文化发现的头盖骨器 李彦英 华夏考古 6：68—71

河姆渡文化陶钵"猪形图像"解读 蔡运章 中国社会科学报 5月19日4版

海边的"羽人"——兼论良渚神徽的社会功能 朱辞 文物天地 3：17—20

良渚的刻画符号 赵辉 考古学研究（十五）：庆祝严文明先生九十寿辰论文集（下册） 402—413

庄桥坟石钺"刻画符号"考略 蔡运章、张西峰 洛阳考古（总第34期） 17—21

东南沿海地区

闽台史前文化与南岛语族 董建辉、徐森艺 考古 10：90—99

近来海南岛东南部沿海考古发现的意义——一个初步的观察 臧振华 考古学研究（十五）：庆祝严文明先生九十寿辰论文集（上册） 173—184

从"广谱革命"到稻作农业：岭南地区的"新石器化"进程 陈洪波 广西民族大学学报（哲学社会科学版）1：156—164

中山地区新石器时代彩陶器赏析 周剑 文物天地 4：9—14

靠海吃海 壳丘头先民与环境的互动 刘太远 大众考古 1：49—52

西南地区

中国相互作用圈视野下的西藏新石器文化 王蔚、余小洪 西藏民族大学学报：哲学社会科学版 3：28—34
四项考古新成果实证西藏地区民族交往交流交融的历史 李瑞 中国文物报 1月14日2版
试论川西北高原仰韶时代晚期遗存 任瑞波、陈苇 考古 8：84—97
西昌礼州遗存的反思 周志清 四川文物 2：40—50
川南宜宾地区巴文化遗存的考古学分析 王婷、杨华 科技考古与文物保护技术（第四辑）323—330
中心与边缘的交互：巴文化与中原文化的关系及其"华夏化"进程 白九江 南雍问道：南京大学考古专业成立50周年纪念文集（上卷）265—281
鸡公山文化的交流与传承 张合荣 贵州民族研究 2：178—184
川西南地区早期石棺墓所见特殊葬俗探析 黄海波等 边疆考古研究（第31辑）137—145

西北地区

从考古资料分析吐鲁番盆地史前环境与古遗址变化 张永兵 坚固万岁人民喜：刘平国刻石与西域文明学术研讨会论文集 183—188
白龙江流域马家窑文化相关问题探析 刘俊伟 丝绸之路 4：85—89
姜姓部族的起源与早期的历史 尹夏清、尹盛平 东方考古（第19集）1—18
"东部文化"的西进与齐家文化的形成 贾领 草原文物 2：56—63
甘肃临夏史前文化探析 马振华 丝绸之路 2：38—43
青海喇家遗址所见"后齐家期"遗存及相关问题 任瑞波 边疆考古研究（第31辑）127—136
新疆史前考古学文化与人群——从小河文化与人群构成说起 贾伟明、丛德新 考古学集刊（第27集）117—131
甘肃早期铜器的发现与研究 王辉 考古学研究（十五）：庆祝严文明先生九十寿辰论文集（下册）561—577
从氏族融合到农业的象征——马家窑文化彩陶中三种主要纹饰的演变及其意旨蠡测 王立夫、周侠 中国陶瓷 10：78—84
从柳湾彩陶透视史前先民的审美意识 张成志 青海文物考古研究 67—72
试论喇家遗址出土陶仓形器 甄强等 南方文物 4：278—285
宁夏隆德周家嘴头遗址制陶模拟实验 杨剑 中原文物 3：49—57
新疆哈密七角井细石器遗址石制品研究 朱之勇等 西域研究 3：99—105
喇家遗址F20刻符石器研究 李慕晓、常云平 科技考古与文物保护技术（第四辑）331—337

燕山南北、东北及内蒙古地区

呼伦贝尔地区新石器时代考古发现与研究 于昊申、刘卫军 黄河·黄土·黄种人 2：8—12
桑干河流域新石器时代遗存初探 韩永莲、郭梦雨 文物春秋 6：22—31
湖南史前时代的考古学观察 郭伟民 船山学刊 1：89—105
内蒙古巴林右旗乌兰图嘎遗址 王成等 大众考古 2：12—13
大连地区新石器至青铜时代积石冢研究 宋美娇 辽宁省博物馆馆刊（2021）48—56
关于双塔遗址一期遗存年代的讨论 陈伟驹 边疆考古研究（第32辑）86—94
论乌苏里江流域的"新开流 - 鲁德纳亚文化" 赵宾福、孙明明 边疆考古研究（第32辑）95—122
新乐下层文化再认识——《新乐遗址发掘报告》研读初步体会 张星德、孟恬 沈阳考古文集（第8集）110—121

再论新乐文化分期与年代　李志伟、王强　四川文物 4：37—48
白音长汗遗址第二期乙类聚落家户研究　刘建新　黄河·黄土·黄种人 10：23—27
21世纪以来内蒙古东南部地区红山文化考古新发现与研究新契机　孙金松、党郁　沈阳考古文集（第8集）　122—135
家户考古视野下红山文化的社会变迁　姜仕炜　东方考古（第19集）39—48
雪山一期文化考辨　段宏振　考古学研究（十五）：庆祝严文明先生九十寿辰论文集（上册）150—172
论考古发现的新石器时代几处重要天文遗迹——从牛河梁第五地点一号积石冢天文内涵谈起　顾万发　郑州文物考古与研究（四）（上）371—375
内蒙古哈民忙哈遗址废弃情境观察与分析　陈醉、朱永刚　人类学学报 2：342—353
环境视域下新石器时代晚期内蒙古中南部农业研究——兼论早期畜牧业的起源　张瑞强　农业考古 1：20—28
农猎交错地带视角下的瓮城起源研究　张瑞强　北方文物 2：20—27
辽东半岛南端的第一缕炊烟　长海县门后遗址　徐昭峰、任笑羽　大众考古 3：19—24
内蒙古伊金霍洛旗沙日塔拉遗址　高兴超等　大众考古 1：12—13
坡地洞穴式与地穴式建筑探析——以岱海老虎山文化房址为例　马晓　考古与文物 6：86—95
后城咀龙山时代石城的地下通道　史前时代的"地道战"　孙金松、党郁　大众考古 12：27—32
文化分期视角下的红山文化女性塑像再考察　李敖、张星德　北方文物 1：27—35
鹗面神人及玄鸟氏有关问题研究　顾万发　郑州文物考古与研究（四）（上）418—429
东北地区陶器纹饰分类的探索——以查海遗址为例　田鑫等　沈阳考古文集（第8集）110—121
后洼遗址出土雕塑像初步研究——兼论与红山文化雕塑像比较　张翠敏　辽宁省博物馆馆刊（2021）89—102
那斯台红山文化跪坐石雕人像及相关问题探析　王苹　南方文物 6：76—87
华山玫瑰燕山龙——彩陶与玉器的对话　郭大顺　丝绸之路 3：31—41
辽宁朝阳石刀演变的考古学考察　白燕培　农业考古 1：132—139

文明起源研究

"中华文明探源工程"及其主要收获　王巍、赵辉　中国史研究 4：5—32
文明起源的理论之争——酋邦理论与古国理论对比研究　杨林旭　江汉考古 4：135—144
认识中国文明的起源和早期发展　赵辉　江汉考古 5：3—5
中华文明起源语境下的文明标志　李新伟　中国史研究动态 1：35—39
探源中华文明为构建人类文明共同体提供中国方案　朱静宜　洛阳考古（总第35期）55—58
再论中国早期文明起源的阶段性　张海　考古学研究（十三）（上册）：北京大学考古百年考古专业七十年论文集 156—171
考古学视野下的中华文明起源与早期发展　戴向明　历史研究 1：4—13
早期中国文明内生性演进的内在逻辑阐释　曹建墩、岳晓峰　中原文化研究 6：40—49
从大洪水到广土定居：最初"中国"形成的地理空间及文化考论　李双芬　中原文化研究 6：50—59
中华文明形成中的中原贡献　阎铁成　黄河·黄土·黄种人 24：3—6
中国史前文明起源"两种模式论"与中原文明化进程探索——以河南地区为中心的考察　袁广阔　学而述而里仁：李伯谦先生从事教学考古60周年暨学术思想研讨会文集 218—228
中国文明起源的陶寺模式　宫长为　中国文明起源陶寺模式十人谈 68—81

陶寺在中华文明发展进程中的地位和作用 戴向明 中国文明起源陶寺模式十人谈 83—100

探寻中国文明起源的陶寺模式 张清俐 中国社会科学报 7月27日1版

黄河文化与中华文明——从辉县考古发掘说起 刘庆柱 共辉集：辉县考古发掘70周年暨古代文明研讨会纪念文萃 55—61

海岱地区早期国家演进略说 孙波、朱超 考古学研究（十三）（上册）：北京大学考古百年考古专业七十年论文集 68—111

"太伯奔吴说"的困惑与探赜——兼议江苏地域文明探源中的特殊文化现象 张敏 江苏地方志 5：28—32

从夏商周断代工程到中华文明探源工程 杨育彬 黄河·黄土·黄种人 4：3—8

四　夏文化探索

二里头文化研究历程及重要成就 陈朝云 根与魂：考古学视野下不断裂中华文明研究 167—181

夏代有无之争的背后：历史观古今之变的考察 陈立柱 中原文化研究 5：21—32

"何以为夏？" 贾一凡 大众考古 1：38—43

殷墟——夏文化探索的出发点 杜金鹏 殷都学刊 1：30—42

庙底沟化与二里头化：考古所见华夏族群与华夏传统的形成与演进 曹兵武 南方文物 2：1—10

从新峡遗址再论二里头与东下冯之关系 常怀颖 文物季刊 1：88—99

论二里头文化的宏观聚落形态 贺俊 考古学报 4：461—484

二里头文化时期的东方 庞小霞 华夏考古 6：52—61

太康居斟寻事件与后羿代夏遗存的确认 张国硕 中原文化研究 5：12—20

论二里头乃夏朝后期王都及"夏"与"中国" 王震中 中国社会科学院大学学报 1：59—89

石峁与二里头：试论夏代首末都 易华 南方文物 5：20—29

陶寺、石峁的夏代遗存 田建文 华夏考古 6：42—51

"夏启之居"与"后羿代夏"——新砦城址的历史学意义 赵春青 学而述而里仁：李伯谦先生从事教学考古60周年暨学术思想研讨会文集 281—306

二里头遗址的初步认识 孙华 考古学研究（十三）（上册）：北京大学考古百年考古专业七十年论文集 234—268

二里头遗址与夏桀末都河南城 尹松鹏、杨华 华夏考古 1：49—55

二里头遗址"突出普遍价值"举隅 许宏 中国文化遗产 6：30—36

二里头都邑布局和手工业考古的新收获 赵海涛 华夏考古 6：62—67

论南洼遗址二里头文化时期的聚落与社会 贺俊 南方文物 2：207—212

考古遗存的多样性——以二里头与南关为例 李修平 南方民族考古（第二十四辑）93—136

鹤壁刘庄墓地族属研究 陈畅 考古与文物 6：96—102

先秦时期工具、器物、原料与环境关系初探 许俊杰、温璇 黄河·黄土·黄种人 2：16—19

皖南地区青铜时代农具及农业发展状况初步研究 王爱民 农业考古 4：143—152

新砦文化深腹罐和侧装三角形扁足鼎的来源问题 魏继印、王志远 中原文物 5：61—70

新寨文化动物器盖研究的回顾与思考 郭荣臻、曹凌子 黄河·黄土·黄种人 4：12—16

二里头文化白陶研究 贺俊 考古 2：70—81

二里头文化石钺渊源初论 李德方、聂晓雨 洛阳考古（总第33期）30—35

环嵩山地区二里头时期聚落石器钻孔工艺研究　曹天亮　南方文物 2：213—219
夏商西周时期骨铲研究　李彦峰　农业考古 3：128—134
夏商考古遗存中的"亞"形造型起源及其内涵探索　宋亦箫　南雍问道：南京大学考古专业成立 50 周年纪念文集（上卷）　314—325
二里头国家社会象征图形符号系统——国家社会象征图形符号系统考古研究之三　黄磊、何努　南方文物 6：1—14
公共考古视野下的夏文化传播　黄乐天、侯卫东　中国文化遗产 2：25—34

五　商代

鹿台岗遗址考辨　段宏振　江汉考古 2：69—76
郑州商城文化变迁及相关问题研究　闫付海　郑州文物考古与研究（四）（上）　543—572
试论郑州地区商代祭祀遗存　吴倩　黄河·黄土·黄种人 8：14—18
都与邑——多重视角下偃师商城遗址的探究（下）　陈国梁　南方文物 5：8—19
从盘龙城遗址兴废看夏商时期中原文化在江汉平原及周边地区的进退　盛伟　四川文物 4：49—57
简析商王朝在长江中下游的青铜产业格局　赵丛苍、刘轩声　西部考古（第 24 辑）　121—128
郑州地区晚商社会重组的考古学观察　刘亦方、张东　华夏考古 2：62—68
因势而造，因地制宜——试论商代邑聚营建的环境适应性　张兴照　殷都学刊 3：1—7
从先秦时期的食官体系看偃师商城宫城 1 号和 6 号建筑基址的性质　陈国梁　中原文物 4：87—95
安阳陶家营遗址发现商代中期环壕聚落　孔德铭、孔维鹏　中国文物报　2 月 25 日 8 版
论登封王城岗商代房址 85WT264F1 陶器群　李宏飞　中国国家博物馆馆刊 5：114—123
何以"殷墟"：《殷人的观念世界》续篇　[日]松丸道雄　李峰（译）　张长寿、陈公柔先生纪念文集 70—77
商周宗亲组织的结构与形态　陈絜、田秋棉　中国社会科学 4：181—203
武丁三配与三子的对应关系　腾兴建　中国史研究 4：33—50
关于殷墟的"族邑"问题与"工坊区模式"　严志斌　中国国家博物馆馆刊 10：56—76
殷墟戚家庄商代制玉手工业遗存及相关问题　杜金鹏　中原文物 2：75—87
枣树沟脑遗址 F16 半地穴式房址的建筑学意义　卫雪等　考古与文物 6：79—85
殷墟侯家庄西北冈大墓的建造顺序和墓主　[日]饭岛武次　李峰（译）　张长寿、陈公柔先生纪念文集 78—108
殷墟手工业者墓葬辨析　井中伟、王建峰　张长寿、陈公柔先生纪念文集 109—124
商文化墓葬中的墓主俯身葬　胡佳佳　大众考古 7：29—33
试论商周时期关中地区的人群构成——以墓葬材料为中心　马赛　考古与文物 4：72—77
滦州后迁义商周时期墓葬遗存研究　洪猛、王菁　华夏考古 6：72—81
海岱地区商周腰坑葬俗再检视　胡子尧、井中伟　东南文化 1：104—120
殷墟妇好墓的觚爵制度辨析　王伯强　黄河·黄土·黄种人 10：28—32
殷墟商墓铜器组合与墓主归属问题　严志斌　文物 11：34—45
殷墟墓葬铜觚爵随葬制度研究　胡洪琼　南方文物 2：220—225
商代与西周葬鱼习俗探析　张振　黄河·黄土·黄种人 20：27—29
武汉市盘龙城遗址李家嘴、王家嘴商代墓葬出土绿松石器　张晗等　江汉考古 4：3—8
武汉市盘龙城遗址杨家湾商代墓葬出土绿松石器　付海龙等　江汉考古 4：9—15

商周墓葬朱砂使用相关问题初探 张煜珧 江汉考古 3：70—79
殷墟使用朱砂情况的考察 方辉、李玮涓 中原文物 1：67—82
殷墟贞人墓冠饰及相关问题研究 何毓灵、赵俊杰 江汉考古 4：53—60
商周时期的廬 曹大志、张剑葳 考古学研究（十三）（上册）：北京大学考古百年考古专业七十年论文集 323—358
陶器尺寸标准化程度的量化分析：以偃师商城遗址的大口尊为例 邓玲玲等 中国国家博物馆馆刊 5：124—133
殷墟王裕口南地出土磨石研究 杨宽等 农业考古 3：115—123
殷墟骨笄的种类、源流与功能 陈翔 考古 1：98—108
商代晚期的鸮形器及鸮形纹饰 王林 大众考古 12：53—57
松阳县博物馆藏新石器——商周文物介绍 宋子军、叶青鹏 南方文物 6：292—296

六　西周

从"证经补史"到"考古写史"：两周考古的成就及其史学意义 徐良高 张长寿、陈公柔先生纪念文集 256—276
西周社会历史记忆的传承与失散 李旻 历史记忆与考古发现 29—66
周代的"明心"：一种统治工具 [美]柯鹤立（Constance A.Cook）宣柳（译） 张长寿、陈公柔先生纪念文集 489—502
殷墟考古学文化分期中"西周初年阶段"的提出 李贵昌、孟宪武 殷都学刊 1：43—47
考古学视角下西周都邑的社会生产 张礼艳 根与魂：考古学视野下不断裂中华文明研究 190—203
21世纪以来河南西周考古发现的评述 高振龙 共辉集：辉县考古发掘70周年暨古代文明研讨会纪念文萃 82—93
多元一体格局下百越集团中原化进程研究论纲 赵东升 南方文物 4：16—26
西周殷遗民族属判断标准简论 雷兴山等 考古学研究（十三）（上册）：北京大学考古百年考古专业七十年论文集 359—368
周初燕召封建与东土族群的北迁 聂靖芳 中原文物 6：60—67
从蒲城店遗址探讨西周应国的社会文化格局 魏兴涛、李宏飞 考古 6：82—89
西试论王姐姜与西周的房国 韩雪 中原文物 6：91—97
虢国国君虢仲的婚姻 李继红、刘社刚 大众考古 11：34—39
周成周城墙问题蠡测 周海涛、刘余力 黄河·黄土·黄种人 18：22—24
狄泉周城性质辨析 刘逸鑫 南方文物 2：234—241
倗伯居邑探索 田伟 中国国家博物馆馆刊 8：133—145
江苏镇江大港吴国遗址群聚落形态及相关问题 许鹏飞等 东南文化 3：116—123
曲阜鲁国故城布局形态研究——兼论《考工记·匠人营国》的内容来源 徐团辉 东南文化 5：102—110
周原遗址凤雏建筑基址群探论 严志斌 考古 11：87—96
周原遗址凤雏六号至十号基址的新认识 杨文昊、宋江宁 中原文物 6：52—59
陕西周原云塘制骨作坊"居葬合一"论 蔡宁等 四川文物 2：91—98
陕西周原云塘夯土建筑F10形制及所属院落形态辨析 韩蕙如、雷兴山 四川文物 2：99—106
周原齐家制玦作坊居葬关系与社会结构再探 蔡宁等 考古与文物 2：132—137
西周女性墓各具地方特色 孙晓鹏 中国社会科学报 6月9日4版
西周墓道考古学观察 付仲杨 南方文物 6：150—158
古邓城地区楚墓发现与研究 郎莉 黄河·黄土·黄种人 6：16—21

贾里村西周墓地试析 祁翔 文物春秋 5：12—20
也论郑州娘娘寨遗址墓葬特征与族属 闫付海 郑州文物考古与研究（四）（下） 857—863
由新见材料再论绛县横水、翼城大河口墓地的性质 田伟 故宫博物院院刊 8：62—71
孔头沟遗址西周墓地结构管窥 种建荣等 古代文明（第16卷） 68—78
芮国墓葬与"周余民"族群的相关问题 杨博 殷都学刊 3：54—61
长安花园村M15、M17墓主身份新考 王一凡 江汉考古 6：66—74
陕西周公庙遗址08ⅢA2G2葬人现象探析 李楠等 四川文物 2：83—90
宝鸡石鼓山墓葬与先周文化——兼论宝鸡地区出土的青铜器 施劲松 张长寿、陈公柔先生纪念文集 177—198
天子嫁女与同姓主婚——略论山西绛县横水墓地M2158所出媵器 黄益飞 考古 5：86—90
试论周代梯形牌组佩 李京震 江汉考古 1：63—68
淮河流域西周至春秋时期陶鬲研究 杨习良、张礼艳 东南文化 5：111—120
西周至汉时期的刮刀功能试析 高小路 农业考古 4：153—161

七　东周

从九原到五原——包头地区战国秦汉历史与考古若干问题考辨 张文平 边疆考古研究（第31辑） 195—207
辉县地区战国文化遗存初探 王政 共辉集：辉县考古发掘70周年暨古代文明研讨会纪念文萃 207—214
三处"鲜卑"遗存年代再检讨 郝军军 考古与文物 4：88—92
西戎遗存揭示早期戎人葬俗变迁 毛筱璐 中国社会科学报 5月16日5版
关于南阳夏饷铺鄂国墓地的几个问题 徐少华 江汉考古 2：85—93
论虢国墓地的层次结构 张亮、秦雪松 文物春秋 1：3—11
论中原地区东周墓出土的金石之乐 印群 东方考古（第19集） 124—130
战国秦汉陶熨具及熨帖术再研究 徐龙国 中原文物 2：108—118
丝路背景下的茧形壶源流蠡探 李银德 东亚文明（第3辑） 83—99
带环形制的演变及其向镑环的转变 潘玲、王禹夫 边疆考古研究（第32辑） 194—213
东周时期服饰的相关概念界定 王欣亚 黄河·黄土·黄种人 6：55—59
河套东部地区东周时期装饰品综合研究 蒋刚、陈星语 南方民族考古（第二十四辑） 137—185

秦文化

吴山遗址的性质与時祭相关问题 游富祥 中国国家博物馆馆刊 7：46—57
早期秦国文字中"秦"字的演变兼及大堡子山秦公墓的年代问题 张鼎 北方民族考古（第13辑） 178—191
秦王陵的形制要素及其特点 焦南峰 考古学研究（十三）（下册）：北京大学考古百年考古专业七十年论文集 435—459
江汉秦墓与江东楚式墓的初步考察 徐舸 考古学报 3：305—328
论春秋时期秦墓的随葬列鼎制度——兼与莒、薛国贵族墓比较 印群 复旦学报（社会科学版）2：57—66
论战国秦陵对秦始皇陵的影响 梁云、段旭颖 学而述而里仁：李伯谦先生从事教学考古60周年暨学术思想研讨会文集 229—248
战国秦陵研究 梁云、王欣亚 故宫博物院院刊 7：4—27
襄阳地区战国晚期至西汉中期考古学文化变迁——以墓葬为中心的考察 周阵锋 华夏考古 2：69—81
陕西宝鸡旭光墓地秦墓初论 辛宇、胡望林 文博 6：53—63

晋文化

山西考古断想 李零 文物季刊 1：67—79

晋都新田的发现、发掘、研究和保护 田建文 宿白纪念文集 175—190

从北白鹅墓地看周人东迁后的社会变局 张昌平 文物季刊 4：52—57

山西长治分水岭墓地初步研究 王震 边疆考古研究（第 32 辑） 160—175

长治分水岭墓地铜器墓年代综论 滕铭予 边疆考古研究（第 32 辑） 139—159

再论太原金胜 M251 的年代及相关问题 靳健、陈小三 文物季刊 2：92—105

稷山郭家枣园遗址东周时期圆陶片用途浅析 王小娟、王晓毅 文物季刊 1：121—128

赵文化·燕文化·齐文化

东周赵国的埋葬制度 张渭莲 学而述而里仁：李伯谦先生从事教学考古 60 周年暨学术思想研讨会文集 452—470

战国时期赵国王墓制度浅析——以邯郸赵国侯（王）墓葬为参考 刘尊志 文物春秋 4：19—29

论河北邯郸百家村战国墓的人殉 印群 东方考古（第 20 集） 48—63

鹖冠与鵔鸃冠辨析 赵春兰 中国社会科学报 5 月 25 日 10 版

从"燕国"改名谈到"燕"字的来源 王亚龙 北方文物 1：66—70

临淄齐故城考古研究札记 白云翔 张长寿、陈公柔先生纪念文集 211—239

齐故城 10 号建筑遗址性质试探 吕凯、陈永婷 南方文物 1：187—193

临淄齐国都城供排水系统再研究 韩伟东等 中国国家博物馆馆刊 9：39—48

山东莒南县中刘山春秋墓及其相关问题 刘智、张文存 东南文化 5：121—130

东周龙凤耳陶簋的分析与研究 徐倩倩 南方文物 1：173—186

楚文化·徐、吴、越文化

湖南地区楚、越文化融合过程研究 胡平平 江汉考古 3：80—89

考古寿春城之三：城垣谍影 蔡波涛 大众考古 3：25—32

湖北钟祥黄土坡春秋墓年代序列及有关问题 徐少华 张长寿、陈公柔先生纪念文集 240—249

楚式"镇墓兽"形象与功能考 王传明 中原文物 5：108—113

包山二号墓彩绘漆奁图像考 要二峰 江汉考古 2：101—105

新见楚国"郢"字金版及其相关问题 陈治军、路文举 考古与文物 5：109—112

楚系禁特征及其相关问题的讨论 聂菲 中原文物 6：98—106

中原视角下的"东南"——吴越地区社会复杂化和中原化进程研究的反思 赵东升 南雍问道：南京大学考古专业成立 50 周年纪念文集（上卷） 286—298

江汉淮楚地所见越文化因素及相关问题 尚如春、赵欣欣 边疆考古研究（第 32 辑） 214—229

湘赣地区古代越人的铁器化进程 文国勋 农业考古 6：142—148

江苏丹徒北山顶春秋墓之国别再议 周亚 张长寿、陈公柔先生纪念文集 250—255

江苏淮阴高庄战国墓用鼎特点及墓主人族属问题 丁燕杰、燕生东 东南文化 3：124—133

八　夏商周时期周边地区青铜文化

燕山南北及东北地区

西辽河流域的夏家店下层文化聚落遗址 宋晋等 大众考古 11：57—64

继往开来谱新章——夏家店下层文化与夏家店上层文化命名60周年专辑 中国文物报 1月28日6版

夏家店下层文化石城新探 田野、朱昆 黄河·黄土·黄种人 14：24—26

辽宁建平水泉遗址出土夏家店下层文化骨针钻孔技术初步研究 王闯等 文物季刊 3：91—95

新乐上层文化用火遗迹浅析 赵晓刚 辽宁省博物馆馆刊（2021）15—26

值得称道的考古发现与研究——记西团山文化和夫余文化 董学增 辽宁省博物馆馆刊（2021）57—65

宝山文化与凉泉类型再探 李萌、方启 沈阳考古文集（第8集）136—149

玉皇庙文化命名的形成及其族属 洪猛 河北大学学报：哲学社会科学版 5：81—90

墓葬所见玉皇庙文化的性别与社会 王含元 四川文物 2：64—76

长江中下游地区及华南地区

江汉平原及周边地区夏商时期聚落景观研究 邹秋实 考古 1：84—97

师姑墩遗址夏时期遗存的初步探讨 白国柱 南雍问道：南京大学考古专业成立50周年纪念文集（上卷）326—333

论泰伯奔吴——从花山、佘城遗址的角度来看 贡乾坤 黄河·黄土·黄种人 12：34—36

环巢湖地区夏商时期族群交流与互动研究 汪启航 黄河·黄土·黄种人 6：10—15

大路铺文化渊源研究 赵军、牟星玉 科技考古与文物保护技术（第四辑）272—277

东南地区青铜时代的格局及社会复杂化进程 焦天龙 张长寿、陈公柔先生纪念文集 152—176

两周时期东南诸越探赜 张敏 南方文物 4：1—15

广西平乐银山岭"战国墓"的年代 熊昭明、李世佳 江汉考古 6：80—87

中国东南地区先秦时期的鬶口壶 付琳、黄一哲 江汉考古 6：57—65

试论印纹硬陶 杨猛 黄河·黄土·黄种人 10：33—35

西南地区

雪山的回望：青铜时代成都平原的"先人"之地 林圭侦 中央研究院历史语言研究所集刊 93—3：459—529

长江流域的青铜文明 孙华 博物馆学刊（第8集）3—17

三星堆埋藏坑的新发现与新认识 孙华、彭思宇 中华文化论坛 6：95—116

长江文明的青铜资源开发与流通初探 方勤 博物馆学刊（第8集）29—32

分与合——关于三星堆文化命名的省思 许宏 四川文物 6：58—66

古蜀青铜文明初探 刘辉 大众考古 3：48—53

三星堆与古蜀文明研究观察报告·2021 曾江 中国社会科学报 1月7日5版

论三星堆文明与金沙文明的关系 朱乃诚 中原文化研究 5：5—11

略谈三星堆文化与长江中游古文化的关系 赵殿增 江汉考古 2：140—144

从考古学角度论证佤族的族源问题 王毓川等 华夏考古 5：78—85

中国上古太阳鸟神话的起源与发展——从古蜀文化太阳崇拜相关文物说起 孙华、黎婉欣 南方文物 1：1—13

古蜀地区祭祀遗存初步研究 冉宏林 四川文物 6：80—97

廓雄遗址 雅鲁藏布江中上游最早的史前农业证据 夏格旺堆 大众考古 7：61—65

三星堆古蜀考古发现与农业变迁 王倩倩 农业考古 6：42—48

由三星堆遗址仁胜墓地看宝墩文化早晚之变 冉宏林 中国社会科学院大学学报 10：70—84

以考古丰富古史：三星堆遗址的启示与谜思 杨博 中国文化研究 2：73—79

关于三星堆遗址及其文物的断想 段勇 学而述而里仁：李伯谦先生从事教学考古60周年暨学术思想研讨会文集

426—432

三星堆祭祀文化研究　赵殿增　博物馆学刊（第 8 集）　18—28

三星堆遗址仓包包祭祀坑再研究　傅悦、冉宏林　中华文化论坛 6：117—123

也谈三星堆遗址的"祭祀遗存"　于孟洲、李潇檬　四川文物 6：98—110

三星堆是古人祭月场　李后强　巴蜀史志 5：88—92

三星堆祭祀坑为"神庙失火说"的几点疑问　赵殿增　南方文物 3：226—231

三星堆祭祀活动的基本架构：神坛、神庙、祭祀坑　赵殿增　四川文物 5：80—94

宣汉罗家坝墓地再研究　彭思宇　四川文物 1：60—82

早期石棺葬研究新思考——以四川会理大劈山墓地为例　任平等　边疆考古研究（第 32 辑）　123—138

三星堆遗址仁胜村墓地特殊葬式探析——兼论随葬品内涵与墓地性质　丁逸宁　黄河·黄土·黄种人 20：14—18

从牟托一号墓看古蜀文明西向通道　万娇　中国社会科学报　6 月 15 日 9 版

基于几何形态学方法对三星堆一、二号器物坑"牙璋"的再认识　鲁昊等　南方文物 1：247—257

三星堆遗址祭祀区八号坑出土石磬　四川省文物考古研究院、北京大学考古文博学院　赵昊等　四川文物 4：105—112

三星堆—金沙文化石人论略　陈民镇　中国社会科学院大学学报 10：85—105

论巴蜀符号的器物性　严志斌　张长寿、陈公柔先生纪念文集　539—553

西北地区

伊犁河上游青铜时代中期社会状况研究　袁晓　西域研究 2：99—107

天山北路墓地的发展与甘青地区文化交流　马健、佟建一　考古学研究（十三）（上册）：北京大学考古百年考古专业七十年论文集　215—233

新疆吐鲁番加依墓地的母婴合葬现象　王安琦等　人类学学报 1：1—10

关于吉尔赞喀勒墓地用火遗物的一点看法　张良仁　南雍问道：南京大学考古专业成立 50 周年纪念文集（中卷）　1065—1076

手持木旋镖的新疆草原石人探赜——以阿勒泰市喀拉塔斯一号石人为中心　丁杰　边疆考古研究（第 31 辑）　159—175

黄淮下游地区

胶东地区商周时期考古学研究的两点思考　徐良高　学而述而里仁：李伯谦先生从事教学考古 60 周年暨学术思想研讨会文集　433—444

对山东半岛地区商周考古若干问题的思考　方辉、王政良　张长寿、陈公柔先生纪念文集　136—151

淮海地区夏代中晚期考古学文化研究　谢威　淮海文博（第 3 辑）　139—155

九　秦代

闾里化与自然性：秦汉聚落形态的演变　符奎　中国史研究 2：38—54

秦文明及其结构初探　张卫星　根与魂：考古学视野下不断裂中华文明研究　204—224

先秦邑国与秦汉郡县历史延续性举要　郑君雷　根与魂：考古学视野下不断裂中华文明研究　182—189

秦汉时期岭南与云贵高原的文化交流——兼论汉文化入西南的路径与时间　洪德善　南雍问道：南京大学考古专业成立 50 周年纪念文集（上卷）　607—616

从田野考古发掘再谈秦汉時文化遗存的属性及相关问题　孙宗贤　陇右文博 3：30—37

秦汉武备与汉匈之争——兼谈东西方武备之差异 杨泓 张长寿、陈公柔先生纪念文集 554—564
秦汉朝那湫渊遗址与万年以来东海子气候变迁 罗丰 历史记忆与考古发现 190—206
秦汉雍五畤的发现与研究 游富祥、陈爱东 历史记忆与考古发现 146—167
秦汉祠畤的再认识——从考古发现看文献记载的秦汉祠畤 李零 历史记忆与考古发现 1—28
"八主"祭祀研究 王容 历史记忆与考古发现 93—115
试析畤祭中的"遥祭"方法 袁登科 洛阳考古（总第 33 期） 41—46
多学科视角下的秦汉砖瓦窑炉工艺技术与交流研究 李清临 四川文物 3：53—66
秦汉郡守称谓系年与定年——以简牍、封泥、碑砖为考察中心 吴方基 北方文物 1：71—85
雍畤文化遗存的新线索 张晓磊、范雯静 历史记忆与考古发现 168—180
嬴秦非戎族新考 雍际春 中国史研究 2：5—19
秦都雍城地区秦汉畤祭遗存研究 陈爱东 西部考古（第 23 辑） 302—310
荆州郢城遗址秦汉木构建筑遗存及其复原研究 卢川、刘建业 江汉考古 2：123—130
秦始皇帝陵修建过程的分期研究 冯锴 文博 1：22—28
"巴王"的礼乐生活——涪陵小田溪 M12 出土器物鉴赏 王永超 文物天地 9：58—63
甘肃宁县博物馆藏"泥亭"陶器 尚海啸、杜博瑞 大众考古 9：36—37
出土文献所见秦迁陵县"库"生产职能考 李兴 文博 4：64—67

一〇　汉代

汉代人的幸福观及其表达之考古学管窥 白云翔 江汉考古 6：94—103
从考古资料看汉代一般家庭的夫妻关系 刘尊志 中原文化研究 4：100—108
汉代模块化生产的考古学观察 白云翔 考古 11：107—120
简论汉代一般家庭的手工业生产 刘尊志 华夏考古 4：103—111
长安武库和西汉武库制度 沈丽华 南雍问道：南京大学考古专业成立 50 周年纪念文集（上卷） 538—555
辽东属国再探讨 史话、焦彦超 北方文物 1：94—101
汉六朝时期的鄞县——以"都市圈"与"都市圈社会"为方法的研究 许超 浙江省文物考古研究所学刊（第十二辑） 263—274
《罗布淖尔考古记》的丝绸之路生态史考察 王子今 丝绸之路考古（第 6 辑） 56—65
从两宫制到一宫制——汉魏宫制转变的政治史简察 韦正 根与魂：考古学视野下不断裂中华文明研究 259—276
汉魏洛阳城的祭祀礼制建筑空间 钱国祥 中原文物 4：102—113
汉魏洛阳城的高台建筑复原二例 钱国祥 考古学研究（十三）（下册）：北京大学考古百年考古专业七十年论文集 460—471
汉唐时期都城地区窑业生产略论 沈丽华 南方文物 4：127—138
从上马遗址看汉代辽东长城 刘明、刘潼 沈阳考古文集（第 8 集） 177—186
由血池遗址新发现复原西汉雍地祭天礼仪 田亚岐、田原曦 历史记忆与考古发现 181—189
西汉彭城郡设立时间考 司琪 淮海文博（第 3 辑） 132—138
西汉敦煌居卢訾仓城修筑与归属 郑炳林、司豪强 敦煌学辑刊 1：8—20
古荥冶铁遗址陶窑研究 郝红星 郑州文物考古与研究（四）（下） 908—917

东汉洛阳都城的空间格局复原研究 钱国祥 华夏考古 3：90—99
四川汉墓分期分区研究 索德浩 考古学报 2：171—200
内蒙古中南部河套地区汉代洞室墓初探 李鹏珍、齐溶青 黄河·黄土·黄种人 6：22—26
汉代题凑墓结构体系及空间功能的演变 焦阳 考古 6：90—102
淮河流域中小型西汉墓葬文化因素分析 金海旺 华夏考古 3：84—89
西汉帝陵始建时间考论 马永嬴、朱晨露 西部考古（第 23 辑） 311—319
西汉陵邑相关问题初探 焦南峰 宿白纪念文集 207—223
西汉时期"置园邑"研究 谭青枝 考古与文物 3：93—99
试析延陵陵园形制形成的原因 谭青枝 文博 3：36—40
广州象岗西汉南越王墓形制试析 高小路、徐卫民 文博 2：60—68
西汉长沙国王室墓葬的动态及微观考察——兼论西汉诸侯王墓"汉制"问题 张钊 古代文明（第 16 卷） 97—137
汉文帝霸陵的探索与确认 焦南峰 根与魂：考古学视野下不断裂中华文明研究 239—258
汉文帝霸陵位置考 马永嬴 考古与文物 3：87—92
汉文帝霸陵对西汉帝陵规制的影响 马永嬴 文博 3：30—35
从海昏侯墓看西汉厚葬盛行的原因 徐卫民、贺妍琳 西部考古（第 23 辑） 320—326
读海昏侯墓"孔子传记"小札 郑伊凡 江汉考古 3：130—133
帝制与王制：再论西汉海昏侯墓的乐悬制度 刘锴云、张闻捷 中国国家博物馆馆刊 12：24—33
葬式与政治：浅析海昏侯刘贺的"头向"问题 陈昆、崔梦泽 秦汉研究论丛：宝鸡地区秦文化遗存研究专题 13—24
西汉海昏侯墓与阜阳双古堆汉墓比较研究 苗凌毅等 秦汉研究论丛：宝鸡地区秦文化遗存研究专题 25—40
孔子生辰再考——兼论海昏侯墓出土衣镜 孙晨 苏州文博论丛（总第 12 辑） 16—20
海昏侯刘贺墓面罩之问——以两汉时期面罩的考察为中心 吕静 南方文物 1：222—230
西汉霍去病墓石刻群历史地位的再检讨 武光雪、付龙腾 博物院 2：24—31
咸阳原上汉代居民墓分布研究 朱瑛培 秦汉研究论丛：宝鸡地区秦文化遗存研究专题 184—192
蓝田支家沟汉墓墓主考辩 谭青枝 中原文物 6：68—72
江苏徐州云龙区铁刹山汉墓 M11 的发掘和相关问题研究 李祥、刘照建 东南文化 4：128—134
南京市江宁区下潘岗村汉墓 M6 的发现与认识 刘文庆、翟光浩 东南文化 6：78—84
鹤壁后营汉代合葬墓的内涵与特点——兼及中原平民社会的合葬礼俗 曹峻等 考古学集刊（第 27 集） 154—175
大连地区汉代贝砖墓研究——以营城子汉墓群为例 张翠敏 沈阳考古文集（第 8 集） 158—169
东汉帝陵选址与血统传承因素 刘秀红、丁岩 华夏考古 1：84—88
再谈孟津大汉冢为东汉光武帝原陵 严辉 中原文物 6：138—144
略论洛阳西大郊东汉刑徒墓地的时代与布局 刘涛 南方文物 4：156—168
扎赉诺尔墓地分期研究 潘玲、谭文好 草原文物 1：74—88
东汉至北朝的墓葬石堂研究——兼论"宁懋石室"的形制与性质 李嘉妍 故宫博物院院刊 1：117—130
东汉宦者侯墓葬及相关问题 刘尊志 考古与文物 3：100—108
甘肃武威出土铜奔马及墓主人再研究 王琦 陇右文博 1：36—41
山东济宁普育小学汉墓年代和墓主新考 姚逸 东南文化 6：85—92

方相氏与蚩尤——从吴白庄汉画像石墓谈起 张伟 淮海文博（第 3 辑） 56—64
再识徐州茅村汉墓 李生兰等 大众考古 4：67—74
汉晋北朝石室祭祀传统的流变 李梅田 宿白纪念文集 224—235
升仙与异路 河南浚县姚厂村汉墓蕴含的民间信仰 张露胜 大众考古 9：38—45
汉代的坐具与坐姿 陈海霖 大葆台西汉墓出土文物研究文集 40—43
汉代温明研究 路昊、张敏 文物天地 4：81—89
汉代屏风及其相关陈设问题的探讨 聂菲 黄河·黄土·黄种人 4：40—45
考古学视域下西汉王侯墓出土乐器分析 陈艳、王芳 中州学刊 10：126—133
徐州地区西汉时期陶猪圈的发现与问题讨论 李明珠 农业考古 3：38—43
徐州地区出土的汉镇 黄豫民、刘照建 大众考古 10：62—65
北京大葆台汉墓出土柿蒂纹鎏金铜饰片新探 马立伟 大葆台西汉墓出土文物研究文集 3—9
尚武之风——从北京大葆台汉墓出土兵器谈起 宋伯涵 大葆台西汉墓出土文物研究文集 141—145
也说黑漆衣陶器 尉威 大葆台西汉墓出土文物研究文集 21—22
"犀比六博消长昼"——北京大葆台汉墓出土六博棋考 马立伟 大葆台西汉墓出土文物研究文集 111—120
古老神秘的棋类游戏——六博棋 韩姗姗 大葆台西汉墓出土文物研究文集 127—131
"木手杖"与汉代敬老 徐超 大葆台西汉墓出土文物研究文集 28—31
江苏徐州铁刹山出土陶虎尊刍议 李祥 文物天地 11：11—15
山西运城董家营西汉墓出土题铭陶罐 武俊华、钟龙刚 大众考古 8：70—74
试论土山屯 M147 出土温明的渊源和内涵 李祖敏 文物天地 6：52—54
湖北江陵凤凰山 M168 出土西汉"明衣裳" 张玲、彭浩 文物 6：51—64
重庆丰都东汉至蜀汉墓葬出土陶塑戴冠头像初探 王煜 江汉考古 3：90—96
河南洛阳朱仓东汉陵园遗址出土空心砖相关研究 张鸿亮 中国国家博物馆馆刊 12：34—50
宁夏海原石砚子汉墓出土的墨书陶器 王晓阳 大众考古 10：56—58
沈阳地区东汉墓随葬"长颈瓶"探源 苏鹏力 沈阳考古文集（第 8 集） 170—176
独角类镇墓兽及其相关问题研究 宾娟 南雍问道：南京大学考古专业成立 50 周年纪念文集（中卷） 1019—1033
东汉镇墓文中"解离"释读及相关问题研究 李明晓 古文字研究（第三十四辑） 513—518
制造猛兽：也论汉代墓葬艺术中的狮子 王煜 古代墓葬美术研究（第五辑） 19—33
汉晋钱树正名及相关问题研究 任攀 出土文献与古文字研究（第十辑） 303—330
辟邪摇钱树座之昆仑悬圃 徐克诚 大众考古 9：46—51
赣闽粤边区魂瓶研究 陈丽娟、钟庆禄 文物天地 11：71—80
汉晋十六国镇墓瓶的使用功能 刘卫鹏 南雍问道：南京大学考古专业成立 50 周年纪念文集（上卷） 579—596
汉唐墓葬遗存中的鼓吹乐 周杨 考古学报 3：329—352
汉代日常灯具燃料的来源与加工 刘兴林、邓雨菲 东南文化 2：114—122
美酒一樢挈何处？——樢的功能与作用小议 高启安 陇右文博 2：3—7
将军虎节与嬖大夫虎节研究 郭永秉 中国国家博物馆馆刊 8：147—159
《堂邑元寿二年要具簿》"库兵""库工""楼船士"考议 王子今 文博 2：35—40
浅析徐州博物馆藏汉代熊形文物 刘娟 文物天地 11：29—34

从洛阳出土文物略论汉代体育活动 司马昊翔、赵晓军 华夏考古 6：82—86
洛阳市考古研究院藏花钱 方莉、马毅强 洛阳考古（总第 34 期） 91—95
大同市博物馆藏连枝灯赏析 王雅玲 黄河·黄土·黄种人 22：59—61
浅谈团结文化中的柱把豆 梁会丽 沈阳考古文集（第 8 集） 150—157
"考古五粮液"成就对酒文化研究及汉代酒史考察的启示 王子今 四川文物 3：89—95
何谓锡杖——图像与文献的对比研究 李翎 敦煌研究 1：72—79
六博行棋规则研究 何一昊 中原文物 4：114—119

一一 三国两晋南北朝

"名"与"实"间的博弈——再论"晋制" 焉鹏飞 东亚文明（第 3 辑） 100—114
六朝时期建康地区的农业发展 沈志忠 南雍问道：南京大学考古专业成立 50 周年纪念文集（上卷） 500—510
信仰与艺术：六朝建康佛教文化遗存研究 潘婷 南雍问道：南京大学考古专业成立 50 周年纪念文集（中卷） 1137—1150
邺城宫城形制演进路径 郭济桥 南雍问道：南京大学考古专业成立 50 周年纪念文集（上卷） 511—520
北魏洛阳城平面复原图再探 陈建军、李德方 宿白纪念文集 247—279
西晋至北朝时期北京地区墓葬变化的考古学观察 张利芳 中原文物 4：38—44
魏晋南北朝时期穹隆顶墓室结构与牟合方盖 曲安京 西北大学学报（哲学社会科学版）5：30—38
再论两晋南朝砖室墓后壁砖柱结构 任艳 苏州文博论丛（总第 12 辑） 42—51
东吴—南朝都城及陵墓发现与研究历程 贺云翱 南雍问道：南京大学考古专业成立 50 周年纪念文集（上卷） 369—421
论孙吴宗室墓葬时空分布与孙吴政权疆域经略的内在联系 赵娜 东方考古（第 20 集） 64—80
孙吴陵墓制度新探 付龙腾 东南文化 2：123—131
苏州虎丘路新村土墩 M5"吴侯"小考 常泽宇 东南文化 4：135—139
苏州虎丘路三国大墓墓主身份再考 程义、陈秋歌 中原文物 3：104—108
西高穴、西朱村曹魏墓葬出土石楬涉及的文具组合——释"木绳叉"与"绳叉" 阎焰 故宫文物月刊 471：82—94
东晋南朝墓葬出土道教符文牌（砖）初探 左凯文、王志高 东南文化 6：93—99
安徽洞阳东吴墓出土器物意义研究 薛敏 黄河·黄土·黄种人 8：26—28
东吴骁将与巴蜀丹漆 朱然墓的文物解读 王俊 大众考古 10：66—70
魏晋墓葬出土的龙虎形陶座 程酩茜 大众考古 11：49—53
魏晋墓葬出土龙虎形陶座功能辨析 程酩茜 南雍问道：南京大学考古专业成立 50 周年纪念文集（上卷） 597—606
试论鸡形象在鸡首壶上的演变 张丹妮 文物天地 7：74—79
中古时期尸床葬研究 刘连香 中原文物 4：45—55
从新疆出土古纸中棉纤维的出现谈起 庆昭蓉 丝绸之路上的中华文明 82—135
民族交融视野下的十六国墓葬 韦正等 中原文物 4：24—37
新见十六国时期"宁西将军云中王"葬母石铭初释 杨建林、张海斌 中国国家博物馆馆刊 2：61—70
试论南朝墓葬装饰的"建康模式" 刘述孟 东南文化 2：132—139
关于丹阳南齐帝王陵墓的三点思考 王国生、阚强 淮海文博（第 3 辑） 98—105

北魏中后期纪年墓等级规制研究 刘连香 考古学报 1：19—42
北魏"畿上塞围"再议 翟飞 中国社会科学报 2月9日10版
"二分"或者"一体"——南北朝时期陵寺现象之"意义"考 焉鹏飞 古代文明（第16卷） 138—149
礼乐文化视角下北魏王朝的华夏化——以墓葬中具有音乐内容的文物为中心 周杨 故宫博物院院刊 9：28—42
北朝至隋代墓葬文化的演变 倪润安 社会科学战线 2：85—92
怀仁丹扬王墓的年代与墓主探讨 刘中伟 北方文物 2：28—38
翁滚梁墓地年代辨析 吴松岩、赵菲 草原文物 2：70—75
晋阳北齐中低级官吏土洞墓研究 武夏 边疆考古研究（第31辑） 208—224
大同北魏墓葬中的房形椁 张志忠 大众考古 6：19—27
器物、行为、观念：北魏平城尸床研究 马伯垚 边疆考古研究（第32辑） 265—282
北魏"尉迟定州墓"所见《急就篇》刻字考 郝军军 北方文物 4：90—92
司马金龙墓漆板"娙娥"小考 聂菲 出土文献与古文字研究（第十辑） 331—333
关于康业墓石棺床围屏图像中女性墓主正面画像缺失问题的探讨 邰鹏飞 黄河·黄土·黄种人 12：43—45
北齐、唐代女性盘辫发式源流研究 吕千云、赵其旺 中国国家博物馆馆刊 1：80—89
大同南郊遗址出土石雕方砚的情境化研究 张帆 故宫博物院院刊 2：55—69
唐以前三叉支垫的变迁 ［日］丹羽崇史 唐丽薇（译） 东方考古（第20集） 90—94
名古屋市博物馆藏高句丽遗址资料简论 ［日］藤井康隆 孙婉（译） 刘可维（校） 东亚文明（第3辑） 239—248
中国境内高句丽壁画墓研究 魏存成 边疆考古研究（第32辑） 230—264
室韦桦树皮文化的考古学探索 孙危等 北方文物 3：45—59
仇池国文物界定之浅见 胡永等 陇右文博 4：21—27

补遗

五凉文物史料价值举隅 朱艳桐 档案 2021年 12：27—31

一二 隋唐五代

考古所见隋唐两京郭城和宫城正门形制异同的探讨 龚国强 南雍问道:南京大学考古专业成立50周年纪念文集（中卷） 657—671
隋唐洛阳城的设计思想与形制布局 石自社 中兹神州：绚烂的唐代洛阳城 11—23
唐代长安城的空地和墙 齐东方 宿白纪念文集 280—290
百千家似围棋局 十二街如种菜畦——长安人的生活空间及生存环境 张学锋 长安—考古所见唐代生活与艺术 1—18
唐代成都罗城城垣研究的几个问题 易立 考古 3：103—113
山西岢岚城空间形态变迁研究 张薇薇、隆夔 北方民族考古（第13辑） 232—246
官河与唐代扬州城的形态格局 朱超龙 文物 4：71—79
唐风晋韵地 锦绣太原城 太原博物馆 中国文物报 4月8日4版
杨吴时期的扬州城 汪勃、王小迎 南方文物 4：183—190
河南滑县未来大道建筑基址探析 胡玉君等 共辉集：辉县考古发掘70周年暨古代文明研讨纪念文萃 250—256
隋唐洛阳含嘉仓城布局略论 霍宏伟 中原文物 5：77—82

隋唐时期仓窖储粮"窖容八千石"的考古学观察　王祖远　华夏考古 2：103—108
景德镇历代瓷窑窑炉考古发掘综述　张文江　中国古陶瓷研究（第 27 辑）：元明景德镇窑业与技术交流 137—160
从匣钵的传播看隋唐时期南北方窑业技术交流　廖汝雪　南雍问道：南京大学考古专业成立 50 周年纪念文集（下卷） 1244—1257
晋阳古城新发现瓷窑址的几个相关问题　刘岩　文物季刊 4：73—86
从考古资料看水吉建窑窑业生产　李凯　故宫博物院院刊 4：92—107
耀州窑生产作坊再观察　王星　故宫博物院院刊 2：30—43
唐长安西市遗址制骨遗存与制骨手工业　何岁利、盖旖婷　南方文物 4：139—150
隋炀帝墓的规格、形制与唐初"斟酌汉魏"制度　朱超龙　考古 6：103—111
扬州曹庄隋炀帝墓与唐初改葬问题再认识　余国江　东南文化 2：140—146
由洛阳而河北：朝阳唐墓演变试释　徐斐宏　故宫博物院院刊 9：15—27
甘肃武威唐代吐谷浑王族墓葬群殉牲习俗初探　沙琛乔等　敦煌研究 4：23—35
武威吐谷浑王族墓葬群出土文物及其习俗　张国才　中国社会科学报 12 月 1 日 6 版
唐代人面镇墓兽胡化现象原因窥探——以洛阳地区为例　左萌磊、丁东丽　洛阳考古（总第 35 期） 50—54
巩义站街唐墓 90GHM1 出土器物介绍　孙角云、郝红星　黄河·黄土·黄种人 8：6—10
巩义市鲁庄镇安头村唐墓出土文物简介　孙角云、杨丽　黄河·黄土·黄种人 18：13—15
西安地区唐墓出土铅器考　赵晶　华夏考古 6：100—106
唐代墓俑的制度与想象　林伟正　古代墓葬美术研究（第五辑） 51—80
唐墓出土的陶半身俑和陶靴履　谢明良　故宫学术季刊 40 卷 1：29—62
从西安地区唐墓出土牛俑看唐代中国对牛的利用　冯薪羽　农业考古 3：44—49
美国宾夕法尼亚大学考古学与人类学博物馆藏唐代昭陵两骏原境重构　霍宏伟　根与魂：考古学视野下不断裂中华文明研究 403—428
湖北鄂州"研董叠"铭研磨器　张倩、邰凯玮　大众考古 6：50—51
金刚座·佛足迹·菩提树像——唐代玄奘遗宝的考古发现与研究　霍巍　考古学研究（十三）（下册）：北京大学考古百年考古专业七十年论文集 472—488
牛头高一尺——唐代酒器中的"觥"　扬之水　中兹神州：绚烂的唐代洛阳城 42—46
济南地区出土唐宋执壶试析　郝素梅等　文物天地 7：60—62
试析北庭故城遗址发现的"悲田寺"刻字陶器残片　郭物　坚固万岁人民喜：刘平国刻石与西域文明学术研讨会论文集 189—199
新疆地区出土覆面研究　焦阳　考古与文物 5：78—86
从出土文物看新疆古代妇女的帔巾　阿迪力·阿布力孜　文物天地 9：55—57
藏经洞所出千佛刺绣研究　赵丰、王乐　敦煌研究 2：21—32
唐宋间墓葬图像中的散乐组合及其时代内涵　周杨　古代文明（第 16 卷） 165—194
寻觅几件唐代器物造型与图像中的西方元素　王乐庆　长安——考古所见唐代生活与艺术 19—27
从牵狮人、骑狮人到驭狮人——敦煌文殊菩萨"新样"溯源新探　葛承雍　敦煌研究 5：1—10
唐代吐鲁番居民的面饼　白伟　大众考古 2：52—54
唐代丧葬花费考　何月馨　华夏考古 1：97—104

五代社会变革下的丧葬礼俗研究 刘喆、李梅田 文物5：63—70
五代墓葬形制研究 曹永歌 中原文物2：119—127
江苏扬州邗江蔡庄五代墓墓主新考 左凯文、王志高 江汉考古1：83—88
试论后周皇陵的选址问题 朱津等 华夏考古1：89—96
前蜀永陵出土随葬品文化因素分析 韩莎 四川文物6：46—57
浅析赣州慈云寺塔瘗藏文物的纪年 钟芳华 南方文物4：80—88
渤海国建国之地与国号变迁新识 冯恩学、侯璇 北方文物1：102—112
渤海国章服制度研究 辛时代、郭威 北方文物2：95—101
东北地区唐代渤海古城遗址空间格局及影响因素分析 刘海洋等 地理科学6：1005—1014
渤海未成年人埋葬习俗研究 倩倩等 北方文物2：39—46
"宪象中国"的渤海葬制——以铅釉陶俑为中心 彭善国、张凯 边疆考古研究（第31辑）225—235
渤海釉陶新探——以日用釉陶器为中心 彭善国、张欣怡 考古与文物4：93—102
浅论靺鞨—渤海的圆形牌饰 李立志 沈阳考古文集（第8集）193—199
南诏时期"善业泥"初探 王文波 四川文物5：69—79
漫谈阿斯塔那墓地出土的月饼及相关问题 孙维国 文物天地10：43—46
青海都兰热水墓群2018血渭一号墓吐蕃化因素分析 韩建华 考古10：100—109
青海都兰热水墓群2018血渭一号墓墓主考 韩建华 中原文物1：83—90
《恶趣经》相关图像在吐蕃的发现和传播 卢素文 敦煌研究4：13—22
再论于阗八大守护神图像源流——以摩诃迦罗神、莎耶摩利神的样式为中心 陈粟裕 敦煌研究4：1—12

一三 宋至明清

深化宋代考古与文物研究 班晓悦、陈雅静 中国社会科学报11月18日2版
明确主体 发微知著——宋辽及以后考古学研究中的文献利用问题 刘毅 南开学报（哲学社会科学版）3：72—77
固原地区宋夏城址简述——以火家集城址和西安州城址为例 母雅妮、禹凤 文物天地10：6—10
试论黄泛平原古城的环形护城堤 刘天歌 中原文物6：73—80
遗产要素真实性支撑下的钓鱼城突出普遍价值论要 袁东山 中国文化遗产6：46—56
九个窑址、三个同心圆——泉州及其周边窑业 王睿 南方文物3：90—93
霍州陈村窑始烧年代及相关问题初探 于陆洋、朱鑫海 文物季刊4：87—96
两宋时期支圈覆烧法的考古学观察 于陆洋、游家皓 中国国家博物馆馆刊11：78—91
两宋陵寝制度的传承与变革 李晖达 南雍问道：南京大学考古专业成立50周年纪念文集（中卷）705—717
试论三合土浇浆墓的源流 张梦花 黄河·黄土·黄种人18：32—37
宋元时期的五音墓地 刘未 古代文明（第16卷）195—264
固原地区宋金墓葬概述 曹肖肖 文物天地10：11—13
河南宋代砖室墓的墓圹与墓道营造 王云飞 华夏考古1：105—110
尊古复礼——蓝田吕氏家族墓的墓园布局与丧葬实践 胡译文 故宫博物院院刊3：38—50
山东安丘北宋胡瑄夫妇石棺研究 杨煦、郑岩 文物8：42—58
山西壶关上好牢M1砖雕壁画墓仿木构形制及设计研究 俞莉娜等 文物4：80—96

五星入地：江苏溧阳北宋李彬夫妇墓与五星镇墓葬俗　庄程恒　古代墓葬美术研究（第五辑）　202—222
南陵铁拐宋墓随葬品及葬俗内涵探析　张梦花　黄河·黄土·黄种人 8：39—43
南宋墓葬的形态与制度　郑嘉励　他是谁：探秘兰若寺大墓 20—55
宋、金仿木砖室墓中"启门"问题再探　李永涛　苏州文博论丛（总第 12 辑）　30—33
往生之桥——宋金墓葬美术中的一个"连接"符号及其所承载的一段心史　李清泉　古代墓葬美术研究（第五辑）　119—159
浙江绍兴兰若寺宋墓仿木斗栱构件复原初步研究　李松阳等　故宫博物院院刊 7：28—47
宋辽金时期的骨朵及其功能　兰维　北方文物 2：84—94
庄浪县博物馆藏宋代陶模陶范研究　李晓斌、陈晓斌　丝绸之路 1：38—44
中华襟带 蕃汉家园——宋夏金时期固原历史文物概述　张强　文物天地 10：4—5
甘肃地区宋元墓葬悬镜现象探微　岳玲　大众考古 7：40—46
宋代松鼠水注相关问题研究　呼啸、石章　洛阳考古（总第 32 期）　71—75
北宋靖康铁钟记　宋平　文物天地 10：39—40
器以藏礼——蓝田吕氏家族墓地出土石质器物研究　武夏　中国国家博物馆馆刊 11：28—43
固原北宋时期墓葬中的孝子故事　肖婷　文物天地 10：20—23
陕甘宁地区宋至清冶铸宗教遗物所见"金火匠人"初步研究　魏文斌、朱思奇　敦煌学辑刊 3：98—118
湖州市红里山南宋韩瓶容积的实验考古学探索　王江　浙江省文物考古研究所学刊（第十二辑）　341—345
西藏阿里札达县曲龙遗址卡尔恩地点南区四号佛塔初步研究　席琳、宋瑞　西藏文物考古研究（第 4 辑）　204—219
辽宁地区辽金时期城址研究　李影　丝绸之路 1：45—48
通辽地区辽代城市遗址调查与初步研究　郭天祎、李鹏　地域文化研究 1：120—127
辽与生女真边界的考古学观察　赵里萌　中国国家博物馆馆刊 6：6—18
辽上京城的渤海因素探析　刘露露　北方文物 2：55—63
江官窑的命名及管理方式蠡测　梁振晶等　沈阳考古文集（第 8 集）　228—229
墓葬艺术的地域性：以辽代西京的丧葬文化为例　洪知希　李仪邦（译）　古代墓葬美术研究（第五辑）　106—118
试论辽墓房形木椁　蔡瑞珍　北方文物 2：64—74
辽代庆东陵形制、壁画、哀册概况及其相关问题研究　孟凡人　张长寿、陈公柔先生纪念文集　571—634
契丹火葬墓探析　刘江涛　北方文物 2：47—54
试析蔚县东坡寨壁画墓的年代　刘萨日娜、张晓东　北方文物 1：36—39
辽墓出土马镫研究　杨丫　华夏考古 4：119—126
考古材料中的辽金元茶具辨析　王春燕　农业考古 5：73—82
契丹人的炊具　谷峤　边疆考古研究（第 32 辑）　283—297
百年西夏考古的回顾与思考　杨蕤　中国社会科学报 6 月 2 日 4 版
固原博物馆藏西夏铜腰牌　徐超　文物天地 11：118—119
长城以北金代遗址所见金人生活——以房址、窖藏为例　丁腾宇　黄河·黄土·黄种人 4：33—36
晋城地区庙宇中的金代舞亭　吴寄斯　故宫博物院院刊 6：124—136
论山西金代仿木构墓葬的文化特点　姚庆　苏州文博论丛（总第 12 辑）　34—41
高平市汤王头村砖雕壁画墓结构形制研究　俞莉娜等　故宫博物院院刊 1：60—71

吉林省金代石象生墓探析 孟庆旭、李丹 北方民族考古（第13辑） 264—271
朝阳博物馆藏金代石经幢考 齐伟等 沈阳考古文集（第8集） 230—234
故宫考古视野下的元大内规划复原研究 徐斌 中国国家博物馆馆刊 11：44—64
元代汪古部砂井总管府、按打堡子故城新考 张文平 文物 8：59—66
空间的收缩？——元代景德镇陶瓷研究札记 丁雨 考古学研究（十三）（下册）：北京大学考古百年考古专业七十年论文集 559—570
浙江地区元明时期的窑炉与窑业 郝雪琳、郑建明 中国古陶瓷研究（第27辑）：元明景德镇窑业与技术交流 166—178
再论哥窑 牟宝蕾 文物春秋 5：30—40
太仓元代古船的前世今生 朱巍 大众考古 5：29—35
西藏夏鲁寺三门殿美术遗存的空间分布及其观念 贾玉平 西藏研究 3：121—129
陕西延安虎头峁元墓文化因素分析 苗轶飞 考古与文物 5：101—108
山东章丘清源大街元代壁画墓 李芳等 中国国家博物馆馆刊 6：33—43
蒙元时期河西地区的文殊信仰初探——以出土文物为中心 张海娟、胡小鹏 敦煌研究 3：123—130
威海地区明清时期的海防 周晓惠等 大众考古 9：63—74
南京城墙一处重要的控水系统 武庙闸 夏慧 大众考古 4：79—84
明代永昌卫军事防御型堡寨研究 蒽礼峰 丝绸之路 1：49—52
明长城居庸关防区军事聚落与驻军聚集特征 张玉坤等 中国文化遗产 6：91—101
山海关选址格局防御体系可视化复现探析 李哲等 中国文化遗产 3：86—93
沈阳汗王宫遗址建筑信息解读 赵晓刚 沈阳考古文集（第8集） 235—246
明初圜丘与郊祀 黄益飞 宿白纪念文集 321—332
古代江西名镇吴城会馆历史遗址文化及其当代建构 程宇昌、张家煮 南方文物 5：279—283
明清宫廷视野中的正统——天顺官窑 邹尧 故宫博物院院刊 10：76—85
景德镇明清御窑厂遗址的考古学探索与展望 翁彦俊、钟燕娣 南方文物 3：58—68
明初景德镇"官窑"之窑场性质略考 朱姗姗、韦有明 中国国家博物馆馆刊 11：92—103
故宫的古瓷窑址调查活动的特征与反思 徐华烽 考古学研究（十五）：庆祝严文明先生九十寿辰论文集（下册） 638—650
有关石湾窑制陶历史与生产的考察 万钧 故宫博物院院刊 2：81—91
辽宁北镇市小常屯窑址再辨识 徐政、刘金友 边疆考古研究（第31辑） 287—303
明清时期青砖瓦烧造中的饮窑工艺探究 张晓珑、李清临 南方文物 6：240—246
巩义后寺河流域佛教遗迹调查与研究 赵淑梅 石窟艺术研究（第六辑） 160—167
宜宾城区白酒老作坊的空间分布研究 刘睿 四川文物 3：96—106
万历朝的轮廓：从莲池观音到九莲菩萨——明慈圣皇太后的造神之路 袁怡雅、徐怡涛 文物季刊 4：117—128
凤阳明中都午门须弥座束腰石刻纹样特征分析 张金风 中国文化遗产 6：102—108
南京明代徐达家族墓葬研究——兼论花园路板仓村明墓（87BCCM1）墓主 龚巨平 根与魂：考古学视野下不断裂中华文明研究 429—436
明清墓随葬陶瓦与古代镇墓传统 杨爱国 中原文物 5：137—144

明墓所见冥途路引的考古发现与研究 周兴 宗教学研究 1：260—267
明代藩王墓内设祭现象研究 刘毅、孙怡杰 江汉考古 1：89—96
明代晋藩文物考古述略 周墨兰 大众考古 2：71—81
明末"循吏"刘文徵与麒麟木带板 袁媛 大众考古 1：53—56
明清时期重修琅琊台研究 于法霖 文物天地 6：47—51
新疆清代沙喇布鲁克卡伦遗址与察哈尔营卡伦文化 杨华、司贵珍 大众考古 12：82—84
清代伊犁锡伯营城堡的考古调查与研究 郝园林 北方文物 2：75—83
清代祖茔今犹在？山东青州石羊村嘉庆画像石墓 李亮亮、李建明 大众考古 4：75—78
邹城孟庙清代祭器研究 沈思珍 黄河·黄土·黄种人 14：19—23
济南地区清代墓葬出土的女性朝珠 柴懿、杨阳 大众考古 8：67—69
用故宫文物解读土尔扈特部东归的历史细节与意义 陶晓姗 文物天地 2：92—96
洛可可中国风在清宫的接受与转化——以"飞蛇"簪为例 白颜慈 故宫学术季刊 39 卷 3：107—168
中央民族大学藏台湾地区高山族文物流传过程考——从潘光旦致陈梦家的一封书札说起 张铭心、陈丽丽 文献 5：144—156
拉萨磨盘山关帝庙"圣德莫名"匾简释 田小兰 西藏文物考古研究（第 4 辑）35—363
礼修乐明，多士燕蒸——从丁丙致蔚也、云庄信札看同治杭州孔庙礼乐器制作 徐颖 南方文物 2：291—300

叁 考古学专论

一 甲骨文

20 世纪韩国甲骨学研究概述 李孝善 殷都学刊 3：37—45
甲骨文与民间收藏 刘玉双 甲骨文与殷商史（新十二辑）491—498
甲骨文信息化研究之路简述 王帅等 黄河·黄土·黄种人 18：16—21
"殷契文渊"甲骨文字形库的建设与思考 乔雁群 甲骨文与殷商史（新十二辑）499—515
对国图藏甲骨缀合成果的校理 胡辉平 文献 1：15—67
无名组缀合一例及相关问题 门艺 古文字研究（第三十四辑）93—98
一版甲骨新缀及相关问题研究 周忠兵 古文字研究（第三十四辑）105—111
一则新缀卜甲所见武丁时期的灾害 张军涛 古文字研究（第三十四辑）131—134
钻凿布局对于判断甲骨缀合与组类的作用 赵鹏 甲骨文与殷商史（新十二辑）72—83
午组卜辞的分类与断代新探 韩文博 殷都学刊 2：9—22
关于甲骨著录的新课题——以复旦大学所藏甲骨的整理出版为例 吕静 复旦大学文化遗产研究 285—294
从胛骨钻凿布局再谈师组、宾组、历组卜辞的关系 赵鹏 古文字研究（第三十四辑）99—104
略论殷墟甲骨的施灼与卜兆形态 刘一曼 张长寿、陈公柔先生纪念文集 125—135
试析骨臼刻辞在卜辞整理与系联中的作用 钟舒婷 甲骨文与殷商史（新十二辑）24—37
殷墟甲骨文第一期的变序句与焦点提取 曹妮、蔡英杰 甲骨文与殷商史（新十二辑）84—97
从出土坑位申论出组一类卜辞的年代上限问题 韩文博 甲骨文与殷商史（新十二辑）98—119
记一件考古出土刻辞卜骨改制的刀形骨锥 岳占伟、宋镇豪 甲骨文与殷商史（新十二辑）1—9

"先墨画龟，定其疆界"：殷墟甲骨卜兆新论 韩燕彪 南方文物 6：143—149

甲骨卜辞档案说再辨析 王小茹、赵俊杰 殷都学刊 4：16—19

燎玉祭祀的卜辞研究 王桢楠、王荣 中原文物 2：88—95

谈谈"妇某子曰某"卜辞的理解问题 姚萱 中国文字 7：75—90

嫡庶之分：论殷墟卜辞中一类特殊的亲属称谓"佮" 李聪 中国史研究 4：172—176

甲骨卜辞所见"小父"及相关文推补论 田国励 中国文字 8：247—268

殷卜辞中所见"男（任）"考 张利军 殷都学刊 2：1—8

再释花东卜辞中的剢 刘鑫 甲骨文与殷商史（新十二辑） 185—195

出组定型化成组卜辞初探 刘风华 古文字研究（第三十四辑） 75—81

帝辛十祀征夷方卜辞排谱补论 唐英杰 甲骨文与殷商史（新十二辑） 38—51

武丁卜辞"三父"补论 钟佩炘、邓飞 甲骨文与殷商史（新十二辑） 365—376

卜辞"多生"及金文"百生"考 黄明磊 甲骨文与殷商史（新十二辑） 377—386

论同贞卜辞 赵鹏 出土文献与古文字研究（第十辑） 1—37

谈谈"示屯"中的"子某" 辛悦 殷都学刊 4：9—15

甲骨金文所见"鱼族"略考 陈淑娟、曹媛媛 黄河·黄土·黄种人 6：33—35

殷墟甲骨卜辞释读三则 黄天树 古文字研究（第三十四辑） 1—4

读契札记四则 李发 古文字研究（第三十四辑） 5—12

花东甲骨一例祝辞的含义试解 王子杨 古文字研究（第三十四辑） 33—37

YH127坑甲骨干支系联研究 蔡哲茂 甲骨文与殷商史（新十二辑） 10—23

论殷墟甲骨反面刻辞对释读甲骨的重要性 胡云凤 甲骨文与殷商史（新十二辑） 62—71

读契小记三则 李辉 甲骨文与殷商史（新十二辑） 229—237

谈殷墟甲骨文中表示乐章的一组数字 赵伟 甲骨文与殷商史（新十二辑） 397—408

论商代纪年用"岁"的甲骨文证据——与周祭纪年用"祀"比较 李凤英 甲骨文与殷商史（新十二辑） 421—432

三种有关"书道"的甲骨著录文献比较与整理 展翔 甲骨文与殷商史（新十二辑） 457—465

《新甲骨文编（增订本）》校订六则 马盼盼 甲骨文与殷商史（新十二辑） 307—312

《甲骨文校释总集》宾组卜辞漏释类释文校订 闫华 甲骨文与殷商史（新十二辑） 313—328

《〈甲骨文合集〉第十三册拓本搜聚》补正 韩江苏、韩栓柱 殷都学刊 3：8—23

《甲骨文合集》6的校读 李爱辉 古文字研究（第三十四辑） 65—68

《合集》6834刮削重刻考察 张军涛 甲骨文与殷商史（新十二辑） 52—61

林泰辅《龟甲兽骨文字》抄释部分校注 项麒达 汉字文化 21：71—74

《小屯南地甲骨》研究综述 于雪、洪飏 甲骨文与殷商史（新十二辑） 477—490

《续甲骨年表》校记（1937—1944） 白小丽 甲骨文与殷商史（新十二辑） 466—476

英国国家图书馆所藏甲骨证真二十五例——兼谈早期流传甲骨伪刻的作伪特点 马尚 文献 1：68—90

关百益《殷墟文字存真》解题 [日]松丸道雄 陈逸文（译） 甲骨文与殷商史（新十二辑） 453—456

卜辞"凶"词觅踪 陈剑 中国文字 8：133—158

甲骨、金文中的"奉"读"祷"说辨析 刘云 古文字研究（第三十四辑） 19—24

释甲骨文中的"踾" 吴雪飞 江汉考古 4：123—126

论甲骨文的"收"字及相关问题 杨泽生 中国文字 8：73—92

甲骨文"男"性别词补考 邓飞、王博 殷都学刊 4：1—8

"化"字补释——兼释甲骨文中"兆"字的一种异构 孟跃龙 古文字研究（第三十四辑） 13—18

释甲骨文几个从"畀"的字 宋华强 古文字研究（第三十四辑） 25—28

释"疡"和"殇" 孙亚冰 古文字研究（第三十四辑） 29—32

试说甲骨文隶作"伮、奴"之字 吴丽婉 古文字研究（第三十四辑） 38—41

说甲骨文中奉祀的"奉"字 杨泽生 古文字研究（第三十四辑） 42—46

殷卜辞"臤"字考 张惟捷 古文字研究（第三十四辑） 47—52

释殷墟甲骨文中的"酽" 张玉金 古文字研究（第三十四辑） 53—64

"昌、名"二字本义考——兼论《诗经》"安且吉兮" 雷缙碚 古文字研究（第三十四辑） 69—74

甲骨卜辞中的祭祀对象"保" 刘影 古文字研究（第三十四辑） 82—86

释"犁"字 沈建华 甲骨文与殷商史（新十二辑） 120—130

释古文字中的"茸" 谢明文 甲骨文与殷商史（新十二辑） 138—146

释甲骨文"麋""陷"的两个异体 王晶晶 甲骨文与殷商史（新十二辑） 160—168

释甲骨文中的"叹（难）"和"堇" 纪帅 甲骨文与殷商史（新十二辑） 167—177

释读甲骨文附字 刘桓 甲骨文与殷商史（新十二辑） 131—137

释甲骨文中从"尼"之字及相关问题 连佳鹏 甲骨文与殷商史（新十二辑） 244—250

也论商代卜辞之"史" 胡其伟 甲骨文与殷商史（新十二辑） 198—215

甲骨文与楚文字合证之一例——从"戎"与"蓐"说起 侯瑞华 甲骨文与殷商史（新十二辑） 216—228

读契札记三则（释"孟"、释"？"、释"隐"） 张俊成 甲骨文与殷商史（新十二辑） 238—243

甲骨金文"婣"字新释 尉侯凯 甲骨文与殷商史（新十二辑） 251—269

金璋《象形文字研究》举例 郅晓娜 甲骨文与殷商史（新十二辑） 286—306

甲骨文"气"字补说 林沄 考古学研究（十五）：庆祝严文明先生九十寿辰论文集（下册） 578—580

甲骨文、金文"远"及相关问题 冯时 张长寿、陈公柔先生纪念文集 461—478

甲骨文"衰"（蓑）字补释 徐宝贵 出土文献与古文字研究（第十辑） 38—41

释甲骨文中的"兮"及相关诸字——兼论丏、亥系一形分化 谢明文 出土文献与古文字研究（第十辑） 42—67

甲骨文中的王权象徵符号"▽"——一个符号学阐释的例子 李双芬 甲骨文与殷商史（新十二辑） 442—452

甲骨文卜辞"戎"字之句型分析及其义项演变 张宇衡 汉学研究 40 卷 3：167—208

考释商周古文所见"智"字构形之三个问题 李艾希 中国文字 8：91—132

"爵""雀"考 石冬梅、王艺然 文物春秋 4：14—18

由"嚳""商""禼（禼、契）"构形论商祖"帝喾""契"之神话 宋亦箫 殷都学刊 1：16—29

从不对称否定看卜辞中"惠"和"惟"的词义差别 莫伯峰 古文字研究（第三十四辑） 112—118

甲骨文"天"义通考——兼"天"与"大"二字来往的商榷 郭静云 甲骨文与殷商史（新十二辑） 409—420

殷墟甲骨文有争议的几个代词研究综述 卢玉亮 殷都学刊 2：23—33

甲骨文部件"糸"的构字功能及相关问题研究 谭飞 语言研究 4：96—99

试论甲骨文是殷代正规文字的一种变体 刘源 古文字研究（第三十四辑） 87—92

甲骨文"行"非军事组织补论 赵伟 古文字研究（第三十四辑） 135—142

论时间词"昧爽"及其构词方式 董笛音 甲骨文与殷商史（新十二辑）150—159

说"敬" 谭生力 甲骨文与殷商史（新十二辑）178—184

出土文物、文献所见殷商经济思想初探 何欢 甲骨文与殷商史（新十二辑）433—441

由新见卜辞看商代"帝某"之"帝"的内涵 腾兴建 文献 1：101—111

从甲骨文看殷商时期弓的减振方式 郭光义、钱耀鹏 文博 4：50—57

甲骨卜辞所见玉器及相关问题研究 杨岐黄 文博 5：61—68

甲骨文所见天下"四方"观念 朱彦民 殷都学刊 1：4—9

卜辞"攸侯"都鄙之规划与商王朝的"体国经野" 王旭东 殷都学刊 1：10—15

从殷墟卜辞考论殷商建筑的藏礼现象 王秋萍 甲骨文与殷商史（新十二辑）387—396

商代契刻卜辞于甲骨的动因 徐义华 河南社会科学 1：14—22

商医灸焫考 冯时 中原文物 1：139—144

由《合集》29004 看商代的轮荒耕作制 陈子君 中国文字 7：203—216

试论黄组卜辞十祀征人方发生在武乙时期 王森 古文字研究（第三十四辑）126—130

殷卜辞中商王庙主问题的研究 胡辉平 相观而善集（第一辑）1—38

甲骨文敦地及相关地理研究 韩雪 相观而善集（第一辑）39—90

甲骨文"兔"与武丁时期的战争 何苗 相观而善集（第一辑）91—116

商周服制中的"男"服 查飞能 甲骨文与殷商史（新十二辑）351—364

商代夷方人名与古越语关系 陈光宇 古文字研究（第三十四辑）119—125

二 青铜器与铭文研究

综述

中国青铜时代青铜器装饰艺术的发展 张昌平 张长寿、陈公柔先生纪念文集 277—289

成物祈求或技术控制——青铜时代铸铜祭祀功能再析 杨谦 民俗研究 1：61—71

青铜器辨伪读书笔记——兼谈青铜器与金文著录的基本信息建设 陈英杰 青铜器与金文（第九辑）129—175

琅琊宝锋与服剑——古青铜剑的历史与想象 钟雅薰 故宫文物月刊 467：114—127

夏及商代

"人方沚伯"与商末"人方"的政治内涵 王旭东 甲骨文与殷商史（新十二辑）339—350

殷周史官徽识考 冯时 宿白纪念文集 191—202

商周时期的献侯 孙亚冰 甲骨文与殷商史（新十二辑）329—338

商周时代的束族 徐熠 青铜器与金文（第八辑）3—34

"子龙""子龚"器物族属考——兼论甲骨文"龙方"与豕韦氏的关系 王林 博物院 2：16—23

夏商西周时期的定量容器与基本单位量浅析 刘艳菲等 东南文化 1：121—127

黄河流域早期铜器演进初探 王璐 中原文物 1：106—115

二里头青铜乐器、舞具组合助祭初探——从镶嵌绿松石龙纹铜牌与铜铃组合谈起 高西省 文物 9：36—45

商至西周时期铜研究 王昱霖、王洋 文博 5：33—43

商周青铜把注器再辨识 井中伟、王建峰 考古 2：82—98

商周写实类动物造型青铜容器相关问题研究 于筱筝 东方考古（第19集）63—107

试论殷遗系铜器群 李宏飞 考古学报 2：149—170
酒务头墓地与"天黾獻"器群 朱凤瀚 中国国家博物馆馆刊 10：77—93
"妇闆"铭铜器群的重新整理 崎川隆 张长寿、陈公柔先生纪念文集 338—354
南方有虎 在水一方 新干商代大墓出土的伏鸟双尾青铜虎 赵蕾、陈书迁 大众考古 10：52—55
殷墟墓葬随葬青铜钺的初步研究 刘思镯 南方文物 2：226—233
试论青铜盉的归属 张懋镕 张长寿、陈公柔先生纪念文集 328—337
特殊角形兽面和牺首装饰的青铜器探论——兼论提梁华丽型的青铜卣 苏荣誉 考古学研究（十三）（上册）：北京大学考古百年考古专业七十年论文集 367—416
论倒置兽面的青铜卣和壶——青铜工艺与铸地和年代研究例 苏荣誉 张长寿、陈公柔先生纪念文集 302—327
角隅：商周铜器营造的一种方式 张翀 美术研究 1：24—29
论殷墟文化的镶嵌绿松石青铜器——从中国国家博物馆收藏的镶嵌绿松石方缶和兵器谈起 张昌平 中国国家博物馆馆刊 10：94—105
三星堆新发现"奇奇怪怪"青铜器及青铜祭坛解读 顾万发 黄河·黄土·黄种人 12：21—33
论三星堆3号坑"奇奇怪怪"附属小型青铜立人 顾万发 黄河·黄土·黄种人 4：54—55
浅谈三星堆与中原地区青铜人面具的内涵表达 成康 洛阳考古（总第33期） 36—40
《集成》所收两件亚獏父丁鼎来源辨析 孙亚冰 殷都学刊 2：47—50
记《考古图》著录的亚止尊 王祁 南方文物 6：130—136
从考古材料看编铙的社会功能 蔡园园 青铜器与金文（第九辑） 250—266
从刖人守门鼎看商周刖刑 郭洁、史雯 大众考古 2：25—31
试论青铜时代早期三足青铜酒器的祭祀内涵 李唐 考古与文物 6：103—108
三星堆铜扭头跪坐人像发式、服饰及功能的讨论 何晓歌 中华文化论坛 6：124—132
古代生活中的洁净与礼仪——从本院新入藏的商代晚期鱼纹盆谈起 张莅 故宫文物月刊 475：102—112
新干大洋洲墓出土铜镈与鸟崇拜观念 张有杰 大众考古 8：52—55
论商代几件铜钺之龟 顾万发 郑州文物考古与研究（四）（上） 482—485
虎年话虎威——铜器上的虎 田小娟、周瑞 文物天地 2：21—27
中国早期青铜礼器中的饕餮纹母题 [美]艾兰（Sarah Allan） 陶亦清等（译） 徐峰（校） 东亚文明（第3辑） 29—57
商周青铜器中"人兽母题"造型艺术演变原因分析 杨远、李迪 黄河·黄土·黄种人 16：30—33
新论九鼎之图与商周青铜器图像主题 顾万发 根与魂：考古学视野下不断裂中华文明研究 325—333
郑州商城青铜大方鼎造型与纹饰研究 艾兰、韩鼎 中原文物 1：116—123
论商代晚期一件铜方卣的图像 顾万发 郑州文物考古与研究（四）（上） 504—507
三星堆青铜立人像近东文化因素的图像学研究 肖鹰 文化艺术研究 5：23—33
三星堆铜顶尊屈身鸟足人像和中美地区柔术者形象 李新伟 四川文物 6：67—79
金文族徽兴起发展与夏商族群融合认同 雒有仓 中原文化研究 2：23—31
商周铭文与古希腊历史铭文的时间叙事辨析 魏鸿雁 殷都学刊 3：93—98
《商周青铜器铭文暨图像集成三编》释文校订 单育辰 古文字研究（第三十四辑） 221—224
殷墟邵家棚遗址出土青铜觥盖铭文初读 刘源 殷都学刊 1：1—3

作册般铜鼋铭文及其教育示范意义新释考论　彭军超　黄河·黄土·黄种人 6：27—32

释酒务头墓地铜器铭文中的"翼"　孙合肥　古文字研究（第三十四辑） 170—173

新见商末金文考释两篇　周宝宏　甲骨文与殷商史（新十二辑） 270—285

青铜器铭文考释（三则）　李零　中国国家博物馆馆刊 4：30—37

淄博市博物馆藏商代有铭铜爵　么彬　文物 1：62—64

中国国家博物馆收藏的十件商代青铜器　韩雪　中国国家博物馆馆刊 7：75—85

英伦寻金——苏格兰的中国古代青铜器收藏　胡嘉麟　博物馆学刊（第 8 集） 58—64

苏格兰的中国古代青铜器收藏　胡嘉麟、庞佳　博物院 4：80—85

西周

西周王号谥称说申论　陈英杰　古文字研究（第三十四辑） 280—289

父家与夫家：从山西横水毕姬墓谈西周贵族女性的身份构建和文化认同　孙岩　青铜器与金文（第八辑） 212—226

山东滕州庄里西遗址历年发现周代前期青铜器浅识　张东峰等　中国国家博物馆馆刊 9：61—72

试析沣西新旺村西周晚期青铜器窖藏 H2 的埋藏背景与性质　王迪　东方考古（第 20 集） 39—47

铜器视角管窥周人西北经略——基于宁夏姚河塬的考古发现　朱谨、裴书研　宁夏社会科学 2：188—194

两周至秦汉时期铜铎的考古学观察　赵凌烟　考古与文物 1：64—71

两周时期北方地区铜鍑再研究——兼谈椭方口鍑的起源　宋佳雯、邵会秋　草原文物 1：61—73

西周甬钟篆带对角"两头龙纹"定名考辨　王清雷　音乐探索 4：10—27

古代中国物质文化研究中的"物"与"人"——以西周时期柳叶形青铜短剑为例　孙岩　考古学研究（十三）（上册）：北京大学考古百年考古专业七十年论文集 417—433

论西周甬钟的年代、形制及编列　孙海宁　考古学报 3：285—304

周礼体系下青铜壶的殷礼内涵　王伯强　西部考古（第 24 辑） 129—143

周代"宴飨"铭文青铜礼器用器观念变化　赫德川　华夏考古 3：70—78

新见女性册命金文媛鼎及相关史实考论　谢乃和　史学集刊 2：77—90

分殷之器：西周初年"息"与"亚禽"族及其铜器的流散　孙明　青铜器与金文（第九辑） 23—38

应国具铭铜器研究　黄益飞　相观而善集（第一辑） 117—195

从它簋看西周早期青铜器断代　刘义峰　中国社会科学报 5 月 19 日 4 版

也谈曾公编钟与令方彝暨"康宫"原则问题　刘树满　江汉考古 4：83—87

《吴虎鼎》略考——兼讨论西周宣王时诸器　周晓陆　南雍问道：南京大学考古专业成立 50 周年纪念文集（中卷） 870—874

试论三式瘨钟的音乐学断代　王清雷　青铜器与金文（第九辑） 238—249

我簋与周夷王鲁慎公纪年　王占奎　张长寿、陈公柔先生纪念文集 404—413

令方彝、令方尊及新出土曾公𫊸编钟所见"康宫"年代质疑　李峰　张长寿、陈公柔先生纪念文集 355—372

由"曾侯"铭文铜器分组论叶家山侯级大墓的排序　张天宇　故宫博物院院刊 5：72—86

录子䑇铜甗与录国地望　王晓杰　中原文物 3：92—94

安徽金寨斑竹园出土青铜器年代及相关问题　朱华东　东南文化 3：100—105

洛阳东郊西周墓出土芮伯卣及相关问题探讨　王军花　中原文物 4：96—101

谈洛阳伊川徐阳墓地出土的两件铭文铜器　孟德会、刘余力　文博 2：69—73

略谈河北迁安出土的两件铜器 高熊、李鹏为 文物春秋 6：85—88

绛县横水 M2055 方座簋的年代及相关问刍议 牛永华 黄河·黄土·黄种人 22：22—27

官塘青铜器年代商榷 林沄 张长寿、陈公柔先生纪念文集 414—419

矢伯甗 王元黎 中国社会科学报 5 月 11 日 9 版

也谈义方彝和令方彝的年代问题 沈长云 中国社会科学报 6 月 23 日 4 版

再谈义方彝与令方彝的年代问题 沈懋镕 中国社会科学报 11 月 17 日 4 版

西周匍雁盉与邢公簋的再研究——兼评袁广阔等以铭文"丼"定王臣说 杨文山 文物春秋 6：32—36

衍簋、槐簋研究 吴镇烽 文物季刊 1：106—113

从夺簋看西周法治实践 曹玮 中国社会科学报 12 月 8 日 6 版

西周青铜农具普及状况刍议 杨冲 农业考古 3：124—127

商周牛尊的内涵及其有关问题新论——以周原新发现牛尊和花园庄 54 号墓牛尊为主 顾万发 黄河·黄土·黄种人 24：30—37

从琉璃河和叶家山出土青铜兵器看西周早期曾国与燕国的交流 李竹、陈北辰 大众考古 2：32—42

谈青铜器盆的一种自名——兼论仲阪父盆的真伪 李春桃 张长寿、陈公柔先生纪念文集 436—444

肃宁县博物馆馆藏青铜器师伯盨与中生父盙研究 尚海啸 丝绸之路 4：49—53

朝阳博物馆藏青铜兵器研究 孙阳 辽宁省博物馆馆刊（2021）103—108

朝阳县博物馆藏青铜短剑简述与认识 宋艳伟 辽宁省博物馆馆刊（2021）109—113

孔子博物馆藏"鲁中（仲）齐"青铜器赏析及相关问题研究 李涛 文物天地 5：45—50

上海博物馆藏雨父鼎札记 胡嘉麟 文物 10：78—84

泉屋博古馆所藏"螭纹三足匜"的形态及相关问题 张爱冰 南雍问道:南京大学考古专业成立 50 周年纪念文集（上卷）214—231

东北师范大学文物陈列室藏西周铜甗 张礼艳 文物 7：75—78

论青铜器垫片的装饰化——以宝鸡茹家庄[弓鱼]国墓出土青铜器为例 苏荣誉、王竑 文博 4：58—63

西周青铜器纹饰的抽象化和序列化 曹斌 文物 6：42—50

西周青铜器奔牛纹年代与性质探讨 巴哲 四川文物 5：63—68

论波士顿美术馆一件西周早期铜鼎的饕餮图像及有关问题 顾万发 郑州文物考古与研究（四）（上）641—645

西周青铜器纹饰中兽面纹与凤鸟纹的演变 曹玮 张长寿、陈公柔先生纪念文集 290—301

身份、意识与观念——西周造物设计文化嬗变的动因探究 宗立成、王娜娜 西部考古（第 24 辑）144—152

况盆铭文与周伐淮夷的史地背景 赵庆淼、周颖昳 考古 5：91—98

西周单氏《逨盘》铭文中的世系性质与宗法问题 钱杭 史林 3：1—13

从仲禹父簋铭看周代宗法 左勇 考古与文物 1：59—63

作册嗌卣铭文所见西周宗法制度与宗法实践 买梦潇 青铜器与金文（第九辑）39—51

铭文所见王后以服册命妇的礼典 贾海生 殷都学刊 1：60—64

西周册命铭文的几个方面：任命、礼物与回应 维吉尼亚·凯恩等 青铜器与金文（第九辑）297—306

同簋铭文中的地名与西周的王朝虞官层级结构 黄国伟 殷都学刊 3：62—67

伐簋铭文所见西周觐礼与西周军制考论 张亮 青铜器与金文（第九辑）52—62

大盂鼎铭文读札 吴毅强 古文字研究（第三十四辑）185—191

杨伯簋铭文考释 李春桃 古文字研究（第三十四辑） 161—165
黄河流域横水西周墓地M2055方座簋铭文小考 熊正 黄河·黄土·黄种人 22：28—30
新出曾伯壶铭文"壶章"考 宣柳 江汉考古 1：113—115
曾侯与编钟铭文"罗氎天下""营宅塑土"劄记 岳晓峰 古文字与出土文献青年学者西湖论坛（2021）论文集 17—21
"楚公逆"的年代及相关问题新探 靳健、谢尧亭 江汉考古 2：77—84
叶家山邓监簋铭文考释——兼及周初的监官制度 王子杨 江汉考古 2：131—137
不嬰簋"墨"地与《系年》"少鄂"——兼论猃狁侵周的地理问题 赵庆淼 江汉考古 5：73—78
宗人簋铭文补释 王挺斌 江汉考古 5：129—132
翼城大河口M1034所出叔骨父簋铭浅议 叶先闯 北方文物 3：79—84
翼城大河口M2002出土铜器铭文读释 黄锦前 北方文物 3：85—90
琱生簋铭"仆章土田"新探 王百川 南方文物 6：137—142
仲禹父簋铭文所见人物关系与宗法史实——兼论"南申""西申"的名号问题 赵庆淼 中国史研究 3：53—68
京师畯尊释文补正 吴镇烽 青铜器与金文（第八辑） 35—38
师旂鼎铭文新释 于靖涵 青铜器与金文（第八辑） 39—45
史惠鼎补释 李零 青铜器与金文（第九辑） 2—5
九女墩铜盘铭文校释 朱泽潇 故宫博物院院刊 4：59—66
南宫伐虎方的年代及相关问题 杜勇 殷都学刊 2：40—46
师寰簋铭"牆旂"试解 董莲池 古文字研究（第三十四辑） 143—147
射壶铭文及有关问题 黄锡全 古文字研究（第三十四辑） 151—160
晋侯对铺铭文"脂食大饭"解说 何景成 古文字研究（第三十四辑） 249—252
旬都君器铭研究 杨坤 盐业考古与古代社会研究：手工业考古·黄骅论坛——以盐业考古为中心论文集 358—363
由师卫诸器看召公南征 肖威 青铜器与金文（第八辑） 68—78
试论🕊子鼎的国别 涂白奎、黄锦前 宿白纪念文集 203—206
谈谈新见媛鼎的史料价值 谢乃和 青铜器与金文（第八辑） 50—67
椃伯盘铭文考释 谢明文 出土文献与古文字研究（第十辑） 68—76
释散氏盘中的从柚从游之字 李春桃 青铜器与金文（第八辑） 46—49
在出土文献研读过程中学习与理解汉字——以何尊为例 李守奎 简牍学与出土文献研究（第一辑） 47—67
晋侯稣钟铭文称谓研究 于靖涵 相观而善集（第一辑） 235—291
新见徐鼍尹晉簋与黄君子毁簋铭文辨伪 于淼 古文字研究（第三十四辑） 269—271
"秦夷"与"戍秦人"辨析——兼论"师西"与"师询"诸器的王年归属 赵化成 古代文明（第16卷） 79—96
西周厉王、宣王纪日铭文的区分 朱国平、黄苑 考古与文物 5：55—63
西周器铭中的殷人之礼 贾海生 中国社会科学报 6月9日4版
金文所见西周时期胡国的历史及有关问题 金正烈 张长寿、陈公柔先生纪念文集 445—460
金文所见西周都城建筑简论 严志斌 青铜器与金文（第八辑） 79—94
从"用言"到"用之"——西周春秋青铜器铭文结尾的一次变革 吴明明 青铜器与金文（第八辑） 132—159
金文"俦器"考 邬可晶 古文字与出土文献青年学者西湖论坛（2021）论文集 1—16

金文王姊、王姑考　田秋棉　故宫博物院院刊 4：51—58

金文札记二则　任家贤　古文字研究（第三十四辑） 166—169

金文剩义四则　陶曲勇　古文字研究（第三十四辑） 174—179

两周金文中的"佐助"义动词——兼论先秦汉语中的"佐助"义动词　武振玉、张馨月　古文字研究（第三十四辑） 192—198

金文丛考（五）　谢明文　古文字研究（第三十四辑） 199—204

西周金文考释五则　周宝宏　古文字研究（第三十四辑） 205—215

从金文"逆洀"论"洀""造"的并合问题　邓佩玲　古文字研究（第三十四辑） 216—220

西周春秋金文同词异字的历史层次及其所揭示的商周雅言之历时音变　叶玉英　古文字研究（第三十四辑） 225—236

西周金文"肄"字来源并谈其语法化进程——兼论"鷈""燓"二字　邓佩玲　青铜器与金文（第九辑） 6—22

金文中的"宝""保"之糅合字——兼谈从"永宝用"到"永保用"的转变　徐晓美慧　文物春秋 5：25—29

释燕国铜器克罍、克盉中的 字　马超　古文字研究（第三十四辑） 253—258

夷伯盘考释　黄锦前　文物季刊 1：114—120

释"䵼"　冯时　古文字研究（第三十四辑） 148—150

旨酒斯馨——虢国墓地青铜酒器鉴赏　张静　文物天地 1：40—47

东周

阳原县九沟村发现的东周时期青铜器群　郑滦明　草原文物 2：64—69

淮泗流域东周墓葬出土青铜器初步研究　张洁、刘艳菲　江汉考古 5：79—87

再论安徽中南部春秋青铜文化类型　朱凤瀚　张长寿、陈公柔先生纪念文集 384—403

安徽滁州章广出土春秋铜器　朱华东　文物 7：79—82

上马墓地 M13 铜器群研究　薛萍　南方文物 5：170—179

晋南出土春秋中期前青铜盘探论　苏荣誉、陈凯　晋公盘研究 154—241

晋公盘的发现　韩炳华　晋公盘研究 1—15

新见雌盘考释　张志鹏　华夏考古 1：111—115

晋公盘的器形及装饰　韩炳华　晋公盘研究 16—39

晋公盘与子仲姜盘对比研究　苏荣誉等　青铜器与金文（第九辑） 176—237

苏州博物馆藏晋公车戈小议　程义　青铜器与金文（第八辑） 95—98

新见晋荆氏妃鼎初识　王鑫　中原文物 6：107—110

曾侯乙编钟文化源流新识　刘彬徽　江汉考古 5：142—144

嬭加编钟的定名、释读及时代　李春桃、凡国栋　江汉考古 6：113—120

试论嬭加编钟的时代与曾楚关系　胡其伟　江汉考古 6：75—79

加嬭编钟及有关曾楚史事　黄锦前　简帛（第二十五辑） 1—16

从曾公㝬编钟铭文重新考虑大盂鼎和小盂鼎的年代　夏含夷（Edward L. Shaughnessy）　张长寿、陈公柔先生纪念文集 373—383

长江文明馆藏曾侯子㠱剑初探　邹秋实等　江汉考古 5：137—141

郑韩故城祭祀遗址编钟的年代及相关问题　孙海宁　华夏考古 4：97—102

浅析垣曲北白鹅墓地 M1 出土虎纹青铜罐　牛永华　陇右文博 4：15—20

北白鹅墓地出土虎纹铜罐的性质与历史意义刍议　徐良高　文物季刊 1：100—105

山东诸城都吉台墓出土贾孙叔子犀盘续考　张志鹏、张健　中原文物 5：104—107

试论"人"字形截面剑身铜短剑　毛波　南方民族考古（第二十四辑）187—196

齐陈曼簠正名及其他　杨蒙生　青铜器与金文（第八辑）125—131

泌阳县发现战国秦铜器及相关问题研究　张华　黄河·黄土·黄种人 16：34—36

东周吴越式青铜盖鼎刍议　郎剑锋　考古 2：99—110

论战国楚系墓葬铜鼎的拼凑和调整　严辉发　江汉考古 1：76—82

楚式铜升鼎研究　严辉发　边疆考古研究（第 32 辑）176—193

试论 战国秦汉间青铜乐钟形态的变革——基于青铜乐钟尺寸的统计分析　张闻捷等　根与魂：考古学视野下不断裂中华文明研究 363—374

战国彩绘铜镜探析　王亚、方辉　江汉考古 2：94—100

两湖地区出土战国透雕镜初步研究　陈楚宁、马江波　科技考古与文物保护技术（第四辑）263—271

战国秦汉时期镂空牌形首剑的再探讨　曾宇、李映福　南方民族考古（第二十四辑）197—213

战国纪年铜戈研究两则　熊贤品　考古与文物 1：113—116

东周秦汉时期巴蜀文化铜戈组合制度初探　向明文　边疆考古研究（第 31 辑）176—194

北票市博物馆藏战汉时期青铜带钩简述　裴莹等　辽宁省博物馆馆刊（2021）114—124

南阳出土战国镶嵌几何纹铜盒及相关问题　李宏庆　黄河·黄土·黄种人 8：61—62

洛阳西宫秦墓出土轨鼎定名及相关问题　谷朝旭　考古与文物 5：71—77

论中山成公墓銮铃的古物新用　王洋、王昱霖　北方文物 6：79—86

论者汈钟的年代及相关问题　孙海宁　考古与文物 3：79—86

浅论三峡地区东周时期楚式青铜剑　娄雪　科技考古与文物保护技术（第四辑）291—300

川、滇、青藏高原出土双圆饼形首短剑的初步研究　毕洋　西藏文物考古研究（第 4 辑）171—179

西藏安多县布塔雄曲 M1 出土铜钺形器的来源、用途及相关问题研究　余小洪、夏格旺堆　西藏大学学报：社会科学版 2：63—69

乌兽纹管銎戈、斧及相关问题研究　陈鹏宇　青铜器与金文（第九辑）267—294

山西侯马铸铜遗址所见仿古纹饰试析　陈小三　文物 5：56—62

赵卿墓出土镈钟的纹饰制作工艺——以散虺纹爲例　苟欢　青铜器与金文（第八辑）237—262

台美乎？——为纪念辉县发掘 70 周年而作　杭侃　共辉集：辉县考古发掘 70 周年暨古代文明研讨会纪念文萃 19—26

东周时期小口盥洗器的自名——兼论"讻"字的释读和用法　凡国栋　张长寿、陈公柔先生纪念文集 420—435

邾友父匜铭文字形释读及其发现经过　孙波、葛海洋　淮海文博（第 3 辑）47—54

晋公盘铭文及相关问题　管文韬　晋公盘研究 40—72

曾公（田求）编钟铭文补释　刘义峰　黄河·黄土·黄种人 18：25—26

曾钟三铭校释及相关问题研究　管文韬　青铜器与金文（第八辑）99—124

曾侯昃剑铭文考释　翟静雯　江汉考古 6：121—123

春秋梁国史补考三则　马立志　古文字研究（第三十四辑）290—295

廿一年陵戈考释　张志鹏　考古 8：117—120

新见禽簠铭文考释　张俊成　华夏考古 2：109—113

加媚编钟铭文研究——兼论曾国从周之方伯到楚之附庸的转变 王晖 中国史研究 1：5—20
公祭鼎铭文考释 张丽敏 中国国家博物馆馆刊 4：38—42
说北白鹅墓地"太保"——兼谈宪鼎铭文 陈光鑫 文博 1：47—51
北白鹅"大保匽中"器铭与南燕 杨博 古文字研究（第三十四辑）242—244
金文所见春秋楚地灭国遗民及相关问题 宣柳 青铜器与金文（第九辑）86—109
祖梨与"埶"字剩议 何努 黄河·黄土·黄种人 14：27—34
关于起右盘"倒置文字"产生的过程和机制 崎川隆 古文字研究（第三十四辑）272—279
沟湾遗址出土吕不韦残戈铭文补释 刘铁 文博 6：71—72
辽阳出土"和成夫人"鼎铭再考 董珊 古文字研究（第三十四辑）237—241
邓州出土二十一年禳戈考释 董珊 出土文献与古文字研究（第十辑）84—103
旧释"邰氏左"戈铭文、国别再议 周波 古文字研究（第三十四辑）263—268
南阳出土楚王戈考释 黄锦前 古文字研究（第三十四辑）245—248
战国时期巴蜀文化双戈戟形符号的考察 严志斌 四川文物 3：78—88
再论楚系"卲（昭）王之諻"器——兼谈楚王子、王孙器器主的称谓方式 李世佳 青铜器与金文（第九辑）63—74
战国中晚期魏、韩铜器的置用与斟量——从刻铭顺序说起 吴良宝 青铜器与金文（第九辑）110—125
读铭札记三则 吴良宝 古文字研究（第三十四辑）180—184
"秦子"再议 梁云 历史记忆与考古发现 128—145
之乘晨钟命名及自名研究 李琦 出土文献与古文字研究（第十辑）77—83
读金札记二则 李琦 简帛（第二十四辑）1—5
魏文侯、武侯时期魏国有铭兵器考察 吴良宝 简帛（第二十四辑）15—23
也说子犯编钟的"夨"字 田国励 青铜器与金文（第九辑）75—85
楚沈尹氏铜器两种考释 黄锦前 文物春秋 5：21—24
复旦大学博物馆藏一批春秋铜器 麻赛萍 文物 10：85—90
新乡市博物馆春秋战国青铜器赏鉴 饶胜 黄河·黄土·黄种人 22：55—58

秦汉及以后

仿作伪作青铜器简史 王沛姬 相观而善集（第一辑）196—234
汉唐时期铜鐎斗与服食养生之风 崔始彤 黄河·黄土·黄种人 20：38—43
安徽望江唐"建元元年"八卦铭文镜 褚非为 大众考古 1：57—62
南昌汉代海昏侯国遗址博物馆藏西汉铜镜 周博、王小琴 文物 3：85—87
海昏侯墓出土肖形铜器的艺术特点与审美思想管窥 卢世主、钟宇声 南方文物 2：93—101
从地域文化视角看汉代青铜灯具价值——以西汉长信宫灯与西汉羽纹铜凤灯为例 尚元博 黄河·黄土·黄种人 12：46—48
说枕——从北京大葆台汉墓出土铜龙头枕说 陈海霖 大葆台西汉墓出土文物研究文集 44—48
浅谈北京大葆台汉墓出土箭镞 张晨 大葆台西汉墓出土文物研究文集 150—155
北京大葆台汉墓出土铜镜 韩姗姗 大葆台西汉墓出土文物研究文集 37—39
辟邪镇宅 叩响千古——馆藏珍品鎏金铜铺首 匡缨 大葆台西汉墓出土文物研究文集 23—27
山西汉代墓葬出土铜镜的考古学观察 郭智勇、赵梅 黄河·黄土·黄种人 10：40—46

北京出土汉晋时期铜镜概说 孙勐 博物院 2：32—40

徐州汉墓出土铜鼎及相关问题研究 周亮 文物天地 10：88—92

西汉铜灯自名"锭"补说 赵堉燊 简帛（第二十五辑） 176—184

乐府琴轸钥及相关问题 吴镇烽 文博 3：41—46

馆藏铜镜传世品研究中时空要素考察举隅 霍宏伟 博物院 6：59—66

防陵汉墓出土的东汉铜马及车马具 于素敏 文物春秋 4：74—78

孔子博物馆藏"汉元和二年"铭五供初探 张晓文 文物天地 5：54—58

铜奔马与中国国家形象构塑的历史考察 史勇 陇右文博 1：59—64

云贵高原出土汉代铜钟研究 杨勇 考古 9：85—96

滑稽、阳燧樽、温酒樽与上尊酒 钱耀鹏、卫雪 文物 10：68—77

徐州博物馆藏汉代铭文铜镜选介及研究 仇文华 文物天地 11：46—50

四方福佑——浅谈四神纹铜镜的发展过程及艺术特点 王小文 河南博物院院刊（第 6 辑） 52—59

三角缘神兽镜再检讨：从金石学、以物证史到历史考古学 徐坚 学术月刊 3：193—200

鍮石再考：南北朝响铜及其源流 张琨林 故宫学术季刊 39 卷 4：1—71

唐宋之际铜镜构图形式的演变研究 谭骁 洛阳考古（总第 34 期） 22—30

洛阳伊川大庄唐墓出土铜镜年代及反映的文化交流 王敏凤 中原文物 4：126—130

河北出土唐代铜镜研究 夏素颖 文物春秋 6：37—52

"黑石号"江心镜为唐伪作镜考 贺逸云、沈睿文 考古学研究（十三）（下册）：北京大学考古百年考古专业七十年
　　论文集 489—502

河南博物院藏八方星座铜镜再考 孙语崎 中原文物 6：116—119

当时铜器正流行——院藏仲驹父兽面纹甗的制作脉络 吴晓筠 故宫文物月刊 476：110—121

中国国家博物馆藏鼎形铜镜的年代与性质 霍宏伟 中国国家博物馆馆刊 7：86—99

建平博物馆藏金代铜镜 张微 辽宁省博物馆馆刊（2021） 132—138

浅析元明清准提镜之功用——从国立故宫博物院藏准提镜谈起 雷天宇 故宫文物月刊 473：110—116

明正德三年守陵官员铸铜钟考 王申 博物院 2：41—48

崆峒区出土的两件明代青铜器 牛文楷等 陇右文博 1：48—52

甘肃平凉出土两件明代青铜器及相关问题 牛文楷、王丽蓉 文物天地 10：50—53

明宣德庐陵广福寺铜钟考 邱雅沛 文物天地 9：122—123

西汉日光大明草叶纹铜镜纹饰及其铭文研究——以山东出土的部分铜镜为例 昝金国 南方文物 1：194—198

海昏侯墓出土钟虡的表面装饰工艺初探 恽小钢、尹航 文物天地 5：130—134

东汉连弧纹镜相关问题研究 韩茗 考古与文物 4：78—87

汉镜"宜酒""幸酒""纵酒"铭文 焦姣 文博 3：62—67

汉镜铭讹混字研究 焦英杰、徐正考 古文字研究（第三十四辑） 544—550

《千石藏镜》所收汉镜铭文校释 刘海宇 青铜器与金文（第八辑） 265—274

武汉博物馆藏东汉《硕人》镜校读一则 萧毅 古文字研究（第三十四辑） 539—543

浙江出土东汉三国镜铭选释 鹏宇 古文字与出土文献青年学者西湖论坛（2021）论文集 52—59

山东邾国故城新莽铜度量衡器铭文的制作方式 史本恒等 四川文物 4：77—87

铜镜铭文"其师命长"释义 李斌 文物春秋 2：43—45
甘肃省庄浪县出土隋代虎符铭文考释 王丽蓉、张海宏 黄河·黄土·黄种人 18：47—50
关于唐代道教镜的年代问题 陈灿平 中原文物 5：114—120
瓯骆之风——广东省博物馆新藏之青铜器举例 焦大明 文物天地 2：62—73
郑州唐墓出土铜镜 张文霞 郑州文物考古与研究（四）（下） 1284—1293
三门峡出土唐代铜镜精选（上）（下） 郑立超、郝红星 郑州文物考古与研究（四）（下） 1294—1302、1303—1310
淮南市博物馆藏宋辽金铜镜 陶治强 黄河·黄土·黄种人 12：63—65
固原博物馆藏宋金铜镜精品鉴赏 马彩虹 文物天地 10：27—32

补遗
湖南省博物馆藏舞蹈人物青铜俑身份与功能 邹钰 浙江艺术职业学院学报 2021 年 4：109—116

其他古文字研究
"仓颉造字"传说与"刻画符号"之谜 蔡运章 洛阳考古（总第 32 期） 10—21
河南早期刻画符号与文字起源研究 李彦英 黄河·黄土·黄种人 12：18—20
补论上古汉语中"有"的一种虚词用法 谢明文 青铜器与金文（第八辑） 160—164
汝州洪山庙"刻画符号"与"图画文字"略论——为纪念仰韶文化发现 100 周年而作 蔡运章、赵晓军 洛阳考古
（总第 32 期） 22—31
良渚文化两则陶器"符号"解诂 蔡运章、赵晓军 洛阳考古（总第 32 期） 32—35
陶寺古城与纪事文字 蔡运章 洛阳考古（总第 32 期） 44—48
哈佛大学藏良渚文化陶壶上的纪事文字 蔡运章、蔡中华 洛阳考古（总第 32 期） 36—39
小河沿文化陶罐"图画文字"解读 蔡运章 洛阳考古（总第 32 期） 40—43
二里头"刻画符号"与物象文字 蔡运章、赵晓军 洛阳考古（总第 32 期） 49—54
文王玉环"㝮人"补议 陈絜 古文字研究（第三十四辑） 498—500
"休月"小考 张振谦 古文字研究（第三十四辑） 529—532
释邿国陶文的"肰"字 侯乃峰 古文字研究（第三十四辑） 519—523
谈新发现的一类纪年燕陶文 杨烁 文物春秋 2：40—42
燕侯朕磬铭文补说 马超 简帛（第二十四辑） 7—14
新见齐国石磬铭文考论 曹锦炎 古文字研究（第三十四辑） 504—512
楚文字讹混现象举隅 方翔 文物春秋 2：35—39
战国秦"公"字题铭小议 耿庆刚 西部考古（第 24 辑） 153—162
说左冢漆盘的"圣裕" 程少轩 古文字研究（第三十四辑） 551—553
新疆喀什阿帕克和卓麻扎门楼上的波斯语诗歌铭文释读 王一丹 坚固万岁人民喜：刘平国刻石与西域文明学术研
讨会论文集 392—407

三 简牍、帛书、文书、写本

综论
2018—2020 年日本学界中国出土简帛研究概述（上）［日］草野友子 简帛（第二十四辑） 259—270
2021 年中国大陆战国出土文献研究概述 何有祖等 简帛（第二十五辑） 271—293

韩国附札木简与中国简牍的变迁　贾丽英　中国社会科学报　1月28日5版
牍与章：早期短章文本形成的物质背景　徐建委　文献1：123—138
读简丛札　蔡伟　出土文献与古文字研究（第十辑）　159—218
从历史词汇学看简帛出土文献词汇训释——以"殹"为例　龙国富　简牍学与出土文献研究（第一辑）　68—83
出土简牍所见人名研究综述　蔡章丽、黄艳萍　简牍学研究（第十一辑）　191—203
战国秦汉简帛所见的文献校理与典籍文明　杨博　中国社会科学9：183—203

战国简

《楚地出土战国简册合集》第三、四册读札　李松儒　古文字研究（第三十四辑）　400—403
据战国竹简校释《荀子·劝学》之"流鱼"及相关问题　吴昊亭　简帛（第二十五辑）　87—92
《诗》简读札三则　陈晨　简帛（第二十五辑）　93—102
从出土《诗经》简看经典传播中的若干问题　胡平生　简牍学与出土文献研究（第一辑）　1—16
楚简"戋"字补释　唐佳、肖毅　简帛（第二十五辑）　27—50
谈楚简中两个"卯"声字的读法　王凯博　简帛（第二十五辑）　51—54
从战国楚简看文字的隶变　盛郁龙　古文字与出土文献青年学者西湖论坛（2021）论文集138—146
说战国文字"鼠"字的来源　石小力　古文字研究（第三十四辑）　404—407
包山楚简文字释读剩义　刘国胜、刘松清　江汉考古3：121—124
战国楚简公文书人名记写形式论议——兼与秦简记名的比较　张淑一、明镜　史学集刊2：91—98
包山楚简的简背划线及相关简序调整　刘松清　简帛（第二十四辑）　59—70
郭店简《老子》释读一则　张富海　古文字研究（第三十四辑）　303—307
郭店简《唐虞之道》"溥"字考释——兼论上博简《凡物流形》和天星观卜筮简的"系"字　李芳梅、刘洪涛　简帛（第二十五辑）　17—26
楚简《五行》"埶"字异构试释　孟蓬生　古文字研究（第三十四辑）　408—413
《性自命出》"古乐龙心，益乐龙指"解　黄杰　古文字研究（第三十四辑）　314—319
郭店简《六德》"宜穎弁而幽"新诠　范常喜　古文字研究（第三十四辑）　296—302
"槁木三年，不必为邦羿"新解　王志平　古文字研究（第三十四辑）　308—313
谈清华简《祭公》《邦家处位》中的"逐"字　张飞　文物春秋3：33—36
清华简《楚居》"徙居/袭X鄀"解　黄锦前　学术界10：95—102
从清华简《系年》论两周之际局势变迁　李贝贝　四川文物2：51—63
清华简《系年》所载"录子耿"及相关史事考　王红亮　殷都学刊3：46—53
清华简《系年》"周亡王九年"及相关史实分析　闫付海　郑州文物考古与研究（四）（上）　864—883
清华简《系年》的"少鄂"不在乡宁而在南阳　沈载勋　苏东燮（译）　张长寿、陈公柔先生纪念文集　635—650
清华简《系年》所涉"京师"地望辨析　吕亚虎　宁夏大学学报（人文社会科学版）3：11—21
清华简《尃敚之命》的几个疑难问题　黄冠云　古文字研究（第三十四辑）　358—363
清华简《芮良夫毖》"獨憧"补苴　鞠焕文　古文字研究（第三十四辑）　372—374
《芮良夫毖》"莫之扶？"解　马晓稳　古文字研究（第三十四辑）　392—393
再谈清华简《良臣》、《子产》的人名——"蔑明"　苏建洲　中国文字8：15—29
清华简《赤鹄之集汤之屋》所见古史传说　阮明套　中国史研究3：69—85

清华简《封许之命》所载赏赐物略考 何晓歌 江汉考古 4：127—134

清华大学藏楚简《厚父》与《说命》新证 连劭名 文物春秋 2：25—34

清华简《厚父》疑难字词考释与全篇内容解读 范丽梅 汉学研究 40 卷 3：209—250

先秦古书源流的二重证据研究试探——以清华简《厚父》与传世经籍的关系为例 郭永秉 中国文化研究 3：2—11

清华简《晋文公入于晋》校释拾遗 魏栋 古文字研究（第三十四辑） 386—391

从清华简《赵简子》篇谈赵简子的职与责 袁证 简帛（第二十五辑） 55—66

清华简（七）字词解诂二则 孔德超 考古与文物 3：117—120

清华简《摄命》字词补论 吴毅强 古文字与出土文献青年学者西湖论坛（2021）论文集 82—90

清华《治邦之道》简 6 "卉木百榖" 段字词柬释 许文献 中国文字 7：113—134

清华简《八气五味五祀五行之属》释读札记 庞壮城 中国文字 8：31—48

清华九《廼命一》简 10-11 "用个勉廼身" 段释义——兼解句中 "廼（乃）" 字的回指用法 季旭昇 中国文字 8：1—13

清华简九《祷辞》与葛陵楚简之 "丘" 熊贤品 简牍学研究（第十一辑） 1—11

《清华九》研读札记 刘传宾 古文字研究（第三十四辑） 380—385

清华简《四告》中一字形对应多词现象探析 赵国华 殷都学刊 1：85—89

清华简《四告》考释三则——"㝅"、"盍"、"郯" 苏建洲 中国文字 7：91—111

清华简《四告》"不卒纯" 解 蒋文 古文字研究（第三十四辑） 369—371

清华拾《四告》释文商榷 单育辰 简帛（第二十四辑） 33—43

从文字形体的角度看清华简《四告》的书手和底本 于梦欣 中国文字 7：217—248

"司慎" 考——兼及《四告》"受命" "天丁" "辟子" 的解释及相关问题 赵平安 简帛（第二十四辑） 25—31

关于清华简《四时》"征风" 等词的训释 沈培 古文字研究（第三十四辑） 394—399

谈清华十《四时》《司岁》《病方》的制作与书写 李松儒 古文字与出土文献青年学者西湖论坛（2021）论文集 67—81

与清华简《五纪》相关的两个字词问题："蠲" 与 "统" 陈剑 中国文字 7：51—74

清华简《五纪》训释杂说 刘钊、李聪 简牍学与出土文献研究（第一辑） 34—46

清华简《五纪》的 "簸扬于箕" 与 "外" 声字的唇喉通转现象 贾连翔 古文字研究（第三十四辑） 364—368

清华简《五纪》揭秘大禾方鼎真相 王志翔 中国社会科学报 2 月 23 日 10 版

清华简《五纪》中的二十八宿初探 石小力 古文字与出土文献青年学者西湖论坛（2021）论文集 60—66

清华简《参不韦》概述 石小力 文物 9：52—55

清华简《参不韦》所见早期官制初探 马楠 文物 9：56—58

清华简《参不韦》的祷祀及有关思想问题 贾连翔 文物 9：59—63

清华简《参不韦》中的夏代史事 程浩 文物 9：64—67

从新出清华简资料看《说文》古文的来源 郭永秉 古文字与出土文献青年学者西湖论坛（2021）论文集 117—128

清华简释读短札二则 陈伟武 古文字研究（第三十四辑） 356—357

清华简字词考释两则——"穗" 与 "芳" 苏建洲 古文字研究（第三十四辑） 375—379

试论清华简书手的职与能 肖芸晓 简帛（第二十五辑） 67—85

上博简《容城氏》"柔三十夷" 之 "柔" 字试释 张新俊 古文字研究（第三十四辑） 346—351

上博简《容成氏》札记　彭裕商　张长寿、陈公柔先生纪念文集 651—657

上博简《内礼》篇"冠不力"重释　段凯　古文字与出土文献青年学者西湖论坛（2021）论文集 91—99

从上博简《孔子见季桓子》看楚文字中的"草化"现象　田炜　古文字与出土文献青年学者西湖论坛（2021）论文集 129—137

重读《上博五·融师有成》　季旭升　古文字研究（第三十四辑） 342—345

上博简《郑子家丧》所反映的春秋时代刑余罪人丧葬仪式　徐渊　中国文字 8：201—214

《上博八·兰赋》释读及赏析　季旭升　中国文字 7：37—49

说上博九《举治王天下》的"首丩旨身鮨鰭"　杨奉联　古文字与出土文献青年学者西湖论坛（2021）论文集 100—102

《上博简》残漶字校读四则　张荣辉　中国文字 7：181—201

安大简与毛诗《卷耳》"永"与"不永"异文再探　骆珍伊　中国文字 7：153—179

安大简《诗经》"怀（褱）"字及相关诸字　洪飏、于雪　古文字研究（第三十四辑） 329—332

从安大简《诗经》与《毛诗》的用字比对来看诗的整理过程　魏慈德　古文字研究（第三十四辑） 333—338

安大简《君子偕老》与《毛诗》本对读　顾史考　古文字研究（第三十四辑） 320—328

论安大简《仲尼曰》的性质与编纂　陈民镇　中国文化研究 4：58—72

从安大简《仲尼曰》谈孔子语录类文本的相关问题　周翔　中国文化研究 4：73—81

安徽大学藏战国竹简《仲尼》篇初探　徐在国、顾王乐　文物 3：75—79

据安徽大学藏战国竹简《曹沫之陈》谈上博简相关简文的编联　李鹏辉　文物 3：80—84

《缁衣》文本的生成及其作者问题　陈兹　北方论丛 6：68—80

楚竹书《吴命》与周人"大姬"饰辞　张淑一　社会科学 1：169—174

楚竹书《吴命》再缀连兼谈吴楚与陈国的关系　黄爱梅　社会科学 2：170—175

湖北云梦郑家湖墓地 M274 出土"赖臣笷西问秦王"觚　李天虹等　文物 3：64—74

《复》卦卦义再论　马明宗　古文字与出土文献青年学者西湖论坛（2021）论文集 164—169

《荀子·劝学》"错简"问题申论　刘刚　古文字与出土文献青年学者西湖论坛（2021）论文集 170—174

古书"视民如伤"用字流变与古训探析　陈梦兮　古文字与出土文献青年学者西湖论坛（2021）论文集 192—197

竹书、金文所见古盐事杂说　杨坤　盐业考古与古代社会研究：手工业考古·黄骅论坛——以盐业考古为中心论文集 364—373

战国楚简人名与先秦古史新知　张淑一　中国社会科学报 3月29日6版

战国秦汉文字中"俞"声字读为"降"补论　袁莹　古文字研究（第三十四辑）

战国竹书字义零札两则　陈剑　出土文献与古文字研究（第十辑） 104—125

出土《诗经》文献所见异文选释　邬可晶　出土文献与古文字研究（第十辑） 137—158

严仓遣册简中的"狗子之幹"　罗小华　考古与文物 4：114—116

楚简从屯、毛、丰、屮之字辨析　张峰　江汉考古 1：116—121

楚简拾零四则　朱晓雪　江汉考古 2：138—139

楚简"裛"字补释　俞绍宏　古文字研究（第三十四辑） 424—429

说"昏"　孙刚、李瑶　古文字研究（第三十四辑） 558—564

楚文字"层"与楚月名"刑尿"考　王贵元　简牍学与出土文献研究（第一辑） 165—171

楚文字中的"臼" 肖攀 古文字研究（第三十四辑） 430—435

清华简字词散记四则 蔡一峰 简帛（第二十四辑） 45—51

谈谈楚文字中用为"规"的"夬"字异体——兼说篆隶"规"字的来源 程浩 古文字研究（第三十四辑） 352—355

说楚简中两个"知"的用法 薛培武 简帛（第二十四辑） 53—58

秦简

简牍所见秦汉死事律令研究 李婧嵘 简帛（第二十五辑） 151—165

简牍所见秦及汉初犯罪后逃亡刑罚适用规则解析 丁义娟 简帛（第二十五辑） 167—176

秦汉简牍所见司法检验制度探微 吴淏 简帛（第二十四辑） 169—185

"身易至重"：简牍所见秦汉时期的健康理念 张继刚 西北师大学报（社会科学版）1：20—29

读秦汉简帛医书札记（三则） 广濑薰雄 出土文献与古文字研究（第十辑） 247—254

秦汉简牍研读札记 李洪财 古文字研究（第三十四辑） 441—444

从秦汉简牍到吐鲁番文献——以"临坐""事""臧钱"训释为例 王启涛 简牍学与出土文献研究（第一辑） 84—104

秦简所见"廥""仓""实官"考辨 刘鹏 简帛（第二十四辑） 97—105

秦汉简帛文字续释 王挺斌 简帛（第二十四辑） 163—167

简帛"朵"字释义小议 肖晓晖 古文字研究（第三十四辑） 419—423

秦简田啬夫新解 赵斌 简帛（第二十五辑） 133—142

释秦汉简牍中的"幎"字 朱国雷 简帛（第二十五辑） 143—149

放马滩秦简"丞赤敢谒御史"发微 蔡旭 敦煌研究 6：143—149

里耶秦简残简新缀（五则） 何有祖 中国国家博物馆馆刊 6：45—53

从出土形态看里耶秦简的性质及其埋藏过程 刘自稳 简牍学研究（第十一辑） 12—33

读《里耶秦简（贰）》札记 何有祖、吴桑 简帛（第二十四辑） 81—90

里耶"垦草"简与秦"垦草令"相关问题研究 董飞 简帛（第二十五辑） 123—131

秦制在新地的展开——以简牍为考察中心 周海锋 中国文化研究 3：22—38

秦汉法律简牍中的父子关系 洪倩倩 黄河·黄土·黄种人 12：52—53

秦简所见餟祭及其相关问题 张小虎 江汉考古 3：125—129

新见简牍与秦至西汉早期的傅籍制度 陈伟 中央研究院历史语言研究所集刊 93—4：705—728

秦汉简帛韵文新释（八则） 杨鹏桦 中国文字 8：231—245

"命"与乐人的身份认定及行政运作机制——以出土秦汉简牍文献为中心的讨论 李立、谢伟 中原文化研究 3：77—85

岳麓简中的江胡郡与秦代江东的地域整合 郑威、李威霖 江汉考古 6：88—93

"盗未有取吏赇瀺戍律令"重考——兼论岳麓秦简《为狱等状四种》案例一对立法的影响 陶安 出土文献与古文字研究（第十辑） 219—237

《岳麓秦简（肆）》词语解诂（四则） 孔德超 古文字与出土文献青年学者西湖论坛（2021）论文集 103—111

史迁不采《秦记》始皇诏书说——也说岳麓秦简《秦始皇禁伐湘山树木诏》 胡平生 简帛（第二十五辑） 103—111

秦代县官田管理——以岳麓秦简《县官田令》为中心 苑苑 农业考古 3：78—83

《岳麓书院藏秦简（柒）》中所见秦代官府建筑材料研究 谢伟斌 简帛（第二十五辑） 113—121

读岳麓秦简札记二则 乔志鑫 简帛（第二十四辑） 71—79

《龙岗秦简》补释一则 李志文 简帛（第二十四辑） 91—96

汉简

敦煌汉简与简牍学的产生及新发展 常燕娜 丝绸之路 2：28—31

2020年中国大陆秦汉魏晋简牍研究概述 鲁家亮、杨文 简帛（第二十四辑） 271—300

汉简整理中有关音形相近字混用现象的处理问题 李洪财 简帛（第二十四辑） 151—161

汉简所见酒泉郡的里名与姓氏 袁延胜 根与魂：考古学视野下不断裂中华文明研究 375—382

汉代诏书简长度及形制补议 孙梓辛 简帛（第二十五辑） 257—270

汉简中的玉门都尉和玉门关 张德芳 丝绸之路上的中华文明 1—33

从出土简牍看如淳"三辅尤异"说之讹——兼谈汉代仕进制度中的两种"尤异" 李迎春 西北师大学报（社会科学版）1：10—19

汉简零拾（二则） 乐游（刘钊） 古文字研究（第三十四辑） 445—451

汉简牍《苍颉篇》校读零札 张传官 古文字研究（第三十四辑） 467—470

西北汉简书写讹误现象考察 白军鹏 古文字研究（第三十四辑） 476—484

释简帛医书方名"治……方"中的"治"——兼论句首语气助词"治"的来源 张显成 古文字研究（第三十四辑） 485—497

居延"塊沙"简文释义 王子今 西北师大学报（社会科学版）1：5—9

再论汉代出入关符的制作、左右与使用——从居延汉简65.9、65.10合符谈起 石昇烜 中央研究院历史语言研究所集刊 93-1：71—162

深圳博物馆获赠商承祚旧藏居延汉简赏析 罗晶晶 文物天地 11：100—103

肩水金关汉简人名考析（六题） 魏宜辉 古文字研究（第三十四辑） 456—460

居延简中的《说文》未收字 简牍学与出土文献研究（第一辑） 105—117

《居延汉简》中新发现的几条《苍颉篇》残简 魏德胜 简牍学与出土文献研究（第一辑） 118—126

从居延汉简看西大湾城的形成与功能 马楚婕、杨伟兵 简帛（第二十五辑） 237—248

《肩水金关汉简》所见女性史料研究 姚磊 敦煌研究 6：134—142

武威仪礼简甲本《服传》"赞楄柱楘"解——兼考"倚庐" 田河 简牍学与出土文献研究（第一辑） 206—213

斯坦因所获敦煌汉简再整理 张俊民 简牍学与出土文献研究（第一辑） 143—155

读《悬泉汉简（贰）》札记四则 韩亦杰 文物春秋 6：53—57

悬泉汉简日书《死吉凶》补述 马智全 简帛（第二十四辑） 139—147

尹湾汉简《神乌傅（赋）》校释 任攀 出土文献与古文字研究（第十辑） 293—302

释马王堆汉墓遣策中的量词"括" 王强 古文字研究（第三十四辑） 461—466

湖北江陵张家山 M336 出土西汉竹简概述 郝勤建、彭浩 文物 9：68—75

说张家山汉墓竹简《引书》中的"呴" 毛祖志 华夏考古 5：122—128

从出土汉简看两汉时期对北部边疆的有效管理——汉简中的乐浪郡 张德芳 简牍学与出土文献研究（第一辑） 126—142

银雀山汉墓竹简重新整理释字 王辉 江汉考古 5：133—136

也说北京大葆台汉墓出竹简 陈海霖 大葆台西汉墓出土文物研究文集 49—52
读阜阳汉简《万物》札记三则 方勇 古文字研究（第三十四辑） 452—455
睡虎地汉简《葬律》与西汉列侯墓葬制度 刘振东 华夏考古 3：79—83
银雀山汉墓竹简《三十时》字词补释三则 石从斌 简帛（第二十四辑） 131—137
长沙走马楼西汉简整理与研究的新进展 陈松长、陈湘圆 中国史研究动态 1：45—52
长沙走马楼西汉简《卯劾僮诈为书案》所见"将田""部""大农田"考察 杨芬、宋少华 简帛（第二十五辑） 227—235
胡家草场西汉简牍研读 周波 出土文献与古文字研究（第十辑） 283—292
胡家草场汉简《岁纪》中的朔日改置与朔日日食禁忌 范鹏伟 简帛（第二十五辑） 205—219
荆州胡家草场汉简《岁纪》研究 袁延胜 中原文化研究 3：86—95
胡家草场汉简《朝律》所见"中二千石"及其相关问题 周波 出土文献与古文字研究（第十辑） 266—282
胡家草场汉简《诘咎》"冶人"条补议 范常喜 古文字与出土文献青年学者西湖论坛（2021）论文集 112—116
虎溪山汉简《食方》中所见植物杂识 韩亦杰 中国文字 7：249—261
虎溪山汉简《食方》字词零札 陈宁 简帛（第二十五辑） 185—194
虎溪山汉简《阎昭》小札 宋华强 简帛（第二十四辑） 149—150
老官山汉简《医马书》简 27 字词考释 袁开惠、赵怀舟 简帛（第二十五辑） 195—203
西汉海昏侯刘贺墓出土宗庙"仪"类文献初探 田天 文物 6：65—67
海昏侯墓汉简《诗经》目录异文札记 孙兴金 简帛（第二十五辑） 221—226
海昏《诗经》注释与毛传、郑笺对读琐记 王辉 古文字研究（第三十四辑） 471—475
从西汉海昏侯刘贺墓出土竹书看《孝经》今古文问题 何晋 文物 6：68—74
"与点"究何因——海昏简《论语》献疑 胡宁 中国文化研究 3：12—21
五一广场东汉简"吴请等盗发冢案"文书考释 刘同川 简帛（第二十五辑） 249—255
北大汉简《周驯》讹字及相关问题检讨 林清源 汉学研究 40 卷 4：289—315
也说北大简《苍颉篇》的"镜箭" 张生汉 简牍学与出土文献研究（第一辑） 174—180
从"衣物简"到衣物疏——遣策与西汉的丧葬礼仪 田天 古代墓葬美术研究（第五辑） 1—18
说叉——兼谈衣物疏几种发饰 陈美兰 古文字研究（第三十四辑） 582—589
"悔""悔"字际关系说略 王志平 简牍学与出土文献研究（第一辑） 181—205

三国简·唐简

长沙走马楼三国吴简《竹木牍》内容综述 王素、宋少华 文物 12：58—65
长沙走马楼三国吴简《竹木牍》所见疾疫与医疗文书探论 邬文玲 文物 12：66—73
长沙走马楼三国吴简《竹木牍》所见财政年度 张荣强 文物 12：74—80
浅议井窖出土简牍的二重属性 张忠炜 中国史研究 2：200—204
走马楼吴简中所见"鱼贾米""池贾米""攻捕米"试释 赵义鑫 农业考古 1：39—44
"蒣米"与"蒣席" 罗小华、伊强 简帛（第二十四辑） 199—203
走马楼吴简中所见的诸卒 凌文超 简帛（第二十四辑） 205—221
走马楼吴简安成县州郡县吏田簿及相关问题 熊曲 简帛（第二十四辑） 223—239
湖北鄂州郭家塆（前郭）M1 出土衣物疏牍初步整理 汪雪 简帛（第二十四辑） 187—198

浸没的家产——中国国家图书馆藏于阗语案牍 BH4-68 研究　段晴　坚固万岁人民喜：刘平国刻石与西域文明学术研讨会论文集　362—372

帛书·文书

何谓丹书　关小彬　中国社会科学报　6 月 15 日 9 版

楚帛书甲篇第一章新诠　邬可晶　古文字研究（第三十四辑）　414—418

说《五十二病方》的"弁"——兼论关于疥螨的最早记载　晁福林　简帛（第二十四辑）　117—123

说帛书《经法》"匿正"　杜新宇　简帛（第二十四辑）　125—130

墨宝浓香千年久，经典教化万世长　新疆发现的汉文文书及对西域的影响　周宁　大众考古 3：62—64

丧葬文书所见神祇研究综述　易丹　黄河·黄土·黄种人 16：37—39

假守异地文书行政与洞庭郡治　熊永、李探探　考古 2：111—120

温县盟书"憯亟视之"解　单育辰　考古与文物 4：111—113

释温县盟书的"𦒘"字兼论盟书盟主和年代　汤志彪　古文字研究（第三十四辑）　501—503

法藏 P.T.1190 汉文书残片考释——兼论发文机构与"肃州之印"的相关问题　赵耀文　敦煌学辑刊 1：52—57

王杖诏令与东汉时期的武威社会　王彬　中国史研究 3：86—102

高昌供食文书及传供帐的文书学研究　裴成国　坚固万岁人民喜：刘平国刻石与西域文明学术研讨会论文集　250—262

安史之乱前夕的安西与北庭——《唐天宝十三、十四载交河郡长行坊支贮马料文卷》考释　刘子凡　中国国家博物馆馆刊 6：54—65

大中初年张议潮遣使活动探究——以 P.2686V、P.3481Vc 为中心　魏睿骜　敦煌学辑刊 1：58—72

吐鲁番出土唐西州时期租赁契约文书契式研究　屈蓉　地域文化研究 6：1—15

吐鲁番文书《耆婆五脏论》《诸医方髓》申论　王兴伊　敦煌研究 5：152—158

回鹘文契约文书中的"sičï（四至）"研究——兼与敦煌、吐鲁番出土的汉文文书比较　崔焱　敦煌学辑刊 2：80—90

敦煌写卷契约文书释录校勘　张亚萍等　汉字文化 5：53—55

敦煌出土藏汉雇用契约文书比较研究　贡保扎西　西藏大学学报（社会科学版）2：9—15

敦煌医经类文献对传世相关文本的校勘价值　丁媛、于业礼　敦煌研究 5：143—151

敦煌契约文书对违约者的警示与惩罚　巨虹　中国社会科学报 12 月 26 日 5 版

敦煌经济文书中的"格"　黄正建　敦煌研究 5：136—142

对一件于阗语税收文书的考释　范晶晶　西域研究 3：28—36

一件 8 世纪后半于阗语房产抵押契约释读　张湛　西域研究 3：37—52

从黄文弼所获两件文书看龟兹于阗间的交通路线　荣新江　丝绸之路考古（第 6 辑）　110—120

从告身到法书：徐浩《朱巨川告身》卷研究　王廷君　故宫学术季刊 39 卷 3：1—80

中国国家博物馆藏"唐人真迹"文书题跋与递藏考　王湛　中国国家博物馆馆刊 4：134—142

中国国家博物馆藏"唐人真迹"中三件转运坊文书考释　赵洋　中国国家博物馆馆刊 4：143—152

中国国家博物馆藏段永恩旧藏文书题跋释录　意如、朱玉麒　中国国家博物馆馆刊 4：116—126

吕珍胡书——对中国国家图书馆藏西域文书 BH1-17 于阗语文书的释读　段晴　西域研究 2：73—88

新见莫高窟北区石窟出土西夏契约释考　史金波　敦煌研究 4：78—94

利率、花押与富户——新译释西夏文契约文书研究三题　马万梅、田晓霈　敦煌研究 4：119—129

吐鲁番新获回鹘文书探究　李刚　敦煌学辑刊 2：66—79

日本天理图书馆藏一件黑水城元代文书考 杜立晖 敦煌研究 3：94—103

黑水城元代汉文法律文书校勘 王阳 文博 1：82—91

天海斋藏福建家族契约文书的特点及史料价值 王涛 中国史研究动态 1：53—58

浅析明代万历后期地方文官的封赠制度——以庆阳府同知王三锡受封圣旨为研究实例 石磊 黄河·黄土·黄种人 22：39—43

南京城墙博物馆藏《明永乐十二年授牌起明威将军诰命》浅识 马麟、金连玉 东亚文明（第 3 辑）115—129

纸背文书所见清乾隆时期浙江奏销册的缀合与定名 孙继民、吴纳介 敦煌学辑刊 4：63—81

院藏同治十一年《恭进奏书行礼礼节》文书 郑永昌 故宫文物月刊 467：128

清代诰命敕命之"覃恩封赠"——艾黎捐赠文物陈列馆藏清代圣旨探析 白玉章 陇右文博 4：28—35

《阿克苏办事大臣托云泰奏报校明厂秤称收铜斤及铸获钱文数目事宜》朱批奏折释读 吴文强 陇右文博 4：36—39

麦积山《更名田据》文书探析 白秀玲 石窟艺术研究（第六辑）75—86

补遗

敦煌文书中"乡法"呈现的社会治理 巨虹 兰州大学学报（社会科学版）2021 年 6：132—141

敦煌文书 P.3885 号中的"敌礼之恩"问题 苑恩达、陆离 西藏研究 2021 年 6：37—44

写本

上海博物馆藏国家珍贵古籍概述 陈才 文物天地 12：38—43

文本传流与变异：两汉今古文《尚书》新论 高中正 中央研究院历史语言研究所集刊 93—3：531—594

从敦煌写本看现存《普曜经》的翻译及流传 方一新、稽华烨 敦煌研究 1：107—119

敦煌研究院旧藏三件回鹘文"阿毗达磨论藏"残片研究 张铁山 敦煌学辑刊 2：32—39

敦煌研究院旧藏回鹘文《十业道譬喻故事花环》残卷研究 吐送江·依明、阿不都衣木·肉斯台木江 敦煌学辑刊 2：40—55

国家图书馆藏一叶回鹘文《佛说天地八阳神咒经》研究 阿依达尔·米尔卡马力 敦煌学辑刊 2：56—65

赣州慈云寺塔发现南朝梁写本《四分戒本》初考——兼谈其在六朝写本楷化嬗变中的地位 潘旭辉 南方文物 4：109—117

杏羽书屋 38R 卷子的校勘与相关问题札记 彭昊 陇右文博 2：13—17

抱蜀庐遗珍——向燊旧藏北魏人《写华严经》卷述介 陈建志 故宫文物月刊 467：62—72

法藏敦煌 P.2273 西魏大统十四年释法鸾隶书写本文字与书法问题研究 黄卫 敦煌学辑刊 4：82—88

丝绸之路上的"吴客"与江南书籍的西域流传 荣新江 丝绸之路上的中华文明 236—253

神秘的证候——《诸病源候论》中的"与鬼交通" 刘世珣 故宫文物月刊 466：124—125

启功旧藏《佛说观佛三昧海经》残卷整理研究 沈秋之 敦煌研究 6：98—103

敦煌写本《六祖坛经》校注拾遗 释慧正 敦煌研究 6：104—114

依敦煌本缀理耀州《十王经》新得——兼及相关文献整理方法 张总 敦煌研究 5：120—135

李盛铎旧藏敦煌写卷残断原因新探 张涌泉、周思敏 敦煌研究 6：74—87

敦煌本《历代法宝记》中禅宗诸祖师的传记叙述与神异传说之考源 杨明璋 故宫学术季刊 39 卷 3：81—106

西藏札达益日寺古藏文写本残卷的调查与初步研究 熊文彬、夏格旺堆 故宫博物院院刊 10：4—31

中国国家博物馆藏经录考释 孟彦弘 中国国家博物馆馆刊 4：127—133

敦煌本《字宝》中的活俚语（入声） 邓文宽 敦煌学辑刊 1：1—7

敦煌写本 P.3622V+P.4034V 佚名类书考释　刘全波、何强林　敦煌学辑刊 1：21—33
敦煌本《千字文注》之编撰特征——兼与上野本《注千字文》比较　常苾心　敦煌学辑刊 1：34—44
敦煌藏文本 P.3288V《宿曜占法抄》题解与释录　张福慧、陈于柱　敦煌学辑刊 2：91—103
敦煌写本《诸道山河地名要略》残卷的编次及史源问题　刘振刚　敦煌学辑刊 3：16—27
敦煌汉藏文《白伞盖经》写本考察与关系探究　王梓璇　敦煌学辑刊 3：41—53
敦煌永隆本文选《西京赋》抄写底本问题新证——兼论李善作注的底本问题　钱玮东　汉学研究 40 卷 1：39—76
写本语境中的文人诗歌应用——以敦煌婚仪写本为例　朱利华　敦煌学辑刊 4：49—62
印度新德里国家博物馆收藏的斯坦因敦煌所获《护诸童子曼荼罗》纸本残画及其佛教护法兽首鬼神图像　张惠明　敦煌学辑刊 4：102—113
从敦煌本《瑜伽论手记》《瑜伽论分门记》看法成对著、梵经论的解读及应用　彭晓静　敦煌研究 1：120—128
敦煌写本 P.2522 的性质及《贞元十道录》逸文问题　刘振刚　敦煌研究 1：129—136
文籍传抄与文化传播——以敦煌写本白居易、李季兰、岑参作品为例　孟彦弘　坚固万岁人民喜：刘平国刻石与西域文明学术研讨会论文集 238—249
吐鲁番出土《宝楼阁经》钞本残卷小考——《袁复礼新疆出土文书未刊稿研究》书后　陈瑞翾　坚固万岁人民喜：刘平国刻石与西域文明学术研讨会论文集 309—317
大理国乌贤图像及其相关文本再论——基于海内外所藏图像、文本的新整理　黄璜　考古与文物 1：103—112
赣州慈云寺塔所出《妙法莲华经》卷三"化城喻品第七"刻本残卷年代考　尹恒、潘旭辉　南方文物 4：89—96
敦煌写本《法宝东流因缘》"第三明塔"的编撰年代及性质问题　刘振刚　中国国家博物馆馆刊 12：78—85
选择 展示 观看——从王世懋藏宋版《新刊校定集注杜诗》　曾纪纲　故宫文物月刊 476：44—63
苏州圣恩寺藏《百城烟水》（《善财童子五十三参图赞》）的年代、作者及其影响　赖天兵　文物天地 2：97—101
两部新比定的"般若经现观庄严释"梵文写本　关迪　丝绸之路考古（第 6 辑）104—109
吐鲁番出土叙利亚语医学残篇中的希腊药方举例　林丽娟　坚固万岁人民喜：刘平国刻石与西域文明学术研讨会论文集 373—382
存世西夏文《妙法莲华经》的版本关系及元抄本校勘特点　宋歌　敦煌学辑刊 4：89—101
猪栏玉楮——故宫典藏非宗教类明代内府写本书籍　卢雪燕　故宫文物月刊 476：100—109
探析《天工开物》版本的文化遗产意义　马灵　南方文物 1：279—281
孔子博物馆藏《埤雅》研究　马宁　文物天地 5：51—53
印度兰普尔拉扎图书馆藏《史集》抄本《元朝宫殿图》简报　[日]松田孝一　求芝蓉等（译）　故宫博物院院刊 5：62—71
《清史稿·地理志》勘误一则　敖佳鹏　北方文物 3：108—112

补遗

敦煌文书 P.3885 号中的"敌礼之恩"问题　苑恩达、陆离　西藏研究 2021 年 6：37—44

四　碑刻、墓志与地券

碑刻

综述

器以藏礼：汉碑文化意蕴概述——以曲阜汉碑为例　陈培站　东北师大学报（哲学社会科学版）2：38—44

论"约束"——从汉代有关"约束"的几件石刻谈起　赵超　中原文物 1：124—129
南阳汉代碑刻资料的遗存及其史料价值研究　岳岭　殷都学刊 3：68—75

补遗

青岛地区碑刻的地域分布及其历史文化价值　李天择、白芳　青岛农业大学学报（社会科学版）2021 年 4：117—121
福建古代石刻整理现状刍议　尤澳、尹晓宇　福建史志 2021 年 6：5—9

汉、三国、南北朝

锦阳关发现的两通重修齐长城碑刻　王云鹏　文物天地 7：100—103
定州北庄子汉墓黄肠石题铭零拾　曹磊　文物春秋 3：73—80
刘平国刻石的早期保护和拓本流传——以徐鼎藩为中心　朱玉麒、吐逊江　坚固万岁人民喜：刘平国刻石与西域文明学术研讨会论文集 1—15
关于晚清探索与发现东汉《刘平国刻石》发现的几位先驱者　陶喻之　坚固万岁人民喜：刘平国刻石与西域文明学术研讨会论文集 16—40
刘平国刻石与西域汉化　黄纪苏　坚固万岁人民喜：刘平国刻石与西域文明学术研讨会论文集 41—61
刘平国刻石的文学史意义　吴洋　坚固万岁人民喜：刘平国刻石与西域文明学术研讨会论文集 62—67
材料与证据之间——关于刘平国刻石的三重语境的考察　张瀚墨　坚固万岁人民喜：刘平国刻石与西域文明学术研讨会论文集 68—114
中国国家图书馆藏《刘平国治关亭摩崖》拓本简述　卢芳玉　坚固万岁人民喜：刘平国刻石与西域文明学术研讨会论文集 115—130
北京大学图书馆藏刘平国刻石拓片概说　汤燕　坚固万岁人民喜：刘平国刻石与西域文明学术研讨会论文集 131—144
东汉《郙阁颂》历代序跋题记考辨　孙启祥　陕西理工大学学报（社会科学版）1：1—11
东汉临为父作封刻石考述　宋爱平　文物春秋 3：81—91
天津国家海洋博物馆藏孔望山摩崖造像碑帖拓片研究　汪小英　文物天地 3：26—28
天涯静处——丝绸之路上的战争纪功碑　朱玉麒　丝路之光：2021 敦煌服饰文化论文集 20—33
古道上的摩崖——石门十三品选介　吴诵芬　故宫文物月刊 472：58—69
新见魏石经《尚书·洛诰》拓本的学术价值　赵振华、王恒　洛阳考古（总第 35 期）41—49
魏石经"待考"残石的复原和辨伪　赵振华、王恒　洛阳考古（总第 32 期）76—87
出土石刻与晋唐时期武威阴铿家族研究　邵郁　敦煌学辑刊 3：174—184
四川阆中石室观南齐《隗先生石室记》相关问题补考　赵川　敦煌研究 5：111—119
艺术与宗教的交界：北朝道教造像碑的空间建构与信仰表达　张媛　南京艺术学院学报（美术与设计）5：127—136
《后魏孝文帝故希玄寺之碑》及造像的社会背景研究　侯卫东　中原文物 4：120—125
新见东魏《王光墓志》《王钊碑》所见皇魏纪年考释　潘向东　中国国家博物馆馆刊 11：105—116
北齐时期女性的佛教信仰——读《沙丘尼寺造像记》札记　杨爱国　东方考古（第 20 集）81—89
北齐《刘氏造像记》与刘桀出使粟特考　张庆捷　坚固万岁人民喜：刘平国刻石与西域文明学术研讨会论文集 229—237
"北周迎后"及北周政权对甘州的经略——以碑刻史料为中心　赵世金　敦煌学辑刊 2：157—168
天水市清水县《鲁恭姬造像碑》探微　赵志强、董广强　黄河·黄土·黄种人 10：54—56

辨伪存真与去粗求精——以武威碑志中的伪刻、翻刻与精拓为例 马振颖 敦煌学辑刊1：198—208
"玄津"非"玄事"——云冈石窟碑铭札记之一 刘建军 坚固万岁人民喜：刘平国刻石与西域文明学术研讨会论文集 216—22

隋、唐、五代

美国哥伦比亚大学藏初唐S4426号造像碑图像分析 王德路 中国国家博物馆馆刊3：61—70
金石、方志和文集中的《张九龄神道碑》——兼论玄宗废太子瑛事 汪馨如 故宫博物院院刊3：73—88
唐故张府君神道之碑考释 宋荣军 陇右文博1：15—19
神圣与世俗：房山石经唐刻《大般若经》中的宗教社会空间 管仲乐 北方论丛2：168—176
《信行禅师碑》作为薛稷书迹的真确性与其背后的唐代政治、佛教及书法史 唐宁 故宫学术季刊39卷4：73—121
唐上都荐福寺临坛大戒德律师之碑考释 葛天、张萍 法音9：19—26
首任河西节度使与凉州大云寺碑相关问题再考 李宗俊 西域研究4：35—43
浙江丽水南明山、三岩寺摩崖石刻 俞聪 大众考古11：87—90
山东东阿唐开元二十五年龙兴寺经幢研究 李宝军 南方文物1：199—203
由碑铭赞看古代敦煌人的道德社会化 买小英 石窟艺术研究（第六辑） 282—293
西域石刻在晚清民国的流传与研究 朱玉麒 丝绸之路上的中华文明 372—412
西藏阿里地区日土县、噶尔县吐蕃题刻调查与研究 夏吾卡先 边疆考古研究（第31辑） 40—54
从南汉佛教铭刻论南汉佛教管理制度 苏漪 中国国家博物馆馆刊6：66—74

补遗

吐蕃碑刻文研究成果分类及其评析——以1982—2017年藏文论文为对象 吉加本 西藏研究 2021年5：106—112

宋、辽、金、元

《重修有宋范韩二公祠堂记》考释——兼论宋明西北边事 张舜玺 图书与情报3：139—144
临城存北宋《御制至圣文宣王赞并加号诏碑》研究 王琳珂 社会科学论坛1：155—162
北宋漕运史上之转般仓问题——江苏仪征宋碑《建安军仓记碑阴》探微 张平凤 南雍问道：南京大学考古专业成立50周年纪念文集（中卷） 951—961
宜州铁城摩崖石刻《七曲帝君内传》所见相关问题考述 杨彦鹏、罗曼 陇右文博2：38—44
江西武宁县玉清宫古碑小考 黄林燕、梅盛 南方文物3：292—296
刻在石碑上的战役——宋蒙礼义城之战 蒋晓春、钟倩 大众考古7：48—56
金太祖睿德神功碑考略 李永强 北方文物4：93—101
《李晏神道碑》考释 盖美辛 辽宁工业大学学报（社会科学版）4：70—72
元金宪奉政真公太平路筑城碑初考 费小路 文物天地9：64—67
阜新元代大玄真宫祖碑碑文新录 胡娟、童立红 辽宁省博物馆馆刊（2021） 139—145
江苏仪征元代珊竹介神道碑的碑文复原问题 杨晓春 南雍问道：南京大学考古专业成立50周年纪念文集（中卷） 875—888
元《毕显神道碑》及相关问题考述 杨鹏云 中国国家博物馆馆刊11：123—132
全真祖庭威海圣经山的道教遗珍 周晓惠 大众考古12：73—81
泉州市博物馆藏尖拱形飞天景教石刻解析 陈国珠 文物天地10：47—49
新见山东泗水元代《重修泉林寿圣寺记》碑考释 裴一璞 中国国家博物馆馆刊2：81—89

北京市文物局综合事务中心藏隆尧县《唐帝庙碑》拓本考 韩建识 文物春秋 1：90—96
正定隆兴寺《重修六师殿记》碑阳碑阴并考 刘友恒 文物春秋 2：68—75
鄂尔多斯蒙古源流博物馆馆藏石刻的形制分析 李雨濛、魏坚 北方民族考古（第13辑） 272—289

明、清

从《钦赐属员碑》看明初尊孔崇儒之策 孔淑娟 文物天地 5：42—44
明嘉靖三十五年重修岷州儒学记碑考析 后永乐 陇右文博 3：50—55
从上方山永慈寺碑刻看万历初年冯保宦官群体在京的佛事活动 侯海洋 博物院 2：49—54
明代秦藩永寿王《瑞莲诗图》碑考 杨知乐 文博 3：83—90
明代《重建真定府庙学之记》碑考 岳改荣 文物春秋 2：76—81
普陀山《抗倭摩崖题记》考 高升 大众考古 3：43—47
宁夏须弥山石窟"重修圆光寺大佛楼记"碑考释 王玺、李进兴 丝绸之路 3：169—173
"万寿白塔"碑文及相关问题的考述 长海、董萨日娜 北方民族考古（第13辑） 370—379
《明故屋舟钱隐君墓志铭》考释 连小刚、屠纪军 苏州文博论丛 2021年（总第12辑） 96—101
从炳灵寺石窟大明碑看明朝政府对河州地区的政治方略 丁万华 石窟艺术研究（第六辑） 294—306
沈阳地区满蒙贵族墓碑及初步研究 李鑫 沈阳考古文集（第8集） 257—265
乾隆六年辛酉科陕甘武乡试题名碑考释 葛天 苏州文博论丛 2021年（总第12辑） 116—122
清雍正重修塔院寺序碑浅析 苏丽 陇右文博 1：32—35
一字虎将军——刘明灯与虎字碑 吴青桦 故宫文物月刊 470：98—108
"拜他喇诰命碑"质疑与研究 李冉 沈阳考古文集（第8集） 251—256
清贺阶平暨孺人王氏墓碑考 李儒峰、王博文 陇右文博 2：45—49
天祝县境内"番汉交界碑"考释 谢能萨 陇右文博 3：56—64
清苏太君墓碑及相关问题考释 陈晓斌 陇右文博 3：65—69
《汉西岳华山庙碑》长垣本题跋者"老木"考实 李飞 文博 2：81—85
中山市博物馆藏《南阳庙碑》与《重修陪祀碑文》浅读 蔡凌晖 文物天地 4：15—18
青岛市黄岛区博物馆藏寺庙碑刻拓片选介 翁建红 文物天地 6：38—41
龙门胜概图碑研究 陈曦 博物院 2：55—64
清代藏文《敕建大隆善护国寺碑记》研究 完麻加、三木知 文献 5：92—110
拉萨《双忠祠碑记》重录与简释 陈祖军 西藏文物考古研究（第4辑） 364—370
两当县清代重修董真庵碑记研究 张辉 陇右文博 1：26—31
重庆师范大学博物馆藏《刘公诰封碑志》考 李艳华、孔令远 科技考古与文物保护技术（第四辑） 338—341
清代多语合璧碑刻蕴藏独特文化价值 关笑晶 中国社会科学报 6月10日5版
《闽县陈氏澂秋馆汇集吉金文字拓本》罗振玉题跋考论 李伟敏、申红宝 文物春秋 5：69—83
清韩惠洵题跋全形拓四条屏研究 王晶晶 文物天地 9：74—79

补遗

顺昌洋口顺济庙碑铭考 宋馥香、宋文秋 福建史志 2021年 6：65—68
桂林南边山镇崩山中医药石刻《验方新编》考述 马一博 广西地方志 6：58—62
密祉八士村清代无名碑考略 舒仁萍 理论观察 2021年 11：131—133

内蒙古地区清代多体碑刻文献统计与分类 乌日嘎 满族研究 2021年 1：72—79

墓志与地券
综述
汉、南北朝
东汉熹平二年三棱柱形买地券研究——兼"中平元年孙伯买地券"辨伪 赵振华、王迪 洛阳考古（总第33期） 67—74
试论南朝墓志与买地券的结合现象 淡雅 故宫博物院院刊 9：43—50
王佛女买地券考略 武耕 淮海文博（第3辑） 91—97
北魏皇甫驎墓志与安定皇甫氏家族 刘军 故宫博物院院刊 9：51—60
北魏《尹平墓志》考 刘良超 黄河·黄土·黄种人 20：49—52
北魏乙弗莫瑰父子墓砖铭跋 张庆捷 宿白纪念文集 238—246
北魏《沮渠树乌墓志》考释 魏军刚 文博 4：68—73
北魏墓志词语考释九则 薛苏晨 辽宁工业大学学报（社会科学版）4：62—64
邺城遗址周边所见东魏北齐墓志辨识 芦会影、冯小红 北方文物 3：91—100
出土墓志所见北齐北周军府考释 张国辉 黄河·黄土·黄种人 4：37—39
高树生夫妇墓志与高欢家族之追崇先世、迁葬先茔 邹芳望 敦煌学辑刊 2：169—179
北周刘义墓碑及墓志考释 岳锋、钱斌 陇右文博 1：3—9
新出北周刘义夫妇墓碑墓志考释 丁宏武、刘伟强 甘肃社会科学 1：154—161
周故仪同三司彭阳伯妻夫人李氏墓志考释 钱斌、岳锋 陇右文博 1：10—14
吐鲁番墓志校读札记 常萍 敦煌学辑刊 4：40—48
《沮渠憝墓志》与北凉政权相关问题 李宗俊 甘肃社会科学 1：146—153
补遗
刘岱墓志所见婚姻关系探微 明鹏飞 文化学刊 2021年 11：252—255
隋、唐、五代
新出隋豆卢贤与唐豆卢弘毅墓志跋 李宗俊、柴怡 考古与文物 1：98—102
《隋桂州总管侯莫陈颖墓志》及相关问题考述 李玫瑰、漆招进 广西地方志 3：45—49
青州博物馆藏隋《张崇训墓志》补释 张卉 博物馆学刊（第8集） 33—35
隋大业十三年《元统师墓志》考 何慧芳等 洛阳考古（总第35期） 66—71
新见唐代文学家李华墓志考疏 杨琼 文献 1：155—167
唐刘禹锡书《崔迢墓志》辨伪 马聪 文献 1：168—176
新出武周刘晖墓志考释 孙武 文博 5：88—91
西安新出唐《李仁泰墓志》疏证 王璐 地域文化研究 3：85—91
唐《沈和墓志》校释 吴葆勤 华夏考古 5：91—96
汾阳出土墓志中的太原元从与浩州之围 丁俊 中国国家博物馆馆刊 2：71—80
《范词墓志》与咸亨四年的唐蕃西域之争 苑恩达 敦煌学辑刊 3：143—154
唐《韦曙墓志》考释校补 孟祥娟 文博 1：75—81

《唐故余杭郡太夫人泉氏墓志》考释 拜根兴 文博 3：68—76

唐《乙速孤行俨墓志》及相关史事考 傅清音等 文博 3：77—82

新见唐《李粹墓志》考释——兼论李唐宗室之高阳原茔地选择问题 吴小龙 文博 4：74—82

新见《唐王仙墓志铭并序》考释 张维慎、田小娟 文博 5：78—87

唐岭南《李谏墓志》考释与相关问题研究 程刚等 文博 6：79—87

唐代吴遊、吴宝墓志考释 武俊华 草原文物 1：89—94

唐代高句丽移民《李仁晦墓志》考论 王连龙、黄志明 文物季刊 2：116—122

新见唐宦官"彭希晟墓志"及彭氏一族略考 杨涛 大众考古 10：71—74

唐代沈士衡夫妻墓志考 罗火金、张文明 黄河·黄土·黄种人 2：38—43

王积薪任翰林待诏辨 韩斐 洛阳考古（总第 33 期）75—78

明浙江都指挥佥事张文嵩墓志校正 岳涌 南雍同道：南京大学考古专业成立 50 周年纪念文集（中卷）889—897

西安新见唐代墓志考释二则 郭永淇、陈钦龙 黄河·黄土·黄种人 24：45—47

《故左军讨击使管甲营田十将霍府君墓志铭》考释 姚晨辰 四川文物 2：77—82

《唐刺史考全编》补遗 李豪 洛阳考古（总第 34 期）56—66

唐代墓志所见"药""气""符"道教炼养术的嬗变轨迹 刘儒 洛阳考古（总第 33 期）58—66

唐代墓志铭中胡族女性的多元形象与书写 濮仲远 宁夏社会科学 3：184—190

晚唐博州城、坊、乡、村考补——以聊城新出唐代墓志为中心 刘文涛 南方文物 1：204—209

后蜀宗王赵廷隐墓志铭及相关问题研究 童蕾旭 南方民族考古（第二十四辑）255—290

五代武将安审韬墓志及相关问题研究 李非、陈钦龙 洛阳考古（总第 34 期）74—81

宋、辽、金、元

2010 年以来出土宋代墓志整理与研究综述 李亚辉、刘亚龙 洛阳考古（总第 34 期）67—73

宋代墓志所见女性割股疗亲现象探究 焦杰、李薇 中原文化研究 1：45—51

从出土墓志看宋代富弼家族成员的宗教信仰 刘梦娜 黄河·黄土·黄种人 18：44—46

宋代张正中墓表考释 刘雅萍 文物春秋 6：89—95

北宋魏处约家族墓志文研究——兼论"勋旧之门"与宗族"迭为婚姻" 淮建利 史学史研究 2：1—13

江西德兴流口《胡夫人墓志铭》考 张林杰 大众考古 6：40—43

洛阳出土北宋游安民游师孟父子墓志考辨 程源源 殷都学刊 3：76—81

北宋武将符世表墓志及相关问题研究 李艺娜 洛阳考古（总第 32 期）88—95

新入藏北宋刘洎墓志考略 刁文伟 苏州文博论丛 2021 年（总第 12 辑）132—136

宋朝末代皇后之父——《全公墓志》考释 王瑞来 中山大学学报（社会科学版）1：77—87

南宋《司马揉圹志》考释 刘铮 中国国家博物馆馆刊 11：117—122

辽人墓志文中的"家族认知" 张国庆 沈阳考古文集（第 8 集）217—227

辽金韩知古家族新证 邱靖嘉 中国史研究 3：136—152

山西翼城原村元墓买地券补释 孔凡一 文物 3：93—96

明、清

北京地区出土墓券与券台特点研究 董坤玉 北方文物 1：40—50

明陈忠夫妇墓志铭考释 武忠俊、闻辉 北方文物 6：87—96

江苏宿迁明代陆凤墓志考释　嵇娟、姚文娟　大众考古7：57—60

明秦州卫指挥同知蒋镇墓志及其相关问题考论　李翀　丝绸之路3：159—164

《王卿墓志》考释　张菁华　黄河·黄土·黄种人12：49—51

新郑铁岭墓地出土两方明代墓志　张倩　黄河·黄土·黄种人14：40—43

《明故监察御史前翰林院庶吉士李君墓志铭》考释　宋飞等　南方民族考古（第二十四辑）291—302

明傅从福墓志考　张红军、任静雯　洛阳考古（总第33期）79—81

明周藩永宁荣穆王墓志考略　李聪　河南博物院院刊（第6辑）60—63

从军户到黔民：贵州福泉新出《葛母亚恭人蔡氏墓志铭》考　李飞　根与魂：考古学视野下不断裂中华文明研究 437—448

尚可喜墓"篆盖"者仕途年代考　李刚、赵晓刚　辽宁省博物馆馆刊（2021）370—380

明代广安州判张霨墓志考　张红军、刘芳　洛阳考古（总第35期）72—77

昌邑辛置墓地出土明代买地券发微　李宝军　东方考古（第20集）133—139

清诰封王太宜人墓志铭略论　强进前等　陇右文博1：20—25

清蒲城县知县慕维城墓志考　秦铭、王博文　陇右文博4：40—45

清宁灵厅教授慕暲墓志铭考述　王博文　丝绸之路2：146—151

《张云墓志》考释　季惠萍、刘良超　黄河·黄土·黄种人8：55—57

《王树楠墓志铭》考释　林宏磊　博物馆学刊（第8集）36—39

五　玉器

综述

玉文化是中华古代文明的基石　岳峰　文物天地5：122—125

中国玉学体系构建纲要　徐琳　玉器研究（第一辑）28—35

概说古代中国绿松石器的发展及其礼仪性　张昌平　江汉考古4：35—44

史前至夏时期"华西系玉器"研究（中）（下）　邓淑苹　中原文物1：91—105、2：38—63

贵州古代玉器概况与玉料来源　支颖雪等　同济大学学报（自然科学版）8：1088—1095

探寻玉龙的演变及时代风格　常素霞　玉器研究（第一辑）304—333

关于中国古代凤纹的起源　周晓晶　玉文化论丛八 9—16

对构建"中国玉学"理论体系若干问题的思考　曾卫胜　玉器研究（第一辑）19—27

出土玉器研究路径与模式　杜金鹏　张长寿、陈公柔先生纪念文集 479—488

新石器时代

再论中国史前玉器考古学研究　方向明　考古学研究（十三）（上册）：北京大学考古百年考古专业七十年论文集 112—131

中国史前玉学的发展及其变革　杨伯达　玉器研究（第一辑）2—18

玉雕凤纹与玉雕云纹研究之一（西周前篇）　陈启贤　玉文化论丛八 85—106

玉狮略考　李露薇　辽宁省博物馆馆刊（2021）156—171

黑龙江史前玉器系统研究　钟雪　文博5：54—60

安徽桐城魏庄遗址出土新石器时代玉石器工艺初探　王晓琨等　文物4：61—70

中国玉石玦的起源、发展与衰落　孙周勇　根与魂：考古学视野下不断裂中华文明研究　297—324
模仿与化形：史前玉器与动物崇拜探索　鞠荣坤　中原文物 4：67—77
仰韶文化玄玉的认定及意义　张天恩　中原文化研究 1：12—18
试论史前时期的矮筒形玉石镯　栾丰实、王芬　玉器研究（第一辑）　101—118
从玉器角度审视大汶口文化的社会演进　钟雪　北方民族考古（第 13 辑）　132—160
大河村遗址仰韶文化晚期玉器及其性质问题　胡继忠　黄河·黄土·黄种人 8：11—13
扬州西汉墓出土的崧泽文化双龙首玉环　赵琪、崔天兴　洛阳考古（总第 35 期）　32—40
红山文明玉器的文化传统　朱乃诚　玉器研究（第一辑）　53—76
红山文化勾云形玉器赏析　邢凯、郝红星　黄河·黄土·黄种人 24：26—29
试论红山先民的玉器观　郭大顺　玉器研究（第一辑）　38—52
天津博物馆藏红山文化玉器研究　袁伟　玉器研究（第一辑）　77—100
宇宙知识与个人转变：再论良渚文化玉琮　李默然　东南文化 5：93—101
玉琮、合符与双子琮　张明华　玉器研究（第一辑）　156—163
玉琮之变——一种玉礼器传统的失落与重构　蒋卫东　考古学研究（十五）：庆祝严文明先生九十寿辰论文集（下册）
　　428—448
社会复杂化进程中的钺杖——以环太湖流域新石器文化为视角　夏勇　玉器研究（第一辑）　186—203
从流散欧美良渚古玉论良渚礼制及古玉仿赝　邓淑苹　玉器研究（第一辑）　119—155
良渚玉器的造型风格与视觉艺术　赵晔　玉器研究（第一辑）　165—185
良渚闪石玉料及其产源地问题探讨　徐琳　故宫博物院院刊 10：117—126
龙山时期"神祖灵纹玉器"研究　邓淑苹　考古学研究（十五）：庆祝严文明先生九十寿辰论文集（下册）　449—487
龙山文化玉器和龙山时代　秦岭　考古学研究（十五）：庆祝严文明先生九十寿辰论文集（下册）　488—546
从石家河玉器看长江中游玉文化对古蜀青铜文明的影响　王方　江汉考古 4：71—82
石家河文化玉柱形鹰、玉虎头像年代、功能新解　云希正　玉器研究（第一辑）　249—262
石家河遗址群谭家岭 2015 年出土玉器综述　刘辉、孟华平　玉器研究（第一辑）　204—228
后石家河文化和石峁文化玉雕相关问题再探讨　刘云辉、刘思哲　玉器研究（第一辑）　263—278
论孙家岗遗址出土的后石家河文化玉蛙　顾万发　郑州文物考古与研究（四）（上）　356—370
湖南孙家岗遗址出土玉器的初步研究　赵亚锋　玉器研究（第一辑）　229—248
从肖家屋脊文化到二里头遗址神祖面纹柄形器演变探索　江美英　考古学研究（十五）：庆祝严文明先生九十寿辰论
　　文集（下册）　547—560
湘鄂赣粤所见新石器时代玉琮浅析　李岩　考古学研究（十五）：庆祝严文明先生九十寿辰论文集（下册）　414—427
试析珠海宝镜湾遗址出土的大孔玉石环块　杨建军　黄河·黄土·黄种人 16：15—25
金沙玉琮三题　王明达、王雨吟　玉器研究（第一辑）　292—301
甘青地区史前用玉特征与进程　曹芳芳　四川文物 1：43—59
陕西关中地区出土的齐家文化玉器及相关问题　刘云辉、刘思哲　丝绸之路 3：44—53
公元前 2000 年前后玉器"兽面纹"的三种表现形式　庄丽娜　古代文明（第 16 卷）　18—38
三代玉神兽面、玉柄形器源流考　林继来　玉文化论丛八　17—44

夏、商、周

浅谈古代丧葬玉——玉覆面 王童 丝绸之路 2：32—37

藁城台西商代遗址出土玉器赏析 贾叶青 黄河·黄土·黄种人 2：56—58

殷墟商墓随葬铜器玉器之"双轨制"现象探析 杜金鹏 中原文化研究 3：23—35

殷墟出土有领璧环初探 李玮洎 殷都学刊 1：48—59

殷商玉戈名实考 杜金鹏 文物 7：62—74

说璋——殷商玉器名实考之七 杜金鹏 学而述而里仁：李伯谦先生从事教学考古60周年暨学术思想研讨会文集 349—393

卷尾匍卧玉琥 王元黎 中国社会科学报 2月9日9版

尊神重孝，敬事鬼神——中国国家博物馆藏商代妇好墓出土玉人像考述 乔万宁 南方文物 3：282—287

试析晚商时期出土玉器的改制现象 李慢迪 黄河·黄土·黄种人 4：17—20

晚商动物造型玉器及其传播意义研究 张飞、夏培朝 考古 12：72—84

商周玉器和青铜器上蜕变与羽化动物纹饰的原型 刘硕 大众考古 5：78—82

二里头文化时期绿松石饰品的生产与流通 秦小丽 中原文物 2：64—74

略论三星堆与金沙遗址出土的绿松石制品 田剑波 江汉考古 4：45—52

金沙遗址出土片状绿松石 段董念 江汉考古 4：30—34

商周时期蹲踞式玉人对动物形态的模拟 王伯强 南雍问道：南京大学考古专业成立50周年纪念文集（上卷）334—347

浙江地区两周时期玉器的兴衰及相关问题 吴桐 考古 1：109—120

艺术考古研究——以晋侯墓地M63晋穆侯夫人墓出土组玉佩为例 蔡庆良 学而述而里仁：李伯谦先生从事教学考古60周年暨学术思想研讨会文集 560—616

洛阳王城广场东周墓所见玉璧使用制度 彭昊 洛阳考古（总第32期）62—70

玉雕凤纹与玉雕云纹研究之二（东周篇）陈启贤 玉文化论丛八 107—132

论秦氏玉人的功能与断代 李征 玉文化论丛八 45—50

涪陵小田溪M12出土组玉佩刍议 代丽鹃 江汉考古 1：69—75

如意流变考 张林杰 故宫博物院院刊 8：119—137

湖北随州曾侯乙墓出土玉器材质分析与产源初探 刘继富等 光谱学与光谱分析 1：215—221

三星堆及金沙玉器的产地溯源 徐琳抒等 同济大学学报（自然科学版）8：1101—1109

古蜀玉器玉料分析及矿源产地调查情况综述 王方 四川文物 1：94—105

秦、汉及以后

秦汉玉容器及相关问题探析 洪石 华夏考古 1：69—83

汉代玉器与当代徐州玉雕 李维翰 淮海文博（第3辑）83—86

秦汉祭祀玉人 张晓磊、范雯静 大众考古 4：50—57

秦汉祭祀玉人的发现与形制演变 张晓磊、范雯静 历史记忆与考古发现 218—235

王侯的威仪——以汉代玉牌贝带为中心 李银德 南雍问道：南京大学考古专业成立50周年纪念文集（上卷）422—442

汉代的玉璜 陈海霖 大葆台西汉墓出土文物研究文集 78—81

汉代玉衣起源问题研究 刘照建 考古 5：99—109
浅析西汉时期徐州地区出土玉面罩 黄豫民、杜益华 文物天地 11：24—28
徐州博物馆藏玉熊镇及相关问题 刘超、李永乐 文物天地 11：51—54
关于西汉玉"卮"实用功能问题 张高丽等 南方文物 2：282—284
汉代佩韘史话——以北京大葆台汉墓出土龙凤纹韘形佩为例 马立伟 大葆台西汉墓出土文物研究文集 55—60
环佩叮当 至尊身份——北京大葆台汉墓出土珍品玉觿 匡缨 大葆台西汉墓出土文物研究文集 61—65
透雕螭虎玉佩 徐超 大葆台西汉墓出土文物研究文集 66—73
玉瑱小议 赵芮禾 大葆台西汉墓出土文物研究文集 82—87
舞在礼乐风雅间——玉舞人 徐超 大葆台西汉墓出土文物研究文集 88—93
盱眙江都王夫妇墓玉器与满城中山王夫妇墓玉器比较研究 卢兆荫 张长寿、陈公柔先生纪念文集 565—570
浅谈汉代螭虎纹饰 韩姗姗 大葆台西汉墓出土文物研究文集 70—73
玉雕凤纹与玉雕云纹研究之三（西汉篇） 陈启贤 玉文化论丛八 133—164
从北京大葆台汉墓出土玉条浅谈汉代丧葬文化 韩姗姗 大葆台西汉墓出土文物研究文集 74—77
陕西凤翔雍山血池秦汉祭祀遗址出土玉器工艺探讨 叶晓红等 文物 11：86—96
解析西汉长沙国王后曹嬛墓天珠的蚀花工艺与受沁现象 喻燕娇、戴君彦 玉文化论丛八 51—62
浅谈明代玉带板的等级制度 乔万宁 文物天地 5：73—79
明代的玉带具 张瑞 大众考古 8：60—66
玉雕凤纹与玉雕云纹研究之四（东汉—唐代篇） 陈启贤 玉文化论丛八 165—188
玉雕凤纹与玉雕云纹研究之五（辽金篇） 陈启贤 玉文化论丛八 189—216
玉雕凤纹与玉雕云纹研究之六（元后篇） 陈启贤 玉文化论丛八 217—254
明代玉雕的江南风尚 许晓东 玉文化论丛八 63—84
魏晋南北朝玉器的鉴定 殷志强 文物天地 1：70—75
惠州市博物馆藏"崑山片玉"石磨鉴定研究 张亮 文物天地 7：80—87
南京出土明代宝石玉器来源考 顾苏宁、祝越 南雍问道：南京大学考古专业成立50周年纪念文集（中卷） 685—704

补遗

西汉诸侯王墓出土玉带钩及相关问题 陈晨 文化学刊 2021年 12：243—247

六 货币

综述

《中国货币史》中的福州船政局机器造币考 李骏 中国钱币 2：30—38
中国古代铸币技术 刘佳 大众考古 10：27—30
从出土货币管窥济南地区古代社会经济生活 宁召勇 中国文化遗产 4：103—109

东周及以前

三门峡市陕州区出土空首布释文订补 朱安祥 中原文物 3：141—144
从中山国灵寿古城窖藏货币的合金成分看中山国铸币的相关问题 胡金华等 中国国家博物馆刊 9：74—99
安徽博物院藏战国楚铜版冥币及相关问题研究 孟倩等 中国国家博物馆刊 9：100—108

齐国刀币铸行时间与分期考 陈旭 中国钱币 1：24—35
湖南省博物馆藏楚国"视金四朱"铜钱牌研究 邱建明 中国钱币 2：72—75
战国货币地名考辨二则 徐俊刚 古文字研究（第三十四辑） 533—538
秦、汉及以后
秦代币制与物价考述 孟祥伟 中国钱币 1：14—19
故宫博物院藏秦汉金饼研究 张林杰 中原文物 3：95—98
从出土五铢钱看汉朝治下的云南民族经济与文化 谢祺 中国钱币 1：3—13
河南博物院藏两汉五铢钱的分析研究 郁田园等 黄河·黄土·黄种人 24：56—59
新郑汉墓大泉五十的多元统计分析研究 常宏杰、樊温泉 华夏考古 3：97—102
西汉上林五铢的分期研究 王泰初 中国钱币 1：36—44
山东安丘姜家庄铜器窖藏出土的钱币 王倩倩 中国钱币 5：54—56
汉代麟趾金、褭蹄金文化意义探析 张建文 黄河·黄土·黄种人 20：30—37
更始五铢考辨 杨君 中国钱币 5：17—26
王莽时期铸钱研究 徐龙国 考古 12：85—96
龟兹五铢钱考——兼论公元前5世纪至7世纪丝绸之路流通货币 林梅村 故宫博物院院刊 2：44—54
龟兹汉佉二体钱的新发现 [英]乔·克力勃 任宇红、任威豪（译） 中国钱币 4：10—16
甘肃张掖黑水国汉代墓葬群出土钱币述略 金玉璞、陈国科 中国钱币 4：67—70
丝路"汉佉二体钱"刍议 殷浩萱、查怡磊 中国钱币 4：17—21
从后赵经济社会制度探究"丰货"铜钱贸易流通体系 王悦、唐黎明 黄河·黄土·黄种人 6：60—62
南京市浦口区高新路刘宋墓出土铜钱 王海、朱中秀 中国钱币 6：57—60
山东胶州板桥镇遗址出土巨量宋代铁钱用途研究 贺传芬、沈居安 中国钱币 2：19—23
庄浪县博物馆藏北宋铁钱探析 陈晓斌 陇右文博 1：42—47
《续资治通鉴长编》北宋钱币史料四题 王文成 中国钱币 6：3—11
南宋"金叶子"探究 金德平 中国钱币 3：3—9
"天喜元宝"辨——记新发现的西辽钱币 [俄罗斯]别利亚耶夫、[俄罗斯]西多罗维奇 王勇（译） 中国钱币 4：36—38
河南周口金代古钱币窖藏清理报告 韩严振 中国钱币 1：56—66
内蒙古四子王旗发现的金代大银铤 苏利德 中国钱币 4：74—75
固原博物馆征集银铤考述 刘勇 文物天地 10：41—42
正定出土元代钱币窖藏 程雅玲等 文物春秋 1：54—63
试论苏州元代吕师孟墓出土的金银货币 杨海涛 中国钱币 3：55—58
史籍所见域外元代纸币 李骏 中国钱币 6：12—18
首都博物馆藏明代李伟夫妇墓银锭研究 王显国 中国钱币 3：10—18
从"江口沉银"看明代的白银货币 陈治祥 中国钱币 3：26—32
贵州省博物馆藏大明通行宝钞一贯钞版流传考 袁炜 中国钱币 6：32—38
西沙群岛考古发现的铜钱 贾宾 大众考古 4：64—66
豫泉官银钱局与清末民初河南币制变革 杨涛 中国钱币 2：39—48

清宫年例金钱的制作与使用 刘舜强、张迪 中国钱币 3：19—25
四川彭州博物馆藏清代窖藏银锭 刘勇伟 中国钱币 5：57—63
荣禄墓出土小银锭 唐宁 文物天地 3：121—123
清末民初北京地区银元的兴起、盛行及其原因 王显国 博物院 3：61—69

七　玺印与封泥

燕玺"潮汕山金贞鍴"考释 古文字与出土文献青年学者西湖论坛（2021）论文集 22—32
三晋私玺複姓述考（九篇） 石连坤 古文字与出土文献青年学者西湖论坛（2021）论文集 41—51
玺印考释两篇 王挺斌 古文字与出土文献青年学者西湖论坛（2021）论文集 33—40
燕玺"潮汕山金贞鍴"考释 周波 中国文字 7：135—151
《匋玺室藏古玺印选》释文补正 李桂森、刘洪涛 古文字研究（第三十四辑） 524—528
秦汉玺印姓名考析（续十一） 魏宜辉 出土文献与古文字研究（第十辑） 255—265
"珥禁丞印"补证 李超 文博 1：70—74
考古发现所见两汉琥珀印探述 崔璨、周晓陆 文博 1：52—59
"门浅"滑石印及相关问题管窥 杨慧婷 考古 11：97—106
成都新津宝墩西汉墓出土"羌眇君"印考 齐广、唐森 南方文物 4：151—155
东汉至西晋龟纽官印的类型学研究与断代 朱棒 南雍问道：南京大学考古专业成立50周年纪念文集（中卷） 937—950
唐宋以来盐业古官印辑考 刘海宇 盐业考古与古代社会研究：手工业考古·黄骅论坛——以盐业考古为中心论文集 374—385
"定州绫锦院记"印考 王雷、赵少军 北方文物 1：58—65
固原博物馆藏西夏官印 李海平 文物天地 10：24—26
恤品河窝母艾谋克印历史信息再探 李秀莲、彭赞超 北方文物 2：102—108
金代招抚副使之印相关问题考释 邱靖嘉 北方文物 3：101—107
虎年看虎印——论"清管辖科尔沁左翼郭尔罗斯后旗扎萨克印" 赵昕 文物天地 2：54—56
上海博物馆的封泥收藏与研究 孔品屏 文物天地 12：44—47

八　漆器

接纳与融合——江西先秦漆艺研究 刘晗露 南方文物 4：292—297
瓷胎漆器 李博 文物天地 2：122—127
关于中国漆工艺起源与史前时期传播的思考 蒋迎春 文物 11：46—52
战国及秦代蜀地漆器源流分析 蒋迎春 学而述而里仁：李伯谦先生从事教学考古60周年暨学术思想研讨会文集 471—490
湖北沙洋塌冢楚墓⻊杯补释 陈梦兮 江汉考古 6：111—112
楚国彩漆竹器纹饰与工艺研究 刘欣等 华夏考古 4：90—96
漆耳杯盒源流考 刘芳芳 东南文化 4：119—127
略论夹纻胎漆器 蒋迎春 故宫博物院院刊 12：60—68

秦时期地方县政下漆事运营的考察 黄祎晨 复旦大学文化遗产研究 108—125

汉代乐浪郡彩绘漆箧的工艺与图案探析 施宇莉 复旦大学文化遗产研究 126—141

堂上置樽酒——论西汉两类漆酒具及相关问题 洪石 考古与文物 1：72—81

漆器？陶器？从特殊的漆衣陶器谈起 宋伯涵 大葆台西汉墓出土文物研究文集 32—36

论汉代漆器的价格及其生产和贸易——从刘贺墓漆笥、漆盾铭文谈起 蒋迎春 江汉考古 4：96—103

海昏侯墓"李具"铭对鸟纹耳杯产地及相关问题探讨 聂菲 南方文物 1：210—221

汉代金银箔贴花漆器的考察——从海昏侯墓出土文物谈起 黄祎晨 南方文物 1：231—239

海昏侯刘贺墓出土漆奁及相关问题研究 刘芳芳 南方文物 1：240—246

漆器的情境——以海昏侯墓"贴金银釦长方漆盒"为例 黄可佳、吴振华 南方文物 2：102—107

海昏侯墓出土部分漆器来源浅议 李文欢、王楚宁 南方文物 2：108—114

江苏仪征联营汉墓出土的西汉彩绘虎首形柄漆盒 夏晶、马照武 大众考古 10：59—61

成都市府漆器铭文所见生产流通问题——从荥经高山庙木椁墓漆器烙印铭文谈起 左志强、傅浩 南方民族考古（第二十四辑）215—226

营盘墓地出土漆器的年代及丝路漆器西传 于志勇 丝绸之路上的中华文明 34—51

明中期官府漆器两题 周少华 故宫文物月刊 477：36—49

明代雕漆琐谈——从安徽博物院藏剔黄云龙纹圆盘谈起 王蓉 文物天地 10：94—99

故宫博物院藏高莳绘漆盒的工艺研究 王陆伊 文物天地 7：94—99

九 金银器

陕西宝鸡出土的三件金虎 杨曙明 中国文物报 1月18日 5版

三星堆遗址祭祀区五号坑出土金面具 四川省文物考古研究院等 黎海超等 四川文物 2：107—118

凸瓣纹银器产地再辨析 殷洁 南雍问道：南京大学考古专业成立50周年纪念文集（中卷）1050—1064

西汉海昏侯外藏椁出土三件鎏金当卢工艺比对研究 杨巍等 南方文物 2：115—124

王孙锦带钩 富贵金带扣——徐州狮子山楚王陵出土的带钩与带扣板小议 马静娟 文物天地 11：35—39

"裂瓣纹银盒"名称、用途及产地 刘中伟、张惠琴 黄河·黄土·黄种人 4：26—32

西汉对羊纹金饰片探析 余国江 北方文物 1：51—57

大昭寺吐蕃银壶新探——《西藏发现的两件有关古代中外文化交流的文物》读后札记（一） 霍巍 宿白纪念文集 165—174

千娇百媚竞风流——大同市博物馆馆藏金饰 王秀玲 文物天地 1：53—57

四川旺苍县蔬菜村唐代窖藏出土银器 广元市博物馆、旺苍县文物保护管理所 刘娟霞等 四川文物 6：31—45

何家村窖藏所见唐代金银器制作工艺述略 张倩 文物春秋 1：12—22

大北城窖藏金银器的几点认识 扬之水 文物季刊 4：97—107

济南长清井字坡宋墓出土的金银器 昌秀芳 大众考古 11：54—56

明代彩漆描金柜的制作工艺研究 张彤 博物院 3：129—136

结珠铺翠 点羽成仙 大同市博物馆藏清代点翠首饰 王雅玲 大众考古 4：44—48

北京安宁庄清墓出土银饰品简析 李燎原、寇玉海 黄河·黄土·黄种人 24：48—49

补遗

从馆藏桃形金叶片谈金步摇　丁梦婷　文化学刊 2021 年 12：248—251

清代金银器知见录　扬之水　艺术工作 2021 年 6：53—66

一〇　瓷器

综述

浙江古代青瓷综论　郑建华　文物天地 11：92—99

试论早期长条形窑炉及其渊源　郭志委　中原文物 6：45—51

早期白瓷的界定与起源问题综述　宗若菲等　文物保护与考古科学 5：136—146

从玉石到瓷器的造物路径　熊承霞　中原文化研究 2：32—39

古陶瓷中虎的形象　龙霄飞　文物天地 2：11—20

汉及以前

中国古代低温铅釉陶器研究中几则基本材料的疏证　陈彦堂　学而述而里仁：李伯谦先生从事教学考古 60 周年暨学术思想研讨会文集　507—525

北方地区出土商代前期硬陶和原始瓷的类型和年代研究　牛世山　南方文物 6：88—105

北方地区出土商代前期的硬陶和原始瓷来源研究　牛世山　考古与文物 3：60—68

北方地区出土先秦时期原始瓷产地再论——从装烧工艺的角度　郑建明　考古与文物 3：69—78

越系青瓷盉形器研究　张小帆　南方文物 1：282—288

越系青瓷乐器　张小帆　大众考古 2：43—51

浙江青瓷兴盛原因略论稿　郑建明　复旦大学文化遗产研究　67—84

鄂州瓦窑咀窑址青瓷初步研究　曹昭、李清临　江汉考古 3：97—104

四川地区瓷业兴起时间与早期瓷业技术来源的初步研究　伍秋鹏　南方民族考古（第二十四辑）　227—253

三国、隋、唐、五代

关于六朝青瓷制作技法的一个认识　[日]藤井康隆　南雍问道：南京大学考古专业成立 50 周年纪念文集（下卷）　1271—1279

关于隋代精细白瓷的考察　任志录　文物春秋 2：57—67

花瓷的产品及其年代考辨　徐华烽　中原文物 3：116—125

唐代陶瓷腰鼓及源流析　信应君　黄河·黄土·黄种人 12：37—42

唐代青瓷开启世界外传成因考　吴越滨、周玲　美术 11：134—135

唐至清"秘色瓷"文献研究　侯样祥　艺术评论 10：71—89

云南 8 世纪中叶以来陶瓷遗存的考古发现与研究　王筱昕等　考古学研究（十四）：科技考古研究专号　194—215

安徽大运河遗址出土越窑瓷器研究　陈超　华夏考古 5：97—105

晋阳古城一号建筑基址出土刻款白瓷研究　安瑞军、赵凡奇　江汉考古 2：106—113

新疆出土瓷器初步研究　黄婵媛　故宫博物院院刊 12：97—107

从出土陶瓷器谈江阴唐宋时期对外贸易　邹红梅　无锡文博（壬寅撷英）　58—64

唐、宋时期山东地区瓷器贸易考古学观察　陈章龙　东方考古（第 20 集）　95—112

大唐蓝彩绪论——唐代白地蓝彩陶瓷研究的考古学意义　任志录　中国古陶瓷研究（第 27 辑）：元明景德镇窑业与

技术交流 298—312
唐三彩研究综论　李含笑、秦大树　考古学研究（十四）：科技考古研究专号 160—193
唐三彩的生产、流通与外销　孙新民　根与魂：考古学视野下不断裂中华文明研究 394—402
唐代三彩庭院的初步研究——从陕西历史博物馆新征集三彩庭院说起　呼啸　南方文物 2：285—290
安徽地区出土的唐三彩述略　刘东　黄河·黄土·黄种人 18：51—56
五代至北宋时期耀州窑青瓷分期研究——以纪年材料为中心　郑建明　东南文化 6：100—114
"韭蒜"铭盘考释　张欣怡　农业考古 1：36—38
吉州窑与其他窑场间技术交流刍议　史秋童　中国古陶瓷研究（第27辑）：元明景德镇窑业与技术交流 226—237

宋、辽、西夏、金

宋金时期玉壶春瓶形制研究　陈新　淮海文博（第3辑） 106—112
蓝田吕氏家族墓地 M2 东后室出土瓷器年代试析　张凯　边疆考古研究（第32辑） 298—306
浙江窑址出土青白瓷器的类型、年代与渊源初探　张欣怡、彭善国　考古 9：97—109
素瓷雪色缥沫香　埠里宋代家族墓地出土的青白瓷　杨腾、张义中　大众考古 6：52—54
香港宋皇台遗址出土宋元贸易陶瓷研究　刘未　文物 11：53—77
宋元保伍制的实物见证　福建安溪下草埔遗址出土的墨书瓷器　石黑ひさ子　大众考古 3：65—72
河南博物院藏鄢陵瓷器窖藏研究　朱宏秋　中原文物 2：128—134
江西省博物馆藏宋元景德镇窑瓷器　赖金明、张高丽　文物天地 2：74—85
固原博物馆藏宋代耀州窑瓷器　甄雅茹　文物天地 10：33—36
两宋之际北人南迁对长江流域瓷业的影响　杨宁波　北方民族考古（第13辑） 247—263
何以简约——透视宋代金银釦瓷"活"的器用观念　贾国涛　装饰 10：68—72
宋代窑业作坊具利头的初步研究——以景德镇窑为例　杨洋、曹建文　中原文物 5：121—127
宋金时期瓷器水纹装饰　刘翔宇　文物春秋 4：30—42
南方地区出土宋元时期瓷器的团花纹饰研究　李鑫、石牧阳　东南文化 6：115—125
宋金时期磁州窑类型黑褐彩装饰工艺的显微观察研究　余甫倩等　考古学研究（十四）：科技考古研究专号 285—295
宋元时期乐山西坝窑与重庆涂山窑黑釉瓷之装饰艺术　陈丽琼　中国古陶瓷研究（第27辑）：元明景德镇窑业与技
　　术交流 313—323
早期青白瓷的工艺演进及其原因——以景德镇窑为中心探讨青白瓷起源问题　冯冕　考古与文物 5：87—93
南宋官窑青瓷的艺术表现　徐辉　中国陶瓷 11：126—129
辽代陶瓷考古研究综述　刘瑞俊、胡瑞　草原文物 2：76—84
赤峰缸瓦窑辽代印花器　苏明明　文物天地 1：58—64
辽祖陵遗址出土瓷器初步研究　董新林等　南方文物 4：191—199
关于耀州窑月白釉龙首八方杯的几个问题　王云飞　考古与文物 5：94—100
固原博物馆藏褐釉双系瓷扁壶　陈静静　文物天地 10：37—38
金元时期磁州窑白地黑花龙凤纹罐探究　唐小轩　中国古陶瓷研究（第27辑）：元明景德镇窑业与技术交流 179—
　　185
海丰镇出土金代磁州窑产品与金代河北陶瓷窑业的繁荣　马云霄、王会民　南雍问道：南京大学考古专业成立50周
　　年纪念文集（下卷） 1165—1180

金代红绿彩童子瓷塑中的市井童趣 吴咏梅 文物天地 1：92—96

补遗

宋代瓷器艺术的工艺范畴研究 李金来 贵阳学院学报（社会科学版）2021 年 6：58—62

元、明、清

关于元代卵白釉珍珠粒装饰高足杯相关问题的探讨 欧阳中华 中国陶瓷 7：81—87

湖田窑"玉"字款卵白釉五爪龙纹高足杯年代考 余金保 华夏考古 3：100—106

元代瓷质砚滴考论 李晔 中国古陶瓷研究（第 27 辑）：元明景德镇窑业与技术交流 195—208

青花釉里红杂谈 杨静荣 文物天地 2：112—115

成都市区出土元代瓷器综述 易立等 中国古陶瓷研究（第 27 辑）：元明景德镇窑业与技术交流 397—406

元代墓葬出土青白釉瓷器初探 吕东亮、袁胜文 中国古陶瓷研究（第 27 辑）：元明景德镇窑业与技术交流 238—252

元代张弘略墓出土的青花瓷盘年代考——兼论元代青花瓷器创烧的时间 伍秋鹏 中国古陶瓷研究（第 27 辑）：元明景德镇窑业与技术交流 12—19

汤和墓出土的元青花盖罐 陈卓 大众考古 6：55—57

御窑厂遗址出土瓷炉赏析 刘龙 中国文物报 6 月 7 日 7 版

天津博物馆藏元景德镇窑瓷器探讨 刘渤 中国古陶瓷研究（第 27 辑）：元明景德镇窑业与技术交流 2—11

美国博物馆藏元代青花瓷器研究 孙宇琦 中国古陶瓷研究（第 27 辑）：元明景德镇窑业与技术交流 282—297

从近年考古出土资料谈元青花生产与相关问题——以落马桥窑址出土的元青花为中心 江建新 宿白纪念文集 300—320

元末明初景德镇民窑业再思考——兼论元青花烧造时代下限 陈洁 中国古陶瓷研究（第 27 辑）：元明景德镇窑业与技术交流 416—427

元代闽清窑青白瓷的国内流通 黄一汀 中国古陶瓷研究（第 27 辑）：元明景德镇窑业与技术交流 209—225

略论元代官府机构公用瓷置办模式 余金保 文物季刊 4：108—116

元代青花瓷纹饰中的文化融合因素分析 丁航等 南方文物 5：293—295

青花瓷山形纹饰画法分期研究 陈殿、陈立 故宫博物院院刊 10：86—95

明清景德镇彩瓷概述 任艳、千绍彬 黄河·黄土·黄种人 14：51—54

涉笔成趣的明代青花瓷碗 王瑞钢 苏州文博论丛 2021 年（总第 12 辑） 52—57

明永宣时期御窑仿伊斯兰方流执壶的源流与传承 裴亚静 博物院 6：75—80

明清德化窑白釉犀角形杯器型及时兴探源 郑晓君 南方文物 5：296—300

明嘉靖朝祭器定制再变议 陈玉秀 故宫文物月刊 467：102—113

试析南京宋晟家族墓出土瓷器 葛彦 中国古陶瓷研究（第 27 辑）：元明景德镇窑业与技术交流 20—31

明代藩王府遗址出土"典膳所"款瓷器研究 李昌镐 中国古陶瓷研究（第 27 辑）：元明景德镇窑业与技术交流 32—40

湖北明代藩王墓瓷器来源、方式、性质等若干问题的思考 蔡路武 中国古陶瓷研究（第 27 辑）：元明景德镇窑业与技术交流 259—270

论隆庆朝景德镇陶瓷的风貌 董彦卿 中国古陶瓷研究（第 27 辑）：元明景德镇窑业与技术交流 356—379

汝州张公巷窑遗址出土青花瓷的初步认识 赵宏、郭木森 中国古陶瓷研究（第 27 辑）：元明景德镇窑业与技术交

流 324—333

北京海淀玲珑巷明清宦官墓地出土瓷器 孙勐等 文物 12：81—93

泰山岱庙青花香炉与碧霞元君 李萌 大众考古 11：40—45

明代瓷器"泰昌"款真伪考 熊航 大众考古 6：58—61

禄丰博物馆藏三件明代瓷质火葬罐 丁家慧等 文物 3：88—92

江西省博物馆藏明代景德镇窑瓷器 杨卫、赖金明 文物天地 10：54—65

克拉克瓷器在中国独特的葬俗功能 曹建文 中国古陶瓷研究（第 27 辑）：元明景德镇窑业与技术交流 41—46

竞争，效仿与替代——明代景德镇窑仿龙泉青瓷的生产与衰落 钟燕娣、沈岳明 中国古陶瓷研究（第 27 辑）：元明景德镇窑业与技术交流 77—91

刍议明代景德镇青花瓷器风格对其他窑场瓷器之影响 陈扬 中国古陶瓷研究（第 27 辑）：元明景德镇窑业与技术交流 68—76

从花样看明嘉靖官窑的特色 陈玉秀 故宫文物月刊 476：86—99

"祥瑞手"纹饰研究 刘春山 中国古陶瓷研究（第 27 辑）：元明景德镇窑业与技术交流 47—67

明末清初青花瓷人物纹饰图像考——以景德镇窑青花瓷人物纹饰为对象 余曜翀等 中国陶瓷 10：85—91

晚明外销瓷"棱式风尚"的形成、转变与图式中西辨考 吴若明 中国古陶瓷研究（第 27 辑）：元明景德镇窑业与技术交流 68—76

海帆异彩——明清瓷器上的帆船图像及其相关问题 周浩 文物天地 12：48—53

远方的印象——宣德官窑青花瓷灯的伊斯兰元素 余佩瑾 故宫文物月刊 466：48—62

嘉靖窑的艺术特征及其在明清鉴藏目前的地位 孙悦 中国古陶瓷研究（第 27 辑）：元明景德镇窑业与技术交流 407—415

大报恩寺遗址 J26 出土陶瓷二题 苏舒等 故宫博物院院刊 8：95—100

见微知著——由新发现的一小块瓷片谈康熙青花万寿尊 吕成龙 故宫博物院院刊 6：114—123

鼻祖由来仿嘉靖——乾隆御制三清茶诗茶碗 廖宝秀 故宫文物月刊 474：60—70

"千窑一宝"——馆藏两件珊瑚红釉瓷器鉴赏 倪莎 南方文物 4：298—300

关于坤宁殿茶碗 谢明良 故宫文物月刊 474：40—50

清宫传世的意见高丽青瓷象嵌云鹤纹碗 谢明良 故宫文物月刊 476：64—75

清三代青花瓷铭文与纹饰的认知特征与图文关系 禹平、刘卓群 社会科学战线 2：257—263

从同治、光绪大婚瓷看晚清宫廷用瓷的使用与筹办 韩倩 故宫博物院院刊 7：92—110

"遣词"与"造句"：中国古陶瓷上铭文和纹饰的文化符号表达——以故宫博物院藏"清三代"青花瓷为例 刘卓群、吕成龙 美术观察 3：44—48

一一　其他

中国古代障泥考 李云河 江汉考古 5：97—107

琉璃器的考古工作与研究 徐华烽等 古代文明（第 16 卷）273—299

清代画珐琅的产地和不同时期的工艺特点 夏更起 故宫博物院院刊 1：104—116

养心殿体顺堂铜胎珐琅器的初步分析——兼谈一组西洋造珐琅器 杨勇 故宫博物院院刊 9：61—77

兼并东西 择善而从——从工艺学视角解析清宫瓷胎画珐琅的停烧 杨玉洁 文物天地 9：68—73

渑池窖藏铁器铭文相关问题研究　张凤　华夏考古 6：87—99
浅谈汉代兵器"钩镶"　刘姝妹　文物天地 11：16—20
汉代钩镶考　任振宇　黄河·黄土·黄种人 6：41—46
鞬和胡禄的源流及关系考证　仪德刚、瞿小健　东华大学学报（社会科学版）3：83—91

补遗

中西互动下的晚明管型单兵火器——以三种典型手持火铳为例　庞乃明、李响　郑州航空工业管理学院学报（社会科学版）2021 年 6：29—42

肆　田野考古

田野考古中几个常见英文词汇的内涵及其释义　张海　考古学研究（十五）：庆祝严文明先生九十寿辰论文集（下册）651—660

一　北京市

北京市通州区路县故城遗址十三号水井（J13）考古发掘简报　北京市考古研究院　陈平、孙勐　中国国家博物馆馆刊 12：6—23
北京市大兴区瀛海镇石太庄村汉、唐、辽代墓葬考古发掘简报　北京市考古研究院　魏然　北方民族考古（第 13 辑）50—86
北京市房山广阳城遗址调查勘探简报　北京市文物研究所　韩鸿业　考古学集刊（第 27 集）94—116
北京市顺义区北小营镇东乌鸡村东汉墓葬发掘简报　北京市考古研究院、北京市顺义区文物管理所　卜彦博　北方民族考古（第 13 辑）40—49
北京密云地区发现西晋时期墓葬　孙峥等　中国文物报 2 月 11 日 8 版
北京顺义区平各庄村唐墓发掘简报　北京市文化遗产研究院　戢征等　北方文物 2：15—19
北京通州翟各庄辽墓考古发掘简报　尚珩、刘乃涛　文物春秋 6：68—75
北京市顺义区大孙各庄镇小段村墓葬发掘简报　北京市考古研究院、北京市顺义区文物管理所　王宇新　北方民族考古（第 13 辑）87—94
北京海淀玲珑巷明代宦官马永成墓发掘简报　北京市考古研究院　孙勐等　文物 12：30—41
北京丰台靛厂村明代宦官墓发掘简报　北京市文物研究所、丰台区文化委员会　冯双元等　中国国家博物馆馆刊 2：50—59
圆明园澹泊宁静遗址考古发掘取得重要成果　赵购　中国文物报 11 月 8 日 2 版

二　天津市

天津蓟州丈烟台东山旧石器地点调查简报　王家琪等　科技考古与文物保护技术（第四辑）13—17
天津军粮城遗址唐代制盐遗存发掘收获　甘才超　盐业考古与古代社会研究：手工业考古·黄骅论坛——以盐业考古为中心论文集 184—191
天津蓟州区大云泉寺发现的辽金墓葬　甘才超等　文物春秋 3：37—45

三　河北省

河北怀来县珠窝堡旧石器时代遗址试掘简报　河北师范大学历史文化学院考古学系等　牛东伟等　考古 3：3—12
蔚县盆地 2019—2020 年旧石器考古调查　牛东伟等　人类学学报 5：936—944
河北阳原县姜家梁新石器时代遗址 II 区发掘简报　山西大学历史文化学院、河北省文物考古研究院　李君等　考古 3：13—24
河北赤城县新石器时代遗址 2018 年考古调查　张家口市文物考古研究所等　刘文清等　北方文物 1：3—11
2018 年渤海湾西岸地区盐业考古调查简报　河北省文物考古研究院等　曹洋等　南方文物 3：135—146
河北涉县王家岗两周时期窑址　杨丙君　大众考古 5：12—13
从资料整理回顾田野发掘中存在的问题——以山西翼城大河口西周墓地为例　谢尧亭　文物季刊 1：80—87
河北蔚县大德庄 M1 的发掘　河北省文物考古研究院等　雷建红等　考古 9：36—63
河北行唐县故郡遗址东周墓 M53 发掘简报　河北省文物考古研究院等　张春长、齐瑞普　考古 1：27—45
河北滦州市韩新庄瓮棺葬发掘简报　河北省文物考古研究院　马小飞、张春长　北方文物 3：17—30
雄安新区张市南遗址 II 区北朝墓葬及汉代水井发掘简报　杨丙君　东方考古（第 20 集）　299—306
21 世纪以来两汉至南北朝时期铅釉陶窑址考古新进展　罗丹、郑建明　文物天地 9：112—118
河北省唐山市迁西县南刘古庄隋长城烽燧遗址勘察简报　唐山市文物古建研究所、迁西县文物管理所　翟良富等　草原文物 2：32—37
河北黄骅大左庄遗址考古收获与性质探析　雷建红、曹洋　盐业考古与古代社会研究：手工业考古·黄骅论坛——以盐业考古为中心论文集 71—91
黄骅大左庄盐业遗址 2020 年发掘收获　河北省文物考古研究院、黄骅市博物馆　马小飞　盐业考古与古代社会研究：手工业考古·黄骅论坛——以盐业考古为中心论文集 172—183
河北正定县韩家楼砖室墓发掘简报　河北省文物考古研究院、正定县文物保管所　佘俊英等　北方文物 3：31—38
定窑考古发现与研究成果综述　李鑫等　文物春秋 1：23—40
邢台巨鹿县薄庄小学宋代墓地发掘简报　石从枝等　文物春秋 3：46—53
河北武安千佛洞石窟调查简报　徐忠雨、武新华　文物春秋 4：52—73
河北文安孟家务遗址发掘简报　陈伟、郝娇娇　文物春秋 5：49—54
河北正定开元寺南遗址金代房址（F5）发掘简报　河北省文物考古研究院　陈伟、佘俊英　文物 4：40—60
河北容城县北郑墓地金代砖室墓试掘简报　故宫博物院等　徐海峰等　四川文物 3：13—19
河北邢台柳林村发现金代墓葬　李恩玮等　文物春秋 5：41—48
河北张家口地区明清寺庙壁画调查　王雁华　文物春秋 1：64—77
河北省唐山市迁西县擦崖子明长城砖窑发掘简报　唐山市文物古建研究所、迁西县文物管理所　翟良富等　草原文物 1：55—60
河北张家口崇礼啕南营戏楼调查研究　王雁华、李现　文物春秋 6：76—84

四　山西省

山西沁水八里坪遗址新石器时代与东周墓葬发掘简报　山西省考古研究院、晋城市文物保护研究中心　赵辉等　文物 11：4—11
山西绛县乔野寨遗址考古调查报告　中国国家博物馆、山西省考古研究院　田伟等　中国国家博物馆馆刊 8：118—132

山西兴县碧村遗址小玉梁台地西北部发掘简报 山西省考古研究院等 王晓毅等 考古与文物 2：35—50
山西偏关天翅湾遗址史前房址 张光辉等 文物季刊 3：3—10
山西沁河中游商代遗存 赵辉、杨严严 大众考古 10：12—13
山西省闻喜县酒务头商代墓地发掘简报 山西省考古研究院等 白曙璋等 中国国家博物馆馆刊 10：6—55
山西襄汾陶寺北墓地 2016M1 发掘简报 王京燕等 文物季刊 1：31—32
山西绛县横水西周墓地 1011 号墓发掘报告 山西省考古研究院运城市文物工作站绛县文物局联合考古队、山西大学北方考古研究中心 谢尧亭等 考古学报 1：75—148
山西绛县横水西周墓地 2022 号墓发掘报告 山西省考古研究院等 杨及耘等 考古学报 4：519—559
山西绛县横水西周墓地 M2055 发掘简报 山西省考古研究院等 陈海波等 江汉考古 2：38—60
山西临汾庞杜墓地 M1、M2 发掘报告 狄跟飞 文物季刊 4：3—20
山西朔州市后寨墓地东周时期墓葬发掘简报 山西省考古研究院等 高振华等 北方文物 6：20—35
山西闻喜上郭—邱家庄遗址 M1、M8 发掘简报 山西省考古研究院、运城市文物保护中心 中国国家博物馆馆刊 9：6—26
山西垣曲北白鹅墓地 M2、M3 发掘简报 杨及耘、曹俊 文物季刊 1：3—10
山西隰县瓦窑坡墓地 M25、M26 发掘简报 王艳忠等 文物季刊 1：60—66
太原市金胜村东周铜器墓 1989—1993 年发掘简报 山西省考古研究院 陶正刚 考古学集刊（第 27 集）5—57
山西阳泉平坦垴战国水井发掘收获与研究 韩利忠等 文物季刊 4：21—28
山西省平遥县东城村战国、金代墓葬 山西省考古研究院、平遥县文物所 武俊华等 中国国家博物馆馆刊 11：6—14
1993 年山西朔州经济开发区家具厂汉墓发掘简报 山西省考古研究院 朱智博 河南博物院院刊（第 6 辑）19—27
湖南资兴市东江街道西晋纪年砖墓 陈斌 考古 4：116—120
太原市山西大学东山校区西晋墓的发掘 赵杰等 考古 12：107—115
山西大同全家湾北魏邢合姜墓石椁调查简报 大同市考古研究所 古顺芳、吕晓晶 文物 1：18—34
山西大同开源美域北魏砖室墓发掘简报 山西省考古研究院等 张长海等 华夏考古 6：37—41
山西沁源红莲山摩崖造像调查简报 山西大学考古学院等 武夏等 敦煌研究 3：51—55
山西吉县石窑店石窟调查简报 李妮娜、杨学勇 文物春秋 3：54—63
山西平定红林湾石窟考古调查简报 韩炳华等 文物季刊 2：3—10
山西交城竖石佛摩崖造像调查简报 徐忠雨、武新华 文物季刊 2：11—31
山西沁县五龙头石窟调查简报 武夏等 文物季刊 2：32—39
山西侯马虒祁北魏墓发掘简报 王金平等 文物季刊 3：11—19
晋阳古城瓷窑遗址发掘简报 山西省考古研究院等 韩炳华、赵鹏飞 江汉考古 3：37—50
山西和顺壁子摩崖造像考古调查报告 袁琦、韩炳华 文物季刊 3：20—29
朔州市后寨墓地唐墓发掘简报 山西省考古研究院等 高振华等 中国国家博物馆馆刊 2：23—31
山西省长治市长子县庆丰遗址唐代墓葬发掘简报 山西省考古研究院等 武俊华等 草原文物 1：28—35
山西太原晋阳古城二号建筑基址发掘报告 山西省考古研究院、太原市文物考古研究院 韩炳华、石力 考古学报 3：377—422
山西太原光华街宋元、明清墓发掘简报 中国社会科学院大学历史学院等 葛利花 苏州文博论丛 2021 年（总第 12 辑）1—8

山西省晋城市郝匠 M1 发掘简报 霍宝强等 文物季刊 2：74—85
山西垣曲中条山金属集团金墓发掘简报 石忠等 文物季刊 4：35—43
山西朔州后寨两座金墓发掘简报 解晓庆等 黄河·黄土·黄种人 4：9—11
山西朔州官地元代壁画墓发掘简报 山西省考古研究院、朔州市朔城区文物保护研究与利用中心 张光辉、赫志刚 文物 1：35—42
山西大学东山校区元代壁画墓发掘简报 山西大学历史文化学院考古系等 赵杰等 文物 11：12—25
山西洪洞西孔村元代地震纪年墓发掘简报 白曙璋等 文物季刊 4：44—51
山西翼城老君沟墓地元代墓葬发掘简报 王宇航等 黄河·黄土·黄种人 10：11—15
山西太原南寨明代广昌王嫔妃墓 原江等 大众考古 6：16—17
太原南寨明代 广昌王妃田氏墓、继妃张氏墓的考古发掘 原江等 大众考古 7：70—77
太原小店区明代晋端王墓发掘收获 赵辉等 中国文物报 2月25日8版

五　内蒙古自治区

内蒙古鄂尔多斯市乌兰木伦遗址第1和第2地点2014年发掘简报 鄂尔多斯市文物考古研究院等 包蕾等 北方文物 3：10—16
医学考古学视野下的古代瘟疫遗存考察 赵丛苍等 中原文化研究 2：76—83
内蒙古通辽市腰伯吐新石器时代晚期遗址Ⅰ区发掘简报 内蒙古自治区文物考古研究院 吉平等 草原文物 1：18—27
内蒙古赤峰松山彩陶坡遗址 王译绅等 大众考古 12：12—15
内蒙古克什克腾旗哈巴其拉遗址及周边区域调查简报 林森等 边疆考古研究（第32辑） 40—55
内蒙古清水河后城咀龙山时代石城瓮城发掘述要 内蒙古自治区文物考古研究院 曹建恩等 考古与文物 2：26—34
黄河岸边 云间城开 后城咀石城的发现与发掘 党郁、孙金松 大众考古 12：19—26
赤峰市二道井子夏家店下层文化聚落遗址作坊区发掘简报 内蒙古自治区文物考古研究院 曹建恩等 草原文物 2：12—26
内蒙古克什克腾旗哈巴其拉遗址发掘简报 吉林大学边疆考古研究中心等 王立新等 江汉考古 6：13—25
内蒙古呼和浩特市和林格尔县厂圪洞遗址2010年发掘简报 内蒙古自治区文物考古研究院 李倩、李权 草原文物 1：36—45
内蒙古和林格尔盛乐古城汉墓（ⅡM1511）发掘简报 内蒙古师范大学科学技术史学院等 齐溶青、陈永志 文物 11：26—33
鄂尔多斯市乌审旗巴图湾北魏墓葬发掘简报 内蒙古自治区文物考古研究院、乌审旗文物保护中心 张文平等 草原文物 2：27—31
鄂尔多斯市准格尔旗城圐圙城址考古调查 准格尔旗文物馆等 王永胜等 草原文物 2：38—48
内蒙古巴林左旗辽上京遗址皇城南部一号街道发掘简报 中国社会科学院考古研究所内蒙古第二工作队、内蒙古自治区文物考古研究院 汪盈等 考古 11：61—86
内蒙古赤峰市克什克腾旗三地组辽代墓群发掘简报 内蒙古自治区文物考古研究院、克什克腾旗博物馆 宋国栋等 草原文物 1：46—54
内蒙古巴彦塔拉辽代墓葬发掘简报 赤峰学院、历史文化学院内蒙古自治区文物考古研究所 李明华 边疆考古研究（第31辑） 64—80

六　辽宁省

辽宁省朝阳市十家子村西山旧石器时代遗址调查简报　辽宁省文物考古研究院（辽宁省文物保护中心）等　陈全家等　草原文物 1：11—17

辽宁朝阳马营子村西北山旧石器地点发现的石制品研究　侯佳岐等　北方民族考古（第 13 辑）　13—25

辽宁省朝阳市建平县热水畜牧农场新石器时代遗址调查简报　辽宁省文物考古研究院（辽宁省文物保护中心）　于怀石等　草原文物 2：1—11

大凌河上游地区红山文化遗存考古调查简报　于怀石等　边疆考古研究（第 31 辑）　16—39

辽宁省喀左县大凌河上游地区青铜时代遗址调查与收获　辽宁省文物考古研究院（辽宁省文物保护中心）　于怀石　北方民族考古（第 13 辑）　26—39

沈阳辽大百鸟公园遗址 2008 年度考古发掘报告　张彤、付永平　沈阳考古文集（第 8 集）　1—24

沈阳市北崴遗址 2017 年考古发掘简报　李树义等　沈阳考古文集（第 8 集）　25—51

沈阳上马遗址 2019—2020 年发掘简报　刘明等　沈阳考古文集（第 8 集）　52—71

北票喇嘛洞摩崖石刻石窟群调查　姜洪军等　辽宁省博物馆馆刊（2021）　66—75

辽宁盖州市青石岭山城四号门址　中国社会科学院考古研究所等　王飞峰等　考古 5：40—54

辽宁桓仁县三座高句丽山城及北沟关隘遗址调查报告　辽宁省文物考古研究院等　褚金刚等　北方文物 4：26—37

辽宁西丰城子山山城 2020 年考古调查与 1 号门址发掘简报　辽宁省文物考古研究院等　褚金刚等　文物 8：4—15

辽宁辽塔地宫考古发现述略　李龙彬、李宇峰　沈阳考古文集（第 8 集）　200—216

辽宁法库叶茂台北山 3 号辽墓发掘简报　辽宁大学考古文博学院等　赵晓刚等　文物 8：16—24

沈阳法库秋皮沟辽墓 2020 年考古发掘报告　刘洋、付永平　沈阳考古文集（第 8 集）　72—83

2019 年沈阳市浑南区高八寨钱币窖藏清理简报　刘秋晨等　沈阳考古文集（第 8 集）　84—95

浑南班家寨西墓葬考古发掘报告　张长江等　沈阳考古文集（第 8 集）　96—104

七　吉林省

吉林长春市牛家沟东山和牛家沟南山旧石器地点石器研究　万晨晨等　北方文物 5：14—21

吉林龙井市桃源遗址发掘简报　吉林省文物考古研究所等　徐廷等　北方文物 6：12—19

吉林农安后金家沟北山旧石器地点发现的石器　任进成等　边疆考古研究（第 31 辑）　1—15

吉林农安巴吉垒敖宝吐下坎旧石器地点调查简报　窦佳欣等　科技考古与文物保护技术（第四辑）　123—133

吉林长春市东照地遗址发掘简报　东北师范大学历史文化学院、吉林省文物考古研究所　余静　北方文物 2：3—9

吉林长春市黄家窝堡遗址 2021 年发掘调查简报　东北师范大学历史文化学院、吉林省文物考古研究所　张礼艳　北方文物 4：12—22

吉林省双辽市大金山遗址 2018 年发掘简报　吉林大学考古学院、吉林省文物考古研究所　方启　边疆考古研究（第 32 辑）　1—39

吉林省吉林市东团山遗址 2015—2017 年发掘收获　东北师范大学历史文化学院等　王聪等　北方文物 6：36—41

吉林临江鸭绿江上游东甸子墓群 2015 年度发掘简报　黑龙江大学历史文化旅游学院等　刘晓溪等　考古与文物 6：43—57

吉林乾安县辽金春捺钵遗址群藏字区遗址的调查与发掘　吉林大学考古学院等　吴敬等　考古 1：60—74

吉林德惠城岗子城址 2017—2018 年发掘简报　吉林大学考古学院等　赵里萌、孟庆旭　考古与文物 6：58—67

农安古城的调查及相关问题研究　赵里萌等　边疆考古研究（第31辑）　81—99
吉林舒兰市完颜希尹家族墓地三墓区发掘简报　吉林省文物考古研究所、舒兰市文物管理所　李丹等　北方文物 6：42—51
吉林镇赉县后少力古城遗址调查简报　吉林省文物考古研究所　安文荣、孟庆旭　北方文物 6：52—59
吉林省吉林市乌拉故城 2017 年试掘简报　吉林省文物考古研究所等　张哲等　北方文物 6：60—68
2015 年吉林蛟河市前进古城考古调查与勘探报告　卢成敢等　边疆考古研究（第31辑）　100—111

八　黑龙江省

黑龙江饶河县八五九农场南山旧石器遗址考古调查报告　黑龙江省文物考古研究所、饶河县文物保护中心　宋嘉骐、李有骞　北方文物 3：3—9
黑龙江海林市密东旧石器遗址石器初步研究　首都师范大学历史学院、黑龙江省文物考古研究所　陈宥成、李有骞　北方文物 4：3—11
穆棱河流域三处旧石器地点 2016 年调查简报　黑龙江省文物考古研究所等　杨枢通等　北方文物 5：3—13
黑龙江东宁市太平沟东山旧石器地点调查简报　吉林大学考古学院等　魏天旭等　北方文物 6：3—11
黑龙江穆棱市渤海时期城址调查简报　黑龙江省文物考古研究所　魏明江等　北方文物 5：40—46
黑龙江抚远市黑瞎子岛湿地公园遗址试掘简报　黑龙江省文物考古研究所、黑龙江大学历史文化旅游学院　杜晓　北方文物 2：10—14

九　江苏省

江苏常州宗家塘遗址　黄督军、郑铎　大众考古 8：12—15
江苏新沂花厅遗址 2005—2010 年发掘简报　南京博物院、新沂博物馆　曹军、葛昕炜　东南文化 5：26—38
江苏常州天宁区寺墩遗址 2019 年度发掘简报　南京博物院、常州市考古研究所　于成龙等　东南文化 5：37—56
江苏苏州辉映遗址新石器时代遗存发掘简报　苏州市考古研究所　何文竞、刘芳芳　东南文化 1：37—43
江苏常州新北区象墩遗址发掘简报　南京博物院等　史炎炎等　东南文化 5：55—75
江苏兴化蒋庄遗址良渚文化高等级墓葬发掘简报　南京博物院　甘恢元、林留根　东南文化 5：74—95
江苏金坛井头村土墩墓（D6）发掘简报　南京博物院、南京市考古研究院　邬俊、许志强　文物 2：17—25
苏州市吴中区南环桥遗址发掘简报　何文竞、王霞　无锡文博（壬寅撷英）25—34
江苏溧阳杨家山土墩墓群 D1 和 D3 发掘简报　南京博物院、溧阳市博物馆　曹军、葛昕炜　东南文化 1：60—74
江苏溧阳后王土墩墓 D2 发掘简报　南京博物院、溧阳市博物馆　徐勇等　东南文化 3：56—67
江苏睢宁下邳故城遗址 2014—2018 年考古调查、勘探、发掘简报　南京博物院、睢宁县博物馆　马永强等　东南文化 4：46—60
江苏泗阳凌城遗址调查试掘与文化性质再认识　王宣波、马永强　东亚文明（第3辑）　327—334
江苏赣榆汉代盐仓城遗址及墓地发掘简报　南京博物院等　朱国平等　考古与文物 1：28—42
江苏仪征联营汉墓 M75 发掘与出土漆瑟研究　郑州大学历史学院、南京博物院　王芳等　东南文化 2：51—60
江苏徐州沛县创新产业园一期汉代墓地发掘简报　徐州博物馆、沛县博物馆　刘娟等　东南文化 6：33—50
江苏盐城东闸新村墓地　赵永正、史为征、苏楠　大众考古 7：12—15
江苏常州孙家村墓葬群　郑铎、肖宇　大众考古 10：14—17

江苏徐州铜山区后楼山西汉墓 M5 发掘简报　徐州博物馆等　李祥　东南文化 2：40—50
江苏溧阳青龙头汉墓 M35、M22 发掘简报　南京博物院等　高伟等　东南文化 2：61—70
江苏扬州西湖镇城边埂·香榭里三期地块汉代墓葬发掘简报　扬州市文物考古研究所　张富泉等　东南文化 4：33—45
扬州苏庄西汉墓 M7、M134 发掘简报　扬州市文物考古研究所　徐利扬等　中原文物 6：10—23
江苏省徐州市后楼山西汉墓 M6、M7 发掘简报　徐州博物馆（徐州市文物考古研究所、徐州汉画像石艺术馆）　李祥　淮海文博（第 3 辑）　3—16
江苏连云港海州区张庄东汉墓发掘简报　连云港市博物馆、连云港市文物保护和考古研究所　朱良赛等　东南文化 2：71—84
江苏镇江丹徒区金家坟村东汉墓 M1 发掘简报　镇江博物馆　徐征、徐佳　东南文化 2：85—93
南京市雨花台区西善桥刘家村六朝墓葬发掘简报　南京市考古研究院　王海、王伯强　东南文化 2：94—102
南京市秦淮区利济巷 2 号东侧六朝建康城遗址 2021 年考古发掘收获　王海　黄河·黄土·黄种人 6：6—9
南京市栖霞区摄山村六朝墓葬发掘简报　南京市考古研究院　王滨等　东南文化 4：68—79
江苏南京栖霞区下梅墓村六朝墓发掘简报　南京市考古研究院　王富国等　华夏考古 6：24—36
南京栖霞区官窑村六朝墓葬发掘简报　马涛等　东亚文明（第 3 辑）　335—349
江苏南京西营村南朝佛寺遗址　龚巨平　大众考古 3：14—17
盐城大丰区盐业遗址调查　苏楠等　大众考古 11：65—68
江苏溧阳古县遗址　高伟　大众考古 2：16—17
江苏扬州唐代罗城北城墙东段遗址发掘简报　扬州市文物考古研究所　刘松林等　东南文化 6：70—77
江苏溧阳大山下唐代窑址发掘的主要收获及初步认识　史骏等　东亚文明（第 3 辑）　350—359
江苏盐城黄海路遗址唐宋墓地发掘简报　盐城市博物馆　赵永正等　东南文化 4：101—118
江苏苏州工业园区板桥村唐墓Ⅰ M10、M15 发掘简报　苏州市考古研究所　车亚风、时西奇　东南文化 6：51—55
江苏盱眙宣化村宋代石灰窑址群　褚亚龙　大众考古 5：14—17
江苏句容空青山宋代高等级墓葬　李西东、何汉生　大众考古 11：12—15
无锡西沈巷遗址发掘报告　李光日、刘嫣歆　无锡文博（壬寅撷英）　1—15
江苏扬州市三星村宋墓发掘简报　扬州市文物考古研究所　秦宗林等　北方文物 1：12—19
江苏苏州陆慕元和塘古窑址　刘芳芳　大众考古 12：16—17
南京市栖霞区官窑村明代窑址阶段性考古工作与初步认识　杨平平　南雍问道：南京大学考古专业成立 50 周年纪念文集（中卷）　718—729
鸿雁依依向南归 江苏常州许家村明代家族墓群考古　郑铎、黄督军　大众考古 8：26—39
南京大报恩寺遗址 J26 发掘简报　南京市考古研究院　周保华等　故宫博物院院刊 8：86—94
江苏常州前桥村遗址古井群　任林平　大众考古 4：12—13

一〇　浙江省

上虞地区早期越窑窑场空间分布初探　吴双、李明轩　文物春秋 2：46—56
浙江宁波市何家遗址 2019 年的发掘　南京大学历史学院考古文物系等　赵东升、李永宁　考古 10：48—63
浙江湖州毘山遗址 2014—2015 年考古发掘及周边调查简报　浙江省文物考古研究所、湖州市文物保护管理所　闫凯凯等　东南文化 3：26—43

浙江萧山安山东周窑址发掘简报 浙江省文物考古研究所等 郝雪琳等 文物 2：4—16

舟山马岙遗址群出土的古代盐业遗存 梁国庆、任记国 盐业考古与古代社会研究：手工业考古·黄骅论坛——以盐业考古为中心论文集 210—230

浙江嵊州缸窑春秋土墩石室墓发掘简报 浙江省文物考古研究所、嵊州市文物管理处 刘建安 文物 7：4—10

绍兴市上虞区梁湖街道苦竹山墓地发掘简报 浙江省文物考古研究所等 雷长胜 浙江省文物考古研究所学刊（第十二辑） 15—23

浙江地区东汉中晚期至清代瓷窑遗址考古概述 谢西营 浙江省文物考古研究所学刊（第十二辑） 275—329

绍兴市越城区小亭山汉晋墓葬发掘简报 浙江省文物考古研究所、越城区文物保护所 吴梦龙 浙江省文物考古研究所学刊（第十二辑） 1—14

浙江温州丽塘东汉纪年墓发掘简报 浙江省文物考古研究所等 刘建安 文物 7：11—17

杭州市余杭区塘山遗址卢村段H发掘简报 浙江省文物考古研究所、杭州良渚遗址管理区管理委员 范畴 浙江省文物考古研究所学刊（第十二辑） 24—33

湖州窑墩头六朝墓葬群发掘简报 浙江省文物考古研究所、湖州市文物保护管理所 刘亚林 浙江省文物考古研究所学刊（第十二辑） 78—117

湖州市南太湖新区后湾山古墓葬发掘简报 浙江省文物考古研究所、湖州市文物保护管理所 陈云 浙江省文物考古研究所学刊（第十二辑） 150—157

宁波奉化江口街道龙舌山墓地发掘简报 宁波市文化遗产管理研究院等 许超 浙江省文物考古研究所学刊（第十二辑） 34—46

上虞积山西晋墓葬发掘简报 浙江省文物考古研究所 徐军 浙江省文物考古研究所学刊（第十二辑） 47—61

云和东山头东晋徐氏家族墓地发掘报告 浙江省文物考古研究所、云和县文物保护中心 杨可新 浙江省文物考古研究所学刊（第十二辑） 62—77

浙江绍兴兰亭村东晋墓发掘简报 浙江省文物考古研究所、绍兴市柯桥区博物馆 王策 西部考古（第24辑） 47—58

浙江义乌双林寺遗址的考古发掘 俞聪等 大众考古 10：81—89

杭州市余杭区黄泥坞遗址发掘简报 浙江省文物考古研究所、杭州良渚遗址管理区管理委员会 张依欣 浙江省文物考古研究所学刊（第十二辑） 130—149

杭州市富阳太平古墓葬发掘简报 浙江省文物考古研究所 祝利英 浙江省文物考古研究所学刊（第十二辑） 118—129

浙江宁波马衙街南遗址发掘简报 宁波市文化遗产管理研究院、复旦大学文物与博物馆学系 吴敬、李永宁 考古与文物 6：68—78

浙江绍兴柯桥区野生动物园唐墓发掘简报 浙江省文物考古研究所、绍兴市柯桥区博物馆 王策 东南文化 6：56—69

2014—2019年湖州毘山遗址唐宋墓葬发掘简报 浙江省文物考古研究所、湖州市文物保护管理所 闫凯凯 浙江省文物考古研究所学刊（第十二辑） 158—170

浙江宁波任宋遗址五代时期墓葬 李永宁 大众考古 11：16—17

长兴县云峰宋周子美墓发掘简报 浙江省文物考古研究所、长兴县博物馆 徐军 浙江省文物考古研究所学刊（第十二辑） 171—179

金华市婺城区金品区块宋墓发掘简报 浙江省文物考古研究所等 徐峥晨 浙江省文物考古研究所学刊（第十二辑）

188—200

浙江龙泉小梅瓦窑路南宋窑址发掘简报 浙江省文物考古研究所 徐军 文物 7：18—45

长兴县水口金山村宋墓发掘简报 长兴县博物馆 程晓伟 浙江省文物考古研究所学刊（第十二辑） 180—187

兰溪市胡联村宋代壁画墓发掘简报 浙江省文物考古研究所、兰溪市文物保护管理所 刘建安 浙江省文物考古研究所学刊（第十二辑） 201—204

武义县溪里元代窑址发掘简报 浙江省文物考古研究所、武义县文物保护管理所 张馨月 浙江省文物考古研究所学刊（第十二辑） 205—220

丽水市处州府城行春门遗址发掘简报 浙江省文物考古研究所、丽水市博物馆 刘建安 浙江省文物考古研究所学刊（第十二辑） 221—241

海宁市盐官安澜园遗址考古勘探简报 浙江省文物考古研究所、海宁市文物保护所 郑嘉励 浙江省文物考古研究所学刊（第十二辑） 258—262

温州府学孔庙遗址考古调查与勘探 浙江省文物考古研究所、温州市文物考古研究所 刘团徽 浙江省文物考古研究所学刊（第十二辑） 242—257

浙江海宁朱家园煎盐遗址考古试掘简报 浙江省文物考古研究所、海宁市文物保护所 周建初 盐业考古与古代社会研究：手工业考古·黄骅论坛——以盐业考古为中心论文集 298—302

一一 安徽省

安徽省宁国市安友庄旧石器遗址调查及发掘简报 董哲、战世佳 人类学学报 2：334—341

安徽巢湖地区 2019 年旧石器考古调查的新发现 战世佳等 人类学学报 5：927—935

安徽桐城魏庄遗址新石器时代墓葬 2019 年发掘简报 中国人民大学考古文博系、安徽省文物考古研究所 王晓琨等 文物 4：4—24

安徽固镇县新石器时代遗址调查简报 安徽省文物考古研究所 王志 东方考古（第 20 集） 201—228

凌家滩及裕溪河上中游区域系统调查与研究 张乃博、吴卫红 中原文物 1：48—66

安徽合肥大雁墩遗址发掘简报 安徽大学历史学院、安徽省文物考古研究所 汪启航 东南文化 3：44—55

安徽古代瓷窑址的考古发现与研究 陈超 南雍问道：南京大学考古专业成立 50 周年纪念文集（下卷） 1258—1270

安徽淮南钱郢孜北朝墓（M180、M370）发掘简报 安徽省文物考古研究所、淮南市博物馆 张义中等 文物 4：25—39

安徽绩溪西门岭唐代夫妻合葬墓的清理 王志超 大众考古 5：56—59

安徽长丰埠里宋代家族墓 张义中 大众考古 4：14—17

安徽长丰埠里宋代家族墓地的考古发掘 徐凤芹、张义中 大众考古 5：60—66

一二 福建省

福建浦城龙头山遗址秦汉时期墓葬 厦门大学历史与文化遗产学院等 付琳等 考古 9：64—73

福建泉州市南外宗正司遗址 2020 年发掘简报 中国社会科学院考古研究所等 傅恩凤等 考古 4：60—77

福建顺昌高付头窑址考古调查简报 福建省考古研究院等 栗建安等 南方文物 3：121—134

中国国家博物馆藏清代"泰兴号"沉船出水瓷器简报 彭晓云 中国国家博物馆馆刊 12：126—154

一三　江西省

江西樟树市国字山战国墓　江西省文物考古研究院等　唐锦琼等　考古 7：34—51

赣州市文明大道东晋"零都令"墓发掘报告　张嗣介等　文物天地

江西萍乡南坑窑调查　北京大学考古文博学院等　李凯等　南方文物 3：103—120

江西景德镇御窑厂遗址　刘龙　大众考古 8：16—17

考古所见吉州窑（上）、（下）　张文江、李颖　文物天地 3：98—111、4：70—80

一四　山东省

山东北部沿海地区环境考古调查缘起与学术思路　中国国家博物馆考古院等　邱振威　盐业考古与古代社会研究：手工业考古·黄骅论坛——以盐业考古为中心论文集 192—200

山东宁阳百果园遗址调查报告　山东省文物考古研究院、宁阳县博物馆　孔胜利等　华夏考古 6：3—8

大汶口遗址环境考古调查报告　柏哲人等　东方考古（第 19 集） 165—175

山东日照市苏家村遗址 2019 年发掘简报　山东大学考古学与博物馆学系、山东省文物考古研究院　宋艳波等　考古 8：3—24

山东莒县马庄遗址发掘简报　中国社会科学院考古研究所山东队、莒州博物馆　马明、何绪军　华夏考古 6：9—23

山东曲阜林家遗址夏商时期遗存发掘简报　山东大学历史文化学院、山东省文物考古研究院　崔胜宽等　考古与文物 5：3—17

济南市大辛庄遗址商代墓葬 M225、M256 发掘简报　济南市考古研究院等　刘秀玲等　考古 2：54—69

山东日照市马庄遗址周代墓葬发掘简报　中国社会科学院考古研究所山东队　马明、梁中合　北方文物 5：22—39

山东寿光机械林场东周盐业遗址发掘简报　山东大学历史文化学院等　王子孟等　东南文化 1：75—90

山东淄博临淄西关南村一号战国墓发掘简报　淄博市临淄区文物局　韩伟东、王会田　文物 9：4—20

山东龙口市西三甲墓地的发掘　烟台市博物馆、龙口市博物馆　孙兆峰等　考古 11：41—60

山东淄博临淄石鼓墓地　刘晓蓉　大众考古 6：12—15

山东潍坊前凉台村北战国时期房址　孙兵等　大众考古 10：76—80

山东寿光市机械林场东周盐业遗址发掘简报　山东大学历史文化学院等　王子孟　盐业考古与古代社会研究：手工业考古·黄骅论坛——以盐业考古为中心论文集 111—131

山东半岛秦汉祭祀遗址的发现与调查　林仙庭　历史记忆与考古发现 116—127

山东济阳三官庙汉画像石墓发掘报告　济南市考古研究院　房振等　考古学报 2：225—284

山东巨野前贺庄西晋画像石墓清理简报　中国人民大学历史学院、巨野县博物馆　郭郑瑞等　文物 8：67—79

山东济南高新区西晋墓发掘简报　邢琪等　东方考古（第 19 集） 318—329

山东临朐石窟及摩崖造像调查　衣同娟、王瑞霞　石窟寺研究（第十三辑） 1—22

山东宁阳柳沟新村西南隋唐制瓷遗址发掘简报　济南市考古研究院、泰安市文物保护中心　邢琪等　华夏考古 3：44—55

2018 年滨州市滨城区马坊村遗址考古发掘简报　杨小博等　东方考古（第 20 集） 307—329

山东寿光八面河–西桃园盐业遗址 2020 年调查与勘探简报　山东省文物考古研究院、南京大学历史学院　赵国靖　盐业考古与古代社会研究：手工业考古·黄骅论坛——以盐业考古为中心论文集 152—171

一五　河南省

丹江口库区梁家岗2号和东岗旧石器地点的调查与发掘　李京亚等　人类学学报1：108—120
河南南召太山庙沈家庄东山旧石器地点调查研究　李宏庆等　黄河·黄土·黄种人14：8—18
河南南阳第二污水处理场地点发现的旧石器研究　崔祚文等　科技考古与文物保护技术（第四辑）18—23
灵井许昌人遗址2017年发掘简报　河南省文物考古研究院等　赵清坡、马欢欢　华夏考古1：3—12
河南南召余坪旧石器地点的发现与研究　任进成等　人类学学报5：945—951
河南南召太山庙南坡根发现的旧石器　刘惜祯等　北方民族考古（第13辑）1—12
河南浚县鹿台遗址东区新石器时代遗存发掘报告　郑州大学历史学院等　陈朝云、朱梦园　考古学报4：485—518
河南渑池县关家遗址裴李岗文化遗存发掘简报　河南省文物考古研究院、首都师范大学历史学院　樊温泉、秦存誉　考古2：22—36
河南南阳市黄山新石器时代遗址　河南省文物考古研究院、南阳市文物考古研究所　马俊才等　考古10：3—28
河南驻马店薛庄遗址新石器时代遗存发掘简报　河南省文物考古研究院、驻马店市文物考古研究所　曹艳朋等　江汉考古3：3—25
河南漯河郾城区土城王遗址2018年考古发掘与初步研究　北京大学考古文博学院等　李唯等　华夏考古3：3—28
河南渑池仰韶村遗址第四次考古发掘HG2简报　河南省文物考古研究院等　李世伟等　华夏考古5：3—15
河南淅川金营遗址新石器时代遗存发掘简报　河南省文物考古研究院、河南省文物局南水北调文物保护办公室　曹艳朋　中原文物1：4—14
河南伊川土门遗址新石器时代遗存发掘简报　洛阳市文物考古研究院　胡瑞等　中原文物2：4—19
河南周口市淮阳平粮台遗址龙山文化遗存的发掘　北京大学考古文博学院等　张海等　考古1：1—27
河南辉县丰城凤头岗遗址2019—2020年调查简报　河南大学黄河文明与可持续发展研究中心等　侯卫东等　江汉考古5：20—28
河南孟州义井遗址考古调查勘探报告　郑州大学历史学院等　张恒恒等　华夏考古3：29—38
河南叶县余庄遗址M10发掘简报　河南省文物考古研究院等　吴伟华、张雯　华夏考古4：3—6
郑州市小李庄遗址龙山文化晚期遗存发掘简报　汪旭等　黄河·黄土·黄种人12：9—12
郑州西北郊地区二里头文化遗址的调查　师东辉、李素婷　黄河·黄土·黄种人14：3—7
河南淇河下游地区下七垣文化遗址的调查与收获　王睿　学而述而里仁：李伯谦先生从事教学考古60周年暨学术思想研讨会文集　307—348
河南安阳洹北商城手工业作坊区墓葬2015—2020年的发掘　中国社会科学院考古研究所安阳工作队　何毓灵等　考古学报3：353—376
河南洛阳市偃师商城遗址2018—2020年墓葬发掘简报　中国社会科学院考古研究所河南第二工作队　谷飞等　考古6：19—37
洛阳偃师古沟渠遗址调查简报　洛阳市考古研究院　史家珍等　中原文物5：4—10
郑州商城遗址内城西南角商代灰坑发掘简报　河南省文物考古研究院城市考古与保护国家文物局重点科研基地等　杨树刚等　华夏考古5：16—36
河南安阳市殷墟刘家庄北地M793　中国社会科学院考古研究所安阳工作队　岳洪彬等　考古8：25—45
河南武陟万花遗址商代墓葬发掘简报　河南省文物考古研究院、河南大学历史文化学院　刘中伟　文物12：4—9
安阳陶家营遗址M12发掘简报　河南省文物考古研究院、安阳市文物考古研究所　孔德铭等　江汉考古4：16—29

河南安阳市辛店铸铜遗址2018—2019年发掘简报 安阳市文物考古研究所、河南省文物考古研究院 孔维鹏等 考古11：3—27

河南安阳市辛店遗址商代晚期墓M11 安阳市文物考古研究所等 孔德铭等 考古11：28—40

踏查洹上 2021年殷墟商王陵及周边考古勘查记 牛世山 大众考古3：81—85

河南驻马店薛庄遗址西周遗存发掘简报 河南省文物考古研究院、驻马店市文物考古研究所 曹艳朋 华夏考古4：22—29

河南洛阳市东郊帽郭村西周墓C5M1981的发掘 山东大学历史文化学院、洛阳市文物考古研究院 程保增、杨凡 考古3：25—40

河南鹤壁辛村遗址2015年度西周墓葬发掘简报 河南省文物考古研究院、鹤壁市文物工作队 高振龙、田思玥、牛合兵 华夏考古5：37—48

洛阳瀍河区西周墓C3M521发掘简报 洛阳市文物考古研究院 安亚伟 中原文物4：4—8

河南洛阳市瀍河区C3M451西周墓发掘简报 洛阳市文物考古研究院 安亚伟 北方文物4：23—25

河南洛阳唐城花园C3M433西周墓发掘简报 洛阳市文物考古研究院 叶万松、安亚伟 文博4：26—30

河南新郑市侯家台墓地三座东周墓 河南省文物考古研究院、武汉大学历史学院考古系 李龙俊、樊温泉 考古10：64—78

河南伊川土门遗址东周墓葬发掘简报 洛阳市文物考古研究院 胡瑞等 中原文物2：20—30

洛阳西工区升龙广场东周墓C1M10564发掘简报 洛阳市考古研究院、洛阳市邙山陵墓群管理处 潘海民等 中原文物6：4—9

河南新郑黄帝故里景区东周墓葬发掘简报 河南省文物考古研究院 樊温泉等 华夏考古5：49—60

河南三门峡甘棠学校春秋墓M568发掘简报 河南省文物考古研究院、三门峡市文物考古研究所 燕飞、王军震 中国国家博物馆馆刊9：27—38

卫辉汲城城址与汲冢遗址考古调查与勘探报告 新乡市文物考古研究所 王政 共辉集：辉县考古发掘70周年暨古代文明研讨会纪念文萃 75—81

河南宜阳韩都故城遗址2016年发掘简报 郑州大学历史学院、洛阳市文物考古研究院 陈南南 华夏考古2：3—10

河南三门峡市刚玉砂厂四座秦人墓发掘简报 河南省文物考古研究院、三门峡市文物考古研究所 胡继忠 华夏考古4：30—37

河南省新郑市文化路第二小学战国墓M5发掘简报 魏青利等 黄河·黄土·黄种人10：7—10

河南淅川裴岭墓地M119发掘简报 南阳文物保护研究院 董全生 洛阳考古（总第35期） 3—6

河南温县南张羌M36、M89发掘简报 魏唯一、王再建 文物春秋6：58—67

洛阳天鑫苑两座汉墓发掘简报 顾雪军 黄河·黄土·黄种人2：3—7

河南渑池鱼池家园墓群 韩鹏翔 大众考古2：14—15

洛阳孟津沿黄河古代遗址群考古调查发掘的思考与设想 严辉 洛阳考古（总第34期） 37—41

洛阳孟津天皇岭西汉墓（M26、M27）发掘简报 洛阳师范学院历史文化学院、洛阳市文物考古研究院 张鸿亮 文物1：4—17

河南开封虎丘岗遗址汉代墓葬发掘简报 郑州大学历史学院考古系等 张国硕等 文物6：4—27

郑州荥阳槐林墓地汉墓M98发掘简报 郑州市文物考古研究院、荥阳市文物保护管理中心 姜楠等 中原文物4：9—15

许昌佛耳岗汉墓发掘简报　河南省文物考古研究院、许昌市文物考古研究管理所　王豫洁等　中原文物 5：11—16
周口川汇区中原路汉墓发掘简报　周口市文物考古所　李全立等　中原文物 5：17—20
河南洛阳孟津上屯西汉墓（C8M2001）发掘简报　洛阳市文物考古研究院　李继鹏　中国国家博物馆馆刊 1：36—48
河南三门峡后川村 M425 发掘简报　杨海青、史智民　黄河·黄土·黄种人 20：3—6
河南三门峡后川村 M351 发掘简报　史智民等　黄河·黄土·黄种人 24：13—16
河南鹤壁市后营汉代墓地发掘简报　鹤壁市文物工作队、上海大学文化遗产与信息管理学院　曹峻　考古学集刊（第 27 集）58—93
驻马店石龙山东汉摩崖石刻考古调查简报　刘群等　黄河·黄土·黄种人 10：19—22
河南洛阳市朱仓村 M683 东汉墓园　张鸿亮　考古 6：38—61
河南辉县赵庄墓地东汉墓发掘简报　宁夏文物考古研究所、河南省文物局南水北调文物保护办公室　童文成、陈伟　中国国家博物馆馆刊 1：49—78
河南洛阳孟津平乐东汉墓（C8M2259）发掘简报　洛阳市文物考古研究院、洛阳市邙山陵墓群管理处　卢青峰　中国国家博物馆馆刊 5：101—112
郑州经开区盛和社区新莽 M1 发掘简报　郑州市文物考古研究院　刘文科　博物馆学刊（第 8 集）65—69
郏县西狮王寺 M40、M47 发掘简报　焦作师范高等专科学校覃怀文化研究院等　蔡可斌　洛阳考古（总第 34 期）3—11
洛阳市魏紫路晋唐墓发掘简报　洛阳市文物考古研究院、洛阳市邙山陵墓群管理处　卢青峰　中国国家博物馆馆刊 2：6—22
河南洛阳后沟村西晋墓发掘简报　李继鹏等　黄河·黄土·黄种人 16：3—8
洛阳苗北村西晋墓（IM3620）发掘简报　洛阳市考古研究院　杜娟　洛阳考古（总第 34 期）14—16
河南荥阳市豫龙镇北魏尹平墓发掘简报　郑州市文物考古研究院　魏青利　考古 3：41—58
洛阳定鼎北路北魏王昱慈墓发掘简报　洛阳市文物考古研究院　邓新波、屈昆杰　华夏考古 1：28—34
河南灵宝北朝向氏家族墓发掘简报　河南省文物考古研究院等　王亮、燕飞　洛阳考古（总第 33 期）3—14
洛阳隋代回洛仓遗址 2016—2017 年度考古发掘简报　洛阳市考古研究院　王炬、郑国奇　洛阳考古（总第 35 期）7—13
隋唐洛阳城宫城嘉豫门的发现　潘付生　大众考古 5：42—46
风雨兼程巩义窑之田野调查　任向坤　大众考古 2：59—65
河南滑县晚唐至宋初制酒作坊遗址发掘简报　河南省文物考古研究院、安阳市文物考古研究所　胡玉君等　华夏考古 2：31—41
河南郑州西岗唐郑令同夫妇合葬墓发掘简报　郑州市文物考古研究院　魏青利　文物 6：28—41
河南洛阳洛龙区潘寨村唐墓发掘简报　洛阳市文物考古研究院　吴业恒等　考古与文物 4：39—48
河南洛阳市洛南新区唐代侯希言墓的发现　顾雪军　考古 3：114—120
河南濮阳建业世和府墓地汉唐墓葬发掘简报　河南省文物考古研究院等　刘朝彦等　华夏考古 3：39—43
河南鹿邑崔寨墓地唐代墓葬发掘简报　河南省文物考古研究院等　朱树政　华夏考古 5：61—67
郑州唐代杨质墓发掘简报　郑州市文物考古研究院　刘彦锋等　中原文物 5：21—30
河南省郑州市漳河路唐墓发掘简报　郑州市文物考古研究院　黄河·黄土·黄种人 12：7—8
河南三门峡刚玉砂厂唐墓发掘简报　河南省文物考古研究院、三门峡市文物考古研究所　张凤、胡赵建　文博 1：15—21

河南三门峡黄河嘉园工地唐代墓葬M73发掘简报 史智民等 黄河·黄土·黄种人8：3—5

郑州鼎盛置业有限公司阳光城6号院唐墓（2011ZDYM1）发掘简报 刘彦锋等 黄河·黄土·黄种人22：7—10

河南荥阳唐墓M2发掘简报 魏青利等 黄河·黄土·黄种人24：17—20

郑州巩义涉村宋代壁画墓发掘简报 郑州市文物考古研究院、巩义市文物管理局 顾万发等 中原文物1：29—42

北宋宜阳窑初探 彭善国、张凯 文物9：46—51

河南开封北宋东京城州桥遗址 周润山 大众考古9：12—15

河南新郑正商智慧城宋代砖雕壁画墓M7发掘简报 郑州市文物考古研究院 索全星等 考古与文物5：41—46

河南焦作修武新庄沟村东墓地发掘简报 河南省文物考古研究院、焦作市文物考古研究所 冯春艳、敬宇峰 华夏考古4：38—46

焦作东城花园宋金墓M79发掘简报 焦作市文物考古研究所 韩长松等 中原文物6：24—29

洛阳偃师新寨宋代砖雕墓发掘简报 洛阳市文物考古研究院、洛阳市偃师区文物局 卢青峰等 洛阳考古（总第32期）3—9

三门峡市刚玉砂厂金代墓葬M212发掘简报 河南省文物考古研究院、三门峡市文物考古研究所 胡赵建、张凤 华夏考古1：35—42

河南淅川兴化寺遗址H21发掘简报 河南省文物考古研究院等 曹金萍、王三营 华夏考古4：47—54

郑州华南城二路金代砖雕壁画墓发掘简报 黄富成 郑州文物考古与研究（四）（上）312—318

南阳桐柏卢寨元代壁画墓发掘简报 南阳市文物考古研究所 王巍等 中原文物1：43—47

河南巩义蔡庄三官庙大殿调查与研究 北京大学中国考古学研究中心、北京大学考古文博学院 俞莉娜等 故宫博物院院刊11：15—29

河南开封大厅门街明代建筑遗址发掘简报 河南大学历史文化学院等 曹金萍 文物12：10—29

驻马店上蔡明顺阳王朱有烜墓发掘简报 驻马店市博物馆 彭爱杰 中原文物4：16—23

郑州南岗刘村明代砖室壁画墓发掘记 刘文科 大众考古11：70—74

荥阳晚明乡绅赵守礼墓调查记 陈万卿等 黄河·黄土·黄种人12：3—6

郑州惠济区新庄村明墓发掘简报 刘彦峰等 黄河·黄土·黄种人22：3—6

一六 湖北省

湖北保康穆林头遗址新石器时代遗存2017年发掘简报 湖北省文物考古研究院、保康县博物馆 笪浩波等 江汉考古2：3—30

湖北宜城袁家湾遗址发掘简报 湖北省文物考古研究院、宜城市博物馆 闻磊等 中国国家博物馆馆刊1：6—35

湖北随州庙台子遗址西周遗存发掘简报 湖北省文物考古研究所等 郭长江等 江汉考古1：3—14

湖北襄阳王家巷遗址周代制陶作坊遗存2013年发掘简报 襄阳市文物考古研究所 刘江生等 中原文物3：28—45

湖北谷城擂鼓台墓群M2发掘简报 湖北省文物考古研究院、谷城县博物馆 宋贵华等 江汉考古3：25—36

湖北云梦县郑家湖墓地2021年发掘简报 湖北省文物考古研究院、云梦县博物馆 罗运兵等 考古2：3—21

湖北荆州市雨台山张大冢墓地战国墓葬 湖北省文物考古研究院 闻磊等 考古4：40—59

湖北荆州任家冢等墓地战国墓葬发掘简报 荆州博物馆 李志芳等 江汉考古1：15—28

湖北沙洋新宏墓地M1发掘简报 四川大学历史文化学院、荆门市博物馆 杨凤武等 江汉考古6：26—35

湖北荆州郢城遗址秦汉木构遗存发掘简报 荆州博物馆 刘建业等 江汉考古1：29—45

湖北随州王家台东周至宋代遗址 厦门大学历史系等 刘太远 南方民族考古（第二十四辑）23—42
湖北荆门林场遗址西汉车马坑发掘简报 湖北省文物考古研究院、荆门市博物馆 范晓佩等 江汉考古 5：29—48
湖北荆州枕头台子墓地西汉墓发掘简报 荆州博物馆 朱江松等 文博 3：14—24
湖北荆州朱家草场汉墓 M29 发掘简报 荆州博物馆 李志芳、郑梅 文博 3：25—29
湖北鄂城新庙大鹰山孙吴墓发掘简报 鄂州市博物馆、湖北省文物考古研究所 余夏红等 江汉考古 1：46—55
湖北鄂州花湖机场对面山墓群 余骏 大众考古 3：12—13
湖北襄阳王伙北宋纪年墓 刘江生、高顺利 江汉考古 6：44—48
武汉新洲巴铺宋墓发掘简报 武汉市文物考古研究所、新洲博物馆 朱励博等 江汉考古 3：51—58
湖北武汉市新洲朱家堤宋墓发掘简报 武汉市文物考古研究所、武汉市新洲区博物馆 朱励博等 北方文物 1：20—26
湖北孝感城隍潭码头遗址 张明 大众考古 9：16—17

一七　湖南省

湖南华容县七星墩遗址 2019—2020 年发掘简报 湖南省文物考古研究所 王良智 考古 6：3—18
湖南汉代考古概述 高成林 南方文物 2：39—49
湖南长沙伍家岭东汉至隋唐时期墓葬发掘简报 长沙市文物考古研究所 孙明、何佳 华夏考古 2：11—21
湖南新化北塔壁画调查简报 四川大学考古文博学院等 刘梦、周伟强 四川文物 4：21—36

一八　广东省

广州市增城区松丁山遗址先秦时期遗存发掘简报 广州市文物考古研究院 张强禄等 四川文物 1：26—42
广东潮阳鸡龙山遗址的发掘 广东省文物考古研究院 王欢等 江汉考古 5：6—19
广东潮州潮安鸡崇山遗址发掘简报 中山大学社会学与人类学学院、广东省文物考古研究院 王欢 东南文化 1：44—59
21 世纪以来先秦时期印纹硬陶窑址考古新进展（下）郑建明 文物天地 1：81—88
广东博罗五斗种战国至西汉墓发掘简报 广东省文物考古研究院 李博 文物 5：4—25
广州市荔湾区西湾路西汉早期石子墓发掘简报 广州市文物考古研究院 史雪飞 东南文化 6：22—32
广东阳江江城区东晋纪年墓发掘简报 广东省文物考古研究院 王欢、毛远广 东南文化 4：61—67
广东吴川马飘岭遗址考古发掘简报 广东省文物考古研究院、湛江市博物馆 朱柯 东南文化 2：103—113
广州市黄埔区迳下村南朝、晚唐五代墓葬发掘简报 广州市文物考古研究院 王慧 东南文化 4：80—88
广东乳源小江村隋唐墓葬发掘简报 广东省文物考古研究院、乳源瑶族自治县博物馆 朱柯 东南文化 4：89—100

一九　广西壮族自治区

百色盆地六林岭旧石器遗址试掘报告 高立红等 人类学学报 1：135—147
崇左江边新石器时代遗址 2007 年试掘简报 杨清平 东亚文明（第 3 辑）313—326
广西崇左市江州区逐汪山岩洞葬调查简报 广西文物保护与考古研究所 杨清平等 四川文物 6：4—15

二〇　海南省

海南三亚崖州多坟山墓地 吴晶晶 大众考古 1：14—17

二一　重庆市

重庆涪陵大河口遗址新石器和汉代墓葬的发掘　重庆市文物考古研究院等　何学琳　科技考古与文物保护技术（第四辑）　241—255

重庆云阳塘坊新石器时代遗址　四川大学考古系等　罗二虎　南方民族考古（第二十四辑）　1—22

重庆市开州区姚家坝遗址发掘报告　山东大学历史文化学院考古学系等　崔英杰　东方考古（第20集）　229—276

重庆市云阳县马沱墓地战国墓发掘简报　张建华等　黄河·黄土·黄种人18：3—12

重庆市万州区瓦子坪遗址2004年发掘简报　山东博物馆　朱华等　四川文物5：19—33

重庆市开州区铺溪子墓葬发掘简报　山东大学历史文化学院等　东方考古（第19集）　304—308

重庆市开州区长堉M33发掘简报　山东大学历史文化学院考古学系等　王芬　东方考古（第20集）　282—298

重庆市开州区赵家古遗址和墓地发掘报告　山东大学历史文化学院等　崔英杰　东方考古（第19集）　243—303

重庆市开州区渠口二组和渠口六组汉代墓葬发掘报告　山东大学历史文化学院等　东方考古（第19集）　309—317

重庆市开州区姚家墓地发掘简报　山东大学历史文化学院考古学系等　崔英杰　东方考古（第20集）　277—281

重庆垫江峰门铺石刻群的发掘与收获　重庆市文物考古研究院等　秦畅　科技考古与文物保护技术（第四辑）　301—317

重庆市北碚区麻雀嘴墓地发掘简报　重庆市文物考古研究院、重庆市北碚区文物管理所　肖碧瑞　科技考古与文物保护技术（第四辑）　256—262

重庆市九龙坡区斑竹林南宋墓地发掘简报　重庆市文物考古研究院、九龙坡区文物管理所　李大地等　四川文物2：26—39

重庆市巴南区生基嘴墓地发掘简报　重庆市文物考古研究院、信阳师范学院　蔡亚林　洛阳考古（总第35期）　14—20

重庆巴南区长石塔石室墓　蔡亚林、贺辉　大众考古7：16—17

二二　四川省

四川稻城县皮洛旧石器时代遗址　四川省文物考古研究院、北京大学考古文博学院　郑喆轩等　考古7：3—14

四川金川县刘家寨遗址2012年发掘简报　四川省文物考古研究院等　陈苇等　考古4：3—21

四川会理县大坪遗址Ⅲ区新石器时代遗存发掘简报　四川省文物考古研究院等　连锐等　四川文物1：4—16

四川天府大道北延线（德阳段）新石器时代晚期至商周时期遗址调查简报　四川省文物考古研究院　雷雨等　四川文物1：17—25

四川广汉市三星堆遗址祭祀区　三星堆遗址祭祀区考古工作队等　冉宏林等　考古7：15—33

成都市金沙遗址"黄忠小学"地点商周遗存发掘简报　成都文物考古研究院　田剑波等　考古2：37—53

成都市郫都区盛家院遗址发现的商周时期陶窑　成都文物考古研究院、重庆师范大学西南考古与文物研究中心　蒋刚等　江汉考古2：31—37

再醒惊天下——三星堆遗址祭祀区的考古新发现　雷雨　博物馆学刊（第8集）　53—57

三星堆遗址考古发掘取得新进展：6座祭祀坑出土文物近13000件 祭祀坑埋藏年代确定　徐秀丽　中国文物报　6月17日1版

四川彭州龙泉村遗址东周墓葬发掘简报　成都文物考古研究院、彭州市文物保护管理所　田剑波等　文物5：26—41

四川德昌县罗家坡遗址2018年度发掘简报　四川省文物考古研究院等　蒋刚等　四川文物4：4—20
四川汉源县大地头遗址2009年度汉代墓葬发掘简报　四川省文物考古研究院等　周科华等　四川文物6：16—30
成都市双流区谢家包西汉岩坑墓发掘简报　四川大学考古文博学院、成都文物考古研究院　罗二虎、韩恩瑞　考古1：46—59
成都市双流区牧马山墓地东晋、南朝砖室墓发掘简报　成都文物考古研究院、双流区文物保护管理所　杨波等　四川文物5：34—45
四川仁寿大化石院寺摩崖造像调查简报　四川大学考古文博学院等　白彬等　文物2：64—81
成都市青莲上街古城墙遗址发掘简报　成都文物考古研究院　王瑾　考古5：55—73
四川资阳半月山大佛考古调查简报　雷玉华等　中国国家博物馆馆刊3：6—19
四川简阳长岭山摩崖造像调查简报　四川大学考古文博学院、简阳市文物管理所　白彬等　敦煌研究2：54—66
四川简阳甘蔗嘴宋代家族墓发掘简报　成都文物考古研究院、简阳市文物管理所　江滔、刘祥宇　文物5：42—55
四川现存宋代山城城门调查简报　安徽大学历史学院　蒋晓春　中国国家博物馆馆刊6：19—32
四川彭山区大坟包墓地2020年度宋代石室墓发掘简报　四川省文物考古研究院、眉山市彭山区文物保护研究所　李万涛　博物馆学刊（第8集）78—100
四川安岳净慧岩摩崖造像调查简报　四川大学考古文博学院等　张亮等　文物2：82—96
四川青神县四亩田宋代墓地发掘简报　四川省文物考古研究院、青神县文物保护管理中心　任江等　四川文物2：4—25
四川广汉中学宋墓发掘简报　四川省文物考古研究院、广汉市文物保护研究所　雷雨等　四川文物3：4—12
四川旺苍县蛮洞子石宋代崖墓群发掘简报　四川省文物考古研究院、旺苍县文物保护管理所　任江等　中国国家博物馆馆刊2：32—49
四川彭山江口明末战场遗址抢救性考古发掘取得重要成果　徐秀丽　中国文物报　11月15日2版
四川马尔康市甲扎尔甲石窟调查简报　四川省文物考古研究院等　罗文华等　四川文物3：20—40
四川德阳市旌阳宝峰寺调查简报　四川省文物考古研究院等　崔航等　四川文物5：46—62

二三　贵州省

贵州正安官田宋墓发掘简报　贵州省文物考古研究所、正安县文物保护管理所　周必素、闵凯　江汉考古5：49—56
贵州松桃县干溪壁画墓发掘简报　贵州省博物馆、贵州省文物考古研究所　李二超　科技考古与文物保护技术（第四辑）278—281
会理县大坪遗址清代墓葬发掘简报　高寒、童兴茂　博物馆学刊（第8集）101—113

二四　西藏自治区

西藏阿里札达县格布赛鲁墓地2017年度考古发掘简报　西藏自治区文物保护研究所等　扎西次仁　西藏文物考古研究（第4辑）1—27
西藏阿里地区古代岩画调查　陕西省考古研究院等　张建林等　西藏民族大学学报（哲学社会科学版）3：15—27
西藏札达县皮央·东嘎日波墓地发掘简报　四川大学考古文博学院等　李帅等　文物9：21—35
西藏乃东县结萨石室墓地发掘简报　西藏自治区文物保护研究所等　吕红亮　西藏文物考古研究（第4辑）40—53
西藏札达县桑达隆果墓地发掘简报　西藏自治区文物保护研究所等　何伟等　考古12：3—26

西藏定结县嘎拉山涂绘岩画调查 余小洪、郑君雷 边疆考古研究（第31辑） 55—63
西藏札达县皮央•东嘎果扎墓地和卡基墓地 四川大学考古文博学院等 李帅等 考古 12：27—43
西藏札达县曲龙遗址萨扎地点南区墓葬 陕西省考古研究院等 席琳等 考古 12：44—57
西藏拉萨市协村杰丁噶摩崖石刻造像群调查简报 西藏自治区文物保护研究所 罗布扎西 西藏文物考古研究（第4辑） 54—75
西藏夏鲁寺及日普寺石刻调查报告 张中亚 西藏文物考古研究（第4辑） 312—325
西藏吉隆县它日普岩画调查简报 四川大学考古文博学院等 卢素文等 考古与文物 4：49—57
吉隆县青噶石窟调查报告 西藏自治区文物保护研究所、吉隆县文物局 扎西曲珍 西藏文物考古研究（第4辑） 76—104

二五　陕西省

陕西神木石峁遗址皇城台"蛇纹鬲"遗存石砌院落发掘简报 陕西省考古研究院等 孙周勇等 考古与文物 2：64—77
陕西千阳丰头遗址发掘简报 陕西省考古研究院 杨亚长等 考古与文物 4：3—15
陕西省永寿县先秦时期遗址考古调查简报 中国－中亚人类与环境"一带一路"联合实验室文化遗产研究与保护技术教育部重点实验室、西北大学文化遗产学院 豆海峰 西部考古（第23辑） 1—43
陕西府谷寨山遗址庙地点墓地发掘简报 陕西省考古研究院等 邵晶等 考古与文物 2：51—63
陕西旬邑西头遗址南头村地点 2019 年龙山时期遗存发掘简报 西北大学文化遗产学院等 刘斌等 考古与文物 6：3—20
陕西西安老牛坡遗址 2010 年商代墓葬发掘简报 陕西省考古研究院 岳连建 考古与文物 3：3—11
先周文化大型建筑与西周城址周原遗址首次确认 中国文物报 2月25日8版
2004 年度周公庙遗址祝家巷北地点发掘简报 陕西省考古研究院、北京大学考古文博学院 种建荣等 华夏考古 1：13—27
西安市沣西大原村制陶遗址 2017—2018 年发掘简报 中国社会科学院考古研究所丰镐队 付仲杨等 考古 9：14—35
陕西丰京大原村制陶作坊遗址两座西周陶窑的发掘 中国社会科学院考古研究所丰镐队 王迪等 中原文物 3：16—27
陕西岐山县孔头沟遗址西周墓葬 M9 的发掘 陕西省考古研究院、北京大学考古文博学院 王洋等 考古 4：22—39
陕西宝鸡市西高泉墓地 1981 年发掘简报 中国社会科学院考古研究所、陕西省考古研究院 张煜珧、冯丹 考古 5：24—39
陕西省宝鸡市陈仓区吴山祭祀遗址 2016—2018 年考古调查与发掘简报 中国国家博物馆等 中国国家博物馆馆刊 7：6—45
陕西西安清凉山秦墓发掘简报 西安市文物保护考古研究等 孙武等 考古与文物 4：16—38
陕西宝鸡东沙河西路战国秦墓发掘简报 宝鸡市考古研究所 辛宇等 文博 6：3—13
西安相家巷遗址 H4 出土秦封泥整理简报 郑州大学历史学院、西安市文物保护考古研究院 韩国河等 文物 10：4—21
陕西咸阳沙河古桥遗址 2020 年勘探发掘简报 陕西省考古研究院、沙河古桥遗址文物管理所 王志友等 考古与文物 5：23—29
陕西宝鸡旭光村秦墓发掘简报 宝鸡市考古研究所 辛怡华等 考古与文物 5：18—22
陕西韩城陶渠秦墓发掘简报 陕西省考古研究院等 耿庆刚等 文博 2：3—11

陕西西咸新区空港新城岩村墓地发掘简报　西安市文物保护考古研究院等　柴怡等　文博 2：12—34

陕西西安自强村汉墓发掘简报　山东大学历史文化学院等　王钦玄等　考古与文物 6：21—42

汉文帝霸陵考古调查勘探简报　陕西省考古研究院、西安市文物保护考古研究院　马永嬴等　考古与文物 3：47—59

陕西清涧桑树坪汉代石室墓发掘简报　西北大学文化遗产学院、榆林市文物保护研究所　何家欢等　江汉考古 6：36—43

陕西西安杨家湾西汉墓发掘简报　西安市文物保护考古研究院　郭昕等　文博 3：3—13

陕西咸阳成任墓地东汉家族墓发掘简报　陕西省考古研究院、陕西十月文物保护有限公司　李明等　考古与文物 1：3—27

陕西西安自强东路东汉墓 M1、M2 发掘简报　西安市文物保护考古研究院　邰紫琳等　文博 6：14—22

陕西西安西三爻村西晋及金墓发掘简报　陕西省考古研究院　段毅等　考古与文物 5：30—40

陕西西咸新区空港新城陶家村北周墓发掘简报　陕西省考古研究院、山东大学文化遗产研究院　赵汗青等　文博 6：23—38

陕西宜君福地石窟调查简报　任筱虎　文物 9：76—85

隋唐长安城东北角夹城及十王宅遗址 2021 年度发掘简报　西安市文物保护考古研究院　辛龙等　文博 1：3—7

陕西西咸新区空港新城隋唐豆卢贤家族墓发掘简报　西安市文物保护考古研究院、陕西十月文物保护有限公司　柴怡等　考古与文物 1：43—58

宝鸡凤翔区南沟庙摩崖造像调查简报　中国 – 中亚人类与环境"一带一路"联合实验室等　冉万里　西部考古（第 24 辑）66—79

西安南郊缪家寨唐韦万夫妇墓发掘简报　西安市文物保护考古研究院、郑州大学历史学院　郭永淇等　文物 10：22—33

西安南郊缪家寨唐王元忠夫妇墓发掘简报　郑州大学历史学院、西安市文物保护考古研究院　陈钦龙等　文物 10：34—56

西安市西郊贺家寨唐墓 M3、M29 发掘简报　南开大学考古学与博物馆学系、西安市文物保护考古研究院　谢佳芮等　华夏考古 2：22—30

陕西咸阳唐刘静夫妇墓发掘简报　陕西省考古研究院、西北大学文化遗产学院　李明等　故宫博物院院刊 8：72—85

陕西西安侧坡南村唐墓（M1）发掘简报　西安市文物保护考古研究院、洛阳市文物考古研究院　史杭、张翔宇　文博 1：8—14

陕西西安清凉山墓地唐宋墓葬发掘简报　西安市文物保护考古研究院等　孙武等　文博 5：3—14

陕西铜川新区唐傅揩家族墓清理简报　张汉文等　文物季刊 3：30—40

陕西西安唐陇西李浔夫人崔琰墓发掘简报　王艳朋等　黄河·黄土·黄种人 10：16—18

西北大学长安校区唐邓有意墓（2004CXDM118）发掘简报　西北大学文化遗产学院、陕西省考古研究院　冉万里　西部考古（第 24 辑）59—65

陕西西安青龙寺元墓发掘简报　西安市文物保护考古研究院　张全民、郭永淇　文博 5：23—32

陕西省商洛市山阳县千佛洞石窟调查简报　中国 – 中亚人类与环境"一带一路"联合实验室、文化遗产研究与保护技术教育部重点实验室、西北大学文化遗产学院　冉万里　西部考古（第 23 辑）261—278

西安明代秦藩辅国将军朱公铠夫妇墓发掘简报　郑州大学历史学院、西安市文物保护考古研究院　陈钦龙等　中原文物 2：31—37

陕西商洛丹凤县凤冠山石窟调查简报 中国–中亚人类与环境"一带一路"联合实验室等 冉万里 西部考古（第24辑）80—104

二六 甘肃省

甘肃环县楼房子遗址2018年发掘简报 慕占雄等 人类学学报1：121—134
甘肃华池大梁峁遗址2017年试掘简报 甘肃省文物考古研究所等 阎渭清等 文博4：16—25
甘肃灵台桥村遗址Ⅰ区发掘简报 甘肃省文物考古研究所、北京大学考古文博学院 赵建龙等 考古与文物2：14—25
甘肃甘谷毛家坪遗址沟东墓地2012—2014年发掘简报 早期秦文化联合考古队 侯红伟等 考古与文物3：12—26
甘肃甘谷毛家坪遗址沟西墓地2012—2014年发掘简报 早期秦文化联合考古队 梁云等 考古与文物3：27—46
甘肃甘谷毛家坪春秋秦墓（M2059）及车马坑（K201）发掘简报 早期秦文化联合考古队 梁云等 文物3：4—40
关于悬泉置遗址平面图与探方分布表匹配问题的讨论 金玉璞、郑佳音 陇右文博3：38—42
临泽化音汉晋墓葬发掘简报 张掖市文物保护研究所 王卫东 陇右文博4：3—14
甘肃镇原县田园子石窟发掘简报 甘肃省文物考古研究所 郑国穆、王博文 考古6：62—81
百年敦煌石窟考古重大成果 张小刚 中国社会科学报11月3日4版
瓜州锁阳城外城东墙保护修缮工程（一期）考古试掘简报 敦煌研究院考古研究所 邓虎斌、王建军 敦煌研究5：86—96
甘肃正宁要册湫调查报告 梁彦斌、秦博文 历史记忆与考古发现207—217
甘肃武威市唐代吐谷浑王族墓葬群 甘肃省文物考古研究所等 陈国科等 考古10：29—47
甘肃定西安定区金代砖雕壁画墓发掘简报 甘肃省文物考古研究所 黄飞翔、王山 文博5：15—22
康乐县关丰村苟家井金代砖雕墓清理简报 苏娜 丝绸之路2：142—145

二七 青海省

西宁市城北区沈那遗址1992—1993年发掘简报 青海省文物考古研究所、西宁市文物管理所 王玥等 考古5：3—23
青海同德县宗日遗址墓葬区2020年发掘简报 青海省文物考古研究所等 乔虹、马骞 四川文物5：4—18
青海乐都瞿昙寺隆国殿梁架题记调查简报 王其亨等 文物1：85—97

二八 宁夏回族自治区

宁夏海原县南华山旧石器考古调查 李昱龙等 人类学学报3：491—500
宁夏海原南华山地区新石器时代遗存调查简报 宁夏文物考古研究所、海原县文物管理所 杨剑等 文博4：3—15
宁夏隆德周家嘴头遗址2017年仰韶文化遗存发掘简报 宁夏文物考古研究所、隆德县文物管理处 樊军等 考古与文物2：3—13
宁夏隆德周家嘴头遗址仰韶文化陶窑发掘简报 宁夏回族自治区文物考古研究所、隆德县文物管理所 杨剑等 中原文物3：4—15
宁夏彭阳姚河塬遗址Ⅰ象限北墓地M4西周组墓葬发掘报告（下） 宁夏回族自治区文物考古研究所、彭阳县文物管理所 马强 考古学报1：43—74
宁夏固原南郊唐代壁画墓发掘简报 宁夏回族自治区文物考古研究所 朱存世等 中原文物1：15—28
固原西郊宋墓 宁夏回族自治区文物考古研究所 樊军等 中国国家博物馆馆刊11：15—27

贺兰山腹地一处窑址踏查所见 王建保等 文物天地 4：101—105

二九 新疆维吾尔自治区

关于中国的铜石并用时代和青铜时代——从新疆的考古新发现论起 韩建业 西域研究 3：89—98
2020—2021 年新疆考古收获张相鹏 张相鹏 西域研究 4：68—75
新疆塔城托里县那仁苏墓地考古发掘与初步认识 阿里甫江·尼亚孜 西域研究 4：76—80
新疆库车友谊路墓群 2021 年发掘收获与初步认识 田小红等 西域研究 4：81—86
新疆塔什库尔干县库孜滚遗址发掘简报 北京大学考古文博学等 冯玥等 考古 9：3—13
新疆木垒哈萨克自治县伊尔卡巴克细石器遗址调查简报 朱之勇等 西部考古（第 24 辑）20—30
新疆阜康四工河岩画调查报告 西北大学丝绸之路文化遗产保护与考古学研究中心等 任萌等 华夏考古 4：7—21
新疆哈密天湖东绿松石采矿遗址调查简报 西北大学文化遗产学院等 先怡衡 西部考古（第 23 辑）45—55
2018 年新疆巴里坤小黑沟遗址调查简报 西北大学文化遗产学院等 马健 西部考古（第 23 辑）90—107
2010 年新疆巴里坤县石人子沟遗址墓葬发掘报告 西北大学文化遗产学院等 马健 西部考古（第 23 辑）56—89
新疆奇台县石城子遗址 2019 年的发掘 新疆文物考古研究所 田小红等 考古 8：46—69
新疆奇台县石城子遗址城门区考古发掘报告 新疆文物考古研究所 田小红 西部考古（第 23 辑）148—260
2019—2021 年新疆喀什莫尔寺遗址发掘收获 中央民族大学民族学与社会学学院考古文博系 肖小勇等 西域研究 1：66—73
2021 年新疆奇台唐朝墩景教寺院遗址考古发掘主要收获 任冠、魏坚 西域研究 3：106—113
水与火之歌 唐朝墩古城浴场遗址发掘记 李思佳 大众考古 5：48—55
2021 年新疆吐鲁番西旁景教寺院遗址考古发掘的主要收获与初步认识 刘文锁等 西域研究 1：74—80
新疆额敏县也迷里故城遗址 C 区试掘简报 西北大学文化遗产学院等 刘瑞俊 西部考古（第 24 辑）31—45

伍 科技考古

总述

科技考古技术推广模式优化探索 余俊彤 科技考古与文物保护技术（第四辑）108—114
北大科技考古一百年 吴小红 考古学研究（十三）（下册）：北京大学考古百年考古专业七十年论文集 571—578
中外六大期刊科技考古文献计量统计与初步分析 周浩、武仙竹 科技考古与文物保护技术（第四辑）115—122
科技考古视野下的裴李岗文化研究及相关问题 秦存誉、袁广阔 江汉考古 1：97—105

年代测定

放射性碳素测定年代报告（四八）中国社会科学院考古研究所科技考古中心碳十四实验室等 考古 7：52—57
碳十四测年考古在中国的发展历程 刘爽、焦越涵 边疆考古研究（第 32 辑）394—398
用于碳十四测年的古代木材样品前处理方法述评 王玥、吴小红 考古学研究（十四）：科技考古研究专号 22—36
浅析树轮年代学在我国木构古建筑断代方面的运用 吴崇可 南方文物 2：268—272
中国早中更新世古人类遗址年代学研究中两种同位素测年方法的应用与思考 李梦琪等 第四纪研究 5：1450—1461
旧石器和古人类遗址释光测年技术的可靠性和测年上限 张家富 人类学学报 4：712—730
青藏高原东北部甘加盆地古梯田地层与年代初探 张陈彬等 地理学报 1：66—78

秦岭汉江流域新发现旧石器遗址的地层与释光年代　郭小奇等　人类学学报 2：319—333

汉江流域郧县盆地柳陂酒厂和吴家沟旧石器遗址的年代学初步研究　刘登科等　第四纪研究 2：577—591

河北康保兴隆遗址的光释光测年研究　赵娜等　第四纪研究 5：1297—1310

运用核密度估计法研究中原地区龙山文化至二里冈文化的年代　宋殷　古代文明（第 16 卷）39—67

大甸子遗址的绝对年代及相关问题　宋殷等　考古 12：97—106

中国真猛犸象和披毛犀化石碳十四年代研究新进展　赵克良等　人类学学报 3：551—562

成分分析

文物红色系颜料高光谱识别指数研究　李德辉等　光谱学与光谱分析 5：1588—1594

液相色谱质谱联用法研究红花染纺织品褪色分子机理　魏乐　文物保护与考古科学 1：10—19

应用热裂解气相色谱质谱技术对六种蛋白质类胶结材料的分析与鉴别　付迎春等　文物保护与考古科学 5：22—31

红外光谱技术在陶器考古中的初步应用　袁超等　东方考古（第 19 集）200—211

从烧烤到炖煮——兴隆沟遗址出土不同时代陶器的制作工艺与使用方式比较研究　崔剑锋等　考古学研究（十三）（下册）：北京大学考古百年考古专业七十年论文集　683—694

几种古代黑陶工艺的科技检测与分析　郁永彬等　边疆考古研究（第 32 辑）366—380

石峁遗址皇城台东护墙北段出土陶器的成分与岩相分析　刘娜妮等　考古与文物 2：155—160

荥阳官庄遗址两周时期制陶原料的来源及加工工艺分析　许俊杰等　文物保护与考古科学 2：38—46

陕西延安出土汉代铅钡复色釉陶科技分析及相关研究　杜星雨、崔剑锋　考古学研究（十四）：科技考古研究专号 247—259

20 世纪 50 年代陕西唐墓出土陶俑彩绘颜料的初步研究　荆海燕　中国陶瓷 3：63—70

永泰公主墓出土彩绘骑马俑的科技研究　付文斌等　文博 4：89—96

唐代彩绘陶俑中无机颜料的化学组成　王晨仰等　无机化学学报 11：2231—2237

江西鹰潭角山窑址出土原始瓷及印纹硬陶的成分分析　金志斌等　考古学研究（十四）：科技考古研究专号 236—246

铜官窑出土青瓷化学组成分析　周伟强等　西部考古（第 23 辑）421—431

长沙窑乳浊釉制瓷技术的科技研究　侯佳钰等　文物保护与考古科学 5：13—21

定窑五代白瓷釉下中间层研究　宋平儿等　考古学研究（十四）：科技考古研究专号 260—270

宋代山西兴县出土瓷片原料与工艺的科技研究　李媛等　考古学研究（十四）：科技考古研究专号 271—284

浙江龙泉窑与瓯窑采集青瓷瓷片成分的对比分析　胡毅捷等　考古学研究（十四）：科技考古研究专号 315—334

郑州东西大街遗址出土白地黑花瓷初步科技研究　陈天然、崔剑锋　考古学研究（十四）：科技考古研究专号 305—314

瓷釉成分运用于瓷器产地精细区分的可行性探索——以南海一号出水龙泉青瓷为例　李卓朋等　考古学研究（十四）：科技考古研究专号 296—304

$CaO/(K_2O+Na_2O)$ 对南宋官窑青瓷釉呈色的影响研究　程智鹏等　中国陶瓷 10：55—62

"华光礁一号"沉船出水瓷器的便携式 XRF 分析　吴寒筠等　考古学研究（十四）：科技考古研究专号 335—349

景德镇制瓷原料变革初探　冯冕　中国古陶瓷研究（第 27 辑）：元明景德镇窑业与技术交流 107—113

内蒙古赤峰缸瓦窑与河北定窑白瓷的对比分析　杜瑞妍等　文物保护与考古科学 1：55—62

山西南部采集瓷片的化学组成与呈色研究　王敏力等　中国陶瓷 5：65—74

元代至明代制瓷胎土的来源及演变探究　杨明轩　中国古陶瓷研究（第 27 辑）：元明景德镇窑业与技术交流 253—

郑州出土青花瓷的科技考古研究及相关问题探讨 刘念等 考古学研究（十四）：科技考古研究专号 350—365

明清青花料呈色的初步探讨——光纤反射光谱曲线的应用 侯佳钰等 中国古陶瓷研究（第 27 辑）：元明景德镇窑业与技术交流 114—122

广东惠州白马窑出土遗物的科学分析与研究 吴寒筠等 南方文物 6：221—239

故宫南大库出土康熙青花瓷器标本的无损分析 李合等 中国文物科学研究 3：64—70

青铜器含铅锈蚀的研究与思考 孙凤、李璟钰 西部考古（第 24 辑） 241—249

便携式 XRF 分析仪和扫描电镜应用于铜器成分检测的对比分析 刘函 沈阳考古文集（第 8 集） 389—409

西方青铜和石质雕塑的射线照相检测：研究史、方法论和数据解释（英文） 马里奥·米凯利 文物保护与考古科学 6：23—34

X 射线探伤成像检测对青铜文物特征的研究——以青岛市黄岛区博物馆馆藏青铜文物检测分析为例 徐军平等 中国文物科学研究 4：87—96

大理银梭岛青铜时代早期遗址出土部分青铜器的金属学分析 崔剑锋等 考古学研究（十四）：科技考古研究专号 100—111

山东济南刘家庄遗址商代青铜器科学分析研究 蔡友振等 文物保护与考古科学 3：55—69

城固出土 5 件商代青铜兽面饰的无损分析及初步研究 付文斌等 文物保护与考古科学 4：21—29

皖北地区出土几件周代青铜器的铅同位素比值分析 李强等 岩矿测试 1：14—21

湖北随州叶家山西周墓地 M111 出土铜器的检测分析及相关问题 郁永彬等 文物 5：83—96

湖北宜昌万福垴遗址出土西周编钟的科学分析及相关问题 郁永彬等 文物 11：78—85

四川宣汉罗家坝遗址东周墓出土青铜钺的定量分析 马江波、王琴 科技考古与文物保护技术（第四辑） 70—74

中国青铜器富锡纹饰研究——以大英博物馆藏品为例 王全玉 刘朵（译） 王全玉（校） 东方考古（第 19 集） 108—123

辽墓出土马具的初步科学分析 柏艺萌、肖新琦 沈阳考古文集（第 8 集） 346—355

凌源小喇嘛沟辽墓出土马铃的科学检测 王永乐、王贺 沈阳考古文集（第 8 集） 369—377

长清仙人台墓地出土青铜器铅同位素比值的初步分析 赵凤燕等 南方文物 5：164—169

几种罕见的黄铜钱币锈蚀产物的识别与形成原因探析 成小林等 文物保护与考古科学 4：1—9

汉代木胎鎏金银青铜瓶制作工艺探讨 钟博超等 文物保护与考古科学 2：111—116

早期黄金技术与欧亚草原——内蒙古鄂尔多斯地区西沟畔二号墓出土金银器的综合研究 刘艳等 丝绸之路考古（第 6 辑） 27—42

咸阳成任墓地出土东汉金铜佛像科学分析 李建西等 考古与文物 1：123—128

贵州贞丰浪更燃山墓地出土金属器的合金成分分析 黄梅等 黄河·黄土·黄种人 2：44—46

故宫养心殿佛塔鎏金铜钉涂层成分分析 魏乐等 分析化学 9：1407—1414

虢国墓地出土铁刃铜器的科学分析及相关问题 魏强兵等 文物 8：80—87

新疆阿勒泰地区早期铁器时代铜器的科学分析研究 刘成等 文物保护与考古科学 4：10—20

西汉海昏侯刘贺墓出土铁兵器科学分析研究 江晶等 南方文物 5：219—229

馆藏高句丽铁器的显微共聚焦激光拉曼光谱分析 栗荣贺 辽宁省博物馆馆刊（2021） 259—265

磁记忆技术对南海一号出水铁质文物的无损检测 龚梓桑、胡钢 中国国家博物馆馆刊 9：153—160

陕西淳化县枣树沟脑遗址出土金器成分与工艺分析 先怡衡等 考古与文物 1：117—122
陕西咸阳龚西战国秦墓出土嵌玉银钮金带钩的科学分析研究 陈俐文等 南方文物 5：211—218
四川博物院藏战国铜编钟饰金工艺的科学分析 杨娟等 文物保护与考古科学 6：69—80
浙江衢州庙山尖遗址出土绳状马具穿系物研究 王丹等 江汉考古 3：115—120
战国青铜货币所见燕、赵地区铅料资源类别及变迁 蔺诗芮等 考古学研究（十四）：科技考古研究专号 142—159
云南大园子墓地出土有机材质镯饰的科技考古分析 任萌等 农业考古 4：22—29
康平张家窑林场1号辽墓出土银丝网络的分析研究 李梓轩等 沈阳考古文集（第8集）362—368
清代银覆斛式套杯装饰工艺研究 尚素红、高飞 文物保护与考古科学 3：70—77
新疆维吾尔自治区博物馆藏土尔扈特银印金属成分及铸造工艺研究 牛功青 文物天地 5：92—95
热水墓群2018血渭一号墓出土印章的科学分析与相关研究 刘勇等 江汉考古 6：104—110
吉林省史前玉器的拉曼光谱研究——以六件文物为例 史梦可、崔剑锋 北方文物 5：64—69
基于p-FTIR和p-XRF测试组合的大汶口文化蛇纹石质玉器无损检测及产地溯源分析 杨炯等 光谱学与光谱分析 2：446—453
故宫博物院藏良渚风格玉器的材质研究 罗涵等 故宫博物院院刊 10：127—138
上海青浦福泉山遗址出土崧泽至良渚时期玉器的材质特征与玉料来源 谷娴子等 文物保护与考古科学 5：1—12
日照苏家村遗址出土玉器的科技分析 吴晓桐等 科技考古与文物保护技术（第四辑）46—59
浙江遂昌好川墓地五件出土绿松石珠的科技分析 姜炎等 光谱学与光谱分析 2：568—574
山西临汾下靳墓地出土绿松石制品的矿源研究 张登毅等 矿物岩石 3：1—6
湖北黄陂盘龙城遗址出土绿松石产源研究 刘玲等 江汉考古 4：104—113
安阳殷墟出土绿松石矿源初探 张登毅、李延祥 文物 5：78—82
河南驻马店闰楼墓地出土绿松石制品矿源特征探索 张登毅等 华夏考古 4：85—89
前蜀永陵地宫石质文物制作材料与工艺研究 张遥等 中国文物科学研究 2：52—58
广西邕宁顶蛳山遗址出土黑色石料材质的光谱无损分析 李颖等 光谱学与光谱分析 1：253—257
郑州地区出土战国蜻蜓眼珠饰的无损分析及制作工艺初探 李曼 中原文物 3：126—135
马家塬M21出土一件料珠的成分和风化层的研究 王若苏等 光谱学与光谱分析 10：3193—3197
陕西战国秦墓出土玻璃和汉紫六博棋子分析研究 黄晓娟等 光谱学与光谱分析 10：3187—3192
营城子汉墓出土玻璃耳珰的化学成分与制作工艺研究 任昱勃等 文物保护与考古科学 3：45—54
新疆尉犁县营盘墓地出土夹金属箔层玻璃珠研究 王栋等 考古与文物 4：117—122
湖州杨家埠墓葬群出土玻璃制品的原料与工艺研究 周雪琪等 考古学研究（十四）：科技考古研究专号 366—376
湖北丹江口庞湾琉璃窑址出土窑业遗物的科技分析 徐华烽等 故宫博物院院刊 2：92—106
南京大报恩寺出土琉璃建材的分类及成分分析 唐雪梅等 故宫博物院院刊 8：101—110
故宫藏明代琉璃佛像产地溯源的科技研究 徐华烽等 中国文物科学研究 1：87—96
长治分水岭墓地出土战国器物研究三题 张吉等 考古学研究（十四）：科技考古研究专号 112—141
战国秦汉时期制铁耐火材料的矿物组织与含量分析 刘海峰等 文物保护与考古科学 6：105—114
山东青岛土山屯汉墓M162出土漆奁的髹漆工艺及相关问题研究 施宇莉、彭峪 文物保护与考古科学 4：90—96
六安双墩一号汉墓出土耳杯的髹漆工艺研究 宋佳佳等 文物保护与考古科学 3：38—44
故宫博物院藏一件景泰款掐丝珐琅器的科学分析 张雪雁等 文物保护与考古科学 6：81—88

三星堆遗址二号坑出土部分青铜器表面附着丝绸残留物的发现与研究 郭建波等 四川文物 1：113—120
郑州地区明代墓葬出土纺织品初步检测分析 吴金涛、李曼 黄河·黄土·黄种人 8：51—54
西藏博物馆藏普度明太祖长卷的调查和科学研究 徐文娟等 文物保护与考古科学 3：19—28
养心殿唐卡《吉祥天母挂像轴》中两种金属线的科学分析研究 王婕等 博物院 4：129—136
所有考古学者请注意：稳定同位素在考古学中的应用研究和综述研究中相关术语、方、数据处理和报告的指导意见 Patrick Roberts 等 毕晓光（译） 董豫（校） 东方考古（第 19 集） 212—232
硫同位素分析在考古学研究中的应用：综述 Olaf Nehlich 王媛媛（译） 董豫（校） 东方考古（第 20 集） 163—200
稳定同位素研究古食谱模型的发展 林怡娴、吴小红 考古学研究（十四）：科技考古研究专号 1—21
关于锶同位素考古研究的几个问题 吴晓桐、张兴香 人类学学报 3：535—550
通过稳定同位素分析云南大阴洞遗址先民的生业经济方式 赵东月等 人类学学报 2：295—307
动物牙釉质稳定同位素序列样品研究综述 欧阳心怡、吴小红 考古学研究（十四）：科技考古研究专号 37—56
广西更新世早期幺会洞遗址动物牙釉质的 C、O 稳定同位素分析——试析华南地区直立人的生存环境 李大伟等 第四纪研究 4：958—966
贵州威宁中水遗址群人类迁徙与饮食特征初探——基于牙釉质多种同位素分析 张兴香等 四川文物 5：95—105
陕北贾大峁遗址出土动物遗骸的锶同位素比值分析 赵春燕等 第四纪研究 1：59—68
陕北地区动物骨骼的脂肪酸单体碳同位素分析 孙诺杨等 第四纪研究 1：69—79
哈民忙哈遗址人和动物骨骼的 C、N 稳定同位素分析 张全超等 人类学学报 2：261—273
新疆阿勒泰地区青铜—早期铁器时代居民生业模式研究——以骨骼同位素为依据 董惟妙等 西域研究 1：45—54
安徽阜南台家寺遗址出土龟甲的 C、N 稳定同位素分析 杨娟等 第四纪研究 4：1129—1135
黄陵寨头河与史家河墓地人骨的碳氮稳定同位素 刘柯雨等 人类学学报 3：419—428
临淄后李遗址春秋时期人和动物骨骼的 C、N 稳定同位素分析 吕超等 东方考古（第 19 集） 176—187
北魏平城地区的农耕化：山西大同金茂府北魏墓群人和动物的 C、N 稳定同位素分析 周丽琴等 第四纪研究 6：1749—1763
山西大同天泰街北魏墓群人骨的 C、N 稳定同位素分析 马晓仪等 北方民族考古（第 13 辑） 192—211
丝绸之路东端大都会粮仓中的谷物：大同操场城北魏太官粮储遗址炭化粟的 C、N 稳定同位素分析 刘珊等 第四纪研究 1：144—157
稳定同位素视角下的郑州商城居民构成分析 王宁等 华夏考古 5：106—115
石器表面残留物反映的红山文化时期西拉木伦河中游地区古人食物性植物资源利用情况 马志坤等 西部考古（第 24 辑） 213—227
通过食谱分析探讨田螺山与梁王城遗址先民对渔业资源的利用 施崇阳、郭怡 人类学学报 2：308—318
河南龙湖国棉一厂遗址东周到两汉先民食谱的转变 杨博闻等 第四纪研究 6：1737—1748
成都市青白江区双元村墓地朱砂的汞同位素分析 白露 文物保护与考古科学 2：97—101
白银文物主微量元素测试的数据质量与分析条件研究 刘田等 南方文物 5：152—163
铅丹、朱砂及其混合物紫外光致变色的电化学及光谱研究 任肖旭等 文物保护与考古科学 2：1—9
中国古代彩绘文物常用蛋白类胶结材料的红外光谱分析研究 黄建华等 西部考古（第 23 辑） 407—420
青海热贡地区传统建筑彩画颜料光谱特征分析研究 黄跃昊、金永泽 光谱学与光谱分析 11：3519—3525

克孜尔石窟壁画颜料研究　周智波　浙江大学学报（理学版）6：726—733

敦煌莫高窟第196窟唐代壁画材质及制作工艺分析　张亚旭等　考古与文物4：123—128

巴中水宁寺摩岩石刻的彩绘颜料分析　孙凤等　光谱学与光谱分析2：505—511

彩绘蛋白质类胶料来源的ZooMS鉴定——以阿斯塔那墓地泥塑为例　刘理等　考古学研究（十三）（下册）：北京大学考古百年考古专业七十年论文集　707—716

清代《大日如来》唐卡画芯颜料的科学分析　惠任等　西部考古（第24辑）271—280

甘肃会宁康湾宋金墓彩绘颜料成分与来源研究　张艳杰等　丝绸之路4：54—58

陕西旬邑西头遗址出土彩绘白灰面的成分和工艺分析　张杰妮等　文物保护与考古科学4：58—65

江苏泰州南山寺大雄宝殿彩画颜料分析　冯向伟、杨隽永　文物保护与考古科学5：97—102

西藏扎什伦布寺壁画的科学研究　黄亚珍等　光谱学与光谱分析8：2488—2493

西藏琼结县坚耶寺壁画制作工艺研究　周伟强等　西部考古（第24辑）258—270

大同华严寺辽代彩绘泥塑颜料与胶结剂的科学剖析　甄刚等　文物保护与考古科学5：32—42

陕西蓝田水陆庵彩绘泥塑颜料分析研究　高燕等　文物保护与考古科学1：97—108

陕西榆林石峁遗址皇城台地点酒类残留物及相关陶器分析　贺娅辉等　考古与文物2：146—154

二里头贵族阶层酿酒与饮酒活动分析：来自陶器残留物的证据　贺娅辉等　中原文物6：30—44

浙江浦江上山遗址宋代陶缸中的红曲酒遗存　刘莉等　南方文物4：211—219

基于高光谱成像的纸质文物"狐斑"检测方法研究　戴若辰等　光谱学与光谱分析5：1567—1571

故宫博物院藏粉蜡笺纸科技分析　马越　文博3：91—96

榆林窟"阿育王寺释门赐紫僧惠聪住持窟记"重录新识——基于光谱成像技术下的调查研究　李国、柴勃隆　敦煌研究3：1—8

数字考古

多视角三维重建中的标尺控制　白铁勇等　四川文物5：106—112

多视角三维重建在田野考古绘图中的应用　何凯　大众考古2：86—91

三星堆一号青铜神树的三维数字建模与静力学分析　谢振斌等　文物保护与考古科学4：30—38

莫高窟第172窟北壁建筑图像的三维数字化呈现　许丽鹏　文物保护与考古科学1：79—86

文物对象近景序列影像位姿高精度估计方法　胡春梅等　测绘通报1：50—55

OxCal校正软件在考古年代学中的应用　宋殷　东南文化1：31—36

田野考古坑状遗迹绘图原理及操作　秦让平、陈小春　华夏考古5：116—121

多功能考古预探测平台的设计与应用　王萌等　自然与文化遗产研究6：79—87

文物摄影中白平衡的操作与运用　李航　黄河·黄土·黄种人14：61—64

数字方法在岩画田野调查中的应用　夏亮亮、蔡威　贵州民族研究1：154—159

X射线计算机断层扫描技术在文物保护修复中的应用与分析　张雪雁等　中国文物科学研究3：91—96

文物X-CT系统在日本的引进和使用（英文）　鸟越俊行　文物保护与考古科学6：17—22

工业CT扫描文物的伪影与校正　丁忠明、张立凯　文物保护与考古科学6：35—44

文物CT图像伪影校正方法研究　王星艺等　文物保护与考古科学6：115—120

显微CT技术用于隋唐礼冠腐蚀饰件的结构研究　杜静楠等　文物保护与考古科学6：45—50

计算机断层扫描技术（X-CT）在子仲姜盘制作工艺研究中的应用　丁忠明等　晋公盘研究　129—153

先秦至汉代金器文物制作工艺的扫描电镜能谱分析 纪娟等 中国文物科学研究 1：64—71
龙门石窟奉先寺的红外成像监测与分析——基于 MATLAB 图像处理技术 刘逸堃等 文物保护与考古科学 2：88—96
数据科学在旧石器考古学中的应用 关莹、周振宇 人类学学报 1：169—179
基于点云数据的秦始皇兵俑头面部特征提取与统计分析研究 胡云岗等 文物保护与考古科学 1：109—117
西安凤栖原家族墓出土漆箱外形数字化复原研究 王莹等 文物保护与考古科学 2：31—37
当前石窟寺数字化值得关注的三个问题 李志荣等 石窟寺研究（第十三辑） 212—231
莫高窟圆拱形龛展开图画法解析——以莫高窟第 257 窟中心柱南向面下层龛为例 李珊娜 石窟艺术研究（第六辑） 314—321
基于视觉的明清古家具数字文化档案高精度三维重建 顾珈静等 文物保护与考古科学 2：22—30
基于高光谱成像的书画模糊印章信息增强研究 杨琴等 中国国家博物馆馆刊 7：136—147
基于高光谱成像技术的中国古代书画研究——以中国国家博物馆藏《职贡图》（北宋摹本）为例 丁莉等 中国国家博物馆馆刊 7：148—159

补遗

基于 Mask R-CNN 的甲骨文拓片的自动检测与识别研究 刘芳等 数据分析与知识发现 2021 年 12：88—97

动物考古

动物考古视角下的宴飨行为研究 赵潮、李涛 南方文物 2：169—173
动物驯化途径 ［美］梅琳达·泽德 胡清波（译） 董宁宁（校） 南方文物 6：180—192
浅议古人类活动遗址的动物埋藏学研究方法 杜雨薇等 人类学学报 3：523—534
考古遗址出土中国花鲈与尖吻鲈骨骼的辨识——以古椰遗址为例 余翀 南方文物 2：155—161
从 DNA 角度认识中国黄牛的起源和利用历史 陈宁博、雷初朝 第四纪研究 1：92—100
河北邯郸万融大厦工地遗址 J2 出土狗獾记录 刘旻、杨海林 科技考古与文物保护技术（第四辑） 39—45
泥河湾盆地板井子晚更新世遗址古人类对动物资源的消费策略 王晓敏等 人类学学报 6：1005—1016
华南史前遗址动物骨骼钙质胶结物的醋酸处理法 陈曦、袁增箭 东亚文明（第 3 辑） 251—255
歌乐山金刚坡裂隙出土晚更新世末期滇绒鼠遗存初报 王运辅等 科技考古与文物保护技术（第四辑） 32—38
海岱地区史前虎遗存简论 郭荣臻、曹凌子 农业考古 6：35—41
考古材料所见仰韶时代家猪饲养的季节性 王华 东方考古（第 19 集） 188—199
仰韶时期饲养家猪的策略研究——来自青台遗址家猪死亡季节的证据 白倩等 南方文物 4：220—226
河南淅川沟湾遗址仰韶时期的动物遗存 侯彦峰等 人类学学报 5：913—926
郑州地区史前完整动物骨架现象初论 郭荣臻 洛阳考古（总第 32 期） 55—61
郑州地区史前时期完整动物骨架现象续论 郭荣臻 洛阳考古（总第 35 期） 21—31
陕北南部史前生业经济初探——以北洛河上游考古调查出土动物遗存为例 王倩雯等 第四纪研究 6：1709—1722
浙江宁波镇海鱼山、乌龟山遗址动物遗存研究 董宁宁等 南方文物 6：161—170
青藏高原东部新石器时代的狩猎生业——西藏昌都小恩达遗址 2012 年出土动物遗存分析 张正为等 西藏文物考古研究（第 4 辑） 119—170
河南濮阳古河济地区马庄遗址黄牛的出现和利用 尤悦等 第四纪研究 4：1108—1117
陕西神木木柱柱梁遗址动物遗存研究 杨苗苗等 人类学学报 3：394—405
陕北靖边庙梁遗址动物遗存研究兼论中国牧业的形成 胡松梅等 第四纪研究 1：17—31

840

甘肃临潭磨沟墓地仪式性随葬动物研究 王华等 考古与文物 6：118—125

青海省民和县喇家遗址出土家养黄牛的 DNA 初步研究 赵欣等 南方文物 6：193—202

河南新郑望京楼遗址出土的动物骨骼及其反映的家养动物的差异化 尤悦等 人类学学报 3：406—418

辽宁省建平县水泉遗址动物考古研究——兼论距今 4000 年前后北方长城沿线地区动物资源的利用策略 师宏伟等 第四纪研究 1：32—46

岳石文化动物遗存初论 郭荣臻、曹凌子 农业考古 4：30—36

望京楼遗址二里岗文化城址出土动物骨骼研究 吴倩 华夏考古 3：63—69

殷墟孝民屯遗址商墓随葬动物再研究 李志鹏 南方文物 4：227—233

金沙遗址祭祀区动物遗存所见祭祀活动 何锟宇、郑漫丽 中华文化论坛 1：144—153

潮湿环境下古象牙的现场提取与保护——以三星堆遗址三号坑出土象牙为例 肖庆等 四川文物 1：106—112

西周王朝的牧业经营 [日]菊地大树等 张嘉欣、尤悦（译） 刘羽阳（校） 南方文物 4：234—241

陕西岐山孔头沟遗址马坑出土马骨的鉴定与研究 刘一婷等 南方文物 6：171—179

吴山祭祀遗址祭祀坑殉牲的初步研究 杨苗苗等 中国国家博物馆馆刊 7：58—66

从新乡市汉墓鼢鼠遗存研究谈考古中鼠类遗存的提取及研究思路与方法 王照魁 共辉集：辉县考古发掘 70 周年暨古代文明研讨会纪念文萃 257—263

徐州拉犁山汉墓 M1 出土动物遗存及相关问题探讨 李凡等伟 南方文物 4：242—250

北京路县故城遗址 T3003J4 出土的褐家鼠遗存及其情境分析 王照魁等 第四纪研究 2：603—612

新疆奇台石城子遗址的动物资源利用 董宁宁等 西域研究 2：127—136

从北京大葆台汉墓出土的动物骨骼看汉代田猎活动 匡缨 大葆台西汉墓出土文物研究文集 121—126

新疆阿勒泰地区依希根墓地出土马骨的分子考古研究 文少卿等 西域研究 1：55—65

新疆巴里坤大河古城采集动物遗存鉴定报告 王照魁等 科技考古与文物保护技术（第四辑）60—69

10—14 世纪丝绸之路中段古代城市动物利用初探——以新疆达勒特古城 2017 年出土动物遗存为例 李悦等 第四纪研究 1：47—58

宋代的家猪饲养及其特点 耿文昭、解洪兴 农业考古 6：196—201

2013 年度永川汉东城遗址动物骨骼初步研究 李凤等 科技考古与文物保护技术（第四辑）134—139

杭州南宋德寿宫遗址蚶科动物遗存初步研究 施梦以等 科技考古与文物保护技术（第四辑）84—90

杭州南宋德寿宫遗址中国耳螺（Ellobium chinensis）研究 李明英等 科技考古与文物保护技术（第四辑）91—99

杭州南宋德寿宫遗址 T1024 出土菲律宾蛤仔（Ruditapes philippinarum）标本研究 胡鑫等 科技考古与文物保护技术（第四辑）100—107

湖州凡石桥南宋遗址出土动物遗存鉴定与研究 宋姝等 浙江省文物考古研究所学刊（第十二辑）330—340

元代牧区畜牧业的考古证据——元上都西关厢遗址的动物考古学研究 吕鹏等 南方文物 2：162—168

植物考古

应用与融合——植物考古遗传学的前沿与展望 秦岭 考古学研究（十三）(下册)：北京大学考古百年考古专业七十年论文集 592—619

木材考古学概述——写在北大考古 100 周年之际 王树芝 考古学研究（十三）(下册)：北京大学考古百年考古专业七十年论文集 620—655

农业的起源、传播与影响 李小强 人类学学报 6：1097—1108

从新发现甘肃张家川圪垯川遗址窖藏粟黍看中国旱作农业起源 徐锦博、徐日辉 农业考古 3：25—31
粟黍的起源与早期传播 邓振华 考古学研究（十三）（上册）：北京大学考古百年考古专业七十年论文集 172—214
从稻作起源到中华文明成长的早期历史图景 郭立新、郭静云 齐鲁学刊 4：31—38
台湾史前稻粟农作起源的新发现与研究 李匡悌 考古学研究（十五）：庆祝严文明先生九十寿辰论文集（下册） 351—362
上山文化——稻作农业起源的万年样本 蒋乐平等 自然与文化遗产研究 6：4—18
海南岛史前稻作遗存的首次发现及意义 黄超等 农业考古 6：7—13
中国核桃的历史渊源、文化及发展 王树芝 农业考古 6：14—23
葡萄·美酒 新疆地区发现的葡萄类文物 阿不来提·赛买提 大众考古 3：54—57
史前时期汉水流域农作物结构研究 郭林、张博 农业考古 4：13—21
麻类作物植硅体形态研究 王聪等 第四纪研究 6：1775—1791
炭化植物遗存所见中国古代藜属植物利用 陶大卫、肖艺琦 东方考古（第 20 集） 150—162
水稻、粟类、麦类生物标志物分析及其在考古残留物研究中可能的解释意义 张予南、吴小红 考古学研究（十四）：科技考古研究专号 57—68
新疆地区史前丧葬礼俗中的植物文化初探 刘维玉 农业考古 1：29—35
淮河上游南部地区仰韶时代中、晚期农业的植物考古学观察 程至杰等 华夏考古 4：78—84
河南项城贾庄和后高老家遗址炭化植物遗存揭示的仰韶时期的原始农业 程至杰等 人类学学报 1：85—95
河南郑州汪沟遗址出土的植硅体 杨凡等 人类学学报 3：429—438
河南鹿台遗址炭化植物遗存揭示的新石器时代晚期的人类生计活动 陶大卫等 人类学学报 1：73—84
山西涑水流域植物考古调查报告 宋吉香等 南方民族考古（第二十四辑） 67—91
上王遗址新石器时代植物遗存研究 郑晓蕖等 东方考古（第 20 集） 140—149
三峡地区大溪文化时期的生业经济——重庆巫山大水田遗址 2014 年浮选结果分析 马晓娇、白九江 南方文物 2：127—134
良渚古城钟家港古河道南段植物遗存研究 武欣、郑云飞 农业考古 6：24—34
昙石山文化时期种植农业的发展及其影响——基于昙石山遗址的植硅体证据 吴卫等 农业考古 4：7—12
河南新乡尚村遗址龙山文化早期木材资源利用研究 李虎等 第四纪研究 1：172—180
稻与权力——环嵩山地区河南龙山文化至二里头文化时期稻的利用 高范翔、武钰娟 南方文物 2：135—144
陕北靖边庙梁遗址浮选结果与分析 傅文彬等 第四纪研究 1：119—128
胶东地区海岱龙山文化生业考古新证——山东青岛三官庙遗址浮选结果的考古学观察 郭荣臻等 农业考古 1：7—12
城子崖遗址植硅体反映的生业经济模式 葛利花等 人类学学报 5：883—898
甘肃广河齐家坪遗址 2016—2017 年度浮选结果的考古学观察 郭荣臻等 文博 6：39—46
豫东地区早期社会复杂化进程的农业经济基础——以河南淮阳平粮台遗址为例 胡好玥等 第四纪研究 6：1697—1708
沙澧河流域二里头文化时期农业模式初探——基于河南漯河沟李遗址出土植物遗存的分析 李艳江等 中国国家博物馆馆刊 4：6—15
从石峁遗址出土植物遗存看夏时代早期榆林地区先民的生存策略选择 杨瑞琛等 第四纪研究 1：101—118
青海民和官亭盆地青铜时代遗址木炭遗存指示的生态环境与木材利用 崔红庆等 第四纪研究 1：158—171

青铜时代早期新疆温泉阿敦乔鲁遗址木材指示的环境和先民木材利用策略 王树芝、丛德新 第四纪研究 6：1723—1736

商代前期中原地区多品种农作物种植制度的初探：以河南新郑望京楼遗址为例 王宁等 人类学学报 1：96—107

试论殷商时期的农作物与农时 梁志力 黄河·黄土·黄种人 16：26—29

陕西旬邑西头遗址鱼嘴坡地点炭化植物遗存分析 豆海锋等 西部考古（第24辑） 228—240

郑州地区周代农作物资源利用研究：以荥阳官庄为例 唐丽雅等 第四纪研究 1：129—143

周、楚之间：湖北随州庙台子遗址农作物遗存研究 唐丽雅等 农业考古 3：16—24

从文坎沟东地点的植物遗存分析南阳盆地先秦时期的农业活动 夏秀敏等 人类学学报 5：899—912

陕西旬邑县孙家遗址出土炭化植物遗存分析 李柯璇、豆海锋 文博 6：47—52

吴山祭祀遗址出土木材鉴定与相关问题 邱振威、沈慧 中国国家博物馆馆刊 7：67—73

新疆巴里坤石人子沟遗址Ⅲ F1出土植物遗存分析 田多等 考古与文物 5：121—128

新疆奇台石城子遗址出土炭化植物遗存研究 生膨菲等 西域研究 2：117—126

新疆奇台石城子汉代城址出土建筑材料的植物考古研究 生膨菲 复旦大学文化遗产研究 256—267

植硅体分析揭示天山中段南麓北朝时期莫呼查汗沟口遗址的作物结构与生业模式 任琳等 第四纪研究 6：1764—1774

吐蕃统领下吐谷浑邦国时期生业模式初探——以青海热水哇沿水库遗址和墓葬浮选出土植物遗存为例 钟华等 南方文物 4：202—210

古代彩塑和壁画中植物纤维种类鉴别 王丹阳等 文物保护与考古科学 4：47—57

新疆克亚克库都克唐代烽燧遗址木炭记录的薪材利用和植被生态 农旷远等 第四纪研究 1：181—191

丝绸之路青海道吐蕃时期墓葬出土木材记载的森林干扰史 程雪寒等 第四纪研究 1：192—205

红外光谱和热重分析法评估三种加固剂对"小白礁Ⅰ号"考古木材微力学性能的影响 韩刘杨等 光谱学与光谱分析 5：1529—1534

养心殿镇物宝匣中木条的种属鉴定与历史考究 张国庆等 文物保护与考古科学 4：39—46

补遗

中国古代制"弓"植物资源利用的历史考察 王珩等 黑龙江史志 2021年 8：56—61，64

人类骨骼考古

生物考古学视野下人类的牙齿与饮食 雷帅、郭怡 人类学学报 3：501—513

新证据下的现代人起源模型 倪喜军 人类学学报 4：576—592

访"古"寻疾 人骨考古与古代人类健康 周蕾 大众考古 7：34—39

人骨颅面复原技术在考古学中的应用 杜振远 大众考古 9：31—35

虚拟仿真在人类骨骼考古实验教学中的应用探索 赵永生等 东方考古（第20集） 330—336

出土人骨性别年龄鉴定方法的相关问题研究 韩涛 边疆考古研究（第32辑） 317—336

周口店直立人头骨创伤与人工切割痕迹辨析 吴秀杰 人类学学报 4：608—617

金牛山人的尺骨化石 何嘉宁 考古学研究（十三）（上册）：北京大学考古百年考古专业七十年论文集 40—53

新石器时代转型影响下的东亚父系遗传结构 文少卿 复旦大学文化遗产研究 241—254

生物考古学视角下的新石器时代人口转变 郭林等 东方考古（第19集） 154—164

中国新石器时代龋病与生业经济关系研究 冉智宇 考古 10：110—120

郑州青台遗址新石器时代中晚期人群龋齿的统计与分析　原海兵等　人类学学报 2：226—237

邓州八里岗仰韶时期居民的体质变迁　何嘉宁等　人类学学报 4：686—697

海岱地区史前居民的拔牙习俗　赵永生等　人类学学报 5：837—847

红山文化古代居民的体质特征——兼论古代变形颅习俗　王明辉　北方文物 6：69—78

四川会理猴子洞新石器时代遗址拔牙风俗初探　赵东月等　第四纪研究 4：1094—1107

柳湾马厂类型墓葬的定量考古学分析　杨月光、艾婉乔　考古与文物 3：121—128

骨骼同位素揭示的天山南麓中部地区察吾呼文化人群生业模式——以和静县莫呼查汗遗址为例　董惟妙等　第四纪研究 1：80—91

甘肃省肃北县马鬃山地区先民的生物考古学研究　陈靓等　第四纪研究 4：1118—1128

新疆察吾呼墓地出土人骨的颅骨测量学研究　孙畅等　西域研究 2：108—116

从周原遗址齐家村东墓地颅骨看商周两族体质差异　李楠等　华夏考古 3：107—114

西周时期一例疑似刖刑的病例　李楠等　人类学学报 5：826—836

河南淇县宋庄东周墓葬一例殉人骨骼上发现疑似类风湿关节炎　孙蕾　人类学学报 2：248—260

邓州王营东周楚墓人类牙齿磨耗与病理探析　李彦桢等　黄河·黄土·黄种人 12：56—59

河北张家口白庙墓地东周人群华夏化的生业经济基础　陈相龙等　第四纪研究 4：1136—1147

三门峡义马上石河春秋墓地的颅骨特征　郑立超等　华夏考古 2：114—122

新疆古代儿童头骨后面观投影面积的年龄间比较　李海军等　边疆考古研究（第 32 辑）　337—346

陕西旬邑孙家遗址战国时期居民体质特征研究　赵东月等　北方文物 5：70—78

毛庆沟墓地与饮牛沟墓地出土人骨的再研究　杨诗雨、朱泓　草原文物 1：113—124

西藏山南市结萨石室墓 M2 颅骨种系研究　傅家钰等　西藏文物考古研究（第 4 辑）　180—197

从墓砖上的手掌印纹看两广东汉至南朝陶工的体质特征　韦璇、袁俊杰　人类学学报 1：23—35

楼兰人种考　周亚威等　北方文物 4：82—89

新疆和静县巴音布鲁克机场墓群出土人骨研究　王安琦等　边疆考古研究（第 31 辑）　304—318

新疆吐鲁番胜金店墓地人骨的牙齿微磨耗　杨诗雨等　人类学学报 2：218—225

黑水国遗址汉代墓地古人口学研究　熊建雪等　边疆考古研究（第 32 辑）　347—365

统万城遗址出土人骨颅面测量性状　赵东月等　人类学学报 5：816—825

新疆哈密拉甫却克墓地人的颅面部测量学特征　贺乐天等　人类学学报 6：1017—1027

沈阳市浑南区水家村墓地人骨鉴定报告　张玥、陈山　沈阳考古文集（第 8 集）　378—388

天津蓟州区桃花园墓地明清时期缠足女性的足骨形变　李法军等　人类学学报 4：674—685

沣西新城曹家寨清代墓地古人口学初步研究　赵东月等　人类学学报 1：11—22

纺织考古

"抽象的抒情"中国纺织考古的探索之路　罗茜尹、王亚蓉　大众考古 4：19—27

论新识的一种西周纺织工具——打纬刀　马强　考古与文物 5：64—70

西汉绛紫绢地"长寿绣"丝绵袍制作工艺考析　董鲜艳、蔺朝颖　文博 1：99—106

北京大葆台汉墓出土棺衣研究　赵芮禾　大葆台西汉墓出土文物研究文集　102—108

从漆纚纱冠看汉代首服文化　赵芮禾　大葆台西汉墓出土文物研究文集　94—101

新疆奇台石城子遗址发现汉代丝绸研究　马田等　西域研究 4：87—94

敦煌莫高窟壁画与敦煌丝织物中菱形装饰纹样　高雪　丝路之光：2021敦煌服饰文化论文集　94—111
敦煌服饰图案与染织工艺　杨建军　丝路之光：2019敦煌服饰文化论文集　44—57
敦煌服饰文化的传承与创新　柴剑虹　丝路之光：2019敦煌服饰文化论文集　114—125
被池、池氈、画池考　孙华　张长寿、陈公柔先生纪念文集　533—538
文献·人·时论——唐代服饰研究的几点体会　黄正建　丝路之光：2019敦煌服饰文化论文集　34—41
敦煌石窟中的少数民族服饰研究　谢静　丝路之光：2019敦煌服饰文化论文集　60—77
法门寺地宫出土唐代丝绸纸背层捻银线的工艺及其价值　路智勇等　考古6：112—120
碎片的"温度"——隆化鸽子洞元代窖藏丝织物研究　魏聪聪　辽宁省博物馆馆刊（2021）　146—155
明代丝绸纹样中的文字装饰研究——以北京艺术博物馆藏明代大藏经丝绸裱封为中心　刘远洋　博物院5：79—86
明代丝织品中的蓝与绿——以孔子博物馆所藏传世明代服饰为例　杨金泉等　文物天地11：153—156
清华大学艺术博物馆藏明代缂丝凤穿牡丹团花考　高文静　东华大学学报（社会科学版）3：60—66
清乾隆明黄色朝袍形制与龙纹工艺研究　贾玺增、张宇　东华大学学报（社会科学版）3：41—52
清代织绣中的草木染　韩婧　故宫文物月刊471：108—125

天文考古

"天圆地方"概念起源何时辩　何努　中原文化研究4：5—15
从北斗合同阴阳功能论蹲踞式的本质含义——并论斧钺象征鹳鱼石斧图、泉屋博古馆藏铜鼓图像的主题　顾万发　黄河·黄土·黄种人22：31—38
陶寺观象：天文学早期发展的标志性事件　周晓陆　中国文明起源陶寺模式十人谈　22—47
逐日而居：陶寺先民天文观测与人居环境构建　黎耕　中国文明起源陶寺模式十人谈　49—66
试论杞县鹿台岗天文遗迹及其族属问题　仲元吉　地域文化研究3：75—84
试论三星堆文明中的"北斗"思想及其内涵　刘泽波　黄河·黄土·黄种人2：20—30
南京高淳花山宋墓出土的绢地星象图　陈欣　大众考古5：72—77

冶金考古

中国古代冶金研究——对"生业与社会"冶金考古专题的总结和思考　陈建立　南方文物5：135—142
中华文明多元一体初步形成中的冶金体系构建与作用　刘海旺　根与魂：考古学视野下不断裂中华文明研究　345—362
古代矿炼黄铜研究综述　肖红艳、崔剑锋　考古学研究（十四）：科技考古研究专号　92—99
早期锡青铜冶炼工艺的思考与模拟实验　马丁等　南方文物5：143—151
中国古代青铜器凝固过程的数值模拟及其相关工艺问题研究　杨欢等　文物保护与考古科学6：127—138
中子衍射技术分析考古材料——从原理到应用　黄维、Winfried Kockelmann　考古学研究（十四）：科技考古研究专号　69—91
东亚大陆早期用铜史上的"多种合金尝试期"　许宏　张长寿、陈公柔先生纪念文集　60—69
再论中国北方-蒙古高原冶金区　杨建华、权乾坤　考古8：107—116
甘肃临潭县磨沟遗址出土齐家文化铜器的分析与研究　王璐等　考古7：71—95
陕西神木市石峁遗址出土铜器的科学分析及相关问题　陈坤龙等　考古7：58—70
凝固视野下的中国古代青铜器等壁厚现象观察与研究　杨欢等　江汉考古5：108—116
浅谈多学科考古调查青海齐家文化矿冶遗址——兼论考古学与地质学合作探寻青海铜矿资源　叶茂林　青海文物考

古研究 83—90

夏及早商时期晋南地区的冶铜技术——以山西绛县西吴壁遗址为例 崔春鹏等 考古 7：96—108

城坝遗址 M45 出土一组乐器的分析研究 郭建波等 文博 1：92—98

赤峰市宁城县小塘山遗址出土金属器研究 李明华等 草原文物 2：90—97

庐枞地区与商周时期"金道锡行"关系试析 王艳杰等 中国国家博物馆馆刊 4：16—28

论盘龙城楼子湾青铜鬲 LWM4：3 的铸造工艺及相关问题 苏荣誉、张昌平 南方文物 2：250—257

山东滕州出土商代中期青铜器成分分析 张东峰等 中国国家博物馆馆刊 9：50—60

殷墟铜瓿铸造工艺研究 岳占伟、岳洪彬 南方文物 6：106—116

晚商作册般青铜鼋的工艺及相关问题 苏荣誉 江汉考古 1：106—112

从三棱锥形器足看中国青铜时代块范法铸造技术特质的形成 张昌平 考古 3：92—102

鹿邑太清宫长子口墓出土铜尊兽头的连接方式——兼论商周青铜器的焊接技术 刘煜等 南方文物 6：117—129

射线成像技术与商周青铜器铸接 苏荣誉 文物保护与考古科学 6：1—9

公元前一千纪通往辽东山地的青铜物料流动 张吉等 南方文物 5：198—210

江苏镇江孙家村遗址出土青铜器及铸铜遗物的分析研究 张吉等 江汉考古 5：117—128

西安长安区西周晚期贵族墓青铜器铸造工艺探究 郭瑞等 华夏考古 6：107—112

中国早期冶铁技术与"渔"字铁斧 尉威 大葆台西汉墓出土文物研究文集 132—134

纵论中国古代的铁器化进程 白云翔 根与魂：考古学视野下不断裂中华文明研究 334—344

湖南江永铜山岭古代矿冶遗址初步考察 李震等 有色金属（冶炼部分）8：134—140

古代龟兹地区矿冶遗址的考察与研究 李肖等 坚固万岁人民喜：刘平国刻石与西域文明学术研讨会论文集 145—182

山西博物院藏青铜复合剑及其 CT 扫描分析 苏荣誉、丁忠明 文物季刊 3：107—117

徐楼青铜器制作型腔控制与铸造艺术 胡钢 考古学研究（十三）（下册）：北京大学考古百年考古专业七十年论文集 747—757

晋公盘铸造工艺 丁忠明、苏荣誉 晋公盘研究 73—110

河南鲁山冶铁遗址群的技术特征研究 张周瑜等 华夏考古 2：82—96

新郑白庙范窖藏铜戈制作技术浅析 王璐等 华夏考古 5：86—90

楚地南缘战国铜器的技术与传统 林永昌等 南方文物 5：188—197

关中地区战国晚期至秦代铁器生产技术初探 陈坤龙、刘亚雄 考古学研究（十三）（下册）：北京大学考古百年考古专业七十年论文集 695—706

从宝丰小店唐墓出土两件金银器看唐代金工工艺 姚智辉、赵蕊 文物 8：88—96

龙头山渤海墓地出土有色金属文物浅析 李辰元等 故宫博物院院刊 9：109—118

广西梧州后背山遗址冶炼技术初步研究 邹桂森等 有色金属（冶炼部分）8：141—146

辽祖陵一号陪葬墓和四号建筑基址出土铜器的科技分析 肖红艳等 北方文物 5：79—86

大冶铜绿山四方塘遗址新见明代焙烧炉及相关问题研究 陈树祥等 南方文物 5：230—240

其他

8ka 祁连山中段腹地人类活动的新证据 张全等 第四纪研究 4：1044—1057

河南登封史前生业复杂化初论 郭荣臻、曹凌子 文物春秋 3：22—32

黄河三角洲地区史前生业模式探讨　王爱民、张卡　农业考古 1：13—19
史前海岱地区的生业变迁　邱晓甜、侯亮亮　文物季刊 3：41—47
聚落视野下的海岱地区龙山文化生业研究　郑晓蘋、杨凡　南方文物 1：152—159
试论长江中游地区史前城址生业经济的风险管理模式　吴传仁、尹达　南方文物 6：71—75
宗日遗址反映的生业模式探讨　李冀源、乔虹　青海文物考古研究 73—82
青海喇家遗址的孢粉分析及古环境对生业方式的可能影响　齐乌云　农业考古 3：32—37
浅析辽东南地区新石器时代各时期的生业方式　于怀石　辽宁省博物馆馆刊（2021）27—37
中原地区夏商时期社会变迁的生业经济基础　陈相龙　南方文物 6：203—213
山东胶州周王庄遗址先民的生业经济　魏娜等　大众考古 10：46—51
饮食上的"保守主义"——夏家店下层文化生业策略研究　张伟　文博 5：69—77
江汉平原史前人地关系研究　刘建国　南方文物 6：27—34
略论闽江下游流域距今 6500—2700 年环境演变与古文化变迁　吴卫　华夏考古 4：55—62
西北不同降水区域新石器至青铜时代人类活动与环境变化的关系　芦永秀、董广辉　人类学学报 4：749—763
新疆阿拉套山南麓洪积扇前缘绿洲区泉水沟遗址的古环境初析　张俊娜等　第四纪研究 1：206—222
近万年来内蒙古东部地理环境与人类活动遗址关系研究　刘露雨等　第四纪研究 1：236—249
农业考古研究的几点思考　邱振威　农业考古 3：7—15
激光共聚焦显微镜在微痕定量分析中的应用综述　崔天兴、宋炜玮　人类学学报 1：180—192
中国石制品微痕研究的回顾与思考　安睿、李有骞　北方民族考古（第 13 辑）95—110
石制品技术分析的盲测实验　张钰哲等　人类学学报 6：994—1004
徐州汉代采石场的石料开采及加工技术　耿建军　南雍问道：南京大学考古专业成立 50 周年纪念文集（上卷）484—499
商代晚期气候变迁与祀井仪式发生——基于水井水位线的分析　杨谦、詹森杨　华夏考古 5：68—77
医学考古学视域的商周医患关系初探　赵丛苍、曾丽　文博 1：39—46
医学考古学视野下的商周军事医疗救治初探　赵丛苍等　考古与文物 4：65—71
拓跋鲜卑生计方式综合研究　张国文、易冰　考古 4：104—115
晋公盘铭文微痕与工艺分析　吴世磊等　晋公盘研究 111—128
古代陶器生产用混合黏土薄片鉴定　王恩元　文物保护与考古科学 5：147
桑干河畔的炉火　大同吉家庄遗址陶器陶窑实验考古纪实　唐邦城、王晓琨　大众考古 4：28—35
江苏镇江孙家村遗址印纹硬陶制作工艺及相关问题研究　曾令园等　中国陶瓷 2：64—72
基于纹饰最小构成单元特征标记的古陶瓷人工智能识别方法　梁亚星等　中国陶瓷 7：64—71
安阳的制范与饰模　贝格利（Robert Bagley）　王海城（译）　考古学研究（十三）（上册）：北京大学考古百年考古专业七十年论文集 267—306
陶寺中期王墓Ⅱ M22 出土漆木沙漏实验分析　何努、何司阳　文物季刊 3：96—106
洹北商城制骨作坊发掘方法的探索及收获　何毓灵、李志鹏　中原文物 2：102—107
西安米家崖遗址出土骨器的实验考古研究　朱君孝等　考古与文物 5：113—120
中墨绿松石嵌片制作技术对比研究　邓聪等　江汉考古 4：114—122
苏家村遗址烧土样品的过火温度研究　李翔等　文物保护与考古科学 1：63—70

周原遗址凤雏六号至十号基址出土板瓦制法研究 杨文昊、宋江宁 江汉考古 3：105—114
河北行唐故郡遗址出土脆弱质车轮提取研究 刘勇等 文物保护与考古科学 5：81—88
明代宫殿金砖的烧造 黄泳、范金民 历史档案 1：103—109
永乐甜白釉的结构特征研究 李媛等 中国古陶瓷研究（第 27 辑）：元明景德镇窑业与技术交流 161—165

陆　美术考古

一　雕塑

画像石·画像砖

"图性"问题三条半理论——《汉画总录》沂南卷的编辑札记 朱青生 古代墓葬美术研究（第五辑） 223—244
中国考古百年视野下的汉代画像石研究 杨爱国 南方文物 2：28—38
汉代画像石中的乐器图像研究 闫骥爽 中原文物 6：111—115
中原汉画像石胡人百戏流行考论 耿彬、李玉洁 敦煌学辑刊 1：116—126
浅谈睢宁九女墩墓汉画像石的艺术图式 刘清瑶 文物天地 11：21—23
徐州地区汉画像石"妇人启门"图案浅释 张胜男、陈钊 文物天地 11：55—59
徐州汉画像石中的力量之美 刘文思 文物天地 11：60—65
山东济宁地区汉代画像石所见铺首衔环初探 骆燕、魏峭巍 东方考古（第 19 集） 131—153
安徽萧县新发现一批散存汉画像石 孙伟 淮海文博（第 3 辑） 17—21
汉碑汉画像石上的鲁礼文化述论 王莉、傅吉峰、李取勉 淮海文博（第 3 辑） 65—82
东汉金乡祠堂图像研究：来自原石的线索 汤燕茹 故宫学术季刊 40 卷 2：1—74
东汉缪宇墓题记"彭城相行长史事吕守长"疏证 邹水杰 中央研究院历史语言研究所集刊 93-4：729—759
汉画像砖石中捣药兔形象研究 贺妍琳 秦汉研究论丛：宝鸡地区秦文化遗存研究专题 193—202
伊川县出土的西汉画像空心砖 徐婵菲等 洛阳考古（总第 35 期） 78—87
四川地区汉代画像砖的排列、组合与意义 霍巍、齐广 考古 4：90—103
南阳淅川赵杰娃墓地 M42 农业生产画像砖考 柳玉东、李世晓 中原文物 3：99—103
汉画像砖石文化浅析 李根枝 黄河·黄土·黄种人 10：36—39
古剑汉六朝画像砖研究 刘建安 南雍问道：南京大学考古专业成立 50 周年纪念文集（上卷） 566—578
南京西善桥竹林七贤与荣启期砖画"竹"图考 陈晓寒 大众考古 4：58—63

二　造像总论

狮子吼观音与三大士像考察 李静杰 故宫博物院院刊 4：4—19
试论佛顶髻珠的来源与发展 王静娴、常青 故宫博物院院刊 10：32—46
河北早期佛像 [英] 韦陀 何志国、毛俞秀（译） 文物春秋 4：84—96

金铜造像

平凉市博物馆藏金铜佛造像鉴赏 陈安道、张语晨 丝绸之路 1：158—161
咸阳成任墓地出土东汉金铜佛像研究 冉万里等 考古与文物 1：82—94
略论东汉洛阳的佛教及佛教造像问题——兼论中国古代金铜佛教造像的年代序列 冉万里 西部考古（第 23 辑）

347—406

释迦伏膝冥思像考析 张萌 文物 9：86—96

北魏平城时期定州地区金铜佛像小考 朴基宪 中原文物 3：109—115

徐州博物馆藏北魏金铜佛像辨伪 武耕、石影 文物天地 11：40—45

丽江土司知府木垄造文殊菩萨像赏析——兼述丽江土司铜鎏金造像 陈为 文物天地 4：106—111

首都博物馆藏元代藏传佛教造像撷英 刘丞 文物天地 9：32—39

明代丽江土司造像对永宣宫廷造像艺术的继承与融合——以白塔寺藏明代"丽江土司造"藏文款铜镀金无量寿佛像为例 孙涛 文物天地 9：40—45

石造像

大足宝顶山石刻造像性质初探 雷玉华、李春华 敦煌学辑刊 1：105—115

郓场造阿弥陀主四面造像碑考 安放琪 文物天地 9：4—10

陇东古石刻艺术博物馆藏佛教造像佛衣类型探析 王继伟 丝绸之路 4：39—43

略论白马告别云冈样式的创立及其影响 冉万里 西部考古（第 24 辑） 185—212

安阳宝山灵泉寺石窟三世佛探析 高歌 文博 6：64—70

大伾山摩崖大石佛 郭宸豪 黄河·黄土·黄种人 16：53—55

北朝二佛并坐像系谱略述——《灭后嘱经》 林保尧 故宫文物月刊 467：74—88

北朝佛教造像的艺术特征及其中国化历程 刘亚婷、谢光跃 中国宗教 9：82—83

冀豫地区北朝佛像背光调查研究 白凡 石窟艺术研究（第六辑） 148—159

高齐响堂山及曲阳造像上的佛衣类型分析 陆一 丝路之光：2021 敦煌服饰文化论文集 202—217

山西北周佛教造像的初步整理与研究 崔嘉宝 石窟寺研究（第十三辑） 58—75

云冈早期佛像服饰仪轨内涵——兼论佛像服饰特征及形成 刘芳 丝路之光：2021 敦煌服饰文化论文集 170—183

云冈石窟的七佛造像 陈洪萍 文物天地 7：50—59

大同寺儿村石雕与北魏傩仪 曹彦、韦正 故宫博物院院刊 3：30—37

山东临朐明道寺北朝佛教造像时代审美风格解析 衣同娟 文物天地 11：104—113

山东背屏式造像圆形执物小考 张潇 南雍问道：南京大学考古专业成立 50 周年纪念文集（中卷） 1103—1113

龙门石窟优填王造像调查与研究 杨超杰 石窟艺术研究（第六辑） 101—123

洛阳北魏永宁寺遗址出土雕塑艺术的形象史学研究 张成渝、张乃翥 石窟艺术研究（第六辑） 199—220

巍巍法相镇青山——关于卫辉香泉寺石刻研究中的几个问题 霍德柱 共辉集：辉县考古发掘 70 周年暨古代文明研讨会纪念文萃 227—249

四川地区持杖胁侍造像源流考 马伟 中国国家博物馆馆刊 3：48—60

四川"佛足迹"石刻初考——从正因寺千佛碑到眉山摩崖造像 肖伊绯 石窟艺术研究（第六辑） 124—147

4—13 世纪四川道教摩崖造像的研究路径 周洁 石窟艺术研究（第六辑） 263—274

新绛龙兴寺藏北朝造像碑探析 王敏庆 石窟艺术研究（第六辑） 168—179

探寻麦积山石窟第 78 窟右胁侍菩萨原出处 徐祖维 石窟艺术研究（第六辑） 38—44

麦积山石窟初期洞窟造像袈裟披着方式探析——以第 78 窟为例 周菁 石窟艺术研究（第六辑） 45—74

药王山北朝荔非氏造像碑铭考释 罗丰、李星宇 文物季刊 2：106—115

印度菩萨像环扣链条状饰物在中国的新发展 齐庆媛 丝路之光：2021 敦煌服饰文化论文集 80—91

福建永泰名山室摩崖造像探析 陈越 大众考古 8：76—91

应时而变——莫高窟隋代菩萨像通身式璎珞造型研究 温馨、李迎军 敦煌学辑刊 3：81—91

隋开皇四年董钦造像再识 于春、高新珠 文物季刊 3：56—65

试论唐代佛成道像的传入、传播及风格与样式 黄春和 文物天地 9：11—31

新发现的唐代益州八大菩萨经幢及其与吐蕃造像的比较研究 董华锋等 考古与文物 4：103—110

珲春古城村 1 号寺庙址始建年代及出土造像研究 蒋璐等 文物 6：84—96

龙门石窟唐代歌伎造像的新认识 陈莉、杨超杰 中原文物 4：131—135

四川安岳木鱼山新发现的药师经变龛像 王丽君、余靖 敦煌研究 3：39—50

简阳市张飞营唐代摩崖造像调查与研究 雷玉华、刘莎 博物馆学刊（第 8 集）70—77

四川资中西岩摩崖造像考察 刘易斯 石窟寺研究（第 13 辑）23—47

大足北山石刻第 136、137 号之关系——兼及第 136 号有关问题探析 李小强 石窟寺研究（第十三辑）102—116

南诏头囊与西藏、敦煌等地吐蕃缠头渊源考——兼论缠头佛教造像 杜鲜 敦煌研究 2：81—91

莫高窟第 491 窟塑像尊格考辨 张小刚 敦煌研究 2：12—20

甘肃合水地区宋、金佛教造像的初步研究 王继伟 丝绸之路 3：165—168

四川安岳近年新发现地藏十王造像研究 张亮 敦煌研究 1：99—106

山西平顺金灯寺明代第 5 窟图像构成分析 谷东方 石窟寺研究（第十三辑）117—138

郑山—刘嘴大石包造像考察记 胡同庆 石窟艺术研究（第六辑）180—195

木雕·其他造像

法国吉美博物馆藏木雕天王彩绘服饰图案分析 刘珂艳 丝路之光：2021 敦煌服饰文化论文集 136—149

陕西西咸新区空港新城杨家墓地窑址（Y2）出土佛像 肖健一等 文物 6：75—83

敖汉旗新州博物馆馆藏胡人彩陶塑 杨妹 草原文物 1：95—103

长治观音堂大肚罗汉组像考释 许栋、刘继玲 敦煌学辑刊 4：137—145

不变的信仰与竞争的社会——兴隆洼—红山文化雕塑的题材及展演形式 张弛 文物 7：46—61

元代陶瓷佛教造像研究 张婧文 中国古陶瓷研究（第 27 辑）：元明景德镇窑业与技术交流 186—194

洛阳博物馆藏六世班禅造像考 李文初 中国宗教 1：80—81

补遗

中国古代制"弓"植物资源利用的历史考察 高愚民 新疆地方志 2021 年 3：62—64

陶俑·陵墓雕刻

成都地区汉代墓葬出土舞蹈俑刍议 胡红 山西大学学报（哲学社会科学版）2：155—160

嬛嬛一袅 西汉楚王墓出土女俑所见宫廷女子服饰 李明珠 大众考古 4：36—43

"俑"放光芒——北京大葆台汉墓出土陶俑析 马立伟 大葆台西汉墓出土文物研究文集 10—14

北朝陶俑的衣衽与鲜卑的汉化进程 郭子源 黄河·黄土·黄种人 10：47—51

论两湖地区出土神煞俑的隋唐墓葬 卢亚辉 考古学集刊（第 27 集）176—200

南京后头山唐墓出土釉陶俑群初探——兼论毛氏家族墓的性质 林泽洋、陈大海 文物 2：53—63

唐墓地轴的再认识——兼谈唐代镇墓俑组合 张永珍 四川文物 4：68—76

唐墓中的虎头盔武士俑 丁东丽 大众考古 8：56—59

胡汉交融视角下唐代披袍女俑形象新探 杨瑾 中原文物 1：130—138

甘肃武威慕容智墓披袍俑的多元文化渊源探析 杨瑾 中原文物 4：56—66
千年瑰宝见证中国智慧——江西抚州宋代彩绘立人持罗盘陶俑 张蔓、陈永刚 南方文物 3：288—291
试论元代靳德茂墓出土陶俑的发式和帽冠 杜景丽 黄河·黄土·黄种人 10：52—53
明代釉陶俑研究——以上海博物馆"仪象万千——明代彩色釉陶俑特展"为例 高义夫 文物天地 7：63—73
仪象万千——上海博物馆藏明代彩色釉陶仪仗俑相关问题研究 李峰 文物天地 12：19—22
从明代墓葬出土俑看男子首服样式及制度 白瑶瑶 黄河·黄土·黄种人 16：40—46
昭陵十四蕃君长像的形塑 耿朔 古代墓葬美术研究（第五辑） 81—100
霍去病墓雕刻原境初探 庄家会 故宫博物院院刊 12：69—82
南朝墓葬石门及人字栱雕刻的制度与来源 华扬 故宫博物院院刊 12：83—96

其他

河州砖雕艺术发展综述 苏靖等 文物天地 10：78—83
蓟州地区经幢研究 彭昊 博物院 6：67—74
固原宋代墓葬砖雕浅析 武瑛、吕婧 文物天地 10：14—19

三 石窟寺

日本敦煌学研究百年回眸——以考古·美术研究为视角 李茹 丝绸之路 1：33—37
中国石窟的文化特性与时代价值：基于313项国保单位的考察 肖波、张远远 南方文物 4：251—257
中国石窟研究知识图谱表征分析 刘瑛楠等 自然与文化遗产研究 3：44—63
敦煌学或石窟研究论著编辑中常见问题探究 孙宝岩 敦煌学辑刊 2：216—220
石窟寺窟前建筑的初步考察 彭明浩 考古学研究（十三）（下册）：北京大学考古百年考古专业七十年论文集 503—533
从桂林与洛阳石窟瘗龛的比较看唐代石窟艺术的南传 刘勇 中原文物 5：83—91

华北地区

云冈石窟的对外影响问题 韦正等 文物季刊 2：40—51
"高欢云洞"——北朝大型洞窟的未尽蓝图与开凿过程 周珂帆、彭明浩 文物季刊 2：59—67
北魏云冈石窟艺术发展源流探析 刘小旦 南雍问道：南京大学考古专业成立50周年纪念文集（中卷） 1151—1162
云冈石窟第5窟的营建 [日]八木春生 王友奎（译） 宿白纪念文集 28—50
山西临汾尧都区西安坪石窟综合研究 白曙璋等 文物季刊 2：68—73
试论鲜卑拓跋氏与云冈石窟佛教文化艺术 项一峰 石窟艺术研究（第六辑） 248—259
鲁班窑石窟的功能与信仰研究 郭静娜 石窟寺研究（第十三辑） 48—57

华中地区

1907年以来巩县石窟寺调查与研究综述 李龙飞 石窟寺研究（第十三辑） 180—195
从巩义石窟寺帝后礼佛图看北魏汉化成果 成文白 洛阳考古（总第33期） 53—57
龙门石窟与佛教中国化历程浅论 贺辉 南雍问道：南京大学考古专业成立50周年纪念文集（中卷） 1114—1122
龙门石窟中的大唐图景 路伟 中兹神州：绚烂的唐代洛阳城 33—41
唐代龙门模式试析 常青 宿白纪念文集 75—122
龙门石窟万佛洞阿弥陀佛五十菩萨与唐代的净土信仰 卢金印 黄河·黄土·黄种人 24：53—55

从敬善寺看初唐石窟寺礼佛空间的嬗变 段莹慧 黄河·黄土·黄种人 18：27—31
旧藏拓片与龙门石窟研究则例 陈莉、杨超杰 石窟寺研究（第十三辑） 170—179

华南地区·西南地区

桂林唐代佛教瘗龛考古调查与初步研究 刘勇 考古与文物 3：109—116
宋代巴蜀石窟艺术中的"世尊付法"像考察 米德昉 敦煌学辑刊 2：121—138
西藏石窟寺近十年调查与研究综述 西藏自治区文物保护研究所 何伟 西藏文物考古研究（第4辑） 220—244

西北地区

陕西商洛市石窟分布与开凿特点研究 孙满利等 西北大学学报（哲学社会科学版）3：33—43
陕西宜君花石崖北魏石窟调查记 常青 故宫博物院院刊 5：44—61
陕西志丹城台石窟 杨军等 大众考古 12：64—72
陕西延安甘泉兰家川石窟调查与研究 齐庆媛 敦煌研究 6：61—73
河西早期石窟年代的甄别——河西早期石窟研究之上 韦正、马铭悦 敦煌研究 1：63—71
北中国视野下的河西早期石窟——河西早期石窟研究之下 韦正、马铭悦 敦煌研究 5：97—110
木梯寺石窟研究学术史回顾 成军鹏 陇右文博 1：53—58
早期照片在敦煌石窟考古研究中的应用 张景峰 南雍问道：南京大学考古专业成立50周年纪念文集（下卷） 1446—1460
莫高窟洞窟内容调查概述 吕晓菲、李荣华 陇右文博 4：50—58
瓜州境内中小型石窟寺概述 张硕 陇右文博 3：3—14
庄浪县新发现石窟概述 李永红 陇右文博 3：15—29
炳灵寺石窟题记与榜题研究述评 黄兆宏等 丝绸之路 3：86—91
炳灵寺石窟早期调查中的重要遗迹——以冯国瑞《炳灵寺石窟勘察记》为中心 张含悦 四川文物 1：83—93
敦煌莫高窟北凉三窟开凿次第述论 赵蓉 敦煌研究 2：67—80
敦煌莫高窟北朝兽面图像浅议 张兆莉 敦煌研究 3：21—30
试论敦煌莫高窟十六国至北朝时期覆斗形顶（下）——覆斗顶窟与崖墓 段媛媛 敦煌研究 3：9—20
石窟空间与仪式秩序：重建吐峪沟东区第30-32窟禅观程序 夏立栋 故宫博物院院刊 4：20—34
莫高窟第428窟供养人画像及其相关问题研究 陈培丽 敦煌学辑刊 1：152—163
莫高窟早期忍冬纹样的源流 赵声良、张春佳 敦煌研究 1：49—62
敦煌莫高窟北朝洞窟营建与供养人 陈悦新 宿白纪念文集 51—74
麦积山第74、78窟复原初探 陈月莹、张铭 石窟艺术研究（第六辑） 3—17
麦积山石窟北魏造像背景探究 魏岳、杨文博 石窟艺术研究（第六辑） 18—30
麦积山石窟第123窟"童男童女"身份考 董广强、王一潮 石窟艺术研究（第六辑） 31—37
莫高窟第196窟中心佛坛空间设计艺术研究 马若琼 敦煌学辑刊 3：92—97
张议潮的政治联盟窟——由洞窟组合崖面空间再谈莫高窟第156窟的营建 梁红、沙武田 敦煌研究 6：23—34
盛唐后期莫高窟藻井图案探析 陈振旺等 敦煌研究 5：69—79
敦煌莫高窟第72窟劳度叉斗圣变解说 魏迎春、李小玲 敦煌学辑刊 3：72—80
莫高窟第454窟营建年代与窟主申论 陈菊霞、王平先 敦煌研究 1：80—86
榆林第32窟四隅图像研究 祁峰 敦煌学辑刊 1：139—151

榆林窟第43窟：敦煌石窟唯一的儒家窟 邢耀龙 石窟寺研究（第十三辑）158—169

宿白先生与瓜州榆林窟第29窟研究 杨冰华 宿白纪念文集 17—27

莫高窟97窟搔背罗汉图考释 张凯、于向东 敦煌学辑刊 2：104—115

张掖金塔寺石窟新见的西夏文榜题 孙伯君、夏立栋 敦煌学辑刊 2：116—120

浅析敦煌无明代开凿石窟及绘塑遗存的原因 韩冰等 敦煌研究 2：115—124

榆林窟第3窟为元代西夏遗民窟新证 杨富学、刘璟 敦煌研究 6：1—12

敦煌莫高窟清代题壁纪游诗研究——敦煌石窟题记系列研究之三 张先堂、李国 敦煌研究 2：1—11

须弥山石窟北朝洞窟的营建与供养人 陈悦新 北方民族考古（第13辑）212—231

青海省乐都北山石窟初探 汤隆皓等 青海文物考古研究 264—275

乐都北山石窟的功能、性质及相关问题 施兰英等 青海文物考古研究 276—282

高昌石窟分期与谱系研究 夏立栋 考古学报 2：201—224

崖面空间与石窟考古分期——基于吐峪沟东区北部石窟寺的讨论 夏立栋 宿白纪念文集 123—142

龟兹石窟"因缘故事画"题材及相关问题研究 高海燕 敦煌学辑刊 1：127—138

四 古代建筑
专题研究

自然环境因素影响下的秦长城修建 徐卫民 中原文化研究 6：22—32

河南魏长城与卷长城初探 王政 共辉集：辉县考古发掘70周年暨古代文明研讨会纪念文萃 222—226

西汉时期中国拱券技术的产生和来源研究 张建锋 南方文物 4：118—126

雍城秦汉瓦当艺术略论 杨曙明 中国文物报 4月12日 6版

试论汉代石阙的起源与早期发展 顾大志 南方文物 2：85—92

两汉帝陵出土云纹瓦当的比较研究 王贠赟 考古学集刊（第27集）132—153

汉长安城瓦当研究 陈徐玮 考古学报 1：1—18

浅议四川地区出土的汉代文字瓦当 郑漫丽 四川文物 4：58—67

泾州古城佛教遗址出土瓦当研究 马洪连、吴荭 敦煌学辑刊 1：91—104

石城子遗址出土瓦当初步研究 田小红、吴勇 西部考古（第23辑）327—346

东汉墓内出土瓦当的功用——以都城洛阳为例 王贠赟 黄河·黄土·黄种人 14：35—39

辽祖陵出土瓦当的文化因素分析 董新林、岳天懿 学而述而里仁：李伯谦先生从事教学考古60周年暨学术思想研讨会文集 526—559

唐代宫廷建筑柱础石探析 邹林 北方文物 3：60—68

唐代宫殿建筑用砖制度初探——从隋唐洛阳宫建筑遗址出发 王书林 古代文明（第16卷）150—164

洛阳宫唐武成宫院-宋文明宫院格局探微 王书林、徐新云 南方文物 4：172—182

石窟佛龛建筑形制演化与装饰艺术嬗变初探 裴强强等 敦煌学辑刊 4：114—136

宋元时期垂尖华头板瓦研究 高义夫、徐婧 边疆考古研究（第31辑）274—287

景德镇御窑厂遗址明洪武砖瓦产地新考 吉笃学、刘龙 中原文物 4：136—144

闽南红 海丝情：闽南红砖建筑材料传统制作技艺研究——以福建泉州虎石明代红砖窑为例 郑庆平 南方文物 5：264—271

北镇辽陵琉璃寺遗址建筑构件年代新论 岳天懿 北方文物 4：62—71

重檐歇山顶叠加暗廊转经道形制的河湟地区藏传佛教殿堂研究 李江等 敦煌研究 6：49—60

21世纪以来建筑用瓷和釉陶窑址考古新进展 唐启迪、郑建明 文物天地 6：90—100

古代建筑屋顶寓池的源流 孙华 宿白纪念文集 333—342

雉堞及其来源考述 李静杰 中原文物 2：135—144

调查与研究

华北地区·华东地区·华中地区

云冈不同时期的景观与云冈堡的修建 刘天歌、杭侃 文物季刊 2：52—58

特殊展览——古建筑的文化解读与赏析——以山西古建为例 李强 文物天地 11：157—159

层累与互证：社会史研究中建筑实物史料的价值——以山西陵川郊底白玉宫为例 刘云聪、徐怡涛 文物季刊 3：78—90

浅谈盛京城"一寺四塔"建筑历史内涵 胡家硕、苏哲 沈阳考古文集（第8集） 247—250

清盛京城官廨建筑考 车冰冰、刘明 沈阳考古文集（第8集） 291—298

清盛期京城西郊皇家园林空间文化遗产的真实性 崔山 中国文化遗产 3：94—103

山东平阴多佛塔调查及相关问题研究 邢琪、马天成 文物天地 9：46—54

郓城观音寺塔修建年代探析 杨涛、陈建辉 淮海文博（第3辑） 87—90

萧山祇园寺五代舍利铜塔考 施梦以、施加农 科技考古与文物保护技术（第四辑） 318—322

绍兴兰若寺墓园遗址建筑复原研究 王一臻等 他是谁：探秘兰若寺大墓 56—83

增其彤采——乾隆年间台湾府城万寿宫之建设 蔡承豪 故宫文物月刊 467：20—31

嘉应地区祠堂木构架特征分析 姜磊、程建军 中国文化遗产 4：95—102

灵宝张湾东汉三层绿釉陶百戏楼再认识 尚文彬、魏兴涛 黄河·黄土·黄种人 24：38—44

西南地区·西北地区

奇特的佛塔——简述大足石刻宝顶山转法塔 邓灿 科技考古与文物保护技术（第四辑） 220—222

云南通海涌金寺古柏阁 王雨晨等 文物 1：65—84

河南遗存古戏楼类型及建筑特点探析 赵彤梅 黄河·黄土·黄种人 2：59—63

西藏左贡清末民居建筑特征研究 李亚忠、其美多吉 西藏文物考古研究（第4辑） 326—357

甘肃省泾川县南石崖崖居群落探析 刘俨 丝绸之路 2：124—132

从兰州双塔看明代的兰州 计震海 黄河·黄土·黄种人 18：57—59

嘉峪关戏台研究 杨梅 丝绸之路 4：34—38

昭苏圣佑庙大殿小木作雕饰图案初步研究 武严 丝绸之路 4：59—63

五 绘画

岩画

机遇与挑战：数字人文视阈下的中国岩画 张亚莎等 贵州民族研究 1：149—153

试论北方凿刻类岩画的岩石选择 丁升鹏 草原文物 2：49—55

石壁上的遗产 白银岩画 吴官祝 大众考古 1：19—23

岩画图形文字符号数字模糊识别研究——以宁夏大麦地岩画为例　束锡红等　西北大学学报（哲学社会科学版）5：39—49
中国境内人面像岩画特征浅析　陈婷婷、那玮　北方民族考古（第13辑）　111—131
蛤蟆岬大砬山石棚古代岩画发现过程与初步研究　王禹浪、邱宏宇　黑龙江民族丛刊3：65—70
岩画的考古年代学研究——以新疆巴里坤八墙子岩画为例　任萌等　文物10：57—67
西藏改则县岩画田野调查　罗延焱等　西藏民族大学学报（哲学社会科学版）3：35—41
莫高窟五烽墩岩画及题刻文字初识　高启安、冯培红　敦煌研究2：33—42

壁画

墓室壁画

中古墓室壁画的改绘现象　李梅田、郭东珺　故宫博物院院刊3：4—12
新出中古墓葬壁画中的下层胡人艺术形象　葛承雍　故宫博物院院刊8：37—48
再现死亡——小议墓室壁画研究的立场与方法　李梅田　古代文明（第16卷）　265—272
图像系统与思想观念：海昏侯墓画像老子缺位问题蠡测　王刚　南方文物2：73—84
铠马塚所绘月像图之我见　张鑫琦、郑春颖　沈阳考古文集（第8集）　187—192
敦煌佛爷庙湾魏晋壁画墓鹦鹉图像初探　王煜、陈姝伊　敦煌研究3：31—38
河西魏晋十六国壁画墓农作图所见农具研究　董佩东、黄兆宏　农业考古6：124—133
北朝墓葬中鞍马、牛车图像与墓主图像性别的关系　郑晓雪　黄河·黄土·黄种人8：19—25
北朝石窟视阈下高句丽墓葬壁画中的佛教元素——以长川1号墓为中心　王俊铮　敦煌研究3：56—70
北魏洛阳时代晚期墓葬图像试析　武俊华　文物季刊4：58—72
佛殿的象征——山西大同全家湾北魏佛教壁画石椁　李裕群　文物1：52—61
论大同地区墓葬壁画及墓志中的十二生肖像　王利霞　黄河·黄土·黄种人18：38—43
太原北齐徐显秀墓图像改动现象探析　耿朔　故宫博物院院刊3：13—29
唐新城长公主墓《捧烛台侍女图》壁画赏析　董朝霞　文物天地11：114—117
陕西泾阳石刘村M318出土"胡人宴饮图"探析　刘呆运、赵海燕　故宫博物院院刊8：49—61
山西太原唐墓壁画"树下人物图"研究——以赫连简墓为中心　赵伟　故宫博物院院刊8：4—23
太原地区唐墓"树下人物图"之管见　龙真　故宫博物院院刊8：24—36
平山县王母村唐代崔氏墓壁画简述　韩金秋　古代墓葬美术研究（第五辑）　101—105
内蒙古清水河塔尔梁五代墓葬壁画释读　刘喆、李梅田　美术研究1：57—61
山西宋金元墓葬所见孝子图像探析　郭智勇、王景宏　黄河·黄土·黄种人8：34—38
多重祈愿——宋金墓葬中的类图像组合　邓菲　古代墓葬美术研究（第五辑）　160—179
辽墓壁画及相关文物丛考　彭善国、刘锡甜　草原文物1：104—112
河北宣化辽墓壁画服饰探析　王春燕　边疆考古研究（第31辑）　247—262
可移动的"牙帐"——以四季山水图为中心再议辽庆东陵壁画　陆骐　古代墓葬美术研究（第五辑）　180—201

寺院壁画

宋金元时期晋东南地区饮食文化的考古学考察　郝双帆　农业考古6：208—217
古格壁画"天宫星宿图"与《宿曜经》——以"二十七宿神"与"黄道十二宫神"的组合为例　孟嗣徽　坚固万岁人民喜：刘平国刻石与西域文明学术研讨会论文集　345—361

夏鲁寺嘎加羌殿的营建历史、图像配置与空间意蕴　王传播　故宫博物院院刊 7：82—91
山西平遥双林寺明代善财童子五十三参壁画内容考释　谷东方　石窟艺术研究（第六辑）　221—247

补遗

夏鲁寺甘珠尔殿观音图像考察　王传播　中国藏学 2021 年 2021 年 4：138—146
浅谈广胜寺水神庙元代壁画的艺术特点　鲁顿　文化学刊 2021 年 11：6—9
青海省尖扎县昂拉赛康寺三世佛殿五方佛壁画研究　夏吾端智　青海民族研究 2021 年 4：222—228

石窟寺壁画

敦煌壁画与中国传统艺术精神　赵声良　敦煌研究 5：58—68
柏孜克里克石窟壁画中的犍陀罗因素研究　刘昂、王路路　美术观察 10：74—75
敦煌服饰文化中"帔子"词意的流变释析　苏文灏　丝路之光：2021 敦煌服饰文化论文集　220—227
炳灵寺石窟壁画中的乐伎形象初探——以第 169 窟为例　宗学良、李琦　艺术教育 2：179—182
敦煌莫高窟第 285 窟西壁壁画中的星宿图像与石窟整体的构想　桧山智美、蔺君茹　敦煌研究 4：51—65
"太阳崇拜"图像传统的延续——莫高窟第 249 窟、第 285 窟"天人守护莲华摩尼宝珠"图像及其源流　张元林　敦煌研究 5：11—20
库木吐喇汉风石窟中千佛像的绘制　魏丽　坚固万岁人民喜：刘平国刻石与西域文明学术研讨会论文集　330—337
光与色的旋律——敦煌隋代壁画装饰色彩　赵声良　丝路之光：2021 敦煌服饰文化论文集　4—17
炳灵寺上寺第 4 窟十一面千臂千钵文殊图像辨析及粉本探源　王玲秀　敦煌研究 5：80—85
敦煌艺术与唐代文化　赵声良　丝路之光：2019 敦煌服饰文化论文集　16—31
敦煌飞天艺术　赵声良　丝路之光：2019 敦煌服饰文化论文集　82—111
敦煌壁画中的宫廷建筑元素举例　晋宏逵　故宫博物院院刊 11：4—14
丝路传法旅行图——莫高窟第 217、103 窟尊胜经变序文画面解读　沙武田　敦煌研究 5：32—46
莫高窟第 194 窟维摩诘经变中的帝王图像及其服制　赵燕林　敦煌研究 6：13—22
莫高窟唐代洞窟壁画与服饰中团花的造型特征探究　张春佳、刘元风　丝路之光：2019 敦煌服饰文化论文集　224—245
壁上屏风——一个敦煌吐蕃时期石窟壁画的个案　邱忠鸣　丝路之光：2021 敦煌服饰文化论文集　36—53
敦煌壁画中晚唐女供养人礼衣大袖形制的美学思想研究　丁瑛　丝路之光：2021 敦煌服饰文化论文集 184—201
龟兹、高昌回鹘佛像画比较研究　苗利辉　坚固万岁人民喜：刘平国刻石与西域文明学术研讨会论文集　338—344
龟兹壁画"调伏阿摩昼"补议　任平山　石窟寺研究（第十三辑）　76—84
吐峪沟西区第 18 窟新见"千手眼大悲像"壁画考释　刘韬、夏立栋　文物 12：42—57
佛窟中的祆神——吐峪沟西区中部回鹘佛寺壁画"四臂女神"图像与样式考　刘韬、夏立栋　中国国家博物馆馆刊 3：34—46
敦煌莫高窟第 61 窟女供养人像服饰图案飞鸟衔枝纹研究　崔岩、楚艳　丝路之光：2019 敦煌服饰文化论文集　248—253
敦煌石窟第 146、196、9 窟外道女服饰新探——腰裙　董昳云　丝路之光：2021 敦煌服饰文化论文集　152—167
西藏阿里札达县夏石窟甬道生死轮回图考　骆如菲　敦煌研究 6：35—48
从"法华观音"到"华严观音"——莫高窟第 464 窟后室壁画定名及其与前室壁画之关系考论　张元林　敦煌研究 1：20—32

敦煌莫高窟第465窟大成就者黑行师考——兼论藏传佛教艺术中的黑行师图像　房子超、沙武田　敦煌研究 4：66—77

一座显密圆融的西夏华严道场——瓜州榆林窟第29窟的图像与功能探析　杨冰华　文物季刊 3：66—77

"宝卷与图像"——民乐上天乐石窟仙姑灵迹变与《仙姑宝卷》　魏文斌、吴梦帆　石窟寺研究（第十三辑）　139—157

补遗

炳灵寺上寺第4窟主尊身份与壁画研究　赵雪芬、吕晓菲　西藏研究 2021年 5：76—82

其他

江西南昌西汉海昏侯刘贺墓出土丹画盾研究　黄可佳　文物 3：41—51

敦煌藏经洞《引路菩萨图》及手持长柄香炉的宗教意义　王静娴、常青　石窟寺研究（第十三辑）　85—101

北宋《瘟使供养图》考释及其价值　陈丽娟、钟庆禄　南方文物 4：97—102

北宋初期佛教融摄道教初探——以赣州慈云寺塔所出《行瘟使者皈佛图》为例　邓影、张高丽　南方文物 4：103—108

南京东晋墓"虎啸山丘"砖画新考——也谈南朝墓葬拼镶砖画高士隐逸题材的另一种渊源　王煜　南方文物 4：169—171

莫高窟第361窟壁画建筑彩画装饰艺术初探　孟祥武等　敦煌研究 1：87—98

养心殿正殿外檐窗罩海墁彩画年代考证及其工艺特征　杨红、李广华　故宫博物院院刊 1：72—88

"拂庐"再考——以青海郭里木棺板画为中心　赛本加、于春　丝绸之路考古（第6辑）　96—103

粟特艺术东传与丝绸之路青海道——以彩绘棺板画为考察核心　曹中俊　丝绸之路考古（第6辑）　121—143

柒　中外交流与世界考古

中外交流

绵亘万里：世界遗产丝绸之路　葛承雍　丝路之光：2019敦煌服饰文化论文集　128—139

前丝绸之路亚洲草原的文化交往——以金属器为视角的考古学研究　邵会秋、杨建华　故宫博物院院刊 6：4—19

呼伦贝尔鲜卑遗存中的西来文化因素——兼谈两汉时期的"草原丝绸之路"　潘玲、谭文妤　考古 5：110—120

佛教初传中国的考古学证据　林梅村　宿白纪念文集　3—16

统万城发现的域外文化因素遗物　苗轶飞　洛阳考古（总第33期）　47—52

记中国发现的狄奥尼索斯（Dionysos）图像　谢明良　故宫文物月刊 469：54—63

海上丝绸之路考古及其时空框架　魏峻　考古学研究（十五）：庆祝严文明先生九十寿辰论文集（上册）　185—196

太仓樊村泾元代遗存与海上丝绸之路关系的几点思考　吴敬　边疆考古研究（第32辑）　307—316

Money on the Silk Road – Research at the British Museum（丝绸之路上的钱币——基于大英博物馆的研究）　Helen Wang et al.　丝绸之路上的中华文明　421—452

银朱与海上丝绸之路　王恺　考古学研究（十三）（下册）：北京大学考古百年考古专业七十年论文集　738—746

早期全球贸易的考古学研究：太平洋航线上的漳州窑陶瓷　李旻　东方考古（第20集）　113—132

中国明代对外输出瓷器——以故宫博物院藏品为例　郑宏　中国古陶瓷研究（第27辑）：元明景德镇窑业与技术交流　380—396

故宫博物院走出去考古的发现与研究　徐海峰　故宫博物院院刊 10：47—62
试述浙江出土的高丽青瓷　王轶凌　文物天地 2：102—111
原料产地对中国东北和韩国旧石器时代晚期黑曜岩石器工业的影响　侯哲等　人类学学报 6：982—993
汉代中韩交流的最新实物例证——韩国庆山阳地里汉镜及相关问题　白云翔　文物 1：43—51
韩国百济都城遗址所见中国文化元素初探　赵淑怡、周裕兴　艺术百家 4：39—46
韩国出土绿釉联珠纹碗及东亚联珠纹碗的谱系　[韩]赵胤宰　东亚文明（第 3 辑）209—228
隐元隆琦禅师"骑狮像"东传日本研究　施錡　故宫博物院院刊 4：67—77
日本药师寺金堂药师三尊像与相关唐代佛教造像研究　姚瑶　敦煌研究 3：71—82
日本所见定窑瓷器初探　李晞、丁雨　考古学研究（十四）：科技考古研究专号 224—235
15 世纪中后期至 16 世纪初期的中日两国选钱令探析　郝洪熤　中国钱币 4：43—51
国内所见宽永通宝研究综述　吕海路、高科冕　中国钱币 3：65—71
蒙古高原传统游牧形态的考古学观察　贾伟明、丛德新　北方文物 4：72—81
北朝遗址出土金属头结束具与项饰——以其在欧亚东部草原地带上的广泛分布为视角　[日]大谷育惠　刘萃峰（译）　马强（校）　丝绸之路考古（第 6 辑）202—225
从南海宋代沉船看东南亚海上贸易网络的变迁　李佩凝　边疆考古研究（第 31 辑）263—273
广西与越南发现的早期石拍研究　谢莉、李大伟　南方文物 1：116—131
缅甸的青铜文化遗存及其与云南青铜文化的关系　和奇　南方文物 3：164—178
唐代吐蕃与尼波罗的交通——以汉藏文献与尼泊尔碑铭为中心　沈琛　中国国家博物馆馆刊 12：67—77
伊和淖尔 M6 出土项饰、腰带及其与欧亚大陆之间的联系　史书仁　付承章、萨仁毕力格（译）　北方民族考古（第 13 辑）328—345
从印度到敦煌：祇园布施与舍卫城斗法故事的图文转变试析　魏健鹏　敦煌研究 5：47—57
中古中印文化艺术交流面面观　李静杰　丝路之光：2019 敦煌服饰文化论文集 168—205
中国与古巴基斯坦传统医学交流考　王清华　科技考古与文物保护技术（第四辑）352—356
中国发现的中亚金属器　[俄]马尔沙克　石尚（译）　石榴（校）　艺术工作·鲁迅美术学院学报 5：69—82
从汉画像石到敦煌壁画——一种颂扬图像在中国与中亚的流传　康马泰、李思飞　敦煌研究 5：21—31
中亚地区佛教遗存中的中国元素　李肖、林铃梅　丝绸之路上的中华文明 201—224
环境考古视角下的丝绸之路早期城址：从河西走廊到中亚　安成邦等　第四纪研究 1：302—310
中华文明在中亚南部的流传　罗帅　丝绸之路上的中华文明 67—81
从西域到中亚：汉地佛教艺术的西渐　姚崇新　丝绸之路上的中华文明 157—200
吉尔吉斯楚河流域出土的唐代佛教遗存　张建林　丝绸之路上的中华文明 136—156
粟特胡人的东来与中古中国的胡化　荣新江　丝路之光：2019 敦煌服饰文化论文集 142—155
彩陶风格与聚落形态——以黄河流域和西亚史前几何纹彩陶为中心　韩建业　江汉考古 5：57—63
丝绸之路上伊兹尼克陶瓷艺术风貌考略　李智瑛　中国陶瓷 3：97—101
狻猊·天马·跳脱缨——以考古为例看伊朗与中国的文化交流　李零　故宫博物院院刊 3：51—60
从中间型经济到农业：西亚早期村庄中野生食物的利用、驯化和栽培　傅稻镰等　西北大学文化遗产学院植物考古实验室（译）　秦岭（校）　南方文物 2：145—154
从波斯到固原——无棺葬俗的演变　马伟　丝绸之路考古（第 6 辑）66—95

宁夏彭阳博物馆收藏的萨珊银币 王洋洋等 中国钱币 4：71—73
2019—2020年度俄罗斯渤海考古研究综述 何雨濛、宋玉彬 北方文物 3：69—78
论三道海子遗址群和图瓦阿尔赞墓地的关系 郭物 考古与文物 6：109—117
中国夏商时期向西伯利亚地区的文化传播 武仙竹等 科技考古与文物保护技术（第四辑） 357—365
夏商遗民向西伯利亚地区的文化传播 武仙竹 共辉集：辉县考古发掘70周年暨古代文明研讨会纪念文萃 94—103
浅论中国境内发现的来通杯 彭巧巧 黄河·黄土·黄种人 20：44—48
明代晚期澳门与海上丝绸之路——以出土陶瓷为中心的研究 吴璟昌 南雍问道：南京大学考古专业成立50周年纪念文集（下卷） 1181—1213
试论一件东欧旧藏钧官窑扁壶的用途及传播途径 秦大树 中原文物 5：128—136
中亚及东欧地区出土宋元陶瓷研究 刘未 故宫博物院院刊 6：31—54
汉魏洛阳城与罗马城的城市空间比较 赵云婷 大众考古 1：70—76
明清宜兴紫砂外销欧洲的文化映射与互鉴——基于英国V&A博物馆典藏的考察 任宝龙 农业考古 5：83—89
对明清时期德化窑瓷器生产与外销的考察 万钧 中国古陶瓷研究（第27辑）：元明景德镇窑业与技术交流 334—355
浅议16—18世纪景德镇瓷器的外销 黄静 中国古陶瓷研究（第27辑）：元明景德镇窑业与技术交流 123—136
见证中俄交往的俄皇宫典藏中国文物 多丽梅 文物天地 2：86—91
巴泽雷克墓地出土楚文化遗物初探 刘翔、蒋佳怡 丝绸之路考古（第6辑） 43—55
巴泽雷克文化与史前丝绸之路 牧金山 大众考古 7：78—87
中美洲古代文明与中国史前玉器钻孔技术的比较研究 温雅棣 考古 9：74—84
大地之龟和月中玉兔——玛雅文明和中华文明相似性的初步思考 李新伟 东亚文明（第3辑） 183—192
古代葡萄酒酿造技术的东来及变化——海外考古调查札记（八） 王光尧 故宫博物院院刊 6：20—31
郑和远航非洲与中非文明互鉴 李新烽 中国社会科学 5：162—182
肯尼亚斯瓦希里文化初探——以进口陶瓷贸易与建筑为视角 王太一 故宫博物院院刊 2：17—29

世界考古

四大早期文明记数符号异同的比较 Olesia Volkova（阿列霞） 复旦大学文化遗产研究 303—319
东亚和东南亚早期旧石器文化——对莫维斯理论的重新评价 谢光茂 南方文物 3：29—42
石岩里9号墓出土金制带扣的制作方法考察 [韩]卢志铉 柳惠仙 金炯花（译） 辽宁省博物馆馆刊（2021） 239—250
朝鲜支石墓的特殊结构 河文植 边疆考古研究（第31辑） 345—356
韩国百济武宁王陵出土南朝瓷器的产地与功用 张团伟 故宫文物月刊 473：118—125
韩国淑慎公主墓出土遗物及相关问题研究 陈天民 中国古陶瓷研究（第27辑）——元明景德镇窑业与技术交流 271—281
关于百济武宁王陵出土墓志、买地券的几个疑难问题 王志高 东亚文明（第3辑） 229—238
关于百济武宁王陵出土墓志、买地券的几个疑难问题 王志高 根与魂：考古学视野下不断裂中华文明研究 383—393
韩国雁鸭池213号木简考释 罗晨 中国社会科学报 1月28日5版
也谈完州上林里遗址 成璟瑭、高兴超 边疆考古研究（第32辑） 413—432

日本有形与无形文化遗产保护制度的差异——以"有形文化财"与"无形文化财"的对比为例　赵润　自然与文化遗产研究 2：73—79

圆空与木喰——"非典型"的江户佛教艺术　郑涵云　故宫文物月刊 468：32—41

茶熟清香，有客到门可喜——从日本京都万福寺隐元紫砂壶谈起　黄健亮　故宫文物月刊 474：52—59

明治初期的正仓院实物展示与西方人士之报导：古代珍藏转为现代观者视野下文物之早期例证　巫佩蓉　故宫学术季刊 40 卷 2：163—206

日本的考古遗址博物馆、考古遗址公园和考古博物馆辨析　王冬冬　中国博物馆 1：119—124

日本现代考古学的开始与第二次世界大战前的日本考古学　[日]宫本一夫　刘斌、徐敏（译）　西部考古（第 23 辑）456—460

蒙古国考古新发现中的佛教元素——兼论 6 至 8 世纪漠北草原的佛教传播　徐弛　中国国家博物馆馆刊 3：20—33

蒙古国车勒县石特尔墓地 2018 年考古发掘主要收获　中国国家博物馆、蒙古国国家博物馆　游富祥等　中国国家博物馆馆刊 5：71—100

蒙古国高勒毛都 2 号墓地 10 号墓年代和墓主身份的探讨　潘玲、张婕妤　中国国家博物馆馆刊 12：51—65

蒙古国阿尔泰山地区巴泽雷克文化武器研究　Д. 巴特苏和　额尔德尼-奥其尔　董萨日娜、长海（译）　北方民族考古（第 13 辑）290—317

蒙古国新见唐代鱼符考　徐弛　丝绸之路考古（第 6 辑）144—153

蒙古国回鹘四方墓出土鲁尼文刻铭释读——兼谈鲁尼文字形之演变　白玉冬　坚固万岁人民喜：刘平国刻石与西域文明学术研讨会论文集 383—391

和日木登吉古城研究　Л. 额尔敦宝力道　董萨日娜、长海（译）　北方民族考古（第 13 辑）346—355

金翅鸟图像分析　李静杰　敦煌研究 4：36—50

社会网络分析检视岛民贸易交流网络　李博　南雍问道：南京大学考古专业成立 50 周年纪念文集（下卷）1387—1406

岛屿东南亚考古学史及当今争论热点　洪晓纯、贺成坡　南方文物 3：147—154

帝汶岛史前考古研究概述　翟天民、姚富靖　南方文物 3：155—163

东南亚的青铜时代：班农瓦遗址社会变革的新视角　[新西兰]查尔斯·海厄姆（Charles Higham）等　南方文物 1：68—84

安溪旧石器时代早期工业和越南原始时代　[越]阮克史（Nguyen Khac Su）等　南方文物 1：92—99

越南的和平文化——近一个世纪以来的发现　[越]阮克史（Nguyen Khac Su）等　南方文物 1：100—107

越南史前古人类研究　李大伟　南方文物 1：108—115

越南汉墓出土兽首流提梁陶壶来源考　韦伟燕　边疆考古研究（第 32 辑）399—412

老挝史前考古研究概述　梁婷婷　南方文物 3：210—225

老挝沙湾拿吉省维拉波利市色邦矿区腾卡姆东遗址 2018—2019 年发掘报告　云南省文物考古研究所等　边疆考古研究（第 31 辑）319—344

柬埔寨吴哥古迹王宫遗址的考古勘探　黄雯兰、齐珍怡　大众考古 9：52—58

柬埔寨吴哥城癞王台研究　黄雯兰　古代文明（第 16 卷）300—324

伟大的东方古代奇迹吴哥古窟　陈仲丹　大众考古 11：81—86

马来西亚史前考古学史　韦璇　南方文物 3：199—209

菲律宾史前考古研究概述 李桓 南方文物 3：179—198
寻访院藏越南占婆林迦罩的历史踪迹 赖芷仪 故宫文物月刊 475：26—40
东南亚"那迦护佛"图像稽考——以柬埔寨为中心的考察 张理婧 敦煌学辑刊 4：146—158
泰国三乔山（Khao Sam Kaeo）遗址发现的汉代遗物及有关问题 刘文锁 丝绸之路上的中华文明 52—66
印度尼西亚"黑石号"沉船上的俚人遗物分析 吴小平 考古与文物 1：95—97
印度奎隆港口遗址 2014 年考古调查简报 故宫博物院、印度喀拉拉邦历史研究委员会 冀洛源等 文物 8：25—41
印度喀拉拉邦出土的孔雀蓝釉陶器标本 冀洛源、PJ Cherian 故宫博物院院刊 6：55—67
印度中部地区岩画中的龟形象 ［印度］米娜克什·杜贝·帕萨克、［法］让·克洛特 孙宇洋、赵子莉（译） 徐峰（校） 大众考古 1：24—33
拉斯海马在古代印度洋贸易线上的地位——对拉斯海马诸考古遗址的观察 翟毅等 故宫博物院院刊 10：63—75
犍陀罗佛寺布局初探 李崇峰 宿白纪念文集 142—164
土库曼斯坦考古概览 刘斌、胡辙 洛阳考古（总第 35 期）59—65
巴克特里亚西北边界的防御工事系统 ［俄罗斯］O.B.贝里什 梅子霖、唐云鹏（译） 孙危（校） 北方民族考古（第 13 辑）318—327
圆形纹饰的源流与传播研究 郑成胜 东亚文明（第 3 辑）193—208
阿弗拉西阿勃台地城址壁画高句丽使者身份考 赵春兰、韦正 四川文物 3：67—77
中亚彩陶类遗存的考古发现与研究综述 林铃梅 坚固万岁人民喜：刘平国刻石与西域文明学术研讨会论文集 200—215
2014 年乌兹别克斯坦西天山西端区域考古调查简报 中国–中亚人类与环境"一带一路"联合实验室等 任萌 西部考古（第 23 辑）108—134
乌兹别克斯坦苏尔汉河州乌尊区德赫坎遗址 2018—2019 年考古调查发掘简报 西北大学中亚考古队等 西部考古（第 24 辑）1—19
2019 年环哈萨克斯坦卡普恰盖海考察简报 陕西省考古研究院、哈萨克斯坦伊塞克国家历史文化博物馆 丁岩 西部考古（第 23 辑）135—147
吐火罗国巴达克山开元通宝 杨槐 中国钱币 4：30—35
巴基斯坦北部喀喇昆仑山区的亚洲文明交流古道 陈育芝、武仙竹 科技考古与文物保护技术（第四辑）343—351
"文明"与"交往"：青铜时代叙利亚文明的特征 刘昌玉 史学月刊 8：10—14
唐王朝及西突厥治下的巴克特里亚文钱币 袁炜 中国钱币 4：22—29
波斯帝国的三大古都 陈仲丹 大众考古 5：22—28
东北亚地区早期铁器及铁器化进程研究 陈建立、张元阳 考古学研究（十三）（下册）：北京大学考古百年考古专业七十年论文集 656—982
安加拉河下游的人面像岩画 ［俄罗斯］A.L.Zaika 扎伊卡等 草原文物 2：109—124
论南西伯利亚及周边地区青铜时代早期的"月形器" 王鹏 考古 3：69—82
俄罗斯马特盖奇克遗址、卡缅内洛卡遗址试掘简报 高磊等 人类学学报 1：148—156
米努辛斯克盆地史前文化序列构建历程的梳理与思考——跨文化读书笔记 李水城 考古学研究（十五）：庆祝严文明先生九十寿辰论文集（下册）581—605
叶尼塞碑铭所见华夏称号"王"考 白玉冬、车娟娟 敦煌学辑刊 2：149—156

由利物浦从《世界遗产名录》中除名看遗产城市的可持续发展 尚晋 自然与文化遗产研究 2：43—48
青铜时代战车的动力学特性 ［意］安杰洛·玛苏等 王娜娜（译） 丝绸之路考古（第 6 辑） 168—185
欧亚草原竖錾铜器铸造技术起源与传播 刘翔 考古 3：83—91
欧亚草原青铜时代至早期铁器时代的骆驼遗存研究 包曙光、赵婷婷 农业考古 6：49—55
迁徙时期（公元第一个千年）欧亚游牧民族的丧葬面罩研究 ［匈］本克（Mihály Benk） 袁勇（译） 丝绸之路考古（第 6 辑） 186—201
李奥纳多·达文西的素描龙图 谢明良 故宫文物月刊 467：90—101
福玻斯之冠——欧洲古典时期月桂冠冕中的艺术与科学 范晓轩 自然辩证法通讯 10：24—35
文物讲述意大利文明起源 冯朝晖 中国文物报 8 月 2 日 5 版
中国国家博物馆藏拜占庭早期金币述论 张月 文物天地 5：80—83
文明交融下的安达卢西亚 科尔多瓦和塞维利亚的世界文化遗产 赵梦薇 大众考古 6：72—79
克拉斯基诺城址瓦当研究 杨筱筠、宋玉彬 边疆考古研究（第 31 辑） 236—246
玛雅人的建筑成就 陈仲丹 大众考古 9：84—88
中美洲古代社会中的绿色玉石 温雅棣、史永 江汉考古 4：61—70
神圣空间构建：中美地区古代文明的启示 李新伟 考古学研究（十五）：庆祝严文明先生九十寿辰论文集（下册） 606—624
水下文化遗产保护措施的细化——澳大利亚 2018 年《水下文化遗产法》的启示 王晶 中国文物科学研究 4：10—18
澳大利亚海洋管理中的水下文化遗产保护及启示 王晶 自然与文化遗产研究 5：18—25
格但斯克与冲突记忆遗产 解博知 自然与文化遗产研究 2：35—42
世界遗产视角下非洲优先与可持续发展战略的实施——2012 年后非洲世界遗产申报与保护情况分析 田芯祎 自然与文化遗产研究 2：19—34
述评典型阿舍利遗址的石器技术及其蕴含的古人类行为 李浩等 人类学学报 2：354—369
烹羊宰牛且为乐，会须一饮三百杯——古代埃及的宴饮场景概述 贾笑冰 南方文物 6：19—26
方寸之美——从提卡遗址出土的赫梯印章辨析古代两河流域文化交流 冯雪 文博 1：60—69
巍峨金字塔 陈仲丹 大众考古 1：64—69
错位的记忆与消失的王后 发现奈阿丽特 王怀轩 大众考古 3：86—90
沧海遗珠 大西洋加纳利群岛的人骨遗存 杨诗雨 大众考古 9：76—83

捌　文化遗产保护

文物保护事业

联合国教科文组织世界遗产 50 年——关于评估政策演进的评述 ［芬兰］尤卡·约基莱赫托 郭旃（译） 自然与文化遗产研究 6：112—120
从世界遗产地管理者论坛观察世界遗产能力建设新趋势 魏青 自然与文化遗产研究 2：80—91
第 44 届世界遗产大会与《保护世界文化和自然遗产公约》的价值与意义 吕舟 自然与文化遗产研究 2：1—5
世界遗产保护与旅游发展关系 50 年回顾与展望 张朝枝 中国文化遗产 5：38—42
线性文化遗产保护与旅游发展：社区参与的影响因素 周小凤、张朝枝 中国文化遗产 5：90—100

跨国世界遗产的现况分析与展望 李俊融、李静宜 中国文化遗产 5：43—51
浅议2021年版《实施〈世界遗产公约〉操作指南》修订 孙燕、解立 自然与文化遗产研究 2：6—18
笔谈：世界遗产中国实践 面向国际语境的可持续发展与互鉴共享愿景 吕舟等 中国文化遗产 5：5—22
中国世界文化遗产保护管理规划发展历程及未来趋势 沈阳 中国文化遗产 5：23—29
中国世界文化遗产影响因素——基于中国世界文化遗产第三轮定期报告的分析 罗颖 中国文化遗产 5：71—78
我国世界遗产保护利用困境及对策分析 申晓刚 陇右文博 4：85—89
国土空间规划背景下的文化遗产保护初探 邵甬 中国文化遗产 5：30—37
关于文化遗产地保护规划三个问题的思考 李宏松 保护与发展——文化遗产学术论丛（第1辑） 333—339
为国际濒危文化遗产保护提供中国智慧与方案 徐秀丽 中国文物报 2月22日1版
气候变化对文化遗产的影响：基于空间信息的认知与应对 王心源等 自然与文化遗产研究 4：3—11
气候变化对遗址的影响与应对策略探讨——以新疆地区为例 张治国等 自然与文化遗产研究 4：12—23
水下文化遗产保护和展示阐释方式的演进 王晶 自然与文化遗产研究 3：90—97
基于价值的保护范式的起源、发展和反思 李馨 自然与文化遗产研究 6：58—67
从文物到文物资源和文物资产——身份转换与制度升维 于冰 自然与文化遗产研究 1：57—66
《文物保护法》研究40年回顾与前瞻 李袁婕 中国文物科学研究 4：2—9
新修订《中华人民共和国水下文物保护管理条例》条文解析 王晶 南方文物 3：261—266
新中国成立初期的文物保护：基于政府、学界与公众视角 胡岳枫 中国文化遗产 4：85—94
文物保护法立法四十年 李袁婕 故宫博物院院刊 11：125—141
略论文物行政处罚程序的规制 李袁婕 中国文物科学研究 1：8—16
从创新成果管窥文物科技保护发展趋势 郭桂香 文物保护与考古科学 1：126—132
文物管理规制在民族文物理论研究与实践应用中的定向作用 周婷婷 博物院 2：65—71
馆藏文物保护修复的新特点：强化科技分析与价值保全 马清林、马瑞文 文物天地 6：4—6
博物馆文物修复档案的管理 冯向伟 东南文化 5：183—189
建构社会主义新文化：新中国第一批全国重点文物保护单位的选定及意义 刘秀娟 南方文物 1：266—269
武装冲突中的文化遗产保护 李雁 洛阳考古（总第35期） 88—93
新时期符合国情文物保护利用之路有关问题及应对之策 曹兵武 保护与发展——文化遗产学术论丛（第1辑） 313—322
"泉州：宋元中国的世界海洋商贸中心"遗产申报和保护传承 傅柒生等 南方文物 3：73—76
文物安全防控"十四五"专项规划 中国文物报 5月6日3版
"十四五"时期文物安全形势、问题与对策 岳志勇 中国文化遗产 3：70—76
"十四五"考古工作专项规划 中国文物报 4月22日1版

金属器的保护

X射线显微CT成像技术在金属文物制作工艺研究与腐蚀状态评估中的应用 宋薇等 文物保护与考古科学 6：51—59
激光清洗对不同类型出土青铜文物锈蚀产物的影响 高宇 文物保护与考古科学 5：148
X-CT结合AR技术在出土青铜文物修复中的应用 张珮琛 文物保护与考古科学 6：60—68
铝箔包裹法去除青铜器粉状锈的研究 李振兴等 电镀与涂饰 20：1430—1434
张家界市馆藏青铜文物保护修复 马菁毓 文物天地 6：21

化学镀与电刷镀技术在鎏金铜器修复中的应用研究　牛飞　文物保护与考古科学 1：42—48
西周"鲁中齐"夔纹兽首錾四足铜匜的保护修复　管杰、管若琳　文物天地 5：64—67
随州叶家山墓地出土珍贵青铜文物保护修复　李玲、卫扬波　文物天地 6：12
随州文峰塔 M1（曾侯舆墓）出土 M1：2 甬钟保护修复　方晨等　江汉考古 3：138—144
陕西历史博物馆藏青铜盂修复保护研究　付文斌等　中国文物科学研究 3：71—77
宜昌万福垴遗址出土青铜甬钟保护修复　胡涛等　江汉考古 3：134—137
青铜文物研究中 CT 成像的几个作用　万俐　文物保护与考古科学 6：139—143
随州义地岗墓群出土春秋中期编钟腐蚀成因研究　胡毅捷等　南方文物 5：180—187
澄城刘家洼遗址出土青铜器腐蚀成因研究　胡毅捷等　文物保护与考古科学 2：78—87
战国青铜鼎保护修复　罗荣斌　黄河·黄土·黄种人 24：60—62
邿国故城一件青铜带钩的保护及其错金技术特征　史本恒等　文物保护与考古科学 4：80—89
一件中国国家博物馆馆藏铜雕塑锈蚀产物的分析研究　王克青等　文物保护与考古科学 5：43—52
风箱背遗址出土汉代青铜器的腐蚀产物研究　王亚润等　科技考古与文物保护技术（第四辑）172—181
张家界市馆藏"漆古"铜镜的保护修复　赵紫轩等　华夏考古 6：113—118
南昌西汉海昏侯墓车马坑出土车马器保护修复　黄希等　文物天地 6：19
山东巨野东汉镂空龙纹铜炉的保护与修复　祝延峰　文物天地 1：108—112
一件辽代铜面具的保护与利用　王贺等　沈阳考古文集（第 8 集）356—361
天津国家海洋博物馆藏元代铜碗口炮的保护研究　杨恒等　文物天地 3：80—84
永川博物馆藏贴金铜塔的保护修复　叶琳等　四川文物 3：107—118
故宫博物院铜壶滴漏和自鸣钟文物搬迁与修复　李敬源、亓浩南　文物天地 6：20
故宫博物院藏金刚萨埵的修复　尚素红、吕团结　中国文物科学研究 1：72—79
铜器修复中的焊接与粘接工艺研究——以故宫博物院藏文殊菩萨的修复为例　恽小钢、尹航　中国文物科学研究 2：59—66
儿茶素对模拟古代铁质文物的稳定化保护　贾明浩等　腐蚀与防护 1：1—7
纳米材料在铁质文物保护修复中的应用前景展望　吴晓涵等　中国国家博物馆馆刊 9：145—152
天津国家海洋博物馆藏漆绘铁像的科学检测与保护修复　王昊等　文物天地 3：92—97
扫描电镜在优选铁质文物封护剂中的应用研究　李建文、李振兴　黄河·黄土·黄种人 4：52—53
武威市天祝县慕容智墓出土铁铠甲锈蚀情况分析　张伟等　草原文物 2：98—108
北京通州通永道署铁狮的保护修复　郭静　文物春秋 3：69—72
扬州隋炀帝萧皇后墓出土冠饰保护修复　党小娟　文物天地 6：15
江口明末战场遗址部分出水金银器保护修复与工艺研究　鲁海子　文物天地 6：14
天水市博物馆藏银箔饰片病害调查与腐蚀因素分析　文娟等　西部考古（第 24 辑）250—257
天水市博物馆馆藏银箔饰片保护材料选择浅析　王小应　丝绸之路 1：170—174
首都博物馆藏四件明代银器锈蚀产物分析及防护探讨　何秋菊、王显国　博物院 5：6—14

石质文物的保护

IBTES–TiO2@SiO2 复合溶胶对砂岩石质文物疏水性能的影响　王岗等　硅酸盐通报 1：332—341
八硼酸钠抑制砂石质文物硫酸盐结晶研究　崔鑫等　文物保护与考古科学 3：78—84

塑像表面降尘对塑像地仗吸湿脱湿速率影响研究　邱立萍等　文博 2：86—93

粘接石影壁：如何做好断裂石质文物的保护修复　郭建　中国文物报　6 月 24 日 7 版

岩画类遗存保护中的威胁因素与改善对策　晁舸　南雍问道：南京大学考古专业成立 50 周年纪念文集（下卷） 1417—1426

数字人文视阈下岩画文化遗产保护模式新探　束锡红、潘光繁　贵州民族研究 1：141—148

国字山出土玉器病害与保护修复研究　黄希等　南方文物 6：214—220

秦始皇帝陵园 K9801 陪葬坑出土石质甲胄的保护修复　刘江卫　文物天地 6：35

望都汉墓壁画中的盐分分析与来源探讨　周双林等　文博 5：98—103

中国出土玉器病害与修复保护综论　王荣、陈刚　文物保护与考古科学 5：118—128

徐州博物馆藏铜缕玉衣的修复及相关问题初论　赵晓伟　文物天地 11：4—10

四川博物院馆藏东汉房形盖画像石棺结构性能及保护修复技术研究　刘宇　四川文物 6：111—118

不可移动文物的数字化保护及应用——以南朝陵墓神道石刻为例　殷洁　东亚文明（第 3 辑） 291—301

天水市博物馆藏隋唐屏风石棺床保护修复　刘继萍　文物天地 6：36

乐山大佛文物保护专家观点摘要　中国文物报 1 月 21 日 3 版

从真实性原则看大足石刻保护　陈卉丽、邓灿　科技考古与文物保护技术（第四辑） 182—188

大足石刻北山保护长廊营建史考　王奕等　自然与文化遗产研究 5：45—51

深圳博物馆藏宋、金、元时期雕砖清理技术研究　孙南南　丝绸之路 4：64—66

《泷冈阡表》碑固态保护与活态传承探析　欧阳慧玲　南方文物 3：279—281

炳灵寺"大明碑"病害调查分析　刘亨发　石窟艺术研究（第六辑） 322—335

水下文化遗产监测预警体系设计初探——以白鹤梁题刻为例　蒋锐等　自然与文化遗产研究 5：11—17

故宫御花园石子路面的保护与修复　房晓明　中国文化遗产 1：81—88

湖北房县古代墓砖历史文化及保护利用价值分析　朱独伊、刘娥　科技考古与文物保护技术（第四辑） 282—290

清宫藏红漆描金花卉纹嵌玉如意的保护修复研究　徐婕　中国文物科学研究 4：80—86

古建筑的保护

《关于鼓励和支持社会力量参与文物建筑保护利用的意见》全文正式发布　中国文物报 7 月 23 日 3 版

国家文物局有关负责人就《关于鼓励和支持社会力量参与文物建筑保护利用的意见》接受记者专访　中国文物报 7 月 23 日 3 版

国家文物局印发《关于鼓励和支持社会力量参与文物建筑保护利用的意见》文宣　中国文物报 7 月 23 日 1 版

建筑遗产预防性保护理论与框架体系简述　苏文　中国文物科学研究 1：26—35

基于价值评估的中国建筑遗产保护理论框架内涵探析　田林　保护与发展——文化遗产学术论丛（第 1 辑） 24—31

中国乡土建筑遗产价值认识的发展与演变　李晶晶　自然与文化遗产研究 2：54—60

突出文物价值是古建筑保护的根基——以南方地区古建筑文物为例　孟诚磊等　东亚文明（第 3 辑） 302—310

山西古建筑保护 70 年历程综述　刘宝兰　山西古建筑保护研究 70 年 1—12

建筑遗产管理评估研究——以苏州子城遗产项目为例　徐进亮、彭蕾　自然与文化遗产研究 3：73—89

江苏古建彩画保护实践与思考　范陶峰等　中国文物科学研究 4：29—40

《内蒙古自治区长城保护规划》印发实施　内文　中国文物报 4 月 19 日 2 版

《长城国家文化公园（宁夏段）建设保护规划》发布　赵昀　中国文物报 5 月 3 日 2 版

基于文物本体与环境监测的佛光寺东大殿预防性保护研究 张荣等 自然与文化遗产研究 4：35—47
1952—1958年赵县安济桥修缮工程回顾 顾军 中国文化遗产 2：100—109
大雁塔盐害及劣化模拟试验研究 严绍军等 文物保护与考古科学 1：71—78
大雁塔砖砌塔檐病害分析及保护研究 吴鹏等 文博 5：92—97
南禅寺 宋阳 山西古建筑保护研究70年 13—21
佛光寺 杨晓芳 山西古建筑保护研究70年 23—36
长子法兴寺 陈海荣 山西古建筑保护研究70年 109—117
霍州州署大堂 聂磊 山西古建筑保护研究70年 163—170
太原纯阳宫 李莉 山西古建筑保护研究70年 179—186
运城池神庙 冯燕 山西古建筑保护研究70年 187—193
平顺天台庵 贺大龙 山西古建筑保护研究70年 47—53
平顺大云院 张洪峰 山西古建筑保护研究70年 55—60
平遥镇国寺 雷雅仙 山西古建筑保护研究70年 61—68
高平游仙寺 乔惠芳 山西古建筑保护研究70年 69—75
长子崇庆寺 芦宝琴 山西古建筑保护研究70年 77—81
万荣稷王庙 刘建昭 山西古建筑保护研究70年 83—88
晋祠圣母殿 张国花 山西古建筑保护研究70年 89—98
晋城青莲寺 王小龙 山西古建筑保护研究70年 119—127
柳林香严寺 宋磊 山西古建筑保护研究70年 155—161
太原文庙 叶若琛 山西古建筑保护研究70年 171—177
平顺龙门寺 袁琦 山西古建筑保护研究70年 37—45
平遥文庙 张雅婕 山西古建筑保护研究70年 201—208
泉州天后宫的历史嬗变与文物价值研究 何振良、范正义 南方文物 3：94—102
中国传统民居的现状及保护和利用策略探讨——以淄博市博山区山头古窑村为例 梁涛等 中国文物科学研究 3：16—22
五台山圆照寺 雷伟 山西古建筑保护研究70年 237—245
水陆庵大殿壁塑结构稳定性加固研究 吴新等 华夏考古 1：116—123
嘉峪关关城修缮及其保护方法浅析 杨涛 文物天地 10：100—103
明代金柱塔保护修缮研究 罗海明 中国文物科学研究 2：15—18
苏州艺圃乳鱼亭彩画分析及保护 谢嘉伟等 自然与文化遗产研究 1：19—31
大同华严寺 段恩泽 山西古建筑保护研究70年 99—108
朔州崇福寺 史君 山西古建筑保护研究70年 129—138
太谷无边寺 田惠民 山西古建筑保护研究70年 139—146
浑源悬空寺 郭帅 山西古建筑保护研究70年 195—199
五台山塔院寺 王婷 山西古建筑保护研究70年 255—261
五台山罗睺寺 林春杏 山西古建筑保护研究70年 273—278
在实践中探索理念——故宫建筑遗产保护研究成果导读 赵鹏 自然与文化遗产研究 1：1—2

中国建筑遗产价值评估的流程及展望——基于 UNESCO 与故宫博物院"中国建筑遗产价值评估培训"项目（2017—2019 年）的回顾 祝萌等 自然与文化遗产研究 1：44—56

故宫宁寿宫花园遂初堂糊饰的材料、工艺与装饰历史 李越等 故宫博物院院刊 4：108—126

故宫养心殿藏"寿"字贴落保护研究 马越、单嘉玖 文物保护与考古科学 2：69—77

故宫古建修缮与科学保护 王时伟 保护与发展——文化遗产学术论丛（第 1 辑） 125—157

养心殿研究性保护项目关键问题的思考 赵鹏 保护与发展——文化遗产学术论丛（第 1 辑） 158—164

故宫太和门广场地面保护措施与传统工艺研究 郭泓 保护与发展——文化遗产学术论丛（第 1 辑） 165—180

故宫乾隆花园研究性保护项目运行机制研究 魏瑞瑞、钱钰 中国文物科学研究 3：23—30

毓庆宫火炕的保护性修缮与工艺特征探究 王文涛 中国文物科学研究 3：31—38

从清代工程档案看山子作工料则例与做法——兼论故宫建福宫花园叠山营建 何川、王俪颖 中国文物科学研究 3：46—54

虚拟修复技术在古建文物保护中的运用——以故宫养心殿地垫为例 张典 中国文物科学研究 4：50—62

故宫古建筑地面保护措施研究 郭泓 自然与文化遗产研究 1：32—43

故宫古建筑保存环境调查研究——以乾隆花园为例 马越 博物院 5：23—29

古建筑彩画保护修复材料与工艺研究初探——以故宫乾隆花园彩画修复为例 杨红等 自然与文化遗产研究 1：3—18

平遥日昇昌 张晓清、雷雅仙 山西古建筑保护研究 70 年 209—215

平遥城隍庙 杨洋 山西古建筑保护研究 70 年 217—223

平遥市楼 曹方方 山西古建筑保护研究 70 年 225—230

平遥城墙 李小龙 山西古建筑保护研究 70 年 231—235

五台山菩萨顶 田园 山西古建筑保护研究 70 年 247—253

五台山显通寺 古慧莹 山西古建筑保护研究 70 年 263—271

广东文物建筑利用策略与实践探索 王成晖、何斌 保护与发展——文化遗产学术论丛（第 1 辑） 340—349

景德镇市浮梁县二渡石桥的形制研究与保护利用 王雨晨 南方文物 1：289—294

扬州盐宗庙木构件彩绘的检测与保护 杨隽永、徐飞 文博 6：88—95

挑战与应对——气候变化影响下的长城保护 刘文艳 自然与文化遗产研究 4：24—34

长城国家文化公园（北京段）建设保护实施中的制度机制研究 朱宇华、陈凯 保护与发展——文化遗产学术论丛（第 1 辑） 329—322

边修边研究 北京延庆区大庄科长城研究性修缮项目实践 李瑞 中国文物报 6 月 17 日 2 版

壁画的保护

我国石窟壁画保护实践与理论探索 汪万福 保护与发展——文化遗产学术论丛（第 1 辑） 72—89

我国馆藏壁画保护历程的简要回顾 苏伯民 保护与发展——文化遗产学术论丛（第 1 辑） 99—112

基于特征感知的数字壁画复原方法 徐辉等 计算机科学 6：217—223

用于壁画修复的两种动物胶的性能表征 戴川、李璨 文物保护与考古科学 3：101—107

三种凝胶材料清洁烟熏壁画的模拟试验及效果评估 牛贺强等 文物保护与考古科学 5：53—62

洛阳古代艺术博物馆藏墓葬壁画保护修复 杨蕊 文物天地 6：29

天水仙人崖石窟壁画颜料层原位-无损分析研究 张遥等 光谱学与光谱分析 11：3526—3532

山西朔州水泉梁墓葬壁画的复原性修复 郭智勇、石美凤 文物天地 6：8

敦煌莫高窟开放洞窟壁画安全防护实验研究 汪万福等 石窟寺研究（第十三辑） 196—211
陕西关中地区墓室壁画保存环境的模拟实验研究 张晨昊等 科技考古与文物保护技术（第四辑） 141—156
"数字壁画建筑"敦煌壁画中建筑的数字化构建——以敦煌莫高窟第361窟南壁西起第一铺壁画图像中佛寺建筑为例 王巧雯、张加万 敦煌研究 2：125—135
吐谷浑慕容智墓《门楼图》壁画的科学保护与修复 杨文宗等 文物保护与考古科学 3：115—124
南唐二陵壁画历史保护修复材料的分析 赵金丽等 文物保护与考古科学 3：108—114
江西赣州慈云寺塔出土绘画修复研究 王亚蓉、石钊钊 南方文物 4：67—79
内蒙古阿尔寨石窟壁画材质分析及保护建议——以第28窟为例 傅鹏等 南方文物 2：258—267
陕西紫阳北五省会馆壁画地仗层研究与现场保护实践 柏柯等 文博 3：97—103

石窟寺的保护

石窟寺窟檐保存现状与保护对策思考 裴强强等 西北大学学报（哲学社会科学版） 2：142—156
我国石窟寺病害及其类型研究 王金华等 东南文化 4：25—32
江西省石窟寺病害风险现状和对策 谢绮等 南方文物 6：260—265
典型石窟砂岩的毛细吸水与变形响应特征 张悦等 文物保护与考古科学 3：85—93
基于高精度三维模型的大型石窟类文物等比例复制 李爱群等 文物保护与考古科学 3：125—132
北石窟寺表面防风化材料筛选 刘晓颖等 文物保护与考古科学 5：63—71
浅析泾川石窟的保护、利用现状与对策 于旭涛 丝绸之路 4：44—48
浅议甘谷县大像山石窟文物保护工作 马丽桂 陇右文博 1：76—79
河南新安县石寺石窟的病害调查与分析 刘轶、卫婉英 洛阳考古（总第33期） 82—88
基于岩石微相龙门石窟风化病害机理研究 农明艳等 工程勘察 2：30—37
游客量对炳灵寺第128窟微环境影响初步研究 刘宗昌等 文物保护与考古科学 1：118—125
洛阳嵩县铺沟石窟保存现状调查 卫婉英、刘轶 洛阳考古（总第34期） 82—90
虎头寺石窟病害调查及保护研究 赵淑梅 丝绸之路 2：156—159
敦煌莫高窟第196窟内外环境温湿度相关性研究 张亚旭等 中国文物科学研究 2：19—25
不断求索，终臻完善——记麦积山石窟维修加固工程 张晓君 石窟艺术研究（第六辑） 87—97

漆木器的保护

漆木器文物修复用胶粘剂筛选研究 付柳等 中国文物科学研究 4：63—70
饱水木质文物脱水加固材料与方法概述 吴梦若等 中国文化遗产 2：84—93
六种中草药精油对危害馆藏木质文物白蚁的熏蒸活性 郑利平等 科技考古与文物保护技术（第四辑） 202—209
三种中草药精油熏蒸剂对匾额漆膜的影响 华夏婕等 科技考古与文物保护技术（第四辑） 196—201
湖北随州市周家寨墓地M8简牍的清理和保护 卫扬波等 文物保护与考古科学 2：55—61
江西南昌西汉海昏侯刘贺墓出土"孔子镜屏"复原研究 王楚宁 文物 3：52—63
天津国家海洋博物馆藏独木舟科技分析与保护 邵鸿飞 文物天地 3：9—16
以环12烷进行木质彩绘菩萨立像的暂时性加固 陈澄波 故宫文物月刊 468：118—124
南京报恩寺地宫出土阿育王塔变形木胎润胀复原保护修复 陈家昌 文物天地 6：28
院藏古琴及其保存维护之浅见 林永钦 故宫文物月刊 473：17—25
闲情琴收拾——宋雪夜钟琴修护纪实 林永钦 故宫文物月刊 476：76—85

泉州湾宋代海船船体微生物群落结构多样性研究 费利华等 文物保护与考古科学 3：8—18
薄荷醇在"南海Ⅰ号"饱水木质文物上安全脱除方法的实验室研究 黄琦钧等 文物保护与考古科学 3：94—100
荆州博物馆藏简牍保护修复 刘露、史少华 文物天地 6：30
广州博物馆藏北京路出土清代木船保护修复 范敏 文物天地 6：32
浅析匾类文物的修复——以故宫博物院养心殿"仁者寿"匾修复为例 陈雨菲 文物天地 4：116—120
故宫博物院藏清乾隆木镶竹皮长桌的修复 李敬源 文物天地 6：111—117
故宫藏紫檀木嵌铜丝仿古铜鼎式桌的修复研究 吴关 中国文物科学研究 4：71—79
清宫黑漆描金大宝座工艺研究与保护修复 徐婕 博物院 4：121—128
基于X射线断层扫描技术的金漆葫芦式盒工艺研究 王陆伊等 文物保护与考古科学 6：89—96

纸质品的保护

近十年来化学方法在纸质文物脱酸与加固方面的应用 韩莹 中国国家博物馆馆刊 6：143—160
油渍对手工纸的耐久性影响研究 黄献源、陈刚 文物保护与考古科学 1：28—34
纸浆中木质素含量对纸张耐久性的影响 赵美明 文物保护与考古科学 2：124
氢氧化镁–凹凸棒土复合材料的合成及在纸质文献脱酸中的应用 张玉芝等 文物保护与考古科学 4：66—71
HDI三聚体加固材料对纸质文物字迹保护性能研究 宋睿 文物保护与考古科学 5：89—96
酶解法去除纸质文物霉斑污迹模拟研究 申桂云等 沈阳考古文集（第8集） 410—422
基于光谱增强指数与LeNet-5的古书画褪色文字提取与识别 侯妙乐等 文物保护与考古科学 5：72—80
书画修复中可替代明矾的中性铝盐施胶沉淀剂研发与应用 何秋菊、王丽琴 考古学研究（十三）（下册）：北京大
　　学考古百年考古专业七十年论文集 727—737
古书画保护修复中的二次脱色现象及预防 田朋等 文物保护与考古科学 1：35—41
馆藏纸质文物霉菌病害防治方法探析——以甘肃省博物馆为例 魏岳 丝绸之路 2：120—123
武威市博物馆藏大藏经（藏文版）保护修复 吴春勇 文物天地 6：18
西藏博物馆藏纸质文物保护修复 次仁央宗 文物天地 6：34
书画折扇的修护 洪顺兴 故宫文物月刊 473：4—17
牧溪《布袋和尚》修补用纸的选择及匹配度分析 秦威威等 文物保护与考古科学 2：62—68
青海出土元代纸币的保护修复 郑冬青等 文物天地 6：9
《富春山居图》"火前本"汇考——追索《剩山图》的修复依据 余辉 故宫博物院院刊 11：46—58
院藏《青在堂草虫花卉谱》修护纪实 高宜君 故宫文物月刊 472：46—57
固相微萃取–气相色谱–质谱在《江友渚等七挖书画轴》挥发性有机化合物分析中的应用 丁莉等 文物保护与考
　　古科学 4：105—113
浅析清光绪"顺兴号"钱票的保护修复 于艳龙、张岩岩 文物天地 5：38—41
清宫旧藏《清文翻译全藏经》经版的保存与研究 周莎 中国文物科学研究 3：55—63

陶瓷器的保护

氯离子对陶质样品腐蚀机理初步研究 张悦、金普军 文博 6：96—100
艺术陈列中青花瓷器修复的上色处理 张力程、杨蕴 文物保护与考古科学 2：47—54
古陶瓷保护修复科技中的紫外灯荧光检测技术 赵慧群 文物天地 5：135—141
界首窑彩陶工艺探析 刘东 黄河·黄土·黄种人 4：46—51

青海省文物考古研究所藏彩陶保护修复 张小云 文物天地 6：37
玉门火烧沟遗址考古发掘出土陶器文物的保护措施 张维萍 丝绸之路 3：174—177
浅谈 3D 打印技术在文物复制中的应用——以大河村遗址出土仰韶时期白衣彩陶盆为例 李曼、许辰 黄河·黄土·黄种人 16：62—64
战国墓出土彩绘陶器的保护修复初步研究 孟庆娟等 黄河·黄土·黄种人 20：53—57
考古出土秦兵马俑彩绘加固材料研究 容波等 考古学研究（十三）（下册）：北京大学考古百年考古专业七十年论文集 717—726
河南省焦作市博物馆藏汉五层彩绘陶仓楼的科技保护 刘鑫等 黄河·黄土·黄种人 2：47—49
临安博物馆藏水丘氏墓出土瓷器保护修复 楼署红 文物天地 6：10
成都十陵镇后蜀赵廷隐墓出土陶质文物的保护与修复 孙杰、王宁 文物天地 6：33
奉国寺泥塑 X 射线照相检测及初步研究 相建凯等 文物保护与考古科学 6：97—104
一件"宣德"款青花碗的修复 杨蕴等 文物天地 12：97—100
明代磁州窑真武瓷塑像修复研究 周璐 中国文物科学研究 1：80—86

遗址的保护

国家考古遗址公园管理办法 中国文物报 4 月 5 日 2 版
《国家文物局关于公布第四批国家考古遗址公园名单和立项名单的通知》的解读 中国文物报 12 月 30 日 1 版
关于修订《国家考古遗址公园管理办法》的解读 文宣 中国文物报 4 月 5 日 1 版
国家文物局《国家考古遗址公园管理办法》发布 中国文物报 4 月 5 日 1 版
中华人民共和国成立以来考古遗址保护的发展历程与成就经验 刘卫红、杜金鹏 保护与发展——文化遗产学术论丛（第 1 辑） 3—15
历史文化空间传统中的大遗址 张剑葳、赵雅婧 考古学研究（十三）（下册）：北京大学考古百年考古专业七十年论文集 778—790
大遗址保护规划：对象、使命和内容框架 刘卫红、曹金格 东南文化 1：16—22
大遗址保护规划的现状与发展趋势 刘卫红、张玺 自然与文化遗产研究 2：49—53
大遗址保护理论实践的趋势与展望——基于科学知识图谱方法的实证分析 张颖岚、刘骋 文博 2：98—106
笔谈：考古遗址公园模式下的大遗址保护管理与活化利用 孙华等 中国文化遗产 4：4—15
以价值"延续性"为导向的新时代大遗址利用理念方法与活化路径 王璐 中国文化遗产 4：16—32
遗产与资产——大遗址保护利用若干问题再思考 郭伟民 中国文化遗产 4：33—41
大遗址保护利用研究现状的分析与反思——基于 CSSCI 文献的科学知识图谱 刘骋、张颖岚 中国文化遗产 4：52—62
高质量推进大遗址保护展示利用为郑州"四地"建设提供有力支撑 信应君 黄河·黄土·黄种人 22：44—46
土遗址病害研究新进展与展望 孙满利等 敦煌研究 2：136—148
我国西北干旱地区土遗址研究和保护的现状 周双林 保护与发展——文化遗产学术论丛（第 1 辑） 181—189
利用 X-CT 和数字图像相关法对遗址反复干湿导致的劣化机制进行基础研究 庄旺璋等 文物保护与考古科学 6：121—126
基于 SfM-MVS 的古道微地貌信息提取与保护对策探讨——以华北井陉为例 辛永辉等 第四纪研究 6：1673—1685
揭示文化遗产价值，实现遗址整体保护——以郑州马庄遗址生态文化公园为例 吴倩 黄河·黄土·黄种人 20：

58—62

大河村遗址仰韶文化房基保护加固修复 孙延忠 中国文化遗产 2：94—99

天水大地湾遗址 F901 裂隙灌浆工艺试验研究 杨韬等 文博 4：83—88

上山文化遗址群的遗产潜在价值与保护特征初探 陈同滨等 自然与文化遗产研究 6：19—33

上山文化遗址群保护管理实践初探——以浙江省国土空间规划文物保护专项为背景 吴修民等 自然与文化遗产研究 6：44—57

基于价值特征的三星堆遗址公园研究 孙华 中国文化遗产 6：18—29

基于文本挖掘的考古遗址公园规划影响评估研究——以苏家垄遗址为例 魏文婉、杨心雨 江汉考古 6：124—131

鲁东南沿海地区土遗址保护初探——以琅琊台大台基遗址为例 郝智国、覃小斐 文物天地 6：55—58

数字化技术和量化分析应用于大遗址保护规划的创新与实践——以郑韩故城为例 王青岚、安磊 中国文化遗产 4：63—69

整合文化遗产资源，弘扬历史文化传承——郑州东古城遗址生态文化公园"生态保遗"探析 刘彦锋、刘爱荣 黄河·黄土·黄种人 16：47—52

秦始皇陵保护管理的三个阶段 汪红梅 秦汉研究论丛：宝鸡地区秦文化遗存研究专题 203—210

徐州汉楚王墓群保护利用的思考 李生兰、刘照建 淮海文博（第 3 辑）219—224

文物保护单位记录档案管理工作存在问题及思考——以汉长安城遗址记录档案工作为例 何潇雨 丝绸之路 2：160—164

邺城南郊佛寺视角下的北齐都城与帝陵规划理念探索 于志飞 中国文化遗产 1：102—110

土遗址预防性保护的变形监测与模拟：以西安含光门遗址为例 杜德新、冯楠 边疆考古研究（第 32 辑）381—393

密闭环境下地下水分变化对唐皇城墙含光门土遗址的影响研究 黄四平、高衡 文物保护与考古科学 4：97—104

文化遗产保护与文化产业融合发展探析——以赣州七里镇窑址保护利用为例 肖飞华 文物天地 11：88—91

交河故城：坚持保护为主 铺展融合之路 赵昀 中国文物报 8月12日1版

遗产价值特征思维与可持续发展——以"泉州：宋元中国的世界海洋商贸中心"为例 王敏等 南方文物 3：77—85

泉州城考古与文化遗产保护展示 梁源、汪勃 南方文物 3：86—89

福建泉州鲤城：提升文物保护利用水平 推动遗产管理取得成效 鲤文 中国文物报 12月23日2版

乡村振兴战略下景德镇古窑址文化遗产的保护与利用——以景德镇进坑村为例 陈宁、郑彬 艺术评论 1：139—150

中原地区两处潮湿土遗址可溶盐种类分析与研究 张良帅、陈家昌 科技考古与文物保护技术（第四辑）157—163

繁华虽逝台基犹存济南钟楼遗址的发掘与修缮 郝素梅等 大众考古 7：66—69

考古遗产一体化保护的实践与思考——以白帝城为例 白莹等 自然与文化遗产研究 1：67—78

墓葬田野考古相关伦理性问题初论——以"陕西蓝田北宋吕氏家族墓园抢救性发掘"案为例 代雪晶 东方考古（第 20 集）29—38

关于富顺县大城河流域萧氏遗存遗迹保护与利用的思考 刘刚等 巴蜀史志 4：116—119

杭州大运河保护为共同富裕示范区建设贡献力量 何文娟 中国文物报 2月15日1版

淄川渭一窑址的发掘、保护与利用——兼谈其对工业遗产展示利用的启示 王昱舜、黄春华 南方文物 2：273—277

基于赣派民居保护视角下的汪山土库景观空间布局分析 李田等 南方文物 6：255—259

砖石类文物建筑保护工程勘察设计实践——以明十三陵德陵监保护修缮项目为例 孙闯、袁江玉 中国文化遗产 6：57—63

补遗

黄河流域文物保护单位空间分布特征及其影响因素　周成等　中国沙漠 6：10—20

其他

文化旅游者类型划分及其对遗产地管理的启示　陈钢华、林晓洁　自然与文化遗产研究 4：48—54

我国海洋文化遗产空间区划及其规划策略　梁智尧等　中国文化遗产 5：62—70

技术史视角下的工业遗产技术价值研究　王冬冬等　中国文化遗产 2：76—83

工矿遗产价值评价体系构建　黎启国等　自然与文化遗产研究 6：68—78

基于文化线路理念建构随枣走廊曾随文化遗存保护利用体系　段春娥等　中国文化遗产 6：37—45

黄河文物开发保护浅探　李慧丽　黄河·黄土·黄种人 14：55—57

《黄河文化保护传承弘扬规划》出台实施　文旅　中国文物报 6月24日1版

黄河文物保护利用规划　中国文物报 7月19日3版

大河景观——黄河文化遗产系统的整体认知　赵云、张正秋　中国文化遗产 5：52—61

郑州市"生态保遗"理论探索与实践　任伟　根与魂：考古学视野下不断裂中华文明研究 116—120

郑州黄河文化保护和发展的现状分析及对策研究　李腾巍　黄河·黄土·黄种人 10：3—6

郑州打造贾鲁河文化保护带的历史文化基础及必要性研究　张永清　黄河·黄土·黄种人 22：51—54

基于关联耦合分析的传统村落文化–空间研究——以南丰县洽湾村为例　段亚鹏等　南方文物 1：270—278

历史文化名城保护中的街区及其局限　杭侃、王子奇　根与魂：考古学视野下不断裂中华文明研究 110—115

网络大数据视角下的历史文化街区及文物保护传承状况研究——以 50 条中国历史文化名街为例　张捷等　中国文物科学研究 2：27—35

文化基因视域下北京中轴线的文化内涵与当代价值　蔡晓璐　北京社会科学 9：33—45

我国遗产廊道研究与保护实践进展和问题　王翌铭等　自然与文化遗产研究 5：32—44

咸阳博物院西汉兵马俑展厅环境监测数据分析　陈有路　科技考古与文物保护技术（第四辑）210—219

文物建筑火灾风险及防控对策研究　胡安雄、谢景荣　中国文化遗产 1：66—71

文物保护中微量有机物的化学与免疫检测技术　张秉坚　保护与发展——文化遗产学术论丛（第1辑）303—309

文物维修保护工程实施中应注意把握的几个问题　白雪冰　保护与发展——文化遗产学术论丛（第1辑）323—328

文物展柜内环境温湿度的调控与监测　张宝龙、何建斌　辽宁省博物馆馆刊（2021）266—271

傩戏展柜内霉变文物的菌株分离与鉴定　陈美均等　博物院 5：15—22

真丝文物霉变菌株的分离、鉴定及防霉药剂筛选　王毅婧等　文物保护与考古科学 1：20—27

长江口咸淡水混合水域腐蚀性细菌的筛选及其对文物的腐蚀作用　叶天韵等　文物保护与考古科学 1：87—96

不可移动文物自然灾害灾后调查与评估的几点思考　郭开凤、何正萱　中国文物科学研究 4：19—28

不可移动文物数字化保护探讨　邢启坤等　保护与发展——文化遗产学术论丛（第1辑）219—228

不可移动文物风险管理体系构建探讨　李晓武　保护与发展——文化遗产学术论丛（第1辑）229—250

不可移动文物自然灾害风险区划理论基础和案例分析　赵夏等　自然与文化遗产研究 6：88—96

虚拟现实技术在博物馆文物保护中的应用　高建朝　黄河·黄土·黄种人 12：60—62

博物馆文物的数字化保护及管理分析　郭红姝　丝绸之路 1：162—165

流失海外敦煌文物数字化复原项目概述　罗华庆等　敦煌研究 1：13—19

命名实体识别技术在"数字敦煌"中的应用研究　巩一璞等　敦煌研究 2：149—158

X射线成像技术在文物保护与制作工艺研究中的应用 王全玉 文物保护与考古科学6：10—16
馆藏文物防震技术在雅安市博物馆的实践 吴磊等 中国文物科学研究3：39—45
藏品信息管理软件在文物库房管理中的应用 宋歌 黄河·黄土·黄种人10：57—58
基于LoRa与NB-IoT技术的文物保存环境监测系统探索及思考——以四川博物院为例 雷淑、张孜江 文物保护与
　　考古科学4：114—122
新型文物封护保护材料氟橡胶耐紫外性能研究 章月等 文物保护与考古科学1：49—54
生物技术在文物保护修复中的应用研究进展 武发思等 文物保护与考古科学1：133—143
实验室模拟硅酸盐质文物除盐控盐的可视化研究 赵静等 文物保护与考古科学1：1—9
在3D打印基础上利用水转印技术修复、复制文物的实验验证 戴维康等 文物春秋3：64—68
上海博物馆文物修复和复制技艺的传承与发展 陈杰 文物天地12：27—32
一种用于纺织品保护领域的便携式绕网设备 刘大玮 文物保护与考古科学5：113—117
新疆喀什地区博物馆藏纺织品保护修复 马叶桢 文物天地6：16—17
甘肃省博物馆藏唐代"蓝地翼马纹锦"的保护修复 王菊、李林杉 丝绸1：88—94
曲阜孔府文物档案馆藏明代服装保护修复 管杰 文物天地6：27
传世纺织品文物除尘方法研究——以湖蓝色缎绣凤纹大卧单为例 崔筝等 文物保护与考古科学2：10—21
河北遵化清东陵纺织品保护修复 王淑娟 文物天地6：24
山东沂南河阳社区出土清代袍服保护修复 徐军平 文物天地6：11
浅谈云头丝织鞋的保护与修复 梁璐 黄河·黄土·黄种人18：60—63
新疆山普拉古墓群出土双口折叠袋修复方法研究 马叶桢 丝绸之路2：133—137
院藏毛皮服饰的保存修护初探 蔡旭清 故宫文物月刊473：26—39
板结皮质文物回软保护新方法的研究 雷凯鑫等 文物保护与考古科学3：1—7
《清工笔彩画耕织图》屏风的保护修复研究 王晓静等 中国文物科学研究3：78—90
画珐琅委角长方盆蜜蜡佛手盆景的保护修复研究 展菲 中国文物科学研究2：67—72
上海青龙镇遗址出土文物保护修复 张力程 文物天地6：22
郑沅书宋王禹偁应诏言事疏贴落的保护研究 马越 中国文物科学研究2：73—77
绢本书画修复中临时加固材料的对比研究 时倩 中国文物科学研究2：87—96
特制绢地书画作品修复——以清代莫晋绢本书法立轴为例 沈骅等 文物保护与考古科学3：29—37
修复理念与实践探究——以《蒋懋德绘山水贴落》为例 李燕懿 博物院5：30—37
故宫藏胶片的微损与无损分析 任萌等 中国文物科学研究2：78—86
清宫旧藏乐器——三件行鼓的制作工艺研究 王陆伊 科技考古与文物保护技术（第四辑） 189—195
馆藏皮影文物的数字化保护探讨——以黑龙江省民族博物馆馆藏皮影为例 曲轶莉、张开亮 文物保护与考古科学
　　4：123—128
从皮影的生产过程谈馆藏文物的预防性保护——以成都博物馆馆藏皮影为例 周杰等 科技考古与文物保护技术
　　（第四辑）165—171
浅述考古工地的安全预警体系建设 王滨、张鹏 黄河·黄土·黄种人2：53—55

玖　盐业考古

中国盐业考古的回顾与前瞻　李水城　宿白纪念文集　343—349

关于历史时期盐业考古的回顾与展望　曹洋、王青　盐业考古与古代社会研究：手工业考古·黄骅论坛——以盐业考古为中心论文集　17—32

范马之变——资源利用方式变迁的猜想　周志清　盐业考古与古代社会研究：手工业考古·黄骅论坛——以盐业考古为中心论文集　319—329

科技分析方法在盐业考古中的应用——以山东寿光侯辛庄遗址出土遗物分析为例　杜星雨等　盐业考古与古代社会研究：手工业考古·黄骅论坛——以盐业考古为中心论文集　63—70

江浙及岭南沿海地区盐业考古的回顾与展望　赵宋园　盐业考古与古代社会研究：手工业考古·黄骅论坛——以盐业考古为中心论文集　288—295

渝东地区盐业考古研究综述　杨蕾、柯圻霖　盐业考古与古代社会研究：手工业考古·黄骅论坛——以盐业考古为中心论文集　343—357

渤海南岸盐业考古收获、研究风向与省思　燕生东、张小嫚　考古学研究（十三）（上册）：北京大学考古百年考古专业七十年论文集　307—322

渤海湾西岸地区盐业考古发现　张宝刚　盐业考古与古代社会研究：手工业考古·黄骅论坛——以盐业考古为中心论文集　92—102

古史地文献中的渤海西岸盐业记载　张长铎　盐业考古与古代社会研究：手工业考古·黄骅论坛——以盐业考古为中心论文集　103—110

战略资源控制与商周时期中华文明的壮大——以渤海湾盐业为中心的考察　王爱民　盐业考古与古代社会研究：手工业考古·黄骅论坛——以盐业考古为中心论文集　33—39

东周齐国制盐业的考古学观察——基于寿光机械林场遗址的个案研究　王子孟等　盐业考古与古代社会研究：手工业考古·黄骅论坛——以盐业考古为中心论文集　40—62

浙江盐业考古初探　刘团徽　盐业考古与古代社会研究：手工业考古·黄骅论坛——以盐业考古为中心论文集　231—247

浙北盐场的历史研究　周建初　盐业考古与古代社会研究：手工业考古·黄骅论坛——以盐业考古为中心论文集　248—256

宁波大榭遗址出土制盐相关遗物的科技分析　周雪琪等　盐业考古与古代社会研究：手工业考古·黄骅论坛——以盐业考古为中心论文集　201—209

浙江宁波大榭岛方墩东周制盐遗址的试掘与初步研究　雷少　东南文化　1：128—138

关于江苏沿海盐业考古工作的思考　曹洋　南雍问道：南京大学考古专业成立50周年纪念文集（下卷）　1371—1383

江苏南通古代盐业发展初探　杜嘉乐、顾海燕　盐业考古与古代社会研究：手工业考古·黄骅论坛——以盐业考古为中心论文集　277—287

四川蒲江盐井沟唐宋盐业遗存调查和研究　四川大学考古文博学院、成都文物考古研究院　刘芳　南方民族考古（第二十四辑）　43—65

巴盐的社会化生产及其对区域文明的构造和影响　白九江　盐业考古与古代社会研究：手工业考古·黄骅论坛——以盐业考古为中心论文集　303—318

天津军粮城遗址发现唐代制盐遗存 张丽卉 中国文物报 1月11日2版
黄河源区玛多县哈姜盐池的调查研究 王玥、陈亮 青海文物考古研究 295—303

拾　水下考古

从三道岗出发——中国水下考古的起步与进步 汪旭、成璟瑭 东方考古（第19集） 233—242
水下考古与中国行动 宋建忠 文物天地 5：113—117
16—17世纪的瓷器贸易全球化：以沉船资料为中心 魏峻 故宫博物院院刊 2：4—16
南海Ⅰ号沉船目的地研究——以出土金叶子为线索 丁见祥 南方文物 5：284—292
论华光礁Ⅰ号沉船出水茶器与宋代茶叶海外贸易之关系 张聪 农业考古 2：56—60
新安沉船打捞出水卵白釉瓷初步探讨 余金保 文物春秋 1：41—53
甲午沉舰水下考古 周春水 文物天地 9：98—101
长江口二号古船：我国水下考古的重要发现 海上丝绸之路的重要实证 李瑞 中国文物报 11月29日2版

拾壹　交通考古与古迹

地理及地图
考古学视野下的福州内河治理 蔡喜鹏 大众考古 12：33—38
殷商时期的龙方及其相关问题 王建军、杨铭洋 中原文物 6：128—137
晚商兹地与洹水 陈絜 中原文物 5：71—76
试说商末征人方路线中的几个未释地名 陈絜 故宫博物院院刊 9：4—14
叔虞封地探索 田伟 青铜器与金文（第八辑） 227—236
东虢地望考辨 刘青彬 黄河·黄土·黄种人 4：21—25
从考古发现谈三邿相关问题 郝导华等 南方文物 1：167—172
发与北发合考 赵文生 北方民族考古（第13辑） 161—177
三门峡出土空首布释地六则——兼谈平肩空首布的流通区域 沈家慧 中原文物 3：136—140
古地图中的图文互动——以放马滩木板地图为例 席境忆 文博 2：74—80
三晋文字地名考证三则 湛秀芳 文博 3：47—52
孟门与孟门聚落群 张立东 共辉集：辉县考古发掘70周年暨古代文明研讨会纪念文萃 193—206
西汉敦煌郡通西域南道与对鄯善的经营 魏迎春、郑炳林 敦煌学辑刊 2：1—16
苏武牧羊之北海及丁令居地考 李树辉 敦煌学辑刊 4：1—15
西汉安定郡临泾、安武县治考 王博文 文博 3：53—56
南宋临安太庙四至及相关地名考 杜昊等 华夏考古 4：112—118
清代"北五省"与"南五省"地理概念探源 陈章 中国史研究 1：166—176

交通·交通工具
先秦时期滏口陉道的考古学观察 赵江运、刘鸿丰 华夏考古 1：56—68
先秦时期所见道路遗存的初步认识 信泽民、王译绅 文博 2：48—59

山海之间：两周时期"江南—岭南"的文化交流线路及其变迁 吴桐 东南文化 3：106—115
西周王朝经略南方的动态观察 杜杨、黄一哲 四川文物 3：41—52
西周王朝"畿内地域"的交通路线 ［日］西江清高 宋殷（译） 张长寿、陈公柔先生纪念文集 199—210
碰撞、交融——秦直道文化遗产性质的认识 徐卫民等 西北大学学报（哲学社会科学版）3：23—32
秦汉咸阳—长安文化重心地区交通工程考古略说 王子今 根与魂：考古学视野下不断裂中华文明研究 225—238
丝绸之路西域段"北道"考论 李树辉 敦煌学辑刊 3：131—142
从考古发现看作为联通世界桥梁的中国大运河 贺云翱 大众考古 11：29—33
唐代以后北部湾海道通行问题的文物及实物考证 何守强 广西地方志 4：21—29
见证历史变迁：武宁古驿道遗产价值阐释 严允 南方文物 4：273—277
"盛京叠道"文化线路遗产研究 赵晓刚 地域文化研究 2：107—111
万里茶道湖南段的产茶区构成与历史地位 刘颂华 南方文物 5：257—263
万里茶道山西段路线的形成与探讨 安微娜 农业考古 2：256—260
万里茶道河南段基本线路与茶业贸易运输考论 张清改 农业考古 5：260—265
新疆伊吾县下马崖古城与天山东路交通研究 刘志佳 坚固万岁人民喜：刘平国刻石与西域文明学术研讨会论文集 276—293
《由京至巴里坤城等处路程记》作者及道路交通考 赵卫宾、司艳华 西域研究 1：38—44
殷墟出土的商代马车 岳占伟、荆志淳 人民日报 11月12日6版
战车前进！——从北京大葆台汉墓殉葬车马谈起 宋伯涵 大葆台西汉墓出土文物研究文集 146—149
趣谈车马文化 ——从北京大葆台汉墓出土的车马器谈起 马立伟 大葆台西汉墓出土文物研究文集 137—140
汉晋时期河西走廊地区牛车鉴赏 桂霞 陇右文博 2：8—12

古迹

不减滕王旧阁：庐陵古青原台 邱雅沛 南方文物 3：276—278
丝路雄关 唐代铁门关 郭艳荣 大众考古 8：19—24
唐诗中的定鼎门 孙章峰 黄河·黄土·黄种人 22：62—64
一座巴蜀城堡的前世今生 运山故城 燕山旧寨 符永利、陈剑波 大众考古 1：77—89
南充青居城 一座见证南宋王朝湮灭的军事城堡 符永利、袁流洪 大众考古 12：39—47
安徽六安毛坦厂镇 傅玥、赵春光 文物 10：91—96

拾贰 学术简讯

一 考古文博工作

新时代文物事业取得历史性成就 徐秀丽 中国文物报 8月26日1版
关于加强考古工作的实施意见 陕西日报 9月30日3版
文博界代表委员助力文物事业高质量发展 李瑞、徐秀丽 中国文物报 3月15日1版
切实增强做好文物工作的责任感使命感 徐秀丽、李瑞 中国文物报 5月10日1版
坚持新时代文物工作方针 推动新时代文物事业高质量发展全方位进步——全国文物系统热议全国文物工作会议精神 李瑞、徐秀丽 中国文物报 7月26日1版

推动文物事业高质量发展 展现中华文化时代风采 徐秀丽 中国文物报 3月15日1版

王旭东：让文物保护和文化交流在加大世界各国人民相互理解、相互尊重方面发挥重要的作用 徐秀丽 中国文物报 10月18日4版

袁靖委员：四项提案事关考古 多角度助力考古事业发展 李瑞 中国文物报 3月8日3版

贺云翱委员：建议各地全面落实"考古前置"政策 徐秀丽 中国文物报 3月8日2版

深化中华文明探源工程 向世界展现可信可爱可敬的中国——全国文物系统热议习近平总书记在中共中央政治局就深化中华文明探源工程进行第三十九次集体学习时重要讲话精神 徐秀丽、李瑞 中国文物报 5月31日1版

把中国文明历史研究引向深入 在中华文明探源工程中展现考古担当——考古工作者热议习近平总书记在中共中央政治局第三十九次集体学习时重要讲话精神 李瑞、徐秀丽 中国文物报 6月3日1版

立足中国大地讲好中华文明故事——文物工作者热议习近平总书记在中共中央政治局就深化中华文明探源工程进行第三十九次集体学习时重要讲话精神 徐秀丽、李瑞 中国文物报 6月7日1版

2021年文物工作回眸 徐秀丽 中国文物报 1月18日1版

国家文物局印发2022年工作要点 中国文物报 3月1日2版

锐意进取 推动开创文物保护利用新局面 赵昀 中国文物报 8月30日1版

科技考古：勾勒古代中国的历史细节 司晋丽 人民政协报 11月4日3版

在实践中淬炼本领 用科技助力文物保护 徐秀丽 中国文物报 8月9日1版

公益诉讼助力文物保护 徐秀丽 中国文物报 6月28日1版

二 学术会议

2021年度全国十大考古新发现初评结果揭晓 中国文物报 3月1日1版

2021年度全国十大考古新发现揭晓 十大考古办公室 中国文物报 4月1日1版

二〇二一年度全国十大考古新发现揭晓 郭晓蓉、张宸 文物天地 5：118—121

2021年度全国十大考古新发现 中国文物报 4月8日6版

2021年度全国十大考古新发现入围项目 中国文物报 4月8日7版

"六大"新发现辉耀中国考古百年华诞 乔玉 中国社会科学报 3月30日9版

2021年度河南省五大考古新发现 刘文思、刘亚玲 华夏考古 2：123—128

2021年陕西重要考古新发现评选结果揭晓 陕文 中国文物报 2月8日2版

新时代百项考古新发现 中国文物报 5月20日5版

新时代新征程 我们既是追梦人，也是圆梦人——全国十大考古新发现评选推介活动十年回顾 郭晓蓉等 中国文物报 5月20日11版

新时代考古发现与研究论坛在广州召开 郭晓蓉等 中国文物报 9月2日5版

"繁星盈天——中国百年百大考古发现展"开幕 冯朝晖 中国文物报 9月6日3版

"湖北百年百大考古发现"揭晓 方勤等 中国文物报 2月8日2版

新时代考古发现与研究论坛开幕式上的讲话 中国文物报 9月9日5版

聚焦西藏自治区重要考古发现和研究进展 "考古中国"重大项目重要进展工作会在京召开 李瑞 中国文物报 1月14日1版

聚焦泥河湾考古发现与研究最新进展 "考古中国"重大项目重要进展工作会在京召开 李瑞 中国文物报 3月4日

1 版

"考古中国"重大项目发布会召开：中华文明探源研究等项目取得重大进展　徐秀丽　中国文物报　8 月 30 日 2 版

"考古中国"重大项目重要进展工作会在京召开　李瑞　中国文物报　9 月 20 日 1 版

"考古中国"重大项目发布会在京召开　徐秀丽　中国文物报　9 月 30 日 1 版

"考古中国"重大项目重要进展工作会在京召开　徐秀丽　中国文物报　11 月 11 日 1 版

关于"理论与方法"的多学科对话——"中古中国视觉文化与物质文化国际学术研讨会"第四场实录　李军等　故宫博物院院刊 2：107—124

"纪念新中国辉县考古发掘 70 周年暨古代文明研讨会"会议纪要　郭强等　共辉集：辉县考古发掘 70 周年暨古代文明研讨会纪念文萃 13—15

创造与演进——中华文明的起源与发展学术论坛综述　贾楠　中国国家博物馆馆刊 8：77—83

激扬学术　共话文明——考古学视野下的中华文明形成与早期发展学术论坛综述　庄丽娜　中国国家博物馆馆刊 8：45—53

经天纬地　照临四方——中国文明起源的陶寺模式十人谈纪要　张光辉、高江涛　文物季刊 3：125—128

对郭大顺先生《华山玫瑰燕山龙·彩陶与玉器的对话》讲座的几点认识　郎树德　丝绸之路 3：42—43

长江文化系列讲座 考古学家唐飞主讲——长江上游近年史前考古新发现　大众考古 12：87

长江文化系列讲座 考古学家郭伟民主讲——长江中游新石器时代文化与社会进程　大众考古 12：86

江苏召开地域文明探源工程推进会　苏文　中国文物报　7 月 15 日 2 版

畅谈良渚玉器的五千年文明——良渚玉文化论坛纪实　黄英　玉器研究（第一辑）382—383

"中国东北边疆古代渔猎文化与社会"学术研讨会纪要　李首龙、任平　北方文物 6：107—110

中华玉文化的摇篮——饶河小南山玉器的发现和认识　刘梦媛　玉器研究（第一辑）390—392

"2021 夏文化论坛"会议纪要　余洁　华夏考古 1：124—128

"2022 夏文化论坛"会议纪要　余洁　华夏考古 4：127—128

青铜器与文明交流——第三届中国古代青铜器研究论坛综述　孙思雅等　中国国家博物馆馆刊 8：37—44

古蜀文明新探——纪念金沙遗址发现 20 周年国际学术会议纪要　田湘萍　黄河·黄土·黄种人 4：59—62

叩问蜀玉——古蜀王国出土玉器的发现与认识　刘梦媛　玉器研究（第一辑）384—386

新发现、大突破——"江西樟树国字山墓葬发掘成果论证会"纪要　张建仕等　中国文物报　2 月 25 日 7 版

"刘平国刻石与西域文明学术研讨会"综述　刘长星　坚固万岁人民喜：刘平国刻石与西域文明学术研讨会论文集 456—462

"唐宋时期的海上丝绸之路国际学术研讨会"会议综述　高义夫　南方文物 1：295—300

"王者之器——明代藩王用瓷特展"暨国际学术研讨会　郑泽婷　文物天地 1：114—127

山东省石窟寺考古与保护学术研讨会召开　鲁文　中国文物报　7 月 15 日 2 版

第 44 届世界遗产大会审议热点回顾　田芯祎等　自然与文化遗产研究 2：92—102

世界遗产 50 年：近期趋势与挑战——"UN-HAP 亚太高校遗产网络"系列讲座第四讲纪要　景峰　自然与文化遗产研究 5：71—78

2021 年国家文物局"世界文化遗产保护管理培训班"讲座综述　陈瑞　故宫博物院院刊 3：145—150

中规智库·世界文化遗产城市保护与发展研讨会召开　京文　中国文物报　9 月 30 日 2 版

科技赋能　交叉融合——文物科技保护学术论坛综述　柳敏等　中国国家博物馆馆刊 8：69—76

"文物保护：时代共进　人民共享"主题论坛在甘肃兰州举办　李瑞　中国文物报　6月14日1版

走向全球视野的城市遗产——第一届"全球史中的城市，城市中的全球史"研讨会综述　黄华青、周宇飞　自然与文化遗产研究 1：103—106

城乡历史文化保护传承高峰论坛暨国家历史文化名城保护制度建立40周年学术会议召开　自然与文化遗产研究 3：30

2022年中国古村镇保护与发展学术研讨会在福州召开　冯朝晖　中国文物报　7月19日2版

石窟寺保护学术研讨会在四川安岳召开　徐秀丽　中国文物报　8月23日1版

南禅寺保护历程的回顾、认知与展望——五台山南禅寺保护历程讨论会纪要（上）、（下）　高婷等　李光涵（校）自然与文化遗产研究 4：84—90、5：84—94

国家文物局召开《文物建筑保护利用案例解读》发布交流会　李瑞　中国文物报　11月25日1版

气候变化视角下的文化遗产——2022年度国际古迹遗址日"遗产与气候"学术研讨会综述　付梓杰　中国文化遗产 3：104—110

"丝绸之路上的中华文明"国际学术工作坊纪要　陈烨轩　丝绸之路上的中华文明 462—468

海上丝绸之路国际文化论坛在澳门举行　文宣　中国文物报　11月18日1版

中国博物馆协会召开成立四十周年座谈会　社文　中国文物报　9月2日1版

与文博事业同行——中国博物馆协会四十年　中国文物报　9月2日3版

敦煌学研究高地建设专题研讨会在莫高窟召开　李瑞　中国文物报　8月23日2版

中国文物学会玉器专业委员会第四届会员代表会议召开　于明　玉器研究（第一辑） 378—379

玉器研究的里程碑——记"中国玉学理论构建学术研讨会"　于明　玉器研究（第一辑） 380—381

第二届"文物科技创新论坛"在甘肃兰州召开　文宣　中国文物报　6月14日2版

李伯谦先生从事教学考古60周年暨学术思想研讨座谈录　何驽等　学而述而里仁：李伯谦先生从事教学考古60周年暨学术思想研讨会文集 10—54

继承与创新的典范——写在"李伯谦先生学术思想研讨会"召开之际　杜金鹏　学而述而里仁：李伯谦先生从事教学考古60周年暨学术思想研讨会文集 55—58

三　文博机构

全国文物系统先进集体中国文化遗产研究院文物保护修复所：聚焦文物保护需求攻坚克难　充分发挥文物保护国家队的引领和示范作用　中国文物报　11月8日1版

文保领域科技评价研究国家文物局重点科研基地揭牌　科文　中国文物报　1月18日2版

全国文物系统先进集体北京市考古研究院（北京市文化遗产研究院）笃行不怠让"北京考古"深入人心　中国文物报　8月5日1版

交叉融合开拓创新——科技考古研究院建立三年回顾　袁靖　复旦大学文化遗产研究 1—22

陕西省文物预防性保护研究中心成立　陕文　中国文物报　5月10日2版

甘肃省博物馆纺织品文物保护工作站发展历程与思考　赵亚军　陇右文博 4：59—62

四　其他

守护好、传承好、展示好中华文明优秀成果——全国文物系统热议习近平总书记给中国国家博物馆老专家回信精

神 李瑞、徐秀丽 中国文物报 7月15日1版
让文化遗产"活起来" 贺云翱 大众考古 2：1
考古学是问"道"的科学 贺云翱 大众考古 7：1
考古学与文物的关系极其深刻 贺云翱 大众考古 9：1
考古学作为"物质科学"的意义 贺云翱 大众考古 10：1
让考古成果更多走向大众 贺云翱 大众考古 11：1
公众考古的媒体直播实践 王沛、曹龙 大众考古 5：36—41
城市考古谱新篇 贺云翱 大众考古 12：1
地质考古揭示泥河湾古湖滨环境古人类遗址埋藏特点 中国科学院古脊椎动物与古人类研究所网站 大众考古 12：88
衔接上中国现代考古学的古代血脉 贺云翱 大众考古 3：1
王巍代表：在国家中心城市建设中华文明主题乐园 李瑞 中国文物报 3月8日2版
四项考古新成果揭示史前与夏商城址建制和文化发展脉络 李瑞 中国文物报 9月20日2版
雷金铭：重现青铜之光 付裕 文物天地 2：116—120
问学甲骨四十载 丹心风骨著春秋 甘一凡 中国社会科学报 1月14日5版
岩画是人类最早的"文明"之花 贺云翱 大众考古 1：1
殷墟：凝聚中华民族历史风采 实证中华文明连续不断 李瑞 中国文物报 11月22日1版
三星堆"上新"公众考古视角下的信息传播与共享 李荣炜 大众考古 3：73—80
服饰考古揭示的是人类文明的重要篇章 贺云翱 大众考古 4：1
陶瓷考古的多方面意义 贺云翱 大众考古 6：1
福州永泰庄寨列入WMF 2022年世界建筑遗产观察名录 胡玥、张依玫 中国文物报 3月18日7版
什么是博物馆的力量？ 贺云翱 大众考古 5：1

拾叁　书刊评介

一　总述

《新世纪中国考古新发现（2011—2020）》简介 伊铭 考古 4：59
《中国考古学百年史（1921—2021）》简介 清泉 考古 5：39

二　史前考古

《龙王辿遗址第一地点：旧石器时代晚期遗址发掘报告》简介 伊铭 考古 4：115
《时代的脉动与文明的记忆（南水北调东线一期工程山东段·文物保护卷）》简介 清扬 考古 8：116
《洪江高庙》简介 励悟 考古 10：78
《渭河上游天水段考古调查报告》简介 致远 考古 11：60
《宁夏海原南华山地区史前遗存考古调查报告》简介 励悟 考古 11：96
谱系重绘与陆岛互动——《海洋文化互动视野下的台湾新石器考古新进展》[英]评述 吴春明 南方文物 3：242—247

考古学阐释与历史重建——《史前研究的方法》导读 陈淳 复旦大学文化遗产研究 23—36
精细化分析：早期国家形成研究的有效途径——从秦小丽教授新著说起 许宏 南方文物 3：238—241
解读中华文明起源——读韩建业《中华文明的起源》 李金涛 文物春秋 2：91—94
写在《中国初期形成的考古学研究——陶器研究的新视角》出版之后 秦小丽 复旦大学文化遗产研究 295—302

三 夏商周考古

《开州余家坝》简介 雨珩 考古 12：71
《荆门新宏与余湾楚墓》简介 雨珩 考古 12：115
《曾侯乙墓陪葬坑》简介 励悟 考古 1：120
《战国楚简合集（三）·曾侯乙墓竹简》评价 萧毅 江汉考古 6：140—141
从地域性到大一统——读《昌邑辛置》 辛革 华夏考古 3：125—128
试论吴地周汉改制青铜器——读《高淳出土青铜器》札记 郎剑锋、葛鹏云 江汉考古 4：88—95
我心目中的好图录——评《宝鸡青铜器博物院藏商周青铜器》 张昌平 南方文物 3：232—237
读《商周青铜器铭文暨图像集成续编》札记 夏小清 中国文字 8：269—277
权力的象征与延伸——读李水城《耀武扬威：权杖源流考》 霍巍 丝绸之路考古（第6辑） 239—244
古蜀文化与三星堆"神乌扶桑"新证——兼评《古代巴蜀与南亚的文化互动和融合》 李诚、张以品 四川师范大学学报（社会科学版）3：167—173
商周时期艺术与文学的认知考古学探索——《青铜与文字的婚礼——夏商周神话、艺术与思想》读后 陈雍 北方文物 2：109—112
中国北方青铜器及其古代社会研究的新视角——读《古代中国与欧亚大陆：边疆地区公元前3000年至公元前700年的金属制品、墓葬习俗和文化认同》 杨建华 边疆考古研究（第32辑） 433—438
读《江南地区印纹陶问题学术讨论会论文集》札记 学而述亦里仁：李伯谦先生从事教学考古60周年暨学术思想研讨会文集 445—451
纪南城考古学研究的世纪碰撞与发展——再读《楚都纪南城复原研究》 闻磊、周国平 江汉考古 6：132—139

四 秦汉及以后

考古材料的主观与客观：我读《白沙宋墓》 罗丰 宿白纪念文集 291—299
上下求索 内外兼修：武威金石学之典范——《凉州金石录》述评 朱旭亮 敦煌学辑刊 1：213—220
河西走廊碑铭整理的典范之作——新出版《凉州金石录》评介 李军 丝绸之路 3：69—74
《秦汉栎阳城：1980—1981年考古报告》简介 雨珩 考古 7：95
《固原新区南塬墓地发掘报告》简介 清泉 考古 5：109
《云冈石窟山顶佛教寺院遗址发掘报告》简介 伊铭 考古 4：103
《青海都兰哇沿水库2014年考古发掘报告》简介 雨珩 考古 7：33
《淮北烈山窑址》（全二册）简介 冶思 考古 11：106
《赣州七里镇窑址考古发掘报告：1985—2018》简介 雨珩 考古 12：84
《海龙囤》简介 丰秋 考古 11：120
《钓鱼城遗址考古报告集》简介 丰秋 考古 6：120

《泉州城遗址考古发掘报告——泉州南外宗正司遗址 2020 年·泉州市舶司遗址 2019—2021 年》简介　雨珩　考古 12：96

《读图观史：考古发现与汉唐视觉文化研究》专家谈　中国文物报 8 月 5 日 7 版

朱安祥《魏晋南北朝货币研究》评介　陆帅　中国史研究动态 1：89—90

千载石经山 捶拓荡心门——《房山石经题记整理与研究》图书背后的故事　张硕　中国文物报 3 月 18 日 3 版

《隋唐五代扬州地区石刻文献集成》评介　黎虎　中国史研究动态 5：85—86

散藏吐鲁番文书的蒐集、释录与研究——读《吐鲁番出土文献散录》　孟彦弘　西域研究 4：163—166

史料与解说的回归——评熊瑛新著《明代丝绸研究》　陈彦姝　艺术评论 5：149—158

五　美术考古

印记丝路艺术 助力石窟研究——《丝绸之路石窟艺术丛书·炳灵寺石窟（5 卷本）》评介　王琪斐　丝绸之路 3：75—77

《丝绸之路石窟艺术丛书·炳灵寺石窟》读后　沙武田　敦煌学辑刊 1：209—212

《陇东北朝佛教造像研究》介评　王琪斐　敦煌学辑刊 2：210—215

《隋及唐前期莫高窟藻井图案研究》评介　郑怡楠　敦煌学辑刊 4：210—214

以文物再现胡汉文化交流——评葛承雍《胡俑卷：绿眼紫髯胡》　程玉萍　西域研究 2：166—169

《唐代莫高窟壁画音乐图像研究》评介　郑怡楠　敦煌学辑刊 2：202—209

我国西域史文献研究的一项新成果——写在《龟兹石窟题记》出版之际　田卫疆　西域研究 1：160—164

一部填补磁州窑研究空白的力作——读马玉洁《彭城古磁州窑建筑文化》　郝良真　文物春秋 2：95—96

六　其他

遗产与生命意义——读《历史、物质性与遗产——十四个人类学讲座》　吴璨莹　自然与文化遗产研究 3：98—102

《王文敏公年谱》补编　于芹　殷都学刊 4：20—27

《苏秉琦往来书信集》简介　清泉　考古 5：23

再读李伯谦先生《感悟考古·导言》　田建文　学而述而里仁：李伯谦先生从事教学考古 60 周年暨学术思想研讨会文集 71—76

带着农业出发——《最早的农人：农业社会的起源》读后　赵春光　南方文物 3：69—72

什么是钱币学？——《钱币学著作珍本大全》代序　戴建兵　中国钱币 2：3—9

一部深察细勘、寻踪探源的铸钱工艺史力作——《中国古代钱币铸造工艺研究》读后　高聪明　中国钱币 6：61—64

从玉文化研究到玉文化书写——《禹王书》跋　冯玉雷　丝绸之路 3：58—62

《法国国家图书馆藏敦煌藏文文献目录解题全编》介评　赵勇　敦煌学辑刊 4：215—220

考古学视野下的大陆东南亚早期历史——读查尔斯·海厄姆《东南亚大陆早期文化：从最初的人类到吴哥王朝》　陈洪波　南方文物 1：62—67

从高加索到阿姆河：一位中亚考古学家的成长史——读《热土荒丘五十年：中亚考古回忆录》　刘斌　丝绸之路考古（第 6 辑）232—238

古代丝绸之路上的克里米亚——《克里米亚》一书的简介　林铃梅　丝绸之路上的中华文明 453—461

《高勒毛都2号墓地：2017—2019中蒙联合考古报告》简介 雨珩 考古 12：57

论文集出版时间补充说明：

2023年鉴所收录"考古学论文资料索引"中涉及的论文集部分资料含非2022年度出版情况详细信息：

辽宁省博物馆馆刊（2021） 辽宁省博物馆编 王筱雯主编 科学出版社 2021年12月409页

（编辑整理：庞小霞　许匀馨　常新蕊）

新发表古代铭刻资料简目

（原形字用"□"号代替。期刊名称后的数码依次为期和页）

一 甲骨文

周

卜甲

右前甲上部刻辞 2 字："比祭"。

（2004 年周公庙遗址祝家巷北地点发现，华夏考古 1：21—22）

二 金文

商

爵

鋬下腹壁铸铭 1 字："□"。

（1984 年淄博市张店区湖田镇居民捐赠，现藏淄博市博物馆，文物 1：62—63）

爵

鋬下腹壁铸铭 1 字："□"。

（淄博市博物馆旧藏，文物 1：62—63）

爵

鋬下腹壁铸铭 1 字："令"。

（淄博市张店区四宝山山脚下出土，现藏淄博市博物馆，文物 1：62—63）

爵

鋬下腹壁铸铭 2 字："□□"。

（20 世纪 80 年代淄博市淄川区查王乡居民捐赠，现藏淄博市博物馆，文物 1：62—63）

鼎

口沿内壁铸铭 2 字："□□"。

鼎

口沿内壁铸铭 2 字："□□"。

簋

器底正中铸铭 2 字："□□"。

甗

器内腹壁铸铭 2 字："匿殂"。

觚

圈足内壁铸铭2字："□□"。

爵（6件）

鋬下腹壁铸铭："□"。

卣（2件）

盖内与器底正中铸铭2字："匿□"。

尊

圈足内铸铭2字："匿□"。

斝

鋬下铸铭2字："□□"。

盉

器盖内、鋬下铸铭2字："□□"。

罍

颈内部口沿下铸铭2字："□□"。

盘

盘内底铸铭2字："匿□"。

饶（3件）

器内壁铸铭2字："匿□"。

锛

器身一面中部铸铭1字："十"。

凿

器身中上饰1字："十"。

（以上均2017—2018年山西省闻喜县酒务头商代墓地发现，中国国家博物馆馆刊10：11—17、20—21）

西周

鼎

腹内壁铸铭2行5字："捷乍（作）宝□彝"。

簋

内底铸铭1行5字："捷乍（作）宝彝□"。

尊

内底铸铭2行10字："□母乍（作）氒（厥）□日癸宝□彝"。

爵

鋬侧方柱外至颈部铸铭1行4字："捷乍（作）宝彝"。

（2011年8—9月河南洛阳市东郊帽郭村西周墓发现，考古3：26—30）

鼎

腹壁内面口沿下铸铭4字："息父庚册"。

簋

底部内侧铸铭4字："息父乙册"。

爵

　　腹内近鋬处铸铭2字："子刀"。

尊

　　圈足底部外侧铸铭2字："息册"。

卣

　　圈足底部铸铭2字："息册"。

　　（2002年3—7月山西临汾庞杜墓地发现，文物季刊4：12—16）

甗

　　甗后腹内壁铸铭2行9字："倗叔乍（作）宝献（甗），其永用享"。

簋（2件）

　　器盖对铭各铸铭2行11字："白（伯）□建（肇）乍（作）宝，用廟（朝）夜康于宗"。

爵

　　柱面、上腹和鋬内腹壁铸铭9字："□史小子矢乍（作）父尊彝"。

尊

　　内底中部铸铭1行4字："乍（作）宝□（尊）彝"。

盘

　　内底铸铭2行10字："倗叔乍（作）宝□（盘）盉，其永用享"。

卣

　　器盖对铭各铸铭1行4字："乍（作）宝□（尊）彝"。

　　（2004—2007年山西绛县横水西周墓地1011号墓发现，考古学报1：82—92、95—97）

鼎

　　后腹内壁铸铭2行7字："膚乍（作）父甲宝蹲（将）彝"。

甗

　　甗前腹内壁铸铭2行7字："内（芮）□乍（作）倗姬旅獻（甗）"。

簋

　　盖器同铭2行8字："量肇乍（作）父乙宝□（尊）簋"。

卣

　　盖器同铭6行48字："唯五月初吉辛卯，王□氏宫，□我肇进从多邦君即事，王赏邦君，□我蔑历梁赏十朋，对扬王休，用作宝彝，子子孙孙永宝"。

觯

　　盖内顶面和器内底对铭铸铭："五"。

盘

　　内底铸铭9行90字。

盉

　　盖内铸铭1行4字："夌伯作繁"。

　　耳内侧外腹壁铸铭1行3字："伯作繁"。

銮铃

底座正面铸铭竖行4字："元宝觚銮"。

（以上均2004—2007年山西绛县横水西周墓地2022号墓发现，考古学报4：522—527、529、531—535、540、541）

甑

内壁铸铭5字："商妇乍彝，□"。

（1949—1965年间征集现藏东北师范大学文物陈列室，文物7：76—77）

鼎

内壁铸有铭文3行11字："雨父作父庚宝尊彝，齐伯□"。

（上海博物馆早年从香港征集，文物10：79、81）

鬲

沿面铸铭6字："旅姬作宝尊鬲"。

簋

内底铸铭21字："通肇作厥圣考伯宝尊彝，唯用永念厥考□子子孙宝"。

盘

内底铸铭5字："嗌友作宝盘"。

短剑

两面人面纹头顶上方铸铭7字："楚公逆□□中戈"。

（以上均2004—2007年山西绛县横水西周墓地M2055发现，江汉考古2：40—47）

尊

器内底部铸铭4字："羊光父乙"。

（2002年7月河南洛阳市瀍河区C3M451西周墓发现，北方文物4：24—25）

簋盖

盖内中部有铭文3列11字："[皇兄]辰作尊簋其子孙永宝用"。

（2015年河南鹤壁辛村遗址发现，华夏考古5：45—46）

甑

甑部口沿下内壁有铸铭2行8字："录子䏍乍父己宝彝"。

（1972年10月河南省内乡县大桥乡郭岗村砖瓦场发现，中原文物3：92）

卣

盖内及内底均铸铭7字："内（芮）白（伯）作父宝尊彝"。

尊

腹内底铸铭文4字："□作从彝"。

（1985年7月洛阳东郊铁路机务段家属楼西周墓发现，中原文物4：97—98）

鼎

器内腹壁铸铭5字："芇征乍（作）旅鼎"。

簋

器内底铸铭5字："芇征乍（作）旅簋"。

（以上均2002年7月洛阳市瀍河区唐城花园西周墓发现，中原文物4：5—6）

春秋

戈

胡部铸铭 2 行 14 字："秦公乍子车用□□武□戮畏不廷"。

戈

胡部铸铭 1 字："公"。

（2013—2014 年甘肃甘谷毛家坪春秋秦墓发现，文物 3：9、14）

簋

盖内与器内底对铭文 3 行 14 字："禽乍（作）姬□宝□（簋），其万年□（眉）寿永宝用"。

（2002 年山东邹城市峄山镇大四村发现，现藏邹城市博物馆，华夏考古 2：109—110）

簋（4 件）

3 件盖器对铭，1 件器有铭、盖无铭。

铭文 12 行 94 字："唯正月初吉王才（在）成周庚午（格）于大室井叔内（入）右夺即立王乎（呼）内史微册令（命）夺曰令（命）女（汝）□（司）成周讼事眾殷八□（师）事易（赐）女（汝）赤□市□（銮）旂用事夺□（拜）□首敢对扬天子丕显鲁休令（命）用乍（作）朕皇且（祖）中氏朕文考□（釐）孟宝尊簋夺其万年眉寿永用子子孙孙宝"。

甗

甗近口沿处后腹内壁铸铭 3 行 11 字："虢季为匽姬媵甗永宝用享"。

（2020 年 4—12 月山西垣曲北白鹅墓地 M3 发现，文物季刊 1：14—20）

鼎（2 件）

内壁铸铭文 4 行 17 字："隹□（邓）九月初吉庚午，□（邓）子□白（伯）自乍（作）之□（陵）鼎"。

簠（2 件）

盖内及器内底部对铭共 4 行 23 字："隹王正月，□（庸）邵各（格）文且（祖）皇考，乍（作）尊簠，□其万年子子孙永宝用"。

戈

胡上有铭 5 字："□（邓）子白（伯）□（随）戈"。

（2016 年 12 月湖北谷城擂鼓台墓群 M2 发现，江汉考古 3：27—34）

鉴

内壁有铭 3 行 13 字："攻吴王夫差择其吉金自作御鉴"。

鼎

内壁铭文漫漶不清无法辨识。

（以上均 1989—1993 年太原金胜村东周铜器墓发现，考古学集刊 27：11—12，28—31）

战国

戈

一侧鸟虫书铭："旨殹自乍用戟"。

戈

戈两侧鸟虫书铭连读："於戉台王旨殹之大子不（？）寿自乍元用矛"。

（2017年江西樟树市国字山战国墓发现，考古7：42—43）

戈

内横穿外侧刻铭2字，铭文模糊不清。

戈

内部刻铭4字："陈□散戈"。

戈

内部刻铭2字："□夷"。

戈

内部刻铭2字："□夷"。

戈

内部刻铭2字："□夷"。

（以上均2009年3—5月山东淄博临淄西关南村一号战国墓发现，文物9：13—14、16—17）

汉

壶

底部刻铭2字："日利"。

熏炉

底座篆文4字："杨千□金"。

（2005年4月20日—12月16日内蒙古和林格尔盛乐古城汉墓发现，文物11：29—31）

明

炉

内底阴刻2行6字："周文王永宝享（？）"。

（2018年7—8月河南开封大厅门街明代建筑遗址发现，文物12：24、26）

秦或宋

车㪷

折沿部位可见若干文字，能识别的有："度量""明壹之"等。

（1975年山东福山王崇烈墓发现，东方博物84：38）

清

铜簪

簪首有1字："福"。

铜簪

簪首有1字："寿"。

（2021年12月北京朝阳区金盏村发现，北京文博文丛1：73—74）

附：金银器铭

银簪

上部刻1字："寿"，背面刻2字："万华"。

银戒指

背面刻2字："万华"。

银扁方

首上部刻1字："寿"，背部刻2字："万华"。

（以上均2021年12月北京朝阳区金盏西村发现，北京文博文丛1：71、73—74）

梵文簪

内錾刻五朵莲花瓣托一金色的梵文。

（1970年驻马店上蔡明顺阳王朱有烜墓发现，中原文物4：18）

押发

簪体正面錾刻："王氏""王"。

（2020年8—11月江苏省淮安文庙三期安置房地块墓葬群发现，东方博物82：29）

银簪

背面刻2字："天源"。

银簪

背面上下各一款2字："祥泰"。

银簪

背面刻2字："□祥"。

（以上均2015年8月—2016年1月无锡西沈巷遗址发现，无锡文博1：14）

三 玺印

（凡未注明质料者均为铜质）

秦

私府丞□（泥封）（2枚）

左司空丞（泥封）（5枚）

苏段（泥封）

宦者丞印（泥封）

御府丞印（泥封）（3枚）

北宫宦丞（泥封）

属邦工丞（泥封）（7枚）

寺从丞印（泥封）（5枚）

郡右□□（泥封）

书府（泥封）

□寖（泥封）

中尉□印（泥封）

小厩□□（泥封）

御府之印（泥封）

北□斡丞（泥封）

安台丞印（泥封）（4枚）

中厩丞印（泥封）

居室丞印（泥封）（5枚）

泰官丞印（泥封）（2枚）

宫司空丞（泥封）（2枚）

虞娄（泥封）

走翟丞印（泥封）（2枚）

左礜桃丞（泥封）

中羞（泥封）

少府斡丞（泥封）

内□丞印（泥封）

鼎胡□□（泥封）

左厩□□（泥封）

郡左邸印（泥封）（8枚）

泰匠丞印（泥封）（3枚）

泰厩丞印（泥封）（2枚）

□官丞印（泥封）

左礜□□（泥封）

咸阳工室丞（泥封）

白□之□（泥封）

鳌□之□（泥封）

右厩丞印（泥封）（2枚）

少府工丞（泥封）（5枚）

乐□（泥封）

寺□（泥封）（2枚）

北□（泥封）

乐□丞□（泥封）

郡右邸印（泥封）（5枚）

走士□□（泥封）

中羞丞印（泥封）

中厩□□（泥封）

走□丞印（泥封）

郎中丞印（泥封）（4枚）

郎中左田（泥封）（2枚）

泰行（泥封）

下家马丞（泥封）

叁□邸□（泥封）

泰仓丞印（泥封）

榦都詹丞（泥封）（2枚）

□方谒者（泥封）

雒□□□（泥封）

□士丞印（泥封）

□□尉□（泥封）

北宫工丞（泥封）

□史（泥封）

寺工丞玺（泥封）

寺工丞印（泥封）

内者（泥封）

内史之印（泥封）

中官丞印（泥封）

瀤丘□印（泥封）

小厩丞印（泥封）（2枚）

祝印（泥封）

少府（泥封）

尚浴府印（泥封）

宫厩丞□（泥封）

寺车□印（泥封）

旄□（泥封）

私官（泥封）（2枚）

寿□丞印（泥封）

高章宦丞（泥封）

中车府丞（泥封）

章厩丞印（泥封）

永巷（泥封）

特库□□（泥封）

中□丞印（泥封）

左乐□印（泥封）

左丞相印（泥封）

北宫御丞（泥封）

寺工□□（泥封）

咸阳丞印（泥封）（6枚）

□阳太守（泥封）

好畤丞印（泥封）（3枚）

泾□家马（泥封）

平城□□（泥封）

杜丞之印（泥封）（2枚）

华阳丞印（泥封）（3枚）

下雋丞印（泥封）

新郪丞印（泥封）

代马丞印（泥封）

苴阳丞印（泥封）（2枚）

□辨□印（泥封）

昫衍丞□（泥封）

（以上均1997年1—3月西安相家巷遗址发现，文物10：6—19）

鄦玺

吉利

（2018年9月—2020年4月陕西西安清凉山秦墓发现，考古与文物4：30—32）

文字不详

㝱（玉）

帚（玉）

（以上均2020年10月—2021年3月河南三门峡市刚玉砂厂四座秦人墓发现，华夏考古4：32—33、35）

汉

从淀

（2005年11月—2006年1月河北蔚县大德庄发现，考古9：55—57）

富咸

（2011年10—12月洛阳孟津天皇岭西汉墓发现，文物1：8、12）

段幼孺、段过期（骨）

（2018年9月—2019年6月河南开封虎丘岗遗址汉代墓葬发现，文物6：17、20、25）

张豊私印

壶宦、壶少女

（2019年11月—2020年6月陕西西安自强村汉墓发现，考古与文物6：26—27、29—30）

杨嘉（玉）

（2019年10月陕西西安杨家湾西汉墓发现，文博3：11—12）

羌眇君

（2019年成都市新津县宝墩遗址M147发现，南方文物4：151—152）

刘婭、南阳夫人

（1995年10月江苏徐州铜山区后楼山西汉墓M5发现，东南文化2：47—48）

□师私印

歙丞之印

句容丞印

沐陵丞印

莫府令印

丹杨左尉

仓印

平阳

（2021年南京市江宁区下潘岗村汉墓发现，东南文化6：81—82）

宋

石（玉）

（1971年11月浙江省平阳县苍南黄石家族墓发现，东方博物84：30—31）

明

崇德（石）

武轩（石）

马氏图书（石）

固完（石）

司设太监之章（石）

寸心千里（石）

宫隆（石）

（以上均2014年9月—2015年4月北京海淀玲珑巷明代宦官马永成墓发现，文物12：33—38）

清

东朔

（1975年山东福山王崇烈墓发现，东方博物84：39）

四　墓志

北魏

尹平墓志（有盖）

　　盖称："千秋万岁"。

　　首题："魏故宣威将军京县令尹府君墓志铭"。

　　普泰元年（531年）卒，永熙二年（533年）葬。

（2016年5月河南荥阳市豫龙镇北魏尹平墓发现，考古3：54、57）

王昙慈墓志（无盖）

  无首题。

  卒于正始元年（504年），葬于正始二年（505年）。

  （2018年8—12月洛阳定鼎北路北魏王昙慈墓发现，华夏考古1：33）

隋唐

王华暨妻李氏墓志（有盖）

  盖称："隋故王府君墓志铭"。

  北齐天保六年（555年）卒。其妻李氏北齐河清二年（563年）卒。

  大业九年（613年）合葬。

张玄暨妻司徒氏墓志（有盖）

  盖称："隋故张府君墓志铭"。

  大业十年（614年）卒。次年与其妻合葬。

  （以上均出土于山西长治，陕西历史博物馆论丛29：244—248）

豆卢贤墓志（有盖）

  盖称："大隋故通议大夫大理卿楚公豆卢公志"。

  首题："大隋故通议大夫大理卿楚国公墓志铭"。

  大业六年（610年）卒，大业九年（613年）迁葬。

豆卢弘毅（有盖）

  盖称："大唐故凤州司马楚国公豆卢君墓志铭"。

  首题："大唐故凤州司马豆卢君墓志铭并序"。

  豆卢弘毅咸亨三年（672年）卒。夫人卫氏咸亨四年（673年）卒，同年八月与其夫合葬。

  （2017年9月—2018年2月陕西西咸新区空港新城隋唐豆卢贤家族墓发现，考古与文物1：47—50、55—56）

杨质墓志（有盖）

  盖称："杨公之铭"。

  无首题。

  永徽三年（652年）卒。

  夫人韦氏麟德二年（665年）卒。

  咸亨四年（673年）合葬。

  （2005年7月郑州唐代杨质墓发现，中原考古5：29—30）

吴逝墓志（有盖）

  无盖称。

  无首题。

  生于隋开皇十九年（599年），卒于唐贞观二十二年（648年）。

吴宝墓志（有盖）

  盖称："大唐故吴君之墓志"。

首题:"唐龙兴故处士吴君墓志铭并序"。

景龙二年(708年)吴宝与夫人张氏合葬。

(以上均2019年山西省长治市长子县庆丰遗址唐代墓葬发现,草原文物1:31—34)

傅揩墓志(有盖)

无盖称。

首题:"大唐雍州华原县左屯卫石泉府队正骁骑尉傅故公志之铭并序"。

上元二年(675年)下葬。

(2006年4月陕西铜川新区唐傅揩家族墓发现,文物季刊3:38—39)

韦万墓志(有盖)

盖称:"大唐故韦君墓志之铭"。

首题:"大唐故神岳斋郎武骑尉韦君志铭并序"。

通天二年(697年)卒,神龙二年(706年)与其妻合葬。

(2018年4月—2020年12月西安南郊缪家寨唐韦万夫妇墓发现,文物10:30—31)

侯希言石墓志(有盖)

盖称:"侯尊师志石文"。

首题:"大唐东京大安国观上清大洞侯尊师志石铭并序"。

天宝十一年(752年)卒。

中央镇墓文石刻(有盖)

盖称:"中央天文"。

镇墓石底座刻铭:"中央灵宝黄帝炼(练)度五仙安灵镇神中元天文"及安墓真文符箓4行16字。

东方镇墓文石刻(有盖)

盖称:"东方天文"。

镇墓石底座刻铭:"东方灵宝青帝(练)度五仙安灵镇神九炁天文"及安墓真文符箓8行64字。

南方镇墓文石刻(有盖)

盖称:"南方天文"。

盖底刻铭12行154字。

镇墓石底座刻铭:"南方灵宝赤帝(练)度五仙安灵镇神三炁天文"及安墓真文符箓8行64字。

西方镇墓文石刻(无盖)

镇墓石底座刻铭:"西方灵宝白帝(练)度五仙安灵镇神七炁天文"及安墓真文符箓。

(2011年4—5月河南洛阳市唐代侯希言墓发现,考古3:115—120)

郑令同夫妇墓志(有盖)

盖称:"郑府君墓志铭"。

首题:"唐故沂州司马郑府君及夫人李氏墓志铭并序"。

开元二十一年(733年)卒,元和十五年(820年)与前夫人赵郡李氏、后夫人赵郡李氏合葬。

(2019年8月河南郑州西岗唐郑令同夫妇合葬墓发现,文物6:39—40)

王元忠墓志(有盖)

盖称:"大唐故王府君之墓志"。

首题:"大唐故朝议大夫行右屯卫长史权知东都苑总监事上柱国王府君墓志铭并序"。

景龙三年(709年)卒。

辛夫人墓志(有盖)

盖称:"唐故辛夫人墓志之铭"。

首题:"大唐故金城县君辛夫人墓志文并序"。

开元十一年(723年)卒,同年与其夫合葬。

(2018年4月—2020年12月西安南郊缪家寨唐王元忠夫妇墓发现,文物10:51—56)

砖墓志(2合)

墨书志文,模糊不清。

(2019年7—8月河南洛阳洛龙区潘寨村唐墓发现,考古与文物4:48)

唐墓志(有盖)

盖称:"大唐故□□□墓志铭"。

墓志正面文字不清。

(2020年10月—2021年3月河南三门峡刚玉砂厂唐墓发现,文博1:21)

杨氏墓志(砖)

首题:"唐故杨府君墓志"。

元和十年(815年)九月卒,同年十一月葬。

□□□夫人墓志

首题:"□□□夫人墓志并序"。

贞元五年(789年)十一月卒。

贞元六年(790年)葬。

(2021年3—8月江苏苏州工业园区板桥村唐墓发现,东南文化6:52—54)

唐墓志(砖)

铭文已不可见。

(2018年10月—12月安徽省安庆市太湖县卓家老屋遗址唐宋墓葬发现,东方博物84:26)

魏氏砖墓志(有盖)

延和元年(712年)七月廿八日卒,同年八月葬。

(2015年3月洛阳市魏紫路晋唐墓发现,中国国家博物馆馆刊2:14)

曹府君墓志(无盖)

大中十二年(858年)卒。

(1979—2019年湖南郴州隋唐墓发现,湖南考古辑刊16:145—147)

宋

刘贺墓志(有盖)

无盖称。

葬于熙宁十年(1077年)十二月二十日。

刘昌祚墓志(有盖)

无盖称。

熙宁十年（1077年）葬。

（2018年3—4月河南焦作修武新庄沟村东墓地发现，华夏考古4：43—44）

黄石墓志

淳熙二年（1175年）十有二月卒，时年六十六岁。

淳熙五年（1178年）葬。

黄石之妻王蕙墓志

淳熙十一年（1184年）十二月卒，时年七十七岁。

黄裳墓志

淳熙丙午（1186年）九月卒。

（以上均1971年11月浙江省平阳县苍南黄石家族墓发现，东方博物84：30—34）

金

郭永坚墓志（无盖）

首题："故郭公墓志铭并序"。

大定十五年（1175年）十一月卒。其妻田氏大定十七年（1177年）八月初卒，同年与其夫合葬。

（2013年8—9月末山西省晋城市郝匠M1发现，文物季刊2：83—84）

元

砖墓志

一面朱书2行10字："祖耶耶张得林娘娘王氏"。

（2019年6月山西朔州官地元代壁画墓发掘简报，文物1：41）

明

朱有烜墓志（有盖）

盖称："故顺阳王之墓"。

无首题。

永乐十三年（1415年）六月初四日卒。

同年九月十二日与其妻吴氏合葬。

（1970年驻马店上蔡明顺阳王朱有烜墓发现，中原文物4：22）

朱公铠墓志（有盖）

盖称："大明故辅国将军圹志"。

首题："大明宗室辅国将军圹志"。

朱公铠成化戊戌年（1478年）正月初三卒，成化十五年（1479年）与其妻合葬。

夫人徐氏墓志（有盖）

盖称："大明故夫人徐氏圹志"。

首题："大明宗室永兴王府故辅国将军夫人圹志"。

徐氏成化甲辰年（1484年）九月初一日卒，成化乙巳年（1485年）十月二十五日与其夫合葬。

（2019年8—9月西安明代秦藩辅国将军朱公铠夫妇墓，中原文物2：34—36）

寿藏铭（砖）

  志盖朱书文字模糊："皇明内官监左监丞张公寿藏铭"等字。志砖朱砂志文已完全脱落，无法识别。

  （2011年11月北京丰台靛厂村明代宦官墓发现，中国国家博物馆馆刊2：56）

附：买地券

宋

高氏买地券（陶）

  文字镌刻内填朱砂103字："亡人高氏买墓田地一所其至南虎白至西龙青至东墓朱雀北至玄武上至黄天下至黄东人见东明分至四陈勾至内泉王公西见人西王母书契人石契书薄主全人契读曹公了飞上天读契了入黄泉月二十丑己年二拱端次岁戊申朔十三日庚申乙时立契。"

  （2011年4—8月湖北襄阳王伙北宋纪年墓发现，江汉考古6：46—47）

买地券

  券面上部可辨2字："墓堂"。

  券文主体竖书13行部分字迹漫漶不清："维熙宁五年，太岁壬子，十一月□□□，二十六日辛未。今有殁故亡人□□，生居□□，死安宅兆。相地袭吉，宜于汉州雒县定安乡兴贵里之原安厝。谨□□□钱买此墓田一所，东至青龙，西至白虎，南至朱雀，北至玄武，内方勾陈，分掌四域。封步界畔。道路将军，整齐阡陌。千秋万岁，永无殃祸。□有鬼神，□相忏忘。将军□长，收付河伯。谨以生牢、酒□、百味香新，□为信契。先居之者，永辟万里，邪精故气，不□□□□如律令。"

  （2019年8—9月四川广汉中学宋墓发现，四川文物3：10）

杨谔买地券（砖）

  正面墨书券文14行："维南瞻部州修那管界大宋国镇戎军居住今有亡人杨谔因患不聿早终自己身亡今于定川寨弓箭手第九十二指挥长行冀宜身分地内买到全料阙地一所准□价钱九万九千九百九十九贯九文具钱对天□神明当日并已交付足更不少分元已后不得辄有侵夺先有居住一避千里之□急急如律令敕煞板墓上写志一本读记今具四至如后东至青龙东王翁西至白虎西王母南至朱雀北至玄武上至苍天下至黄泉宣和甲辰岁三月十一日葬记保人张坚固见人李定度书契人右公曹读契之人入黄泉。"

  背面右下部有一方近长方形印记，表面涂墨，其内刻划文字："大宋维大木"。

  （2016年8月—2017年1月宁夏固原西郊宋墓发现，中国国家博物馆馆刊11：25）

买地券（砖）

  券面风化严重，部分券文漫漶难辨。共12行奇数行正书，偶数行反书：

1 维大宋嘉泰四岁（？）太（？）岁甲子十二月

2 己丑朔十五日癸（？）卯（？）有（？）阆州奉国县大牟

3 殁故亡人□□□氏（？）□娘生属己

4 巳今年五十六岁今用钱千（？）贯文就皇（？）

5 天后土地神处买得家坟两所系

6 酉山丙午穴周流一顷东接青龙西至白

7 虎南接朱雀北至玄武上至苍天下

8 至黄泉四至分明保人张坚固李定

9 度石功（？）曹金主簿书契人东王父

10 读契西王母其钱即已分付地神了

11 书焚了飞上天读契了归山中

12 急急如律令立契人奉道（？）行

（2020—2021年四川旺苍县蛮洞子石宋代崖墓群发现，中国国家博物馆馆刊2：45—47）

金买地券（砖）

正面可见9行墨书，大多漫漶不清。自右上仅可辨："大金国河东南路绛州垣曲县王村人名功曹明昌"等部分文字。

（2019年6月山西垣曲中条山金属集团金墓发现，文物季刊4：42—43）

元

买地券（砖）

字迹模糊，无法辨识。

（2017年11月15日—12月20日南阳桐柏卢寨元代壁画墓发现，中原文物1：46）

郭氏买地券（砖）

墨书约200字，内容不易辨识："洪洞县东孔村祭郭琢姪郭大郭名因为地震损坏累次祭祀不忍择好日良时选就本村西北老祖茔攒堂东至青龙西至白虎南至朱雀北至玄武上至青天下至黄泉内方勾陈分擘四域丘承墓伯封部界畔道路将军齐整阡陌致使万载葬殡至正十一年岁次辛卯八月二十日丙申郭琢姪郭英廿如月不得干犯先有居者永避万里若违此约安吉急急如攒葬有余灵。"

（2020年11月—2021年7月山西洪洞西孔村元代地震纪年墓发现，文物季刊4：50）

明

买地券（砖）

朱书部分漫漶，共24行。

正德十三年（1518年）八月初九卒。

正德十三年（1518年）十月初四日立券。

（2014年9月—2015年4月北京海淀玲珑巷明代宦官马永成墓发现，文物12：36、38）

明

买地券

朱书右侧为小字12列，左侧3列大字。字迹不清，仅能识别"辅国将军、祁精、青、五帝、付身"等字。

（2019年8—9月西安明代秦藩辅国将军朱公铠夫妇墓，中原文物2：34—35）

买地券

正面右侧边缘用朱砂书2字："合同"。

（2022年1月江苏徐州沛县创新产业园一期发现，东南文化6：44—45）

五　碑刻

北魏

邢合姜墓碑

刻铭："大代皇兴三年岁在己酉丁卯朔辛酉幽州燕郡安次县人韩受洛拔妻邢合姜定州涧河郡移到长安冯翊郡万年县人邢合姜年六十六亡"。

大代皇兴三年（469年）立石。

（2015年5月山西大同仝家湾北魏邢合姜墓石椁发现，文物1：33—34）

五代残碑

  字残存3列4字："分□事新"。

  字残存2列7字："学古帝造天王堂"。

  字残存6列24字："□□□上每□谟其孰能与行□□宇寻下□□□独存□及"。

  字残存5列6字："其著□庶临于远"。

  字残存2列8字："学经内殿□迦殿内"。

  字残存4列9字："□□□奕庆盛门悕险"。

  字残存2列4字："□非特启"。

  字残存4列12字："是专□□居率遵□金地披□宁"。

  字残存5列18字："□□□作□作头张音作头孟□汉作头何头郝□"。

  字残存2列6字："□一□皇之□"。

  字残存4列17字："□哉□而九功序□圣谟开国围之垒□□"。

  字残存1行1字："勑"。

  字残存1列3字："□篆额"。

  字残存4列27字："善之祥兼固□□即隋之晋阳宫□□特命良工塑北方雄翼也武皇"。

  字残存2列4字："官张前西"。

  字残存2列7字："监写金银装经藏"。

  字残存2列4字："称大一月"。

  字残存2列4字："攀（三）德（五）"。

  字残存4列9字："□殿塑释□□仪相□□"。

  字残存1列2字："往者"。

  字残存1列3字："钊习下"。

  字残存2列8字："□翼翼都□安流散"。

  字残存4列14字："□□□诲下四□□下一十一□"。

  字残存2列4字："步尝重困"。

  字残存1行2字："左□"。

  字残存4列5字："西堂若根□"。

  字残存3列8字："变即智□塞其轩□"。

  字残存3列7字："头任□作头头赵"。

  字残存3列4字："际为□□"。

  字残存2列2字："□禁"。

  字残存1列11字："念法华经习上生业勘银字"。

字残存 2 列 3 字："□诸苦"。

字残存 2 列 3 字："作头□"。

字残存 2 列 2 字："院物"。

字残存 1 列 1 字："造"。

字残存 3 列 6 字："□安罗□题□"。

字残存 2 列 5 字："□法□深□"。

字残存 2 列 3 字："□辟生"。

字残存 2 列 5 字："□事□荡□"。

字残存 3 列 7 字："□□两堂偶□□"。

字残存 1 行 2 字："王□"。

字残存 2 列 4 字："最□迥息"。

字残存 2 列 3 字："□痛之"。

字残存 2 列 2 字："不□"。

字残存 1 列 1 字："成"。

字残存 3 列 5 字："□因听岁寒"。

字残存 1 列 2 字："巍□"。

字残存 2 列 6 字："就之□其功必"。

字残存 1 列 1 字："埕"。

字残存 2 列 2 字："隆□"。

字残存 2 列 3 字："□虽天"。

字残存 2 列 8 字："□于时□□为永图"。

字残存 3 列 5 字："□今□□以"。

字残存 2 列 5 字："□作头□宋"。

金刚经碑

字残存 38 列 1163 字。

（以上均 2011 年山西太原晋阳古城二号建筑基址发现，考古学报 3：407—414）

宋

宋墓碑

刻铭："大观庚寅季冬辛酉日丁时葬，供备位长男三崇班墓，男希孟、希颜、希杰立石记"。

大观四年（1110 年）立石。

（2018 年 3—4 月河南焦作修武新庄沟村东墓地发现，华夏考古 4：43—44）

宋墓碑

额称："宋故王君墓铭"。

无首题。

（1989 年 12 月武汉新洲巴铺宋墓发现，江汉考古 3：51）

金太尉濮国公墓碑

共刻有3行，右边刻："太尉……"，中间刻："……濮国公之……"，左边刻："……公讳守道……"。

金墓碑

"……仪同三司……"，中间刻："……颜公之墓"，左边款刻："……贞宪郡王……乙……"。

金墓碑

上刻有碑文2行，中间刻："……之墓"，左边款刻："……朔初八月甲申礼记"。

金"南撒马通进之墓"墓碑

正中阴刻7字："南撒马通进之墓"，右侧刻21字："大定十年岁次庚寅十一月丁丑朔初八日甲申谨记"。

金"金源县君乌古论氏墓"墓碑

正中阴刻9字："金源县君乌古论氏墓"。

金"阿里郎君墓"墓碑

左边刻："……年六月初八末……"，右边款刻："……年九月初六生"。

金"男金省奴郎君之墓"墓碑

正中阴刻8字："男金省奴郎君之墓"，无边款。

金"广威将军翰林修撰墓"墓碑

正中阴刻9字："广威将军翰林修撰墓"，无边款。

（以上均1979年吉林舒兰市完颜希尹家族墓地发现，北方文物6：47—50）

明

重建石佛寺记碑

额称："重建石佛寺记"。

大明正德十六年（1521年）十二月二十六日吉时立石。

（2019年8月、2021年1月及5月山西交城竖石佛摩崖造像发现，文物季刊2：26、29—30）

陶伯达夫妇墓碑

无额称。

墓碑正面刻铭17行共计517字。墓碑背面为陶伯达家族世系表。

（2022年1月江苏徐州沛县创新产业园一期发现，东南文化6：43、45）

乙巳春泉翁书残碑

右部楷书阴刻字，笔画粗大，但残缺严重，无法辨认。

嘉靖癸丑秋残碑

残存碑体上竖排阴刻3列楷体字，第1列为"嘉靖癸丑秋"，第2列为"才生湛太霞侧室钟氏张氏预墓"，第3列为"甘泉翁赐立"。

闗残碑

翳残碑

（2018年3—6月广州市增城区南香山明代莲花书院发现，文博学刊3：27）

清

重修数十佛寺记碑

额称:"重修数十佛寺记"。

康熙五十四年(1715年)三月吉日立石。

重修竖石佛寺碑记

无碑额。

道光七年(1827年)榴月谷旦立石。

(2019年8月、2021年1月及5月山西交城竖石佛摩崖造像发现,文物季刊2:26、29—30)

重修净慧岩碑

额称:"重修净慧岩记"。

下方竖刻行书12行。

乾隆壬子年(1792年)立石。

(2014年7月四川安岳净慧岩摩崖造像发现,文物2:84—85)

"俨然天竺"石匾

落款:"咸丰二年十月十八吉旦"。

"山明"石匾

法乘和尚墓碑

墓碑正中一列大字题刻"正宗恩师上法下乘云公和尚之墓"。

左上题刻"道光二十年三月念八日吉旦"。

修桥碑

双面刻字,主要内容为修桥碑记,碑面大部分文字剥蚀,无法识读。

(2020年5月四川德阳市旌阳宝峰寺发现,四川文物5:58—59)

清碑

光绪六年(1880年)玖月榖旦立。

清碑

光绪十三年(1887年)闰余月谷旦立。

(2019年12月四川资阳半月山大佛发现,中国国家博物馆馆刊3:11)

附一:摩崖刻石

北齐摩崖题记

南壁主尊背光两侧刻有题记,西侧漫漶不清,东侧由内向外可辨认出两处题记:"……像主□德(?)"、"大菩萨主……"。

东壁倚坐菩萨头光两侧刻有题记,南侧由内向外释读为:"教化主李康 都维那主田供业香火主荀琮",北侧由近至远释读为"……中转主李□侍佛□(时)都维主闫智兴"。

西壁佛像头光北侧刻有题记,大部分已剥落不存,仅存"上转主张敬"。

(2021年1月山西沁县五龙头石窟发现,文物季刊2:33—36)

东魏摩崖造像题记

中区内容为发愿文,从右向左共13列,现存178字:"元象元年岁次九月七日□石艾县唯那道渊共使持节骠骑大将军[开]府义同三司大行台令公并州刺史下祭酒通大路使佛弟子张法乐知至道微密□□可睹真容渐影罔知□□□道请邑义等七十□人敬造石窟大像一区愿为皇祚永休八表宁晏又愿大王令公神算独似□□□□又愿邑邑义等皆朗哲渊茂生常植佛□□……三会等在初首一闻令悟常与善居又愿累劫师僧七世父母遍地六趣同入大解脱门普获斯庆俱时成佛"。

西区内容为供养人题名共65人。

第1排:"佛弟子樊就香火主范延傥西堪主卫昙主东堪主王众敬维那侯兴进□□□□□维那李显维那曹仁都唯那张安智菩萨主王思明菩萨主张天兴开佛光明主张弘并州西曹郎劝化主王昭□并州祭酒通大路使石窟大像主张法乐父□□□上党太守张□兴"。

第2排:"法尊都督孙弟法欢弟法庆并州田椽韩显傥"。

第3排:"□事韩廻欣别将吴□仁别将卫兴贤统军李众敬别将卫兴宝统军王宝德统军王□仁别将范永都督王牛生都督张买都督李欢僧都督王集都督阎僧明都督傅小都督高买都督张伏生都绾都督张伏安第法□"。

第4排:"卫安宗赵阿敬杨遵达侯显贵毕庆范忧各张石兴王显杨业李众敬苏洪略王天敬卫胡仁王令安卫僧宝佛弟子刘阿贵"。

第5排:"王树生裴爱欣张天保藉庆张那仁卫和李□□范□和卫廻□任显族"。

东区内容为供养人题名共12人:"都维那主邑师道渊弟子道智弟子昙和弟子道皆弟子道深弟子道壬弟子道朗弟子道剽弟子道教弟子道兰征北将军金紫光禄大夫令公下都督阴平","佛弟子卫□奴"。

(2021年1月山西平定红林湾石窟发现,文物季刊2:5—7)

北朝晚期至隋代石窟题记

中心塔柱南面龛下刻造像记,文字已漫漶不清,仅能识别"上为万"3字。

窟壁造像西壁龛外南侧刻有题记,文字漫漶不清,仅能识别"万万"2字。

东侧小窟东壁龛外两侧和下方刻有题记,文字均漫漶不清。

(2020年10月山西吉县石窟店石窟发现,文物春秋3:55—58)

隋代摩崖造像题记

第1组壁面东南角两龛右侧各有题记1则:"开皇十六年三月廿六日佛弟子郝名远敬造像一躯"。"郝善宜"。

第2组壁面东南、第1组龛上部:"王□相"。"韩姚买妻李洪罗女□妆"。"田海通王罗汉王世荣"。

第3组位于壁面中部偏南:"大隋开皇十二年岁次壬子朔十一月二日王相洛邑义十七人等敬造像一躯上为皇帝陛下为七世父母所生父母四缘吊属遍地众生居时成佛王相洛李沙门张子俊杨子端聂通国郝明成阎士谦阎郝德陈洪礼李士羔郝子胜元佛奴温元略张士□□子端要相贵赵士康韩子□李□贵"。

第4组位于第3龛上部:"郝堆仁郝善举郝善保"。"郝堆仁郝善举郝善保"。"佛弟子王佛四"。"开皇□六年六月一日佛弟子郝保琛佛弟子郝保缘"。

第5组位于第3龛左侧:"郝士德郝信天长息郝玉昴华元□□"。"王王善才"。

第6组位于壁面北侧,紧临第5组龛:"廿二日佛□"。

第7组位于壁面北侧上部:"开皇十七年□□……佛弟子郝法弥……敬造像…………后为七世父母……吊属遍地众生……迁上息善恶"。"郝子才郝君相"。

第8组位于壁面最北侧:"开皇十九年五月廿九日佛弟子李那哈□□造像一躯佛弟子李士殷佛弟子李士才"。

(2021年10月山西和顺壁子摩崖造像发现,文物季刊3:21—27)

唐摩崖造像题记

2号龛原有题记风化不可识别。

3号龛龛上方崖壁有造像题记："正德十二年正月初九荣昌县石匠刘任工"。

6号龛第一层第①则位于龛口处，字已不清楚。第②则竖刻4行："贞元 九年 八月 五日□□作"。第③则位于第②则贞元题刻下方竖刻1行："二月廿四□□□作"。第④则位于第③则内侧竖刻1行："五月十五日"。

6号龛第三层："贞元九年八月十五日"。

（2019年12月四川资阳半月山大佛发现，中国国家博物馆馆刊3：7—11）

唐题名

　　题名："璎珞泉沙门行之"。

　　题名："监察御史源少良、陕县尉阳陵、此郡太守张守信，天宝六载正月廿三日同游"。

北宋题：

　　题名："皇宋景德三年正月二十二日，前钱唐知县光禄寺丞张文昌、前越州萧山尉郝知白、吴山寓居羽人冯德之、余杭山人盛升，同游谢太守翻经遗迹，刊石立记"。

　　题名："梅违、黄安仁同游"。

唐宋摩崖题刻

　　香林洞区域：

　　宋张奎等题名释文："太常寺太祝张奎拱微、太常寺太祝张觊经臣、进士何文安肃之，康定辛巳暮夏十日同游谨记"。

　　宋胡庭等题名释文："建炎戊申三月十四日，□□、胡庭、孙文□□□□彦周，自上天竺同过香林洞，探胜至此"。

　　宋晁端彦等题名释文："晁端彦侍亲游天竺，熙宁七年十一月四日"。

　　宋鲁元翰题名释文："鲁元翰熙宁乙卯仲夏再游"。

　　宋达彦等题名释文："达彦、庭言、彦举，壬子九月十二来游"。

　　宋彦特等题名释文："是年至日，彦特、彦升同游"。

　　宋蔡友善等题名释文："莆阳蔡友善携家过上天竺瞻拜灵感观音，还至于此，政和丙申初夏九日"。

　　宋沈辽等题名释文："沈睿达、善述、素道与王炳之来，癸卯重午"。

　　宋王竞等题名释文："王竞、皇甫彦、李闻、王慎修、俞俟同游，宣和四年三月十一日"。

　　宋路公弼等题名释文："路公弼、翁端朝、傅国华、容吉老、麦公明、孟子与、徐明叔，宣和五年夏四月己亥同来"。

　　释文："芎林"。

　　宋淳祐残题名释文："……陈……淳祐丁未季春望前一日同游"。

　　宋曹潜夫等题名释文："潜夫同德卿、仲文、懿老、圣咨游"。

　　宋三字释文："款宾台"。

葛洪川区域

　　宋叶清臣等题名释文："转运副使叶清臣来，宝元己卯孟夏乙酉，蒙叟过笔，义叟捧砚，仙叟侍书"。

　　清乾隆御题"秀拔"两字释文："秀拔"。上有"古稀天子之宝"方印。

　　清乾隆御题"无不奇"三字释文："无不奇"。上有"古稀天子之宝"方印。

　　唐王澹等题名释文："节度判官侍御史内供奉赐绯鱼袋王澹、前右骁卫兵曹参军崔琪，永贞元年冬季"。

唐萧悦等题名释文："前太常寺奉礼郎萧悦、前太常寺奉礼郎王亘"。

宋吴棫等题名释文："吴棫、张汉彦、孙汝翼、龙庭实、周执羔、吴秉信、周之翰、凌哲、吴苐、潘良能、陈惇持、袁相、石延庆、钱周材、张阐、陈之渊、范雩、程敦厚、周楸、许叔微、周林，绍兴壬戌同校艺春关"。

释文："大相界"。

吴越古道区域

未知残刻，涣漫无法识读。

"凉""丁"等残字。

神尼舍利塔遗址区域

唐卢元辅诗刻释文："游天竺寺，大唐杭州刺史卢元辅。水田十里学袈裟，秋殿千金俨释迦。远客偏求月桂子，老人不记石莲花。武林山价悬隋日，天竺经文隶汉家。苔壁娲皇炼来处，泓中修竹扫云霞"。

宋大中祥符六年残刻释文："屯田郎前会稽知事州天台王衙丘大中祥符六年春"。

宋李谷等题名释文："治平甲辰五月七日，赵郡李谷容之游，男侑奉命谨题"。

"连云栈"三字释文："连云栈。郭祥正。"

宋连首善等题名释文："连首善、鹏举、张文蔚同游，建炎三年闰八月廿一日"。

灵鹫峰顶区域

宋陈古平甫等题名释文："陈古平甫同德甫游翻经台"。

宋李公谨等题名释文："李公谨唐卿、杨洎损之，庆历六年七月十二日来"。

宋"清明日也"残刻释文："同游翻经，时熙七年三月清明日也"。

宋"梅询"两字释文："梅询"。

莲花峰区域

宋郑獬等题名其一释文："安陆郑獬毅夫、晋昌唐诏彦范、平原鞠真卿济、建安章惇子厚、南舒汪辅之正夫，熙宁三年正月壬子游灵隐、天竺，上翻经台，遂至莲花峰"。

宋郑獬等题名其二释文："安陆毅夫、建安子厚、南舒正夫，庚戌正月壬子同游"。

莲花峰顶山界

释文："云林界"（右石）、"三竺普安界至莲花峰顶（左石）"。

（2021年底杭州飞来峰东南侧发现，东方博物 84：46—59）

宋摩崖造像题记

飞霞洞南壁上方："天圣七年正月二十六日边调率胡昉□□□□□"。

飞霞洞口南壁上方："淳熙戊□□□秋后二□□□邵□□□□人会□□之□□"。

飞霞洞："岩前春草萋萋色岩上春风淡淡阴数百年来无谢客香烟依旧到如今"。

飞霞洞外北侧："汉兴文艺推儒首谏议才能为有师更向谢客镌丽句清风千古照江湄"。

谢客岩北面上："旧刻岩前文字在登临尽日动悲辛子孙千载知多少只我今来嗣后尘"。

谢客岩客字旁："马寻左瑾董元亨同游庆历甲申季冬十二日题"。

飞霞洞北侧："至和二年十有二月望日郑赓王奎轸林瑾沈珙同饮践陈象古姝知本知让"。

飞霞洞外北侧："提点刑狱度支郎中任逵按部永嘉同郡守尚书郎黄贲通判尚书外郎齐景倩游此熙宁庚戌秋八月二十八日题"。

飞霞洞北侧："令吴君平常文游元祐二年丁卯冬至后一日叔贤侍"，夹刻"辛酉十月廿八河南"。

飞霞洞旁石碑："题名至和二年岁次乙未夏六月下旬休新酿报熟佳果探成清泉可漱芳树堪倚郡守陈求古率通判王希颜邑令孙奕台幏陈确从事赵颉杜仁寿会于岩石之上醉书以记"。

飞霞山麓："提点刑狱莫和中知军州事刘德父通判张资深知永嘉吴常父同游元祐三年闰十二月十六日"。

谢客岩："嘉熙戊戌□□郡守赵汝事暇率□春□故址澄□月明何处山□春书岩右是日"。

飞霞洞口北侧岩壁上："棘丞薛孺卿邑宰陈□之簿曹观尉郭□二月九日天圣十年"。

飞霞洞南山路："□□□□德□□□仲□□梁任□□□之□□李□圣与茌山王无□持□□□□周臣仁辅高□□□会□叔元祐戊辰□十一月十四日同游此"。

飞霞洞南山径入口西侧："丙申闰三月十四日永嘉令韩奕尉刁缟进士郑前石不疑同游谢岩"。

飞霞洞北侧山壁："浙江□□□□□□□记□□□□□□□□□□□□□□□"。

明摩崖造像题记

东山书院门台西侧巨石西立面字迹凿毁约略可辨："云根"。

东山书院门台东侧岩壁上方："仙泉"。

小赤壁南侧，东山书院门口北侧巨石北面："荦确"。

清摩崖造像题记

冽泉西侧，春草池内巨石西面："徐源亮"。

冽井西侧："冽泉"。

留云亭西侧平台下方山路转角处："徐步"。

飞霞洞南小径："寄啸岑"。

飞霞洞南侧山壁："章□□马□□人吴□□徐徐源亮题"。

（以上均 2020 年 4 月温州积谷山摩崖题刻及东山书院遗址发现，东方博物 85：31—43）

北宋摩崖造像题记

第 2 龛龛外右侧有题记残存 3 字："工□空"。

第 6 龛龛外右侧有题记残存 2 字："顿井"。

第 8 龛龛右侧有 3 字题记："僧宝清"。

第 13 龛龛外右侧有题记残存 3 字："李"。

第 20 龛龛外右侧有题记 4 字："□州三尊"。

第 21 龛龛外右侧有题记 5 字："院主僧惠开"。

第 34 龛龛外右侧有题记 3 字："僧明达"。

第 48 龛龛外左侧壁面上有题记 46 字："弟七保都保正侯司空，下保丁三百五十人，去桃园山捉杀群贼。大观戊子岁，镌佛一尊，献香一对。侯进，父侯宜，母李氏"。

第 57 龛龛外右侧有题记 5 字："顿井村兰顺"。

第 81 龛土地像与右侧胁侍之间残存题记 21 字："崔林女夫霍郊三姐共土地三侍磁州为父母造"。

第 89 龛与其左侧第 88 龛之间有题记 6 字："高壁温宜三尊"。

第 92 龛龛右侧题记文字漫漶不清，可辨 4 字："石门村高"。

无龛造像第 1、2 号间有题记 9 字："焦寺村赵氏王氏二尊"。

（2020 年 6 月—2021 年 5 月河北武安千佛洞石窟发现，文物春秋 4：55—63）

南宋明清摩崖题刻

西段龛像第 2 龛右壁题刻多处漫漶不可识："林光月"，"周显优"，"银钱"，"大清光绪年菊九月望八日重修建……"。

西段龛像第 4 龛中间横书："净慧岩"，左、右侧分别竖书："白云山佛像古跡大清道光五年岁在癸未仲冬上浣装壤信士周国鲁造。咸丰三年昭阳赤奋若仲吕月中瀚甲第男周祚连京山吕佐宾敬书"。

中段第 11 龛龛左侧上部靠外题记 5 行："游净慧岩留题净慧优游万象澄潜幽金景杰堪称三千界里风光美四百年来岁月增自是山崇而岭峻故应霞蔚更云蒸但观石像辉煌处今古人人仰庆升"。

中段第 11 龛龛左侧上部靠内题记 5 行："岩生苔藓树生花绿树阴浓隐士家蹀躞路绿林以外氤氲烟绕岭之崖石像尤存丹青古今名攸着事业嘉欲访芳踪何处是重修功名在谿谽壬子季京山居士敬咏"。

中段第 11 龛龛左侧下部题记 14 行："维护俗歌癸丑季秋净慧神像多装修巧琢磨用费银钱两善德比山河经营神工于今幸结果诸佛众菩萨庄严住岩阿近看本佛阁远望讶补陁半空浮仙子广寒出嫦娥临岩人对酒随笔我吟歌合十敦诚僦称三念弥陀此日来彼岸何年赴极乐丹成乘鹤去回首笑呵呵河东风书"。

中段第 11 龛龛右侧上部靠内题记 5 行："二次重题又二律山中雅趣静中求拔俗高风忆昔俦自古白公铭语妙而今逸叟姓名留傍岩佛阁林光翠香径棠花景色幽世隔人遥空想像忻瞻遗迹几千秋"。

中段第 11 龛龛右侧上部靠外题记 5 行："峥嵘净慧更堪传雅爱厥问隐士贤昔当题诗犹在矣今朝把琖正悠然唐时世界几何日宋代江山亦有年法为留情鸣鹫岭东风飞舞凌云烟咸丰三年岁在癸丑苍月邑圣学吕佐瑛"。"吕佐瑛"下刻 2 方印，上方印为"京山"，下方印有 4 字，模糊不可辨识。

中段第 11 龛龛右侧下部题刻 14 行："其二众善士等白奉劝众君子各位少哥来往此岩下牧牛把草割两边石凳坐消闲把菸哈要看尽你好歹由你说切莫用刀夺切莫伸手摸毁坏神像丑恐怕降炎魔娃儿肚肚痛大人病食药非是说诳语先师敕封过若能同顾护神圣降恩波浓祥重赐福儿孙早登科僧轮明刻"。

中段第 11 龛龛下方中央题刻 4 行："智慧见性取舍清静知幻非幻以至真为正三华不年一切恭敬平等慈悲是菩萨行"，"生安静次胜直何何盛气虚五神归自然是圣贤行"，"…………是君子行"。

龛下方 3 则题刻两侧楹联各刻铭行书 1 行："岩形高百尺"，"字迹荛千秋"。

中段第 6 龛像左右侧分别竖书楷书："绍兴辛未岁仲春月倚岩居士赵庆升立石谨记"，"文仲璋刊刻谨记"。壁面左侧另有题记 1 则，最右侧一行存"大清咸丰"，余皆漫漶不清。

东段第 15 龛右侧龛面中部题刻 2 行："功德绍兴辛未仲春记攻镌文仲璋男文秀"。

东段第 19 龛龛内正壁题刻 22 行："新修太母菩萨暨众神像志盖菩者普也萨者济也普济万民也邑南白云山寺下净慧岩形高势耸犹疑凤翼之悬杰立横削还复鱼鳞之叠诸以原壤有九子太母并诸神像久仰钟之灵而熊罴叶梦毓之秀而珠□浓辉□普济生灵也明矣但世沧年湮容颜倾圮善士蔡君运绪王君在德聆高僧之法音幻为善之最乐于是二人同心愿倾恪囊惟忻众力易成更且募化乐善者□二人共襄其胜匀年无飞雨露粒米堪作菩提速即伐□鸠工于神像之剥者坚之蚀者增之黝恶鲜明焕然而更新□将踴事而告厥成功自是蔡王二君之功如合璧众善□□似联珠俾悬丝之士体面威仪瞻择之儒心生诚敬信□□之将永慧舞□崇德之感文明益盛之思余忝学□□□□聿嘉众岩之清境娱善事之撰三而复为之谨□铭曰□净慧众善辉煌神像增艳姓字飘香岩高诗古叙□□□□新莘故□代昭彰圣学生吕佐瑛映宗氏撰者□□大善士蔡世松男文鹏曾氏孙运绪张氏曾孙孙□□助银三两蔡德□……王曾氏男在德陶氏孙光辉助银二两五钱同□□……刘文翠王氏男寿章游氏孙助银二两五钱王……康代昆蒋氏男朝寿朝来孙纲玉助银二两五钱唐陈氏孙德宣王氏助银一两五钱□□□□□大清咸丰三季岁次昭阳赤奋孟夏中浣主持僧昌兴"。

（2014 年 7 月四川安岳净慧岩摩崖造像发现，文物 2：83—88、92—93）

中晚唐及明代造像题记

第 12 龛外龛右壁题记："敬重妆释迦牟尼"。

第 15 龛碑刻："自幼年□□永志□心□一日□院□□□峭壁藤萝石龛倾覆内有圣容余□□□□□□碑昔吾俗祖的□□本□始创成化时迄今数百年许恒□计□□比丘人□□□□□力不□由□不持志□澹衣泊饮□尽利倾于□岁□□□□斯亭而□之机□□□□完□罢一日□九□停有□□□名教者□□□父子二家，云至此□茶□□见□欣然曰我二叟共襄时中有二象以培光□□□乃良久云二老实能如是我于他日贴先容一□□乎余遂而□□曰□幸是幸何则无论因果事当观武帝□尊荣豪贵□□三宝生□菩萨六□□行一□□昔武帝庞公□达何尝有异也盖真□□文□况□□乎自优填王述相教以来则今之徒不依言依相得非相非言之玄意或□□味□□□□□□□□则为波旬之徒视邪正如指诸常矣□固异六□兴明矣借资效□□□永役耳左□□赀信□□良实□高氏贾氏男郭义云周氏孙郭□□□□□叶□□幽赀信父……氏□氏男陈可亮□氏孙陈□□□□□□□□徒明信明书□□陈尚弟陈朗□绍□……□□持戒释子悟修□□兴旺兴□孙□□道□释子照理书大明□□乙亥夏仲月吉旦镌匠胡世堂……"。

（2017 年 7—9 月四川仁寿大化石院寺摩崖造像发现，文物 2：74、76—77）

西崖壁 K1–3 主尊脚下所踏单层覆莲台上有墨书藏文题记，漫漶不清："...nad'od...rabbjom"。

西崖壁 K1–5 主尊莲座上有墨书藏文题记，漫漶不清："...bsnyo'ruma, rubug...."。

中室东侧崖壁第九行第一尊前似有横写墨书藏文："OM AH HUM"。

第十行第一尊前有纵写墨书藏文："OM AH HUM OM AH HUM"。

（2013 年 10 月四川马尔康市甲扎尔甲石窟发现，四川文物 3：22—23、35）

附二：墓室题刻

东汉墓室题刻

M1 东门柱西面榜题 2 字："君舍"。

M2 东后室门羊首额下窘带上刻铭 1 字："□"。

（2019 年 4—7 月山东济阳三官庙汉画像石墓发现，考古学报 2：245、272—273）

宋代墓室壁画题记

西面上墨书："……穆羞见处"。

西南面上墨书："生得穆羞见处"。

东南面上墨书："青衣童子……"。

东面上墨书："死了穆羞见处"。

东北面上墨书："穆羞见（财？）再托生处……"。

西北面上墨书："穆生……前世……"。

（2015 年 10 月—2016 年 1 月河南新郑正商智慧城宋代砖雕壁画墓 M 7 发现，考古与文物 4：44—46）

宋代墓室壁画题记

南壁壁画东侧墨书："王武子妻为婆割古（股）"。

南壁壁画西侧墨书："丁兰克（刻）木为母"。

西南壁 4 幅壁画墨书：

第 1 幅："王保暴墓为母"。

第 2 幅："训（舜）子行孝"。

第 3 幅："刘祥为母"。

第 4 幅："五赟（郡）弟兄行孝"。

西北壁 4 幅壁画墨书：

第 1 幅："蔡顺养母"。

第 2 幅："曾参为母"。

第 3 幅："韩匡为母"。

第 4 幅："鲁义姑孝天"。

北壁 5 幅壁画墨书：

第 1 幅："扸（睒）子养母思喫（吃）鹿肉"。

第 2 幅：漫漶不清，残余痕迹无法辨识。

第 3 幅：左上角有"元"。

第 4 幅：无文字。

第 5 幅："曹娥"。

第 6 幅："杨昌（香）救父"。

东北壁 4 幅壁画墨书：

第 1 幅："董荣（永）卖葬埋父"。

第 2 幅："勇甘泉"。

第 3 幅："郭巨为母埋子"。

第 4 幅："老来（莱）为□"。

东南壁 4 幅壁画墨书：

第 1 幅："王相卧水（冰）"。

第 2 幅："孟宗为母"。

第 3 幅："刘明达卖子"。

第 4 幅："田真为行义"。

（2008 年郑州巩义涉村宋代壁画墓发现，中原文物 1：31、33—40）

宋金墓室题记

北壁东侧黑彩方框内有题记 2 字："田真"。

西南壁上方黑彩方框内有题记 2 字：一字为"丁"，另一字脱落。壁画左上方黑彩方框内有楷书题记 2 字："郭巨"。

东南壁中部竖向墨书 2 行："大定廿九年九月二十八日 早厄吉葬"。壁画左侧黑彩方框内有题记 2 字："董永"。

（2019 年 11 月河北邢台柳林村发现金代墓葬发现，文物春秋 5：46—47）

宋墓室题刻

M4 墓室左侧支槽下端右侧阴刻一字："止"。

（2020—2021 年四川旺苍县蛮洞子石宋代崖墓群发现，中国国家博物馆馆刊 2：41）

辽壁画墓题记

拱眼壁墨书题记 6 行 40 字："上国北京兼北大都护府故金云王孙晁姑阿偎墓志□乙巳岁四月丙寅朔四日己巳火葬故记之耳"。

（2008年3月辽宁北票南八家乡红村北山辽代壁画墓发现，考古学集刊26：23—24）

附三：经幢题刻

晚唐五代

字残存17列，共61字："□惹野□哩缚怛缚□缚怛他□冒□野□瑟姹曩地瑟灭□唵阿目佉吠噜□钵罗羯多破地阿瑟吒始底□曩缚婆细□衣莫三满多罗吒憾□□娜贺娜"。

字残存4列20字："卫上将军次丙子朔户人之实封三百真言日曩□"。

字残存3列9字："鬼趣是果离怖畏如来"。

字残存8列32字："婆（去）吠□（九）娑缚甲申建造□检校□大内庚申日建立承布□迦哆真言日予（引）"。

（2011年山西太原晋阳古城二号建筑基址发现，考古学报3：412—40）

附四：建筑题记

唐寺院壁画榜题

北组建筑中殿豁口以西北墙内侧墙面有回鹘文墨书题记，残损较为严重。

北组建筑高台北侧柱体底部壁画有墨书回鹘文："也里可温大人"。

北组建筑高台南北两面部分套框内留有墨书回鹘文榜题。

（2021年新疆奇台唐朝墩景教寺院遗址发现，西域研究3：107—111）

宋城墙题刻

金堂云顶城北城门后券顶部券心石上题刻："保义郎利州驻扎御前摧锋军统制兼潼川府路兵马副都监提督诸军修城萧世显、忠翊郎利州驻扎御前右军统领兼潼川府路将领都统使司修城提振官孔仙规划"。

金堂云顶城瓮城门内拱券心石顶部题刻："皇宋淳祐己酉仲秋吉日帅守姚世安改建"。

昌小宁城西门拱券券心石上建城题记："皇宋淳祐己酉孟秋吉日，武显大夫利东路马步军副总管权知巴州军州事节制军马任责城壁捍御边西谭渊创建"。

昌小宁城北门券心石上有题刻："皇宋淳祐辛亥仲冬吉日，武功大夫利东路马步军副总管改差知渠州节制驻屯戍军马"。题刻旁另有2行小字："成忠郎利路路将充御前分屯制帐前军统领部辖军马渠州捍御王孝忠"和"作头赵贵"。

昌小宁城小西门拱券顶部有题记："皇宋淳祐壬子季夏吉日，武功大夫宜改差权发遣渠州军州事兼节制本州屯驻戍……"。右侧题记为："监修统制赵国兴，石匠……"。左侧题记为："忠训郎利路路将充御前分屯利帐前军统……拨发官杨顺，将官王立（？）"。

剑阁苦竹隘券心石上有题刻："宝祐乙卯七月吉日武功大夫右骁卫将军知隆庆府事节制屯戍军马任责措置捍御段元鉴创建"。

荣县大刀砦券心石阴刻："宝祐丁巳季冬吉日书"。

（2013—2020年四川地区宋蒙山城遗址发现，中国国家博物馆馆刊6：22—27）

明梁架题记

题记6字："明间后面步行"。

题记 7 字："明间前面布步行"。
题记 6 字："明间前面吉方"。
题记 8 字："明间后面上金吉方"。
题记 6 字："明间后面吉方"。
题记 7 字："明间管脊方北向"。
题记 5 字："明间后金方"。
题记 6 字："明间前中金方"。
题记 9 字："明间前面上金方北向"。
题记 7 字："左一间后面步行"。
题记 9 字："左一间后面中金行条"。
题记 7 字："左一间后面吉方"。
题记 9 字："左一间后面上金吉方"。
题记 9 字："左一间后面中金吉方"。
题记 8 字："左一间管脊方北向"。
题记 10 字："左一间后面上金方北向"。
题记 5 字："左一间□梁"。
题记 7 字："右一间前面步行"。
题记 7 字："右一间前面吉方"。
题记 10 字："右一间前面上金方北向"。
题记 6 字："右一间后金方"。
题记 8 字："右一间前面下金方"。
题记 7 字："右一间前中金方"。
题记 7 字："左稍间后双步梁"。
题记 8 字："左稍间前面双步梁"。
题记 7 字："左稍间前面金方"。
题记 7 字："左稍间后面金方"。
题记 8 字："后檐右稍间金同柱"。
题记 10 字："上檐右稍间前面金同柱"。
题记 10 字："上檐前面右稍间双步梁"。
题记 9 字："上檐右稍间后双步梁"。
题记 8 字："上檐右稍间后金方"。
题记 9 字："左一奉前上檐单步梁"。
题记 9 字："右一奉后金同柱东向"。
题记 8 字："右一奉脊同柱南向"。
题记 11 字："右一奉前面上金同柱南向"。
题记 9 字："右一奉后上檐单步梁"。
题记 9 字："右一奉前上檐单步梁"。

913

题记 8 字："右一奉五架随梁方"。

题记 11 字："左二奉前面上金同柱南向"。

题记 11 字："左二奉后上檐单步梁西向"。

题记 11 字："左二奉前上檐单步梁西向"。

题记 8 字："左二奉五架随梁方"。

题记 10 字："右二奉后上金同柱南向"。

题记 6 字："右二奉脊同柱"。

题记 11 字："右二奉前面上金同柱北向"。

题记 8 字："右二奉五架随梁方"。

题记 9 字："右山头后面中金同柱"。

题记 7 字："右山头中金吉方"。

（2000 年 5 月青海乐都瞿昙寺隆国殿发现，文物 1：89—95）

明桥梁题刻

券顶东端券石刻 3 字："□霁桥"。

南部券石朝下一面刻铭 2 行："大明弘治二年中秋月……源吕氏讷询□该同……"。

（2020 年 12 月—2021 年 3 月浙江新昌县明代石拱桥发现，东方博物 82：10、12）

清建筑题记

前殿题记：

明间脊桁两端共有 8 个字迹，具体内容无法辨识。

明间南侧五架梁（前段）："□□德阳县学正堂□□□"。

明间北侧五架梁（前段）："住持僧：隆盛……徒孙：仁从、仁义……"。

明间南侧六架梁："牛王会、三圣会、观音会、清醮会、土地会、佛祖会、眼光会、雷祖会、韦陀会、仓圣会、□□……□□捐建"。

明间北侧六架梁："□□顺典，张其□……知正……会主□□……"。

明间前下金桁（随桁）："长具石工：王长 R；泥工：周□□；雕匠：丁能礼、刘□□、□□、□泰圆"。

南侧末间后檐桁："光绪拾三年秋，八月吉日谷旦本庙住持僧：隆盛；徒：能洪；侄：能田、能容；孙：仁从、仁义、仁玉重建"。

正殿题记：

明间脊桁两端有墨书痕迹，仅右端能识别"皇图" 2 字。

明间前上金桁（随桁）："□署绵州直隶州德阳县事□□正堂加五级纪录一次唐彝□□……"。

明间后上金桁（随桁）："皇清□□拾年，岁在庚申，春三月廿一日谷旦"。

明间前下金枋："梓人：张光义；石匠：尹昌瑞建造堪舆：明芳成；泥工：周荣喜、全立"。

明间后檐桁（随桁）："临济正宗，师爷见文寿公老和尚置买石柱陆根、石磉拾□对"。

明间左侧五架梁："临济正宗，建修住持僧昌龄，师弟昌桂，徒隆咸、道，徒侄隆庆、□、盛，徒孙能清、容、能恬，徒重孙仁从、海同立"。

明间右侧五架梁："叶□□、张耀辉、杨永善、黄天佑、李玉洪、叶明珠、□盛恺、廖学康、周□□、□仕□……全立"。

左次间脊桁："皇清乾隆拾壹年正月□□□，简修正殿，师祖上□下□赵老和尚"。

左次间前下金桁（随桁）："雷祖会首事周继荣、胡继纲、夏永升、胡仕聪、张元忠、张仕倩、曾□□、胡继润、萧绍达、胡继岱、唐运璋、胡仕庆、胡继福、□□□、胡继才、萧绍通、胡继炳、周天理、胡仕升、胡继上、□□□"。"文昌会首事叶明珠、张耀柏、车志嵩、张崇经、胡仕庸、张□铭、彭安烈、张耀山、萧忠训、张崇常、张耀辉、车德恒、张耀村、廖振国、张世维"。

左次间后下金桁（随桁）："清醮会首事张耀仕、萧盛秀、廖学康、车德升、邓以槐、车志嵩、马玥祥、胡维庆、廖声禄、杨永善牛王会首事戴明选、张登善、周继贤、胡仕聪、李安凤、车德咸、张耀芳、廖振国、马玥祥、唐籍明"。

右次间脊桁："皇清乾隆拾壹年□……□下定永龄老和尚……"。

右次间前下金桁（随桁）："观音会首事胡继才、夏永升、胡继岱、胡仕庆、胡继洪、张士儒、胡继喜、胡继纲、胡仕礼、胡仕升土地会首事胡□□、胡□荣、胡继发、唐运智、胡仕礼"。

右次间后下金桁（随桁）："仓圣会首事张□□、□□□、夏永升、张士儒、张耀仕、胡仕聪、曾昌龄三圣会首事戴明□、廖振国、廖声芳、胡耀才、胡继炳、胡仕庆、胡继康、贴绍润"。

（2020年5月四川德阳市旌阳宝峰寺发现，四川文物5：56—57）

清楹联

前殿明间前檐柱："桂殿溢清香万古斯文钟七曲 桃园申大义一时英武盖三分"。

次间前檐柱："治水布神功西蜀咸钦福主 耕田资帝力东皋永庆丰年"。

明间后檐柱："宝刹重新祇冀诸神歆妥侑 峰云叠起应知众姓获平安"。

次间后檐柱："多宝聚莲台慔朗长辉法界 奇峰环鹫岭巍峨永镇禅关"。

正殿明间前檐柱："殿瞰东山洛水绕同莲水净 灯传西域宝峰秀挹鹫峰霙"。

次间前檐柱："狮座重辉慈云普荫三千界 蜂台丕焕法雨宏沾亿万身"。

（2020年5月四川德阳市旌阳宝峰寺发现，四川文物5：57—58）

塔门石拱正中高浮雕2字："钱""珠"。

正门两侧石刻楹联："正欲凭栏舒远目""直须循级上高头"。

横额刻："北门锁钥"。

上款："道光十三年春"，下款："知县林联桂题"。

六层对联仅存下联："八种露槃缘觉喜成辟支佛"。

四层神龛两侧题刻："忠""孝"。

（以上均2019年4—6月湖南省娄底市新化县上梅镇北塔村发现，四川文物4：22、30）

六 有铭砖

东汉有铭砖

砖铭："赵仲石侯仲治"。

砖铭："史仲石庞伯治"。

砖铭："仲石左仪治"。

砖铭："李少石李平治"。

（以上2012年3月—2013年12月河南洛阳市朱仓村M683东汉墓园发现，考古6：48、50）

东汉有铭砖

砖铭："囗平四年九月六日立"。

（2013年3—4月浙江温州丽塘东汉纪年墓发现，文物7：11—12）

东汉有铭砖

砖铭："大吉"。

砖铭："五囗侯"。

砖铭："囗侯囗"。

（以上均2017年2—9月湖南长沙伍家岭发现，华夏考古2：12—14）

东汉有铭砖

砖铭："富贵"。

（2019年6—9月江苏淮安小丁庄墓地窑址发现，东方博物82：40）

东汉有铭砖

砖铭："万岁不败"。

砖铭："万岁"。

（2015年3月德清东衡汉墓发现，东方博物83：8—9）

西晋有铭砖

砖铭："永兴三年七月乙酉朔五日己丑石氏作"。

（2019年9月5日湖南资兴市东江街道西晋纪年砖墓发现，考古4：117）

东晋南朝有铭砖

砖铭："吉富昌，辟祸殃"。

砖铭："王侯门，宜子孙"。

砖铭："长富乐，宜官寿"。

（2018年6—8月成都市双流区牧马山墓地东晋、南朝砖室墓发现，四川文物5：37—38）

东晋有铭砖

砖铭："义熙十二年囗囗九月廿六日立作故记"。

砖铭："义熙十二年太岁丙辰十月十三日立"。

（2015年5月广东阳江江城区东晋纪年墓发现，东南文化4：63）

北朝有铭砖

砖铭："正光二年田宁陵墓"。

砖铭："……二年田宁陵墓"。

砖铭："正光二年田……"。

砖铭："正光二年……"。

（2015年12月—2016年7月安徽淮南钱郢孜北朝墓发现，文物4：27）

六朝有铭砖

砖铭："泰和三年七月金贵"。

砖铭："长沙徐"。

砖铭："王史君"。

（以上均 2017 年 2—8 月湖南衡东大浦洋塘山六朝墓发现，湖南考古辑刊 16：112、118、120）

六朝有铭砖

砖铭："大驷马"。

砖铭："中"。

砖铭："小"。

砖铭："宽"。

（2020 年 10 月—2021 年 3 月南京市雨花台区西善桥刘家村六朝墓葬发现，东南文化 2：96、98）

南朝有铭砖

砖铭："七"。

砖铭："十"。

（2021 年 1 月广州市黄埔区迳下村南朝、晚唐五代墓发现，东南文化 4：82）

唐有铭砖

砖铭："勋官彤潘达墓"。

砖铭："□达墓记"。

（2021 年 3—7 月浙江绍兴柯桥区野生动物园唐墓发现，东南文化 6：57、60、67）

唐五代有铭砖

砖铭："大齐元年"。

（2011 年山西太原晋阳古城二号建筑基址发现，考古学报 3：403—404）

砖铭："（观）十九年……毛君"。

砖铭："贞观十九年八月廿日，奉为毛明府造砖，有五千五百口，便特造五千口砖取"。

砖铭："贞观十九年九月□□得砖□□□□县约也"。

（2015 年 4—6 月南京雨花台区后头山唐墓发现，文物 2：27—32）

晚唐五代有铭砖

砖铭："□佰叁拾斤，□得壹阡，□宿"。

（2021 年 1 月广州市黄埔区迳下村南朝、晚唐五代墓发现，东南文化 4：85—86）

唐有铭砖

砖铭："楚州六"

砖铭："□州"。

砖铭："楚州"。

砖铭："□王□□"。

（2022 年 3—4 月江苏扬州唐代罗城北城墙东段遗址发现，东南文化 6：75—76）

唐有铭砖

砖铭："曹骑一"。

砖铭："邓净鉴"。

砖铭："康玄庆"。

砖铭："仁""恭"。

砖铭："曹威"。

砖铭："廖"。

砖铭："段书成"。

（以上均1979—2019年湖南郴州隋唐墓发现，湖南考古辑刊16：128、131、133、149）

宋有铭砖

砖铭："四日一石五十"。

（2011年4—8月湖北襄阳王伙北宋纪年墓发现，江汉考古6：45—46）

元有铭砖

砖铭："新都县窑户孟□二造修城砖□"。

（2018年4—12月成都市青莲上街古城墙遗址发现，考古5：64—65）

明有铭砖

砖铭："王"。

（2013年3—7月萧山老虎洞遗址明代大型茔园发现，东方博物82：17）

明有铭砖（2件）

背面有竖排墨书2列11字："第四甲彭节砖"，"□山上十个"。

砖铭："广州修城砖"。

砖铭："令石"。

（2018年3—6月广州市增城区南香山明代莲花书院发现，文博学刊3：25—28）

清有铭砖

砖铭："乾天图（圆）"。

砖铭："坤地方"。

砖铭："巽律令"。

砖铭："艮九章"。

（以上均2021年12月北京朝阳区金盏西村发现，北京文博文丛1：74—76）

七 陶文

商

铭文芯残块

刻铭2字："父辛"。

铭文芯残块

刻铭3字："□□举"。

（以上均2018—2019年河南安阳市辛店铸铜遗址发现，考古11：23—24）

战国

鼎

底有3字戳印："咸阳巨"，盖内4字戳印，字迹漫漶不清。

罐

  腹有 3 字戳印："咸里真"。

釜

  内壁有 1 戳印，字迹无法辨识。

盒

  近底部有戳印，字迹漫漶不清。

鼎

  内壁有戳印："杜亭"。

壶

  近底部有戳印："杜亭"。

罐

  下腹有戳印："杜亭"。

盒

  近底部有戳印："杜亭"。

钵（2 件）

  内壁有戳印："杜亭"。

釜

  肩部有戳印："杜亭"。

  （以上均 2018 年 9 月—2020 年 4 月陕西西安清凉山秦墓发现，考古与文物 4：25—26、33—36）

盆

  底部内壁有戳印："夏市"。

甑

  底部内壁有戳印："夏市"。

釜

  腹内壁有戳印："夏市"。

罐

  肩部有戳印："夏市"。

罐

  颈部外壁有戳印："夏亭"。

钵

  底部外壁有戳印："夏亭"。

正方形戳印

  "□里□器"。

正方形戳印（2 枚）

  文字不清。

  （2020 年 6—12 月陕西韩城陶渠秦墓发现，文博 2：6—11）

罐

肩部有戳印："陕永"。

（以上均 2020 年 10 月—2021 年 3 月河南三门峡市刚玉砂厂四座秦人墓发现，华夏考古 4：35）

罐

肩部有 1 戳印陶文。

罐

肩部有 1 戳印陶文。

罐

肩部有 1 戳印陶文。

罐

肩部有 1 戳印陶文。

罐

肩部有 1 戳印陶文。

罐

肩部有 1 戳印陶文。

罐

肩部有 1 戳印陶文。

罐

肩部有 1 戳印陶文。

罐

肩部有 1 戳印陶文。

罐

肩部有 1 戳印陶文。

罐

肩部有 1 字戳印陶文。

罐

肩部及上腹部有多字戳印陶文。

罐

肩部有 1 字戳印陶文。

罐

肩部至上腹部有 3 处戳印陶文。

（2020 年北京市通州区路县故城遗址十三号水井发现，中国国家博物馆馆刊 11：6—20）

汉

盆

内底刻铭："阳"。

（以上 2012 年 3 月—2013 年 12 月河南洛阳市朱仓村 M683 东汉墓园发现，考古 6：53—54）

盆

口沿刻铭："宋直瓮"。
残片
　　腹部刻铭："马"。
残片
　　器底刻铭："五""十"。
　　　　（以上均2019年新疆奇台县石城子遗址发现，考古8：61）
罐
　　肩部墨书隶书："盐"。
罐
　　肩部墨书隶书："豉"。
灶
　　火门两侧分别隶书："井电"、"戒火"。
　　　　（2011年10—12月洛阳孟津天皇岭西汉墓发现，文物1：13、15）
罐
　　肩上部刻划2字："爱叔"。
罐
　　器盖内壁刻划1字："文"。
罐
　　肩部有随意刻划符号，刻符中间刻划1字："郝"。
瓮
　　盖内刻划"□"。
　　　　（2018年9月—2019年6月河南开封虎丘岗遗址汉代墓葬发现，文物6：9—12、15、22）
罐
　　腹部以下满布朱书镇墓文32行："延熹元年十一月壬申朔廿四日丙寅天帝使者青乌使者黄神子谨为桃氏之家解□除后重复八魁九坎天赤地□及死□犯葬其土□□宿不良日时差错月宿□度及葬坐皆为除□央死者后幸勿劳苦勿责黄神勿责□者勿责□勿责父母勿责妻子勿责夫婿勿责兄弟勿责宗子勿责邻里勿责昆弟故人腊人铅人人□为代当重复□天所□□重□如欲有害□□□人□愬神□□□之□乃听大神□四物五石五精□□其□子□□□□阴阳千秋万□长乐"。
　　　　（2021年5月陕西咸阳成任墓地东汉家族墓发现，考古与文物1：17—19）
瓶
　　腹部有朱书9竖行，部分字迹漫漶："苦边者美箄大之者专关男□□□……拜走黄帝□有□□……肃大□又□三□□……妻儿尽□□美箄，天□□蓽，著青乌使者□……异辇。萋急倳[如律]令护为英氏家復重芮"。
　　　　（2019年11月—2020年6月陕西西安自强村汉墓发现，考古与文物6：37—39）
罐
　　下腹部刻划6字："咸亭南完得器"。
罐
　　下腹近底戳印4字："咸里□□"。

缶

颈下方刻划1字："史"。

（以上均2017年11月—2018年1月陕西西咸新区空港新城岩村墓地发现，文博2：24—26）

瓶

腹侧残存朱书文字11列，可识读69字："……以□于地□当□其年以山无界嫘□乃得复会如礼……分□丁未…………鬼□荣……□□□□□女自命□□死贤所不治寿穷□当□墓江殁鬼谁□□尸□诸所当□皆左偫□太山君说□自□……"。

（2020年1—4月陕西西安自强东路东汉墓M1发现，文博6：16—17）

陶片

有2字疑似："宁"。

（2018年8月北京房山广阳城遗址发现，考古学集刊27：107—108）

唐

砚

腹底前部刻铭草书2字："正矩"。

（2018年4月—2020年12月西安南郊缪家寨唐韦万夫妇墓发现，文物10：24、29）

狗

背部有1呈镜像："尚"。

（2019年7—8月河南洛阳洛龙区潘寨村唐墓发现，考古与文物4：41—42）

俑

背部墨书3字："奴□□"。

俑

背部墨书3字："奴典衣"。

俑

背部墨书3字："奴典阁"。

俑

背部墨书3字："奴阿□"。

俑

背部墨书3字："奴阿玖"。

俑

背部朱书3字："奴□利"。

俑

背部朱书3字："奴特（？）持"。

俑

背部朱书3字："奴典阁"。

俑

背部朱书3字："奴奉命"。

俑
    背部朱书3字："奴益昌"。
俑
    背部朱书3字："奴□仪"。
俑
    背部墨书3字："奴奉笔"。
俑
    背部墨书3字："奴附予"。
俑
    背部墨书3字："奴阿摸"。
俑
    背部墨书3字："奴白潭"。
俑
    背部墨书3字："奴不言"。
俑
    背部墨书3字："奴不吝"。
俑
    背部墨书3字："奴奉教"。
俑
    背部墨书3字："奴长乐"。
俑
    背部墨书3字："奴阿巾"。
伏听
    内壁左侧墨书3字："奴伏听"。
伏听
    内壁左侧墨书3字："奴典仓"。
俑
    背墨书3字："婢□仙"。
俑
    背墨书3字："婢兰英"。
俑
    右肩背后墨书3字："奴典斋"。
俑
    右肩背后墨书3字："奴勤力"。
俑
    右肩背后墨书3字："奴寄过"。
俑

923

右肩背后墨书 3 字："奴阿勇"。

俑

右肩背后墨书 3 字："奴承命"。

俑

右肩背后墨书 3 字："婢蓯蓉"。

（2005 年 7 月郑州唐代杨质墓发现，中原考古 5：22—26）

碗

足底外侧刻 1 字："左"。

（2018 年 9 月北京顺义区平各庄村唐墓发现，北方文物 2：16—17）

罐

肩部釉面下阴刻 1 字："慶"。

（2019 年 1 月中山大学博物馆工地发现，文博学刊 1：17）

宋

陶印模

底端刻："开元通宝"钱纹。

陶印模

周壁书 6 字："七月十三日作"。

陶擂头

顶端书 1 字："罗"。周壁书 13 字："宝元二年十月罗脱作千年方岁"。

陶擂头

壁周书 2 字："三年"。

陶擂头

壁周书 20 字："此有一□□□个作宝有年六月一十九日蒋脱哥"。

（以上均 2007 年 3—5 月湖南永州黄阳司横窑山北宋窑址发现，湖南考古辑刊 16：168—170）

明

盆

凸弦纹下有 1 列墨书文字。

（2018 年 7—8 月河南开封大厅门街明代建筑遗址发现，文物 12：24、26）

附一：瓷器文字

唐

碗

足底刻有："晋"。

（2011 年山西太原晋阳古城二号建筑基址发现，考古学报 3：416）

罐

外底残留墨书，字形难辨。

（2019年8月河南郑州西岗唐郑令同夫妇合葬墓发现，文物6：32—34）

盒

底部刻有："张"。

（2014年8—10月河南滑县晚唐至宋初制酒作坊遗址发现，华夏考古2：36—37）

碗

极少数瓷碗的饼足底部有刻铭："彭""洪""神虫"及"云"。

支柱

支柱上部刻有："龙""子富""保"等。

（2018年6—8月山东宁阳柳沟新村西南隋唐制瓷遗址发现，华夏考古3：48—49、52—53）

器物附饰

顶部略下刻1字："君"。

窑柱

柱外壁刻2字："肆组"。

（2021年晋阳古城瓷窑遗址发现，江汉考古3：43—46）

辽

碗

器腹下部露胎处有墨书。

外底墨书："南"。

碗

外底有墨书。

碗

外壁有墨书。

碗

外底墨书："曹"。

碗

内底有墨书。

（以上均2013年7—10月内蒙古巴林左旗辽上京遗址皇城南部一号街道发现，考古11：71—74、76—78）

金

瓶

外壁上部刻铭1字："官"。

（2015年12月—2016年4月河北正定开元寺南遗址金代房址发现，文物4：47、55、58）

宋

碗

碗
　　外底墨书："陈周□置"。

碗
　　外底墨书："赵"。

碗
　　外壁墨书："水六"，外底墨书："西塔"。

碗
　　外壁墨书："供养大□"，外底墨书："水陆库堂"。

罐
　　外壁墨书字迹不明，外底墨书："大王养用"。

杯
　　内底青花书："寿"。

　　（以上均 2020 年 1 月、5—11 月福建泉州市南外宗正司遗址发现，考古 4：72—75）

碗足
　　外底模印："卍"。

　　（2016 年 8—10 月四川简阳甘蔗嘴宋代家族墓发现，文物 5：50、54）

碗
　　内底戳印："河滨遗范"。

　　（2011 年 12 月—2012 年 6 月浙江龙泉小梅瓦窑路南宋窑址发现，文物 7：21—22）

盘底残片
　　底心有墨书 2 字或 3 字，最后 1 字："甲"。

器口沿残片
　　其下有戳印残存："青"。

　　（以上 2014—2015 年印度奎隆港口遗址发现，文物 8：36、38—39）

碗
　　圈足内墨书 1 字："安"。

　　（2008 年郑州巩义涉村宋代壁画墓发现，中原文物 1：40）

碗
　　内底印有铜钱纹："太平通宝"。

盘
　　内底模印 1 字："天"。

器柄
　　书有 4 字："元本唐宝"。

　　（以上均 2007 年 3—5 月湖南永州黄阳司横窑山北宋窑址发现，湖南考古辑刊 16：159—162，167）

碗
　　外底墨书 2 字："十二"。

　　（2021 年 12 月—2022 年 5 月苏州吴中区南环桥遗址发现，无锡文博 1：30—31）

元

碗

 足底墨书3字："张九儿"。

瓶

 圈足内有墨书1字："十"。

盏

 圈足底部墨书3字："张□□"。

碗

 内底中心以黑彩书1字："王"。

瓶

 圈足墨书4字："张绳绳记"。

 （以上均2017年6—9月山西大学东山校区元代壁画墓发现，文物11：18—21、24）

碗

 内壁中间存"宁"字的下部。

 （2008年江西省宁都县下寮仔窑址发现，东方博物82：56—57）

碗

 内底中部写1字："王"。

 （2019年7月山东章丘清源大街元代壁画发现，中国国家博物馆馆刊6：41）

明

罐

 外底心双圈内有6字："大明嘉靖年制"。

罐

 外底心有4字："天下太平"。

罐

 外底心双圈内有6字："大明嘉靖年制"。

罐

 外底心双圈内有6字："大明嘉靖年制"。

罐

 外底心方框内有1字："寿"。

罐

 外底心方框内有1字："福"。

罐

 外底心双框内有6字："大明宣德年制"。

 （以上均2014年9月—2015年4月北京海淀玲珑巷明清宦官墓地发现，文物12：81—90）

碗

 外底单圈内有6字："大明成化年造"。

927

碗

  外壁满饰："寿"。

  外底双圈内有 6 字："大明宣德年制"。

盘

  外底双圈内有 4 字："长命富贵"。

杯

  外底单圈内有 6 字："大明成化年制"。

  （2018 年 7—8 月河南开封大厅门街明代建筑遗址发现，文物 12：15—18、21—23）

碗底

  碗底款识有："宣德""成化""丁未"。

  （2015 年 7—12 月浙江宁波马衙街南遗址发现，考古与文物 6：77）

器底

  外底有 4 字："大明年制"。

器底

  内底有 3 字："两香竺"。

器底

  内底墨书 1 字："八"。

  （2015 年 8 月—2016 年 1 月无锡西沈巷遗址发现，无锡文博 1：4—5）

罐

  外腹青花书 1 字："半"。

罐

  外腹青花书 1 字："花"。

  （2017—2018 年福建顺昌高付头窑址发现，南方文物 3：128）

碗

  内壁近底部刻有草书 2 字："时德"。

碗底

  上有墨书汉字，字形不可辨。

碗底

  外底部有墨书 1 字："科"。

罐腹片

  有轮状："卍"。

碗

  内底部有青花 1 字："贵"，外壁有 2 字："榜""题"。

  （以上均 2008 年重庆市开州区赵家古坟包遗址发现，东方考古 19：249—250、254—256、258—259、285、287）

盒

  外底中央印 1 字："勇"。

盘

内底中央印双方框文字，贴印："金兴""合兴"等。

盘

外底中央书2字："益珍"。

盘

外底内书："方""振茂"。

盘

外底书："云""信"等。

盘

外底中央书1字："长"。

碟

内底以青花书："福"。

碗

外底内书："长"等字。

碗

外底内书："碧玉"。

碗

外底内书文字，字迹模糊不清。

碗

外底内书文字，字迹模糊不清。

盒

底部印："成"。

盒

外底印："白"。

（以上均2019年国家博物馆征集清代道光二年（1822年）"泰兴号"沉船出水实物，中国国家博物馆12：128—130、132、134—136、138—139、141—142、146—147）

附二：简牍

汉木牍

其正面残存墨书文字4行20字："□女姁衣器来□□姁□安欲西来□奴㚆□食月（肉）"。

（2017年5月湖北荆州枕头台子墓地西汉墓发现，文博3：23）

战国木觚

正面7棱面均墨书，背面6行墨书。

每行书写50余字，全文约700字，记载谋士筴游说秦王寝兵立义的故事。

（以上均2021年湖北云梦县郑家湖墓地发现，考古2：10—12、15—18）

附三：杂器铭

玉石器

宋明玉刚卯

　　刻铭 32 字："正月刚卯令殳四方左支□成顺尔固伏既□既方既正既直莫我敢当赤螻刚瘅"。

汉玉刚卯

　　刻铭 32 字："正月刚卯既央令殳赤青白黄四色是当帝令祝融以教夔龙赤螻刚瘅莫我敢当"。

宋明玉刚卯

　　刻铭 23 字："疾日刚卯令尊化顺尔固伏既正既直庶疫刚卯莫我敢当"。

宋明玉刚卯

　　刻铭 16 字："正月刚卯令殳四方赤青白黄帝令祝融"。

　　（以上均 1975 年山东福山王崇烈墓发现，东方博物 84：40）

秦汉漆圆奁

　　盖顶内壁及奁盒内底刻铭："□"。

　　（以上均 2021 年湖北云梦县郑家湖墓地发现，考古 2：10—12、15—18）

汉漆卮

　　外底针刻 4 字："御春田氏"。

　　（2017 年 5 月湖北荆州枕头台子墓地西汉墓发现，文博 3：22—23）

汉漆耳杯

　　外底朱漆隶书 2 字："巨张"。

　　（2018 年江苏仪征联营汉墓 M75 发现，东南文化 2：54）

北魏释迦多宝佛铜造像

　　床座四足刻铭："熙平二年□□□□□□□万年为身造像一区"。

隋坐佛铜造像

　　床座四足刻铭："开皇十四年四月廿一日佛弟子曾公合门大小造像一区"。

隋立佛铜造像

　　床座四足刻铭："开皇十四年四月廿一日佛弟子曾公合门大小造像一区"。

　　（以上均 2017 年 3 月甘肃镇原县田园子石窟发现，考古 6：70、72—77）

北魏至西魏如来像

　　台基正面阴刻铭残存 7 行："□石佛……区愿生□……值佛间……□愿□……□姜□……沙门苟……□□可……"。

　　（2017 年 3 月陕西西咸新区空港新城杨家墓地窑址发现，文物 6：77、81）

吐蕃岩画

　　藏文题记："khyung pu（po）或 khyang pu（po）"。

　　藏文题记："cung sag"。

　　（2017 年 7 月西藏吉隆县它日普岩画调查发现，考古与文物 4：54）

宋

漆器残片

 上有朱书文字，字迹模糊不可辨。

  （2014—2018年江苏睢宁下邳故城遗址发现，东南文化4：57）

漆碗

 底部朱书已无法辨识。

漆盘

 外底朱书2字："刘上"。

漆盆

 器底朱书2字："谈真"。

漆碗（2件）

 足底一侧竖向朱书2字："俞真"。

漆盘

 外底朱书2字："俞上"。

漆盘

 外底朱书2字："卞真"。

漆盘

 外底朱书2字："俞上"。

  （以上均2019年12月—2021年1月江苏盐城黄海路遗址唐宋墓地发现，东南文化4：105、107、113—116）

漆奁

 盖内侧朱书1行9字："壬午温州钟十叔上牢"。

漆碟（3件）

 器底朱书2行9字："癸未衢州丘五叔上牢"。

  （2020年10月江西江阴西郊宋墓发现，东方博物85：22—24、26）

明

石砚

 背面有一行墨书，文字漫漶不清。

匾额

 有匾文："刊字刷印房"，文字略漫漶。

匾额

 有匾文："简远堂"。

 右侧自上而下刻："崇祯五年大夏"。

 左侧自上而下刻："古临游王廷立"，文字略漫漶。

雕版（9块）

 均两面刻字。

《易简方》雕版。

《阳明先生外集》雕版。

《答语摘要》雕版，一面为《答金凤池》，另一面为《答朱胤昌》。

《大明崇祯十五年大统历》雕版。背面上刻："年神方位之图"。

（2018年7—8月河南开封大厅门街明代建筑遗址发现，文物12：21—24、27、28）

清

匾额

二层神龛题匾额："蔚起题名"。

三层神龛题对联"屏列梅南千嶂，珠联斗北六"，"三能色齐"匾额。

四层神龛题匾额："四美并臻"。

五层神龛题匾额："五云捧日"。

七层神龛题匾额："七层摩苍穹"。

二层西耳室有扇形匾额："鹏程、云齐、同升、颎听"。

二层东耳室有扇形匾额："下窥、上达、日近、鹄志"。

（2019年4—6月湖南省娄底市新化县上梅镇北塔村发现，四川文物4：22、24、27—28）

（整理者：黄益飞　宋希瑶）